MISAL ROMANO

EDICIÓN DE ESTUDIO

MISAL ROMANO

RENOVADO POR DECRETO DEL CONCILIO ECUMÉNICO VATICANO II,
PROMULGADO POR LA AUTORIDAD DEL PAPA PABLO VI
Y REVISADO POR EL PAPA JUAN PABLO II

TRADUCCIÓN EN LENGUA ESPAÑOLA
SEGÚN LA TERCERA EDICIÓN TÍPICA LATINA

Para el uso en las diócesis de los Estados Unidos de América

Aprobado por la
Conferencia de Obispos Católicos de los Estados Unidos
y confirmado por la Sede Apostólica

2018

EDICIÓN DE ESTUDIO

LITURGICAL PRESS COLLEGEVILLE, MINNESOTA

Concordat cum originali:
✠ Wilton D. Gregory
Presidente, Comité para el Culto Divino de USCCB
después de la revisión por el Rev. Andrew Menke
Director Ejecutivo, Secretariado del Culto Divino de USCCB

Publicado por la autoridad del Comité para el Culto Divino,
Conferencia de Obispos Católicos de los Estados Unidos

Misal Romano, tercera edición © 2014 United States Conference of Catholic Bishops – Conferencia Episcopal Mexicana. Se reservan todos los derechos. Ninguna porción de este trabajo puede reproducirse o ser transmitida en forma o medio alguno, ya sea electrónico o mecánico, incluyendo fotocopias, grabaciones, o por cualquier sistema de recuperación y almacenaje de información, sin el permiso por escrito del propietario de los derechos.

Los textos propios y las adaptaciones para las diócesis de los Estados Unidos de América © 2017 United States Conference of Catholic Bishops, Washington, DC. Se reservan todos los derechos. Ninguna porción de este trabajo puede reproducirse o ser transmitida en forma o medio alguno, ya sea electrónico o mecánico, incluyendo fotocopias, grabaciones, o por cualquier sistema de recuperación y almacenaje de información, sin el permiso por escrito del propietario de los derechos.

Diseño de la portada por Ann Blattner. Arte por Emanuel Franco-Gómez, OCarm. © 2018 Emanuel Franco-Gómez, OCarm, administrado por Liturgical Press.

Publicado por Liturgical Press, Collegeville, Minnesota. Impreso en los Estados Unidos de América.

ISBN 978-0-8146-6432-2

SAGRADA CONGREGACIÓN PARA EL CULTO DIVINO

Prot. N. 166/70

DECRETO

Una vez establecido el *Ordo celebrationis eucharisticae* y aprobados los textos pertenecientes al *Missale Romanum* mediante la Constitución Apostólica *Missale Romanum*, promulgada por Su Santidad PABLO VI, el 3 de abril de 1969, esta Congregación para el Culto Divino recibió del Sumo Pontífice el mandato de promulgar esta nueva edición del Misal Romano, realizada conforme a los Decretos del Concilio Vaticano II, y la declara como edición típica.

En lo tocante al uso del nuevo Misal Romano, se permite que pueda emplearse ya la edición latina tan pronto como aparezca editada, haciendo las oportunas acomodaciones en lo que se refiere a las fiestas de los santos, mientras se espera la implantación definitiva del nuevo Calendario; y se deja al cuidado de las Conferencias Episcopales el preparar las ediciones en lengua vernácula, señalando el día en que, una vez confirmadas por la Santa Sede, entrarán en vigor.

Sin que obste nada en contrario.

En la sede de la Sagrada Congregación para el Culto Divino, día 26 de marzo de 1970, Jueves Santo en la Cena del Señor.

BENNO CARD. GUT
Prefecto

A. BUGNINI
Secretario

SAGRADA CONGREGACIÓN PARA EL CULTO DIVINO

Prot. N. 1970/74

DECRETO
DE LA SEGUNDA EDICIÓN TÍPICA

Al tener que imprimir de nuevo el Misal Romano, han sido introducidas variaciones y nuevos textos, para que esta nueva edición responda a los documentos promulgados después de la primera edición de 1970.

En la "Institución general", cuyos números marginales no se cambian, se describen los ministerios de acólito y lector, en lugar de los números que trataban del subdiácono (nn. 142-152).

Otro cambio de cierta importancia está en la parte del Misal que contiene las Misas rituales y por diversas necesidades. Algunos formularios han sido completados con las oportunas antífonas de entrada y de comunión. Además se han añadido los textos de la Misa ritual para la dedicación de una iglesia o un altar, la Misa para la reconciliación y, entre las Misas votivas, los textos de las Misas de Santa María Virgen, Madre de la Iglesia y del Santísimo Nombre de María.

Se han introducido algunas variantes de menor importancia en los títulos y en las rúbricas, para que mejor respondan a las palabras o expresiones que aparecen en los nuevos libros litúrgicos.

El Sumo Pontífice PABLO VI, con su autoridad aprobó esta segunda edición del Misal Romano, y la Congregación para el Culto Divino ahora la publica y la declara como edición típica.

Corresponderá a las Conferencias Episcopales introducir, en la ediciones en lengua vernácula que preparan, las variaciones contenidas en esta segunda edición del Misal Romano.

Sin que obste nada en contrario.

En la sede de la Sagrada Congregación para el Culto Divino, día 27 de marzo del Año Santo de 1975, Jueves Santo en la Cena del Señor.

JAMES ROBERT CARD. KNOX
Prefecto

✠ A. BUGNINI
Arzobispo titular de Diocleciana
Secretario

CONGREGACIÓN PARA EL CULTO DIVINO Y LA DISCIPLINA DE LOS SACRAMENTOS

Prot. N. 143/00/L

DECRETO ACERCA DE LA TERCERA EDICIÓN TÍPICA

Al aproximarse el tercer milenio de la Encarnación del Señor, pareció conveniente preparar una nueva edición del Misal Romano, que asumiera los documentos más recientes de la Santa Sede y especialmente el nuevo Código de Derecho Canónico y atendiera las diversas y necesarias correcciones y adiciones.

En lo que respecta a la Institución General del Misal Romano, se introdujeron algunas variaciones acordes al estilo y normativa de los demás libros litúrgicos y también a lo aconsejado por la experiencia pastoral. Se exponen con mayor claridad los casos admitidos respecto a la facultad para distribuir la Sagrada Comunión bajo las dos especies; se añadió el capítulo IX, totalmente nuevo en su composición, en el que se describe el procedimiento para adaptar convenientemente el Misal Romano a las necesidades pastorales.

Se añaden otros formularios para las celebraciones incluidas recientemente en el Calendario Romano General. Para fomentar el culto a la Madre de Dios, se enriquece con nuevos formularios el Común de la Santísima Virgen María. Asimismo, para procurar más cuidadosamente la correlación de los textos entre sí, algunas veces se cambió el orden de las oraciones en otros Comunes, en las Misas que se proponen para atender varias necesidades y diversas circunstancias, así como en las Misas por los difuntos. En las Misas de Cuaresma, conforme a la antigua costumbre litúrgica, se inserta para cada día una oración sobre el pueblo.

En el apéndice del Ordinario de la Misa se halla también la Plegaria Eucarística para la Reconciliación, así como la Plegaria Eucarística especial que puede usarse en las Misas por varias necesidades.

Con fecha del 10 de abril del año 2000, el Sumo Pontífice Juan Pablo II aprobó con su autoridad la presente tercera edición del Misal Romano y la Congregación para el Culto Divino y la Disciplina de los Sacramentos ahora la publica y declara típica.

Las Conferencias Episcopales procurarán que, dentro de un tiempo conveniente y partiendo de la presente tercera edición típica del Misal Romano, se hagan fiel y exactamente nuevas versiones vernáculas, debiendo haber corregido cuidadosamente las versiones anteriores, que aún estén en uso, con fidelidad al texto original latino; las nuevas versiones habrán de obtener el reconocimiento de la Sede Apostólica, conforme a la norma del derecho.

Finalmente, se puede usar esta tercera edición típica del Misal Romano en la celebración de la Santísima Eucaristía desde el día de su publicación conforme el derecho; pero entrará en vigor en la Solemnidad del Cuerpo y la Sangre de Cristo del año 2000.

Sin que obste de ninguna manera cualquier cosa en contrario.

En la sede de la Congregación para el Culto Divino y la Disciplina de los Sacramentos, el día 20 de abril del año del Gran Jubileo 2000, Jueves Santo en la Cena del Señor.

Jorge A. Card. Medina Estévez
Prefecto

✠ Francisco Pío Tamburrino
Arzobispo Secretario

CONGREGACIÓN PARA EL CULTO DIVINO Y LA DISCIPLINA DE LOS SACRAMENTOS

Prot. n. 170/14

ESTADOS UNIDOS DE AMÉRICA

A petición de Su Excelencia Monseñor Joseph Edward Kurtz, Arzobispo de Louisville y Presidente de la Conferencia de Obispos de los Estados Unidos de América, en una carta fechada el 18 de febrero de 2014, y en virtud de la facultad concedida a esta Congregación por el Sumo Pontífice FRANCISCO, gustosamente confirmamos el texto de la traducción en lengua española del *Missale Romanum, editio typica tertia*, como se encuentra en la copia adjunta.

En la edición impresa, se debe incluir íntegramente este decreto, en el que se concede el *recognitio* de la Sede Apostólica. Además, deberán enviarse a esta Congregación dos copias del texto impreso.

Sin que obste nada en contrario.

Desde la sede de la Congregación para el Culto Divino y la Disciplina de los Sacramentos, el 1° de julio de 2016, en la memoria de san Junípero Serra, presbítero.

ROBERT CARD. SARAH
Prefecto

✠ ARTHUR ROCHE
Arzobispo Secretario

CONFERENCIA DE OBISPOS CATÓLICOS DE LOS ESTADOS UNIDOS

DECRETO DE PUBLICACIÓN

Según las normas establecidas por la Santa Sede, esta edición del Misal Romano se declara como la traducción española definitivamente aprobada del *Missale Romanum, editio typica tertia emendata* (2008) y se publica con la autoridad de la Conferencia de Obispos Católicos de los Estados Unidos.

Las diversas secciones del Misal Romano –incluyendo las traducciones españolas del calendario propio, los textos propios y las adaptaciones para las diócesis de los Estados Unidos de América– fueron canónicamente aprobadas por la Conferencia de Obispos Católicos de los Estados Unidos el 18 de junio de 2009, el 16 de junio de 2011 y el 12 de noviembre de 2013, y confirmadas después por la Sede Apostólica por decreto de la Congregación para el Culto Divino y la Disciplina de los Sacramentos del 1º de julio de 2016 (Prot. n. 170/14).

La tercera edición del Misal Romano podrá ser utilizada en la liturgia a partir del domingo de Pentecostés, el 20 de mayo de 2018. Desde el primer domingo de Adviento, el 2 de diciembre de 2018, su uso es obligatorio. A partir de esta fecha no podrá usarse otra edición en español del Misal Romano en las diócesis de los Estados Unidos de América.

Dado en el Secretariado General de la Conferencia de Obispos Católicos de los Estados Unidos, Washington, DC, el 14 de septiembre de 2017, fiesta de la Exaltación de la Santa Cruz.

DANIEL N. CARDENAL DINARDO
Arzobispo de Galveston-Houston
Presidente, Conferencia de Obispos Católicos de los Estados Unidos

REV. MONS. J. BRIAN BRANSFIELD
Secretario General

CONSTITUCIÓN APOSTÓLICA
MISSALE ROMANUM

CONSTITUCIÓN APOSTÓLICA
MISSALE ROMANUM

POR LA CUAL SE PROMULGA EL *MISAL ROMANO* REFORMADO SEGÚN LAS NORMAS DEL CONCILIO ECUMÉNICO VATICANO II

PABLO OBISPO

SIERVO DE LOS SIERVOS DE DIOS
PARA PERPETUA MEMORIA

El Misal Romano, promulgado en 1570 por Nuestro Predecesor S. Pío V, en conformidad a los decretos del Concilio de Trento[1], ha sido siempre considerado como uno de los numerosos y admirables frutos que aquel sacrosanto Concilio diseminó por toda la Iglesia de Cristo. En efecto, durante cuatro siglos constituyó la norma de la celebración del Sacrificio eucarístico para los sacerdotes de rito latino y fue llevado además a casi todas las naciones del mundo por los heraldos del Evangelio. Ni se debe olvidar que inolvidables santos alimentaron su piedad y su amor a Dios con las lecturas bíblicas y las oraciones del Misal, cuya ordenación general remontaba en lo esencial a S. Gregorio Magno.

Pero desde que comenzó a afirmarse y a extenderse en el pueblo cristiano el movimiento litúrgico, que –como afirmaba Nuestro Predecesor Pío XII, de venerada memoria– debe ser considerado como un signo de las disposiciones providenciales de Dios sobre nuestra época y como un paso saludable del Espíritu Santo por la Iglesia[2], se percibió claramente que los textos del Misal Romano necesitaban ser revisados y enriquecidos. El mismo Predecesor Nuestro, Pío XII, inició esta obra de revisión con la restauración de la Vigilia Pascual y de la Semana Santa, que constituyeron el primer paso de la adaptación del Misal Romano al modo de ser de la mentalidad contemporánea[3].

El reciente Concilio Ecuménico Vaticano II, con la Constitución *Sacrosanctum Concilium* ha puesto los fundamentos para la revisión general del Misal Romano: en efecto, ha establecido en primer lugar que "los textos y los ritos se han de ordenar de manera que expresen con mayor claridad las cosas santas que significan"[4]; luego, que "se revise el Ordinario de la Misa, de modo que se manifieste con mayor claridad el sentido propio de cada una de las partes y su mutua conexión y se haga más fácil la piadosa y activa participación de los fieles"[5]; después, que "se abran con mayor amplitud los tesoros de la Biblia, a fin de que la mesa de la Palabra de Dios se prepare con más abundancia para los fieles"[6]; finalmente que "se elabore el nuevo rito de la concelebración y se incluya en el Pontifical y el Misal Romano"[7].

---

1 Constitución Apostólica *Quo primum,* del 14 de julio de 1570.

2 Cfr. Pío XII, *Allocutio iis, qui primo Conventui ex omni natione de Liturgia pastorali, Assisii habito, interfuerunt,* del 22 de septiembre de 1956: AAS 48 (1956), p. 712.

3 Cfr. Sagrada Congregación de Ritos, Decreto *Dominicae Resurrectionis,* del 9 de febrero de 1951: AAS 43 (1951), pp. 128ss.; Decreto general *Maxima redemptionis nostrae mysteria,* del 16 de noviembre de 1955: AAS 47 (1955), pp. 838ss.

4 Concilio Vaticano II, Constitución sobre la Sagrada Liturgia, *Sacrosanctum Concilium,* n. 21: AAS 56 (1964), p. 106.

5 Cfr. *ibid.,* n. 50, p. 114.

6 Cfr. *ibid.,* n. 51, p. 114.

7 Cfr. *ibid.,* n. 58, p. 116.

No se debe pensar, sin embargo, que esta revisión del Misal Romano sea algo improvisado, ya que los progresos realizados por la ciencia litúrgica en los últimos cuatro siglos le han preparado el camino. Después del Concilio de Trento, el estudio de los "antiguos códices de la Biblioteca Vaticana y de otros reunidos de distintas procedencias" –como asegura la Constitución Apostólica *Quo primum,* de Nuestro Predecesor S. Pío V– sirvió no poco para la revisión del Misal Romano. Más aún, desde entonces, han sido descubiertas y publicadas antiquísimas fuentes litúrgicas; y además, los textos litúrgicos de la Iglesia Oriental han sido conocidos e investigados más profundamente. Todo esto ha determinado que aumente cada día el número de los que desean que estas riquezas doctrinales y espirituales no permanezcan en la oscuridad de las bibliotecas sino que, por el contrario, se saquen a la luz para iluminar y nutrir el espíritu de los cristianos.

Presentamos ahora en sus líneas generales la nueva estructura del Misal Romano. En primer lugar figura la "Institución General" que constituye como el proemio de todo el libro; en ella se exponen las nuevas normas para la celebración del Sacrificio eucarístico, sea en lo que se refiere a los ritos y la función propia de cada uno de los participantes, sea en lo que concierne a los objetos y lugares sagrados.

La principal innovación de esta revisión afecta a la llamada Plegaria eucarística. Aunque en el rito romano la primera parte de esta Plegaria, es decir, el Prefacio se fue enriqueciendo a lo largo de los siglos con muchos formularios; la segunda parte, en cambio, llamada *Canon Actionis,* a partir de los siglos IV-V adquirió una forma invariable. Por su parte, las liturgias orientales admitieron siempre una cierta variedad de Anáforas. Así, pues, aparte del hecho de que la Plegaria eucarística haya sido enriquecida con un considerable número de prefacios, procedentes de la antigua tradición romana o de nueva composición –prefacios que presentan con mayor claridad las principales etapas del misterio de la salvación y que ofrecen numerosos y ricos motivos de "acción de gracias"–, hemos establecido que a dicha Plegaria eucarística se añadan tres nuevos Cánones. Sin embargo, por razones de carácter pastoral y para facilitar la concelebración, hemos ordenado que las palabras del Señor sean idénticas en cada uno de los formularios del Canon. Por tanto, establecemos que en cada Plegaria eucarística se pronuncien las siguientes palabras:

- Sobre el pan: *Tomen y coman todos de él, porque esto es mi Cuerpo, que será entregado por ustedes.*
- Sobre el cáliz: *Tomen y beban todos de él, porque éste es el cáliz de mi Sangre, Sangre de la alianza nueva y eterna, que será derramada por ustedes y por muchos para el perdón de los pecados. Hagan esto en conmemoración mía.*

La expresión *Éste es el Misterio de la fe*, colocada fuera de las palabras de nuestro Señor Jesucristo y pronunciada por el sacerdote, sirve de introducción a la aclamación de los fieles.

Por lo que se refiere al Ordinario de la Misa, "los ritos conservando intacta la sustancia, han sido simplificados"[8]. Se han omitido, en efecto, "aquellas cosas que con el correr del tiempo se duplicaron o fueron añadidas sin particular utilidad"[9], lo cual se verificaba sobre todo en los ritos del ofertorio, de la fracción del Pan y de la Comunión.

A esto se añade que "se han restablecido, . . . de acuerdo con la primitiva norma de los Santos Padres, algunas cosas que habían desaparecido a causa del tiempo"[10], entre las que figuran la Homilía[11], la Oración universal o de los fieles[12] y el rito penitencial o de reconciliación con Dios y con los hermanos al inicio de la Misa; rito al que, como era conveniente, ha sido restituida su importancia.

Además, según la prescripción del Concilio Vaticano II, de que "en un periodo determinado de años, se lean al pueblo las partes más significativas de la Sagrada Escritura"[13], el conjunto de las lecturas dominicales ha sido distribuido en un ciclo de tres años. Los domingos y los días festivos, a la lectura de la Epístola y del Evangelio se antepondrá una lectura tomada del Antiguo Testamento

8 Cfr. Concilio Vaticano II, Constitución sobre la Sagrada Liturgia, *Sacrosanctum Concilium,* n. 50: AAS 56 (1964), p. 114.
9 Cfr. *ibid.,* n. 50, p. 114.
10 Cfr. *ibid.,* n. 50, p. 114
11 Cfr. *ibid.,* n. 52, p. 114.
12 Cfr. *ibid.,* n. 53, p. 114.
13 Cfr. *ibid.,* n. 51, p. 114.

o, en el Tiempo Pascual, de los Hechos de los Apóstoles. De esta manera se pondrá en mayor relieve el progreso ininterrumpido del misterio de la salvación, presentado con los textos mismos de la revelación divina. Esta considerable abundancia de lecturas bíblicas, que permite presentar a los fieles en los días festivos la parte más significativa de la Sagrada Escritura, será completada con las otras partes de los Libros Sagrados, previstas para los días laborables.

Todo esto ha sido ordenado de tal manera que estimule cada vez más en los fieles el hambre de la Palabra de Dios[14] y, bajo la acción del Espíritu Santo, impulse al Pueblo de la nueva Alianza hacia la perfecta unidad de la Iglesia. Vivamente confiamos que la nueva ordenación del Misal permitirá a todos, sacerdotes y fieles, preparar sus corazones a la celebración de la Cena del Señor con renovado espíritu religioso y, al mismo tiempo, sostenidos por una meditación más profunda de las Sagradas Escrituras, alimentarse cada día más y con mayor abundancia de la Palabra del Señor. De aquí se seguirá que, según los deseos del Concilio Vaticano II, la divina Escritura constituya para todos una fuente perenne de vida espiritual, un instrumento de incomparable valor para la enseñanza del mensaje cristiano y, finalmente, les proporcione un compendio sustancial de formación teológica.

En esta revisión del Misal Romano, además de los cambios aportados a las tres partes de las que ya hemos tratado, es decir, la Plegaria Eucarística, el Ordinario de la Misa y el Leccionario, otras secciones han sido también revisadas y considerablemente modificadas: el Propio del Tiempo, el Propio y Común de los Santos, las Misas rituales y las Misas votivas. Una atención particular se ha dedicado a las Oraciones, cuyo número ha sido aumentado –de modo que a las nuevas necesidades correspondan fórmulas nuevas– y cuyo texto ha sido críticamente establecido a la luz de los antiguos códices. En este punto cabe señalar que todas las ferias de los principales tiempos litúrgicos –Adviento, Navidad, Cuaresma y Pascua– han sido dotadas de oración propia.

Hemos sólo de añadir que, aunque el Gradual Romano no haya sido cambiado –al menos por lo que al canto se refiere–, la conveniencia de lograr una mayor comprensión ha conducido a restaurar el salmo responsorial, que san Agustín y san León Magno mencionan con frecuencia, y a adaptar, según la oportunidad, las antífonas de entrada y de la comunión para las Misas rezadas.

Para terminar, Nos queremos dar fuerza de ley a cuanto hemos expuesto hasta ahora acerca del nuevo Misal Romano. Cuando Nuestro Predecesor S. Pío V promulgó la edición oficial del Misal Romano, lo presentó al pueblo cristiano como un instrumento de unidad litúrgica y como un ejemplar del auténtico culto religioso. De modo análogo Nos, acogiendo en el nuevo Misal, según la prescripción del Concilio Vaticano II, "la variedad y adaptaciones legítimas"[15], confiamos que los fieles lo recibirán como un instrumento para testimoniar y confirmar la mutua unidad: de tal manera, no obstante la gran variedad de lenguas, una e idéntica oración, más fragante que el incienso, subirá al Padre de los cielos por la mediación del Sumo Sacerdote, nuestro Señor Jesucristo y en la unidad del Espíritu Santo.

Esta Constitución entrará en vigor a partir del día 30 de noviembre de este mismo año, o sea, el primer domingo de Adviento.

Queremos además que cuanto hemos establecido y prescrito tenga fuerza y eficacia ahora y en el futuro, no obstante, si fuere el caso, las Constituciones y Ordenaciones Apostólicas emanadas de Nuestros Predecesores o cualquier otra prescripción incluso digna de especial mención y con poder de derogar la ley.

Dado en Roma, junto a San Pedro, el día de Jueves Santo, 3 de abril de 1969, sexto año de Nuestro Pontificado.

PABLO PP. VI

14 Cfr. Amós 8, 11.

15 Cfr. Concilio Vaticano II, Constitución sobre la Sagrada Liturgia, *Sacrosanctum Concilium*, nn. 38-40: AAS 56 (1964), p. 110.

INSTITUCIÓN GENERAL DEL MISAL ROMANO

PROEMIO

1. Cristo el Señor, cuando iba a celebrar con los discípulos la Cena pascual, en la que instituyó el sacrificio de su Cuerpo y de su Sangre, mandó preparar una sala grande, ya dispuesta (Lc 22, 12). La Iglesia se ha considerado siempre comprometida por este mandato, al ir estableciendo normas para la celebración de la santísima Eucaristía relativas a la disposición de las personas, de los lugares, de los ritos y de los textos. Tanto las normas actuales, que han sido promulgadas basándose en lo determinado por el Concilio Ecuménico Vaticano II, como el nuevo Misal que en adelante empleará la Iglesia del Rito romano para la celebración de la Misa, constituyen una nueva demostración de este interés de la Iglesia, de su fe y de su amor inalterable al sublime misterio eucarístico, y testifican su tradición continua y homogénea, si bien han sido introducidas ciertas novedades.

Testimonio de fe inalterada

2. El Concilio Vaticano II ha vuelto a afirmar la naturaleza sacrificial de la Misa, solemnemente proclamada por el Concilio de Trento en consonancia con la tradición universal de la Iglesia[1]; suyas son estas significativas palabras acerca de la Misa: "Nuestro Salvador, en la Última Cena, instituyó el sacrificio eucarístico de su Cuerpo y de su Sangre, con el cual iba a perpetuar por los siglos, hasta que vuelva, el sacrificio de la cruz y a confiar así a su amada Esposa, la Iglesia, el memorial de su muerte y resurrección"[2].

Esta misma enseñanza del Concilio aparece continuamente en las fórmulas de la Misa. En efecto, la doctrina del antiguo Sacramentario Leoniano: "cuantas veces se celebra el memorial de este sacrificio, se realiza la obra de nuestra redención"[3], aparece de modo claro y preciso en las Plegarias eucarísticas; en éstas, el sacerdote, al hacer la anámnesis, se dirige a Dios en nombre también de todo el pueblo, le da gracias y ofrece el sacrificio vivo y santo, es decir, la ofrenda de la Iglesia y la Víctima, por cuya inmolación el mismo Dios quiso reconciliarnos consigo[4], y pide que el Cuerpo y la Sangre de Cristo sean sacrificio agradable al Padre y salvación para el mundo entero[5].

De este modo, en el nuevo Misal, la *lex orandi* de la Iglesia responde a su perenne *lex credendi,* la cual nos recuerda que, salvo el modo diverso de ofrecer, constituyen un mismo y único sacrificio: el de la cruz y su renovación sacramental en la Misa, instituida por Cristo el Señor en la Última Cena con el mandato conferido a los Apóstoles de celebrarla en su conmemoración; y que, consiguientemente, la Misa es al mismo tiempo sacrificio de alabanza, de acción de gracias, propiciatorio y satisfactorio.

3. El misterio admirable de la presencia real de Cristo bajo las especies eucarísticas, reafirmado por el Concilio Vaticano II[6] y otros documentos del Magisterio de la Iglesia[7] en el mismo sentido y con la misma autoridad con que el Concilio de Trento lo declaró materia de fe[8], se ve expresado también en la celebración de la Misa no sólo por las palabras mismas de la consagración que hacen presente a Cristo por la transubstanciación, sino además por los signos de suma reverencia y adoración que tienen lugar en la liturgia eucarística. Tal es el motivo de impulsar al pueblo cristiano a que ofrezca

---

1 Concilio Ecuménico Tridentino, Sesión XXII, del 17 de septiembre de 1562: Denz.-Schönm. 1738-1759.

2 Concilio Ecuménico Vaticano II, Constitución sobre la Sagrada Liturgia, *Sacrosanctum Concilium,* n. 47; Cfr. Constitución dogmática sobre la Iglesia, *Lumen gentium,* nn. 3, 28; Decreto sobre el ministerio y la vida de los presbíteros, *Presbyterorum ordinis,* nn. 2, 4, 5.

3 Misa vespertina de la Cena del Señor, Oración sobre las ofrendas. Cfr. *Sacramentarium Veronense,* ed. L.C. Möhlberg, n. 93.

4 Cfr. Plegaria eucarística III.

5 Cfr. Plegaria eucarística IV.

6 Concilio Ecuménico Vaticano II, Constitución sobre la Sagrada Liturgia, *Sacrosanctum Concilium,* nn. 7, 47; Decreto sobre el ministerio y la vida de los presbíteros, *Presbyterorum ordinis,* nn. 5, 18.

7 Cfr. Pío XII, Carta Encíclica *Humani generis,* del 12 de agosto de 1950: AAS 42 (1950), pp. 570-571; Pablo VI, Carta Encíclica *Mysterium Fidei,* del 3 de septiembre de 1965: AAS 57 (1965), pp. 762-769; *Sollemnis professio fidei,* del 30 de junio de 1968, nn. 24-26: AAS 60 (1968), pp. 442-443; Sagrada Congregación de Ritos, Instrucción *Eucharisticum mysterium,* del 25 de mayo de 1967, nn. 3 f, 9: AAS 59 (1967), pp. 543, 547.

8 Cfr. Concilio Ecuménico Tridentino, Sesión XIII, del 11 de octubre de 1551: Denz.-Schönm. 1635-1661.

especial tributo de adoración a este admirable Sacramento en el día del Jueves Santo y en la solemnidad del Cuerpo y la Sangre de Cristo.

4. La naturaleza del sacerdocio ministerial, propia del Obispo y del presbítero, que en la persona de Cristo ofrecen el sacrificio y presiden la asamblea del pueblo santo, queda manifiesta en la disposición del mismo rito por la preeminencia del lugar reservado al sacerdote y por la función que desempeña. El contenido de esta función se ve expresado con particular claridad y amplitud en el prefacio de la Misa crismal en el Jueves Santo, día en que se conmemora la institución del sacerdocio. En dicho prefacio se declara la transmisión de la potestad sacerdotal por la imposición de las manos, enumerándose cada uno de los cometidos de esta potestad que es continuación de la de Cristo, Sumo Pontífice del Nuevo Testamento.

5. Esta naturaleza del sacerdocio ministerial, a su vez, coloca en su justa luz una realidad de gran importancia: el sacerdocio real de los fieles, cuya ofrenda espiritual se consuma en la unión con el sacrificio de Cristo, único Mediador, por el ministerio del Obispo y de los presbíteros[9]. La celebración eucarística, en efecto, es acción de la Iglesia universal, y en ella habrá de realizar cada uno todo y sólo lo que de hecho le compete conforme al grado en que se encuentra situado dentro del pueblo de Dios. De aquí la necesidad de prestar una particular atención a determinados aspectos de la celebración que, en el decurso de los siglos, no han sido tenidos muy en cuenta. Se trata nada menos que del pueblo de Dios, adquirido por la Sangre de Cristo, congregado por el Señor, alimentado con su palabra; pueblo que ha recibido la vocación de presentar a Dios todas las peticiones de la familia humana; pueblo que, en Cristo, da gracias por el misterio de la salvación ofreciendo su sacrificio; pueblo, en fin, que por la comunión de su Cuerpo y de su Sangre se consolida en la unidad. Este pueblo, aunque ya es santo por su origen, crece de continuo en santidad por la participación consciente, activa y fructuosa en el misterio eucarístico[10].

Una tradición ininterrumpida

6. Al establecer las normas a seguir en la revisión del Ordinario de la Misa, el Concilio Vaticano II determinó, entre otras cosas, que algunos ritos "fueran restablecidos conforme a la primitiva norma de los santos Padres"[11], haciendo uso de las mismas palabras empleadas por san Pío V en la Constitución Apostólica *Quo primum*, al promulgar en 1570 el Misal Tridentino. El que ambos Misales romanos convengan en las mismas palabras, puede ayudar a comprender cómo, pese a mediar entre ellos una distancia de cuatro siglos, ambos recogen una misma e idéntica tradición. Y si se analiza el contenido interior de esta tradición, se ve también con cuánto acierto el nuevo Misal completa al anterior.

7. En aquellos momentos difíciles, en que se ponía en crisis la fe católica acerca de la naturaleza sacrificial de la Misa, del sacerdocio ministerial y de la presencia real y permanente de Cristo bajo las especies eucarísticas, lo que san Pío V se propuso en primer término fue salvaguardar una tradición, relativamente reciente, atacada sin verdadera razón y, por este motivo, sólo se introdujeron pequeñísimos cambios en el rito sagrado. En realidad, el Misal promulgado en 1570 apenas se diferencia del primer Misal que apareció impreso en 1474, el cual, a su vez, reproduce fielmente el Misal de la época de Inocencio III. Por otra parte, los Códices de la Biblioteca Vaticana, aunque sirvieron para corregir algunas expresiones, sin embargo no permitieron que en la investigación de "antiguos y probados autores" se fuera más allá de los comentarios litúrgicos de la Edad Media.

8. Hoy, en cambio, la "norma de los santos Padres" que trataron de seguir los que aportaron las enmiendas del Misal de san Pío V, se ha visto enriquecida con numerosísimos trabajos de investigación.

9 Cfr. Concilio Ecuménico Vaticano II, Decreto sobre el ministerio y la vida de los presbíteros, *Presbyterorum ordinis*, n. 2.
10 Cfr. Concilio Ecuménico Vaticano II, Constitución sobre la Sagrada Liturgia, *Sacrosanctum Concilium*, n. 11.
11 *Ibid.*, n. 50.

Al Sacramentario Gregoriano, editado por primera vez en 1571, han seguido los antiguos Sacramentarios Romanos y Ambrosianos, repetidas veces publicados en ediciones críticas, así como los antiguos libros litúrgicos hispanos y galicanos, que han aportado muchísimas oraciones de gran belleza espiritual, ignoradas anteriormente.

Hoy, tras el hallazgo de tantos documentos litúrgicos, incluso se conocen mejor las tradiciones de los primitivos siglos, anteriores a la constitución de los Ritos de Oriente y de Occidente.

Además, con los progresivos estudios de los santos Padres, la teología del misterio eucarístico ha recibido nuevos esclarecimientos provenientes de la doctrina de los más ilustres Padres de la antigüedad cristiana, como san Ireneo, san Ambrosio, san Cirilo de Jerusalén, san Juan Crisóstomo.

9. Por lo tanto, la "norma de los santos Padres" pide algo más que la conservación del legado transmitido por los que nos precedieron; exige abarcar y estudiar a fondo todo el pasado de la Iglesia y todas las formas de expresión que la fe única ha tenido en contextos humanos y culturales tan diferentes entre sí, como pueden ser los correspondientes a las regiones semíticas, griegas y latinas. Con esta perspectiva más amplia, hoy podemos ver cómo el Espíritu Santo suscita en el pueblo de Dios una fidelidad admirable en conservar inmutable el depósito de la fe en medio de tanta variedad de ritos y oraciones.

Adaptación a las nuevas circunstancias

10. El nuevo Misal, que testifica la *lex orandi* de la Iglesia Romana y conserva el depósito de la fe transmitido en los últimos Concilios, supone al mismo tiempo un paso importantísimo en la tradición litúrgica.

Es verdad que los Padres del Concilio Vaticano II reiteraron las definiciones dogmáticas del Concilio de Trento; pero les correspondió hablar en un momento histórico muy distinto, y por ello pudieron aportar sugerencias y orientaciones pastorales totalmente imprevisibles hace cuatro siglos.

11. El Concilio de Trento ya había caído en la cuenta de la utilidad del gran caudal catequético de la Misa; pero no le fue posible descender a todas las consecuencias de orden práctico. De hecho, muchos deseaban ya entonces que se permitiera emplear la lengua del pueblo en la celebración eucarística. Pero el Concilio, teniendo en cuenta las circunstancias que concurrían en aquellos momentos, se creyó en la obligación de volver a inculcar la doctrina tradicional de la Iglesia, según la cual el Sacrificio eucarístico es, ante todo, acción de Cristo mismo, y por lo tanto, su eficacia intrínseca no se ve afectada por el modo de participar seguido por los fieles. En consecuencia, se expresó de modo firme y moderado con estas palabras: "Aunque la Misa contiene mucha materia de instrucción para el pueblo, sin embargo, no pareció conveniente a los Padres que en todas partes sea celebrada en lengua vulgar"[12]. Condenó, además, al que juzgase "ser reprobable el rito de la Iglesia Romana por el que la parte correspondiente al canon y las palabras de la consagración son pronunciadas en voz baja; o que la Misa exija ser celebrada solamente en lengua vulgar"[13]. Y, no obstante, si por un motivo prohibía el uso de la lengua vernácula en la Misa, por otro, en cambio, mandaba que los pastores de almas procuraran suplir con la oportuna catequesis: "A fin de que las ovejas de Cristo no padezcan hambre . . . manda el santo Sínodo a los pastores y a cuantos tienen cura de almas, que frecuentemente en la celebración de la Misa, bien por sí mismos, bien por medio de otros, hagan una exposición sobre algo de lo que en la Misa se lee, y, además, declaren alguno de los misterios de este santísimo sacrificio, principalmente en los domingos y días festivos"[14].

12. Congregado precisamente para adaptar la Iglesia a las necesidades que su cometido apostólico encuentra en estos tiempos, el Concilio Vaticano II, lo mismo que el de Trento, prestó fundamental

12 Concilio Ecuménico Tridentino, Sesión XXII, Doctrina sobre el Santísimo Sacrificio de la Misa, cap. 8: Denz.-Schönm. 1749.
13 *Ibid.*, cap. 9: Denz.-Schönm. 1759.
14 *Ibid.*, cap. 8: Denz.-Schönm. 1749.

atención al carácter didáctico y pastoral de la sagrada Liturgia[15]. Y puesto que ahora no hay católicos que nieguen la legitimidad y eficacia del sagrado rito celebrado en latín, se encontró en condiciones de reconocer que "frecuentemente el empleo de la lengua vernácula puede ser de gran utilidad para el pueblo", y autorizó dicho empleo[16]. El interés con que en todas partes se acogió esta determinación fue muy grande, y así, bajo la dirección de los Obispos y de la misma Sede Apostólica, se ha podido llegar a que se realicen en lengua vernácula todas las celebraciones litúrgicas en las que el pueblo participa, con el consiguiente conocimiento mayor del misterio celebrado.

13. Aunque el uso de la lengua vernácula en la sagrada Liturgia es un instrumento de suma importancia para expresar más abiertamente la catequesis del misterio contenida en la celebración, el Concilio Vaticano II advirtió también que debían ponerse en práctica algunas prescripciones del Tridentino no en todas partes acatadas, como la homilía en los domingos y días festivos[17], y la posibilidad de intercalar moniciones entre los mismos ritos sagrados[18].

Con mayor interés aún, el Concilio Vaticano II, consecuente con presentar como "el modo más perfecto de participación aquel en que los fieles, después de la Comunión del sacerdote, reciben el Cuerpo del Señor consagrado en la misma Misa"[19], exhorta a llevar a la práctica otro deseo ya formulado por los Padres del Tridentino: que para participar de un modo más pleno "en la Misa no se contenten los fieles con comulgar espiritualmente, sino que reciban sacramentalmente la Comunión eucarística"[20].

14. Movido por el mismo espíritu y por el mismo interés pastoral del Tridentino, el Concilio Vaticano II pudo abordar desde un punto de vista distinto lo establecido por aquél acerca de la Comunión bajo las dos especies. Al no haber hoy quien ponga en duda los principios doctrinales del valor pleno de la Comunión eucarística recibida bajo la sola especie de pan, permitió en algunos casos la Comunión bajo ambas especies, a saber, siempre que por esta más clara manifestación del signo sacramental los fieles tengan ocasión de captar mejor el misterio en el que participan[21].

15. De esta manera, la Iglesia, que conservando lo "antiguo", es decir, el depósito de la tradición, permanece fiel a su misión de ser maestra de la verdad, cumple también con su deber de examinar y emplear prudentemente "lo nuevo" (cfr. Mt 13, 52).

Así, una parte del nuevo Misal presenta unas oraciones de la Iglesia más abiertamente orientadas a las necesidades actuales; tales son, principalmente, las Misas rituales y por diversas necesidades, en las que oportunamente se combinan lo tradicional y lo nuevo. Mientras que algunas expresiones, provenientes de la más antigua tradición de la Iglesia, han permanecido intactas, como puede verse por el mismo Misal Romano, reeditado tantas veces, otras muchas expresiones han sido acomodadas a las actuales necesidades y circunstancias, y otras, en cambio, como las oraciones por la Iglesia, por los laicos, por la santificación del trabajo humano, por la comunidad de las naciones, por algunas necesidades peculiares de nuestro tiempo, han sido elaboradas íntegramente, tomando las ideas y muchas veces aun las expresiones de los documentos conciliares recientes.

Al hacer uso de los textos de una tradición antiquísima, teniendo también en cuenta la nueva situación del mundo, según hoy se presenta, se han podido cambiar ciertas expresiones, sin que aparezca como menosprecio a tan venerable tesoro, con el fin de adaptarlas al lenguaje teológico actual y a la presente disciplina de la Iglesia. Por ejemplo, han sido modificadas algunas que miran a la apreciación y el uso de los bienes terrenos, y otras que se refieren a ciertas formas de penitencia corporal, propias de otros tiempos.

15 Cfr. Concilio Ecuménico Vaticano II, Constitución sobre la Sagrada Liturgia, *Sacrosanctum Concilium,* n. 33.
16 *Ibid.,* n. 36.
17 *Ibid.,* n. 52.
18 *Ibid.,* n. 35, 3.
19 *Ibid.,* n. 55.
20 Concilio Ecuménico Tridentino, Sesión XXII, Doctrina sobre el Santísimo Sacrificio de la Misa, cap. 6: Denz.-Schönm. 1747.
21 Cfr. Concilio Ecuménico Vaticano II, Constitución sobre la Sagrada Liturgia, *Sacrosanctum Concilium,* n. 55.

Se ve, pues, cómo las normas litúrgicas del Concilio de Trento han sido en gran parte completadas y perfeccionadas por las del Vaticano II, que condujo a término los esfuerzos para conseguir un mayor acercamiento de los fieles a la Liturgia, esfuerzos realizados a lo largo de cuatro siglos, y sobre todo en los últimos tiempos, debido principalmente al interés por la Liturgia que suscitaron san Pío X y sus sucesores.

CAPÍTULO I

IMPORTANCIA Y DIGNIDAD DE LA CELEBRACIÓN EUCARÍSTICA

16. La celebración de la Misa, como acción de Cristo y del pueblo de Dios, ordenado jerárquicamente, es el centro de toda la vida cristiana para la Iglesia universal y local, y para todos los fieles individualmente[22]. Pues en ella se culmina la acción con que Dios santifica al mundo en Cristo, y el culto que los hombres tributan al Padre, adorándolo por medio de Cristo, Hijo de Dios, en el Espíritu Santo[23]. Además, de tal modo se recuerdan en ella los misterios de la Redención a lo largo del año, que, en cierto modo, se nos hacen presentes[24]. Todas las demás acciones sagradas y cualesquiera obras de la vida cristiana, se relacionan con ella, proceden de ella y a ella se ordenan[25].

17. Es, por lo tanto, de sumo interés que de tal modo se ordene la celebración de la Misa o Cena del Señor, que ministros sagrados y fieles, participando cada uno según su condición, reciban de ella con más plenitud los frutos[26] para cuya consecución instituyó Cristo nuestro Señor el sacrificio eucarístico de su Cuerpo y Sangre y confió este sacrificio, como un memorial de su pasión y resurrección, a la Iglesia, su amada Esposa[27].

18. Todo esto se podrá conseguir si, mirando a la naturaleza y demás circunstancias de cada asamblea litúrgica, toda la celebración se dispone de modo que favorezca la consciente, activa y plena participación de los fieles, es decir, esa participación de cuerpo y alma, ferviente de fe, esperanza y caridad, que es la que la Iglesia desea, la que reclama la misma naturaleza de la celebración, y a la que tiene derecho y deber el pueblo cristiano, por fuerza del Bautismo[28].

19. Aunque en algunas ocasiones no es posible la presencia y la activa participación de los fieles, cosas ambas que manifiestan mejor que ninguna otra la naturaleza eclesial de la acción litúrgica[29], sin embargo la celebración eucarística no pierde por ello su eficacia y dignidad, ya que es un acto de Cristo y de la Iglesia, en la que el sacerdote ejerce su ministerio principal y obra siempre por la salvación del pueblo.

Por eso se recomienda al sacerdote que celebre el sacrificio eucarístico todos los días, según su posibilidad[30].

20. Y puesto que la celebración eucarística, como toda la Liturgia, se realiza por signos sensibles, con los que la fe se alimenta, se robustece y se expresa[31], se debe poner todo el esmero posible para que sean seleccionadas y ordenadas aquellas formas y elementos que la Iglesia propone, que, según las circunstancias de personas y lugares, favorezcan más directamente la activa y plena participación de los fieles, y respondan mejor a su aprovechamiento espiritual.

---

22 Cfr. Concilio Ecuménico Vaticano II, Constitución sobre la Sagrada Liturgia, *Sacrosanctum Concilium,* n. 41; Constitución dogmática sobre la Iglesia, *Lumen gentium,* n. 11; Decreto sobre el ministerio y la vida de los presbíteros, *Presbyterorum ordinis,* nn. 2, 5, 6; Decreto sobre el oficio pastoral de los Obispos, *Christus Dominus,* n. 30; Decreto sobre el ecumenismo, *Unitatis redintegratio,* n. 15; Sagrada Congregación de Ritos, Instrucción *Eucharisticum mysterium,* del 25 de mayo de 1967, nn. 3 e, 6: AAS 59 (1967), pp. 542, 544-545.

23 Cfr. Concilio Ecuménico Vaticano II, Constitución sobre la Sagrada Liturgia, *Sacrosanctum Concilium,* n. 10.

24 Cfr. *ibid.,* n. 102.

25 Cfr. Concilio Ecuménico Vaticano II, Constitución sobre la Sagrada Liturgia, *Sacrosanctum Concilium,* n. 10; Decreto sobre el ministerio y la vida de los presbíteros, *Presbyterorum ordinis,* n. 5.

26 Cfr. Concilio Ecuménico Vaticano II, Constitución sobre la Sagrada Liturgia, *Sacrosanctum Concilium,* nn. 14, 19, 26, 28, 30.

27 Cfr. *ibid.,* n. 47.

28 Cfr. *ibid.,* n. 14.

29 Cfr. *ibid.,* n. 41.

30 Cfr. Concilio Ecuménico Vaticano II, Decreto sobre el ministerio y la vida de los presbíteros, *Presbyterorum ordinis,* n. 13; *Código de Derecho Canónico,* can. 904.

31 Cfr. Concilio Ecuménico Vaticano II, Constitución sobre la Sagrada Liturgia, *Sacrosanctum Concilium,* n. 59.

21. De ahí que esta Institución general procura, por una parte, exponer las directrices generales, según las cuales quede bien ordenada la celebración de la Eucaristía, y, por otra parte, propone las normas a las que deberá acomodarse cada una de las formas de celebración[32].

22. La celebración de la Eucaristía en la Iglesia particular es de suma importancia.

En efecto, el Obispo diocesano, en cuanto primer dispensador de los misterios de Dios, es el moderador, promotor y custodio de toda la vida litúrgica en la Iglesia particular a él confiada[33]. En las celebraciones que se realizan bajo su presidencia, sobre todo en la celebración eucarística llevada a cabo por él con la participación del presbiterio, de los diáconos y del pueblo, se manifiesta el misterio de la Iglesia. Por tal motivo estas Misas solemnes deben ser ejemplo para la diócesis entera.

Él debe procurar que los presbíteros, los diáconos y los fieles laicos comprendan siempre cabalmente el auténtico significado de los ritos y de los textos litúrgicos y así sean llevados a una activa y fructuosa celebración de la Eucaristía. En vistas a este fin, es necesario velar por aumentar la dignidad de las celebraciones mismas, a la cual contribuye muchísimo la belleza del lugar sagrado, de la música y del arte.

23. Además, para que la celebración responda más plenamente a las normas y al espíritu de la sagrada Liturgia, y para que aumente su eficacia pastoral, se exponen, en esta Institución general y en el Ordinario de la Misa, algunas acomodaciones y adaptaciones.

24. Estas adaptaciones consisten, por lo general, en la elección de algunos ritos y textos, es decir, cantos, lecturas, oraciones, moniciones y gestos que mejor respondan a las necesidades, preparación y mentalidad de los participantes. Esta elección se confía al sacerdote celebrante. Sin embargo, el sacerdote debe tener presente que él es servidor de la sagrada Liturgia, y que no le es lícito añadir, quitar o cambiar algo arbitrariamente en la celebración de la Misa[34].

25. Además, en el Misal, se indican en su lugar algunas adaptaciones que, según la Constitución sobre la Sagrada Liturgia, competen respectivamente o al Obispo diocesano o a la Conferencia Episcopal[35] (cfr. nn. 387, 388-393).

26. Respecto a las variaciones y adaptaciones de más relieve que sea preciso introducir para que la Liturgia responda a las tradiciones y mentalidad de los pueblos y regiones, en conformidad con el artículo 40 de la Constitución sobre la Sagrada Liturgia, téngase en cuenta tanto lo que establece la Instrucción "La Liturgia romana y la inculturación"[36] como lo que se expone más adelante (nn. 395-399).

32 Para las celebraciones especiales de la Misa, obsérvese lo que está establecido: Cfr. para las Misas con grupos particulares: Sagrada Congregación para el Culto Divino, Instrucción *Actio pastoralis,* del 15 de mayo de 1969: AAS 61 (1969), pp. 806-811; para las Misas con niños: *Directorio de Misas con niños,* del 1 de noviembre de 1973: AAS 66 (1974), pp. 30-46; para el modo de unir la Liturgia de las Horas con la Misa: *Ordenación general de la Liturgia de las Horas,* nn. 93-98; para el modo de unir algunas bendiciones y la coronación de una imagen de la Virgen María con la Misa: Ritual Romano, *Bendicional,* edición típica 1984, Praenotanda, n. 28; *Rito para la coronación de una imagen de la Virgen María,* nn. 10 y 14.

33 Cfr. Concilio Ecuménico Vaticano II, Decreto sobre el oficio pastoral de los Obispos, *Christus Dominus,* n. 15; Cfr. también Constitución sobre la Sagrada Liturgia, *Sacrosanctum Concilium,* n. 41.

34 Cfr. Concilio Ecuménico Vaticano II, Constitución sobre la Sagrada Liturgia, *Sacrosanctum Concilium,* n. 22.

35 Cfr. también Concilio Ecuménico Vaticano II, Constitución sobre la Sagrada Liturgia, *Sacrosanctum Concilium,* nn. 38, 40; Pablo VI, Constitución Apostólica *Missale Romanum,* supra.

36 Congregación para el Culto Divino y la Disciplina de los Sacramentos, Instrucción *Varietates legitimae,* del 25 de enero de 1994: AAS 87 (1995), pp. 288-314.

CAPÍTULO II

ESTRUCTURA DE LA MISA, SUS ELEMENTOS Y SUS PARTES

I. ESTRUCTURA GENERAL DE LA MISA

27. En la Misa o Cena del Señor, el pueblo de Dios es convocado bajo la presidencia del sacerdote, que actúa en la persona de Cristo, para celebrar el memorial del Señor o sacrificio eucarístico[37]. De ahí que sea eminentemente válida, cuando se habla de la asamblea local de la santa Iglesia, aquella promesa de Cristo: "Donde dos o tres están reunidos en mi nombre, allí estoy yo en medio de ellos" (Mt 18, 20). Pues en la celebración de la Misa, en la cual se perpetúa el sacrificio de la cruz[38], Cristo está realmente presente en la misma asamblea congregada en su nombre, en la persona del ministro, en su palabra y, ciertamente de una manera sustancial y permanente, bajo las especies eucarísticas[39].

28. La Misa consta en cierto sentido de dos partes: la Liturgia de la Palabra y la Liturgia eucarística, tan estrechamente unidas entre sí, que constituyen un solo acto de culto[40] ya que en la Misa se dispone la mesa, tanto de la Palabra de Dios como del Cuerpo de Cristo, en la que los fieles encuentran instrucción y alimento cristiano[41]. Otros ritos pertenecen a la apertura y conclusión de la celebración.

II. DIVERSOS ELEMENTOS DE LA MISA

Lectura de la Palabra de Dios y su explicación

29. Cuando se leen en la Iglesia las Sagradas Escrituras, Dios mismo habla a su pueblo, y Cristo, presente en su palabra, anuncia el Evangelio.

Por eso las lecturas de la Palabra de Dios que proporcionan a la Liturgia un elemento de grandísima importancia, deben ser escuchadas por todos con veneración. Y aunque la palabra divina, en las lecturas de la Sagrada Escritura, va dirigida a todos los hombres de todos los tiempos y está al alcance de su entendimiento, sin embargo, su comprensión y eficacia aumenta con una explicación viva, es decir, con la homilía, que es parte de la acción litúrgica[42].

Oraciones y partes que corresponden al sacerdote

30. Entre las atribuciones del sacerdote ocupa el primer lugar la Plegaria eucarística, que es el culmen de toda la celebración. Se añaden a ésta otras oraciones, a saber, la oración colecta, la oración sobre las ofrendas y la oración después de la Comunión. Estas oraciones las dirige a Dios el sacerdote que preside la asamblea actuando en la persona de Cristo, en nombre de todo el pueblo santo y de todos los presentes[43]. Con razón, pues, se denominan "oraciones presidenciales".

---

37 Cfr. Concilio Ecuménico Vaticano II, Decreto sobre el ministerio y la vida de los presbíteros, *Presbyterorum ordinis,* n. 5; Constitución sobre la Sagrada Liturgia, *Sacrosanctum Concilium,* n. 33.

38 Cfr. Concilio Ecuménico Tridentino, Sesión XXII, Doctrina sobre el Santísimo Sacrificio de la Misa, cap. 1: Denz.-Schönm. 1740; Cfr. Pablo VI, *Sollemnis professio fidei,* del 30 de junio de 1968, n. 24: AAS 60 (1968), p. 442.

39 Cfr. Concilio Ecuménico Vaticano II, Constitución sobre la Sagrada Liturgia, *Sacrosanctum Concilium,* n. 7; Pablo VI, Carta Encíclica *Mysterium Fidei,* del 3 de septiembre de 1965: AAS 57 (1965), p. 764; Sagrada Congregación de Ritos, Instrucción *Eucharisticum mysterium,* del 25 de mayo de 1967, n. 9: AAS 59 (1967), p. 547.

40 Cfr. Concilio Ecuménico Vaticano II, Constitución sobre la Sagrada Liturgia, *Sacrosanctum Concilium,* n. 56; Sagrada Congregación de Ritos, Instrucción *Eucharisticum mysterium,* del 25 de mayo de 1967, n. 3: AAS 59 (1967), p. 542.

41 Cfr. Concilio Ecuménico Vaticano II, Constitución sobre la Sagrada Liturgia, *Sacrosanctum Concilium,* nn. 48, 51; Constitución dogmática sobre la divina Revelación, *Dei Verbum,* n. 21; Decreto sobre el ministerio y la vida de los presbíteros, *Presbyterorum ordinis,* n. 4.

42 Cfr. Concilio Ecuménico Vaticano II, Constitución sobre la Sagrada Liturgia, *Sacrosanctum Concilium,* nn. 7, 33, 52.

43 Cfr. Concilio Ecuménico Vaticano II, Constitución sobre la Sagrada Liturgia, *Sacrosanctum Concilium,* n. 33.

31. Igualmente corresponde al sacerdote, que ejercita el cargo de presidente de la asamblea reunida, decir algunas moniciones previstas en el rito mismo. Donde las rúbricas lo establecen, es lícito que el celebrante adapte un poco las moniciones para que respondan mejor a la comprensión de los participantes; sin embargo, el sacerdote procure siempre conservar el sentido de la monición que viene propuesto en el Misal y expresarlo con pocas palabras. Corresponde asimismo al sacerdote que preside moderar la Palabra de Dios y dar la bendición final. También le está permitido introducir a los fieles en la Misa del día con brevísimas palabras, después del saludo inicial y antes del acto penitencial; para la Liturgia de la Palabra, antes de las lecturas; en la Plegaria eucarística, antes de iniciar el Prefacio, pero nunca dentro de la misma Plegaria y, finalmente, dar por concluida la acción sagrada, antes de la fórmula de despedida.

32. La naturaleza de las intervenciones "presidenciales" exige que se pronuncien claramente y en voz alta, y que todos las escuchen atentamente[44]. Por consiguiente, mientras interviene el sacerdote, no se cante ni se rece otra cosa, y estén igualmente callados el órgano y cualquier otro instrumento musical.

33. El sacerdote pronuncia oraciones como presidente en nombre de toda la Iglesia y de la comunidad congregada, y a veces lo hace a título personal, para poder cumplir con su ministerio con mayor atención y piedad. Estas oraciones, que se proponen antes de la lectura del Evangelio, durante la preparación de los dones, como también antes y después de la Comunión del sacerdote, se dicen en secreto.

Otras fórmulas que se usan en la celebración

34. Puesto que la celebración de la Misa, por su propia naturaleza tiene carácter "comunitario"[45], merecen especial relieve los diálogos entre el celebrante y los fieles congregados, y asimismo las aclamaciones[46]. Estos elementos no son solamente señales exteriores de una celebración común, sino que fomentan y realizan la comunión entre el sacerdote y el pueblo.

35. Las aclamaciones y respuestas de los fieles a los saludos del sacerdote y a sus oraciones constituyen precisamente aquel grado de participación activa que, en cualquier forma de Misa, se exige de los fieles reunidos para que quede así expresada y fomentada la acción de toda la comunidad[47].

36. Otras partes que son muy útiles para manifestar y favorecer la activa participación de los fieles, y que se encomiendan a toda la asamblea convocada, son, sobre todo, el acto penitencial, la profesión de fe, la oración universal y la Oración dominical.

37. Finalmente, en cuanto a otras fórmulas:

a) algunas tienen por sí mismas el valor de rito o de acto; por ejemplo, el *Gloria*, el salmo responsorial, el *Aleluya* y el verso anterior al Evangelio, el *Santo*, la aclamación de la anámnesis y el canto después de la Comunión;
b) otras, en cambio, simplemente acompañan un rito, por ejemplo, los cantos: de entrada, del ofertorio, de la fracción (*Cordero de Dios*) y de la Comunión.

Modos de pronunciar los diversos textos

38. En los textos que han de pronunciar en voz alta y clara el sacerdote o el diácono o el lector o todos, la voz ha de corresponder a la índole del respectivo texto, según se trate de lectura, oración,

44 Cfr. Sagrada Congregación de Ritos, Instrucción *Musicam sacram,* del 5 de marzo de 1967, n. 14: AAS 59 (1967), p. 304.

45 Cfr. Concilio Ecuménico Vaticano II, Constitución sobre la Sagrada Liturgia, *Sacrosanctum Concilium,* nn. 26-27; Sagrada Congregación de Ritos, Instrucción *Eucharisticum mysterium,* del 25 de mayo de 1967, n. 3 d: AAS 59 (1967), p. 542.

46 Cfr. Concilio Ecuménico Vaticano II, Constitución sobre la Sagrada Liturgia, *Sacrosanctum Concilium,* n. 30.

47 Cfr. Sagrada Congregación de Ritos, Instrucción *Musicam sacram,* del 5 de marzo de 1967, n. 16 a: AAS 59 (1967), p. 305.

monición, aclamación o canto; igualmente téngase en cuenta la clase de celebración y la solemnidad de la reunión litúrgica. Y, naturalmente, de la índole de las diversas lenguas y caracteres de los pueblos.

En las rúbricas y normas que siguen, los vocablos "pronunciar" o "decir" deben entenderse lo mismo del canto que de los recitados, según los principios que acaban de enunciarse.

Importancia del canto

39. Exhorta el Apóstol a los fieles que se reúnen esperando la venida de su Señor que canten todos juntos con salmos, himnos y cánticos espirituales (cfr. Col 3, 16). El canto es una señal del gozo del corazón (cfr. Hech 2, 46). De ahí que san Agustín diga con razón: "Cantar es propio de quien ama"[48]; y viene de tiempos muy antiguos el famoso proverbio: "Quien bien canta, ora dos veces".

40. Téngase, por consiguiente, en gran estima el uso del canto en la celebración de la Misa, siempre teniendo en cuenta el carácter de cada pueblo y las posibilidades de cada asamblea litúrgica. Aunque no es siempre necesario usar el canto, por ejemplo en las Misas feriales, para todos los textos que de suyo se destinan a ser cantados, se debe procurar que por ningún motivo falte el canto de los ministros y del pueblo en las celebraciones que se llevan a cabo los domingos y fiestas de precepto.

Al hacer la selección de lo que de hecho se va a cantar, se dará la preferencia a las partes que tienen mayor importancia, sobre todo a aquellas que deben cantar el sacerdote o el diácono o el lector, con respuesta del pueblo, o el sacerdote y el pueblo al mismo tiempo[49].

41. El canto gregoriano, en igualdad de circunstancias, obtenga el lugar principal en cuanto propio de la Liturgia romana. Otros géneros de música sagrada, sobre todo la polifonía, de ningún modo se excluyen, con tal que respondan al espíritu de la acción litúrgica y favorezcan la participación de todos los fieles[50].

Y, ya que es cada día más frecuente el encuentro de fieles de diversas nacionalidades, conviene que esos mismos fieles sepan cantar todos a una en latín algunas de las partes del Ordinario de la Misa, sobre todo el símbolo de la fe y la Oración dominical en sus melodías más fáciles[51].

Gestos y posturas corporales

42. Los gestos y posturas corporales tanto del sacerdote, del diácono y de los ministros, como del pueblo, deben contribuir a que toda la celebración se caracterice por el decoro y la noble sencillez, se perciba el significado verdadero y pleno de sus partes y se fomente la participación de todos[52]. Para conseguirlo será necesario atenerse a las normas definidas por esta Institución general y a la praxis tradicional del Rito romano, es decir, a las normas que contribuyen al bien espiritual común del pueblo de Dios más que a los gustos personales o al arbitrio.

La postura corporal común, que han de observar todos los que toman parte en la celebración, es un signo de la unidad de los miembros de la comunidad cristiana congregada para celebrar la sagrada Liturgia, ya que expresa y fomenta al mismo tiempo la intención y los sentimientos de los participantes.

43. Los fieles estén de pie desde el principio del canto de entrada, o mientras el sacerdote se acerca al altar, hasta la conclusión de la oración colecta; al canto del *Aleluya* que precede al Evangelio; durante

48 San Agustín de Hipona, *Sermo* 336, 1: PL 38, 1472.

49 Cfr. Sagrada Congregación de Ritos, Instrucción *Musicam sacram,* del 5 de marzo de 1967, nn. 7, 16: AAS 59 (1967), pp. 302, 305.

50 Cfr. Concilio Ecuménico Vaticano II, Constitución sobre la Sagrada Liturgia, *Sacrosanctum Concilium,* n. 116; Cfr. también *ibid.,* n. 30.

51 Cfr. Concilio Ecuménico Vaticano II, Constitución sobre la Sagrada Liturgia, *Sacrosanctum Concilium,* n. 54; Sagrada Congregación de Ritos, Instrucción *Inter Oecumenici,* del 26 de septiembre de 1964, n. 59: AAS 56 (1964), p. 891; Instrucción *Musicam sacram,* del 5 de marzo de 1967, n. 47: AAS 59 (1967), p. 314.

52 Cfr. Concilio Ecuménico Vaticano II, Constitución sobre la Sagrada Liturgia, *Sacrosanctum Concilium,* nn. 30, 34; Cfr. también *ibid.,* n. 21.

la proclamación del mismo Evangelio; durante la profesión de fe y la oración universal; y desde la invitación *Oren, hermanos* que precede a la oración sobre las ofrendas, hasta el fin de la Misa, excepto en los momentos que a continuación se enumeran.

En cambio, estarán sentados durante las lecturas y el salmo responsorial que preceden al Evangelio; durante la homilía, y mientras se hace la preparación de los dones en el ofertorio; también, según la oportunidad, estarán sentados o de rodillas a lo largo del sagrado silencio que se observa después de la Comunión.

En las diócesis de los Estados Unidos de América, los fieles deben permanecer de rodillas después del canto o recitación del *Santo* hasta después del *Amén* de la Plegaria eucarística, a no ser que lo impidan la enfermedad, la estrechez del lugar o el gran número de los presentes u otras causas razonables. Los que no pueden arrodillarse para la consagración deben hacer una inclinación profunda mientras el sacerdote hace la genuflexión después de la consagración. Los fieles se arrodillan después del *Cordero de Dios* a no ser que el Obispo diocesano determine otra postura.[53]

Para conseguir la uniformidad en los gestos y posturas corporales dentro de una misma celebración, obedezcan los fieles a las moniciones que pronuncian el diácono o el ministro laico o el sacerdote durante la celebración, según lo establecido en el Misal.

44. Entre los gestos hay que enumerar también acciones y procesiones tales como: cuando el sacerdote con el diácono y los ministros se acercan al altar; el diácono, antes de la proclamación del Evangelio, lleva consigo al ambón el Evangeliario o Libro de los Evangelios; los fieles llevan al altar los dones, y se acercan a la Comunión. Conviene que estas acciones y procesiones se realicen en forma decorosa, mientras se cantan los textos correspondientes, según las normas establecidas en cada caso.

El silencio

45. También, como parte de la celebración, ha de guardarse, a su tiempo, el silencio sagrado[54]. La naturaleza de este silencio depende del momento en que se observa durante la Misa. Así, en el acto penitencial y después de la invitación a orar, los presentes se recogen en su interior; al terminar la lectura o la homilía, reflexionan brevemente sobre lo que han oído; después de la Comunión alaban a Dios en su corazón y oran.

Ya antes de la celebración misma, es muy laudable que se guarde silencio en la iglesia, en la sacristía, en el "secretarium" y en los lugares más cercanos, a fin de que todos puedan disponerse para celebrar devota y debidamente las acciones sagradas.

III. DIVERSAS PARTES DE LA MISA

A) Ritos iniciales

46. Los ritos que preceden a la liturgia de la Palabra, es decir, el canto de entrada, el saludo, el acto penitencial, el *Señor, ten piedad*, el *Gloria* y la oración colecta, tienen el carácter de exordio, introducción y preparación.

La finalidad de estos ritos es hacer que los fieles reunidos constituyan una comunidad, y se dispongan a oír como conviene la Palabra de Dios y a celebrar dignamente la Eucaristía.

En algunas celebraciones que, según la norma de los libros litúrgicos, se unen con la Misa, los ritos iniciales se omiten o se realizan de manera peculiar.

53 Cfr. *ibid.*, n. 40; Congregación para el Culto Divino y la Disciplina de los Sacramentos, Instrucción *Varietates legitimae*, del 25 de enero de 1994, n. 41: AAS 87 (1995), p. 304.

54 Cfr. Concilio Ecuménico Vaticano II, Constitución de la Sagrada Liturgia, *Sacrosanctum Concilium*, n. 30; Sagrada Congregación de Ritos, *Instrucción Musicam sacram*, del 5 de marzo de 1967, n. 17; AAS 59 (1967), p. 305.

Canto de entrada

47. Reunido el pueblo, mientras entra el sacerdote con el diácono y los ministros, se da comienzo al canto de entrada. La finalidad de este canto es abrir la celebración, fomentar la unión de quienes se han reunido, introducirlos en el misterio del tiempo litúrgico o de la fiesta y acompañar la procesión del sacerdote y los ministros.

48. Se canta alternativamente por el coro y el pueblo, o de manera semejante, por el cantor y el pueblo, o todo por el pueblo, o solamente por el coro. En las diócesis de los Estados Unidos de América hay cuatro opciones para el canto de entrada: (1) la antífona del Misal o la antífona con su salmo del Gradual Romano según la notación musical adjunta o en otro arreglo musical; (2) la antífona y el salmo del tiempo litúrgico del Gradual Simple; (3) un canto de otra colección de salmos y antífonas aprobada por la Conferencia de Obispos o por el Obispo diocesano, incluso salmos musicalizados en forma responsorial o métrica; (4) otro canto litúrgico apropiado a la acción sagrada, al día, o al tiempo del año, aprobado de la misma manera por la Conferencia de Obispos o por el Obispo diocesano.[55]

Si no se canta a la entrada, la antífona propuesta en el Misal se recitará por todos los fieles o por algunos de ellos o por un lector o también por el mismo sacerdote, el cual también puede adaptarla a manera de una monición inicial (cfr. n. 31).

Saludo al altar y al pueblo congregado

49. El sacerdote, el diácono y los ministros, cuando llegan al presbiterio, saludan al altar con una inclinación profunda.

Para manifestar la veneración, el sacerdote y el diácono besan el altar. El sacerdote, si lo cree oportuno, podrá también incensar la cruz y el altar.

50. Terminado el canto de entrada, el sacerdote, de pie junto a la sede, y toda la asamblea, hacen la señal de la cruz. A continuación el sacerdote, por medio del saludo, manifiesta a la asamblea reunida la presencia del Señor. Con este saludo y con la respuesta del pueblo queda de manifiesto el misterio de la Iglesia congregada.

Terminado el saludo, el sacerdote o el diácono o un ministro laico puede introducir a los fieles en la Misa del día con brevísimas palabras.

Acto penitencial

51. Después el sacerdote invita al acto penitencial, que, tras un breve momento de silencio, realiza toda la comunidad con la fórmula de la confesión general y se termina con la absolución del sacerdote, la cual, sin embargo, carece de la eficacia propia del sacramento de la Penitencia.

El domingo, sobre todo en el Tiempo Pascual, en lugar del acto penitencial acostumbrado, puede hacerse la bendición y la aspersión del agua en memoria del Bautismo[56].

Señor, ten piedad

52. Después del acto penitencial se dice siempre el *Señor, ten piedad*, a no ser que éste haya formado ya parte del mismo acto penitencial. Siendo un canto con el que los fieles aclaman al Señor y piden su misericordia, regularmente habrán de hacerlo todos, es decir, tomarán parte en él el pueblo y el coro o un cantor.

Cada una de estas aclamaciones se repite, normalmente, dos veces, pero también cabe un mayor número de veces, según el modo de ser de cada lengua o las exigencias del arte musical o de las circunstancias. Cuando se canta el *Señor, ten piedad* como parte del acto penitencial, a cada una de las aclamaciones se le antepone un "tropo".

55 Cfr. Juan Pablo II, Carta Apostólica *Dies Domini*, del 31 de mayo de 1998, n. 50: AAS 90 (1998), p. 745.

56 Cfr. infra. Apéndice III. *Rito para la bendición y aspersión de agua los domingos*, pp. 1331ss.

Gloria

53. El *Gloria* es un antiquísimo y venerable himno con el que la Iglesia, congregada en el Espíritu Santo, glorifica a Dios Padre y al Cordero y le presenta sus súplicas. El texto de este himno no puede cambiarse por otro. Es iniciado por el sacerdote o, según el caso, por un cantor o por el coro, y lo cantan o todos juntos, o el pueblo alternando con el coro o únicamente el coro. Si no se canta lo han de recitar todos, o juntos o a dos coros alternativamente.

El *Gloria* se canta o se recita los domingos, fuera de los tiempos de Adviento y Cuaresma, en las solemnidades y fiestas y en algunas celebraciones de particular solemnidad.

Oración colecta

54. A continuación el sacerdote invita al pueblo a orar, y todos, a una con el sacerdote, permanecen un momento en silencio para hacerse conscientes de estar en la presencia de Dios y formular interiormente sus súplicas. Entonces el sacerdote dice la oración que se suele denominar "colecta" con la que se expresa la índole de la celebración. Según la antigua tradición de la Iglesia, la súplica se dirige regularmente a Dios Padre por Cristo en el Espíritu Santo[57] y termina con una conclusión trinitaria de la manera siguiente:

- si se dirige al Padre: *Por nuestro Señor Jesucristo, tu Hijo, que vive y reina contigo en la unidad del Espíritu Santo y es Dios por los siglos de los siglos*;
- si se dirige al Padre, pero al fin de esa oración se menciona al Hijo: *Él, que vive y reina contigo en la unidad del Espíritu Santo y es Dios por los siglos de los siglos*;
- si se dirige al Hijo: *Tú que vives y reinas con el Padre en la unidad del Espíritu Santo y eres Dios por los siglos de los siglos*.

El pueblo, uniéndose a esta súplica, hace suya la oración pronunciando la aclamación *Amén*. En la Misa siempre se dice una sola oración colecta.

B) Liturgia de la Palabra

55. Las lecturas tomadas de la Sagrada Escritura, con los cantos que se intercalan, constituyen la parte principal de la Liturgia de la Palabra; la homilía, la profesión de fe y la oración universal u oración de los fieles, la desarrollan y concluyen. Pues en las lecturas, que luego explica la homilía, Dios habla a su pueblo[58], le descubre el misterio de la redención y salvación, y le ofrece el alimento espiritual; y el mismo Cristo, por su palabra, se hace presente en medio de los fieles[59]. Esta Palabra divina la hace suya el pueblo con el silencio y los cantos y muestra su adhesión a ella con la profesión de fe; y una vez nutrido con ella, en la oración universal, hace súplicas por las necesidades de la Iglesia entera y por la salvación de todo el mundo.

Silencio

56. La Liturgia de la Palabra debe ser celebrada de tal manera que favorezca la meditación, por eso se debe evitar absolutamente toda forma de apresuramiento que impida el recogimiento. En ella son convenientes también unos breves momentos de silencio, acomodados a la asamblea reunida, en los cuales, con la ayuda del Espíritu Santo, se perciba con el corazón la Palabra de Dios y se prepare la respuesta por medio de la oración. Estos momentos de silencio se pueden observar oportunamente,

57 Cfr. Tertuliano, *Adversus Marcionem*, IV, 9: CCSL 1, p. 560; Orígenes, *Disputatio cum Heracleida*, nn. 4, 24: SCh 67, p. 62; *Statuta Concilii Hipponensis Breviata*, 21: CCSL 149, p. 39.

58 Cfr. Concilio Ecuménico Vaticano II, Constitución sobre la Sagrada Liturgia, *Sacrosanctum Concilium*, n. 33.

59 Cfr. *ibid.*, n. 7.

por ejemplo, antes de que se inicie la misma Liturgia de la Palabra, después de la primera y la segunda lectura, y terminada la homilía[60].

Lecturas bíblicas

57. En las lecturas se dispone la mesa de la Palabra de Dios a los fieles y se les abren los tesoros bíblicos[61]. Se debe, por lo tanto, respetar la disposición de las lecturas bíblicas, la cual pone de relieve la unidad de ambos Testamentos y de la Historia de la Salvación. No está permitido cambiar las lecturas y el salmo responsorial, que contienen la Palabra de Dios, por otros textos no bíblicos[62].

58. En la Misa celebrada con el pueblo las lecturas se proclaman siempre desde el ambón.

59. El proclamar las lecturas, según la tradición, no es un oficio presidencial, sino ministerial. Por consiguiente, las lecturas son proclamadas por un lector; el Evangelio, en cambio, viene anunciado por el diácono, o en su ausencia, por otro sacerdote. Cuando falte el diácono u otro sacerdote, el mismo sacerdote celebrante proclamará el Evangelio; y en ausencia de lectores idóneos, el sacerdote celebrante proclamará también las demás lecturas.

Después de cada lectura, el que lee pronuncia la aclamación. Con su respuesta, el pueblo congregado rinde homenaje a la Palabra de Dios acogida con fe y gratitud.

60. La proclamación del Evangelio constituye el culmen de la Liturgia de la Palabra. Que se haya de tributar suma veneración a la lectura del Evangelio lo enseña la misma Liturgia cuando la distingue por encima de las otras lecturas con especiales muestras de honor, sea por parte del ministro encargado de anunciarlo y por la bendición y oración con que se dispone a hacerlo, sea por parte de los fieles, que con sus aclamaciones reconocen y proclaman la presencia de Cristo que les habla y escuchan la lectura puestos de pie; sea, finalmente, por las mismas muestras de veneración que se tributan al Evangeliario.

Salmo responsorial

61. Después de la primera lectura sigue el salmo responsorial, que es parte integrante de la Liturgia de la Palabra y tiene gran importancia litúrgica y pastoral, en cuanto que fomenta la meditación de la Palabra de Dios.

El salmo responsorial debe responder a cada una de las lecturas y por lo general se toma del Leccionario.

Es preferible que el salmo responsorial se cante, por lo menos en lo que se refiere a la respuesta del pueblo. Por consiguiente, el salmista o cantor del salmo, desde el ambón o desde otro sitio oportuno, proclama los versos del salmo, mientras toda la asamblea escucha sentada, o mejor, participa con su respuesta, a no ser que el salmo se pronuncie todo él seguido, es decir, sin el versículo de respuesta. Para que el pueblo pueda más fácilmente intervenir en la respuesta salmódica, han sido seleccionados algunos textos de responsorios y salmos, según los diversos tiempos del año o las diversas categorías de santos. Estos textos podrán emplearse en vez del texto correspondiente a la lectura todas las veces que el salmo se canta. Si el salmo no puede ser cantado, debe ser recitado de la manera que más favorezca la meditación de la Palabra de Dios.

En las diócesis de los Estados Unidos de América, en lugar del salmo asignado por el Leccionario, se puede cantar también o el responsorio gradual del Gradual Romano o el salmo responsorial o el aleluyático del Gradual Simple, según la descripción que se hace en estos mismos libros, o una antífona y salmo de otra colección de salmos y antífonas aprobada por la Conferencia de Obispos o por

60 Cfr. Misal Romano, *Ordenación de las lecturas de la Misa,* segunda edición típica 1981, Praenotanda, n. 28.
61 Cfr. Concilio Ecuménico Vaticano II, Constitución sobre la Sagrada Liturgia, *Sacrosanctum Concilium,* n. 51.
62 Cfr. Juan Pablo II, Carta Apostólica *Vicesimus quintus annus,* del 4 de diciembre de 1998, n. 13: AAS 81 (1989), p. 910.

el Obispo diocesano, incluso salmos musicalizados en forma responsorial o métrica. No se pueden usar cantos o himnos en lugar del salmo responsorial.

La aclamación que precede la lectura del Evangelio

62. Después de la lectura que precede inmediatamente al Evangelio, se canta el *Aleluya* u otro canto establecido por las rúbricas, según las exigencias del tiempo litúrgico. Esta aclamación constituye por sí misma un rito o acto en el cual la asamblea de los fieles acoge y saluda al Señor que les va a hablar en el Evangelio, y profesa su fe con el canto. Es cantado por todos los presentes, de pie. Lo comienza el cantor o el coro y, si es el caso, se repite. En cambio el verso lo canta el coro o el cantor.

a) El *Aleluya* se canta en todos los tiempos fuera de la Cuaresma. Los versos se toman del Leccionario o del Gradual.
b) En el Tiempo de Cuaresma, en lugar del *Aleluya*, se canta el verso que aparece en el Leccionario antes del Evangelio. Se puede cantar también otro salmo o tracto, que se encuentran en el Gradual.

63. Cuando se tiene una sola lectura antes del Evangelio:

a) En el tiempo en que se dice *Aleluya* se puede utilizar o el salmo aleluyático o el salmo y el *Aleluya* con su propio verso.
b) En el tiempo en que no se ha de decir *Aleluya*, se puede utilizar o el salmo y el verso que precede al Evangelio o el salmo solo.
c) El *Aleluya* o el verso que precede al Evangelio, si no se canta, puede omitirse.

64. La "Secuencia" que, fuera de los días de Pascua y Pentecostés, es opcional, se canta antes del *Aleluya*.

Homilía

65. La homilía es parte de la Liturgia, y muy recomendada[63], pues es necesaria para alimentar la vida cristiana. Conviene que sea una explicación, o de algún aspecto particular de las lecturas de la Sagrada Escritura, o de otro texto del Ordinario, o del Propio de la Misa del día, teniendo siempre presente, ya sea el misterio que se celebra, ya las particulares necesidades de los oyentes[64].

66. La homilía la pronuncia ordinariamente el sacerdote celebrante o será encomendada por él a un sacerdote concelebrante, o a veces, si es oportuno, también al diácono, pero nunca a un laico[65]. En casos particulares y por una causa justa la homilía puede ser pronunciada incluso por el Obispo o un presbítero presente en la celebración pero que no concelebra.

Los domingos y fiestas de precepto se debe tener homilía, y no se puede omitir sin causa grave, en todas las Misas que se celebran con asistencia del pueblo; los demás días se recomienda sobre todo en los días feriales de Adviento, Cuaresma y Tiempo Pascual, y también en otras fiestas y ocasiones en que suelen acudir a la iglesia numerosos fieles[66].

Después de la homilía se guardará oportunamente un breve momento de silencio.

63 Cfr. Concilio Ecuménico Vaticano II, Constitución sobre la Sagrada Liturgia, *Sacrosanctum Concilium,* n. 52; Cfr. *Código de Derecho Canónico*, can. 767 § 1.

64 Cfr. Sagrada Congregación de Ritos, Instrucción *Inter Oecumenici,* del 26 de septiembre de 1964, n. 54: AAS 56 (1964), p. 890.

65 Cfr. *Código de Derecho Canónico*, can. 767 § 1; Pontificia Comisión para la interpretación auténtica del Código del Derecho Canónico, respuesta a la duda acerca del can. 767 § 1: AAS 79 (1987), p. 1249; Instrucción interdicasterial sobre algunas cuestiones acerca de la colaboración de los fieles laicos en el sagrado ministerio de los sacerdotes, *Ecclesiae de mysterio,* del 15 de agosto de 1997, art. 3: AAS 89 (1997), p. 864.

66 Cfr. Sagrada Congregación de Ritos, Instrucción *Inter Oecumenici,* del 26 de septiembre de 1964, n. 53: AAS 56 (1964), p. 890.

Profesión de fe

67. El Símbolo o Profesión de fe tiende a que todo el pueblo congregado responda a la Palabra de Dios proclamada en las lecturas de la Sagrada Escritura y explicada en la homilía y, para que pronunciando la regla de la fe con una fórmula aprobada para el uso litúrgico, traiga a su memoria y confiese los grandes misterios de la fe, antes de comenzar su celebración en la Eucaristía.

68. El Símbolo debe ser cantado o recitado por el sacerdote con el pueblo en los domingos y solemnidades; se puede también decir en celebraciones de peculiar importancia y solemnidad.

Si se canta, el canto del Símbolo viene iniciado por el sacerdote o, si es oportuno, por el cantor o por el coro, y proseguido por todos juntos, o por el pueblo y el coro alternativamente.

Si no se canta, se debe recitar por todos juntos o a dos coros alternativamente.

Oración universal

69. En la oración universal u oración de los fieles, el pueblo responde de alguna manera a la Palabra de Dios recibida con fe y, ejerciendo su sacerdocio bautismal, ofrece a Dios sus peticiones por la salvación de todos. Conviene que esta oración se haga normalmente en las Misas a las que asiste el pueblo, de modo que se eleven súplicas por la santa Iglesia, por los gobernantes, por los que sufren alguna necesidad y por todos los hombres y la salvación de todo el mundo[67].

70. El orden de estas intenciones será generalmente:

a) por las necesidades de la Iglesia,
b) por los que gobiernan las naciones y por la salvación del mundo entero,
c) por los que padecen por cualquier dificultad,
d) por la comunidad local.

Sin embargo, en alguna celebración particular, como en la Confirmación, el Matrimonio o las Exequias, el orden de las intenciones puede amoldarse mejor a la ocasión.

71. Corresponde al sacerdote celebrante dirigir esta oración desde la sede. Él mismo la introduce con una breve monición en la que invita a los fieles a orar y la concluye con una oración. Las intenciones que se proponen deben ser sobrias, redactadas con pocas palabras y con sabia libertad, y deben expresar la plegaria de la comunidad entera.

Las pronuncia un diácono o un cantor o un lector o un fiel laico desde el ambón o desde otro lugar conveniente[68].

El pueblo, estando de pie, expresa su súplica o con una invocación común, que se pronuncia después de cada intención, o bien orando en silencio.

C) Liturgia eucarística

72. En la Última Cena, Cristo instituyó el sacrificio y banquete pascual, por el que se hace continuamente presente en la Iglesia el sacrificio de la cruz, cuando el sacerdote, que representa a Cristo el Señor, lleva a cabo lo que el Señor mismo realizó y confió a sus discípulos para que lo hicieran en memoria suya[69].

---

67 Cfr. Concilio Ecuménico Vaticano II, Constitución sobre la Sagrada Liturgia, *Sacrosanctum Concilium,* n. 53.

68 Cfr. Sagrada Congregación de Ritos, Instrucción *Inter Oecumenici,* del 26 de septiembre de 1964, n. 56: AAS 56 (1964), p. 890.

69 Cfr. Concilio Ecuménico Vaticano II, Constitución sobre la Sagrada Liturgia, *Sacrosanctum Concilium,* n. 47; Sagrada Congregación de Ritos, Instrucción *Eucharisticum mysterium,* del 25 de mayo de 1967, nn. 3 a, b: AAS 59 (1967), pp. 540-541.

Cristo tomó en sus manos el pan y el cáliz, dio gracias, lo partió y lo dio a sus discípulos diciendo: "Tomen, coman, beban; esto es mi Cuerpo; éste es el cáliz de mi Sangre. Hagan esto en conmemoración mía". De ahí que la Iglesia haya ordenado toda la celebración de la liturgia eucarística según estas mismas partes que corresponden a las palabras y acciones de Cristo. Ya que:

a) En la preparación de los dones se llevan al altar el pan y el vino con agua; es decir, los mismos elementos que Cristo tomó en sus manos.
b) En la Plegaria eucarística se dan gracias a Dios por toda la obra de la salvación, y las ofrendas se convierten en el Cuerpo y la Sangre de Cristo.
c) Por la fracción del pan y por la Comunión, los fieles, aun siendo muchos, reciben de un solo pan el Cuerpo y de un solo cáliz la Sangre del Señor, del mismo modo que los Apóstoles lo recibieron de manos del mismo Cristo.

Preparación de los dones

73. Al comienzo de la liturgia eucarística se llevan al altar los dones que se convertirán en el Cuerpo y la Sangre de Cristo.

En primer lugar se prepara el altar o la mesa del Señor, que es el centro de toda la liturgia eucarística, de la siguiente manera[70]: sobre él se colocan el corporal, el purificador, el misal y el cáliz, que puede también dejarse preparado en la credencia.

Se traen a continuación las ofrendas: es de alabar que el pan y el vino lo presenten los mismos fieles. El sacerdote o el diácono los recibirá en un lugar oportuno y los llevará al altar. Aunque los fieles no traigan pan y vino suyo, como se hacía antiguamente, con este destino litúrgico, el rito de presentarlos conserva igualmente su sentido y significado espiritual.

También se puede aportar dinero u ofrecer otros dones para los pobres o para la Iglesia, que los fieles mismos pueden aportar o que pueden ser recolectados en la iglesia, y que se colocarán en un lugar oportuno, fuera de la mesa eucarística.

74. Acompaña a esta procesión en que se llevan los dones el canto del ofertorio (cfr. n. 37, b), que se prolonga por lo menos hasta que los dones han sido depositados sobre el altar. Las normas sobre el modo de hacer este canto son las mismas dadas para el canto de entrada (cfr. n. 48). El canto puede siempre acompañar los ritos del ofertorio, aun cuando no haya procesión de ofrendas.

75. El sacerdote coloca el pan y el vino sobre el altar recitando las fórmulas prescritas. El sacerdote puede incensar los dones colocados sobre el altar, y después la cruz y el altar mismo, para significar que la ofrenda de la Iglesia y su oración suben ante el trono de Dios como el incienso. Después el sacerdote, en virtud del ministerio sagrado, y el pueblo, en virtud de la dignidad bautismal, pueden ser incensados por el diácono u otro ministro.

76. A continuación el sacerdote se lava las manos a un lado del altar. Con este rito se expresa el deseo de purificación interior.

Oración sobre las ofrendas

77. Terminada la colocación de las ofrendas y los ritos que la acompañan se concluye la preparación de los dones, con una invitación a orar juntamente con el sacerdote, y con la oración sobre las ofrendas, y así queda todo preparado para la Plegaria eucarística.

En la Misa se debe decir sólo una oración sobre las ofrendas, la cual se concluye con la fórmula breve, es decir: *Por Jesucristo, nuestro Señor*; pero si al final se menciona al Hijo, entonces se termina: *Él, que vive y reina por los siglos de los siglos*.

70 Cfr. Sagrada Congregación de Ritos, Instrucción *Inter Oecumenici*, del 26 de septiembre de 1964, n. 91: AAS 56 (1964), p. 898; Instrucción *Eucharisticum mysterium*, del 25 de mayo de 1967, n. 24: AAS 59 (1967), p. 554.

El pueblo, al unirse a la plegaria, hace suya la oración con la aclamación *Amén*.

Plegaria eucarística

78. Ahora empieza el centro y el culmen de toda la celebración, a saber, la Plegaria eucarística, que es una plegaria de acción de gracias y de santificación. El sacerdote invita al pueblo a elevar el corazón hacia Dios y a darle gracias a través de la oración que él, en nombre de toda la comunidad, va a dirigir al Padre por medio de Jesucristo en el Espíritu Santo. El sentido de esta oración es que toda la congregación de los fieles se una con Cristo en el reconocimiento de las grandezas de Dios y en la oblación del sacrificio. La Plegaria eucarística exige que todos la escuchen con reverencia y en silencio.

79. Los principales elementos de que consta la Plegaria eucarística pueden distinguirse de esta manera:

a) *Acción de gracias* (que se expresa sobre todo en el Prefacio): en la que el sacerdote, en nombre de todo el pueblo santo, glorifica a Dios Padre y le da gracias por toda la obra de salvación o por alguno de sus aspectos particulares, según las variantes del día, de la festividad o del tiempo litúrgico.
b) *Aclamación:* con la que toda la asamblea, uniéndose a las potestades celestiales, canta el *Santo*. Esta aclamación, que constituye una parte de la Plegaria eucarística, la pronuncia todo el pueblo con el sacerdote.
c) *Epíclesis:* con la que la Iglesia, por medio de determinadas invocaciones, implora el poder del Espíritu Santo para que los dones que han ofrecido los hombres, sean consagrados, es decir, se conviertan en el Cuerpo y la Sangre de Cristo, y para que la víctima inmaculada que se va a recibir en la Comunión sea para salvación de quienes la reciban.
d) *Narración de la institución y consagración:* mediante las palabras y acciones de Cristo se lleva a cabo el sacrificio que Cristo mismo instituyó en la Última Cena, cuando bajo las especies de pan y vino ofreció su Cuerpo y su Sangre y se lo dio a los Apóstoles en forma de alimento y bebida, y les dejó el mandato de perpetuar este mismo misterio.
e) *Anámnesis:* con la que la Iglesia, al cumplir este encargo que, a través de los Apóstoles, recibió de Cristo Señor, realiza el memorial del mismo Cristo, recordando principalmente su bienaventurada pasión, su gloriosa resurrección y la ascensión al cielo.
f) *Oblación:* con la que la Iglesia, sobre todo la reunida aquí y ahora, ofrece en este memorial al Padre en el Espíritu Santo, la víctima inmaculada. La Iglesia pretende que los fieles no sólo ofrezcan la víctima inmaculada, sino que aprendan a ofrecerse a sí mismos[71], y que de día en día perfeccionen, con la mediación de Cristo, la unidad con Dios y entre sí, para que, finalmente, Dios lo sea todo en todos[72].
g) *Intercesiones:* con ellas se da a entender que la Eucaristía se celebra en comunión con toda la Iglesia celeste y terrena, y que la oblación se hace por ella y por todos sus miembros vivos y difuntos, miembros que han sido todos llamados a la participación de la salvación y redención adquiridas por el Cuerpo y la Sangre de Cristo.
h) *Doxología final:* con ella se expresa la glorificación de Dios; se concluye y confirma con la aclamación del pueblo: *Amén*.

Rito de la Comunión

80. Ya que la celebración eucarística es un convite pascual, conviene que, según el mandato del Señor, su Cuerpo y su Sangre sean recibidos por los fieles, debidamente dispuestos, como alimento

71 Concilio Ecuménico Vaticano II, Constitución sobre la Sagrada Liturgia, *Sacrosanctum Concilium,* n. 48; Sagrada Congregación de Ritos, Instrucción *Eucharisticum mysterium,* del 25 de mayo de 1967, n. 12: AAS 59 (1967), pp. 548-549.

72 Cfr. Concilio Ecuménico Vaticano II, Constitución sobre la Sagrada Liturgia, *Sacrosanctum Concilium,* n. 48; Decreto sobre el ministerio y la vida de los presbíteros, *Presbyterorum ordinis,* n. 5; Sagrada Congregación de Ritos, Instrucción *Eucharisticum mysterium,* del 25 de mayo de 1967, n. 12: AAS 59 (1967), pp. 548-549.

espiritual. A esto tienden la fracción y los otros ritos preparatorios, que disponen inmediatamente a los fieles a la Comunión.

Oración del Señor

81. En la oración del Padrenuestro se pide el pan cotidiano, que para los cristianos evoca principalmente el pan eucarístico, y se implora la purificación de los pecados, de modo que, verdaderamente se den a los santos las cosas santas. El sacerdote invita a orar y todos los fieles dicen, a una con el sacerdote, la oración, y sólo el sacerdote añade el embolismo, el cual el pueblo lo concluye con la doxología. El embolismo, que desarrolla la última petición de la Oración dominical, pide para toda la comunidad de los fieles la liberación del poder del mal.

La invitación, la oración misma, el embolismo y la doxología con que el pueblo concluye esta parte, se cantan o se dicen en voz alta.

Rito de la paz

82. Sigue a continuación el rito de la paz, con el que la Iglesia implora la paz y la unidad para sí misma y para toda la familia humana, y los fieles se expresan mutuamente la comunión eclesial y la caridad antes de comulgar en el Sacramento.

Por lo que toca al signo mismo de la paz, establezcan las Conferencias Episcopales el modo más conveniente, según las costumbres y el carácter de cada pueblo. Pero conviene que cada uno exprese el signo de la paz sobriamente y sólo a las personas más cercanas.

Fracción del Pan

83. El sacerdote parte el Pan eucarístico, ayudado, si es necesario, por el diácono o por un concelebrante. El gesto de la fracción del Pan, realizado por Cristo en la Última Cena, y que en los tiempos apostólicos sirvió para denominar a la íntegra acción eucarística, significa que los fieles, siendo muchos, en la Comunión de un solo Pan de vida, que es Cristo muerto y resucitado por la salvación del mundo, se hacen un solo cuerpo (1 Cor 10, 17). La fracción se inicia cuando termina el intercambio del signo de la paz, y se realiza con la debida reverencia, sin prolongarla innecesariamente y sin darle una importancia exagerada. Este rito está reservado al sacerdote y al diácono.

El sacerdote parte el Pan y deja caer una parte de la hostia en el cáliz para significar la unidad del Cuerpo y la Sangre del Señor, en la obra de la salvación, es decir, del Cuerpo de Cristo Jesús viviente y glorioso. El coro o un cantor canta la súplica *Cordero de Dios*, según la costumbre, con la respuesta del pueblo, o al menos se dice en voz alta. Esta invocación acompaña la fracción del Pan; por este motivo puede repetirse cuantas veces sea necesario hasta la conclusión del rito. La última vez se concluirá con las palabras: *danos la paz*.

Comunión

84. El sacerdote se prepara con una oración en secreto, para recibir con fruto el Cuerpo y la Sangre de Cristo. Los fieles hacen lo mismo, orando en silencio.

Luego el sacerdote muestra a los fieles el Pan eucarístico sobre la patena o sobre el cáliz, y los invita al banquete de Cristo; y juntamente con los fieles, hace, usando las palabras evangélicas prescritas, un acto de humildad.

85. Es muy de desear que los fieles participen, como el mismo sacerdote está obligado a hacerlo, del Cuerpo del Señor con hostias consagradas en la misma Misa y, en los casos previstos (cfr. n. 283),

participen del cáliz, de modo que aparezca mejor, por los signos, que la Comunión es una participación en el sacrificio que se está celebrando[73].

86. Mientras el sacerdote comulga el Sacramento, empieza el canto de Comunión, el cual, por la unión de las voces, debe expresar la unión espiritual de quienes están comulgando, demostrar la alegría del corazón y poner de relieve el carácter comunitario de la procesión de los que van a recibir la Eucaristía. El canto se prolonga mientras se distribuye el Sacramento a los fieles[74]. En el caso de que se cante un himno después de la Comunión, el canto de Comunión conclúyase a tiempo.

Procúrese que también los cantores puedan comulgar fácilmente.

87. En las diócesis de los Estados Unidos de América hay cuatro opciones para el canto de Comunión: (1) la antífona del Misal o la antífona con su salmo del Gradual Romano según la notación musical adjunta o en otro arreglo musical; (2) la antífona y el salmo del tiempo litúrgico del Gradual Simple; (3) un canto de otra colección de salmos y antífonas aprobada por la Conferencia de Obispos o por el Obispo diocesano, incluyendo salmos musicalizados en forma responsorial o métrica; (4) otro canto litúrgico apropiado (cfr. n. 86) aprobado por la Conferencia de Obispos o por el Obispo diocesano. Lo cantan, o sólo el coro, o también el coro o un cantor, con el pueblo.

Si no hay canto, la antífona propuesta por el Misal puede ser recitada por los fieles, o por algunos de ellos, o por un lector, o, en último término, la recitará el mismo sacerdote después de haber comulgado y antes de distribuir la Comunión a los fieles.

88. Cuando se ha terminado de distribuir la Comunión, el sacerdote y los fieles, si se juzga oportuno, oran por un espacio de tiempo en silencio. Si se prefiere, toda la asamblea puede también cantar un salmo o algún otro canto de alabanza o un himno.

89. Para completar la súplica de los fieles y concluir todo el rito de la Comunión, el sacerdote pronuncia la oración después de la Comunión, en la que se ruega para que se obtengan los frutos del misterio celebrado.

En la Misa se dice sólo una oración después de la Comunión, que termina con la conclusión breve, es decir:

- si se dirige al Padre: *Por Jesucristo, nuestro Señor*;
- si se dirige al Padre, con la mención final del Hijo: *Él, que vive y reina por los siglos de los siglos*;
- si se dirige al Hijo: *Tú que vives y reinas por los siglos de los siglos*.

El pueblo hace suya esta oración con la aclamación *Amén*.

D) Rito de conclusión

90. El rito de conclusión consta de:

a) breves avisos, si son necesarios;
b) saludo y bendición sacerdotal, que en algunos días y ocasiones se enriquece y se amplía con la oración sobre el pueblo o con otra fórmula más solemne;
c) despedida del pueblo por parte del diácono o del sacerdote, para que cada uno vuelva a su honesta actividad, alabando y bendiciendo a Dios;

73 Cfr. Sagrada Congregación de Ritos, Instrucción *Eucharisticum mysterium*, del 25 de mayo de 1967, nn. 31, 32: AAS 59 (1967), pp. 558-559; Sagrada Congregación para la Disciplina de los Sacramentos, Instrucción *Immensae caritatis*, del 29 de enero de 1973, n. 2: AAS 65 (1973), pp. 267-268.

74 Cfr. Sagrada Congregación para los Sacramentos y el Culto Divino, Instrucción *Inaestimabile donum*, del 3 de abril de 1980, n. 17: AAS 72 (1980), p. 338.

d) beso del altar por parte del sacerdote y del diácono, y después una inclinación profunda hacia el altar por parte del sacerdote, del diácono y de los demás ministros.

CAPÍTULO III

OFICIOS Y MINISTERIOS EN LA CELEBRACIÓN DE LA MISA

91. La celebración eucarística es acción de Cristo y de la Iglesia, es decir, del pueblo santo, reunido y ordenado bajo la guía del Obispo. Por eso, pertenece a todo el Cuerpo de la Iglesia, influye en él y lo manifiesta; pero afecta a cada uno de sus miembros en modo diverso y propio, según la diversidad de órdenes, ministerios y de participación efectiva[75]. De esta manera el pueblo cristiano, "linaje elegido, sacerdocio real, nación santa, pueblo adquirido", manifiesta su coherente y jerárquica ordenación[76]. Por consiguiente, todos, ministros ordenados y fieles laicos, ejerciendo cada uno su ministerio u oficio, hagan todo y sólo aquello que pertenece a cada uno[77].

I. OFICIOS DEL ORDEN SAGRADO

92. Toda celebración legítima de la Eucaristía es dirigida por el Obispo, ya sea personalmente, ya por los presbíteros, sus colaboradores[78].

Cuando el Obispo está presente en una Misa, para la que se ha reunido el pueblo, es muy conveniente que él mismo celebre la Eucaristía, y que asocie a su persona a los presbíteros como concelebrantes en la acción sagrada. Esto se hace no para aumentar la solemnidad exterior del rito, sino para significar de una manera más clara el misterio de la Iglesia, que es "sacramento de unidad"[79].

Pero si el Obispo no es el que celebra la Eucaristía, sino que delega a otro para eso, entonces es oportuno que sea él, revestido con el alba, la estola, la capa pluvial y la cruz pectoral, quien presida la liturgia de la Palabra y dé la bendición al final de la Misa[80].

93. También el presbítero, que en la Iglesia posee, por el sacramento del Orden, la sagrada potestad de ofrecer el sacrificio, actuando en la persona de Cristo[81], preside, por esta razón, al pueblo fiel congregado aquí y ahora, dirige su oración, le anuncia el mensaje de la salvación, asocia a sí mismo al pueblo al ofrecer el sacrificio por Cristo en el Espíritu Santo a Dios Padre, da a sus hermanos el pan de la vida eterna y participa de él juntamente con ellos. Por consiguiente, cuando celebra la Eucaristía, debe servir a Dios y al pueblo con dignidad y humildad, y en el mismo modo de comportarse y de anunciar las divinas palabras, debe hacer percibir a los fieles la presencia viva de Cristo.

94. Después del presbítero, el diácono, en virtud de la sagrada ordenación recibida, ocupa el primer lugar entre los que sirven en la celebración eucarística. De hecho, el sagrado Orden del diaconado, ya desde los primeros tiempos apostólicos, ha gozado de gran honor en la Iglesia[82]. En la Misa el diácono tiene su cometido propio: en el anuncio del Evangelio y a veces en la predicación de la Palabra de Dios, en el enunciado de las intenciones de la oración universal, en ayudar al sacerdote, en la preparación del altar y sirviendo en la celebración del sacrificio, en distribuir a los fieles la Eucaristía, sobre todo bajo la especie de vino, y eventualmente en las indicaciones que se den sobre posturas corporales y gestos del pueblo.

---

75 Cfr. Concilio Ecuménico Vaticano II, Constitución sobre la Sagrada Liturgia, *Sacrosanctum Concilium*, n. 26.

76 Cfr. *ibid.*, n. 14.

77 Cfr. *ibid.*, n. 28.

78 Cfr. Concilio Ecuménico Vaticano II, Constitución dogmática sobre la Iglesia, *Lumen gentium*, nn. 26, 28; Constitución sobre la Sagrada Liturgia, *Sacrosanctum Concilium*, n. 42.

79 Cfr. Concilio Ecuménico Vaticano II, Constitución sobre la Sagrada Liturgia, *Sacrosanctum Concilium*, n. 26.

80 Cfr. *Ceremonial de los Obispos*, nn. 175-186.

81 Cfr. Concilio Ecuménico Vaticano II, Constitución dogmática sobre la Iglesia, *Lumen gentium*, n. 28; Decreto sobre el ministerio y la vida de los presbíteros, *Presbyterorum ordinis*, n. 2.

82 Cfr. Pablo VI, Carta Apostólica *Sacrum diaconatus Ordinem*, del 18 de junio de 1967: AAS 59 (1967), pp. 697-704; Pontifical Romano, *Ordenación del Obispo, de los presbíteros y de los diáconos*, segunda edición típica 1989, n. 173.

II. FUNCIONES DEL PUEBLO DE DIOS

95. En la celebración de la Misa, los fieles constituyen la nación santa, el pueblo adquirido por Dios y el sacerdocio real, para dar gracias a Dios, ofrecer, no sólo por manos del sacerdote, sino juntamente con él, la víctima inmaculada y aprender a ofrecerse a sí mismos[83]. Procuren, pues, manifestar eso por el profundo sentido religioso y por la caridad hacia los hermanos que toman parte en la misma celebración.

Eviten, por consiguiente, toda apariencia de singularidad o de división, teniendo presente que es uno el Padre común que tienen en el cielo, y que todos, por consiguiente, son hermanos entre sí.

96. Formen, pues, un solo cuerpo, ya sea al escuchar la Palabra de Dios, ya al participar en las oraciones y en el canto, ya sobre todo en la común oblación del sacrificio y en la común participación en la mesa del Señor. Esta unidad se pone de manifiesto de una manera bella cuando los fieles observan comunitariamente los mismos gestos y actitudes corporales.

97. No rehúsen los fieles servir al pueblo de Dios con gozo cuando se les pida que desempeñen en la celebración algún determinado ministerio o servicio.

III. MINISTERIOS PARTICULARES

Ministerio del acólito y del lector instituidos

98. El acólito es instituido para el servicio del altar y para ayudar al sacerdote y al diácono. A él compete, principalmente, preparar el altar y los vasos sagrados y, si es necesario, distribuir a los fieles la Eucaristía, de la cual es ministro extraordinario[84].

En el servicio del altar, el acólito tiene sus funciones propias (cfr. nn. 187-193) que debe ejercer por sí mismo.

99. El lector es instituido para proclamar las lecturas de la Sagrada Escritura, excepto el Evangelio. Puede también proponer las intenciones de la oración universal y, cuando falta el salmista, proclamar el salmo entre las lecturas.

En la celebración eucarística el lector tiene su función propia (cfr. nn. 194-198), que debe ejercer por sí mismo.

Otras funciones

100. Si falta el acólito instituido, pueden designarse para el servicio del altar y para ayudar al sacerdote y al diácono, ministros laicos encargados de llevar la cruz, los ciriales, el incensario, el pan, el vino y el agua, e incluso pueden recibir la facultad para distribuir, como ministros extraordinarios, la sagrada Comunión[85].

101. Si falta el lector instituido, se designarán otros laicos para proclamar las lecturas de la Sagrada Escritura, con tal de que sean verdaderamente idóneos y estén cuidadosamente preparados para desempeñar este oficio, de modo que los fieles, al escuchar las lecturas divinas, conciban en su corazón un suave y vivo amor a la Sagrada Escritura[86].

83 Concilio Ecuménico Vaticano II, Constitución sobre la Sagrada Liturgia, *Sacrosanctum Concilium*, n. 48; Sagrada Congregación de Ritos, Instrucción *Eucharisticum mysterium*, del 25 de mayo de 1967, n. 12: AAS 59 (1967), pp. 548-549.

84 Cfr. *Código de Derecho Canónico*, can. 910 § 2; Instrucción interdicasterial sobre algunas cuestiones acerca de la colaboración de los fieles laicos en el sagrado ministerio de los sacerdotes, *Ecclesiae de mysterio*, del 15 de agosto de 1997, art. 8: AAS 89 (1997), p. 871.

85 Cfr. Sagrada Congregación para la Disciplina de los Sacramentos, Instrucción *Immensae caritatis*, del 29 de enero de 1973, n. 1: AAS 65 (1973), pp. 265-266; *Código de Derecho Canónico*, can. 230 § 3.

86 Concilio Ecuménico Vaticano II, Constitución sobre la Sagrada Liturgia, *Sacrosanctum Concilium*, n. 24.

102. Al salmista corresponde proclamar el salmo u otro canto bíblico que se encuentre entre las lecturas. Para cumplir bien con este oficio, es preciso que el salmista domine el arte de salmodiar y tenga una buena dicción y una clara pronunciación.

103. Entre los fieles, la *schola cantorum* o coro ejerce su oficio litúrgico propio, pues le corresponde ejecutar las partes reservadas a ella, según los diversos géneros del canto, y favorecer la activa participación de los fieles en el mismo[87]. Lo que se dice de la *schola cantorum* vale también, salvadas las diferencias, para los otros músicos, sobre todo para el organista.

104. Es conveniente que haya un cantor o un director de coro, que se encargue de dirigir y sostener el canto del pueblo. Más aún, cuando falta la *schola,* corresponderá a un cantor dirigir los diversos cantos, de manera que el pueblo participe en la parte que le corresponde[88].

105. Ejercen también un oficio litúrgico:

a) El sacristán, que ha de preparar con esmero los libros litúrgicos, las vestiduras litúrgicas y otras cosas necesarias para la celebración de la Misa.
b) El comentarista, que, según la oportunidad, hace brevemente las explicaciones y da avisos a los fieles para introducirlos en la celebración y disponerlos a entenderla mejor. Conviene que las moniciones del comentarista sean minuciosamente preparadas y notables por su sobriedad. En el cumplimiento de su oficio el comentarista ocupa un lugar adecuado ante los fieles, pero fuera del ambón.
c) Los que hacen las colectas en la iglesia.
d) En algunas regiones existen también los encargados de recibir a los fieles en la puerta de la iglesia, acomodarlos en los sitios que les corresponde y ordenar las procesiones.

106. Conviene que, al menos en las iglesias catedrales y otras de gran importancia, haya algún ministro competente o maestro de las celebraciones litúrgicas designado para la preparación adecuada de las acciones sagradas, y para que los ministros sagrados y los fieles laicos las ejecuten con decoro, orden y devoción.

107. Los oficios litúrgicos que no son propios del sacerdote ni del diácono, y sobre los cuales tratan los nn. 100-106, pueden ser confiados a laicos idóneos elegidos por el párroco o el rector de la iglesia[89], por medio de una bendición litúrgica o una designación temporal. Por lo que se refiere al oficio de servir al sacerdote en el altar, se deben observar las normas dadas por el Obispo para su diócesis.

IV. DISTRIBUCIÓN DE LAS FUNCIONES Y PREPARACIÓN DE LA CELEBRACIÓN

108. Un mismo y único sacerdote debe ejercer siempre la función presidencial en todas las partes de la celebración, exceptuadas aquellas que son propias de la Misa en la que está presente el Obispo (cfr. n. 92).

109. Si están presentes muchos que pueden ejercer un mismo ministerio, nada impide el que se distribuyan entre sí las diversas partes del mismo; por ejemplo, un diácono puede encargarse de las partes cantadas y otro del ministerio del altar; si hay varias lecturas, conviene distribuirlas entre diversos lectores; y así en lo demás. Sin embargo, es absolutamente inadecuado dividir un único elemento de

87 Cfr. Sagrada Congregación de Ritos, Instrucción *Musicam sacram,* del 5 de marzo de 1967, n. 19: AAS 59 (1967), p. 306.
88 Cfr. *ibid.,* n. 21: AAS 59 (1967), pp. 306-307.
89 Cfr. Pontificio Consejo para la interpretación auténtica de los Textos Legislativos, respuesta a una duda acerca del can. 230 § 2: AAS 86 (1994), p. 541.

la celebración entre varias personas: por ejemplo, que en la misma lectura intervengan dos personas, una después de otra, a no ser que se trate de la Pasión del Señor.

110. Si en la Misa con el pueblo hay un solo ministro, éste puede ejercer los diversos oficios.

111. La efectiva preparación de cada celebración litúrgica, hágase con ánimo concorde y diligentemente según el Misal y los otros libros litúrgicos entre todos aquellos a quienes les atañe, tanto por lo que toca al rito como al aspecto pastoral y musical, a juicio del rector de la iglesia y oído también el parecer de los fieles en las cosas que a ellos directamente les atañen. Pero el sacerdote que preside la celebración tiene siempre el derecho de disponer lo que concierne a su competencia[90].

90 Cfr. Concilio Ecuménico Vaticano II, Constitución sobre la Sagrada Liturgia, *Sacrosanctum Concilium*, n. 22.

CAPÍTULO IV
DIVERSAS FORMAS DE CELEBRAR LA MISA

112. En una Iglesia local corresponde evidentemente el primer puesto, por su significado, a la Misa presidida por el Obispo, rodeado de su presbiterio, diáconos y ministros laicos[91], y en la que el pueblo santo de Dios participa plena y activamente, ya que en esta Misa es donde se realiza la principal manifestación de la Iglesia.

En la Misa que celebra el Obispo, o en la que está presente sin celebrar la Eucaristía, se observarán las normas que se encuentran en el Ceremonial de los Obispos[92].

113. Téngase también en gran estima la Misa que se celebra con una determinada comunidad, sobre todo con la comunidad parroquial, puesto que representa a la Iglesia universal establecida en el tiempo y lugar, sobre todo en la celebración comunitaria del domingo[93].

114. Entre las Misas celebradas por determinadas comunidades, ocupa un puesto singular la Misa conventual, que es una parte del Oficio cotidiano, así como también la Misa llamada "de comunidad". Y aunque estas Misas no exigen ninguna forma especial de celebración, sin embargo, es muy conveniente que se hagan con cantos, sobre todo con la plena participación de todos los miembros de la comunidad, religiosos o canónigos. Por consiguiente, en estas Misas ejerza cada uno su propio oficio, según el Orden o ministerio recibido. Conviene, pues, en estos casos, que todos los sacerdotes que no estén obligados a celebrar en forma individual por el bien pastoral de los fieles, concelebren, de ser posible, en estas Misas. Más aún, todos los sacerdotes pertenecientes a una comunidad, que tengan la obligación de celebrar en forma individual por el bien pastoral de los fieles, pueden concelebrar el mismo día en la Misa conventual o "de comunidad"[94]. Es, pues, conveniente que los presbíteros presentes en la celebración eucarística, si no están excusados por una justa causa, ejerzan ordinariamente el oficio del Orden propio y por consiguiente participen como concelebrantes revestidos con las vestiduras sagradas. Si no concelebran, lleven el hábito coral propio o el sobrepelliz sobre el traje talar.

I. LA MISA CON EL PUEBLO

115. Por "Misa con el pueblo" se entiende la que se celebra con participación de los fieles. Conviene que, mientras sea posible, sobre todo los domingos y fiestas de precepto, se tenga esta celebración con canto y con el número adecuado de ministros[95]; sin embargo, puede también tenerse sin canto y con un solo ministro.

116. En toda celebración de la Misa, si está presente un diácono, éste debe desempeñar su ministerio. Conviene que asistan normalmente al sacerdote celebrante un acólito, un lector y un cantor. Sin embargo, el rito que más abajo se describe prevé también la posibilidad de un mayor número de ministros.

---

91 Cfr. Concilio Ecuménico Vaticano II, Constitución sobre la Sagrada Liturgia, *Sacrosanctum Concilium*, n. 41.

92 Cfr. *Ceremonial de los Obispos*, nn. 119-186.

93 Cfr. Concilio Ecuménico Vaticano II, Constitución sobre la Sagrada Liturgia, *Sacrosanctum Concilium*, n. 42; Constitución dogmática sobre la Iglesia, *Lumen gentium*, n. 28; Decreto sobre el ministerio y la vida de los presbíteros, *Presbyterorum ordinis*, n. 5; Sagrada Congregación de Ritos, Instrucción *Eucharisticum mysterium*, del 25 de mayo de 1967, n. 26: AAS 59 (1967), p. 555.

94 Cfr. Sagrada Congregación de Ritos, Instrucción *Eucharisticum mysterium*, del 25 de mayo de 1967, n. 47: AAS 59 (1967), p. 565.

95 Cfr. *ibid.*, n. 26: AAS 59 (1967), p. 555; Instrucción *Musicam sacram*, del 5 de marzo de 1967, nn. 16, 27: AAS 59 (1967), pp. 305, 308.

Lo que se debe preparar

117. Cúbrase el altar al menos con un mantel de color blanco. Sobre él o a su alrededor, colóquese en cada celebración un mínimo de dos candeleros, con sus velas encendidas, o incluso cuatro o seis, sobre todo si se trata de la Misa dominical o festiva de precepto, o, si celebra el Obispo de la diócesis, siete. También sobre el altar o cerca de él, esté visible la cruz con la imagen de Cristo crucificado. Los candeleros y la cruz con la imagen de Cristo crucificado pueden llevarse en la procesión de entrada. Sobre el altar puede ponerse, a no ser que se lleve durante la procesión de entrada, el Evangeliario, diverso del libro de las restantes lecturas.

118. Prepárese también:

a) junto a la sede del sacerdote: el misal y, según convenga, el libro de los cantos;
b) en el ambón: el Leccionario;
c) en la credencia: el cáliz, el corporal, el purificador, la palia, si se usa; la patena y los copones, si son necesarios; el pan para la Comunión del sacerdote que preside, del diácono, de los ministros y del pueblo; las vinajeras con el vino y el agua, a no ser que todo esto lo vayan a ofrecer los fieles en la procesión del ofertorio; el recipiente para la bendición del agua si se lleva a cabo la aspersión; el platillo, para la Comunión de los fieles, y lo necesario para la ablución de las manos.

Es de alabar que el cáliz se cubra con un velo, que podrá ser o de color del día o de color blanco.

119. En la sacristía, según las diversas formas de celebración, prepárense las vestiduras litúrgicas (cfr. nn. 337-341) del sacerdote, del diácono y de los otros ministros:

a) para el sacerdote: el alba, la estola y la casulla;
b) para el diácono: el alba, la estola y la dalmática. Esta última, por necesidad o por grado inferior de solemnidad, puede omitirse;
c) para los demás ministros: albas u otras vestiduras legítimamente aprobadas[96].

Todos los que usen el alba, empleen el cíngulo y el amito, a no ser que la forma del alba no lo exija.

Cuando se hace procesión de entrada, se deben preparar también: el Evangeliario; en los domingos y días festivos, si se va a emplear el incienso, el incensario y la naveta con incienso; la cruz para la procesión, los ciriales con las velas encendidas.

A) Misa sin diácono

Ritos iniciales

120. Reunido el pueblo, el sacerdote y los ministros, revestidos cada uno con las vestiduras litúrgicas, avanzan hacia el altar por este orden:

a) el turiferario con el incensario humeante, si se emplea el incienso;
b) los ministros que llevan los cirios encendidos, y en medio de ellos un acólito u otro ministro con la cruz;
c) los acólitos y otros ministros;
d) el lector, que puede llevar el Evangeliario, levemente levantado, pero no el Leccionario;
e) el sacerdote que va a celebrar la Misa.

---

96 Cfr. Instrucción interdicasterial sobre algunas cuestiones acerca de la colaboración de los fieles laicos en el sagrado ministerio de los sacerdotes, *Ecclesiae de mysterio,* del 15 de agosto de 1997, art. 6: AAS 89 (1997), p. 869.

Si se emplea el incienso, el sacerdote lo pone en el incensario antes de que la procesión se ponga en marcha y lo bendice con el signo de la cruz, sin decir nada.

121. Mientras se hace la procesión hacia el altar, se entona el canto de entrada (cfr. nn. 47-48).

122. Cuando han llegado al altar, el sacerdote y los ministros hacen una inclinación profunda.

La cruz, con la imagen de Cristo crucificado, si es que se llevó en la procesión, puede colocarse junto al altar, para que sea la cruz del altar, la cual debe ser una sola; en caso contrario, debe colocarse en un lugar digno. Los candeleros se colocan sobre el altar o junto a él; el Evangeliario se deposita cuidadosamente sobre el altar.

123. El sacerdote accede al altar y lo venera con un beso. Luego, según la oportunidad, inciensa la cruz y el altar rodeándolo.

124. Terminado esto, el sacerdote va a su sede. Una vez concluido el canto de entrada, todos, sacerdote y fieles, de pie, hacen la señal de la cruz. El sacerdote empieza: *En el nombre del Padre, y del Hijo, y del Espíritu Santo*. El pueblo responde: *Amén*.

Luego el sacerdote, de cara al pueblo y extendiendo las manos, saluda a la asamblea usando una de las fórmulas propuestas. Puede también, él u otro ministro, introducir a los fieles a la Misa del día con brevísimas palabras.

125. Sigue el acto penitencial. Después se canta o se dice el *Señor, ten piedad*, según las rúbricas (cfr. n. 52).

126. Cuando está establecido en las celebraciones, se canta o se dice el *Gloria* (cfr. n. 53).

127. Luego el sacerdote invita al pueblo a orar, diciendo con las manos juntas: *Oremos*. Todos, juntamente con el sacerdote, oran en silencio durante breve tiempo. Entonces el sacerdote, con las manos extendidas, dice la oración colecta, y cuando ésta termina, el pueblo aclama: *Amén*.

Liturgia de la Palabra

128. Terminada la oración colecta, todos se sientan. El sacerdote puede introducir a los fieles en la liturgia de la Palabra con brevísimas palabras. El lector se dirige al ambón y, del Leccionario, colocado allí antes de la Misa, proclama la primera lectura, que todos escuchan. Al final, el lector pronuncia la aclamación: *Palabra de Dios*, y todos responden: *Te alabamos, Señor*.

Entonces, si es oportuno, se puede guardar un breve momento de silencio, para que todos mediten lo que escucharon.

129. Después el salmista o el mismo lector, dice los versículos del salmo y el pueblo responde del modo acostumbrado.

130. Si hay una segunda lectura antes del Evangelio, el lector la proclama desde el ambón, mientras todos escuchan y responden a la aclamación final, como se ha dicho antes (n. 128). Luego, si es oportuno, puede guardarse un breve momento de silencio.

131. Después, todos se ponen de pie y se canta el *Aleluya* u otro canto, según las exigencias del tiempo litúrgico (cfr. nn. 62-64).

132. Mientras se canta el *Aleluya* u otro canto, el sacerdote, si se emplea el incienso, lo pone en el incensario y lo bendice. Luego, con las manos juntas e inclinándose profundamente ante el altar, dice en secreto: *Purifica mi corazón*.

133. Después toma el Evangeliario, si éste está en el altar; y precedido por los ministros laicos, que pueden llevar el incensario y los candeleros, se acerca al ambón llevando el Evangeliario un poco elevado. Los presentes se vuelven hacia el ambón manifestando así una especial reverencia hacia el Evangelio de Cristo.

134. En el ambón el sacerdote abre el libro y, con las manos juntas, dice: *El Señor esté con ustedes*, mientras el pueblo responde: *Y con tu espíritu*. Y después: *Del santo Evangelio*, trazando la cruz sobre el libro con el pulgar, y luego sobre su propia frente, boca y pecho, lo cual hacen también todos los demás. El pueblo aclama diciendo: *Gloria a ti, Señor*. El sacerdote, si se utiliza el incienso, inciensa el libro (cfr nn. 276-277). Después proclama el Evangelio, y al final pronuncia la aclamación: *Palabra del Señor*, a la cual todos responden: *Gloria a ti, Señor Jesús*. El sacerdote besa el libro diciendo en secreto: *Las palabras del Evangelio borren nuestros pecados*.

135. Si no hay lector, el mismo sacerdote hará todas las lecturas y el salmo, de pie en el ambón. Allí mismo, si se emplea el incienso, lo pone en el incensario, lo bendice y, profundamente inclinado, dice: *Purifica mi corazón*.

136. El sacerdote, estando en la sede o en el mismo ambón, o, si conviene, en otro lugar idóneo, dice la homilía; terminada ésta puede guardarse un momento de silencio.

137. El Símbolo (Credo) lo canta o recita el sacerdote juntamente con el pueblo (cfr. n. 68), estando todos de pie. A las palabras: *y por obra del Espíritu Santo . . . y se hizo hombre*, o *que fue concebido . . .* todos se inclinan profundamente; pero en las solemnidades de la Anunciación y de la Natividad del Señor, se arrodillan.

138. Dicho el Símbolo, el sacerdote, de pie, desde la sede, con las manos juntas, invita a los fieles a la oración universal por medio de una breve monición. Después, el cantor o el lector u otro, desde el ambón u otro lugar conveniente, propone las intenciones al pueblo, el cual por su parte responde suplicante. Al final, el sacerdote, con las manos extendidas, concluye la súplica con la oración.

Liturgia eucarística

139. Terminada la oración universal, todos se sientan y comienza el canto del ofertorio (cfr. n. 74).

El acólito u otro ministro laico coloca en el altar el corporal, el purificador, el cáliz, la palia y el misal.

140. Es conveniente que la participación de los fieles se manifieste en la presentación del pan y del vino para la celebración de la Eucaristía o de otros dones con los que se ayude a las necesidades de la Iglesia o de los pobres.

Las ofrendas de los fieles las recibe el sacerdote ayudado por el acólito u otro ministro. El pan y el vino para la Eucaristía se llevan al celebrante, quien los coloca sobre el altar, mientras que los otros dones se colocan en un sitio conveniente (cfr. n. 73).

141. El sacerdote, en el altar, recibe la patena con el pan, y con ambas manos la eleva un poco sobre el altar mientras dice en secreto: *Bendito seas, Señor*. Luego coloca la patena con el pan sobre el corporal.

142. A continuación, el sacerdote, estando en un lado del altar, mientras el ministro le ofrece las vinajeras, vierte el vino y un poco de agua en el cáliz, diciendo en secreto: *Por el misterio de esta agua*. Vuelto al centro del altar, toma con ambas manos el cáliz, lo eleva un poco, diciendo en secreto: *Bendito seas, Señor*, y después coloca el cáliz sobre el corporal y, si es oportuno, lo cubre con la palia.

Pero si no hay canto en el ofertorio ni se toca el órgano, le es lícito al sacerdote, en la presentación del pan y del vino, decir en voz alta las fórmulas de bendición, a las cuales el pueblo aclama: *Bendito seas por siempre, Señor*.

143. Colocado ya el cáliz en el altar, el sacerdote se inclina profundamente y dice en secreto: *Acepta, Señor, nuestro corazón contrito*.

144. Luego, si se emplea el incienso, el sacerdote lo pone en el incensario, lo bendice sin decir nada, e inciensa las ofrendas, la cruz y el altar. El ministro, estando al lado del altar, inciensa al sacerdote y después al pueblo.

145. Después de la oración *Acepta, Señor, nuestro corazón contrito* o de la incensación, el sacerdote, de pie al lado del altar, se lava las manos, diciendo en secreto: *Lava del todo mi delito, Señor, y limpia mi pecado*, mientras un ministro le sirve el agua.

146. Habiendo regresado al centro del altar y estando de cara al pueblo, el sacerdote extiende y junta las manos e invita al pueblo a orar, diciendo: *Oren, hermanos*. El pueblo se pone de pie y responde: *El Señor reciba*. Después el sacerdote, extendiendo las manos, dice la oración sobre las ofrendas. Al final el pueblo aclama: *Amén*.

147. Entonces empieza el sacerdote la Plegaria eucarística. Según las rúbricas (cfr. n. 365), elige una de las que se encuentran en el Misal Romano, o de las que han sido aprobadas por la Sede Apostólica. La Plegaria eucarística, por su naturaleza, exige que la pronuncie sólo el sacerdote en virtud de la ordenación. El pueblo, en cambio, se unirá al sacerdote en la fe y con el silencio y, también, por medio de las intervenciones establecidas a lo largo de la Plegaria eucarística, que son: las respuestas en el diálogo del Prefacio, el *Santo*, la aclamación después de la consagración y la aclamación *Amén* después de la doxología final, como también con otras aclamaciones aprobadas por la Conferencia Episcopal y reconocidas por la Santa Sede.

Es muy conveniente que el sacerdote cante las partes de la Plegaria eucarística musicalizadas.

148. Al comienzo de la Plegaria eucarística, el sacerdote extiende las manos y canta o dice: *El Señor esté con ustedes*, mientras el pueblo responde: *Y con tu espíritu*. Cuando prosigue: *Levantemos el corazón*, levanta las manos. El pueblo responde: *Lo tenemos levantado hacia el Señor*. Después el sacerdote, extendiendo las manos, añade: *Demos gracias al Señor, nuestro Dios*, y el pueblo responde: *Es justo y necesario*. Después el sacerdote, extendiendo las manos, sigue con el Prefacio; una vez terminado éste, junta las manos, y con todos los presentes canta o dice con voz clara el *Santo* (cfr. n. 79, b).

149. El sacerdote prosigue la Plegaria eucarística según las rúbricas indicadas en cada una de ellas.

Si el celebrante es un Obispo, en las Preces, después de las palabras: *con tu servidor el Papa N.*, añade: *conmigo, indigno siervo tuyo*, o después de las palabras: *de tu servidor el Papa N.*, añade: *de mí, indigno siervo tuyo*. Si un Obispo celebra fuera de su diócesis, después de las palabras: *con tu servidor el Papa N.*, añade: *con mi hermano N., Obispo de esta Iglesia, conmigo, indigno siervo tuyo*, o después de las palabras: *de tu servidor el Papa N.*, añade: *de mi hermano N., Obispo de esta Iglesia, de mí, indigno siervo tuyo*.

El Obispo diocesano, o quien se le equipara según el derecho, debe ser nombrado con esta fórmula: *con tu servidor el Papa N., con nuestro Obispo* (o bien: *Vicario, Prelado, Prefecto, Abad*) *N.*

En la Plegaria eucarística se puede mencionar a los Obispos Coadjutores y Auxiliares, pero no otros Obispos eventualmente presentes. Si son muchos los que se han de mencionar, se utiliza la forma general: *con nuestro Obispo N. y sus Obispos auxiliares*.

En cada Plegaria eucarística hay que adaptar las fórmulas precedentes a las reglas gramaticales.

150. Un poco antes de la consagración, el ministro, si se cree conveniente, advierte a los fieles mediante un toque de campanilla. Puede también, de acuerdo con la costumbre de cada lugar, tocar la campanilla cuando el sacerdote muestra la hostia y el cáliz a los fieles.

Si se emplea el incienso, el ministro inciensa la hostia y el cáliz cuando se muestran después de la consagración.

151. Después de la consagración el sacerdote dice: *Éste es el Misterio de la fe* y el pueblo responde con una de las aclamaciones prescritas.

Al final de la Plegaria eucarística, el sacerdote, tomando la patena con la hostia y el cáliz y elevando ambos, pronuncia él solo la doxología: *Por Cristo*. El pueblo aclama al final: *Amén*. Después el sacerdote coloca la patena y el cáliz sobre el corporal.

152. Terminada la Plegaria eucarística, el sacerdote, con las manos juntas, hace la monición preliminar a la Oración dominical, y luego la recita con las manos extendidas, juntamente con el pueblo.

153. Concluida la Oración dominical, el sacerdote, con las manos extendidas, dice él solo el embolismo *Líbranos de todos los males*; al terminarlo, el pueblo aclama: *Tuyo es el Reino*.

154. A continuación el sacerdote, con las manos extendidas, dice con voz clara la oración *Señor Jesucristo, que dijiste*; al terminarla, extendiendo y juntando las manos anuncia la paz, vuelto al pueblo, con estas palabras: *La paz del Señor esté siempre con ustedes*. El pueblo responde: *Y con tu espíritu*. Luego, si se juzga oportuno, el sacerdote añade: *Dense fraternalmente la paz*.

El sacerdote puede dar la paz a los ministros, permaneciendo siempre en el presbiterio, para no perturbar la celebración. En las diócesis de los Estados Unidos de América, por una buena razón, en ocasiones especiales (por ejemplo, en caso de un funeral, una boda, o cuando líderes cívicos están presentes) el sacerdote puede extender el signo de la paz a un pequeño número de fieles cerca del presbiterio. Y todos, según las normas establecidas por la Conferencia Episcopal, se manifiestan mutuamente la paz, la comunión y la caridad. Mientras se da la paz, se puede decir: *La paz del Señor sea siempre contigo*. A lo que se responde: *Amén*.

155. A continuación el sacerdote toma la hostia, la parte sobre la patena, y deja caer una partícula en el cáliz, diciendo en secreto: *El Cuerpo y la Sangre*. Mientras tanto el coro y el pueblo cantan o recitan el *Cordero de Dios* (cfr. n. 83).

156. Entonces el sacerdote dice en secreto y con las manos juntas la oración para la Comunión *Señor Jesucristo, Hijo de Dios vivo*, o *Señor Jesucristo, la comunión de tu Cuerpo*.

157. Terminada la oración, el sacerdote hace genuflexión, toma la hostia consagrada en la misma Misa, y, teniéndola un poco elevada sobre la patena o sobre el cáliz, vuelto al pueblo, dice: *Éste es el Cordero de Dios*, y, a una con el pueblo, añade una sola vez: *Señor, no soy digno*.

158. Luego, vuelto hacia el altar, el sacerdote dice en secreto: *El Cuerpo de Cristo me guarde para la vida eterna*, y con reverencia comulga el Cuerpo de Cristo. Después toma el cáliz, diciendo en secreto: *La Sangre de Cristo me guarde para la vida eterna*, y con reverencia bebe la Sangre de Cristo.

159. Mientras el sacerdote comulga el Sacramento, se empieza el canto de la Comunión (cfr. n. 86).

160. El sacerdote toma después la patena o el copón y se acerca a los que van a comulgar, los cuales ordinariamente se acercan procesionalmente.

No está permitido a los fieles tomar por sí mismos el pan consagrado o el cáliz sagrado, y menos aún pasarlo entre ellos de mano en mano. La norma establecida para las diócesis de los Estados Unidos de América es que los fieles reciban la Sagrada Comunión de pie, a no ser que alguno de los fieles desee recibir la Comunión de rodillas (Congregación para el Culto Divino y la Disciplina de los Sacramentos, Instrucción *Redemptionis Sacramentum*, 25 de marzo de 2004, n. 91).

Al recibir la Sagrada Comunión, el comulgante inclina la cabeza ante el Sacramento como gesto de reverencia y recibe el Cuerpo de Cristo de manos del ministro. La hostia consagrada se puede recibir ya sea en la lengua o en la mano a discreción de cada comulgante. Cuando la Sagrada Comunión se recibe bajo ambas especies, el gesto de reverencia se hace también delante de la Preciosa Sangre antes de recibirla.

161. Si la Comunión se efectúa sólo bajo la especie de pan, el sacerdote, teniendo la hostia un poco elevada, se la muestra a cada uno diciéndole: *El Cuerpo de Cristo*. El que va a comulgar responde: *Amén* y recibe el Sacramento en la boca, o en los lugares donde está concedido, en la mano, según su elección. El que comulga, inmediatamente después de recibir la hostia la consume íntegramente.

Si la Comunión se efectúa bajo las dos especies obsérvese el rito descrito en su lugar (cfr. nn. 284-287).

162. En la distribución de la Comunión pueden ayudar al sacerdote otros presbíteros eventualmente presentes. Si éstos no están disponibles y el número de los que van a comulgar es muy grande, el sacerdote puede pedir la ayuda de los ministros extraordinarios, a saber, el acólito legítimamente instituido o incluso otros fieles, que han sido designados legítimamente para esto[97]. En caso de necesidad, el sacerdote puede designar *ad actum* a fieles idóneos[98].

Estos ministros no se acerquen al altar antes de que el sacerdote haya comulgado, y siempre han de recibir de las manos del sacerdote celebrante el recipiente que contiene la Santísima Eucaristía para distribuirla a los fieles.

163. Terminada la distribución de la Comunión, el sacerdote consume en seguida en el altar todo el vino consagrado que eventualmente sobró; en cambio, las hostias consagradas sobrantes las consume en el altar o las traslada al lugar destinado a la reserva eucarística.

El sacerdote, una vez que ha regresado al altar, recoge las partículas, si las hay; luego, en el altar o en la credencia, purifica la patena o el copón sobre el cáliz; después purifica el cáliz, diciendo en secreto: *Haz, Señor, que recibamos*, y lo seca con el purificador. Si los recipientes son purificados en el altar, los lleva un ministro a la credencia. Sin embargo, está permitido dejar en el altar o en la credencia sobre un corporal los recipientes que se han de purificar, sobre todo si son muchos, cubriéndolos convenientemente para purificarlos inmediatamente después de la Misa, cuando se haya despedido al pueblo.

164. Después, el sacerdote puede regresar a su sede. Se puede observar un momento de silencio sagrado o también entonar un salmo u otro cántico de alabanza o un himno (cfr. n. 88).

165. Luego, de pie junto a la sede o ante el altar, el sacerdote, vuelto al pueblo, con las manos juntas, dice: *Oremos*, y, con las manos extendidas, recita la oración después de la Comunión, a la que puede preceder también un breve silencio, a no ser que ya se haya hecho eso después de la Comunión. Al final de la oración, el pueblo aclama: *Amén*.

Rito de conclusión

166. Terminada la oración después de la Comunión, si es necesario, se dan, con brevedad, los avisos al pueblo.

---

97 Cfr. Sagrada Congregación para los Sacramentos y el Culto Divino, Instrucción *Inaestimabile donum*, del 3 de abril de 1980, n. 10: AAS 72 (1980), p. 336; Instrucción interdicasterial sobre algunas cuestiones acerca de la colaboración de los fieles laicos en el sagrado ministerio de los sacerdotes, *Ecclesiae de mysterio*, del 15 de agosto de 1997, art. 8: AAS 89 (1997), p. 871.

98 Cfr. *infra*, Apéndice, Rito para designar un ministro ocasional para la distribución de la sagrada Comunión, p. 1275.

167. Después, el sacerdote, extendiendo las manos, saluda al pueblo diciendo: *El Señor esté con ustedes*, a lo que el pueblo responde: *Y con tu espíritu*. Y el sacerdote, juntando de nuevo las manos y poniendo en seguida la mano izquierda sobre el pecho y elevando la mano derecha, añade: *La bendición de Dios todopoderoso*, y, haciendo la señal de la cruz sobre el pueblo, prosigue: *Padre, Hijo y Espíritu Santo, descienda sobre ustedes*; todos responden: *Amén*.

En ciertos días y en circunstancias particulares, esta bendición, según las rúbricas, se enriquece utilizando una oración sobre el pueblo u otra fórmula más solemne.

El Obispo bendice al pueblo con la fórmula propia, haciendo tres veces la señal de la cruz sobre el pueblo[99].

168. En seguida, el sacerdote, con las manos juntas, añade: *Pueden ir en paz*. Y todos responden: *Demos gracias a Dios*.

169. Entonces el sacerdote, como de costumbre, venera el altar con un beso y haciendo, junto con los ministros laicos, una inclinación profunda hacia el altar, se retira con ellos.

170. Si a la Misa sigue alguna otra acción litúrgica, se omite el rito de conclusión, es decir, el saludo, la bendición y la despedida.

B) Misa con diácono

171. Cuando está presente en la celebración eucarística el diácono, revestido con las vestiduras litúrgicas, desempeña su propio oficio. Así pues, él:

a) asiste al sacerdote y está siempre a su lado;
b) en el altar lo ayuda en lo relativo al cáliz y el misal;
c) proclama el Evangelio y puede, por mandato del sacerdote celebrante, decir la homilía (cfr. n. 66);
d) dirige al pueblo fiel con oportunas moniciones y recita las intenciones de la oración universal;
e) ayuda al sacerdote celebrante en la distribución de la Comunión y purifica y arregla los vasos sagrados;
f) desempeña, si es necesario, los oficios de otros ministros, en el caso de que éstos falten.

Ritos iniciales

172. Llevando el Evangeliario un poco elevado, el diácono precede al sacerdote cuando se dirige hacia el altar. De otro modo, irá a su lado.

173. Llegado al altar, si lleva el Evangeliario, omitiendo la reverencia, sube al altar. Luego, colocado cuidadosamente el Evangeliario sobre el altar, junto con el sacerdote venera el altar con un beso.

Si no lleva el Evangeliario, hace una inclinación profunda hacia el altar, de la manera acostumbrada, junto con el sacerdote y con él venera el altar con un beso.

Finalmente, si se emplea el incienso, asiste al sacerdote cuando éste coloca el incienso en el incensario, y en la incensación de la cruz y el altar.

174. Terminada la incensación del altar, se dirige junto con el sacerdote hacia la sede, y allí permanece a su lado y lo ayuda cuando sea necesario.

99 Cfr. *Ceremonial de los Obispos*, nn. 1118-1121.

Liturgia de la Palabra

175. Mientras se dice el *Aleluya* u otro canto, si se ha de usar el incienso, ayuda al sacerdote a ponerlo en el incensario, luego, inclinado profundamente ante él, le pide su bendición, diciendo en voz baja: *Padre, dame tu bendición*. El sacerdote le da la bendición diciendo: *El Señor esté en tu corazón*. El diácono se signa con la señal de la cruz y responde: *Amén*. Luego, hecha una inclinación hacia el altar, toma el Evangeliario, que está colocado sobre el altar, y se dirige al ambón, llevando el libro un poco elevado, precedido por el turiferario con el incensario humeante y por los ministros con los cirios encendidos. Allí saluda al pueblo, diciendo, con las manos juntas: *El Señor esté con ustedes*, luego, al pronunciar las palabras: *Del santo Evangelio*, con el pulgar signa el libro y a sí mismo, en la frente, en la boca y en el pecho; inciensa el libro y proclama el Evangelio. Terminado esto, aclama: *Palabra del Señor*; todos responden: *Gloria a ti, Señor Jesús*. Luego venera el libro con un beso, diciendo al mismo tiempo en secreto: *Las palabras del Evangelio*, y vuelve al lado del sacerdote.

Cuando el diácono asiste al Obispo, lleva el libro para que él lo bese o lo besa él mismo, diciendo en secreto: *Las palabras del Evangelio*. En las celebraciones más solemnes, el Obispo, si es oportuno, imparte al pueblo la bendición con el Evangeliario.

Por último, el Evangeliario puede ser llevado a la credencia o a otro lugar conveniente y digno.

176. Si falta un lector idóneo, el diácono proclama también las demás lecturas.

177. Las intenciones de la oración de los fieles, después de la introducción que corresponde al sacerdote, las recita el diácono, ordinariamente desde el ambón.

Liturgia eucarística

178. Terminada la oración universal, el sacerdote permanece en su sede, y el diácono prepara el altar con la ayuda del acólito; le corresponde en particular tener cuidado de los vasos sagrados. Asiste también al sacerdote cuando recibe los dones del pueblo. Luego pasa al sacerdote la patena con el pan que se va a consagrar; vierte el vino y un poco de agua en el cáliz, diciendo en secreto: *Por el misterio de esta agua*, y después le presenta el cáliz al sacerdote. La preparación del cáliz puede también hacerse en la credencia. Si se emplea el incienso, el diácono ayuda al sacerdote en la incensación de las ofrendas y de la cruz y del altar, y luego él o el acólito inciensa al sacerdote y al pueblo.

179. Durante la Plegaria eucarística el diácono está de pie junto al sacerdote, un poco detrás de él para ayudar, cuando haga falta, en lo relativo al cáliz o al misal.

Desde la epíclesis hasta el momento de la elevación del cáliz, el diácono ordinariamente permanece arrodillado. Si están presentes varios diáconos, uno de ellos, al llegar el momento de la consagración, puede poner el incienso en el incensario e incensar en el momento de la elevación de la hostia y del cáliz.

180. Para la doxología final de la Plegaria eucarística, de pie al lado del sacerdote, mantiene el cáliz elevado, mientras el sacerdote eleva la patena con la hostia hasta el momento en que el pueblo haya aclamado: *Amén*.

181. Una vez que el sacerdote ha dicho la oración de la paz y las palabras: *La paz del Señor esté siempre con ustedes*, y el pueblo haya respondido: *Y con tu espíritu*, el diácono, si es oportuno, invita a darse la paz diciendo, con las manos juntas y vuelto hacia el pueblo: *Dense fraternalmente la paz*. Él la recibe del sacerdote y puede ofrecerla a los ministros más cercanos.

182. Terminada la Comunión del sacerdote, el diácono recibe la Comunión bajo las dos especies, de manos del sacerdote, y luego ayuda al sacerdote a distribuir la Comunión al pueblo. Si la Comunión se da bajo las dos especies, él ofrece el cáliz a los que van comulgando y, terminada la distribución,

inmediatamente consume con reverencia en el altar toda la Sangre de Cristo que queda, ayudado, si es necesario, de otros diáconos y presbíteros.

183. Terminada la Comunión, el diácono vuelve al altar con el sacerdote. Recoge los fragmentos, si los hay, y luego lleva el cáliz y los demás vasos sagrados a la credencia, y allí los purifica y arregla como de costumbre, mientras el sacerdote vuelve a su sede. Sin embargo, puede también dejar los vasos oportunamente cubiertos en la credencia sobre el corporal y purificarlos inmediatamente después de la Misa, una vez despedido el pueblo.

Rito de conclusión

184. Dicha la oración después de la Comunión, el diácono da breves avisos al pueblo, si hay que darlos, a no ser que prefiera hacerlo personalmente el sacerdote.

185. Si se usa la oración sobre el pueblo o la fórmula de bendición solemne, el diácono dice: *Inclinen la cabeza para recibir la bendición*. Una vez dada la bendición por el sacerdote, el diácono se encarga de despedir al pueblo, diciendo, con las manos juntas y vuelto hacia el pueblo: *Pueden ir en paz*.

186. Luego, juntamente con el sacerdote, venera el altar besándolo y, haciendo una inclinación profunda, se retira en el mismo orden en que había llegado.

C) Funciones del acólito

187. Las funciones que el acólito puede realizar son de diverso género y muchas de ellas pueden ser simultáneas. Así pues, conviene repartirlas oportunamente entre varios; si está presente un solo acólito, éste realizará las funciones más importantes, y las demás se distribuirán entre varios ministros.

Ritos iniciales

188. En la procesión al altar, el acólito puede llevar la cruz entre dos ministros que sostienen los cirios encendidos. Al llegar al altar, coloca la cruz junto al altar para que se convierta en la cruz del altar o, en caso contrario, la deposita en un lugar digno. Luego va a ocupar su sitio en el presbiterio.

189. Durante toda la celebración, el acólito se acercará al sacerdote o al diácono, cuantas veces se requiera, para entregarle el libro y para ayudarlo en todo lo que sea necesario. Conviene, por lo tanto, que, en cuanto sea posible, el acólito ocupe un sitio adecuado, junto a la sede o cerca del altar.

Liturgia eucarística

190. En ausencia del diácono, terminada la oración universal, mientras el sacerdote permanece en la sede, el acólito pone sobre el altar el corporal, el purificador, el cáliz, la palia y el misal. Después, si es necesario, ayuda al sacerdote a recibir los dones del pueblo y, oportunamente, lleva al altar el pan y el vino y los entrega al sacerdote. Si se utiliza el incienso, le entrega el incensario al sacerdote y lo acompaña en la incensación de las ofrendas, de la cruz y del altar. Luego inciensa al sacerdote y al pueblo.

191. El acólito debidamente instituido, en calidad de ministro extraordinario, ayuda al sacerdote, si es necesario, a distribuir la Comunión al pueblo[100]. Cuando la Comunión se distribuye bajo las dos especies, en ausencia del diácono, él ofrece el cáliz a los que van a comulgar, o lo sostiene cuando la Comunión se da por intinción.

100 Cfr. Pablo VI, Carta Apostólica *Ministeria quaedam,* del 15 de agosto de 1972: AAS 64 (1972), p. 532.

192. Terminada la Comunión, el acólito debidamente instituido ayuda al sacerdote o al diácono en la purificación y arreglo de los vasos sagrados. En ausencia del diácono, el acólito debidamente instituido lleva los vasos sagrados a la credencia y ahí los purifica de la manera acostumbrada, los seca y arregla.

193. Terminada la celebración de la Misa, el acólito y otros ministros, juntamente con el diácono y el sacerdote regresan procesionalmente a la sacristía de la misma manera y orden con el que vinieron.

D) Funciones del lector

Ritos iniciales

194. En la procesión al altar, en ausencia del diácono, el lector, con la debida vestidura, puede llevar el Evangeliario un poco elevado: en este caso camina delante del sacerdote; en los demás casos, va con los otros ministros.

195. Cuando llega al altar, junto con los demás, hace una inclinación profunda. Si lleva el Evangeliario, se acerca al altar y coloca encima de él el Evangeliario. Luego pasa a ocupar su sitio en el presbiterio con los otros ministros.

Liturgia de la Palabra

196. Proclama desde el ambón las lecturas que preceden al Evangelio. Cuando no hay salmista, puede proclamar el salmo responsorial que sigue a la primera lectura.

197. En ausencia del diácono, después de que el sacerdote ha hecho la invitación a orar, el lector puede enunciar desde el ambón las intenciones de la oración universal.

198. Si no hay canto de entrada ni de Comunión, y los fieles no recitan las antífonas propuestas en el Misal, el lector pronuncia dichas antífonas a su debido tiempo (cfr. nn. 48, 87).

II. MISA CONCELEBRADA

199. La concelebración, que es una apropiada manifestación de la unidad del sacerdocio, del sacrificio y de todo el pueblo de Dios, está prescrita por el mismo rito en la ordenación del Obispo y de los presbíteros, en la bendición del abad y en la Misa crismal.

Se recomienda, a no ser que la utilidad de los fieles requiera o aconseje otra cosa:

a) en la Misa vespertina de la Cena del Señor;
b) en la Misa que se celebra en Concilios, reuniones de los Obispos y Sínodos;
c) en la Misa conventual y en la Misa principal en iglesias y oratorios;
d) en las Misas que se celebran en cualquier género de reuniones de sacerdotes, seculares o religiosos[101].

A cada sacerdote le está permitido celebrar la Eucaristía de manera individual, pero no cuando en la misma iglesia u oratorio se lleva a cabo una concelebración. Pero, el Jueves Santo en la Misa vespertina de la Cena del Señor y en la Misa de la Vigilia Pascual no se permiten celebraciones sagradas individuales.

101 Cfr. Concilio Ecuménico Vaticano II, Constitución sobre la Sagrada Liturgia, *Sacrosanctum Concilium*, n. 57; *Código de Derecho Canónico*, can. 902.

200. Los presbíteros peregrinos deben ser admitidos con gusto a la concelebración eucarística, con tal que se conozca su condición sacerdotal.

201. Donde hay un gran número de sacerdotes, la concelebración puede tenerse incluso varias veces en el mismo día, cuando lo aconseja la necesidad o la utilidad pastoral, pero debe llevarse a cabo en tiempos sucesivos o en lugares sagrados diversos[102].

202. Corresponde al Obispo, según las normas del derecho, ordenar la disciplina de las concelebraciones en todas las iglesias y oratorios de su diócesis.

203. Hónrese de manera particular la concelebración en la que los presbíteros de una diócesis concelebran con el propio Obispo, sobre todo en la Misa estacional en las grandes solemnidades del año litúrgico, en la Misa de la ordenación de un nuevo Obispo de la diócesis o su Coadjutor o Auxiliar, en la Misa crismal, en la Misa vespertina de la Cena del Señor, en las celebraciones del santo Fundador de la Iglesia local o del Patrono de la diócesis, en los aniversarios del Obispo, y con ocasión del Sínodo o de la visita pastoral.

Por la misma razón, se recomienda la concelebración cuantas veces los presbíteros se encuentren con el propio Obispo, sea con ocasión de los ejercicios espirituales o de alguna reunión. En estos casos, el signo de la unidad del sacerdocio y de la Iglesia, que es característico de toda concelebración, se manifiesta de una manera más evidente[103].

204. Por causas determinadas, para dar, por ejemplo, un mayor sentido al rito o a una fiesta, se puede conceder la facultad de celebrar o concelebrar varias veces en el mismo día, en los siguientes casos:

a) quien el Jueves Santo ha celebrado o concelebrado en la Misa crismal, puede también celebrar o concelebrar en la Misa vespertina de la Cena del Señor;
b) quien celebró o concelebró la Misa de la Vigilia Pascual, puede celebrar o concelebrar la Misa el día de Pascua;
c) el día de Navidad todos los sacerdotes pueden celebrar o concelebrar tres Misas, con tal de que éstas sean celebradas a su debido tiempo;
d) el día de la Conmemoración de todos los fieles difuntos, todos los sacerdotes pueden celebrar o concelebrar tres Misas, con tal de que las celebraciones se realicen en momentos distintos y se observen las normas establecidas sobre la aplicación de la segunda y la tercera Misa[104];
e) quien concelebra con el Obispo o su delegado durante el Sínodo o durante la visita pastoral, o concelebra con ocasión de alguna reunión de sacerdotes, puede celebrar además otra Misa para utilidad de los fieles. Lo mismo vale, observando lo que hay que observar, para las reuniones de los religiosos.

205. La Misa concelebrada se ordena, en cualquiera de sus formas, según las normas comúnmente establecidas (cfr. nn. 112-198), observando o cambiando lo que más abajo se indica.

206. Nunca acceda nadie o se le admita a concelebrar, una vez que ya ha empezado la Misa.

207. En el presbiterio prepárese:

a) sillas y libros para los sacerdotes concelebrantes;
b) en la credencia: un cáliz de capacidad suficiente o varios cálices.

102 Cfr. Sagrada Congregación de Ritos, Instrucción *Eucharisticum mysterium,* del 25 de mayo de 1967, n. 47: AAS 59 (1967), p. 566.
103 Cfr. *ibid.,* p. 565.
104 Cfr. Benedicto XV, Constitución Apostólica *Incruentum altaris sacrificium,* del 10 de agosto de 1915: AAS 7 (1915), pp. 401-404.

208. Si no se dispone de un diácono, los oficios propios de éste los realizan algunos de los concelebrantes.

Si tampoco se dispone de otros ministros, las partes propias a éstos pueden confiarse a otros fieles idóneos; de otro modo son realizadas por algunos de los concelebrantes.

209. Los concelebrantes, en la sacristía o en algún otro sitio conveniente, se revisten las mismas vestiduras sagradas que suelen llevar cuando celebran la Misa individualmente. Pero si hay un justo motivo, por ejemplo un gran número de concelebrantes o falta de vestiduras litúrgicas, los concelebrantes, a excepción siempre del celebrante principal, pueden suprimir la casulla, llevando solamente la estola colocada sobre el alba.

Ritos iniciales

210. Cuando todo está ya ordenado, se empieza la procesión hacia el altar a través de la iglesia. Los sacerdotes concelebrantes preceden al celebrante principal.

211. Cuando han llegado al altar, los concelebrantes y el celebrante principal, hecha la inclinación profunda, veneran el altar besándolo, y se dirigen al lugar que se les ha designado. El celebrante principal, si es oportuno, inciensa la cruz y el altar y luego se dirige a la sede.

Liturgia de la Palabra

212. Durante la liturgia de la Palabra los concelebrantes ocupan su lugar y están sentados o se ponen de pie en la misma forma que el celebrante principal.

Al iniciar el *Aleluya*, todos se ponen de pie, excepto el Obispo, el cual pone incienso sin decir nada y bendice al diácono o, en su ausencia, al concelebrante que va a proclamar el Evangelio. En la concelebración presidida por un presbítero, el concelebrante que, en ausencia del diácono, proclama el Evangelio, no pide ni recibe la bendición del celebrante principal.

213. La homilía la tendrá normalmente el celebrante principal o uno de los concelebrantes.

Liturgia eucarística

214. La preparación de los dones (cfr. nn. 139-146) la hace solamente el celebrante principal, permaneciendo mientras tanto los demás concelebrantes en sus lugares.

215. Después de que el celebrante principal ha pronunciado la oración sobre las ofrendas, los concelebrantes se acercan al altar y se disponen de pie alrededor de él, pero de tal modo que no dificulten la ejecución de los ritos que se realizan y permitan a los fieles ver claramente el desarrollo de la acción sagrada, ni cierren el paso al diácono cuando, por razón de su ministerio, debe acercarse al altar.

El diácono debe ejercer su ministerio junto al altar ayudando, cuando es necesario, en lo referente al cáliz y al misal. Sin embargo, en lo posible, debe colocarse ligeramente detrás de los sacerdotes concelebrantes, los cuales se colocan cerca del celebrante principal.

Modo de decir la Plegaria eucarística

216. El prefacio lo canta o dice solamente el celebrante principal. En cambio, el *Santo* lo cantan o recitan todos los concelebrantes junto con el pueblo y los cantores.

217. Terminado el *Santo*, los sacerdotes concelebrantes prosiguen la Plegaria eucarística en el modo que en seguida se describe. Los gestos los hace únicamente el celebrante principal, si no se indica lo contrario.

218. Los textos que son pronunciados simultáneamente por todos los concelebrantes, y sobre todo las palabras de la consagración, que todos deben pronunciar, se deben recitar en voz baja para que se pueda oír claramente la voz del celebrante principal. De este modo el pueblo percibe mejor las palabras.

Los textos que deben ser recitados por todos los concelebrantes simultáneamente, y que en el Misal están musicalizados, es de alabar que se ejecuten cantando.

Plegaria eucarística I o Canon Romano

219. En la Plegaria eucarística I, o Canon Romano, sólo el celebrante principal, con las manos extendidas, dice el *Padre misericordioso*.

220. *Acuérdate, Señor* y *Reunidos en comunión* conviene que se confíen a uno u otro de los sacerdotes concelebrantes, que dice él solo estas oraciones, con las manos extendidas y en voz alta.

221. *Acepta, Señor, en tu bondad*, lo dice solamente el celebrante principal, con las manos extendidas.

222. Desde *Bendice y santifica esta ofrenda*, hasta *Te pedimos humildemente, Dios todopoderoso*, el celebrante principal realiza los gestos, pero todos los concelebrantes recitan juntos, del modo siguiente:

a) *Bendice y santifica esta ofrenda*, con las manos extendidas hacia las ofrendas;
b) *El cual, la víspera de su Pasión* y *Del mismo modo*, con las manos juntas;
c) las palabras del Señor, si el gesto parece conveniente, con la mano derecha extendida hacia el pan y hacia el cáliz; miran la hostia y el cáliz cuando el celebrante principal los muestra a los fieles y luego se inclinan profundamente;
d) *Por eso, Padre, nosotros, tus siervos*, y *Mira con ojos de bondad*, con las manos extendidas;
e) *Te pedimos humildemente*, inclinados y con las manos juntas, hasta llegar a las palabras: *al participar aquí de este altar*. Inmediatamente se enderezan, haciendo sobre sí la señal de la cruz, mientras pronuncian las restantes palabras: *seamos colmados de gracia y bendición*.

223. La intercesión por los difuntos y la oración *Y a nosotros, pecadores*, conviene que sean confiadas a uno u otro de los concelebrantes, quien las dice él solo, con las manos extendidas y en voz alta.

224. A las palabras: *Y a nosotros, pecadores*, todos los concelebrantes se golpean el pecho.

225. *Por quien sigues creando*, lo dice solamente el celebrante principal.

Plegaria eucarística II

226. En la Plegaria eucarística II, *Santo eres en verdad* lo dice solamente el celebrante principal, con las manos extendidas.

227. Desde *Por eso te pedimos que santifiques*, hasta *Te pedimos humildemente*, lo dicen a una todos los concelebrantes de este modo:

a) *Por eso te pedimos que santifiques*, con las manos extendidas hacia las ofrendas;
b) *El cual, cuando iba a ser entregado a su Pasión* y *Del mismo modo*, con las manos juntas;
c) las palabras del Señor, si el gesto parece conveniente, con la mano derecha extendida hacia el pan y hacia el cáliz; miran la hostia y el cáliz cuando el celebrante principal los muestra a los fieles y luego se inclinan profundamente;
d) *Así, pues, Padre, al celebrar ahora*, y *Te pedimos humildemente*, con las manos extendidas.

228. Las intercesiones por los vivos: *Acuérdate, Señor*, y por los difuntos: *Acuérdate también de nuestros hermanos*, conviene que se confíen a uno u otro de los concelebrantes quien las pronuncia él solo, con las manos extendidas y en voz alta.

Plegaria eucarística III

229. En la Plegaria eucarística III, *Santo eres en verdad* lo dice sólo el celebrante principal con las manos extendidas.

230. Desde *Por eso, Padre, te suplicamos*, hasta *Dirige tu mirada*, lo dicen a una todos los concelebrantes de este modo:

a) *Por eso, Padre, te suplicamos*, con las manos extendidas hacia las ofrendas;
b) *Porque él mismo, la noche en que iba a ser entregado* y *Del mismo modo*, con las manos juntas;
c) las palabras del Señor, si el gesto parece conveniente, con la mano derecha extendida hacia el pan y hacia el cáliz; miran la hostia y el cáliz cuando el celebrante principal los muestra a los fieles y luego se inclinan profundamente;
d) *Así, pues, Padre* y *Dirige tu mirada*, con las manos extendidas.

231. Las intercesiones: *Que él nos transforme, Te pedimos, Padre, que esta Víctima, A nuestros hermanos difuntos* conviene que se confíen a uno u otro de los concelebrantes, quien las pronuncia él solo con las manos extendidas y en voz alta.

Plegaria eucarística IV

232. En la Plegaria eucarística IV, desde *Te alabamos, Padre santo*, hasta *llevando a plenitud su obra en el mundo*, lo dice solamente el celebrante principal con las manos extendidas.

233. Desde *Por eso, Padre, te rogamos*, hasta *Dirige tu mirada* lo dicen a una todos los concelebrantes del modo siguiente:

a) *Por eso, Padre, te rogamos*, con las manos extendidas hacia las ofrendas;
b) *Porque él mismo, llegada la hora* y *Del mismo modo*, con las manos juntas;
c) las palabras del Señor, si el gesto parece conveniente, con la mano derecha extendida hacia el pan y hacia el cáliz; miran la hostia y el cáliz cuando el celebrante principal los muestra a los fieles y luego se inclinan profundamente;
d) *Por eso, Padre, al celebrar* y *Dirige tu mirada*, con las manos extendidas.

234. Las intercesiones: *Y ahora, Señor, acuérdate de todos aquellos* y *Padre de bondad* conviene que se confíen a uno u otro de los concelebrantes, quien las pronuncia él solo con las manos extendidas y en voz alta.

235. Por lo que se refiere a otras Plegarias eucarísticas aprobadas por la Sede Apostólica, han de observarse las normas establecidas para cada una de ellas.

236. La doxología final de la Plegaria eucarística la pronuncia solamente el celebrante principal y, si parece bien, juntamente con los demás concelebrantes, pero no los fieles.

Rito de la Comunión

237. Luego el celebrante principal, con las manos juntas, pronuncia la monición que precede al Padrenuestro, y en seguida, con las manos extendidas y a una con los demás concelebrantes, que también extienden las manos, y con el pueblo, dice la misma Oración dominical.

238. *Líbranos de todos los males, Señor,* lo dice sólo el celebrante principal, con las manos extendidas. Todos los concelebrantes, a una con el pueblo, pronuncian la aclamación final: *Tuyo es el Reino*.

239. Después de la monición del diácono o, en su ausencia, de uno de los concelebrantes: *Dense fraternalmente la paz*, todos se dan la paz. Los que quedan más cerca del celebrante principal la reciben de él antes que el diácono.

240. Mientras se dice el *Cordero de Dios*, los diáconos o algunos concelebrantes pueden ayudar al celebrante principal a partir las hostias, sea para la Comunión de los mismos concelebrantes, sea para la del pueblo.

241. Después de la inmixtión, sólo el celebrante principal dice en secreto, con las manos juntas, la oración *Señor Jesucristo, Hijo de Dios vivo,* o bien *Señor Jesucristo, la comunión de tu Cuerpo*.

242. Terminada la oración antes de la Comunión, el celebrante principal hace genuflexión y se retira un poco. Los concelebrantes, uno tras otro, se van acercando al centro del altar, hacen genuflexión y toman del altar, con reverencia, el Cuerpo de Cristo; teniéndolo luego en la mano derecha y poniendo la izquierda bajo ella, se retiran a sus lugares. Pueden también permanecer los concelebrantes en su sitio y tomar el Cuerpo de Cristo de la patena que el celebrante principal, o uno o varios de los concelebrantes, sostienen, pasando ante ellos o pasándose sucesivamente la patena hasta llegar al último.

243. Luego, el celebrante principal toma la hostia consagrada en la misma Misa y, teniéndola un poco elevada sobre la patena, o sobre el cáliz, vuelto al pueblo dice: *Éste es el Cordero de Dios*, y prosigue con los concelebrantes y el pueblo, diciendo: *Señor, no soy digno*.

244. A continuación, el celebrante principal, vuelto al altar, dice en secreto: *El Cuerpo de Cristo me guarde para la vida eterna*, y toma reverentemente el Cuerpo de Cristo. De modo análogo proceden los demás concelebrantes comulgando ellos mismos. Después de ellos, el diácono recibe del celebrante principal el Cuerpo y la Sangre del Señor.

245. La Sangre del Señor se puede tomar bebiendo directamente del cáliz, o bien por intinción o con una caña o una cucharilla.

246. Si la Comunión se recibe bebiendo directamente del cáliz, se puede emplear uno de estos modos:

a) El celebrante principal, estando en el centro del altar, toma el cáliz y dice en secreto: *La Sangre de Cristo me guarde para la vida eterna*, y bebe un poco de la Sangre del Señor; en seguida pasa el cáliz al diácono o a uno de los concelebrantes. Después distribuye la Comunión a los fieles (cfr. nn. 160-162).

   Los concelebrantes, uno tras otro, o de dos en dos, si se usan dos cálices, se acercan al altar, hacen genuflexión, beben la Sangre del Señor, secan la orilla del cáliz y vuelven a sus asientos.

b) El celebrante principal bebe la Sangre del Señor estando de pie, según costumbre, en el centro del altar.

   Pero los concelebrantes pueden beber la Sangre del Señor o bien permaneciendo en sus lugares y bebiendo del cáliz que el diácono o uno de los concelebrantes les irá pasando, o también pasándose uno a otro el cáliz. El cáliz lo purifica o el último que bebe o el que lo está pasando a los demás. Uno a uno, según van comulgando, vuelven a sus asientos.

247. El diácono consume con reverencia, en el altar, toda la Sangre de Cristo que ha quedado, si es necesario ayudado por algunos concelebrantes, y traslada el cáliz a la credencia y ahí él mismo o un acólito legítimamente instituido lo purifica, lo seca y lo cubre como de costumbre (cfr. n. 183).

248. La Comunión de los concelebrantes también puede ordenarse de esta manera: de uno en uno, toman en el altar el Cuerpo del Señor e inmediatamente después su Sangre.

En este caso, el celebrante principal toma primero la Comunión bajo las dos especies del modo acostumbrado (cfr. n. 158), pero, para beber del cáliz, debe hacerlo de la misma forma que se haya escogido para los demás concelebrantes.

Terminada la Comunión del celebrante principal, el cáliz se deja sobre otro corporal a un lado del altar. Los concelebrantes van pasando uno tras otro al centro del altar, hacen genuflexión y comulgan del Cuerpo del Señor; pasan después al lado del altar y beben la Sangre del Señor, según el rito escogido para esta Comunión, como hemos dicho arriba.

La Comunión del diácono y la purificación del cáliz se efectúan en la forma anteriormente indicada.

249. Si la Comunión de los concelebrantes se hace por intinción, el celebrante principal toma, de la manera acostumbrada, el Cuerpo y la Sangre del Señor, teniendo cuidado de que quede en el cáliz suficiente cantidad de Sangre del Señor, para la Comunión de los concelebrantes. Después el diácono, o uno de los concelebrantes, coloca el cáliz en el centro del altar o a un lado, sobre otro corporal, juntamente con la patena que contiene los fragmentos de hostias.

Los concelebrantes, uno tras otro, se acercan al altar, hacen genuflexión, toman un fragmento, lo mojan parcialmente en el cáliz y, poniendo debajo de la boca un purificador, lo consumen. Después se retiran a sus lugares, como al comienzo de la Misa.

Toma también la Comunión por intinción el diácono, que responde: *Amén* al concelebrante cuando le dice: *El Cuerpo y la Sangre de Cristo*. El diácono, ayudado si es necesario por algunos de los concelebrantes, consume junto al altar toda la Sangre del Señor que ha quedado, lleva el cáliz a la credencia y ahí él o un acólito debidamente instituido lo purifica, lo seca y lo arregla como de costumbre.

Rito de conclusión

250. Todo lo demás hasta el fin de la Misa lo hace del modo acostumbrado (cfr. nn. 166-168) el celebrante principal, mientras los otros concelebrantes permanecen en sus lugares.

251. Los concelebrantes, antes de retirarse del altar, hacen una inclinación profunda al mismo. Pero el celebrante principal, acompañado por el diácono, lo venera besándolo como de costumbre.

III. MISA EN LA CUAL PARTICIPA UN SOLO MINISTRO

252. En la Misa celebrada por el sacerdote, al que sólo asiste y responde un ministro, ha de observarse el rito de la Misa con el pueblo (cfr. nn. 120-169), y el ministro dice las partes que ordinariamente corresponden al pueblo.

253. Si el ministro es un diácono, éste desempeña los oficios que le son propios (cfr. nn. 171-186), y también las partes que corresponden al pueblo.

254. La celebración sin ministro o al menos sin algún fiel no se haga sin causa justa y razonable. En este caso se omiten los saludos, las moniciones y la bendición al final de la Misa.

255. Antes de la Misa se preparan los vasos sagrados necesarios, o en la credencia, o sobre el mismo altar al lado derecho.

Ritos iniciales

256. El sacerdote se acerca al altar y, habiendo hecho, junto con el ministro, una inclinación profunda, venera el altar con un beso y va a la sede. Si lo prefiere, el sacerdote puede permanecer junto al altar;

en este caso, se coloca ahí también el misal. Entonces, el ministro o el sacerdote pronuncia la antífona de entrada.

257. Después, el sacerdote, junto con el ministro, de pie, se santigua y dice: *En el nombre del Padre*; y vuelto hacia el ministro, lo saluda, eligiendo alguna de las fórmulas propuestas.

258. Sigue el acto penitencial y, según las rúbricas, se dice el *Señor, ten piedad* y el *Gloria*.

259. Luego, juntando las manos, dice: *Oremos*, y después de una pausa conveniente, recita, con las manos extendidas, la oración colecta. Al final el ministro aclama: *Amén*.

Liturgia de la Palabra

260. Las lecturas, en la medida de lo posible, se proclaman desde el ambón o desde el facistol.

261. Dicha la colecta, el ministro proclama la primera lectura y el salmo y, cuando se ha de decir, también la segunda lectura, seguida por el verso del *Aleluya* o el otro canto.

262. Luego, el sacerdote, inclinado profundamente, dice: *Purifica mi corazón*, y después proclama el Evangelio. Al final dice: *Palabra del Señor*, a lo que el ministro responde: *Gloria a ti, Señor Jesús*. En seguida el sacerdote venera el libro besándolo y diciendo en secreto: *Las palabras del Evangelio borren nuestros pecados*.

263. El sacerdote a continuación, según las rúbricas, recita, juntamente con el ministro, el Credo.

264. Sigue la oración universal, que también puede decirse en esta Misa. El sacerdote introduce y concluye la oración; el ministro dice las intenciones.

Liturgia eucarística

265. En la liturgia eucarística todo se realiza como en la Misa con el pueblo, a excepción de lo que sigue.

266. Terminada la aclamación final del embolismo que sigue al Padrenuestro, el sacerdote dice la oración *Señor Jesucristo, que dijiste*; y luego añade: *La paz del Señor esté siempre con ustedes*, a lo que el ministro responde: *Y con tu espíritu*. Si parece conveniente, el sacerdote puede dar la paz al ministro.

267. Luego, mientras con el ministro dice el *Cordero de Dios*, el sacerdote parte la hostia sobre la patena. Terminado el *Cordero de Dios*, hace la inmixtión, diciendo en secreto: *El Cuerpo y la Sangre*.

268. Después de la inmixtión, el sacerdote dice en secreto la oración *Señor Jesucristo, Hijo de Dios vivo*, o bien *Señor Jesucristo, la comunión de tu Cuerpo*; después hace la genuflexión, toma la hostia y, si el ministro va a recibir la Comunión, volviéndose a él y teniendo la hostia un poco elevada sobre la patena o el cáliz, dice: *Éste es el Cordero de Dios*; y, juntamente con el ministro, dice: *Señor, no soy digno*. A continuación, vuelto al altar, comulga el Cuerpo de Cristo. Si el ministro no recibe la Comunión, el sacerdote, una vez hecha la genuflexión, toma la hostia y, vuelto al altar, dice en secreto: *Señor, no soy digno*, y *El Cuerpo de Cristo me guarde*, y comulga el Cuerpo de Cristo. Después toma el cáliz y dice en secreto: *La Sangre de Cristo me guarde*, y bebe la Sangre de Cristo.

269. Antes de dar la Comunión al ministro, éste o el mismo sacerdote dice la antífona de la Comunión.

270. El sacerdote purifica el cáliz en la credencia o en el altar. Si el cáliz es purificado en el altar, puede ser llevado por el ministro a la credencia o dejado sobre el mismo altar a un lado.

271. Terminada la purificación del cáliz, conviene que el sacerdote observe una pausa de silencio; a continuación dice la oración después de la Comunión.

Rito de conclusión

272. El rito de conclusión se hace como en la Misa con el pueblo, omitiendo, sin embargo el *Pueden ir en paz*. El sacerdote, como de costumbre, venera el altar besándolo y, hecha una inclinación profunda junto con el ministro, se retira.

IV. ALGUNAS NORMAS GENERALES PARA TODAS LAS FORMAS DE MISA

Veneración del altar y del Evangeliario

273. Según la costumbre tradicional, la veneración del altar y del Evangeliario se expresa con el beso. Sin embargo, donde este signo no concuerde con las tradiciones o carácter de alguna región, corresponde a la Conferencia Episcopal determinar otro signo en su lugar, con el asentimiento de la Sede Apostólica.

Genuflexión e inclinación

274. La genuflexión, que se efectúa doblando la rodilla derecha hasta el suelo, significa la adoración. Por lo tanto está reservada al Santísimo Sacramento, y a la Santa Cruz, a partir de la adoración solemne en la acción litúrgica del Viernes en la Pasión del Señor hasta el inicio de la Vigilia Pascual.

En la Misa el sacerdote celebrante hace tres genuflexiones: después de la ostensión de la hostia, después de la ostensión del cáliz y antes de la Comunión. Las peculiaridades que se deben observar en la Misa concelebrada se encuentran señaladas en su lugar correspondiente (cfr. nn. 210-251).

Pero si el sagrario con el Santísimo Sacramento está en el presbiterio, el sacerdote, el diácono y los demás ministros hacen genuflexión cuando llegan al altar y cuando se retiran de él, pero no durante la celebración de la Misa.

Por el contrario hacen la genuflexión todos los que pasan ante el Santísimo Sacramento, a menos que avancen procesionalmente.

Los ministros que llevan la cruz procesional o los ciriales, en lugar de la genuflexión hacen inclinación con la cabeza.

275. Por medio de la inclinación se expresa la reverencia y el honor que se hace a las personas mismas o a sus signos. Hay dos clases de inclinación, con la cabeza y con el cuerpo:

a) La inclinación de la cabeza se hace cuando se nombran juntas las tres Divinas Personas y al pronunciar el nombre de Jesús, de la santísima Virgen María y del santo en cuyo honor se celebra la Misa.
b) La inclinación del cuerpo, o inclinación profunda, se hace: al altar; a las oraciones *Purifica mi corazón* y *Acepta, Señor, nuestro corazón contrito*; en el Credo, a las palabras: *y por obra del Espíritu Santo*; en el Canon Romano, al decir la oración *Te pedimos humildemente*. La misma inclinación la hace el diácono cuando pide la bendición antes de proclamar el Evangelio. El sacerdote se inclina además un poco cuando, durante la consagración, pronuncia las palabras del Señor.

Incensación

276. La incensación significa la reverencia y la oración, como viene expresado en la Sagrada Escritura (cfr. *Sal 140, 2; Apoc 8, 3*).

El incienso puede libremente usarse en cualquier forma de Misa:

a) durante la procesión de entrada;
b) al comienzo de la Misa, para incensar la cruz y el altar;
c) para la procesión y proclamación del Evangelio;

d) cuando ya están colocados sobre el altar el pan y el vino, para incensar las ofrendas, la cruz y el altar, como también al sacerdote y al pueblo;
e) en el momento de la ostensión de la hostia y del cáliz, después de la consagración.

277. Cuando el sacerdote pone el incienso en el incensario, lo bendice con la señal de la cruz, sin decir nada.

Antes y después de la incensación se hace una inclinación profunda hacia la persona u objeto que se inciensa, exceptuando el altar y las ofrendas para la Misa.

Se inciensan con tres movimientos del incensario: el Santísimo Sacramento, las reliquias de la Santa Cruz y las imágenes del Señor expuestas a la veneración pública, los dones para el sacrificio de la Misa, la cruz del altar, el Evangeliario, el cirio pascual, el sacerdote y el pueblo.

Se inciensan con dos movimientos del incensario las reliquias e imágenes de los santos expuestas a la veneración pública, pero únicamente al inicio de la celebración, después de que se inciensa el altar.

La incensación del altar se hace con movimientos sencillos del incensario de esta manera:

a) si el altar está separado de la pared, el sacerdote lo inciensa rodeándolo;
b) pero si el altar no está separado de la pared, el sacerdote, mientras pasa, inciensa primero la parte derecha, luego la parte izquierda del altar.

Si la cruz está sobre el altar o junto a él, se inciensa antes que el mismo altar. En otro caso, el sacerdote la incensará cuando pase ante ella.

El sacerdote inciensa los dones antes de la incensación de la cruz y del altar, con tres movimientos del incensario o trazando una señal de la cruz sobre los dones.

Purificaciones

278. Cuantas veces algún fragmento de la hostia quede adherido a los dedos, sobre todo después de la fracción o de la Comunión de los fieles, el sacerdote debe limpiar los dedos sobre la patena, y si es necesario, lavarlos. De modo semejante, si quedan fragmentos fuera de la patena, los recoge.

279. El sacerdote, el diácono o el acólito instituido purifica los vasos sagrados, después de la Comunión o después de la Misa, si es posible, en la credencia. La purificación del cáliz se hace con agua o con agua y vino, que tomará quien haya purificado el cáliz. La patena se limpia, de ordinario, con el purificador.

Se debe procurar que lo que sobra eventualmente de la Sangre de Cristo, después de la distribución de la Comunión, se consuma inmediata y completamente.

280. Si la hostia o alguna partícula de la misma llega a caerse, se recogerá con reverencia. Si se derrama algo de la Sangre del Señor, el sitio en el que haya caído lávese con agua y luego échese esta agua en el "sacro" situado en la sacristía.

Comunión bajo las dos especies

281. La sagrada Comunión tiene una expresión más plena por razón del signo cuando se hace bajo las dos especies, ya que en esa forma es donde más perfectamente se manifiesta el signo del banquete eucarístico, y se expresa más claramente la voluntad divina con que se ratifica en la Sangre del Señor la Alianza nueva y eterna, y se ve mejor la relación entre el banquete eucarístico y el banquete escatológico en el reino del Padre[105].

---

105 Cfr. Sagrada Congregación de Ritos, Instrucción *Eucharisticum mysterium,* del 25 de mayo de 1967, n. 32: AAS 59 (1967), p. 558.

282. Procuren los sagrados pastores recordar a los fieles que participan en el rito o intervienen en él, y del modo que más adecuado resulte, la doctrina católica sobre esta forma de la sagrada Comunión, según el Concilio Ecuménico Tridentino. Adviertan, en primer lugar, a los fieles que la fe católica enseña que, aun bajo una sola de las dos especies, cualquiera que sea, está Cristo entero, y que se recibe un verdadero Sacramento, y que, por consiguiente, por lo que toca a los frutos de la Comunión, no se priva de ninguna de las gracias necesarias a la salvación al que sólo recibe una sola especie[106].

Enseñen, además, que la Iglesia tiene poder, en lo que toca a la administración de los Sacramentos, de determinar o cambiar, dejando siempre intacta su sustancia, lo que considera más oportuno para ayudar a los fieles en su veneración y en la utilidad de quien los recibe, según las variedad de circunstancias, tiempos y lugares[107]. Y adviértanles al mismo tiempo que se interesen en participar con el mayor empeño en el sagrado rito, en la forma en que más plenamente brilla el signo del banquete eucarístico.

283. La Comunión bajo las dos especies, además de los casos contemplados en los rituales, se permite:

a) a los sacerdotes que no pueden celebrar o concelebrar la Misa;
b) al diácono y a los demás que desempeñan algún oficio en la Misa;
c) a los miembros de las comunidades en la Misa conventual o en la llamada "de comunidad", a los alumnos de los seminarios, a todos los que hacen ejercicios espirituales o participan en alguna reunión espiritual o pastoral.

El Obispo diocesano puede establecer las normas acerca de la Comunión bajo las dos especies para su diócesis, que deberán observarse incluso en las iglesias de los religiosos y en las Misas de grupos pequeños. Al mismo Obispo se le concede la facultad de permitir la Comunión bajo las dos especies cada vez que le parezca oportuno al sacerdote a quien le está encomendada una comunidad como pastor propio, con tal de que los fieles estén bien instruidos y no haya ningún peligro de profanación del Sacramento o se dificulte hacer bien el rito por el gran número de los participantes o por otra causa.

En todo lo pertinente a la Comunión bajo ambas especies, se debe seguir las *Normas para la distribución y recepción de la Sagrada Comunión bajo dos especies en las diócesis de los Estados Unidos de América* (particularmente nn. 27-54).

284. Cuando la Comunión se distribuye bajo las dos especies:

a) del cáliz se ocupa ordinariamente el diácono o, en su ausencia, el presbítero; o incluso un acólito legítimamente instituido u otro ministro extraordinario de la sagrada Comunión; o un fiel, al cual, en caso de necesidad, se le encomienda ese oficio para esa determinada ocasión;
b) lo que eventualmente pueda quedar de la Sangre de Cristo es consumido junto al altar por el sacerdote o por el diácono o por el acólito debidamente instituido, que se ocupó del cáliz, y luego purifica los vasos sagrados, los seca y arregla, como de costumbre.

A los fieles que eventualmente quieren comulgar bajo la sola especie del pan, se debe dar la sagrada Comunión de esta forma.

285. Para distribuir la Comunión bajo las dos especies prepárense:

a) si la Comunión se hace bebiendo directamente del cáliz, un cáliz de tamaño suficiente, o varios cálices, pero siempre de tal manera que no quede una excesiva cantidad de la Sangre de Cristo para tomar al final de la celebración;

106 Cfr. Concilio Ecuménico Tridentino, Sesión XXI, del 16 de julio de 1562, Decreto sobre la Comunión eucarística, caps. 1-3: Denz.-Schönm. 1725-1729.

107 Cfr. *ibid.*, cap. 2: Denz.-Schönm. 1728.

b) si la Comunión bajo las dos especies se va a dar por intinción, téngase cuidado que las hostias no sean ni demasiado delgadas ni demasiado pequeñas, sino un poco más gruesas de lo acostumbrado, para que, mojadas parcialmente con la Sangre de Cristo, se puedan distribuir cómodamente.

286. Si la Comunión de la Sangre se realiza bebiendo del cáliz, el que comulga, después que recibió el Cuerpo de Cristo, pasa ante el ministro del cáliz y espera de pie. El ministro dice: *La Sangre de Cristo*; y el que comulga responde: *Amén*. El ministro le da el cáliz y el que comulga lo lleva con sus manos a la boca. El que comulga bebe un poco del cáliz, lo restituye al ministro y se retira; el ministro limpia el borde del cáliz con un purificador.

287. Si la Comunión del cáliz se realiza por intinción, el que comulga, teniendo el platillo debajo del mentón, se acerca al sacerdote, que tiene el recipiente con las sagradas partículas y a cuyo lado está el ministro que tiene el cáliz. El sacerdote toma una hostia, la moja parcialmente en el cáliz y, mostrándola, dice: *El Cuerpo y la Sangre de Cristo*; el que comulga responde: *Amén*, recibe en la boca el Sacramento de manos del sacerdote y después se retira.

CAPÍTULO V

DISPOSICIÓN Y ORNATO DE LAS IGLESIAS PARA LA CELEBRACIÓN EUCARÍSTICA

I. PRINCIPIOS GENERALES

288. Para la celebración de la Eucaristía el pueblo de Dios se congrega generalmente en la iglesia, o cuando no la hay o resulta insuficiente, en algún lugar honesto que sea digno de tan gran misterio. Las iglesias, por consiguiente, o los demás lugares, sean aptos para la realización de la acción sagrada y para que se obtenga una activa participación de los fieles. Además, los edificios sagrados y los objetos que pertenecen al culto divino sean, en verdad, dignos y bellos, signos y símbolos de las realidades celestiales[108].

289. De ahí que la Iglesia busca siempre el noble servicio de las artes, y acepta toda clase de expresiones artísticas de los diversos pueblos y regiones[109]. Más aún, así como se esfuerza por conservar las obras de arte y los tesoros elaborados en siglos pretéritos[110] y, en cuanto es necesario, adaptarlos a las nuevas necesidades, trata también de promover las nuevas formas de arte adaptadas a cada tiempo[111].

Por eso, en la formación de los artistas y al elegir las obras destinadas a la iglesia, búsquese un auténtico valor artístico que sirva de alimento a la fe y a la piedad y responda auténticamente al significado y fines para los que se destina[112].

290. Todas las iglesias han de ser dedicadas o por lo menos bendecidas. Las catedrales y las iglesias parroquiales han de ser dedicadas con rito solemne.

291. Para la construcción, reconstrucción y adaptación de los edificios sagrados, los que están interesados en ello consulten a la Comisión diocesana de sagrada Liturgia y de Arte sacro. El Obispo diocesano sírvase del consejo y ayuda de esa Comisión, siempre que se trate de dar normas en este campo o de aprobar los planos de nuevos edificios o de dar un parecer sobre cuestiones de una cierta importancia[113].

292. El ornato de la iglesia ha de contribuir a una noble sencillez más que a una pomposa ostentación. En la selección de los materiales ornamentales, se ha de procurar la verdad de las cosas buscando que contribuyan a la formación de los fieles y a la dignidad de todo el lugar sagrado.

293. Una oportuna disposición de la iglesia y de sus lugares adyacentes, que responda bien a las necesidades de nuestro tiempo, requiere que no sólo se mire en ella a lo que directamente atañe a la celebración de la acción sagrada, sino que se prevea, también, todo lo que ayuda a la comodidad de los fieles y que habitualmente se tiene en cuenta en los sitios normales de reunión.

108 Cfr. Concilio Ecuménico Vaticano II, Constitución sobre la Sagrada Liturgia, *Sacrosanctum Concilium,* nn. 122-124; Decreto sobre el ministerio y la vida de los presbíteros, *Presbyterorum ordinis,* n. 5; Sagrada Congregación de Ritos, Instrucción *Inter Oecumenici,* del 26 de septiembre de 1964, n. 90: AAS 56 (1964), p. 897; Instrucción *Eucharisticum mysterium,* del 25 de mayo de 1967, n. 24: AAS 59 (1967), p. 554; *Código de Derecho Canónico*, can. 932 § 1.

109 Cfr. Concilio Ecuménico Vaticano II, Constitución sobre la Sagrada Liturgia, *Sacrosanctum Concilium,* n. 123.

110 Cfr. Sagrada Congregación de Ritos, Instrucción *Eucharisticum mysterium,* del 25 de mayo de 1967, n. 24: AAS 59 (1967), p. 554.

111 Cfr. Concilio Ecuménico Vaticano II, Constitución sobre la Sagrada Liturgia, *Sacrosanctum Concilium,* nn. 123, 129; Sagrada Congregación de Ritos, Instrucción *Inter Oecumenici,* del 26 de septiembre de 1964, n. 13 c: AAS 56 (1964), p. 880.

112 Cfr. Concilio Ecuménico Vaticano II, Constitución sobre la Sagrada Liturgia, *Sacrosanctum Concilium,* n. 123.

113 Cfr. *ibid.,* n. 126; Sagrada Congregación de Ritos, Instrucción *Inter Oecumenici,* del 26 de septiembre de 1964, n. 91: AAS 56 (1964), p. 898.

294. El pueblo de Dios, que se congrega para la Misa, tiene en sí una coherente y jerárquica ordenación, que se expresa en la diversidad de ministerios y de acción en las diversas partes de la celebración. Por consiguiente, la disposición general del edificio sagrado conviene que se haga como una imagen de la asamblea reunida, que facilite un proporcionado orden de todas sus partes y que favorezca la perfecta ejecución de cada uno de los ministerios.

Los fieles y la *schola* ocuparán, por consiguiente, el lugar que pueda hacer más fácil su activa participación[114].

El sacerdote celebrante, el diácono y los demás ministros ocuparán un lugar en el presbiterio. Ahí mismo se prepararán las sillas para los concelebrantes; pero si su número es muy grande, las sillas se prepararán en otra parte de la iglesia, pero cerca del altar.

Todo esto, aun cuando, por una parte, debe expresar la disposición jerárquica y la diversidad de ministerios, debe también, por otra, constituir una unidad íntima y coherente, a través de la cual se vea con claridad la unidad de todo el pueblo santo. La naturaleza y belleza del lugar y de todos los utensilios sagrados sean capaces de fomentar la piedad y manifestar la santidad de los misterios que se celebran.

II. DISPOSICIÓN DEL PRESBITERIO PARA LA CELEBRACIÓN EUCARÍSTICA

295. El presbiterio es el lugar donde está el altar, se proclama la Palabra de Dios, y donde el sacerdote, el diácono y los demás ministros desempeñan su oficio. El presbiterio debe quedar diferenciado respecto a la nave de la iglesia, bien por su cierta elevación, bien por una estructura y ornato peculiar. Sea de tal capacidad que en él pueda cómodamente desarrollarse y ser vista la celebración de la Eucaristía[115].

El altar y su ornato

296. El altar, en el que se hace presente el sacrificio de la cruz bajo los signos sacramentales, es, además, la mesa del Señor, en la cual, el pueblo de Dios es llamado a participar cuando es convocado para la Misa; y es también el centro de la acción de gracias que se realiza por la Eucaristía.

297. La celebración de la Eucaristía en lugar sagrado debe realizarse sobre un altar; fuera del lugar sagrado puede también celebrarse sobre una mesa idónea, usándose siempre el mantel, el corporal, la cruz y los candeleros.

298. Conviene que en toda iglesia haya un altar fijo, que más clara y permanentemente significa a Jesucristo, la Piedra viva (1 Pe 2, 4; cfr. Ef 2, 20). En los demás lugares, dedicados a las sagradas celebraciones, el altar puede ser móvil.

Un altar se llama fijo cuando está construido sobre el pavimento de manera que no se pueda mover; móvil, si se puede trasladar.

299. Constrúyase el altar separado de la pared, de modo que se le pueda rodear fácilmente y la celebración se pueda hacer de cara al pueblo, lo cual conviene que se haga siempre que sea posible. El altar ocupe el lugar que sea de verdad el centro hacia el que espontáneamente converja la atención de toda la asamblea de los fieles[116]. El altar ordinariamente será fijo y dedicado.

300. El altar, ya sea fijo o móvil, debe dedicarse según el rito descrito en el Pontifical Romano; pero el altar móvil puede ser bendecido solamente.

---

114 Cfr. Sagrada Congregación de Ritos, Instrucción *Inter Oecumenici,* del 26 de septiembre de 1964, nn. 97-98: AAS 56 (1964), p. 899.

115 Cfr. *ibid.,* n. 91: AAS 56 (1964), p. 898.

116 Cfr. Sagrada Congregación de Ritos, Instrucción *Inter Oecumenici,* del 26 de septiembre de 1964, n. 91: AAS 56 (1964), p. 898.

301. Según la costumbre tradicional de la Iglesia y su significado, la mesa del altar fijo debe ser de piedra y precisamente de piedra natural. En las diócesis de los Estados Unidos de América, puede emplearse madera digna, sólida y trabajada artísticamente, en tanto y cuanto el altar sea estructuralmente fijo. Los sostenes o el basamento de la mesa pueden ser de cualquier materia, con tal que sea digna y sólida.

El altar móvil puede construirse con cualquier clase de materiales, nobles y sólidos, convenientes al uso litúrgico, según las diversas tradiciones y costumbres de los pueblos.

302. Es oportuno conservar el uso de poner bajo el altar que se va a dedicar reliquias de santos, aunque no sean mártires. Cuídese con todo de que conste con certeza de la autenticidad de tales reliquias.

303. Al construir las nuevas iglesias conviene que se erija un único altar, que signifique en la asamblea de los fieles al único Cristo y a la única Eucaristía de la Iglesia.

En las iglesias ya construidas, donde el altar antiguo está situado de manera que hace difícil la participación del pueblo y no puede trasladarse sin el menoscabo del valor artístico, se deberá construir otro altar fijo, artísticamente confeccionado y que se ha de dedicar debidamente, y sólo sobre éste se realizarán las celebraciones sagradas. Para no distraer la atención de los fieles del nuevo altar, no se adorne el altar antiguo de manera especial.

304. Por reverencia a la celebración del memorial del Señor y al banquete en que se distribuye el Cuerpo y la Sangre del Señor, póngase sobre el altar, donde se celebra, por lo menos un mantel de color blanco, que, en forma, medida y ornamentación, armonice bien con la estructura del mismo altar. En las diócesis de los Estados Unidos de América, cuando se usan otros manteles además del mantel del altar, éstos pueden ser de otros colores de significado cristiano, honroso o festivo de acuerdo con la costumbre del lugar con tal de que el mantel de arriba que cubre la *mensa* (i.e., el mantel propio del altar) siempre sea de color blanco.

305. En la ornamentación del altar se deberá guardar moderación.

En el Tiempo de Adviento adórnese el altar con flores con la moderación conveniente al carácter de este tiempo, sin que se anticipe la plena alegría de la Natividad del Señor. En el Tiempo de Cuaresma se prohíbe adornar el altar con flores. Se exceptúa el domingo *Laetare* (IV de Cuaresma), las solemnidades y las fiestas.

El empleo de las flores como adorno para el altar ha de ser siempre moderado y se colocarán, más que sobre la mesa del altar, en torno a él.

306. Sobre la mesa del altar se puede colocar solamente aquello que se requiere para la celebración de la Misa, es decir, el Evangeliario desde el inicio de la celebración hasta la proclamación del Evangelio; y desde la presentación de los dones hasta la purificación de los vasos, el cáliz, con la patena, el copón si es necesario; y también el corporal, el purificador, la palia y el misal.

Colóquese, además, de manera discreta lo que pueda ser necesario para la amplificación de la voz del sacerdote.

307. Los candeleros, que en cada acción litúrgica se requieren como signo de veneración o de celebración festiva (cfr. n. 117), colóquense en la forma más conveniente, o sobre el altar o alrededor de él, teniendo en cuenta la estructura del altar y del presbiterio, de modo que todo forme una armónica unidad y no impida a los fieles ver fácilmente lo que sobre el altar se hace o se coloca.

308. También sobre el altar o cerca de él ha de haber una cruz, con la imagen de Cristo crucificado, que sea muy visible para el pueblo congregado. Conviene que esta cruz permanezca junto al altar también fuera de las celebraciones litúrgicas, a fin de traer a la mente de los fieles la pasión salvadora del Señor.

El ambón

309. La dignidad de la Palabra de Dios exige que en la iglesia haya un lugar conveniente para su proclamación, hacia el que, durante la Liturgia de la Palabra, se vuelve espontáneamente la atención de los fieles[117].

Conviene que en general este lugar sea un ambón estable, no un simple facistol portátil. El ambón, según la estructura de cada iglesia, debe estar colocado de tal modo, que permita al pueblo ver y oír bien a los ministros ordenados y a los lectores.

Desde el ambón se proclaman únicamente las lecturas, el salmo responsorial y el pregón pascual; pueden también tenerse desde él la homilía y las intenciones de la oración universal. La dignidad del ambón exige que suba a él solamente el ministro de la Palabra.

Conviene que un ambón nuevo sea bendecido antes de destinarlo al uso litúrgico, según el rito descrito en el Ritual Romano[118].

La sede para el sacerdote celebrante y los demás asientos

310. La sede del sacerdote celebrante debe significar su oficio de presidente de la asamblea y de director de la oración. Por consiguiente, su lugar más adecuado será de cara al pueblo, al fondo del presbiterio, a no ser que la estructura del edificio o alguna otra circunstancia lo impida; por ejemplo, si, a causa de la excesiva distancia, resulta difícil la comunicación entre el sacerdote y la asamblea congregada, o si el sagrario se encuentra en medio detrás del altar. Evítese toda apariencia de trono[119]. Conviene que la sede se bendiga antes de destinarla al uso litúrgico, según el rito descrito en el Ritual Romano[120].

En el presbiterio colóquense también los asientos para los sacerdotes concelebrantes y para los presbíteros que, revestidos con la vestidura coral, están presentes en la celebración sin concelebrar.

El asiento del diácono se debe colocar cerca de la sede del celebrante. Para los demás ministros colóquense los asientos de tal manera que se distingan claramente de los asientos del clero y les permita cumplir con facilidad el oficio que se les ha confiado[121].

III. DISPOSICIÓN DE LA IGLESIA

El lugar de los fieles

311. Esté bien estudiado el lugar reservado a los fieles, de modo que les permita participar con la vista y con el espíritu en las sagradas celebraciones. Conviene que los fieles dispongan normalmente de bancas o sillas. Pero la costumbre de reservar asientos a personas privadas debe reprobarse[122]. La disposición de bancas y sillas, sobre todo en las iglesias de nueva construcción, sea tal que los fieles puedan adoptar las distintas posturas recomendadas para los diversos momentos de la celebración y puedan acercarse con facilidad para recibir la sagrada Comunión.

Procúrese que los fieles no sólo puedan ver al sacerdote, al diácono y a los lectores, sino que, valiéndose de los modernos instrumentos técnicos, dispongan de una perfecta audición.

117 Cfr. Sagrada Congregación de Ritos, Instrucción *Inter Oecumenici,* del 26 de septiembre de 1964, n. 96: AAS 56 (1964), p. 899.

118 Cfr. Ritual Romano, *Bendicional,* edición típica 1984, Bendición con ocasión de la inauguración de un nuevo ambón, nn. 900-918.

119 Cfr. Sagrada Congregación de Ritos, Instrucción *Inter Oecumenici,* del 26 de septiembre de 1964, n. 92: AAS 56 (1964), p. 898.

120 Cfr. Ritual Romano, *Bendicional,* edición típica 1984, Bendición con ocasión de la inauguración de una nueva cátedra o sede presidencial, nn. 880-899.

121 Cfr. Sagrada Congregación de Ritos, Instrucción *Inter Oecumenici,* del 26 de septiembre de 1964, n. 92: AAS 56 (1964), p. 898.

122 Cfr. Concilio Ecuménico Vaticano II, Constitución sobre la Sagrada Liturgia, *Sacrosanctum Concilium,* n. 32.

El lugar del coro y de los instrumentos musicales

312. La *schola* de los cantores, según la disposición de cada iglesia, se coloca donde más claramente aparezca su índole propia, a saber, que constituye una parte de la comunidad de los fieles y que en ella tiene un oficio particular; donde al mismo tiempo sea más fácil el desempeño de su ministerio litúrgico; donde cómodamente les sea posible la plena participación sacramental en la Misa[123].

313. El órgano y los demás instrumentos musicales legítimamente aprobados, estén en un lugar apropiado, es decir, donde puedan ayudar a cantores y pueblo, y donde cuando intervienen solos, puedan ser bien oídos por todos. Conviene que se bendiga el órgano antes de destinarlo al uso litúrgico, según el rito descrito en el Ritual Romano[124].

En el Tiempo de Adviento el órgano y otros instrumentos musicales se deben emplear con la moderación conveniente al carácter de este tiempo, sin que se anticipe la plena alegría de la Natividad del Señor.

En el Tiempo de Cuaresma el sonido del órgano y de otros instrumentos se permite sólo para acompañar el canto. De esta regla se exceptúan el domingo *Laetare* (IV de Cuaresma), las solemnidades y fiestas.

El lugar de conservación de la Santísima Eucaristía

314. Según la estructura de cada iglesia y las costumbres legítimas de cada lugar, el Santísimo Sacramento deberá conservarse en el sagrario colocado en un lugar de la iglesia que sea muy digno, importante, visible, debidamente ornamentado y apto para la oración[125].

El sagrario sea ordinariamente uno solo, fijo, confeccionado con material sólido, inviolable y no transparente, cerrado de tal manera que se evite al máximo el peligro de cualquier profanación[126]. Además es conveniente bendecirlo antes de destinarlo al uso litúrgico, según el rito descrito en el Ritual Romano[127].

315. Por razón del signo, es más conveniente que el sagrario en que se conserva la Santísima Eucaristía no esté sobre el altar en que se celebra la Misa[128].

Es preferible por lo tanto colocar el sagrario, a juicio del Obispo diocesano:

a) o en el presbiterio, fuera del altar de la celebración, en la manera y lugar más convenientes, sin excluir el antiguo altar que ya no se utiliza para la celebración (cfr. n. 303);
b) o también en alguna capilla apta para la adoración y oración privada de los fieles[129], que esté unida con la iglesia y sea visible para los fieles.

---

123 Cfr. Sagrada Congregación de Ritos, Instrucción *Musicam sacram,* del 5 de marzo de 1967, n. 23: AAS 59 (1967), p. 307.

124 Cfr. Ritual Romano, *Bendicional,* edición típica 1984, Bendición de un órgano, nn. 1052-1067.

125 Cfr. Sagrada Congregación de Ritos, Instrucción *Eucharisticum mysterium,* del 25 de mayo de 1967, n. 54: AAS 59 (1967), p. 568; Instrucción *Inter Oecumenici,* del 26 de septiembre de 1964, n. 95: AAS 56 (1964), p. 898.

126 Cfr. Sagrada Congregación de Ritos, Instrucción *Eucharisticum mysterium,* del 25 de mayo de 1967, n. 52: AAS 59 (1967), p. 568; Instrucción *Inter Oecumenici,* del 26 de septiembre de 1964, n. 95: AAS 56 (1964), p. 898; Sagrada Congregación para los Sacramentos, Instrucción *Nullo umquam tempore,* del 28 de mayo de 1938, n. 4: AAS 30 (1938), pp. 199-200; Ritual Romano, *Sagrada Comunión y culto eucarístico fuera de la Misa,* edición típica 1973, nn. 10-11; *Código de Derecho Canónico,* can. 938 § 3.

127 Cfr. Ritual Romano, *Bendicional,* edición típica 1984. Bendición con ocasión de la inauguración de un nuevo sagrario, nn. 919-929.

128 Cfr. Sagrada Congregación de Ritos, Instrucción *Eucharisticum mysterium,* del 25 de mayo de 1967, n. 55: AAS 59 (1967), p. 569.

129 *Ibid.,* n. 53: AAS 59 (1967), p. 568; Ritual Romano, *Sagrada Comunión y culto eucarístico fuera de la Misa,* edición típica 1973, n. 9; *Código de Derecho Canónico,* can. 938 § 2; Juan Pablo II, Carta *Dominicae Cenae,* del 24 de febrero de 1980, n. 3: AAS 72 (1980), pp. 117-119.

316. Según la costumbre tradicional, junto al sagrario debe estar encendida perennemente una lámpara especial, que se alimente con aceite o cera, con la que se indique y se honre la presencia de Cristo[130].

317. Se han de observar también rigurosamente todas las demás disposiciones que, según la norma del derecho, están prescritas para la reserva de la Santísima Eucaristía[131].

Imágenes sagradas

318. En la Liturgia terrena, la Iglesia participa, pregustándola, de aquella Liturgia celestial, que se celebra en la ciudad santa de Jerusalén, a la cual tiende como peregrina y donde Cristo está sentado a la derecha de Dios; y venerando la memoria de los santos, espera tener parte con ellos y disfrutar de su compañía[132].

Por eso, las imágenes del Señor, de la santísima Virgen y de los santos, según una tradición antiquísima de la Iglesia, se han de exponer a la veneración de los fieles en las iglesias[133], y se deben colocar de tal manera que conduzcan fácilmente a los fieles hacia los misterios que ahí se celebran. Por consiguiente, téngase cuidado de que no aumente indiscretamente su número, y de que en su colocación se guarde un justo orden para que no distraigan la atención de los fieles de la misma celebración[134]. No haya habitualmente más de una imagen del mismo santo. Y procúrese en general que la ornamentación y disposición de la iglesia, en lo referente a las imágenes, fomenten la auténtica piedad de toda la comunidad y la belleza y dignidad de las imágenes.

130 Cfr. *Código de Derecho Canónico*, can. 940; Sagrada Congregación de Ritos, Instrucción *Eucharisticum mysterium*, del 25 de mayo de 1967, n. 57: AAS 59 (1967), p. 569; Cfr. Ritual Romano, *Sagrada Comunión y culto eucarístico fuera de la Misa*, edición típica 1973, n. 11.

131 Cfr. sobre todo Sagrada Congregación para los Sacramentos, Instrucción *Nullo umquam tempore*, del 28 de mayo de 1938, n. 4: AAS 30 (1938), pp. 198-207; *Código de Derecho Canónico*, cáns. 934-944.

132 Cfr. Concilio Ecuménico Vaticano II, Constitución sobre la Sagrada Liturgia, *Sacrosanctum Concilium*, n. 8.

133 Cfr. Pontifical Romano, *Ritual de la Dedicación de iglesias y de altares*, edición típica 1977, cap. IV, n. 10; Ritual Romano, *Bendicional*, edición típica 1984, Bendición de las imágenes que se exponen a la pública veneración de los fieles, nn. 984-1031.

134 Cfr. Concilio Ecuménico Vaticano II, Constitución sobre la Sagrada Liturgia, *Sacrosanctum Concilium*, n. 125.

CAPÍTULO VI

COSAS QUE SE NECESITAN PARA LA CELEBRACIÓN DE LA MISA

I. PAN Y VINO PARA LA CELEBRACIÓN DE LA EUCARISTÍA

319. La Iglesia, siguiendo el ejemplo de Cristo, ha usado siempre, para celebrar el banquete del Señor, pan y vino, con agua.

320. El pan para la celebración de la Eucaristía debe ser exclusivamente de trigo, confeccionado recientemente y, según la antigua tradición de la Iglesia latina, ázimo.

321. La naturaleza misma del signo exige que la materia de la celebración eucarística aparezca verdaderamente como alimento. Conviene, pues, que el pan eucarístico, aunque sea ázimo y elaborado en la forma tradicional, se haga de tal forma que el sacerdote, en la Misa celebrada con el pueblo, pueda realmente partirlo en partes diversas y distribuirlas al menos a algunos fieles. No se excluyen de ninguna manera las hostias pequeñas, cuando así lo exige el número de los que van a recibir la sagrada Comunión y otras razones pastorales. Pero el gesto de la fracción del pan, que era el que servía en los tiempos apostólicos para denominar de una manera sencilla la Eucaristía, manifestará mejor la fuerza y la importancia del signo de la unidad de todos en un solo pan y de la caridad, por el hecho de que un solo pan se distribuye entre hermanos.

322. El vino para la celebración eucarística debe ser "del fruto de la vid" (cfr. Lc 22, 18), es decir, vino natural y genuino, no mezclado con sustancias extrañas.

323. Póngase sumo cuidado en que el pan y el vino destinados a la Eucaristía se conserven en perfecto estado: es decir, que el vino no se avinagre y que el pan ni se corrompa ni se endurezca tanto como para que sea difícil luego el partirlo.

324. Si después de la consagración o en el momento de comulgar el sacerdote cae en la cuenta de que no se había puesto vino en el cáliz, sino agua, dejando ésta en un vaso, pondrá de nuevo vino y agua en el cáliz, y lo consagrará, diciendo la parte de la consagración que corresponde a la consagración del cáliz, sin que deba repetir la consagración del pan.

II. UTENSILIOS SAGRADOS EN GENERAL

325. Como para la edificación de las iglesias, así también para todo su mobiliario y ajuar, la Iglesia acepta el estilo artístico de cada región y admite todas las adaptaciones que vayan con el modo de ser y tradiciones de cada pueblo, con tal que todo responda de una manera adecuada al uso sagrado para el que se destinan[135].

También en este campo búsquese con cuidado la noble sencillez que tanto conviene al arte auténtico.

326. En la selección de materiales para los utensilios sagrados, se pueden admitir no sólo los materiales tradicionales, sino también otros que, según la mentalidad de nuestro tiempo, se consideran nobles, son duraderos y se acomodan bien al uso sagrado. En las diócesis de los Estados Unidos de América estos materiales deben ser de madera, piedra, o metal que sean sólidos y apropiados al propósito para el cual son empleados.

135 Cfr. Concilio Ecuménico Vaticano II, Constitución sobre la Sagrada Liturgia, *Sacrosanctum Concilium*, n. 128.

III. LOS VASOS SAGRADOS

327. Entre las cosas que se requieren para la celebración de la Misa merecen especial honor los vasos sagrados, y entre éstos, el cáliz y la patena, en los que el pan y el vino se ofrecen, consagran y se toman.

328. Los vasos sagrados deben confeccionarse con metal noble. Si están hechos de materiales que puedan oxidarse o de materiales menos nobles que el oro, generalmente deben llevar la parte interior dorada.

329. En las diócesis de los Estados Unidos de América, los vasos sagrados pueden confeccionarse también de otros materiales sólidos, que se consideren nobles según la valoración común en cada región, por ejemplo, de ébano o de otras maderas más duras, con tal que sean adecuados para el uso sagrado. En este caso, se deben preferir siempre los materiales que no se rompan fácilmente ni se corrompan. Esto vale para todos los vasos destinados para contener hostias, como la patena, el copón, la píxide, la custodia u ostensorio y otros semejantes.

330. Los cálices y demás vasos que se destinan para contener la Sangre del Señor, tengan la copa de un material que no absorba los líquidos. El pie, en cambio, puede hacerse de otros materiales sólidos y dignos.

331. Para consagrar las hostias puede utilizarse convenientemente una patena grande, en donde se coloque el pan tanto para el sacerdote y el diácono, como para los otros ministros y los fieles.

332. Por lo que toca a la forma de los vasos sagrados, corresponde al artista confeccionarlos, según el modelo que mejor corresponda a las costumbres de cada región, con tal de que cada vaso sea adecuado para el uso litúrgico a que se destina y se distinga claramente de los vasos destinados al uso cotidiano.

333. Respecto a la bendición de los vasos sagrados, obsérvense los ritos prescritos en los libros litúrgicos[136].

334. Consérvese la costumbre de construir en la sacristía un "sacro", en el cual se vierta el agua con la que se lavan los vasos sagrados y los lienzos (cfr. n. 280).

IV. LAS VESTIDURAS LITÚRGICAS

335. En la Iglesia, que es el Cuerpo de Cristo, no todos los miembros desempeñan un mismo oficio. Esta diversidad de funciones se manifiesta exteriormente en la celebración de la Eucaristía por la diversidad de las vestiduras, que, por consiguiente, deben constituir un distintivo propio del oficio que desempeña cada ministro. Por otro lado, estas vestiduras deben contribuir al decoro de la misma acción sagrada. Las vestiduras utilizadas por los sacerdotes y diáconos, como también las de los ministros laicos deben bendecirse oportunamente, antes de que sean destinadas al uso litúrgico según el rito descrito en el Ritual Romano[137].

336. La vestidura litúrgica común para todos los ministros ordenados e instituidos de cualquier grado es el alba, que debe ceñirse por la cintura con un cíngulo, a no ser que esté hecha de tal manera que pueda ajustarse al cuerpo sin necesidad de cíngulo. Antes de ponerse el alba, si ésta no cubre

136 Cfr. Pontifical Romano, *Ritual de la Dedicación de iglesias y de altares,* edición típica 1977, Bendición del cáliz y de la patena; Ritual Romano, *Bendicional,* edición típica 1984, Bendición de objetos que se usan en las celebraciones litúrgicas, nn. 1068-1084.

137 Cfr. Ritual Romano, *Bendicional,* edición típica 1984, Bendición de objetos que se usan en las celebraciones litúrgicas, n. 1070.

perfectamente el vestido ordinario alrededor del cuello, póngase un amito. El alba no puede cambiarse por un sobrepelliz, ni siquiera puesto sobre la sotana, cuando se ha de vestir encima la casulla o la dalmática, o cuando, según las normas, se debe utilizar sólo la estola sin casulla o dalmática.

337. La vestidura propia del sacerdote celebrante, en la Misa y en otras acciones sagradas que directamente se relacionan con ella, es la casulla, a no ser que se diga lo contrario, la cual debe ir puesta sobre el alba y la estola.

338. La vestidura propia del diácono es la dalmática, que se pone sobre el alba y la estola; la dalmática, sin embargo, puede omitirse bien por necesidad, bien cuando se trate de un grado menor de solemnidad.

339. En las diócesis de los Estados Unidos de América, los acólitos, monaguillos, lectores y otros ministros laicos pueden vestir alba u otras vestiduras dignas y apropiadas.

340. La estola la lleva el sacerdote alrededor del cuello y pendiendo ante el pecho; en cambio, el diácono la lleva cruzada, desde el hombro izquierdo, pasando sobre el pecho, hacia el lado derecho del cuerpo, donde se sujeta.

341. La capa pluvial la lleva el sacerdote en las procesiones y en algunas otras acciones sagradas, según las rúbricas de cada rito particular.

342. Por lo que toca a la forma de las vestiduras litúrgicas, las Conferencias Episcopales pueden determinar y proponer a la Sede Apostólica la adaptación que responda mejor a las necesidades y costumbres de las diversas regiones[138].

343. Para la confección de las vestiduras litúrgicas, aparte de los materiales tradicionales, pueden emplearse las fibras naturales propias de cada lugar o algunas fibras artificiales que respondan a la dignidad de la acción sagrada y de la persona. De esto juzgará la Conferencia Episcopal[139].

344. Conviene que la belleza y nobleza de las vestiduras se busque no en la abundancia de la ornamentación sobreañadida, sino en el material que se emplea y en su corte. La ornamentación lleve figuras, imágenes o símbolos que indiquen el uso sagrado, suprimiendo todo lo que a ese uso sagrado no corresponda.

345. La diversidad de colores en las vestiduras litúrgicas tiene como fin expresar con más eficacia, aun exteriormente, tanto las características de los misterios de la fe que se celebran, como el sentido progresivo de la vida cristiana a lo largo del año litúrgico.

346. Por lo que toca al color de las vestiduras, obsérvese el uso tradicional, es decir:

a) El blanco se emplea en los Oficios y Misas del Tiempo Pascual y de la Navidad del Señor; además en las celebraciones del Señor que no sean de su Pasión, en las de la Santísima Virgen, de los santos ángeles, de los santos no mártires, en la fiesta de Todos los Santos (1 de noviembre) y de S. Juan Bautista (24 de junio), en las fiestas de S. Juan Evangelista (27 de diciembre), de la Cátedra de S. Pedro (22 de febrero) y de la Conversión de S. Pablo (25 de enero).
b) El rojo se emplea el domingo de la Pasión y el Viernes Santo, y en el domingo de Pentecostés, en las celebraciones de la Pasión del Señor, en las fiestas natalicias de los Apóstoles y Evangelistas y en las celebraciones de los santos mártires.

138 Cfr. Concilio Ecuménico Vaticano II, Constitución sobre la Sagrada Liturgia, *Sacrosanctum Concilium*, n. 128.
139 Cfr. *ibid.*

c) El verde se emplea en los Oficios y Misas del llamado "Tiempo Ordinario".
d) El morado se emplea en el Tiempo de Adviento y de Cuaresma. Puede también usarse en los Oficios y Misas de difuntos.
e) En los funerales y otros Oficios y Misas de difuntos, además del color morado, se puede usar el color blanco o el negro, en las diócesis de los Estados Unidos de América.
f) El rosa puede emplearse, donde se acostumbra, en los domingos *Gaudete* (III de Adviento) y *Laetare* (IV de Cuaresma).
g) En los días más solemnes pueden emplearse vestiduras litúrgicas festivas o más nobles, aunque no correspondan al color del día.
h) Los colores festivos (oro o plata) se pueden utilizar en ocasiones de mayor solemnidad en las diócesis de los Estados Unidos de América.

347. En las Misas rituales se emplea el color propio, o blanco o festivo; en las Misas para diversas necesidades, el color propio del día o del tiempo, o el color morado, si expresan índole penitencial (por ejemplo las Misas 31, 33, 38); y en las Misas votivas, el color conveniente a la Misa celebrada o el color propio del día o del tiempo.

V. OTRAS COSAS DESTINADAS AL USO DE LA IGLESIA

348. Además de los vasos sagrados y de las vestiduras litúrgicas, para los que se determina un material concreto, todas las otras cosas que se destinan o al mismo uso litúrgico[140] o de alguna otra manera a la iglesia, sean dignas y aptas según la propia finalidad de cada una.

349. Se debe procurar de manera particular que los libros litúrgicos, sobre todo el Evangeliario y el Leccionario, que se destinan a la proclamación de la Palabra de Dios y por eso gozan de una particular veneración, sean en la acción litúrgica realmente signos y símbolos de las realidades sobrenaturales y por lo tanto verdaderamente dignos, decorosos y bellos.

350. Además, se deben cuidar con esmero los objetos relacionados directamente con el altar y con la celebración eucarística, como por ejemplo, la cruz del altar y la cruz que se lleva en la procesión.

351. Hágase un serio esfuerzo para que, aun en cosas de menor importancia, se tengan en cuenta las exigencias del arte y queden integradas la noble sencillez y la limpieza.

140 En cuanto a la bendición de los objetos destinados al uso litúrgico en las iglesias, Cfr. Ritual Romano, *Bendicional*, edición típica 1984, parte III.

CAPÍTULO VII

ELECCIÓN DE LA MISA Y DE SUS PARTES

352. La eficacia pastoral de la celebración aumentará, sin duda, si los textos de las lecturas, de las oraciones y de los cantos responden adecuadamente, dentro de lo que cabe, a las necesidades y a la preparación espiritual y modo de ser de quienes participan en el culto. Esto se obtendrá adecuadamente utilizando oportunamente la amplia libertad de elección que en seguida se describe.

El sacerdote, por consiguiente, al preparar la Misa, mirará más al bien espiritual común del pueblo de Dios que a sus preferencias personales. Tenga además presente que una elección de este tipo estará bien hacerla de común acuerdo con los que habrán de desempeñar alguna función en la celebración, sin excluir a los mismos fieles en la parte que a ellos más directamente corresponde.

Y puesto que las combinaciones elegibles son tan diversas, es menester que antes de la celebración el diácono, los lectores, el salmista, el cantor, el comentarista y el coro, cada uno por su parte, sepa claramente qué textos le corresponden, y nada se deje a la improvisación. En efecto, la armónica sucesión y ejecución de los ritos contribuye en gran manera a disponer el espíritu de los fieles a la participación eucarística.

I. ELECCIÓN DE LA MISA

353. En las solemnidades el sacerdote está obligado a seguir el calendario de la iglesia en que celebra.

354. En los domingos, en las ferias de Adviento, Navidad, Cuaresma y Pascua, en las fiestas y memorias obligatorias:

a) si la Misa se celebra con participación del pueblo, el sacerdote debe seguir el calendario de la iglesia en que celebra;
b) si la Misa se celebra sólo con un ministro, el sacerdote puede elegir o el calendario de la iglesia o su calendario propio.

355. Memorias libres:

a) En las ferias de Adviento desde el 17 al 24 de diciembre, así como durante la octava de Navidad y en las ferias de Cuaresma, exceptuados el Miércoles de Ceniza y las ferias de la Semana Santa, el sacerdote dirá la Misa del día litúrgico correspondiente; cuando en alguno de estos días esté señalada una memoria en el calendario general, se puede tomar la colecta de esta memoria, con tal que no sea en Miércoles de Ceniza o en alguna de las ferias de Semana Santa. En las ferias del Tiempo Pascual, las memorias de los santos se pueden celebrar legítimamente de manera integral.
b) En las ferias de Adviento antes del 17 de diciembre, en las ferias del Tiempo de Navidad desde el 2 de enero, y en las ferias del Tiempo Pascual, el sacerdote puede elegir o la Misa de la feria o la Misa del santo, o uno de los santos de los que se haga memoria, o la Misa de algún santo que esté inscrito ese día en el Martirologio.
c) En las ferias del Tiempo Ordinario, el sacerdote puede elegir o la Misa de la feria, o la Misa de una memoria libre que caiga en ese día, o la Misa de algún santo que esté inscrito ese día en el Martirologio, o una de las Misas por diversas necesidades, o una Misa votiva.

Si celebra con el pueblo, el sacerdote ponga cuidado en no omitir habitualmente y sin causa suficiente las lecturas que, día tras día, están indicadas en el Leccionario ferial, ya que la Iglesia desea que la mesa de la Palabra de Dios se prepare con una mayor abundancia para los fieles[141].

141 Cfr. Concilio Ecuménico Vaticano II, Constitución sobre la Sagrada Liturgia, *Sacrosanctum Concilium,* n. 51.

Por la misma razón, será moderado en preferir las Misas de difuntos, ya que cualquier Misa se ofrece de igual modo por los vivos y por los difuntos, y en la Plegaria eucarística se contiene el recuerdo de los difuntos.

Donde los fieles tienen particular devoción a una memoria libre de la santísima Virgen o de algún santo, satisfaga su legítima piedad.

Cuando se da la posibilidad de elegir entre una memoria del calendario general y otra del calendario diocesano o religioso, prefiérase, en igualdad de condiciones, y según la tradición, la memoria particular.

II. ELECCIÓN DE LAS PARTES DE LA MISA

356. Al escoger los textos de las diversas partes de la Misa, del tiempo o de los santos, obsérvense las normas que siguen.

Lecturas

357. Para los domingos y solemnidades se señalan tres lecturas, es decir, Profeta, Apóstol y Evangelio, con las que se educa al pueblo cristiano en la continuidad de la obra de salvación, según la admirable pedagogía divina. Estas lecturas se deben emplear estrictamente. En el Tiempo Pascual, según la tradición de la Iglesia, en lugar del Antiguo Testamento, se toma la lectura de los Hechos de los Apóstoles.

En las fiestas se señalan dos lecturas. Pero si la fiesta, según las normas se eleva al grado de solemnidad, añádase una tercera lectura, tomada del Común.

En las memorias de los santos, si carecen de lecturas propias, léanse ordinariamente las lecturas señaladas para las ferias. En algunos casos se proponen lecturas apropiadas, que ponen de relieve un aspecto peculiar de la vida espiritual o actividad del santo. Pero el uso de estas lecturas no es obligatorio, a no ser que lo sugiera la utilidad pastoral.

358. En el Leccionario ferial se proponen lecturas para todos los días de cualquier semana a lo largo de todo el año; por consiguiente, se tomarán preferentemente esas lecturas en los mismos días para los que están señaladas, a no ser que coincidan con una solemnidad o fiesta o una memoria que tenga lecturas propias del Nuevo Testamento, en las que se hace mención del santo celebrado.

Sin embargo, si alguna vez la lectura continua se interrumpe dentro de la semana por alguna solemnidad o fiesta o alguna celebración particular, le está permitido al sacerdote, teniendo a la vista el orden entero de toda la semana, o juntar con las otras lecturas las que se omitieron, o determinar a cuáles textos habrá que darles preferencia.

En las Misas para grupos peculiares, el sacerdote puede escoger algunos textos que sean más apropiados para determinada celebración particular, con tal de que los tome de algún Leccionario aprobado.

359. Existe además en el Leccionario una selección particular de textos de la Sagrada Escritura para las Misas rituales en que va incluido algún Sacramento o Sacramental, o para las Misas que se celebran por diversas necesidades.

Estos Leccionarios se han hecho para que los fieles, oyendo una lectura más acomodada de la Palabra de Dios, puedan llegar a entender mejor el misterio en el que toman parte y sean formados en una mayor estima de la Palabra de Dios.

Por consiguiente, los textos que se proclaman en una celebración han de determinarse teniendo presente no sólo los normales motivos pastorales, sino también la libertad de elección concedida para estos casos.

360. Algunas veces, se proponen dos versiones del mismo texto: una breve y una larga. En la elección entre estas dos formas téngase en cuenta un criterio pastoral. Hay que considerar la capacidad de los

fieles de escuchar con provecho una lectura más larga o más breve, como también su capacidad de escuchar un texto más completo que se deberá explicar por medio de la homilía[142].

361. Pero cuando se concede la facultad de elegir entre dos textos ya establecidos, o propuestos como facultativos, se debe tomar en cuenta la utilidad de los participantes; por consiguiente se elegirá el texto más fácil o más adecuado para la asamblea reunida, o se repetirá u omitirá un texto que se asigna a alguna celebración como propio, por otro de libre elección, cuando así lo sugiera la utilidad pastoral[143].

Esto puede suceder o cuando el mismo texto debe ser leído nuevamente en los días próximos, por ejemplo, el domingo y en el día ferial siguiente, o cuando se tiene el temor de que un texto pueda generar algunas dificultades en algún grupo de fieles. Con todo, en la elección de los textos de la Sagrada Escritura, se debe cuidar de no excluir permanentemente algunas de sus partes.

362. Las adaptaciones al *Ordo Lectionum Missae* contenidas en el Leccionario de la Misa para el uso de las diócesis de los Estados Unidos de América deben ser cuidadosamente observadas.

Oraciones

363. En cualquier Misa, mientras no se indique lo contrario, se dicen las oraciones propias de esa Misa.

En las memorias de los santos se dice la colecta propia o, si carece de ella, la del Común que le corresponde; en cambio las oraciones sobre las ofrendas y la oración después de la Comunión, si no existe una fórmula propia, se pueden tomar o del Común o de la feria del tiempo correspondiente.

En los días feriales del Tiempo Ordinario, además de las oraciones del domingo precedente, se pueden tomar las de cualquier otro domingo del Tiempo Ordinario, o las de alguna de las Misas para diversas necesidades que se encuentran en el Misal. Siempre está permitido tomar de esas Misas únicamente la oración colecta.

De este modo se provee una mayor abundancia de textos, con los que la oración de los fieles se nutre más abundantemente.

Con todo, en los tiempos más importantes del año, esta acomodación ya está prácticamente hecha en las oraciones que se señalan para cada día en el Misal.

Plegaria eucarística

364. La mayor parte de los prefacios con que ha sido enriquecido el Misal Romano miran a que los motivos de la acción de gracias brillen en la Plegaria eucarística con mayor plenitud y a que los diversos aspectos del misterio de salvación se vayan exponiendo con más claridad.

365. Es conveniente que la elección de una u otra de las Plegarias eucarísticas, que se encuentran en el Ordinario de la Misa, se rija oportunamente por estas normas:

a) La Plegaria eucarística I, o Canon Romano, que se puede emplear siempre, se dirá más oportunamente en los días que tienen *Reunidos en comunión* propio o en las Misas que tienen también su propio *Acepta, Señor, en tu bondad*; también en las fiestas de los Apóstoles y de los santos que se mencionan en la misma Plegaria; de igual modo los domingos, a no ser que por motivos pastorales se prefiera la Plegaria eucarística III.
b) La Plegaria eucarística II, por sus mismas características, se emplea mejor en los días ordinarios de entre semana, o en particulares circunstancias. Aunque tiene su prefacio propio, puede también usarse con prefacios distintos, sobre todo con los que presentan en forma más resumida el misterio de la salvación, por ejemplo, con los prefacios comunes. Cuando la Misa se celebra

142 Misal Romano, *Ordenación de las lecturas de la Misa,* segunda edición típica 1981, Praenotanda, n. 80.
143 *Ibid.,* n. 81.

por un determinado difunto, se puede emplear una fórmula particular, que figura ya en su respectivo lugar, antes del *Acuérdate también*.

c) La Plegaria eucarística III puede usarse con cualquier prefacio. Su uso se recomienda los domingos y las fiestas. Pero si esta Plegaria se emplea en las Misas por los difuntos, puede utilizarse una fórmula particular para el difunto, que debe introducirse en su respectivo lugar, es decir, después de *Reúne en torno a ti, Padre misericordioso, a todos tus hijos dispersos por el mundo*.

d) La Plegaria eucarística IV tiene un prefacio fijo y da un sumario más completo de la Historia de la Salvación. Se puede emplear cuando la Misa no tiene prefacio propio, y en los domingos del Tiempo Ordinario. En esta Plegaria, por razón de su propia estructura, no se puede introducir una fórmula especial por un difunto.

Los cantos

366. Los cantos establecidos en el Ordinario de la Misa, por ejemplo, el *Cordero de Dios*, no se pueden sustituir con otros cantos.

367. Para elegir el canto que se intercalará entre las lecturas, lo mismo que los cantos de entrada, de preparación de los dones y Comunión, obsérvense las normas que se establecen en su lugar (cfr. nn. 40-41, 47-48, 61-64, 74, 86-88).

CAPÍTULO VIII

MISAS Y ORACIONES PARA DIVERSAS CIRCUNSTANCIAS Y MISAS DE DIFUNTOS

I. MISAS Y ORACIONES PARA DIVERSAS CIRCUNSTANCIAS

368. Puesto que la liturgia de los Sacramentos y Sacramentales hace que, en los fieles bien dispuestos, casi todos los acontecimientos de la vida sean santificados por la gracia divina que emana del Misterio Pascual[144], y puesto que la Eucaristía es el Sacramento de los sacramentos, el Misal proporciona modelos de Misas y oraciones que pueden emplearse en las diversas ocasiones de la vida cristiana, por las necesidades de todo el mundo o de la Iglesia, universal o local.

369. Teniendo en cuenta la amplia facultad de elegir lecturas y oraciones, conviene que las Misas para diversas circunstancias se usen más bien con moderación, es decir, cuando las circunstancias lo pidan.

370. En todas las Misas para diversas circunstancias, si no se dice expresamente nada en contrario, se pueden usar las lecturas feriales y los cantos que se proponen entre ellas, si concuerdan con la misma celebración.

371. Entre tales Misas se encuentran las Misas rituales, por diversas necesidades, en diversas circunstancias y las votivas.

372. Las Misas rituales están relacionadas con la celebración de algunos Sacramentos o Sacramentales. Se prohíben en los domingos de Adviento, Cuaresma y Pascua, en las solemnidades, en los días de la octava de Pascua, en la Conmemoración de todos los fieles difuntos, en el Miércoles de Ceniza y en las ferias de Semana Santa; guárdense, además, las normas establecidas en los rituales o en las mismas Misas.

373. Las Misas por diversas necesidades o en diversas circunstancias se escogen en ciertas situaciones que se dan, bien ocasionalmente, bien en tiempos determinados.

Días o períodos de oración por los frutos de la tierra, la oración por los derechos humanos y la igualdad, la oración por la justicia y la paz mundial, y las observancias penitenciales fuera de la Cuaresma serán observadas en las diócesis de los Estados Unidos de América en tiempos que serán designados por el Obispo diocesano.

En todas las diócesis de los Estados Unidos de América, el 22 de enero (o el 23 de enero, cuando el 22 de enero cae en domingo) será observado como un día especial para orar por el pleno restablecimiento de la garantía legal del derecho a la vida, y de la penitencia por la violación a la dignidad de la persona humana mediante actos de aborto. Las celebraciones litúrgicas para este día pueden ser tomadas de la Misa "Para dar gracias a Dios por el don de la vida humana" (n. 48/1 de las Misas y oraciones por varias necesidades y para diversas circunstancias), celebrando con vestimentas blancas, o la Misa "Por la paz y la justicia" (n. 30 de las Misas y oraciones por varias necesidades y para diversas circunstancias), celebrando con vestimentas moradas.

374. Si se presenta alguna grave necesidad o utilidad pastoral, puede celebrarse por ellas una Misa de acuerdo con las circunstancias, por encargo o con permiso del Obispo diocesano; y eso cualquier día, exceptuando las solemnidades, los domingos de Adviento, Cuaresma y Pascua, los días de la octava de Pascua, la Conmemoración de todos los fieles difuntos, el Miércoles de Ceniza y las ferias de Semana Santa.

144 Cfr. Concilio Ecuménico Vaticano II, Constitución sobre la Sagrada Liturgia, *Sacrosanctum Concilium*, n. 61.

375. Las Misas votivas de los misterios del Señor, o en honor de la santísima Virgen María o de los ángeles, o de algún santo o de todos los santos, se pueden celebrar para fomentar la piedad de los fieles en las ferias del Tiempo Ordinario, aun cuando ocurra una memoria opcional. Pero no se pueden celebrar como votivas las Misas que se refieren a los misterios de la vida del Señor y de la santísima Virgen María, exceptuando la Misa de la Inmaculada Concepción, porque su celebración está en armonía con el curso del año litúrgico.

376. Los días en que ocurre una memoria obligatoria, o una feria de Adviento hasta el 16 de diciembre inclusive, o del Tiempo de Navidad desde el 2 de enero, o del Tiempo Pascual fuera de la octava de Pascua, son días en los que, por ley general, se prohíben las Misas por diversas necesidades, en diversas circunstancias y las votivas. Sin embargo, si una verdadera necesidad o utilidad pastoral lo pidiese, puede decirse, en la celebración con la participación del pueblo, la Misa que mejor responda a esa necesidad o utilidad pastoral, a juicio del rector de la iglesia o del mismo sacerdote celebrante.

377. En las ferias del Tiempo Ordinario en las que cae alguna memoria opcional o se hace el Oficio de la feria, puede decirse cualquier Misa o emplearse cualquier oración para diversas circunstancias, excepto, sin embargo, las Misas rituales.

378. De manera especial, se recomienda la memoria de santa María en sábado, ya que a la Madre del Redentor se le otorga la veneración en la Liturgia de la Iglesia en primer lugar y antes que a todos los santos[145].

II. MISAS DE DIFUNTOS

379. El sacrificio eucarístico de la Pascua de Cristo lo ofrece la Iglesia por los difuntos, a fin de que, por la comunión entre todos los miembros de Cristo, lo que a unos consigue ayuda espiritual, a otros lleve el consuelo de la esperanza.

380. Entre las Misas de difuntos, la más importante es la Misa exequial, que se puede celebrar todos los días, excepto las solemnidades de precepto, el Jueves Santo, el Triduo Pascual y los domingos de Adviento, Cuaresma y Pascua, observando además todas las prescripciones según la norma del derecho[146].

381. La Misa de difuntos que se dice después de recibida la noticia de la muerte, o con ocasión de la sepultura definitiva, o en el primer aniversario, puede celebrarse aun dentro de la octava de Navidad, y en los días en que ocurre una memoria obligatoria o cualquier feria, que no sea la del Miércoles de Ceniza o una de las de Semana Santa.

Las otras Misas de difuntos, o Misas "cotidianas", pueden celebrarse en las ferias del Tiempo Ordinario en que cae alguna memoria libre o se hace el Oficio de la feria, con tal que verdaderamente se apliquen por los difuntos.

382. En las Misas exequiales téngase regularmente una breve homilía, excluyendo todo género de elogio fúnebre.

383. Exhórtese a los fieles, sobre todo a los familiares del difunto, a que participen en el sacrificio eucarístico ofrecido por él, también acercándose a la Comunión.

---

145 Cfr. Concilio Ecuménico Vaticano II, Constitución dogmática sobre la Iglesia, *Lumen gentium,* n. 54; Pablo VI, Exhortación Apostólica *Marialis cultus,* del 2 de febrero de 1974, n. 9: AAS 66 (1974), pp. 122-123.

146 Cfr. sobre todo *Código de Derecho Canónico,* cáns. 1176-1185; y el Ritual Romano, *Ritual de exequias,* edición típica 1969.

384. Si la Misa exequial está directamente relacionada con el rito de las exequias, una vez dicha la oración después de la Comunión, se omite todo el rito de despedida y en su lugar se reza la última recomendación o despedida; este rito solamente se hace cuando está presente el cadáver.

385. Al seleccionar y ordenar para la Misa de difuntos, y especialmente para la Misa exequial, las partes variables (por ejemplo: oraciones, lecturas, oración universal) ténganse en cuenta, como es debido, los motivos pastorales respecto al difunto, a su familia, a los presentes.

Tengan, además, especial cuidado los pastores por aquellas personas que, con ocasión de los funerales, asisten a las celebraciones litúrgicas y oyen el Evangelio; personas que pueden no ser católicas o que son católicos que nunca o casi nunca participan en la Eucaristía, o que han perdido la fe: los sacerdotes son ministros del Evangelio de Cristo para todos.

CAPÍTULO IX

ADAPTACIONES QUE COMPETEN A LOS OBISPOS Y A LAS CONFERENCIAS EPISCOPALES

386. La reforma del Misal Romano, que ha tenido lugar en nuestro tiempo conforme a los decretos del Concilio Ecuménico Vaticano II, se ocupó en todo momento de que todos los fieles pudieran tener en la celebración eucarística, aquella plena, consciente y activa participación, tal como lo exige la naturaleza misma de la Liturgia, y a la cual los mismos fieles, de acuerdo con su condición, tienen derecho y obligación[147].

Para que la celebración responda más plenamente a las normas y al espíritu de la sagrada Liturgia, se proponen, en la presente Institución general y en el Ordinario de la Misa, algunas ulteriores adaptaciones, que se confían al juicio del Obispo diocesano o de las Conferencias Episcopales.

387. El Obispo diocesano, que se ha de considerar como el gran sacerdote de su grey, y de quien, de alguna manera, deriva y depende la vida en Cristo de sus fieles[148], debe fomentar, moderar y vigilar la vida litúrgica en su diócesis. A él, en esta Institución general, se le confía la moderación de la disciplina de la concelebración (cfr. nn. 202, 374), el establecimiento de las normas para el oficio de ayudar al sacerdote en el altar (cfr. n. 107), para la distribución de la sagrada Comunión bajo las dos especies (cfr. n. 283), así como para la construcción y disposición de las iglesias (cfr. n. 291). Pero, por encima de todo, corresponde al Obispo el deber de alimentar el espíritu de la sagrada Liturgia en los presbíteros, los diáconos y los fieles.

388. Las adaptaciones, de las cuales se habla a continuación, y que exigen una más amplia coordinación, han de ser determinadas por la Conferencia Episcopal, de acuerdo al derecho.

389. A las Conferencias Episcopales compete sobre todo preparar y aprobar la edición de este Misal Romano en las lenguas vernáculas aprobadas, para que, obtenido el reconocimiento de la Sede Apostólica, se utilice en las respectivas regiones[149].

El Misal Romano, tanto en su original latino como en las traducciones vernáculas legítimamente aprobadas, debe ser editado íntegramente.

390. Compete a las Conferencias Episcopales determinar las siguientes adaptaciones indicadas en esta Institución general y en el Ordinario de la Misa y, una vez obtenido el reconocimiento de la Sede Apostólica, introducirlas en el mismo Misal:

- los gestos y posturas de los fieles (cfr. n. 43);
- los gestos de veneración al altar y al Evangeliario (cfr. n. 273);
- los textos de los cantos de entrada, de la presentación de los dones y de la Comunión (cfr. nn. 48, 74, 87);
- las lecturas que se han de tomar de la Sagrada Escritura en circunstancias particulares (cfr. n. 362);
- la forma de expresar el gesto de la paz (cfr. n. 82);
- el modo de recibir la sagrada Comunión (cfr. nn. 160, 283);
- la materia del altar y de los utensilios sagrados, sobre todo de los vasos sagrados, como también la materia, la forma y el color de las vestiduras litúrgicas (cfr. nn. 301, 326, 329, 339, 342-346).

147 Cfr. Concilio Ecuménico Vaticano II, Constitución sobre la Sagrada Liturgia, *Sacrosanctum Concilium*, n. 14.
148 Cfr. *ibid.*, n. 41.
149 Cfr. *Código de Derecho Canónico*, can. 838 § 3.

Los Directorios o Instrucciones pastorales que las Conferencias Episcopales juzguen útiles, pueden introducirse, previo reconocimiento de la Sede Apostólica, en el Misal Romano, en un lugar oportuno.

391. A estas mismas Conferencias corresponde ocuparse con particular solicitud de las traducciones de los textos bíblicos que se emplean en la celebración de la Misa. En efecto, de la Sagrada Escritura se toman las lecturas que se proclaman y se explican en la homilía, los salmos que se cantan; de su inspiración y aliento brotan las preces, oraciones y cánticos litúrgicos, de manera que de ella reciben su significado las acciones y los signos[150].

En las traducciones se debe utilizar el lenguaje que responda a la capacidad de los fieles y que sea adecuado para la proclamación pública, conservando sin embargo las características propias de las diversas maneras de expresión empleadas en los libros bíblicos.

392. Igualmente corresponde a las Conferencias Episcopales preparar esmeradamente la traducción de los otros textos, para que, respetando la índole de cada lengua, se transmita plena y fielmente el sentido del texto original latino. En la realización de este cometido, conviene respetar los diversos géneros literarios que se emplean en la Misa, como son las oraciones presidenciales, las antífonas, las aclamaciones, las respuestas, las invocaciones litánicas, etcétera.

Se debe tener claro que la traducción de los textos no se destina en primer lugar para la meditación, sino más bien para la proclamación o el canto en el momento de la celebración.

Se debe utilizar el lenguaje adaptado a los fieles de la región, con tal que sea noble y dotado de calidad literaria, permaneciendo siempre firme la necesidad de alguna catequesis acerca del sentido bíblico y cristiano de algunas palabras y expresiones.

Es muy conveniente que en aquellas regiones en donde se habla una misma lengua, se pueda tener, en la medida de lo posible, la misma traducción de los textos litúrgicos, sobre todo en cuanto a los textos bíblicos y al Ordinario de la Misa[151].

393. Tomando en cuenta el valor eminente que ocupa en la celebración el canto, como parte necesaria o integral de la Liturgia,[152] todos los elementos musicales de los textos para el Ordinario de la Misa, para las respuestas del pueblo y las aclamaciones y de los ritos especiales que ocurren en el curso del año litúrgico, deben ser presentados al Secretariado del Culto Divino de la Conferencia de Obispos Católicos de los Estados Unidos para su revisión y aprobación antes de su publicación.

Mientras que al órgano se le concede un lugar de honor, otros instrumentos de viento, de cuerda o de percusión se pueden admitir en el culto divino en las diócesis de los Estados Unidos de América, según la tradición local, que respondan de modo verdaderamente idóneo al uso sagrado o puedan adaptarse a él.

394. Conviene que cada diócesis tenga su Calendario y su Propio de las Misas. Por su parte, la Conferencia Episcopal confeccionará el calendario propio de la nación, o juntamente con otras Conferencias, un calendario de ámbito más amplio, que deberá ser aprobado por la Sede Apostólica[153].

En la realización de este trabajo, se debe respetar y defender absolutamente el domingo, como fiesta primordial. Por esta razón no se le deben anteponer otras celebraciones, a no ser que sean de máxima importancia[154]. De la misma manera, se ha de procurar que el año litúrgico renovado por el Concilio Vaticano II, no quede oscurecido por los elementos secundarios.

150 Cfr. Concilio Ecuménico Vaticano II, Constitución sobre la Sagrada Liturgia, *Sacrosanctum Concilium,* n. 24.

151 Cfr. *ibid.,* n. 36 §3.

152 Cfr. *ibid.,* n. 112.

153 Cfr. *Normas universales sobre el Año litúrgico y sobre el Calendario,* nn. 48-51, *infra,* pp. 108-109; Sagrada Congregación para el Culto Divino, Instrucción *Calendaria particularia,* del 24 de junio de 1970, nn. 4, 8: AAS 62 (1970), pp. 652-653.

154 Cfr. Concilio Ecuménico Vaticano II, Constitución sobre la Sagrada Liturgia, *Sacrosanctum Concilium,* n. 106.

En la preparación del calendario nacional, se deben indicar los días (cfr. n. 373) de las Rogativas y los correspondientes a las Cuatro Témporas del año, con las formas y textos que han de utilizarse en su celebración[155], como también es necesario que se tengan en cuenta otras determinaciones particulares.

Conviene que, en la edición del Misal, las celebraciones que son propias de toda la nación o territorio, se incluyan en el lugar que les corresponde en el calendario general, y que las celebraciones propias de una región o diócesis se dispongan en un Apéndice particular.

395. Finalmente, si la participación de los fieles y su bien espiritual exigieran variaciones y adaptaciones más profundas para que la celebración sagrada responda a la índole y a las tradiciones de los diversos pueblos, las Conferencias Episcopales podrán proponerlas a la Sede Apostólica según la norma del artículo 40 de la Constitución sobre la Sagrada Liturgia, e introducirlas con su consentimiento especialmente en favor de aquellos pueblos que han recibido el anuncio del Evangelio más recientemente[156]. Obsérvense atentamente las normas particulares que han sido establecidas en la Instrucción "La Liturgia romana y la inculturación"[157].

En cuanto a la manera de proceder en esta materia obsérvese lo siguiente:

Ante todo, preséntese previamente a la Sede Apostólica un proyecto particularizado, para que, después de haber obtenido la debida facultad, se proceda a elaborar cada una de las adaptaciones.

Una vez aprobadas estas propuestas por la Sede Apostólica, se efectuarán los experimentos en los lugares y los tiempos establecidos. Si es el caso, terminado el periodo del experimento, la Conferencia Episcopal determinará la continuación de las adaptaciones y someterá al juicio de la Sede Apostólica su formulación definitiva[158].

396. Pero antes de que se pongan en práctica las nuevas adaptaciones, sobre todo las más profundas, se deberá procurar cuidadosamente que, ordenada y sabiamente, se promueva la debida instrucción del clero y de los fieles, y que se haga uso de las facultades ya previstas y que se apliquen plenamente las normas pastorales que responden al espíritu de la celebración.

397. Se ha de observar también el principio, según el cual, cada Iglesia particular debe concordar con la Iglesia universal, no sólo en cuanto a la doctrina de la fe y los signos sacramentales, sino también en cuanto a los usos universalmente aceptados por la tradición apostólica y continua; éstos deben ser observados no sólo con el fin de evitar los errores, sino también para transmitir la integridad de la fe, puesto que la *lex orandi* de la Iglesia responde a su *lex credendi*[159].

El Rito romano constituye una parte notable y preciosa del tesoro litúrgico y del patrimonio de la Iglesia católica, cuyas riquezas contribuyen al bien de la Iglesia entera, de manera que su pérdida la perjudicaría gravemente.

Este Rito, con el transcurso de los siglos, no sólo ha conservado los usos litúrgicos originados en la ciudad de Roma, sino que también ha integrado en sí, de manera profunda, orgánica y armónica, otros ritos que provenían de las costumbres y de la cultura de pueblos diversos y también de las Iglesias particulares, tanto del Occidente como del Oriente, adquiriendo así un carácter supra-regional. En nuestros días la identidad y la expresión unitaria de este Rito se encuentra en las ediciones típicas de los libros litúrgicos, promulgados por la autoridad del Sumo Pontífice y en los

155 Cfr. *Normas universales sobre el Año litúrgico y sobre el Calendario,* n. 46, *infra,* p. 108; Sagrada Congregación para el Culto Divino, Instrucción *Calendaria particularia,* del 24 de junio de 1970, n. 38: AAS 62 (1970), p. 660.

156 Concilio Ecuménico Vaticano II, Constitución sobre la Sagrada Liturgia, *Sacrosanctum Concilium,* nn. 37-40.

157 Cfr. Congregación para el Culto Divino y la Disciplina de los Sacramentos, Instrucción *Varietates legitimae,* del 25 de enero de 1994, nn. 54, 62-69: AAS 87 (1995), pp. 308-309, 311-313.

158 Cfr. *ibid.,* nn. 66-68: AAS 87 (1995), p. 313.

159 Cfr. Congregación para el Culto Divino y la Disciplina de los Sacramentos, Instrucción *Varietates legitimae,* del 25 de enero de 1994, nn. 26-27: AAS 87 (1995), pp. 298-299.

correspondientes libros litúrgicos, aprobados por las Conferencias Episcopales para su territorio y reconocidos por la Sede Apostólica[160].

398. La norma establecida por el Concilio Vaticano II, según la cual no se deben introducir las innovaciones en la reforma litúrgica, a no ser que lo exija la verdadera y real utilidad de la Iglesia, junto con la cautela en procurar que las nuevas formas surjan en cierto modo orgánicamente de las formas ya existentes[161], se debe aplicar también a la obra de la inculturación del mismo Rito romano[162]. Además, la inculturación exige un lapso de tiempo necesario, para que la tradición litúrgica no se contamine con procedimientos apresurados e incautos.

Por último, el hecho de buscar la inculturación no pretende en absoluto crear nuevas familias rituales, sino salir al encuentro de las exigencias de una determinada cultura, pero de manera que las adaptaciones introducidas, tanto en el Misal como en otros libros litúrgicos, no resulten perjudiciales a la índole genuina del Rito romano[163].

399. De ahí que, en medio de la diversidad de lenguas y cierta variedad de costumbres[164], el Misal Romano debe conservarse en el futuro como un instrumento y signo preclaro de la integridad y unidad del Rito romano[165].

160 Cfr. Juan Pablo II, Carta Apostólica *Vicesimus quintus annus,* del 4 de diciembre de 1989, n. 16: AAS 81 (1989), p. 912; Congregación para el Culto Divino y la Disciplina de los Sacramentos, Instrucción *Varietates legitimae,* del 25 de enero de 1994, nn. 2, 36: AAS 87 (1995), pp. 288, 302.

161 Cfr. Concilio Ecuménico Vaticano II, Constitución sobre la Sagrada Liturgia, *Sacrosanctum Concilium,* n. 23.

162 Cfr. Congregación para el Culto Divino y la Disciplina de los Sacramentos, Instrucción *Varietates legitimae,* del 25 de enero de 1994, n. 46: AAS 87 (1995), p. 306.

163 Cfr. *ibid.,* n. 36: AAS 87 (1995), p. 302.

164 Cfr. *ibid.,* n. 54: AAS 87 (1995), pp. 308-309.

165 Cfr. Concilio Ecuménico Vaticano II, Constitución sobre la Sagrada Liturgia, *Sacrosanctum Concilium,* n. 38; Pablo VI, Constitución Apostólica *Missale Romanum, supra,* p. 19.

NORMAS PARA LA DISTRIBUCIÓN Y RECEPCIÓN DE LA SAGRADA COMUNIÓN BAJO DOS ESPECIES EN LAS DIÓCESIS DE LOS ESTADOS UNIDOS DE AMÉRICA

PRIMERA PARTE

SAGRADA COMUNIÓN: EL CUERPO Y LA SANGRE DEL SEÑOR JESÚS

El misterio de la Sagrada Eucaristía

1. La noche antes de morir, Cristo reunió a sus Apóstoles en el cenáculo para celebrar la Última Cena y darnos el inestimable don de su Cuerpo y Sangre para: "perpetuar por los siglos, hasta su vuelta, el sacrificio de la cruz, y a confiar así a su Esposa, la Iglesia, el memorial de su muerte y resurrección".[1] Así en la liturgia de la comunión, nos unimos a Cristo en el altar de la cruz y alrededor de la mesa de la sala superior en "el memorial sacrificial en que se perpetúa el sacrificio de la cruz, y el banquete sagrado de la comunión en el Cuerpo y la Sangre del Señor".[2]

2. Al igual que todos los actos de la sagrada Liturgia, la Eucaristía usa signos para comunicar realidades sagradas. La *Constitución sobre la Sagrada Liturgia: Sacrosanctum Concilium* nos recuerda que en la liturgia "los signos sensibles significan y cada uno a su manera realiza la santificación del hombre".[3] De manera preeminente la Liturgia Eucarística usa los signos del pan y el vino en obediencia al mandato del Señor y después de su transformación nos los da como Cuerpo y Sangre de Cristo en el acto de la comunión. Cuando recibimos y compartimos el pan y el cáliz eucarístico, "signos sensibles", obedecemos el mandato del Señor y aumentamos nuestra semejanza al Señor cuyo Cuerpo y Sangre a la vez significan y contienen.

3. La Eucaristía constituye "todo el bien espiritual de la Iglesia, a saber, Cristo mismo, nuestra Pascua y Pan vivo".[4] Es el "Sacramento de los sacramentos".[5] Por su mediación "logramos nuestra redención".[6] Él, que es el "pan vivo bajado del cielo" (Jn 6:51) nos asegura: "El que come mi carne y bebe mi sangre, tiene vida eterna, y yo lo resucitaré el último día. Mi carne es verdadera comida y mi sangre es verdadera bebida" (Jn 6:54-55).

4. Los ojos de la fe permiten al creyente reconocer las profundidades inefables del misterio que es la Sagrada Eucaristía. El *Catecismo de la Iglesia Católica* nos ofrece un número de imágenes tomadas de nuestra tradición para referirse a esta realidad sacratísima: asamblea eucarística (*synaxis*), acción de gracias, fracción del pan, memorial, Santo Sacrificio, Cena del Señor, santa y divina liturgia, Sagrada Comunión y Santa Misa.[7] Las especies eucarísticas de pan y vino provienen del trabajo de manos humanas. En la acción de la Eucaristía este pan y vino se transforman y se convierten en nuestra comida y bebida espiritual. Es Cristo, la verdadera viña, quien da vida a las ramas (cfr. Jn 15:1-6). Como pan del cielo (cfr. Jn 6:41), pan de ángeles, cáliz de salvación y medicina de inmortalidad,[8] la Eucaristía es la promesa de vida eterna para todos los que la comen y la beben (cfr. Jn 6:50-51). La Eucaristía es una comida sagrada, "sacramento de piedad, signo de unidad, vínculo de caridad",[9] en el que Cristo nos llama como amigos para compartir en el banquete del reino de los cielos (cfr. Jn 15:15). Este pan y cáliz se entregaron a los discípulos en la Última Cena. Esta comida espiritual ha sido el pan de cada día y el sustento para sus discípulos en el curso de los siglos. El pan y el vino de la Cena del

---

1 Concilio Vaticano II, *Sacrosanctum Concilium: Constitución sobre la Sagrada Liturgia* [SC] (4 de diciembre de 1963), n. 47. (Todas las citas del Vaticano II que se usan provienen de la edición de Biblioteca de Autores Cristianos, de La Editorial Católica, S.A., Madrid, 1967.)

2 United States Catholic Conference-Libreria Editrice Vaticana, *Catecismo de la Iglesia Católica* [CIC] (2000), n. 1382

3 SC, n. 7.

4 Concilio Vaticano II, *Presbyterorum Ordinis: Decreto sobre el ministerio y la vida de los presbíteros* [PO] (7 de diciembre de 1965), n. 5.

5 *Misal Romano*, Institución General del Misal Romano [IGMR], n. 368.

6 *Misal Romano*, Oración sobre las ofrendas, Jueves Santo, Misa vespertina de la Cena del Señor, p. 299.

7 Cfr. CIC, nn. 1328-1332.

8 Cfr. San Ignacio de Antioquía, *Ad. Eph.*, 20, 2.

9 SC, n. 47.

Señor "su Cuerpo y Sangre" al ser partido y derramado constituyen la comida irreemplazable para el camino de "la Iglesia peregrina en la tierra".[10] La Eucaristía perpetúa el sacrificio de Cristo, que fue ofrecido una vez por todas y por nuestra salvación, haciendo presente la victoria y el triunfo de la muerte de Cristo.[11] Es la fuerza para los que caminan con esperanza por la vida y desean vivir con Dios en la vida futura. Nuestra última recepción de la Eucaristía es el *viaticum*, la comida del viaje último del creyente en camino al cielo. Mediante todas estas imágenes la Iglesia nos ayuda a ver la Eucaristía como la unión con Cristo de quien la Iglesia procede, por quien vive y hacia quien dirige su vida.[12]

Sagrada Comunión

5. Aunque el corazón de la celebración de la Eucaristía es la Plegaria Eucarística, la consumación de la Misa es la Sagrada Comunión, en la que aquellos que fueron rescatados por el Padre por su amado Hijo comen y beben el Cuerpo y la Sangre de Cristo. Allí se unen como miembros del Cuerpo místico de Cristo y comparten la vida del Espíritu. En el gran sacramento del altar, se unen a Cristo Jesús y mutuamente a los demás.

También fue la voluntad de Cristo que este sacramento se recibiese como la comida espiritual del alma para alimentar a los que viven por su vida, como él dijo: "El que me come vivirá por mí" (Jn 6:57). Este sacramento es también un remedio para librarnos de nuestros defectos de cada día y alejarnos del pecado mortal. Fue la voluntad de Cristo, además, que este sacramento fuese una promesa de nuestra futura gloria y nuestra felicidad eterna y, también un símbolo de ese cuerpo del que Él es la cabeza (Cfr. Lc 22:19 y 1 Cor 11:3). Fue su deseo que nosotros, como miembros de su cuerpo, nos uniésemos a ese sacramento con firmes vínculos de fe, esperanza y amor, para que todos dijésemos lo mismo, y no hubiese disensión entre nosotros (Cfr. 1 Cor 1:10).[13]

Como católicos participamos plenamente en la celebración de la Eucaristía cuando recibimos la Sagrada Comunión. Se nos anima a recibir la Comunión devota y frecuentemente. Para estar bien dispuestos a recibir la Comunión, los participantes deberán estar conscientes de no tener pecado grave y normalmente deberán ayunar por una hora. Una persona que está consciente de pecado grave no deberá recibir el Cuerpo y la Sangre del Señor sin hacer primero una confesión sacramental excepto por una grave causa donde no haya oportunidad para confesarse. En este caso la persona deberá estar consciente de su obligación de hacer un acto de perfecta contrición, que incluye la intención de confesarse lo más pronto posible (canon 916). Todos deberán ser animados a recibir con frecuencia el Sacramento de la Penitencia.[14]

Unión con Cristo

6. El Señor mismo nos dio la Eucaristía en la Última Cena. El sacrificio eucarístico "está totalmente orientado hacia la unión íntima de los fieles con Cristo por medio de la comunión".[15] Es el mismo Cristo que se recibe en la Sagrada Comunión, que dijo a sus discípulos: "Tomen y coman, éste es mi Cuerpo". Dando gracias tomó el cáliz y dijo: "Toman y beban, éste es el cáliz de mi Sangre. Hagan esto en conmemoración mía" (Mt 26:26-27; 1 Cor 11:25).

7. El pan y el vino son presentados por los fieles y colocados en el altar por el sacerdote. Éstos son dones sencillos, que fueron anunciados en el Antiguo Testamento y escogidos por el mismo Cristo para el sacrificio eucarístico. Cuando estos dones de pan y vino se ofrecen al Padre por el sacerdote, en nombre de la Iglesia durante la gran Plegaria Eucarística de acción de gracias, se transforman por

10 *Misal Romano*, Plegaria Eucarística III, p. 684.

11 SC, n. 6.

12 Cfr. Concilio Vaticano II, *Lumen gentium: Constitución dogmática sobre la Iglesia* (21 de noviembre de 1964), n. 3.

13 Cfr. Concilio de Trento, Sesión xiii (11 de octubre de 1551), *De ratione institutionis ss. huius sacramenti*. (El texto en latín y español aparece en *El Magisterio de la Iglesia – Enchiridion Symbolorum: Definitionum et Declarationum de Rebus Fidei et Morum*, Heinrich Denzinger y Peter Hünermann, eds., [DH] [Barcelona: Herder, 1999], 1638).

14 National Conference of Catholic Bishops, *Guidelines for the Reception of Communion* (Washington, D.C., 1996).

15 CIC, n. 1382.

el Espíritu Santo en el Cuerpo y la Sangre del Hijo único del Padre. Finalmente, cuando ese único pan se parte, se expresa la unidad de los fieles y mediante la Comunión ellos "reciben de un solo pan el Cuerpo y de un solo cáliz la Sangre del Señor, del mismo modo que los Apóstoles lo recibieron de manos del mismo Cristo".[16] Por tanto la importancia de las palabras del himno adoptado del *Didaché*:

> Como el grano esparcido en las laderas
> se hizo uno en este pan partido,
> que así, de todos los pueblos se reúna tu Iglesia
> para formar el reino de tu Hijo.[17]

El mismo Cristo está presente en las especies eucarísticas

8. Cristo se contiene "verdadera, real y substancialmente"[18] en la Sagrada Comunión. Su presencia no es momentánea ni simplemente una representación, sino que es total y permanentemente real bajo cada una de las especies consagradas del pan y del vino.[19]

9. El Concilio de Trento enseña que "está el verdadero cuerpo de nuestro Señor y su verdadera sangre juntamente con su alma y divinidad bajo la apariencia del pan y del vino; ciertamente el cuerpo, bajo la apariencia del pan, y la sangre, bajo la apariencia del vino en virtud de las palabras [de Cristo]".[20]

10. La Iglesia también enseña y cree que "inmediatamente después de la consagración está el verdadero cuerpo de nuestro Señor y su verdadera sangre juntamente con su alma y divinidad bajo la apariencia del pan y del vino; ciertamente el cuerpo, bajo la apariencia del pan, y la sangre, bajo la apariencia del vino en virtud de las palabras [de Cristo]; pero el cuerpo mismo bajo la apariencia del vino y la sangre bajo la apariencia del pan y el alma bajo ambas, en virtud de aquella natural conexión y concomitancia por la que se unen entre sí las partes de Cristo Señor que resucitó de entre los muertos para no morir más".[21]

11. Debido, sin embargo, a que por razón de su valor como signo, compartir ambas especies eucarísticas es un reflejo más pleno de las realidades sagradas que la liturgia significa, la Iglesia sabiamente ha tomado medidas en los últimos años para hacer posible una participación eucarística más frecuente, tanto de la sagrada hostia como del cáliz de salvación, para los laicos de la Iglesia latina.

La Sagrada Comunión como acto de fe

12. La presencia de Cristo en la Eucaristía es un reto para el entendimiento humano, para la lógica y, en última instancia, para la razón. Su presencia no puede conocerse por los sentidos, sino por la fe[22] —una fe que continuamente se profundiza mediante la comunión que tiene lugar entre el Señor y sus fieles en el acto mismo de la celebración de la Eucaristía. Así es que los Padres con frecuencia advertían

---

16 IGMR, n. 72(3).

17 F. Bland Tucker, trans., "Father, We Thank Thee, Who Hast Planted," himno adaptado del *Dídache*, c. 110 (The Church Pension Fund, 1940).

18 Concilio de Trento, Sesión xiii (11 de octubre de 1551), *Cánones de ss. Eucharistiae sacramento*, can. 1 (DH 1651).

19 Cfr. Concilio de Trento, Sesión xiii (11 de octubre de 1551), *Decretum de ss. Eucharistiae sacramento*, cap. IV, *De transubstantione* (DH 1642): "Cristo Redentor nuestro dijo ser verdaderamente su cuerpo lo que ofrecía bajo la apariencia de pan (cfr. Mt 26, 26-29; Mc 14, 22-25; Lc 22, 19s; 1 Cor 11, 24-26); de ahí que la Iglesia de Dios tuvo siempre la persuasión y ahora nuevamente lo declara en este santo Concilio, que por la consagración del pan y del vino se realiza la conversión de toda la substancia del pan en la substancia del cuerpo de Cristo Señor nuestro, y de toda la substancia del vino en la substancia de su sangre. La cual conversión, propia y convenientemente, fue llamada transubstanciación por la santa Iglesia católica".

20 Concilio de Trento, Sesión xiii (11 de octubre de 1551), *Decretum de ss. Eucaristía sacramento*, cap. III, *De excellentia ss. Eucharistiae super reliqua sacramenta* (DH 1640).

21 *Ibid.* (DS 1640).

22 Cfr. CIC, n. 1381.

a los fieles que, si sólo confiaban en los sentidos, verían pan y vino únicamente. Ellos, al contrario, exhortaban a los miembros de la Iglesia a recordar las palabras de Cristo mediante cuyo poder el pan y el vino se habían transformado en su propio Cuerpo y Sangre.[23]

13. La enseñanza de san Cirilo de Jerusalén ayuda a la Iglesia aún en nuestros días a comprender este gran misterio:

> Instruido en estas cosas e imbuido de una certísima fe, para lo cual lo que parece pan no es pan, no obstante la sensación del gusto, sino que es el cuerpo de Cristo; y lo que parece vino no es vino, aunque así le parezca al gusto, sino que es la Sangre de Cristo.[24]

14. El acto de Comunión, por tanto, es también un acto de fe. Porque cuando el ministro dice: "El Cuerpo de Cristo" o "La Sangre de Cristo", y el comulgante dice "Amén", es una profesión en la presencia del Cristo salvador, Cuerpo y Sangre, alma y divinidad, quien ahora da vida al creyente.

15. El comulgante hace su acto de fe en la presencia total del Señor Jesucristo ya sea en la Comunión bajo una forma o en la Comunión bajo las dos especies. Nunca deberá inferirse que la Comunión bajo la forma de pan solamente o la Comunión bajo la forma de vino solamente es un acto incompleto o que Cristo no está completamente presente al comulgante. La enseñanza inmutable de la Iglesia desde el tiempo de los Padres y en el curso de los siglos —notablemente en los concilios ecuménicos de Letrán IV, Constancia, Florencia, Trento y el Vaticano II— han dado testimonio de la constante unidad de la fe en cuanto a la presencia de Cristo en ambos elementos.[25] Claramente hay algunas circunstancias pastorales que requieren el compartir eucarístico en una sola especie, tal como cuando la Comunión se lleva a los enfermos o cuando uno no puede recibir ya sea el Cuerpo del Señor o su Preciosa Sangre a causa de enfermedad. Incluso en los primeros tiempos de la vida de la Iglesia, cuando la Comunión bajo ambas especies era la norma, siempre había instancias en que la Eucaristía se recibía sólo bajo la forma de pan o vino. Los que recibían la Sagrada Comunión en la casa o estaban enfermos, generalmente recibían bajo una sola especie, como también lo hacía toda la Iglesia durante la liturgia del Viernes Santo.[26] Por tanto, la Iglesia siempre ha enseñado la doctrina de la concomitancia, por la cual sabemos que bajo cada especie sola, Cristo está totalmente presente y nosotros recibimos "todo el fruto de gracia propio de la Eucaristía".[27]

16. Al mismo tiempo, el aprecio por la recepción de "todo el Cristo" mediante una especie, no deberá disminuir de ninguna manera el valor más pleno de la recepción de la Sagrada Comunión bajo las dos especies. Porque así como Cristo se ofreció completamente, Cuerpo y Sangre, en sacrificio por nuestros pecados, así también es nuestra recepción de su Cuerpo y Sangre bajo ambas especies una participación especialmente idónea en el memorial de su sacrificio pascual.

La Sagrada Comunión bajo ambas especies

17. Desde los primeros días de la celebración de la Eucaristía en la Iglesia, la Sagrada Comunión consistía de la recepción de ambas especies en cumplimiento del mandamiento del Señor: "tomen y coman . . . tomen y beban". La distribución de la Sagrada Comunión a los fieles bajo ambas especies fue la norma por más de un milenio de práctica litúrgica católica.

23 Cfr. Pablo VI, *Mysterium Fidei: Sobre la doctrina y culto de la Sagrada Eucaristía* (3 de septiembre de 1965), n. 47: AAS 57 [1965], pp. 766-767).

24 *Ibid.*, n. 48.

25 Cfr. IGMR, n. 281.

26 Cfr. San Cipriano, *De Lapsis*, 25, sobre la Comunión de infantes y niños; sobre la Comunión de enfermos y moribundos, Cfr. *Statuta ecclesiae antiqua*, can. 76.

27 CIC, n. 1390.

18. La práctica de la Sagrada Comunión bajo ambas especies en la Misa continuó hasta fines del siglo XI, cuando empezó a propagarse la costumbre de distribuir la Eucaristía a los fieles solamente bajo la forma del pan. Para el siglo XII ya teólogos como Pedro Cantor hablaban de la Comunión bajo una especie como un tipo de "costumbre" de la Iglesia.[28] Esta práctica se propagó hasta que el Concilio de Constancia en 1415 decretó que la Sagrada Comunión sería distribuida a los fieles bajo la forma de pan únicamente.

19. En 1963, los Padres del Concilio Vaticano II autorizaron la extensión de la facultad para la Sagrada Comunión bajo ambas especies en *Sacrosanctum Concilium*:

> Manteniendo firmes los principios dogmáticos declarados por el Concilio de Trento, la comunión bajo ambas especies puede concederse, en los casos que la Sede Apostólica determine, tanto a los clérigos y religiosos como a los laicos.[29]

20. La decisión del Concilio de restaurar la Sagrada Comunión bajo ambas especies según la discreción del Obispo se expresó en la primera edición del *Missale Romanum* y hasta se le da una aplicación aún más generosa en la tercera edición típica del *Missale Romanum*:

> La sagrada Comunión tiene una expresión más plena por razón del signo cuando se hace bajo las dos especies. Ya que es en esa forma donde más perfectamente se manifiesta el signo del banquete eucarístico, y se expresa más claramente la voluntad divina con que se ratifica en la Sangre del Señor la Alianza nueva y eterna, y se ve mejor la relación entre el banquete eucarístico y el banquete escatológico en el reino del Padre.[30]

La *Institución General* explica además que "al mismo tiempo que [los fieles] se interesen en participar con el mayor empeño en el sagrado rito, en la forma en que más plenamente brilla el signo del banquete eucarístico".[31]

21. La extensión de la facultad para la distribución de la Sagrada Comunión bajo las dos especies no representa un cambio en la creencia inmemorial de la Iglesia sobre la Sagrada Eucaristía. Más bien, hoy la Iglesia considera que, de ser apropiado, resulta beneficioso restaurar una práctica que por varias razones no era oportuna cuando se convocó el Concilio de Trento en 1545.[32] Pero con el paso del tiempo, y bajo la guía del Espíritu Santo, la reforma del Concilio Vaticano II tuvo como resultado la restauración de una práctica que permite a los fieles tener la experiencia de un signo más completo del banquete eucarístico.[33]

28 Cfr. Petrus Cantor, *Summa de Sacramentis et Animae Consiliis*, ed. J.-A. Dugauquier, *Analecta Medievalis Namurcensia*, vol. 4 (Louvain/Lille, 1954), I, 144.

29 SC, n. 55.

30 IGMR, n. 281. La IGMR continúa diciendo: "Procuren los sagrados pastores recordar a los fieles que participan en el rito o intervienen en él, y del modo que más adecuado resulte, la doctrina católica sobre esta forma de la sagrada Comunión, según el Concilio Ecuménico Tridentino. Adviertan, en primer lugar, a los fieles que la fe católica enseña que, aun bajo una sola de las dos especies, cualquiera que sea, está Cristo entero, y que se recibe un verdadero Sacramento, y que, por consiguiente, por lo que toca a los frutos de la Comunión, no se priva de ninguna de las gracias necesarias a la salvación al que solo recibe una sola especie.

"Enseñen, además, que la Iglesia tiene poder, en lo que toca a la administración de los Sacramentos, de determinar o cambiar, dejando siempre intacta su sustancia, lo que considera más oportuno para ayudar a los fieles en su veneración y en la utilidad de quien los recibe, según la variedad de circunstancias, tiempos y lugares" (n. 282).

31 IGMR, n. 282.

32 Cfr. Concilio de Trento, Sesión xxi (16 de julio de 1562), *De doctrina de communione sub utraque specie et parvulorum* (DH 1725-1734).

33 Cfr. IGMR, n. 282.

SEGUNDA PARTE

NORMAS PARA LA DISTRIBUCIÓN DE LA SAGRADA COMUNIÓN BAJO DOS ESPECIES

El propósito de estas normas

22. Como respuesta a una disposición de la *Institución General del Misal Romano*, la Conferencia de Obispos Católicos de los Estados Unidos describe aquí los métodos para distribuir la Sagrada Comunión a los fieles bajo ambas especies y aprueba las siguientes normas, con el debido *recognitio* de la Sede Apostólica.[34] El propósito de estas normas es asegurar la distribución reverente y cuidadosa de la Sagrada Comunión bajo ambas especies.

Cuando se puede dar la Comunión bajo dos especies

23. El *Missale Romanum* revisado, tercera edición típica, expande significativamente las oportunidades en que la Sagrada Comunión puede ofrecerse bajo ambas especies. Además de las circunstancias especificadas en los libros rituales individuales, la *Institución General* declara que la Comunión bajo dos especies se puede permitir en los casos siguientes:

a. a los sacerdotes que no puedan celebrar o concelebrar la Misa;
b. al diácono y a los demás que desempeñan algún oficio en la Misa;
c. a los miembros de las comunidades en la Misa conventual o en la llamada "de comunidad", a los alumnos de los seminarios, a todos los que hacen ejercicios espirituales o participan en alguna reunión espiritual o pastoral.[35]

24. La *Institución General* luego indica que el Obispo diocesano "puede establecer las normas acerca de la Comunión bajo las dos especies para su diócesis, que deberán observarse . . . Al mismo Obispo se le concede la facultad de permitir la Comunión bajo las dos especies cada vez que le parezca oportuno al sacerdote a quien le está encomendada una comunidad como pastor propio, con tal de que los fieles estén bien instruidos y no haya ningún peligro de profanación del Sacramento o se dificulte hacer bien el rito por el gran número de los participantes o por otra causa".[36]

En la práctica, la necesidad de evitar el obscurecer el papel del sacerdote y del diácono como ministros ordinarios de la Sagrada Comunión por el uso excesivo de ministros extraordinarios podría, en algunas circunstancias, constituir una razón ya sea para limitar la distribución de la Sagrada Comunión bajo ambas especies o para utilizar intinción en lugar de distribuir la Preciosa Sangre del cáliz.

Las normas establecidas por el Obispo diocesano deberán ser observadas donde quiera que la Eucaristía se celebre en la diócesis, "incluso en las iglesias de los religiosos y en las Misas de grupos pequeños".[37]

Catequesis para recibir el Cuerpo y la Sangre del Señor

25. Cuando el Obispo diocesano introduce la Comunión bajo dos especies por primera vez y también cada vez que se presente una oportunidad para la instrucción, los fieles deberán ser catequizados

34 Cfr. IGMR, n. 283. Antes de la aprobación de adaptaciones para las diócesis de los Estados Unidos de América, el texto decía, "En cuanto a la manera de distribuir a los fieles la sagrada Comunión bajo las dos especies, y a la facultad de extenderla a más casos, las Conferencias Episcopales pueden dar normas, las cuales deberán recibir el reconocimiento de la Sede Apostólica".

35 *Ibid.*

36 IGMR, n. 283.

37 *Ibid.*

apropiadamente, a la luz de la enseñanza y directivas de la *Institución General*, sobre los asuntos a continuación:

a. la naturaleza eclesial de la Eucaristía como propiedad común de toda la Iglesia;
b. la Eucaristía como el memorial del sacrificio de Cristo, su muerte y resurrección, y como banquete sagrado;
c. la presencia real de Cristo en los elementos eucarísticos, completo e íntegro "en cada elemento del pan y el vino consagrado (doctrina de la concomitancia);
d. las diferentes maneras de veneración del sacramento, ya sean dentro de la liturgia de la comunión o fuera de la celebración;[38] y
e. el papel que los ministros ordinarios de la Eucaristía, y si es necesario, el que los ministros extraordinarios desempeñan en la asamblea eucarística.

El ministro de la Sagrada Comunión

26. En virtud de su ordenación sagrada, el Obispo o presbítero ofrece el sacrificio en la persona de Cristo, Cabeza de la Iglesia. Él recibe los dones de pan y vino de los fieles, ofrece el sacrificio a Dios y les devuelve el Cuerpo y la Sangre de Cristo, como si fueran de las manos del mismo Cristo.[39] Por tanto los Obispos y presbíteros se consideran los ministros ordinarios de la Sagrada Comunión. Además, el diácono que ayuda al Obispo o al presbítero en la distribución de la Comunión es un ministro ordinario de la Sagrada Comunión. Cuando la Eucaristía se distribuye bajo ambas especies, "él ofrece el cáliz".[40]

27. En cada celebración de la Eucaristía debera haber un número suficiente de ministros de la Sagrada Comunión para que pueda ser distribuida de manera ordenada y reverente. Obispos, presbíteros y diáconos distribuyen la Sagrada Comunión en virtud de su oficio como ministros ordinarios del Cuerpo y la Sangre del Señor.[41]

Ministros extraordinarios de la Sagrada Comunión

28. Cuando el tamaño de la congregación o la incapacidad del Obispo, presbítero o diácono lo requiera, el celebrante puede ser asistido por otros Obispos, presbíteros o diáconos.[42] Si no están presentes esos ministros ordinarios de la Sagrada Comunión: "el sacerdote puede pedir la ayuda de los ministros extraordinarios, a saber, el acólito legítimamente instituido o incluso otros fieles, que han sido designados legítimamente para esto. En caso de necesidad, el sacerdote puede designar *ad actum* a fieles idóneos".[43] Los ministros extraordinarios de la Sagrada Comunión deberán recibir suficiente ayuda espiritual, teológica y preparación práctica para desempeñar su papel con conocimiento y reverencia. En todas esas cosas deberán seguir la guía del Obispo diocesano. Cuando sea necesario recurrir a ministros extraordinarios de la Sagrada Comunión, sobre todo en la distribución de la Sagrada Comunión bajo las dos especies, su número no debería ser aumentado más que lo exigido para la distribución ordenada y reverente del Cuerpo y la Sangre del Señor. En todos los asuntos tales ministros extraordinarios de la Sagrada Comunión deberían seguir los mandatos del Obispo diocesano.

38 Cfr. Congregación de Ritos, *Eucharisticum Mysterium: Instrucción sobre el culto del misterio eucarístico* [EM] (25 de mayo de 1967), parte I, "Algunos principios generales que deben tenerse en cuenta para la catequesis del pueblo" (AAS 59 [1967], pp. 544-550; en español, Andrés Pardo, ed., *Documentación litúrgica posconciliar – Enchiridion* [DLP] [Barcelona: Editorial Regina, 2000], 433-443).

39 Cfr. IGMR, n. 93.

40 IGMR, n. 182.

41 Cfr. IGMR, n. 108.

42 Cfr. IGMR, n. 162.

43 IGMR, n. 162. Cfr. también la Sagrada Congregación para la Disciplina de los Sacramentos, *Immensae Caritatis: Instrucción para facilitar la Comunión sacramental en algunas circunstancias*, sección 1.I.c (AAS 65 [1973], p. 266).

Reverencia

29. Todos los ministros de la Sagrada Comunión deberán mostrar la mayor reverencia por la Santísima Eucaristía con su comportamiento, su atuendo y la manera en que manejan el pan y el vino consagrados. En caso de algún accidente —como por ejemplo, en caso de que se derramase vino del cáliz— el sitio afectado "lávese con agua y luego échese esta agua en el 'sacro'".[44]

Planificación

30. Cuando la Sagrada Comunión sea distribuida bajo ambas especies, la planificación deberá hacerse cuidadosamente de modo que:

- se tenga suficiente pan y vino para la comunión de los fieles en cada Misa.[45] Como regla general, la Sagrada Comunión se da de las hostias consagradas en la misma Misa y no de las que han sido puestas en reserva en el sagrario. La Preciosa Sangre no se puede reservar de una Misa para ser usada en otra;[46] y
- se disponga de un número adecuado de ministros de la Sagrada Comunión en cada Misa. Para la Comunión del cáliz, es provechoso que se tengan dos ministros de la Preciosa Sangre por cada ministro del Cuerpo de Cristo, para impedir que la celebración litúrgica se prolongue indebidamente.

31. Aunque la Comunión sea ofrecida a la congregación sólo en forma de pan, se deberán proporcionar suficientes cantidades de los elementos consagrados para que la Preciosa Sangre pueda ser distribuida a todos los presbíteros que concelebran.

Preparaciones

32. Antes de que empiece la Misa, el vino y las hostias deberán estar en vasos de tamaño y número apropiados. La presencia sobre el altar de un solo cáliz y una patena grande puede significar el pan único y el solo cáliz por el que nos reunimos para que "seamos en Cristo, víctima viva para alabanza".[47] Cuando esto no es posible, se deberá procurar que el número de vasos no exceda la necesidad.

33. La unidad de todos en el único pan será expresada mejor cuando el pan que se fraccione sea suficientemente grande para que al menos algunos de los fieles puedan recibir una fracción que provenga de éste. Cuando el número de fieles es mayor, sin embargo, un simple pan grande se podrá usar para la fracción, con pequeños pedazos del pan para el resto de los fieles.[48]

34. Los vasos sagrados, que "ocupan un lugar de honor", deberán ser de materiales nobles, apropiados para su uso y en conformidad con los requisitos de las leyes litúrgicas según las especificaciones de la *Institución General del Misal Romano,* nn. 327-332.

---

44 IGMR, n. 280.

45 Cfr. EM, n. 31 (AAS 59 [1967], pp. 557-558; DLP 459): "Los fieles participan más perfectamente en la celebración por la Comunión sacramental de la Eucaristía. Se recomienda encarecidamente que la reciban ordinariamente en la Misa y en el momento prescrito por el mismo rito de la celebración: es decir, inmediatamente después de la Comunión del sacerdote celebrante.

"Y para que, incluso por los signos, se manifieste mejor la Comunión como participación del sacrificio que en aquel momento se celebra, hay que procurar que los fieles puedan recibirla con hostias consagradas en la misma Misa".

46 Cfr. IGMR, n. 284b: "Lo que eventualmente pueda quedar de la Sangre de Cristo [después de la distribución de la Sagrada Comunión] es consumido junto al altar por el sacerdote o por el diácono o por el acólito debidamente instituido, que se ocupó del cáliz . . ."

47 *Misal Romano*, Plegaria Eucarística IV, p. 691.

48 Cfr. IGMR, n. 321.

35. Antes de su primer uso, los vasos para la celebración deberán ser bendecidos por el Obispo o presbítero según el rito de *Bendición del cáliz y de la patena*.[49]

En la preparación de los dones

36. El diácono y los acólitos preparan el altar con el corporal, el purificador, el Misal Romano y el cáliz (a menos que el cáliz se prepare en la mesa del lado). Los dones del pan y el vino lo presentan los fieles y son recibidos por el presbítero o diácono en un lugar conveniente.[50] Si no es suficiente un cáliz, para la distribución de la Comunión bajo las dos especies a los sacerdotes concelebrantes o a los fieles, varios cálices, llenos de vino, se colocan sobre un corporal en un lugar apropiado sobre el altar. Empléese laudablemente como cáliz principal un cáliz más grande que los demás cálices preparados para la distribución de la Comunión.[51]

En la fracción del pan

37. Al comienzo del Cordero de Dios, solamente el Obispo o sacerdote hará la fracción del pan eucarístico, bien con la ayuda del diácono, o si es necesario, también con la ayuda de sacerdotes concelebrantes. Si se necesitan otros copones o patenas vacías se llevan al altar en este momento. Después, el diácono o el sacerdote coloca el pan consagrado en varios copones o patenas para la distribución de la Sagrada Comunión. Si no fuera posible llevar a cabo esto en un tiempo razonable, otros diáconos o sacerdotes concelebrantes pueden ayudar al celebrante.

38. Si la necesidad pastoral exige ministros extraordinarios de la Sagrada Comunión, éstos no deben acercarse al altar antes de que el sacerdote haya comulgado. Después de que el sacerdote celebrante haya comulgado, distribuye la Sagrada Comunión a los ministros extraordinarios ayudado por el diácono. Entonces éste entrega los vasos sagrados a los ministros extraordinarios para la distribución de la Sagrada Comunión al pueblo.

39. Todos reciben la Sagrada Comunión en la manera descrita por la *Institución General del Misal Romano*, ya sean presbíteros concelebrantes (Cfr. IGMR, nn. 159, 242, 243, 246), diáconos (Cfr. IGMR, nn. 182, 244, 246), o ministros extraordinarios de la Sagrada Comunión (Cfr. IGMR, n. 284). Ni los diáconos ni los ministros laicos pueden comulgar como si fueran presbíteros concelebrantes. No está en conformidad con las normas litúrgicas el que los ministros extraordinarios de la Sagrada Comunión esperen para recibir la Sagrada Comunión hasta después de la distribución de la Sagrada Comunión.

40. Después de que todos los ministros de la Sagrada Comunión hayan comulgado, el Obispo o el presbítero celebrante entrega reverentemente a los diáconos o a los ministros extraordinarios los vasos que contienen el Cuerpo y la Sangre del Señor. El diácono puede ayudar al presbítero en esto.

Distribución del Cuerpo y la Sangre del Señor

41. La Sagrada Comunión bajo la forma de pan se ofrece a los comulgantes con las palabras: El Cuerpo de Cristo. El comulgante puede recibir el Cuerpo de Cristo en la mano o en la lengua. Cuando se recibe en la mano, el comulgante deberá guiarse por las palabras de san Cirilo de Jerusalén: "Cuando se acerque, tenga el cuidado de no hacerlo con la mano extendida y los dedos abiertos o separados, más bien coloque la mano izquierda como un trono debajo de la derecha, como es propio de uno que está a punto de recibir al Rey. Luego recíbalo, procurando que nada se pierda".[52]

---

49 Cfr. IGMR, n. 333.

50 Cfr. *ibid.*, n. 73.

51 Cfr. Congregación para el Culto Divino y la Disciplina de los Sacramentos, *Redemptionis Sacramentum: Instrucción sobre algunas cosas que se deben observar o evitar acerca de la Santísima Eucaristía* (25 de marzo de 2004), nn. 105-106 (AAS 96 [2004], pp. 579-580). Estas oraciones se han añadido para corresponder con esta Instrucción.

52 Cat. Myst. V, 21-22.

42. Entre las maneras de distribuir la Sangre del Señor según las especificaciones de la *Institución General del Misal Romano,* la Comunión bebiendo del cáliz es la forma generalmente preferida en la Iglesia latina, con tal de que pueda hacerse apropiadamente según las normas y sin riesgo de una aparente irreverencia hacia la Sangre del Señor.[53]

43. El cáliz se ofrece al comulgante con las palabras: La Sangre de Cristo, y el comulgante responde: Amén.

44. El cáliz no podrá nunca dejarse sobre el altar o sobre otro lugar para que el comulgante lo tome por sí mismo para comulgar (excepto en el caso de Obispos o presbíteros concelebrantes), ni se puede pasar el cáliz de un comulgante al otro. Deberá haber un ministro del cáliz.

45. Después de que cada comulgante haya recibido la Sangre de Cristo, el ministro cuidadosamente limpia ambos lados del borde del cáliz con un purificador. Esta acción es una manera tanto de reverencia como de higiene. Por la misma razón, el ministro gira el cáliz ligeramente después de que cada comulgante haya recibido la Preciosa Sangre.

46. Es la decisión del comulgante, no del ministro, si quiere comulgar del cáliz.

47. A los niños se les anima a recibir la Comunión bajo las dos especies siempre y cuando hayan sido instruidos adecuadamente, y que sean de suficiente edad para comulgar del cáliz.

Otras formas de distribución de la Preciosa Sangre

48. La distribución de la Preciosa Sangre mediante una cuchara o una pajilla no es costumbre en las diócesis del Rito Latino de los Estados Unidos de América.

49. La Sagrada Comunión se puede distribuir por intinción de la manera siguiente: "el que comulga, teniendo el platillo debajo del mentón, se acerca al sacerdote, que tiene el recipiente con las sagradas partículas y a cuyo lado está el ministro que tiene el cáliz. El sacerdote toma una hostia, la moja parcialmente en el cáliz y, mostrándola, dice: El Cuerpo y la Sangre de Cristo; el que comulga responde: Amén, recibe en la boca el Sacramento de manos del sacerdote y después se retira".[54]

50. El comulgante, incluso el ministro extraordinario, nunca tiene permiso para auto comunicarse, ni aún por intinción. La Comunión bajo cualquiera de las dos formas, pan o vino, deberá siempre darse por un ministro ordinario o extraordinario de la Sagrada Comunión.

Purificación de los vasos sagrados

51. Después de la Comunión el pan consagrado que queda se reserva en el sagrario. Deberá tenerse cuidado de que no quede ningún fragmento en el corporal ni en los vasos sagrados. El diácono regresa al altar con el presbítero, y recoge y consume cualquier fragmento que quede.

52. Cuando quede más Preciosa Sangre que la necesaria para la Comunión, y no fuese consumida por el Obispo o presbítero celebrante, el diácono "inmediatamente consume con reverencia en el altar toda la Sangre de Cristo que queda, ayudado, si es necesario, de otros diáconos y presbíteros".[55] Cuando haya ministros extraordinarios de la Sagrada Comunión, ellos podrán consumir lo que quede de la distribución de la Preciosa Sangre del cáliz, con permiso del Obispo diocesano.

---

53 Cfr. Congregación para el Culto Divino, *Sacramentali Communione: Instrucción ampliando la facultad de administrar la Comunión bajo las dos especies* (29 de junio de 1970), n. 6 (AAS 62 [1970], p. 665; DLP 938).

54 IGMR, n. 287.

55 IGMR, n. 182.

53. El sacerdote, el diácono o el acólito instituido purifica los vasos sagrados.[56] El cáliz y otros vasos sagrados pueden llevarse a una mesa aparte, donde se purifican y se colocan de la manera usual. Otros vasos sagrados que contenían la Preciosa Sangre se purifican de la misma manera que los copones. Con tal que el pan consagrado sea consumido o reservado y la Preciosa Sangre que quede sea consumida, "puede también dejar los vasos oportunamente cubiertos en la credencia sobre el corporal y purificarlos inmediatamente después de la Misa, una vez despedido el pueblo".[57]

54. La Preciosa Sangre no puede reservarse, excepto para dar la Sagrada Comunión a alguien que esté enfermo. Sólo los enfermos que no pueden recibir la Comunión bajo la forma de pan pueden recibirla bajo la forma de vino y solamente a la discreción del presbítero. Si no se consagra en la Misa en la presencia del enfermo, la Sangre del Señor se guarda propiamente cubierta y se coloca en el sagrario después de la Comunión. La Preciosa Sangre deberá llevarse a los enfermos en un vaso cerrado de tal manera que se elimine toda posibilidad de derramarla. Si algo de la Preciosa Sangre permanece después de que el enfermo haya recibido la Comunión, deberá ser consumida o (consumido) por el ministro, quien también deberá purificar el vaso apropiadamente.

55. La reverencia que se debe a la Preciosa Sangre del Señor exige que se consuma debidamente después de que concluya la Comunión y nunca deberá vaciarse en la tierra ni en el "sacro".

Conclusión

56. Las normas y directivas establecidas por la Iglesia para la celebración de cualquier rito litúrgico siempre tienen como su meta inmediata una cuidadosa celebración de esos ritos. Sin embargo, tales normas también tienen como propósito fomentar las celebraciones que glorifican a Dios y profundizan la fe, la esperanza y la caridad de los participantes en el culto litúrgico. La preparación y celebración ordenada de la Misa, y de la Sagrada Comunión en particular, deberán siempre afectar profundamente a los comulgantes en todos sus aspectos y dimensiones. En el caso de la distribución de la Sagrada Comunión bajo ambas especies, que ahora ha sido restaurada en la Iglesia latina, la fe cristiana en la presencia real de Cristo en la Sagrada Eucaristía será renovada y profundizada en la vida de los fieles mediante esta apreciada práctica.

57. En todos los demás asuntos con respecto al Rito de la Comunión bajo ambas especies, se deberán consultar las normas de la *Institución General*, nn. 281-287.

56 Cfr. IGMR, n. 279.
57 IGMR, n. 183.

NORMAS UNIVERSALES SOBRE EL AÑO LITÚRGICO Y EL CALENDARIO ROMANO GENERAL

CARTA APOSTÓLICA "MYSTERII PASCHALIS" MOTU PROPRIO

POR EL CUAL SE APRUEBAN LAS NORMAS UNIVERSALES SOBRE EL AÑO LITÚRGICO Y EL NUEVO CALENDARIO ROMANO GENERAL

PABLO PAPA VI

El sagrado Concilio Vaticano II enseña claramente que la celebración del Misterio Pascual, que se desarrolla a lo largo del año con un ritmo diario y semanal, constituye el núcleo esencial del culto cristiano. Por esta razón, es necesario que en la reforma del año litúrgico, cuyas normas fueron establecidas por dicho Concilio[1], se dé mayor realce al Misterio Pascual de Cristo, tanto en lo que se refiere a la ordenación del Propio del tiempo y del Propio de los santos, como a la revisión del Calendario Romano.

I

Con el correr de los siglos, sin embargo, acaeció que la multiplicación de las vigilias, fiestas y octavas y la progresiva complicación de las varias partes del año litúrgico empujaron a los fieles hacia la práctica de las devociones particulares, de tal modo que sus espíritus se alejaron un poco de los misterios fundamentales de nuestra redención.

Nadie ignora, sin embargo, que Nuestros Predecesores san Pío X y Juan XXIII, de venerada memoria, dieron algunas disposiciones para devolver al domingo la dignidad de sus orígenes, de modo que fuese para todos la "fiesta primordial"[2], y para restaurar la celebración de la Cuaresma. Es igualmente sabido que Nuestro Predecesor Pío XII, de venerada memoria, ordenó que en la Iglesia occidental se restaurase en la Noche de Pascua la solemne Vigilia[3], en la que el pueblo de Dios, celebrando los sacramentos de la iniciación cristiana, renovase su alianza con Cristo Señor resucitado.

Estos Sumos Pontífices, siguiendo las enseñanzas de los santos Padres y la doctrina constante de la Iglesia católica, rectamente pensaban que el ciclo del año litúrgico no es sólo una evocación de las acciones cumplidas por Cristo para salvarnos, y sobre todo de su muerte; ni un mero recuerdo de hechos pasados, aptos para instruir y para nutrir la meditación de los fieles, incluso de los menos preparados; sino que enseñaban que la celebración del año litúrgico "tiene una particular fuerza y eficacia para alimentar la vida cristiana"[4], lo que también Nos pensamos y declaramos.

---

1 Cfr. Concilio Vaticano II, Constitución sobre la Sagrada Liturgia, *Sacrosanctum Concilium,* nn. 102-111.

2 Cfr. *ibid.,* n. 106.

3 Cfr. Sagrada Congregación de Ritos, Decreto *Dominicae Resurrectionis,* del 9 de febrero de 1951: AAS 43 (1951), pp. 128-129.

4 Sagrada Congregación de Ritos, Decreto general *Maxima redemptionis nostrae mysteria,* del 16 de noviembre de 1955: AAS 47 (1955), p. 839.

Justamente, por lo tanto, cuando celebramos el "misterio del nacimiento de Cristo"[5] y de su manifestación al mundo, suplicamos quedar interiormente transformados por aquel que hemos conocido semejante a nosotros en lo exterior[6]; y cuando renovamos la Pascua de Cristo, pedimos a Dios que cuantos han renacido con Cristo vivan de acuerdo con la fe que recibieron en el sacramento[7]. Pues, como dice el Concilio Ecuménico Vaticano II, la Iglesia "conmemorando los misterios de la redención, abre las riquezas del poder santificador y de los méritos de su Señor, de tal manera que, en cierto modo, se hacen presentes en todo tiempo para que puedan los fieles ponerse en contacto con ellos y llenarse de la gracia de la salvación"[8].

La revisión del año litúrgico y las normas que acompañan su renovación no tienen otro objeto que facilitar a los fieles una intensa comunión por la fe, la esperanza y la caridad con "todo el misterio de Cristo, desarrollado en el curso del año"[9].

II

A este misterio de Cristo no se oponen en modo alguno las fiestas de la Virgen María, "unida con lazo indisoluble a la obra salvífica de su Hijo"[10], ni las conmemoraciones de los santos, entre las que se cuentan los aniversarios de "nuestros señores los mártires y triunfadores"[11], fiestas que brillan con un resplandor particular. Pues "las fiestas de los santos proclaman las maravillas de Cristo en sus servidores y proponen ejemplos oportunos a la imitación de los fieles[12]. En efecto, la Iglesia católica ha sentido siempre como cosa cierta y segura que en las fiestas de los santos se anuncia y se renueva el Misterio Pascual de Cristo"[13].

No se puede negar, sin embargo, que con el correr de los siglos las fiestas de los santos aumentaron en exceso, por lo que el Concilio justamente estableció: "para que las fiestas de los santos no prevalezcan sobre los misterios de la salvación, déjese la celebración de muchas de ellas a las Iglesias particulares, naciones, familias religiosas, extendiendo a toda la Iglesia sólo aquellas que recuerdan a santos de importancia realmente universal"[14].

Para dar cumplimiento a esta decisión del Concilio Ecuménico, han sido suprimidos del Calendario general los nombres de un cierto número de santos, concediendo, por otra parte, la facultad de restaurar en las regiones interesadas, si lo desean, la conmemoración y el culto de otros santos. La supresión de los nombres de algunos santos, cuya fama no era universal, ha permitido incluir en el Calendario Romano los nombres de los mártires de aquellas regiones en las que la predicación del Evangelio llegó tardíamente. De este modo, en un mismo catálogo y con la misma dignidad figuran representantes de todas las naciones, hombres esclarecidos o por haber derramado su sangre por Cristo o por el fulgor de sus virtudes.

Por estas razones, pensamos que el nuevo Calendario general, preparado para el rito latino, corresponde mejor a las formas y a las necesidades de nuestro tiempo y refleja más adecuadamente la universalidad de la Iglesia. En efecto, el nuevo Calendario presenta los nombres de los santos más importantes, que ofrecen a todo el pueblo cristiano preclaros ejemplos de una multiforme santidad. Señalar la utilidad espiritual de esto para todos los cristianos, resultaría superfluo.

Habiendo sopesado ante el Señor y con suma atención todas estas razones, Nos aprobamos con Nuestra Autoridad Apostólica el nuevo Calendario Romano general preparado por el *Consilium* para

5 San León Magno, *Sermo XXVII in Nativitate Domini*, 7, 1: PL 54, 216.
6 Cfr. Misal Romano (ed. típ. 1962), *Oración de la Epifanía* (2a. oración colecta de la fiesta del Bautismo del Señor, *infra*, p. 188).
7 Cfr. *ibid.*, *Oración del martes dentro de la octava de Pascua* (colecta del lunes dentro de la octava de Pascua, *infra*, p. 341).
8 Concilio Vaticano II, Constitución sobre la Sagrada Liturgia, *Sacrosanctum Concilium*, n. 102.
9 Cfr. *ibid.*
10 *Ibid.*, n. 103.
11 Cfr. *Breviarium Syriacum* (siglo V), ed. B. Mariani, Roma 1956, p. 27.
12 Cfr. Concilio Vaticano II, Constitución sobre la Sagrada Liturgia, *Sacrosanctum Concilium*, n. 111.
13 Cfr. *ibid.*, n. 104.
14 Cfr. *ibid.*, n. 111.

la actualización de la Constitución sobre la Sagrada Liturgia y las normas relativas a la ordenación del año litúrgico. Decidimos, además, que entren en vigor el día 1 de enero del próximo año 1970, reguladas por los decretos que serán publicados conjuntamente por la Sagrada Congregación de Ritos y por dicho *Consilium,* valederos hasta la edición del Misal y del Breviario restaurados.

Mandamos también que cuanto se prescribe en esta Carta Apostólica, dada en forma de motu proprio, tenga fuerza y eficacia, no obstando cualesquiera otras constituciones y ordenaciones de Nuestros Predecesores, incluso las dignas de mención y poder de derogar la ley.

Dado en Roma, en San Pedro, el día 14 de febrero de 1969, sexto año de Nuestro Pontificado.

PABLO PP. VI

NORMAS UNIVERSALES SOBRE EL AÑO LITÚRGICO Y SOBRE EL CALENDARIO

CAPÍTULO I

EL AÑO LITÚRGICO

1. La santa Iglesia celebra la memoria sagrada de la obra de salvación realizada por Cristo y lo hace en días determinados durante el transcurso del año. El domingo de cada semana –llamado por esta razón "día del Señor"– rememora la resurrección del Señor, memoria que vuelve a celebrar una vez al año en la máxima solemnidad de la Pascua, juntamente con su santa Pasión, mientras que durante todo el año despliega la totalidad del misterio de Cristo y conmemora las fechas de nacimiento de los santos.

Además, en los diversos tiempos del año litúrgico, la Iglesia, de acuerdo con las observancias tradicionales, instruye a los fieles por medio de los ejercicios piadosos del alma y del cuerpo, del adoctrinamiento, de la oración y de las obras de penitencia y de misericordia[1].

2. Los principios que se exponen a continuación pueden y deben aplicarse tanto al Rito romano como a todos los demás Ritos, pero las normas prácticas afectan solamente al Rito romano, a menos que se trate de normas que por su misma naturaleza afecten también a los demás ritos[2].

TÍTULO I – LOS DÍAS LITÚRGICOS

I. Sobre el día litúrgico en general

3. Cada día es santificado por las celebraciones litúrgicas del pueblo de Dios, sobre todo por el sacrificio eucarístico y por el Oficio divino.

El día litúrgico abarca desde la media noche a la siguiente media noche. Pero la celebración del domingo y de las solemnidades empieza ya al anochecer del día anterior.

II. Sobre el Domingo

4. El primer día de cada semana, llamado día del Señor o domingo (*dies dominica*) la Iglesia, por una tradición apostólica cuyos orígenes arrancan del mismo día de la resurrección de Jesucristo, celebra el Misterio Pascual. Por esta razón hay que considerar el domingo como el día festivo primordial[3].

5. Debido a su importancia, el domingo solamente cede su celebración a las solemnidades y a las fiestas del Señor; pero los domingos de Adviento, de Cuaresma y de Pascua, tienen precedencia sobre todas las fiestas del Señor y sobre todas las solemnidades. Las que coincidan con esos domingos se trasladan al lunes siguiente, excepto si se trata del domingo de Ramos y el domingo de la Resurrección del Señor.

6. El domingo no admite ninguna asignación perpetua de otra celebración. No obstante:

a) el domingo infraoctava de Navidad se celebra la fiesta de la Sagrada Familia;
b) el domingo siguiente al 6 de enero, la del Bautismo del Señor;
c) el domingo después de Pentecostés, la solemnidad de la Santísima Trinidad;

---

1 Cfr. Concilio Vaticano II, Constitución sobre la Sagrada Liturgia, *Sacrosanctum Concilium,* nn. 102-105.
2 Cfr. *ibid.,* n. 3.
3 Cfr. *ibid.,* n. 106.

d) el último domingo del Tiempo Ordinario, la solemnidad de Nuestro Señor Jesucristo, Rey universal.

7. En los lugares donde no sean de precepto las solemnidades de Epifanía, la Ascensión y Corpus, señáleseles el domingo como día propio, de la siguiente manera:

a) La Epifanía, el domingo que cae entre el 2 y el 8 de enero;
b) la Ascensión, el domingo VII de Pascua;
c) Corpus, el domingo después de la Santísima Trinidad.

III. Sobre las solemnidades, las fiestas y las memorias

8. Aun celebrando el misterio de Cristo durante el año, la Iglesia venera con un amor particular a la Virgen María y propone como objeto de la piedad de los fieles las memorias de los mártires y otros santos[4].

9. Obtienen una celebración obligatoria aquellos santos que tienen también una importancia general para toda la Iglesia; los demás, o están inscritos en el calendario para que puedan celebrarse libremente o bien se deja que les tributen culto las Iglesias particulares, o las naciones o las familias religiosas[5].

10. Se distinguen y designan de una manera diferente las celebraciones, según la importancia que tienen: así están las solemnidades, las fiestas y las memorias.

11. Las solemnidades son los días principales, y su celebración empieza el día anterior con las primeras vísperas. Algunas solemnidades tienen también Misa propia para la vigilia; si la Misa se celebra la víspera tendrá que decirse al anochecer.

12. Pascua y Navidad –solemnidades principales– tienen una celebración que se alarga durante ocho días. Ambas octavas se rigen por una legislación propia.

13. Las fiestas se celebran dentro de los límites del día natural; por tanto, no tienen primeras vísperas, excepto si se trata de fiestas del Señor que caigan en un domingo del Tiempo Ordinario o del Tiempo de Navidad y que sustituyan el Oficio del domingo.

14. Las memorias son obligatorias o son libres; su celebración va combinada con la de la feria en que caen, según las normas expuestas en la Institución general del Misal Romano y en la Liturgia de las Horas.

Las memorias obligatorias que caen en días de Cuaresma pueden celebrarse solamente como memorias libres.

Cuando el calendario registra diversas memorias libres en un mismo día, puede celebrarse solamente una y dejar las demás.

15. Los sábados del Tiempo Ordinario del año en los que no ocurra una memoria obligatoria se puede hacer memoria libre de la Virgen María.

4 Cfr. Concilio Vaticano II, Constitución sobre la Sagrada Liturgia, *Sacrosanctum Concilium,* nn. 103-104.
5 Cfr. *ibid.,* n. 111.

IV. Sobre las ferias

16. Reciben el nombre de ferias los días de la semana que siguen al domingo; su celebración tiene reglas distintas según la importancia que se les atribuye:

a) el Miércoles de Ceniza y las ferias de la Semana Santa, desde el lunes hasta el jueves inclusive, tienen preferencia sobre las demás celebraciones.
b) Las ferias de Adviento, del 17 al 24 de diciembre inclusive, así como todas las ferias de Cuaresma, tienen preferencia sobre las memorias obligatorias.
c) La restantes ferias ceden la celebración a todas las solemnidades y fiestas y se combinan con las memorias.

TÍTULO II—DEL CURSO DEL AÑO

17. La Iglesia, en el transcurso del año, conmemora todo el misterio de Cristo, desde la Encarnación hasta el día de Pentecostés y hasta la Parusía[6].

I. El Triduo Pascual

18. Ya que Jesucristo ha cumplido la obra de la redención de los hombres y de la glorificación perfecta de Dios principalmente por su Misterio Pascual, por el cual, al morir destruyó nuestra muerte y al resucitar reparó la vida, el Triduo sagrado de Pascua, es decir, de la Pasión y la Resurrección del Señor, es el punto culminante de todo el Año litúrgico[7]. La preeminencia que dentro de la semana tiene el domingo, la tiene también dentro del año litúrgico la solemnidad de Pascua[8].

19. El Triduo Pascual de la Pasión y de la Resurrección del Señor comienza con la Misa vespertina del Jueves Santo o de la Cena del Señor, tiene su centro en la Vigilia Pascual y se acaba con las vísperas del domingo de Resurrección.

20. El Viernes Santo o Feria VI de la Pasión del Señor[9], y allí donde parece oportuno, también el Sábado Santo hasta la Vigilia Pascual[10] en todas partes se observa el sagrado ayuno de Pascua.

21. La Vigilia Pascual, la noche santa de la Resurrección del Señor, se considera como "la madre de todas las santas Vigilias"[11], durante ella, la Iglesia espera velando la resurrección de Cristo y la celebra en los sacramentos. Por consiguiente, toda la celebración de esta Vigilia sagrada ha de tener lugar durante la noche, de manera que empiece una vez que se ha iniciado la noche y termine antes de la aurora del domingo.

II. Sobre el Tiempo Pascual

22. Los cincuenta días que median entre el domingo de Resurrección y el domingo de Pentecostés se han de celebrar con alegría y júbilo, como si se tratara de un solo y único día festivo, como "un gran domingo"[12].

Éstos son los días más apropiados para el canto del *Aleluya*.

6 Cfr. *ibid.*, n. 102.
7 Cfr. *ibid.*, n. 5.
8 Cfr. *ibid.*, n. 106.
9 Cfr. Pablo VI, Constitución Apostólica *Paenitemini,* del 17 de febrero de 1966, II § 3: AAS 58 (1966), p. 184.
10 Cfr. Concilio Vaticano II, Constitución sobre la Sagrada Liturgia, *Sacrosanctum Concilium,* n. 110.
11 San Agustín, *Sermo,* 219: PL 38, 1088.
12 San Atanasio, *Epistulae festales,* 1: PG 26, 1366.

23. Los domingos de este tiempo se designan como domingos de Pascua, es decir, domingos II, III, IV, V, VI y VII de Pascua, después del domingo de Resurrección: el domingo de Pentecostés clausura este sagrado tiempo de cincuenta días.

24. Los ocho primeros días del Tiempo Pascual constituyen la octava de Pascua y tienen la celebración como las solemnidades del Señor.

25. El día cuarenta después de Pascua se celebra la Ascensión del Señor, salvo que allí donde no sea de precepto la Ascensión, se traslade al domingo VII de Pascua (cfr. n. 7).

26. Las ferias que van de la Ascensión al sábado antes de Pentecostés, inclusive, preparan para la venida del Espíritu Santo Paráclito.

III. Sobre el Tiempo de Cuaresma

27. La razón de ser del Tiempo de Cuaresma es la preparación para la Pascua: la liturgia cuaresmal prepara a celebrar el Misterio Pascual, tanto a los catecúmenos, haciéndolos pasar por los diversos grados de la iniciación cristiana, como a los fieles que rememoran el Bautismo y hacen penitencia[13].

28. El Tiempo de Cuaresma abarca desde el Miércoles de Ceniza hasta la Misa de la Cena del Señor, el Jueves Santo, exclusive.

Desde que se inicia la Cuaresma hasta la Vigilia Pascual, no se dice el *Aleluya*.

29. El Miércoles de Ceniza, considerado en todas partes como día de ayuno[14], es el día en que se impone la ceniza.

30. Los domingos de este tiempo reciben el nombre de domingos I, II, III, IV y V de Cuaresma. Al domingo sexto, con el que empieza la Semana Santa, se le denomina "Domingo de Ramos y de la Pasión del Señor".

31. La institución de la Semana Santa tiene por objeto recordar cultualmente la Pasión de Cristo a partir de su ingreso mesiánico en Jerusalén.

En la mañana del Jueves Santo, el Obispo bendice los santos óleos y consagra el crisma durante la Misa que concelebra con su colegio de presbíteros.

IV. Sobre el Tiempo de Navidad

32. Después de la celebración anual del Misterio Pascual, nada tiene en mayor estima la Iglesia que la celebración del Nacimiento del Señor y de sus primeras manifestaciones: esto tiene lugar en el tiempo de Navidad.

33. El Tiempo de Navidad abarca desde las primeras vísperas de Navidad hasta el domingo después de Epifanía, o sea, el primer domingo siguiente al 6 de enero, inclusive.

34. La Misa de la Vigilia de Navidad es la que se utiliza al anochecer del día 24 de diciembre, ya sea antes, ya después de las primeras vísperas.

El día de Navidad se pueden celebrar tres Misas, conforme a la antigua tradición romana, es decir, por la noche, al clarear la aurora y de día.

13 Cfr. Concilio Vaticano II, Constitución sobre la Sagrada Liturgia, *Sacrosanctum Concilium*, n. 109.

14 Cfr. Pablo VI, Constitución Apostólica *Paenitemini*, del 17 de febrero de 1966, II § 3: AAS 58 (1966), p. 184.

35. Navidad tiene su octava, ordenada de esta manera:

a) El domingo infraoctava tiene lugar la fiesta de la Sagrada Familia de Jesús, María y José.
b) El 26 de diciembre es la fiesta de san Esteban, el Protomártir.
c) El 27 de diciembre, la fiesta de san Juan, apóstol y evangelista.
d) El 28 de diciembre, la de los santos Inocentes.
e) Los días 29, 30 y 31 son de infraoctava.
f) El día primero de enero –octava de Navidad– se celebra la solemnidad de la Virgen María Madre de Dios, en la cual conmemora también la Iglesia la imposición del Santísimo Nombre de Jesús.

36. El domingo que cae entre los días 2 y 5 de enero, inclusive, es el domingo II después de Navidad.

37. La Epifanía del Señor se celebra el día 6 de enero, a menos que en los lugares donde no sea fiesta de precepto se le asigne un domingo que caiga entre el día 2 y el 8 de enero (cfr. n. 7).

38. El domingo siguiente al 6 de enero se celebrará la fiesta del Bautismo del Señor.

V. Sobre el Tiempo de Adviento

39. El Tiempo de Adviento posee una doble índole: es el tiempo de preparación para Navidad, solemnidad que conmemora el primer advenimiento o venida del Hijo de Dios entre los hombres, y es al mismo tiempo aquel que, debido a esta misma conmemoración o recuerdo, hace que los espíritus dirijan su atención a esperar el segundo advenimiento de Cristo como un tiempo de expectación piadosa y alegre.

40. El Tiempo de Adviento comienza con las primeras vísperas del domingo que coincide con el 30 de noviembre o que es el más próximo a este día y finaliza antes de las primeras vísperas de Navidad.

41. Los domingos de este tiempo reciben el nombre de domingos I, II, III y IV de Adviento.

42. Las ferias del 17 al 24 de diciembre inclusive son días destinados a una preparación más intensa de la Navidad.

VI. Sobre el Tiempo Ordinario del año ("per annum")

43. Además de los tiempos que tienen un carácter propio, quedan treinta y tres o treinta y cuatro semanas en el transcurso del año, en las que no se celebra ningún aspecto particular del misterio de Cristo; más bien este misterio se vive en toda su plenitud, particularmente los domingos. Este periodo de tiempo recibe el nombre de "per annum" ("de durante el año", o "Tiempo Ordinario del año").

44. El Tiempo Ordinario del año empieza con el lunes que sigue al domingo después del 6 de enero y se alarga hasta el martes anterior a la Cuaresma, ambos inclusive; vuelve a empezar el lunes después del Domingo de Pentecostés y finaliza antes de las primeras vísperas del Domingo primero de Adviento.

De acuerdo con estas indicaciones se emplean los formularios para los domingos y las ferias de este Tiempo Ordinario, que se encuentran en el Misal y en la Liturgia de las Horas (vols. III-IV).

VII. Sobre las Rogativas y las Cuatro Témporas del año

45. Las Rogativas y las Cuatro Témporas del año son una ocasión que tiene la Iglesia para rogar por las diversas necesidades de los hombres; principalmente por los frutos de la tierra y por los trabajos de los hombres, dando públicamente gracias a Dios.

46. Con el fin de que las Rogativas y las Cuatro Témporas se adapten a las diversas necesidades de los lugares y de los fieles, conviene que sean las Conferencias Episcopales las que determinen el tiempo y la manera como han de celebrarse.

En lo que se refiere a la extensión de su celebración, durante uno o varios días, o su repetición a lo largo del año, la autoridad competente establecerá las normas correspondientes, ateniendo a las necesidades locales.

47. Para cada día de esas celebraciones se escogerá, de entre las Misas para diversas necesidades, la más apropiada a la intención por la cual se hacen las súplicas.

CAPÍTULO II

SOBRE EL CALENDARIO

TÍTULO I – SOBRE EL CALENDARIO Y LAS CELEBRACIONES QUE HA DE REGISTRAR

48. El calendario determina el orden de las celebraciones del año litúrgico. El calendario será general o particular, según exprese el uso de todo el Rito romano, o bien el uso de alguna Iglesia particular o de una familia religiosa.

49. El calendario general registra el ciclo total de las celebraciones, ya sea las del misterio de la salvación en el Propio del tiempo, ya la de aquellos santos que tienen una importancia universal, por cuya razón todo el mundo los celebra, como también la de otros santos que son una demostración de la universalidad y de la continuidad de la santidad en el pueblo de Dios.

Los calendarios particulares contienen más bien las celebraciones propias, orgánica y convenientemente combinadas con el ciclo general[15]; pues es preciso que cada Iglesia o familia religiosa venere con particular honor a los santos que le son propios por alguna razón particular.

Una vez compuestos los calendarios particulares por la autoridad competente, deben ser aprobados por la Sede Apostólica.

50. En la composición de los calendarios debe tenerse presente:

a) Que hay que respetar la integridad del Propio del tiempo, de las solemnidades y de las fiestas, en las cuales se va desplegando y conmemorando durante el año litúrgico el misterio de la redención; el Propio del tiempo debe tener una preeminencia sobre las celebraciones particulares.
b) Las celebraciones propias han de estar combinadas orgánicamente con las celebraciones universales, en lo cual se tendrá en cuenta el orden y la precedencia, para cada caso, según lo que se indica en la tabla de los días litúrgicos. Para que los calendarios particulares no se recarguen más de lo justo, cada santo gozará de una sola celebración durante el año litúrgico; si lo aconsejaran unas razones pastorales, tendrá lugar una segunda celebración en forma de una memoria libre en honor del traslado o del hallazgo de los santos patronos o fundadores de Iglesias o de las familias religiosas.
c) Estas celebraciones a título de concesión no deben ser un desdoblamiento de otras celebraciones que ya tienen lugar en el ciclo del misterio de la salvación, y no deben multiplicarse más de lo que es conveniente.

51. Aunque resulte conveniente que cualquier diócesis cuente con su Calendario y su Propio de los Oficios y de las Misas, ello no obsta para que tengan Calendarios y Propios comunes a toda la provincia, a la región, a la nación o también a un concepto geográfico más amplio; Calendarios y Propios comunes que, en tales casos, se prepararán mediante una cooperación mutua.

Por las mismas razones de conveniencia, este principio puede observarse en lo que atañe a los calendarios de los religiosos para diversas provincias de un mismo territorio civil.

52. La confección de un calendario particular se lleva a cabo incluyendo en el calendario general las solemnidades, las fiestas y las memorias que le son propias, es decir:

a) En el calendario diocesano, además de las celebraciones de los patronos y de la dedicación de la catedral, los santos y beatos que tienen una relación particular con la diócesis, por ejemplo, una relación de origen, de una estancia prolongada, de la muerte.

15 Cfr. Sagrada Congregación para el Culto Divino, Instrucción *Calendaria particularia,* del 24 de junio de 1970: AAS 62 (1970), pp. 651-663.

b) En el calendario de los religiosos, además de las celebraciones del título, del fundador y del patrón, los santos y beatos que fueron miembros de la familia religiosa determinada o que tuvieron una especial relación con ella.
c) En el calendario de cada iglesia, además de las celebraciones propias de la diócesis o de la familia religiosa, las celebraciones propias de la misma iglesia registradas en la tabla de los días litúrgicos, así como los santos cuyos cuerpos guarda la iglesia en cuestión. Los miembros de las familias religiosas se unen con la comunidad de la Iglesia local para celebrar la dedicación de la iglesia catedral y el patrón principal del lugar y del territorio donde viven.

53. Cuando alguna diócesis o alguna familia religiosa tiene la dicha de contar con diversos santos o beatos, es preciso cuidar de que el calendario de toda la diócesis o de toda la institución no esté excesivamente cargado. Por consiguiente:

a) Puede haber una celebración conjunta de todos los santos y beatos de la diócesis o de la familia religiosa, o al menos pueden celebrarse por grupos;
b) que obtengan tan sólo en el calendario una celebración singular aquellos santos y beatos que sean importantes para toda la diócesis o familia religiosa;
c) que los santos y beatos restantes se celebren solamente en los lugares con los que tengan especial relación, o allí donde descansan sus restos.

54. Las celebraciones propias han de estar inscritas en el calendario con la categoría de memorias obligatorias o libres, a menos que se crea conveniente modificar esta regla para algunas de estas celebraciones y existan razones históricas y pastorales que inviten a hacerlo. No obstante, nada impide que algunas celebraciones, en lugares determinados, sean fiestas con una solemnidad mayor de la que se le concede en toda la diócesis o en una familia religiosa.

55. Todos cuantos tengan un calendario propio están obligados a observar las celebraciones propias de dicho calendario determinado; solamente la aprobación de la Santa Sede otorga el derecho de borrar de un calendario tales celebraciones o cambiarlas de categoría litúrgica.

TÍTULO II – DÍA PROPIO DE LAS CELEBRACIONES

56. La Iglesia tiene la costumbre de celebrar los santos el día de su muerte; es una costumbre que debe observarse igualmente en las celebraciones propias inscritas en el calendario particular.

No obstante, aunque las celebraciones propias tengan un especial interés para cada Iglesia particular o para una familia religiosa, es muy conveniente que exista una uniformidad, en cuanto sea posible, en la celebración de las solemnidades, de las fiestas y de las memorias obligatorias indicadas por el calendario general.

Por lo tanto, es preciso observar las siguientes normas en las celebraciones propias de los calendarios particulares:

a) Las celebraciones registradas por el calendario general se han de inscribir en el calendario propio el mismo día que lo están en el general; si es necesario, se puede cambiar la categoría litúrgica.

   Lo mismo debe observarse por lo que se refiere a las celebraciones propias de una sola iglesia, cuando éstas se inscriban en el calendario diocesano o en el de alguna familia religiosa.
b) Las celebraciones de los santos no existentes en el calendario general, asígnense a la fecha del día de la muerte del santo. Pero si se ignora tal día, entonces la celebración tendrá lugar en otro día que tenga alguna relación con el santo, por ejemplo, el día de su Ordenación, del hallazgo de su cuerpo o reliquias, o del traslado de éstos. De no ser así, pásese a un día que esté libre de cualquiera otra celebración en el calendario particular.

c) Si no puede celebrarse en el día de la muerte o en el que tenga alguna relación con el santo, debido a que en dicho día hay una celebración obligatoria, aun de grado inferior, del calendario general o particular, pásese igualmente al próximo día que esté libre.
d) Pero si se trata de celebraciones que, por motivo pastoral, no pueden cambiarse a otro día, cámbiese entonces la celebración impediente.
e) Las celebraciones otorgadas por un indulto, colóquense en un día pastoralmente apropiado.
f) A fin de que el año litúrgico resplandezca con todo su fulgor, y que no por ello se vean perpetuamente impedidas algunas celebraciones de los santos, queden libres de celebraciones particulares los días que suelen coincidir con la Cuaresma o con la octava de Pascua, así como los comprendidos entre el 17 y 31 de diciembre, salvo si se trata de memorias no obligatorias o de las fiestas citadas en la tabla de los días litúrgicos, n. 8 a, b, c, d, o de solemnidades que no pueden transferirse a otro tiempo.

Las Conferencias Episcopales pueden trasladar la solemnidad de san José (19 de marzo) a otro día fuera de la Cuaresma, excepto en aquellos lugares donde sea fiesta de precepto.

57. De haber santos o beatos inscritos conjuntamente en el calendario, es preciso que se celebren también siempre conjuntamente, mientras el grado de su celebración sea idéntico, aunque uno o algunos de ellos sean más propios. En cambio, si uno o algunos de esos santos o beatos tienen un grado litúrgico superior, celébrese únicamente el oficio de éstos con omisión de los restantes, excepto cuando sea conveniente asignarles otro día a título de memoria obligatoria.

58. Por el bien pastoral de los fieles es lícito celebrar, los domingos ordinarios del año, aquellas celebraciones que caen entre semana y que tienen mucha aceptación por parte de los mismos fieles, mientras estas celebraciones puedan ser preferidas al domingo, según las reglas de la tabla de precedencia. De dichas celebraciones pueden decirse diversas Misas, mientras haya concurrencia de fieles.

59. Entre los días litúrgicos, la precedencia –en cuanto a la celebración–, únicamente se rige de acuerdo con la siguiente tabla:

TABLA DE LOS DÍAS LITÚRGICOS
DISPUESTA DE ACUERDO CON EL ORDEN DE PRECEDENCIA

I

1. El Triduo Pascual de la Pasión y de la Resurrección del Señor.

2. Navidad, Epifanía, Ascensión, Pentecostés.
Los domingos de Adviento, Cuaresma y Pascua.
El Miércoles de Ceniza.
Semana Santa, desde el Lunes Santo al Jueves Santo, ambos inclusive.
Los días de la octava de Pascua.

3. Las solemnidades del Señor, de la Virgen y de los santos, inscritas en el Calendario general.
La Conmemoración de todos los fieles difuntos.

4. Las solemnidades propias, o sea:
a) La solemnidad del patrono principal del lugar, del pueblo o de la ciudad.
b) La solemnidad de la dedicación y el aniversario de la dedicación de la iglesia propia.
c) La solemnidad del título de la iglesia propia.
d) La solemnidad del título, del fundador o del patrono principal de una orden o de una congregación.

II

5. Las fiestas del Señor inscritas en el Calendario general.

6. Los domingos del Tiempo de Navidad y los del Tiempo Ordinario.

7. Las fiestas de la Bienaventurada Virgen María y de los santos del Calendario general.

8. Las fiestas propias, o sea:
a) La fiesta del patrono principal de la diócesis.
b) La fiesta del aniversario de la dedicación de la iglesia catedral.
c) La fiesta del patrono principal de la región o de la provincia, o de la nación o de un territorio más extenso.
d) La fiesta del título, del fundador, del patrono principal de la orden o de la congregación y de la provincia religiosa, de acuerdo con lo que prescribe el n. 4.
e) Las otras fiestas propias de alguna iglesia.
f) Las otras fiestas inscritas en el calendario de cada diócesis, orden o congregación.

9. Las ferias de Adviento, del 17 al 24 de diciembre, ambas inclusive.
Los días infraoctava de Navidad.
Las ferias de Cuaresma.

III

10. Las memorias obligatorias del Calendario general.

11. Las memorias obligatorias propias, es decir:

a) La memoria del patrono secundario del lugar, del de la diócesis, de la región, de la nación, del territorio más extenso, de la orden o de la congregación y de la provincia religiosa.

b) Las otras memorias obligatorias inscritas en el calendario de la diócesis, de la orden o de la congregación.

12. Las memorias libres, que pueden celebrarse de acuerdo con las normas particulares, descritas en la Institución general del Misal Romano y en la Liturgia de las Horas, en los días mencionados en el n. 9.

En la misma forma, las memorias obligatorias que accidentalmente coincidan con las ferias de Cuaresma, pueden celebrarse como memorias libres.

13. Las ferias de Adviento hasta el día 16 de diciembre inclusive.

Las ferias del Tiempo de Navidad, del 2 de enero al sábado después de Epifanía.

Las ferias del Tiempo Pascual, desde la II después de la octava de Pascua hasta el sábado anterior a Pentecostés inclusive.

Las ferias del Tiempo Ordinario.

60. Cuando concurran diversas celebraciones, se celebra aquella que en la Tabla de los días litúrgicos ocupe el lugar superior. No obstante, la solemnidad impedida por un día litúrgico de mayor precedencia se transfiere a la fecha más cercana en que no se tenga ninguna de las celebraciones señaladas en los números del 1 al 8 de la Tabla de precedencia, observando lo prescrito en el n. 5. En este caso, se omiten las demás celebraciones.

La solemnidad de la Anunciación del Señor, siempre que coincida con algún día de la Semana Santa, se trasladará al lunes posterior al segundo Domingo de Pascua.

61. En el caso de que hayan de celebrarse las vísperas del oficio del día y las primeras vísperas del día siguiente en un mismo día, tienen preferencia las vísperas de la celebración que ocupa un lugar superior en la tabla de los días litúrgicos; en caso de paridad, ganan las vísperas del oficio del día.

CALENDARIO ROMANO GENERAL

(y calendario propio para las diócesis de los Estados Unidos de América)

ENERO

A	Cal.	1	Octava de Navidad: SOLEMNIDAD DE SANTA MARÍA, MADRE DE DIOS	Solemnidad
b	IV	2	Santos Basilio Magno y Gregorio Nacianceno, obispos y doctores de la Iglesia	Memoria
c	III	3	*Santísimo Nombre de Jesús**	
d	Vísp.	4	[USA] Santa Isabel Ana Seton, religiosa	Memoria
e	Nonas	5	[USA] San Juan Nepomuceno Neumann, obispo	Memoria
f	VIII	6	[USA] *San Andrés Bessette, religioso*	
g	VII	7	*San Raimundo de Peñafort, presbítero*	
A	VI	8		
b	V	9		
c	IV	10		
d	III	11		
e	Vísp.	12		
f	Idus	13	*San Hilario, obispo y doctor de la Iglesia*	
g	XIX	14		
A	XVIII	15		
b	XVII	16		
c	XVI	17	San Antonio, abad	Memoria
d	XV	18		
e	XIV	19		
f	XIII	20	*San Fabián, Papa y mártir* *San Sebastián, mártir*	
g	XII	21	Santa Inés, virgen y mártir	Memoria
A	XI	22	[USA] Día de oración por la protección legal de la criatura en el vientre materno**	
b	X	23	[USA] *San Vicente, diácono y mártir* [USA] *Santa Mariana Cope, virgen*	
c	IX	24	San Francisco de Sales, obispo y doctor de la Iglesia	Memoria
d	VIII	25	CONVERSIÓN DE SAN PABLO, APÓSTOL	Fiesta
e	VII	26	Santos Timoteo y Tito, obispos	Memoria
f	VI	27	*Santa Ángela Merici, virgen*	
g	V	28	Santo Tomás de Aquino, presbítero y doctor de la Iglesia	Memoria
A	IV	29		
b	III	30		
c	Vísp.	31	San Juan Bosco, presbítero	Memoria

[USA] Domingo entre el 2 y el 8 de enero: EPIFANÍA DEL SEÑOR — Solemnidad

Domingo después del 6 de enero: BAUTISMO DEL SEÑOR — Fiesta

Cuando la solemnidad de la Epifanía se mueve al domingo que cae en 7 u 8 de enero, la Festividad del Bautismo del Señor se celebra el lunes siguiente.

* Cuando no se indica el grado de la celebración, significa "memoria libre".

** El día 23, cuando el 22 de enero cae en domingo.

FEBRERO

d	Cal.	1		
e	IV	2	PRESENTACIÓN DEL SEÑOR	Fiesta
f	III	3	*San Blas, obispo y mártir* *San Óscar, obispo*	
g	Vísp.	4		
A	Nonas	5	Santa Águeda, virgen y mártir	Memoria
b	VIII	6	Santos Pablo Miki y compañeros, mártires	Memoria
c	VII	7		
d	VI	8	*San Jerónimo Emiliani* *Santa Josefina Bakhita, virgen*	
e	V	9		
f	IV	10	Santa Escolástica, virgen	Memoria
g	III	11	*Bienaventurada Virgen María de Lourdes*	
A	Vísp.	12		
b	Idus	13		
c	XVI	14	Santos Cirilo, monje, y Metodio, obispo	Memoria
d	XV	15		
e	XIV	16		
f	XIII	17	*Los siete santos Fundadores de la Orden de los Siervos de la Bienaventurada Virgen María*	
g	XII	18		
A	XI	19		
b	X	20		
c	IX	21	*San Pedro Damián, obispo y doctor de la Iglesia*	
d	VIII	22	CÁTEDRA DE SAN PEDRO, APÓSTOL	Fiesta
e	VII	23	San Policarpo, obispo y mártir	Memoria
f	VI	24		
g	V	25		
A	IV	26		
b	III	27		
c	Vísp.	28		

MARZO

d	Cal.	1		
e	VI	2		
f	V	3	[USA] *Santa Catalina Drexel, virgen*	
g	IV	4	*San Casimiro*	
A	III	5		
b	Vísp.	6		
c	Nonas	7	Santas Perpetua y Felicidad, mártires	Memoria
d	VIII	8	*San Juan de Dios, religioso*	
e	VII	9	*Santa Francisca Romana, religiosa*	
f	VI	10		
g	V	11		
A	IV	12		
b	III	13		
c	Vísp.	14		
d	Idus	15		
e	XVII	16		
f	XVI	17	*San Patricio, obispo*	
g	XV	18	*San Cirilo de Jerusalén, obispo y doctor de la Iglesia*	
A	XIV	19	SAN JOSÉ, ESPOSO DE LA BIENAVENTURADA VIRGEN MARÍA	Solemnidad
b	XIII	20		
c	XII	21		
d	XI	22		
e	X	23	*Santo Toribio de Mogrovejo, obispo*	
f	IX	24		
g	VIII	25	ANUNCIACIÓN DEL SEÑOR	Solemnidad
A	VII	26		
b	VI	27		
c	V	28		
d	IV	29		
e	III	30		
f	Vísp.	31		

ABRIL

g	Cal.	1		
A	IV	2	*San Francisco de Paula, ermitaño*	
b	III	3		
c	Vísp.	4	*San Isidoro, obispo y doctor de la Iglesia*	
d	Nonas	5	*San Vicente Ferrer, presbítero*	
e	VIII	6		
f	VII	7	San Juan Bautista de la Salle, presbítero	Memoria
g	VI	8		
A	V	9		
b	IV	10		
c	III	11	San Estanislao, obispo y mártir	Memoria
d	Vísp.	12		
e	Idus	13	*San Martín I, Papa y mártir*	
f	XVIII	14		
g	XVII	15		
A	XVI	16		
b	XV	17		
c	XIV	18		
d	XIII	19		
e	XII	20		
f	XI	21	*San Anselmo, obispo y doctor de la Iglesia*	
g	X	22		
A	IX	23	*San Jorge, mártir* *San Adalberto, obispo y mártir*	
b	VIII	24	*San Fidel de Sigmaringa, presbítero y mártir*	
c	VII	25	SAN MARCOS, EVANGELISTA	Fiesta
d	VI	26		
e	V	27		
f	IV	28	*San Pedro Chanel, presbítero y mártir* *San Luis María Grignion de Montfort, presbítero*	
g	III	29	Santa Catalina de Siena, virgen y doctora de la Iglesia	Memoria
A	Vísp.	30	*San Pío V, Papa*	

MAYO

b	Cal.	1	*San José Obrero*	
c	VI	2	San Atanasio, obispo y doctor de la Iglesia	Memoria
d	V	3	SANTOS FELIPE Y SANTIAGO, APÓSTOLES	Fiesta
e	IV	4		
f	III	5		
g	Vísp.	6		
A	Nonas	7		
b	VIII	8		
c	VII	9		
d	VI	10	[USA] *San Damián de Veuster, presbítero*	
e	V	11		
f	IV	12	*Santos Nereo y Aquileo, mártires*	
			San Pancracio, mártir	
g	III	13	*Bienaventurada Virgen María de Fátima*	
A	Vísp.	14	SAN MATÍAS, APÓSTOL	Fiesta
b	Idus	15	[USA] *San Isidro Labrador*	
c	XVII	16		
d	XVI	17		
e	XV	18	*San Juan I, Papa y mártir*	
f	XIV	19		
g	XIII	20	*San Bernardino de Siena, presbítero*	
A	XII	21	*San Cristóbal Magallanes, presbítero, y compañeros, mártires*	
b	XI	22	*Santa Rita de Casia, religiosa*	
c	X	23		
d	IX	24		
e	VIII	25	*San Beda el Venerable, presbítero y doctor de la Iglesia*	
			San Gregorio VII, Papa	
			Santa María Magdalena de Pazzi, virgen	
f	VII	26	San Felipe Neri, presbítero	Memoria
g	VI	27	*San Agustín de Canterbury, obispo*	
A	V	28		
b	IV	29		
c	III	30		
d	Vísp.	31	VISITACIÓN DE LA BIENAVENTURADA VIRGEN MARÍA	Fiesta

Primer domingo después de Pentecostés:
SANTÍSIMA TRINIDAD — Solemnidad

[USA] Domingo después de la Santísima Trinidad:
SANTÍSIMO CUERPO Y SANGRE DE CRISTO (Corpus Christi) — Solemnidad

JUNIO

e	Cal.	1	San Justino, mártir	Memoria
f	IV	2	*Santos Marcelino y Pedro, mártires*	
g	III	3	Santos Carlos Lwanga y compañeros, mártires	Memoria
A	Vísp.	4		
b	Nonas	5	San Bonifacio, obispo y mártir	Memoria
c	VIII	6	*San Norberto, obispo*	
d	VII	7		
e	VI	8		
f	V	9	*San Efrén, diácono y doctor de la Iglesia*	
g	IV	10		
A	III	11	San Bernabé, apóstol	Memoria
b	Vísp.	12		
c	Idus	13	San Antonio de Padua, presbítero y doctor de la Iglesia	Memoria
d	XVIII	14		
e	XVII	15		
f	XVI	16		
g	XV	17		
A	XIV	18		
b	XIII	19	*San Romualdo, abad*	
c	XII	20		
d	XI	21	San Luis Gonzaga, religioso	Memoria
e	X	22	*San Paulino de Nola, obispo* *Santos Juan Fisher, obispo, y Tomás Moro, mártires*	
f	IX	23		
g	VIII	24	NATIVIDAD DE SAN JUAN BAUTISTA	Solemnidad
A	VII	25		
b	VI	26		
c	V	27	*San Cirilo de Alejandría, obispo y doctor de la Iglesia*	
d	IV	28	San Ireneo, obispo y mártir	Memoria
e	III	29	SANTOS PEDRO Y PABLO, APÓSTOLES	Solemnidad
f	Vísp.	30	*Primeros santos mártires de la Iglesia Romana*	

Viernes siguiente al segundo domingo después de Pentecostés:

SAGRADO CORAZÓN DE JESÚS — Solemnidad

Sábado siguiente al segundo domingo después de Pentecostés:

Corazón Inmaculado de la Bienaventurada Virgen María — Memoria

JULIO

g	Cal.	1	[USA] *San Junípero Serra, presbítero*	
A	VI	2		
b	V	3	SANTO TOMÁS, APÓSTOL	Fiesta
c	IV	4	[USA] *Día de la Independencia de los Estados Unidos*	
d	III	5	*San Antonio Zacaría, presbítero* [USA] *Santa Isabel de Portugal*	
e	Visp.	6	*Santa María Goretti, virgen y mártir*	
f	Nonas	7		
g	VIII	8		
A	VII	9	*Santos Agustín Zhao Rong, presbítero, y compañeros, mártires*	
b	VI	10		
c	V	11	San Benito, abad	Memoria
d	IV	12		
e	III	13	*San Enrique*	
f	Visp.	14	[USA] Santa Kateri Tekakwitha, virgen	Memoria
g	Idus	15	San Buenaventura, obispo y doctor de la Iglesia	Memoria
A	XVII	16	*Bienaventurada Virgen María del Carmen*	
b	XVI	17		
c	XV	18	[USA] *San Camilo de Lelis, presbítero*	
d	XIV	19		
e	XIII	20	*San Apolinar, obispo y mártir*	
f	XII	21	*San Lorenzo de Brindis, presbítero y doctor de la Iglesia*	
g	XI	22	SANTA MARÍA MAGDALENA	Fiesta
A	X	23	*Santa Brígida, religiosa*	
b	IX	24	*San Chárbel Makhlüf, presbítero*	
c	VIII	25	SANTIAGO, APÓSTOL	Fiesta
d	VII	26	Santos Joaquín y Ana, padres de la Bienaventurada Virgen María	Memoria
e	VI	27		
f	V	28		
g	IV	29	Santa Marta	Memoria
A	III	30	*San Pedro Crisólogo, obispo y doctor de la Iglesia*	
b	Visp.	31	San Ignacio de Loyola, presbítero	Memoria

AGOSTO

c	Cal.	1	San Alfonso María de Ligorio, obispo y doctor de la Iglesia	Memoria
d	IV	2	*San Eusebio de Vercelli, obispo* *San Pedro Julián Eymard, presbítero*	
e	III	3		
f	Vísp.	4	San Juan María Vianney, presbítero	Memoria
g	Nonas	5	*Dedicación de la Basílica de Santa María la Mayor*	
A	VIII	6	TRANSFIGURACIÓN DEL SEÑOR	Fiesta
b	VII	7	*Santos Sixto II, Papa, y compañeros, mártires* *San Cayetano, presbítero*	
c	VI	8	Santo Domingo de Guzmán, presbítero	Memoria
d	V	9	*Santa Teresa Benedicta de la Cruz, virgen y mártir*	
e	IV	10	SAN LORENZO, DIÁCONO Y MÁRTIR	Fiesta
f	III	11	Santa Clara, virgen	Memoria
g	Vísp.	12	*Santa Juana Francisca de Chantal, religiosa*	
A	Idus	13	*Santos Ponciano, Papa, e Hipólito, presbítero, mártires*	
b	XIX	14	San Maximiliano María Kolbe, presbítero y mártir	Memoria
c	XVIII	15	ASUNCIÓN DE LA BIENAVENTURADA VIRGEN MARÍA	Solemnidad
d	XVII	16	*San Esteban de Hungría*	
e	XVI	17		
f	XV	18		
g	XIV	19	*San Juan Eudes, presbítero*	
A	XIII	20	San Bernardo, abad y doctor de la Iglesia	Memoria
b	XII	21	San Pío X, Papa	Memoria
c	XI	22	Bienaventurada Virgen María Reina	Memoria
d	X	23	*Santa Rosa de Lima, virgen*	
e	IX	24	SAN BARTOLOMÉ, APÓSTOL	Fiesta
f	VIII	25	*San Luis, rey de Francia* *San José de Calasanz, presbítero*	
g	VII	26		
A	VI	27	Santa Mónica	Memoria
b	V	28	San Agustín, obispo y doctor de la Iglesia	Memoria
c	IV	29	Martirio de san Juan Bautista	Memoria
d	III	30		
e	Vísp.	31		

SEPTIEMBRE

f	Cal.	1		
g	IV	2		
A	III	3	San Gregorio Magno, Papa y doctor de la Iglesia	Memoria
b	Vísp.	4		
c	Nonas	5		
d	VIII	6		
e	VII	7		
f	VI	8	NATIVIDAD DE LA BIENAVENTURADA VIRGEN MARÍA	Fiesta
g	V	9	[USA] San Pedro Claver, presbítero	Memoria
A	IV	10		
b	III	11		
c	Vísp.	12	*Santísimo Nombre de María*	
d	Idus	13	San Juan Crisóstomo, obispo y doctor de la Iglesia	Memoria
e	XVIII	14	EXALTACIÓN DE LA SANTA CRUZ	Fiesta
f	XVII	15	Bienaventurada Virgen María de los Dolores	Memoria
g	XVI	16	Santos Cornelio, Papa, y Cipriano, obispo, mártires	Memoria
A	XV	17	*San Roberto Belarmino, obispo y doctor de la Iglesia*	
b	XIV	18		
c	XIII	19	*San Jenaro, obispo y mártir*	
d	XII	20	Santos Andrés Kim Tae-gŏn, presbítero, Pablo Chŏng Ha-sang y compañeros, mártires	Memoria
e	XI	21	SAN MATEO, APÓSTOL Y EVANGELISTA	Fiesta
f	X	22		
g	IX	23	San Pío de Pietrelcina, presbítero	Memoria
A	VIII	24		
b	VII	25		
c	VI	26	*Santos Cosme y Damián, mártires*	
d	V	27	San Vicente de Paúl, presbítero	Memoria
e	IV	28	*San Wenceslao, mártir* *Santos Lorenzo Ruiz y compañeros, mártires*	
f	III	29	SANTOS ARCÁNGELES MIGUEL, GABRIEL Y RAFAEL	Fiesta
g	Vísp.	30	San Jerónimo, presbítero y doctor de la Iglesia	Memoria

OCTUBRE

A	Cal.	1	Santa Teresa del Niño Jesús, virgen y doctora de la Iglesia	Memoria
b	VI	2	Santos Ángeles Custodios	Memoria
c	V	3		
d	IV	4	San Francisco de Asís	Memoria
e	III	5	[USA] *Beato Francisco Javier Seelos, presbítero*	
f	Vísp.	6	*San Bruno, presbítero* [USA] *Beata María Rosa Durocher, virgen*	
g	Nonas	7	Bienaventurada Virgen María del Rosario	Memoria
A	VIII	8		
b	VII	9	*Santos Dionisio, obispo, y compañeros, mártires* *San Juan Leonardi, presbítero*	
c	VI	10		
d	V	11	*San Juan XXIII, Papa*	
e	IV	12		
f	III	13		
g	Vísp.	14	*San Calixto I, Papa y mártir*	
A	Idus	15	Santa Teresa de Jesús, virgen y doctora de la Iglesia	Memoria
b	XVII	16	*Santa Eduviges, religiosa* *Santa Margarita María Alacoque, virgen*	
c	XVI	17	San Ignacio de Antioquía, obispo y mártir	Memoria
d	XV	18	SAN LUCAS, EVANGELISTA	Fiesta
e	XIV	19	[USA] Santos Juan de Brebeuf e Isaac Jogues, presbíteros, y compañeros, mártires	Memoria
f	XIII	20	[USA] *San Pablo de la Cruz, presbítero*	
g	XII	21		
A	XI	22	*San Juan Pablo II, Papa*	
b	X	23	*San Juan de Capistrano, presbítero*	
c	IX	24	*San Antonio María Claret, obispo*	
d	VIII	25		
e	VII	26		
f	VI	27		
g	V	28	SANTOS SIMÓN Y JUDAS, APÓSTOLES	Fiesta
A	IV	29		
b	III	30		
c	Vísp.	31		

NOVIEMBRE

d	Cal.	1	TODOS LOS SANTOS	Solemnidad
e	IV	2	CONMEMORACIÓN DE TODOS LOS FIELES DIFUNTOS	
f	III	3	*San Martín de Porres, religioso*	
g	Vísp.	4	San Carlos Borromeo, obispo	Memoria
A	Nonas	5		
b	VIII	6		
c	VII	7		
d	VI	8		
e	V	9	DEDICACIÓN DE LA BASÍLICA DE LETRÁN	Fiesta
f	IV	10	San León Magno, Papa y doctor de la Iglesia	Memoria
g	III	11	San Martín de Tours, obispo	Memoria
A	Vísp.	12	San Josafat, obispo y mártir	Memoria
b	Idus	13	[USA] Santa Francisca Javier Cabrini, virgen	Memoria
c	XVIII	14		
d	XVII	15	*San Alberto Magno, obispo y doctor de la Iglesia*	
e	XVI	16	*Santa Margarita de Escocia* *Santa Gertrudis, virgen*	
f	XV	17	Santa Isabel de Hungría, religiosa	Memoria
g	XIV	18	*Dedicación de las Basílicas de San Pedro y San Pablo, apóstoles* [USA] *Santa Rosa Filipina Duchesne, virgen*	
A	XIII	19		
b	XII	20		
c	XI	21	Presentación de la Bienaventurada Virgen María	Memoria
d	X	22	Santa Cecilia, virgen y mártir	Memoria
e	IX	23	*San Clemente I, Papa y mártir* *San Columbano, abad* [USA] *Beato Miguel Agustín Pro, presbítero y mártir*	
f	VIII	24	Santos Andrés Dũng-Lạc, presbítero, y compañeros, mártires	Memoria
g	VII	25	*Santa Catalina de Alejandría, virgen y mártir*	
A	VI	26		
b	V	27		
c	IV	28		
d	III	29		
e	Vísp.	30	SAN ANDRÉS, APÓSTOL	Fiesta

Último domingo del Tiempo Ordinario:

NUESTRO SEÑOR JESUCRISTO, REY DEL UNIVERSO — Solemnidad

[USA] Cuarto jueves:

Día de Acción de Gracias

DICIEMBRE

f	Cal.	1		
g	IV	2		
A	III	3	San Francisco Javier, presbítero	Memoria
b	Vísp.	4	*San Juan Damasceno, presbítero y doctor de la Iglesia*	
c	Nonas	5		
d	VIII	6	*San Nicolás, obispo*	
e	VII	7	San Ambrosio, obispo y doctor de la Iglesia	Memoria
f	VI	8	[USA] INMACULADA CONCEPCIÓN DE LA BIENAVENTURADA VIRGEN MARÍA (Fiesta Patronal de los Estados Unidos de América)	Solemnidad
g	V	9	*San Juan Diego*	
A	IV	10		
b	III	11	San Dámaso I, Papa	Memoria
c	Vísp.	12	[USA] Bienaventurada Virgen María de Guadalupe	Fiesta
d	Idus	13	Santa Lucía, virgen y mártir	Memoria
e	XIX	14	San Juan de la Cruz, presbítero y doctor de la Iglesia	Memoria
f	XVIII	15		
g	XVII	16		
A	XVI	17		
b	XV	18		
c	XIV	19		
d	XIII	20		
e	XII	21	*San Pedro Canisio, presbítero y doctor de la Iglesia*	
f	XI	22		
g	X	23	*San Juan de Kety, presbítero*	
A	IX	24		
b	VIII	25	NATIVIDAD DEL SEÑOR	Solemnidad
c	VII	26	San Esteban, protomártir	Fiesta
d	VI	27	San Juan, apóstol y evangelista	Fiesta
e	V	28	Santos Inocentes, mártires	Fiesta
f	IV	29	*Santo Tomás Becket, obispo y mártir*	
g	III	30		
A	Vísp.	31	*San Silvestre I, Papa*	

Domingo dentro de la octava de Navidad o, si no hay domingo dentro de la octava, el día 30 de diciembre:

Sagrada Familia de Jesús, María y José — Fiesta

DÍAS ESPECIALES DE ORACIÓN PARA LAS DIÓCESIS DE LOS ESTADOS UNIDOS DE AMÉRICA

En todas las diócesis de los Estados Unidos de América, el 22 de enero (o el 23 de enero, cuando el 22 de enero cae en domingo) será observado como un día especial para orar por el pleno restablecimiento de la garantía legal del derecho a la vida, y de penitencia por la violación a la dignidad de la persona humana mediante actos de aborto. Las celebraciones litúrgicas para este día pueden ser tomadas de la Misa "Para dar gracias a Dios por el don de la vida humana" (n. 48/1 de las Misas y oraciones por varias necesidades y para diversas circunstancias), celebrando con vestimentas blancas, o la Misa "Por la paz y la justicia" (n. 30 de las Misas y oraciones por varias necesidades y para diversas circunstancias), celebrando con vestimentas moradas.

TABLA TEMPORAL DE LAS PRINCIPALES CELEBRACIONES DEL AÑO LITÚRGICO

Año	Letra dominical	Ciclo dominical	Miércoles de Ceniza	Pascua	Jueves de Ascensión	Pentecostés
2016*	c b	C-A	10 de febrero	27 de marzo	5 de mayo	15 de mayo
2017	A	A-B	1 de marzo	16 de abril	25 de mayo	4 de junio
2018	g	B-C	14 de febrero	1 de abril	10 de mayo	20 de mayo
2019	f	C-A	6 de marzo	21 de abril	30 de mayo	9 de junio
2020*	e d	A-B	26 de febrero	12 de abril	21 de mayo	31 de mayo
2021	c	B-C	17 de febrero	4 de abril	13 de mayo	23 de mayo
2022	b	C-A	2 de marzo	17 de abril	26 de mayo	5 de junio
2023	A	A-B	22 de febrero	9 de abril	18 de mayo	28 de mayo
2024*	g f	B-C	14 de febrero	31 de marzo	9 de mayo	19 de mayo
2025	e	C-A	5 de marzo	20 de abril	29 de mayo	8 de junio
2026	d	A-B	18 de febrero	5 de abril	14 de mayo	24 de mayo
2027	c	B-C	10 de febrero	28 de marzo	6 de mayo	16 de mayo
2028*	b A	C-A	1 de marzo	16 de abril	25 de mayo	4 de junio
2029	g	A-B	14 de febrero	1 de abril	10 de mayo	20 de mayo
2030	f	B-C	6 de marzo	21 de abril	30 de mayo	9 de junio
2031	e	C-A	26 de febrero	13 de abril	22 de mayo	1 de junio
2032*	d c	A-B	11 de febrero	28 de marzo	6 de mayo	16 de mayo
2033	b	B-C	2 de marzo	17 de abril	26 de mayo	5 de junio
2034	A	C-A	22 de febrero	9 de abril	18 de mayo	28 de mayo
2035	g	A-B	7 de febrero	25 de marzo	3 de mayo	13 de mayo
2036*	f e	B-C	27 de febrero	13 de abril	22 de mayo	1 de junio
2037	d	C-A	18 de febrero	5 de abril	14 de mayo	24 de mayo
2038	c	A-B	10 de marzo	25 de abril	3 de junio	13 de junio
2039	b	B-C	23 de febrero	10 de abril	19 de mayo	29 de mayo
2040*	A g	C-A	15 de febrero	1 de abril	10 de mayo	20 de mayo
2041	f	A-B	6 de marzo	21 de abril	30 de mayo	9 de junio
2042	e	B-C	19 de febrero	6 de abril	15 de mayo	25 de mayo
2043	d	C-A	11 de febrero	29 de marzo	7 de mayo	17 de mayo
2044*	c b	A-B	2 de marzo	17 de abril	26 de mayo	5 de junio
2045	A	B-C	22 de febrero	9 de abril	18 de mayo	28 de mayo
2046	g	C-A	7 de febrero	25 de marzo	3 de mayo	13 de mayo
2047	f	A-B	27 de febrero	14 de abril	23 de mayo	2 de junio

* Año bisiesto

Año	Semanas del Tiempo Ordinario				Primer domingo de Adviento
	antes de Cuaresma		después del Tiempo Pascual		
	hasta el día	semana	desde el día	semana	
2016*	9 de febrero	5	16 de mayo	7	27 de noviembre
2017	28 de febrero	8	5 de junio	9	3 de diciembre
2018	13 de febrero	6	21 de mayo	7	2 de diciembre
2019	5 de marzo	8	10 de junio	10	1 de diciembre
2020*	25 de febrero	7	1 de junio	9	29 de noviembre
2021	16 de febrero	6	24 de mayo	8	28 de noviembre
2022	1 de marzo	8	6 de junio	10	27 de noviembre
2023	21 de febrero	7	29 de mayo	8	3 de diciembre
2024*	13 de febrero	6	20 de mayo	7	1 de diciembre
2025	4 de marzo	8	9 de junio	10	30 de noviembre
2026	17 de febrero	6	25 de mayo	8	29 de noviembre
2027	9 de febrero	5	17 de mayo	7	28 de noviembre
2028*	29 de febrero	8	5 de junio	9	3 de diciembre
2029	13 de febrero	6	21 de mayo	7	2 de diciembre
2030	5 de marzo	8	10 de junio	10	1 de diciembre
2031	25 de febrero	7	2 de junio	9	30 de noviembre
2032*	10 de febrero	5	17 de mayo	7	28 de noviembre
2033	1 de marzo	8	6 de junio	10	27 de noviembre
2034	21 de febrero	7	29 de mayo	8	3 de diciembre
2035	6 de febrero	5	14 de mayo	6	2 de diciembre
2036*	26 de febrero	7	2 de junio	9	30 de noviembre
2037	17 de febrero	6	25 de mayo	8	29 de noviembre
2038	9 de marzo	9	14 de junio	11	28 de noviembre
2039	22 de febrero	7	30 de mayo	9	27 de noviembre
2040*	14 de febrero	6	21 de mayo	7	2 de diciembre
2041	5 de marzo	8	10 de junio	10	1 de diciembre
2042	18 de febrero	6	26 de mayo	8	30 de noviembre
2043	10 de febrero	5	18 de mayo	7	29 de noviembre
2044*	1 de marzo	8	6 de junio	10	27 de noviembre
2045	21 de febrero	7	29 de mayo	8	3 de diciembre
2046	6 de febrero	5	14 de mayo	6	2 de diciembre
2047	26 de febrero	7	3 de junio	9	1 de diciembre

* Año bisiesto

PROPIO DEL TIEMPO

UN RETOÑO
BROTARÁ
DEL TRONCO
DE JESÉ
ISAÍAS

I DOMINGO DE ADVIENTO

Antífona de entrada

cfr. Sal 25 (24), 1-3

A ti, Señor, levanto mi alma;
Dios mío, en ti confío, no quede yo defraudado,
que no triunfen de mí mis enemigos;
pues los que esperan en ti no quedan defraudados.

No se dice Gloria.

Oración colecta

Concede a tus fieles, Dios todopoderoso,
el deseo de salir al encuentro de Cristo, que viene a nosotros,
para que, mediante la práctica de las buenas obras,
colocados un día a su derecha,
merezcamos poseer el reino celestial.
Por nuestro Señor Jesucristo, tu Hijo,
que vive y reina contigo en la unidad del Espíritu Santo
y es Dios por los siglos de los siglos.

Se dice Credo.

Oración sobre las ofrendas

Recibe, Señor, estos dones que te ofrecemos,
tomados de los mismos bienes que nos has dado,
y haz que lo que nos das en el tiempo presente
para aumento dc nuestra fe,
se convierta para nosotros
en prenda de tu redención eterna.
Por Jesucristo, nuestro Señor.

Prefacio I de Adviento, p. 562.

Antífona de la Comunión

Sal 85 (84), 13

El Señor nos mostrará su misericordia
y nuestra tierra producirá su fruto.

Oración después de la Comunión

Te pedimos, Señor, que nos aprovechen
los misterios en que hemos participado,
mediante los cuales,
mientras caminamos en medio de las cosas pasajeras,
nos inclinas ya desde ahora a anhelar las realidades celestiales
y a poner nuestro apoyo en las que han de durar para siempre.
Por Jesucristo, nuestro Señor.

Puede utilizarse la fórmula de bendición solemne, p. 706.

Lunes I de Adviento

Antífona de entrada Cfr. Jer 31, 10; Is 35, 4

Escuchen, pueblos, la palabra del Señor
y anúncienla en todos los rincones de la tierra:
He aquí que vendrá nuestro Salvador,
ya no tengan miedo.

Oración colecta

**Ayúdanos, Señor Dios nuestro,
a esperar ardorosamente la venida de tu Hijo Jesucristo,
para que cuando llegue y llame,
nos encuentre esperándolo en la oración
y alegrándonos en su alabanza.
Él, que vive y reina contigo en la unidad del Espíritu Santo
y es Dios por los siglos de los siglos.**

Oración sobre las ofrendas

**Recibe, Señor, estos dones que te ofrecemos,
tomados de los mismos bienes que nos has dado,
y haz que lo que nos das en el tiempo presente
para aumento de nuestra fe,
se convierta para nosotros
en prenda de tu redención eterna.
Por Jesucristo, nuestro Señor.**

Prefacio I de Adviento, p. 562.

Antífona de la Comunión Cfr. Sal 106 (105), 4-5; Is 38, 3

Ven, Señor, a visitarnos con tu paz,
para que nos alegremos delante de ti,
de todo corazón.

Oración después de la Comunión

**Te pedimos, Señor, que nos aprovechen
los misterios en que hemos participado,
mediante los cuales,
mientras caminamos en medio de las cosas pasajeras,
nos inclinas ya desde ahora a anhelar las realidades celestiales
y a poner nuestro apoyo en las que han de durar para siempre.
Por Jesucristo, nuestro Señor.**

Martes I de Adviento

Antífona de entrada

Cfr. Zac 14, 5. 7

Vendrá el Señor, mi Dios, y con él todos sus santos;
y brillará en aquel día una gran luz.

Oración colecta

**Señor Dios, muéstrate propicio a nuestras súplicas
y concede, a quienes están en aflicción,
el auxilio de tu amor, para que,
consolados por la presencia de tu Hijo que ya viene,
no nos manche algún contagio del antiguo pecado.
Por nuestro Señor Jesucristo, tu Hijo,
que vive y reina contigo en la unidad del Espíritu Santo
y es Dios por los siglos de los siglos.**

Oración sobre las ofrendas

**Que te sean agradables, Señor,
nuestras humildes súplicas y ofrendas,
y puesto que no tenemos merecimientos en qué apoyarnos,
socórranos el poderoso auxilio de tu benevolencia.
Por Jesucristo, nuestro Señor.**

Prefacio I de Adviento, p. 562.

Antífona de la Comunión

Cfr. 2 Tim 4, 8

El Señor, justo juez, dará la corona merecida,
a todos los que esperan con amor
su venida gloriosa.

Oración después de la Comunión

**Saciados por el alimento que nutre nuestro espíritu,
te rogamos, Señor,
que, por nuestra participación en estos misterios,
nos enseñes a valorar sabiamente las cosas de la tierra
y a poner nuestro corazón en las del cielo.
Por Jesucristo, nuestro Señor.**

Miércoles I de Adviento

Antífona de entrada
Cfr. Hab 2, 3; 1 Cor 4, 5

Ven, Señor, y no tardes;
ilumina lo que esconden las tinieblas
y manifiéstate a todas las naciones.

Oración colecta

**Te rogamos, Señor Dios nuestro,
que con tu divino poder dispongas nuestros corazones,
a fin de que, al venir tu Hijo Jesucristo,
nos encuentre preparados para tomar parte
en el banquete de la vida eterna
y merezcamos recibir de él mismo el alimento celestial.
Él, que vive y reina contigo en la unidad del Espíritu Santo
y es Dios por los siglos de los siglos.**

Oración sobre las ofrendas

**Que este sacrificio, Señor,
que te ofrecemos con devoción,
nunca deje de realizarse,
para que cumpla el designio que encierra tan santo misterio
y obre eficazmente en nosotros tu salvación.
Por Jesucristo, nuestro Señor.**

Prefacio I de Adviento, p. 562.

Antífona de la Comunión
Cfr. Is 40, 10; 35, 5

El Señor vendrá con gran poder
e iluminará los ojos de sus siervos.

Oración después de la Comunión

**Imploramos, Señor, tu misericordia,
para que estos divinos auxilios nos preparen,
purificados de nuestros pecados,
para celebrar las fiestas venideras.
Por Jesucristo, nuestro Señor.**

Jueves I de Adviento

Antífona de entrada Cfr. Sal 119 (118), 151-152

Tú estás cerca, Señor,
y todos tus caminos son rectos.
Desde el principio comprendí que tu alianza
la estableciste para siempre.

Oración colecta

**Despierta, Señor, tu poder
y ven con gran fuerza en nuestra ayuda,
para que, lo que nuestros pecados habían impedido,
lo apresure la gracia de tu benignidad.
Por nuestro Señor Jesucristo, tu Hijo,
que vive y reina contigo en la unidad del Espíritu Santo
y es Dios por los siglos de los siglos.**

Oración sobre las ofrendas

**Recibe, Señor, estos dones que te ofrecemos,
tomados de los mismos bienes que nos has dado,
y haz que lo que nos das en el tiempo presente
para aumento de nuestra fe,
se convierta para nosotros
en prenda de tu redención eterna.
Por Jesucristo, nuestro Señor.**

Prefacio I de Adviento, p. 562.

Antífona de la Comunión Tit 2, 12-13

Vivamos ya desde ahora
de una manera sobria, justa y fiel,
en espera de la gloriosa venida
del gran Dios y Salvador.

Oración después de la Comunión

**Te pedimos, Señor, que nos aprovechen
los misterios en que hemos participado,
mediante los cuales,
mientras caminamos en medio de las cosas pasajeras,
nos inclinas ya desde ahora a anhelar las realidades celestiales
y a poner nuestro apoyo en las que han de durar para siempre.
Por Jesucristo, nuestro Señor.**

Viernes I de Adviento

Antífona de entrada

El Señor vendrá con esplendor
a visitar a su pueblo,
para traerle la paz y la vida eterna.

Oración colecta

**Extiende, Señor Jesucristo, tu poder y ven,
para que merezcamos que con tu protección
nos libres y nos salves
de los peligros que nos amenazan
a causa de nuestros pecados.
Tú que vives y reinas con el Padre en la unidad del Espíritu Santo
y eres Dios por los siglos de los siglos.**

Oración sobre las ofrendas

**Que te sean agradables, Señor,
nuestras humildes súplicas y ofrendas,
y puesto que no tenemos merecimientos en qué apoyarnos,
socórranos el poderoso auxilio de tu benevolencia.
Por Jesucristo, nuestro Señor.**

Prefacio I de Adviento, p. 562.

Antífona de la Comunión Cfr. Flp 3, 20-21

Esperamos como salvador a Jesucristo, el Señor;
él transformará nuestro cuerpo frágil
en cuerpo glorioso como el suyo.

Oración después de la Comunión

**Saciados por el alimento que nutre nuestro espíritu,
te rogamos, Señor,
que, por nuestra participación en estos misterios,
nos enseñes a valorar sabiamente las cosas de la tierra
y a poner nuestro corazón en las del cielo.
Por Jesucristo, nuestro Señor.**

Sábado I de Adviento

Antífona de entrada Cfr. Sal 80 (79), 4. 2

Tú que habitas en lo alto, Señor,
muéstranos tu rostro y nos salvaremos.

Oración colecta

**Señor Dios, que, para liberar al género humano
de la antigua condición de pecado,
enviaste a este mundo a tu Unigénito,
favorece con la gracia de tu celestial amor
a quienes fervorosamente lo esperamos,
para que alcancemos el premio de la verdadera libertad.
Por nuestro Señor Jesucristo, tu Hijo,
que vive y reina contigo en la unidad del Espíritu Santo
y es Dios por los siglos de los siglos.**

Oración sobre las ofrendas

**Que este sacrificio, Señor,
que te ofrecemos con devoción,
nunca deje de realizarse,
para que cumpla el designio que encierra tan santo misterio
y obre eficazmente en nosotros tu salvación.
Por Jesucristo, nuestro Señor.**

Prefacio I de Adviento, p. 562.

Antífona de la Comunión Cfr. Ap 22, 12

Pronto vendré y traeré conmigo la recompensa,
dice el Señor,
y daré a cada uno según sus obras.

Oración después de la Comunión

**Imploramos, Señor, tu misericordia,
para que estos divinos auxilios nos preparen,
purificados de nuestros pecados,
para celebrar las fiestas venideras.
Por Jesucristo, nuestro Señor.**

II DOMINGO DE ADVIENTO

Antífona de entrada Cfr. Is 30, 19. 30

Pueblo de Sión, mira que el Señor va a venir
para salvar a todas las naciones
y dejará oír la majestad de su voz
para alegría de tu corazón.

No se dice Gloria.

Oración colecta

Dios omnipotente y misericordioso,
haz que ninguna ocupación terrena sirva de obstáculo
a quienes van presurosos al encuentro de tu Hijo,
antes bien, que el aprendizaje de la sabiduría celestial,
nos lleve a gozar de su presencia.
Él, que vive y reina contigo en la unidad del Espíritu Santo
y es Dios por los siglos de los siglos.

Se dice Credo.

Oración sobre las ofrendas

Que te sean agradables, Señor,
nuestras humildes súplicas y ofrendas,
y puesto que no tenemos merecimientos en qué apoyarnos,
socórranos el poderoso auxilio de tu benevolencia.
Por Jesucristo, nuestro Señor.

Prefacio I de Adviento, p. 562.

Antífona de la Comunión Bar 5, 5; 4, 36

Levántate, Jerusalén, sube a lo alto,
para que contemples la alegría
que te viene de Dios.

Oración después de la Comunión

Saciados por el alimento que nutre nuestro espíritu,
te rogamos, Señor,
que, por nuestra participación en estos misterios,
nos enseñes a valorar sabiamente las cosas de la tierra
y a poner nuestro corazón en las del cielo.
Por Jesucristo, nuestro Señor.

Puede utilizarse la fórmula de bendición solemne, p. 706.

Lunes II de Adviento

Antífona de entrada

Cfr. Jer 31, 10; Is 35, 4

Escuchen, pueblos, la palabra del Señor
y anúncienla en todos los rincones de la tierra:
He aquí que vendrá nuestro Salvador,
ya no tengan miedo.

Oración colecta

**Vayan hasta tu presencia, Señor,
nuestras humildes súplicas,
para que te lleguen, del todo purificados,
nuestros anhelos de servirte,
honrando el gran misterio
de la encarnación de tu Unigénito.
Él, que vive y reina contigo en la unidad del Espíritu Santo
y es Dios por los siglos de los siglos.**

Oración sobre las ofrendas

**Recibe, Señor, estos dones que te ofrecemos,
tomados de los mismos bienes que nos has dado,
y haz que lo que nos das en el tiempo presente
para aumento de nuestra fe,
se convierta para nosotros
en prenda de tu redención eterna.
Por Jesucristo, nuestro Señor.**

Prefacio I de Adviento, p. 562.

Antífona de la Comunión

Cfr. Sal 106 (105), 4-5; Is 38, 3

Ven, Señor, a visitarnos con tu paz,
para que nos alegremos delante de ti,
de todo corazón.

Oración después de la Comunión

**Te pedimos, Señor, que nos aprovechen
los misterios en que hemos participado,
mediante los cuales,
mientras caminamos en medio de las cosas pasajeras,
nos inclinas ya desde ahora a anhelar las realidades celestiales
y a poner nuestro apoyo en las que han de durar para siempre.
Por Jesucristo, nuestro Señor.**

Martes II de Adviento

Antífona de entrada
Cfr. Zac 14, 5. 7

Vendrá el Señor, mi Dios, y con él, todos sus santos;
y brillará en aquel día una gran luz.

Oración colecta

**Señor Dios, que anunciaste la llegada de tu salvación
hasta en los últimos rincones de la tierra,
concédenos estar preparados
para esperar con gran alegría el glorioso nacimiento de tu Hijo.
Él, que vive y reina contigo en la unidad del Espíritu Santo
y es Dios por los siglos de los siglos.**

Oración sobre las ofrendas

**Que te sean agradables, Señor,
nuestras humildes súplicas y ofrendas,
y puesto que no tenemos merecimientos en qué apoyarnos,
socórranos el poderoso auxilio de tu benevolencia.
Por Jesucristo, nuestro Señor.**

Prefacio I de Adviento, p. 562.

Antífona de la Comunión
Cfr. 2 Tim 4, 8

El Señor, justo juez, dará la corona merecida
a todos los que esperan con amor
su venida gloriosa.

Oración después de la Comunión

**Saciados por el alimento que nutre nuestro espíritu,
te rogamos, Señor,
que, por nuestra participación en estos misterios,
nos enseñes a valorar sabiamente las cosas de la tierra
y a poner nuestro corazón en las del cielo.
Por Jesucristo, nuestro Señor.**

Miércoles II de Adviento

Antífona de entrada — Cfr. Hab 2, 3; 1 Cor 4, 5

Ven, Señor, y no tardes;
ilumina lo que esconden las tinieblas
y manifiéstate a todas las naciones.

Oración colecta

**Dios todopoderoso,
que nos mandas preparar el camino a Cristo el Señor,
concede, benigno,
que ninguna debilidad nos haga desfallecer,
pues nos conforta el médico celestial
con su consoladora presencia.
Él, que vive y reina contigo en la unidad del Espíritu Santo
y es Dios por los siglos de los siglos.**

Oración sobre las ofrendas

**Que este sacrificio, Señor,
que te ofrecemos con devoción,
nunca deje de realizarse,
para que cumpla el designio que encierra tan santo misterio
y obre eficazmente en nosotros tu salvación.
Por Jesucristo, nuestro Señor.**

Prefacio I de Adviento, p. 562.

Antífona de la Comunión — Cfr. Is 40, 10; 35, 5

El Señor vendrá con gran poder
e iluminará los ojos de sus siervos.

Oración después de la Comunión

**Imploramos, Señor, tu misericordia,
para que estos divinos auxilios nos preparen,
purificados de nuestros pecados,
para celebrar las fiestas venideras.
Por Jesucristo, nuestro Señor.**

Jueves II de Adviento

Antífona de entrada

Cfr. Sal 119 (118), 151-152

Tú estás cerca, Señor,
y todos tus caminos son rectos.
Desde el principio comprendí que tu alianza
la estableciste para siempre.

Oración colecta

**Despierta, Señor, nuestros corazones
para que preparemos los caminos de tu Unigénito,
de modo que merezcamos, por su venida,
poder servirte con renovado espíritu.
Por nuestro Señor Jesucristo, tu Hijo,
que vive y reina contigo en la unidad del Espíritu Santo
y es Dios por los siglos de los siglos.**

Oración sobre las ofrendas

**Recibe, Señor, estos dones que te ofrecemos,
tomados de los mismos bienes que nos has dado,
y haz que lo que nos das en el tiempo presente
para aumento de nuestra fe,
se convierta para nosotros
en prenda de tu redención eterna.
Por Jesucristo, nuestro Señor.**

Prefacio I de Adviento, p. 562.

Antífona de la Comunión

Tit 2, 12-13

Vivamos ya desde ahora
de una manera sobria, justa y fiel,
en espera de la gloriosa venida
del gran Dios y Salvador.

Oración después de la Comunión

**Te pedimos, Señor, que nos aprovechen
los misterios en que hemos participado,
mediante los cuales,
mientras caminamos en medio de las cosas pasajeras,
nos inclinas ya desde ahora a anhelar las realidades celestiales
y a poner nuestro apoyo en las que han de durar para siempre.
Por Jesucristo, nuestro Señor.**

Viernes II de Adviento

Antífona de entrada

El Señor vendrá con esplendor
a visitar a su pueblo,
para traerle la paz y la vida eterna.

Oración colecta

**Te rogamos, Dios todopoderoso,
que concedas a tu pueblo esperar en constante vigilancia
la venida de tu Unigénito,
para que, conforme a lo que nos enseñó
el autor mismo de nuestra salvación,
podamos correr presurosos a su encuentro
con nuestras lámparas encendidas.
Él, que vive y reina contigo en la unidad del Espíritu Santo
y es Dios por los siglos de los siglos.**

Oración sobre las ofrendas

**Que te sean agradables, Señor,
nuestras humildes súplicas y ofrendas,
y puesto que no tenemos merecimientos en qué apoyarnos,
nos socorra el poderoso auxilio de tu benevolencia.
Por Jesucristo, nuestro Señor.**

Prefacio I de Adviento, p. 562.

Antífona de la Comunión

Cfr. Flp 3, 20-21

Esperamos como salvador a Jesucristo, el Señor;
él transformará nuestro cuerpo frágil
en cuerpo glorioso como el suyo.

Oración después de la Comunión

**Saciados por el alimento que nutre nuestro espíritu,
te rogamos, Señor,
que, por nuestra participación en estos misterios,
nos enseñes a valorar sabiamente las cosas de la tierra
y a poner nuestro corazón en las del cielo.
Por Jesucristo, nuestro Señor.**

Sábado II de Adviento

Antífona de entrada Cfr. Sal 80 (79), 4. 2

Tú que habitas en lo alto, Señor,
muéstranos tu rostro y nos salvaremos.

Oración colecta

**Te rogamos, Dios todopoderoso,
que brille en nuestros corazones el resplandor de tu gloria,
para que, disipada toda oscuridad de la noche,
la venida de tu Unigénito ponga de manifiesto
que somos hijos de la luz.
Él, que vive y reina contigo en la unidad del Espíritu Santo
y es Dios por los siglos de los siglos.**

Oración sobre las ofrendas

**Que este sacrificio, Señor,
que te ofrecemos con devoción,
nunca deje de realizarse,
para que cumpla el designio que encierra tan santo misterio
y obre eficazmente en nosotros tu salvación.
Por Jesucristo, nuestro Señor.**

Prefacio I de Adviento, p. 562.

Antífona de la Comunión Cfr. Ap 22, 12

Pronto vendré y traeré conmigo la recompensa,
dice el Señor,
y daré a cada uno según sus obras.

Oración después de la Comunión

**Imploramos, Señor, tu misericordia,
para que estos divinos auxilios nos preparen,
purificados de nuestros pecados,
para celebrar las fiestas venideras.
Por Jesucristo, nuestro Señor.**

III DOMINGO DE ADVIENTO

En esta Misa se utiliza el color morado o el rosa.

Antífona de entrada

Cfr. Flp 4, 4.5

Estén siempre alegres en el Señor,
les repito, estén alegres.
El Señor está cerca.

No se dice Gloria.

Oración colecta

**Dios nuestro, que contemplas a tu pueblo
esperando fervorosamente la fiesta del nacimiento de tu Hijo,
concédenos poder alcanzar la dicha que nos trae la salvación
y celebrarla siempre,
con la solemnidad de nuestras ofrendas y con vivísima alegría.
Por nuestro Señor Jesucristo, tu Hijo,
que vive y reina contigo en la unidad del Espíritu Santo
y es Dios por los siglos de los siglos.**

Se dice Credo.

Oración sobre las ofrendas

**Que este sacrificio, Señor,
que te ofrecemos con devoción,
nunca deje de realizarse,
para que cumpla el designio que encierra tan santo misterio
y obre eficazmente en nosotros tu salvación.
Por Jesucristo, nuestro Señor.**

Prefacio I o II de Adviento, pp. 562 o 564.

Antífona de la Comunión

Cfr. Is 35, 4

Digan a los cobardes: "¡Ánimo, no teman!;
miren a su Dios: viene en persona a salvarlos".

Oración después de la Comunión

**Imploramos, Señor, tu misericordia,
para que estos divinos auxilios nos preparen,
purificados de nuestros pecados,
para celebrar las fiestas venideras.
Por Jesucristo, nuestro Señor.**

Puede utilizarse la fórmula de bendición solemne, p. 706.

Cuando en los días de esta semana se dice la Misa de la respectiva feria, se utilizan los siguientes textos aquí propuestos. En cambio, del 17 al 24 de diciembre se dicen las Misas propias.

Lunes III de Adviento

Antífona de entrada Cfr. Jer 31, 10; Is 35, 4

Escuchen, pueblos, la palabra del Señor
y anúncienla en todos los rincones de la tierra:
He aquí que vendrá nuestro Salvador,
ya no tengan miedo.

Oración colecta

**Atiende con piedad, Señor,
nuestras súplicas,
e ilumina las tinieblas de nuestro corazón
con la gracia de la visita de tu Hijo.
Él, que vive y reina contigo en la unidad del Espíritu Santo
y es Dios por los siglos de los siglos.**

Oración sobre las ofrendas

**Recibe, Señor, estos dones que te ofrecemos,
tomados de los mismos bienes que nos has dado,
y haz que lo que nos das en el tiempo presente
para aumento de nuestra fe,
se convierta para nosotros
en prenda de tu redención eterna.
Por Jesucristo, nuestro Señor.**

Prefacio I de Adviento, p. 562.

Antífona de la Comunión Cfr. Sal 106 (105), 4-5; Is 38, 3

Ven, Señor, a visitarnos con tu paz,
para que nos alegremos delante de ti,
de todo corazón.

Oración después de la Comunión

**Te pedimos, Señor, que nos aprovechen
los misterios en que hemos participado,
mediante los cuales,
mientras caminamos en medio de las cosas pasajeras,
nos inclinas ya desde ahora a anhelar las realidades celestiales
y a poner nuestro apoyo en las que han de durar para siempre.
Por Jesucristo, nuestro Señor.**

Martes III de Adviento

Antífona de entrada — Cfr. Zac 14, 5. 7

Vendrá el Señor, mi Dios, y con él, todos sus santos;
y brillará en aquel día una gran luz.

Oración colecta

**Señor Dios, que por gracia de tu Unigénito
nos convertiste en una nueva creatura,
contempla benignamente la obra de tu misericordia
y, por la venida de tu Hijo,
purifícanos de toda mancha de pecado.
Él, que vive y reina contigo en la unidad del Espíritu Santo
y es Dios por los siglos de los siglos.**

Oración sobre las ofrendas

**Que te sean agradables, Señor,
nuestras humildes súplicas y ofrendas,
y puesto que no tenemos merecimientos en qué apoyarnos,
socórranos el poderoso auxilio de tu benevolencia.
Por Jesucristo, nuestro Señor.**

Prefacio I de Adviento, p. 562.

Antífona de la Comunión — Cfr. 2 Tim 4, 8

El Señor, justo juez,
dará la corona merecida
a todos los que esperan
con amor su venida gloriosa.

Oración después de la Comunión

**Saciados por el alimento que nutre nuestro espíritu,
te rogamos, Señor,
que, por nuestra participación en estos misterios,
nos enseñes a valorar sabiamente las cosas de la tierra
y a poner nuestro corazón en las del cielo.
Por Jesucristo, nuestro Señor.**

Miércoles III de Adviento

Antífona de entrada Cfr. Hab 2, 3; 1 Cor 4, 5

Ven, Señor, y no tardes;
ilumina lo que esconden las tinieblas
y manifiéstate a todas las naciones.

Oración colecta

**Concédenos, Dios todopoderoso,
que la cercana celebración del nacimiento de tu Hijo
nos obtenga un remedio en la vida presente
y tu premio en la eternidad.
Por nuestro Señor Jesucristo, tu Hijo,
que vive y reina contigo en la unidad del Espíritu Santo
y es Dios por los siglos de los siglos.**

Oración sobre las ofrendas

**Que este sacrificio, Señor,
que te ofrecemos con devoción,
nunca deje de realizarse,
para que cumpla el designio que encierra tan santo misterio
y obre eficazmente en nosotros tu salvación.
Por Jesucristo, nuestro Señor.**

Prefacio I de Adviento, p. 562.

Antífona de la Comunión Cfr. Is 40, 10; 35, 5

El Señor vendrá con gran poder
e iluminará los ojos de sus siervos.

Oración después de la Comunión

**Imploramos, Señor, tu misericordia,
para que estos divinos auxilios nos preparen,
purificados de nuestros pecados,
para celebrar las fiestas venideras.
Por Jesucristo, nuestro Señor.**

Jueves III de Adviento

Antífona de entrada
Cfr. Sal 119 (118), 151-152

Tú estás cerca, Señor,
y todos tus caminos son rectos.
Desde el principio comprendí que tu alianza
la estableciste para siempre.

Oración colecta

**Te rogamos, Señor,
que con la venida salvadora de tu Unigénito
colmes de alegría a estos indignos siervos tuyos,
que estamos afligidos a causa de nuestras culpas.
Por nuestro Señor Jesucristo, tu Hijo,
que vive y reina contigo en la unidad del Espíritu Santo
y es Dios por los siglos de los siglos.**

Oración sobre las ofrendas

**Recibe, Señor, estos dones que te ofrecemos,
tomados de los mismos bienes que nos has dado,
y haz que lo que nos das en el tiempo presente
para aumento de nuestra fe,
se convierta para nosotros
en prenda de tu redención eterna.
Por Jesucristo, nuestro Señor.**

Prefacio I de Adviento, p. 562.

Antífona de la Comunión
Tit 2, 12-13

Vivamos ya desde ahora
de una manera sobria, justa y fiel,
en espera de la gloriosa venida
del gran Dios y Salvador.

Oración después de la Comunión

**Te pedimos, Señor, que nos aprovechen
los misterios en que hemos participado,
mediante los cuales,
mientras caminamos en medio de las cosas pasajeras,
nos inclinas ya desde ahora a anhelar las realidades celestiales
y a poner nuestro apoyo en las que han de durar para siempre.
Por Jesucristo, nuestro Señor.**

Viernes III de Adviento

Antífona de entrada

El Señor vendrá con esplendor
a visitar a su pueblo,
para traerle la paz y la vida eterna.

Oración colecta

**Dios todopoderoso, que tu gracia
nos disponga y nos siga ayudando siempre,
para que quienes aguardamos
con anhelo en nuestro corazón
la venida de tu Unigénito,
consigamos tu auxilio para nuestra vida presente y futura.
Él, que vive y reina contigo en la unidad del Espíritu Santo
y es Dios por los siglos de los siglos.**

Oración sobre las ofrendas

**Que te sean agradables, Señor,
nuestras humildes súplicas y ofrendas,
y puesto que no tenemos merecimientos en qué apoyarnos,
socórranos el poderoso auxilio de tu benevolencia.
Por Jesucristo, nuestro Señor.**

Prefacio I de Adviento, p. 562.

Antífona de la Comunión — Flp 3, 20-21

Esperamos como salvador a Jesucristo, el Señor;
él transformará nuestro cuerpo frágil
en cuerpo glorioso como el suyo.

Oración después de la Comunión

**Saciados por el alimento que nutre nuestro espíritu,
te rogamos, Señor,
que, por nuestra participación en estos misterios,
nos enseñes a valorar sabiamente las cosas de la tierra
y a poner nuestro corazón en las del cielo.
Por Jesucristo, nuestro Señor.**

IV DOMINGO DE ADVIENTO

Antífona de entrada

Cfr. Is 45, 8

Cielos, destilen el rocío; nubes, lluevan la salvación;
que la tierra se abra, y germine el Salvador.

No se dice Gloria.

Oración colecta

**Te pedimos, Señor, que infundas tu gracia en nuestros corazones,
para que, habiendo conocido, por el anuncio del ángel,
la encarnación de tu Hijo,
lleguemos, por medio de su pasión y de su cruz,
a la gloria de la resurrección.
Por nuestro Señor Jesucristo, tu Hijo,
que vive y reina contigo en la unidad del Espíritu Santo
y es Dios por los siglos de los siglos.**

Se dice Credo.

Oración sobre las ofrendas

**Que santifique, Señor, estos dones, colocados en tu altar,
el mismo Espíritu Santo que fecundó con su poder
el seno de la bienaventurada Virgen María.
Por Jesucristo, nuestro Señor.**

Prefacio II de Adviento, p. 562.

Antífona de la Comunión

Is 7, 14

Miren: la Virgen concebirá y dará a luz un hijo,
a quien le pondrá el nombre de Emmanuel.

Oración después de la Comunión

**Habiendo recibido esta prenda de redención eterna,
te rogamos, Dios todopoderoso,
que, cuanto más se acerca el día de la festividad
que nos trae la salvación,
con tanto mayor fervor nos apresuremos a celebrar dignamente
el misterio del nacimiento de tu Hijo.
Él, que vive y reina por los siglos de los siglos.**

Puede utilizarse la fórmula de bendición solemne, p. 706.

FERIAS MAYORES DE ADVIENTO

del día 17 al día 24 de diciembre

Las siguientes Misas se utilizan en los respectivos días asignados, excepto el domingo, que tiene formulario propio.

17 de diciembre

Antífona de entrada — Cfr. Is 49, 13

Alégrense los cielos y regocíjese la tierra,
porque vendrá el Señor
y tendrá compasión de sus pobres.

Oración colecta

**Señor Dios, creador y redentor del género humano,
que quisiste que tu Palabra se encarnara
en el seno purísimo de la siempre virgen María,
atiende, propicio, a nuestras súplicas,
y haz que tu Unigénito, revestido de nuestra humanidad,
se digne hacernos partícipes de su vida divina.
Él, que vive y reina contigo en la unidad del Espíritu Santo
y es Dios por los siglos de los siglos.**

Oración sobre las ofrendas

**Santifica, Señor, estos dones de tu Iglesia
y concédenos que, por estos venerables misterios,
merezcamos ser plenamente reanimados por este pan celestial.
Por Jesucristo, nuestro Señor.**

Prefacio II de Adviento, p. 564.

Antífona de la Comunión — Cfr. Ag 2, 7

Miren que vendrá el deseado de todas las naciones,
y la casa del Señor se llenará de gloria.

Oración después de la Comunión

**Te rogamos, Dios todopoderoso,
que, saciados ya por estos sagrados dones,
hagamos nuestro el anhelo de resplandecer,
encendidos en la luz de tu Espíritu,
como estrellas luminosas,
ante la mirada de tu Hijo Jesucristo,
que ya viene a nosotros.
Él, que vive y reina por los siglos de los siglos.**

18 de diciembre

Antífona de entrada

Vendrá Cristo, nuestro Rey,
el Cordero cuya venida fue anunciada por Juan.

Oración colecta

**Concédenos, Dios todopoderoso,
que a quienes gemimos oprimidos bajo el peso
del antiguo yugo del pecado,
nos libere el nuevo nacimiento de tu Unigénito,
que estamos esperando.
Por nuestro Señor Jesucristo, tu Hijo,
que vive y reina contigo en la unidad del Espíritu Santo
y es Dios por los siglos de los siglos.**

Oración sobre las ofrendas

**Que el sacrificio que vamos a ofrecer
en honor de tu nombre, Señor,
nos haga agradables ante ti,
para que merezcamos participar de la eternidad de aquel
que, con su muerte, trajo remedio a nuestra mortalidad.
Él, que vive y reina por los siglos de los siglos.**

Prefacio II de Adviento, p. 564.

Antífona de la Comunión Mt 1, 23

Y le pondrán por nombre Emmanuel,
que quiere decir: Dios-con-nosotros.

Oración después de la Comunión

**Que recibamos, Señor, tu misericordia,
en medio de tu templo
y adelantemos así, con dignas alabanzas,
las solemnidades ya próximas de nuestra redención.
Por Jesucristo, nuestro Señor.**

19 de diciembre

Antífona de entrada Cfr. Heb 10, 37

El que ha de venir, vendrá sin tardanza,
y ya no tendremos nada que temer,
porque él es nuestro Salvador.

Oración colecta

**Señor Dios,
que te dignaste revelar al mundo el esplendor de tu gloria
mediante el parto de la Santísima Virgen,
concédenos, te rogamos,
poder honrar con fe íntegra
el admirable misterio de la encarnación
y celebrarlo siempre con nuestra generosa entrega.
Por nuestro Señor Jesucristo, tu Hijo,
que vive y reina contigo en la unidad del Espíritu Santo
y es Dios por los siglos de los siglos.**

Oración sobre las ofrendas

**Mira, propicio, Señor,
los dones que presentamos en tu altar,
para que sea tu poder el que santifique
lo que en nuestra pequeñez logramos ofrecerte.
Por Jesucristo, nuestro Señor.**

Prefacio II de Adviento, p. 564.

Antífona de la Comunión Lc 1, 78-79

Vendrá a visitarnos de lo alto
un sol naciente, Cristo el Señor,
para guiar nuestros pasos por el camino de la paz.

Oración después de la Comunión

**Llenos de gratitud por los dones que hemos recibido,
Dios todopoderoso,
haz benignamente que anhelemos
la salvación prometida,
para honrar así, con un corazón purificado,
el nacimiento de nuestro Salvador.
Él, que vive y reina por los siglos de los siglos.**

20 de diciembre

Antífona de entrada Cfr. Is 11, 1; 40, 5; Lc 3, 6

Un retoño brotará del tronco de Jesé,
la gloria del Señor llenará la tierra
y toda creatura verá la salvación de Dios.

Oración colecta

**Dios de eterna majestad,
que quisiste que la inmaculada Virgen María,
por el anuncio del Ángel,
recibiera en su seno a tu Palabra inefable
y, convertida en morada de la divinidad,
quedara llena del fuego del Espíritu Santo,
haz, te rogamos, que, siguiendo su ejemplo,
seamos capaces de estar humildemente sujetos a tu voluntad.
Por nuestro Señor Jesucristo, tu Hijo,
que vive y reina contigo en la unidad del Espíritu Santo
y es Dios por los siglos de los siglos.**

Oración sobre las ofrendas

**Te rogamos, Señor, que dirijas tu mirada
a la excelencia de este sacrificio,
para que, al participar en el sacramento,
podamos recibir con sumo anhelo
aquello mismo que aguardamos, llenos de fe.
Por Jesucristo, nuestro Señor.**

Prefacio II de Adviento, p. 564.

Antífona de la Comunión Lc 1, 31

Dijo el ángel a María: Has hallado gracia delante de Dios;
vas a concebir y a dar a luz un hijo,
y le pondrás por nombre Jesús.

Oración después de la Comunión

**Protege, Señor, con tu divino auxilio
a quienes has alimentado con el don celestial,
para que, al deleitarnos con estos sagrados misterios,
nos llene de gozo la paz verdadera.
Por Jesucristo, nuestro Señor.**

21 de diciembre

Antífona de entrada Cfr. Is 7, 14; 8, 10

Pronto llegará el Señor que domina los pueblos,
y será llamado Emmanuel, es decir, Dios-con-nosotros.

Oración colecta

**Escucha benignamente, Señor,
las súplicas de tu pueblo,
para que así como ahora nos llena de alegría
la venida de tu Unigénito en nuestra carne,
así también, cuando llegue revestido de majestad,
consigamos la recompensa de la vida eterna.
Por nuestro Señor Jesucristo, tu Hijo,
que vive y reina contigo en la unidad del Espíritu Santo
y es Dios por los siglos de los siglos.**

Oración sobre las ofrendas

**Acepta, Señor, de tu Iglesia
las ofrendas que tú mismo has puesto en nuestras manos
y que tu poder convierte en sacramento de nuestra salvación.
Por Jesucristo, nuestro Señor.**

Prefacio II de Adviento, p. 564.

Antífona de la Comunión Lc 1, 45

Dichosa tú, que has creído,
porque se cumplirá cuanto te fue anunciado
de parte del Señor.

Oración después de la Comunión

**Que la participación en estos divinos misterios, Señor,
se convierta en permanente protección para tu pueblo,
a fin de que, fervorosamente entregado a tu servicio,
reciba en abundancia la salvación de alma y cuerpo.
Por Jesucristo, nuestro Señor.**

22 de diciembre

Antífona de entrada Sal 24 (23), 7

¡Puertas, ábranse de par en par;
agrándense portones eternos,
porque va a entrar el rey de la gloria!

Oración colecta

**Señor Dios, que mirando al hombre
caído en la muerte del pecado,
quisiste rescatarlo con la llegada de tu Unigénito,
concede, a quienes confesamos
con humilde fervor su encarnación,
que merezcamos también
gozar de la compañía de nuestro Redentor.
Él, que vive y reina contigo en la unidad del Espíritu Santo
y es Dios por los siglos de los siglos.**

Oración sobre las ofrendas

**Llenos de confianza en tu bondad,
acudimos, Señor, ante tu santo altar
trayéndote nuestros dones,
a fin de que, purificados por tu gracia, quedemos limpios
por los mismos misterios que celebramos.
Por Jesucristo, nuestro Señor.**

Prefacio II de Adviento, p. 564.

Antífona de la Comunión Lc 1, 46. 49

Proclama mi alma la grandeza del Señor,
porque ha hecho en mí maravillas el Todopoderoso.

Oración después de la Comunión

**Que la participación de tus sacramentos, Señor,
nos llene de fortaleza,
para que merezcamos salir al encuentro del Salvador,
que está por llegar,
acompañados por nuestras buenas obras,
y así nos hagamos dignos del premio de la eterna felicidad.
Por Jesucristo, nuestro Señor.**

23 de diciembre

Antífona de entrada Cfr. Is 9, 5; Sal 72 (71), 17

Un niño nos nacerá y será llamado Dios todopoderoso,
en él serán bendecidos todos los pueblos de la tierra.

Oración colecta

**Dios todopoderoso y eterno,
al contemplar ya próximo
el nacimiento de tu Hijo, según la carne,
te pedimos que él, que es tu Palabra
encarnada en el seno de la Virgen María
y que habitó entre nosotros, indignos siervos tuyos,
nos haga partícipes de la abundancia de su misericordia.
Él, que vive y reina contigo en la unidad del Espíritu Santo
y es Dios por los siglos de los siglos.**

Oración sobre las ofrendas

**Que esta oblación,
en la que se halla la plenitud del culto divino, Señor,
sea completamente agradable a tus ojos,
para que celebremos con alma purificada
el nacimiento de nuestro Redentor.
Él, que vive y reina por los siglos de los siglos.**

Prefacio II de Adviento, p. 564.

Antífona de la Comunión Ap 3, 20

Miren que estoy a la puerta y llamo, dice el Señor;
si alguno oye mi voz y me abre,
entraré en su casa y cenaré con él y él conmigo.

Oración después de la Comunión

**Alimentados, Señor, con el don del cielo
te pedimos nos concedas bondadoso tu paz
para que cuando venga tu Hijo muy amado,
podamos recibirlo con las lámparas encendidas.
Él, que vive y reina por los siglos de los siglos.**

24 de diciembre
Misa matutina

Antífona de entrada — Cfr. Gál 4, 4

He aquí que llega ya la plenitud de los tiempos,
cuando Dios envió a su Hijo a la tierra.

Oración colecta

**Apresúrate, Señor Jesús, no tardes más,
para que, a quienes confiamos en tu bondad,
nos reanime el consuelo de tu venida.
Tú que vives y reinas con el Padre en la unidad del Espíritu Santo
y eres Dios por los siglos de los siglos.**

Oración sobre las ofrendas

**Acepta benignamente, Señor, los dones que te presentamos,
para que, al recibirlos, quedemos limpios de pecado
y merezcamos estar listos, con el alma purificada,
para recibir la venida gloriosa de tu Hijo.
Por Jesucristo, nuestro Señor.**

Prefacio II de Adviento, p. 564.

Antífona de la Comunión — Lc 1, 68

Bendito sea el Señor Dios de Israel,
porque ha visitado y redimido a su pueblo.

Oración después de la Comunión

**Renovados por este admirable don tuyo,
concédenos Señor, que, así como hemos preparado
la fiesta del admirable nacimiento de tu Hijo,
de la misma manera alcancemos un día,
gozosos, los premios eternos.
Él, que vive y reina por los siglos de los siglos.**

TIEMPO DE NAVIDAD

25 de diciembre

NATIVIDAD DEL SEÑOR

Solemnidad

Misa vespertina de la vigilia

Esta Misa se dice en la tarde del 24 de diciembre, antes o después de las primeras vísperas de la Navidad.

Antífona de entrada
Cfr. Éx 16, 6-7

Esta noche sabrán que el Señor vendrá a salvarnos
y por la mañana contemplarán su gloria.

Se dice Gloria.

Oración colecta

**Señor Dios, que cada año nos alegras
con la esperanza de nuestra redención,
concédenos que a tu mismo Hijo Unigénito,
a quien acogemos llenos de gozo como Redentor,
merezcamos también acogerlo llenos de confianza,
cuando venga como Juez.
Él, que vive y reina contigo en la unidad del Espíritu Santo
y es Dios por los siglos de los siglos.**

Se dice Credo. A las palabras: Y por obra . . ., todos se arrodillan.

Oración sobre las ofrendas

**Concédenos, Señor,
iniciar la celebración de esta solemnidad
con una voluntad tan grande de servirte,
como merece la manifestación
del comienzo de nuestra redención.
Por Jesucristo, nuestro Señor.**

Prefacio I-III de Navidad, pp. 566-571.

Si se utiliza el Canon romano, se dice Reunidos en comunión . . . propio, p. 557. En las otras Plegarias eucarísticas también se dicen las partes propias para esta Misa.

Antífona de la Comunión
Cfr. Is 40, 5

Se manifestará la gloria del Señor
y todos verán la salvación que viene de Dios.

Oración después de la Comunión

**Concede, Señor, que nos reanime
la conmemoración del nacimiento de tu Hijo Unigénito,
de cuyo misterio celestial hemos comido y bebido.
Él, que vive y reina por los siglos de los siglos.**

Puede utilizarse la fórmula de bendición solemne, p. 707.

Misa de la noche

En este día de Navidad todos los sacerdotes pueden celebrar o concelebrar tres Misas, con tal que sean celebradas a su debido tiempo.

Antífona de entrada

Sal 2, 7

El Señor me dijo: Tú eres mi Hijo, yo te he engendrado hoy.

O bien:

Alegrémonos todos en el Señor,
porque nuestro Salvador ha nacido en el mundo.
Del cielo ha descendido hoy para nosotros la paz verdadera.

Se dice Gloria.

Oración colecta

Señor Dios, que hiciste resplandecer esta noche santísima
con la claridad de Cristo, luz verdadera,
concede a quienes hemos conocido
los misterios de esa luz en la tierra,
que podamos disfrutar también de su gloria en el cielo.
Por nuestro Señor Jesucristo, tu Hijo,
que vive y reina contigo en la unidad del Espíritu Santo
y es Dios por los siglos de los siglos.

Se dice Credo. A las palabras: Y por obra . . ., todos se arrodillan.

Oración sobre las ofrendas

Te rogamos, Señor,
que la ofrenda de esta festividad sea de tu agrado,
para que, mediante este sagrado intercambio,
lleguemos a ser semejantes a aquel
por quien nuestra naturaleza quedó unida a la tuya.
Él, que vive y reina por los siglos de los siglos.

Prefacio I-III de Navidad, pp. 566-571.

Si se utiliza el Canon romano, se dice Reunidos en comunión . . . propio, p. 665. En las otras Plegarias eucarísticas también se dicen las partes propias para esta Misa.

Antífona de la Comunión

Jn 1, 14

El Verbo se hizo hombre y hemos visto su gloria.

Oración después de la Comunión

Señor, Dios nuestro, que nos has concedido el gozo
de celebrar el nacimiento de nuestro Redentor,
haz que después de una vida santa,
merezcamos alcanzar la perfecta comunión con él.
Que vive y reina por los siglos de los siglos.

Puede utilizarse la fórmula de bendición solemne, p. 707.

Misa de la aurora

Antífona de entrada

Cfr. Is 9, 1. 5; Lc 1, 33

Hoy brillará una luz sobre nosotros
porque nos ha nacido el Señor; se le llamará Admirable, Dios,
Príncipe de la paz, Padre del mundo futuro,
y su Reino no tendrá fin.

Se dice Gloria.

Oración colecta

**Concede, Dios todopoderoso,
que, al vernos envueltos en la luz nueva
de tu Palabra hecha carne,
resplandezca por nuestras buenas obras,
lo que por la fe brilla en nuestras almas.
Por nuestro Señor Jesucristo, tu Hijo,
que vive y reina contigo en la unidad del Espíritu Santo
y es Dios por los siglos de los siglos.**

Se dice Credo. A las palabras: Y por obra . . ., todos se arrodillan.

Oración sobre las ofrendas

**Te pedimos, Señor, que nuestras ofrendas
sean dignas del misterio de la Navidad que hoy celebramos,
para que, así como el que nació como hombre
resplandeció él mismo como Dios,
así también estas realidades terrenas
nos transmitan la vida divina.
Por Jesucristo, nuestro Señor.**

Prefacio I-III de Navidad, pp. 566–571.

Si se utiliza el Canon romano, se dice Reunidos en comunión . . . propio, p. 665. En las otras Plegarias eucarísticas también se dicen las partes propias para esta Misa.

Antífona de la Comunión

Cfr. Zac 9, 9

¡Salta de alegría, hija de Sión!
¡Canta, hija de Jerusalén!
Mira que ya viene tu Rey, el Santo, el Salvador del mundo.

Oración después de la Comunión

Concédenos, Señor, que al celebrar con fervorosa alegría
el nacimiento de tu Hijo,
lleguemos a conocer, llenos de fe,
la profundidad de este misterio
y amarlo con nuestra más ardiente caridad.
Por Jesucristo, nuestro Señor.

Puede utilizarse la fórmula de bendición solemne, p. 707.

Misa del día

Antífona de entrada

Cfr. Is 9, 5

Un niño nos ha nacido, un hijo se nos ha dado;
lleva sobre sus hombros el imperio
y su nombre será Ángel del gran consejo.

Se dice Gloria.

Oración colecta

Señor Dios, que de manera admirable
creaste la naturaleza humana
y, de modo aún más admirable, la restauraste,
concédenos compartir la divinidad
de aquel que se dignó compartir nuestra humanidad.
Él, que vive y reina contigo en la unidad del Espíritu Santo
y es Dios por los siglos de los siglos.

Se dice Credo. A las palabras: Y por obra . . ., todos se arrodillan.

Oración sobre las ofrendas

Que sea aceptable ante ti, Señor,
la oblación de la presente solemnidad,
por la que llegó a nosotros tu benevolencia
para nuestra perfecta reconciliación
y nos fue concedido participar en plenitud del culto divino.
Por Jesucristo, nuestro Señor.

Prefacio I-III de Navidad, pp. 566–571.

Si se utiliza el Canon romano, se dice Reunidos en comunión . . . propio, p. 665. En las otras Plegarias eucarísticas también se dicen las partes propias para esta Misa.

Antífona de la Comunión

Cfr. Sal 98 (97), 3

Los confines de la tierra
han contemplado la salvación
que nos viene de Dios.

Oración después de la Comunión

Concédenos, Dios misericordioso,
que el Salvador del mundo, que hoy nos ha nacido,
puesto que es el autor de nuestro nacimiento a la vida,
también nos haga partícipes de su inmortalidad.
Él, que vive y reina por los siglos de los siglos.

Puede utilizarse la fórmula de bendición solemne, p. 707.

Domingo dentro de la octava de Navidad
o, si no hay domingo dentro de la octava, el día 30 de diciembre

SAGRADA FAMILIA DE JESÚS, MARÍA Y JOSÉ

Fiesta

Antífona de entrada

Lc 2, 16

Llegaron los pastores a toda prisa y encontraron a María y a José,
y al niño recostado en un pesebre.

Se dice Gloria.

Oración colecta

Señor Dios, que te dignaste dejarnos
el más perfecto ejemplo
en la Sagrada Familia de tu Hijo,
concédenos benignamente
que, imitando sus virtudes domésticas
y los lazos de caridad que la unió,
podamos gozar de la eterna recompensa en la alegría de tu casa.
Por nuestro Señor Jesucristo, tu Hijo,
que vive y reina contigo en la unidad del Espíritu Santo
y es Dios por los siglos de los siglos.

Cuando esta fiesta se celebra en domingo, se dice Credo.

Oración sobre las ofrendas

Te ofrecemos, Señor, este sacrificio de reconciliación,
y te pedimos humildemente
que, por la intercesión de la Virgen Madre de Dios y de san José,
fortalezcas nuestras familias en tu gracia y en tu paz.
Por Jesucristo, nuestro Señor.

Prefacio I-III de Navidad, pp. 566–571.

Si se utiliza el Canon romano, se dice Reunidos en comunión . . . propio, p. 665. En las otras Plegarias eucarísticas también se dicen las partes propias para esta Misa.

Antífona de la Comunión

Bar 3, 38

Nuestro Dios apareció en el mundo y convivió con los hombres.

Oración después de la Comunión

Padre misericordioso, haz que,
reanimados con este sacramento celestial,
imitemos constantemente los ejemplos de la Sagrada Familia,
para que, superadas las aflicciones de esta vida,
consigamos gozar eternamente de su compañía.
Por Jesucristo, nuestro Señor.

Cuando esta fiesta se celebra en domingo, puede utilizarse la fórmula de bendición solemne, p. 707.

29 de diciembre

Quinto día dentro de la octava de Navidad

Antífona de entrada
Jn 3, 16

Tanto amó Dios al mundo, que le dio a su Hijo único,
para que todo el que crea en él, no perezca,
sino que tenga la vida eterna.

Se dice Gloria.

Oración colecta

**Dios todopoderoso e invisible,
que, con la luz de tu venida, ahuyentaste las tinieblas del mundo,
míranos con rostro sereno,
para que sobreabundemos en toda alabanza,
proclamando dignamente la gloria
del nacimiento de tu Unigénito.
Él, que vive y reina contigo en la unidad del Espíritu Santo
y es Dios por los siglos de los siglos.**

Oración sobre las ofrendas

**Recibe, Señor, nuestros dones,
con los que se realiza tan glorioso intercambio,
para que, al ofrecerte lo que tú nos diste,
merezcamos recibirte a ti mismo.
Por Jesucristo, nuestro Señor.**

Prefacio I-III de Navidad, pp. 566–571.

Si se utiliza el Canon romano, se dice Reunidos en comunión . . . propio, p. 665. En las otras Plegarias eucarísticas también se dicen las partes propias para esta Misa.

Antífona de la Comunión
Lc 1, 78

Por la entrañable misericordia de nuestro Dios,
nos ha visitado el Sol que nace de lo alto.

Oración después de la Comunión

**Concédenos, Dios todopoderoso,
que la eficacia de estos sagrados misterios
constantemente fortalezca nuestra vida.
Por Jesucristo, nuestro Señor.**

30 de diciembre

Sexto día dentro de la octava de Navidad

Si no hay ningún domingo dentro de la octava de Navidad, este día se celebra la fiesta de la Sagrada Familia de Jesús, María y José (cfr. pp. 173–174).

Antífona de entrada

Sab 18, 14-15

Cuando un profundo silencio envolvía todas las cosas
y la noche estaba a la mitad de su camino,
tu Palabra todopoderosa, Señor,
bajó desde el trono real del cielo.

Se dice Gloria.

Oración colecta

**Concédenos, Dios todopoderoso,
que, viéndonos sujetos a la antigua esclavitud
bajo el yugo del pecado,
nos libere el nuevo nacimiento según la carne
de tu Unigénito.
Él, que vive y reina contigo en la unidad del Espíritu Santo
y es Dios por los siglos de los siglos.**

Oración sobre las ofrendas

**Acepta benignamente, Señor, los dones de tu pueblo,
para que recibamos, por este sacramento celestial,
aquello mismo que el fervor de nuestra fe
nos mueve a proclamar.
Por Jesucristo, nuestro Señor.**

Prefacio I-III de Navidad, pp. 566–571.

Si se utiliza el Canon romano, se dice Reunidos en comunión . . . propio, p. 665. En las otras Plegarias eucarísticas también se dicen las partes propias para esta Misa.

Antífona de la Comunión

Jn 1, 16

De su plenitud todos hemos recibido gracia sobre gracia.

Oración después de la Comunión

**Señor Dios, que nos unes a ti
al permitirnos participar en tus sacramentos,
realiza su poderoso efecto en nuestros corazones,
y que la misma recepción de este don tuyo
nos haga más dignos de seguir recibiéndolo.
Por Jesucristo, nuestro Señor.**

31 de diciembre

Séptimo día dentro de la octava de Navidad

Antífona de entrada Cfr. Is 9, 5

Un niño nos ha nacido, un hijo se nos ha dado;
lleva sobre sus hombros el imperio
y su nombre será Ángel del gran consejo.

Se dice Gloria.

Oración colecta

**Dios todopoderoso y eterno,
que aceptaste que en el nacimiento de tu Hijo
halle su principio y perfección la virtud que nos une a ti,
concédenos que seamos contados entre los escogidos de aquel
en quien está la plenitud de toda la salvación humana.
Él, que vive y reina contigo en la unidad del Espíritu Santo
y es Dios por los siglos de los siglos.**

Oración sobre las ofrendas

**Señor Dios, fuente de toda devoción sincera y de la paz,
concédenos honrar de tal manera tu majestad con estos dones,
que, al participar en estos santos misterios,
todos quedemos unidos en un mismo sentir.
Por Jesucristo, nuestro Señor.**

Prefacio I-III de Navidad, pp. 566–571.

Si se utiliza el Canon romano, se dice Reunidos en comunión . . . propio, p. 665. En las otras Plegarias eucarísticas también se dicen las partes propias para esta Misa.

Antífona de la Comunión 1 Jn 4, 9

Dios envió al mundo a su Hijo unigénito,
para que vivamos por él.

Oración después de la Comunión

**Señor, que tu pueblo, al que acompañas con variados auxilios,
obtenga de tu misericordia la ayuda presente y la futura,
para que, mientras se afana en procurar
el necesario consuelo de las cosas pasajeras,
más confiadamente aspire a las eternas.
Por Jesucristo, nuestro Señor.**

1 de enero

Octava de Navidad

SOLEMNIDAD DE SANTA MARÍA, MADRE DE DIOS

Antífona de entrada

Te aclamamos, santa Madre de Dios,
porque has dado a luz al Rey,
que gobierna el cielo y la tierra
por los siglos de los siglos.

O bien: Cfr. Is 9, 1. 5; Lc 1, 33

Hoy brillará una luz sobre nosotros, porque nos ha nacido el Señor;
y se llamará Admirable, Dios, Príncipe de la paz,
Padre del mundo futuro, y su Reino no tendrá fin.

Se dice Gloria.

Oración colecta

**Señor Dios, que por la fecunda virginidad de María
diste al género humano el don de la salvación eterna,
concédenos sentir la intercesión de aquella
por quien recibimos al autor de la vida,
Jesucristo, tu Hijo, Señor nuestro.
Él, que vive y reina contigo en la unidad del Espíritu Santo
y es Dios por los siglos de los siglos.**

Se dice Credo.

Oración sobre las ofrendas

**Señor Dios, que das origen y plenitud a todo bien,
concédenos que, al celebrar, llenos de gozo,
la solemnidad de la Santa Madre de Dios,
así como nos gloriamos de las primicias de su gracia,
podamos gozar también de su plenitud.
Por Jesucristo, nuestro Señor.**

Prefacio I de la santa María Virgen (en la Maternidad), p. 618.

Si se utiliza el Canon romano, se dice Reunidos en comunión . . . propio, p. 665. En las otras Plegarias eucarísticas también se dicen las partes propias para esta Misa.

Antífona de la Comunión Heb 13, 8

Jesucristo es el mismo ayer, hoy y por todos los siglos.

Oración después de la Comunión

**Señor, que estos sacramentos celestiales
que hemos recibido con alegría,
sean fuente de vida eterna para nosotros,
que nos gloriamos de proclamar a la siempre Virgen María
como Madre de tu Hijo y Madre de la Iglesia.
Por Jesucristo, nuestro Señor.**

Puede utilizarse la fórmula de bendición solemne, p. 707.

En los días siguientes, para las Misas de feria, se toman los textos de las pp. 187–198.

II DOMINGO DESPUÉS DE NAVIDAD

Antífona de entrada
Sab 18, 14-15

Cuando un profundo silencio envolvía todas las cosas
y la noche estaba a la mitad de su camino,
tu Palabra todopoderosa, Señor,
bajó desde el trono real del cielo.

Se dice Gloria.

Oración colecta

**Dios todopoderoso y eterno,
esplendor de las almas fieles,
dígnate por tu bondad llenar al mundo de tu gloria
y manifiéstate a todos los pueblos con la claridad de tu luz.
Por nuestro Señor Jesucristo, tu Hijo,
que vive y reina contigo en la unidad del Espíritu Santo
y es Dios por los siglos de los siglos.**

Se dice Credo.

Oración sobre las ofrendas

**Santifica, Señor, estos dones,
que te ofrecemos para celebrar el nacimiento de tu Unigénito,
por el que se nos muestra el camino de la verdad
y se nos promete la vida del reino celestial.
Por Jesucristo, nuestro Señor.**

Prefacio I-III de Navidad, pp. 566–571.

Antífona de la Comunión
Cfr. Jn 1, 12

A todos los que lo recibieron,
les dio el poder para ser hijos de Dios.

Oración después de la Comunión

**Te rogamos humildemente, Señor Dios nuestro,
que, por la eficacia de este sacramento,
queden expiadas nuestras culpas
y se hallen cumplidos nuestros justos anhelos.
Por Jesucristo, nuestro Señor.**

Puede utilizarse la fórmula de bendición solemne, p. 707.

[En las diócesis de los Estados Unidos]

Domingo entre el 2 y el 8 de enero

EPIFANÍA DEL SEÑOR

Solemnidad

Misa vespertina de la vigilia

Esta Misa se dice en la tarde de la solemnidad, antes o después de las primeras Vísperas de la Epifanía.

Antífona de entrada

Cfr. Bar 5, 5

Levántate, Jerusalén, mira hacia oriente
y contempla a tus hijos reunidos
desde donde sale el sol hasta el ocaso.

Se dice Gloria.

Oración colecta

Te rogamos, Señor,
que ilumine nuestros corazones el esplendor de tu majestad,
para que, venciendo las tinieblas de nuestro mundo,
lleguemos a la patria de la eterna claridad.
Por nuestro Señor Jesucristo, tu Hijo,
que vive y reina contigo en la unidad del Espíritu Santo
y es Dios por los siglos de los siglos.

Se dice Credo.

Oración sobre las ofrendas

Recibe, Señor, nuestros dones
en la manifestación de tu Unigénito
a los pueblos paganos,
de manera que podamos ofrecerte nuestra alabanza
y alcanzar la salvación eterna.
Por Jesucristo, nuestro Señor.

Prefacio de la Epifanía, p. 572.

Si se utiliza el Canon romano, se dice Reunidos en comunión . . . propio, p. 665. En las otras Plegarias eucarísticas también se dicen las partes propias para esta Misa.

Antífona de la Comunión

Cfr. Ap 21, 23

La claridad de Dios ilumina la ciudad santa de Jerusalén;
a esa luz caminan las naciones.

Oración después de la Comunión

Renovados, Señor, por estos sagrados alimentos,
imploramos tu misericordia,
para que la estrella de tu justicia
resplandezca siempre en nuestra vida
y sea nuestro tesoro la confesión de tu nombre.
Por Jesucristo, nuestro Señor.

Puede utilizarse la fórmula de bendición solemne, p. 708.

Misa del día

Antífona de entrada

Cfr. Mal 3, 1; 1 Crón 29, 12

Miren que ya viene el Señor todopoderoso;
en su mano están el reino, la potestad y el imperio.

Se dice Gloria.

Oración colecta

**Señor Dios, que en este día
manifestaste a tu Unigénito a las naciones,
guiándolas por la estrella,
concede a los que ya te conocemos por la fe,
que lleguemos a contemplar la hermosura de tu excelsa gloria.
Por nuestro Señor Jesucristo, tu Hijo,
que vive y reina contigo en la unidad del Espíritu Santo
y es Dios por los siglos de los siglos.**

En los lugares donde se acostumbre, pueden anunciarse, después del Evangelio, las fiestas movibles del año en curso de acuerdo al formulario que se propone en la pp. 1523 1525.

Se dice Credo.

Oración sobre las ofrendas

**Mira con bondad, Señor,
los dones de tu Iglesia,
que no consisten ya en oro, incienso y mirra,
sino en lo que por esos dones se representa,
se inmola y se recibe como alimento, Jesucristo, Señor nuestro.
Él, que vive y reina por los siglos de los siglos.**

Prefacio de la Epifanía, p. 572.

Si se utiliza el Canon romano, se dice Reunidos en comunión . . . propio, p. 665. En las otras Plegarias eucarísticas también se dicen las partes propias para esta Misa.

Antífona de la Comunión

Cfr. Mt 2, 2

Hemos visto su estrella en el Oriente
y venimos con regalos a adorar al Señor.

Oración después de la Comunión

**Te pedimos, Señor, que tu luz celestial
siempre y en todas partes vaya guiándonos,
para que contemplemos con ojos puros
y recibamos con amor sincero
el misterio del que quisiste hacernos partícipes.
Por Jesucristo, nuestro Señor.**

Puede utilizarse la fórmula de bendición solemne, p. 708.

FERIAS DEL TIEMPO DE NAVIDAD

Desde el 2 de enero, hasta el sábado anterior
a la fiesta del Bautismo del Señor

Estas Misas se utilizan en los días asignados, cambiando la colecta según se indica.

Lunes del Tiempo de Navidad

Antífona de entrada

Un día sagrado ha amanecido para nosotros.
Vengan, pueblos, y adoren al Señor,
porque una gran luz ha descendido sobre la tierra.

Oración colecta

Antes de la Epifanía

**Concede a tu pueblo, Señor,
una inquebrantable firmeza en su fe,
para que al confesar que tu Unigénito,
eterno contigo en tu gloria, nació de una Madre Virgen,
nos veamos libres de los males presentes
y seamos recibidos en los gozos perdurables.
Por nuestro Señor Jesucristo, tu Hijo,
que vive y reina contigo en la unidad del Espíritu Santo
y es Dios por los siglos de los siglos.**

Después de la Epifanía

**Señor Dios, cuya eterna Palabra embelleció los cielos
y tomó de la Virgen María la fragilidad de nuestra carne,
concede que, así como se manifestó entre nosotros
en el esplendor de la verdad,
así se manifieste en la plenitud de su poder, para salvar al mundo.
Por nuestro Señor Jesucristo, tu Hijo,
que vive y reina contigo en la unidad del Espíritu Santo
y es Dios por los siglos de los siglos.**

Oración sobre las ofrendas

**Recibe, Señor, nuestros dones,
con los que se realiza tan glorioso intercambio,
para que, al ofrecerte lo que tú nos diste,
merezcamos recibirte a ti mismo.
Por Jesucristo, nuestro Señor.**

Antes de la solemnidad de la Epifanía, prefacio de Navidad, pp. 566–571. Después de la solemnidad, prefacio de Epifanía, p. 572, o de Navidad, pp. 566–571.

Antífona de la Comunión Jn 1, 14

Hemos contemplado su gloria,
gloria que le corresponde como a Unigénito del Padre,
lleno de gracia y de verdad.

Oración después de la Comunión

**Concédenos, Dios todopoderoso,
que la eficacia de estos sagrados misterios
constantemente fortalezca nuestra vida.
Por Jesucristo, nuestro Señor.**

Martes del Tiempo de Navidad

Antífona de entrada
Sal 118 (117), 26-27

Bendito el que viene en nombre del Señor.
El Señor es Dios, él nos ilumina.

Oración colecta

Antes de la Epifanía

**Dios y Padre nuestro,
que quisiste que tu Hijo, nacido de la Virgen María,
fuera en todo semejante a nosotros, menos en el pecado,
concede a quienes hemos renacido a la vida nueva,
vernos libres de nuestra antigua situación de pecado.
Por nuestro Señor Jesucristo, tu Hijo,
que vive y reina contigo en la unidad del Espíritu Santo
y es Dios por los siglos de los siglos.**

Después de la Epifanía

**Señor Dios, cuyo Unigénito
se manifestó en la realidad de nuestra carne,
concédenos, por aquel que hemos conocido
semejante a nosotros en lo exterior,
que merezcamos quedar interiormente renovados.
Él, que vive y reina contigo en la unidad del Espíritu Santo
y es Dios por los siglos de los siglos.**

Oración sobre las ofrendas

**Acepta benignamente, Señor, los dones de tu pueblo,
para que recibamos, por este sacramento celestial,
aquello mismo que el fervor de nuestra fe
nos mueve a proclamar.
Por Jesucristo, nuestro Señor.**

Antes de la solemnidad de la Epifanía, prefacio de Navidad, pp. 566–571. Después de la solemnidad, prefacio de Epifanía, p. 572, o de Navidad, pp. 566–571.

Antífona de la Comunión
Cfr. Ef 2, 4; Rom 8, 3

Por el gran amor con que nos amó,
Dios envió a su propio Hijo
con una naturaleza
semejante a la del pecado.

Oración después de la Comunión

**Señor Dios, que nos unes a ti
al permitirnos participar en tus sacramentos,
realiza su poderoso efecto en nuestros corazones,
y que la misma recepción de este don tuyo
nos haga más dignos de seguir recibiéndolo.
Por Jesucristo, nuestro Señor.**

Miércoles del Tiempo de Navidad

Antífona de entrada

Is 9, 1

El pueblo que caminaba en tinieblas,
vio una gran luz.
Sobre los que vivían en tierra de sombras,
una luz resplandeció.

Oración colecta

Antes de Epifanía

**Concédenos, Dios todopoderoso, que el Salvador,
que apareció como nueva luz en el cielo para redimir el mundo,
se manifieste siempre en nuestros corazones, para renovarlos.
Por nuestro Señor Jesucristo, tu Hijo,
que vive y reina contigo en la unidad del Espíritu Santo
y es Dios por los siglos de los siglos.**

Después de Epifanía

**Señor Dios, luz que ilumina a todas las naciones,
concede a todos los pueblos gozar de paz duradera
e infunde en nuestros corazones aquella maravillosa luz
que encendiste en el corazón de nuestros padres.
Por nuestro Señor Jesucristo, tu Hijo,
que vive y reina contigo en la unidad del Espíritu Santo
y es Dios por los siglos de los siglos.**

Oración sobre las ofrendas

**Señor Dios, fuente de toda devoción sincera y de la paz,
concédenos honrar de tal manera tu majestad con estos dones,
que, al participar en estos santos misterios,
todos quedemos unidos en un mismo sentir.
Por Jesucristo, nuestro Señor.**

Antes de la solemnidad de la Epifanía, prefacio de Navidad, pp. 566–571. Después de la solemnidad, prefacio de Epifanía, p. 572, o de Navidad, pp. 566–571.

Antífona de la Comunión

1 Jn 1, 2

La vida, que estaba junto al Padre,
se manifestó a nosotros
y nosotros la hemos visto.

Oración después de la Comunión

Señor, que tu pueblo, al que diriges con variados auxilios,
obtenga de tu misericordia la ayuda presente y la futura,
para que, recibiendo el necesario consuelo de las cosas pasajeras,
más confiadamente aspire a las eternas.
Por Jesucristo, nuestro Señor.

Jueves del Tiempo de Navidad

Antífona de entrada
Cfr. Jn 1, 1

En el principio y antes de todos los siglos Dios era Palabra,
y la Palabra se dignó nacer como Salvador del mundo.

Oración colecta

Antes de Epifanía

**Señor Dios, que, con el nacimiento de tu Unigénito,
diste comienzo a la obra de la redención de tu pueblo,
concede a tus siervos tan grande firmeza en su fe,
que puedan llegar, conducidos por él,
hasta la prometida recompensa de la gloria.
Por nuestro Señor Jesucristo, tu Hijo,
que vive y reina contigo en la unidad del Espíritu Santo
y es Dios por los siglos de los siglos.**

Después de Epifanía

**Señor, Dios nuestro, que por medio de tu Hijo
has hecho brillar la luz eterna de tu divinidad
ante todas las naciones,
haz que tu pueblo conozca en plenitud
la gloria de Cristo, su Redentor,
para que, así, alcance la claridad que no tiene ocaso.
Por nuestro Señor Jesucristo, tu Hijo,
que vive y reina contigo en la unidad del Espíritu Santo
y es Dios por los siglos de los siglos.**

Oración sobre las ofrendas

**Recibe, Señor, nuestros dones,
con los que se realiza tan glorioso intercambio,
para que, al ofrecerte lo que tú nos diste,
merezcamos recibirte a ti mismo.
Por Jesucristo, nuestro Señor.**

Antes de la solemnidad de la Epifanía, prefacio de Navidad, pp. 566–571. Después de la solemnidad, prefacio de Epifanía, p. 572, o de Navidad, pp. 566–571.

Antífona de la Comunión
Jn 3, 16

Tanto amó Dios al mundo que le dio a su Hijo único,
para que todo el que crea en él no perezca,
sino que tenga vida eterna.

Oración después de la Comunión

**Concédenos, Dios todopoderoso,
que la eficacia de estos sagrados misterios
constantemente fortalezca nuestra vida.
Por Jesucristo, nuestro Señor.**

Viernes del Tiempo de Navidad

Antífona de entrada

Sal 112 (111), 4

Una luz se levanta en las tinieblas
para los hombres de corazón recto:
el Señor clemente, justo y compasivo.

Oración colecta

Antes de Epifanía

**Te rogamos, Señor, que ilumines bondadosamente a tus fieles
e inflames siempre sus corazones con el resplandor de tu gloria,
para que constantemente reconozcamos a nuestro Salvador
y lo acojamos de verdad.
Él, que vive y reina contigo en la unidad del Espíritu Santo
y es Dios por los siglos de los siglos.**

Después de Epifanía

**Concédenos, Dios todopoderoso,
que el nacimiento del Salvador del mundo,
manifestado por la estrella,
sea comprendido por nuestras mentes
cada vez con mayor profundidad.
Por nuestro Señor Jesucristo, tu Hijo,
que vive y reina contigo en la unidad del Espíritu Santo
y es Dios por los siglos de los siglos.**

Oración sobre las ofrendas

**Acepta benignamente, Señor, los dones de tu pueblo,
para que recibamos, por este sacramento celestial,
aquello mismo que el fervor de nuestra fe nos mueve a proclamar.
Por Jesucristo, nuestro Señor.**

Antes de la solemnidad de la Epifanía, prefacio de Navidad, pp. 566–571. Después de la solemnidad, prefacio de Epifanía, p. 572, o de Navidad, pp. 566–571.

Antífona de la Comunión

1 Jn 4, 9

En esto se manifiesta el amor que Dios nos tiene:
en que envió al mundo a su Hijo único,
para que vivamos por él.

Oración después de la Comunión

**Señor Dios, que nos unes a ti
al permitirnos participar en tus sacramentos,
realiza su poderoso efecto en nuestros corazones,
y que la misma recepción de este don tuyo
nos haga más dignos de seguir recibiéndolo.
Por Jesucristo, nuestro Señor.**

Sábado del Tiempo de Navidad

Antífona de entrada

Gál 4, 4-5

Envió Dios a su Hijo, nacido de una mujer,
para que recibiéramos la dignidad de hijos adoptivos.

Oración colecta

Antes de Epifanía

**Dios todopoderoso y eterno,
que con la venida de tu Unigénito
has hecho resplandecer sobre el mundo una luz nueva,
concédenos, que así como Jesucristo,
al nacer de la Virgen María,
ha querido compartir nuestra condición humana,
así también nosotros lleguemos a compartir en su Reino
la gloria de su divinidad.
Él, que vive y reina contigo en la unidad del Espíritu Santo
y es Dios por los siglos de los siglos.**

Después de Epifanía

**Dios todopoderoso y eterno,
que, por medio de tu Unigénito
nos convertiste en una nueva creatura,
concédenos que, por tu gracia,
seamos transformados a semejanza de aquel
que se dignó compartir nuestra humanidad.
Él, que vive y reina contigo en la unidad del Espíritu Santo
y es Dios por los siglos de los siglos.**

Oración sobre las ofrendas

**Señor Dios, fuente de toda devoción sincera y de la paz,
concédenos honrar de tal manera tu majestad con estos dones,
que, al participar en estos santos misterios,
todos quedemos unidos en un mismo sentir.
Por Jesucristo, nuestro Señor.**

Antes de la solemnidad de la Epifanía, prefacio de Navidad, pp. 566–571. Después de la solemnidad, prefacio de Epifanía, p. 572, o de Navidad, pp. 566–571.

Antífona de la Comunión

Jn 1, 16

De su plenitud todos hemos recibido gracia sobre gracia.

Oración después de la Comunión

**Señor, que tu pueblo, al que diriges con variados auxilios,
obtenga de tu misericordia la ayuda presente y la futura,
para que, recibiendo el necesario consuelo de las cosas pasajeras,
más confiadamente aspire a las eternas.
Por Jesucristo, nuestro Señor.**

Domingo después de la Epifanía

BAUTISMO DEL SEÑOR

Fiesta

Cuando la solemnidad de la Epifanía cae en el 7 o el 8 de enero, la fiesta del Bautismo del Señor se celebra el lunes siguiente.

Antífona de entrada Cfr. Mt 3, 16-17

Inmediatamente después de que Jesús recibió el bautismo,
se abrieron los cielos
y el Espíritu Santo se posó sobre él en forma de paloma,
y resonó la voz del Padre que decía:
"Éste es mi Hijo amado, en quien he puesto todo mi amor".

Se dice Gloria.

Oración colecta

Dios todopoderoso y eterno,
que proclamaste solemnemente a Jesucristo
como tu Hijo muy amado,
cuando, al ser bautizado en el Jordán,
descendió el Espíritu Santo sobre él,
concede a tus hijos de adopción,
renacidos del agua y del Espíritu Santo,
que se conserven siempre dignos de tu complacencia.
Por nuestro Señor Jesucristo, tu Hijo,
que vive y reina contigo en la unidad del Espíritu Santo
y es Dios por los siglos de los siglos.

O bien:

Señor Dios, cuyo Unigénito
se manifestó en la realidad de nuestra carne,
concédenos, por aquel que hemos conocido
semejante a nosotros en lo exterior,
que merezcamos quedar interiormente renovados.
Él, que vive y reina contigo en la unidad del Espíritu Santo
y es Dios por los siglos de los siglos.

Se dice Credo.

Oración sobre las ofrendas

Acepta, Señor, los dones que te presentamos
en la manifestación de tu Hijo muy amado,
para que la oblación de tus hijos
se convierta en el mismo sacrificio de aquel
que quiso en su misericordia lavar los pecados del mundo.
Él, que vive y reina por los siglos de los siglos.

Prefacio: El Bautismo del Señor.

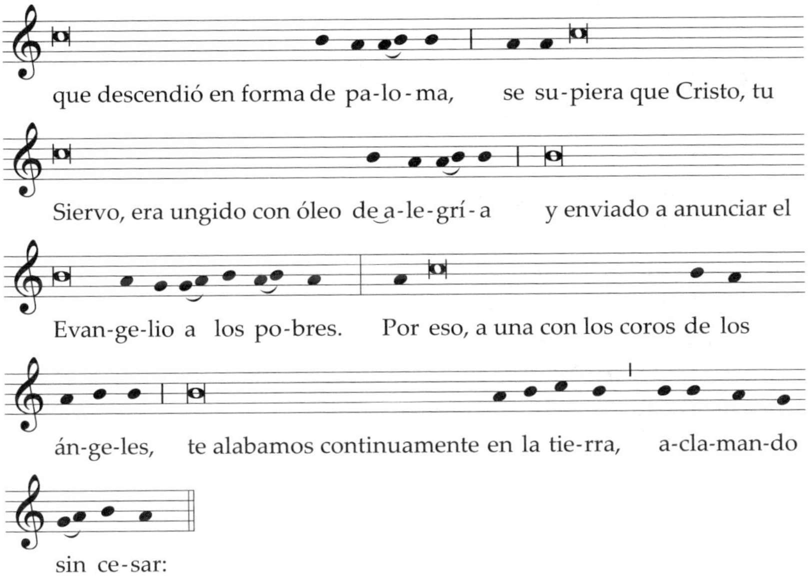

Santo, Santo, Santo . . .

Texto sin música:

V. **El Señor esté con ustedes.**
R. Y con tu espíritu.

V. **Levantemos el corazón.**
R. Lo tenemos levantado hacia el Señor.

V. **Demos gracias al Señor, nuestro Dios.**
R. Es justo y necesario.

**En verdad es justo y necesario,
es nuestro deber y salvación
darte gracias siempre y en todo lugar,
Señor, Padre santo,
Dios todopoderoso y eterno.**

**Porque mostraste en el Jordán con signos admirables
el misterio del nuevo Bautismo,
para que por aquella voz, venida del cielo,
creyéramos que tu Palabra
ya estaba habitando entre nosotros
y, por el Espíritu Santo, que descendió en forma de paloma,
se supiera que Cristo, tu Siervo,
era ungido con óleo de alegría
y enviado a anunciar el Evangelio a los pobres.**

**Por eso, a una con los coros de los ángeles,
te alabamos continuamente en la tierra,
aclamando sin cesar:**

Santo, Santo, Santo . . .

Antífona de la Comunión

Cfr. Jn 1, 32. 34

Éste es aquel de quien Juan decía:
"Yo lo he visto y doy testimonio de que él es el Hijo de Dios".

Oración después de la Comunión

**Saciados con estos sagrados dones,
imploramos, Señor, tu clemencia,
para que, escuchando fielmente a tu Unigénito,
nos llamemos y seamos de verdad hijos tuyos.
Por Jesucristo, nuestro Señor.**

Los días que van desde el lunes después de este domingo hasta el martes antes de comenzar la Cuaresma, forman parte del Tiempo Ordinario. En estos días, tanto en las Misas de domingo como en las de feria, se utilizan los textos que se proponen más adelante en la p. 537 y siguientes.

TIEMPO DE CUARESMA

1. Se recomienda encarecidamente que se conserve y promueva la forma tradicional de la reunión de la Iglesia local al modo de las "estaciones" romanas, al menos en las ciudades más grandes y del modo más apto para cada lugar, sobre todo en el Tiempo de Cuaresma.

Sin embargo, la asamblea de los fieles puede reunirse, sobre todo con la presidencia del Pastor de la diócesis, los domingos o en otro día más oportuno entre semana, o junto a los sepulcros de los santos, o en las principales iglesias de la ciudad, o en los santuarios, o también en algún lugar de peregrinación que sea más frecuentado en la diócesis.

Si se hace una procesión antes de la Misa, la asamblea se reúne en una iglesia menor o en otro lugar apto, fuera de la iglesia a la que se dirige la procesión.

Después del saludo al pueblo, el sacerdote dice la oración colecta del Misterio de la Santa Cruz (cfr. pp. **1385–1386**), o por la remisión de los pecados (cfr. pp. **1359–1360**) o por la Iglesia, especialmente la local (cfr. p. **1298**), o una de las oraciones sobre el pueblo. Luego se ordena la procesión hacia la iglesia donde se celebrará la Misa, mientras se cantan las letanías de los santos. Se pueden añadir también las invocaciones del santo patrono o fundador y de los santos de la Iglesia local.

Cuando llega la procesión a la iglesia, el sacerdote venera el altar y, según las circunstancias, lo inciensa. Luego, omitidos los ritos iniciales y, si es oportuno, también el **Señor, ten piedad**, dice la colecta de la Misa; luego se prosigue del modo acostumbrado.

2. En estas reuniones puede tenerse en lugar de la Misa una celebración de la Palabra de Dios, sobre todo al modo de las celebraciones penitenciales, que se proponen en el Ritual Romano para el Tiempo de Cuaresma.

3. En las ferias de este tiempo se puede tener, si es oportuno, al final de la Misa, antes de la bendición final, la oración sobre el pueblo, que se propone para cada día.

4. En este tiempo se prohíbe adornar con flores el altar y tocar instrumentos. Sólo se permiten para sostener el canto. Sin embargo, se exceptúan el domingo ***Laetare*** (IV de Cuaresma) y las solemnidades y fiestas.

MIÉRCOLES DE CENIZA

En la Misa de este día se bendice y se impone la ceniza hecha de ramos de olivo o de otros árboles, bendecidos el Domingo de Ramos del año anterior.

Ritos iniciales y Liturgia de la Palabra

Antífona de entrada Cfr. Sab 11, 23. 24. 26

Tú, Señor, te compadeces de todos
y no aborreces nada de lo que has creado,
aparentas no ver los pecados de los hombres,
para darles ocasión de arrepentirse,
porque tú eres el Señor, nuestro Dios.

Se omite el acto penitencial, que es sustituido por el rito de la imposición de la ceniza.

Oración colecta

**Que el día de ayuno con el que iniciamos,
Señor, esta Cuaresma, sea el principio
de una verdadera conversión a ti y que nuestros actos
de penitencia nos ayuden a vencer el espíritu del mal.
Por nuestro Señor Jesucristo, tu Hijo,
que vive y reina contigo en la unidad del Espíritu Santo
y es Dios por los siglos de los siglos.**

Bendición e imposición de la ceniza

Después de la homilía, el sacerdote, de pie y con las manos juntas, dice:

**Queridos hermanos, pidamos humildemente a Dios Padre
que bendiga con su gracia esta ceniza
que, en señal de penitencia,
vamos a imponer sobre nuestra cabeza.**

Y, después de un breve momento de oración en silencio, con las manos extendidas, prosigue:

**Señor Dios, que te apiadas de quien se humilla
y te muestras benévolo para quien se arrepiente,
inclina piadosamente tu oído a nuestras súplicas
y derrama la gracia de tu bendición ✠
sobre estos siervos tuyos, que van a recibir la ceniza,
para que, perseverando en las prácticas cuaresmales,
merezcan llegar, purificada su conciencia,
a la celebración del misterio pascual de tu Hijo.
Él, que vive y reina por los siglos de los siglos.**
R. Amén.

O bien:

**Señor Dios, que no quieres la muerte del pecador
sino su conversión,
escucha bondadosamente nuestras súplicas
y dígnate bendecir ✠ esta ceniza,
que vamos a imponer sobre nuestra cabeza,
sabiendo que somos polvo y al polvo hemos de volver
y concédenos que,
por nuestro esfuerzo en las prácticas cuaresmales,
obtengamos el perdón de nuestros pecados
y una vida renovada a imagen de tu Hijo resucitado.
Él, que vive y reina por los siglos de los siglos.**
R. Amén.

Y rocía la ceniza con agua bendita, sin decir nada.

Después el sacerdote impone la ceniza a todos los presentes que se acercan a él, y dice a cada uno:

Conviértete y cree en el Evangelio.

O bien:

Recuerda que eres polvo y al polvo has de volver.

Mientras tanto se canta la antífona.

Antífona 1

Renovemos nuestra vida
con signos de penitencia;
ayunemos y lloremos delante del Señor,
porque la misericordia de nuestro Dios
está siempre dispuesta a perdonar nuestros pecados.

Antífona 2

Cfr. Jl 2, 17; Est 4, 17

Entre el atrio y el altar lloren los sacerdotes,
ministros del Señor, diciendo:
Perdona, Señor, perdona a tu pueblo,
y no cierres la boca de aquellos que te alaban.

Antífona 3

Sal 51 (50), 3

Lávame, Señor, de mis pecados.

Esta antífona puede repetirse después de cada verso del salmo 51 (50) Misericordia, Dios mío, por tu bondad.

Responsorio

Cfr. Bar 3, 2; Sal 79 (78), 9

R. Renovemos y mejoremos nuestra vida, pues por ignorancia hemos pecado; no sea que, sorprendidos por el día de la muerte, busquemos un tiempo para hacer penitencia, y ya no sea posible encontrarlo. * Escúchanos, Señor, y ten piedad, porque hemos pecado contra ti.

V. Ven en nuestra ayuda, Dios salvador nuestro; por el honor de tu nombre, líbranos, Señor.

R. Escúchanos, Señor y ten piedad, porque hemos pecado contra ti.

Se puede entonar también otro canto apropiado.

Terminada la imposición de la ceniza, el sacerdote se lava las manos y continúa con la oración universal, y la Misa prosigue del modo acostumbrado.

No se dice Credo.

Liturgia eucarística

Oración sobre las ofrendas

**Al ofrecer el sacrificio
con el que iniciamos solemnemente la Cuaresma,
te rogamos, Señor,
que por nuestras obras de penitencia y de caridad
nos veamos libres de los vicios y los malos deseos,
para que, purificados de todo pecado,
merezcamos celebrar con fervor la pasión de tu Hijo.
Él, que vive y reina por los siglos de los siglos.**

Prefacio III o IV de Cuaresma, pp. 578–581.

Antífona de la Comunión

Cfr. Sal 1, 2-3

El que día y noche medita la ley del Señor,
al debido tiempo dará su fruto.

Oración después de la Comunión

**Que nos auxilien, Señor, los sacramentos que recibimos,
para que nuestro ayuno sea de tu agrado
y nos aproveche como remedio saludable.
Por Jesucristo, nuestro Señor.**

Oración sobre el pueblo

Para la despedida, el sacerdote, de pie, vuelto hacia el pueblo y extendiendo las manos sobre él, dice esta oración:

**Infunde benignamente, Señor Dios,
en quienes, postrados, te adoramos, un espíritu de contrición
y que, por nuestro arrepentimiento,
merezcamos alcanzar el premio
que misericordiosamente volviste a prometernos.
Por Jesucristo, nuestro Señor.**

La bendición e imposición de la ceniza puede hacerse también sin Misa. En este caso, conviene celebrar antes la Liturgia de la Palabra, usando el canto de entrada, la oración colecta, y las lecturas con sus cánticos, como en la Misa. Enseguida se tienen la homilía y la bendición e imposición de la ceniza. El rito se concluye con la oración universal, la bendición y la despedida de los fieles.

Jueves después de Ceniza

Antífona de entrada

Cfr. Sal 55 (54), 17-20. 23

Invoqué al Señor, y él escuchó mi voz;
me libró de los que me atacaban.
Encomienda al Señor lo que te agobia
y él te sustentará.

Oración colecta

**Te rogamos, Señor,
que inspires con tu gracia nuestras acciones
y las acompañes con tu ayuda,
para que todas nuestras obras tengan siempre en ti su principio
y por ti lleguen a buen término.
Por nuestro Señor Jesucristo, tu Hijo,
que vive y reina contigo en la unidad del Espíritu Santo
y es Dios por los siglos de los siglos.**

Oración sobre las ofrendas

**Mira favorablemente, Señor,
las ofrendas que presentamos en tu altar,
para que nos alcancen tu perdón
y den gloria a tu nombre.
Por Jesucristo, nuestro Señor**

Prefacio de Cuaresma, pp. 574–581.

Antífona de la Comunión

Cfr. Sal 51 (50), 12

Señor, crea en mí un corazón puro,
y renuévame por dentro con espíritu firme.

Oración después de la Comunión

**Habiendo recibido la bendición del don celestial,
te rogamos, Dios todopoderoso,
que este mismo don se convierta para nosotros
en fuente de perdón y de salvación.
Por Jesucristo, nuestro Señor.**

Oración sobre el pueblo

opcional

**Dios todopoderoso, que has dado a conocer a tu pueblo
la senda de la vida eterna,
te rogamos que, por el mismo camino,
nos hagas llegar hasta ti, que eres la luz sin ocaso.
Por Jesucristo, nuestro Señor.**

Viernes después de Ceniza

Antífona de entrada — Sal 30 (29), 11

El Señor me escuchó, tuvo misericordia de mí; el Señor vino en mi ayuda.

Oración colecta

Te pedimos, Señor, que tu bondad nos ayude
a continuar las obras penitenciales que hemos comenzado,
para que la austeridad exterior que practicamos
vaya siempre acompañada por la sinceridad de corazón.
Por nuestro Señor Jesucristo, tu Hijo,
que vive y reina contigo en la unidad del Espíritu Santo
y es Dios por los siglos de los siglos.

Oración sobre las ofrendas

Señor, que este santo sacrificio que te ofrecemos
en este tiempo de Cuaresma
nos haga más gratos a tus ojos
y más generosos en la práctica de la penitencia.
Por Jesucristo, nuestro Señor.

Prefacio de Cuaresma, pp. 574–581.

Antífona de la Comunión — Sal 25 (24), 4

Muéstranos, Señor, tus caminos,
enséñanos tus senderos.

Oración después de la Comunión

Te pedimos, Dios todopoderoso,
que la participación en este sacramento
nos purifique de todo pecado
y nos disponga a recibir los dones de tu bondad.
Por Jesucristo, nuestro Señor.

Oración sobre el pueblo — opcional

Que tu pueblo, Dios misericordioso,
agradezca continuamente tus obras maravillosas
y mientras peregrina guiado por las antiguas observancias,
haz que merezca llegar un día a contemplarte eternamente.
Por Jesucristo, nuestro Señor.

Sábado después de Ceniza

Antífona de entrada Cfr. Sal 69 (68), 17

Escúchanos, Señor,
porque grande es tu misericordia;
por tu ternura, Señor,
vuelve a nosotros tus ojos.

Oración colecta

**Dios todopoderoso y eterno,
mira compasivo nuestra debilidad
y extiende tu mano poderosa
para darnos tu protección.
Por nuestro Señor Jesucristo, tu Hijo,
que vive y reina contigo en la unidad del Espíritu Santo
y es Dios por los siglos de los siglos.**

Oración sobre las ofrendas

**Recibe, Señor,
este sacrificio de reconciliación y de alabanza
y concédenos que, purificados por su eficacia,
podamos ofrecerte el afecto de un corazón grato a tus ojos.
Por Jesucristo, nuestro Señor.**

Prefacio de Cuaresma, pp. 574–581.

Antífona de la Comunión Mt 9, 13

Misericordia quiero
y no sacrificios, dice el Señor;
pues no he venido a llamar a los justos,
sino a los pecadores.

Oración después de la Comunión

**Reanimados por este don de vida celestial,
te rogamos, Señor,
que lo que en esta vida es sacramento para nosotros,
se nos convierta en remedio de eternidad.
Por Jesucristo, nuestro Señor.**

Oración sobre el pueblo opcional

**Muéstrate propicio, Señor, a tu pueblo,
dichoso de haberse acercado a estos santos misterios,
para que, habiendo confiado en tu protección,
ningún peligro nos aflija.
Por Jesucristo, nuestro Señor.**

I DOMINGO DE CUARESMA

En este domingo se celebra el rito de "elección" o "inscripción del nombre" para los catecúmenos que van a ser admitidos a los sacramentos de la Iniciación Cristiana en la Vigilia Pascual. Se emplean las oraciones y las intercesiones propias que aparecen en las pp. 1175–1176.

Antífona de entrada Cfr. Sal 91 (90), 15-16

Me invocará y yo lo escucharé;
lo libraré y lo glorificaré;
prolongaré los días de su vida.

No se dice Gloria.

Oración colecta

Concédenos, Dios todopoderoso,
que por las prácticas anuales de esta celebración cuaresmal,
progresemos en el conocimiento del misterio de Cristo,
y traduzcamos su efecto en una conducta irreprochable.
Por nuestro Señor Jesucristo, tu Hijo,
que vive y reina contigo en la unidad del Espíritu Santo
y es Dios por los siglos de los siglos.

Se dice Credo.

Oración sobre las ofrendas

Te pedimos, Señor, que nos hagas dignos
de estos dones que vamos a ofrecerte,
ya que con ellos celebramos el inicio
de este venerable misterio.
Por Jesucristo, nuestro Señor.

Prefacio: Las tentaciones del Señor.

℣. El Se-ñor es-té con us-te-des. ℟. Y con tu es-pí-ri-tu.

℣. Le-van-te-mos el co-ra-zón. ℟. Lo te-ne-mos le-van-ta-do ha-cia el Se-ñor.

℣. De-mos gra-cias al Se-ñor, nues-tro Dios. ℟. Es jus-to y ne-ce-sa-rio.

Santo, Santo, Santo . . .

Texto sin música:

V. **El Señor esté con ustedes.**
R. Y con tu espíritu.

V. **Levantemos el corazón.**
R. Lo tenemos levantado hacia el Señor.

V. **Demos gracias al Señor, nuestro Dios.**
R. Es justo y necesario.

En verdad es justo y necesario,
es nuestro deber y salvación
darte gracias siempre y en todo lugar,
Señor, Padre santo,
Dios todopoderoso y eterno,
por Cristo, Señor nuestro.

Porque él mismo,
al abstenerse durante cuarenta días de tomar alimento,
consagró la práctica de nuestra penitencia cuaresmal
y, al rechazar las tentaciones del enemigo,
nos enseñó a superar la seducción del pecado,
para que, después de celebrar con espíritu renovado
el misterio pascual,
pasemos finalmente a la Pascua eterna.

Por eso, con los coros de los ángeles y los santos,
te cantamos el himno de alabanza,
diciendo sin cesar:

Santo, Santo, Santo . . .

Antífona de la Comunión

Mt 4, 4

No sólo de pan vive el hombre,
sino también de toda palabra
que sale de la boca de Dios.

O bien: Cfr. Sal 91 (90), 4

El Señor te cubrirá con sus plumas,
y bajo sus alas encontrarás refugio.

Oración después de la Comunión

Alimentados, Señor, de este pan celestial
que nutre la fe, hace crecer la esperanza y fortalece la caridad,
te suplicamos la gracia de aprender a sentir hambre
de aquel que es el pan vivo y verdadero,
y a vivir de toda palabra que procede de tu boca.
Por Jesucristo, nuestro Señor.

Oración sobre el pueblo

Derrama sobre tu pueblo, Señor,
la abundancia de tu bendición
para que su esperanza crezca en la adversidad,
su virtud se fortalezca en la tentación,
y alcance la redención eterna.
Por Jesucristo, nuestro Señor.

Lunes I de Cuaresma

Antífona de entrada — Cfr. Sal 123 (122), 2-3

Como están los ojos de los esclavos,
fijos en las manos de sus señores,
así están nuestros ojos fijos en el Señor,
Dios nuestro, esperando su misericordia.
Ten piedad de nosotros, Señor, ten piedad.

Oración colecta

**Conviértenos, Dios, Salvador nuestro,
y para que nos sean provechosas las prácticas cuaresmales,
ilumina nuestro espíritu con la sabiduría del cielo.
Por nuestro Señor Jesucristo, tu Hijo,
que vive y reina contigo en la unidad del Espíritu Santo
y es Dios por los siglos de los siglos.**

Oración sobre las ofrendas

**Que te sean gratas, Señor, nuestras filiales ofrendas;
que santifiquen, por tu gracia, nuestra vida
y nos obtengan tu bondadoso perdón.
Por Jesucristo, nuestro Señor.**

Prefacio de Cuaresma, pp. 574–581.

Antífona de la Comunión — Mt 25, 40. 34

En verdad les digo que cuanto hicieron
con el más insignificante de mis hermanos,
conmigo lo hicieron, dice el Señor.
Vengan, benditos de mi Padre,
y tomen posesión del Reino preparado para ustedes
desde la creación del mundo.

Oración después de la Comunión

**Te rogamos, Señor, que al recibir tu sacramento,
experimentemos tu auxilio para el alma y el cuerpo,
y así, restaurado todo nuestro ser,
alcancemos la plenitud de la salvación.
Por Jesucristo, nuestro Señor.**

Oración sobre el pueblo opcional

Ilumina a tu pueblo, Señor,
con la claridad de tu luz,
para que pueda descubrir lo que debe hacer
y sea capaz de realizar lo que es recto.
Por Jesucristo, nuestro Señor.

Martes I de Cuaresma

Antífona de entrada Cfr. Sal 90 (89), 1-2

Señor, tú has sido nuestro refugio
de generación en generación.
Desde siempre y para siempre tú eres Dios.

Oración colecta

**Mira, Señor, a tu familia y concede
que mientras afligimos nuestro cuerpo con la penitencia,
nuestro espíritu se vea iluminado por el deseo de estar cerca de ti.
Por nuestro Señor Jesucristo, tu Hijo,
que vive y reina contigo en la unidad del Espíritu Santo
y es Dios por los siglos de los siglos.**

Oración sobre las ofrendas

**Acepta, Dios creador todopoderoso,
estos dones que hemos recibido de tu generosidad,
y concédenos que los auxilios temporales que nos das
nos sirvan para la vida eterna.
Por Jesucristo, nuestro Señor.**

Prefacio de Cuaresma, pp. 574–581.

Antífona de la Comunión Cfr. Sal 4, 2

Cuando te invoqué me escuchaste,
tú, Dios, defensor mío,
y en la tribulación me consolaste;
ten piedad de mí y escucha mi oración.

Oración después de la Comunión

**Concédenos, Señor, por la celebración de estos misterios,
que, al esforzarnos por dominar los deseos terrenales,
aprendamos a amar las realidades celestiales.
Por Jesucristo, nuestro Señor.**

Oración sobre el pueblo opcional

**Señor Dios, que tu bendición fortalezca a tus fieles;
que sea consuelo en su aflicción,
paciencia en las adversidades
y protección en los peligros.
Por Jesucristo, nuestro Señor.**

Miércoles I de Cuaresma

Antífona de entrada

Cfr. Sal 25 (24), 6. 2. 22

Recuerda, Señor, que tu ternura
y tu misericordia son eternas,
y no permitas que nos derrote el enemigo.
Sálvanos, Dios de Israel,
de todas nuestras angustias.

Oración colecta

**Mira con bondad, Señor, la devota entrega de tu pueblo
y ya que con sus privaciones se empeña en dominar su cuerpo,
haz que con el fruto de sus buenas obras se fortalezca su alma.
Por nuestro Señor Jesucristo, tu Hijo,
que vive y reina contigo en la unidad del Espíritu Santo
y es Dios por los siglos de los siglos.**

Oración sobre las ofrendas

**Te ofrecemos, Señor, estos dones que tú mismo nos has dado,
para consagrarlos a ti; y concede que,
así como los vas a convertir para nuestro bien en sacramento,
así también se conviertan para nosotros en remedio de eternidad.
Por Jesucristo, nuestro Señor.**

Prefacio de Cuaresma, pp. 574–581.

Antífona de la Comunión

Cfr. Sal 5, 12

Que se alegren, Señor, cuantos en ti confían,
que se regocijen eternamente
porque tú estás con ellos.

Oración después de la Comunión

**Señor Dios, que no cesas de nutrirnos con tus sacramentos,
concédenos que al permitir que los recibamos como alimento,
nos obtengan la vida eterna.
Por Jesucristo, nuestro Señor.**

Oración sobre el pueblo

opcional

**Protege, Señor, a tu pueblo
y purifícalo bondadosamente de todos sus pecados,
porque ninguna adversidad podrá hacerle daño,
si ninguna maldad llega a dominarlo.
Por Jesucristo, nuestro Señor.**

Jueves I de Cuaresma

Antífona de entrada Cfr. Sal 5, 2-3

Señor, escucha mis palabras,
atiende mi lamento,
haz caso de mi voz suplicante,
Rey mío y Dios mío.

Oración colecta

**Concédenos, Señor,
una constante disposición a pensar con rectitud
y a practicar el bien con mayor diligencia;
y puesto que no podemos existir sin ti,
haz que vivamos como fieles discípulos tuyos.
Por nuestro Señor Jesucristo, tu Hijo,
que vive y reina contigo en la unidad del Espíritu Santo
y es Dios por los siglos de los siglos.**

Oración sobre las ofrendas

**Muéstrate propicio, Señor, a los deseos de quienes te invocan
y, al tiempo en que recibes las ofrendas y súplicas de tu pueblo,
convierte hacia ti nuestros corazones.
Por Jesucristo, nuestro Señor.**

Prefacio de Cuaresma, pp. 574–581.

Antífona de la Comunión Mt 7, 8

Todo el que pide, recibe;
el que busca, encuentra;
y al que toca, se le abre.

Oración después de la Comunión

**Te rogamos, Señor Dios nuestro,
que este santo sacramento,
que nos has concedido recibir para afianzar nuestra conversión,
nos sirva de remedio, ahora y siempre.
Por Jesucristo, nuestro Señor.**

Oración sobre el pueblo opcional

**Descienda tu anhelada misericordia, Señor,
sobre quienes te invocan,
y concédeles con generosidad divina
la gracia de saber lo que deben pedir
para obtener lo que imploran.
Por Jesucristo, nuestro Señor.**

Viernes I de Cuaresma

Antífona de entrada — Cfr. Sal 25 (24), 17-18

Sálvame, Señor, de todas mis angustias.
Mira mi pequeñez y mis fatigas,
y perdona todos mis pecados.

Oración colecta

**Concede, Señor, a tus fieles
cumplir debidamente las prácticas de preparación a la Pascua,
para que la mortificación corporal,
a la que solemnemente nos comprometimos,
nos sirva a todos para provecho de nuestras almas.
Por nuestro Señor Jesucristo, tu Hijo,
que vive y reina contigo en la unidad del Espíritu Santo
y es Dios por los siglos de los siglos.**

Oración sobre las ofrendas

**Recibe con agrado, Señor, las ofrendas
con que tú quisiste reconciliarnos contigo,
y con la fuerza de tu amor devuélvenos la salvación.
Por Jesucristo, nuestro Señor.**

Prefacio de Cuaresma, pp. 574–581.

Antífona de la Comunión — Ez 33, 11

Tan cierto como que yo vivo, dice el Señor,
no quiero la muerte del pecador,
sino que se convierta y viva.

Oración después de la Comunión

**Que la santa recepción de tu sacramento, Señor, nos renueve
y, purificados de las antiguas culpas,
nos lleve a tomar parte en el misterio de la salvación.
Por Jesucristo, nuestro Señor.**

Oración sobre el pueblo — opcional

**Mira, Señor, con benevolencia a tu pueblo,
y concédele que las prácticas cuaresmales exteriores
realicen su transformación interior.
Por Jesucristo, nuestro Señor.**

Sábado I de Cuaresma

Antífona de entrada Cfr. Sal 19 (18), 8

La ley del Señor es perfecta y reconforta los corazones;
el testimonio del Señor es veraz y vuelve sabios a los sencillos.

Oración colecta

**Convierte a ti, Padre eterno, nuestros corazones,
para que, buscando siempre lo único necesario
y poniendo en práctica las obras de caridad,
nos concedas permanecer dedicados a tu servicio.
Por nuestro Señor Jesucristo, tu Hijo,
que vive y reina contigo en la unidad del Espíritu Santo
y es Dios por los siglos de los siglos.**

Oración sobre las ofrendas

**Te rogamos, Señor,
que, por la gracia de este santo sacramento,
seamos dignos de alcanzar la conversión.
Por Jesucristo, nuestro Señor.**

Prefacio de Cuaresma, pp. 574–581.

Antífona de la Comunión Mt 5, 48

Sean perfectos,
como su Padre celestial es perfecto,
dice el Señor.

Oración después de la Comunión

**Acompaña, Señor, con eterna benevolencia a tu pueblo,
al que fortaleces con estos divinos misterios,
y, ya iluminado con tus celestiales enseñanzas,
acompáñalo con el consuelo de tu salvación.
Por Jesucristo, nuestro Señor.**

Oración sobre el pueblo opcional

**Fortalezca, Señor Dios, a tus fieles
tu anhelada bendición,
para que nunca nos apartemos de tu voluntad
y nos alegremos siempre de tus beneficios.
Por Jesucristo, nuestro Señor.**

II DOMINGO DE CUARESMA

Antífona de entrada Cfr. Sal 27 (26), 8-9

Mi corazón me habla de ti diciendo:
"Busca su rostro".
Tu faz estoy buscando, Señor;
no me escondas tu rostro.

O bien: Cfr. Sal 25 (24), 6. 2. 22

Recuerda, Señor,
que tu ternura y tu misericordia son eternas.
No permitas que nos derrote el enemigo.
Sálvanos, Dios de Israel, de todas nuestras angustias.

No se dice Gloria.

Oración colecta

**Señor Dios, que nos mandaste escuchar a tu Hijo muy amado,
dígnate alimentarnos íntimamente con tu palabra,
para que, ya purificada nuestra mirada interior,
nos alegremos en la contemplación de tu gloria.
Por nuestro Señor Jesucristo, tu Hijo,
que vive y reina contigo en la unidad del Espíritu Santo
y es Dios por los siglos de los siglos.**

Se dice Credo.

Oración sobre las ofrendas

**Te rogamos, Señor,
que estos dones borren nuestros pecados
y santifiquen el cuerpo y el alma de tus fieles,
para celebrar dignamente las fiestas pascuales.
Por Jesucristo, nuestro Señor.**

Prefacio: La Transfiguración del Señor.

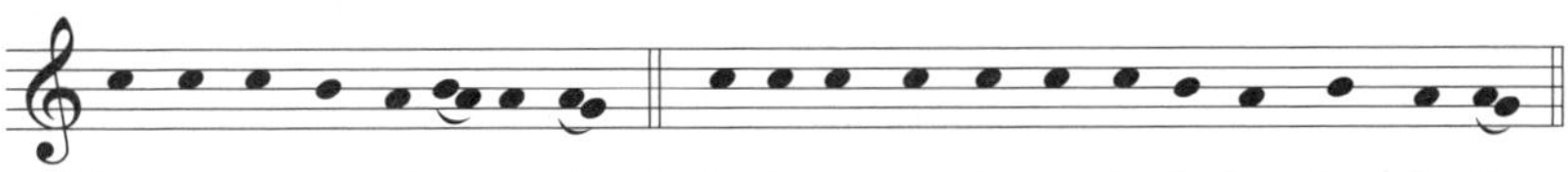

Santo, Santo, Santo . . .

Texto sin música:

V. **El Señor esté con ustedes.**
R. Y con tu espíritu.

V. **Levantemos el corazón.**
R. Lo tenemos levantado hacia el Señor.

V. **Demos gracias al Señor, nuestro Dios.**
R. Es justo y necesario.

**En verdad es justo y necesario,
es nuestro deber y salvación
darte gracias siempre y en todo lugar,
Señor, Padre santo,
Dios todopoderoso y eterno,
por Cristo, Señor nuestro.**

**Porque él mismo, después de anunciar su muerte a los discípulos,
les mostró en el monte santo el esplendor de su gloria,
para testimoniar, de acuerdo con la ley y los profetas,
que la pasión es el camino de la resurrección.**

**Por eso, como los ángeles te cantan en el cielo,
así nosotros en la tierra
te aclamamos, diciendo sin cesar:**

Santo, Santo, Santo . . .

Antífona de la Comunión — Mt 17, 5

Éste es mi Hijo muy amado,
en quien tengo puestas mis complacencias; escúchenlo.

Oración después de la Comunión

**Al recibir, Señor, este glorioso sacramento,
queremos darte gracias de todo corazón
porque así nos permites, desde este mundo,
participar ya de los bienes del cielo.
Por Jesucristo, nuestro Señor.**

Oración sobre el pueblo

**Bendice, Señor, a tus fieles con una bendición perpetua,
y haz que de tal manera acojan el Evangelio de tu Hijo,
que puedan debida y felizmente
desear y alcanzar la gloria
que él manifestó a los apóstoles.
Por Jesucristo, nuestro Señor.**

Lunes II de Cuaresma

Antífona de entrada — Cfr. Sal 26 (25), 11-12

Sálvame, Señor, y ten misericordia de mí.
Mi pie se mantiene en el camino recto,
en la asamblea bendeciré al Señor.

Oración colecta

Señor Dios, que nos mandaste mortificar nuestros cuerpos
para sanar nuestras almas,
concédenos poder evitar todo pecado
y que nuestras voluntades sean capaces de aplicarse
a cumplir los mandamientos de tu amor.
Por nuestro Señor Jesucristo, tu Hijo,
que vive y reina contigo en la unidad del Espíritu Santo
y es Dios por los siglos de los siglos.

Oración sobre las ofrendas

Recibe benignamente, Señor, nuestras plegarias
y libra de las seducciones terrenas
a quienes has llamado a servirte en estos celestiales misterios.
Por Jesucristo, nuestro Señor.

Prefacio de Cuaresma, pp. 574–581.

Antífona de la Comunión — Lc 6, 36

Sean misericordiosos,
como su Padre es misericordioso,
dice el Señor.

Oración después de la Comunión

Que esta comunión, Señor, nos limpie de pecado
y nos haga participar en los gozos del cielo.
Por Jesucristo, nuestro Señor.

Oración sobre el pueblo — opcional

Fortalece, Señor, los corazones de tus fieles
y afiánzalos con la fuerza de tu gracia,
para que sean fervorosos en la oración
y sinceros en el amor mutuo.
Por Jesucristo, nuestro Señor.

Martes II de Cuaresma

Antífona de entrada Cfr. Sal 13 (12), 4-5

Da luz a mis ojos, Señor,
para que no caiga en el sueño de la muerte;
para que no diga el enemigo:
He triunfado sobre él.

Oración colecta

**Cuida, Señor, a tu Iglesia con tu constante benevolencia,
y ya que sin ti desfallece la humana fragilidad,
presérvala de los peligros y encamínala siempre
hacia lo que le trae la salvación.
Por nuestro Señor Jesucristo, tu Hijo,
que vive y reina contigo en la unidad del Espíritu Santo
y es Dios por los siglos de los siglos.**

Oración sobre las ofrendas

**Reconciliados contigo por estos misterios, Señor,
realiza a favor nuestro tu obra santificadora,
que nos purifique de nuestras pasiones terrenas
y nos lleve a disfrutar los bienes celestiales.
Por Jesucristo, nuestro Señor.**

Prefacio de Cuaresma, pp. 574–581.

Antífona de la Comunión Cfr. Sal 9, 2-3

Proclamaré todas tus maravillas;
me alegraré y exultaré contigo
y entonaré salmos a tu nombre, Dios Altísimo.

Oración después de la Comunión

**Que la participación en tu mesa sagrada, Señor,
nos conceda crecer en santidad,
y nos obtenga el auxilio continuo de tu misericordia.
Por Jesucristo, nuestro Señor.**

Oración sobre el pueblo opcional

**Favorece, Señor, los ruegos de tus fieles
y sana las debilidades de su alma,
para que, recibido tu perdón,
se alegren siempre con tu bendición.
Por Jesucristo, nuestro Señor.**

Miércoles II de Cuaresma

Antífona de entrada — Cfr. Sal 38 (37), 22-23

No me abandones, Señor, Dios mío,
no te alejes de mí.
Ven de prisa a socorrerme,
Señor mío, mi salvador.

Oración colecta

**Conserva, Señor, a tu familia
en el camino del bien que tú le has señalado,
y ayúdala en sus necesidades temporales
para que pueda buscar los bienes eternos.
Por nuestro Señor Jesucristo, tu Hijo,
que vive y reina contigo en la unidad del Espíritu Santo
y es Dios por los siglos de los siglos.**

Oración sobre las ofrendas

**Mira, benigno, Señor, las ofrendas que te presentamos
y, por este santo intercambio de dones,
rompe las cadenas de nuestros pecados.
Por Jesucristo, nuestro Señor.**

Prefacio de Cuaresma, pp. 574–581.

Antífona de la Comunión — Mt 20, 28

El Hijo del hombre no ha venido a ser servido,
sino a servir y a dar la vida por la redención de la multitud.

Oración después de la Comunión

**Que este sacramento que nos has dado, Señor,
como prenda de inmortalidad,
sea para nosotros una firme ayuda
para alcanzar la salvación eterna.
Por Jesucristo, nuestro Señor.**

Oración sobre el pueblo — opcional

**Concede, Señor, a tus siervos
la abundancia de tu protección y de tu gracia,
la salud de alma y cuerpo,
la plenitud de la caridad fraterna,
y haz que vivamos siempre entregados a ti.
Por Jesucristo, nuestro Señor.**

Jueves II de Cuaresma

Antífona de entrada

Cfr. Sal 139 (138), 23-24

Examíname, Dios mío, y conoce mi corazón;
mira si voy por mal camino
y condúceme por la senda de la salvación.

Oración colecta

**Dios nuestro, que amas la inocencia
y la devuelves a quienes la han perdido,
dirige hacia ti los corazones de tus siervos,
para que, inflamados con el fuego de tu Espíritu,
permanezcan firmes en la fe
y sean diligentes para hacer el bien.
Por nuestro Señor Jesucristo, tu Hijo,
que vive y reina contigo en la unidad del Espíritu Santo
y es Dios por los siglos de los siglos.**

Oración sobre las ofrendas

**Por el presente sacrificio,
santifica, Señor, nuestro esfuerzo,
para que mediante el testimonio externo
de nuestras prácticas cuaresmales,
obtengamos interiormente su fruto.
Por Jesucristo, nuestro Señor.**

Prefacio de Cuaresma, pp. 574–581.

Antífona de la Comunión

Cfr. Sal 119 (118), 1

Dichosos los que, con vida intachable,
caminan haciendo la voluntad del Señor.

Oración después de la Comunión

**Que este sacramento, Señor Dios,
continúe actuando en nosotros,
y su acción sea cada vez más vigorosa.
Por Jesucristo, nuestro Señor.**

Oración sobre el pueblo opcional

**Ayuda, Señor, a tus siervos,
que imploran el auxilio de tu gracia,
para que obtengan el amparo
de tu protección y de tu guía.
Por Jesucristo, nuestro Señor.**

Viernes II de Cuaresma

Antífona de entrada
Cfr. Sal 31 (30), 2. 5

En ti, Señor, he puesto mi confianza,
que no quede yo nunca defraudado;
sácame de la trampa que me han tendido,
porque tú eres mi amparo.

Oración colecta

**Concédenos, Dios todopoderoso,
que, purificados por la práctica de la sagrada penitencia,
nos hagas llegar, con alma limpia,
a los santos misterios que se aproximan.
Por nuestro Señor Jesucristo, tu Hijo,
que vive y reina contigo en la unidad del Espíritu Santo
y es Dios por los siglos de los siglos.**

Oración sobre las ofrendas

**Que tu misericordia, Dios de bondad,
disponga debidamente a tus siervos
para celebrar este sacramento
y nos impulse a vivir fervorosamente entregados a ti.
Por Jesucristo, nuestro Señor.**

Prefacio de Cuaresma, pp. 574–581.

Antífona de la Comunión
1 Jn 4, 10

Dios nos amó primero y nos envió a su Hijo,
como víctima de expiación por nuestros pecados.

Oración después de la Comunión

**Habiendo recibido esta prenda de eterna salvación,
te rogamos, Señor,
que nos hagas dirigirnos con tanta decisión hacia ella,
que podamos un día alcanzarla.
Por Jesucristo, nuestro Señor.**

Oración sobre el pueblo
opcional

**Concede a tu pueblo, Señor,
salud de alma y cuerpo,
para que, dedicados a las buenas obras,
merezcamos el amparo de tu protección.
Por Jesucristo, nuestro Señor.**

Sábado II de Cuaresma

Antífona de entrada Sal 145 (144), 8-9

El Señor es compasivo y misericordioso,
lento para enojarse y generoso para perdonar.
Bueno es el Señor para con todos
y su amor se extiende a todas sus creaturas.

Oración colecta

**Señor Dios, que gracias a tus celestiales remedios,
nos haces participar, ya desde este mundo, de los bienes eternos,
dirige nuestra vida presente
para que, conducidos por ti, lleguemos a la luz en que tú habitas.
Por nuestro Señor Jesucristo, tu Hijo,
que vive y reina contigo en la unidad del Espíritu Santo
y es Dios por los siglos de los siglos.**

Oración sobre las ofrendas

**Por la celebración de estos sacramentos,
concédenos, Señor, el fruto de nuestra redención,
para que nos aparte siempre de todo humano desorden
y nos encamine hacia los bienes de nuestra salvación.
Por Jesucristo, nuestro Señor.**

Prefacio de Cuaresma, pp. 574–581.

Antífona de la Comunión Cfr. Lc 15, 32

Alégrate, hijo mío,
porque tu hermano estaba muerto
y ha vuelto a la vida;
estaba perdido y lo hemos encontrado.

Oración después de la Comunión

**Que la santa recepción de tu sacramento, Señor,
penetre hasta lo más íntimo de nuestro corazón
y nos comunique su fuerza divina.
Por Jesucristo, nuestro Señor.**

Oración sobre el pueblo opcional

Dios y Padre nuestro,
que tu oído misericordioso esté abierto
a la oración de quienes te suplican,
y, para que reciban lo que desean,
concédeles pedir lo que te agrada.
Por Jesucristo, nuestro Señor.

III DOMINGO DE CUARESMA

En este domingo se celebra el primer escrutinio preparatorio para el Bautismo de los catecúmenos que van a ser admitidos a los sacramentos de la Iniciación Cristiana en la Vigilia Pascual. Se emplean las oraciones y las intercesiones propias, que aparecen en las pp. 1177–1179.

Antífona de entrada

Cfr. Sal 25 (24), 15-16

Mis ojos están siempre fijos en el Señor,
pues él libra mis pies de toda trampa.
Mírame, Señor, y ten piedad de mí,
que estoy solo y afligido.

O bien:

Cfr. Ez 36, 23-26

Cuando manifieste en medio de ustedes mi santidad,
los reuniré de todos los países;
derramaré sobre ustedes agua pura
y quedarán purificados de todos sus pecados,
y les infundiré un espíritu nuevo, dice el Señor.

No se dice Gloria.

Oración colecta

**Señor Dios, fuente de misericordia y de toda bondad,
que enseñaste que el remedio contra el pecado
está en el ayuno, la oración y la limosna,
mira con agrado nuestra humilde confesión,
para que a quienes agobia la propia conciencia
nos reconforte siempre tu misericordia.
Por nuestro Señor Jesucristo, tu Hijo,
que vive y reina contigo en la unidad del Espíritu Santo
y es Dios por los siglos de los siglos.**

Se dice Credo.

Oración sobre las ofrendas

**Por estas ofrendas, Señor,
concédenos benigno el perdón de nuestras ofensas,
y ayúdanos a perdonar a nuestros hermanos.
Por Jesucristo, nuestro Señor.**

Cuando no se lee el evangelio de la samaritana, se dice el prefacio I o II de Cuaresma, pp. 574–577. En cambio, cuando se lee el evangelio de la samaritana, se dice el siguiente:

Prefacio: La samaritana.

Santo, Santo, Santo . . .

Texto sin música:

V. **El Señor esté con ustedes.**
R. Y con tu espíritu.

V. **Levantemos el corazón.**
R. Lo tenemos levantado hacia el Señor.

V. **Demos gracias al Señor, nuestro Dios.**
R. Es justo y necesario.

En verdad es justo y necesario,
es nuestro deber y salvación
darte gracias siempre y en todo lugar,
Señor, Padre santo,
Dios todopoderoso y eterno,
por Cristo, Señor nuestro.

Porque él mismo, cuando pidió de beber a la samaritana,
ya había infundido en ella el don de la fe,
y si quiso estar sediento de la fe de aquella mujer,
fue para encender en ella el fuego del amor divino.

Por eso, Señor, te damos gracias
y proclamamos tu grandeza,
cantando con los ángeles:

Santo, Santo, Santo . . .

Antífona de la Comunión

Cuando se lee el evangelio de la samaritana: Jn 4, 13-14

El que beba del agua que yo le daré, dice el Señor,
nunca más tendrá sed;
el agua que yo le daré se convertirá dentro de él
en un manantial capaz de dar la vida eterna.

Cuando se lee otro evangelio: Cfr. Sal 84 (83), 4-5

El gorrión ha encontrado una casa,
y la golondrina un nido donde poner sus polluelos:
junto a tus altares, Señor de los ejércitos, Rey mío y Dios mío.
Dichosos los que viven en tu casa
y pueden alabarte siempre.

Oración después de la Comunión

**Alimentados en la tierra con el pan del cielo,
prenda de eterna salvación,
te suplicamos, Señor, que lleves a su plenitud en nuestra vida
la gracia recibida en este sacramento.
Por Jesucristo, nuestro Señor.**

Oración sobre el pueblo

**Dirige, Señor, los corazones de tus fieles
y da en tu bondad a tus siervos una gracia tan grande
que, cumpliendo en plenitud tus mandamientos,
nos haga permanecer en tu amor y en el de nuestro prójimo.
Por Jesucristo, nuestro Señor.**

Lunes III de Cuaresma

Antífona de entrada
Cfr. Sal 84 (83), 3

Mi alma se consume y anhela los atrios del Señor;
mi corazón y todo mi ser se regocijan por el Dios vivo.

Oración colecta

**Que tu constante misericordia, Señor,
purifique y defienda a tu Iglesia
y, ya que sin ti no puede permanecer segura,
guíala siempre con tu protección.
Por nuestro Señor Jesucristo, tu Hijo,
que vive y reina contigo en la unidad del Espíritu Santo
y es Dios por los siglos de los siglos.**

Oración sobre las ofrendas

**Convierte, Señor, en sacramento de salvación,
los dones que te ofrecemos
como expresión de nuestro servicio.
Por Jesucristo, nuestro Señor.**

Prefacio de Cuaresma, pp. 574–581.

Antífona de la Comunión
Sal 117 (116), 1-2

Que alaben al Señor todos los pueblos,
porque grande es su amor hacia nosotros.

Oración después de la Comunión

**Que la comunión de tu sacramento, Señor,
nos obtenga limpieza de alma
y nos congregue en la unidad.
Por Jesucristo, nuestro Señor.**

Oración sobre el pueblo
opcional

**Te rogamos, Señor,
que tu diestra proteja al pueblo que te invoca
y, una vez purificado, dígnate llenarlo de sabiduría,
para que, por medio de los consuelos presentes,
se encamine hacia los bienes futuros.
Por Jesucristo, nuestro Señor.**

Martes III de Cuaresma

Antífona de entrada
Cfr. Sal 17 (16), 6. 8

Te invoco, Dios mío, porque tú me respondes;
inclina tu oído y escucha mis palabras.
Cuídame, Señor, como a la niña de tus ojos
y cúbreme bajo la sombra de tus alas.

Oración colecta

**Que tu gracia, Señor, nunca nos abandone,
para que nos haga perseverar dedicados a tu santo servicio
y nos obtenga siempre tu ayuda.
Por nuestro Señor Jesucristo, tu Hijo,
que vive y reina contigo en la unidad del Espíritu Santo
y es Dios por los siglos de los siglos.**

Oración sobre las ofrendas

**Concédenos, Señor,
que esta ofrenda de salvación
realice la purificación de nuestros pecados,
y nos atraiga tu poderoso auxilio.
Por Jesucristo, nuestro Señor.**

Prefacio de Cuaresma, pp. 574–581.

Antífona de la Comunión
Cfr. Sal 15 (14), 1-2

Señor, ¿quién puede hospedarse en tu tienda
y descansar en tu monte santo?
El que procede honradamente
y practica la justicia.

Oración después de la Comunión

**Que la santa participación de tu sacramento, Señor,
nos reavive espiritualmente
y al mismo tiempo nos alcance tu perdón y tu protección.
Por Jesucristo, nuestro Señor.**

Oración sobre el pueblo
opcional

**Señor Dios, maestro y guía de tu pueblo,
aleja de él los pecados que lo acosan,
para que te agrade siempre
y esté seguro con tu protección.
Por Jesucristo, nuestro Señor.**

Miércoles III de Cuaresma

Antífona de entrada — Cfr. Sal 119 (118), 133

Asegura mis pasos conforme a tu promesa,
que la maldad no se apodere de mí.

Oración colecta

**Concédenos, Señor,
que, ejercitados por las prácticas cuaresmales
y alimentados por tu palabra,
con santa templanza
nos mantengamos de todo corazón entregados a ti
y estemos siempre unidos, perseverando en la oración.
Por nuestro Señor Jesucristo, tu Hijo,
que vive y reina contigo en la unidad del Espíritu Santo
y es Dios por los siglos de los siglos.**

Oración sobre las ofrendas

**Recibe, Señor, las súplicas de tu pueblo
juntamente con la oblación de estas ofrendas;
y a quienes celebramos tus sacramentos,
defiéndenos de todo peligro.
Por Jesucristo, nuestro Señor.**

Prefacio de Cuaresma, pp. 574–581.

Antífona de la Comunión — Cfr. Sal 16 (15), 11

Me has enseñado el sendero de la vida,
me saciarás de gozo en tu presencia, Señor.

Oración después de la Comunión

**Santifica, Señor, a quienes hemos sido alimentados
con los manjares de la mesa celestial,
para que, perdonados de todo pecado,
podamos alcanzar las promesas eternas.
Por Jesucristo, nuestro Señor.**

Oración sobre el pueblo — opcional

**Concede, Señor, a tu pueblo
el deseo de agradarte,
porque sólo le darás todo lo que lo favorece
si lo haces dócil a lo que tú mismo le enseñas.
Por Jesucristo, nuestro Señor.**

Jueves III de Cuaresma

Antífona de entrada

Yo soy la salvación de mi pueblo, dice el Señor.
Los escucharé cuando me llamen en cualquier tribulación,
y siempre seré su Dios.

Oración colecta

**Dios todopoderoso, te pedimos humildemente
que, cuanto más se acerca el día
de la fiesta que nos trae la salvación,
con tanto mayor fervor nos preparemos
para celebrar debidamente el misterio pascual.
Por nuestro Señor Jesucristo, tu Hijo,
que vive y reina contigo en la unidad del Espíritu Santo
y es Dios por los siglos de los siglos.**

Oración sobre las ofrendas

**Para que te agraden, Señor, las ofrendas de tu pueblo,
te pedimos que nos purifiques de todo contagio de mal
y no permitas que nos entreguemos a falsos placeres
ya que nos prometes el premio verdadero.
Por Jesucristo, nuestro Señor.**

Prefacio de Cuaresma, pp. 574–581.

Antífona de la Comunión

Sal 119 (118), 4-5

Tú promulgas tus preceptos
para que se observen con exactitud.
Ojalá que mi conducta se ajuste siempre
al cumplimiento de tu voluntad.

Oración después de la Comunión

**Acompaña, Señor, con tu bondadosa protección
a quienes vivificas con tus sacramentos,
para que recibamos,
en la celebración de estos misterios y en nuestra vida,
los frutos de tu salvación.
Por Jesucristo, nuestro Señor.**

Oración sobre el pueblo

opcional

**Imploramos, Señor, tu clemencia,
confiados en tu misericordia,
y ya que de ti recibimos todo lo que somos,
haz que por tu gracia podamos
querer lo que es bueno, y realizar lo que queremos.
Por Jesucristo, nuestro Señor.**

Viernes III de Cuaresma

Antífona de entrada

Sal 86 (85), 8. 10

No existe ningún otro dios igual a ti,
porque tú eres grande y haces maravillas;
tú eres el único Dios.

Oración colecta

**Te rogamos, Señor bondadoso,
que infundas tu gracia en nuestros corazones,
para que, apartándonos siempre de todo humano extravío,
podamos acoger, con tu ayuda,
las inspiraciones que nos vienen de ti.
Por nuestro Señor Jesucristo, tu Hijo,
que vive y reina contigo en la unidad del Espíritu Santo
y es Dios por los siglos de los siglos.**

Oración sobre las ofrendas

**Mira benignamente, Señor,
los dones que te consagramos,
para que sean gratos a tus ojos
y sirvan siempre para nuestra salvación.
Por Jesucristo, nuestro Señor.**

Prefacio de Cuaresma, pp. 574–581.

Antífona de la Comunión

Cfr. Mc 12, 33

Amar a Dios con todo el corazón
y al prójimo como a uno mismo,
vale más que todos los sacrificios.

Oración después de la Comunión

**Te pedimos, Señor, que la acción de tu gracia
penetre nuestras mentes y nuestros cuerpos,
para que el sacramento recibido
realice plenamente nuestra redención.
Por Jesucristo, nuestro Señor.**

Oración sobre el pueblo opcional

Mira propicio, Señor, a tus fieles
que imploran tu misericordia,
para que, llenos de confianza en tu bondad,
puedan difundir por todas partes
los dones de tu amor.
Por Jesucristo, nuestro Señor.

Sábado III de Cuaresma

Antífona de entrada — Sal 103 (102), 2-3

Bendice, alma mía, al Señor;
y no te olvides de sus beneficios,
pues él perdona todas tus culpas.

Oración colecta

**Llenos de alegría por la celebración anual
de esta Cuaresma,
te rogamos, Señor,
que, frecuentando los sacramentos pascuales,
gocemos de la plenitud de sus frutos.
Por nuestro Señor Jesucristo, tu Hijo,
que vive y reina contigo en la unidad del Espíritu Santo
y es Dios por los siglos de los siglos.**

Oración sobre las ofrendas

**Señor Dios, de cuya gracia nos viene que podamos,
contritos de corazón, acercarnos a tus sacramentos,
concédenos que, al celebrarlos dignamente,
podamos rendirte una alabanza perfecta.
Por Jesucristo, nuestro Señor.**

Prefacio de Cuaresma, pp. 574–581.

Antífona de la Comunión — Cfr. Lc 18, 13

El publicano, en cambio, se quedó lejos,
se golpeaba el pecho y decía:
Dios mío, apiádate de mí, que soy un pecador.

Oración después de la Comunión

**Concédenos, Dios misericordioso,
tributar digno homenaje a estos santos misterios,
con los que sin cesar nos alimentas,
y recibirlos siempre con espíritu de fe.
Por Jesucristo, nuestro Señor.**

Oración sobre el pueblo opcional

**Despliega, Señor, sobre tus fieles
el auxilio de tu mano poderosa,
para que podamos buscarte de todo corazón
y merezcamos recibir
lo que dignamente te pedimos.
Por Jesucristo, nuestro Señor.**

IV DOMINGO DE CUARESMA

En esta Misa se usa el color morado o rosa, pueden tocarse los instrumentos musicales y se puede adornar el altar con flores.

En este domingo se celebra el segundo escrutinio preparatorio para el Bautismo de los catecúmenos que van a ser admitidos a los sacramentos de la Iniciación Cristiana en la Vigilia Pascual. Se emplean las oraciones e intercesiones propias, que aparecen en las p. 1180.

Antífona de entrada

Cfr. Is 66, 10-11

Alégrate, Jerusalén,
y que se reúnan cuantos la aman.
Compartan su alegría los que estaban tristes,
vengan a saciarse con su felicidad.

No se dice Gloria.

Oración colecta

**Señor Dios, que por tu Palabra
realizas admirablemente la reconciliación del género humano,
concede al pueblo cristiano
prepararse con generosa entrega y fe viva
a celebrar las próximas fiestas de la Pascua.
Por nuestro Señor Jesucristo, tu Hijo,
que vive y reina contigo en la unidad del Espíritu Santo
y es Dios por los siglos de los siglos.**

Se dice Credo.

Oración sobre las ofrendas

**Te presentamos, Señor, llenos de alegría,
estas ofrendas para el sacrificio redentor,
y pedimos tu ayuda
para celebrarlo con fe sincera
y ofrecerlo dignamente
por la salvación del mundo.
Por Jesucristo, nuestro Señor.**

Cuando no se lee el evangelio del ciego de nacimiento, se dice el Prefacio I o II de Cuaresma, pp. 574–577. En cambio, cuando se ha leído el evangelio del ciego de nacimiento, se dice el siguiente:

Prefacio: El ciego de nacimiento.

℣. El Se-ñor es-té con us-te-des. ℟. Y con tu‿es-pí-ri-tu.

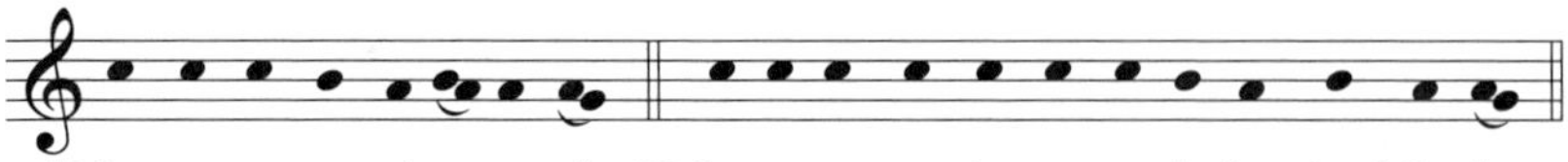

℣. Le-van-te-mos el co-ra-zón. ℟. Lo te-ne-mos le-van-ta-do ha-cia‿el Se-ñor.

℣. De-mos gra-cias al Se-ñor, nues-tro Dios. ℟. Es jus-to‿y ne-ce-sa-rio.

En ver-dad es justo y ne-ce-sa-rio, es nuestro deber y salvación

darte gracias siempre y en to-do lu-gar, Señor, Pa-dre san-to,

Dios todopoderoso y‿eterno, por Cris-to, Se-ñor nues-tro. Por-que

él mismo, por el misterio de la en-car-na-ción, con-dujo al género

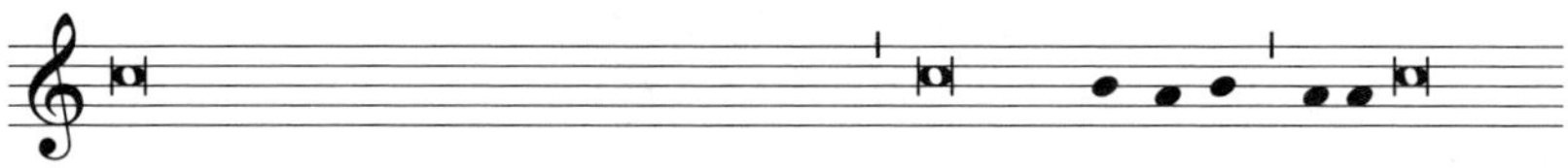

humano, que caminaba en tinieblas, a la luz de la fe, y a quienes

nacían esclavos del pe-ca-do los elevó, renacidos por el Bau-tis-mo,

a la dignidad de hi-jos de a-dop-ción. Por eso, todas tus creaturas,

en el cielo y en la tie-rra, te a-doran entonando un cán-ti-co

Santo, Santo, Santo . . .

Texto sin música:

V. **El Señor esté con ustedes.**
R. Y con tu espíritu.

V. **Levantemos el corazón.**
R. Lo tenemos levantado hacia el Señor.

V. **Demos gracias al Señor, nuestro Dios.**
R. Es justo y necesario.

**En verdad es justo y necesario,
es nuestro deber y salvación
darte gracias siempre y en todo lugar,
Señor, Padre santo,
Dios todopoderoso y eterno,
por Cristo, Señor nuestro.**

**Porque él mismo, por el misterio de la encarnación,
condujo al género humano, que caminaba en tinieblas,
a la luz de la fe,
y a quienes nacían esclavos del pecado
los elevó, renacidos por el Bautismo,
a la dignidad de hijos de adopción.**

**Por eso, todas tus creaturas, en el cielo y en la tierra,
te adoran entonando un cántico nuevo,
y también nosotros, unidos a los ángeles, te aclamamos,
diciendo sin cesar:**

Santo, Santo, Santo . . .

Antífona de la Comunión

Cuando se lee el evangelio del ciego de nacimiento: Cfr. Jn 9, 11. 38

El Señor me puso lodo sobre los ojos;
entonces fui, me lavé, comencé a ver y creí en Dios.

Cuando se lee el evangelio del hijo pródigo: Lc 15, 32

Alégrate, hijo mío,
porque tu hermano estaba muerto y ha vuelto a la vida,
estaba perdido y lo hemos encontrado.

Cuando se lee otro evangelio: Cfr. Sal 122 (121), 3-4

Jerusalén ha sido edificada como ciudad bien compacta.
Allá suben las tribus, las tribus del Señor,
según la costumbre de Israel,
a celebrar el nombre del Señor.

Oración después de la Comunión

**Señor Dios,
luz que alumbra a todo hombre que viene a este mundo,
ilumina nuestros corazones con el resplandor de tu gracia,
para que podamos siempre pensar
lo que es digno y grato a tus ojos
y amarte con sincero corazón.
Por Jesucristo, nuestro Señor.**

Oración sobre el pueblo

**Protege, Señor, a quienes te invocan,
ayuda a los débiles
y reaviva siempre con tu luz
a quienes caminan en medio de las tinieblas de la muerte;
concédeles que, liberados por tu bondad de todos los males,
alcancen los bienes supremos.
Por Jesucristo, nuestro Señor.**

Lunes IV de Cuaresma

Antífona de entrada Cfr. Sal 31 (30), 7-8

Confío en ti, Señor.
Me gozaré y me alegraré en tu misericordia,
porque te has fijado en mi aflicción.

Oración colecta

**Señor Dios, que renuevas el mundo
por medio de tus admirables sacramentos,
concede que tu Iglesia progrese
gracias a tus designios eternos
y que no le falten los auxilios temporales.
Por nuestro Señor Jesucristo, tu Hijo,
que vive y reina contigo en la unidad del Espíritu Santo
y es Dios por los siglos de los siglos.**

Oración sobre las ofrendas

**Te rogamos, Señor, que podamos alcanzar
el fruto de la ofrenda que te presentamos,
para que, purificados de la antigua situación de pecado,
nos renueve la participación en la vida divina.
Por Jesucristo, nuestro Señor.**

Prefacio de Cuaresma, pp. 574–581.

Antífona de la Comunión Ez 36, 27

Infundiré mi Espíritu en ustedes,
y los haré vivir según mis preceptos
y cumplir mis mandamientos,
dice el Señor.

Oración después de la Comunión

**Te rogamos, Señor,
que tus santos misterios, renovándonos, nos vivifiquen
y nos reanimen con su vigorosa fuerza
y, santificándonos, nos conduzcan a la vida eterna.
Por Jesucristo, nuestro Señor.**

Oración sobre el pueblo opcional

**Renueva, Señor, interior y exteriormente a tu pueblo,
y ya que no quieres que lo frenen los placeres carnales,
afiánzalo en su anhelo de los bienes espirituales.
Por Jesucristo, nuestro Señor.**

Martes IV de Cuaresma

Antífona de entrada
Cfr. Is 55, 1

Todos ustedes, los que tienen sed,
vengan por agua, dice el Señor;
y los que no tienen dinero,
vengan y beban con alegría.

Oración colecta

**Señor, que la venerable observancia
de las prácticas cuaresmales
disponga los corazones de tus fieles,
para que puedan celebrar dignamente
el misterio pascual
y proclamar el himno de alabanza de tu salvación.
Por nuestro Señor Jesucristo, tu Hijo,
que vive y reina contigo en la unidad del Espíritu Santo
y es Dios por los siglos de los siglos.**

Oración sobre las ofrendas

**Te ofrecemos, Señor, estos dones que tú mismo nos has dado
para que testimonien el auxilio que has dispuesto
para nuestra condición mortal
y se nos conviertan en alimento de inmortalidad.
Por Jesucristo, nuestro Señor.**

Prefacio de Cuaresma, pp. 574–581.

Antífona de la Comunión
Cfr. Sal 23 (22), 1-2

El Señor es mi pastor, nada me falta:
en verdes praderas me hace recostar;
me conduce hacia fuentes tranquilas.

Oración después de la Comunión

**Purifica, Señor, en tu bondad, nuestro espíritu,
y renuévalo con tus sacramentos celestiales,
para que de la misma manera alcancemos,
también para nuestro cuerpo,
los auxilios presentes y futuros.
Por Jesucristo, nuestro Señor.**

Oración sobre el pueblo opcional

Concede, Dios misericordioso,
que tu pueblo permanezca siempre entregado a ti
y obtenga sin cesar de tu bondad lo que va necesitando.
Por Jesucristo, nuestro Señor.

Miércoles IV de Cuaresma

Antífona de entrada Sal 69 (68), 14

Ahora, Señor, que estás dispuesto a escucharme,
respóndeme, Dios mío, por tu amor,
que tu fidelidad me ayude.

Oración colecta

**Señor Dios, que otorgas el premio a los justos
y concedes el perdón a los pecadores que se arrepienten,
ten misericordia de quienes te dirigen sus ruegos,
para que el reconocimiento de nuestras culpas
nos sirva para recibir tu perdón.
Por nuestro Señor Jesucristo, tu Hijo,
que vive y reina contigo en la unidad del Espíritu Santo
y es Dios por los siglos de los siglos.**

Oración sobre las ofrendas

**Te rogamos, Señor, que la fuerza de este sacrificio
nos purifique de nuestra antigua condición pecadora
y nos haga crecer en vida nueva y salvación.
Por Jesucristo, nuestro Señor.**

Prefacio de Cuaresma, pp. 574–581.

Antífona de la Comunión Jn 3, 17

Dios no envió a su Hijo para condenar al mundo,
sino para que el mundo se salvara por él.

Oración después de la Comunión

**Al recibir tus celestiales dones,
te rogamos, Señor,
no permitas que sea causa de condenación
lo que en tu providencia diste
a tus fieles como salvación.
Por Jesucristo, nuestro Señor.**

Oración sobre el pueblo opcional

**Que defienda a tus siervos, Señor,
la protección de tu bondad,
para que, haciendo el bien en este mundo,
puedan llegar hasta ti, que eres el sumo bien.
Por Jesucristo, nuestro Señor.**

Jueves IV de Cuaresma

Antífona de entrada
Cfr. Sal 105 (104), 3-4

Alégrese el corazón de los que buscan al Señor.
Busquen al Señor y serán fuertes;
busquen su rostro sin descanso.

Oración colecta

**Imploramos, Señor, con fervor tu misericordia,
para que hagas que, convertidos por el arrepentimiento
y ejercitados en las buenas obras, nosotros, tus siervos,
perseveremos guardando fielmente tus mandamientos
y lleguemos bien dispuestos a las fiestas pascuales.
Por nuestro Señor Jesucristo, tu Hijo,
que vive y reina contigo en la unidad del Espíritu Santo
y es Dios por los siglos de los siglos.**

Oración sobre las ofrendas

**Te rogamos, Dios todopoderoso,
que la oblación de este sacrificio
purifique nuestra debilidad
y la proteja de todo lo malo.
Por Jesucristo, nuestro Señor.**

Prefacio de Cuaresma, pp. 574–581.

Antífona de la Comunión
Jer 31, 33

Yo pondré mi ley en lo más profundo de su ser
y voy a grabarla en sus corazones.
Yo seré su Dios y ellos serán mi pueblo, dice el Señor.

Oración después de la Comunión

**Te pedimos, Señor, que los sacramentos recibidos
purifiquen y liberen de toda culpa a tus siervos,
para que, quienes nos sentimos abatidos
por el peso de los pecados,
nos gloriemos en la plenitud del remedio celestial.
Por Jesucristo, nuestro Señor.**

Oración sobre el pueblo opcional

Dios y Padre nuestro,
protector de los que esperan en ti,
bendice a tu pueblo:
sálvalo, protégelo y disponlo para que,
libre de todo pecado
y a salvo de las asechanzas del enemigo,
persevere siempre en tu amor.
Por Jesucristo, nuestro Señor.

Viernes IV de Cuaresma

Antífona de entrada
Cfr. Sal 54 (53), 3-4

Señor, sálvame por tu nombre
y líbrame con tu poder.
Señor, escucha mi plegaria,
presta oídos a las palabras de mi boca.

Oración colecta

**Señor Dios,
que preparaste abundantes remedios para nuestra fragilidad,
concédenos que podamos recibir con alegría su efecto reparador
y lo manifestemos con una vida santa.
Por nuestro Señor Jesucristo, tu Hijo,
que vive y reina contigo en la unidad del Espíritu Santo
y es Dios por los siglos de los siglos.**

Oración sobre las ofrendas

**Señor, que el poder de este sacrificio nos purifique,
para llegar bien dispuestos a las fiestas pascuales,
que son el origen de nuestra salvación.
Por Jesucristo, nuestro Señor.**

Prefacio de Cuaresma, pp. 574–581.

Antífona de la Comunión
Ef 1, 7

Por medio de su Sangre,
Cristo nos ha obtenido la redención
y el perdón de los pecados.
En esto se manifiesta la riqueza de su gracia.

Oración después de la Comunión

**Concédenos, Señor,
que así como pasamos de lo antiguo a lo nuevo,
así, renunciando al pecado,
quedemos renovados con una vida santa.
Por Jesucristo, nuestro Señor.**

Oración sobre el pueblo
opcional

**Dios y Padre nuestro,
vuelve tus ojos hacia estos hijos tuyos,
y protege bondadosamente con tu auxilio celestial
a quienes confían en tu misericordia.
Por Jesucristo, nuestro Señor.**

Sábado IV de Cuaresma

Antífona de entrada Cfr. Sal 18 (17), 5-7

Me cercaban olas mortales,
los dolores del infierno me acorralaban;
pero en mi angustia invoqué al Señor,
y él escuchó mi voz desde su templo.

Oración colecta

**Que la acción de tu misericordia, Señor,
dirija nuestros corazones,
ya que sin tu ayuda no podemos agradarte.
Por nuestro Señor Jesucristo, tu Hijo,
que vive y reina contigo en la unidad del Espíritu Santo
y es Dios por los siglos de los siglos.**

Oración sobre las ofrendas

**Recibe, Señor, con agrado
nuestras ofrendas
y atrae hacia ti bondadosamente
nuestras voluntades rebeldes.
Por Jesucristo, nuestro Señor.**

Prefacio de Cuaresma, pp. 574–581.

Antífona de la Comunión Cfr. 1 Pe 1, 18-19

Hemos sido rescatados
con la Sangre preciosa de Cristo,
el Cordero sin defecto y sin mancha.

Oración después de la Comunión

**Concédenos, Señor,
que tus santos misterios nos purifiquen
y que con su eficacia nos hagan gratos a ti.
Por Jesucristo, nuestro Señor.**

Oración sobre el pueblo *opcional*

Protege, Señor, a tu pueblo,
que camina presuroso hacia la Pascua,
y acompáñalo con el generoso auxilio de tu gracia celestial,
para que, animado con los consuelos visibles,
se sienta mucho más atraído hacia los bienes invisibles.
Por Jesucristo, nuestro Señor.

V DOMINGO DE CUARESMA

En las diócesis de los Estados Unidos la costumbre de cubrir las cruces y las imágenes en la iglesia a partir de este domingo puede conservarse. Las cruces permanecen cubiertas hasta después de la celebración de la Pasión del Señor, el Viernes Santo, y las imágenes, hasta el comienzo de la Vigilia Pascual.

En este domingo se celebra el tercer escrutinio preparatorio para el Bautismo de los catecúmenos que van a ser admitidos a los sacramentos de la Iniciación Cristiana en la Vigilia Pascual. Se emplean las oraciones e intercesiones propias, que aparecen en las p. 1181.

Antífona de entrada

Cfr. Sal 43 (42), 1-2

Señor, hazme justicia.
Defiende mi causa contra la gente sin piedad,
sálvame del hombre traidor y malvado,
tú que eres mi Dios y mi defensa.

No se dice Gloria.

Oración colecta

**Te rogamos, Señor Dios nuestro,
que, con tu auxilio, avancemos animosamente
hacia aquel grado de amor con el que tu Hijo,
por la salvación del mundo, se entregó a la muerte.
Él, que vive y reina contigo en la unidad del Espíritu Santo
y es Dios por los siglos de los siglos.**

Se dice Credo.

Oración sobre las ofrendas

**Escúchanos, Dios todopoderoso, y concede a tus siervos,
en quienes infundiste la sabiduría de la fe cristiana,
quedar purificados, por la eficacia de este sacrificio.
Por Jesucristo, nuestro Señor.**

Cuando no se lee el evangelio de la resurrección de Lázaro, se dice el prefacio I o II de Cuaresma, pp. 574–581. En cambio, cuando se lee el evangelio de la resurrección de Lázaro, se dice el siguiente:

Prefacio: Lázaro.

℣. El Se-ñor es-té con us-te-des. ℟. Y con tu‿es-pí-ri-tu.

℣. Le-van-te-mos el co-ra-zón. ℟. Lo te-ne-mos le-van-ta-do ha-cia‿el Se-ñor.

Santo, Santo, Santo . . .

Texto sin música:

V. **El Señor esté con ustedes.**
R. Y con tu espíritu.

V. **Levantemos el corazón.**
R. Lo tenemos levantado hacia el Señor.

V. **Demos gracias al Señor, nuestro Dios.**
R. Es justo y necesario.

En verdad es justo y necesario,
es nuestro deber y salvación
darte gracias siempre y en todo lugar,
Señor, Padre santo,
Dios todopoderoso y eterno,
por Cristo, Señor nuestro.

Porque él, como verdadero hombre,
lloró la muerte de su amigo Lázaro
y, como Dios eterno, lo hizo salir vivo del sepulcro.
Él mismo, compadecido de todos los hombres,
por medio de sus sacramentos
nos conduce a una vida nueva.

Por eso, los coros de los ángeles
eternamente con júbilo te adoran
y también nosotros unimos a ellos nuestras voces,
cantando humildemente tu alabanza:

Santo, Santo, Santo . . .

Antífona de la Comunión

Cuando se lee el evangelio de Lázaro: Cfr. Jn 11, 26
Todo el que está vivo y cree en mí,
no morirá para siempre, dice el Señor.

Cuando se lee el evangelio de la mujer adúltera: Jn 8, 10-11
¿Nadie te ha condenado, mujer? Nadie, Señor.
Yo tampoco te condeno. Ya no vuelvas a pecar.

Cuando se lee otro evangelio: Jn 12, 24-25
Yo les aseguro que
si el grano de trigo sembrado en la tierra,
no muere, queda infecundo;
pero si muere, producirá mucho fruto.

Oración después de la Comunión

Te rogamos, Dios todopoderoso,
que podamos contarnos siempre entre los miembros
de aquel cuyo Cuerpo y Sangre acabamos de comulgar.
Él, que vive y reina por los siglos de los siglos.

Oración sobre el pueblo

Bendice, Señor, a tu pueblo,
que espera los dones de tu misericordia,
y concédele recibir de tu mano generosa
lo que tú mismo lo mueves a pedir.
Por Jesucristo, nuestro Señor.

Lunes V de Cuaresma

Antífona de entrada

Cfr. Sal 56 (55), 2

Ten compasión de mí, Señor,
porque me pisotean y acosan
todo el día mis enemigos.

Oración colecta

**Señor Dios, por cuya inefable gracia
nos enriqueces con toda clase de bendiciones,
concédenos pasar de nuestros antiguos pecados a una vida nueva,
para prepararnos a la gloria del reino celestial.
Por nuestro Señor Jesucristo, tu Hijo,
que vive y reina contigo en la unidad del Espíritu Santo
y es Dios por los siglos de los siglos.**

Oración sobre las ofrendas

**Concédenos, Señor,
a quienes nos disponemos a celebrar los santos misterios,
que podamos presentarte con alegría nuestras almas ya purificadas,
como fruto de nuestra penitencia corporal.
Por Jesucristo, nuestro Señor.**

Prefacio I de la Pasión del Señor, p. 582.

Antífona de la Comunión

Cuando se lee el evangelio de la mujer adúltera: Cfr. Jn 8, 10-11

¿Nadie te ha condenado, mujer? Nadie, Señor.
Yo tampoco te condeno. Ya no vuelvas a pecar.

Cuando se lee otro evangelio: Jn 8, 12

Yo soy la luz del mundo, dice el Señor;
el que me sigue, no camina en tinieblas,
sino que tendrá la luz de la vida.

Oración después de la Comunión

**Que los sacramentos que hemos recibido, Señor,
nos purifiquen de nuestras malas inclinaciones
y, fortalecidos con tu bendición, corramos a tu encuentro
siguiendo las huellas de Cristo.
Él, que vive y reina por los siglos de los siglos.**

Oración sobre el pueblo

opcional

**Dios y Padre nuestro, purifica de sus pecados
al pueblo que te suplica,
para que llevando una vida santa
se vea libre de toda adversidad.
Por Jesucristo, nuestro Señor.**

Martes V de Cuaresma

Antífona de entrada Sal 27 (26), 14

Espera en el Señor y sé fuerte;
ten valor y abandónate al Señor.

Oración colecta

**Concédenos, Padre,
perseverar en el cumplimiento de tu voluntad
para que, en este tiempo en que vivimos,
el pueblo consagrado a tu servicio
crezca en número y en santidad.
Por nuestro Señor Jesucristo, tu Hijo,
que vive y reina contigo en la unidad del Espíritu Santo
y es Dios por los siglos de los siglos.**

Oración sobre las ofrendas

**Te ofrecemos, Señor, este sacrificio de reconciliación,
para que perdones benignamente nuestros pecados
y dirijas tú mismo nuestro vacilante corazón.
Por Jesucristo, nuestro Señor.**

Prefacio I de la Pasión del Señor, p. 582.

Antífona de la Comunión Jn 12, 32

Cuando yo sea levantado de la tierra,
atraeré a todos hacia mí, dice el Señor.

Oración después de la Comunión

**Concédenos, Dios todopoderoso,
que participando asiduamente en tus divinos misterios,
merezcamos alcanzar los dones del cielo.
Por Jesucristo, nuestro Señor.**

Oración sobre el pueblo opcional

**Señor Dios,
que prefieres compadecerte
en vez de enojarte con los que esperan en ti,
concede a tus fieles enmendarse de los males cometidos,
para que merezcan hallar la gracia de tu consuelo.
Por Jesucristo, nuestro Señor.**

Miércoles V de Cuaresma

Antífona de entrada
Cfr. Sal 18 (17), 49

Tú me liberas, Señor, de la ira de los pueblos,
me haces triunfar sobre mis adversarios
y me salvas del hombre malvado.

Oración colecta

**Ilumina, Dios compasivo, los corazones de tus hijos
que tratan de purificarse por la penitencia
y, ya que nos infundes el deseo de servirte con amor,
dígnate escuchar paternalmente nuestras súplicas.
Por nuestro Señor Jesucristo, tu Hijo,
que vive y reina contigo en la unidad del Espíritu Santo
y es Dios por los siglos de los siglos.**

Oración sobre las ofrendas

**Acepta, Señor, estos dones
que recibimos de ti y ahora te presentamos;
y ya que los destinaste para alabanza de tu nombre,
haz también que nos procuren la salvación.
Por Jesucristo, nuestro Señor.**

Prefacio I de la Pasión del Señor, p. 582.

Antífona de la Comunión
Col 1, 13-14

Dios nos ha hecho entrar al Reino de su Hijo amado,
por cuya sangre recibimos la redención
y el perdón de los pecados.

Oración después de la Comunión

**Que el sacramento recibido, Señor,
nos proporcione un remedio celestial
para que purifique nuestros corazones de sus vicios
y nos fortalezca con su constante protección.
Por Jesucristo, nuestro Señor.**

Oración sobre el pueblo
opcional

**Atiende, Dios todopoderoso, las súplicas de tu pueblo
y a quienes, compadecido,
les das la confianza de esperar en tu amor,
concédeles, benigno, experimentar el efecto
de tu acostumbrada misericordia.
Por Jesucristo, nuestro Señor.**

Jueves V de Cuaresma

Antífona de entrada
Cfr. Heb 9, 15

Cristo es el mediador de la nueva alianza,
para que, por su muerte, los que han sido llamados
reciban la herencia eterna que les había prometido.

Oración colecta

**Atiende, Señor, a quienes te dirigen sus ruegos
y protege en tu bondad
a quienes hemos puesto la esperanza en tu misericordia,
para que, purificados de toda mancha de pecado,
perseveremos en una vida santa
y lleguemos a ser herederos de tus promesas.
Por nuestro Señor Jesucristo, tu Hijo,
que vive y reina contigo en la unidad del Espíritu Santo
y es Dios por los siglos de los siglos.**

Oración sobre las ofrendas

**Mira con agrado, Señor, este sacrificio,
y concédenos que sirva para nuestra conversión
y para la salvación del mundo entero.
Por Jesucristo, nuestro Señor.**

Prefacio I de la Pasión del Señor, p. 582.

Antífona de la Comunión
Rom 8, 32

Dios no escatimó la vida de su propio Hijo,
sino que lo entregó por todos nosotros
y en él nos lo dio todo.

Oración después de la Comunión

**Alimentados por estos dones de salvación,
suplicamos, Señor, tu misericordia,
para que este sacramento,
que nos nutre en nuestra vida temporal,
nos haga partícipes de la vida eterna.
Por Jesucristo, nuestro Señor.**

Oración sobre el pueblo
opcional

**Sé propicio a tu pueblo, Señor,
para que, rechazando día con día lo que te desagrada,
se sacie sobre todo con las delicias de tus mandamientos.
Por Jesucristo, nuestro Señor.**

Viernes V de Cuaresma

Antífona de entrada
Sal 31 (30), 10. 16. 18

Ten piedad de mí, Señor, porque estoy en peligro,
líbrame y sálvame de la mano de mis enemigos
y de aquellos que me persiguen;
Señor, que no quede yo defraudado de haberte invocado.

Oración colecta

**Perdona, Señor, las culpas de tu pueblo,
para que, por tu bondad,
nos libres de las ataduras de los pecados
que por nuestra fragilidad hemos cometido.
Por nuestro Señor Jesucristo, tu Hijo,
que vive y reina contigo en la unidad del Espíritu Santo
y es Dios por los siglos de los siglos.**

O bien:

**Señor Dios,
que en tu bondad concedes en este tiempo a tu Iglesia
imitar devotamente a la Bienaventurada Virgen María
en la contemplación de la pasión de Cristo,
concédenos, por intercesión de la Virgen,
estar cada vez más unidos a tu Unigénito
y alcanzar así la plenitud de su gracia.
Él, que vive y reina contigo en la unidad del Espíritu Santo
y es Dios por los siglos de los siglos.**

Oración sobre las ofrendas

**Que tu ayuda, Dios misericordioso,
nos haga dignos de servir siempre a tu altar,
a fin de que la asidua participación en este sacrificio
nos obtenga la salvación.
Por Jesucristo, nuestro Señor.**

Prefacio I de la Pasión del Señor, p. 582.

Antífona de la Comunión
1 Pe 2, 24

Jesús, cargado con nuestros pecados,
subió al madero de la cruz,
para que, muertos al pecado,
vivamos para la justicia;
por sus llagas hemos sido curados.

Oración después de la Comunión

Que no deje de protegernos continuamente, Señor,
la recepción de este sacramento
y que aleje siempre de nosotros todo mal.
Por Jesucristo, nuestro Señor.

Oración sobre el pueblo opcional

Concede, Dios todopoderoso,
que tus siervos, que anhelan la gracia de tu protección,
puedan servirte con ánimo confiado,
libres ya de todo mal.
Por Jesucristo, nuestro Señor.

Sábado V de Cuaresma

Antífona de entrada
Cfr. Sal 22 (21), 20. 7

Tú, Señor, no te quedes lejos;
fuerza mía, ven aprisa a ayudarme;
pues yo soy un gusano, no un hombre,
despreciado por la gente y rechazado por el pueblo.

Oración colecta

**Señor Dios, que hiciste que todos los renacidos en Cristo
vinieran a ser linaje escogido y sacerdocio real,
concédenos querer y poder cumplir lo que mandas,
para que tu pueblo, llamado a la vida eterna,
tenga unidos sus corazones en una misma fe
y actúe movido por el mismo amor.
Por nuestro Señor Jesucristo, tu Hijo,
que vive y reina contigo en la unidad del Espíritu Santo
y es Dios por los siglos de los siglos.**

Oración sobre las ofrendas

**Que te sea aceptable, Señor, la ofrenda de nuestro ayuno,
para que, purificados, nos haga dignos de tu gracia
y nos lleve a participar de los bienes prometidos.
Por Jesucristo, nuestro Señor.**

Prefacio I de la Pasión del Señor, p. 582.

Antífona de la Comunión
Cfr. Jn 11, 52

Cristo fue entregado a la muerte,
para congregar en la unidad a los hijos de Dios,
que estaban dispersos.

Oración después de la Comunión

**Señor, suplicamos a tu majestad
que así como nos nutres con el sagrado alimento
del Cuerpo y de la Sangre de tu Hijo,
nos hagas participar de la naturaleza divina.
Por Jesucristo, nuestro Señor.**

Oración sobre el pueblo opcional

Ten misericordia, Señor, de tu Iglesia suplicante
y mira compasivo a quienes se inclinan de corazón ante ti,
para que no permitas que los que redimiste
con la muerte de tu Unigénito,
queden expuestos al pecado
ni consientas que los opriman las adversidades.
Por Jesucristo, nuestro Señor.

SEMANA SANTA

DOMINGO DE RAMOS
DE LA PASIÓN DEL SEÑOR

1. En este día la Iglesia recuerda la entrada de Cristo nuestro Señor a Jerusalén para consumar su Misterio Pascual. Por lo tanto, en todas las Misas se conmemora esta entrada del Señor mediante una procesión o una entrada solemne, antes de la Misa principal, y por medio de una entrada sencilla antes de las demás Misas. Pero puede repetirse la entrada solemne (no la procesión), antes de algunas otras Misas que se celebren con gran asistencia del pueblo.

Conviene que donde no pueda hacerse ni procesión ni entrada solemne, se tenga una celebración de la Palabra de Dios, sobre la entrada mesiánica y la Pasión del Señor, ya sea el sábado por la tarde o ya sea el domingo a una hora oportuna.

Conmemoración de la entrada del Señor en Jerusalén

Primera forma: Procesión

2. A la hora señalada, los fieles se reúnen en una iglesia menor o en algún otro lugar adecuado, fuera de la iglesia hacia la cual va a dirigirse la procesión. Los fieles llevan sus ramos en las manos.

3. El sacerdote y el diácono, revestidos con las vestiduras rojas requeridas para la Misa, acompañados por los otros ministros, se acercan al lugar donde el pueblo está congregado. El sacerdote, en lugar de casulla, puede usar la capa pluvial, que dejará después de la procesión, y se pondrá la casulla.

4. Entretanto se canta la siguiente antífona u otro cántico adecuado:

Antífona Mt 21, 9

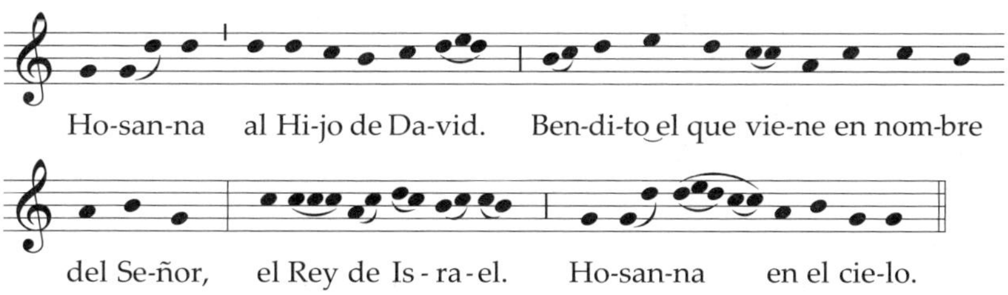

O bien:

5. Enseguida el sacerdote y los fieles se santiguan mientras el sacerdote dice: "En el nombre del Padre, y del Hijo, y del Espíritu Santo". Después el sacerdote saluda al pueblo de la manera acostumbrada y hace una breve monición para invitar a los fieles a participar activa y conscientemente en la celebración de este día. Puede hacerlo con éstas o semejantes palabras.

Queridos hermanos:
Después de haber preparado nuestros corazones
desde el principio de la Cuaresma
con nuestra penitencia y nuestras obras de caridad,
hoy nos reunimos para iniciar,
unidos con toda la Iglesia,
la celebración anual del Misterio Pascual, es decir,
de la pasión y resurrección de nuestro Señor Jesucristo,
misterios que empezaron
con su entrada en Jerusalén, su ciudad.
Por eso, recordando con toda fe y devoción
esta entrada salvadora, sigamos al Señor,
para que participando de su cruz,
tengamos parte con él en su resurrección y su vida.

6. Después de esta monición, el sacerdote, teniendo extendidas las manos, dice una de las dos oraciones siguientes:

Oremos.
Dios todopoderoso y eterno,
santifica con tu bendición ✠ estos ramos,
para que, quienes acompañamos jubilosos a Cristo Rey,
podamos llegar, por él, a la Jerusalén del cielo.
Él, que vive y reina por los siglos de los siglos.
R. Amén.

O bien:

Aumenta, Señor Dios, la fe de los que esperan en ti
y escucha con bondad las súplicas de quienes te invocan,
para que, al presentar hoy nuestros ramos a Cristo victorioso,
demos para ti en él frutos de buenas obras.
Él, que vive y reina por los siglos de los siglos.
R. Amén.

Y, en silencio, rocía los ramos con agua bendita.

7. Enseguida el diácono, o en su ausencia el sacerdote, proclama del modo acostumbrado el Evangelio de la entrada del Señor en Jerusalén, según alguno de los cuatro evangelistas. Si es oportuno se usa el incienso.

"Bendito el que viene en nombre del Señor"

Año A:

✠ **Del santo Evangelio según san Mateo** 21, 1-11

Cuando se aproximaban ya a Jerusalén, al llegar a Betfagé, junto al monte de los Olivos, envió Jesús a dos de sus discípulos, diciéndoles: "Vayan al pueblo que ven allí enfrente; al entrar, encontrarán amarrada una burra y un burrito con ella; desátenlos y tráiganmelos. Si alguien les pregunta algo, díganle que el Señor los necesita y enseguida los devolverá".

Esto sucedió para que se cumplieran las palabras del profeta: ***Díganle a la hija de Sión: He aquí que tu rey viene a ti, apacible y montado en un burro, en un burrito, hijo de animal de yugo.***

Fueron, pues, los discípulos e hicieron lo que Jesús les había encargado y trajeron consigo la burra y el burrito. Luego pusieron sobre ellos sus mantos y Jesús se sentó encima. La gente, muy numerosa, extendía sus mantos por el camino; algunos cortaban ramas de los árboles y las tendían a su paso. Los que iban delante de él y los que lo seguían gritaban: "*¡Hosanna! ¡Viva el Hijo de David! ¡Bendito el que viene en nombre del Señor! ¡Hosanna en el cielo!*".

Al entrar Jesús en Jerusalén, toda la ciudad se conmovió. Unos decían: "¿Quién es éste?". Y la gente respondía: "Éste es el profeta Jesús, de Nazaret de Galilea".

Palabra del Señor.

Año B:

✠ **Del santo Evangelio según san Marcos** 11, 1-10

Cuando Jesús y los suyos iban de camino a Jerusalén, al llegar a Betfagé y Betania, cerca del monte de los Olivos, les dijo a dos de sus discípulos: "Vayan al pueblo que ven allí enfrente; al entrar, encontrarán amarrado un burro que nadie ha montado todavía. Desátenlo y tráiganmelo. Si alguien les pregunta por qué lo hacen, contéstenle: 'El Señor lo necesita y lo devolverá pronto' ".

Fueron y encontraron al burro en la calle, atado junto a una puerta, y lo desamarraron. Algunos de los que allí estaban les preguntaron: "¿Por qué sueltan al burro?". Ellos les contestaron lo que había dicho Jesús y ya nadie los molestó.

Llevaron el burro, le echaron encima los mantos y Jesús montó en él. Muchos extendían su manto en el camino, y otros lo tapizaban con ramas cortadas en el campo. Los que iban delante de Jesús y los que lo seguían, iban gritando vivas: "*¡Hosanna! ¡Bendito el que viene en nombre del Señor! ¡Bendito el reino que llega, el reino de nuestro padre David! ¡Hosanna en el cielo!*".

Palabra del Señor.

O bien:

✠ **Del santo Evangelio según san Juan** 12, 12-16

En aquel tiempo, al enterarse la gran muchedumbre que había llegado para la fiesta, de que Jesús se dirigía a Jerusalén, cortaron hojas de palmera y salieron a su encuentro, gritando: "*¡Hosanna! ¡Bendito el que viene en nombre del Señor, el rey de Israel!*".

Habiendo encontrado Jesús un burrito, lo montó, como está escrito: *No tengas temor, hija de Sión, mira que tu rey viene a ti montado en un burrito.*

Sus discípulos no entendieron estas cosas al principio, pero cuando Jesús fue glorificado, se acordaron de que habían sido escritas acerca de él y que ellos las habían cumplido.

Palabra del Señor.

Año C:

✠ **Del santo Evangelio según san Lucas** 19, 28-40

En aquel tiempo, Jesús, acompañado de sus discípulos, iba camino de Jerusalén, y al acercarse a Betfagé y a Betania, junto al monte llamado de los Olivos, envió a dos de sus discípulos, diciéndoles: "Vayan al caserío que está frente a ustedes. Al entrar, encontrarán atado un burrito que nadie ha montado todavía. Desátenlo y tráiganlo aquí. Si alguien les pregunta por qué lo desatan, díganle: 'El Señor lo necesita' ".

Fueron y encontraron todo como el Señor les había dicho. Mientras desataban el burro, los dueños les preguntaron: "¿Por qué lo desamarran?". Ellos contestaron: "El Señor lo necesita". Se llevaron, pues, el burro, le echaron encima los mantos e hicieron que Jesús montara en él.

Conforme iba avanzando, la gente tapizaba el camino con sus mantos, y cuando ya estaba cerca la bajada del monte de los Olivos, la multitud de discípulos, entusiasmados, se pusieron a alabar a Dios a gritos por todos los prodigios que habían visto, diciendo:

"¡Bendito el rey
que viene en nombre del Señor!
¡Paz en el cielo
y gloria en las alturas!".

Algunos fariseos que iban entre la gente, le dijeron: "Maestro, reprende a tus discípulos". Él les replicó: "Les aseguro que si ellos se callan, gritarán las piedras".

Palabra del Señor.

8. Después del Evangelio, puede tenerse una breve homilía. Al iniciar la procesión, el celebrante, el diácono u otro ministro idóneo puede hacer una monición con estas palabras u otras parecidas:

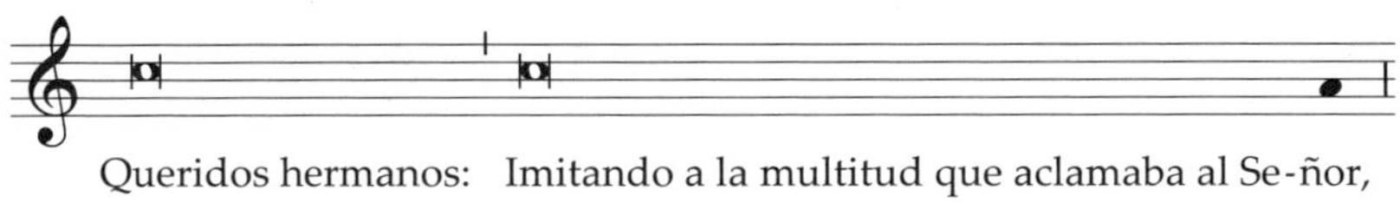

Queridos hermanos:
Imitando a la multitud que aclamaba al Señor, avancemos en paz.

O bien:

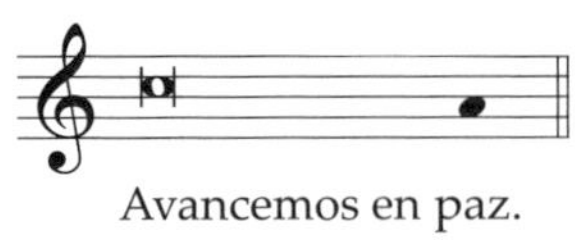

En este caso responden:

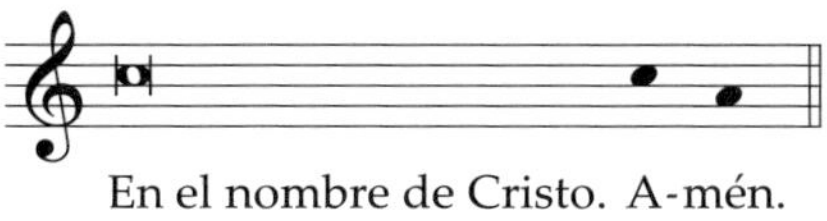

9. Y se inicia del modo acostumbrado la procesión hacia la iglesia en donde va a celebrarse la Misa. Si se usa el incienso, el turiferario va adelante con el incensario, en el cual habrá puesto incienso previamente; enseguida, un acólito u otro ministro con la cruz adornada con ramos, según la costumbre del lugar, y, a su lado, dos ministros con velas encendidas. Sigue luego el diácono con el Evangeliario, el sacerdote con los ministros y, detrás de ellos, los fieles con ramos en las manos. Al avanzar la procesión, el coro y el pueblo entonan los siguientes cánticos u otros apropiados en honor a Cristo Rey:

Antífona 1

Los niños hebreos, llevando ramos de olivo,
salieron al encuentro del Señor, aclamando:
"Hosanna en el cielo".

Si se cree oportuno, puede alternarse esta antífona con los versículos del siguiente salmo.

Salmo 24 (23)

Del Señor es la tierra y lo que ella tiene,
el orbe todo y los que en él habitan,
pues él lo edificó sobre los mares,
él fue quien lo asentó sobre los ríos.

Se repite la antífona

¿Quién subirá al monte del Señor?
¿Quién podrá entrar en su recinto santo?
El de corazón limpio y manos puras
y que no jura en falso.

Se repite la antífona

Ése obtendrá la bendición de Dios
y Dios, su salvador, le hará justicia.
Ésta es la clase de hombres que te buscan
y vienen ante ti, Dios de Jacob.

Se repite la antífona

¡Puertas, ábranse de par en par;
agrándense, portones eternos,
porque va a entrar el rey de la gloria!

Se repite la antífona

Y ¿quién es el rey de la gloria?
Es el Señor, fuerte y poderoso,
El Señor, poderoso en la batalla.

Se repite la antífona

¡Puertas, ábranse de par en par;
agrándense, portones eternos,
porque va a entrar el rey de la gloria!

Se repite la antífona

Y ¿quién es el rey de la gloria?
El Señor, Dios de los ejércitos,
él es el rey de la gloria.

Se repite la antífona

Antífona 2

Los niños hebreos extendían sus mantos por el camino
y aclamaban: "Hosanna al Hijo de David,
bendito el que viene en nombre del Señor".

Si se cree oportuno, puede alternarse esta antífona con los versículos del siguiente salmo.

Salmo 47 (46)

Aplaudan, pueblos todos;
aclamen al Señor, de gozo llenos;
que el Señor, el Altísimo es terrible
y de toda la tierra, rey supremo.

Se repite la antífona

Fue él quien nos puso por encima
de todas las naciones y los pueblos,
al elegirnos como herencia suya,
orgullo de Jacob, su predilecto.

Se repite la antífona

Entre voces de júbilo y trompetas,
Dios, el Señor, asciende hasta su trono.
Cantemos en honor de nuestro Dios,
al rey honremos y cantemos todos.

Se repite la antífona

Porque Dios es el rey del universo,
cantemos el mejor de nuestros cantos.
Reina Dios sobre todas las naciones
desde su trono santo.

Se repite la antífona

Los jefes de los pueblos se han reunido
con el pueblo de Dios, Dios de Abraham,
porque de Dios son los grandes de la tierra.
Por encima de todo Dios está.

Se repite la antífona

Himno a Cristo Rey (texto latino)

Coro:

Glória, laus et honor tibi sit, rex Christe redémptor,
cui pueríle decus prompsit Hosánna pium.

Todos repiten:

Glória, laus . . .

Coro:

Israel es tu rex, Dávidis et ínclita proles,
nómine qui in Dómini, rex benedícte, venis.

Todos repiten:

Glória, laus . . .

Coro:

Cœtus in excélsis te laudat cælicus omnis,
et mortális homo, et cuncta creáta simul.

Todos repiten:

Glória, laus . . .

Coro:

Plebs Hebræa tibi cum palmis óbvia venit;
cum prece, voto, hymnis, ádsumus ecce tibi.

Todos repiten:

Glória, laus . . .

Coro:

Hi tibi passúro solvébant múnia laudis;
nos tibi regnánti pángimus ecce melos.

Todos repiten:

Glória, laus . . .

Coro:

Hi placuére tibi, pláceat devótio nostra:
rex bone, rex clemens, cui bona cuncta placent.

Todos repiten:

Glória, laus . . .

Himno a Cristo Rey (texto español)

Coro:

Gloria, alabanza y honor, a ti Cristo rey, redentor;
a quien infantil cortejo entonó piadoso Hosanna.

Todos repiten:

Gloria, alabanza y honor . . .

Coro:

Tú eres el rey de Israel, prole ínclita de David,
rey bendito, que vienes en el nombre del Señor.

Todos repiten:

Gloria, alabanza y honor . . .

Coro:

Toda la corte celestial te alaba en las alturas,
y el hombre mortal, con todas las creaturas.

Todos repiten:

Gloria, alabanza y honor . . .

Coro:

El pueblo hebreo salió con palmas a tu encuentro;
nosotros con preces, votos e himnos venimos a ti.

Todos repiten:

Gloria, alabanza y honor . . .

Coro:

Aquellos cuando ibas a padecer te tributaban loores;
nosotros ahora que reinas, te ofrecemos nuestro canto.

Todos repiten:

Gloria, alabanza y honor . . .

Coro:

Aquellos te agradaron, que te agrade también nuestra devoción:
¡Rey bueno, rey clemente, a quien agrada todo lo bueno!

Todos repiten:

Gloria, alabanza y honor . . .

10. Al entrar la procesión en la iglesia, se canta el siguiente responsorio u otro canto alusivo a la entrada del Señor en Jerusalén:

Responsorio

R. Al entrar el Señor en la ciudad santa, los niños hebreos, anunciando con anticipación la resurrección del Señor de la vida, * con palmas en las manos, aclamaban: Hosanna en el cielo.

V. Al enterarse de que Jesús llegaba a Jerusalén, el pueblo salió a su encuentro.* Con palmas en las manos, aclamaban: Hosanna en el cielo.

11. El sacerdote, al llegar al altar, hace la debida reverencia y, si lo juzga oportuno, lo inciensa. Luego se dirige a la sede donde se quita la capa pluvial, si la usó, y se pone la casulla y, omitidos los demás ritos iniciales de la Misa, incluso el **Señor, ten piedad**, si es oportuno, dice la oración colecta y prosigue la Misa de la manera acostumbrada.

Segunda forma: Entrada solemne

12. Donde no se pueda hacer la procesión fuera de la iglesia, la entrada del Señor se celebra dentro de la iglesia por medio de una entrada solemne, antes de la Misa principal.

13. Los fieles se reúnen ante la puerta de la iglesia, o bien dentro de la misma iglesia, llevando los ramos en las manos. El sacerdote, los ministros y algunos de los fieles, van a algún sitio adecuado de la iglesia, fuera del presbiterio, en donde pueda ser vista fácilmente la ceremonia, al menos por la mayor parte de los fieles.

14. Mientras el sacerdote se dirige al sitio indicado, se canta la antífona **Hosanna al Hijo de David** (n. **4**), o algún otro canto adecuado. Después se bendicen los ramos y se lee el Evangelio de la entrada del Señor en Jerusalén, como se indicó en los nn. **5-7**. Después del Evangelio, el sacerdote va solemnemente hacia el presbiterio a través de la iglesia, acompañado por los ministros y un pequeño grupo fieles, mientras se canta el responsorio **Al entrar el Señor** (n. **10**), u otro canto apropiado.

15. Al llegar al altar, el sacerdote hace la debida reverencia. Enseguida va a la sede y, omitidos los ritos iniciales de la Misa, incluso el **Señor, ten piedad**, si es oportuno, dice la oración colecta y prosigue la Misa de la manera acostumbrada.

Tercera forma: Entrada sencilla

16. En todas las demás Misas de este domingo, en las que no se hace la entrada solemne, se recuerda la entrada del Señor en Jerusalén por medio de una entrada sencilla.

17. Mientras el sacerdote se dirige al altar, se canta la antífona de entrada con su salmo (n. **18**), u otro canto sobre el mismo tema. El sacerdote, al llegar al altar, lo venera haciendo la debida reverencia, y va a la sede. Después de hacer el signo de la cruz, saluda al pueblo. Luego sigue la Misa de la manera acostumbrada.

En las demás Misas en que no es posible cantar la antífona de entrada, el sacerdote, al llegar al altar lo venera haciendo la debida reverencia, saluda al pueblo, lee la antífona de entrada y prosigue la Misa de la manera acostumbrada.

18. **Antífona de entrada** Cfr. Jn 12, 1. 12-13; Sal 24 (23), 9-10

Seis días antes de la Pascua,
cuando el Señor entró a la ciudad de Jerusalén,
salieron los niños a su encuentro
y llevando en sus manos ramos de palmera
aclamaban con fuerte voz:
* Hosanna en el cielo.
Bendito tú, que vienes
lleno de bondad y de misericordia.

Puertas, ábranse de par en par;
agrándense, portones eternos,
porque va a entrar el Rey de la gloria.
Y ¿quién es ese Rey de la gloria?
El Señor de los ejércitos
es el Rey de la gloria.

* Hosanna en el cielo.
Bendito tú, que vienes
lleno de bondad y de misericordia.

Misa

19. Después de la procesión o de la entrada solemne, el sacerdote comienza la Misa con la oración colecta.

20. Oración colecta

**Dios todopoderoso y eterno,
que quisiste que nuestro Salvador
se hiciera hombre y padeciera en la cruz
para dar al género humano ejemplo de humildad,
concédenos, benigno, seguir las enseñanzas de su pasión
y que merezcamos participar de su gloriosa resurrección.
Él, que vive y reina contigo en la unidad del Espíritu Santo
y es Dios por los siglos de los siglos.**

21. Se lee la historia de la Pasión del Señor. No se llevan ciriales ni incienso, ni se hace al principio el saludo, ni se signa el libro. La lectura la hace un diácono o, en su defecto, el sacerdote. Puede también ser hecha por lectores, reservando al sacerdote, si es posible, la parte correspondiente a Cristo.

Solamente los diáconos piden la bendición del celebrante antes del canto de la Pasión, como se hace antes del Evangelio.

22. Después de la lectura de la Pasión, puede tenerse, si se cree oportuno, una breve homilía. También se puede guardar un momento de silencio.

Se dice Credo y se hace la oración universal.

23. Oración sobre las ofrendas

**Que la pasión de tu Unigénito, Señor,
nos atraiga tu perdón,
y aunque no lo merecemos por nuestras obras,
por la mediación de este sacrificio único,
lo recibamos de tu misericordia.
Por Jesucristo, nuestro Señor.**

24. **Prefacio: La Pasión del Señor.**

Santo, Santo, Santo . . .

Texto sin música:

V. **El Señor esté con ustedes.**
R. Y con tu espíritu.

V. **Levantemos el corazón.**
R. Lo tenemos levantado hacia el Señor.

V. **Demos gracias al Señor, nuestro Dios.**
R. Es justo y necesario.

**En verdad es justo y necesario,
es nuestro deber y salvación
darte gracias siempre y en todo lugar,
Señor, Padre santo,
Dios todopoderoso y eterno,
por Cristo, Señor nuestro.**

**El cual, siendo inocente,
se dignó padecer por los pecadores
y fue injustamente condenado
por salvar a los culpables;
con su muerte borró nuestros delitos
y, resucitando, conquistó nuestra justificación.**

**Por eso, te alabamos con todos los ángeles
y te aclamamos con voces de júbilo, diciendo:**

Santo, Santo, Santo . . .

25. Antífona de la Comunión Mt 26, 42

Padre mío,
si no es posible evitar que yo beba este cáliz,
hágase tu voluntad.

26. Oración después de la Comunión

**Tú que nos has alimentado con esta Eucaristía,
y por medio de la muerte de tu Hijo
nos das la esperanza de alcanzar
lo que la fe nos promete,
concédenos, Señor, llegar,
por medio de su resurrección,
a la meta de nuestras esperanzas.
Por Jesucristo, nuestro Señor.**

27. Oración sobre el pueblo

Dios y Padre nuestro,
mira con bondad a esta familia tuya,
por la cual nuestro Señor Jesucristo
no dudó en entregarse a sus verdugos
y padecer el tormento de la cruz.
Por Jesucristo, nuestro Señor.

LUNES SANTO

Antífona de entrada
Cfr. Sal 35 (34), 1-2; Sal 140 (139), 8

Juzga, Señor, a los que me hacen daño,
ataca a los que me atacan,
toma las armas y el escudo,
levántate y ven en mi ayuda.
Señor, mi fuerza de salvación.

Oración colecta

**Te rogamos, Dios todopoderoso,
que quienes desfallecemos a causa de nuestra debilidad,
nos recuperemos gracias a la pasión de tu Unigénito.
Él, que vive y reina contigo en la unidad del Espíritu Santo
y es Dios por los siglos de los siglos.**

Oración sobre las ofrendas

**Mira con bondad, Señor,
los sagrados misterios que estamos celebrando
y ya que en tu misericordia dispusiste que nos sirvieran
para desechar nuestros falsos criterios,
concédenos que nos ayuden
a producir verdaderos frutos de vida eterna.
Por Jesucristo, nuestro Señor.**

Prefacio II de la Pasión del Señor, p. 584.

Antífona de la Comunión
Cfr. Sal 102 (101), 3

No apartes tu rostro de mí.
En el día de mi tribulación, inclina a mí tu oído,
y, siempre que te invoque, respóndeme enseguida.

Oración después de la Comunión

**Visita, Señor, a tu pueblo
y protege con tu constante amor
a quienes has santificado por estos misterios,
para que recibamos de tu misericordia
y conservemos con tu protección,
los auxilios para nuestra salvación eterna.
Por Jesucristo, nuestro Señor.**

Oración sobre el pueblo opcional

**Dios y Padre nuestro,
que tu protección socorra a los humildes
y asista continuamente a quienes confían en tu misericordia,
para que se preparen a celebrar las fiestas pascuales
no sólo con acciones corporales,
sino sobre todo con pureza de corazón.
Por Jesucristo, nuestro Señor.**

MARTES SANTO

Antífona de entrada Cfr. Sal 27 (26), 12

No me entregues, Señor,
al odio de los que me persiguen,
pues han surgido contra mí testigos falsos,
que respiran violencia.

Oración colecta

**Concédenos, Dios todopoderoso y eterno,
celebrar de tal modo los sacramentos de la pasión del Señor,
que nos hagamos dignos de recibir tu perdón.
Por nuestro Señor Jesucristo, tu Hijo,
que vive y reina contigo en la unidad del Espíritu Santo
y es Dios por los siglos de los siglos.**

Oración sobre las ofrendas

**Mira con bondad, Señor,
las ofrendas de esta familia tuya
y, ya que la hiciste partícipe de tus sagrados dones,
concédele obtener plenamente su fruto.
Por Jesucristo, nuestro Señor.**

Prefacio II de la Pasión del Señor, p. 584.

Antífona de la Comunión Rom 8, 32

Dios no escatimó la vida de su propio Hijo,
sino que lo entregó por todos nosotros.

Oración después de la Comunión

**Alimentados por estos dones de salvación,
suplicamos, Señor, tu misericordia,
para que este Sacramento,
que nos nutre en nuestra vida temporal,
nos haga partícipes de la vida eterna.
Por Jesucristo, nuestro Señor.**

Oración sobre el pueblo opcional

**Dios y Padre nuestro,
al pueblo que quiere obedecerte,
purifícalo de la antigua maldad por tu misericordia
y hazlo capaz de una santa renovación.
Por Jesucristo, nuestro Señor.**

MIÉRCOLES SANTO

Antífona de entrada — Cfr. Flp 2, 10. 8. 11

Que al nombre de Jesús, toda rodilla se doble,
en el cielo, en la tierra y en los abismos,
porque el Señor se hizo obediente hasta la muerte,
y una muerte de cruz.
Por eso Jesucristo es el Señor para gloria de Dios Padre.

Oración colecta

**Padre misericordioso,
que para librarnos del poder del enemigo,
quisiste que tu Hijo sufriera por nosotros
el suplicio de la cruz,
concédenos alcanzar la gracia de la resurrección.
Por nuestro Señor Jesucristo, tu Hijo,
que vive y reina contigo en la unidad del Espíritu Santo
y es Dios por los siglos de los siglos.**

Oración sobre las ofrendas

**Recibe, Señor, los dones que te presentamos
y concédenos que la pasión de tu Hijo,
que celebramos en este sacramento,
fructifique plenamente en nuestra vida.
Por Jesucristo, nuestro Señor.**

Prefacio II de la Pasión del Señor, p. 584

Antífona de la Comunión — Mt 20, 28

El Hijo del hombre no ha venido a ser servido, sino a servir,
y a dar la vida por la redención de todos.

Oración después de la Comunión

**Concédenos, Dios todopoderoso,
creer y sentir profundamente
que, por la muerte temporal de tu Hijo,
proclamada en estos santos misterios,
tú nos has dado la vida eterna.
Por Jesucristo, nuestro Señor.**

Oración sobre el pueblo

opcional

**Dios y Padre nuestro,
concede a tu pueblo
frecuentar los sacramentos pascuales
y esperar con vivo deseo los bienes futuros
para que, manteniéndose fiel
a los santos misterios de los que ha renacido,
se sienta impulsado por ellos a una vida nueva.
Por Jesucristo, nuestro Señor.**

JUEVES SANTO

1. Según una antiquísima tradición, en este día se prohíben todas las Misas sin participación del pueblo.

Misa Crismal

2. La bendición del óleo de los enfermos y del óleo de los catecúmenos, y la consagración del Crisma, corresponden al obispo, según aparece en el Ordo del Pontifical Romano, habitualmente el día de hoy, en una Misa propia que se celebra en las horas de la mañana.

3. Si en este día es muy difícil que el clero y el pueblo se puedan congregar con el obispo, la Misa Crismal se puede anticipar a otro día que, de todas maneras, debe ser cercano a la Pascua y utilizando siempre la Misa propia.

4. La Misa Crismal, que concelebra con los presbíteros debe tenerse como una de las principales manifestaciones de la plenitud sacerdotal del obispo y como un signo de la unión de los presbíteros con él. Por tanto, es deseable que todos los sacerdotes participen, en tanto sea posible, y reciban la Comunión bajo las dos especies. Conviene que entre los presbíteros que concelebran la Misa con el obispo y son testigos suyos y colaboradores en el ministerio del santo Crisma, se encuentren sacerdotes de las distintas regiones de la diócesis.

5. Conforme a la Tradición Romana, la bendición del óleo de los enfermos se hace antes de terminar la Plegaria eucarística, mientras que la bendición del óleo de los catecúmenos y la consagración del Crisma se hacen después de la Comunión. Sin embargo, por razones pastorales, se permite realizar todo el rito de la bendición después de la liturgia de la Palabra.

6. **Antífona de entrada** Ap 1, 6

Jesucristo ha hecho de nosotros un reino de sacerdotes
para su Dios y Padre.
A él la gloria y el poder por los siglos de los siglos. Amén.

Se dice Gloria.

7. **Oración colecta**

Dios y Padre nuestro,
que ungiste a tu Unigénito con el Espíritu Santo,
y lo constituiste Cristo y Señor,
concede a quienes participamos ya de su consagración
que seamos en el mundo testigos de su obra redentora.
Por nuestro Señor Jesucristo, tu Hijo,
que vive y reina contigo en la unidad del Espíritu Santo
y es Dios por los siglos de los siglos.

8. Después de la lectura del Evangelio el Obispo tiene la homilía, en la cual, basándose en los textos que se leyeron en la liturgia de la Palabra, habla al pueblo y a sus presbíteros acerca de la unción sacerdotal, exhortando a los presbíteros a conservar la fidelidad en su ministerio e invitándolos a renovar públicamente sus promesas sacerdotales.

Renovación de las promesas sacerdotales

9. Terminada la homilía, el Obispo, sentado, se dirige a los presbíteros, con estas palabras u otras semejantes:

Amados hijos:
al celebrar hoy la conmemoración anual del día en que Cristo, nuestro Señor,
comunicó su sacerdocio a los Apóstoles y a nosotros,
¿quieren ustedes renovar las promesas
que hicieron el día de su ordenación,
ante su obispo y ante el pueblo santo de Dios?

Los presbíteros responden todos al mismo tiempo: **Sí, quiero.**

¿Quieren unirse más íntimamente a nuestro Señor Jesucristo,
modelo de nuestro sacerdocio,
renunciando a sí mismos
y reafirmando los compromisos sagrados
que, impulsados por amor a Cristo
y para servicio de su Iglesia,
hicieron ustedes con alegría
el día de su ordenación sacerdotal?

Los presbíteros: **Sí, quiero.**

¿Quieren ser fieles dispensadores de los misterios de Dios,
por medio de la sagrada Eucaristía
y de las demás acciones litúrgicas,
y cumplir fielmente con el sagrado oficio de enseñar,
a ejemplo de Cristo, Cabeza y Pastor,
no movidos por el deseo de los bienes terrenos,
sino impulsados solamente por el bien de los hermanos?

Los presbíteros: **Sí, quiero.**

Enseguida el Obispo, dirigiéndose al pueblo, prosigue:

Y ustedes, queridos hijos, oren por sus sacerdotes;
que el Señor derrame abundantemente
sobre ellos sus dones celestiales,
para que sean fieles ministros de Cristo, Sumo Sacerdote,
y los conduzcan a ustedes hacia él,
que es la fuente única de salvación.

El pueblo: Cristo, óyenos; Cristo, escúchanos.

Oren también por mí,
para que sea fiel al ministerio apostólico,
encomendado a mis débiles fuerzas,
y que sea entre ustedes una imagen viva
y cada vez más perfecta
de Cristo Sacerdote, buen Pastor,
Maestro y servidor de todos.

El pueblo: Cristo, óyenos; Cristo, escúchanos.

El Señor nos conserve en su amor
y nos lleve a todos, pastores y ovejas, a la vida eterna.

Todos: Amén.

10. No se dice Credo.

11. Oración sobre las ofrendas

Te rogamos, Señor, que la eficacia de este sacrificio
lave nuestras antiguas culpas,
y nos haga crecer en novedad de vida
y en plenitud de salvación.
Por Jesucristo, nuestro Señor.

12. Prefacio: El sacerdocio de Cristo y el ministerio de los sacerdotes.

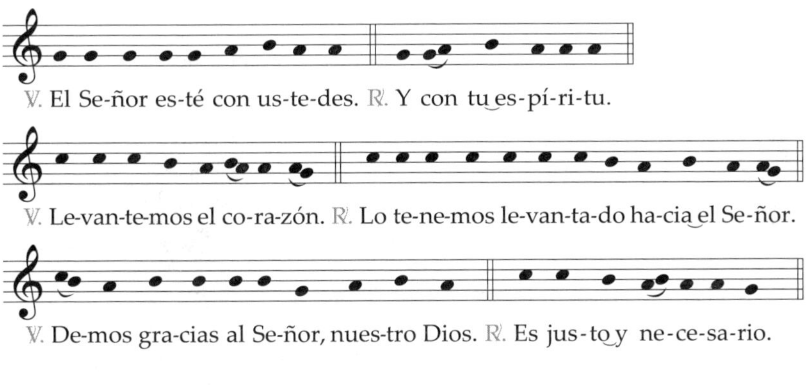

En ver-dad es justo y ne-ce-sa-rio, es nuestro deber y salvación
darte gracias siempre y en to-do lu-gar, Señor, Pa-dre san-to,
Dios todo-po-de-ro-so y e-ter-no. Ya que, por la unción del Es -
- pí-ri-tu San-to, cons-ti-tu-iste a tu Unigénito Pontífice de la alianza
nue-va y e ter-na, y, en tu designio salvífico, has querido que su
sacer-do-cio ú-ni-co se perpe-tua-ra en la I-gle-sia. En e -
- fecto, Cristo no sólo confiere la dignidad del sacerdocio real a todo
su pue-blo san-to, si-no que, con especial predilección, elige a
algunos de entre los her-ma-nos, y me-diante la imposición de las
manos, los hace partícipes de su ministerio de sal-va-ción, a fin
de que renueven, en su nombre, el sacrificio re-den-tor, pre-paren

Santo, Santo, Santo . . .

Texto sin música:

V. **El Señor esté con ustedes.**
R. Y con tu espíritu.

V. **Levantemos el corazón.**
R. Lo tenemos levantado hacia el Señor.

V. **Demos gracias al Señor, nuestro Dios.**
R. Es justo y necesario.

En verdad es justo y necesario,
es nuestro deber y salvación
darte gracias siempre y en todo lugar,
Señor, Padre santo,
Dios todopoderoso y eterno.

Ya que, por la unción del Espíritu Santo,
constituiste a tu Unigénito
Pontífice de la alianza nueva y eterna,
y, en tu designio salvífico, has querido
que su sacerdocio único se perpetuara en la Iglesia.

En efecto, Cristo no sólo confiere
la dignidad del sacerdocio real
a todo su pueblo santo,
sino que, con especial predilección,
elige a algunos de entre los hermanos,
y mediante la imposición de las manos,
los hace partícipes de su ministerio de salvación,
a fin de que renueven, en su nombre,
el sacrificio redentor,
preparen para tus hijos el banquete pascual,
fomenten la caridad en tu pueblo santo,
lo alimenten con la Palabra,
lo fortifiquen con los sacramentos,
y, consagrando su vida a ti
y a la salvación de sus hermanos,
se esfuercen por reproducir en sí mismos la imagen de Cristo
y te den un constante testimonio
de fidelidad y de amor.

Por eso, Señor, con todos los ángeles y los santos,
te alabamos, cantando llenos de alegría:

Santo, Santo, Santo . . .

13. **Antífona de la Comunión** Sal 89 (88), 2

Cantaré eternamente las misericordias del Señor,
y mi boca proclamará tu fidelidad,
de generación en generación.

14. **Oración después de la Comunión**

Te pedimos, Dios todopoderoso,
Que, alimentados por tus sacramentos,
Merezcamos convertirnos en buen olor de Cristo.
Él, que vive y reina por los siglos de los siglos.

15. La recepción de los santos óleos se puede hacer en cada parroquia, o antes de la celebración de la Misa vespertina de la Cena del Señor, o en otro momento que se considere más oportuno.

SAGRADO TRIDUO PASCUAL

1. En el Triduo Sacro la Iglesia celebra solemnemente los misterios más grandes de nuestra redención, con celebraciones especiales, haciendo memoria de su Señor crucificado, sepultado y resucitado.

Téngase en cuenta el sagrado ayuno pascual que debe celebrarse en todas partes el Viernes de la Pasión del Señor; además, según la oportunidad, es bueno ayunar también el Sábado Santo, para que, con un corazón preparado, se llegue a los gozos del Domingo de la Resurrección.

2. Para llevar a cabo debidamente la celebración del Triduo Sacro, se requiere de un número adecuado de ministros laicos, que deben ser instruidos cuidadosamente acerca de lo que les corresponde hacer.

El canto del pueblo, de los ministros y del sacerdote celebrante tiene una especial importancia en las celebraciones de estos días, pues los textos expresan al máximo su propia fuerza cuando son ejecutados con canto.

Los pastores no dejen de explicar de la mejor manera posible a los fieles cristianos el significado y la estructura de las celebraciones, y prepararlos para una participación activa y fructuosa.

3. Las celebraciones del Triduo Sacro deben llevarse a cabo sólo en las iglesias catedrales y parroquiales y en aquellas donde puedan celebrarse dignamente, es decir, con presencia de fieles, con un número conveniente de ministros y con la posibilidad de cantar al menos algunas partes.

Es necesario, por consiguiente, que las pequeñas comunidades, asociaciones y los grupos peculiares de todo género se reúnan en estas iglesias, para llevar a cabo las celebraciones de una forma más noble.

JUEVES SANTO DE LA CENA DEL SEÑOR

Misa vespertina

1. En la tarde, a la hora más oportuna, se celebra la Misa de la Cena del Señor, con la participación de toda la comunidad local y con la intervención, según su propio oficio, de todos los sacerdotes y ministros.

2. Todos los sacerdotes que hayan concelebrado en la Misa del Santo Crisma o hayan celebrado otra Misa para la utilidad de los fieles, pueden concelebrar en la Misa vespertina.

3. Donde lo pida un motivo pastoral, el Ordinario del lugar puede permitir que se celebre otra Misa en la tarde en iglesias u oratorios, y en caso de verdadera necesidad, aun en la mañana, pero solamente en favor de los fieles que de ninguna manera puedan asistir a la Misa de la tarde. Téngase cuidado, sin embargo, de que estas celebraciones no se hagan en provecho de personas particulares o de pequeños grupos especiales, y de que no sean en perjuicio de la asistencia a la Misa vespertina.

4. La Sagrada Comunión puede distribuirse a los fieles sólo dentro de la Misa; pero a los enfermos puede llevárseles a cualquier hora del día.

5. Adórnese el altar con flores con la moderación que conviene a la índole de este día. El sagrario debe estar completamente vacío. Conságrense en esta Misa suficientes hostias, de modo que alcancen para la comunión del clero y del pueblo, hoy y mañana.

6. **Antífona de entrada** Cf. Gál 6, 14

Debemos gloriarnos
en la cruz de nuestro Señor Jesucristo,
porque en él está nuestra salvación,
nuestra vida y nuestra resurrección,
y por él fuimos salvados y redimidos.

7. Se dice Gloria. Mientras se canta este himno, se tocan las campanas. Terminado el canto, las campanas no vuelven a tocarse hasta el Gloria de la Vigilia Pascual, a no ser que el obispo diocesano disponga otra cosa. En este mismo tiempo, también pueden usarse el órgano y los demás instrumentos musicales, pero sólo para acompañar el canto.

8. **Oración colecta**

**Dios nuestro, reunidos para celebrar la santísima Cena
en la que tu Hijo Unigénito, antes de entregarse a la muerte,
confió a la Iglesia el nuevo y eterno sacrificio,
banquete pascual de su amor,
concédenos que, de tan sublime misterio,
brote para nosotros la plenitud del amor y de la vida.
Por nuestro Señor Jesucristo, tu Hijo,
que vive y reina contigo en la unidad del Espíritu Santo
y es Dios por los siglos de los siglos.**

9. Después de la proclamación del Evangelio, el sacerdote dice la homilía, en la cual se exponen los grandes misterios que se recuerdan en esta Misa, es decir, la institución de la Sagrada Eucaristía y del Orden Sacerdotal y el mandato del Señor sobre el amor fraterno.

Lavatorio de los pies

10. Después de la homilía, donde lo aconseje el bien pastoral, se lleva a cabo el lavatorio de los pies.

11. Los que han sido designados de entre el Pueblo de Dios van, acompañados por los ministros, a ocupar los asientos preparados para ellos. El sacerdote se quita la casulla si es necesario, y se acerca a cada una de las personas designadas. Con la ayuda de los ministros, les lava los pies y se los seca.

12. Mientras tanto, se cantan algunas de las siguientes antífonas o algún canto apropiado.

Antífona 1 Cfr. Jn 13, 4. 5. 15

El Señor se levantó de la mesa,
echó agua en un recipiente
y se puso a lavar los pies de sus discípulos,
para darles ejemplo.

Antífona 2 Cfr. Jn 13, 12. 13. 15

El Señor Jesús, después de haber cenado con sus discípulos,
lavó sus pies y les dijo: "¿Comprenden lo que acabo de hacer
con ustedes, yo, el Señor y el Maestro? Les he dado ejemplo,
para que también ustedes lo hagan".

Antífona 3 Jn 13, 6. 7. 8

Señor, ¿pretendes tú lavarme a mí los pies?
Jesús le respondió: si no te lavo los pies,
no tendrás nada que ver conmigo.

V. Fue Jesús hacia Simón Pedro y éste le dijo:
—Señor, ¿pretendes tú lavarme a mí los pies? . . .

V. Lo que yo estoy haciendo, tú no lo entiendes ahora;
lo entenderás más tarde.
—Señor ¿pretendes tú lavarme a mí los pies? . . .

Antífona 4 Cfr. Jn 13, 14

Si yo, que soy el Maestro y el Señor,
les he lavado los pies,
¡con cuánta mayor razón
ustedes deben lavarse los pies unos a otros!

Antífona 5 Jn 13, 35

En esto reconocerán todos que ustedes son mis discípulos:
en que se amen los unos a los otros.

V. Jesús les dice a sus discípulos.
—En esto reconocerán todos . . .

Antífona 6 Jn 13, 34

Les doy un mandamiento nuevo:
que se amen los unos a los otros,
como yo los he amado, dice el Señor.

Antífona 7 1 Cor 13, 13

Que permanezcan en ustedes la fe, la esperanza y el amor;
pero la mayor de estas tres virtudes es el amor.

V. Ahora tenemos la fe, la esperanza y el amor;
pero la mayor de estas tres virtudes es el amor.
—Que permanezcan en ustedes . . .

13. Después del lavatorio de los pies, el sacerdote lava y seca sus manos, se pone la casulla y regresa a la sede y, desde ahí, dirige la oración universal.

No se dice Credo.

COMAN
BEBAN

Liturgia eucarística

14. Al comienzo de la liturgia eucarística, puede organizarse una procesión de los fieles, en la que junto con el pan y el vino se lleven dones para los pobres.

Mientras tanto, se canta el siguiente himno u otro canto apropiado.

Ant. Donde hay caridad y amor, allí está Dios.

V. Nos congregó y unió el amor de Cristo.
V. Regocijémonos y alegrémonos en él.
V. Temamos y amemos al Dios vivo.
V. Y amémonos con corazón sincero.

Ant. Donde hay caridad y amor, allí está Dios.

V. Pues estamos en un cuerpo congregados.
V. Cuidemos que no se divida nuestro afecto.
V. Cesen las contiendas malignas, cesen los litigios.
V. Y en medio de nosotros esté Cristo Dios.

Ant. Donde hay caridad y amor, allí está Dios.

V. Veamos juntamente con los santos
V. tu glorioso rostro, ¡oh Cristo Dios!
V. Éste será gozo inmenso y puro.
V. Por los siglos de los siglos infinitos. Amén.

(O bien, en latín)

Ant. Ubi cáritas est vera, Deus ibi est.

V. Congregávit nos in unum Christi amor.
V. Exsultémus et in ipso iucundémur.
V. Timeámus et amémus Deum vivum.
V. Et ex corde diligámus nos sincéro.

Ant. Ubi cáritas est vera, Deus ibi est.

V. Simul ergo cum in unum congregámur:
V. Ne nos mente dividámur, caveámus.
V. Cessent iúrgia malígna, cessent lites.
V. Et in médio nostri sit Christus Deus.

Ant. Ubi cáritas est vera, Deus ibi est.

℣. Simul quoque cum beátis videámus
℣. Gloriánter vultum tuum, Christe Deus:
℣. Gáudium, quod est imménsum atque probum,
℣. Sæcula per infiníta sæculórum. Amen.

15. Oración sobre las ofrendas

Concédenos, Señor,
participar dignamente en estos misterios,
porque cada vez que se celebra el memorial de este sacrificio,
se realiza la obra de nuestra redención.
Por Jesucristo, nuestro Señor.

16. Prefacio: El sacrificio y el sacramento de Cristo.

℣. El Se-ñor es-té con us-te-des. ℟. Y con tu‿es-pí-ri-tu.

℣. Le-van-te-mos el co-ra-zón. ℟. Lo te-ne-mos le-van-ta-do ha-cia‿el Se-ñor.

℣. De-mos gra-cias al Se-ñor, nues-tro Dios. ℟. Es jus-to‿y ne-ce-sa-rio.

En ver-dad es justo y ne-ce-sa-rio, es nuestro deber y salvación,

darte gracias siempre y en to-do lu-gar, Señor, Pa-dre san-to,

Dios todopoderoso y eterno, por Cris-to Se-ñor nues-tro. El cual,

verdadero y eterno Sa-cer-do-te, al instituir el sacrificio de la e-ter-

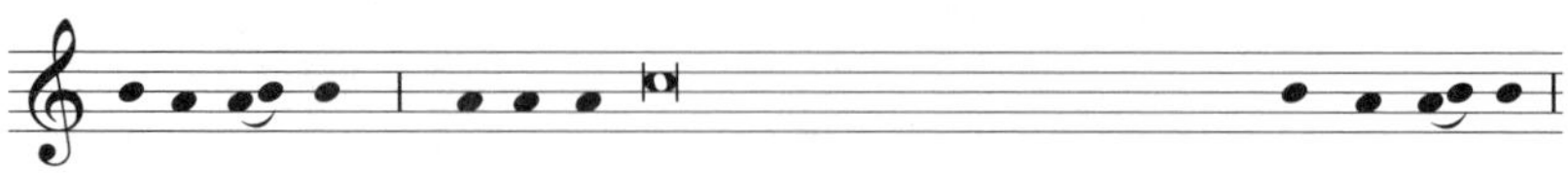

-na a-lian-za, se o-fre-ció primero a ti como víctima sal-va-do-ra,

Santo, Santo, Santo . . .

Texto sin música: Prefacio I de la Eucaristía, p. 616.

17. Si se usan las Plegarias eucarísticas II o III, téngase en cuenta la referencia que se hace de esta Misa en el relato de la institución, pp. 1572 y 1574. Si se usa el Canon Romano, se dicen sus partes propias para este día de la siguiente manera:

18. El sacerdote, con las manos extendidas, dice:

Padre misericordioso, Celebrante solo
te pedimos humildemente,
por Jesucristo, tu Hijo, nuestro Señor,

Junta las manos y dice:

que aceptes

Traza el signo de la cruz sobre el pan y el cáliz conjuntamente, diciendo:

y bendigas ✠ estos dones,
este sacrificio santo y puro que te ofrecemos,

Con las manos extendidas, prosigue:

ante todo, por tu Iglesia santa y católica,
para que le concedas la paz, la protejas,
la congregues en la unidad
y la gobiernes en el mundo entero,
con tu servidor el Papa N.,
con nuestro Obispo N.*,
y todos los demás Obispos que, fieles a la verdad,
promueven la fe católica y apostólica.

19. Conmemoración de los vivos

Acuérdate, Señor, de tus hijos N. **y** N. Celebrante o un concelebrante

Junta las manos y ora unos momentos por quienes tiene la intención de orar.

Después, con las manos extendidas, prosigue:

y de todos los aquí reunidos,
cuya fe y entrega bien conoces;
por ellos y todos los suyos,
por el perdón de sus pecados
y la salvación que esperan,
te ofrecemos, y ellos mismos te ofrecen,
este sacrificio de alabanza,
a ti, eterno Dios, vivo y verdadero.

---

* El Obispo, cuando celebra en su diócesis, dice:
conmigo, indigno siervo tuyo,

Cuando celebra un Obispo que no es el Ordinario diocesano, dice:
con mi hermano N.**, Obispo de esta Iglesia,**
conmigo, indigno siervo tuyo,

Aquí se puede hacer mención del Obispo coadjutor o de los Obispos auxiliares, conforme a lo previsto por la IGMR, n. 149.

20. Conmemoración de los santos

Celebrante o un concelebrante

Reunidos en comunión con toda la Iglesia
para celebrar el día santo
en que nuestro Señor Jesucristo
fue entregado por nosotros,
veneramos la memoria, ante todo,
de la gloriosa siempre Virgen María,
Madre de Jesucristo, nuestro Dios y Señor;
la de su esposo, san José;
la de los santos apóstoles y mártires
Pedro y Pablo, Andrés,
(Santiago y Juan,
Tomás, Santiago, Felipe,
Bartolomé, Mateo, Simón y Tadeo;
Lino, Cleto, Clemente, Sixto,
Cornelio, Cipriano,
Lorenzo, Crisógono,
Juan y Pablo,
Cosme y Damián)
y la de todos los santos;
por sus méritos y oraciones
concédenos en todo tu protección.
(Por Cristo, nuestro Señor. Amén.)

21. Con las manos extendidas, prosigue:

Celebrante solo

Acepta, Señor, en tu bondad,
esta ofrenda de tus siervos
y de toda tu familia santa,
que te presentamos en el día mismo
en que nuestro Señor Jesucristo
encomendó a sus discípulos
la celebración del sacramento
de su Cuerpo y de su Sangre;
ordena en tu paz nuestros días,
líbranos de la condenación eterna
y cuéntanos entre tus elegidos.

Junta las manos.

(Por Cristo, nuestro Señor. Amén.)

22. Extendiendo las manos sobre las ofrendas, dice:

Celebrante con concelebrantes

Bendice y santifica esta ofrenda, Padre,
haciéndola perfecta, espiritual y digna de ti:
que se convierta para nosotros
en el Cuerpo y la Sangre de tu Hijo amado,
Jesucristo, nuestro Señor.

Junta las manos.

23. En las fórmulas que siguen, las palabras del Señor deben pronunciarse claramente y con precisión, como lo requiere la naturaleza de las mismas palabras.

El cual, hoy,
la víspera de padecer por nuestra salvación
y la de todos los hombres,

Toma el pan y, sosteniéndolo un poco elevado sobre el altar, prosigue:

tomó pan en sus santas y venerables manos,

Eleva los ojos.

y, elevando los ojos al cielo,
hacia ti, Dios, Padre suyo todopoderoso,
dando gracias te bendijo,
lo partió,
y lo dio a sus discípulos, diciendo:

Se inclina un poco.

TOMEN Y COMAN TODOS DE ÉL,
PORQUE ESTO ES MI CUERPO,
QUE SERÁ ENTREGADO POR USTEDES.

Muestra el pan consagrado al pueblo, lo deposita luego sobre la patena y lo adora haciendo genuflexión.

24. Después prosigue:

Del mismo modo, acabada la cena,

Toma el cáliz y, sosteniéndolo un poco elevado sobre el altar, prosigue:

tomó este cáliz glorioso
en sus santas y venerables manos,
dando gracias te bendijo,
y lo dio a sus discípulos, diciendo:

Se inclina un poco.

TOMEN Y BEBAN TODOS DE ÉL,
PORQUE ÉSTE ES EL CÁLIZ DE MI SANGRE,
SANGRE DE LA ALIANZA NUEVA Y ETERNA,
QUE SERÁ DERRAMADA
POR USTEDES Y POR MUCHOS
PARA EL PERDÓN DE LOS PECADOS.

HAGAN ESTO EN CONMEMORACIÓN MÍA.

Muestra el cáliz al pueblo, lo deposita luego sobre el corporal y lo adora haciendo genuflexión.

25. Luego dice una de las siguientes fórmulas:

I **Éste es el Misterio de la fe.** Celebrante solo

O bien:

Éste es el Sacramento de nuestra fe.

Y el pueblo prosigue, aclamando:

Anunciamos tu muerte,
proclamamos tu resurrección.
¡Ven, Señor Jesús!

II **Éste es el Misterio de la fe.** Celebrante solo
Cristo nos redimió.

Y el pueblo prosigue, aclamando:

Cada vez que comemos de este pan
y bebemos de este cáliz,
anunciamos tu muerte, Señor,
hasta que vuelvas.

III **Éste es el Misterio de la fe.** Celebrante solo
Cristo se entregó por nosotros.

Y el pueblo prosigue, aclamando:

Salvador del mundo, sálvanos,
tú que nos has liberado por tu cruz y resurrección.

26. Después el sacerdote, con las manos extendidas, dice:

Celebrante con concelebrantes

Por eso, Padre,
nosotros, tus siervos, y todo tu pueblo santo,
al celebrar este memorial de la muerte gloriosa
de Jesucristo, tu Hijo, nuestro Señor,
de su santa resurrección del lugar de los muertos
y de su admirable ascensión a los cielos,
te ofrecemos, Dios de gloria y majestad,
de los mismos bienes que nos has dado,
el sacrificio puro, inmaculado y santo:
pan de vida eterna
y cáliz de eterna salvación.

27. **Mira con ojos de bondad esta ofrenda**
y acéptala,
como aceptaste los dones del justo Abel,
el sacrificio de Abraham, nuestro padre en la fe,
y la oblación pura
de tu sumo sacerdote Melquisedec.

28. Inclinado, con las manos juntas, prosigue:

Te pedimos humildemente,
Dios todopoderoso,
que esta ofrenda sea llevada a tu presencia,
hasta el altar del cielo,
por manos de tu Ángel,
para que cuantos recibimos
el Cuerpo y la Sangre de tu Hijo,
al participar aquí de este altar,

Se endereza y se signa, diciendo:

seamos colmados
de gracia y bendición.

Junta las manos.

(**Por Cristo, nuestro Señor. Amén.**)

29. Conmemoración de los difuntos

Con las manos extendidas, dice:

Acuérdate también, Señor,
de tus hijos N. **y** N.**,**
que nos han precedido con el signo de la fe
y duermen ya el sueño de la paz.

Celebrante o un concelebrante

Junta las manos y ora unos momentos por los difuntos por quienes tiene intención de orar.

Después, con las manos extendidas, prosigue:

A ellos, Señor, y a cuantos descansan en Cristo,
concédeles el lugar del consuelo,
de la luz y de la paz.

Junta las manos.

(**Por Cristo, nuestro Señor. Amén.**)

30. Con la mano derecha se golpea el pecho, diciendo:

Y a nosotros, pecadores, siervos tuyos,

Celebrante o un concelebrante

Con las manos extendidas, prosigue:

que confiamos en tu infinita misericordia,
admítenos en la asamblea
de los santos apóstoles y mártires
Juan el Bautista, Esteban,
Matías y Bernabé,
(**Ignacio, Alejandro,**
Marcelino y Pedro,
Felicidad y Perpetua,
Águeda, Lucía,
Inés, Cecilia, Anastasia,)
y de todos los santos;
y acéptanos en su compañía,
no por nuestros méritos,
sino conforme a tu bondad.

Junta las manos.

Por Cristo, Señor nuestro.

Celebrante solo

31. Y continúa:

Por quien sigues creando todos los bienes,
los santificas, los llenas de vida,
los bendices y los repartes entre nosotros.

32. Toma la patena con el pan consagrado y el cáliz, los eleva y dice:

Celebrante solo o con concelebrantes

Por Cristo, con él y en él,
a ti, Dios Padre omnipotente,
en la unidad del Espíritu Santo,
todo honor y toda gloria
por los siglos de los siglos.

El pueblo aclama:

Amén.

Después sigue el rito de la Comunión, p. 693.

33. En la Comunión, en un momento oportuno, el sacerdote, tomando del altar la Eucaristía, la entrega a los diáconos, acólitos u otros ministros extraordinarios, para que la lleven a los enfermos en sus casas.

34. **Antífona de la Comunión** 1 Cor 11, 24-25

Esto es mi Cuerpo, que se entrega por ustedes.
Este cáliz es la nueva alianza
establecida por mi Sangre;
cuantas veces lo beban,
háganlo en memoria mía, dice el Señor.

35. Después de distribuir la Comunión, se deja sobre el altar un copón con hostias para la Comunión del día siguiente. El sacerdote, de pie ante la sede, dice la oración después de la Comunión.

36. **Oración después de la Comunión**

Concédenos, Dios todopoderoso,
que así como somos alimentados en esta vida
con la Cena pascual de tu Hijo,
así también merezcamos ser saciados
en el banquete eterno.
Por Jesucristo, nuestro Señor.

Traslado del Santísimo Sacramento

37. Dicha la oración después de la comunión, el sacerdote, de pie, pone incienso en el incensario, lo bendice y, arrodillado, inciensa tres veces al Santísimo Sacramento. Enseguida recibe el paño de hombros de color blanco, se pone de pie, toma en sus manos el copón y lo cubre con las extremidades del paño.

38. Se forma entonces la procesión para llevar el Santísimo Sacramento con ciriales e incienso a través de la iglesia, hasta el sitio donde se le va a guardar, preparado en alguna parte de la iglesia o en una capilla convenientemente adornada. Va adelante un ministro laico con la cruz alta en medio de otros dos con ciriales encendidos. Siguen los demás con velas encendidas. El sacerdote lleva el Santísimo Sacramento, lo precede el turiferario con el incensario humeante. Entre tanto se canta el himno **Pange, lingua** (excepto las dos últimas estrofas), o algún otro canto eucarístico.

39. Al llegar la procesión al lugar donde va a depositarse el Santísimo Sacramento, el sacerdote, ayudado si es necesario por un diácono, deposita el copón en el tabernáculo, que permanece con la puerta abierta. Enseguida, pone de nuevo incienso en el incensario, se arrodilla e inciensa el Santísimo Sacramento, mientras se canta **Tantum ergo Sacramentum** u otro canto eucarístico. Después, el diácono o el mismo sacerdote cierra el tabernáculo.

40. Después de unos momentos de adoración en silencio, el sacerdote y los ministros hacen genuflexión y se retiran a la sacristía.

41. En el momento oportuno se desnuda el altar y, si es posible, se quitan de la iglesia las cruces. Si algunas no se pueden quitar, es conveniente que queden cubiertas con un velo.

42. Quienes asistieron a la Misa de la Cena del Señor no celebran las Vísperas.

43. Invítese a los fieles, según las circunstancias y costumbres del lugar, a dedicar alguna parte de su tiempo, en la noche, a la adoración delante del Santísimo Sacramento. Esta adoración, después de la media noche, hágase sin solemnidad.

44. Si en la misma iglesia no se va a celebrar la Pasión del Señor el Viernes Santo, la Misa se concluye como es de costumbre y se deposita el Santísimo Sacramento en el sagrario.

VIERNES SANTO
DE LA PASIÓN DEL SEÑOR

1. El día de hoy y el de mañana, por una antiquísima tradición, la Iglesia omite por completo la celebración de los Sacramentos, excepto el de la Penitencia y el de la Unción de los enfermos.

2. En este día la Sagrada Comunión se distribuye a los fieles únicamente dentro de la celebración de la Pasión del Señor; pero a los enfermos que no puedan tomar parte en esta celebración, se les puede llevar a cualquier hora del día.

3. El altar debe estar desnudo por completo: sin cruz, sin candeleros y sin manteles.

Celebración de la Pasión del Señor

4. Después del mediodía, alrededor de las tres de la tarde, a no ser que por razón pastoral se elija una hora más avanzada, se celebra la Pasión del Señor, que consta de tres partes: Liturgia de la Palabra, Adoración de la Cruz y Sagrada Comunión.

   En los Estados Unidos, si el tamaño o la naturaleza de una parroquia u otra comunidad requieren por necesidad pastoral un servicio litúrgico adicional, el Obispo diocesano puede permitir que éste se pueda repetir. Sin embargo, por su naturaleza, esta liturgia no puede celebrarse en ausencia del sacerdote.

5. El sacerdote y el diácono, si está presente, revestidos de color rojo como para la Misa, se dirigen al altar en silencio, y hecha la debida reverencia, se postran rostro en tierra o, si se juzga conveniente, se arrodillan, y oran en silencio durante un espacio de tiempo. Todos los demás se arrodillan.

6. Después el sacerdote con los ministros, se dirige a la sede, donde, vuelto hacia el pueblo, que está de pie, dice, con las manos extendidas, una de las siguientes oraciones, omitida la invitación Oremos.

Oración

Acuérdate, Señor, de tu gran misericordia,
y santifica a tus siervos con tu constante protección,
ya que por ellos Cristo, tu Hijo, derramando su sangre,
instituyó el misterio pascual.
Él, que vive y reina por los siglos de los siglos.
R. Amén.

O bien:

Señor Dios, que por la Pasión de nuestro Señor Jesucristo
nos libraste de la muerte heredada del antiguo pecado,
concédenos asemejarnos a tu Hijo
y haz que, así como naturalmente
llevamos en nosotros la imagen del hombre terreno,
por la gracia de la santificación,
llevemos también la imagen del hombre celestial.
Por Jesucristo, nuestro Señor.
R. Amén.

Primera Parte
Liturgia de la Palabra

7. Todos se sientan, y se hace la primera lectura, tomada del profeta Isaías (52, 13–53, 12), con su salmo.

8. A continuación se hace la segunda lectura, tomada de la carta a los Hebreos (4, 14-16; 5, 7-9) con el canto antes del Evangelio.

9. Finalmente se lee la Pasión del Señor, según san Juan (18, 1–19, 42), del mismo modo que el domingo precedente.

10. Después de la lectura de la Pasión del Señor, el sacerdote dice una breve homilía, después de la cual puede exhortar a los fieles a orar durante un breve espacio de tiempo.

Oración universal

11. La Liturgia de la Palabra se termina con la oración universal, que se hace de esta manera: el diácono, si está presente o, en su ausencia, un ministro laico, de pie, en el ambón, dice la invitación, en la cual se expresa la intención por la que se va a orar. Enseguida oran todos en silencio durante un breve espacio de tiempo, y luego el sacerdote, de pie, en la sede o, si se cree oportuno, en el altar, dice la oración con las manos extendidas.

Los fieles pueden permanecer arrodillados o de pie, durante todo el tiempo de la oración.

12. Antes de cada oración del sacerdote pueden utilizarse las invitaciones tradicionales del diácono: **Nos ponemos de rodillas** – **Nos ponemos de pie**; en ese caso, los fieles se arrodillan en silencio durante la súplica.

Texto con música

Las Conferencias Episcopales pueden proponer otras invitaciones para introducir la oración del sacerdote.

13. Cuando hay una grave necesidad pública, el Obispo diocesano puede permitir o prescribir que se añada alguna intención especial.

I. Por la santa Iglesia

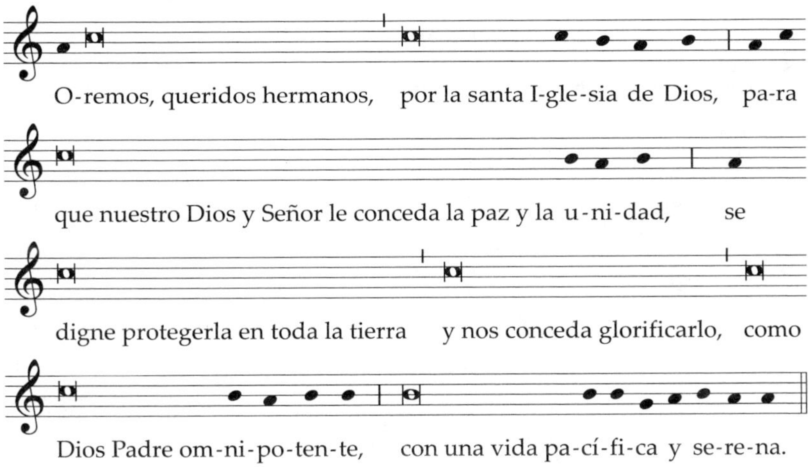

La oración se dice en tono simple o, si se hacen las invitaciones: Nos ponemos de rodillas – Nos ponemos de pie, en tono solemne.

Oremos, queridos hermanos, por la santa Iglesia de Dios,
para que nuestro Dios y Señor le conceda la paz y la unidad,
se digne protegerla en toda la tierra
y nos conceda glorificarlo, como Dios Padre omnipotente,
con una vida pacífica y serena.

Se ora un momento en silencio. Luego prosigue el sacerdote:

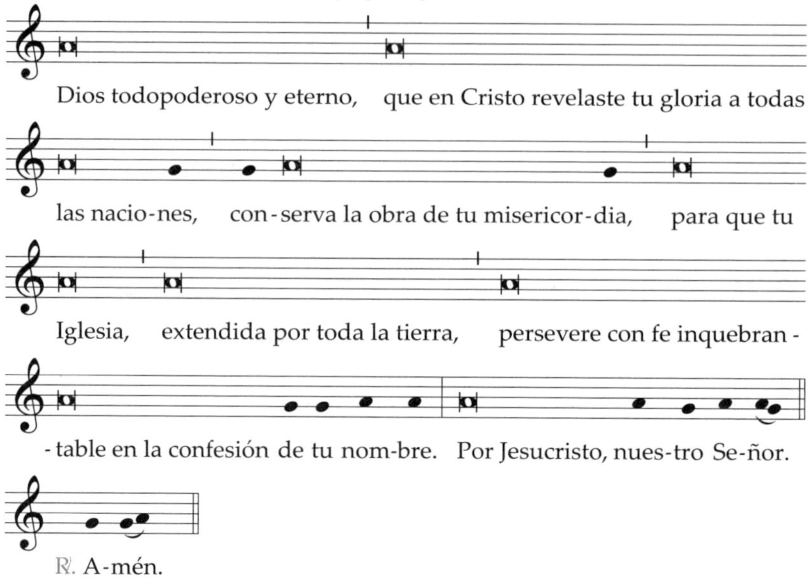

Dios todopoderoso y eterno,
que en Cristo revelaste tu gloria a todas las naciones,
conserva la obra de tu misericordia,
para que tu Iglesia, extendida por toda la tierra,
persevere con fe inquebrantable en la confesión de tu nombre.
Por Jesucristo, nuestro Señor.
R. Amén.

II. Por el Papa

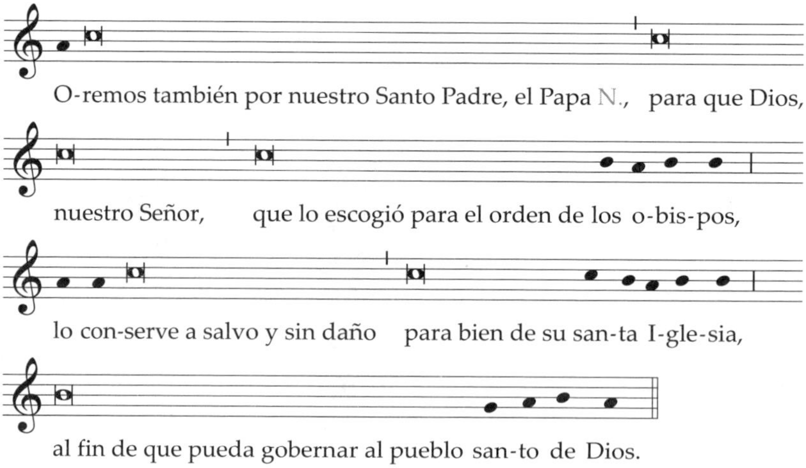

Oremos también por nuestro Santo Padre, el Papa N.,
para que Dios nuestro Señor,
que lo escogió para el orden de los obispos,
lo conserve a salvo y sin daño para bien de su santa Iglesia,
a fin de que pueda gobernar al pueblo santo de Dios.

Se ora un momento en silencio. Luego prosigue el sacerdote:

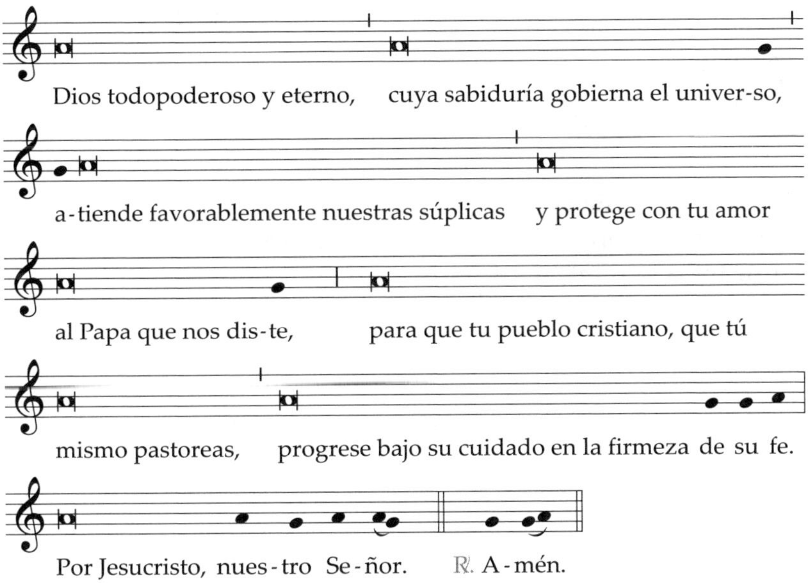

Dios todopoderoso y eterno,
cuya sabiduría gobierna el universo,
atiende favorablemente nuestras súplicas
y protege con tu amor al Papa que nos diste,
para que el pueblo cristiano, que tú mismo pastoreas,
progrese bajo su cuidado en la firmeza de su fe.
Por Jesucristo, nuestro Señor.
R. Amén.

III. Por el pueblo de Dios y sus ministros

Oremos también por nuestro obispo N.*,
por todos los obispos, presbíteros y diáconos de la Iglesia,
y por todo el pueblo santo de Dios.

Se ora un momento en silencio. Luego prosigue el sacerdote:

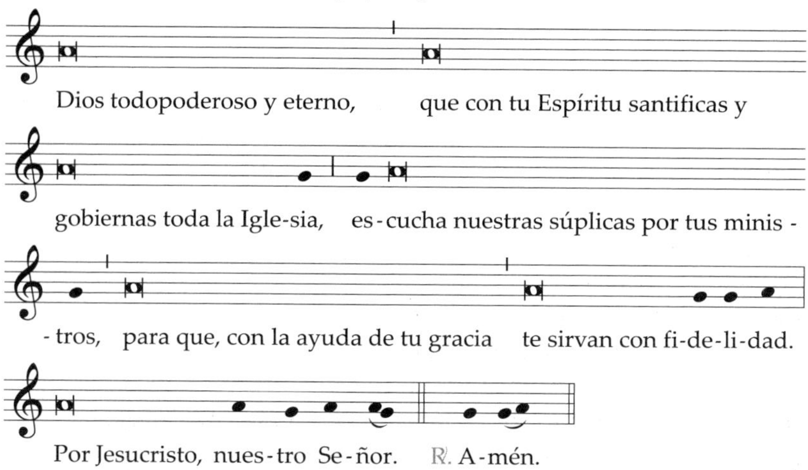

Dios todopoderoso y eterno,
que con tu Espíritu santificas y gobiernas a toda la Iglesia,
escucha nuestras súplicas por tus ministros,
para que, con la ayuda de tu gracia, te sirvan con fidelidad.
Por Jesucristo, nuestro Señor.
R. Amén.

* Aquí se puede hacer mención del obispo coadjutor o de los obispos auxiliares, conforme a lo previsto por la IGMR, n. 149.

IV. Por los catecúmenos

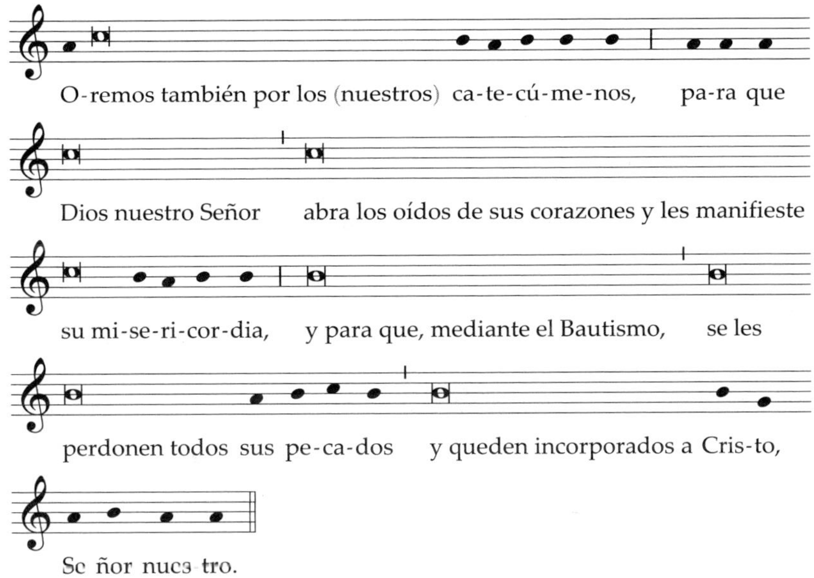

**Oremos también por los (nuestros) catecúmenos,
para que Dios nuestro Señor
abra los oídos de sus corazones
y les manifieste su misericordia,
y para que, mediante el Bautismo,
se les perdonen todos sus pecados
y queden incorporados a Cristo, Señor nuestro.**

Se ora un momento en silencio. Luego prosigue el sacerdote:

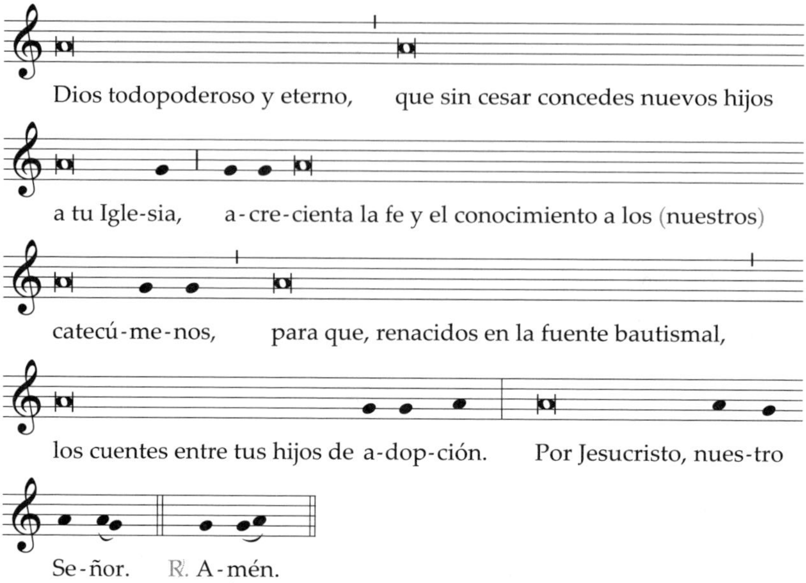

Dios todopoderoso y eterno,
que sin cesar concedes nuevos hijos a tu Iglesia,
acrecienta la fe y el conocimiento a los (nuestros) catecúmenos,
para que, renacidos en la fuente bautismal,
los cuentes entre tus hijos de adopción.
Por Jesucristo, nuestro Señor.
R. Amén.

V. Por la unidad de los cristianos

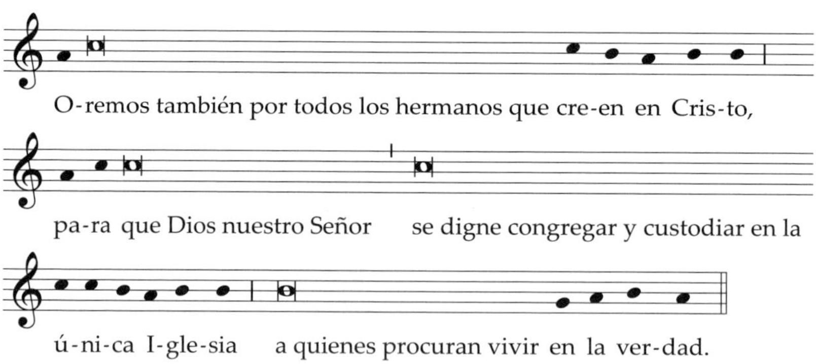

Oremos también por todos los hermanos que creen en Cristo,
para que Dios nuestro Señor
se digne congregar y custodiar en la única Iglesia
a quienes procuran vivir en la verdad.

Se ora un momento en silencio. Luego prosigue el sacerdote:

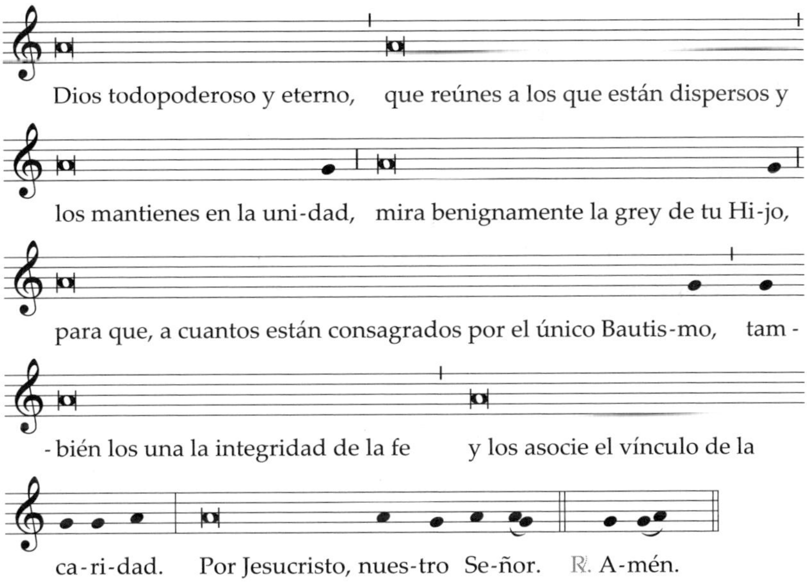

Dios todopoderoso y eterno,
que reúnes a los que están dispersos y los mantienes en la unidad,
mira benignamente la grey de tu Hijo, para que,
a cuantos están consagrados por el único Bautismo,
también los una la integridad de la fe
y los asocie el vínculo de la caridad.
Por Jesucristo, nuestro Señor.
℟. Amén.

VI. Por los judíos

Oremos también por los judíos,
para que a quienes Dios nuestro Señor habló primero,
les conceda progresar continuamente en el amor de su nombre
y en la fidelidad a su alianza.

Se ora un momento en silencio. Luego prosigue el sacerdote:

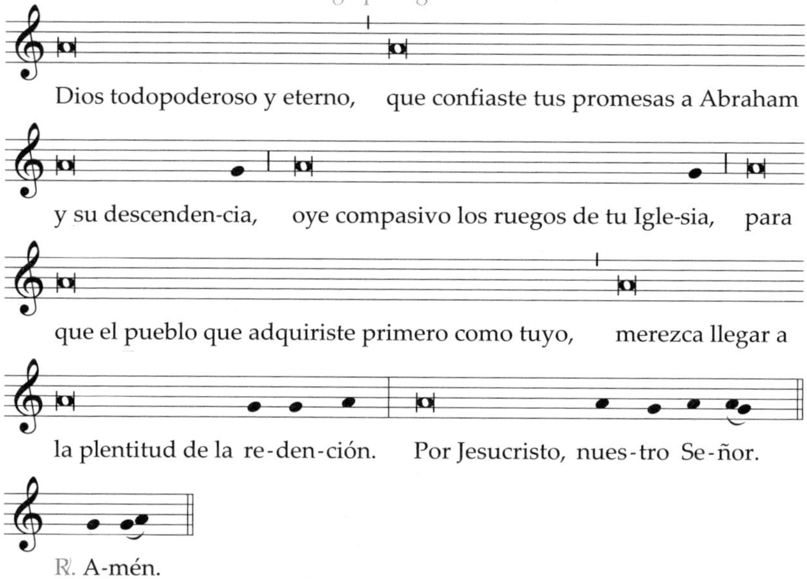

Dios todopoderoso y eterno,
que confiaste tus promesas a Abraham y a su descendencia,
oye compasivo los ruegos de tu Iglesia,
para que el pueblo que adquiriste primero como tuyo,
merezca llegar a la plenitud de la redención.
Por Jesucristo, nuestro Señor.
℟. Amén.

VII. Por los que no creen en Cristo

Oremos también por los que no creen en Cristo,
para que, iluminados por el Espíritu Santo,
puedan ellos encontrar el camino de la salvación.

Se ora un momento en silencio. Luego prosigue el sacerdote:

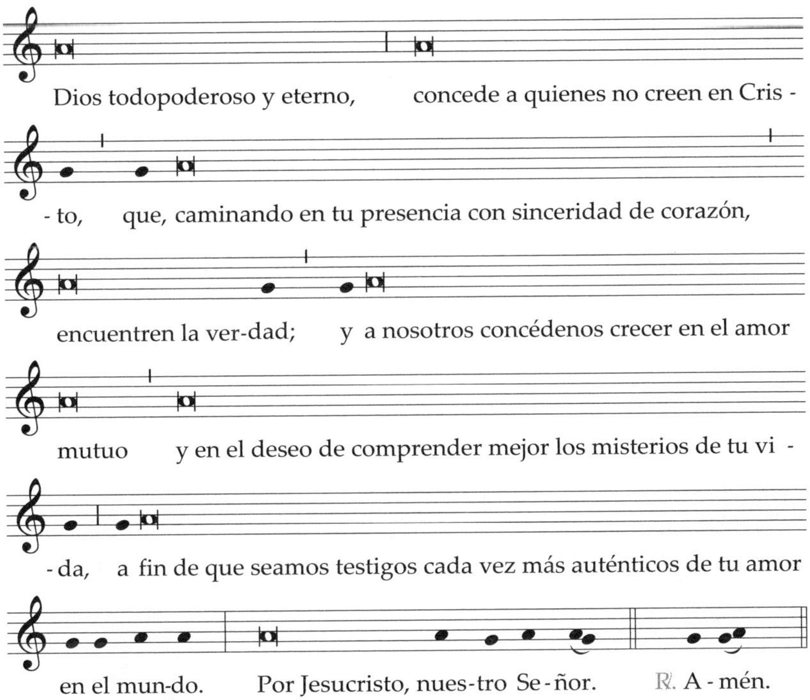

**Dios todopoderoso y eterno,
concede a quienes no creen en Cristo,
que, caminando en tu presencia con sinceridad de corazón,
encuentren la verdad;
y a nosotros concédenos crecer en el amor mutuo
y en el deseo de comprender mejor los misterios de tu vida,
a fin de que seamos testigos cada vez más auténticos
de tu amor en el mundo.
Por Jesucristo, nuestro Señor.**
R. Amén.

VIII. Por los que no creen en Dios

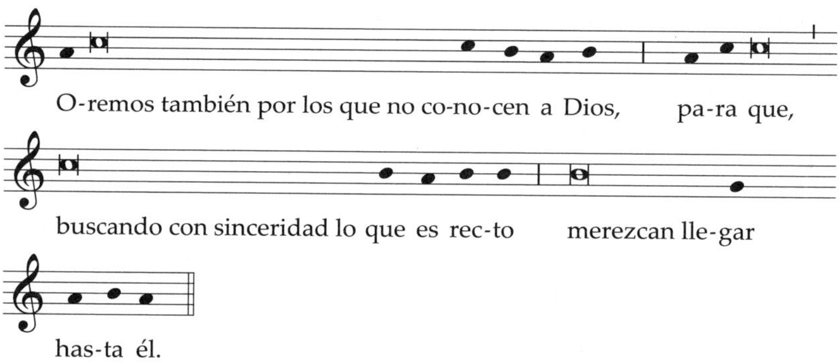

**Oremos también por los que no conocen a Dios,
para que, buscando con sinceridad lo que es recto,
merezcan llegar hasta él.**

Se ora un momento en silencio. Luego prosigue el sacerdote:

Dios todopoderoso y eterno,
que creaste a todos los hombres
para que deseándote te busquen,
y, encontrándote, descansen en ti;
concédenos que,
en medio de las dificultades de este mundo,
al ver los signos de tu amor
y el testimonio de las buenas obras de los creyentes,
todos los hombres se alegren al confesarte
como único Dios verdadero y Padre de todos.
Por Jesucristo, nuestro Señor.
R. Amén.

IX. Por los gobernantes

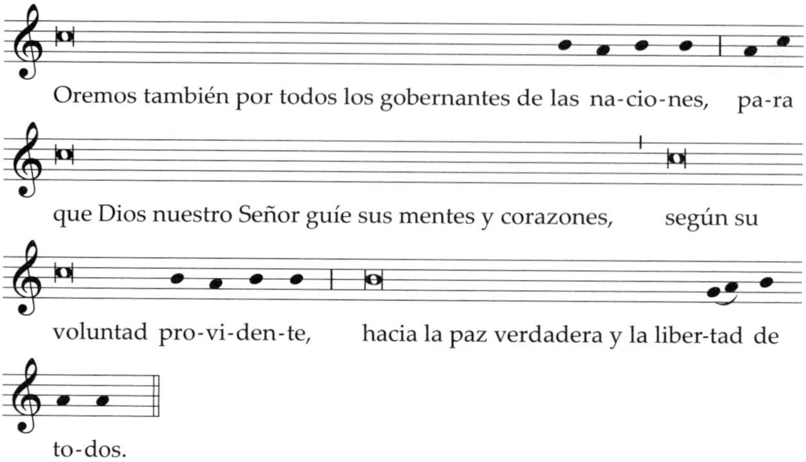

Oremos también por todos los gobernantes de las naciones, para que Dios nuestro Señor guíe sus mentes y corazones, según su voluntad providente, hacia la paz verdadera y la libertad de todos.

Se ora un momento en silencio. Luego prosigue el sacerdote:

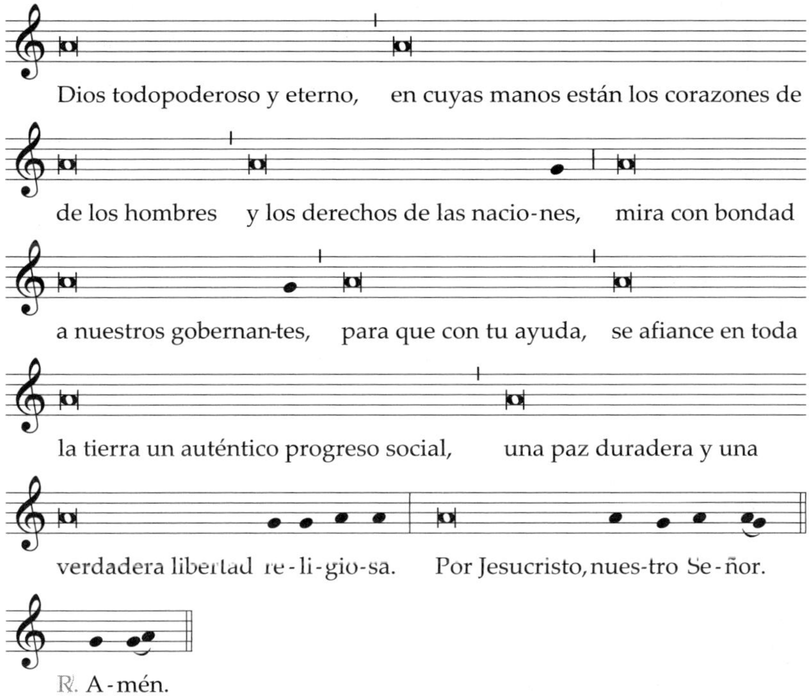

Dios todopoderoso y eterno,
en cuyas manos están los corazones de los hombres
y los derechos de las naciones,
mira con bondad a nuestros gobernantes,
para que, con tu ayuda, se afiance en toda la tierra
un auténtico progreso social, una paz duradera
y una verdadera libertad religiosa.
Por Jesucristo, nuestro Señor.
R. Amén.

X. Por los que se encuentran en alguna tribulación

Oremos, hermanos muy queridos, a Dios Padre todopoderoso,
para que libre al mundo de todos sus errores,
aleje las enfermedades, alimente a los que tienen hambre,
libere a los encarcelados y haga justicia a los oprimidos,
conceda seguridad a los que viajan,
un buen retorno a los que se hallan lejos del hogar,
la salud a los enfermos y la salvación a los moribundos.

Se ora un momento en silencio. Luego prosigue el sacerdote:

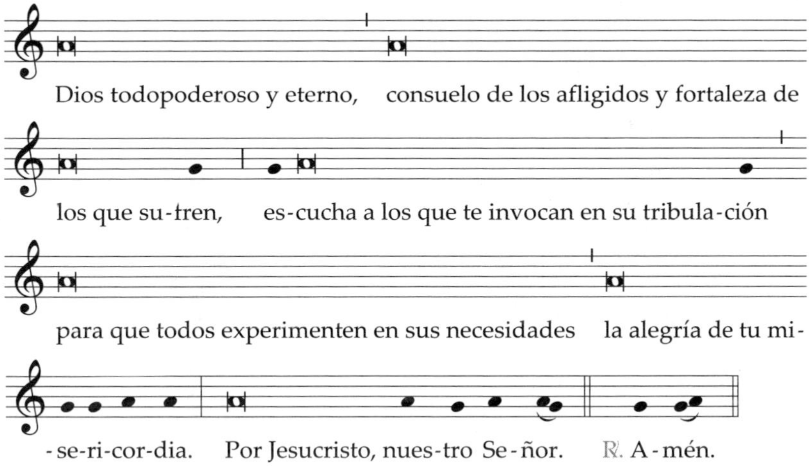

Dios todopoderoso y eterno,
consuelo de los afligidos y fortaleza de los que sufren,
escucha a los que te invocan en su tribulación,
para que todos experimenten en sus necesidades
la alegría de tu misericordia.
Por Jesucristo, nuestro Señor.
R. Amén.

Segunda parte

Adoración de la Santa Cruz

14. Terminada la oración universal, se hace la adoración solemne de la santa Cruz. De las dos formas que se proponen a continuación para la presentación de la Cruz, elíjase la que se juzgue más apropiada conforme a las necesidades pastorales.

Presentación de la Santa Cruz

Primera forma

15. El diácono, u otro ministro idóneo, con los ministros, se dirige a la sacristía, de donde trae procesionalmente la Cruz, cubierta con un velo morado. Se dirige a través de la iglesia hasta el centro del presbiterio, acompañado de dos ministros con velas encendidas.

El sacerdote, de pie ante el altar, de cara al pueblo, recibe la Cruz, descubre un poco su extremo superior, la eleva y canta: **Ecce lignum Crucis** (**Miren el árbol de la Cruz**), ayudado en el canto por el diácono o, si es necesario, por el coro. Todos responden: **Vengan y adoremos**. Terminado el canto, todos se arrodillan y adoran en silencio, durante unos instantes, la Cruz que el sacerdote, de pie, mantiene en alto.

O bien:

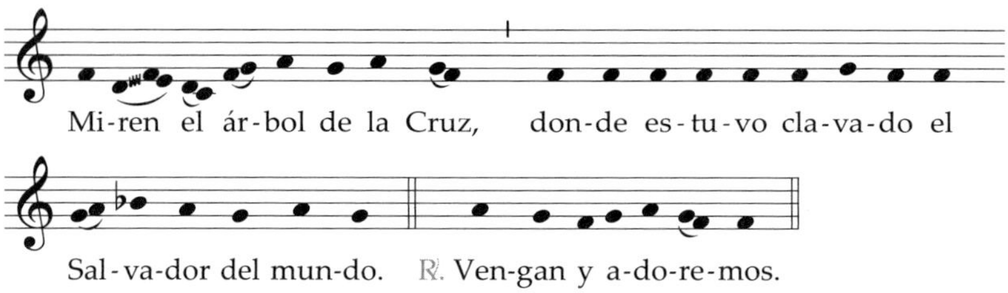

O bien:

Miren el árbol de la Cruz,
donde estuvo clavado
el Salvador del mundo.
R. Vengan y adoremos.

Enseguida el sacerdote descubre el brazo derecho de la Cruz y, elevándola de nuevo, comienza a cantar (en el mismo tono que antes) **Miren el árbol de la Cruz**, y se prosigue como la primera vez.

Finalmente, descubre por completo la Cruz y, volviéndola a elevar, comienza por tercera vez **Miren el árbol de la Cruz**, como la primera vez.

Segunda Forma

16. El sacerdote o el diácono, u otro ministro idóneo, va a la puerta de la iglesia, juntamente con los ministros. Ahí recibe la Cruz ya descubierta, los ministros toman los ciriales encendidos, y todos avanzan en procesión hacia el presbiterio. Cerca de la puerta de la iglesia, el que lleva la Cruz la levanta y canta: **Miren el árbol de la Cruz**. Todos responden: **Vengan y adoremos**, se arrodillan después de la respuesta, y adoran un momento en silencio. Esto mismo se repite a la mitad de la iglesia y a la entrada del presbiterio. (Se canta las tres veces en un mismo tono).

Adoración de la Santa Cruz

17. Enseguida, el sacerdote o el diácono, acompañado de dos ministros con velas encendidas, lleva la Cruz hasta la entrada del presbiterio o hasta un lugar apto y la coloca ahí o la entrega a los ministros para que la sostengan, y se colocan las velas a la derecha y a la izquierda de la Cruz.

18. Para la adoración de la Cruz, se acerca primero el sacerdote celebrante, habiéndose quitado la casulla y el calzado, si es oportuno. Enseguida, se acercan, a la manera de una procesión, el clero, los ministros laicos y los fieles, y adoran la Cruz, haciendo delante de ella una genuflexión simple o algún otro signo de veneración, según la costumbre del lugar, por ejemplo, besando la Cruz.

19. Expóngase solamente una Cruz a la adoración de los fieles. Si por el gran número de asistentes no todos pudieran acercarse, el sacerdote, después de que una parte del clero y de los fieles hayan hecho la adoración, toma la Cruz y de pie ante el altar, invita a todo el pueblo con breves palabras a adorar la santa Cruz. Luego la levanta en alto, por un momento, para que los fieles la adoren en silencio.

20. Mientras tanto, se canta la antífona **Tu Cruz adoramos**, los improperios, el himno **Crux Fidelis** (**Cruz fiel**), u otros cantos apropiados. Todos, conforme van terminado de adorar la Cruz, regresan a su lugar y se sientan.

Cantos para la adoración de la Santa Cruz

Antífona

Tu Cruz adoramos, Señor,
tu santa resurrección alabamos y glorificamos,
pues del árbol de la Cruz
ha venido la alegría al mundo entero.

Que el Señor se apiade de nosotros y nos bendiga, Cfr. Sal 67 (66), 2
que nos muestre su rostro radiante y misericordioso.

Se repite la antífona: Tu Cruz . . .

Improperios

Las partes que corresponden al primer coro se indican con el número **1**; las que corresponden al segundo con el número **2**; las que deben cantarse juntamente por los dos coros, con los números **1** y **2**. Algunos versos también pueden cantarse por dos cantores.

I

1 y 2. Pueblo mío, ¿qué mal te he causado,
o en qué cosa te he ofendido? Respóndeme.

1. ¿Porque yo te saqué de Egipto,
tú le has preparado una cruz a tu Salvador?

1. Hágios o Theós.
2. Santo Dios.
1. Hágios Ischyrós.
2. Santo fuerte.
1. Hágios Athánatos, eléison himás.
2. Santo inmortal, ten piedad de nosotros.

1 y 2. ¿Porque yo te guié cuarenta años por el desierto,
te alimenté con el maná y te introduje en una tierra fértil,
tú le preparaste una cruz a tu Salvador?

1. Hágios o Theós.
2. Santo Dios.
1. Hágios Ischyrós.
2. Santo fuerte.
1. Hágios Athánatos, eléison himás.
2. Santo inmortal, ten piedad de nosotros.

1 y 2. ¿Qué más pude hacer, o qué dejé sin hacer por ti?
Yo mismo te elegí y te planté, hermosa viña mía,
pero tú te has vuelto áspera y amarga conmigo,
porque en mi sed me diste de beber vinagre
y has plantado una lanza en el costado a tu Salvador.

1. Hágios o Theós.
2. Santo Dios.
1. Hágios Ischyrós.
2. Santo fuerte.
1. Hágios Athánatos, eléison himás.
2. Santo inmortal, ten piedad de nosotros.

II

Cantores:
Por ti yo azoté a Egipto y a sus primogénitos,
y tú me has entregado para que me azoten.

1 y 2 repiten:
Pueblo mío, ¿qué mal te he causado,
o en qué cosa te he ofendido? Respóndeme.

Cantores:
Yo te saqué de Egipto y te libré del faraón en el Mar Rojo,
y tú me has entregado a los sumos sacerdotes.

1 y 2 repiten:
Pueblo mío . . .

Cantores:
Yo te abrí camino por el mar,
y tú me has abierto el costado con tu lanza.

1 y 2 repiten:
Pueblo mío . . .

Cantores:
Yo te serví de guía con una columna de nubes,
y tú me has conducido al pretorio de Pilato.

1 y 2 repiten:
Pueblo mío . . .

Cantores:
Yo te di de comer maná en el desierto,
y tú me has dado de bofetadas y azotes.

1 y 2 repiten:
Pueblo mío . . .

Cantores:
Yo te di a beber el agua salvadora que brotó de la peña,
y tú me has dado a beber hiel y vinagre.

1 y 2 repiten:
Pueblo mío . . .

Cantores:

Por ti yo herí a los reyes cananeos,
y tú, con una caña, me has herido en la cabeza.

1 y 2 repiten:

Pueblo mío . . .

Cantores:

Yo puse en tus manos un cetro real,
y tú me has puesto en la cabeza una corona de espinas.

1 y 2 repiten:

Pueblo mío . . .

Cantores:

Yo te exalté con mi omnipotencia,
y tú me has hecho subir a la deshonra de la Cruz.

1 y 2 repiten:

Pueblo mío . . .

Himno

Todos:

Cruz amable y redentora, árbol noble, espléndido.
Ningún árbol fue tan rico, ni en sus frutos ni en su flor.
Dulce leño, dulces clavos. Dulce el fruto que nos dio.

Cantores:

Canta, oh lengua jubilosa, el combate singular
en que el Salvador del mundo inmolado en una cruz,
con su sangre redentora a los hombres rescató.

Todos:

Cruz amable y redentora, árbol noble, espléndido.
Ningún árbol fue tan rico, ni en sus frutos ni en su flor.

Cantores:

Cuando Adán, movido a engaño comió el fruto del Edén,
el Creador compadecido, desde entonces decretó
que un árbol nos devolviera lo que un árbol nos quitó.

Todos:

Dulce leño, dulces clavos, dulce el fruto que nos dio.

Cantores:

Quiso, con sus propias armas, vencer Dios al seductor,
la sabiduría a la astucia fiero duelo le aceptó,
para hacer surgir la vida donde la muerte brotó.

Todos:

Cruz amable y redentora, árbol noble, espléndido.
Ningún árbol fue tan rico, ni en sus frutos ni en su flor.

Cantores:

Cuándo el tiempo hubo llegado, el Eterno nos envió
a su Hijo desde el cielo, Dios eterno como él,
que en el seno de una Virgen carne humana revistió.

Todos:

Dulce leño, dulces clavos, dulce el fruto que nos dio.

Cantores:

Hecho un niño está llorando, de un pesebre en la estrechez.
En Belén, la Virgen madre en pañales lo envolvió.
He allí al Dios potente, pobre, débil, párvulo.

Todos:

Cruz amable y redentora, árbol noble, espléndido.
Ningún árbol fue tan rico, ni en sus frutos ni en su flor.

Cantores:

Cuando el cuerpo del Dios-Hombre alcanzó su plenitud,
al tormento, libremente, cual cordero, se entregó,
pues a ello vino al mundo a morir en una cruz.

Todos:

Dulce leño, dulces clavos, dulce el fruto que nos dio.

Cantores:

Ya se enfrenta a las injurias, a los golpes y al rencor,
ya la sangre está brotando de la fuente de salud.
En qué río tan divino se ha lavado la creación.

Todos:

Cruz amable y redentora, árbol noble, espléndido.
Ningún árbol fue tan rico, ni en sus frutos ni en su flor.

Cantores:

Árbol santo, cruz excelsa, tu dureza ablanda ya,
que tus ramas se dobleguen al morir el Redentor
y en tu tronco suavizado, lo sostenga con piedad.

Todos:

Dulce leño, dulces clavos, dulce el fruto que nos dio.

Cantores:

Feliz puerto preparaste para el mundo náufrago
y el rescate presentaste para nuestra redención,
pues la Sangre del Cordero en tus brazos se ofrendó.

Todos:

Cruz amable y redentora, árbol noble, espléndido.
Ningún árbol fue tan rico, ni en sus frutos ni en su flor.

Conclusión que nunca debe omitirse:

Todos:

Elevemos jubilosos a la augusta Trinidad,
nuestra gratitud inmensa, por su amor y redención,
al eterno Padre, al Hijo y al Espíritu de amor. Amén.

Hymnus

Omnes:

Crux fidélis, inter omnes arbor una nóbilis,
Nulla talem silva profert, flore, fronde, gérmine!
Dulce lignum dulci clavo dulce pondus sústinens!

Cantores:

Pange, lingua, gloriósi prœlium certáminis,
Et super crucis tropæo dic triúmphum nóbilem,
Quáliter Redémptor orbis immolátus vícerit.

Omnes:

Crux fidélis, inter omnes arbor una nóbilis,
Nulla talem silva profert, flore, fronde, gérmine!

Cantores:

De paréntis protoplásti fraude factor cóndolens,
Quando pomi noxiális morte morsu córruit,
Ipse lignum tunc notávit, damna ligni ut sólveret.

Omnes:

Dulce lignum dulci clavo dulce pondus sústinens!

Cantores:

Hoc opus nostræ salútis ordo depopóscerat,
Multifórmis perditóris arte ut artem fálleret,
Et medélam ferret inde, hostis unde læserat.

Omnes:

Crux fidélis, inter omnes arbor una nóbilis,
Nulla talem silva profert, flore, fronde, gérmine!

Cantores:

Quando venit ergo sacri plenitúdo témporis,
Missus est ab arce Patris Natus, orbis cónditor,
Atque ventre virgináli carne factus pródiit.

Omnes:

Dulce lignum dulci clavo dulce pondus sústinens!

Cantores:

Vagit infans inter arta cónditus præsépia,
Membra pannis involúta Virgo Mater álligat,
Et manus pedésque et crura stricta cingit fáscia.

Omnes:

Crux fidélis, inter omnes arbor una nóbilis,
Nulla talem silva profert, flore, fronde, gérmine!

Cantores:

Lustra sex qui iam perácta, tempus implens córporis,
se volénte, natus ad hoc, passióni déditus,
agnus in crucis levátur immolándus stípite.

Omnes:

Dulce lignum dulci clavo dulce pondus sústinens!

Cantores:

En acétum, fel, arúndo, sputa, clavi, láncea;
Mite corpus perforátur, sanguis, unde prófluit;
Terra, pontus, astra, mundus quo lavántur flúmine!

Omnes:

Crux fidélis, inter omnes arbor una nóbilis,
Nulla talem silva profert, flore, fronde, gérmine!

Cantores:

Flecte ramos, arbor alta, tensa laxa víscera,
Et rigor lentéscat ille, quem dedit natívitas,
Ut supérni membra Regis miti tendas stípite.

Omnes:

Dulce lignum dulci clavo dulce pondus sústinens!

Cantores:

Sola digna tu fuísti ferre sæcli prétium
Atque portum præparáre nauta mundo náufrago,
Quem sacer cruor perúnxit fusus Agni córpore.

Omnes:

Crux fidélis, inter omnes arbor una nóbilis,
Nulla talem silva profert, flore, fronde, gérmine!

Conclusio numquam omittenda:

Omnes:

Æqua Patri Filióque, ínclito Paráclito,
Sempitérna sit beátæ Trinitáti glória;
cuius alma nos redémit atque servat grátia. Amen.

Según las condiciones del lugar o de las tradiciones populares y, según la conveniencia pastoral, puede cantarse Stabat Mater, de acuerdo al Gradual Romano, o algún canto apropiado que recuerde el dolor de la Bienaventurada Virgen María.

21. Terminada la adoración, la Cruz es llevada por el diácono o por algún ministro a su lugar cerca del altar. Las velas encendidas se colocan cerca, o sobre el altar o junto a la Cruz.

Tercera parte
Sagrada Comunión

22. Se extiende un mantel sobre el altar y se pone sobre él un corporal y el misal. Entre tanto, el diácono o, en su ausencia, el mismo sacerdote, habiéndose colocado el paño de hombros, trae el Santísimo Sacramento del lugar de la reserva directamente al altar, mientras todos permanecen de pie y en silencio. Dos ministros con candeleros encendidos, acompañan al Santísimo Sacramento y depositan luego los candeleros junto al altar o sobre él.

Después de que el diácono, si está presente, ha depositado el Santísimo Sacramento sobre el altar y ha descubierto el copón, se acerca el sacerdote al altar y hace genuflexión.

23. A continuación el sacerdote, teniendo las manos juntas, dice con voz clara:

Fieles a la recomendación del Salvador
y siguiendo su divina enseñanza,
nos atrevemos a decir:

El sacerdote, con las manos extendidas, dice junto con el pueblo:

Padre nuestro, que estás en el cielo,
santificado sea tu nombre;
venga a nosotros tu reino;
hágase tu voluntad en la tierra como en el cielo.
Danos hoy nuestro pan de cada día;
perdona nuestras ofensas,
como también nosotros perdonamos
a los que nos ofenden;
no nos dejes caer en la tentación,
y líbranos del mal.

Texto con música, p. 693.

24. El sacerdote, con las manos extendidas, prosigue él solo:

Líbranos de todos los males, Señor,
y concédenos la paz en nuestros días,
para que, ayudados por tu misericordia,
vivamos siempre libres de pecado
y protegidos de toda perturbación,
mientras esperamos la gloriosa venida
de nuestro Salvador Jesucristo.

Junta las manos.

El pueblo concluye la oración, aclamando:

Tuyo es el reino,
tuyo el poder y la gloria,
por siempre, Señor.

25. A continuación el sacerdote, con las manos juntas, dice en secreto:

Señor Jesucristo,
la comunión de tu Cuerpo
no sea para mí un motivo de juicio y condenación,
sino que, por tu piedad,
me aproveche para defensa de alma y cuerpo
y como remedio saludable.

26. Enseguida hace genuflexión, toma una partícula, la mantiene un poco elevada sobre el copón, y dice con voz clara, de cara al pueblo:

Éste es el Cordero de Dios,
que quita el pecado del mundo.
Dichosos los invitados a la cena del Señor.

Y, juntamente con el pueblo, dice una sola vez:

Señor, no soy digno de que entres en mi casa,
pero una palabra tuya bastará para sanarme.

27. Y, vuelto hacia el altar, comulga reverentemente el Cuerpo de Cristo, diciendo en secreto: El Cuerpo de Cristo guarde mi alma para la vida eterna.

28. Después distribuye la comunión a los fieles. Durante la Comunión se puede cantar el salmo 22 (21), u otro canto apropiado.

29. Acabada la Comunión, el diácono u otro ministro idóneo lleva el copón a algún lugar especialmente preparado fuera de la iglesia, o bien, si lo exigen las circunstancias lo reserva en el Sagrario.

30. Después el sacerdote dice: Oremos, y guardando, si lo cree oportuno, un breve silencio, dice la oración después de la Comunión:

Dios todopoderoso y eterno,
que nos has redimido con la gloriosa muerte
y resurrección de tu Hijo Jesucristo,
prosigue en nosotros la obra de tu misericordia,
para que, mediante nuestra participación en este misterio,
permanezcamos dedicados a tu servicio.
Por Jesucristo, nuestro Señor.
R. Amén.

31. Para la despedida el diácono, o en su ausencia el mismo sacerdote, puede decir la invitación: Inclinen la cabeza para recibir la bendición. Enseguida el sacerdote, de pie y vuelto hacia el pueblo, extendiendo las manos sobre él, dice la siguiente oración sobre el pueblo:

Envía, Señor, sobre este pueblo tuyo,
que ha conmemorado la muerte de tu Hijo,
en espera de su resurrección,
la abundancia de tu bendición;
llegue a él tu perdón,
reciba tu consuelo,
se acreciente su fe santa
y se consolide su eterna redención.
Por Jesucristo, nuestro Señor.
R. Amén.

32. Y todos, haciendo genuflexión a la Cruz, se retiran en silencio.

33. Después de la celebración se desnuda el altar, dejando, sin embargo, sobre él la Cruz con dos o cuatro candeleros.

34. Los que asistieron a esta solemne acción litúrgica de la tarde no celebran la hora de Vísperas.

SÁBADO SANTO

1. Durante el Sábado Santo, la Iglesia permanece en ayuno y oración, junto al sepulcro del Señor, meditando en su pasión y muerte, así como en su descenso al lugar de los muertos, y esperando su resurrección.

2. Manteniendo el altar enteramente desnudo, la Iglesia se abstiene de celebrar el sacrificio de la Misa hasta que, después de la Vigilia solemne o espera nocturna de la resurrección, se desborda la alegría pascual, cuya exuberancia inunda los cincuenta días subsiguientes.

3. Este día la sagrada Comunión puede administrarse sólo como viático.

TIEMPO PASCUAL

DOMINGO DE PASCUA
DE LA RESURRECCIÓN DEL SEÑOR

VIGILIA PASCUAL EN LA NOCHE SANTA

1. Según una tradición muy antigua, ésta es una noche de vigilia en honor del Señor (Éx 12, 42). Los fieles, llevando en la mano –según la exhortación evangélica (Lc 12, 35-37)– lámparas encendidas, se asemejan a quienes esperan el regreso de su Señor para que, cuando él vuelva, los encuentre vigilantes y los haga sentar a su mesa.

2. La Vigilia de esta noche, la más grande y noble de todas las solemnidades, sea una sola para cada una de las iglesias. Así esta celebración de la Vigilia se desarrolla de la siguiente manera: después de la breve liturgia de la luz o "lucernario" y del Pregón pascual (primera parte de la Vigilia), la santa Iglesia, llena de fe en las palabras y promesas del Señor, medita los portentos que él obró desde el principio a favor de su pueblo (segunda parte o liturgia de la Palabra), y cuando el día está por llegar, encontrándose ya acompañada de sus nuevos miembros, renacidos en el Bautismo (tercera parte), es invitada a la mesa que el Señor ha preparado para su pueblo por medio del memorial de su muerte y resurrección, hasta que vuelva (cuarta parte).

3. Toda la celebración de la Vigilia Pascual se debe hacer en la noche, de modo que no debe comenzar antes del principio de la noche del sábado, ni terminar después del alba del domingo.

4. La Misa de la Vigilia, aunque se celebre antes de la medianoche, es ya la Misa pascual del domingo de Resurrección.

5. Quien participa en la Misa de la noche, puede comulgar también en la Misa del día. Quien celebra o concelebra la Misa de la noche, puede celebrar o concelebrar también la Misa del día.

   La Vigilia Pascual ocupa el lugar del Oficio de lectura.

6. El diácono asiste como de costumbre al sacerdote. En su ausencia, su ministerio lo asume el sacerdote celebrante o un concelebrante, con excepción de lo que se indica más adelante.

   El sacerdote y el diácono se revisten, desde el principio, como para la Misa, con vestiduras blancas.

7. Prepárense suficientes velas para todos los fieles que participen en la Vigilia. Se apagan todas las luces de la iglesia.

Primera parte
Solemne Inicio de la Vigilia, o "Lucernario"

Bendición del fuego y preparación del cirio

8. En un lugar adecuado, fuera de la iglesia, se prepara un fuego que llamee. Congregado ahí el pueblo, llega el sacerdote con los ministros. Uno de los ministros lleva el cirio pascual. No se usan ni la cruz procesional ni los ciriales.

Si las circunstancias no permiten encender el fuego fuera de la iglesia, todo este rito se desarrolla como se indica en el n. 13.

9. El sacerdote y los fieles se signan, mientras él dice: En el nombre del Padre, y del Hijo, y del Espíritu Santo, y enseguida saluda al pueblo y, como de costumbre, le hace una breve monición sobre la vigilia de esta noche, con estas palabras u otras semejantes:

Hermanos:
En esta noche santa, en que nuestro Señor Jesucristo
pasó de la muerte a la vida,
la Iglesia invita a todos sus hijos, diseminados por el mundo,
a que se reúnan para velar en oración.
Conmemoremos, pues, juntos la Pascua del Señor,
escuchando su palabra y participando en sus sacramentos,
con la esperanza cierta
de participar también en su triunfo sobre la muerte
y de vivir con él para siempre en Dios.

10. Enseguida el sacerdote bendice el fuego, diciendo con las manos extendidas:

Oremos.
Dios nuestro, que por medio de tu Hijo
comunicaste a tus fieles el fuego de tu luz,
santifica ✠ este fuego nuevo
y concédenos que, al celebrar estas fiestas pascuales,
se encienda en nosotros el deseo de las cosas celestiales,
para que podamos llegar con un espíritu renovado
a las fiestas de la eterna claridad.
Por Jesucristo, nuestro Señor.
℟. Amén.

11. Una vez bendecido el fuego nuevo, uno de los ministros lleva el cirio pascual ante el celebrante. Éste, con un punzón, graba una cruz en el cirio. Después, traza sobre él la letra griega Alfa y, debajo, la letra Omega; entre los brazos de la cruz traza los cuatro números del año en curso, mientras dice:

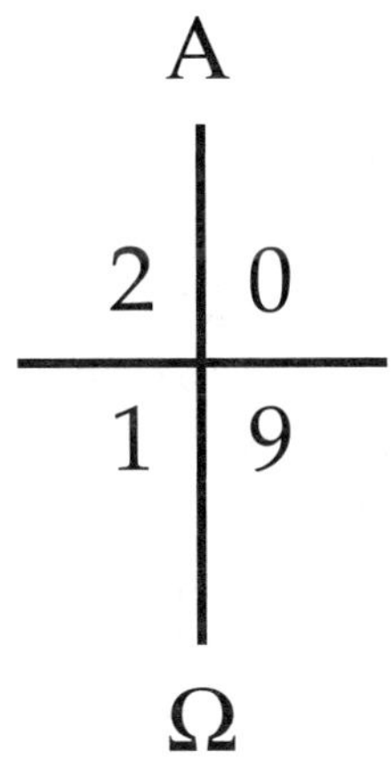

1. **Cristo ayer y hoy,**
   traza la línea vertical;
2. **Principio y fin,**
   traza la línea horizontal;
3. **Alfa**
   traza la letra Alfa, arriba de la línea vertical;
4. **y Omega.**
   traza la letra Omega, debajo de la línea vertical;
5. **Suyo es el tiempo**
   traza el primer número del año en curso, en el ángulo superior izquierdo de la cruz;
6. **y la eternidad.**
   traza el segundo número del año en curso, en el ángulo superior derecho;
7. **A él la gloria y el poder,**
   traza el tercer número del año en curso, en el ángulo inferior izquierdo;
8. **por los siglos de los siglos. Amén.**
   traza el cuarto número del año en curso,en el ángulo inferior derecho.

12. Después de haber trazado la cruz y los demás signos el sacerdote puede incrustar en el cirio cinco granos de incienso, en forma de cruz diciendo al mismo tiempo:

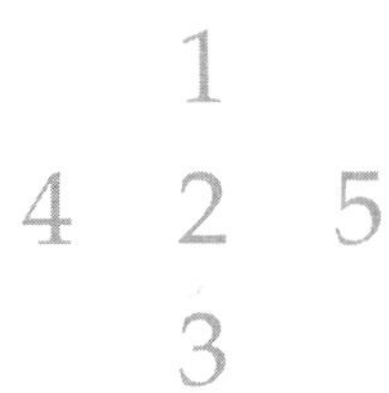

1. **Por sus santas llagas**
2. **gloriosas,**
3. **nos proteja**
4. **y nos guarde**
5. **Jesucristo, nuestro Señor. Amén.**

---

13. Cuando por alguna razón no se puede encender el fuego fuera de la iglesia, el rito se acomoda a las circunstancias. El pueblo se reúne como de costumbre en la iglesia. El celebrante con los ministros, uno de los cuales lleva el cirio pascual, se dirige a la puerta de entrada. El pueblo, en cuanto sea posible, se vuelve hacia el sacerdote.

Hecho el saludo y la monición como se indica en el número 9, enseguida se bendice el fuego y se prepara el cirio como se indica en los números 10-12.

14. El celebrante enciende el cirio pascual con el fuego nuevo, diciendo:

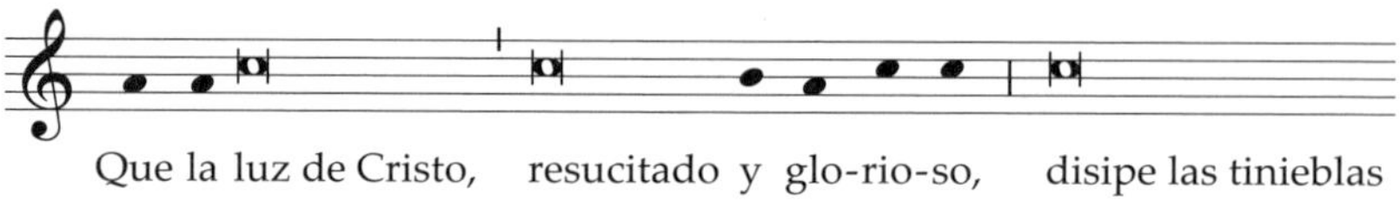

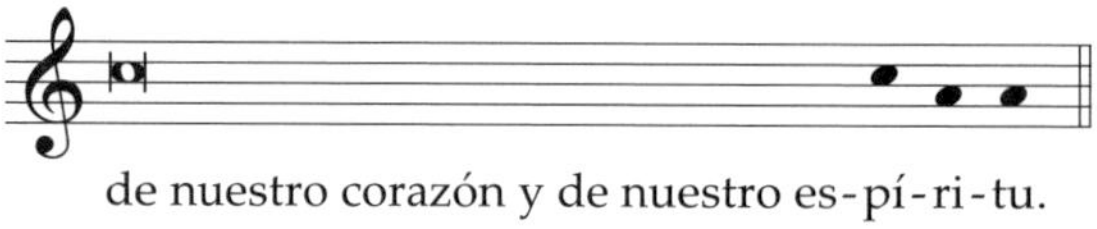

Que la luz de Cristo, resucitado y glorioso,
disipe las tinieblas de nuestro corazón y de nuestro espíritu.

En cuanto a los elementos precedentes, las Conferencias Episcopales pueden establecer otras formas de hacer los ritos más acomodadas a la idiosincrasia de cada pueblo.

Procesión

15. Encendido el cirio, uno de los ministros toma del fuego unos carbones ardientes y los coloca en el incensario, y el sacerdote, en la forma acostumbrada, pone el incienso. El diácono, o en su ausencia otro ministro idóneo, recibe de un ministro el cirio pascual y se dispone la procesión. El turiferario con el incensario humeante se coloca adelante del diácono o del otro ministro, que lleva el cirio pascual. Siguen el sacerdote, los ministros y luego el pueblo, que llevan todos en la mano las velas apagadas.

En la puerta de la iglesia, el diácono se detiene y elevando el cirio, canta:

Luz de Cristo.

Ó bien:

Y todos responden:

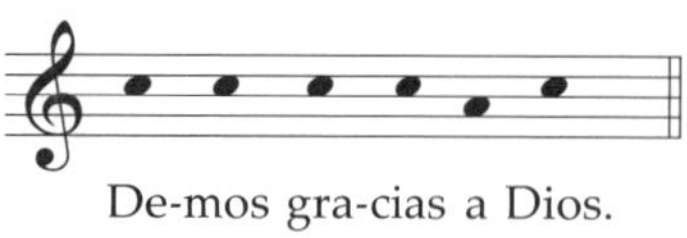

Demos gracias a Dios.

O bien:

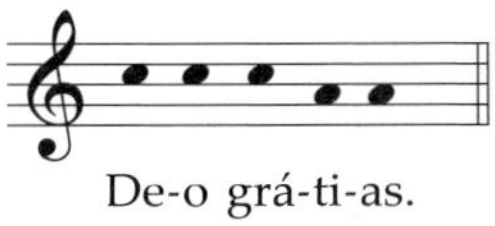

El sacerdote enciende su vela de la llama del cirio pascual.

16. Enseguida el diácono avanza hasta la mitad de la iglesia, se detiene y elevando el cirio, canta por segunda vez:

Luz de Cristo.

Y todos responden:

Demos gracias a Dios.

Todos encienden su vela de la llama del cirio pascual y avanzan.

17. Al llegar ante el altar, el diácono, vuelto hacia el pueblo, eleva el cirio y canta por tercera vez:

Luz de Cristo.

Y todos responden:

Demos gracias a Dios.

A continuación el diácono pone el cirio pascual en el candelabro que está preparado junto al ambón o en medio del presbiterio.

Y entonces se encienden las luces de la iglesia, con excepción de las velas del altar.

Pregón pascual
(Exsultet)

18. Cuando el sacerdote llega al altar, se dirige a la sede, entrega su vela a un ministro, pone y bendice el incienso como lo hace en la Misa antes del Evangelio. El diácono se acerca al sacerdote y diciendo: Padre, dame tu bendición, pide y recibe la bendición del sacerdote, el cual dice en voz baja:

El Señor esté en tu corazón y en tus labios,
para que proclames dignamente su Pregón pascual;
en el nombre del Padre, y del Hijo ✠, y del Espíritu Santo.

Y el diácono responde: **Amén.**

Esta bendición se omite si el Pregón pascual es proclamado por otro que no sea diácono.

19. El diácono, habiendo incensado el libro y el cirio, proclama el Pregón pascual desde el ambón o desde un atril. Todos permanecen de pie, teniendo en sus manos las velas encendidas.

El Pregón pascual puede ser proclamado, en ausencia del diácono, por el mismo sacerdote o por otro presbítero concelebrante. Pero si, en caso de necesidad, un cantor laico proclama el Pregón, omite las palabras Por eso, queridos hermanos, hasta el final del invitatorio, así como el saludo: El Señor esté con ustedes.

El Pregón puede cantarse también en su forma breve, p. 370.

Forma larga del Pregón pascual

con-mi-go la misericordia de Dios om-ni-po-ten-te, pa-ra
que aquel que, sin mé-ri-to mí-o, me agregó al número de los mi-
-nis-tros, com-ple-te mi alabanza a es-te ci-rio, in-fun-dien-do el
res-plan-dor de su luz.)
(℣. El Se-ñor es-té con us-te-des. ℟. Y con tu es-pí-ri-tu.)
℣. Le-van-te-mos el co-ra-zón. ℟. Lo te-ne-mos le-van-ta-do ha-cia el Se-ñor.
℣. De-mos gra-cias al Se-ñor, nues-tro Dios. ℟. Es jus-to y ne-ce-sa-rio.
En ver-dad es justo y ne-ce-sa-rio a-cla-mar con nuestras voces y
con todo el afecto del corazón, a Dios in-vi-si-ble, el Padre todo-po-

-de-ro-so, y a su Hi-jo ú-ni-co, nuestro Se-ñor Je-su-cris-to.
Por-que él ha pagado por nosotros al e-ter-no Pa-dre la deuda de
A-dán, y ha borrado con su Sangre in-ma-cu-la-da la condena del
an-ti-guo pe-ca-do. Por-que és-tas son las fies-tas de Pas-cua,
en las que se inmola el verda-de-ro Cor-de-ro, cuya san-gre con-
-sa-gra las puer-tas de los fie-les. És-ta es la no-che en que sa-caste
de Egipto a los israelitas, nues-tros pa-dres, y los hiciste pasar a pie,
sin mo-jar-se, el Mar Ro-jo. És-ta es la no-che en que la
co-lum-na de fue-go esclare-ció las ti-nie-blas del pe-ca-do.

És-ta es la no-che que a todos los que creen en Cristo, por to-da
la tie-rra, los arranca de los vicios del mundo y de la oscuridad
del pe-ca-do, los res-ti-tuye a la gra-cia y los a-gre-ga a los
san-tos. És-ta es la no-che en que, rotas las cadenas de la
muer-te, Cris-to as-cien-de victo-rio-so del a-bis-mo. ¿De qué
nos ser-vi-rí-a ha-ber na-ci-do si no hu-bié-ra-mos si-do res-
-ca-ta-dos? ¡Qué asombroso beneficio de tu amor por no-so-tros!
¡Qué incomparable ternura y ca-ri-dad! ¡Para rescatar al es-cla-vo
entre-gas-te al Hi-jo! Ne-ce-sario fue el pecado de A-dán,

que ha sido bo-rra-do por la muer-te de Cris-to. ¡Fe-liz la cul-pa
que me - re - ció tal Re-den-tor! ¡Qué no-che tan di-cho-sa!
Só-lo ella conoció el mo-men-to en que Cris-to resuci-tó del a -
- bis-mo. És-ta es la noche de la que es-ta-ba es-cri-to: "Será
la noche clara co-mo el dí-a, la noche ilumi-na-da por mi go-zo".
Y a-sí, es-ta no-che san-ta ahuyenta los pe-ca-dos, la-va las
cul-pas, de-vuelve la inocencia a los ca-í - dos, la ale-grí-a a
los tris-tes, ex-pul-sa el o - dio, trae la con-cor-dia, do-ble-ga
a los po-de-ro-sos. En esta no-che de gra-cia, acepta,

Padre Santo, el sacrificio vespertino de a - la - ban - za, que la
santa Iglesia te ofrece en la solemne ofrenda de es-te ci-rio, o-bra
de las a - be-jas. Sa-bemos ya lo que anuncia esta columna de
fue - go, que arde en llama vi - va para la glo - ria de Dios.
Y aunque distribuye su luz, no mengua al re-par-tir-la, porque
se alimenta de ce - ra fun-di-da que elaboró la a-be-ja fe-cun-da
para hacer esta lám-pa-ra pre-cio-sa. ¡Qué noche tan di-cho-sa,
en que se une el cielo con la tie-rra, lo hu-ma-no con lo di-vi-no!
Te ro-gamos, Señor, que es-te ci-rio con-sa-gra-do a tu nom-bre

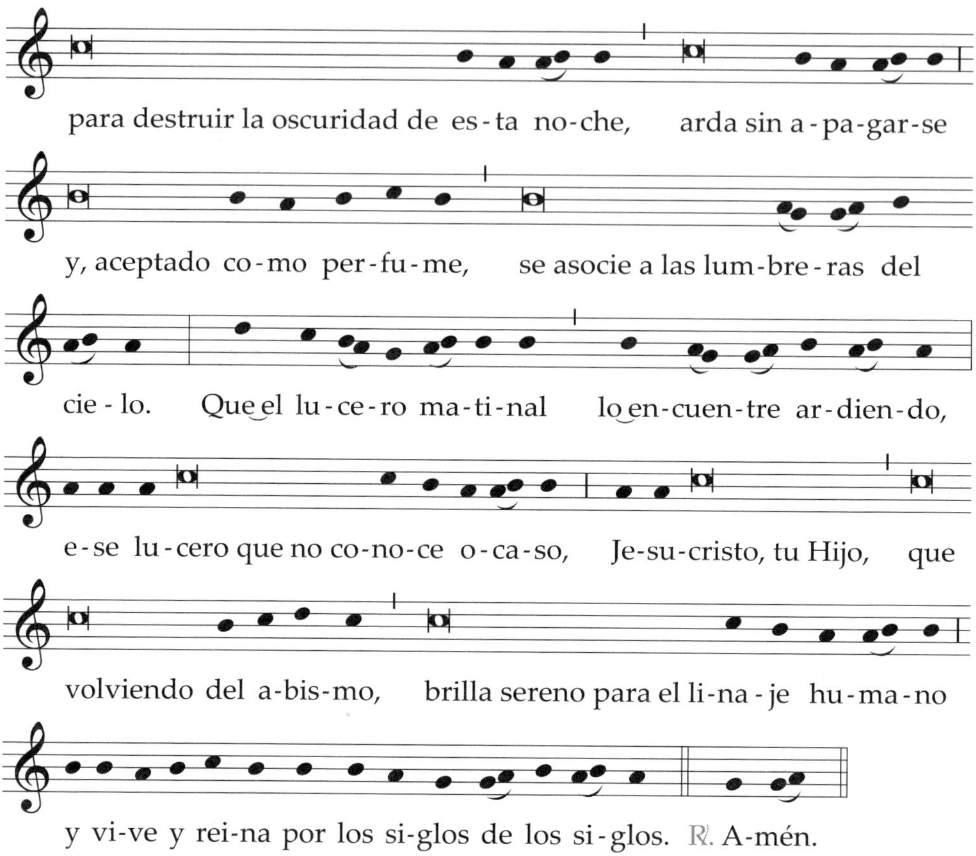

Texto sin música:

Forma larga del Pregón pascual

**Alégrense, por fin, los coros de los ángeles,
alégrense las jerarquías del cielo
y, por la victoria de rey tan poderoso,
que las trompetas anuncien la salvación.**

**Goce también la tierra, inundada de tanta claridad,
y que, radiante con el fulgor del rey eterno,
se sienta libre de la tiniebla que cubría el orbe entero.**

**Alégrese también nuestra madre la Iglesia,
revestida de luz tan brillante;
resuene este recinto con las aclamaciones del pueblo.**

(Por eso, queridos hermanos,
que asisten a la admirable claridad de esta luz santa,
invoquen conmigo la misericordia de Dios omnipotente,
para que aquel que, sin mérito mío,
me agregó al número de los ministros,
complete mi alabanza a este cirio,
infundiendo el resplandor de su luz).

(V. **El Señor esté con ustedes.**
R. Y con tu espíritu).

V. **Levantemos el corazón.**
R. Lo tenemos levantado hacia el Señor.

V. **Demos gracias al Señor, nuestro Dios.**
R. Es justo y necesario.

En verdad es justo y necesario
aclamar con nuestras voces
y con todo el afecto del corazón,
a Dios invisible, el Padre todopoderoso,
y a su Hijo único, nuestro Señor Jesucristo.

Porque él ha pagado por nosotros
al eterno Padre la deuda de Adán,
y ha borrado con su Sangre inmaculada
la condena del antiguo pecado.

Porque éstas son las fiestas de Pascua,
en las que se inmola el verdadero Cordero,
cuya sangre consagra las puertas de los fieles.

Ésta es la noche en que sacaste de Egipto
a los israelitas, nuestros padres,
y los hiciste pasar a pie, sin mojarse, el Mar Rojo.

Ésta es la noche en que la columna de fuego
esclareció las tinieblas del pecado.

Ésta es la noche que a todos los que creen en Cristo,
por toda la tierra,
los arranca de los vicios del mundo
y de la oscuridad del pecado,
los restituye a la gracia y los agrega a los santos.

Ésta es la noche en que,
rotas las cadenas de la muerte,
Cristo asciende victorioso del abismo.

¿De qué nos serviría haber nacido
si no hubiéramos sido rescatados?
¡Qué asombroso beneficio de tu amor por nosotros!
¡Qué incomparable ternura y caridad!
¡Para rescatar al esclavo entregaste al Hijo!

Necesario fue el pecado de Adán,
que ha sido borrado por la muerte de Cristo.
¡Feliz la culpa que mereció tal Redentor!

¡Qué noche tan dichosa!
Sólo ella conoció el momento
en que Cristo resucitó del abismo.

Ésta es la noche de la que estaba escrito:
"Será la noche clara como el día,
la noche iluminada por mi gozo".

Y así, esta noche santa ahuyenta los pecados,
lava las culpas, devuelve la inocencia a los caídos,
la alegría a los tristes, expulsa el odio,
trae la concordia, doblega a los poderosos.

En esta noche de gracia, acepta, Padre santo,
el sacrificio vespertino de alabanza,
que la santa Iglesia te ofrece
en la solemne ofrenda de este cirio,
obra de las abejas.

**Sabemos ya lo que anuncia esta columna de fuego,
que arde en llama viva para la gloria de Dios.
Y aunque distribuye su luz, no mengua al repartirla,
porque se alimenta de cera fundida
que elaboró la abeja fecunda
para hacer esta lámpara preciosa.**

**¡Qué noche tan dichosa,
en que se une el cielo con la tierra,
lo humano con lo divino!**

**Te rogamos, Señor,
que este cirio consagrado a tu nombre
para destruir la oscuridad de esta noche,
arda sin apagarse y, aceptado como perfume,
se asocie a las lumbreras del cielo.
Que el lucero matinal lo encuentre ardiendo,
ese lucero que no conoce ocaso,
Jesucristo, tu Hijo,
que volviendo del abismo,
brilla sereno para el linaje humano
y vive y reina por los siglos de los siglos.**
R. Amén.

Forma breve del Pregón pascual

℣. Le-van-te-mos el co-ra-zón. ℟. Lo te-ne-mos le-van-ta-do ha-cia el Se-ñor.
℣. De-mos gra-cias al Se-ñor, nues-tro Dios. ℟. Es jus-to y ne-ce-sa-rio.
En ver-dad es justo y ne-ce-sa-rio a-cla-mar con nuestras voces y
con todo el afecto del corazón, a Dios in-vi-si-ble, el Padre todo-po-
-de-ro-so, y a su Hi-jo ú-ni-co, nuestro Se-ñor Je-su-cris-to.
Por-que él ha pagado por nosotros al e-ter-no Pa-dre la deuda de
A-dán, y ha borrado con su Sangre in-ma-cu-la-da la condena del
an-ti-guo pe-ca-do. Por-que és-tas son las fies-tas de Pas-cua,
en las que se inmola el verda-de-ro Cor-de-ro, cuya san-gre con-

- sa-gra las puer-tas de los fie-les. És-ta es la no-che en que sa-caste
de Egipto a los israelitas, nues-tros pa-dres, y los hiciste pasar a pie,
sin mo-jar-se, el Mar Ro-jo. És-ta es la no-che en que la
co-lum-na de fue-go esclare-ció las ti-nie-blas del pe-ca-do.
És-ta es la no-che que a todos los que creen en Cristo, por to-da
la tie-rra, los arranca de los vicios del mundo y de la oscuridad
del pe-ca-do, los res-ti-tuye a la gra-cia y los a-gre-ga a los
san-tos. És-ta es la no-che en que, rotas las cadenas de la
muer-te, Cris-to as-cien-de victo-rio-so del a-bis-mo.

¡Qué asombroso beneficio de tu amor por no-so-tros! ¡Que in-
-comparable ternura y ca-ri-dad! ¡Para rescatar al es-cla-vo
entre-gas-te al Hi-jo! Ne-ce-sario fue el pecado de A-dán,
que ha sido bo-rra-do por la muer-te de Cris-to. ¡Fe-liz la cul-pa
que me-re-ció tal Re-den-tor! Y a-sí, es-ta no-che san-ta
ahuyenta los pe-ca-dos, la-va las cul-pas, de-vuelve la inocencia a
los ca-í-dos, la ale-grí-a a los tris-tes, ¡Qué noche tan
di-cho-sa, en que se une el cielo con la tie-rra, lo hu-ma-no con lo
di-vi-no! En esta no-che de gra-cia, acepta, Padre Santo,

el sacrificio vespertino de a-la-ban-za, que la santa Iglesia te ofrece
en la solemne ofrenda de es-te ci-rio, ob-ra de las a-be-jas.
Te ro-gamos, Señor, que es-te ci-rio con-sa-gra-do a tu nom-bre
para destruir la oscuridad de es-ta no-che, arda sin a-pa-gar-se
y, aceptado co-mo per-fu-me, se asocie a las lum-bre-ras del
cie-lo. Que el lu-ce-ro ma-ti-nal lo en-cuen-tre ar-dien-do,
e-se lu-cero que no co-no-ce o-ca-so, Je-su-cristo, tu Hijo, que vol-
-viendo del a-bis-mo, brilla sereno para el li-na-je hu-ma-no y vi-
-ve y rei-na por los si-glos de los si-glos. ℟. A-mén.

Texto sin música:

Forma breve del Pregón pascual

**Alégrense, por fin, los coros de los ángeles,
alégrense las jerarquías del cielo
y, por la victoria de rey tan poderoso,
que las trompetas anuncien la salvación.**

**Goce también la tierra, inundada de tanta claridad,
y que, radiante con el fulgor del rey eterno,
se sienta libre de la tiniebla que cubría el orbe entero.**

**Alégrese también nuestra madre la Iglesia,
revestida de luz tan brillante;
resuene este recinto con las aclamaciones del pueblo.**

(V. **El Señor esté con ustedes.**
R. Y con tu espíritu).

V. **Levantemos el corazón.**
R. Lo tenemos levantado hacia el Señor.

V. **Demos gracias al Señor, nuestro Dios.**
R. Es justo y necesario.

**En verdad es justo y necesario
aclamar con nuestras voces
y con todo el afecto del corazón,
a Dios invisible, el Padre todopoderoso,
y a su Hijo único, nuestro Señor Jesucristo.**

**Porque él ha pagado por nosotros
al eterno Padre la deuda de Adán,
y ha borrado con su Sangre inmaculada
la condena del antiguo pecado.**

**Porque éstas son las fiestas de Pascua,
en las que se inmola el verdadero Cordero,
cuya sangre consagra las puertas de los fieles.**

**Ésta es la noche en que sacaste de Egipto
a los israelitas, nuestros padres,
y los hiciste pasar a pie, sin mojarse, el Mar Rojo.**

**Ésta es la noche en que la columna de fuego
esclareció las tinieblas del pecado.**

**Ésta es la noche que a todos los que creen en Cristo,
por toda la tierra,
los arranca de los vicios del mundo
y de la oscuridad del pecado,
los restituye a la gracia y los agrega a los santos.**

**Ésta es la noche en que,
rotas las cadenas de la muerte,
Cristo asciende victorioso del abismo.**

**¡Qué asombroso beneficio de tu amor por nosotros!
¡Qué incomparable ternura y caridad!
¡Para rescatar al esclavo entregaste al Hijo!**

**Necesario fue el pecado de Adán,
que ha sido borrado por la muerte de Cristo.
¡Feliz la culpa que mereció tal Redentor!**

**Y así, esta noche santa ahuyenta los pecados,
lava las culpas, devuelve la inocencia a los caídos,
la alegría a los tristes.**

**¡Qué noche tan dichosa,
en que se une el cielo con la tierra,
lo humano con lo divino!**

**En esta noche de gracia,
acepta, Padre santo, el sacrificio vespertino
de alabanza que la santa Iglesia te ofrece
en la solemne ofrenda de este cirio, obra de las abejas.**

Te rogamos, Señor,
que este cirio consagrado a tu nombre
para destruir la oscuridad de esta noche,
arda sin apagarse y, aceptado como perfume,
se asocie a las lumbreras del cielo.
Que el lucero matinal lo encuentre ardiendo,
ese lucero que no conoce ocaso,
Jesucristo, tu Hijo,
que volviendo del abismo,
brilla sereno para el linaje humano
y vive y reina por los siglos de los siglos.
R. Amén.

Segunda parte
Liturgia de la Palabra

20. En esta Vigilia, "madre de todas las Vigilias", se proponen nueve lecturas, siete del Antiguo Testamento y dos del Nuevo (la Epístola y el Evangelio), que deben ser leídas todas, siempre que sea posible, para conservar la índole de la Vigilia, la cual exige que dure un tiempo prolongado.

21. Sin embargo, donde lo pidan circunstancias pastorales verdaderamente graves, puede reducirse el número de lecturas del Antiguo Testamento; pero téngase siempre en cuenta que la lectura de la Palabra de Dios es parte fundamental de esta Vigilia Pascual. Deben leerse, por lo menos tres lecturas del Antiguo Testamento, tomadas de la Ley y de los Profetas, y cántense sus respectivos salmos responsoriales. Nunca se omita la tercera lectura, tomada del capítulo 14 del Éxodo, con su cántico.

22. Todos apagan sus velas y se sientan. Antes de comenzar las lecturas, el sacerdote exhorta a la asamblea con estas palabras u otras semejantes:

Hermanos,
habiendo iniciado solemnemente la Vigilia Pascual,
escuchemos con recogimiento la palabra de Dios.
Meditemos cómo, en la antigua alianza,
Dios salvó a su pueblo
y en la plenitud de los tiempos,
envió al mundo a su Hijo para que nos redimiera.
Oremos para que Dios
lleve a su plenitud la obra de la redención
realizada por el misterio pascual.

23. Siguen luego las lecturas. Un lector va al ambón y proclama la lectura. Después el salmista o cantor, dice el salmo, alternando con las respuestas del pueblo. Enseguida todos se levantan, el sacerdote dice: Oremos, y, después de que todos han orado en silencio durante unos momentos, dice la oración que corresponde a la lectura.

En lugar del salmo responsorial, se puede guardar un momento de silencio sagrado. En este caso se omite la pausa después del Oremos.

Oraciones después de las lecturas

24. Después de la primera lectura: (La creación: Gén 1, 1–2, 2; o bien, en forma breve, 1, 1. 26-31a), y el salmo (104 [103] o 33 [32]).

Oremos.

Dios todopoderoso y eterno,
que en todas las obras de tu amor
te muestras admirable,
concede a quienes has redimido
comprender que el sacrificio de Cristo, nuestra Pascua,
en la plenitud de los tiempos,
es una obra más maravillosa todavía
que la misma creación del mundo.
Por Jesucristo, nuestro Señor.
R. Amén.

O bien: Creación del hombre.

Oremos.

Dios nuestro, que de modo admirable creaste al hombre
y de modo más admirable aún lo redimiste,
concédenos sabiduría de espíritu
para resistir a los atractivos del pecado
y poder llegar así a las alegrías eternas.
Por Jesucristo, nuestro Señor.
R. Amén.

25. Después de la segunda lectura: (El sacrificio de Abraham: Gén 22, 1-18; o bien, en forma breve, 1-2. 9a. 10-13. 15-18), y el salmo 16 (15).

Oremos.

Dios nuestro, excelso Padre de los creyentes,
que por medio de la gracia de la adopción
y por el misterio pascual
sigues cumpliendo la promesa hecha a Abraham
de multiplicar su descendencia por toda la tierra
y de hacerlo el padre de todas las naciones,
concede a tu pueblo responder dignamente
a la gracia de tu llamada.
Por Jesucristo, nuestro Señor.
R. Amén.

26. Después de la tercera lectura: (El paso del Mar Rojo: Éx 14, 15–15, 1), y su cántico (Éx 15).

Oremos.

Señor Dios, cuyos antiguos prodigios
los percibimos resplandeciendo también en nuestros tiempos,
puesto que aquello mismo que realizó la diestra de tu poder
para liberar a un solo pueblo de la esclavitud del faraón,
lo sigues realizando también ahora,
por medio del agua del Bautismo
para salvar a todas las naciones,
concede que todos los hombres del mundo
lleguen a contarse entre los hijos de Abraham
y participen de la dignidad del pueblo elegido.
Por Jesucristo, nuestro Señor.
R. Amén.

O bien:

Oremos.

Dios nuestro, que manifestaste a la luz del Nuevo Testamento
el sentido profundo de los prodigios realizados
en los tiempos antiguos,
dejándonos ver en el paso del Mar Rojo, una imagen del Bautismo
y en el pueblo liberado de la esclavitud,
un anuncio de los sacramentos del pueblo cristiano,
haz que todos los hombres, mediante la fe,
participen del privilegio del pueblo elegido
y sean regenerados por la acción santificadora de tu Espíritu.
Por Jesucristo, nuestro Señor.
R. Amén.

27. Después de la cuarta lectura: (La nueva Jerusalén: Is 54, 5-14), y el salmo 30 (29).

Oremos.

Dios todopoderoso y eterno,
multiplica, en honor a tu nombre,
cuanto prometiste a nuestros padres en la fe
y acrecienta la descendencia por ti prometida
mediante la santa adopción filial,
para que aquello que los antiguos patriarcas
no dudaron que habría de acontecer,
tu Iglesia advierta que ya está en gran parte cumplido.
Por Jesucristo, nuestro Señor.
R. Amén.

La oración anterior puede sustituirse por alguna de las que siguen, cuando sus lecturas correspondientes vayan a omitirse.

28. Después de la quinta lectura: (La salvación que se ofrece gratuitamente a todos: Is 55, 1-11), y el cántico (Is 12).

Oremos.

Dios todopoderoso y eterno, única esperanza del mundo,
tú que anunciaste, por voz de los profetas,
los misterios que estamos celebrando esta noche,
multiplica en el corazón de tu pueblo
los santos propósitos
porque no podría ningún santo anhelo alcanzar crecimiento
sin el impulso que procede de ti.
Por Jesucristo, nuestro Señor.
R. Amén.

29. Después de la sexta lectura: (La fuente de la sabiduría: Bar 3, 9-15. 31–4, 4), y el salmo 19 (18).

Oremos.

Dios nuestro, que haces crecer continuamente a tu Iglesia
con hijos llamados de todos los pueblos,
dígnate proteger siempre con tu gracia
a quienes has purificado con el agua del Bautismo.
Por Jesucristo, nuestro Señor.
R. Amén.

30. Después de la séptima lectura: (El corazón nuevo y el espíritu nuevo: Ez 36, 16-28), y el salmo 43 [41-42].

Oremos.

Dios de inmutable poder y eterna luz,
mira propicio el admirable misterio de la Iglesia entera
y realiza serenamente, en virtud de tu eterno designio,
la obra de la humana salvación;
que todo el mundo vea y reconozca
que los caídos se levantan,
que se renueva lo que había envejecido
y que, por obra de Jesucristo, todas las cosas concurren
hacia la unidad que tuvieron en el origen.
Él, que vive y reina por los siglos de los siglos.
R. Amén.

O bien:

Oremos.

Señor Dios, que con las enseñanzas de ambos Testamentos
nos instruyes para celebrar el sacramento de la Pascua,
haz que comprendamos la hondura de tu misericordia,
para que los dones que hoy recibimos
afiancen en nosotros la esperanza de los bienes futuros.
Por Jesucristo, nuestro Señor.
R. Amén.

31. Terminada la última lectura del Antiguo Testamento, con su salmo responsorial y la oración correspondiente, se encienden las velas del altar, y el sacerdote entona el himno Gloria in excelsis Deo (Gloria a Dios en el cielo), que todos prosiguen, mientras se tocan las campanas, de acuerdo con las costumbres de cada lugar.

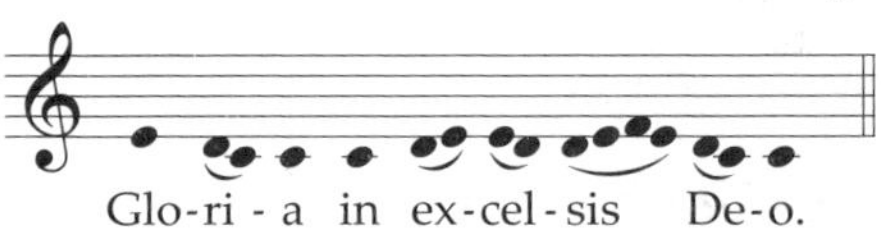

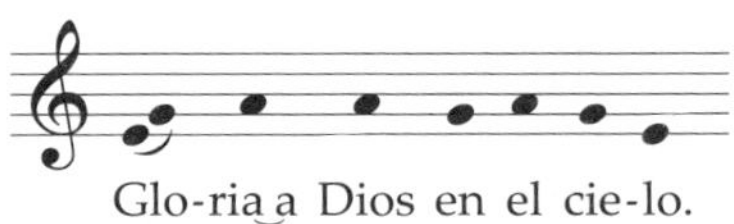

32. Terminado el himno, el sacerdote dice la oración colecta, como de ordinario.

Oremos.

Dios nuestro, que haces resplandecer esta noche
con la gloria de la resurrección del Señor,
aviva en tu Iglesia el espíritu de adopción filial,
para que, renovados en cuerpo y alma,
nos entreguemos fielmente a tu servicio.
Por nuestro Señor Jesucristo, tu Hijo,
que vive y reina contigo en la unidad del Espíritu Santo
y es Dios por los siglos de los siglos.

33. Enseguida un lector hace la lectura del Apóstol.

34. Leída la Epístola, todos se ponen de pie, y el sacerdote entona solemnemente tres veces, elevando gradualmente su voz, el Aleluya, que todos repiten. Si hace falta, un salmista canta el Aleluya.

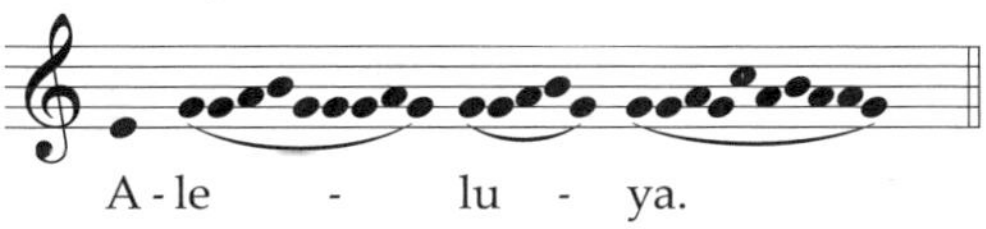

Luego un salmista o un cantor dice el salmo 118 (117), al que el pueblo responde: Aleluya.

35. El sacerdote, como es costumbre, pone incienso y bendice al diácono. Para el Evangelio no se llevan los ciriales, sino solamente el incienso.

36. Después del Evangelio, no se omita la homilía, aunque sea breve.

Tercera parte

Liturgia Bautismal

37. Después de la homilía se pasa a la liturgia bautismal. El sacerdote con los ministros se dirige a la fuente bautismal, si es que ésta se encuentra a la vista de los fieles. De lo contrario se pone un recipiente con agua en el presbiterio.

38. Si hay catecúmenos, son llamados por su nombre y presentados por los padrinos, o, si son niños, son llevados por sus papás y sus padrinos frente a toda la asamblea.

39. Si tiene lugar la procesión al bautisterio o a la fuente bautismal, se organiza en este momento. Va delante el ministro con el cirio pascual; lo siguen los bautizandos con sus padrinos, enseguida los ministros, el diácono y el sacerdote. Durante la procesión se cantan las letanías (n. 43). Terminadas las letanías, el sacerdote hace la monición (n. 40).

40. Si, en cambio, se lleva a cabo la liturgia bautismal en el presbiterio, el sacerdote inmediatamente hace la monición introductoria con estas palabras u otras semejantes:

Si están presentes los que se van a bautizar:

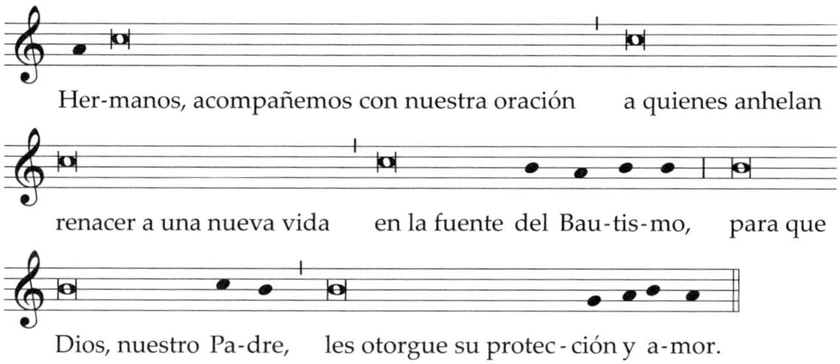

Hermanos, acompañemos con nuestra oración a quienes anhelan renacer a una nueva vida en la fuente del Bautismo, para que Dios, nuestro Padre, les otorgue su protección y amor.

Si se bendice la fuente, pero no hay bautismos:

Hermanos, pidamos a Dios todopoderoso, que con su poder santifique esta fuente bautismal, para que cuantos en el Bautismo van a ser regenerados en Cristo, sean agregados al número de hijos adoptivos de Dios.

41. Dos cantores entonan las letanías, a las que todos responden, estando de pie (por razón del Tiempo Pascual).

Si la procesión hasta el bautisterio es larga, se cantan las letanías durante la procesión; en este caso se llama a los que se van a bautizar, antes de comenzar la procesión. Se abre la procesión con el cirio pascual, luego siguen los bautizandos con sus padrinos, después los ministros, el diácono y el sacerdote. En este caso, la monición precedente se hace antes de la bendición del agua.

---

42. Si no hay bautismos ni bendición de la fuente, omitidas las letanías se procede inmediatamente a la bendición del agua (n. **54**).

---

43. En las letanías se pueden añadir algunos nombres de santos, especialmente el del titular de la iglesia, el de los patronos del lugar y el de los patronos de quienes serán bautizados.

℣. Se-ñor, ten piedad de no-so-tros. ℟. Se-ñor, ten piedad de no-so-tros.

℣. Cris-to, ten piedad de no-so-tros. ℟. Cris-to, ten piedad de no-so-tros.

℣. Se-ñor, ten piedad de no-so-tros. ℟. Se-ñor, ten piedad de no-so-tros.

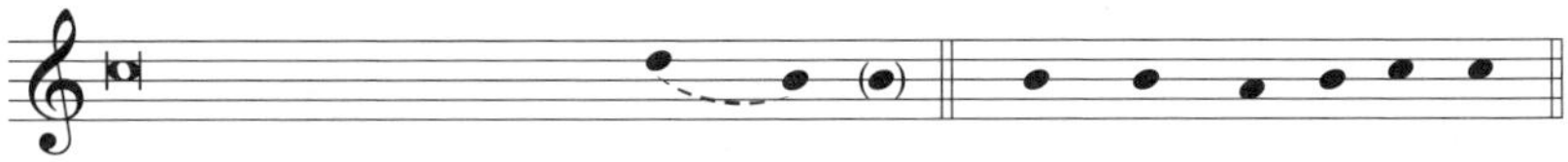

Santa María, Madre de Dios, ℟. rue - ga por no-so-tros.
San Mi - guel, ℟. rue - ga por no-so-tros.
Santos ángeles de Dios, ℟. rue-guen por no-so-tros.
San Juan Bau - tis - ta, ℟. rue - ga por no-so-tros.
San Jo - sé, ℟. rue - ga por no-so-tros.
San Pedro y San Pa - blo, ℟. rue-guen por no-so-tros.
San An - drés, ℟. rue - ga por no-so-tros.
San Juan, ℟. rue - ga por no-so-tros.
Santa María Magda - le - na ℟. rue - ga por no-so-tros.
San Es - te - ban ℟. rue - ga por no-so-tros.
San Ignacio de Antio - quí - a, ℟. rue - ga por no-so-tros.
San Lo - ren - zo, ℟. rue - ga por no-so-tros.
Santas Perpetua y Fe - li - ci - dad, ℟. rue-guen por no-so-tros.
Santa I - nés, ℟. rue - ga por no-so-tros.
San Gre - go - rio, ℟. rue - ga por no-so-tros.
San Agus - tín, ℟. rue - ga por no-so-tros.
San Ata - na - sio, ℟. rue - ga por no-so-tros.
San Ba - si - lio, ℟. rue - ga por no-so-tros.
San Mar - tín, ℟. rue - ga por no-so-tros.
San Be - ni - to, ℟. rue - ga por no-so-tros.
San Francisco y Santo Do-min - go, ℟. rue-guen por no-so-tros.
San Francisco Ja - vier, ℟. rue - ga por no-so-tros.
San Juan María Vian - ney, ℟. rue - ga por no-so-tros.
Santa Catalina de Sie - na, ℟. rue - ga por no-so-tros.
Santa Teresa de Je - sús, ℟. rue - ga por no-so-tros.
Todos los santos
y santas de Dios, ℟. rue-guen por no-so-tros.

Muéstra - te pro - pi - cio, ℟. Lí - bra-nos, Se-ñor.
De to - do mal,
De to - do pe - ca - do,
De la muer - te e - ter - na,
Por tu en - car - na - ción.
Por tu muerte y re - su - rrec-ción.
Por el don del Espí - ri - tu San - to,

Nosotros, que somos pe-ca-do-res, ℟. Te ro-ga-mos, ó-ye-nos.

Si hay bautismos:

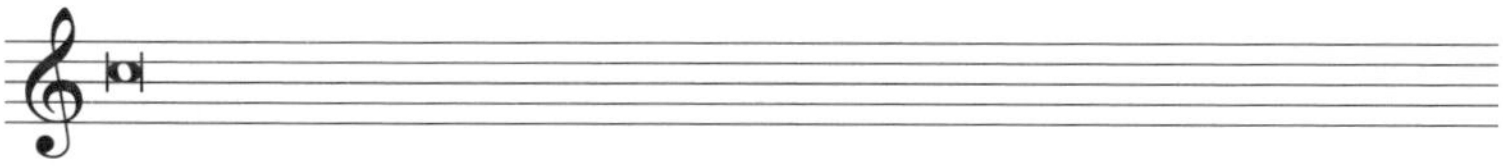

Para que estos elegidos renazcan a la vida nueva por medio del

Bau-tis-mo, ℟. Te ro-ga-mos, ó-ye-nos.

Si no hay bautismos:

Para que santifiques esta fuente bautismal por la que renacerán tus

hijos a la vi-da nue-va, ℟. Te ro-ga-mos, ó-ye-nos.

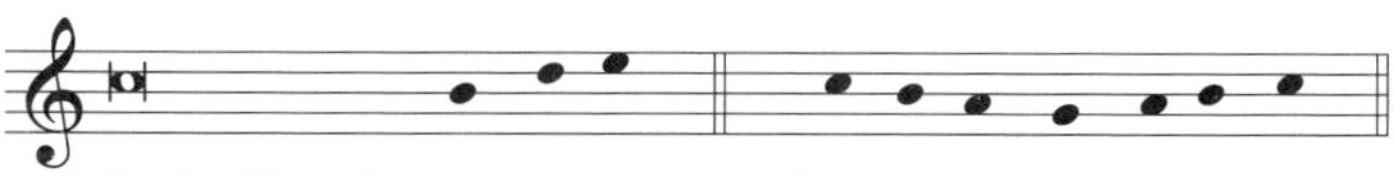

Jesús, Hijo de Dios vi-vo, ℟. Te ro-ga-mos, ó-ye-nos.

Cris-to, ó - ye-nos. ℟. Cris-to, ó - ye-nos.

Cris-to, es-cú-cha-nos. ℟. Cris-to, es-cú-cha-nos.

Si hay bautismos, el sacerdote, con las manos extendidas, dice esta oración:

Derrama, Señor, tu infinita bondad
en este sacramento del Bautismo
y envía tu santo Espíritu,
para que haga renacer de la fuente bautismal
a estos nuevos hijos tuyos,
que van a ser santificados por tu gracia,
mediante nuestra humilde colaboración en este ministerio.
Por Jesucristo, nuestro Señor.
R. Amén.

Bendición del agua bautismal

44. Enseguida el sacerdote bendice el agua bautismal, diciendo, con las manos extendidas, esta oración:

liberado de la esclavitud del fa-ra-ón, prefigurara al pueblo de
los bau-ti-za-dos; Dios nuestro, cuyo Hijo, al ser bautizado por el
Precursor en el agua del Jordán, fue ungido por el Espí-ri-tu San-to;
sus-pen-dido en la cruz, quiso que brotaran de su costado san-gre
y a-gua; y des-pués de su resurrección, mandó a sus a-pós-
-to-les: "Vayan y enseñen a todas las na-cio-nes, bautizándolas
en el nombre del Padre, del Hijo, y del Es-pí-ri-tu San-to": mi-ra
a-hora a tu Iglesia en o-ra-ción y abre pa-ra e-lla la fuen-te del
Bau-tis-mo. Que por obra del Espíritu Santo esta agua adquiera la
gracia de tu U-ni-gé-ni-to, pa-ra que el hombre, creado a tu imagen,
limpio de su antiguo pecado, por el sacramento del Bau-tis-mo,
renazca a la vi-da nue-va por el agua y el Es-pí-ri-tu San-to.

Si es oportuno, introduce el cirio pascual en el agua, una o tres veces, diciendo:

Te pe-dimos, Señor, que por tu Hi-jo, descienda sobre el agua de

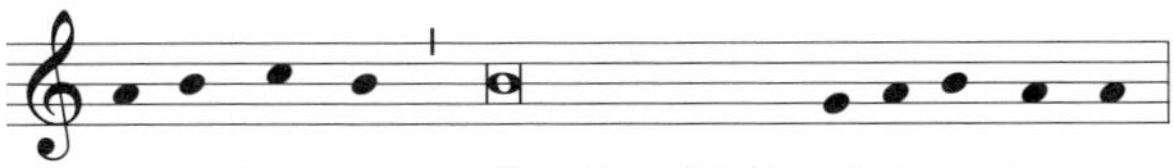

es-ta fuen-te el poder del Es-pí-ri-tu San-to,

Manteniendo el cirio dentro del agua, prosigue:

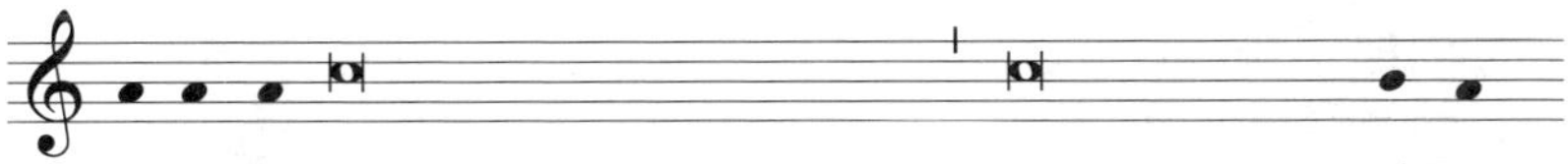

pa-ra que todos, sepultados con Cristo, en su muerte por el Bau-

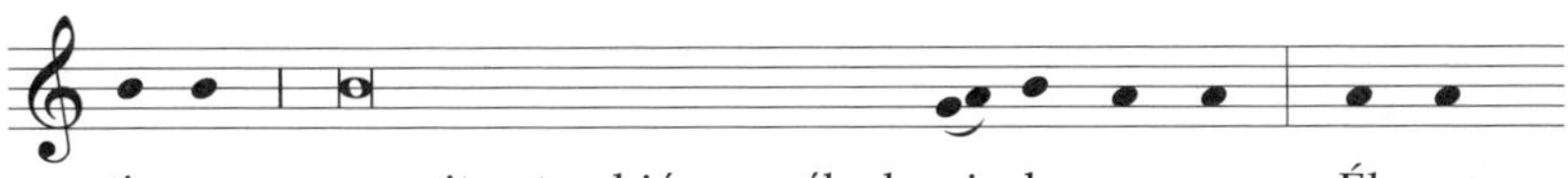

-tis-mo, resuciten también con él a la vi-da nue-va. Él, que

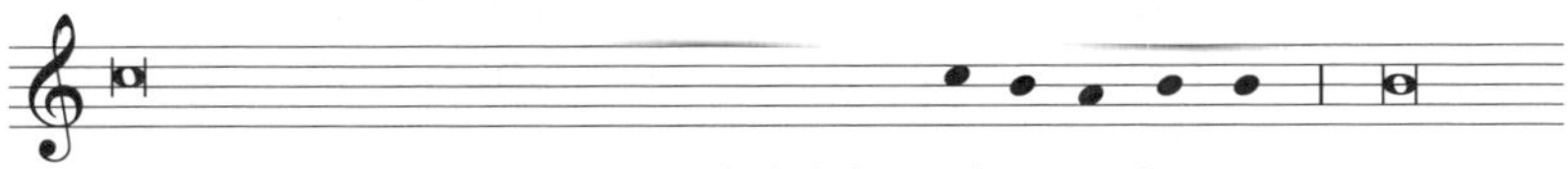

vive y reina contigo en la unidad del Es-pí-ri-tu San-to y es

Dios por los si-glos de los si-glos. ℟. A-mén.

45. Enseguida saca el cirio del agua, y el pueblo dice la siguiente aclamación:

Fuen-tes del Se-ñor, ben-di-gan al Se-ñor, alábenlo y glorifíquenlo

por los si-glos.

Texto sin música:

46. Enseguida el sacerdote bendice el agua bautismal, diciendo, con las manos extendidas, esta oración:

Dios nuestro,
que con tu poder invisible realizas obras admirables
por medio de los signos sacramentales
y has hecho que tu creatura, el agua, signifique
de muchas maneras la gracia del Bautismo;

Dios nuestro,
cuyo Espíritu aleteaba sobre la superficie de las aguas
en los mismos principios del mundo,
para que ya desde entonces
el agua recibiera el poder de dar la vida;

Dios nuestro,
que incluso en las aguas torrenciales del diluvio
prefiguraste el nuevo nacimiento de los hombres,
al hacer que de una manera misteriosa,
un mismo elemento diera fin al pecado y origen a la virtud;

Dios nuestro,
que hiciste pasar a pie, sin mojarse, el Mar Rojo
a los hijos de Abraham,
a fin de que el pueblo,
liberado de la esclavitud del faraón,
prefigurara al pueblo de los bautizados;

Dios nuestro,
cuyo Hijo, al ser bautizado por el Precursor
en el agua del Jordán,
fue ungido por el Espíritu Santo;
suspendido en la cruz,
quiso que brotaran de su costado sangre y agua;
y después de su resurrección mandó a sus apóstoles:
"Vayan y enseñen a todas las naciones,
bautizándolas en el nombre del Padre,
y del Hijo y del Espíritu Santo":
mira ahora a tu Iglesia en oración
y abre para ella la fuente del Bautismo.

Que por obra del Espíritu Santo
esta agua adquiera la gracia de tu Unigénito,
para que el hombre, creado a tu imagen,
limpio de su antiguo pecado,
por el sacramento del Bautismo,
renazca a la vida nueva por el agua y el Espíritu Santo.

Si es oportuno, introduce el cirio pascual en el agua, una o tres veces, diciendo:

Te pedimos, Señor, que por tu Hijo,
descienda sobre el agua de esta fuente
el poder del Espíritu Santo,

Manteniendo el cirio dentro del agua, prosigue:

para que todos,
sepultados con Cristo en su muerte por el Bautismo,
resuciten también con él a la vida nueva.
Él, que vive y reina contigo en la unidad del Espíritu Santo
y es Dios por los siglos de los siglos.
R. Amén.

47. Enseguida saca el cirio del agua, y el pueblo dice la siguiente aclamación:

Fuentes del Señor, bendigan al Señor,
alábenlo y glorifíquenlo por los siglos.

48. Concluida la bendición del agua bautismal y dicha la aclamación del pueblo, el sacerdote, de pie, interroga a los adultos y a los papás o padrinos de los niños, para que hagan la renuncia, como está indicado en los respectivos Rituales romanos.

Si no se ha hecho antes la unción de los adultos con el óleo de los catecúmenos en los ritos inmediatamente preparatorios, se hace en este momento.

49. Enseguida, el sacerdote interroga a cada uno de los adultos sobre su fe, y también, si se trata de los niños, pide la triple profesión de fe a todos los papás y padrinos simultáneamente, como se indica en los respectivos Rituales.

Si son muchos los que se bautizan puede ordenarse este rito, de tal manera que, inmediatamente después de la respuesta de los bautizandos, padrinos y papás, el celebrante pida y reciba la renovación de las promesas bautismales de todos los presentes.

50. Terminado el interrogatorio, el sacerdote bautiza a los elegidos adultos y niños.

51. Después del Bautismo, el sacerdote unge con el crisma a quienes no han llegado al uso de razón. Y se entrega a todos, sean adultos o niños, la vestidura blanca. Luego, el sacerdote o el diácono recibe el cirio pascual de mano del ministro y se encienden las velas de los neófitos. El rito del "Effetá" se omite para quienes no han llegado al uso de razón.

52. A continuación, si no tuvieron lugar en el presbiterio el baño bautismal y los demás ritos explicativos, se retorna al presbiterio, organizada la procesión como antes, con los neófitos, o padrinos o papás llevando la vela encendida. Durante la procesión se canta el cántico bautismal Vidi aquam (Vi agua), u otro canto apropiado (n. 56).

53. Si los bautizados son adultos, el obispo o, en su ausencia, el presbítero que confirió el Bautismo, admínístreles inmediatamente el sacramento de la Confirmación en el presbiterio, como se indica en el Pontifical o en el Ritual Romano.

Bendición del agua

54. Si no hay bautismos ni tampoco se bendice la fuente bautismal, el sacerdote prepara a los fieles para la bendición del agua, diciendo:

Y después de una breve pausa en silencio, dice la siguiente oración, con las manos extendidas:

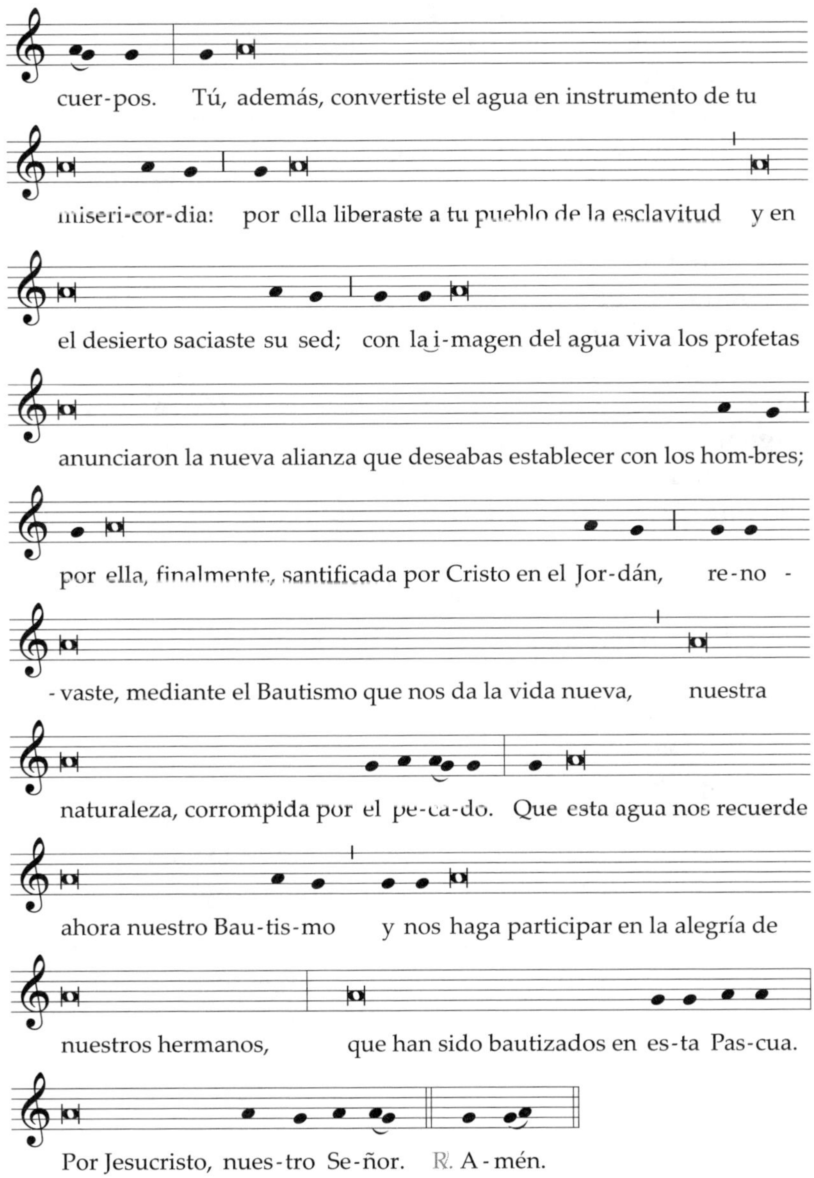
cuer-pos. Tú, además, convertiste el agua en instrumento de tu
miseri-cor-dia: por ella liberaste a tu pueblo de la esclavitud y en
el desierto saciaste su sed; con la i-magen del agua viva los profetas
anunciaron la nueva alianza que deseabas establecer con los hom-bres;
por ella, finalmente, santificada por Cristo en el Jor-dán, re-no-
-vaste, mediante el Bautismo que nos da la vida nueva, nuestra
naturaleza, corrompida por el pe-ca-do. Que esta agua nos recuerde
ahora nuestro Bau-tis-mo y nos haga participar en la alegría de
nuestros hermanos, que han sido bautizados en es-ta Pas-cua.
Por Jesucristo, nues-tro Se-ñor. ℟. A-mén.

Texto sin música:

**Pidamos, queridos hermanos, a Dios nuestro Señor,
que se digne bendecir esta agua,
con la cual seremos rociados en memoria de nuestro Bautismo,
y que nos renueve interiormente,
para que permanezcamos fieles al Espíritu que hemos recibido.**

Y después de una breve pausa en silencio, dice la siguiente oración, con las manos extendidas:

**Señor, Dios nuestro,
mira con bondad a este pueblo tuyo,
que vela en oración en esta noche santísima,
recordando la obra admirable de nuestra creación
y la obra más admirable todavía de nuestra redención.
Dígnate bendecir ✠ esta agua,
que tú creaste para dar fertilidad a la tierra,
frescura y limpieza a nuestros cuerpos.**

**Tú, además, convertiste el agua
en un instrumento de tu misericordia:
por ella liberaste a tu pueblo de la esclavitud
y en el desierto saciaste su sed;
con la imagen del agua viva
los profetas anunciaron la nueva alianza
que deseabas establecer con los hombres;
por ella, finalmente, santificada por Cristo en el Jordán,
renovaste, mediante el Bautismo que nos da la vida nueva,
nuestra naturaleza, corrompida por el pecado.**

**Que esta agua nos recuerde ahora nuestro Bautismo
y nos haga participar en la alegría de nuestros hermanos,
que han sido bautizados en esta Pascua.
Por Jesucristo, nuestro Señor.**
R. Amén.

Renovación de las promesas bautismales

55. Terminado el rito del Bautismo (y de la Confirmación) o, si no hubo bautismos, después de la bendición del agua, todos, de pie y teniendo en sus manos las velas encendidas, hacen la renovación de las promesas del Bautismo, junto con los bautizandos, a no ser que ya se hubieran hecho (cfr. n. 49).

El sacerdote se dirige a los fieles, con estas palabras u otras semejantes:

Hermanos, por medio del Bautismo,
hemos sido hechos partícipes del misterio pascual de Cristo;
es decir, por medio del Bautismo,
hemos sido sepultados con él en su muerte
para resucitar con él a la vida nueva.
Por eso, culminado nuestro camino cuaresmal,
es muy conveniente que renovemos
las promesas de nuestro Bautismo,
con las cuales un día renunciamos a Satanás y a sus obras
y nos comprometimos a servir a Dios,
en la santa Iglesia católica.
Por consiguiente:

Sacerdote: **¿Renuncian ustedes a Satanás?**
Todos: Sí, renuncio.

Sacerdote: **¿Renuncian a todas sus obras?**
Todos: Sí, renuncio.

Sacerdote: **¿Renuncian a todas sus seducciones?**
Todos: Sí, renuncio.

O bien:

Sacerdote: **¿Renuncian ustedes al pecado,**
para vivir en la libertad de los hijos de Dios?
Todos: Sí, renuncio.

Sacerdote: **¿Renuncian a todas las seducciones del mal,**
para que el pecado no los esclavice?
Todos: Sí, renuncio.

Sacerdote: **¿Renuncian a Satanás, padre y autor de todo pecado?**
Todos: Sí, renuncio.

La Conferencia Episcopal, si lo cree conveniente, puede ajustar más a las circunstancias locales esta segunda fórmula.

Prosigue el sacerdote:

Sacerdote: **¿Creen ustedes en Dios,**
Padre todopoderoso,
creador del cielo y de la tierra?

Todos: Sí, creo.

Sacerdote: **¿Creen en Jesucristo,**
su Hijo único y Señor nuestro,
que nació de la Virgen María,
padeció y murió por nosotros,
resucitó y está sentado a la derecha del Padre?

Todos: Sí, creo.

Sacerdote: **¿Creen en el Espíritu Santo,**
en la santa Iglesia católica,
en la comunión de los santos,
en el perdón de los pecados,
en la resurrección de los muertos y en la vida eterna?

Todos: Sí, creo.

Y el sacerdote concluye:

Que Dios todopoderoso,
Padre de nuestro Señor Jesucristo,
que nos liberó del pecado
y nos ha hecho renacer por el agua y el Espíritu Santo,
nos conserve con su gracia
unidos a Jesucristo nuestro Señor, hasta la vida eterna.

Todos: Amén.

56. El sacerdote rocía al pueblo con el agua bendita, mientras todos cantan:

Antífona

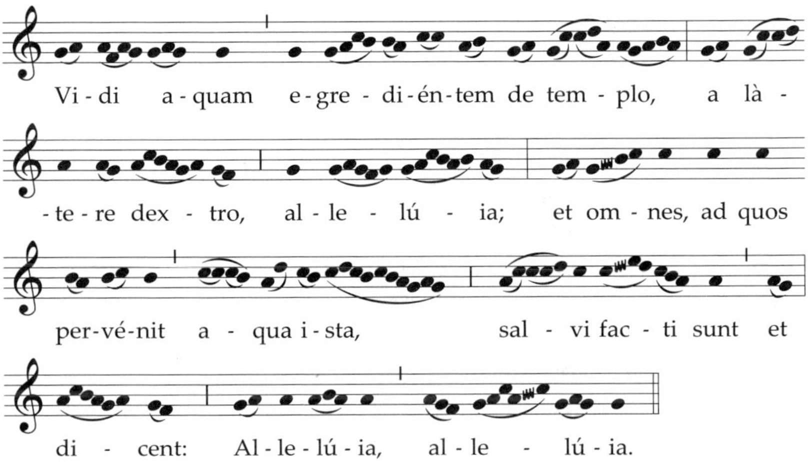

O bien:

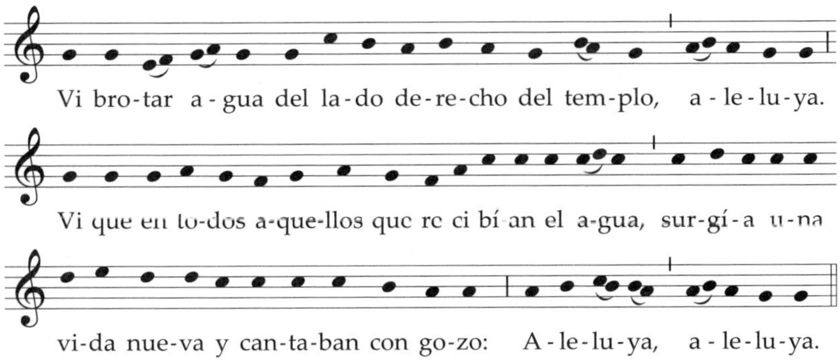

Vi brotar agua
del lado derecho del templo, aleluya.
Vi que en todos aquellos
que recibían el agua,
surgía una vida nueva
y cantaban con gozo: Aleluya, aleluya.

Se puede cantar también algún otro canto de índole bautismal.

57. Mientras tanto los neófitos son conducidos a su lugar entre los fieles. Si la bendición del agua bautismal no se hizo en el bautisterio, el diácono y los ministros llevan a la fuente bautismal, con toda reverencia, un recipiente con el agua bendita.

Si no hubo bendición de la fuente, el agua bendita se coloca en un lugar apropiado.

58. Hecha la aspersión, el sacerdote vuelve a la sede, en donde, omitido el Credo, dirige la oración universal en la cual toman parte los neófitos por primera vez.

CUARTA PARTE
LITURGIA EUCARÍSTICA

59. El sacerdote va al altar y comienza la liturgia eucarística en la forma acostumbrada.

60. Es conveniente que el pan y el vino sean presentados por los neófitos o, si son niños, por sus papás o padrinos.

61. Oración sobre las ofrendas

Recibe, Señor, las súplicas de tu pueblo,
junto con los dones que te presentamos
para que los misterios de la Pascua
que hemos comenzado a celebrar,
nos obtengan, con tu ayuda,
el remedio para conseguir la vida eterna.
Por Jesucristo, nuestro Señor.

62. Prefacio I de Pascua: *El Misterio Pascual* (en esta noche), p. 586.

63. En la Plegaria eucarística, se hace memoria de los bautizados y de los padrinos, según las fórmulas que se encuentran en cada una de las Plegarias eucarísticas en el Misal y en el Ritual Romano.

64. Antes de decir Ecce Agnus Dei (Éste es el Cordero de Dios), el sacerdote puede exhortar brevemente a los neófitos sobre la primera Comunión que van a recibir y, sobre el valor de tan gran misterio, que es el culmen de la iniciación y el centro de toda la vida cristiana.

65. Es conveniente que los neófitos reciban la sagrada Comunión bajo las dos especies, junto con sus padrinos, madrinas, papás y esposos católicos, y con los catequistas laicos. Es conveniente también, con el consentimiento del obispo diocesano, donde las circunstancias lo aconsejen, que todos los fieles reciban la sagrada Comunión bajo las dos especies.

66. Antífona de la Comunión 1 Cor 5, 7-8

Cristo, nuestro Cordero Pascual,
ha sido inmolado. Aleluya.
Celebremos, pues, la Pascua,
con el pan sin levadura, que es de sinceridad y verdad. Aleluya.

Conviene cantar el salmo 118 (117).

67. Oración después de la Comunión

Infúndenos, Señor, el espíritu de tu caridad,
para que, saciados con los sacramentos pascuales,
vivamos siempre unidos en tu amor.
Por Jesucristo, nuestro Señor.
R. Amén.

68. Bendición Solemne

Que Dios todopoderoso,
los bendiga en este día solemnísimo de la Pascua
y, compadecido de ustedes,
los guarde de todo pecado.
R. Amén.

Que les conceda el premio de la inmortalidad
aquel que los ha redimido para la vida eterna
con la resurrección de su Unigénito.
R. Amén.

Que ustedes,
que una vez terminados los días de la Pasión,
celebran con gozo la fiesta de la Pascua del Señor,
puedan participar, con su gracia,
del júbilo de la Pascua eterna.
R. Amén.

Y la bendición de Dios todopoderoso,
Padre, Hijo ✠, y Espíritu Santo,
descienda sobre ustedes
y permanezca para siempre.
R. Amén.

Puede usarse también la fórmula de bendición final del ritual para el Bautismo de los adultos o de los niños, de acuerdo a las circunstancias.

69. Para despedir al pueblo, el diácono o, en su ausencia, el mismo sacerdote canta o dice:

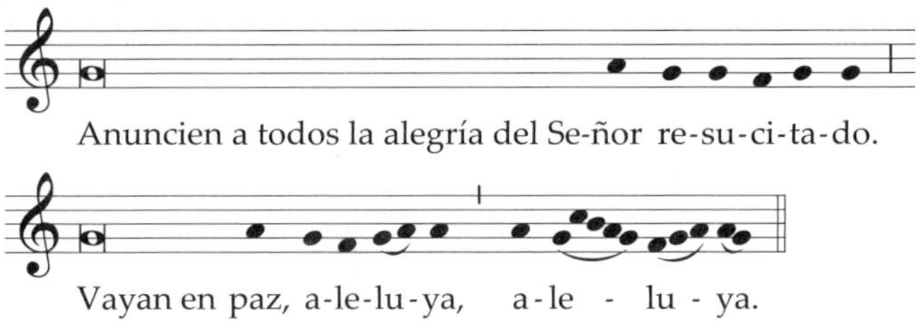

O bien:

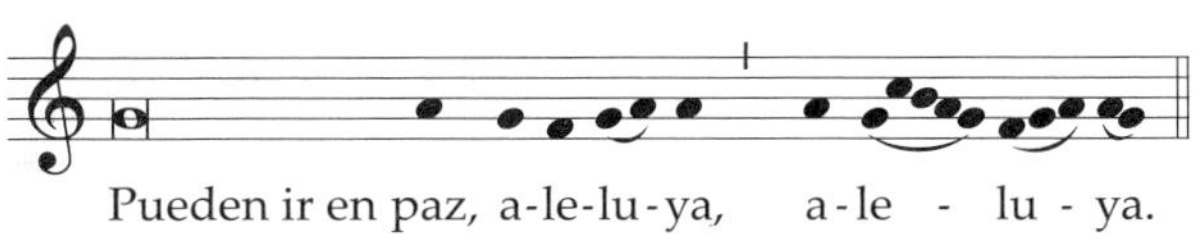

Todos responden:

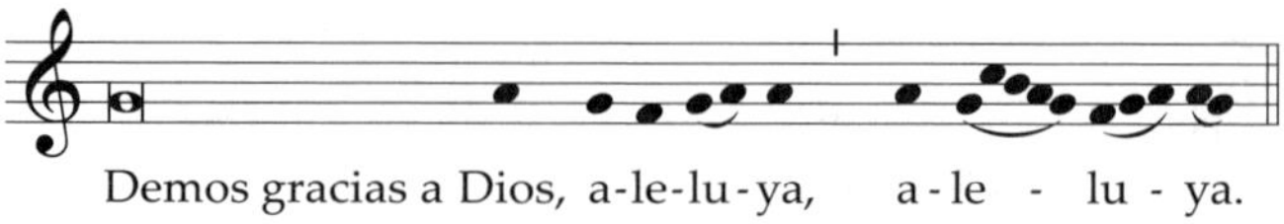

Esta fórmula de despedida se utiliza durante toda la octava de Pascua.

70. El cirio pascual se enciende en todas las celebraciones litúrgicas más solemnes de este tiempo.

Misa del día

71. Antífona de entrada Cfr. Sal 139 (138), 18. 5-6

He resucitado y estoy contigo, aleluya:
has puesto tu mano sobre mí, aleluya:
tu sabiduría ha sido maravillosa, aleluya, aleluya.

O bien: Lc 24, 34; cfr. Ap 1, 6

El Señor ha resucitado verdaderamente, aleluya.
A él la gloria y el poder por toda la eternidad, aleluya, aleluya.

Se dice Gloria.

72. Oración colecta

**Señor Dios, que por medio de tu Unigénito,
vencedor de la muerte,
nos has abierto hoy las puertas de la vida eterna,
concede a quienes celebramos
la solemnidad de la resurrección del Señor,
resucitar también en la luz de la vida eterna,
por la acción renovadora de tu Espíritu.
Por nuestro Señor Jesucristo, tu Hijo,
que vive y reina contigo en la unidad del Espíritu Santo
y es Dios por los siglos de los siglos.**

Se dice Credo.

Sin embargo, en las misas del Domingo de Pascua celebradas en presencia del pueblo, el rito de renovación de las promesas bautismales puede hacerse después de la homilía siguiendo el texto de la Vigilia Pascual (p. 397). En tal caso se omite el Credo.

73. Oración sobre las ofrendas

**Llenos de júbilo por el gozo pascual
te ofrecemos, Señor, este sacrificio,
mediante el cual admirablemente
renace y se nutre tu Iglesia.
Por Jesucristo, nuestro Señor.**

74. Prefacio I de Pascua: *El Misterio Pascual* (en este día), p. 586.

En las Plegarias eucarísticas se utilizan los textos propios.

75. **Antífona de la Comunión** 1 Cor 5, 7-8

Cristo, nuestro Cordero Pascual,
ha sido inmolado. Aleluya.
Celebremos, pues, la Pascua,
con el pan sin levadura, que es de sinceridad y verdad. Aleluya.

76. **Oración después de la Comunión**

Dios de bondad, protege paternalmente
con amor incansable a tu Iglesia,
para que, renovada por los misterios pascuales,
pueda llegar a la gloria de la resurrección.
Por Jesucristo, nuestro Señor.

77. Para dar la bendición al final de la Misa, es conveniente que el sacerdote utilice la fórmula de bendición solemne de la Misa de la Vigilia Pascual, p. 401.

78. Para despedir al pueblo, se canta o se dice:

Anuncien a todos la alegría del Señor resucitado.
Vayan en paz, aleluya, aleluya.

O bien:

Pueden ir en paz, aleluya, aleluya.

Todos responden:

Demos gracias a Dios, aleluya, aleluya.

LUNES DE LA OCTAVA DE PASCUA

Antífona de entrada Éx 13, 5. 9

El Señor les dio a ustedes una tierra que mana leche y miel,
para que tengan siempre en su boca la ley del Señor. Aleluya.

O bien:

El Señor resucitó, como lo había predicho;
llenémonos de gozo y de alegría,
porque reina eternamente. Aleluya.

Se dice Gloria.

Oración colecta

**Dios nuestro, que haces crecer siempre a tu Iglesia
dándole nuevos hijos,
concédenos la gracia de vivir de acuerdo con la fe
que recibimos en el sacramento del Bautismo.
Por nuestro Señor Jesucristo, tu Hijo,
que vive y reina contigo en la unidad del Espíritu Santo
y es Dios por los siglos de los siglos.**

Oración sobre las ofrendas

**Recibe, Señor, con bondad, las ofrendas de tu pueblo
y haz que, renovados por la confesión de tu nombre
y por el Bautismo,
consigamos la felicidad eterna.
Por Jesucristo, nuestro Señor.**

Prefacio I de Pascua, p. 586.

Si se usa el Canon Romano, se dice Reunidos en comunión, p. 665, y Acepta, Señor, p. 666.

Antífona de la Comunión Rom 6, 9

Cristo, una vez resucitado
de entre los muertos, ya no morirá nunca.
La muerte ya no tiene dominio sobre él. Aleluya.

Oración después de la Comunión

**Que la gracia de este sacramento pascual
fructifique, Señor, en nuestros corazones
para que podamos corresponder a los dones de tu amor,
que nos abrió el camino de la salvación eterna.
Por Jesucristo, nuestro Señor.**

MARTES DE LA OCTAVA DE PASCUA

Antífona de entrada
Cfr. Sir 15, 3-4

El Señor les dará a beber el agua de la sabiduría;
se apoyarán en él y no vacilarán.
Él los llenará de gloria eternamente. Aleluya.

Se dice Gloria.

Oración colecta

**Señor Dios, que nos has hecho experimentar
la fuerza vivificante del misterio pascual,
sigue acompañando a tu pueblo con tu divina gracia,
para que, conseguida la perfecta libertad,
se convierta en gozo celestial
la alegría que ahora lo inunda aquí en la tierra.
Por nuestro Señor Jesucristo, tu Hijo,
que vive y reina contigo en la unidad del Espíritu Santo
y es Dios por los siglos de los siglos.**

Oración sobre las ofrendas

**Recibe, Señor, con bondad,
estas ofrendas de tu familia santa,
para que, con la ayuda de tu protección,
conserve los dones recibidos
y llegue a poseer los eternos.
Por Jesucristo, nuestro Señor.**

Prefacio I de Pascua, p. 586.

Si se usa el Canon Romano, se dice Reunidos en comunión, p. 665, y Acepta, Señor, p. 666.

Antífona de la Comunión
Col 3, 1-2

Puesto que ustedes han resucitado con Cristo,
busquen los bienes del cielo,
donde Cristo está sentado a la derecha de Dios;
pongan todo el corazón en los bienes del cielo,
no en los de la tierra. Aleluya.

Oración después de la Comunión

**Escúchanos, Dios todopoderoso,
y, ya que colmaste los corazones de tus hijos
con la gracia incomparable del Bautismo,
prepáranos para alcanzar la felicidad eterna.
Por Jesucristo, nuestro Señor.**

MIÉRCOLES DE LA OCTAVA DE PASCUA

Antífona de entrada

Cfr. Mt 25, 34

Vengan, benditos de mi Padre,
tomen posesión del Reino preparado para ustedes
desde la creación del mundo. Aleluya.

Se dice Gloria.

Oración colecta

Dios nuestro, que cada año nos inundas de alegría
por la solemnidad de la resurrección del Señor,
concédenos propicio
que, por estas fiestas que celebramos en el tiempo,
merezcamos llegar al gozo de la eternidad.
Por nuestro Señor Jesucristo, tu Hijo,
que vive y reina contigo en la unidad del Espíritu Santo
y es Dios por los siglos de los siglos.

Oración sobre las ofrendas

Recibe, Señor,
estas ofrendas de la humanidad redimida,
y realiza a favor nuestro
la plena salvación del cuerpo y el alma.
Por Jesucristo, nuestro Señor.

Prefacio I de Pascua (en este día), p. 586.

Si se usa el Canon Romano, se dice Reunidos en comunión, p. 665, y Acepta, Señor, p. 666.

Antífona de la Comunión

Cfr. Lc 24, 35

Los discípulos reconocieron al Señor Jesús,
al partir el pan. Aleluya.

Oración después de la Comunión

Te rogamos, Señor,
que, purificados de nuestra antigua condición pecadora,
la santa recepción del sacramento de tu Hijo
nos transforme en nuevas creaturas.
Por Jesucristo, nuestro Señor.

JUEVES DE LA OCTAVA DE PASCUA

Antífona de entrada
Sab 10, 20-21

Todos alabaron, Señor, tu poder y tu sabiduría,
porque has abierto la boca de los mudos
y has hecho elocuentes las lenguas de los niños. Aleluya.

Se dice Gloria.

Oración colecta

**Dios nuestro, que uniste a todos los pueblos diversos
en la confesión de tu nombre,
concede que, quienes renacieron en la fuente bautismal,
tengan una misma fe en sus pensamientos
y un mismo amor en sus obras.
Por nuestro Señor Jesucristo, tu Hijo,
que vive y reina contigo en la unidad del Espíritu Santo
y es Dios por los siglos de los siglos.**

Oración sobre las ofrendas

**Señor, acepta bondadoso
estas ofrendas que te presentamos
en agradecimiento
por los que han renacido en el Bautismo
y para apresurar los auxilios celestiales.
Por Jesucristo, nuestro Señor.**

Prefacio I de Pascua (en este día), p. 586.

Si se usa el Canon Romano, se dice Reunidos en comunión, p. 665, y Acepta, Señor, p. 666.

Antífona de la Comunión
Cfr. 1 Pe 2, 9

Pueblo redimido por Dios,
anuncia las maravillas del Señor,
que te ha llamado de las tinieblas
a su luz admirable. Aleluya.

Oración después de la Comunión

**Señor y Dios nuestro, escucha nuestras oraciones,
para que la participación en los sacramentos
de nuestra redención
nos ayude en la vida presente
y nos alcance las alegrías eternas.
Por Jesucristo, nuestro Señor.**

VIERNES DE LA OCTAVA DE PASCUA

Antífona de entrada
Cfr. Sal 78 (77), 53

El Señor liberó a su pueblo y lo llenó de esperanza,
y a sus enemigos los sumergió en el mar. Aleluya.

Se dice Gloria.

Oración colecta

**Dios todopoderoso y eterno,
que estableciste el misterio pascual
como alianza de la reconciliación humana,
concédenos manifestar en las obras
lo que celebramos con fe.
Por nuestro Señor Jesucristo, tu Hijo,
que vive y reina contigo en la unidad del Espíritu Santo
y es Dios por los siglos de los siglos.**

Oración sobre las ofrendas

**Señor, realiza bondadoso en nosotros
el intercambio de este sacrificio pascual,
para que pasemos de los afectos terrenos
al deseo de los bienes del cielo.
Por Jesucristo, nuestro Señor.**

Prefacio I de Pascua, p. 586.

Si se usa el Canon Romano, se dice Reunidos en comunión, p. 665, y Acepta, Señor, p. 666.

Antífona de la Comunión
Cfr. Jn 21, 12-13

Dijo Jesús a sus discípulos: Vengan a comer.
Y tomó un pan y lo repartió entre ellos. Aleluya.

Oración después de la Comunión

**Protege, Señor, con amor constante
a quienes has salvado,
para que, una vez redimidos por la pasión de tu Hijo,
se llenen ahora de alegría por su resurrección.
Él, que vive y reina por los siglos de los siglos.**

SÁBADO DE LA OCTAVA DE PASCUA

Antífona de entrada

Cfr. Sal 105 (104), 43

El Señor liberó a su pueblo
y lo llenó de alegría;
al pueblo elegido lo colmó de júbilo. Aleluya.

Se dice Gloria.

Oración colecta

**Dios nuestro, que, con la abundancia de tu gracia,
no cesas de aumentar en todos los pueblos
el número de los que creen en ti,
mira propicio a tus elegidos y haz que,
renacidos ya por el sacramento del Bautismo,
queden un día revestidos de gozosa inmortalidad.
Por nuestro Señor Jesucristo, tu Hijo,
que vive y reina contigo en la unidad del Espíritu Santo
y es Dios por los siglos de los siglos.**

Oración sobre las ofrendas

**Concédenos, Señor,
vivir siempre llenos de gratitud
por estos misterios pascuales que celebramos,
para que, continuamente renovados por su acción,
se conviertan para nosotros en causa de eterna felicidad.
Por Jesucristo, nuestro Señor.**

Prefacio I de Pascua, p. 586.

Si se usa el Canon Romano, se dice Reunidos en comunión, p. 665, y Acepta, Señor, p. 666.

Antífona de la Comunión

Gál 3, 27

Todos ustedes que han sido bautizados en Cristo,
se han revestido de Cristo. Aleluya.

Oración después de la Comunión

**Dirige, Señor, tu mirada compasiva sobre tu pueblo,
al que te has dignado renovar con estos misterios de vida eterna,
y concédele llegar un día
a la gloria incorruptible de la resurrección.
Por Jesucristo, nuestro Señor.**

II DOMINGO DE PASCUA
(o de la Divina Misericordia)

Antífona de entrada 1 Pe 2, 2

Como niños recién nacidos, anhelen una leche pura y espiritual
que los haga crecer hacia la salvación. Aleluya.

O bien: 4 Esd 2, 36-37

Abran el corazón con alegría, y den gracias a Dios,
que los ha llamado al Reino de los cielos. Aleluya.

Se dice Gloria.

Oración colecta

**Dios de eterna misericordia,
que reanimas la fe de este pueblo a ti consagrado
con la celebración anual de las fiestas pascuales,
aumenta en nosotros los dones de tu gracia,
para que todos comprendamos mejor
la excelencia del Bautismo que nos ha purificado,
la grandeza del Espíritu que nos ha regenerado
y el precio de la Sangre que nos ha redimido.
Por nuestro Señor Jesucristo, tu Hijo,
que vive y reina contigo en la unidad del Espíritu Santo
y es Dios por los siglos de los siglos.**

Se dice el Credo.

Oración sobre las ofrendas

**Recibe, Señor, las ofrendas de tu pueblo
(y de los recién bautizados),
para que, renovados por la confesión de tu nombre
y por el Bautismo,
consigamos la felicidad eterna.
Por Jesucristo, nuestro Señor.**

Prefacio I de Pascua, p. 586.

Si se usa el Canon Romano, se dice Reunidos en comunión, p. 665, y Acepta, Señor, p. 666.
En las otras Plegarias eucarísticas también se dicen las partes propias para esta Misa.

Antífona de la Comunión Cfr. Jn 20, 27

Jesús dijo a Tomás: Acerca tu mano,
toca los agujeros que dejaron los clavos
y no seas incrédulo, sino creyente. Aleluya.

Oración después de la Comunión

**Dios todopoderoso,
concédenos que la gracia recibida
en este sacramento pascual
permanezca siempre en nuestra vida.
Por Jesucristo, nuestro Señor.**

Puede utilizarse la fórmula de bendición solemne, p. 401.

Para despedir al pueblo se canta (como en pp. 401–402) o se dice Pueden ir en paz, aleluya, aleluya. A lo cual se responde Demos gracias a Dios, aleluya, aleluya.

Lunes II de Pascua

Antífona de entrada Rom 6, 9

Cristo, una vez resucitado
de entre los muertos, ya no morirá nunca.
La muerte ya no tiene dominio sobre él. Aleluya.

Oración colecta

**Te pedimos, Dios todopoderoso,
que, renovados por los auxilios pascuales
que nos han librado de la herencia del pecado,
adquiramos la belleza del Creador celestial.
Por nuestro Señor Jesucristo, tu Hijo,
que vive y reina contigo en la unidad del Espíritu Santo
y es Dios por los siglos de los siglos.**

Oración sobre las ofrendas

**Recibe, Señor,
los dones que, jubilosa, tu Iglesia te presenta,
y puesto que es a ti a quien debe su alegría,
concédele también disfrutar de la felicidad eterna.
Por Jesucristo, nuestro Señor.**

Prefacio I-V de Pascua, pp. 586–595.

Antífona de la Comunión Jn 20, 19

Jesús se presentó en medio de sus discípulos
y les dijo: "La paz esté con ustedes". Aleluya.

Oración después de la Comunión

**Dirige, Señor, tu mirada compasiva sobre tu pueblo,
al que te has dignado renovar con estos misterios de vida eterna,
y concédele llegar un día
a la gloria incorruptible de la resurrección.
Por Jesucristo, nuestro Señor.**

Martes II de Pascua

Antífona de entrada Ap 19, 7. 6

Alegrémonos, regocijémonos y demos gracias,
porque el Señor, nuestro Dios omnipotente,
ha empezado a reinar. Aleluya.

Oración colecta

**Te pedimos, Dios todopoderoso,
que nos concedas anunciar la victoria de Cristo resucitado,
para que alcancemos en plenitud los bienes eternos,
cuyo anticipo hemos recibido.
Por nuestro Señor Jesucristo, tu Hijo,
que vive y reina contigo en la unidad del Espíritu Santo
y es Dios por los siglos de los siglos.**

Oración sobre las ofrendas

**Concédenos, Señor,
vivir siempre llenos de gratitud
por estos misterios pascuales que celebramos,
para que, continuamente renovados por su acción,
se conviertan para nosotros en causa de eterna felicidad.
Por Jesucristo, nuestro Señor.**

Prefacio I-V de Pascua, pp. 586–595.

Antífona de la Comunión Cfr. Lc 24, 46. 26

Era necesario que Cristo padeciera
y resucitara de entre los muertos,
y así entrara luego en su gloria. Aleluya.

Oración después de la Comunión

**Señor y Dios nuestro, escucha nuestras oraciones,
para que la participación en los sacramentos
de nuestra redención
nos ayude en la vida presente
y nos alcance las alegrías eternas.
Por Jesucristo, nuestro Señor.**

Miércoles II de Pascua

Antífona de entrada — Cfr. Sal 18 (17), 50; 22 (21), 23

Te alabaré, Señor, ante las naciones
y anunciaré tu nombre a mis hermanos. Aleluya.

Oración colecta

**Al conmemorar cada año los misterios
por los que devolviste a la naturaleza humana
su dignidad original
y le infundiste la esperanza de la resurrección,
te suplicamos confiadamente, Señor, que en tu clemencia,
nos concedas recibir con perpetuo amor
lo que conmemoramos llenos de fe.
Por nuestro Señor Jesucristo, tu Hijo,
que vive y reina contigo en la unidad del Espíritu Santo
y es Dios por los siglos de los siglos.**

Oración sobre las ofrendas

**Dios nuestro, que por el santo valor de este sacrificio
nos hiciste participar de tu misma y gloriosa vida divina,
concédenos que, así como hemos conocido tu verdad,
de igual manera vivamos de acuerdo con ella.
Por Jesucristo, nuestro Señor.**

Prefacio I-V de Pascua, pp. 586–595.

Antífona de la Comunión — Cfr. Jn 15, 16. 19

Yo los elegí del mundo, dice el Señor,
y los destiné para que vayan y den fruto,
y su fruto permanezca. Aleluya.

Oración después de la Comunión

**Señor, muéstrate benigno con tu pueblo,
y ya que te dignaste alimentarlo con los misterios celestiales,
hazlo pasar de su antigua condición de pecado a una vida nueva.
Por Jesucristo, nuestro Señor.**

Jueves II de Pascua

Antífona de entrada Cfr. Sal 68 (67), 8-9. 20

Cuando saliste, Señor, al frente de tu pueblo,
y le abriste camino a través del desierto,
la tierra se estremeció
y hasta los cielos dejaron caer su lluvia. Aleluya.

Oración colecta

**Dios nuestro, que llevaste a cabo el sacrificio pascual
para que el mundo obtuviera la salvación,
escucha las súplicas de tu pueblo,
y haz que, intercediendo por nosotros Cristo, nuestro Pontífice,
por su humanidad, que comparte con nosotros, nos reconcilie,
y por su divinidad, que lo hace igual a ti, nos perdone.
Por nuestro Señor Jesucristo, tu Hijo,
que vive y reina contigo en la unidad del Espíritu Santo
y es Dios por los siglos de los siglos.**

Oración sobre las ofrendas

**Suba hasta ti, Señor, nuestra oración,
acompañada por estas ofrendas,
para que, purificados por tu bondad,
nos dispongas para celebrar
el sacramento de tu inmenso amor.
Por Jesucristo, nuestro Señor.**

Prefacio I-V de Pascua, pp. 586–595.

Antífona de la Comunión Mt 28, 20

Yo estaré con ustedes todos los días,
hasta el fin del mundo. Aleluya.

Oración después de la Comunión

**Dios todopoderoso y eterno, que, por la resurrección de Cristo,
nos has hecho renacer a la vida eterna,
multiplica en nosotros el efecto de este sacramento pascual,
e infunde en nuestros corazones el vigor
que comunica este alimento de salvación.
Por Jesucristo, nuestro Señor.**

Viernes II de Pascua

Antífona de entrada Ap 5, 9-10

Señor, con tu Sangre has rescatado
a hombres de toda raza, lengua, pueblo y nación,
y has hecho de nosotros
un reino de sacerdotes para Dios. Aleluya.

Oración colecta

**Dios nuestro, tú que eres luz y esperanza
de los corazones sinceros,
concédenos que sepamos dirigirnos a ti
con una oración confiada
y ofrecerte siempre el homenaje de nuestra alabanza.
Por nuestro Señor Jesucristo, tu Hijo,
que vive y reina contigo en la unidad del Espíritu Santo
y es Dios por los siglos de los siglos.**

Oración sobre las ofrendas

**Recibe, Señor, con bondad,
estas ofrendas de tu familia santa,
para que, con la ayuda de tu protección,
conserve los dones recibidos
y llegue a poseer los eternos.
Por Jesucristo, nuestro Señor.**

Prefacio I-V de Pascua, pp. 586–595.

Antífona de la Comunión Rom 4, 25

Cristo fue condenado a muerte por nuestros pecados,
y resucitó para nuestra justificación. Aleluya.

Oración después de la Comunión

**Protege, Señor, con amor constante
a quienes has salvado,
para que, una vez redimidos por la pasión de tu Hijo,
se llenen ahora de alegría por su resurrección.
Él, que vive y reina por los siglos de los siglos.**

Sábado II de Pascua

Antífona de entrada Cfr. 1 Pe 2, 9

Pueblo redimido por Dios,
anuncia las maravillas del Señor,
que te llamó de las tinieblas
a su luz admirable. Aleluya.

Oración colecta

**Aparta, Señor, de nosotros la sentencia condenatoria
escrita en virtud de la ley del pecado,
que ya anulaste en el misterio pascual
por la resurrección de Jesucristo, tu Hijo.
Él, que vive y reina contigo en la unidad del Espíritu Santo
y es Dios por los siglos de los siglos.**

O bien:

**Dios de piedad,
que por medio de estos misterios pascuales
abriste para tus fieles la puerta de tu misericordia,
míranos y apiádate de nosotros,
para que, siguiendo, con tu gracia, el camino de tu voluntad,
nunca nos desviemos del sendero de la vida.
Por nuestro Señor Jesucristo, tu Hijo,
que vive y reina contigo en la unidad del Espíritu Santo
y es Dios por los siglos de los siglos.**

Oración sobre las ofrendas

**Santifica, Señor, por tu piedad, estos dones
y al recibir en oblación este sacrificio espiritual,
conviértenos para ti en una perenne ofrenda.
Por Jesucristo, nuestro Señor.**

Prefacio I-V de Pascua, pp. 586–595.

Antífona de la Comunión Jn 17, 24

Padre, quiero que donde yo esté,
estén también conmigo los que tú me has dado,
para que contemplen la gloria que me diste,
dice el Señor. Aleluya.

Oración después de la Comunión

**Al recibir, Señor, el don de estos sagrados misterios,
te suplicamos humildemente
que lo que tu Hijo nos mandó celebrar en memoria suya,
nos aproveche para crecer en nuestra caridad fraterna.
Por Jesucristo, nuestro Señor.**

III DOMINGO DE PASCUA

Antífona de entrada

Cfr. Sal 66 (65), 1-2

Aclama a Dios, tierra entera.
Canten todos un himno a su nombre,
denle gracias y alábenlo. Aleluya.

Se dice Gloria.

Oración colecta

**Dios nuestro, que tu pueblo se regocije siempre
al verse renovado y rejuvenecido,
para que, al alegrarse hoy
por haber recobrado la dignidad de su adopción filial,
aguarde seguro con gozosa esperanza
el día de la resurrección.
Por nuestro Señor Jesucristo, tu Hijo,
que vive y reina contigo en la unidad del Espíritu Santo
y es Dios por los siglos de los siglos.**

Se dice Credo.

Oración sobre las ofrendas

**Recibe, Señor,
los dones que, jubilosa, tu Iglesia te presenta,
y puesto que es a ti a quien debe su alegría,
concédele también disfrutar de la felicidad eterna.
Por Jesucristo, nuestro Señor.**

Prefacio I-V de Pascua, pp. 586–595.

Antífona de la Comunión

Lc 24, 35

Los discípulos reconocieron al Señor Jesús,
al partir el pan. Aleluya.

Año B (opcional): Lc 24, 46-47

Era necesario que Cristo padeciera
y resucitara de entre los muertos al tercer día
y que, en su nombre, se predicara a todos los pueblos
el arrepentimiento para el perdón de los pecados. Aleluya.

Año C (opcional): Cfr. Jn 21, 12-13

Dijo Jesús a sus discípulos: Vengan a comer.
Y tomó un pan y lo repartió entre ellos. Aleluya.

Oración después de la Comunión

**Dirige, Señor, tu mirada compasiva sobre tu pueblo,
al que te has dignado renovar con estos misterios de vida eterna,
y concédele llegar un día
a la gloria incorruptible de la resurrección.
Por Jesucristo, nuestro Señor.**

Puede utilizarse la fórmula de bendición solemne, p. 709.

Lunes III de Pascua

Antífona de entrada

Ha resucitado el Buen Pastor,
que dio la vida por sus ovejas
y se entregó a la muerte por su rebaño. Aleluya.

Oración colecta

**Concédenos, Dios todopoderoso,
que, despojándonos del modo de proceder del hombre viejo,
nuestra forma de vida corresponda
a la naturaleza que restauraste en nosotros
gracias a los sacramentos pascuales.
Por nuestro Señor Jesucristo, tu Hijo,
que vive y reina contigo en la unidad del Espíritu Santo
y es Dios por los siglos de los siglos.**

Oración sobre las ofrendas

**Suba hasta ti, Señor, nuestra oración,
acompañada por estas ofrendas,
para que, purificados por tu bondad,
nos dispongas para celebrar
el sacramento de tu inmenso amor.
Por Jesucristo, nuestro Señor.**

Prefacio I-V de Pascua, pp. 586–595.

Antífona de la Comunión Jn 14, 27

La paz les dejo, mi paz les doy;
pero yo no se la doy como la da el mundo,
dice el Señor. Aleluya.

Oración después de la Comunión

**Dios todopoderoso y eterno, que, por la resurrección de Cristo,
nos has hecho renacer a la vida eterna,
multiplica en nosotros el efecto de este sacramento pascual,
e infunde en nuestros corazones el vigor
que comunica este alimento de salvación.
Por Jesucristo, nuestro Señor.**

Martes III de Pascua

Antífona de entrada

Ap 19, 5; 12, 10

Alaben a nuestro Dios
todos cuantos lo temen, pequeños y grandes,
porque ha llegado ya la salvación,
el poder y el reinado de su Cristo. Aleluya.

Oración colecta

**Dios nuestro, que abres la entrada del reino celestial
a los que han renacido por el agua y el Espíritu Santo,
aumenta sobre tus siervos la gracia que les diste,
para que, purificados de todo pecado,
no les falte ningún bien de los que, en tu bondad,
les tienes prometido.
Por nuestro Señor Jesucristo, tu Hijo,
que vive y reina contigo en la unidad del Espíritu Santo
y es Dios por los siglos de los siglos.**

Oración sobre las ofrendas

**Recibe, Señor,
los dones que, jubilosa, tu Iglesia te presenta,
y puesto que es a ti a quien debe su alegría,
concédele también disfrutar de la felicidad eterna.
Por Jesucristo, nuestro Señor.**

Prefacio I-V de Pascua, pp. 586–595.

Antífona de la Comunión

Rom 6, 8

Si hemos muerto con Cristo,
creemos que también viviremos con él. Aleluya.

Oración después de la Comunión

**Dirige, Señor, tu mirada compasiva sobre tu pueblo,
al que te has dignado renovar con estos misterios de vida eterna,
y concédele llegar un día
a la gloria incorruptible de la resurrección.
Por Jesucristo, nuestro Señor.**

Miércoles III de Pascua

Antífona de entrada — Cfr. Sal 71 (70), 8. 23

Mi boca, Señor, se llene de alabanzas,
para que pueda cantarte;
y así mis labios
se llenarán de júbilo. Aleluya.

Oración colecta

Muéstrate propicio, Señor, con tu familia santa
y protégela benignamente,
de manera que a quienes concediste la gracia de la fe,
les otorgues también la participación eterna
en la resurrección de tu Unigénito.
Él, que vive y reina contigo en la unidad del Espíritu Santo
y es Dios por los siglos de los siglos.

Oración sobre las ofrendas

Concédenos, Señor,
vivir siempre llenos de gratitud
por estos misterios pascuales que celebramos,
para que, continuamente renovados por su acción,
se conviertan para nosotros en causa de eterna felicidad.
Por Jesucristo, nuestro Señor.

Prefacio I-V de Pascua, pp. 586–595.

Antífona de la Comunión

Resucitó el Señor y nos iluminó a nosotros,
los redimidos con su Sangre. Aleluya.

Oración después de la Comunión

Señor y Dios nuestro, escucha nuestras oraciones,
para que la participación en los sacramentos
de nuestra redención
nos ayude en la vida presente
y nos alcance las alegrías eternas.
Por Jesucristo, nuestro Señor.

Jueves III de Pascua

Antífona de entrada Cfr. Éx 15, 1-2

Cantemos al Señor, pues su victoria es grande.
Mi fortaleza y mi alabanza es el Señor,
él es mi salvación. Aleluya.

Oración colecta

**Dios todopoderoso y eterno,
concédenos aprovechar bien los dones de tu bondad
en estos días en que, por gracia tuya,
la hemos experimentado más plenamente,
para que, libres de las tinieblas del error,
nos hagas estar adheridos firmemente a tu verdad.
Por nuestro Señor Jesucristo, tu Hijo,
que vive y reina contigo en la unidad del Espíritu Santo
y es Dios por los siglos de los siglos.**

Oración sobre las ofrendas

**Dios nuestro, que por el santo valor de este sacrificio
nos hiciste participar de tu misma y gloriosa vida divina,
concédenos que, así como hemos conocido tu verdad,
de igual manera vivamos de acuerdo con ella.
Por Jesucristo, nuestro Señor.**

Prefacio I-V de Pascua, pp. 586–595.

Antífona de la Comunión 2 Cor 5, 15

Cristo murió por todos, para que los que viven
ya no vivan para sí mismos,
sino para él,
que murió y resucitó por ellos. Aleluya.

Oración después de la Comunión

**Señor, muéstrate benigno con tu pueblo,
y ya que te dignaste alimentarlo con los misterios celestiales,
hazlo pasar de su antigua condición de pecado a una vida nueva.
Por Jesucristo, nuestro Señor.**

Viernes III de Pascua

Antífona de entrada
Ap 5, 12

Digno es el Cordero que fue sacrificado,
de recibir el poder, la riqueza, la sabiduría,
la fuerza y el honor. Aleluya.

Oración colecta

**Dios todopoderoso,
concede a quienes hemos conocido
la gracia de la resurrección del Señor,
resucitar, por el amor del Espíritu Santo, a una vida nueva.
Por nuestro Señor Jesucristo, tu Hijo,
que vive y reina contigo en la unidad del Espíritu Santo
y es Dios por los siglos de los siglos.**

Oración sobre las ofrendas

**Santifica, Señor, por tu piedad, estos dones
y al recibir en oblación este sacrificio espiritual,
conviértenos para ti en una perenne ofrenda.
Por Jesucristo, nuestro Señor.**

Prefacio I-V de Pascua, pp. 586–595.

Antífona de la Comunión

El Crucificado resucitó
de entre los muertos
y nos ha redimido. Aleluya.

Oración después de la Comunión

**Al recibir, Señor, el don de estos sagrados misterios,
te suplicamos humildemente
que lo que tu Hijo nos mandó celebrar en memoria suya,
nos aproveche para crecer en nuestra caridad fraterna.
Por Jesucristo, nuestro Señor.**

Sábado III de Pascua

Antífona de entrada Col 2, 12

Ustedes, por el Bautismo,
han sido sepultados con Cristo,
y con él han sido resucitados,
porque han creído en el poder de Dios,
que lo resucitó de entre los muertos. Aleluya.

Oración colecta

**Dios nuestro,
que renovaste en la fuente bautismal a los que creen en ti,
protege a quienes renacieron en Cristo,
para que, evitando todas las asechanzas del error,
conserven fielmente la gracia de tu bendición.
Por nuestro Señor Jesucristo, tu Hijo,
que vive y reina contigo en la unidad del Espíritu Santo
y es Dios por los siglos de los siglos.**

Oración sobre las ofrendas

**Recibe, Señor, con bondad,
estas ofrendas de tu familia santa,
para que, con la ayuda de tu protección,
conserve los dones recibidos
y llegue a poseer los eternos.
Por Jesucristo, nuestro Señor.**

Prefacio I-V de Pascua, pp. 586–595.

Antífona de la Comunión Jn 17, 20-21

Padre, te ruego por ellos,
para que sean uno en nosotros
y el mundo pueda creer que tú me has enviado,
dice el Señor. Aleluya.

Oración después de la Comunión

**Protege, Señor, con amor constante
a quienes has salvado,
para que, una vez redimidos por la pasión de tu Hijo,
se llenen ahora de alegría por su resurrección.
Él, que vive y reina por los siglos de los siglos.**

IV DOMINGO DE PASCUA

Antífona de entrada Cfr. Sal 33 (32), 5-6

La tierra está llena del amor del Señor
y su palabra hizo los cielos. Aleluya.

Se dice Gloria.

Oración colecta

Dios todopoderoso y eterno,
te pedimos que nos lleves a gozar de las alegrías celestiales,
para que tu rebaño,
a pesar de su fragilidad,
llegue también a donde lo precedió su glorioso Pastor.
Él, que vive y reina contigo en la unidad del Espíritu Santo
y es Dios por los siglos de los siglos.

Se dice Credo.

Oración sobre las ofrendas

Concédenos, Señor,
vivir siempre llenos de gratitud
por estos misterios pascuales que celebramos,
para que, continuamente renovados por su acción,
se conviertan para nosotros en causa de eterna felicidad.
Por Jesucristo, nuestro Señor.

Prefacio I-V de Pascua, pp. 586–595.

Antífona de la Comunión

Ha resucitado el Buen Pastor,
que dio la vida por sus ovejas
y se entregó a la muerte por su rebaño. Aleluya.

Oración después de la Comunión

Buen Pastor, vela con solicitud por tu rebaño
y dígnate conducir a las ovejas
que redimiste con la preciosa Sangre de tu Hijo,
a las praderas eternas.
Por Jesucristo, nuestro Señor.

Puede utilizarse la fórmula de bendición solemne, p. 709.

Lunes IV de Pascua

Antífona de entrada
Rom 6, 9

Cristo, una vez resucitado
de entre los muertos, ya no morirá nunca.
La muerte ya no tiene dominio sobre él. Aleluya.

Oración colecta

**Dios nuestro, luz perfecta de los santos,
que nos concediste celebrar en la tierra los misterios pascuales,
haz que gocemos siempre de la plenitud eterna de tu gracia.
Por nuestro Señor Jesucristo, tu Hijo,
que vive y reina contigo en la unidad del Espíritu Santo
y es Dios por los siglos de los siglos.**

Oración sobre las ofrendas

**Recibe, Señor,
los dones que, jubilosa, tu Iglesia te presenta,
y puesto que es a ti a quien debe su alegría,
concédele también disfrutar de la felicidad eterna.
Por Jesucristo, nuestro Señor.**

Prefacio I-V de Pascua, pp. 586–595.

Antífona de la Comunión
Jn 20, 19

Jesús se presentó en medio de sus discípulos
y les dijo: "La paz esté con ustedes". Aleluya.

Oración después de la Comunión

**Dirige, Señor, tu mirada compasiva sobre tu pueblo,
al que te has dignado renovar con estos misterios de vida eterna,
y concédele llegar un día
a la gloria incorruptible de la resurrección.
Por Jesucristo, nuestro Señor.**

Martes IV de Pascua

Antífona de entrada
Ap 19, 7. 6

Alegrémonos, regocijémonos y demos gracias,
porque el Señor, nuestro Dios omnipotente,
ha empezado a reinar. Aleluya.

Oración colecta

**Concédenos, Dios todopoderoso,
que quienes celebramos los misterios de la resurrección del Señor,
merezcamos alcanzar el gozo de nuestra redención.
Por nuestro Señor Jesucristo, tu Hijo,
que vive y reina contigo en la unidad del Espíritu Santo
y es Dios por los siglos de los siglos.**

Oración sobre las ofrendas

**Concédenos, Señor,
vivir siempre llenos de gratitud
por estos misterios pascuales que celebramos,
para que, continuamente renovados por su acción,
se conviertan para nosotros en causa de eterna felicidad.
Por Jesucristo, nuestro Señor.**

Prefacio I-V de Pascua, pp. 586–595.

Antífona de la Comunión
Cfr. Lc 24, 46. 26

Era necesario que Cristo padeciera
y resucitara de entre los muertos,
y así entrara luego en su gloria. Aleluya.

Oración después de la Comunión

**Señor y Dios nuestro, escucha nuestras oraciones,
para que la participación en los sacramentos
de nuestra redención
nos ayude en la vida presente
y nos alcance las alegrías eternas.
Por Jesucristo, nuestro Señor.**

Miércoles IV de Pascua

Antífona de entrada

Cfr. Sal 18 (17), 50; 22 (21), 23

Te alabaré, Señor, ante las naciones
y anunciaré tu nombre a mis hermanos. Aleluya.

Oración colecta

**Dios nuestro, vida de los creyentes,
gloria de los humildes,
felicidad de los justos,
escucha, benigno, nuestras súplicas,
para que quienes tienen sed de las promesas de tu generosidad,
se vean siempre colmados de la plenitud de tus bienes.
Por nuestro Señor Jesucristo, tu Hijo,
que vive y reina contigo en la unidad del Espíritu Santo
y es Dios por los siglos de los siglos.**

Oración sobre las ofrendas

**Dios nuestro, que por el santo valor de este sacrificio
nos hiciste participar de tu misma y gloriosa vida divina,
concédenos que, así como hemos conocido tu verdad,
de igual manera vivamos de acuerdo con ella.
Por Jesucristo, nuestro Señor.**

Prefacio I-V de Pascua, pp. 586-595.

Antífona de la Comunión

Cfr. Jn 15, 16. 19

Yo los elegí del mundo, dice el Señor,
y los destiné para que vayan y den fruto,
y su fruto permanezca. Aleluya.

Oración después de la Comunión

**Señor, muéstrate benigno con tu pueblo,
y ya que te dignaste alimentarlo con los misterios celestiales,
hazlo pasar de su antigua condición de pecado a una vida nueva.
Por Jesucristo, nuestro Señor.**

Jueves IV de Pascua

Antífona de entrada Cfr. Sal 68 (67), 8-9. 20

Cuando saliste, Señor, al frente de tu pueblo,
y le abriste camino a través del desierto,
la tierra se estremeció
y hasta los cielos dejaron caer su lluvia. Aleluya.

Oración colecta

**Señor Dios, que restauraste la naturaleza humana,
elevándola por encima de su dignidad original,
dirige tu mirada a este inefable misterio de tu amor,
para que conserves los dones de tu eterna gracia y bendición
en quienes te dignaste renovar por el sacramento del Bautismo.
Por nuestro Señor Jesucristo, tu Hijo,
que vive y reina contigo en la unidad del Espíritu Santo
y es Dios por los siglos de los siglos.**

Oración sobre las ofrendas

**Suba hasta ti, Señor, nuestra oración,
acompañada por estas ofrendas,
para que, purificados por tu bondad,
nos dispongas para celebrar
el sacramento de tu inmenso amor.
Por Jesucristo, nuestro Señor.**

Prefacio I-V de Pascua, pp. 586–595.

Antífona de la Comunión Mt 28, 20

Yo estaré con ustedes todos los días,
hasta el fin del mundo. Aleluya.

Oración después de la Comunión

**Dios todopoderoso y eterno, que, por la resurrección de Cristo,
nos has hecho renacer a la vida eterna,
multiplica en nosotros el efecto de este sacramento pascual,
e infunde en nuestros corazones el vigor
que comunica este alimento de salvación.
Por Jesucristo, nuestro Señor.**

Viernes IV de Pascua

Antífona de entrada Ap 5, 9-10

Señor, con tu Sangre has rescatado
a hombres de toda raza, lengua, pueblo y nación,
y has hecho de nosotros
un reino de sacerdotes para Dios. Aleluya.

Oración colecta

**Señor Dios, autor de nuestra libertad y salvación,
oye la voz de los que te suplican
y a quienes redimiste por la Sangre derramada de tu Hijo,
concédeles vivir para ti
y que puedan gozar en ti de inmortalidad eterna.
Por nuestro Señor Jesucristo, tu Hijo,
que vive y reina contigo en la unidad del Espíritu Santo
y es Dios por los siglos de los siglos.**

Oración sobre las ofrendas

**Recibe, Señor, con bondad,
estas ofrendas de tu familia santa,
para que, con la ayuda de tu protección,
conserve los dones recibidos
y llegue a poseer los eternos.
Por Jesucristo, nuestro Señor.**

Prefacio I-V de Pascua, pp. 586–595.

Antífona de la Comunión Rom 4, 25

Cristo fue condenado a muerte por nuestros pecados,
y resucitó para nuestra justificación. Aleluya.

Oración después de la Comunión

**Protege, Señor, con amor constante
a quienes has salvado,
para que, una vez redimidos por la pasión de tu Hijo,
se llenen ahora de alegría por su resurrección.
Él, que vive y reina por los siglos de los siglos.**

Sábado IV de Pascua

Antífona de entrada Cfr. 1 Pe 2, 9

Pueblo redimido por Dios,
anuncia las maravillas del Señor,
que te llamó de las tinieblas
a su luz admirable. Aleluya.

Oración colecta

**Señor Dios, que por esta solemnidad de la Pascua
proporcionas al mundo el remedio que necesita,
prolonga tu misericordia en favor de tu Iglesia,
para que el culto que te rinde en el tiempo
le aproveche para la vida eterna.
Por nuestro Señor Jesucristo, tu Hijo,
que vive y reina contigo en la unidad del Espíritu Santo
y es Dios por los siglos de los siglos.**

Oración sobre las ofrendas

**Santifica, Señor, por tu piedad, estos dones
y al recibir en oblación este sacrificio espiritual,
conviértenos para ti en una perenne ofrenda.
Por Jesucristo, nuestro Señor.**

Prefacio I-V de Pascua, pp. 586–595.

Antífona de la Comunión Jn 17, 24

Padre, quiero que donde yo esté,
estén también conmigo los que tú me has dado,
para que contemplen la gloria que me diste,
dice el Señor. Aleluya.

Oración después de la Comunión

**Al recibir, Señor, el don de estos sagrados misterios,
te suplicamos humildemente
que lo que tu Hijo nos mandó celebrar en memoria suya,
nos aproveche para crecer en nuestra caridad fraterna.
Por Jesucristo, nuestro Señor.**

V DOMINGO DE PASCUA

Antífona de entrada Cfr. Sal 98 (97), 1-2

Canten al Señor un cántico nuevo,
porque ha hecho maravillas
y todos los pueblos han presenciado su victoria. Aleluya.

Se dice Gloria.

Oración colecta

Dios todopoderoso y eterno,
lleva a su plenitud en nosotros el sacramento pascual,
para que, a quienes te dignaste renovar por el santo Bautismo,
les hagas posible, con el auxilio de tu protección,
abundar en frutos buenos, y alcanzar los gozos de la vida eterna.
Por nuestro Señor Jesucristo, tu Hijo,
que vive y reina contigo en la unidad del Espíritu Santo
y es Dios por los siglos de los siglos.

Se dice Credo.

Oración sobre las ofrendas

Dios nuestro, que por el santo valor de este sacrificio
nos hiciste participar de tu misma y gloriosa vida divina,
concédenos que, así como hemos conocido tu verdad,
de igual manera vivamos de acuerdo con ella.
Por Jesucristo, nuestro Señor.

Prefacio I-V de Pascua, pp. 586–595.

Antífona de la Comunión Cfr. Jn 15, 1. 5

Yo soy la vid verdadera y ustedes los sarmientos,
dice el Señor; si permanecen en mí y yo en ustedes
darán fruto abundante. Aleluya.

Oración después de la Comunión

Señor, muéstrate benigno con tu pueblo,
y ya que te dignaste alimentarlo con los misterios celestiales,
hazlo pasar de su antigua condición de pecado a una vida nueva.
Por Jesucristo, nuestro Señor.

Puede utilizarse la fórmula de bendición solemne, p. 709.

Lunes V de Pascua

Antífona de entrada

Ha resucitado el Buen Pastor,
que dio la vida por sus ovejas
y se entregó a la muerte por su rebaño. Aleluya.

Oración colecta

**Te rogamos, Señor, que protejas siempre a tu familia santa
con el auxilio de tu diestra poderosa,
para que, en virtud de la resurrección de tu Unigénito,
protegida de toda maldad,
avance sin cesar asistida por tus dones celestiales.
Por nuestro Señor Jesucristo, tu Hijo,
que vive y reina contigo en la unidad del Espíritu Santo
y es Dios por los siglos de los siglos.**

Oración sobre las ofrendas

**Suba hasta ti, Señor, nuestra oración,
acompañada por estas ofrendas,
para que, purificados por tu bondad,
nos dispongas para celebrar
el sacramento de tu inmenso amor.
Por Jesucristo, nuestro Señor.**

Prefacio I-V de Pascua, pp. 586–595.

Antífona de la Comunión Jn 14, 27

La paz les dejo, mi paz les doy;
pero yo no se la doy como la da el mundo,
dice el Señor. Aleluya.

Oración después de la Comunión

**Dios todopoderoso y eterno, que, por la resurrección de Cristo,
nos has hecho renacer a la vida eterna,
multiplica en nosotros el efecto de este sacramento pascual
e infunde en nuestros corazones el vigor
que comunica este alimento de salvación.
Por Jesucristo, nuestro Señor.**

Martes V de Pascua

Antífona de entrada

Ap 19, 5; 12, 10

Alaben a nuestro Dios
todos cuantos lo temen, pequeños y grandes,
porque ha llegado ya la salvación,
el poder y el reinado de su Cristo. Aleluya.

Oración colecta

**Dios nuestro, que por la resurrección de tu Hijo
nos rescatas para la vida eterna,
concede a tu pueblo perseverar en la fe y la esperanza,
para que no dudemos que se han de cumplir las promesas
que tú hiciste y nos has dado a conocer.
Por nuestro Señor Jesucristo, tu Hijo,
que vive y reina contigo en la unidad del Espíritu Santo
y es Dios por los siglos de los siglos.**

Oración sobre las ofrendas

**Recibe, Señor,
los dones que, jubilosa, tu Iglesia te presenta,
y puesto que es a ti a quien debe su alegría,
concédele también disfrutar de la felicidad eterna.
Por Jesucristo, nuestro Señor.**

Prefacio I-V de Pascua, pp. 586–595.

Antífona de la Comunión

Rom 6, 8

Si hemos muerto con Cristo,
creemos que también viviremos con él. Aleluya.

Oración después de la Comunión

**Dirige, Señor, tu mirada compasiva sobre tu pueblo,
al que te has dignado renovar con estos misterios de vida eterna,
y concédele llegar un día
a la gloria incorruptible de la resurrección.
Por Jesucristo, nuestro Señor.**

Miércoles V de Pascua

Antífona de entrada Cfr. Sal 71 (70), 8. 23

Mi boca, Señor, se llene de alabanzas,
para que pueda cantarte;
y así mis labios
se llenarán de júbilo. Aleluya.

Oración colecta

**Dios nuestro, que amas la inocencia
y la devuelves a los que la han perdido,
atrae hacia ti el corazón de tus siervos,
para que, rescatados por ti de las tinieblas de la incredulidad,
ya nunca se aparten de la luz de tu verdad.
Por nuestro Señor Jesucristo, tu Hijo,
que vive y reina contigo en la unidad del Espíritu Santo
y es Dios por los siglos de los siglos.**

Oración sobre las ofrendas

**Concédenos, Señor,
vivir siempre llenos de gratitud
por estos misterios pascuales que celebramos,
para que, continuamente renovados por su acción,
se conviertan para nosotros en causa de eterna felicidad.
Por Jesucristo, nuestro Señor.**

Prefacio I-V de Pascua, pp. 586–595.

Antífona de la Comunión

Resucitó el Señor y nos iluminó a nosotros,
los redimidos con su Sangre. Aleluya.

Oración después de la Comunión

**Señor y Dios nuestro, escucha nuestras oraciones,
para que la participación en los sacramentos
de nuestra redención
nos ayude en la vida presente
y nos alcance las alegrías eternas.
Por Jesucristo, nuestro Señor.**

Jueves V de Pascua

Antífona de entrada Cfr. Éx 15, 1-2

Cantemos al Señor, pues su victoria es grande.
Mi fortaleza y mi alabanza es el Señor,
él es mi salvación. Aleluya.

Oración colecta

**Dios misericordioso,
cuya gracia convierte en justos a los descarriados
y en dichosos a los afligidos,
actúa con tu poder y concede tus dones,
para que en quienes ya infundiste la justificación por la fe
no decaiga la firmeza de su perseverancia.
Por nuestro Señor Jesucristo, tu Hijo,
que vive y reina contigo en la unidad del Espíritu Santo
y es Dios por los siglos de los siglos.**

Oración sobre las ofrendas

**Dios nuestro, que por el santo valor de este sacrificio
nos hiciste participar de tu misma y gloriosa vida divina,
concédenos que, así como hemos conocido tu verdad,
de igual manera vivamos de acuerdo con ella.
Por Jesucristo, nuestro Señor.**

Prefacio I-V de Pascua, pp. 586–595.

Antífona de la Comunión 2 Cor 5, 15

Cristo murió por todos, para que los que viven
ya no vivan para sí mismos,
sino para él,
que murió y resucitó por ellos. Aleluya.

Oración después de la Comunión

**Señor, muéstrate benigno con tu pueblo,
y ya que te dignaste alimentarlo con los misterios celestiales,
hazlo pasar de su antigua condición de pecado a una vida nueva.
Por Jesucristo, nuestro Señor.**

Viernes V de Pascua

Antífona de entrada Ap 5, 12

Digno es el Cordero que fue sacrificado,
de recibir el poder, la riqueza, la sabiduría,
la fuerza y el honor. Aleluya.

Oración colecta

**Concédenos, Señor, conformar dignamente nuestra vida
a los sacramentos pascuales,
para que, al celebrarlos llenos de alegría,
nos protejan y nos salven con su fuerza perdurable.
Por nuestro Señor Jesucristo, tu Hijo,
que vive y reina contigo en la unidad del Espíritu Santo
y es Dios por los siglos de los siglos.**

Oración sobre las ofrendas

**Santifica, Señor, por tu piedad, estos dones
y, al recibir en oblación este sacrificio espiritual,
conviértenos para ti en una perenne ofrenda.
Por Jesucristo, nuestro Señor.**

Prefacio I-V de Pascua, pp. 586–595.

Antífona de la Comunión

El Crucificado resucitó
de entre los muertos
y nos ha redimido. Aleluya.

Oración después de la Comunión

**Al recibir, Señor, el don de estos sagrados misterios,
te suplicamos humildemente
que lo que tu Hijo nos mandó celebrar en memoria suya,
nos aproveche para crecer en nuestra caridad fraterna.
Por Jesucristo, nuestro Señor.**

Sábado V de Pascua

Antífona de entrada Col 2, 12

Ustedes, por el Bautismo,
han sido sepultados con Cristo,
y con él han sido resucitados,
porque han creído en el poder de Dios,
que lo resucitó de entre los muertos. Aleluya.

Oración colecta

**Dios todopoderoso y eterno,
que te dignaste concedernos la vida celestial
haciéndonos renacer por el Bautismo,
te rogamos que, puesto que al justificarnos
nos hiciste capaces de la inmortalidad,
nos concedas también llegar, con tu ayuda,
a la plenitud de tu gloria.
Por nuestro Señor Jesucristo, tu Hijo,
que vive y reina contigo en la unidad del Espíritu Santo
y es Dios por los siglos de los siglos.**

Oración sobre las ofrendas

**Recibe, Señor, con bondad,
estas ofrendas de tu familia santa,
para que, con la ayuda de tu protección,
conserve los dones recibidos
y llegue a poseer los eternos.
Por Jesucristo, nuestro Señor.**

Prefacio I-V de Pascua, pp. 586–595.

Antífona de la Comunión Jn 17, 20-21

Padre, te ruego por ellos,
para que sean uno en nosotros
y el mundo pueda creer que tú me has enviado,
dice el Señor. Aleluya.

Oración después de la Comunión

**Protege, Señor, con amor constante
a quienes has salvado,
para que, una vez redimidos por la pasión de tu Hijo,
se llenen ahora de alegría por su resurrección.
Él, que vive y reina por los siglos de los siglos.**

VI DOMINGO DE PASCUA

Antífona de entrada — Cfr. Is 48, 20

Con voz de júbilo, anúncienlo; que se oiga.
Que llegue a todos los rincones de la tierra:
el Señor ha liberado a su pueblo. Aleluya.

Se dice Gloria.

Oración colecta

**Dios todopoderoso,
concédenos continuar celebrando con incansable amor
estos días de tanta alegría en honor del Señor resucitado,
y que los misterios que hemos venido conmemorando
se manifiesten siempre en nuestras obras.
Por nuestro Señor Jesucristo, tu Hijo,
que vive y reina contigo en la unidad del Espíritu Santo
y es Dios por los siglos de los siglos.**

Se dice Credo.

Oración sobre las ofrendas

**Suba hasta ti, Señor, nuestra oración,
acompañada por estas ofrendas,
para que, purificados por tu bondad,
nos dispongas para celebrar
el sacramento de tu inmenso amor.
Por Jesucristo, nuestro Señor.**

Prefacio I-V de Pascua, pp. 586–595.

Antífona de la Comunión — Jn 14, 15-16

Si me aman, cumplirán mis mandamientos, dice el Señor;
y yo rogaré al Padre, y él les dará otro Abogado,
que permanecerá con ustedes para siempre. Aleluya.

Oración después de la Comunión

**Dios todopoderoso y eterno, que, por la resurrección de Cristo,
nos has hecho renacer a la vida eterna,
multiplica en nosotros el efecto de este sacramento pascual,
e infunde en nuestros corazones el vigor
que comunica este alimento de salvación.
Por Jesucristo, nuestro Señor.**

Puede utilizarse la fórmula de bendición solemne, p. 709.

Lunes VI de Pascua

Antífona de entrada Rom 6, 9

Cristo, una vez resucitado
de entre los muertos, ya no morirá nunca.
La muerte ya no tiene dominio sobre él. Aleluya.

Oración colecta

**Concédenos, Dios misericordioso,
que por la celebración del misterio de la Pascua
que nos mandaste conmemorar,
experimentemos en todo tiempo su fruto.
Por nuestro Señor Jesucristo, tu Hijo,
que vive y reina contigo en la unidad del Espíritu Santo
y es Dios por los siglos de los siglos.**

Oración sobre las ofrendas

**Recibe, Señor,
los dones que, jubilosa, tu Iglesia te presenta,
y puesto que es a ti a quien debe su alegría,
concédele también disfrutar de la felicidad eterna.
Por Jesucristo, nuestro Señor.**

Prefacio I-V de Pascua, pp. 586–595.

Antífona de la Comunión Jn 20, 19

Jesús se presentó en medio de sus discípulos
y les dijo: "La paz esté con ustedes". Aleluya.

Oración después de la Comunión

**Dirige, Señor, tu mirada compasiva sobre tu pueblo,
al que te has dignado renovar con estos misterios de vida eterna,
y concédele llegar un día
a la gloria incorruptible de la resurrección.
Por Jesucristo, nuestro Señor.**

Martes VI de Pascua

Antífona de entrada Ap 19, 7. 6

Alegrémonos, regocijémonos y demos gracias,
porque el Señor, nuestro Dios omnipotente,
ha empezado a reinar. Aleluya.

Oración colecta

**Dios omnipotente y misericordioso,
concédenos poder alcanzar una verdadera participación
en la resurrección de Jesucristo, tu Hijo.
Él, que vive y reina contigo en la unidad del Espíritu Santo
y es Dios por los siglos de los siglos.**

Oración sobre las ofrendas

**Concédenos, Señor,
vivir siempre llenos de gratitud
por estos misterios pascuales que celebramos,
para que, continuamente renovados por su acción,
se conviertan para nosotros en causa de eterna felicidad.
Por Jesucristo, nuestro Señor.**

Prefacio I-V de Pascua, pp. 586–595.

Antífona de la Comunión Cfr. Lc 24, 46. 26

Era necesario que Cristo padeciera
y resucitara de entre los muertos,
y así entrara luego en su gloria. Aleluya.

Oración después de la Comunión

**Señor y Dios nuestro, escucha nuestras oraciones,
para que la participación en los sacramentos
de nuestra redención
nos ayude en la vida presente
y nos alcance las alegrías eternas.
Por Jesucristo, nuestro Señor.**

Miércoles VI de Pascua
Misa matutina

En aquellas regiones donde la solemnidad de la Ascensión se celebra el domingo siguiente, esta Misa se dice también en la tarde.

Antífona de entrada — Cfr. Sal 18 (17), 50; 22 (21), 23

Te alabaré, Señor, ante las naciones
y anunciaré tu nombre a mis hermanos. Aleluya.

Oración colecta

**Concédenos, Señor,
que así como celebramos solemnemente
el misterio de la resurrección de tu Hijo,
merezcamos también gozar con todos los santos
cuando vuelva en su gloria.
Él, que vive y reina contigo en la unidad del Espíritu Santo
y es Dios por los siglos de los siglos.**

Oración sobre las ofrendas

**Dios nuestro, que por el santo valor de este sacrificio
nos hiciste participar de tu misma y gloriosa vida divina,
concédenos que, así como hemos conocido tu verdad,
de igual manera vivamos de acuerdo con ella.
Por Jesucristo, nuestro Señor.**

Prefacio I-V de Pascua, pp. 586–595.

Antífona de la Comunión — Cfr. Jn 15, 16. 19

Yo los elegí del mundo, dice el Señor,
y los destiné para que vayan y den fruto,
y su fruto permanezca. Aleluya.

Oración después de la Comunión

**Señor, muéstrate benigno con tu pueblo,
y ya que te dignaste alimentarlo con los misterios celestiales,
hazlo pasar de su antigua condición de pecado a una vida nueva.
Por Jesucristo, nuestro Señor.**

ASCENSIÓN DEL SEÑOR

Solemnidad

Donde la solemnidad de la Ascensión no es de precepto, se le asigna como día propio el VII domingo de Pascua.

Misa de la Vigilia

Esta Misa se dice en la tarde del día que precede a la solemnidad, ya sea antes o después de las primeras Vísperas de la Ascensión.

Antífona de entrada

Sal 68 (67), 33. 35

Canten a Dios, reinos de la tierra,
toquen para el Señor, que asciende sobre los cielos;
su majestad y su poder
resplandecen sobre las nubes. Aleluya.

Se dice Gloria.

Oración colecta

**Dios eterno, cuyo Hijo subió hoy al cielo
en presencia de sus Apóstoles,
te pedimos nos concedas que él, de acuerdo a su promesa,
permanezca siempre con nosotros en la tierra,
y nos permita vivir con él en el cielo.
Él, que vive y reina contigo en la unidad del Espíritu Santo
y es Dios por los siglos de los siglos.**

Se dice Credo.

Oración sobre las ofrendas

**Dios nuestro, cuyo Unigénito, nuestro mediador,
vive para siempre
y está sentado a tu derecha para interceder por nosotros,
concédenos acercarnos llenos de confianza al trono de la gracia
y obtener así tu misericordia.
Por Jesucristo, nuestro Señor.**

Prefacio I o II de la Ascensión, pp. 596–599.

Si se usa el Canon Romano, se dice Reunidos en comunión, p. 665. En las otras Plegarias eucarísticas también se dicen las partes propias para esta Misa.

Antífona de la Comunión

Cfr. Heb 10, 12

Cristo ofreció un solo sacrificio por el pecado,
y se sentó para siempre a la derecha de Dios. Aleluya.

Oración después de la Comunión

**Te pedimos, Señor, que los dones que hemos recibido de tu altar,
enciendan en nuestros corazones el deseo de la patria celeste,
para que, siguiendo las huellas de nuestro Salvador,
tendamos siempre a la meta a donde nos ha precedido.
Él, que vive y reina por los siglos de los siglos.**

Puede utilizarse la fórmula de bendición solemne, p. 709.

Misa del día

Antífona de entrada Hech 1, 11

Hombres de Galilea, ¿qué hacen allí parados mirando al cielo?
Ese mismo Jesús, que los ha dejado para subir al cielo,
volverá como lo han visto marcharse. Aleluya.

Se dice Gloria.

Oración colecta

Concédenos, Dios todopoderoso, rebosar de santa alegría
y, gozosos, elevar a ti fervorosas gracias
ya que la Ascensión de Cristo, tu Hijo, es también nuestra victoria,
pues a donde llegó él, que es nuestra cabeza,
esperamos llegar también nosotros, que somos su cuerpo.
Por nuestro Señor Jesucristo, tu Hijo,
que vive y reina contigo en la unidad del Espíritu Santo
y es Dios por los siglos de los siglos.

O bien:

Te rogamos nos concedas, Dios todopoderoso,
que al reafirmar, en este día, nuestra fe
en la Ascensión a los cielos de tu Unigénito, nuestro Redentor,
nosotros vivamos también con nuestros pensamientos puestos
en las cosas celestiales.
Por nuestro Señor Jesucristo, tu Hijo,
que vive y reina contigo en la unidad del Espíritu Santo
y es Dios por los siglos de los siglos.

Se dice Credo.

Oración sobre las ofrendas

Al ofrecerte, Señor, este sacrificio
en la gloriosa festividad de la Ascensión,
concédenos que por este santo intercambio,
nos elevemos también nosotros a las cosas del cielo.
Por Jesucristo, nuestro Señor.

Prefacio I o II de la Ascensión, pp. 596–599.

Si se usa el Canon Romano, se dice Reunidos en comunión, p. 665.

Antífona de la Comunión

Mt 28, 20

Yo estaré con ustedes todos los días,
hasta el fin del mundo. Aleluya.

Oración después de la Comunión

**Dios todopoderoso y eterno,
que nos permites participar en la tierra de los misterios divinos,
concede que nuestro fervor cristiano nos oriente hacia el cielo,
donde ya nuestra naturaleza humana está contigo.
Por Jesucristo, nuestro Señor.**

Puede utilizarse la fórmula de bendición solemne, p. 709.

Jueves VI de Pascua

En las regiones donde la solemnidad de la Ascensión se celebra el domingo siguiente.

Antífona de entrada Cfr. Sal 68 (67), 8-9. 20

Cuando saliste, Señor, al frente de tu pueblo,
y le abriste camino a través del desierto,
la tierra se estremeció
y hasta los cielos dejaron caer su lluvia. Aleluya.

Oración colecta

**Señor Dios, que hiciste a tu pueblo partícipe de tu redención,
concédenos vivir perpetuamente
llenos de gozo por la resurrección del Señor.
Él, que vive y reina contigo en la unidad del Espíritu Santo
y es Dios por los siglos de los siglos.**

Oración sobre las ofrendas

**Suba hasta ti, Señor, nuestra oración,
acompañada por estas ofrendas,
para que, purificados por tu bondad,
nos dispongas para celebrar
el sacramento de tu inmenso amor.
Por Jesucristo, nuestro Señor.**

Prefacio I-V de Pascua, pp. 586–595.

Antífona de la Comunión Mt 28, 20

Yo estaré con ustedes todos los días,
hasta el fin del mundo. Aleluya.

Oración después de la Comunión

**Dios todopoderoso y eterno, que, por la resurrección de Cristo,
nos has hecho renacer a la vida eterna,
multiplica en nosotros el efecto de este sacramento pascual,
e infunde en nuestros corazones el vigor
que comunica este alimento de salvación.
Por Jesucristo, nuestro Señor.**

Viernes VI de Pascua

Antífona de entrada Ap 5, 9-10

Señor, con tu Sangre has rescatado
a hombres de toda raza, lengua, pueblo y nación,
y has hecho de nosotros
un reino de sacerdotes para Dios. Aleluya.

Oración colecta

**Señor Dios, que por la resurrección de Cristo
nos dispones para la vida eterna,
elévanos hasta el autor de nuestra salvación,
que está sentado a tu derecha,
para que, cuando venga nuestro Salvador
en la majestad de su gloria,
revistas de una dichosa inmortalidad
a quienes nos hiciste renacer por el Bautismo.
Por nuestro Señor Jesucristo, tu Hijo,
que vive y reina contigo en la unidad del Espíritu Santo
y es Dios por los siglos de los siglos.**

En las regiones donde la solemnidad de la Ascensión se celebra el domingo siguiente:

**Escucha, Señor, nuestras súplicas,
y haz que el efecto santificador que prometió tu Palabra
se cumpla en todas partes por la predicación evangélica
y que, conforme a lo que anunció,
el testimonio de tu verdad lleve a plenitud nuestra adopción filial.
Por nuestro Señor Jesucristo, tu Hijo,
que vive y reina contigo en la unidad del Espíritu Santo
y es Dios por los siglos de los siglos.**

Oración sobre las ofrendas

**Recibe, Señor, con bondad,
estas ofrendas de tu familia santa,
para que, con la ayuda de tu protección,
conserve los dones recibidos
y llegue a poseer los eternos.
Por Jesucristo, nuestro Señor.**

Prefacio de Pascua, pp. 586–595, o de la Ascensión, pp. 596–599.

Antífona de la Comunión
Rom 4, 25

Cristo fue condenado a muerte por nuestros pecados,
y resucitó para nuestra justificación. Aleluya.

Oración después de la Comunión

Protege, Señor, con amor constante
a quienes has salvado,
para que, una vez redimidos por la pasión de tu Hijo,
se llenen ahora de alegría por su resurrección.
Él, que vive y reina por los siglos de los siglos.

Sábado VI de Pascua

Antífona de entrada

Cfr. 1 Pe 2, 9

Pueblo redimido por Dios,
anuncia las maravillas del Señor,
que te llamó de las tinieblas
a su luz admirable. Aleluya.

Oración colecta

**Señor Dios, cuyo Hijo, al subir a los cielos,
se dignó prometer a sus Apóstoles el Espíritu Santo,
concédenos que, así como ellos recibieron los dones
para proclamar de muchos modos las celestiales enseñanzas,
así también nos otorgues a nosotros
los dones espirituales.
Por nuestro Señor Jesucristo, tu Hijo,
que vive y reina contigo en la unidad del Espíritu Santo
y es Dios por los siglos de los siglos.**

En las regiones donde la solemnidad de la Ascensión se celebra el domingo siguiente:

**Infunde siempre, Señor, en nuestro corazón
el deseo de abundar en buenas obras,
para que, tendiendo sin cesar a lo que es más perfecto,
nos esforcemos en vivir en plenitud
el misterio pascual.
Por nuestro Señor Jesucristo, tu Hijo,
que vive y reina contigo en la unidad del Espíritu Santo
y es Dios por los siglos de los siglos.**

Oración sobre las ofrendas

**Santifica, Señor, por tu piedad, estos dones
y al recibir en oblación este sacrificio espiritual,
conviértenos para ti en una perenne ofrenda.
Por Jesucristo, nuestro Señor.**

Prefacio de Pascua, pp. 586–595, o de la Ascensión, pp. 596–599.

Antífona de la Comunión

Jn 17, 24

Padre, quiero que donde yo esté,
estén también conmigo los que tú me has dado,
para que contemplen la gloria que me diste,
dice el Señor. Aleluya.

Oración después de la Comunión

**Al recibir, Señor, el don de estos sagrados misterios,
te suplicamos humildemente
que lo que tu Hijo nos mandó celebrar en memoria suya,
nos aproveche para crecer en nuestra caridad fraterna.
Por Jesucristo, nuestro Señor.**

VII DOMINGO DE PASCUA

Antífona de entrada — Cfr. Sal 27 (26), 7-9

Escucha, Señor, mi voz y mis clamores.
De ti mi corazón me habla, diciendo:
"Busca su auxilio",
y tu auxilio, Señor, estoy buscando;
no me lo niegues. Aleluya.

Se dice Gloria.

Oración colecta

**Muéstrate propicio, Señor, a nuestras súplicas
y así como creemos que el Salvador del género humano
comparte ya contigo tu gloria,
así también experimentemos
que permanece con nosotros hasta el fin de los tiempos,
conforme a su promesa.
Él, que vive y reina contigo en la unidad del Espíritu Santo
y es Dios por los siglos de los siglos.**

Se dice Credo.

Oración sobre las ofrendas

**Recibe, Señor, las súplicas de tus fieles
junto con estas ofrendas que te presentamos,
para que, lo que celebramos con devoción,
nos lleve a alcanzar la gloria del cielo.
Por Jesucristo, nuestro Señor.**

Prefacio de Pascua, pp. 586–595, o de la Ascensión, pp. 596–599.

Antífona de la Comunión — Jn 17, 22

Padre, yo te pido que ellos sean uno,
como tú y yo somos uno, dice el Señor. Aleluya.

Oración después de la Comunión

**Dios salvador nuestro, escúchanos,
y, por estos santos misterios,
afiánzanos en la esperanza
de que todo el cuerpo de la Iglesia
alcanzará aquello que ya recibió su cabeza.
Él, que vive y reina por los siglos de los siglos.**

Puede utilizarse la fórmula de bendición solemne, p. 709.

Lunes VII de Pascua

Antífona de entrada Hech 1, 8

Recibirán la fuerza del Espíritu Santo,
que descenderá sobre ustedes,
y serán mis testigos
hasta los confines de la tierra. Aleluya

Oración colecta

**Descienda sobre nosotros, Señor,
la fuerza del Espíritu Santo,
para que podamos cumplir fielmente tu voluntad
y manifestarla con una vida santa.
Por nuestro Señor Jesucristo, tu Hijo,
que vive y reina contigo en la unidad del Espíritu Santo
y es Dios por los siglos de los siglos.**

Oración sobre las ofrendas

**Que este sacrificio inmaculado nos purifique, Señor,
y fortalezca nuestros corazones
con el poder divino de tu gracia.
Por Jesucristo, nuestro Señor.**

Prefacio de Pascua, pp. 586–595, o de la Ascensión, pp. 596–599.

Antífona de la Comunión Cfr. Jn 14, 18; 16, 22

No los dejaré huérfanos,
dice el Señor; vendré de nuevo a ustedes
y se alegrarán sus corazones. Aleluya.

Oración después de la Comunión

**Señor, muéstrate benigno con tu pueblo,
y ya que te dignaste alimentarlo con los misterios celestiales,
hazlo pasar de su antigua condición de pecado a una vida nueva.
Por Jesucristo, nuestro Señor.**

Martes VII de Pascua

Antífona de entrada Ap 1, 17-18

Yo soy el primero y el último,
yo soy el que vive; estuve muerto,
pero ahora estoy vivo para siempre. Aleluya.

Oración colecta

**Te pedimos, Dios omnipotente y misericordioso,
que venga a nosotros el Espíritu Santo,
que se digne habitar en nuestros corazones
y nos perfeccione como templos de su gloria.
Por nuestro Señor Jesucristo, tu Hijo,
que vive y reina contigo en la unidad del Espíritu Santo
y es Dios por los siglos de los siglos.**

Oración sobre las ofrendas

**Recibe, Señor, las súplicas de tus fieles
junto con estas ofrendas que te presentamos,
para que, lo que celebramos con devoción,
nos lleve a alcanzar la gloria del cielo.
Por Jesucristo, nuestro Señor.**

Prefacio de Pascua, pp. 586–595, o de la Ascensión, pp. 596–599.

Antífona de la Comunión Jn 14, 26

El Espíritu Santo, que el Padre enviará en mi nombre,
dice el Señor,
los instruirá en todo
y les recordará lo que yo les he dicho. Aleluya.

Oración después de la Comunión

**Al recibir, Señor, el don de estos sagrados misterios,
te suplicamos humildemente
que lo que tu Hijo nos mandó celebrar en memoria suya,
nos aproveche para crecer en nuestra caridad fraterna.
Por Jesucristo, nuestro Señor.**

Miércoles VII de Pascua

Antífona de entrada Sal 47 (46), 2

Pueblos todos, aplaudan
y aclamen a Dios con gritos de júbilo. Aleluya.

Oración colecta

**Dios misericordioso,
concede benignamente a tu Iglesia
que, congregada por el Espíritu Santo,
te sirva con todo su corazón
y permanezca con sinceridad en comunión fraterna.
Por nuestro Señor Jesucristo, tu Hijo,
que vive y reina contigo en la unidad del Espíritu Santo
y es Dios por los siglos de los siglos.**

Oración sobre las ofrendas

**Acepta, Señor, el sacrificio
que tú mismo nos mandaste ofrecer,
y, por estos sagrados misterios,
que celebramos en cumplimiento de nuestro servicio,
dígnate llevar a cabo en nosotros la santificación
que proviene de tu redención.
Por Jesucristo, nuestro Señor.**

Prefacio de Pascua, pp. 586–595, o de la Ascensión, pp. 596–599.

Antífona de la Comunión Jn 15, 26-27

Cuando venga el Abogado que yo les enviaré,
el Espíritu de la verdad que procede del Padre,
dará testimonio de mí, dice el Señor,
y también ustedes darán testimonio. Aleluya.

Oración después de la Comunión

**Que la participación en este sacramento celestial,
multiplique en nosotros tu gracia, Señor,
y, purificándonos con su poder,
nos haga siempre más capaces
de seguir recibiendo tan admirable don.
Por Jesucristo, nuestro Señor.**

Jueves VII de Pascua

Antífona de entrada
Heb 4, 16

Acerquémonos confiadamente
al trono de la gracia,
a fin de alcanzar su misericordia
y su auxilio oportuno. Aleluya.

Oración colecta

**Que tu Espíritu, Señor,
nos infunda vigorosamente aquellos dones espirituales
que nos permitan comprender lo que te agrada
y que, por gracia tuya, nos hagan más dóciles a tu voluntad.
Por nuestro Señor Jesucristo, tu Hijo,
que vive y reina contigo en la unidad del Espíritu Santo
y es Dios por los siglos de los siglos.**

Oración sobre las ofrendas

**Santifica, Señor, por tu piedad, estos dones
y al recibir en oblación este sacrificio espiritual,
conviértenos para ti en una perenne ofrenda.
Por Jesucristo, nuestro Señor.**

Prefacio de Pascua, pp. 586–595, o de la Ascensión, pp. 596–599.

Antífona de la Comunión
Jn 16, 7

Yo les aseguro, dice el Señor:
Les conviene que yo me vaya,
porque si no me voy,
el Paráclito no vendrá a ustedes. Aleluya.

Oración después de la Comunión

**Que los misterios que hemos recibido, Señor,
iluminen nuestra fe con sus enseñanzas
y por su participación nos renueven,
para que merezcamos alcanzar los dones de tu Espíritu.
Por Jesucristo, nuestro Señor.**

Viernes VII de Pascua

Antífona de entrada — Ap 1, 5-6

Cristo nos ama
y nos ha purificado de nuestros pecados
por medio de su Sangre;
e hizo de nosotros un reino sacerdotal
para Dios su Padre. Aleluya.

Oración colecta

**Señor Dios, que mediante la glorificación de tu Ungido
y la iluminación de tu Espíritu Santo,
nos abriste la entrada a la vida eterna,
concédenos que, al participar de tan admirable don,
aumente nuestro deseo de servirte
y seamos impulsados a crecer en nuestra fe.
Por nuestro Señor Jesucristo, tu Hijo,
que vive y reina contigo en la unidad del Espíritu Santo
y es Dios por los siglos de los siglos.**

Oración sobre las ofrendas

**Mira propicio, Señor, estas ofrendas de tu pueblo,
y para que se hagan aceptables ante ti,
haz que la venida de tu Santo Espíritu
purifique nuestra conciencia.
Por Jesucristo, nuestro Señor.**

Prefacio de Pascua, pp. 586–595, o de la Ascensión, pp. 596–599.

Antífona de la Comunión — Jn 16, 13

Cuando venga el Espíritu de la verdad,
dice el Señor, él los guiará hasta la verdad plena. Aleluya.

Oración después de la Comunión

**Señor Dios,
ya que nos purificas y alimentas con tus misterios,
concédenos que nos obtengan la vida eterna
puesto que has permitido que los hayamos recibido.
Por Jesucristo, nuestro Señor.**

Sábado VII de Pascua
Misa matutina

Antífona de entrada Hech 1, 14

Los discípulos perseveraban unidos en la oración,
en compañía de algunas mujeres,
de María, la Madre de Jesús,
y de los parientes de éste. Aleluya.

Oración colecta

**Concédenos, Dios todopoderoso,
que quienes hemos celebrado estas fiestas pascuales,
mantengamos, por tu gracia, su efecto
en nuestra conducta y en toda nuestra vida.
Por nuestro Señor Jesucristo, tu Hijo,
que vive y reina contigo en la unidad del Espíritu Santo
y es Dios por los siglos de los siglos.**

Oración sobre las ofrendas

**Te rogamos, Señor, que el Espíritu Santo,
al descender sobre nosotros,
nos disponga para estos divinos misterios,
ya que por él recibimos el perdón de los pecados.
Por Jesucristo, nuestro Señor.**

Prefacio de Pascua, pp. 586–595, o de la Ascensión, pp. 596–599.

Antífona de la Comunión Jn 16, 14

El Espíritu Santo me glorificará,
porque recibirá de mí, dice el Señor,
lo que les irá comunicando. Aleluya.

Oración después de la Comunión

**Acoge, Señor, compasivo, nuestras súplicas
y así como hemos pasado de los antiguos misterios a los nuevos,
así también, superado el viejo pecado,
quedemos renovados por la santificación de nuestras almas.
Por Jesucristo, nuestro Señor.**

DOMINGO DE PENTECOSTÉS

Solemnidad

Misa de la Vigilia

Forma extensa

La Misa de la Vigilia de Pentecostés se dice en la tarde del sábado, ya sea antes o después de las primeras Vísperas de la solemnidad.

1. En las iglesias donde se celebra la Vigilia de forma más extensa, esta Misa se puede ordenar del modo siguiente:

2. a) Si la Misa se celebra con las I Vísperas, la celebración puede comenzar con el versículo introductorio y el himno Ven, Espíritu Creador, o bien con la antífona de entrada u otro canto de entrada durante el ingreso del sacerdote, omitiendo en ambos casos el rito penitencial (cfr. *Ordenación general de la Liturgia de las Horas*, nn. 94 y 96).

   Luego sigue la salmodia de Vísperas hasta la lectura breve exclusive.

   Después de la salmodia, omitido el acto penitencial y, según el caso, el Señor, ten piedad, el sacerdote dice la oración: Concede, Dios todopoderoso como en la Misa de la Vigilia.

3. b) Si la Misa comienza de la manera acostumbrada, después del Kyrie (Señor, ten piedad), el sacerdote dice la oración Concede, Dios todopoderoso, como en la Misa de Vigilia. Luego, el sacerdote se dirige al pueblo con estas palabras u otras semejantes:

Queridos hermanos:
Hemos iniciado ya la celebración de la vigilia de Pentecostés
imitando a los Apóstoles y a los discípulos que,
con María, la Madre de Jesús, perseveraban en oración,
aguardando la venida del Espíritu Santo,
conforme a la promesa del Señor.
Escuchemos ahora la Palabra de Dios, con profunda atención.
Meditemos los prodigios que hizo Dios a favor de su pueblo
y pidamos que el Espíritu Santo,
que el Padre envió como primicia para los creyentes,
lleve a plenitud su obra en el mundo.

4. Luego sigue la proclamación de todas las lecturas propuestas por el Leccionario como optativas. El lector proclama cada lectura desde el ambón. Luego el salmista o cantor proclama el salmo y el pueblo responde con la aclamación. Puestos todos de pie, el sacerdote dice Oremos y después de unos instantes de oración en silencio, dice la oración correspondiente a la lectura. En lugar del salmo responsorial puede dejarse un momento de silencio, en cuyo caso no hace falta hacer silencio después del Oremos.

Oraciones después de las lecturas

5. Después de la primera lectura ("Se llamó Babel porque allí confundió el Señor las lenguas de todos los hombres": Gén 11, 1-9) y el salmo (33 [32], 10-11. 12-13. 14-15; R. [12b]: Dichoso el pueblo que Dios escogió por suyo. Aleluya):

Oremos.

Te rogamos, Dios todopoderoso,
que tu Iglesia siempre sea un pueblo santo,
reunido en la unidad del Padre y del Hijo y del Espíritu Santo,
para que así pueda mostrar al mundo
el misterio de tu santidad y de tu unidad
y conducirlo a la perfección de tu amor.
Por Jesucristo, nuestro Señor.
R. Amén.

6. Después de la segunda lectura ("El Señor bajó al monte Sinaí a la vista del pueblo": Éx 19, 3-8. 16-20) y el salmo (Cant. Dn 3, 52. 53. 54. 55. 56; R. [52b]: Bendito seas para siempre, Señor. Aleluya; o bien: Sal 19 [18], 8. 9. 10. 11; R. [Jn 6, 68]: Tú tienes, Señor, palabras de vida eterna. Aleluya):

Oremos.

Dios nuestro, que en el monte Sinaí,
en el resplandor del fuego diste a Moisés la ley antigua,
y que en el día de hoy, con el fuego del Espíritu Santo,
manifestaste la Nueva Alianza,
haz que nuestros corazones ardan con aquel Espíritu
que infundiste de modo admirable en los Apóstoles,
y que el nuevo Israel, reunido de entre todos los pueblos,
reciba con alegría el mandamiento eterno de tu amor.
Por Jesucristo, nuestro Señor.
R. Amén.

7. Después de la tercera lectura ("El Señor infundirá su espíritu a los huesos secos y éstos revivirán": Ez 37, 1-14) y el salmo (107 [106], 2-3. 4-5. 6-7. 8-9; R. [1]: Demos gracias al Señor, porque su misericordia es eterna. Aleluya):

Oremos.

Señor, Dios todopoderoso,
que restauras al hombre caído
y, una vez restaurado, lo conservas,
aumenta el número de los que son renovados
por tu acción santificadora
y haz que todos los que reciben la purificación bautismal
sean guiados siempre por tu inspiración.
Por Jesucristo, nuestro Señor.
R. Amén.

O bien:

Oremos.

Dios nuestro, que nos has regenerado mediante tu palabra de vida,
derrama sobre nosotros tu Espíritu Santo,
para que, viviendo unidos en la misma fe,
lleguemos, por la resurrección,
a la gloria de una vida incorruptible.
Por Jesucristo, nuestro Señor.
R. Amén.

O bien:

Oremos.

Dios nuestro, que tu pueblo se regocije siempre
al verse renovado y rejuvenecido
por la acción de tu Espíritu Santo,
para que, al alegrarse hoy
por haber recobrado la dignidad de su adopción filial,
aguarde seguro con gozosa esperanza
el día de la resurrección.
Por Jesucristo, nuestro Señor.
R. Amén.

8. Después de la cuarta lectura ("Derramaré mi Espíritu sobre mis siervos y siervas": Jl 3, 1-5) y el salmo (104 [103], 1-2a. 24 y 35c. 27-28. 29b-30; R. [30]: Envía, Señor, tu Espíritu a renovar la tierra. Aleluya):

Oremos.

Cumple, Señor, tu promesa
y envíanos tu Espíritu Santo,
para que podamos dar testimonio ante el mundo, con nuestra vida,
del Evangelio de Jesucristo, nuestro Señor.
Él, que vive y reina por los siglos de los siglos.
R. Amén.

9. Luego el sacerdote entona solemnemente el himno Gloria a Dios en el cielo.

10. Terminado el himno el sacerdote dice la oración colecta Dios eterno y todopoderoso.

11. Enseguida se hace la lectura del Apóstol (Rom 8, 22-27), y la Misa continúa del modo acostumbrado.

12. Si la Misa se celebra juntamente con las Vísperas, después de la comunión, con la antífona El último día de la fiesta . . ., se canta el Magníficat con su antífona de las Vísperas Ven, Espíritu Santo; luego se dice la oración después de la comunión y lo demás, del modo acostumbrado.

13. Puede utilizarse la fórmula de bendición solemne, p. 710.

Para la despedida del pueblo, el diácono, o en su ausencia, el mismo sacerdote, canta o dice:

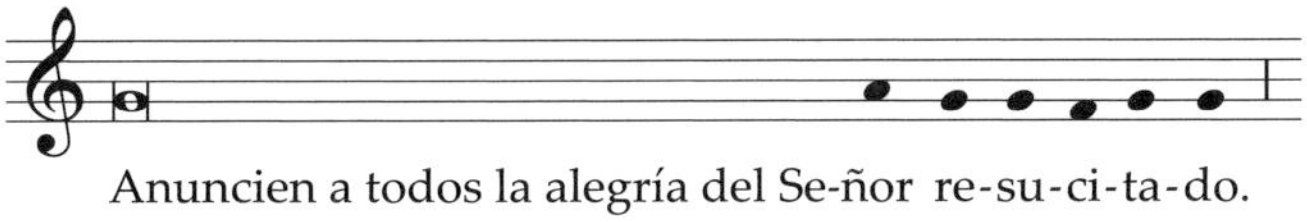

O bien:

Todos responden:

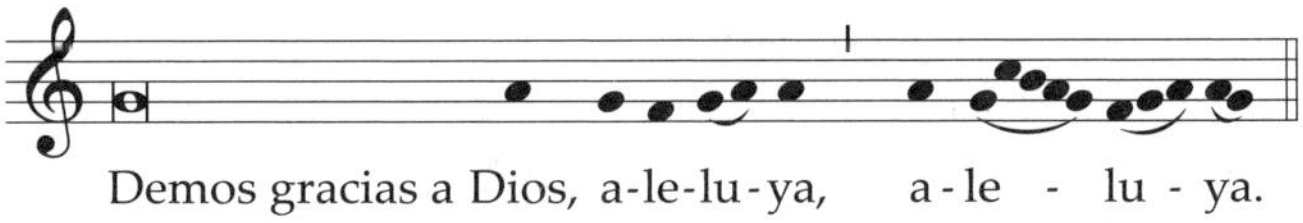

Misa de la Vigilia

Forma breve

La Misa de la Vigilia de Pentecostés se dice en la tarde del sábado, ya sea antes o después de las primeras Vísperas de la solemnidad.

Antífona de entrada

Rom 5, 5; cfr. 8, 11

El amor de Dios ha sido infundido en nuestros corazones
por el Espíritu Santo,
que habita en nosotros. Aleluya.

Se dice Gloria.

Oración colecta

Dios eterno y todopoderoso,
que quisiste que la celebración del sacramento de la Pascua
perdurara a lo largo de estos cincuenta días,
haz que todos los pueblos de la tierra,
en otro tiempo dispersos,
superada la multiplicidad de lenguas,
se congreguen y, movidos por el don venido del cielo,
confiesen unánimes la gloria de tu nombre.
Por nuestro Señor Jesucristo, tu Hijo,
que vive y reina contigo en la unidad del Espíritu Santo
y es Dios por los siglos de los siglos.

O bien:

Concede, Dios todopoderoso,
que resplandezca sobre nosotros el fulgor de tu gloria,
y tú, luz de luz, mediante la iluminación del Espíritu Santo,
reafirma los corazones
de quienes, por tu gracia, renacieron a una vida nueva.
Por nuestro Señor Jesucristo, tu Hijo,
que vive y reina contigo en la unidad del Espíritu Santo
y es Dios por los siglos de los siglos.

Se dice Credo.

Oración sobre las ofrendas

Derrama, Señor, sobre estos dones
la bendición de tu Espíritu Santo,
para que, por medio de ellos,
reciba tu Iglesia tan gran efusión de amor,
que la impulse a hacer resplandecer en todo el mundo
la verdad del misterio de la salvación.
Por Jesucristo, nuestro Señor.

Prefacio de Pentecostés, como en la Misa del día, p. 476.

Si se usa el Canon Romano, se dice Reunidos en comunión, p. 665. En las otras Plegarias eucarísticas también se dicen las partes propias para esta Misa.

Antífona de la Comunión Jn 7, 37

El último día de la fiesta,
Jesús se puso de pie y exclamó:
El que tenga sed, que venga a mí y beba. Aleluya.

Oración después de la Comunión

Que nos aprovechen, Señor, los dones que hemos recibido,
para que estemos siempre llenos del fervor del Espíritu Santo
que derramaste de manera tan inefable en tus Apóstoles.
Por Jesucristo, nuestro Señor.

Puede utilizarse la fórmula de bendición solemne, p. 710.

Para la despedida del pueblo, el diácono, o en su ausencia, el mismo sacerdote, canta o dice:

Anuncien a todos la alegría del Señor resucitado.
Vayan en paz, aleluya, aleluya.

O bien:

Pueden ir en paz, aleluya, aleluya.
R. Demos gracias a Dios, aleluya, aleluya.

Misa del día

Antífona de entrada

Sab 1, 7

El Espíritu del Señor llena toda la tierra;
él da consistencia al universo
y sabe todo lo que el hombre dice. Aleluya.

O bien:

Rom 5, 5; cfr. 8, 11

El amor de Dios ha sido infundido en nuestros corazones
por el Espíritu Santo,
que habita en nosotros. Aleluya.

Se dice Gloria.

Oración colecta

**Dios nuestro,
que por el misterio de la festividad que hoy celebramos
santificas a tu Iglesia, extendida por todas las naciones,
concede al mundo entero los dones del Espíritu Santo
y continúa obrando en el corazón de tus fieles
las maravillas que te dignaste realizar
en los comienzos de la predicación evangélica.
Por nuestro Señor Jesucristo, tu Hijo,
que vive y reina contigo en la unidad del Espíritu Santo
y es Dios por los siglos de los siglos.**

Se dice Credo.

Oración sobre las ofrendas

**Concédenos, Señor, que, conforme a la promesa de tu Hijo,
el Espíritu Santo nos haga comprender con más plenitud
el misterio de este sacrificio
y haz que nos descubra toda su verdad.
Por Jesucristo, nuestro Señor.**

Prefacio: El misterio de Pentecostés.

Santo, Santo, Santo . . .

Texto sin música:

V. **El Señor esté con ustedes.**
R. Y con tu espíritu.

V. **Levantemos el corazón.**
R. Lo tenemos levantado hacia el Señor.

V. **Demos gracias al Señor, nuestro Dios.**
R. Es justo y necesario.

En verdad es justo y necesario,
es nuestro deber y salvación
darte gracias siempre y en todo lugar,
Señor, Padre santo,
Dios todopoderoso y eterno.

Porque tú,
para llevar a su plenitud el misterio pascual,
has enviado hoy al Espíritu Santo
sobre aquellos a quienes adoptaste como hijos
al injertarlos en Cristo,
tu Unigénito.

Este mismo Espíritu fue quien,
al nacer la Iglesia,
dio a conocer a todos los pueblos
el misterio del Dios verdadero
y unió la diversidad de las lenguas
en la confesión de una misma fe.

Por eso,
el mundo entero se desborda de alegría
y también los coros celestiales,
los ángeles y los arcángeles,
cantan sin cesar el himno de tu gloria:

Santo, Santo, Santo. . .

Si se usa el Canon Romano, se dice Reunidos en comunión, p. 665. En las otras Plegarias eucarísticas también se dicen las partes propias para esta Misa.

Antífona de la Comunión

Hech 2, 4. 11

Todos quedaron llenos del Espíritu Santo,
y proclamaban las maravillas de Dios. Aleluya.

Oración después de la Comunión

**Dios nuestro, tú que concedes a tu Iglesia dones celestiales
consérvale la gracia que le has dado,
para que permanezca siempre vivo en ella
el don del Espíritu Santo que le infundiste;
y que este alimento espiritual nos sirva
para alcanzar la salvación eterna.
Por Jesucristo, nuestro Señor.**

Puede utilizarse la fórmula de bendición solemne, p. 710.

Para despedir al pueblo, el diácono o, en su ausencia, el mismo sacerdote canta o dice:

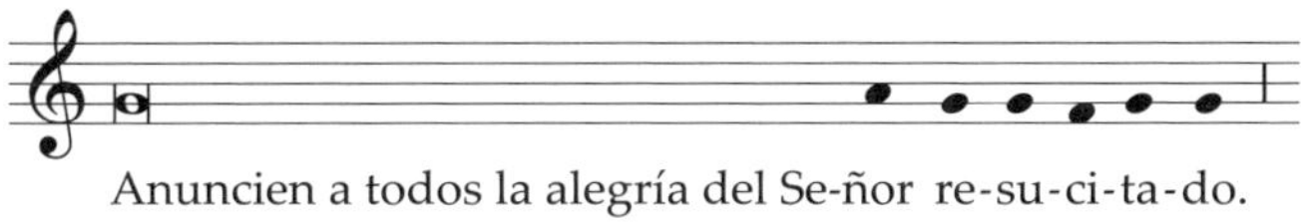

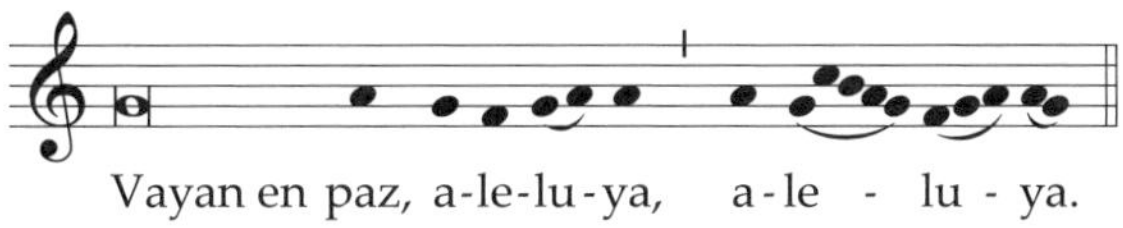

O bien:

Todos responden:

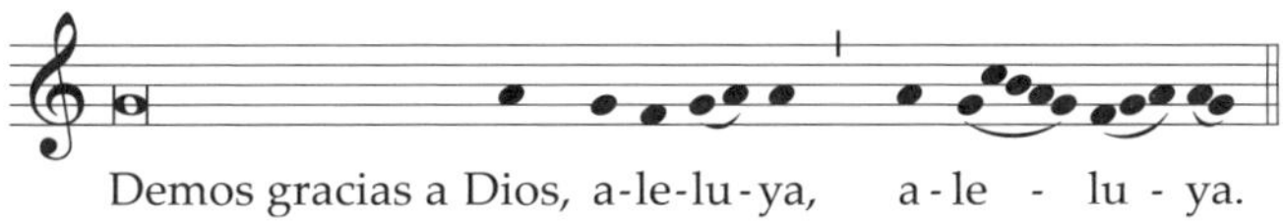

Terminado el Tiempo Pascual, se apaga el cirio pascual. Conviene conservarlo reverentemente en algún sitio del bautisterio, para encenderlo durante las celebraciones del Bautismo y encender en su llama los cirios de los bautizados.

Si en algunos lugares acostumbran los fieles asistir a Misa el lunes o martes después de Pentecostés (o deben hacerlo por algún motivo especial), puede utilizarse la Misa del domingo de Pentecostés o alguna de las Misas votivas del Espíritu Santo, pp. 1393–1400.

TIEMPO ORDINARIO

1. El Tiempo Ordinario comprende 34 o 33 semanas. Comienza con el lunes que sigue al domingo después del 6 de enero y continúa hasta el inicio de la Cuaresma; nuevamente comienza el lunes después del domingo de Pentecostés y termina el sábado antes del domingo primero de Adviento.

2. El modo de contar los domingos y semanas del Tiempo Ordinario es el siguiente:
   a) El domingo en el que se celebra la fiesta del Bautismo del Señor corresponde al primer domingo del Tiempo Ordinario; y la semana que le sigue se considera como la primera semana del Tiempo Ordinario. Los domingos y semanas siguientes se cuentan en orden progresivo hasta el inicio de la Cuaresma.
   b) Después de Pentecostés, si las semanas del Tiempo Ordinario son 34, se vuelve a tomar la serie a partir de la semana que sigue inmediatamente a la última que tuvo lugar antes de la Cuaresma, pero teniendo en cuenta que la Misa del domingo de Pentecostés y la de la solemnidad de la Santísima Trinidad desplazan a las Misas de los domingos del Tiempo Ordinario correspondientes. Pero, cuando las semanas del Tiempo Ordinario son 33, se omite la primera semana que correspondería al domingo después de Pentecostés.

3. El Misal presenta 34 misas para los domingos y ferias de este tiempo, que se toman de este modo:
   a) En los domingos, se utiliza la Misa que corresponde al número del domingo del Tiempo Ordinario, a no ser que coincida con una solemnidad o fiesta del Señor.
   b) En las ferias, sin embargo, puede decirse una de las 34 misas atendiendo al bien pastoral de los fieles.

4. En los domingos se dice **Gloria** y **Credo**; en las ferias, sin embargo, se omiten ambos.

5. A no ser que la Plegaria eucarística tenga su prefacio propio, se dice en los domingos del Tiempo Ordinario uno de los prefacios correspondientes (pp. **600–615**). En las ferias, sin embargo, se toma uno de los prefacios comunes (pp. **638–649**).

6. Para la Comunión se proponen dos antífonas, una tomada de los salmos y otra frecuentemente del Evangelio. Puede elegirse una de las dos según se crea oportuno. Es preferible la que mejor concuerde con el Evangelio del día.

MISAS DOMINICALES Y COTIDIANAS

I SEMANA DEL TIEMPO ORDINARIO

El primer domingo del Tiempo Ordinario se celebra la fiesta del Bautismo del Señor, p. 200.

Antífona de entrada

Vi sentado en el trono celestial a un hombre,
a quien adora la multitud de los ángeles
que cantan a una sola voz:
"Éste es aquel cuyo poder permanece eternamente".

Oración colecta

**Acompaña, Señor, con celestial piedad,
los anhelos y súplicas de tu pueblo,
para que conozca lo que debe poner por obra
y lleve a cabo con firmeza lo que ha conocido.
Por nuestro Señor Jesucristo, tu Hijo,
que vive y reina contigo en la unidad del Espíritu Santo
y es Dios por los siglos de los siglos.**

Oración sobre las ofrendas

**Te pedimos, Señor,
que te sea agradable la ofrenda de tu pueblo
por la cual recibimos la santificación
y obtenemos lo que piadosamente pedimos.
Por Jesucristo, nuestro Señor.**

Antífona de la Comunión

Sal 36 (35), 10

Señor, en ti está la fuente de la vida,
tu luz nos hace ver la luz.

O bien: Jn 10, 10

Yo he venido, dice el Señor,
para que tengan vida,
y la tengan en abundancia.

Oración después de la Comunión

**Renovados por tus sacramentos,
te suplicamos, Dios todopoderoso,
que te sirvamos dignamente
con una vida que te sea agradable.
Por Jesucristo, nuestro Señor.**

II DOMINGO DEL TIEMPO ORDINARIO

Antífona de entrada Sal 66 (65), 4

Que se postre ante ti, Señor, la tierra entera;
que todos canten himnos en tu honor
y alabanzas a tu nombre.

Oración colecta

**Dios todopoderoso y eterno,
que gobiernas los cielos y la tierra,
escucha con amor las súplicas de tu pueblo
y haz que los días de nuestra vida
transcurran en tu paz.
Por nuestro Señor Jesucristo, tu Hijo,
que vive y reina contigo en la unidad del Espíritu Santo
y es Dios por los siglos de los siglos.**

Oración sobre las ofrendas

**Concédenos, Señor,
participar dignamente en estos misterios,
porque cada vez que se celebra el memorial de este sacrificio,
se realiza la obra de nuestra redención.
Por Jesucristo, nuestro Señor.**

Antífona de la Comunión Cfr. Sal 23 (22), 5

Para mí, Señor, has preparado la mesa
y has llenado mi copa hasta los bordes.

O bien: 1 Jn 4, 16

Nosotros hemos conocido el amor que Dios nos tiene
y hemos creído en él.

Oración después de la Comunión

**Infúndenos, Señor, el espíritu de tu caridad,
para que, saciados con el pan del cielo,
vivamos siempre unidos en tu amor.
Por Jesucristo, nuestro Señor.**

III DOMINGO DEL TIEMPO ORDINARIO

Antífona de entrada — Cfr. Sal 96 (95), 1. 6

Canten al Señor un cántico nuevo,
hombres de toda la tierra, canten al Señor.
Hay brillo y esplendor en su presencia,
y en su templo, belleza y majestad.

Oración colecta

**Dios todopoderoso y eterno, dirige nuestros pasos
de manera que podamos agradarte en todo
y así merezcamos, en nombre de tu Hijo amado,
abundar en toda clase de obras buenas.
Por nuestro Señor Jesucristo, tu Hijo,
que vive y reina contigo en la unidad del Espíritu Santo
y es Dios por los siglos de los siglos.**

Oración sobre las ofrendas

**Recibe, Señor, benignamente, nuestros dones,
y santifícalos a fin de que
nos sirvan para nuestra salvación.
Por Jesucristo, nuestro Señor.**

Antífona de la Comunión — Cfr. Sal 34 (33), 6

Acudan al Señor;
quedarán radiantes
y sus rostros no se avergonzarán.

O bien: — Jn 8, 12

Yo soy la luz del mundo, dice el Señor;
el que me sigue, no camina en tinieblas,
sino que tendrá la luz de la vida.

Oración después de la Comunión

**Concédenos, Dios todopoderoso,
que al experimentar el efecto vivificante de tu gracia,
nos sintamos siempre dichosos por este don tuyo.
Por Jesucristo, nuestro Señor.**

IV DOMINGO DEL TIEMPO ORDINARIO

Antífona de entrada — Sal 106 (105), 47

Sálvanos, Señor y Dios nuestro;
reúnenos de entre las naciones,
para que podamos agradecer tu poder santo
y nuestra gloria sea alabarte.

Oración colecta

**Concédenos, Señor Dios nuestro,
adorarte con toda el alma
y amar a todos los hombres con afecto espiritual.
Por nuestro Señor Jesucristo, tu Hijo,
que vive y reina contigo en la unidad del Espíritu Santo
y es Dios por los siglos de los siglos.**

Oración sobre las ofrendas

**Recibe, Señor, complacido,
estos dones que ponemos sobre tu altar
en señal de nuestra sumisión a ti
y conviértelos en el sacramento de nuestra redención.
Por Jesucristo, nuestro Señor.**

Antífona de la Comunión — Cfr. Sal 31 (30), 17-18

Vuelve, Señor, tus ojos a tu siervo
y sálvame por tu misericordia.
A ti, Señor, me acojo, que no quede yo nunca defraudado.

O bien: — Mt 5, 3-4

Dichosos los pobres de espíritu,
porque de ellos es el Reino de los cielos.
Dichosos los humildes,
porque heredarán la tierra.

Oración después de la Comunión

**Te rogamos, Señor,
que, alimentados con el don de nuestra redención,
este auxilio de salvación eterna
afiance siempre nuestra fe en la verdad.
Por Jesucristo, nuestro Señor.**

V DOMINGO DEL TIEMPO ORDINARIO

Antífona de entrada Sal 95 (94), 6-7

Entremos y adoremos de rodillas al Señor,
creador nuestro,
porque él es nuestro Dios.

Oración colecta

**Te rogamos, Señor, que guardes con incesante amor
a tu familia santa,
que tiene puesto su apoyo sólo en tu gracia,
para que halle siempre en tu protección su fortaleza.
Por nuestro Señor Jesucristo, tu Hijo,
que vive y reina contigo en la unidad del Espíritu Santo
y es Dios por los siglos de los siglos.**

Oración sobre las ofrendas

**Señor Dios nuestro, que has creado los frutos de la tierra
para ayuda de nuestra fragilidad,
concédenos que también se conviertan para nosotros
en sacramento de eternidad.
Por Jesucristo, nuestro Señor.**

Antífona de la Comunión Cfr. Sal 107 (106), 8-9

Demos gracias al Señor por su misericordia,
por las maravillas que hace en favor de su pueblo;
porque da de beber al que tiene sed
y les da de comer a los hambrientos.

O bien: Mt 5, 4. 6

Dichosos los que lloran,
porque serán consolados.
Dichosos los que tienen hambre y sed de justicia,
porque serán saciados.

Oración después de la Comunión

**Señor Dios, que quisiste hacernos participar
de un mismo pan y un mismo cáliz,
concédenos vivir de tal manera,
que, hechos uno en Cristo,
demos fruto con alegría para la salvación del mundo.
Por Jesucristo, nuestro Señor.**

VI DOMINGO DEL TIEMPO ORDINARIO

Antífona de entrada — Cfr. Sal 31 (30), 3-4

Sírveme de defensa, Dios mío,
de roca y fortaleza salvadoras.
Tú eres mi baluarte y mi refugio,
por tu nombre condúceme y guíame.

Oración colecta

**Señor Dios, que prometiste poner tu morada
en los corazones rectos y sinceros,
concédenos, por tu gracia, vivir de tal manera
que te dignes habitar en nosotros.
Por nuestro Señor Jesucristo, tu Hijo,
que vive y reina contigo en la unidad del Espíritu Santo
y es Dios por los siglos de los siglos.**

Oración sobre las ofrendas

**Que esta ofrenda, Señor,
nos purifique y nos renueve,
y se convierta en causa de recompensa eterna
para quienes cumplimos tu voluntad.
Por Jesucristo, nuestro Señor.**

Antífona de la Comunión — Cfr. Sal 78 (77), 29-30

El Señor colmó el deseo de su pueblo;
no lo defraudó.
Comieron y quedaron satisfechos.

O bien: — Jn 3, 16

Tanto amó Dios al mundo,
que le dio a su Hijo único,
para que todo el que crea en él no perezca,
sino que tenga vida eterna.

Oración después de la Comunión

**Saciados, Señor, por este manjar celestial,
te rogamos que nos hagas anhelar siempre este mismo sustento
por el cual verdaderamente vivimos.
Por Jesucristo, nuestro Señor.**

VII DOMINGO DEL TIEMPO ORDINARIO

Antífona de entrada Sal 13 (12), 6

Confío, Señor, en tu misericordia.
Se alegra mi corazón con tu auxilio;
cantaré al Señor por el bien que me ha hecho.

Oración colecta

**Concédenos, Dios todopoderoso,
que la constante meditación de tus misterios
nos impulse a decir y hacer siempre
lo que sea de tu agrado.
Por nuestro Señor Jesucristo, tu Hijo,
que vive y reina contigo en la unidad del Espíritu Santo
y es Dios por los siglos de los siglos.**

Oración sobre las ofrendas

**Al celebrar con la debida reverencia tus misterios,
te rogamos, Señor,
que los dones ofrecidos en honor de tu gloria
nos sirvan para la salvación.
Por Jesucristo, nuestro Señor.**

Antífona de la Comunión Sal 9, 2-3

Proclamaré todas tus maravillas;
me alegraré y exultaré contigo
y entonaré salmos a tu nombre, Dios Altísimo.

O bien: Jn 11, 27

Señor, yo creo que tú eres el Mesías, el Hijo de Dios vivo,
el que tenía que venir al mundo.

Oración después de la Comunión

**Concédenos, Dios todopoderoso,
que alcancemos aquel fruto celestial,
cuyo adelanto acabamos de recibir mediante estos sacramentos.
Por Jesucristo, nuestro Señor.**

VIII DOMINGO DEL TIEMPO ORDINARIO

Antífona de entrada Cfr. Sal 18 (17), 19-20

El Señor es mi refugio,
lo invoqué y me libró.
Me salvó porque me ama.

Oración colecta

**Concédenos, Señor, que tu poder pacificador
dirija el curso de los acontecimientos del mundo
y que tu Iglesia se regocije
al poder servirte con tranquilidad.
Por nuestro Señor Jesucristo, tu Hijo,
que vive y reina contigo en la unidad del Espíritu Santo
y es Dios por los siglos de los siglos.**

Oración sobre las ofrendas

**Señor Dios, que haces tuyas nuestras ofrendas,
que tú mismo nos das para dedicarlas a tu nombre,
concédenos que también nos alcancen la recompensa eterna.
Por Jesucristo, nuestro Señor.**

Antífona de la Comunión Cfr. Sal 13 (12), 6

Cantaré al Señor por el bien que me ha hecho,
y entonaré un himno de alabanza al Dios Altísimo.

O bien: Mt 28, 20

Yo estaré con ustedes todos los días,
hasta el fin del mundo, dice el Señor.

Oración después de la Comunión

**Alimentados por estos dones de salvación,
suplicamos, Señor, tu misericordia,
para que este sacramento
que nos nutre en nuestra vida temporal
nos haga partícipes de la vida eterna.
Por Jesucristo, nuestro Señor.**

IX DOMINGO DEL TIEMPO ORDINARIO

Antífona de entrada Cfr. Sal 25 (24), 16. 18

Mírame, Señor, y ten piedad de mí,
que estoy solo y afligido.
Ve mi pequeñez y mis trabajos,
y perdona todos mis pecados, Dios mío.

Oración colecta

**Señor Dios, cuya providencia no se equivoca en sus designios,
te rogamos humildemente que apartes de nosotros
todo lo que pueda causarnos algún daño
y nos concedas lo que pueda sernos de provecho.
Por nuestro Señor Jesucristo, tu Hijo,
que vive y reina contigo en la unidad del Espíritu Santo
y es Dios por los siglos de los siglos.**

Oración sobre las ofrendas

**Llenos de confianza en tu bondad,
acudimos, Señor, ante tu santo altar
trayéndote nuestros dones,
a fin de que, purificados por tu gracia,
quedemos limpios por los mismos misterios que celebramos.
Por Jesucristo, nuestro Señor.**

Antífona de la Comunión Cfr. Sal 17 (16), 6

Te invoco, Dios mío, porque tú me respondes;
inclina tu oído y escucha mis palabras.

O bien: Mc 11, 23. 24

Cualquier cosa que pidan en la oración,
crean ustedes que ya se la han concedido,
y la obtendrán, dice el Señor.

Oración después de la Comunión

**Dirige, Señor, con tu Espíritu,
a quienes nutres con el Cuerpo y la Sangre de tu Hijo,
para que, dando testimonio de ti,
no sólo de palabra, sino con las obras y de verdad,
merezcamos entrar en el reino de los cielos.
Por Jesucristo, nuestro Señor.**

X DOMINGO DEL TIEMPO ORDINARIO

Antífona de entrada — Cfr. Sal 27 (26), 1-2

El Señor es mi luz y mi salvación, ¿a quién temeré?
El Señor es la defensa de mi vida, ¿quién me hará temblar?
Cuando me asaltan mis enemigos, tropiezan y caen.

Oración colecta

**Señor Dios, de quien todo bien procede,
escucha nuestras súplicas y concédenos
que comprendiendo, por inspiración tuya, lo que es recto,
eso mismo, bajo tu guía, lo hagamos realidad.
Por nuestro Señor Jesucristo, tu Hijo,
que vive y reina contigo en la unidad del Espíritu Santo
y es Dios por los siglos de los siglos.**

Oración sobre las ofrendas

**Mira, Señor, con bondad nuestro servicio
para que esta ofrenda
se convierta para ti en don aceptable
y para nosotros, en aumento de nuestra caridad.
Por Jesucristo, nuestro Señor.**

Antífona de la Comunión — Cfr. Sal 18 (17), 3

Señor, tú eres mi fortaleza,
mi refugio, mi liberación y mi ayuda.
Tú eres mi Dios.

O bien: — 1 Jn 4, 16

Dios es amor, y el que permanece en el amor
permanece en Dios y Dios en él.

Oración después de la Comunión

**Señor, que la virtud medicinal de este sacramento
nos cure por tu bondad de nuestras maldades
y nos haga avanzar por el camino recto.
Por Jesucristo, nuestro Señor.**

XI DOMINGO DEL TIEMPO ORDINARIO

Antífona de entrada
Cfr. Sal 27 (26), 7. 9

Oye, Señor, mi voz y mis clamores.
Ven en mi ayuda, no me rechaces,
ni me abandones, Dios, salvador mío.

Oración colecta

**Señor Dios, fortaleza de los que en ti esperan,
acude, bondadoso, a nuestro llamado
y puesto que sin ti nada puede nuestra humana debilidad,
danos siempre la ayuda de tu gracia,
para que, en el cumplimiento de tu voluntad,
te agrademos siempre con nuestros deseos y acciones.
Por nuestro Señor Jesucristo, tu Hijo,
que vive y reina contigo en la unidad del Espíritu Santo
y es Dios por los siglos de los siglos.**

Oración sobre las ofrendas

**Tú que con este pan y este vino que te presentamos
das al género humano el alimento que lo sostiene
y el sacramento que lo renueva, concédenos, Señor,
que nunca nos falte esta ayuda para el cuerpo y el alma.
Por Jesucristo, nuestro Señor.**

Antífona de la Comunión
Sal 27 (26), 4

Una sola cosa he pedido y es lo único que busco,
habitar en la casa del Señor todos los días de mi vida.

O bien: Jn 17, 11

Padre santo, guarda en tu nombre a los que me has dado,
para que, como nosotros, sean uno, dice el Señor.

Oración después de la Comunión

**Señor, que esta santa comunión, que acabamos de recibir,
así como significa la unión de los fieles en ti,
así también lleve a efecto la unidad en tu Iglesia.
Por Jesucristo, nuestro Señor.**

XII DOMINGO DEL TIEMPO ORDINARIO

Antífona de entrada Cfr. Sal 28 (27), 8-9

El Señor es la fuerza de su pueblo,
defensa y salvación para su Ungido.
Sálvanos, Señor,
vela sobre nosotros y guíanos siempre.

Oración colecta

Señor, concédenos vivir siempre
en el amor y respeto a tu santo nombre,
ya que jamás dejas de proteger
a quienes estableces en el sólido fundamento de tu amor.
Por nuestro Señor Jesucristo, tu Hijo,
que vive y reina contigo en la unidad del Espíritu Santo
y es Dios por los siglos de los siglos.

Oración sobre las ofrendas

Recibe, Señor, este sacrificio de reconciliación y alabanza
y concédenos que, purificados por su eficacia,
podamos ofrecerte el entrañable afecto de nuestro corazón.
Por Jesucristo, nuestro Señor.

Antífona de la Comunión Sal 145 (144), 15

Los ojos de todos esperan en ti, Señor, y tú les das la comida a su tiempo.

O bien: Jn 10, 11. 15

Yo soy el Buen Pastor,
y doy la vida por mis ovejas, dice el Señor.

Oración después de la Comunión

Renovados, Señor, por el alimento
del sagrado Cuerpo y la preciosa Sangre de tu Hijo,
concédenos que lo que realizamos con asidua devoción,
lo recibamos convertido en certeza de redención.
Por Jesucristo, nuestro Señor.

XIII DOMINGO DEL TIEMPO ORDINARIO

Antífona de entrada — Sal 47 (46), 2

Pueblos todos, aplaudan
y aclamen a Dios con gritos de júbilo.

Oración colecta

**Señor Dios, que mediante la gracia de la adopción filial
quisiste que fuéramos hijos de la luz,
concédenos que no nos dejemos envolver en las tinieblas del error,
sino que permanezcamos siempre vigilantes
en el esplendor de la verdad.
Por nuestro Señor Jesucristo, tu Hijo,
que vive y reina contigo en la unidad del Espíritu Santo
y es Dios por los siglos de los siglos.**

Oración sobre las ofrendas

**Señor Dios, que bondadosamente realizas
el fruto de tus sacramentos,
concédenos que seamos capaces de servirte
como corresponde a tan santos misterios.
Por Jesucristo, nuestro Señor.**

Antífona de la Comunión — Cfr. Sal 103 (102), 1

Bendice, alma mía, al Señor;
que todo mi ser bendiga su santo nombre.

O bien: — Jn 17, 20-21

Padre, te ruego por ellos,
para que sean uno en nosotros
y el mundo pueda creer que tú me has enviado,
dice el Señor.

Oración después de la Comunión

**Que la víctima divina
que te hemos ofrecido y que acabamos de recibir,
nos vivifique, Señor,
para que, unidos a ti con perpetuo amor,
demos frutos que permanezcan para siempre.
Por Jesucristo, nuestro Señor.**

XIV DOMINGO DEL TIEMPO ORDINARIO

Antífona de entrada — Cfr. Sal 48 (47), 10-11

Meditamos, Señor, los dones de tu amor,
en medio de tu templo.
Tu alabanza llega hasta los confines de la tierra
como tu fama.
Tu diestra está llena de justicia.

Oración colecta

**Señor Dios, que por medio de la humillación de tu Hijo
reconstruiste el mundo derrumbado,
concede a tus fieles una santa alegría
para que, a quienes rescataste de la esclavitud del pecado,
nos hagas disfrutar del gozo que no tiene fin.
Por nuestro Señor Jesucristo, tu Hijo,
que vive y reina contigo en la unidad del Espíritu Santo
y es Dios por los siglos de los siglos.**

Oración sobre las ofrendas

**La oblación que te ofrecemos, Señor, nos purifique,
y nos haga participar, de día en día,
de la vida del reino glorioso.
Por Jesucristo, nuestro Señor.**

Antífona de la Comunión — Sal 34 (33), 9

Prueben y vean qué bueno es el Señor;
dichoso quien se acoge a él.

O bien: — Mt 11, 28

Vengan a mí, todos los que están fatigados y agobiados,
y yo los aliviaré, dice el Señor.

Oración después de la Comunión

**Señor, que nos has colmado con tantas gracias,
concédenos alcanzar
los dones de la salvación
y que nunca dejemos de alabarte.
Por Jesucristo, nuestro Señor.**

XV DOMINGO DEL TIEMPO ORDINARIO

Antífona de entrada Cfr. Sal 17 (16), 15

Por serte fiel, yo contemplaré tu rostro, Señor,
y al despertar, espero saciarme de gloria.

Oración colecta

**Señor Dios, que muestras la luz de tu verdad
a los que andan extraviados
para que puedan volver al buen camino,
concede a cuantos se profesan como cristianos
rechazar lo que sea contrario al nombre que llevan
y cumplir lo que ese nombre significa.
Por nuestro Señor Jesucristo, tu Hijo,
que vive y reina contigo en la unidad del Espíritu Santo
y es Dios por los siglos de los siglos.**

Oración sobre las ofrendas

**Mira, Señor, los dones de tu Iglesia suplicante,
y concede que, al recibirlos,
sirvan a tus fieles para crecer en santidad.
Por Jesucristo, nuestro Señor.**

Antífona de la Comunión Cfr. Sal 84 (83), 4-5

El gorrión ha encontrado una casa,
y la golondrina un nido donde poner sus polluelos:
junto a tus altares, Señor de los ejércitos, Rey mío y Dios mío.
Dichosos los que viven en tu casa
y pueden alabarte siempre.

O bien: Jn 6, 56

El que come mi carne y bebe mi sangre,
permanece en mí y yo en él, dice el Señor.

Oración después de la Comunión

**Alimentados con los dones que hemos recibido,
te suplicamos, Señor,
que, participando frecuentemente de este sacramento,
crezcan los efectos de nuestra salvación.
Por Jesucristo, nuestro Señor.**

XVI DOMINGO DEL TIEMPO ORDINARIO

Antífona de entrada Sal 54 (53), 6. 8

El Señor es mi auxilio y el único apoyo en mi vida.
Te ofreceré de corazón un sacrificio
y daré gracias a tu nombre, Señor, porque eres bueno.

Oración colecta

Sé propicio, Señor, con tus siervos
y multiplica, bondadoso, sobre ellos los dones de tu gracia,
para que, fervorosos en la fe, la esperanza y la caridad,
perseveren siempre fieles en el cumplimiento de tus mandatos.
Por nuestro Señor Jesucristo, tu Hijo,
que vive y reina contigo en la unidad del Espíritu Santo
y es Dios por los siglos de los siglos.

Oración sobre las ofrendas

Dios nuestro, que con la perfección de un único sacrificio
pusiste fin a la diversidad de sacrificios de la antigua ley,
recibe las ofrendas de tus fieles,
y santifícalas como bendijiste la ofrenda de Abel,
para que aquello que cada uno te ofrece en honor de tu gloria,
sea de provecho para la salvación de todos.
Por Jesucristo, nuestro Señor.

Antífona de la Comunión Sal 111 (110), 4-5

Ha hecho maravillas memorables,
el Señor es piadoso y clemente;
él da alimento a sus fieles.

O bien: Ap 3, 20

Miren que estoy a la puerta y llamo, dice el Señor:
Si alguien oye mi voz y me abre,
entraré en su casa y cenaremos juntos.

Oración después de la Comunión

Señor, muéstrate benigno con tu pueblo,
y ya que te dignaste alimentarlo con los misterios celestiales,
hazlo pasar de su antigua condición de pecado a una vida nueva.
Por Jesucristo, nuestro Señor.

XVII DOMINGO DEL TIEMPO ORDINARIO

Antífona de entrada Cfr. Sal 68 (67), 6-7. 36

Dios habita en su santuario;
él nos hace habitar juntos en su casa;
es la fuerza y el poder de su pueblo.

Oración colecta

**Señor Dios, protector de los que en ti confían,
sin ti, nada es fuerte, ni santo;
multiplica sobre nosotros tu misericordia
para que, bajo tu dirección,
de tal modo nos sirvamos ahora de los bienes pasajeros,
que nuestro corazón esté puesto en los bienes eternos.
Por nuestro Señor Jesucristo, tu Hijo,
que vive y reina contigo en la unidad del Espíritu Santo
y es Dios por los siglos de los siglos.**

Oración sobre las ofrendas

**Recibe, Señor,
los dones que por tu generosidad te presentamos,
para que, por el poder de tu gracia,
estos sagrados misterios
santifiquen toda nuestra vida
y nos conduzcan a la felicidad eterna.
Por Jesucristo, nuestro Señor.**

Antífona de la Comunión Sal 103 (102), 2

Bendice, alma mía, al Señor,
y no te olvides de sus beneficios.

O bien: Mt 5, 7-8

Dichosos los misericordiosos,
porque alcanzarán misericordia.
Dichosos los limpios de corazón,
porque verán a Dios.

Oración después de la Comunión

**Habiendo recibido, Señor, el sacramento celestial,
memorial perpetuo de la pasión de tu Hijo,
concédenos que este don,
que él mismo nos dio con tan inefable amor,
nos aproveche para nuestra salvación eterna.
Él, que vive y reina por los siglos de los siglos.**

XVIII DOMINGO DEL TIEMPO ORDINARIO

Antífona de entrada Sal 70 (69), 2. 6

Dios mío, ven en mi ayuda;
Señor, date prisa en socorrerme.
Tú eres mi auxilio y mi liberación;
Señor, no tardes.

Oración colecta

**Ayuda, Señor, a tus siervos,
que imploran tu continua benevolencia,
y ya que se glorían de tenerte como su creador y su guía,
renueva en ellos tu obra creadora
y consérvales los dones de tu redención.
Por nuestro Señor Jesucristo, tu Hijo,
que vive y reina contigo en la unidad del Espíritu Santo
y es Dios por los siglos de los siglos.**

Oración sobre las ofrendas

**Santifica, Señor, por tu piedad, estos dones
y al recibir en oblación este sacrificio espiritual,
conviértenos para ti en una perenne ofrenda.
Por Jesucristo, nuestro Señor.**

Antífona de la Comunión Sab 16, 20

Nos has enviado, Señor, pan del cielo,
que encierra en sí toda delicia,
y satisface todos los gustos.

O bien: Jn 6, 35

Yo soy el pan de vida, dice el Señor.
Quien venga a mí no tendrá hambre,
y quien crea en mí no tendrá sed.

Oración después de la Comunión

**Acompaña, Señor, con tu permanente auxilio,
a quienes renuevas con el don celestial,
y a quienes no dejas de proteger,
concédeles ser cada vez más dignos de la eterna redención.
Por Jesucristo, nuestro Señor.**

XIX DOMINGO DEL TIEMPO ORDINARIO

Antífona de entrada

Cfr. Sal 74 (73), 20. 19. 22. 23

Acuérdate, Señor, de tu alianza,
no olvides por más tiempo la suerte de tus pobres.
Levántate, Señor, a defender tu causa,
no olvides las voces de los que te buscan.

Oración colecta

**Dios todopoderoso y eterno,
a quien, enseñados por el Espíritu Santo,
invocamos con el nombre de Padre,
intensifica en nuestros corazones
el espíritu de hijos adoptivos tuyos,
para que merezcamos entrar en posesión
de la herencia que nos tienes prometida.
Por nuestro Señor Jesucristo, tu Hijo,
que vive y reina contigo en la unidad del Espíritu Santo
y es Dios por los siglos de los siglos.**

Oración sobre las ofrendas

**Recibe benignamente, Señor, los dones de tu Iglesia,
y, al concederle en tu misericordia que te los pueda ofrecer,
haces al mismo tiempo que se conviertan
en sacramento de nuestra salvación.
Por Jesucristo, nuestro Señor.**

Antífona de la Comunión

Cfr. Sal 147 (146), 12. 14

Alaba, Jerusalén, al Señor
porque te alimenta con lo mejor de su trigo.

O bien: Cfr. Jn 6, 51

El pan que yo les daré, es mi carne
para la vida del mundo,
dice el Señor.

Oración después de la Comunión

**La comunión de tus sacramentos
que hemos recibido, Señor, nos salve
y nos confirme en la luz de tu verdad.
Por Jesucristo, nuestro Señor.**

XX DOMINGO DEL TIEMPO ORDINARIO

Antífona de entrada — Sal 84 (83), 10-11

Dios, protector nuestro,
mira el rostro de tu Ungido.
Un solo día en tu casa es más valioso,
que mil días en cualquier otra parte.

Oración colecta

**Señor Dios, que has preparado bienes invisibles
para los que te aman,
infunde en nuestros corazones el anhelo de amarte,
para que, amándote en todo y sobre todo,
consigamos tus promesas, que superan todo deseo.
Por nuestro Señor Jesucristo, tu Hijo,
que vive y reina contigo en la unidad del Espíritu Santo
y es Dios por los siglos de los siglos.**

Oración sobre las ofrendas

**Recibe, Señor, nuestros dones,
con los que se realiza tan glorioso intercambio,
para que, al ofrecerte lo que tú nos diste,
merezcamos recibirte a ti mismo.
Por Jesucristo, nuestro Señor.**

Antífona de la Comunión — Sal 130 (129), 7

Con el Señor viene la misericordia
y la abundancia de su redención.

O bien: — Jn 6, 51-52

Yo soy el pan vivo, que ha bajado del cielo, dice el Señor:
quien coma de este pan, vivirá eternamente.

Oración después de la Comunión

**Unidos a Cristo por este sacramento,
suplicamos humildemente, Señor, tu misericordia,
para que, hechos semejantes a él aquí en la tierra,
merezcamos gozar de su compañía en el cielo.
Él, que vive y reina por los siglos de los siglos.**

XXI DOMINGO DEL TIEMPO ORDINARIO

Antífona de entrada — Cfr. Sal 86 (85), 1-3

Inclina tu oído, Señor, y escúchame.
Salva a tu siervo, que confía en ti.
Ten piedad de mí, Dios mío, pues sin cesar te invoco.

Oración colecta

**Señor Dios, que unes en un mismo sentir
los corazones de tus fieles,
impulsa a tu pueblo a amar lo que mandas
y a desear lo que prometes,
para que, en medio de la inestabilidad del mundo,
estén firmemente anclados nuestros corazones
donde se halla la verdadera felicidad.
Por nuestro Señor Jesucristo, tu Hijo,
que vive y reina contigo en la unidad del Espíritu Santo
y es Dios por los siglos de los siglos.**

Oración sobre las ofrendas

**Señor, que con un mismo y único sacrificio
adquiriste para ti un pueblo de adopción,
concede, propicio, a tu Iglesia,
los dones de la unidad y de la paz.
Por Jesucristo, nuestro Señor.**

Antífona de la Comunión — Cfr. Sal 104 (103), 13-15

La tierra está llena, Señor, de dones tuyos:
el pan que sale de la tierra y el vino que alegra el corazón del hombre.

O bien: — Jn 6, 54

El que come mi carne y bebe mi sangre,
tiene vida eterna, dice el Señor;
y yo lo resucitaré en el último día.

Oración después de la Comunión

**Te pedimos, Señor,
que la obra salvadora de tu misericordia
fructifique plenamente en nosotros,
y haz que, con la ayuda continua de tu gracia,
de tal manera tendamos a la perfección,
que podamos siempre agradarte en todo.
Por Jesucristo, nuestro Señor.**

XXII DOMINGO DEL TIEMPO ORDINARIO

Antífona de entrada

Cfr. Sal 86 (85), 3. 5

Dios mío, ten piedad de mí, pues sin cesar te invoco:
Tú eres bueno y clemente,
y rico en misericordia con quien te invoca.

Oración colecta

**Dios de toda virtud,
de quien procede todo lo que es bueno,
infunde en nuestros corazones el amor de tu nombre,
y concede que, haciendo más religiosa nuestra vida,
hagas crecer el bien que hay en nosotros
y lo conserves con solicitud amorosa.
Por nuestro Señor Jesucristo, tu Hijo,
que vive y reina contigo en la unidad del Espíritu Santo
y es Dios por los siglos de los siglos.**

Oración sobre las ofrendas

**Que esta ofrenda sagrada, Señor,
nos traiga siempre tu bendición salvadora,
para que dé fruto en nosotros
lo que realiza el misterio.
Por Jesucristo, nuestro Señor.**

Antífona de la Comunión

Cfr. Sal 31 (30), 20

Qué grande es tu bondad, Señor,
que tienes reservada para tus fieles.

O bien: Mt 5, 9-10

Dichosos los que trabajan por la paz,
porque serán llamados hijos de Dios.
Dichosos los perseguidos por causa de la justicia,
porque de ellos es el reino de los cielos.

Oración después de la Comunión

**Saciados con el pan de esta mesa celestial,
te suplicamos, Señor,
que este alimento de caridad fortalezca nuestros corazones,
para que nos animemos a servirte en nuestros hermanos.
Por Jesucristo, nuestro Señor.**

XXIII DOMINGO DEL TIEMPO ORDINARIO

Antífona de entrada Sal 119 (118), 137. 124

Eres justo, Señor, y rectos son tus mandamientos;
muéstrate bondadoso con tu siervo.

Oración colecta

**Señor Dios, de quien nos viene la redención
y a quien debemos la filiación adoptiva,
protege con bondad a los hijos que tanto amas,
para que todos los que creemos en Cristo
obtengamos la verdadera libertad
y la herencia eterna.
Por nuestro Señor Jesucristo, tu Hijo,
que vive y reina contigo en la unidad del Espíritu Santo
y es Dios por los siglos de los siglos.**

Oración sobre las ofrendas

**Señor Dios, fuente de toda devoción sincera y de la paz,
concédenos honrar con estos dones, tu majestad, de tal manera
que, al participar en estos santos misterios,
todos quedemos unidos en un mismo sentir.
Por Jesucristo, nuestro Señor.**

Antífona de la Comunión Cfr. Sal 42 (41), 2-3

Como la cierva busca el agua de las fuentes,
así, sedienta, mi alma te busca a ti, Dios mío.
Mi alma tiene sed del Dios vivo.

O bien: Jn 8, 12

Yo soy la luz del mundo, dice el Señor;
el que me sigue, no camina en tinieblas,
sino que tendrá la luz de la vida.

Oración después de la Comunión

**Concede, Señor, a tus fieles, a quienes alimentas y vivificas
con tu palabra y el sacramento del cielo,
aprovechar de tal manera tan grandes dones de tu Hijo amado,
que merezcamos ser siempre partícipes de su vida.
Él, que vive y reina por los siglos de los siglos.**

XXIV DOMINGO DEL TIEMPO ORDINARIO

Antífona de entrada

Cfr. Sir 36, 18

Concede, Señor, la paz a los que esperan en ti,
y cumple así las palabras de tus profetas;
escucha las plegarias de tu siervo, y de tu pueblo Israel.

Oración colecta

**Señor Dios, creador y soberano de todas las cosas,
vuelve a nosotros tus ojos
y concede que te sirvamos de todo corazón,
para que experimentemos los efectos de tu misericordia.
Por nuestro Señor Jesucristo, tu Hijo,
que vive y reina contigo en la unidad del Espíritu Santo
y es Dios por los siglos de los siglos.**

Oración sobre las ofrendas

**Sé propicio, Señor, a nuestras plegarias
y acepta benignamente estas ofrendas de tus siervos,
para que aquello que cada uno ofrece en honor de tu nombre
aproveche a todos para su salvación.
Por Jesucristo, nuestro Señor.**

Antífona de la Comunión

Cfr. Sal 36 (35), 8

Señor Dios, qué preciosa es tu misericordia.
Por eso los hombres se acogen a la sombra de tus alas.

O bien: Cfr. 1 Cor 10, 16

El cáliz de bendición, por el que damos gracias,
es la unión de todos en la Sangre de Cristo;
y el pan que partimos
es la participación de todos en el Cuerpo de Cristo.

Oración después de la Comunión

**Que el efecto de este don celestial, Señor,
transforme nuestro cuerpo y nuestro espíritu,
para que sea su fuerza, y no nuestro sentir,
lo que siempre inspire nuestras acciones.
Por Jesucristo, nuestro Señor.**

XXV DOMINGO DEL TIEMPO ORDINARIO

Antífona de entrada

Yo soy la salvación de mi pueblo, dice el Señor.
Los escucharé cuando me llamen en cualquier tribulación,
y siempre seré su Dios.

Oración colecta

**Señor Dios, que has hecho del amor a ti y a los hermanos
la plenitud de todo lo mandado en tu santa ley,
concédenos que, cumpliendo tus mandamientos,
merezcamos llegar a la vida eterna.
Por nuestro Señor Jesucristo, tu Hijo,
que vive y reina contigo en la unidad del Espíritu Santo
y es Dios por los siglos de los siglos.**

Oración sobre las ofrendas

**Acepta benignamente, Señor, los dones de tu pueblo,
para que recibamos, por este sacramento celestial,
aquello mismo que el fervor de nuestra fe
nos mueve a proclamar.
Por Jesucristo, nuestro Señor.**

Antífona de la Comunión

Sal 119 (118), 4-5

Tú promulgas tus preceptos
para que se observen con exactitud.
Ojalá que mi conducta se ajuste siempre
al cumplimiento de tu voluntad.

O bien: Jn 10, 14

Yo soy el Buen Pastor, dice el Señor;
y conozco a mis ovejas, y ellas me conocen a mí.

Oración después de la Comunión

**A quienes alimentas, Señor, con tus sacramentos,
confórtanos con tu incesante ayuda,
para que en estos misterios
recibamos el fruto de la redención
y la conversión de nuestra vida.
Por Jesucristo, nuestro Señor.**

XXVI DOMINGO DEL TIEMPO ORDINARIO

Antífona de entrada Dn 3, 31. 29. 30. 43. 42

Todo lo que hiciste con nosotros, Señor,
es verdaderamente justo, porque hemos pecado contra ti
y hemos desobedecido tus mandatos;
pero haz honor a tu nombre
y trátanos conforme a tu inmensa misericordia.

Oración colecta

**Señor Dios, que manifiestas tu poder de una manera admirable
sobre todo cuando perdonas y ejerces tu misericordia,
multiplica tu gracia sobre nosotros,
para que, apresurándonos hacia lo que nos prometes,
nos hagas partícipes de los bienes celestiales.
Por nuestro Señor Jesucristo, tu Hijo,
que vive y reina contigo en la unidad del Espíritu Santo
y es Dios por los siglos de los siglos.**

Oración sobre las ofrendas

**Concédenos, Dios misericordioso,
que nuestra ofrenda te sea aceptable
y que por ella quede abierta para nosotros
la fuente de toda bendición.
Por Jesucristo, nuestro Señor.**

Antífona de la Comunión Cfr. Sal 119 (118), 49-50

Recuerda, Señor, la promesa que le hiciste a tu siervo;
ella me infunde esperanza
y consuelo en mi dolor.

O bien: 1 Jn 3, 16

En esto hemos conocido lo que es el amor de Dios:
en que dio su vida por nosotros.
Por eso también nosotros debemos dar la vida por los hermanos.

Oración después de la Comunión

**Que este misterio celestial renueve, Señor,
nuestro cuerpo y nuestro espíritu,
para que seamos coherederos en la gloria
de aquel cuya cuya muerte hemos compartido al anunciarla.
Él, que vive y reina por los siglos de los siglos.**

XXVII DOMINGO DEL TIEMPO ORDINARIO

Antífona de entrada — Cfr. Est 4, 17

En tu voluntad, Señor, está puesto el universo,
y no hay quien pueda resistirse a ella.
Tú hiciste todo, el cielo y la tierra,
y todo lo que está bajo el firmamento;
tú eres Señor del universo.

Oración colecta

**Dios todopoderoso y eterno,
que en la superabundancia de tu amor
sobrepasas los méritos y aun los deseos de los que te suplican,
derrama sobre nosotros tu misericordia
para que libres nuestra conciencia de toda inquietud
y nos concedas aun aquello que no nos atrevemos a pedir.
Por nuestro Señor Jesucristo, tu Hijo,
que vive y reina contigo en la unidad del Espíritu Santo
y es Dios por los siglos de los siglos.**

Oración sobre las ofrendas

**Acepta, Señor, el sacrificio
que tú mismo nos mandaste ofrecer,
y, por estos sagrados misterios,
que celebramos en cumplimiento de nuestro servicio,
dígnate llevar a cabo en nosotros la santificación
que proviene de tu redención.
Por Jesucristo, nuestro Señor.**

Antífona de la Comunión — Lam 3, 25

Bueno es el Señor con los que en él confían,
con aquellos que lo buscan.

O bien: — Cfr. 1 Cor 10, 17

El pan es uno, y así nosotros, aunque somos muchos,
formamos un solo cuerpo,
porque todos participamos de un mismo pan y de un mismo cáliz.

Oración después de la Comunión

**Dios omnipotente,
saciados con este alimento y bebida celestiales,
concédenos ser transformados en aquel
a quien hemos recibido en este sacramento.
Por Jesucristo, nuestro Señor.**

XXVIII DOMINGO DEL TIEMPO ORDINARIO

Antífona de entrada — Cfr. Sal 130 (129), 3-4

Si conservaras el recuerdo de nuestras faltas,
Señor, ¿quién podría resistir?
Pero tú, Dios de Israel, eres Dios de perdón.

Oración colecta

**Te pedimos, Señor, que tu gracia
continuamente nos disponga y nos acompañe,
de manera que estemos siempre dispuestos a obrar el bien.
Por nuestro Señor Jesucristo, tu Hijo,
que vive y reina contigo en la unidad del Espíritu Santo
y es Dios por los siglos de los siglos.**

Oración sobre las ofrendas

**Recibe, Señor, las súplicas de tus fieles
junto con estas ofrendas que te presentamos,
para que, lo que celebramos con devoción,
nos lleve a alcanzar la gloria del cielo.
Por Jesucristo, nuestro Señor.**

Antífona de la Comunión — Cfr. Sal 34 (33), 11

Los ricos se empobrecen y pasan hambre;
los que buscan al Señor, no carecen de nada.

O bien: — 1 Jn 3, 2

Cuando el Señor se manifieste, seremos semejantes a él,
porque lo veremos tal cual es.

Oración después de la Comunión

**Señor, suplicamos a tu majestad
que así como nos nutres con el sagrado alimento
del Cuerpo y de la Sangre de tu Hijo,
nos hagas participar de la naturaleza divina.
Por Jesucristo, nuestro Señor.**

XXIX DOMINGO DEL TIEMPO ORDINARIO

Antífona de entrada

Cfr. Sal 17 (16), 6. 8

Te invoco, Dios mío, porque tú me respondes;
inclina tu oído y escucha mis palabras.
Cuídame, Señor, como a la niña de tus ojos
y cúbreme bajo la sombra de tus alas.

Oración colecta

**Dios todopoderoso y eterno,
haz que nuestra voluntad sea siempre dócil a la tuya
y que te sirvamos con un corazón sincero.
Por nuestro Señor Jesucristo, tu Hijo,
que vive y reina contigo en la unidad del Espíritu Santo
y es Dios por los siglos de los siglos.**

Oración sobre las ofrendas

**Concédenos, Señor,
el don de poder servirte con libertad de espíritu,
para que, por la acción purificadora de tu gracia,
los mismos misterios que celebramos
nos limpien de toda culpa.
Por Jesucristo, nuestro Señor.**

Antífona de la Comunión

Cfr. Sal 33 (32), 18-19

Los ojos del Señor están puestos en sus hijos,
en los que esperan en su misericordia;
para librarlos de la muerte, y reanimarlos en tiempo de hambre.

O bien: Mc 10, 45

El Hijo del hombre ha venido a dar su vida
como rescate por la humanidad, dice el Señor.

Oración después de la Comunión

**Te rogamos, Señor,
que la frecuente recepción de estos dones celestiales,
produzca fruto en nosotros
y nos ayude a aprovechar los bienes temporales
y alcanzar con sabiduría los eternos.
Por Jesucristo, nuestro Señor.**

XXX DOMINGO DEL TIEMPO ORDINARIO

Antífona de entrada — Cfr. Sal 105 (104), 3-4

Alégrese el corazón de los que buscan al Señor.
Busquen al Señor y serán fuertes;
busquen su rostro sin descanso.

Oración colecta

**Dios todopoderoso y eterno,
aumenta en nosotros la fe, la esperanza y la caridad,
y para que merezcamos alcanzar lo que nos prometes,
concédenos amar lo que nos mandas.
Por nuestro Señor Jesucristo, tu Hijo,
que vive y reina contigo en la unidad del Espíritu Santo
y es Dios por los siglos de los siglos.**

Oración sobre las ofrendas

**Mira, Señor, los dones que presentamos a tu majestad,
para que lo que hacemos en tu servicio
esté siempre ordenado a tu mayor gloria.
Por Jesucristo, nuestro Señor.**

Antífona de la Comunión — Cfr. Sal 20 (19), 6

Nos alegraremos en tu victoria
y cantaremos alabanzas en el nombre de nuestro Dios.

O bien: — Ef 5, 2

Cristo nos amó y se entregó a sí mismo por nosotros,
como ofrenda agradable a Dios.

Oración después de la Comunión

**Que tus sacramentos, Señor,
produzcan en nosotros todo lo que significan,
para que lo que ahora celebramos en figura
lo alcancemos en su plena realidad.
Por Jesucristo, nuestro Señor.**

XXXI DOMINGO DEL TIEMPO ORDINARIO

Antífona de entrada — Cfr. Sal 38 (37), 22-23

No me abandones, Señor, Dios mío,
no te alejes de mí.
Ven de prisa a socorrerme,
Señor mío, mi salvador.

Oración colecta

**Dios omnipotente y misericordioso,
a cuya gracia se debe el que tus fieles puedan
servirte digna y laudablemente,
concédenos caminar sin tropiezos
hacia los bienes que nos tienes prometidos.
Por nuestro Señor Jesucristo, tu Hijo,
que vive y reina contigo en la unidad del Espíritu Santo
y es Dios por los siglos de los siglos.**

Oración sobre las ofrendas

**Señor, que este sacrificio sea para ti una ofrenda pura,
y nos obtenga la plenitud de tu misericordia.
Por Jesucristo, nuestro Señor.**

Antífona de la Comunión — Cfr. Sal 16 (15), 11

Me has enseñado el sendero de la vida,
me saciarás de gozo en tu presencia, Señor.

O bien: — Jn 6, 57

Como el Padre, que me ha enviado,
posee la vida y yo vivo por él, dice el Señor,
así también el que me come vivirá por mí.

Oración después de la Comunión

**Te rogamos, Señor,
que aumente en nosotros la acción de tu poder
y que, alimentados con estos sacramentos celestiales,
tu favor nos disponga para alcanzar
las promesas que contienen.
Por Jesucristo, nuestro Señor.**

XXXII DOMINGO DEL TIEMPO ORDINARIO

Antífona de entrada Cfr. Sal 88 (87), 3

Que llegue hasta ti mi súplica, Señor,
inclina tu oído a mi clamor.

Oración colecta

**Dios omnipotente y misericordioso,
aparta de nosotros todos los males,
para que, con el alma y el cuerpo bien dispuestos,
podamos con libertad de espíritu
cumplir lo que es de tu agrado.
Por nuestro Señor Jesucristo, tu Hijo,
que vive y reina contigo en la unidad del Espíritu Santo
y es Dios por los siglos de los siglos.**

Oración sobre las ofrendas

**Señor, mira con bondad este sacrificio,
y concédenos alcanzar los frutos de la pasión de tu Hijo,
que ahora celebramos sacramentalmente.
Él, que vive y reina por los siglos de los siglos.**

Antífona de la Comunión Cfr. Sal 23 (22), 1-2

El Señor es mi pastor, nada me falta;
en verdes praderas me hace recostar;
me conduce hacia fuentes tranquilas.

O bien: Lc 24, 35

Los discípulos reconocieron al Señor Jesús
al partir el pan.

Oración después de la Comunión

**Alimentados con estos sagrados dones,
te damos gracias, Señor, e imploramos tu misericordia,
para que, por la efusión de tu Espíritu,
cuya eficacia celestial recibimos,
nos concedas perseverar en la gracia de la verdad.
Por Jesucristo, nuestro Señor.**

XXXIII DOMINGO DEL TIEMPO ORDINARIO

Antífona de entrada Jer 29, 11. 12. 14

Yo tengo designios de paz, no de aflicción,
dice el Señor.
Ustedes me invocarán y yo los escucharé,
y los libraré de la esclavitud dondequiera que se encuentren.

Oración colecta

**Concédenos, Señor, Dios nuestro,
alegrarnos siempre en tu servicio,
porque la profunda y verdadera alegría
está en servirte siempre a ti,
autor de todo bien.
Por nuestro Señor Jesucristo, tu Hijo,
que vive y reina contigo en la unidad del Espíritu Santo
y es Dios por los siglos de los siglos.**

Oración sobre las ofrendas

**Concédenos, Señor,
que estas ofrendas que ponemos bajo tu mirada,
nos obtengan la gracia de vivir entregados a tu servicio
y nos alcancen, en recompensa, la felicidad eterna.
Por Jesucristo, nuestro Señor.**

Antífona de la Comunión Sal 73 (72), 28

Mi felicidad consiste
en estar cerca de Dios
y en poner sólo en él mis esperanzas.

O bien: Mc 11, 23-24

Cualquier cosa que pidan en la oración,
crean ustedes que ya se la han concedido,
y la obtendrán, dice el Señor.

Oración después de la Comunión

**Al recibir, Señor, el don de estos sagrados misterios,
te suplicamos humildemente
que lo que tu Hijo nos mandó celebrar en memoria suya,
nos aproveche para crecer en nuestra caridad fraterna.
Por Jesucristo, nuestro Señor.**

XXXIV SEMANA DEL TIEMPO ORDINARIO

En el último domingo del Tiempo Ordinario se tiene la solemnidad de nuestro Señor Jesucristo, Rey del universo, p. 532.

Antífona de entrada — Cfr. Sal 85 (84), 9

Dios anuncia la paz a su pueblo,
a todos sus amigos
y a cuantos se convierten a él de corazón.

Oración colecta

**Mueve, Señor, la voluntad de tus fieles,
para que, secundando con mayor empeño
la acción de tu gracia divina,
recibamos con mayor abundancia los auxilios de tu bondad.
Por nuestro Señor Jesucristo, tu Hijo,
que vive y reina contigo en la unidad del Espíritu Santo
y es Dios por los siglos de los siglos.**

Oración sobre las ofrendas

**Recibe, Señor, estos dones sagrados
que nos mandaste ofrecer en honor de tu nombre;
y ayúdanos a obedecer siempre tus mandatos,
para que seamos dignos de tu amor.
Por Jesucristo, nuestro Señor.**

Antífona de la Comunión — Sal 117 (116), 1-2

Que alaben al Señor todos los pueblos,
porque grande es su amor hacia nosotros.

O bien: — Mt 28, 20

Yo estaré con ustedes todos los días,
hasta el fin del mundo, dice el Señor.

Oración después de la Comunión

**Te rogamos, Dios todopoderoso,
que, habiéndonos concedido el gozo
de participar de esta mesa divina,
ya nunca permitas que nos separemos de ti.
Por Jesucristo, nuestro Señor.**

SOLEMNIDADES DEL SEÑOR
DURANTE EL TIEMPO ORDINARIO

Primer domingo después de Pentecostés

SANTÍSIMA TRINIDAD

Solemnidad

Antífona de entrada

Bendito sea Dios,
Padre, Hijo y Espíritu Santo,
porque ha tenido misericordia con nosotros.

Se dice Gloria.

Oración colecta

**Dios Padre, que al enviar al mundo
la Palabra de verdad y el Espíritu santificador,
revelaste a todos los hombres tu misterio admirable,
concédenos que, profesando la fe verdadera,
reconozcamos la gloria de la eterna Trinidad
y adoremos la Unidad de su majestad omnipotente.
Por nuestro Señor Jesucristo, tu Hijo,
que vive y reina contigo en la unidad del Espíritu Santo
y es Dios por los siglos de los siglos.**

Se dice Credo.

Oración sobre las ofrendas

**Por la invocación de tu nombre,
santifica, Señor, estos dones que te presentamos
y transfórmanos por ellos en una continua oblación a ti.
Por Jesucristo, nuestro Señor.**

Prefacio: El misterio de la Santísima Trinidad.

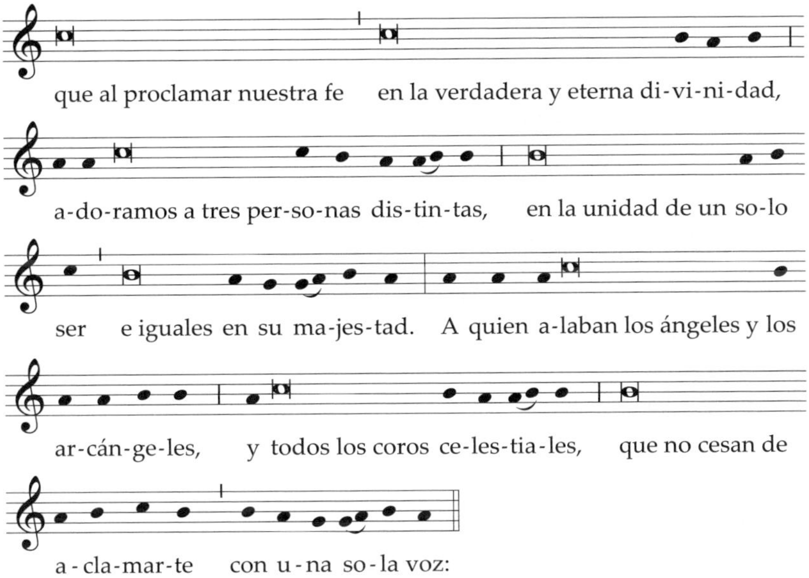

Santo, Santo, Santo . . .

Texto sin música:

V. **El Señor esté con ustedes.**
R. Y con tu espíritu.

V. **Levantemos el corazón.**
R. Lo tenemos levantado hacia el Señor.

V. **Demos gracias al Señor, nuestro Dios.**
R. Es justo y necesario.

**En verdad es justo y necesario,
es nuestro deber y salvación
darte gracias siempre y en todo lugar,
Señor, Padre santo,
Dios todopoderoso y eterno.**

**Que con tu Hijo único y el Espíritu Santo,
eres un solo Dios, un solo Señor,
no en la singularidad de una sola persona,
sino en la trinidad de una sola sustancia.**

**Y lo que creemos de tu gloria, porque tú lo revelaste,
eso mismo lo afirmamos de tu Hijo
y también del Espíritu Santo,
sin diferencia ni distinción.**

**De modo que al proclamar nuestra fe
en la verdadera y eterna divinidad,
adoramos a tres personas distintas,
en la unidad de un solo ser e iguales en su majestad.**

**A quien alaban los ángeles y los arcángeles,
y todos los coros celestiales,
que no cesan de aclamarte con una sola voz:**

Santo, Santo, Santo . . .

Antífona de la Comunión

Gál 4, 6

Porque ustedes son hijos de Dios,
Dios infundió en sus corazones
el Espíritu de su Hijo, que clama: Abbá, Padre.

Oración después de la Comunión

Que la recepción de este sacramento
y nuestra profesión de fe
en la Trinidad santa y eterna,
y en su Unidad indivisible,
nos aprovechen, Señor, Dios nuestro,
para la salvación de cuerpo y alma.
Por Jesucristo, nuestro Señor.

[En las diócesis de los Estados Unidos]

Domingo después de la Santísima Trinidad

SANTÍSIMO CUERPO Y SANGRE DE CRISTO

(CORPUS CHRISTI)

Solemnidad

Antífona de entrada

Cfr. Sal 81 (80), 17

Alimentó a su pueblo con lo mejor del trigo
y lo sació con miel sacada de la roca.

Se dice Gloria.

Oración colecta

**Señor nuestro Jesucristo,
que en este admirable sacramento
nos dejaste el memorial de tu pasión,
concédenos venerar de tal modo
los sagrados misterios de tu Cuerpo y de tu Sangre,
que experimentemos continuamente en nosotros
el fruto de tu redención.
Tú que vives y reinas con el Padre en la unidad del Espíritu Santo
y eres Dios por los siglos de los siglos.**

Se dice Credo.

Oración sobre las ofrendas

**Señor, concede, bondadoso, a tu Iglesia,
los dones de la unidad y de la paz,
significados místicamente
en las ofrendas que te presentamos.
Por Jesucristo, nuestro Señor.**

Prefacio: Los frutos de la Santísima Eucaristía.

Santo, Santo, Santo . . .

Texto sin música: Prefacio II o I de la Eucaristía, pp. 616–617.

Antífona de la Comunión Jn 6, 56

El que come mi carne y bebe mi sangre,
permanece en mí y yo en él, dice el Señor.

Oración después de la Comunión

Concédenos, Señor Jesucristo, disfrutar eternamente
del gozo de tu divinidad que ahora pregustamos,
en la comunión de tu Cuerpo y de tu Sangre.
Tú que vives y reinas por los siglos de los siglos.

Conviene que la procesión se haga después de la Misa en la que se consagre la hostia que se va a llevar en la procesión. Pero nada impide que la procesión se haga también después de un tiempo prolongado de adoración pública a continuación de la Misa. Si la procesión se hace después de la Misa, terminada la comunión de los fieles, se coloca en el altar la custodia en la que se haya puesto la hostia consagrada. Dicha la oración después de la Comunión, omitidos los ritos conclusivos, se organiza la procesión.

Viernes siguiente al segundo domingo después de Pentecostés

SAGRADO CORAZÓN DE JESÚS

Solemnidad

Antífona de entrada

Sal 33 (32), 11. 19

Los proyectos de su corazón subsisten
de generación en generación,
para librar de la muerte a sus fieles
y reanimarlos en tiempo de hambre.

Se dice Gloria.

Oración colecta

**Concédenos, Dios todopoderoso,
que, gozosos de honrar el Corazón de tu amado Hijo,
al recordar la grandeza de los beneficios de su amor,
merezcamos recibir gracias cada vez más abundantes
de esa fuente celestial.
Por nuestro Señor Jesucristo, tu Hijo,
que vive y reina contigo en la unidad del Espíritu Santo
y es Dios por los siglos de los siglos.**

O bien:

**Señor Dios, que en tu misericordia
te dignas enriquecernos con los infinitos tesoros
del amor del Corazón de tu Hijo,
traspasado por nuestros pecados,
concédenos que al presentarte
el fervoroso homenaje de nuestra devoción,
cumplamos también con el deber de una digna reparación.
Por nuestro Señor Jesucristo, tu Hijo,
que vive y reina contigo en la unidad del Espíritu Santo
y es Dios por los siglos de los siglos.**

Se dice Credo.

Oración sobre las ofrendas

**Mira, Señor,
el inefable amor del Corazón de tu Hijo amado,
para que este don que te ofrecemos sea agradable a tus ojos
y sirva como expiación de nuestros pecados.
Por Jesucristo, nuestro Señor.**

Prefacio: El inmenso amor de Cristo.

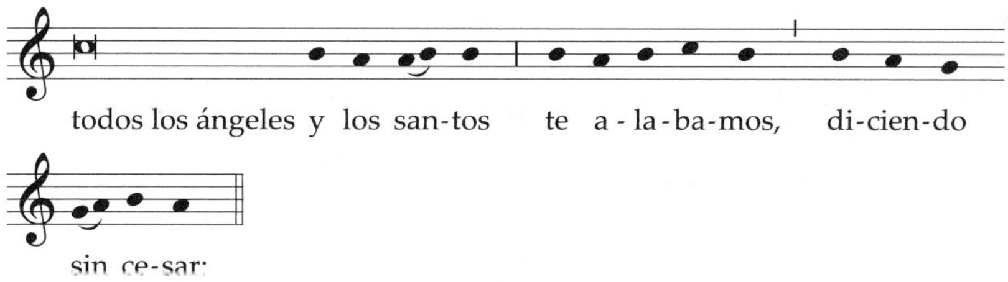

Santo, Santo, Santo . . .

Texto sin música:

V. **El Señor esté con ustedes.**
R. Y con tu espíritu.

V. **Levantemos el corazón.**
R. Lo tenemos levantado hacia el Señor.

V. **Demos gracias al Señor, nuestro Dios.**
R. Es justo y necesario.

**En verdad es justo y necesario,
es nuestro deber y salvación
darte gracias siempre y en todo lugar,
Señor, Padre santo,
Dios todopoderoso y eterno,
por Cristo, Señor nuestro.**

**El cual, con inmenso amor,
se entregó por nosotros en la cruz
e hizo salir sangre y agua de su costado herido,
de donde habrían de brotar los sacramentos de la Iglesia,
para que todos los hombres,
atraídos hacia el corazón abierto del Salvador,
pudieran beber siempre, con gozo,
de la fuente de la salvación.**

**Por eso, con todos los ángeles
y los santos te alabamos,
diciendo sin cesar:**

Santo, Santo, Santo . . .

Antífona de la Comunión

Cfr. Jn 7, 37-38

Dice el Señor: si alguno tiene sed,
que venga a mí y beba.
De aquel que cree en mí,
brotarán ríos de agua viva.

O bien: Jn 19, 34

Uno de los soldados le traspasó el costado con su lanza,
e inmediatamente salió sangre y agua.

Oración después de la Comunión

Señor y Padre nuestro, que este sacramento de amor
nos haga arder en santo afecto,
de modo que, atraídos siempre hacia tu Hijo,
sepamos reconocerlo en nuestros hermanos.
Él, que vive y reina por los siglos de los siglos.

Último domingo del Tiempo Ordinario

NUESTRO SEÑOR JESUCRISTO, REY DEL UNIVERSO

Solemnidad

Antífona de entrada

Ap 5, 12; 1, 6

Digno es el Cordero que fue inmolado,
de recibir el poder y la riqueza, la sabiduría,
la fuerza y el honor.
A él la gloria y el imperio
por los siglos de los siglos.

Se dice Gloria.

Oración colecta

**Dios todopoderoso y eterno,
que quisiste fundamentar todas las cosas
en tu Hijo muy amado, Rey del universo,
concede, benigno, que toda la creación,
liberada de la esclavitud del pecado,
sirva a tu majestad y te alabe eternamente.
Por nuestro Señor Jesucristo, tu Hijo,
que vive y reina contigo en la unidad del Espíritu Santo
y es Dios por los siglos de los siglos.**

Se dice Credo.

Oración sobre las ofrendas

**Al ofrecerte, Señor,
el sacrificio de la reconciliación humana,
te suplicamos humildemente
que tu Hijo conceda a todos los pueblos
los dones de la unidad y de la paz.
Él, que vive y reina por los siglos de los siglos.**

Prefacio: Cristo, Rey del universo.

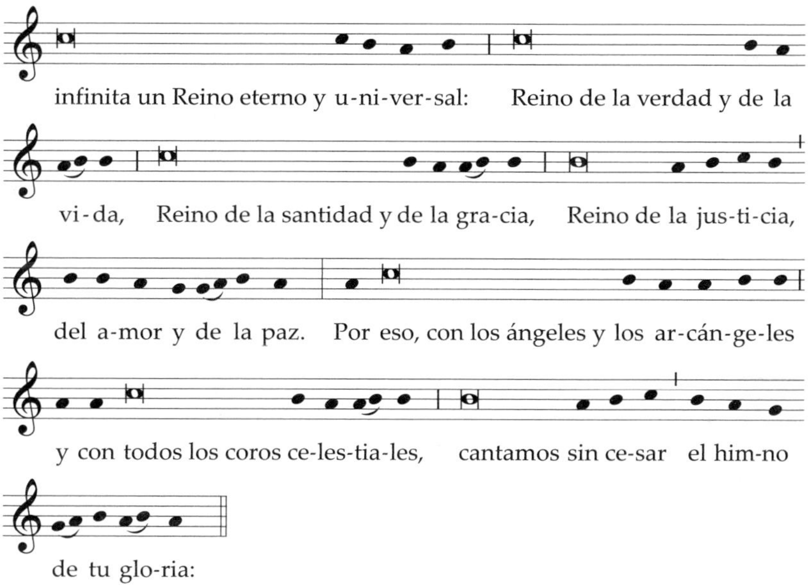

Santo, Santo, Santo . . .

Texto sin música:

V. **El Señor esté con ustedes.**
R. Y con tu espíritu.

V. **Levantemos el corazón.**
R. Lo tenemos levantado hacia el Señor.

V. **Demos gracias al Señor, nuestro Dios.**
R. Es justo y necesario.

**En verdad es justo y necesario,
es nuestro deber y salvación
darte gracias siempre y en todo lugar,
Señor, Padre santo,
Dios todopoderoso y eterno.**

**Porque has ungido con el óleo de la alegría,
a tu Hijo único, nuestro Señor Jesucristo,
como Sacerdote eterno
y Rey del universo,
para que, ofreciéndose a sí mismo
como víctima perfecta y pacificadora
en el altar de la cruz,
consumara el misterio de la redención humana;
y, sometiendo a su poder la creación entera,
entregara a tu majestad infinita
un Reino eterno y universal:
Reino de la verdad y de la vida,
Reino de la santidad y de la gracia,
Reino de la justicia, del amor y de la paz.**

**Por eso, con los ángeles y los arcángeles
y con todos los coros celestiales,
cantamos sin cesar
el himno de tu gloria:**

Santo, Santo, Santo . . .

Antífona de la Comunión
Sal 29 (28), 10-11

En su trono reinará el Señor para siempre
y le dará a su pueblo la bendición de la paz.

Oración después de la Comunión

**Habiendo recibido, Señor, el alimento de vida eterna,
te rogamos que quienes nos gloriamos de obedecer
los mandamientos de Jesucristo, Rey del universo,
podamos vivir eternamente con él en el reino de los cielos.
Él, que vive y reina por los siglos de los siglos.**

ORDINARIO DE LA MISA

RITOS INICIALES

1. Reunido el pueblo, el sacerdote se dirige al altar, con los ministros, mientras se entona el canto de entrada.

Cuando llega al altar, habiendo hecho con los ministros una inclinación profunda, venera el altar con un beso y, si es oportuno, inciensa la cruz y el altar. Después se dirige con los ministros a la sede.

Terminado el canto de entrada, el sacerdote y los fieles, de pie, se santiguan con la señal de la cruz, mientras el sacerdote, vuelto hacia el pueblo, dice:

**En el nombre del Padre, y del Hijo,
y del Espíritu Santo.**

El pueblo responde:

Amén.

2. Después el sacerdote, extendiendo las manos, saluda al pueblo, diciendo:

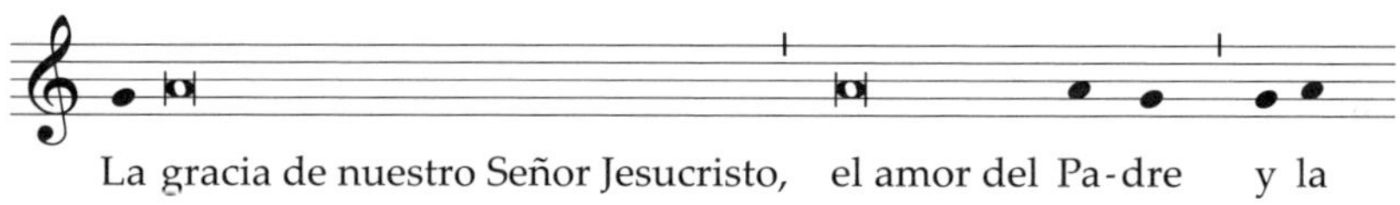

**La gracia de nuestro Señor Jesucristo,
el amor del Padre
y la comunión del Espíritu Santo
estén con todos ustedes.**

O bien:

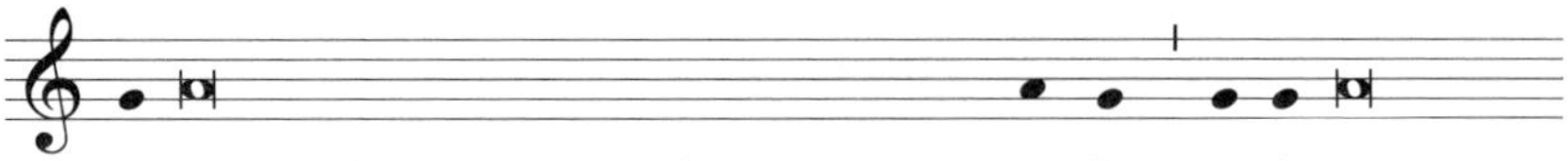

La gracia y la paz de parte de Dios, nuestro Pa-dre, y de Jesucristo,

el Se-ñor, estén con todos us-te-des.

La gracia y la paz de parte de Dios, nuestro Padre,
y de Jesucristo, el Señor,
estén con todos ustedes.

O bien:

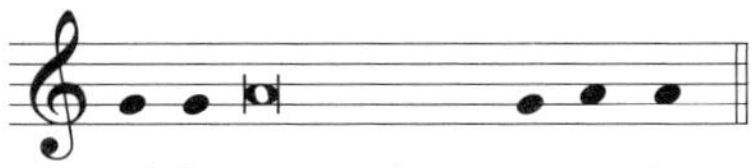

El Se-ñor esté con us-te-des.

El Señor esté con ustedes.

El pueblo responde:

Y con tu‿es-pí-ri-tu.

Y con tu espíritu.

El Obispo, en vez de El Señor esté con ustedes, en este primer saludo, dice:

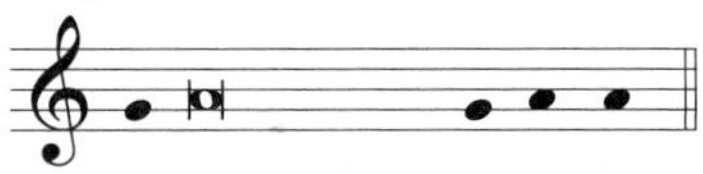

La paz esté con us-te-des.

La paz esté con ustedes.

---

3. El sacerdote o el diácono, u otro ministro, puede hacer una monición muy breve para introducir a los fieles en la Misa del día.

Acto penitencial[*]

4. A continuación se hace el acto penitencial, al que el sacerdote invita a los fieles, diciendo:

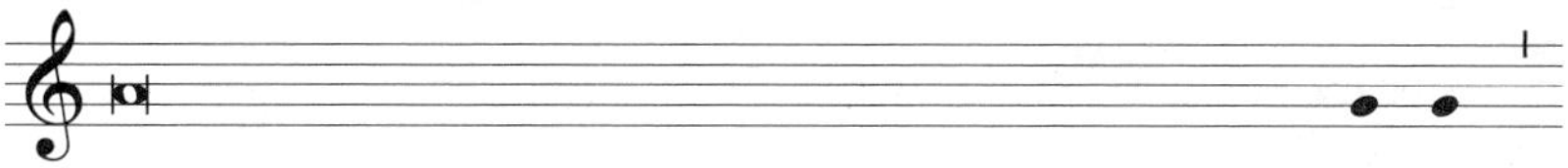

Hermanos: para celebrar dignamente estos sagrados mis-te-rios,

re-co-noz-camos nues-tros pe-ca-dos.

Hermanos:
para celebrar dignamente estos sagrados misterios,
reconozcamos nuestros pecados.

Se hace una breve pausa en silencio. Después, todos dicen en común la fórmula de la confesión general:

Yo confieso ante Dios todopoderoso
y ante ustedes, hermanos,
que he pecado mucho
de pensamiento, palabra, obra y omisión.

Y, golpeándose el pecho, dicen:

Por mi culpa, por mi culpa, por mi gran culpa.

Luego prosiguen:

Por eso ruego a santa María, siempre Virgen,
a los ángeles, a los santos
y a ustedes, hermanos,
que intercedan por mí ante Dios,
nuestro Señor.

* El domingo, especialmente en el Tiempo Pascual, en lugar del acto penitencial habitual, en algunas ocasiones puede hacerse la bendición y aspersión del agua en memoria del Bautismo, como aparece en el Apéndice III, pp. 1266-1274.

Sigue la absolución del sacerdote:

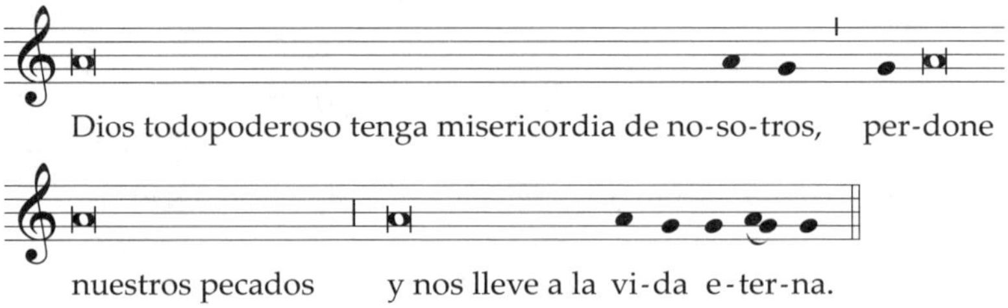

Dios todopoderoso
tenga misericordia de nosotros,
perdone nuestros pecados
y nos lleve a la vida eterna.

El pueblo responde:

Amén.

O bien:

5. El sacerdote invita a los fieles al acto penitencial:

Hermanos:
para celebrar dignamente estos sagrados misterios,
reconozcamos nuestros pecados.

Se hace una breve pausa en silencio.

Después, el sacerdote dice:

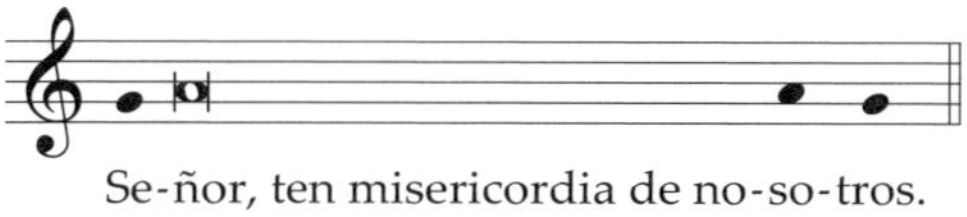

Señor, ten misericordia de nosotros.

El pueblo responde:

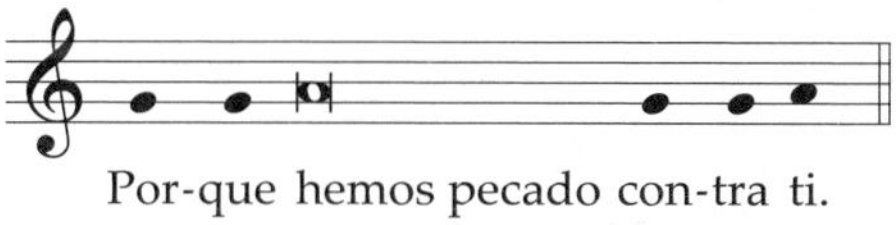

Porque hemos pecado contra ti.

El sacerdote prosigue:

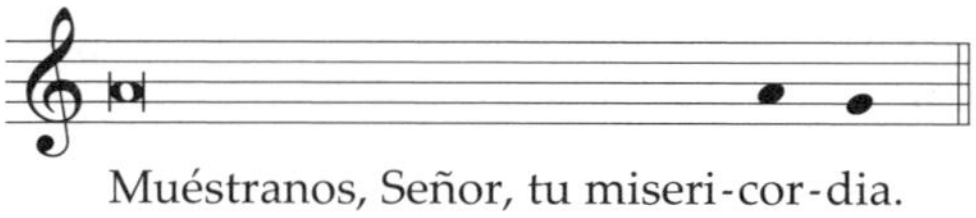

Muéstranos, Señor, tu misericordia.

El pueblo responde:

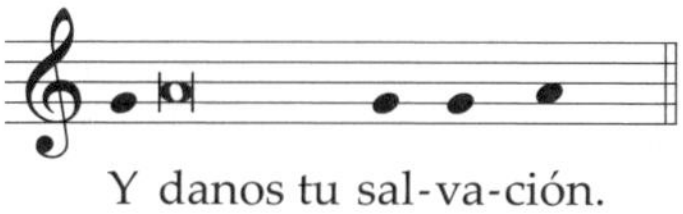

Y danos tu salvación.

Sigue la absolución del sacerdote:

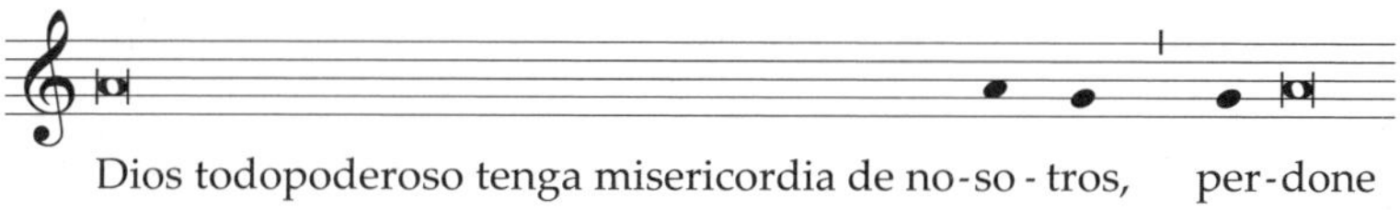

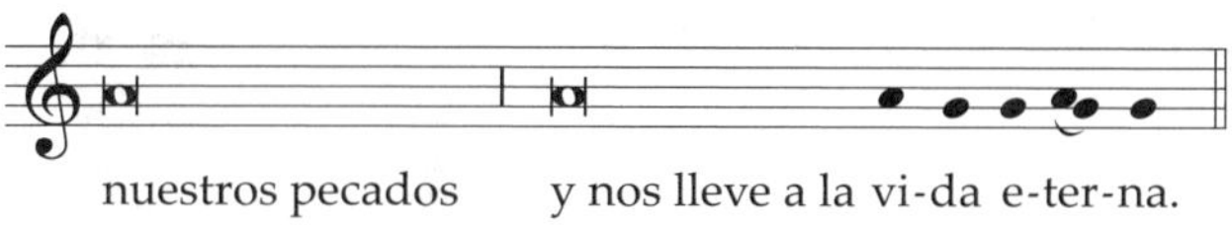

Dios todopoderoso
tenga misericordia de nosotros,
perdone nuestros pecados
y nos lleve a la vida eterna.

El pueblo responde:

Amén.

O bien:

6. El sacerdote invita a los fieles al acto penitencial:

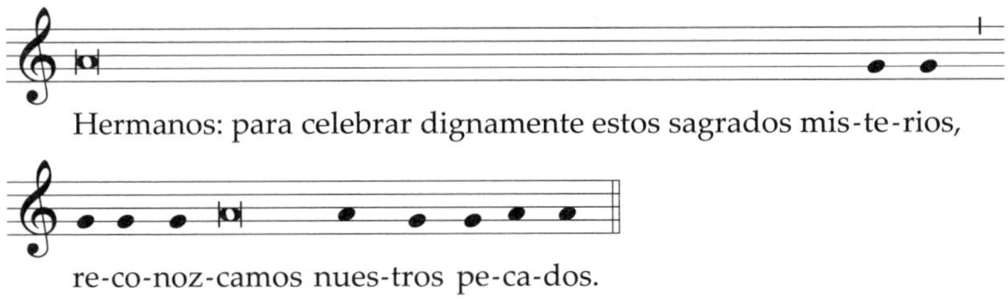

Hermanos:
para celebrar dignamente estos sagrados misterios,
reconozcamos nuestros pecados.

Se hace una breve pausa en silencio.

Después el sacerdote o el diácono, u otro ministro, empleando éstas u otras invocaciones,* con el Señor, ten piedad (Kýrie, eléison), dice:

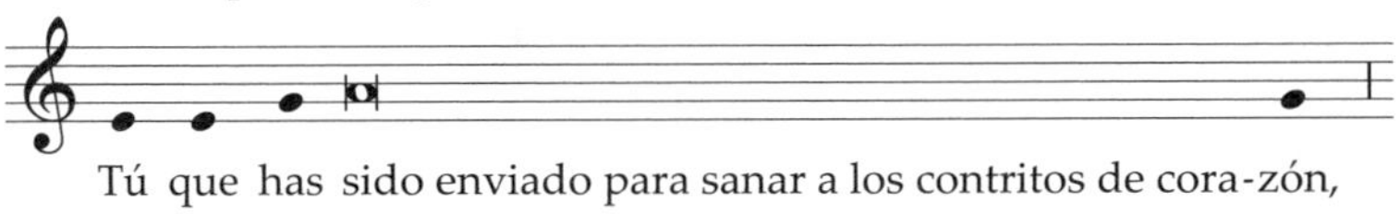

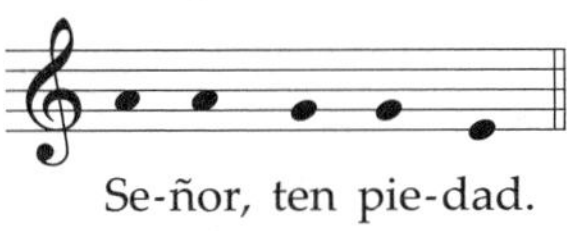

O bien:

El pueblo responde:

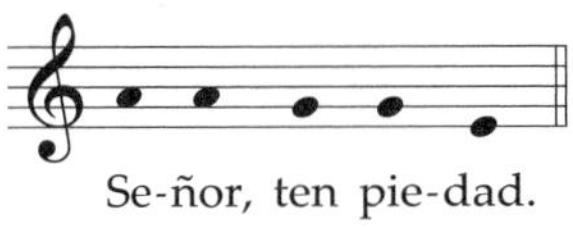

O bien:

---

* Ejemplos de invocaciones se encuentran en el Apéndice VII, pp. 1563–1570.

El sacerdote:

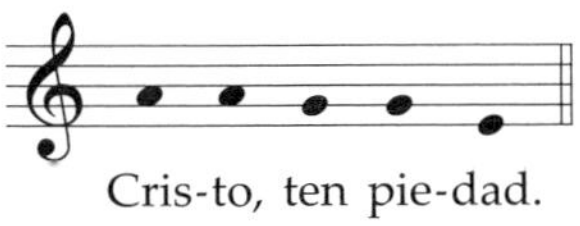

O bien:

El pueblo:

O bien:

El sacerdote:

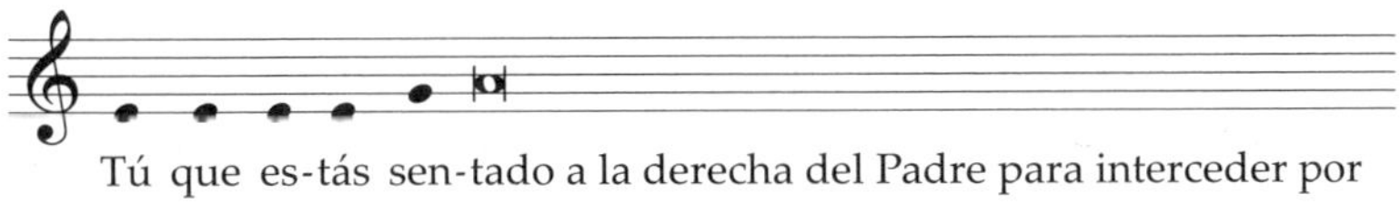

O bien:

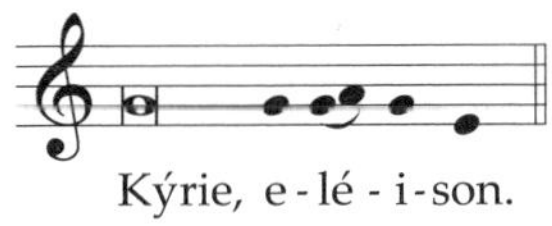

El pueblo:

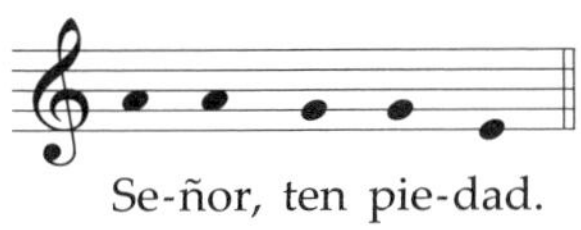

O bien:

Sigue la absolución del sacerdote:

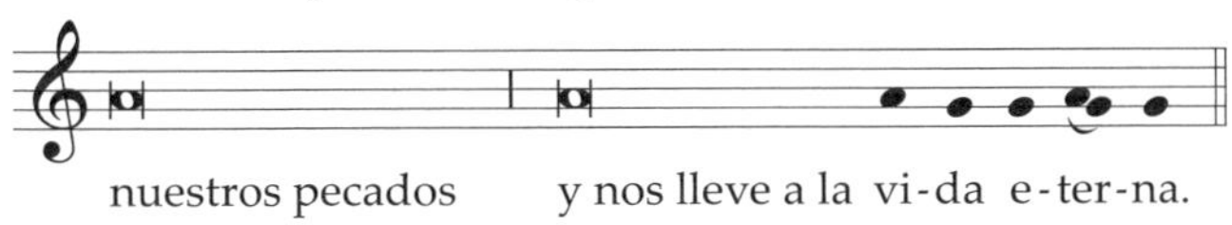

El pueblo responde:

Amén.

Después el sacerdote o el diácono, u otro ministro, empleando éstas u otras invocaciones,* con el Señor, ten piedad (Kýrie, eléison), dice:

Tú que has sido enviado para sanar
a los contritos de corazón:
Señor, ten piedad. O bien: **Kýrie, eléison.**

El pueblo responde:

Señor, ten piedad. O bien: Kýrie, eléison.

El sacerdote:

Tú que has venido a llamar a los pecadores:
Cristo, ten piedad. O bien: **Christe, eléison.**

El pueblo:

Cristo, ten piedad. O bien: Christe, eléison.

El sacerdote:

Tú que estás sentado a la derecha del Padre
para interceder por nosotros:
Señor, ten piedad. O bien: **Kýrie, eléison.**

El pueblo:

Señor, ten piedad. O bien: Kýrie, eléison.

Sigue la absolución del sacerdote:

Dios todopoderoso
tenga misericordia de nosotros,
perdone nuestros pecados
y nos lleve a la vida eterna.

El pueblo responde:

Amén.

---

* Ejemplos de invocaciones se encuentran en el Apéndice VII, pp. 1563–1570.

7. Siguen las invocaciones **Señor, ten piedad** (**Kýrie, eléison**), si no se han dicho ya en alguna de las fórmulas del acto penitencial:

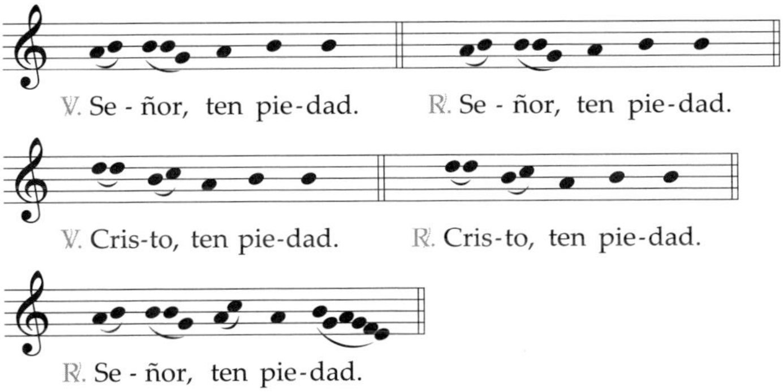

V. **Señor, ten piedad.**	R. Señor, ten piedad.
V. **Cristo, ten piedad.**	R. Cristo, ten piedad.
V. **Señor, ten piedad.**	R. Señor, ten piedad.

V. **Kyrie, eleison.**	R. Kyrie, eleison.
V. **Christe, eleison.**	R. Christe, eleison.
V. **Kyrie, eleison.**	R. Kyrie, eleison.

8. A continuación, cuando está prescrito, se canta o se dice el himno:

Gloria a Dios en el cielo,
y en la tierra paz a los hombres
que ama el Señor.

Por tu inmensa gloria te alabamos,
te bendecimos,
te adoramos,
te glorificamos,
te damos gracias,
Señor Dios, Rey celestial,
Dios Padre todopoderoso.

Señor, Hijo único, Jesucristo;
Señor Dios, Cordero de Dios,
Hijo del Padre;
tú que quitas el pecado del mundo,
ten piedad de nosotros;
tú que quitas el pecado del mundo,
atiende nuestra súplica;
tú que estás sentado a la derecha del Padre,
ten piedad de nosotros;
porque sólo tú eres Santo,
sólo tú Señor,
sólo tú Altísimo, Jesucristo,
con el Espíritu Santo
en la gloria de Dios Padre.
Amén.

9. Terminado el himno, el sacerdote, con las manos juntas, dice:

Oremos.

Y todos, junto con el sacerdote, oran en silencio durante un breve espacio de tiempo.

Después el sacerdote, con las manos extendidas, dice la oración colecta.

Al final de la oración el pueblo aclama:

Amén.

LITURGIA DE LA PALABRA

10. Después, el lector se dirige al ambón y proclama la primera lectura, que todos escuchan sentados.

Para indicar el final de la lectura, el lector dice:

Palabra de Dios.

Todos responden:

Te alabamos, Señor.

11. El salmista, o el cantor, canta o recita el salmo, y el pueblo pronuncia la respuesta.

12. Después, si hay segunda lectura, el lector la lee desde el ambón, como la primera.

Para indicar el final de la lectura, el lector dice:

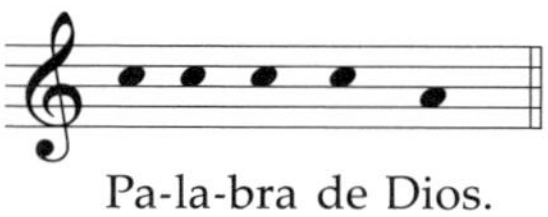

Palabra de Dios.

Todos responden:

Te alabamos, Señor.

13. Sigue el Aleluya, u otro canto determinado por las rúbricas, según lo requiera el tiempo litúrgico.

14. Mientras tanto, si se usa incienso, el sacerdote lo pone en el incensario. Después, el diácono que va a proclamar el Evangelio, profundamente inclinado ante el sacerdote, pide la bendición, diciendo en voz baja:

Padre, dame tu bendición.

El sacerdote, en voz baja, dice:

El Señor esté en tu corazón y en tus labios,
para que anuncies dignamente su Evangelio;
en el nombre del Padre, y del Hijo ✠,
y del Espíritu Santo.

El diácono se signa con la señal de la cruz y responde:

Amén.

Pero si no está presente el diácono, el sacerdote, inclinado ante el altar, dice en secreto:

Purifica mi corazón y mis labios,
Dios todopoderoso,
para que pueda anunciar dignamente tu santo Evangelio.

15. Después el diácono, o el sacerdote, se dirige al ambón, acompañado, si es oportuno, por los ministros que llevan el incienso y los cirios, y dice:

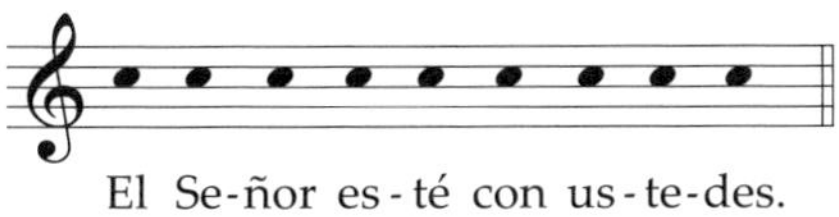

El Señor esté con ustedes.

El pueblo responde:

Y con tu espíritu.

El diácono, o el sacerdote:

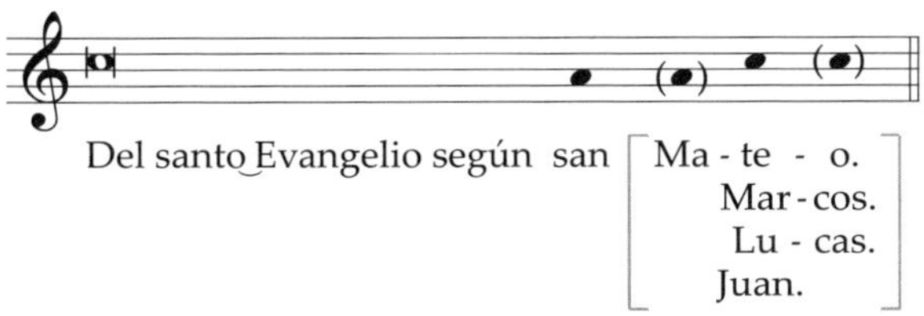

Del santo Evangelio según san N.

Y, mientras tanto, hace la señal de la cruz sobre el libro y sobre su frente, labios y pecho.

El pueblo aclama:

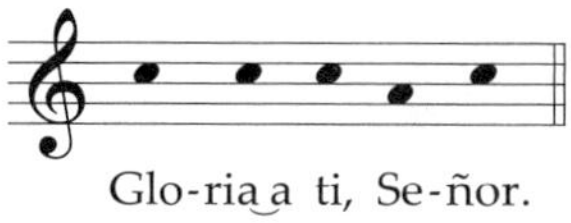

Gloria a ti, Señor.

Luego el diácono, o el sacerdote, si se usa incienso, inciensa el libro y proclama el Evangelio.

16. Acabado el Evangelio, el diácono o el sacerdote, aclama:

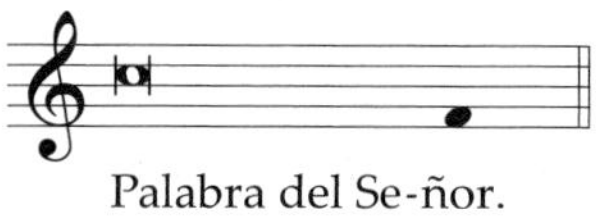

Palabra del Señor.

Todos responden:

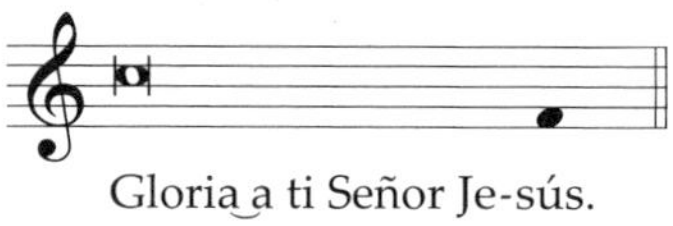

Gloria a ti, Señor Jesús.

Después besa el libro, diciendo en secreto:

Las palabras del Evangelio borren nuestros pecados.

17. Luego se hace la homilía, que corresponde al sacerdote o al diácono, y que debe hacerse todos los domingos y fiestas de precepto; se recomienda los otros días.

18. Terminada la homilía, cuando está prescrito, se canta o se dice el Símbolo o Profesión de fe:

En las palabras que siguen, **hasta se hizo hombre,** todos se inclinan.

Se puede encontrar una musicalización alternativa del Credo en el Apéndice II, pp. 1514–1516.

Creo en un solo Dios,
Padre todopoderoso,
Creador del cielo y de la tierra,
de todo lo visible y lo invisible.

Creo en un solo Señor, Jesucristo,
Hijo único de Dios,
nacido del Padre antes de todos los siglos:
Dios de Dios, Luz de Luz,
Dios verdadero de Dios verdadero,
engendrado, no creado,
de la misma naturaleza del Padre,
por quien todo fue hecho;
que por nosotros, los hombres,
y por nuestra salvación bajó del cielo,

En las palabras que siguen, hasta se hizo hombre, todos se inclinan.

y por obra del Espíritu Santo
se encarnó de María, la Virgen, y se hizo hombre;
y por nuestra causa fue crucificado
en tiempos de Poncio Pilato;
padeció y fue sepultado,
y resucitó al tercer día, según las Escrituras,
y subió al cielo,
y está sentado a la derecha del Padre;
y de nuevo vendrá con gloria
para juzgar a vivos y muertos,
y su reino no tendrá fin.

Creo en el Espíritu Santo,
Señor y dador de vida,
que procede del Padre y del Hijo,
que con el Padre y el Hijo
recibe una misma adoración y gloria,
y que habló por los profetas.

Creo en la Iglesia,
que es una, santa, católica y apostólica.
Confieso que hay un solo Bautismo
para el perdón de los pecados.
Espero la resurrección de los muertos
y la vida del mundo futuro.
Amén.

19. En lugar del Símbolo Niceno-constantinopolitano, sobre todo en el Tiempo de Cuaresma y en el Tiempo Pascual, se puede emplear el Símbolo bautismal de la Iglesia de Roma, también llamado "de los Apóstoles".

Creo en Dios, Padre todopoderoso,
Creador del cielo y de la tierra.

Creo en Jesucristo, su único Hijo, nuestro Señor,

En las palabras que siguen, hasta María Virgen, todos se inclinan.

que fue concebido por obra y gracia del Espíritu Santo,
nació de santa María Virgen,
padeció bajo el poder de Poncio Pilato,
fue crucificado, muerto y sepultado,
descendió a los infiernos,
al tercer día resucitó de entre los muertos,
subió a los cielos
y está sentado a la derecha de Dios, Padre todopoderoso.
Desde allí ha de venir a juzgar a vivos y muertos.

Creo en el Espíritu Santo,
la santa Iglesia católica,
la comunión de los santos,
el perdón de los pecados,
la resurrección de la carne
y la vida eterna.
Amén.

20. Después se hace la oración universal u oración de los fieles.

LITURGIA EUCARÍSTICA

21. Terminado lo anterior, comienza el canto para el ofertorio. Mientras tanto, los ministros colocan sobre el altar el corporal, el purificador, el cáliz, la palia y el misal.

22. Conviene que los fieles expresen su participación en la ofrenda, bien sea llevando el pan y el vino para la celebración de la Eucaristía, bien presentando otros dones para las necesidades de la Iglesia o de los pobres.

23. El sacerdote, de pie junto al altar, toma la patena con el pan y, teniéndola con ambas manos un poco elevada sobre el altar, dice en voz baja:

Bendito seas, Señor, Dios del universo,
por este pan,
fruto de la tierra y del trabajo del hombre,
que recibimos de tu generosidad y ahora te presentamos;
él será para nosotros pan de vida.

Después, deja sobre el corporal la patena con el pan.

Si no se hace el canto para el ofertorio, el sacerdote puede decir estas palabras en voz alta; al final, el pueblo puede aclamar:

Bendito seas por siempre, Señor.

24. El diácono, o el sacerdote, vierte vino y un poco de agua en el cáliz, diciendo en secreto:

Por el misterio de esta agua y este vino,
haz que compartamos la divinidad
de quien se ha dignado participar de nuestra humanidad.

25. Después, el sacerdote toma el cáliz y, teniéndolo con ambas manos un poco elevado sobre el altar, dice en voz baja:

Bendito seas, Señor, Dios del universo,
por este vino,
fruto de la vid y del trabajo del hombre,
que recibimos de tu generosidad y ahora te presentamos;
él será para nosotros bebida de salvación.

Después deja sobre el corporal el cáliz.

Si no se hace el canto para el ofertorio, el sacerdote puede decir estas palabras en voz alta; al final, el pueblo puede aclamar:

Bendito seas por siempre, Señor.

26. Luego, el sacerdote, inclinado profundamente, dice en secreto:

Acepta, Señor, nuestro corazón contrito
y nuestro espíritu humilde;
que éste sea hoy nuestro sacrificio
y que sea agradable en tu presencia,
Señor, Dios nuestro.

27. Y, si es oportuno, inciensa las ofrendas, la cruz y el altar. Después el diácono, u otro ministro, inciensa al sacerdote y al pueblo.

28. Luego el sacerdote, de pie a un lado del altar, se lava las manos, diciendo en secreto:

Lava del todo mi delito, Señor,
y limpia mi pecado.

29. Después, de pie en el centro del altar, de cara al pueblo, extendiendo y juntando las manos, dice:

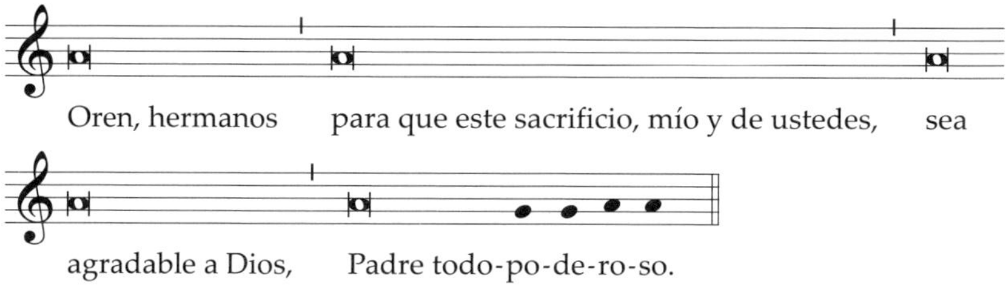

Oren, hermanos,
para que este sacrificio, mío y de ustedes,
sea agradable a Dios, Padre todopoderoso.

El pueblo se pone de pie y responde:

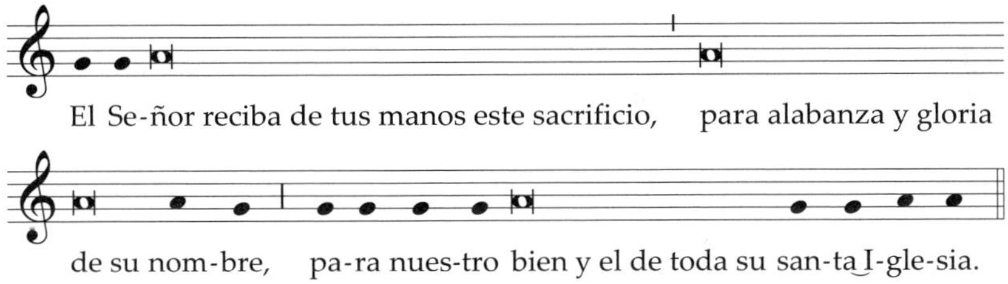

El Señor reciba de tus manos este sacrificio,
para alabanza y gloria de su nombre,
para nuestro bien
y el de toda su santa Iglesia.

30. Luego el sacerdote, con las manos extendidas, dice la oración sobre las ofrendas.

Concluida la oración sobre las ofrendas, el pueblo aclama:

Amén.

PLEGARIA EUCARÍSTICA

31. *Entonces, el sacerdote dice la Plegaria eucarística.*

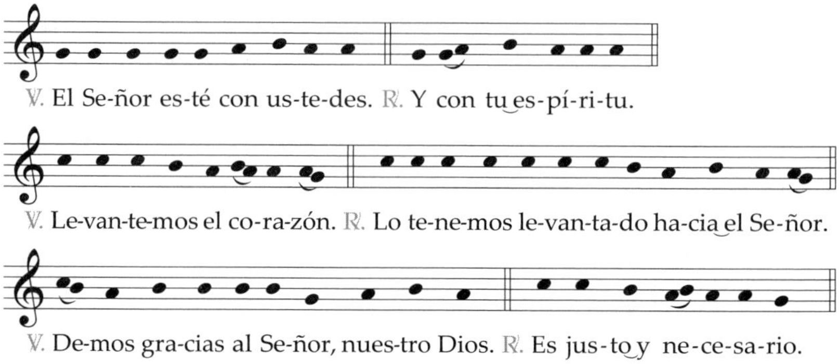

Extendiendo las manos, dice:

El Señor esté con ustedes.

El pueblo responde:

Y con tu espíritu.

El sacerdote, elevando las manos, prosigue:

Levantemos el corazón.

El pueblo:

Lo tenemos levantado hacia el Señor.

El sacerdote, con las manos extendidas, dice:

Demos gracias al Señor, nuestro Dios.

El pueblo:

Es justo y necesario.

El sacerdote prosigue el prefacio, con las manos extendidas.

Al final del prefacio junta las manos y, en unión con el pueblo, concluye el mismo prefacio, cantando o diciendo con voz clara:

Santo, Santo, Santo es el Señor, Dios del universo.
Llenos están el cielo y la tierra de tu gloria.
Hosanna en el cielo.
Bendito el que viene en nombre del Señor.
Hosanna en el cielo.

O bien:

32. En todas las Misas, el sacerdote celebrante puede cantar algunas partes de la Plegaria eucarística, especialmente las principales.

En la Plegaria eucarística I, o Canon Romano, se puede omitir lo que se encuentra entre paréntesis.

PREFACIO I DE ADVIENTO

Las dos venidas de Cristo

33. Este prefacio se dice en las Misas del tiempo desde el primer domingo de Adviento hasta el 16 de diciembre inclusive, y en las demás Misas que se celebren durante este mismo tiempo, que no tengan prefacio propio.

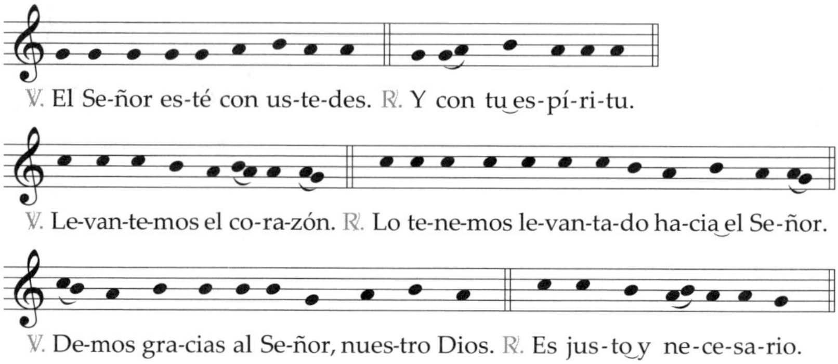

**En verdad es justo y necesario,
es nuestro deber y salvación
darte gracias siempre y en todo lugar,
Señor, Padre santo,
Dios todopoderoso y eterno,
por Cristo, Señor nuestro.**

**Quien, al venir por vez primera
en la humildad de nuestra carne,
realizó el plan de redención trazado desde antiguo
y nos abrió el camino de la salvación eterna,
para que cuando venga de nuevo,
en la majestad de su gloria,
revelando así la plenitud de su obra,
podamos recibir los bienes prometidos
que ahora, en vigilante espera,
confiamos alcanzar.**

**Por eso, con los ángeles y los arcángeles,
con los tronos y dominaciones
y con todos los coros celestiales,
cantamos sin cesar el himno de tu gloria:**

Santo, Santo, Santo . . .

Santo, Santo, Santo . . .

PREFACIO II DE ADVIENTO

La doble espera de Cristo

34. Este prefacio se dice en las Misas del tiempo que se celebren del 17 de diciembre hasta la Misa matutina del 24 inclusive, y en las demás Misas que se celebren durante esos mismos días y no tienen prefacio propio.

V. **El Señor esté con ustedes.**
R. Y con tu espíritu.

V. **Levantemos el corazón.**
R. Lo tenemos levantado hacia el Señor.

V. **Demos gracias al Señor, nuestro Dios.**
R. Es justo y necesario.

En verdad es justo y necesario,
es nuestro deber y salvación
darte gracias siempre y en todo lugar,
Señor, Padre santo,
Dios todopoderoso y eterno,
por Cristo, Señor nuestro.

A quien todos los profetas anunciaron
y la Virgen esperó con inefable amor de madre;
Juan el Bautista anunció su próxima venida
y lo señaló después ya presente.

Él mismo es quien nos concede ahora
prepararnos con alegría
al misterio de su nacimiento,
para encontrarnos así cuando llegue,
velando en oración y cantando gozosos su alabanza.

Por eso, con los ángeles y los arcángeles,
con los tronos y dominaciones
y con todos los coros celestiales,
cantamos sin cesar el himno de tu gloria:

Santo, Santo, Santo . . .

Santo, Santo, Santo . . .

PREFACIO I DE NAVIDAD

Cristo, Luz

35. Este prefacio se dice en las Misas del día de Navidad y de su octava; y de los días dentro de la octava, incluso en las Misas que, de otro modo, tendrían un prefacio propio; se exceptúan las Misas en honor de los divinos misterios o de las Divinas Personas que tengan prefacio propio. Se dice también en las ferias del Tiempo de Navidad.

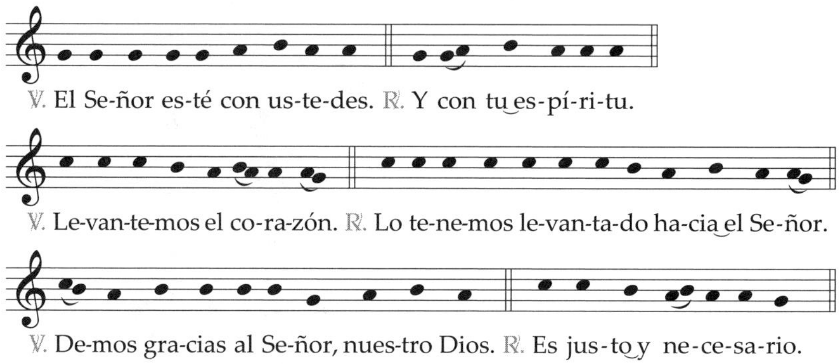

En verdad es justo y necesario,
es nuestro deber y salvación
darte gracias siempre y en todo lugar,
Señor, Padre santo,
Dios todopoderoso y eterno.

Porque gracias al misterio
de tu Palabra hecha carne,
la luz de tu gloria brilló ante nuestros ojos
con nuevo resplandor,
para que, conociendo a Dios visiblemente,
por él seamos impulsados al amor de lo invisible.

Por eso, con los ángeles y los arcángeles,
con los tronos y dominaciones
y con todos los coros celestiales,
cantamos sin cesar el himno de tu gloria:

Santo, Santo, Santo . . .

Santo, Santo, Santo . . .

Si se usa el Canon Romano, se dice **Reunidos en comunión** propio, que está en la p. 665. (En la Misa que se celebra en la vigilia o en la noche de Navidad, se dice: **para celebrar la noche santísima en que . . .**; después se dice siempre: **para celebrar el día santísimo en que . . .**, hasta la octava de Navidad inclusive).

En la Plegaria eucarística II se dice **Acuérdate, Señor** propio, que está en la p. 1572. En la Plegaria eucarística III se dice **Atiende los deseos** correspondiente, que está en la p. 1574.

PREFACIO II DE NAVIDAD

Restauración universal por la Encarnación

36. Este prefacio se dice en las Misas del día de Navidad y de su octava; y de los días dentro de la octava, incluso en las Misas que, de otro modo, tendrían un prefacio propio; se exceptúan las Misas en honor de los divinos misterios o de las Divinas Personas que tengan prefacio propio. Se dice también en las ferias del Tiempo de Navidad.

V. **El Señor esté con ustedes.**
R. Y con tu espíritu.

V. **Levantemos el corazón.**
R. Lo tenemos levantado hacia el Señor.

V. **Demos gracias al Señor, nuestro Dios.**
R. Es justo y necesario.

**En verdad es justo y necesario,
es nuestro deber y salvación
darte gracias siempre y en todo lugar,
Señor, Padre santo,
Dios todopoderoso y eterno,
por Cristo, Señor nuestro.**

**Quien, en el misterio santo que hoy celebramos,
siendo invisible en su naturaleza divina,
se hizo visible al asumir la nuestra
y, engendrado antes de todo tiempo,
comenzó a existir en el tiempo
para devolver su perfección a la creación entera,
reconstruyendo en su persona
cuanto en el mundo yacía derrumbado
y para llamar de nuevo al hombre caído
al Reino de los cielos.**

**Por eso, también nosotros, unidos a todos los ángeles,
te alabamos llenos de alegría, diciendo:**

Santo, Santo, Santo . . .

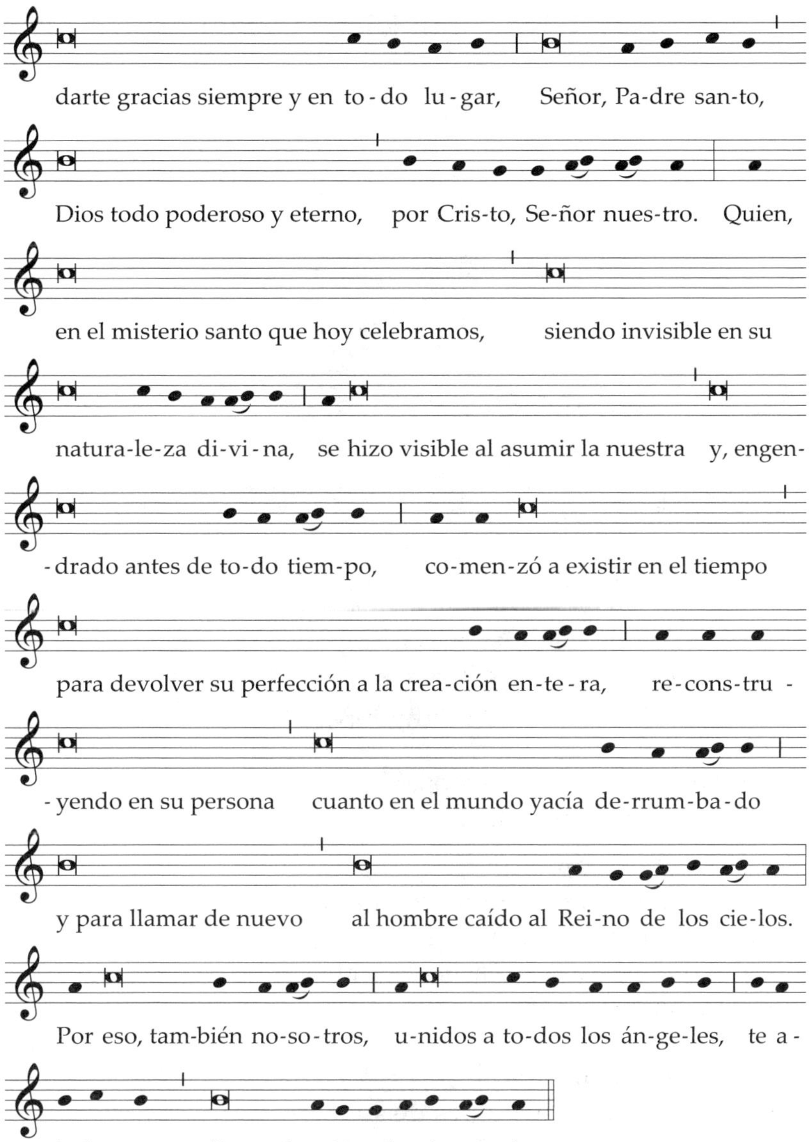

Santo, Santo, Santo . . .

Si se usa el Canon Romano, se dice **Reunidos en comunión** propio, que está en la p. 665. (En la Misa que se celebra en la vigilia o en la noche de Navidad, se dice: **para celebrar la noche santísima en que . . .**; después se dice siempre: **para celebrar el día santísimo en que . . .**, hasta la octava de Navidad inclusive).

En la Plegaria eucarística II se dice **Acuérdate, Señor** propio, que está en la p. 1572. En la Plegaria eucarística III se dice **Atiende los deseos** correspondiente, que está en la p. 1574.

PREFACIO III DE NAVIDAD

Intercambio en la Encarnación del Verbo

37. Este prefacio se dice en las Misas del día de Navidad y de su octava; y de los días dentro de la octava, incluso en las Misas que, de otro modo, tendrían un prefacio propio; se exceptúan las Misas en honor de los divinos misterios o de las Divinas Personas que tengan prefacio propio. Se dice también en las ferias del Tiempo de Navidad.

℣. El Se-ñor es-té con us-te-des. ℟. Y con tu es-pí-ri-tu.

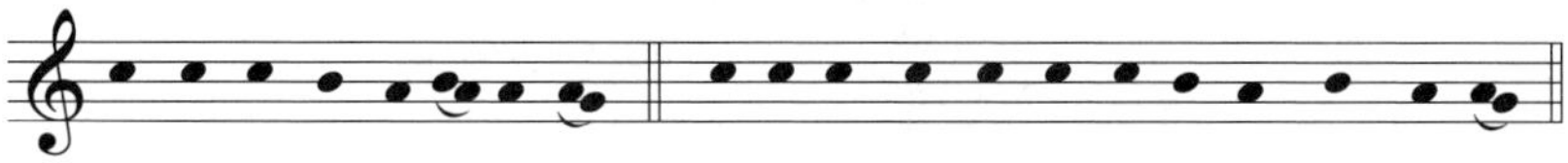

℣. Le-van-te-mos el co-ra-zón. ℟. Lo te-ne-mos le-van-ta-do ha-cia el Se-ñor.

℣. De-mos gra-cias al Se-ñor, nues-tro Dios. ℟. Es jus-to y ne-ce-sa-rio.

En verdad es justo y necesario,
es nuestro deber y salvación
darte gracias siempre y en todo lugar,
Señor, Padre santo,
Dios todopoderoso y eterno,
por Cristo, Señor nuestro.

Por él, hoy resplandece
el maravilloso intercambio que nos salva,
ya que al asumir tu Hijo nuestra fragilidad,
no sólo quedó nuestra carne mortal
honrada para siempre,
sino que,
por esta unión admirable,
nos hizo también partícipes de su eternidad.

Por eso, unidos a los coros angélicos,
te alabamos gozosos, diciendo:

Santo, Santo, Santo . . .

Santo, Santo, Santo . . .

Si se usa el Canon Romano, se dice **Reunidos en comunión** propio, que está en la p. 665. (En la Misa que se celebra en la vigilia o en la noche de Navidad, se dice: **para celebrar la noche santísima en que . . .**; después se dice siempre: **para celebrar el día santísimo en que . . .**, hasta la octava de Navidad inclusive).

En la Plegaria eucarística II se dice **Acuérdate, Señor** propio, que está en la p. 1572. En la Plegaria eucarística III se dice **Atiende los deseos** correspondiente, que está en la p. 1574.

PREFACIO DE LA EPIFANÍA

Cristo, luz de las naciones

38. Este prefacio se dice en las Misas de la solemnidad de la Epifanía. En los días siguientes, hasta el sábado anterior a la fiesta del Bautismo del Señor, puede decirse también este prefacio o alguno de los de Navidad.

℣. El Se-ñor es-té con us-te-des. ℟. Y con tu es-pí-ri-tu.

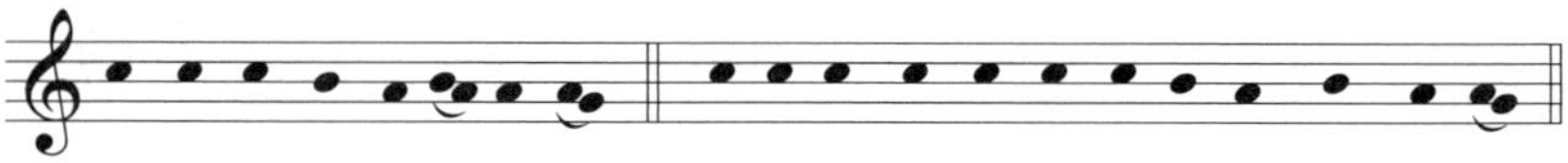

℣. Le-van-te-mos el co-ra-zón. ℟. Lo te-ne-mos le-van-ta-do ha-cia el Se-ñor.

℣. De-mos gra-cias al Se-ñor, nues-tro Dios. ℟. Es jus-to y ne-ce-sa-rio.

En verdad es justo y necesario,
es nuestro deber y salvación
darte gracias siempre y en todo lugar,
Señor, Padre santo,
Dios todopoderoso y eterno.

Porque hoy has revelado en Cristo,
el misterio de nuestra salvación,
para iluminar con su luz a todos los pueblos;
ya que, al manifestarse él en nuestra carne mortal,
nos has restaurado
con la nueva gloria de su inmortalidad.

Por eso, con los ángeles y los arcángeles,
con los tronos y dominaciones
y con todos los coros celestiales,
cantamos sin cesar el himno de tu gloria:

Santo, Santo, Santo . . .

Santo, Santo, Santo . . .

En la solemnidad de la Epifanía, cuando se usa el Canon Romano, se dice Reunidos en comunión propio, que está en la p. 665. En la Plegaria eucarística II se dice Acuérdate, Señor propio, que está en la p. 1573. En la Plegaria eucarística III se dice Atiende los deseos correspondiente, que está en la p. 1575.

PREFACIO I DE CUARESMA

Significado espiritual de la Cuaresma

39. Este prefacio se dice en el Tiempo de Cuaresma, sobre todo en los domingos cuando no tienen prefacio propio.

**En verdad es justo y necesario,
es nuestro deber y salvación
darte gracias siempre y en todo lugar,
Señor, Padre santo,
Dios todopoderoso y eterno,
por Cristo, Señor nuestro.**

**Por él concedes bondadosamente a tus fieles
anhelar gozosos, año tras año,
con el alma purificada,
las solemnidades de la Pascua,
para que dedicados con mayor entrega
a la oración y a las obras de caridad,
por la celebración de los misterios
que nos dieron nueva vida,
lleguemos a ser plenamente
hijos tuyos.**

**Por eso, con los ángeles y los arcángeles,
con los tronos y dominaciones
y con todos los coros celestiales,
cantamos sin cesar el himno de tu gloria:**

Santo, Santo, Santo . . .

Santo, Santo, Santo . . .

PREFACIO II DE CUARESMA

El espíritu de la penitencia

40. Este prefacio se dice en el Tiempo de Cuaresma, sobre todo en los domingos cuando no tienen prefacio propio.

℣. El Se-ñor es-té con us-te-des. ℟. Y con tu‿es-pí-ri-tu.

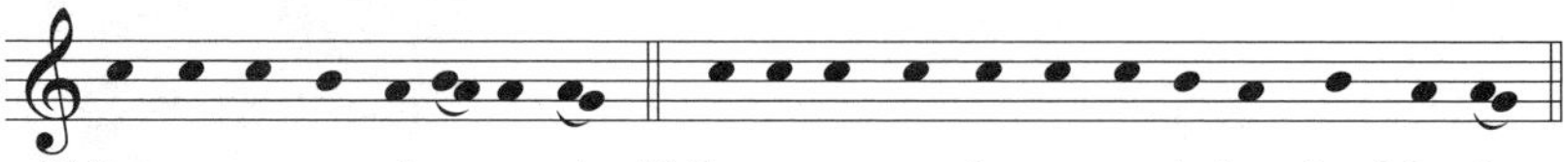

℣. Le-van-te-mos el co-ra-zón. ℟. Lo te-ne-mos le-van-ta-do ha-cia‿el Se-ñor.

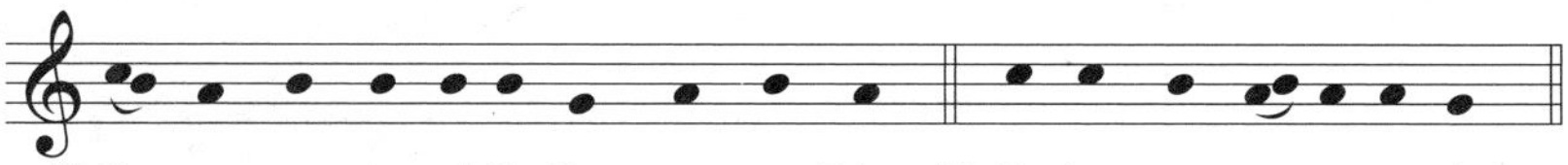

℣. De-mos gra-cias al Se-ñor, nues-tro Dios. ℟. Es jus-to‿y ne-ce-sa-rio.

En verdad es justo y necesario,
es nuestro deber y salvación
darte gracias siempre y en todo lugar,
Señor, Padre santo,
Dios todopoderoso y eterno.

Porque misericordiosamente estableciste
este tiempo especial de gracia
para que tus hijos busquen de nuevo
la pureza del alma
y así, libres de todo afecto desordenado,
no se afanen en las realidades transitorias,
sino, antes bien, pongan su corazón
en aquellas que duran para siempre.

Por eso, con todos los ángeles y los santos,
te alabamos, diciendo sin cesar el himno de tu gloria:

Santo, Santo, Santo . . .

Santo, Santo, Santo . . .

PREFACIO III DE CUARESMA

Los frutos de la penitencia

41. Este prefacio se dice en las Misas de las ferias de Cuaresma y en los días de ayuno.

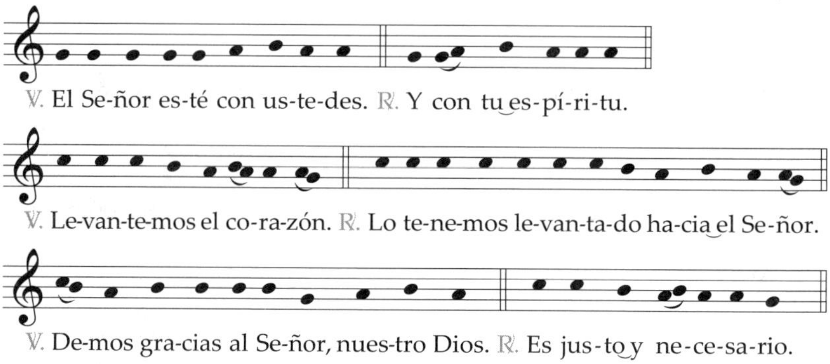

**En verdad es justo y necesario,
es nuestro deber y salvación
darte gracias siempre y en todo lugar,
Señor, Padre santo,
Dios todopoderoso y eterno.**

**Porque has querido que nosotros, pecadores,
encontremos en nuestras privaciones voluntarias
un motivo para bendecirte,
ya que nos ayudan a refrenar
nuestras pasiones desordenadas
y, al darnos ocasión de compartir
nuestros bienes con los necesitados,
nos hacen imitadores de tu generosidad.**

**Por eso, con la multitud de los ángeles,
te alabamos a una sola voz, diciendo:**

Santo, Santo, Santo . . .

Santo, Santo, Santo . . .

PREFACIO IV DE CUARESMA

Los frutos del ayuno

42. Este prefacio se dice en las Misas de las ferias de Cuaresma y en los días de ayuno.

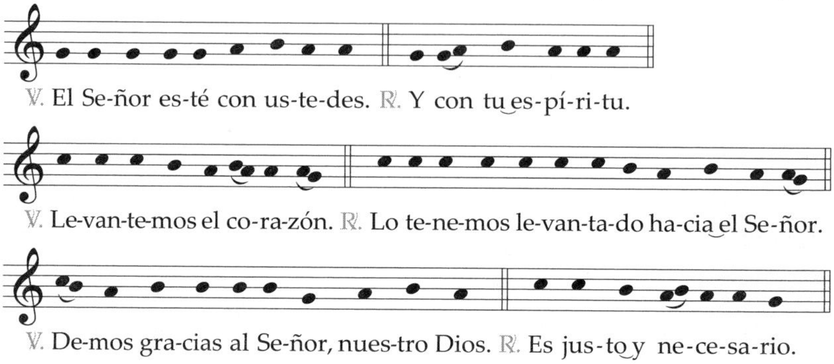

En verdad es justo y necesario,
es nuestro deber y salvación
darte gracias siempre y en todo lugar,
Señor, Padre santo,
Dios todopoderoso y eterno.

Porque con el ayuno corporal,
refrenas nuestras pasiones,
elevas nuestro espíritu,
nos fortaleces y recompensas,
por Cristo, Señor nuestro.

Por él, celebran tu majestad los ángeles,
te adoran las dominaciones, se estremecen las potestades.
Te celebran, unidos en la alegría, los cielos,
las virtudes celestiales y los bienaventurados serafines.
Permítenos asociarnos a sus voces
cantando humildemente tu alabanza:

Santo, Santo, Santo . . .

Santo, Santo, Santo . . .

PREFACIO I DE LA PASIÓN DEL SEÑOR

La fuerza de la cruz

43. Este prefacio se dice durante la quinta semana de Cuaresma y en las Misas de los misterios de la Cruz y de la Pasión del Señor.

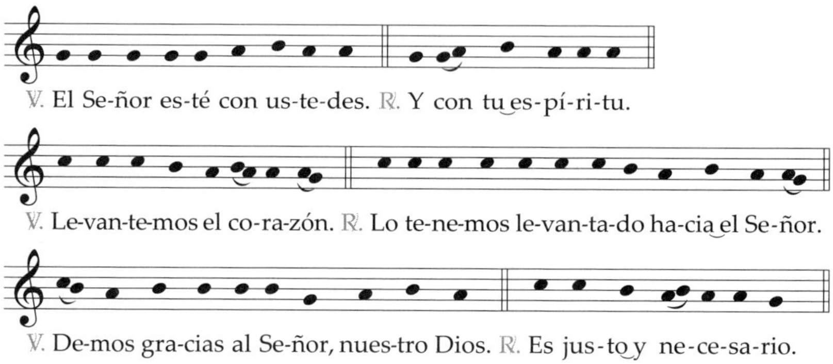

En verdad es justo y necesario,
es nuestro deber y salvación
darte gracias siempre y en todo lugar,
Señor, Padre santo,
Dios todopoderoso y eterno.

Porque mediante la pasión salvadora de tu Hijo
el mundo entero ha comprendido
la manera como debía alabar a tu majestad,
ya que en la fuerza inefable de la cruz,
se manifestó el juicio del mundo
y el poder del Crucificado.

Por eso, Señor, también nosotros, llenos de alegría,
te aclamamos con los ángeles y los santos,
diciendo:

Santo, Santo, Santo . . .

Santo, Santo, Santo . . .

PREFACIO II DE LA PASIÓN DEL SEÑOR

La victoria de la Pasión

44. Este prefacio se dice el lunes, martes y miércoles de la Semana Santa.

℣. El Se-ñor es-té con us-te-des. ℟. Y con tu es-pí-ri-tu.

℣. Le-van-te-mos el co-ra-zón. ℟. Lo te-ne-mos le-van-ta-do ha-cia el Se-ñor.

℣. De-mos gra-cias al Se-ñor, nues-tro Dios. ℟. Es jus-to y ne-ce-sa-rio.

En verdad es justo y necesario,
es nuestro deber y salvación
darte gracias siempre y en todo lugar,
Señor, Padre santo,
Dios todopoderoso y eterno,
por Cristo, Señor nuestro.

Porque se acercan ya los días santos
de su pasión salvadora y gloriosa resurrección,
en los cuales celebramos su triunfo
sobre la soberbia del antiguo enemigo
y se renueva el misterio de nuestra redención.

Por él glorifica tu majestad la multitud de los ángeles
que gozan eternamente de tu presencia.
Permítenos asociarnos a sus voces,
cantando humildemente tu alabanza:

Santo, Santo, Santo . . .

Santo, Santo, Santo . . .

PREFACIO I DE PASCUA

El Misterio Pascual

45. Este prefacio se dice en el Tiempo Pascual.

En la Misa de la Vigilia Pascual se dice: **en esta noche**; el domingo de Pascua y durante toda la octava de Pascua, se dice: **en este día**; los otros días se dice: **en este tiempo**.

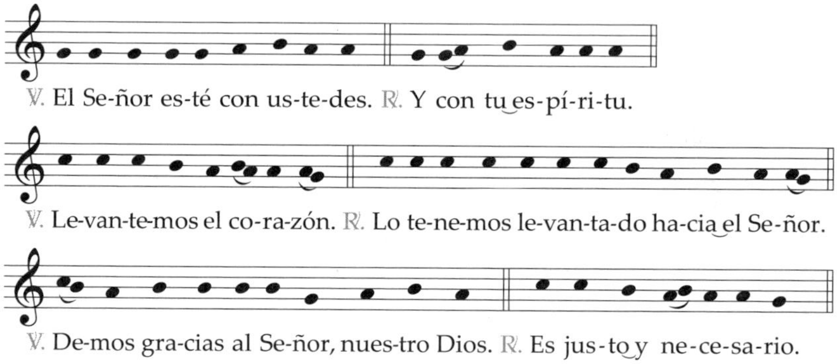

**En verdad es justo y necesario,
es nuestro deber y salvación
glorificarte siempre, Señor,
pero más que nunca
(en esta noche) (en este día) (en este tiempo),
en que Cristo, nuestra Pascua,
fue inmolado.**

**Porque él es el verdadero Cordero
que quitó el pecado del mundo:
muriendo, destruyó nuestra muerte,
y resucitando, restauró la vida.**

**Por eso,
con esta efusión del gozo pascual,
el mundo entero se desborda de alegría
y también los coros celestiales,
los ángeles y los arcángeles,
cantan sin cesar el himno de tu gloria:**

Santo, Santo, Santo . . .

Santo, Santo, Santo . . .

Si se usa el Canon Romano, se dicen **Reunidos en comunión** y **Acepta, Señor, en tu bondad** propios, que están en las pp. 665 y 666. (En la Misa de la Vigilia Pascual se dice: **Para celebrar la noche santísima . . .**). En la Plegaria eucarística II se dice **Acuérdate, Señor** propio, que está en la p. 1573. En la Plegaria eucarística III se dice **Atiende los deseos** correspondiente, que está en la p. 1575.

PREFACIO II DE PASCUA

La vida nueva en Cristo

46. Este prefacio se dice en el Tiempo Pascual.

℣. El Se-ñor es-té con us-te-des. ℟. Y con tu‿es-pí-ri-tu.

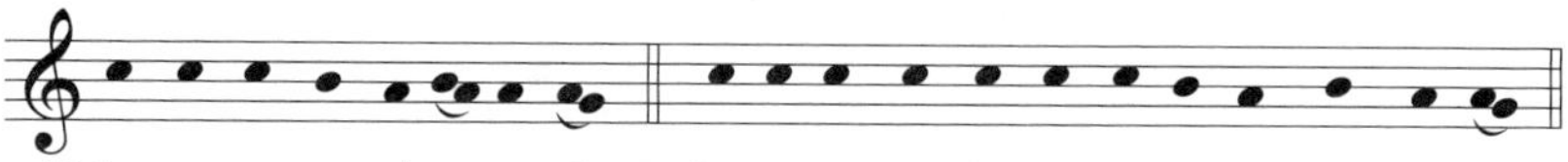

℣. Le-van-te-mos el co-ra-zón. ℟. Lo te-ne-mos le-van-ta-do ha-cia‿el Se-ñor.

℣. De-mos gra-cias al Se-ñor, nues-tro Dios. ℟. Es jus-to‿y ne-ce-sa-rio.

En verdad es justo y necesario,
es nuestro deber y salvación
glorificarte siempre, Señor,
pero más que nunca en este tiempo
en que Cristo, nuestra Pascua,
fue inmolado.

Por él, los hijos de la luz
nacen a la vida eterna,
y las puertas del reino de los cielos
han vuelto a abrirse para los que creen en él,
ya que en su muerte fue redimida nuestra muerte
y en su gloriosa resurrección
resucitó la vida de todos.

Por eso,
con esta efusión del gozo pascual,
el mundo entero se desborda de alegría
y también los coros celestiales,
los ángeles y los arcángeles,
cantan sin cesar el himno de tu gloria:

Santo, Santo, Santo . . .

Santo, Santo, Santo . . .

PREFACIO III DE PASCUA

Cristo vive por siempre e intercede por nosotros

47. Este prefacio se dice en el Tiempo Pascual.

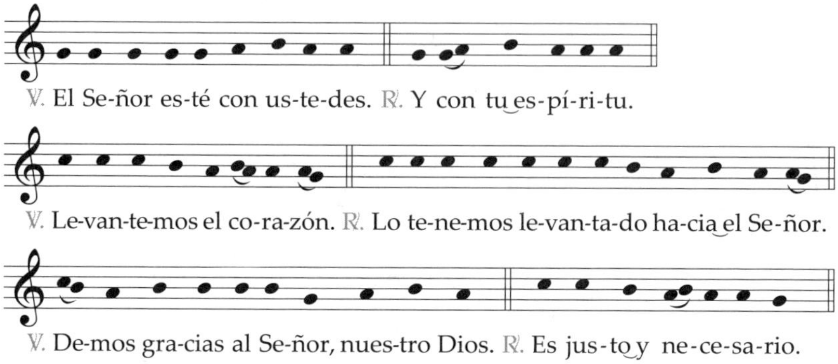

**En verdad es justo y necesario,
es nuestro deber y salvación
glorificarte siempre, Señor,
pero más que nunca en este tiempo
en que Cristo, nuestra Pascua,
fue inmolado.**

**Porque continuamente se ofrece por nosotros
e intercede por todos ante ti
el que, inmolado en la cruz,
ya no muere,
porque, sacrificado,
vive para siempre.**

**Por eso,
con esta efusión del gozo pascual,
el mundo entero se desborda de alegría,
y también los coros celestiales,
los ángeles y los arcángeles,
cantan sin cesar el himno de tu gloria:**

Santo, Santo, Santo . . .

Santo, Santo, Santo . . .

PREFACIO IV DE PASCUA

Restauración universal por el Misterio Pascual

48. Este prefacio se dice en el Tiempo Pascual.

En verdad es justo y necesario,
es nuestro deber y salvación
glorificarte siempre, Señor,
pero más que nunca en este tiempo
en que Cristo, nuestra Pascua,
fue inmolado.

Porque destruida la antigua situación de pecado,
se renueva todo lo que estaba caído
y en Cristo se restablece
la integridad de nuestra vida.

Por eso,
con esta efusión del gozo pascual,
el mundo entero se desborda de alegría,
y también los coros celestiales,
los ángeles y los arcángeles,
cantan sin cesar el himno de tu gloria:

Santo, Santo, Santo . . .

Santo, Santo, Santo . . .

PREFACIO V DE PASCUA

Cristo, sacerdote y víctima

49. Este prefacio se dice en el Tiempo Pascual.

℣. El Se-ñor es-té con us-te-des. ℟. Y con tu‿es-pí-ri-tu.

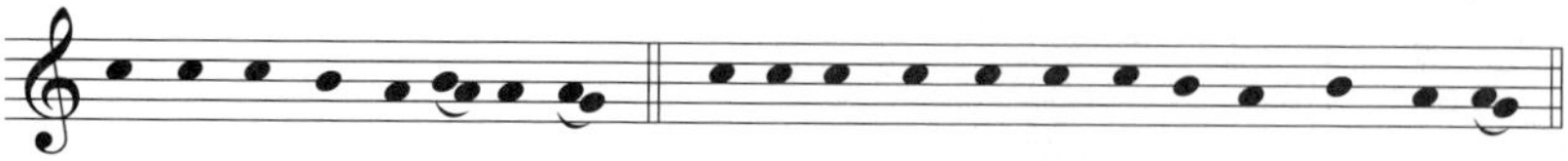

℣. Le-van-te-mos el co-ra-zón. ℟. Lo te-ne-mos le-van-ta-do ha-cia‿el Se-ñor.

℣. De-mos gra-cias al Se-ñor, nues-tro Dios. ℟. Es jus-to‿y ne-ce-sa-rio.

**En verdad es justo y necesario,
es nuestro deber y salvación
glorificarte siempre, Señor,
pero más que nunca en este tiempo
en que Cristo, nuestra Pascua,
fue inmolado.**

**Porque él,
con la oblación de su cuerpo en la cruz,
llevó a plenitud los sacrificios de la antigua alianza,
y al entregarse a ti por nuestra salvación,
quiso ser al mismo tiempo
sacerdote, víctima y altar.**

**Por eso,
con esta efusión del gozo pascual,
el mundo entero se desborda de alegría
y también los coros celestiales,
los ángeles y los arcángeles,
cantan sin cesar el himno de tu gloria:**

Santo, Santo, Santo . . .

Santo, Santo, Santo . . .

PREFACIO I DE LA ASCENSIÓN

El misterio de la Ascensión

50. Este prefacio se dice en el día de la Ascensión del Señor; se puede decir también en los días después de la Ascensión hasta el sábado anterior a Pentecostés, en las Misas que no tengan prefacio propio.

V. **El Señor esté con ustedes.**
R. Y con tu espíritu.

V. **Levantemos el corazón.**
R. Lo tenemos levantado hacia el Señor.

V. **Demos gracias al Señor, nuestro Dios.**
R. Es justo y necesario.

**En verdad es justo y necesario, es nuestro deber y salvación darte gracias siempre y en todo lugar,
Señor, Padre santo, Dios todopoderoso y eterno.**

**Porque el Señor Jesús, Rey de la gloria,
triunfador del pecado y de la muerte,
ante la admiración de los ángeles,
ascendió (hoy) a lo más alto de los cielos,
como Mediador entre Dios y los hombres,
Juez del mundo y Señor de los espíritus celestiales.**

**No se fue para alejarse de nuestra pequeñez,
sino para que pusiéramos nuestra confianza
en llegar, como miembros suyos,
a donde él, nuestra cabeza y principio, nos ha precedido.**

**Por eso, con esta efusión del gozo pascual,
el mundo entero se desborda de alegría
y también los coros celestiales, los ángeles y los arcángeles,
cantan sin cesar el himno de tu gloria:**

Santo, Santo, Santo . . .

Santo, Santo, Santo . . .

En el día de la Ascensión, cuando se usa el Canon Romano, se dice **Reunidos en comunión** propio, que está en la p. 665. En la Plegaria eucarística II se dice **Acuérdate, Señor** propio, que está en la p. 1573. En la Plegaria eucarística III se dice **Atiende los deseos** correspondiente, que está en la p. 1575.

PREFACIO II DE LA ASCENSIÓN

El misterio de la Ascensión

51. Este prefacio se dice en el día de la Ascensión del Señor; se puede decir también en los días después de la Ascensión hasta el sábado anterior a Pentecostés, en las Misas que no tengan prefacio propio.

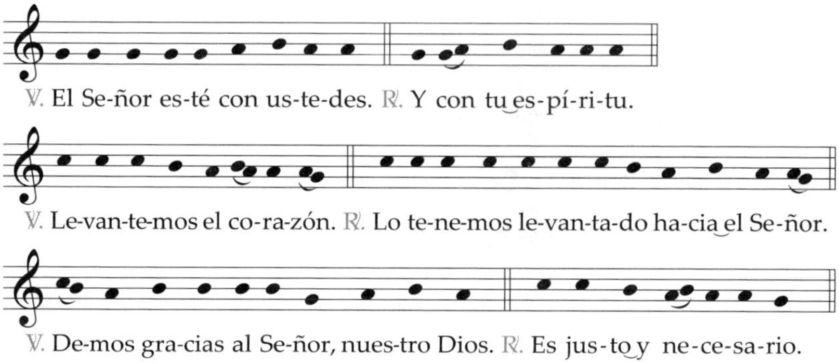

En verdad es justo y necesario,
es nuestro deber y salvación
darte gracias siempre y en todo lugar,
Señor, Padre santo,
Dios todopoderoso y eterno,
por Cristo, Señor nuestro.

Quien, después de resucitar,
se apareció visiblemente a todos sus discípulos
y ante sus ojos,
se elevó al cielo
para hacernos partícipes de su divinidad.

Por eso, con esta efusión del gozo pascual,
el mundo entero se desborda de alegría
y también los coros celestiales,
los ángeles y los arcángeles,
cantan sin cesar el himno de tu gloria:

Santo, Santo, Santo . . .

Santo, Santo, Santo . . .

En el día de la Ascensión, cuando se usa el Canon Romano, se dice **Reunidos en comunión** propio, que está en la p. **665**. En la Plegaria eucarística II se dice **Acuérdate, Señor** propio, que está en la p. **1573**. En la Plegaria eucarística III se dice **Atiende los deseos** correspondiente, que está en la p. **1575**.

PREFACIO I PARA LOS DOMINGOS DEL TIEMPO ORDINARIO

El Misterio Pascual y el Pueblo de Dios

52. Este prefacio se dice en los domingos del Tiempo Ordinario.

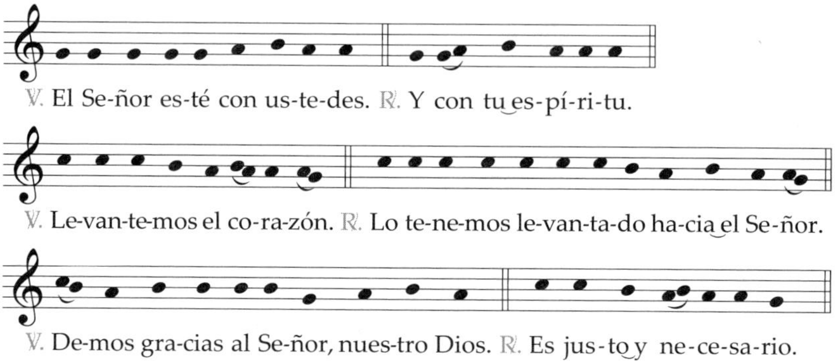

**En verdad es justo y necesario,
es nuestro deber y salvación
darte gracias siempre y en todo lugar,
Señor, Padre santo,
Dios todopoderoso y eterno,
por Cristo, Señor nuestro.**

**Quien, por su Misterio Pascual,
realizó la obra maravillosa
de llamarnos de la esclavitud del pecado y de la muerte
al honor de ser estirpe elegida,
sacerdocio real,
nación consagrada,
pueblo de tu propiedad,
para que,
trasladados por ti de las tinieblas a tu luz admirable,
proclamemos ante el mundo tus maravillas.**

**Por eso, con los ángeles y los arcángeles,
con los tronos y dominaciones
y con todos los coros celestiales,
cantamos sin cesar el himno de tu gloria:**

Santo, Santo, Santo . . .

Santo, Santo, Santo . . .

Los domingos, en las Plegarias eucarísticas I, II y III se puede hacer el recuerdo dominical propio.

PREFACIO II PARA LOS DOMINGOS DEL TIEMPO ORDINARIO

El misterio de la salvación

53. Este prefacio se dice en los domingos del Tiempo Ordinario.

**En verdad es justo y necesario,
es nuestro deber y salvación
darte gracias siempre y en todo lugar,
Señor, Padre santo,
Dios todopoderoso y eterno,
por Cristo, Señor nuestro.**

**Quien, compadecido del extravío de los hombres,
quiso nacer de la Virgen María;
muriendo en la cruz,
nos libró de la muerte eterna
y, resucitando de entre los muertos,
nos dio vida eterna.**

**Por eso, con los ángeles y los arcángeles,
con los tronos y dominaciones
y con todos los coros celestiales,
cantamos sin cesar el himno de tu gloria:**

Santo, Santo, Santo . . .

Santo, Santo, Santo . . .

Los domingos, en las Plegarias eucarísticas I, II y III se puede hacer el recuerdo dominical propio.

PREFACIO III PARA LOS DOMINGOS DEL TIEMPO ORDINARIO

Nuestra humanidad salvada por la humanidad de Cristo

54. Este prefacio se dice en los domingos del Tiempo Ordinario.

℣. El Se-ñor es-té con us-te-des. ℟. Y con tu‿es-pí-ri-tu.

℣. Le-van-te-mos el co-ra-zón. ℟. Lo te-ne-mos le-van-ta-do ha-cia‿el Se-ñor.

℣. De-mos gra-cias al Se-ñor, nues-tro Dios. ℟. Es jus-to‿y ne-ce-sa-rio.

En verdad es justo y necesario,
es nuestro deber y salvación
darte gracias siempre y en todo lugar,
Señor, Padre santo,
Dios todopoderoso y eterno.

Porque reconocemos como obra de tu poder admirable
no sólo haber socorrido nuestra débil naturaleza
con la fuerza de tu divinidad,
sino también el haber previsto el remedio
en nuestra misma naturaleza mortal,
y así, con lo que fue la causa de nuestra ruina,
con eso mismo nos diste la salvación,
por Cristo, Señor nuestro.

Por él, los ángeles cantan con júbilo eterno
y nosotros nos unimos a sus voces,
cantando humildemente tu alabanza:

Santo, Santo, Santo . . .

Santo, Santo, Santo . . .

Los domingos, en las Plegarias eucarísticas I, II y III se puede hacer el recuerdo dominical propio.

PREFACIO IV PARA LOS DOMINGOS DEL TIEMPO ORDINARIO

Historia de la salvación

55. Este prefacio se dice en los domingos del Tiempo Ordinario.

℣. El Se-ñor es-té con us-te-des. ℟. Y con tu es-pí-ri-tu.

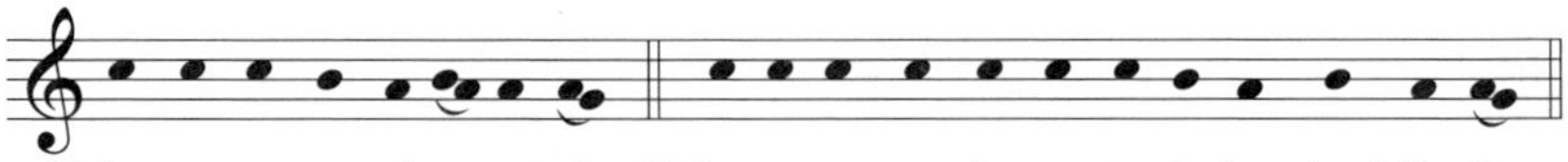

℣. Le-van-te-mos el co-ra-zón. ℟. Lo te-ne-mos le-van-ta-do ha-cia el Se-ñor.

℣. De-mos gra-cias al Se-ñor, nues-tro Dios. ℟. Es jus-to y ne-ce-sa-rio.

**En verdad es justo y necesario,
es nuestro deber y salvación
darte gracias siempre y en todo lugar,
Señor, Padre santo,
Dios todopoderoso y eterno,
por Cristo, Señor nuestro.**

**Porque naciendo,
restauró nuestra naturaleza caída;
padeciendo en la cruz,
borró nuestros pecados;
resucitando de entre los muertos,
nos proporcionó el acceso a la vida eterna,
y ascendiendo hasta ti, Padre,
nos abrió las puertas
del Reino de los cielos.**

**Por eso,
unidos a la multitud de los ángeles y de los santos,
te aclamamos, llenos de alegría:**

Santo, Santo, Santo . . .

Santo, Santo, Santo . . .

Los domingos, en las Plegarias eucarísticas I, II y III se puede hacer el recuerdo dominical propio.

PREFACIO V PARA LOS DOMINGOS DEL TIEMPO ORDINARIO

La creación

56. Este prefacio se dice en los domingos del Tiempo Ordinario.

**En verdad es justo y necesario,
es nuestro deber y salvación
darte gracias siempre y en todo lugar,
Señor, Padre santo,
Dios todopoderoso y eterno.**

**Porque creaste el universo
con todo cuanto contiene;
determinaste el ciclo de las estaciones;
pero formaste al hombre a tu imagen y semejanza:
y lo hiciste dueño
de un mundo portentoso,
para que en tu nombre dominara la creación entera
y, al contemplar la grandeza de tus obras,
en todo momento te alabara.
Por Cristo, Señor nuestro.**

**A quien cantan los cielos y la tierra,
los ángeles y los arcángeles,
proclamando sin cesar:**

Santo, Santo, Santo . . .

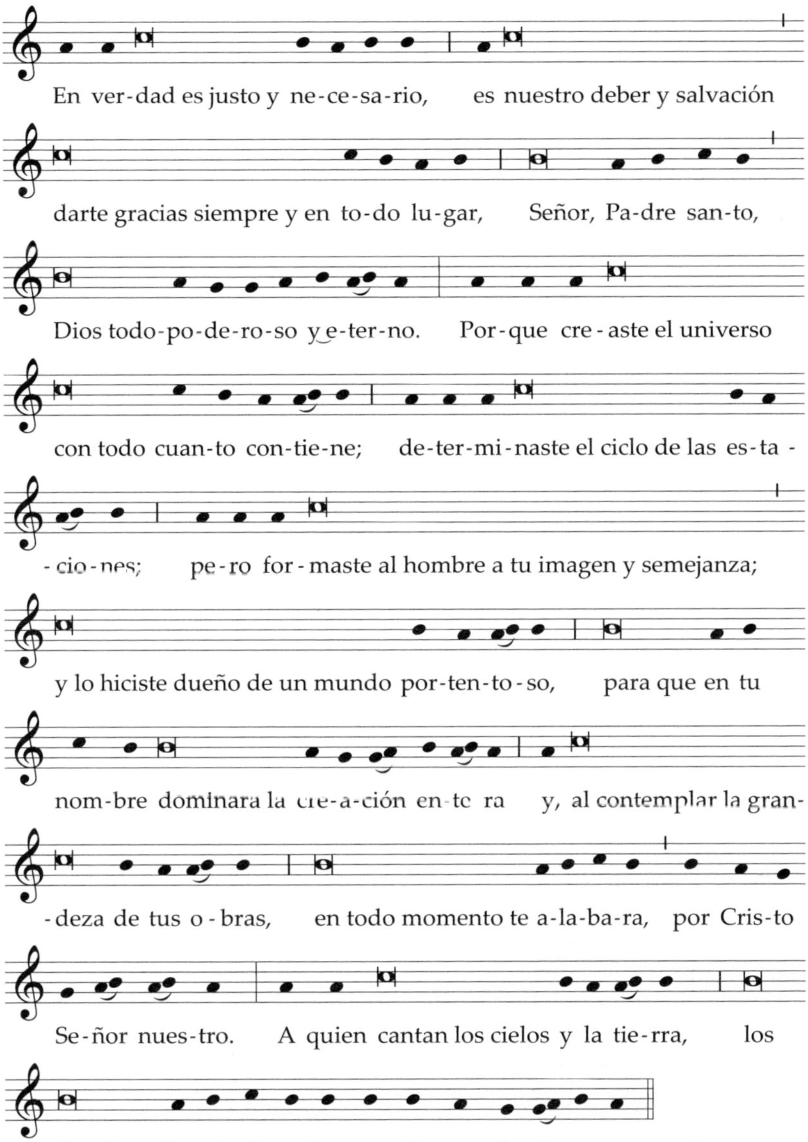

Santo, Santo, Santo . . .

Los domingos, en las Plegarias eucarísticas I, II y III se puede hacer el recuerdo dominical propio.

PREFACIO VI PARA LOS DOMINGOS DEL TIEMPO ORDINARIO

Las prendas de la Pascua eterna

57. Este prefacio se dice en los domingos del Tiempo Ordinario.

℣. El Se-ñor es-té con us-te-des. ℟. Y con tu‿es-pí-ri-tu.

℣. Le-van-te-mos el co-ra-zón. ℟. Lo te-ne-mos le-van-ta-do ha-cia‿el Se-ñor.

℣. De-mos gra-cias al Se-ñor, nues-tro Dios. ℟. Es jus-to‿y ne-ce-sa-rio.

**En verdad es justo y necesario,
es nuestro deber y salvación
darte gracias siempre y en todo lugar,
Señor, Padre santo,
Dios todopoderoso y eterno.**

**En quien vivimos, nos movemos y existimos;
y todavía peregrinos en este mundo,
no sólo experimentamos
las pruebas cotidianas de tu amor,
sino que poseemos ya, en prenda,
la vida futura.**

**Porque al poseer las primicias del Espíritu,
por el cual resucitaste a Jesús de entre los muertos,
esperamos disfrutar eternamente
del Misterio Pascual.**

**Por eso, te alabamos con todos los ángeles,
y proclamamos tu gloria con alegría,
diciendo:**

Santo, Santo, Santo . . .

Santo, Santo, Santo . . .

Los domingos, en las Plegarias eucarísticas I, II y III se puede hacer el recuerdo dominical propio.

PREFACIO VII PARA LOS DOMINGOS DEL TIEMPO ORDINARIO

La salvación por la obediencia de Cristo

58. Este prefacio se dice en los domingos del Tiempo Ordinario.

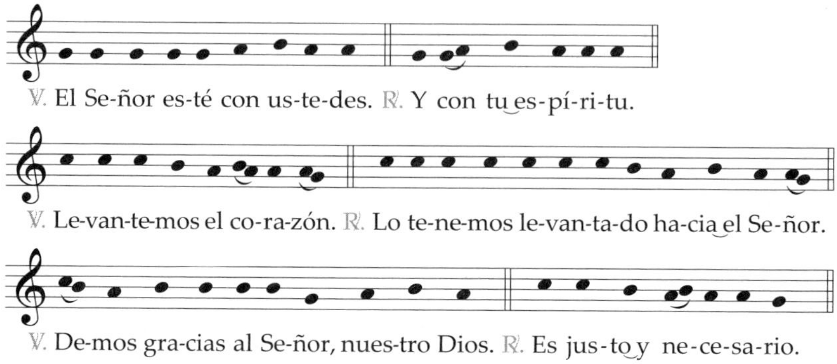

En verdad es justo y necesario,
es nuestro deber y salvación
darte gracias siempre y en todo lugar,
Señor, Padre santo,
Dios todopoderoso y eterno.

Porque tu amor al mundo fue tan misericordioso,
que no sólo nos enviaste como Redentor
a tu propio Hijo,
sino que lo quisiste en todo semejante a nosotros,
menos en el pecado,
para poder así amar en nosotros
lo que en él amabas.

Y con su obediencia nos devolviste aquellos dones
que por la desobediencia del pecado
habíamos perdido.

Por eso, ahora nosotros,
llenos de alegría,
te aclamamos con los ángeles y los santos, diciendo:

Santo, Santo, Santo . . .

Santo, Santo, Santo . . .

Los domingos, en las Plegarias eucarísticas I, II y III se puede hacer el recuerdo dominical propio.

PREFACIO VIII PARA LOS DOMINGOS DEL TIEMPO ORDINARIO

La unidad de la Iglesia proviene de la unidad trinitaria

59. Este prefacio se dice en los domingos del Tiempo Ordinario.

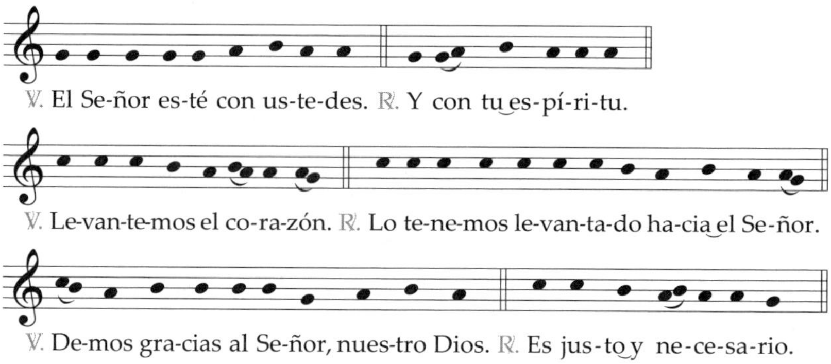

En verdad es justo y necesario,
es nuestro deber y salvación
darte gracias siempre y en todo lugar,
Señor, Padre santo,
Dios todopoderoso y eterno.

Pues quisiste reunir de nuevo,
por la Sangre de tu Hijo y la acción del Espíritu Santo,
a los hijos dispersos por el pecado;
para que tu pueblo,
congregado a imagen de la unidad trinitaria,
fuera reconocido como Iglesia,
cuerpo de Cristo y templo del Espíritu,
para alabanza de tu sabiduría infinita.

Por eso, unidos a los coros angélicos,
te aclamamos llenos de alegría, diciendo:

Santo, Santo, Santo . . .

Santo, Santo, Santo . . .

Los domingos, en las Plegarias eucarísticas I, II y III se puede hacer el recuerdo dominical propio.

PREFACIO I DE LA EUCARISTÍA

El sacrificio y el sacramento de Cristo

60. Este prefacio se dice el Jueves Santo en la Misa "de la Cena del Señor" (texto con música, p. 312). Puede también decirse en la solemnidad del Santísimo Cuerpo y Sangre de Cristo y en las Misas votivas de la Eucaristía.

V. **El Señor esté con ustedes.**
R. Y con tu espíritu.

V. **Levantemos el corazón.**
R. Lo tenemos levantado hacia el Señor.

V. **Demos gracias al Señor, nuestro Dios.**
R. Es justo y necesario.

En verdad es justo y necesario,
es nuestro deber y salvación
darte gracias siempre y en todo lugar,
Señor, Padre santo,
Dios todopoderoso y eterno,
por Cristo, Señor nuestro.

El cual, verdadero y eterno Sacerdote,
al instituir el sacrificio de la eterna alianza,
se ofreció primero a ti como víctima salvadora,
y nos mandó que lo ofreciéramos
como memorial suyo.
Cuando comemos su carne,
inmolada por nosotros,
quedamos fortalecidos;
y cuando bebemos su Sangre,
derramada por nosotros,
quedamos limpios de nuestros pecados.

Por eso, con los ángeles y los arcángeles,
con los tronos y dominaciones
y con todos los coros celestiales,
cantamos sin cesar el himno de tu gloria:

Santo, Santo, Santo . . .

En la Misa de la Cena del Señor, cuando se utiliza el Canon Romano, se dicen Reunidos en comunión, Acepta, Señor, en tu bondad y El cual, la víspera de su Pasión propios, que están en las pp. 315 y 316.

PREFACIO II DE LA EUCARISTÍA

Los frutos de la Santísima Eucaristía

61. Este prefacio se dice en la solemnidad del Santísimo Cuerpo y Sangre de Cristo y en las Misas votivas de la Eucaristía (texto con música, p. 524).

V. **El Señor esté con ustedes.**
R. Y con tu espíritu.

V. **Levantemos el corazón.**
R. Lo tenemos levantado hacia el Señor.

V. **Demos gracias al Señor, nuestro Dios.**
R. Es justo y necesario.

**En verdad es justo y necesario,
es nuestro deber y salvación
darte gracias siempre y en todo lugar,
Señor, Padre santo,
Dios todopoderoso y eterno,
por Cristo, Señor nuestro.**

**El cual, en la Última Cena con los Apóstoles,
para perpetuar el memorial salvífico de la cruz,
se ofreció a ti como Cordero inmaculado,
y tú lo aceptaste como sacrificio de alabanza perfecta.**

**Con este venerable sacramento, alimentas y santificas a tus fieles
para que, a la familia humana que habita un mismo mundo,
una misma fe la ilumine y un mismo amor la una.**

**Así pues, nos acercamos a la mesa de tan admirable sacramento,
para que, colmados por la dulzura de tu gracia,
lleguemos a ser imagen de la hermosura celestial.**

**Por eso, todas tus creaturas,
en el cielo y en la tierra
te adoran cantando un cántico nuevo;
y también nosotros, con la multitud de los ángeles,
te aclamamos por siempre, diciendo:**

Santo, Santo, Santo . . .

PREFACIO I DE LA BIENAVENTURADA VIRGEN MARÍA

Maternidad de la Bienaventurada Virgen María

62. Este prefacio se dice en las Misas de la Bienaventurada Virgen, haciendo mención, en el lugar correspondiente, de la festividad que se celebra, como se indica en cada una de las Misas.

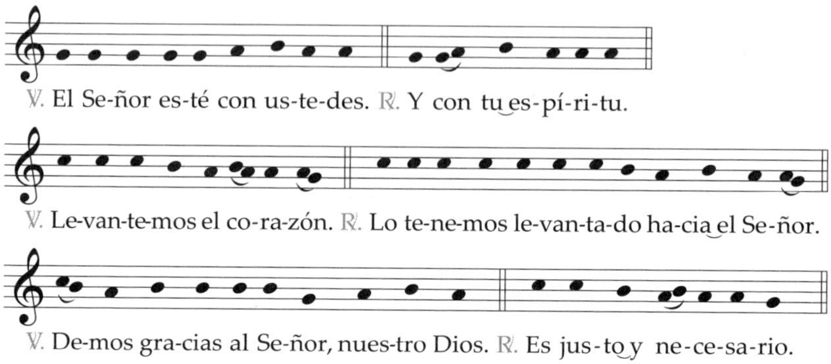

En verdad es justo y necesario,
es nuestro deber y salvación
darte gracias siempre y en todo lugar,
Señor, Padre santo,
Dios todopoderoso y eterno.
Y alabar, bendecir y proclamar tu gloria
en la * de Santa María, siempre virgen.**
(*Maternidad, Visitación, Natividad,**
festividad, conmemoración)

Porque ella concibió a tu Hijo único
por obra del Espíritu Santo,
y sin perder la gloria de su virginidad,
hizo resplandecer sobre el mundo la luz eterna,
Jesucristo, Señor nuestro.

Por él, los ángeles y los arcángeles
y todos los coros celestiales,
celebran tu gloria, unidos en común alegría.
Permítenos asociarnos a sus voces,
cantando humildemente tu alabanza:

Santo, Santo, Santo . . .

Santo, Santo, Santo . . .

PREFACIO II DE LA BIENAVENTURADA VIRGEN MARÍA

La Iglesia alaba a Dios con las palabras de María

63. Este prefacio se dice en las Misas de la Bienaventurada Virgen María.

V. **El Señor esté con ustedes.**
R. Y con tu espíritu.

V. **Levantemos el corazón.**
R. Lo tenemos levantado hacia el Señor.

V. **Demos gracias al Señor, nuestro Dios.**
R. Es justo y necesario.

En verdad es justo y necesario,
es nuestro deber y salvación
proclamar que eres admirable
en la perfección de todos tus santos,
y de un modo singular
en la perfección de la Virgen María.
Por eso, al celebrarla hoy,
queremos exaltar tu benevolencia
inspirados en su propio cántico.

Pues en verdad,
has hecho maravillas por toda la tierra,
y prolongaste tu misericordia
de generación en generación,
cuando, complacido en la humildad de tu sierva,
nos diste por su medio al autor de la salvación,
Jesucristo, Hijo tuyo y Señor nuestro.

Por él, los ángeles y los arcángeles
te adoran eternamente, gozosos en tu presencia.
Permítenos unirnos a sus voces
cantando jubilosos tu alabanza:

Santo, Santo, Santo . . .

Santo, Santo, Santo . . .

PREFACIO I DE LOS APÓSTOLES

Los Apóstoles, pastores del pueblo de Dios

64. Este prefacio se dice en las Misas de los Apóstoles, principalmente de san Pedro y san Pablo.

℣. El Se-ñor es-té con us-te-des. ℟. Y con tu‿es-pí-ri-tu.

℣. Le-van-te-mos el co-ra-zón. ℟. Lo te-ne-mos le-van-ta-do ha-cia‿el Se-ñor.

℣. De-mos gra-cias al Se-ñor, nues-tro Dios. ℟. Es jus-to‿y ne-ce-sa-rio.

En verdad es justo y necesario,
es nuestro deber y salvación
darte gracias siempre y en todo lugar,
Señor, Padre santo,
Dios todopoderoso y eterno.

Porque tú, Pastor eterno, no abandonas a tu rebaño,
sino que por medio de los santos Apóstoles,
lo cuidas y lo proteges siempre,
para que sea gobernado
por aquellos mismos pastores
que le diste como vicarios de tu Hijo.

Por eso, con los ángeles y los arcángeles,
con los tronos y dominaciones
y con todos los coros celestiales,
cantamos sin cesar el himno de tu gloria:

Santo, Santo, Santo . . .

Santo, Santo, Santo . . .

PREFACIO II DE LOS APÓSTOLES

Los Apóstoles, cimientos de la Iglesia y testigos de Cristo

65. Este prefacio se dice en las Misas de los Apóstoles y Evangelistas.

℣. El Se-ñor es-té con us-te-des. ℟. Y con tu‿es-pí-ri-tu.

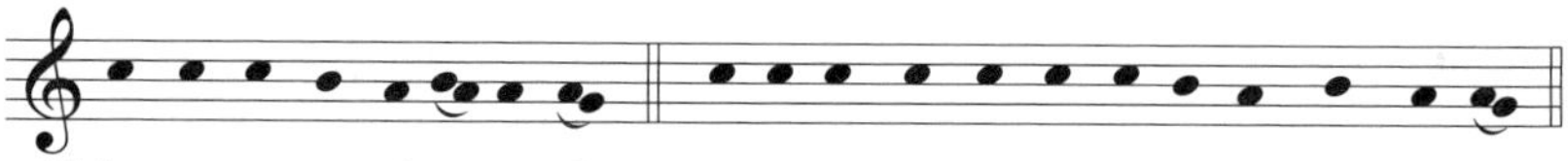

℣. Le-van-te-mos el co-ra-zón. ℟. Lo te-ne-mos le-van-ta-do ha-cia‿el Se-ñor.

℣. De-mos gra-cias al Se-ñor, nues-tro Dios. ℟. Es jus-to‿y ne-ce-sa-rio.

En verdad es justo y necesario,
es nuestro deber y salvación
darte gracias siempre y en todo lugar,
Señor, Padre santo,
Dios todopoderoso y eterno,
por Cristo, Señor nuestro.

Porque cimentaste tu Iglesia
sobre la roca de los Apóstoles,
para que ella fuera en el mundo
signo permanente de tu santidad
y anunciara a todos los hombres,
tu mensaje de salvación.

Por eso, ahora y siempre,
con toda la multitud de los ángeles
te celebramos llenos de profunda devoción,
y te aclamamos diciendo:

Santo, Santo, Santo . . .

Santo, Santo, Santo . . .

PREFACIO I DE LOS SANTOS

La gloria de los santos

66. Este prefacio se dice en la Misa de "Todos los Santos", en las Misas de los santos patronos y titulares de una iglesia, y en las solemnidades y fiestas de cualquier santo, a no ser que haya un prefacio más apropiado para determinada festividad. Se puede decir también en las memorias de los santos.

V. **El Señor esté con ustedes.**
R. Y con tu espíritu.

V. **Levantemos el corazón.**
R. Lo tenemos levantado hacia el Señor.

V. **Demos gracias al Señor, nuestro Dios.**
R. Es justo y necesario.

**En verdad es justo y necesario,
es nuestro deber y salvación
darte gracias siempre y en todo lugar,
Señor, Padre santo,
Dios todopoderoso y eterno,
por Cristo, Señor nuestro.**

**Porque tu gloria resplandece en la asamblea de los santos,
ya que, al coronar sus méritos,
coronas tus propios dones.
Con su vida, nos proporcionas ejemplo;
ayuda, con su intercesión,
y por la comunión con ellos,
nos haces participar de sus bienes,
para que, alentados por testigos tan insignes,
lleguemos victoriosos al fin de la carrera
y alcancemos con ellos la corona inmortal de la gloria.
Por Cristo, Señor nuestro.**

**Por eso, con los ángeles y los arcángeles,
y con la multitud de los santos,
te cantamos un himno de alabanza,
diciendo sin cesar:**

Santo, Santo, Santo . . .

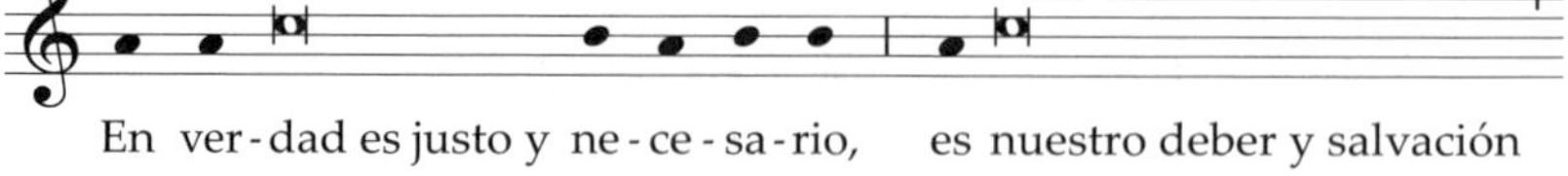

Santo, Santo, Santo . . .

PREFACIO II DE LOS SANTOS

Acción de los santos

67. Este prefacio se dice en la Misa de "Todos los Santos", en las Misas de los santos patronos y titulares de una iglesia, y en las solemnidades y fiestas de cualquier santo, a no ser que haya un prefacio más apropiado para determinada festividad. Se puede decir también en las memorias de los santos.

℣. El Se-ñor es-té con us-te-des. ℟. Y con tu es-pí-ri-tu.

℣. Le-van-te-mos el co-ra-zón. ℟. Lo te-ne-mos le-van-ta-do ha-cia el Se-ñor.

℣. De-mos gra-cias al Se-ñor, nues-tro Dios. ℟. Es jus-to y ne-ce-sa-rio.

En verdad es justo y necesario,
es nuestro deber y salvación
darte gracias siempre y en todo lugar,
Señor, Padre santo,
Dios todopoderoso y eterno,
por Cristo, Señor nuestro.

Porque con la vida de tus santos,
enriqueces a tu Iglesia
con formas siempre nuevas de admirable santidad,
y nos das pruebas indudables
de tu amor por nosotros;
y también,
porque su ejemplo insigne nos impulsa
y su piadosa intercesión nos ayuda
a colaborar en el plan divino de la salvación.

Por eso, ahora nosotros,
llenos de alegría,
te aclamamos con los ángeles y santos, diciendo:

Santo, Santo, Santo . . .

Santo, Santo, Santo . . .

PREFACIO I DE LOS SANTOS MÁRTIRES

Testimonio y ejemplo de los mártires

68. Este prefacio se dice en las solemnidades y fiestas de los santos mártires. Se puede decir también en las memorias de los mismos.

En verdad es justo y necesario,
es nuestro deber y salvación
darte gracias siempre y en todo lugar,
Señor, Padre santo,
Dios todopoderoso y eterno.

Porque la sangre de san (santa) N.**, mártir,**
derramada como la de Cristo
para proclamar su fidelidad a ti,
manifiesta tu admirable poder,
que convierte la fragilidad en fortaleza
y al hombre débil robustece
para que sea testigo tuyo,
por Cristo, Señor nuestro.

Por eso, como los ángeles te cantan en el cielo,
así nosotros en la tierra
te aclamamos,
diciendo sin cesar:

Santo, Santo, Santo . . .

Santo, Santo, Santo . . .

PREFACIO II DE LOS SANTOS MÁRTIRES

Las maravillas de Dios en la victoria de los mártires

69. Este prefacio se dice en las solemnidades y fiestas de los santos mártires. Se puede decir también en las memorias de los mismos.

℣. El Se-ñor es-té con us-te-des. ℟. Y con tu es-pí-ri-tu.

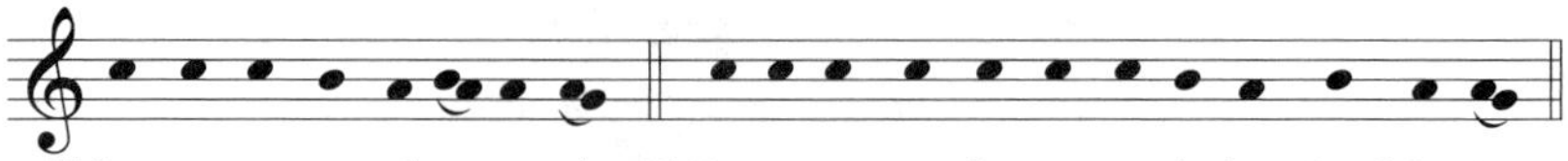

℣. Le-van-te-mos el co-ra-zón. ℟. Lo te-ne-mos le-van-ta-do ha-cia el Se-ñor.

℣. De-mos gra-cias al Se-ñor, nues-tro Dios. ℟. Es jus-to y ne-ce-sa-rio.

**En verdad es justo y necesario,
es nuestro deber y salvación
darte gracias siempre y en todo lugar,
Señor, Padre santo,
Dios todopoderoso y eterno.**

**Porque al alabar nosotros a los santos mártires,
tú eres glorificado,
ya que todo lo que concierne a su pasión
es obra admirable de tu poder.
En efecto, tú misericordiosamente
les proporcionas el ardor de la fe,
tú les otorgas la firmeza de la perseverancia
y les concedes la victoria en la batalla,
por Cristo, Señor nuestro.**

**Por eso, tus creaturas del cielo y de la tierra
te adoran cantando un cántico nuevo,
y nosotros, con todos los coros de los ángeles,
proclamamos tu gloria, diciendo sin cesar:**

Santo, Santo, Santo . . .

Santo, Santo, Santo . . .

PREFACIO DE LOS SANTOS PASTORES

La presencia de los santos pastores en la Iglesia

70. Este prefacio se dice en las solemnidades y fiestas de los santos pastores. Se puede decir también en las memorias de los mismos.

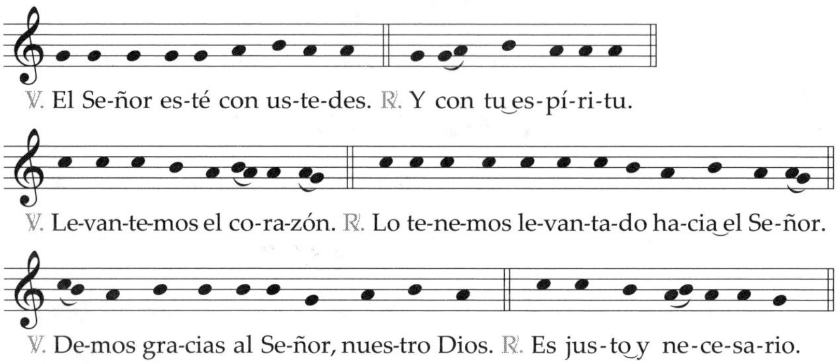

En verdad es justo y necesario,
es nuestro deber y salvación
darte gracias siempre y en todo lugar,
Señor, Padre santo,
Dios todopoderoso y eterno,
por Cristo, Señor nuestro.

Porque de tal modo concedes a tu Iglesia
la alegría de celebrar hoy
la festividad de san N.,
que la fortaleces con el ejemplo de su vida piadosa,
la instruyes con la predicación de su palabra
y la proteges con su intercesión.

Por eso, unidos a la multitud de los ángeles y de los santos,
te aclamamos, llenos de alegría:

Santo, Santo, Santo . . .

Santo, Santo, Santo . . .

PREFACIO DE SANTAS VÍRGENES Y SANTOS RELIGIOSOS

Significado de la vida consagrada a Dios

71. Este prefacio se dice en las solemnidades y fiestas de santas vírgenes y santos religiosos. Se puede decir también en las memorias de los mismos.

℣. El Se-ñor es-té con us-te-des. ℟. Y con tu‿es-pí-ri-tu.

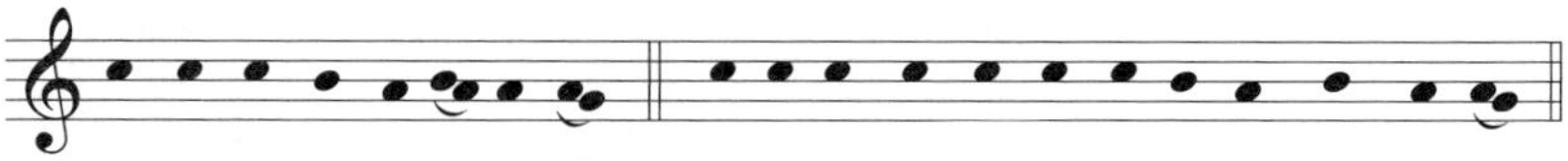

℣. Le-van-te-mos el co-ra-zón. ℟. Lo te-ne-mos le-van-ta-do ha-cia‿el Se-ñor.

℣. De-mos gra-cias al Se-ñor, nues-tro Dios. ℟. Es jus-to‿y ne-ce-sa-rio.

En verdad es justo y necesario
que te alaben, Señor,
tus creaturas del cielo y de la tierra.

Porque al recordar a los santos
que por amor al Reino de los cielos
se consagraron a Cristo,
celebramos tu Providencia admirable,
que no cesa de llamar al ser humano
a la santidad de su primer origen,
y lo hace participar, ya desde ahora,
de los bienes que gozará en el cielo.

Por eso, con todos los ángeles y santos,
te alabamos, proclamando sin cesar:

Santo, Santo, Santo . . .

Santo, Santo, Santo . . .

PREFACIO COMÚN I

Restauración universal en Cristo

72. Este prefacio se dice en las Misas que no tienen prefacio propio y que no deben tomar algún prefacio del tiempo.

℣. El Se-ñor es-té con us-te-des. ℟. Y con tu‿es-pí-ri-tu.

℣. Le-van-te-mos el co-ra-zón. ℟. Lo te-ne-mos le-van-ta-do ha-cia‿el Se-ñor.

℣. De-mos gra-cias al Se-ñor, nues-tro Dios. ℟. Es jus-to‿y ne-ce-sa-rio.

En verdad es justo y necesario,
es nuestro deber y salvación
darte gracias siempre y en todo lugar,
Señor, Padre santo,
Dios todopoderoso y eterno,
por Cristo, Señor nuestro.

Ya que en él tuviste a bien restaurar todas las cosas
y quisiste que de su plenitud participáramos todos.
El cual, siendo Dios, se anonadó a sí mismo,
y por su Sangre derramada en la cruz,
puso en paz todas las cosas.
Y así, constituido Señor del universo,
es fuente de salvación eterna
para cuantos creen en él.

Por eso, con los ángeles y los arcángeles,
con los tronos y dominaciones
y con todos los coros celestiales,
cantamos sin cesar el himno de tu gloria:

Santo, Santo, Santo . . .

Santo, Santo, Santo . . .

PREFACIO COMÚN II

La salvación por Cristo

73. Este prefacio se dice en las Misas que no tienen prefacio propio y que no deben tomar algún prefacio del tiempo.

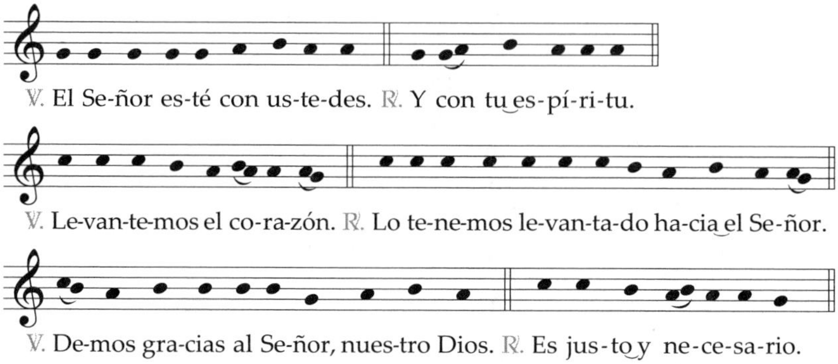

En verdad es justo y necesario,
es nuestro deber y salvación
darte gracias siempre y en todo lugar,
Señor, Padre santo,
Dios todopoderoso y eterno.

Pues por amor creaste al hombre,
y, aunque condenado justamente,
lo redimiste por tu misericordia,
por Cristo, Señor nuestro.

Por él, los ángeles y los arcángeles,
y todos los coros celestiales
celebran tu gloria, unidos en común alegría.
Permítenos asociarnos a sus voces,
cantando humildemente tu alabanza:

Santo, Santo, Santo . . .

Santo, Santo, Santo . . .

PREFACIO COMÚN III

Alabanza a Dios por la creación y la redención del hombre

74. Este prefacio se dice en las Misas que no tienen prefacio propio y que no deben tomar algún prefacio del tiempo.

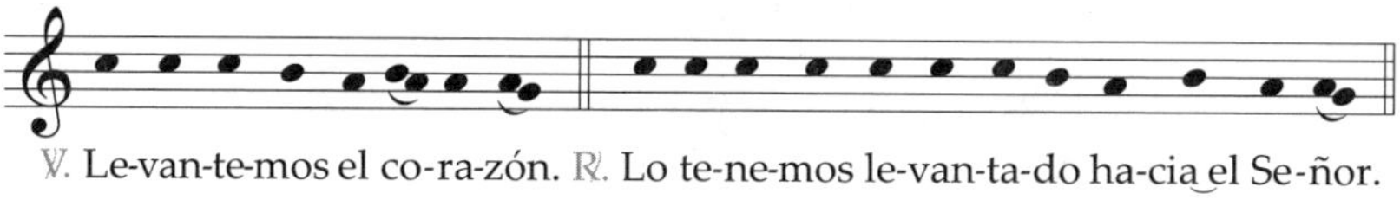

**En verdad es justo y necesario,
es nuestro deber y salvación
darte gracias siempre y en todo lugar,
Señor, Padre santo,
Dios todopoderoso y eterno.**

**Pues por medio de tu amado Hijo,
no sólo eres el creador del género humano,
sino también el autor bondadoso
de la nueva creación.**

**Por eso, con razón te sirven todas las creaturas,
con justicia te alaban todos los redimidos,
y unánimes te bendicen tus santos.
Con ellos, también nosotros,
unidos a todos los ángeles,
cantamos tu gloria gozosos diciendo:**

Santo, Santo, Santo . . .

Santo, Santo, Santo . . .

PREFACIO COMÚN IV

La alabanza, don de Dios

75. Este prefacio se dice en las Misas que no tienen prefacio propio y que no deben tomar algún prefacio del tiempo.

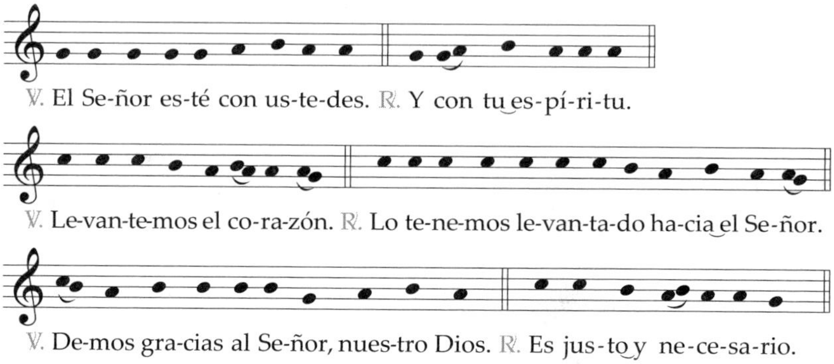

En verdad es justo y necesario,
es nuestro deber y salvación
darte gracias siempre y en todo lugar,
Señor, Padre santo,
Dios todopoderoso y eterno.

Pues, aunque no necesitas
de nuestra alabanza,
es don tuyo que seamos agradecidos;
y aunque nuestras bendiciones
no aumentan tu gloria,
nos aprovechan para nuestra salvación.
Por Cristo, Señor nuestro.

Por eso, unidos a los ángeles,
te aclamamos llenos de alegría:

Santo, Santo, Santo . . .

Santo, Santo, Santo . . .

PREFACIO COMÚN V

Proclamación del misterio de Cristo

76. Este prefacio se dice en las Misas que no tienen prefacio propio y que no deben tomar algún prefacio del tiempo.

℣. El Se-ñor es-té con us-te-des. ℟. Y con tu es-pí-ri-tu.

℣. Le-van-te-mos el co-ra-zón. ℟. Lo te-ne-mos le-van-ta-do ha-cia el Se-ñor.

℣. De-mos gra-cias al Se-ñor, nues-tro Dios. ℟. Es jus-to y ne-ce-sa-rio.

En verdad es justo y necesario,
es nuestro deber y salvación
darte gracias siempre y en todo lugar,
Señor, Padre santo,
Dios todopoderoso y eterno,
por Cristo, Señor nuestro.

Cuya muerte celebramos
unidos en caridad,
cuya resurrección proclamamos
con viva fe,
y cuyo advenimiento glorioso
aguardamos con firmísima esperanza.

Por eso, con todos los ángeles y santos,
te alabamos, proclamando sin cesar:

Santo, Santo, Santo . . .

Santo, Santo, Santo . . .

PREFACIO COMÚN VI

El misterio de la salvación en Cristo

77. Este prefacio, tomado de la Plegaria eucarística II (p. 673), se dice en las Misas que no tengan prefacio propio ni deban tomar un prefacio propio del tiempo.

℣. El Se-ñor es-té con us-te-des. ℟. Y con tu es-pí-ri-tu.

℣. Le-van-te-mos el co-ra-zón. ℟. Lo te-ne-mos le-van-ta-do ha-cia el Se-ñor.

℣. De-mos gra-cias al Se-ñor, nues-tro Dios. ℟. Es jus-to y ne-ce-sa-rio.

En verdad es justo y necesario,
es nuestro deber y salvación
darte gracias, Padre santo,
siempre y en todo lugar,
por Jesucristo, tu Hijo amado.

Por él, que es tu Palabra,
hiciste todas las cosas;
tú nos lo enviaste
para que, hecho hombre por obra del Espíritu Santo
y nacido de María, la Virgen,
fuera nuestro Salvador y Redentor.

Él, en cumplimiento de tu voluntad,
para destruir la muerte y manifestar la resurrección
extendió sus brazos en la cruz
y así adquirió para ti un pueblo santo.

Por eso,
con los ángeles y los santos,
proclamamos tu gloria, diciendo:

Santo, Santo, Santo . . .

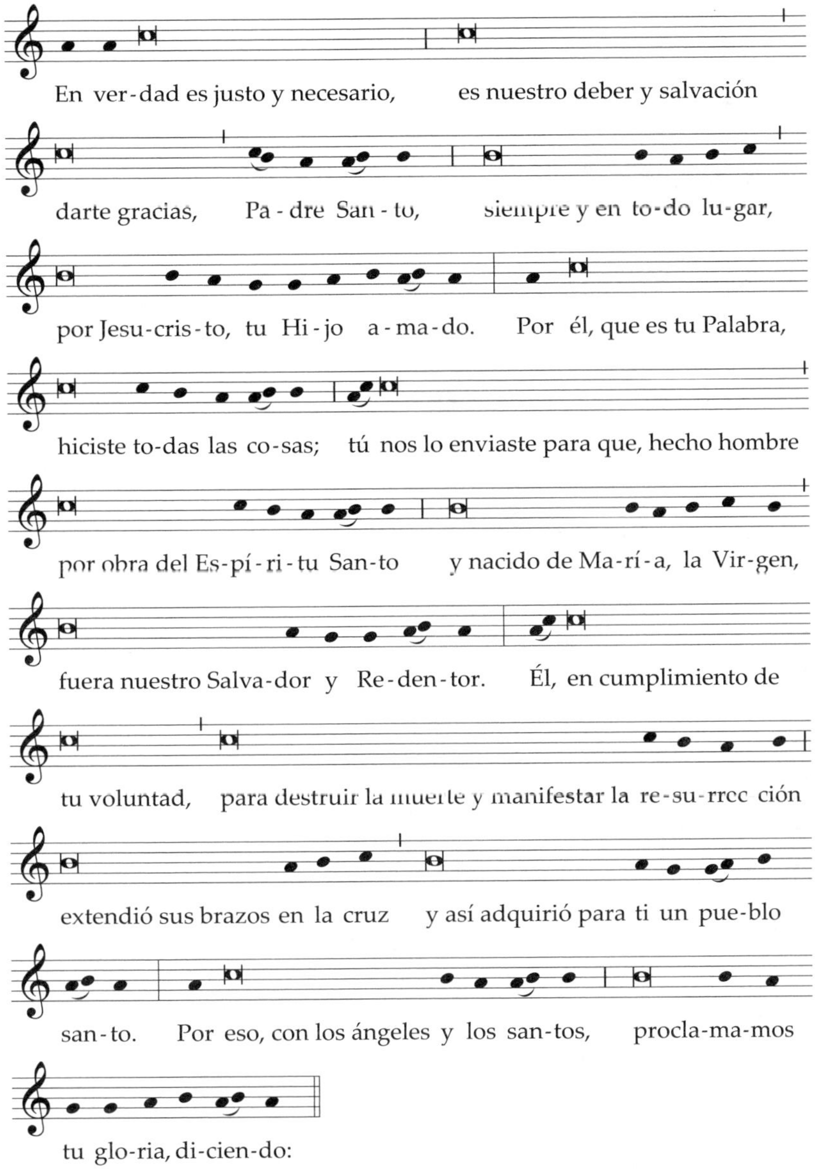

Santo, Santo, Santo . . .

PREFACIO I DE DIFUNTOS

La esperanza de la resurrección en Cristo

78. Este prefacio se dice en las Misas de difuntos.

En verdad es justo y necesario,
es nuestro deber y salvación
darte gracias siempre y en todo lugar,
Señor, Padre santo,
Dios todopoderoso y eterno,
por Cristo, Señor nuestro.

En él resplandece
la esperanza de nuestra feliz resurrección;
y así, aunque la certeza de morir nos entristece,
nos consuela la promesa
de la futura inmortalidad.

Pues, para quienes creemos en ti, Padre,
la vida no se acaba, se transforma;
y disuelta nuestra morada terrenal,
se nos prepara una mansión
eterna en el cielo.

Por eso, con los ángeles y los arcángeles,
con los tronos y dominaciones
y con todos los coros celestiales,
cantamos sin cesar el himno de tu gloria:

Santo, Santo, Santo . . .

Santo, Santo, Santo . . .

PREFACIO II DE DIFUNTOS

Cristo murió para que nosotros tengamos vida

79. Este prefacio se dice en las Misas de difuntos.

℣. El Se-ñor es-té con us-te-des. ℟. Y con tu es-pí-ri-tu.

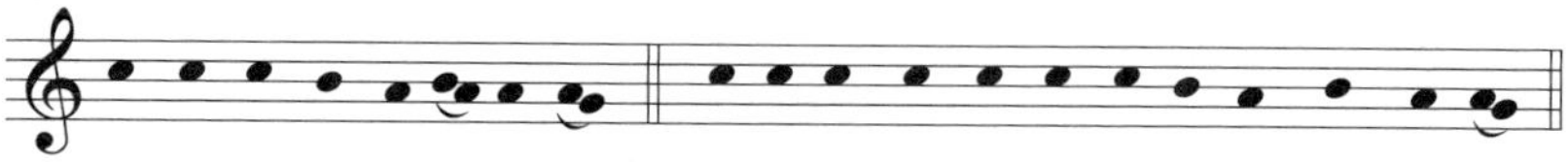

℣. Le-van-te-mos el co-ra-zón. ℟. Lo te-ne-mos le-van-ta-do ha-cia el Se-ñor.

℣. De-mos gra-cias al Se-ñor, nues-tro Dios. ℟. Es jus-to y ne-ce-sa-rio.

En verdad es justo y necesario,
es nuestro deber y salvación
darte gracias siempre y en todo lugar,
Señor, Padre santo,
Dios todopoderoso y eterno,
por Cristo, Señor nuestro.

Quien se dignó morir por todos,
para librarnos a todos de la muerte;
es más, quiso morir,
para que todos tuviéramos la vida eterna.

Por eso, unidos a los ángeles,
te aclamamos llenos de alegría:

Santo, Santo, Santo . . .

Santo, Santo, Santo . . .

PREFACIO III DE DIFUNTOS

Cristo, salvación y vida

80. Este prefacio se dice en las Misas de difuntos.

℣. El Se-ñor es-té con us-te-des. ℟. Y con tu‿es-pí-ri-tu.

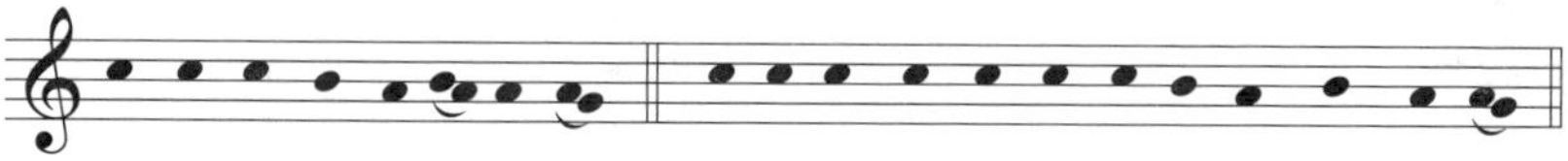

℣. Le-van-te-mos el co-ra-zón. ℟. Lo te-ne-mos le-van-ta-do ha-cia‿el Se-ñor.

℣. De-mos gra-cias al Se-ñor, nues-tro Dios. ℟. Es jus-to‿y ne-ce-sa-rio.

En verdad es justo y necesario,
es nuestro deber y salvación
darte gracias siempre y en todo lugar,
Señor, Padre santo,
Dios todopoderoso y eterno,
por Cristo, Señor nuestro.

Él es la salvación del mundo,
la vida de los hombres
y la resurrección de los muertos.

Por él, los ángeles y los arcángeles
te adoran eternamente, gozosos en tu presencia.
Permítenos unirnos a sus voces
cantando jubilosos tu alabanza:

Santo, Santo, Santo . . .

Santo, Santo, Santo . . .

PREFACIO IV DE DIFUNTOS

De la vida terrena a la gloria eterna

81. Este prefacio se dice en las Misas de difuntos.

℣. El Se-ñor es-té con us-te-des. ℟. Y con tu es-pí-ri-tu.

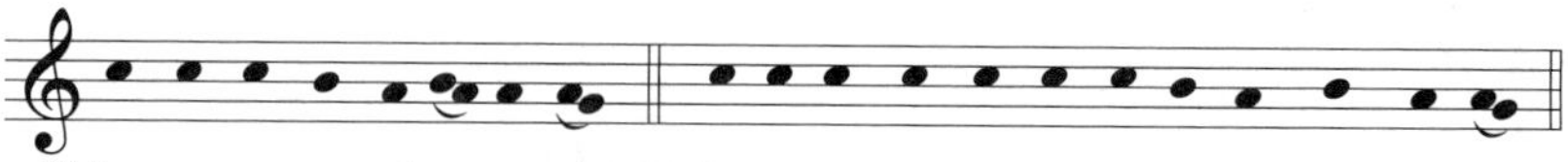

℣. Le-van-te-mos el co-ra-zón. ℟. Lo te-ne-mos le-van-ta-do ha-cia el Se-ñor.

℣. De-mos gra-cias al Se-ñor, nues-tro Dios. ℟. Es jus-to y ne-ce-sa-rio.

En verdad es justo y necesario,
es nuestro deber y salvación
darte gracias siempre y en todo lugar,
Señor, Padre santo,
Dios todopoderoso y eterno.

Porque una decisión tuya nos da la vida;
tu voluntad la dirige,
y un mandato tuyo, por causa del pecado,
nos devuelve a la tierra
de la que fuimos formados.

Y a quienes hemos sido redimidos
por la muerte de tu Hijo,
por tu misma voluntad soberana
nos llamas a participar
de su gloriosa resurrección.

Por eso, con los ángeles y los santos,
te cantamos el himno de alabanza,
diciendo sin cesar:

Santo, Santo, Santo . . .

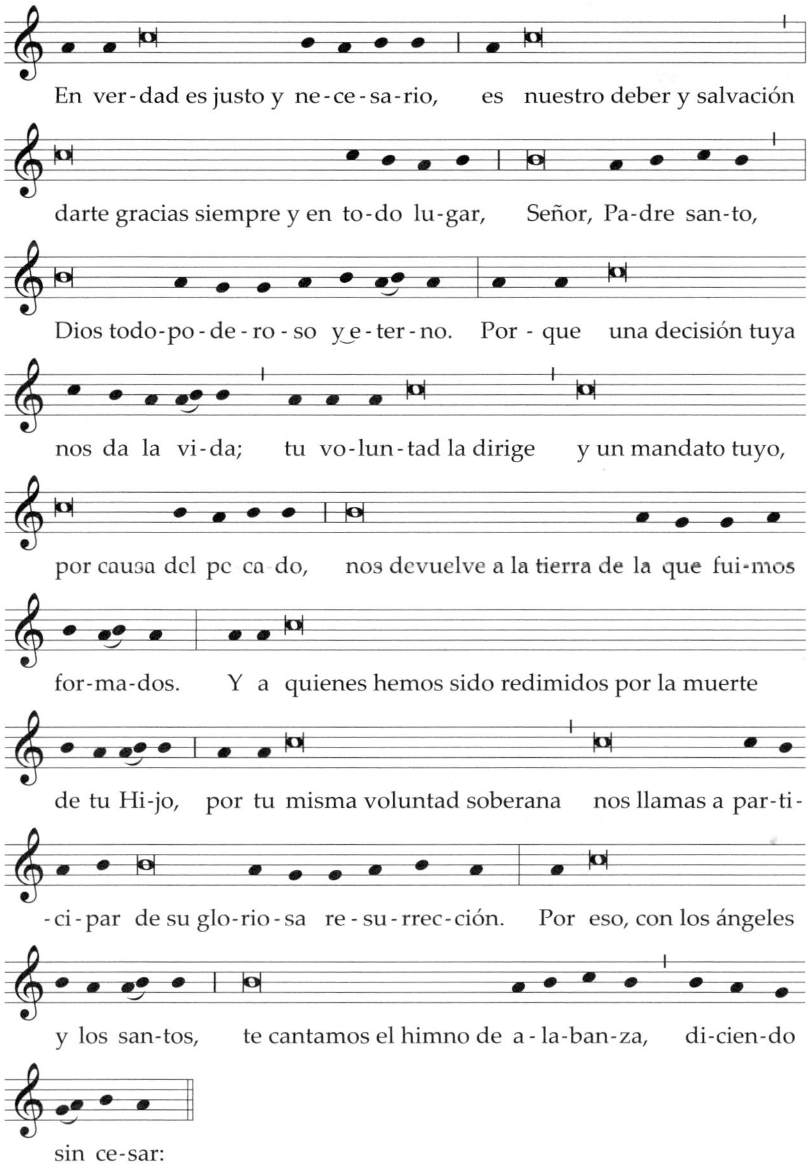

Santo, Santo, Santo . . .

PREFACIO V DE DIFUNTOS

Nuestra resurrección por la victoria de Cristo

82. Este prefacio se dice en las Misas de difuntos.

℣. El Se-ñor es-té con us-te-des. ℟. Y con tu es-pí-ri-tu.

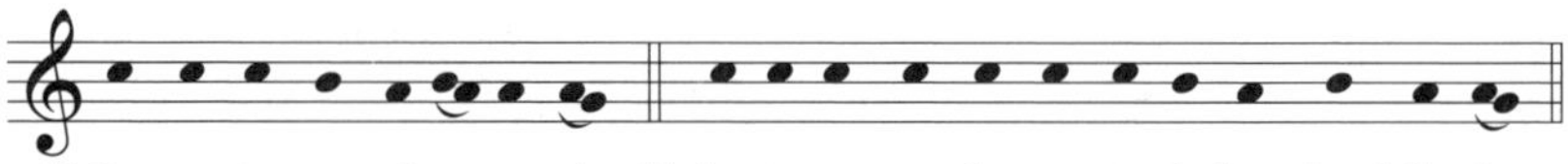

℣. Le-van-te-mos el co-ra-zón. ℟. Lo te-ne-mos le-van-ta-do ha-cia el Se-ñor.

℣. De-mos gra-cias al Se-ñor, nues-tro Dios. ℟. Es jus-to y ne-ce-sa-rio.

En verdad es justo darte gracias
y deber nuestro glorificarte,
Padre santo.

Pues, si morimos por haberlo merecido,
es obra de tu misericordia y de tu gracia
el que seamos llamados a la vida con Cristo.
En efecto, por el pecado padecemos la muerte,
mas, por la victoria de tu Hijo,
fuimos redimidos.

Por eso, como los ángeles te cantan en el cielo,
así nosotros te aclamamos en la tierra,
diciendo sin cesar:

Santo, Santo, Santo . . .

Santo, Santo, Santo . . .

PLEGARIAS EUCARÍSTICAS

PLEGARIA EUCARÍSTICA I
O CANON ROMANO

83. V. **El Señor esté con ustedes.**
R. Y con tu espíritu.
V. **Levantemos el corazón.**
R. Lo tenemos levantado hacia el Señor.
V. **Demos gracias al Señor, nuestro Dios.**
R. Es justo y necesario.

Sigue el prefacio, dicho según las rúbricas, que se concluye:

Santo, Santo, Santo es el Señor, Dios del universo.
Llenos están el cielo y la tierra de tu gloria.
Hosanna en el cielo.
Bendito el que viene en nombre del Señor.
Hosanna en el cielo.

84. El sacerdote, con las manos extendidas, dice:

Padre misericordioso, Celebrante solo
te pedimos humildemente,
por Jesucristo, tu Hijo, nuestro Señor,

Junta las manos y dice:

que aceptes

Traza el signo de la cruz sobre el pan y el cáliz conjuntamente, diciendo:

y bendigas ✠ estos dones,
este sacrificio santo y puro que te ofrecemos,

Con las manos extendidas, prosigue:

ante todo, por tu Iglesia santa y católica,
para que le concedas la paz, la protejas,
la congregues en la unidad
y la gobiernes en el mundo entero,
con tu servidor el Papa N.**,**
con nuestro Obispo N.*,
y todos los demás Obispos que, fieles a la verdad,
promueven la fe católica y apostólica.

---

* El Obispo, cuando celebra en su diócesis, dice:
conmigo, indigno siervo tuyo,

Cuando celebra un Obispo que no es el Ordinario diocesano, dice:
con mi hermano N.**, Obispo de esta Iglesia,**
conmigo, indigno siervo tuyo,

Aquí se puede hacer mención del Obispo coadjutor o de los Obispos auxiliares, conforme a lo previsto por la IGMR, n. 149.

85. Conmemoración de los vivos

Acuérdate, Señor, de tus hijos N. **y** N. Celebrante o un concelebrante

Junta las manos y ora unos momentos por quienes tiene la intención de orar.

Después, con las manos extendidas, prosigue:

y de todos los aquí reunidos,
cuya fe y entrega bien conoces;
por ellos y todos los suyos,
por el perdón de sus pecados
y la salvación que esperan,
te ofrecemos, y ellos mismos te ofrecen,
este sacrificio de alabanza,
a ti, eterno Dios, vivo y verdadero.

86. Conmemoración de los santos

Reunidos en comunión con toda la Iglesia, Celebrante o un concelebrante
veneramos la memoria,
ante todo, de la gloriosa siempre Virgen María,
Madre de Jesucristo, nuestro Dios y Señor;
† **la de su esposo, san José;**
la de los santos apóstoles y mártires
Pedro y Pablo, Andrés,
(**Santiago y Juan,**
Tomás, Santiago, Felipe,
Bartolomé, Mateo, Simón y Tadeo;
Lino, Cleto, Clemente, Sixto,
Cornelio, Cipriano,
Lorenzo, Crisógono,
Juan y Pablo,
Cosme y Damián)
y la de todos los santos;
por sus méritos y oraciones
concédenos en todo tu protección.
(**Por Cristo, nuestro Señor. Amén.**)

"REUNIDOS EN COMUNIÓN" PROPIOS

En la Natividad del Señor y durante su octava:

Reunidos en comunión con toda la Iglesia para celebrar (la noche santísima) el día santísimo en que la Virgen María,
conservando intacta su virginidad, dio a luz al Salvador del mundo,
veneramos la memoria, ante todo,
de esta gloriosa siempre Virgen María,
Madre de Jesucristo, nuestro Dios y Señor; †

En la Epifanía del Señor:

Reunidos en comunión con toda la Iglesia
para celebrar el día santísimo en que tu Hijo único,
eterno como tú en la gloria, se manifestó en la verdad de nuestra carne,
hecho hombre como nosotros,
veneramos la memoria, ante todo, de la gloriosa siempre Virgen María,
Madre de Jesucristo, nuestro Dios y Señor; †

Desde la Misa de la Vigilia Pascual hasta el segundo domingo de Pascua:

Reunidos en comunión con toda la Iglesia
para celebrar (la noche santísima) el día santísimo
de la resurrección de nuestro Señor Jesucristo según la carne,
veneramos la memoria, ante todo,
de la gloriosa siempre Virgen María,
Madre de Jesucristo, nuestro Dios y Señor; †

En la Ascensión del Señor:

Reunidos en comunión con toda la Iglesia para celebrar el día santísimo
en que tu Hijo único, nuestro Señor Jesucristo,
habiendo tomado nuestra débil condición humana,
la exaltó a la derecha de tu gloria, veneramos la memoria, ante todo,
de la gloriosa siempre Virgen María,
Madre de Jesucristo, nuestro Dios y Señor; †

En el domingo de Pentecostés:

Reunidos en comunión con toda la Iglesia
para celebrar el día santísimo de Pentecostés,
en que el Espíritu Santo se manifestó a los apóstoles en lenguas de fuego,
veneramos la memoria, ante todo, de la gloriosa siempre Virgen María,
Madre de Jesucristo, nuestro Dios y Señor; †

87. Con las manos extendidas, prosigue:

Celebrante solo

Acepta, Señor, en tu bondad,
esta ofrenda de tus siervos
y de toda tu familia santa;
ordena en tu paz nuestros días,
líbranos de la condenación eterna
y cuéntanos entre tus elegidos.

Junta las manos.

(**Por Cristo, nuestro Señor. Amén.**)

Desde la Misa de la Vigilia Pascual hasta el segundo domingo de Pascua:

Acepta, Señor, en tu bondad, esta ofrenda de tus siervos
y de toda tu familia santa, que hoy te ofrecemos
especialmente por N. **y** N. (o bien: **aquellos**)
que has hecho renacer del agua y del Espíritu Santo,
perdonándoles todos sus pecados;
ordena en tu paz nuestros días,
líbranos de la condenación eterna y cuéntanos entre tus elegidos.

Junta las manos.

(**Por Cristo, nuestro Señor. Amén.**)

---

88. Extendiendo las manos sobre las ofrendas, dice:

Celebrante con concelebrantes

Bendice y santifica esta ofrenda, Padre,
haciéndola perfecta, espiritual y digna de ti:
que se convierta para nosotros
en el Cuerpo y la Sangre de tu Hijo amado,
Jesucristo, nuestro Señor.

Junta las manos.

89. En las fórmulas que siguen, las palabras del Señor deben pronunciarse claramente y con precisión, como lo requiere la naturaleza de las mismas palabras.

El cual, la víspera de su Pasión,

Toma el pan y, sosteniéndolo un poco elevado sobre el altar, prosigue:

tomó pan en sus santas y venerables manos,

Eleva los ojos.

y, elevando los ojos al cielo,
hacia ti, Dios, Padre suyo todopoderoso,
dando gracias te bendijo,
lo partió,
y lo dio a sus discípulos, diciendo:

Se inclina un poco.

TOMEN Y COMAN TODOS DE ÉL,
PORQUE ESTO ES MI CUERPO,
QUE SERÁ ENTREGADO POR USTEDES.

Muestra el pan consagrado al pueblo, lo deposita luego sobre la patena y lo adora haciendo genuflexión.

90. Después prosigue:

Del mismo modo, acabada la cena,

Toma el cáliz y, sosteniéndolo un poco elevado sobre el altar, prosigue:

tomó este cáliz glorioso
en sus santas y venerables manos,
dando gracias te bendijo,
y lo dio a sus discípulos, diciendo:

Se inclina un poco.

TOMEN Y BEBAN TODOS DE ÉL,
PORQUE ÉSTE ES EL CÁLIZ DE MI SANGRE,
SANGRE DE LA ALIANZA NUEVA Y ETERNA,
QUE SERÁ DERRAMADA POR USTEDES Y POR MUCHOS
PARA EL PERDÓN DE LOS PECADOS.

HAGAN ESTO EN CONMEMORACIÓN MÍA.

Muestra el cáliz al pueblo, lo deposita luego sobre el corporal y lo adora haciendo genuflexión.

91. Luego dice una de las siguientes fórmulas:

I

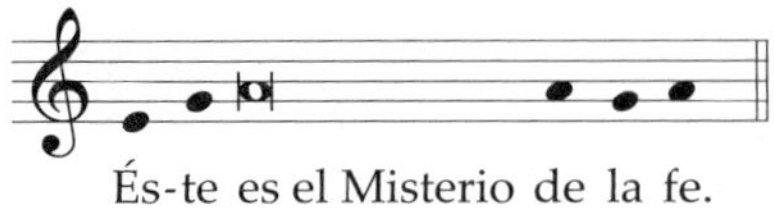

O bien:

Éste es el Misterio de la fe.

Celebrante solo

O bien:

Éste es el Sacramento de nuestra fe.

Y el pueblo prosigue, aclamando:

Anunciamos tu muerte,
proclamamos tu resurrección.
¡Ven, Señor Jesús!

II

Éste es el Misterio de la fe. Celebrante solo
Cristo nos redimió.

Y el pueblo prosigue, aclamando:

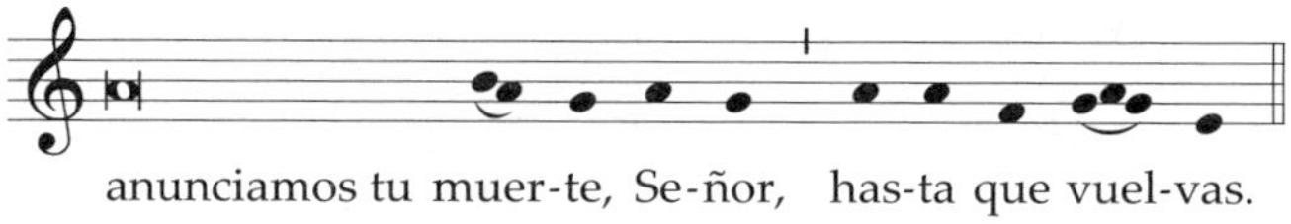

Cada vez que comemos de este pan
y bebemos de este cáliz,
anunciamos tu muerte, Señor,
hasta que vuelvas.

III

Éste es el Misterio de la fe. Celebrante solo
Cristo se entregó por nosotros.

Y el pueblo prosigue, aclamando:

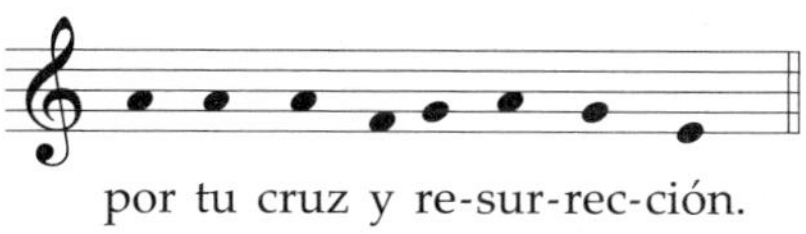

Salvador del mundo, sálvanos,
tú que nos has liberado por tu cruz y resurrección.

92. Después el sacerdote, con las manos extendidas, dice:

Celebrante con concelebrantes

Por eso, Padre,
nosotros, tus siervos, y todo tu pueblo santo,
al celebrar este memorial de la muerte gloriosa
de Jesucristo, tu Hijo, nuestro Señor,
de su santa resurrección del lugar de los muertos
y de su admirable ascensión a los cielos,
te ofrecemos, Dios de gloria y majestad,
de los mismos bienes que nos has dado,
el sacrificio puro, inmaculado y santo:
pan de vida eterna
y cáliz de eterna salvación.

93. **Mira con ojos de bondad esta ofrenda**
y acéptala,
como aceptaste los dones del justo Abel,
el sacrificio de Abraham, nuestro padre en la fe,
y la oblación pura
de tu sumo sacerdote Melquisedec.

94. Inclinado, con las manos juntas, prosigue:

Te pedimos humildemente,
Dios todopoderoso,
que esta ofrenda sea llevada a tu presencia,
hasta el altar del cielo,
por manos de tu Ángel,
para que cuantos recibimos
el Cuerpo y la Sangre de tu Hijo,
al participar aquí de este altar,

Se endereza y se signa, diciendo:

seamos colmados
de gracia y bendición.

Junta las manos.

(**Por Cristo, nuestro Señor. Amén.**)

95. Conmemoración de los difuntos

Con las manos extendidas, dice:

Acuérdate también, Señor,
de tus hijos N. **y** N.**,**
que nos han precedido con el signo de la fe
y duermen ya el sueño de la paz.

Celebrante o un concelebrante

Junta las manos y ora unos momentos por los difuntos por quienes tiene intención de orar.

Después, con las manos extendidas, prosigue:

A ellos, Señor, y a cuantos descansan en Cristo,
concédeles el lugar del consuelo,
de la luz y de la paz.

Junta las manos.

(**Por Cristo, nuestro Señor. Amén.**)

96. Con la mano derecha se golpea el pecho, diciendo:

Y a nosotros, pecadores, siervos tuyos,

Celebrante o un concelebrante

Con las manos extendidas, prosigue:

que confiamos en tu infinita misericordia,
admítenos en la asamblea
de los santos apóstoles y mártires
Juan el Bautista, Esteban,
Matías y Bernabé,
  (**Ignacio, Alejandro,**
  Marcelino y Pedro,
  Felicidad y Perpetua,
  Águeda, Lucía,
  Inés, Cecilia, Anastasia,)
y de todos los santos;
y acéptanos en su compañía,
no por nuestros méritos,
sino conforme a tu bondad.

Junta las manos.

Por Cristo, Señor nuestro.

97. Y continúa:

Por quien sigues creando todos los bienes,
los santificas, los llenas de vida,
los bendices y los repartes entre nosotros.

Celebrante solo

98. Toma la patena con el pan consagrado y el cáliz, los eleva y dice:

Celebrante solo o con concelebrantes

Por Cristo, con él y en él,
a ti, Dios Padre omnipotente,
en la unidad del Espíritu Santo,
todo honor y toda gloria
por los siglos de los siglos.

El pueblo aclama:

Amén.

Después sigue el rito de la Comunión, p. 693.

PLEGARIA EUCARÍSTICA II

99. Aunque esta Plegaria eucarística tiene un prefacio propio que forma parte de su misma estructura, puede usarse también con otros prefacios, especialmente con aquellos que presentan una breve síntesis del misterio de la salvación, por ejemplo, con los prefacios comunes.

V. **El Señor esté con ustedes.**
R. Y con tu espíritu.

V. **Levantemos el corazón.**
R. Lo tenemos levantado hacia el Señor.

V. **Demos gracias al Señor, nuestro Dios.**
R. Es justo y necesario.

En verdad es justo y necesario,
es nuestro deber y salvación
darte gracias, Padre santo,
siempre y en todo lugar,
por Jesucristo, tu Hijo amado.

Por él, que es tu Palabra,
hiciste todas las cosas;
tú nos lo enviaste
para que, hecho hombre por obra del Espíritu Santo
y nacido de María, la Virgen,
fuera nuestro Salvador y Redentor.

Él, en cumplimiento de tu voluntad,
para destruir la muerte
y manifestar la resurrección,
extendió sus brazos en la cruz,
y así adquirió para ti un pueblo santo.

Por eso,
con los ángeles y los santos,
proclamamos tu gloria, diciendo:

Santo, Santo, Santo es el Señor, Dios del universo.
Llenos están el cielo y la tierra de tu gloria.
Hosanna en el cielo.
Bendito el que viene en nombre del Señor.
Hosanna en el cielo.

100. El sacerdote, con las manos extendidas, dice:

Santo eres en verdad, Señor, Celebrante solo
fuente de toda santidad;

101. Junta las manos y, manteniéndolas extendidas sobre las ofrendas, dice:

por eso te pedimos que santifiques estos dones Celebrante con concelebrantes
con la efusión de tu Espíritu,

Junta las manos y traza el signo de la cruz sobre el pan y el cáliz conjuntamente, diciendo:

de manera que se conviertan para nosotros
en el Cuerpo y ✠ la Sangre
de Jesucristo, nuestro Señor.

Junta las manos.

102. En las fórmulas que siguen, las palabras del Señor deben pronunciarse claramente y con precisión, como lo requiere la naturaleza de las mismas palabras.

El cual,
cuando iba a ser entregado a su Pasión,
voluntariamente aceptada,

Toma el pan y, sosteniéndolo un poco elevado sobre el altar, prosigue:

tomó pan, dándote gracias, lo partió
y lo dio a sus discípulos, diciendo:

Se inclina un poco.

TOMEN Y COMAN TODOS DE ÉL,
PORQUE ESTO ES MI CUERPO,
QUE SERÁ ENTREGADO POR USTEDES.

Muestra el pan consagrado al pueblo, lo deposita luego sobre la patena y lo adora haciendo genuflexión.

103. Después prosigue:

Del mismo modo, acabada la cena,

Toma el cáliz y, sosteniéndolo un poco elevado sobre el altar, prosigue:

tomó el cáliz,
y, dándote gracias de nuevo,
lo pasó a sus discípulos, diciendo:

Se inclina un poco.

TOMEN Y BEBAN TODOS DE ÉL,
PORQUE ÉSTE ES EL CÁLIZ DE MI SANGRE,
SANGRE DE LA ALIANZA NUEVA Y ETERNA,
QUE SERÁ DERRAMADA POR USTEDES Y POR MUCHOS
PARA EL PERDÓN DE LOS PECADOS.

HAGAN ESTO EN CONMEMORACIÓN MÍA.

Muestra el cáliz al pueblo, lo deposita luego sobre el corporal y lo adora haciendo genuflexión.

104. Luego dice una de las siguientes fórmulas:

I

O bien:

Éste es el Misterio de la fe. Celebrante solo

O bien:

Éste es el Sacramento de nuestra fe.

Y el pueblo prosigue, aclamando:

Anunciamos tu muerte,
proclamamos tu resurrección.
¡Ven, Señor Jesús!

II

Éste es el Misterio de la fe. Celebrante solo
Cristo nos redimió.

Y el pueblo prosigue, aclamando:

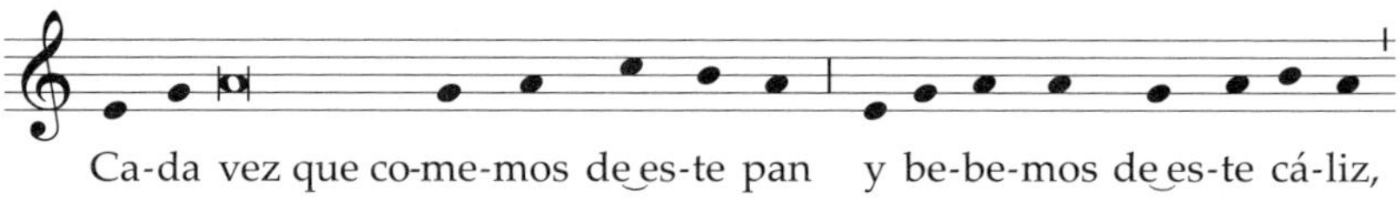

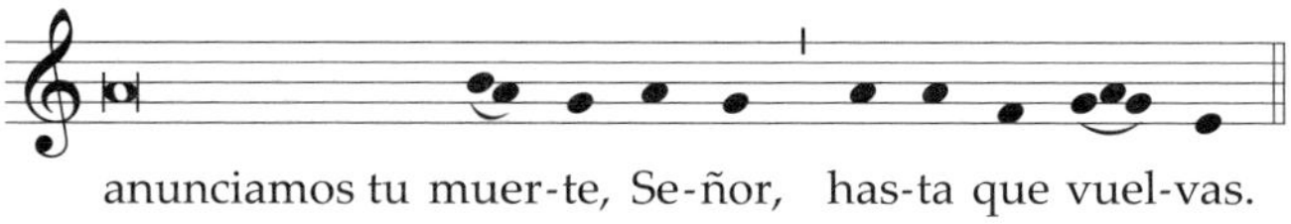

Cada vez que comemos de este pan
y bebemos de este cáliz,
anunciamos tu muerte, Señor,
hasta que vuelvas.

III

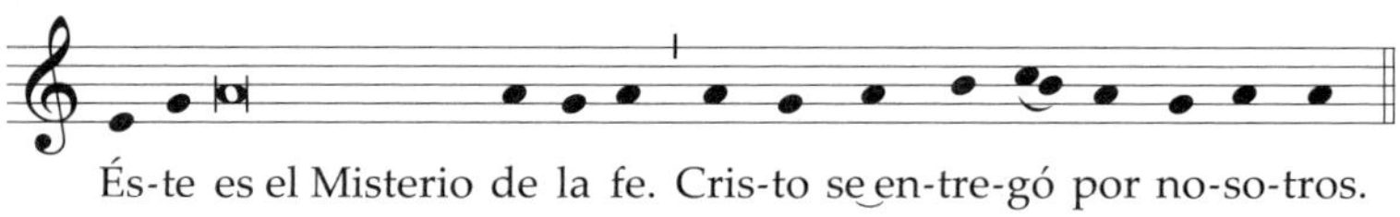

Éste es el Misterio de la fe. Celebrante solo
Cristo se entregó por nosotros.

Y el pueblo prosigue, aclamando:

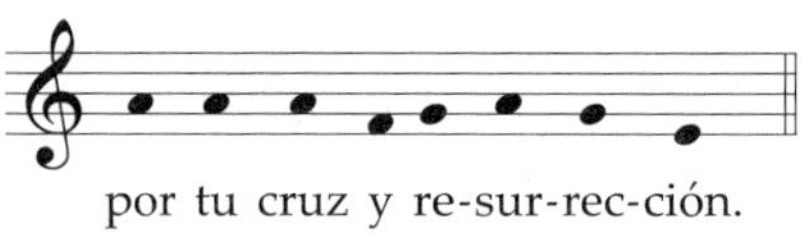

Salvador del mundo, sálvanos,
tú que nos has liberado por tu cruz y resurrección.

105. Después el sacerdote, con las manos extendidas, dice:

Celebrante con concelebrantes

Así, pues, Padre,
al celebrar ahora el memorial
de la muerte y resurrección de tu Hijo,
te ofrecemos
el pan de vida y el cáliz de salvación,
y te damos gracias
porque nos haces dignos de servirte en tu presencia.

Te pedimos humildemente
que el Espíritu Santo congregue en la unidad
a cuantos participamos
del Cuerpo y la Sangre de Cristo.

Celebrante o un concelebrante

Acuérdate, Señor,
de tu Iglesia extendida por toda la tierra;
y con el Papa N.**,**
con nuestro Obispo N.*****,**
y todos los pastores que cuidan de tu pueblo,
llévala a su perfección por la caridad.

En las Misas por los difuntos se puede añadir:

Recuerda a tu hijo (**hija**) N.**,**
a quien llamaste (**hoy**)
de este mundo a tu presencia;
concédele que, así como ha compartido ya
la muerte de Jesucristo,
comparta también con él
la gloria de la resurrección.

---

* El Obispo, cuando celebra en su diócesis, dice:
conmigo, indigno siervo tuyo,

Cuando celebra un Obispo que no es el Ordinario diocesano, dice:
con mi hermano N.**, Obispo de esta Iglesia,**
conmigo, indigno siervo tuyo,

Aquí se puede hacer mención del Obispo coadjutor o de los Obispos auxiliares, conforme a lo previsto por la IGMR, n. 149.

Celebrante o un concelebrante

Acuérdate también de nuestros hermanos
que se durmieron en la esperanza
de la resurrección,
y de todos los que han muerto en tu misericordia;
admítelos a contemplar la luz de tu rostro.
Ten misericordia de todos nosotros,
y así, con María, la Virgen Madre de Dios,
su esposo san José, los apóstoles
y cuantos vivieron en tu amistad
a través de los tiempos,
merezcamos, por tu Hijo Jesucristo,
compartir la vida eterna
y cantar tus alabanzas.

Junta las manos.

106. Toma la patena con el pan consagrado y el cáliz, los eleva y dice:

Celebrante solo o con concelebrantes

Por Cristo, con él y en él,
a ti, Dios Padre omnipotente,
en la unidad del Espíritu Santo,
todo honor y toda gloria
por los siglos de los siglos.

El pueblo aclama:

Amén.

Después sigue el rito de la Comunión, p. 693.

PLEGARIA EUCARÍSTICA III

107. V. **El Señor esté con ustedes.**
R. Y con tu espíritu.

V. **Levantemos el corazón.**
R. Lo tenemos levantado hacia el Señor.

V. **Demos gracias al Señor, nuestro Dios.**
R. Es justo y necesario.

Sigue el prefacio que corresponda según las rúbricas, el cual se concluye:

Santo, Santo, Santo es el Señor, Dios del universo.
Llenos están el cielo y la tierra de tu gloria.
Hosanna en el cielo.
Bendito el que viene en nombre del Señor.
Hosanna en el cielo.

108. El sacerdote, con las manos extendidas, dice:

Santo eres en verdad, Padre, Celebrante solo
y con razón te alaban todas tus creaturas,
ya que por Jesucristo, tu Hijo, Señor nuestro,
con la fuerza del Espíritu Santo,
das vida y santificas todo,
y congregas a tu pueblo sin cesar,
para que ofrezca en tu honor
un sacrificio sin mancha
desde donde sale el sol hasta el ocaso.

109. Junta las manos y, manteniéndolas extendidas sobre las ofrendas, dice:

Por eso, Padre, te suplicamos Celebrante con concelebrantes
que santifiques por el mismo Espíritu
estos dones que hemos separado para ti,

Junta las manos y traza el signo de la cruz sobre el pan y el cáliz conjuntamente, diciendo:

de manera que se conviertan
en el Cuerpo y ✠ la Sangre de Jesucristo,
Hijo tuyo y Señor nuestro,

Junta las manos.

que nos mandó celebrar estos misterios.

110. En las fórmulas que siguen, las palabras del Señor deben pronunciarse claramente y con precisión, como lo requiere la naturaleza de las mismas palabras.

Porque él mismo,
la noche en que iba a ser entregado,

Toma el pan y, sosteniéndolo un poco elevado sobre el altar, prosigue:

tomó pan,
y dando gracias te bendijo,
lo partió
y lo dio a sus discípulos, diciendo:

Se inclina un poco.

TOMEN Y COMAN TODOS DE ÉL,
PORQUE ESTO ES MI CUERPO,
QUE SERÁ ENTREGADO POR USTEDES.

Muestra el pan consagrado al pueblo, lo deposita luego sobre la patena y lo adora haciendo genuflexión.

111. Después prosigue:

Del mismo modo, acabada la cena,

Toma el cáliz y, sosteniéndolo un poco elevado sobre el altar, prosigue:

tomó el cáliz,
dando gracias te bendijo,
y lo pasó a sus discípulos, diciendo:

Se inclina un poco.

TOMEN Y BEBAN TODOS DE ÉL,
PORQUE ÉSTE ES EL CÁLIZ DE MI SANGRE,
SANGRE DE LA ALIANZA NUEVA Y ETERNA,
QUE SERÁ DERRAMADA POR USTEDES Y POR MUCHOS
PARA EL PERDÓN DE LOS PECADOS.

HAGAN ESTO EN CONMEMORACIÓN MÍA.

Muestra el cáliz al pueblo, lo deposita luego sobre el corporal y lo adora haciendo genuflexión.

112. Luego dice una de las siguientes fórmulas:

I

O bien:

Éste es el Misterio de la fe. Celebrante solo

O bien:

Éste es el Sacramento de nuestra fe.

Y el pueblo prosigue, aclamando:

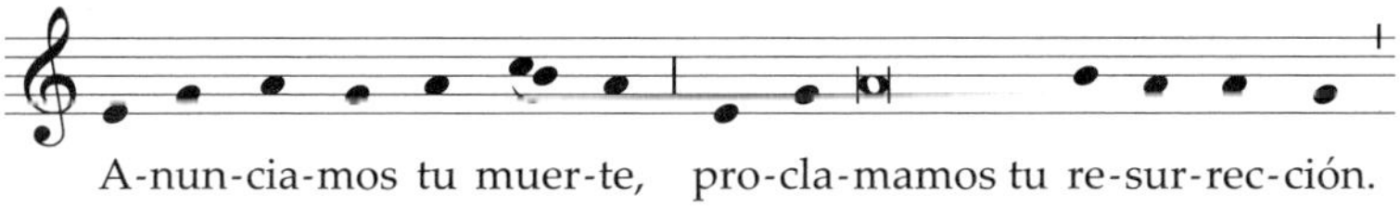

Anunciamos tu muerte,
proclamamos tu resurrección.
¡Ven, Señor Jesús!

II

Éste es el Misterio de la fe. Celebrante solo
Cristo nos redimió.

Y el pueblo prosigue, aclamando:

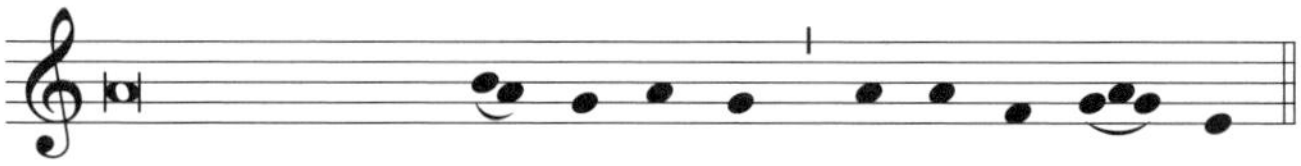

Cada vez que comemos de este pan
y bebemos de este cáliz,
anunciamos tu muerte, Señor,
hasta que vuelvas.

III

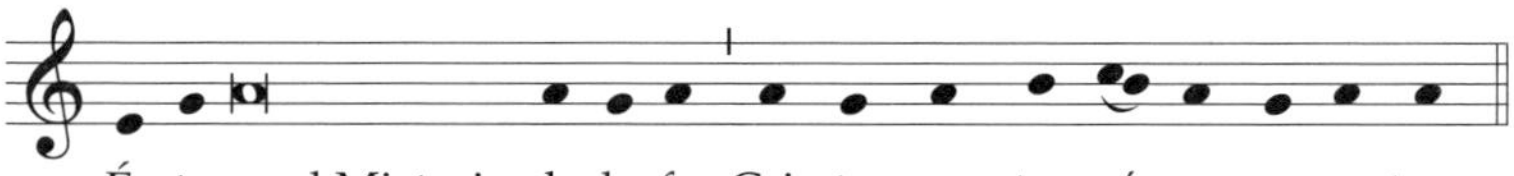

Éste es el Misterio de la fe. Celebrante solo
Cristo se entregó por nosotros.

Y el pueblo prosigue, aclamando:

Salvador del mundo, sálvanos,
tú que nos has liberado por tu cruz y resurrección.

113. Después el sacerdote, con las manos extendidas, dice:

Celebrante con concelebrantes

Así, pues, Padre,
al celebrar ahora el memorial
de la pasión salvadora de tu Hijo,
de su admirable resurrección y ascensión al cielo,
mientras esperamos su venida gloriosa,
te ofrecemos, en esta acción de gracias,
el sacrificio vivo y santo.

Dirige tu mirada sobre la ofrenda de tu Iglesia,
y reconoce en ella la Víctima
por cuya inmolación
quisiste devolvernos tu amistad,
para que, fortalecidos
con el Cuerpo y la Sangre de tu Hijo
y llenos de su Espíritu Santo,
formemos en Cristo
un solo cuerpo y un solo espíritu.

Celebrante o un concelebrante

Que él nos transforme en ofrenda permanente,
para que gocemos de tu heredad
junto con tus elegidos:
con María, la Virgen Madre de Dios,
su esposo san José,
los apóstoles y los mártires,
(san N.: santo del día o patrono**)**
y todos los santos,
por cuya intercesión
confiamos obtener siempre tu ayuda.

Te pedimos, Padre, Celebrante o un concelebrante
que esta Víctima de reconciliación
traiga la paz y la salvación al mundo entero.
Confirma en la fe y en la caridad
a tu Iglesia, peregrina en la tierra:
a tu servidor, el Papa N.,
a nuestro Obispo N.*,
al orden episcopal, a los presbíteros y diáconos,
y a todo el pueblo redimido por ti.

Atiende los deseos y súplicas de esta familia
que has congregado en tu presencia.
Reúne en torno a ti, Padre misericordioso,
a todos tus hijos dispersos por el mundo.

† **A nuestros hermanos difuntos** Celebrante o un concelebrante
y a cuantos murieron en tu amistad
recíbelos en tu reino,
donde esperamos gozar todos juntos
de la plenitud eterna de tu gloria,

Junta las manos.

por Cristo, Señor nuestro,
por quien concedes al mundo todos los bienes. †

114. Toma la patena con el pan consagrado y el cáliz, los eleva y dice:

---

* El Obispo, cuando celebra en su diócesis, dice:
a mí, indigno siervo tuyo,

Cuando celebra un Obispo que no es el Ordinario diocesano, dice:
a mi hermano N.**, Obispo de esta Iglesia,**
a mí, indigno siervo tuyo,

Aquí se puede hacer mención del Obispo coadjutor o de los Obispos auxiliares, conforme a lo previsto por la IGMR, n. 149.

Por Cristo, con él y en él,
a ti, Dios Padre omnipotente,
en la unidad del Espíritu Santo,
todo honor y toda gloria
por los siglos de los siglos.

Celebrante solo o con concelebrantes

El pueblo aclama:

Amén.

Después sigue el rito de la Comunión, p. 693.

---

115. Cuando esta Plegaria eucarística se utiliza en las Misas de difuntos, puede decirse:

† **Recuerda a tu hijo (hija) N.,**
a quien llamaste (hoy)
de este mundo a tu presencia:
concédele que, así como ha compartido ya
la muerte de Jesucristo,
comparta también con él
la gloria de la resurrección,
cuando Cristo haga resurgir de la tierra a los muertos,
y transforme nuestro cuerpo frágil
en cuerpo glorioso como el suyo.
Y a todos nuestros hermanos difuntos
y a cuantos murieron en tu amistad
recíbelos en tu reino,
donde esperamos gozar todos juntos
de la plenitud eterna de tu gloria;
allí enjugarás las lágrimas de nuestros ojos,
porque, al contemplarte como tú eres, Dios nuestro,
seremos para siempre semejantes a ti
y cantaremos eternamente tus alabanzas,

Junta las manos.

por Cristo, Señor nuestro,
por quien concedes al mundo todos los bienes. †

PLEGARIA EUCARÍSTICA IV

116. No está permitido cambiar el prefacio de esta Plegaria eucarística, por razón de la estructura de la Plegaria, que presenta un sumario de la historia de la salvación.

V. **El Señor esté con ustedes.**
R. Y con tu espíritu.

V. **Levantemos el corazón.**
R. Lo tenemos levantado hacia el Señor.

V. **Demos gracias al Señor, nuestro Dios.**
R. Es justo y necesario.

**En verdad es justo darte gracias,
y deber nuestro glorificarte, Padre santo,
porque tú eres el único Dios vivo y verdadero
que existes desde siempre
y vives para siempre,
luz sobre toda luz.
Porque tú sólo eres bueno y la fuente de la vida,
hiciste todas las cosas
para colmarlas de tus bendiciones
y alegrar su multitud con la claridad de tu gloria.**

**Por eso,
innumerables ángeles en tu presencia,
contemplando la gloria de tu rostro,
te sirven siempre y te glorifican sin cesar.**

**Y con ellos también nosotros, llenos de alegría,
y por nuestra voz las demás creaturas,
aclamamos tu nombre cantando:**

**Santo, Santo, Santo es el Señor, Dios del universo.
Llenos están el cielo y la tierra de tu gloria.
Hosanna en el cielo.
Bendito el que viene en nombre del Señor.
Hosanna en el cielo.**

117. El sacerdote, con las manos extendidas, dice:

Te alabamos, Padre santo, Celebrante solo
porque eres grande
y porque hiciste todas las cosas con sabiduría y amor.

A imagen tuya creaste al hombre
y le encomendaste el universo entero,
para que, sirviéndote sólo a ti, su Creador,
dominara todo lo creado.

Y cuando por desobediencia perdió tu amistad,
no lo abandonaste al poder de la muerte,
sino que, compadecido, tendiste la mano a todos,
para que te encuentre el que te busca.

Reiteraste, además, tu alianza a los hombres;
por los profetas
los fuiste llevando con la esperanza de salvación.

Y tanto amaste al mundo, Padre santo,
que, al cumplirse la plenitud de los tiempos,
nos enviaste como salvador a tu único Hijo.

El cual se encarnó por obra del Espíritu Santo,
nació de María, la Virgen,
y así compartió en todo nuestra condición humana
menos en el pecado;
anunció la salvación a los pobres,
la liberación a los oprimidos
y a los afligidos el consuelo.

Para cumplir tus designios,
él mismo se entregó a la muerte,
y, resucitando, destruyó la muerte
y nos dio nueva vida.

Y porque no vivamos ya para nosotros mismos,
sino para él, que por nosotros murió y resucitó,
envió, Padre, al Espíritu Santo
como primicia para los creyentes,
a fin de santificar todas las cosas,
llevando a plenitud su obra en el mundo.

118. Junta las manos y, manteniéndolas extendidas sobre las ofrendas, dice:

Por eso, Padre, te rogamos
que este mismo Espíritu
santifique estas ofrendas,

Celebrante con concelebrantes

Junta las manos y traza el signo de la cruz sobre el pan y el cáliz conjuntamente, diciendo:

para que se conviertan
en el Cuerpo y ✠ la Sangre
de Jesucristo, nuestro Señor,

Junta las manos.

y así celebremos el gran misterio
que nos dejó como alianza eterna.

119. En las fórmulas que siguen, las palabras del Señor deben pronunciarse claramente y con precisión, como lo requiere la naturaleza de las mismas palabras.

Porque él mismo,
llegada la hora en que había de ser glorificado
por ti, Padre santo,
habiendo amado a los suyos
que estaban en el mundo,
los amó hasta el extremo.
Y, mientras cenaba con sus discípulos,

Toma el pan y, sosteniéndolo un poco elevado sobre el altar, prosigue:

tomó pan,
te bendijo,
lo partió
y se lo dio, diciendo:

Se inclina un poco.

TOMEN Y COMAN TODOS DE ÉL,
PORQUE ESTO ES MI CUERPO,
QUE SERÁ ENTREGADO POR USTEDES.

Muestra el pan consagrado al pueblo, lo deposita luego sobre la patena y lo adora haciendo genuflexión.

120. Después prosigue:

Del mismo modo,

Toma el cáliz y, sosteniéndolo un poco elevado sobre el altar, prosigue:

tomó el cáliz lleno del fruto de la vid,
te dio gracias
y lo pasó a sus discípulos, diciendo:

Se inclina un poco.

TOMEN Y BEBAN TODOS DE ÉL,
PORQUE ÉSTE ES EL CÁLIZ DE MI SANGRE,
SANGRE DE LA ALIANZA NUEVA Y ETERNA,
QUE SERÁ DERRAMADA POR USTEDES Y POR MUCHOS
PARA EL PERDÓN DE LOS PECADOS.

HAGAN ESTO EN CONMEMORACIÓN MÍA.

Muestra el cáliz al pueblo, lo deposita luego sobre el corporal y lo adora haciendo genuflexión.

121. Luego dice una de las siguientes fórmulas:

I

O bien:

Éste es el Misterio de la fe. Celebrante solo

O bien:

Éste es el Sacramento de nuestra fe.

Y el pueblo prosigue, aclamando:

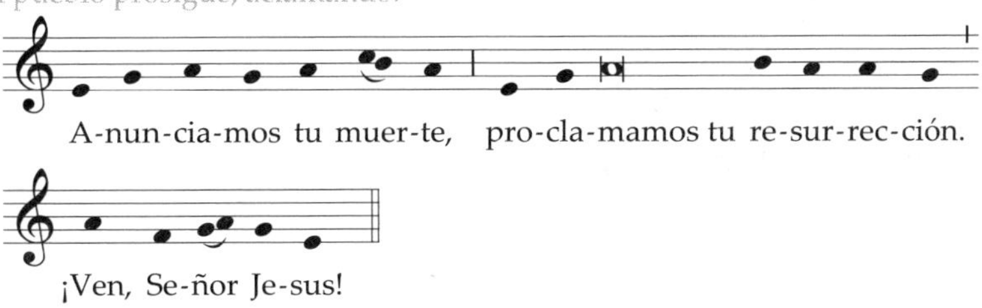

Anunciamos tu muerte,
proclamamos tu resurrección.
¡Ven, Señor Jesús!

II

Éste es el Misterio de la fe. Celebrante solo
Cristo nos redimió.

Y el pueblo prosigue, aclamando:

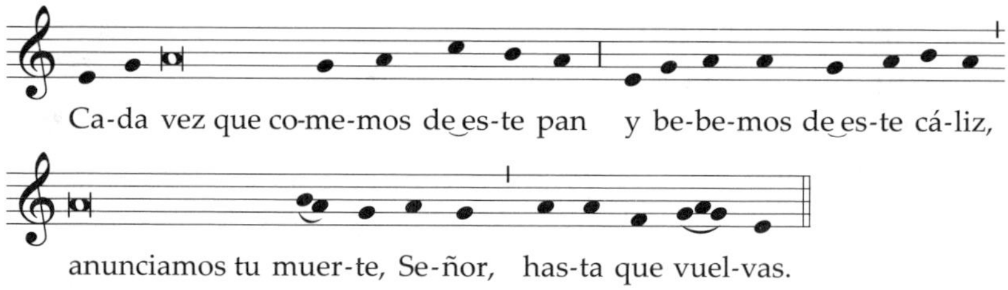

Cada vez que comemos de este pan
y bebemos de este cáliz,
anunciamos tu muerte, Señor,
hasta que vuelvas.

III

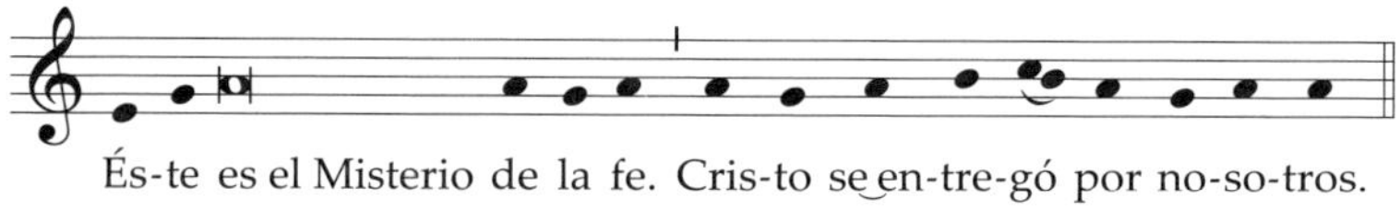

Éste es el Misterio de la fe. Celebrante solo
Cristo se entregó por nosotros.

Y el pueblo prosigue, aclamando:

Salvador del mundo, sálvanos,
tú que nos has liberado por tu cruz y resurrección.

122. Después el sacerdote, con las manos extendidas, dice:

Celebrante con concelebrantes

Por eso, Padre,
al celebrar ahora el memorial de nuestra redención,
recordamos la muerte de Cristo
y su descenso al lugar de los muertos,
proclamamos su resurrección y ascensión a tu derecha;
y, mientras esperamos su venida gloriosa,
te ofrecemos su Cuerpo y su Sangre,
sacrificio agradable a ti
y salvación para todo el mundo.

Dirige tu mirada sobre esta Víctima
que tú mismo has preparado a tu Iglesia,
y concede a cuantos compartimos
este pan y este cáliz,
que, congregados en un solo cuerpo por el Espíritu Santo,
seamos en Cristo
víctima viva para alabanza de tu gloria.

Celebrante o un concelebrante

Y ahora, Señor, acuérdate
de todos aquellos por quienes te ofrecemos
este sacrificio:
de tu servidor el Papa N.,
de nuestro Obispo N.*,
del orden episcopal y de los presbíteros y diáconos,
de los oferentes y de los aquí reunidos,
de todo tu pueblo santo
y de aquellos que te buscan con sincero corazón.

---

* El Obispo, cuando celebra en su diócesis, dice:
de mí, indigno siervo tuyo,
Cuando celebra un Obispo que no es el Ordinario diocesano, dice:
de mi hermano N.**, Obispo de esta Iglesia,**
de mí, indigno siervo tuyo,
Aquí se puede hacer mención del Obispo coadjutor o de los Obispos auxiliares, conforme a lo previsto por la IGMR, n. 149.

Acuérdate también
de los que murieron en la paz de Cristo
y de todos los difuntos,
cuya fe sólo tú conociste.

Celebrante o un concelebrante

Padre de bondad,
que todos tus hijos nos reunamos
en la heredad de tu reino,
con María, la Virgen Madre de Dios,
con su esposo san José,
con los apóstoles y los santos;
y allí, junto con toda la creación,
libre ya del pecado y de la muerte,
te glorifiquemos por Cristo, Señor nuestro,

Junta las manos.

por quien concedes al mundo todos los bienes.

123. Toma la patena con el pan consagrado y el cáliz, los eleva y dice:

Celebrante solo o con concelebrantes

Por Cristo, con él y en él,
a ti, Dios Padre omnipotente,
en la unidad del Espíritu Santo,
todo honor y toda gloria
por los siglos de los siglos.

El pueblo aclama:

Amén.

Después sigue el rito de la Comunión, p. 693.

RITO DE LA COMUNIÓN

124. Una vez depositados el cáliz y la patena sobre el altar, el sacerdote, con las manos juntas, dice:

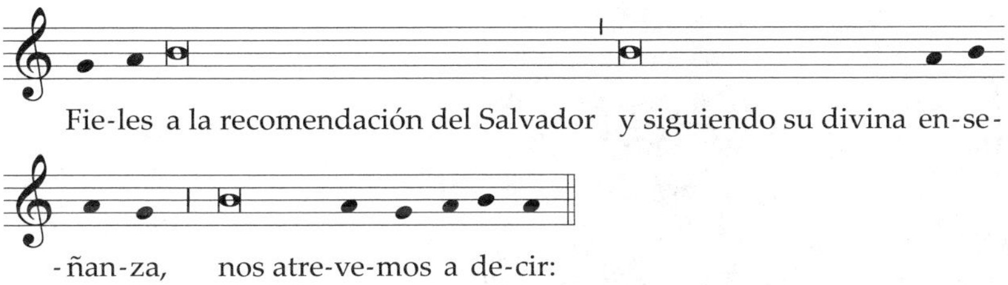

Fieles a la recomendación del Salvador
y siguiendo su divina enseñanza,
nos atrevemos a decir:

Extiende las manos y, junto con el pueblo, continúa:

Padre nuestro, que estás en el cielo,
santificado sea tu nombre;
venga a nosotros tu reino;
hágase tu voluntad en la tierra como en el cielo.
Danos hoy nuestro pan de cada día;
perdona nuestras ofensas,
como también nosotros perdonamos
a los que nos ofenden;
no nos dejes caer en la tentación,
y líbranos del mal.

O bien:

125. Solo el sacerdote, con las manos extendidas, prosigue diciendo:

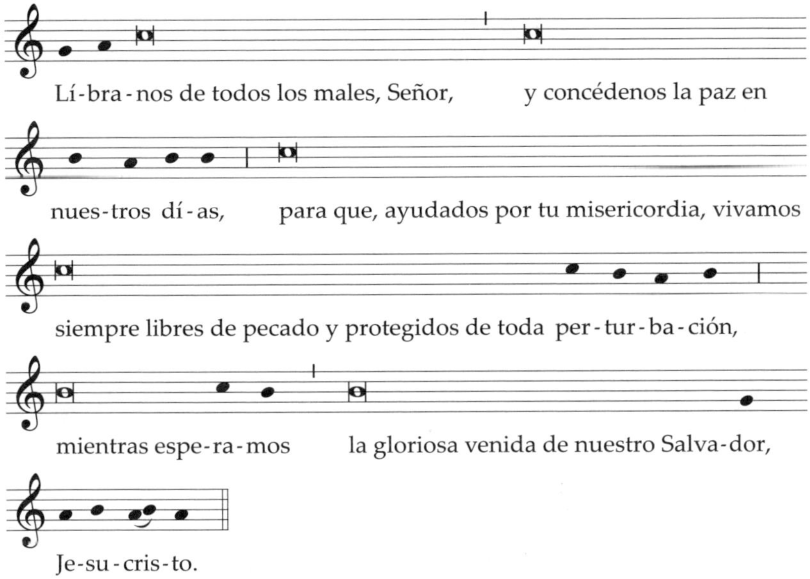

Líbranos de todos los males, Señor,
y concédenos la paz en nuestros días,
para que, ayudados por tu misericordia,
vivamos siempre libres de pecado
y protegidos de toda perturbación,
mientras esperamos la gloriosa venida
de nuestro Salvador Jesucristo.

Junta las manos.

El pueblo concluye la oración, aclamando:

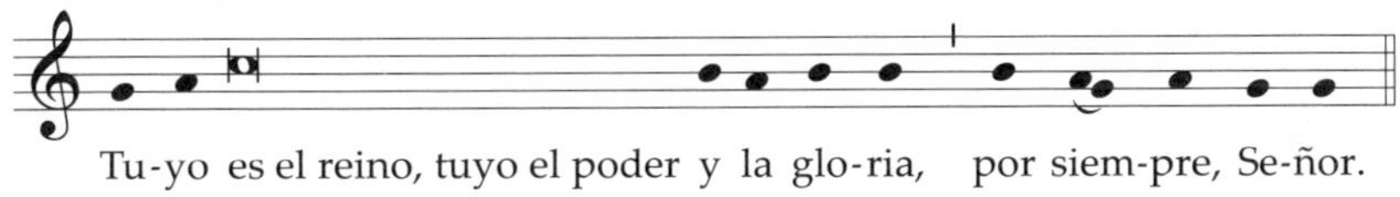

Tuyo es el reino,
tuyo el poder y la gloria, por siempre, Señor.

126. Después el sacerdote, con las manos extendidas, dice en voz alta:

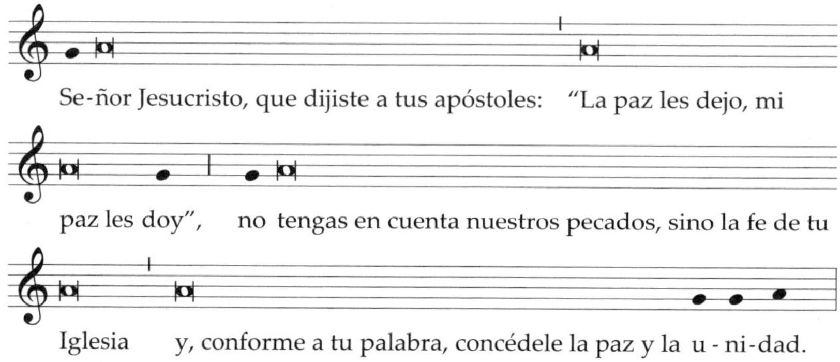

Señor Jesucristo,
que dijiste a tus apóstoles:
"La paz les dejo, mi paz les doy",
no tengas en cuenta nuestros pecados,
sino la fe de tu Iglesia
y, conforme a tu palabra,
concédele la paz y la unidad.

Junta las manos.

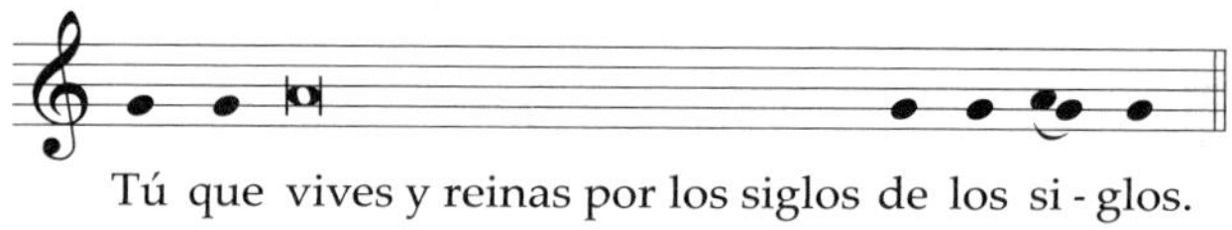

Tú que vives y reinas
por los siglos de los siglos.

El pueblo responde:

Amén.

127. El sacerdote, vuelto hacia el pueblo, extendiendo y juntando las manos, añade:

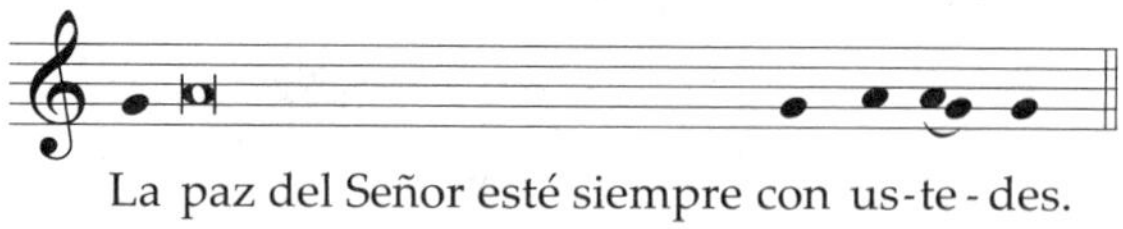

La paz del Señor esté siempre con ustedes.

El pueblo responde:

Y con tu espíritu.

128. Luego, si se juzga oportuno, el diácono, o el sacerdote, añade:

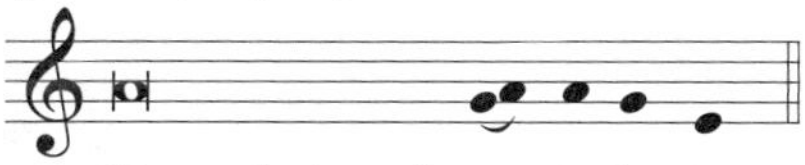

Dense fraternalmente la paz.

Y todos, según las costumbres del lugar, se intercambian un signo de paz, de comunión y de caridad. El sacerdote da la paz al diácono o al ministro.

129. Después toma el pan consagrado, lo parte sobre la patena y pone una partícula dentro del cáliz, diciendo en secreto:

El Cuerpo y la Sangre de nuestro Señor Jesucristo,
unidos en este cáliz,
sean para nosotros
alimento de vida eterna.

130. Mientras tanto, se canta o se dice:

Cordero de Dios, que quitas el pecado del mundo,
ten piedad de nosotros.
Cordero de Dios, que quitas el pecado del mundo,
ten piedad de nosotros.
Cordero de Dios, que quitas el pecado del mundo,
danos la paz.

O bien:

Esta aclamación puede repetirse varias veces, si la fracción del pan se prolonga. La última vez se dice: danos la paz.

131. A continuación el sacerdote, con las manos juntas, dice en secreto:

Señor Jesucristo, Hijo de Dios vivo,
que por voluntad del Padre,
cooperando el Espíritu Santo,
diste con tu muerte la vida al mundo,
líbrame, por la recepción de tu Cuerpo y de tu Sangre,
de todas mis culpas y de todo mal.
Concédeme cumplir siempre tus mandamientos
y jamás permitas que me separe de ti.

O bien:

Señor Jesucristo, la comunión de tu Cuerpo y de tu Sangre
no sea para mí un motivo de juicio y condenación,
sino que, por tu piedad,
me aproveche para defensa de alma y cuerpo
y como remedio saludable.

132. El sacerdote hace genuflexión, toma el pan consagrado y, sosteniéndolo un poco elevado sobre la patena o sobre el cáliz, de cara al pueblo, dice con voz clara:

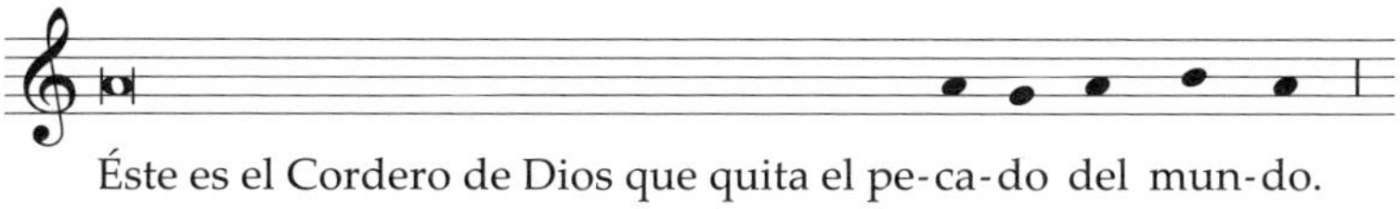

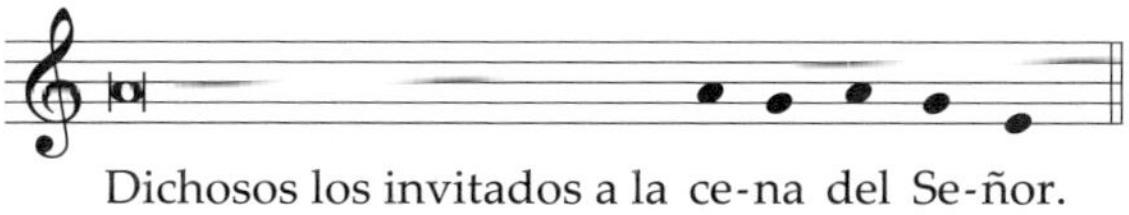

Éste es el Cordero de Dios,
que quita el pecado del mundo.
Dichosos los invitados a la cena del Señor.

Y, juntamente con el pueblo, añade:

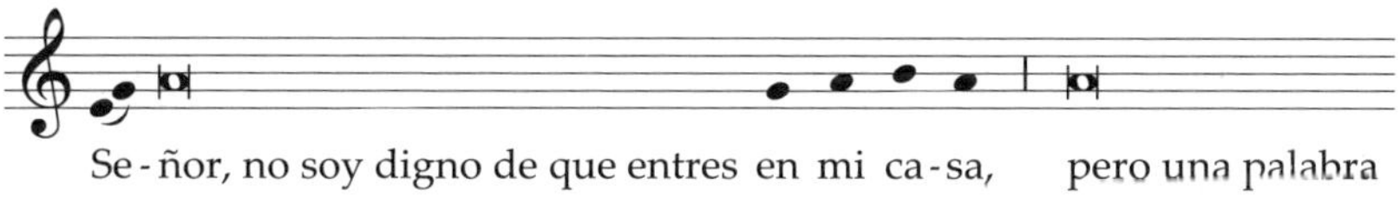

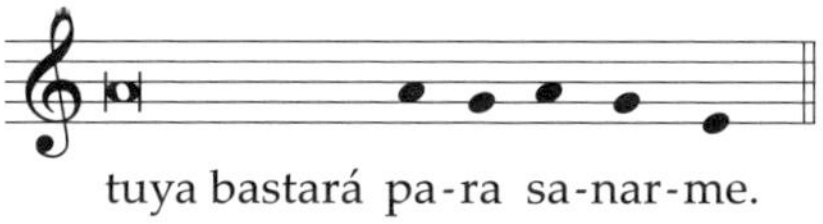

Señor, no soy digno
de que entres en mi casa,
pero una palabra tuya
bastará para sanarme.

133. El sacerdote, vuelto hacia el altar, dice en secreto:

El Cuerpo de Cristo me guarde para la vida eterna.

Y comulga reverentemente el Cuerpo de Cristo.

Después toma el cáliz y dice en secreto:

La Sangre de Cristo me guarde para la vida eterna.

Y bebe reverentemente la Sangre de Cristo.

134. Después toma la patena o la píxide y se acerca a los que van a comulgar. Muestra el pan consagrado a cada uno, sosteniéndolo un poco elevado, y le dice:

El Cuerpo de Cristo.

El que va a comulgar responde:

Amén.

Y comulga.

El diácono, si distribuye la sagrada Comunión, lo realiza de la misma manera.

135. Si se comulga bajo las dos especies, se observa el rito descrito en su lugar (IGMR, nn. 281-287).

136. Cuando el sacerdote ha comulgado el Cuerpo de Cristo, comienza el canto de Comunión.

137. Finalizada la Comunión, el sacerdote o el diácono, o el acólito, purifica la patena sobre el cáliz y también el cáliz.

Mientras hace la purificación, el sacerdote dice en secreto:

Haz, Señor,
que recibamos con un corazón limpio
el alimento que acabamos de tomar,
y que el don que nos haces en esta vida
nos aproveche para la eterna.

138. Después el sacerdote puede volver a la sede. Si se considera oportuno, se puede dejar un breve espacio de silencio sagrado o entonar un salmo o algún cántico de alabanza.

139. Luego, de pie en el altar o en la sede, el sacerdote, vuelto hacia el pueblo, con las manos juntas, dice:

Oremos.

Y todos, junto con el sacerdote, oran en silencio durante unos momentos, a no ser que este silencio ya se haya hecho antes. Después el sacerdote, con las manos extendidas, dice la oración después de la Comunión.

El pueblo, al terminar, aclama:

Amén.

RITO DE CONCLUSIÓN

140. Siguen, si es necesario, breves avisos para el pueblo.

141. Después tiene lugar la despedida. El sacerdote, vuelto hacia el pueblo, extendiendo las manos, dice:

El Señor esté con ustedes.

El pueblo responde:

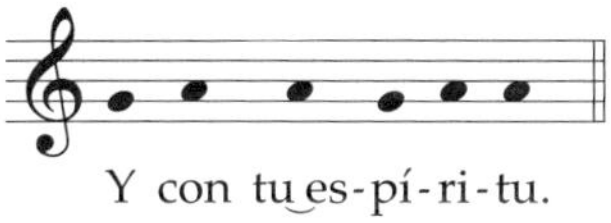

Y con tu espíritu.

El sacerdote bendice al pueblo, diciendo:

La bendición de Dios todopoderoso,
Padre, Hijo ✠, y Espíritu Santo,
descienda sobre ustedes.

El pueblo responde:

Amén.

142. En algunos días u ocasiones, a esta fórmula de bendición precede, según las rúbricas, otra fórmula de bendición más solemne, o una oración sobre el pueblo (cfr. pp. 706ss.).

143. En la Misa pontifical el celebrante recibe la mitra y, extendiendo las manos, dice:

El Señor esté con ustedes.

Todos responden:

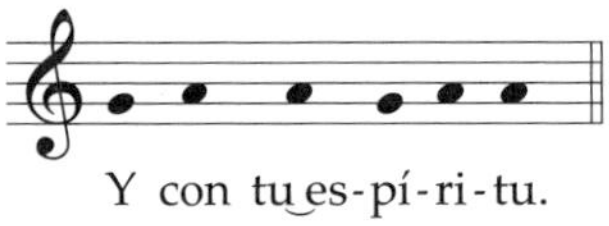

Y con tu espíritu.

El celebrante dice:

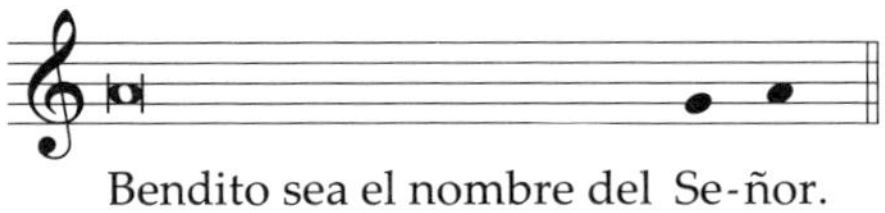

Bendito sea el nombre del Señor.

Todos responden:

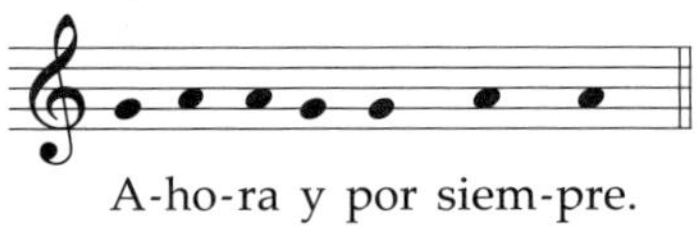

Ahora y por siempre.

El celebrante dice:

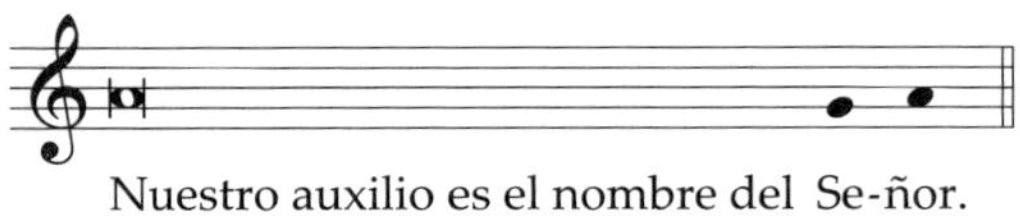

Nuestro auxilio es el nombre del Señor.

Todos responden:

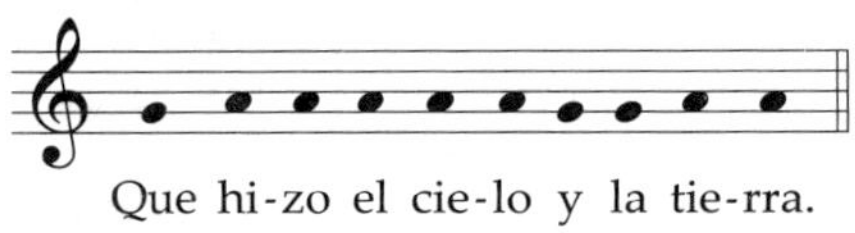

Que hizo el cielo y la tierra.

Entonces el celebrante, habiendo recibido el báculo, si lo usa, dice:

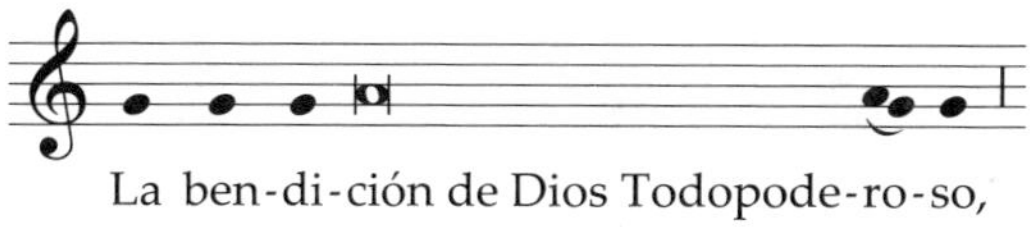

La bendición de Dios todopoderoso,

Y, haciendo tres veces la señal de la cruz sobre el pueblo, añade:

Padre ✠, Hijo ✠, y Espíritu ✠ Santo,
descienda sobre ustedes.

Todos responden:

Amén.

---

144. Luego el diácono, o el mismo sacerdote, con las manos juntas, vuelto hacia el pueblo, dice:

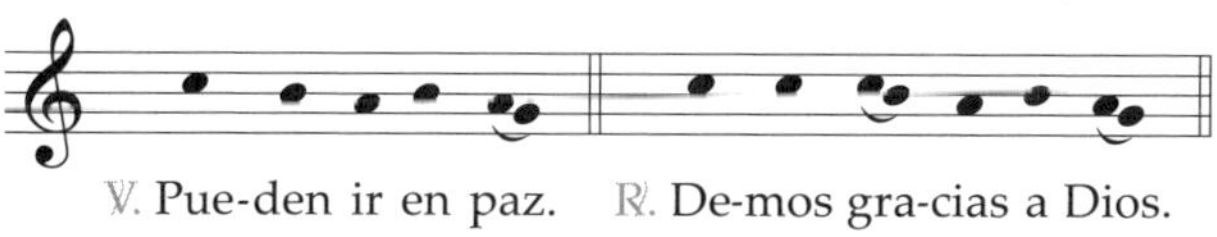

Pueden ir en paz.

O bien:

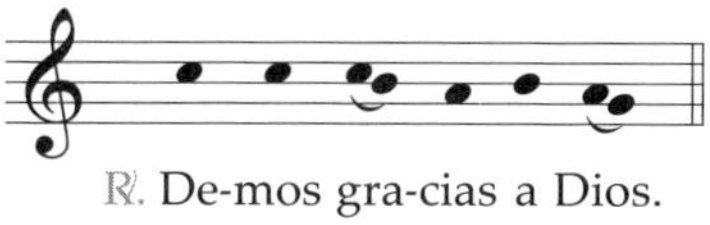

La alegría del Señor sea nuestra fuerza.
Pueden ir en paz.

O bien:

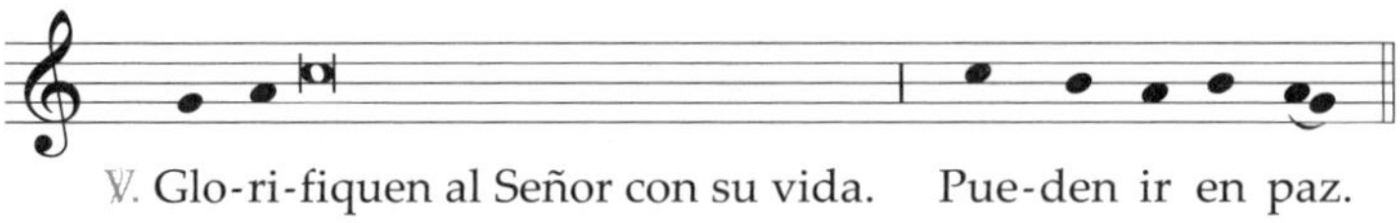

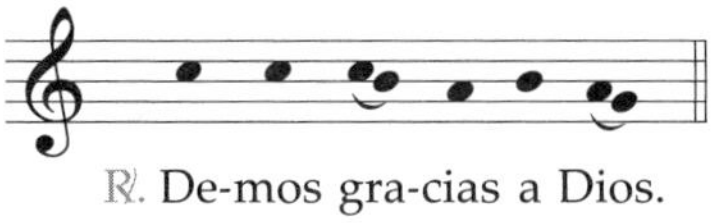

Glorifiquen al Señor con su vida.
Pueden ir en paz.

O bien:

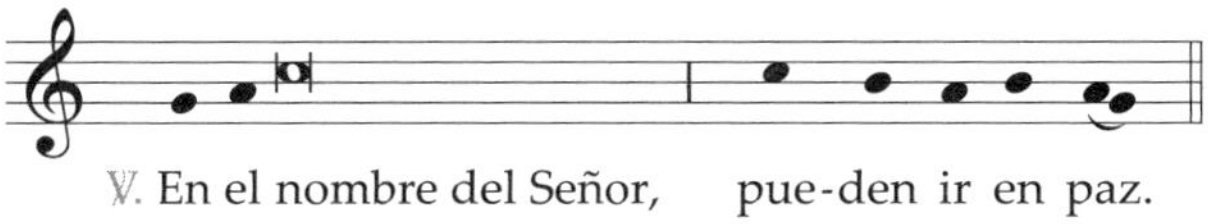

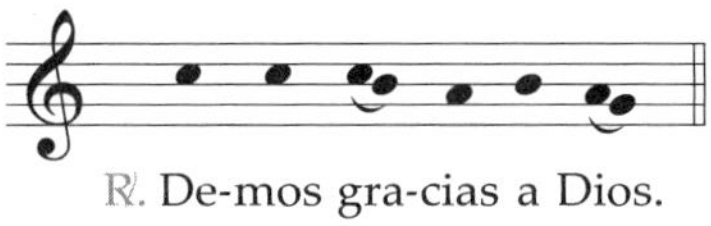

En el nombre del Señor, pueden ir en paz.

O bien:

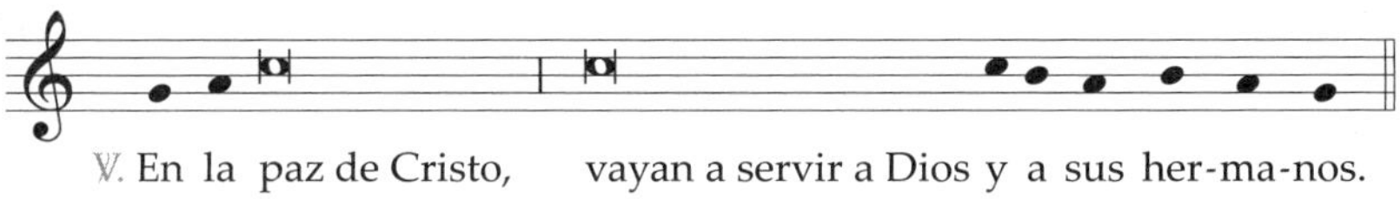

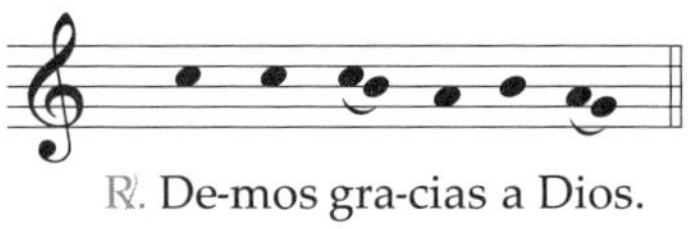

En la paz de Cristo,
vayan a servir a Dios y a sus hermanos.

O bien, especialmente en los domingos de Pascua:

Anuncien a todos la alegría del Señor resucitado.
Pueden ir en paz.

El pueblo responde:

Demos gracias a Dios.

145. Después el sacerdote venera el altar con un beso, como al comienzo. Seguidamente, hecha una inclinación profunda con los ministros, se retira.

146. Si inmediatamente sigue alguna acción litúrgica, se omite el rito de despedida.

BENDICIONES PARA EL FINAL DE LA MISA Y ORACIONES SOBRE EL PUEBLO

BENDICIONES SOLEMNES

Las siguientes bendiciones pueden utilizarse, a juicio del sacerdote, al final de la celebración de la Misa, o de una celebración de la Palabra, o de la Liturgia de las Horas, o de los Sacramentos.

El diácono o, en su ausencia, el mismo sacerdote, invita a los fieles con estas palabras:

Inclinen la cabeza para recibir la bendición.

Luego, el sacerdote, extendidas las manos sobre el pueblo, dice la bendición. Todos responden: Amén.

I. En las celebraciones de cada tiempo litúrgico

1. Adviento

Que Dios omnipotente y misericordioso
los santifique con la celebración del advenimiento
de su Hijo unigénito
y los llene de sus bendiciones,
ya que creen que Cristo vino al mundo
y esperan su retorno glorioso.
R. Amén.

Que durante toda la vida
les conceda permanecer firmes en la fe,
alegres en la esperanza
y eficaces en la caridad.
R. Amén.

Que los enriquezca con los premios eternos
cuando venga de nuevo
en la majestad de su gloria el Redentor,
de cuya encarnación,
llenos de fe, se alegran ahora.
R. Amén.

Y la bendición de Dios todopoderoso,
Padre, Hijo ✠, y Espíritu Santo,
descienda sobre ustedes y permanezca para siempre.
R. Amén.

2. Navidad

Que Dios, cuya infinita bondad
disipó las tinieblas del mundo
con la encarnación de su Hijo
e iluminó esta noche santísima
(este día santísimo)
con su nacimiento glorioso,
aleje de ustedes las tinieblas del pecado
e ilumine sus corazones
con el esplendor de las virtudes.
R. Amén.

Que el mismo que encomendó a sus ángeles
anunciar a los pastores
el gran gozo del nacimiento del Salvador,
llene de su alegría los corazones de ustedes.
y los haga mensajeros del Evangelio.
R. Amén.

Y que Aquel que, por la encarnación de su Hijo,
unió la tierra con el cielo,
los colme de su paz y de buena voluntad
y les conceda participar un día
de la Iglesia celestial.
R. Amén.

Y la bendición de Dios todopoderoso,
Padre, Hijo X, y Espíritu Santo,
descienda sobre ustedes y permanezca para siempre.
R. Amén.

3. El primer día del año

Que Dios, fuente y origen de toda bendición,
les conceda su gracia, los bendiga copiosamente
y los guarde, sanos y salvos,
durante todo este año.
R. Amén.

Que los conserve íntegros en la fe,
inconmovibles en la esperanza
y perseverantes hasta el fin,
con santa paciencia, en la caridad.
R. Amén.

Que disponga en su paz sus días y ocupaciones,
escuche siempre sus oraciones
y los lleve felizmente a la vida eterna.
R. Amén.

Y la bendición de Dios todopoderoso,
Padre, Hijo ✠, y Espíritu Santo,
descienda sobre ustedes y permanezca para siempre.
R. Amén.

4. Epifanía del Señor

Que Dios, quien misericordiosamente los llamó
de las tinieblas a su luz admirable,
derrame su bendición sobre ustedes
y fortalezca su corazón
en la fe, la esperanza y la caridad.
R. Amén.

Y puesto que siguen confiadamente a Cristo,
que hoy se manifestó al mundo,
como una luz que brilla en las tinieblas,
que él haga que también ustedes
sean luz para sus hermanos.
R. Amén.

Para que así,
cuando termine su peregrinación terrena,
se encuentren con Cristo, el Señor, luz de luz,
a quien los magos buscaron guiados por la estrella
y, llenos de gozo, lograron encontrar.
R. Amén.

Y la bendición de Dios todopoderoso,
Padre, Hijo ✠, y Espíritu Santo,
descienda sobre ustedes y permanezca para siempre.
R. Amén.

5. Pasión del Señor

Que Dios, Padre de misericordia,
que en la Pasión de su Hijo
les ha dado ejemplo de amor,
les conceda, por su servicio a Dios y a los hombres,
el don inefable de su bendición.
R. Amén.

Que Cristo, por cuya muerte temporal
confían verse libres de la muerte eterna,
les obtenga una vida inmortal.
R. Amén.

Que imitando su ejemplo de humildad,
participen también un día de su gloriosa resurrección.
R. Amén.

Y la bendición de Dios todopoderoso,
Padre, Hijo ✠, y Espíritu Santo,
descienda sobre ustedes y permanezca para siempre.
R. Amén.

6. Tiempo Pascual

Que Dios misericordioso,
que por la resurrección de su Hijo unigénito
los ha redimido y hecho hijos suyos
los llene de alegría con su bendición.
R. Amén.

Que por Cristo redentor,
por quien ustedes recibieron el don de la libertad perpetua,
les conceda también, en su bondad,
tener parte en la herencia eterna.
R. Amén.

Que ustedes, que por la fe
han resucitado en el Bautismo,
merezcan, por sus buenas obras,
alcanzar la patria celestial.
R. Amén.

Y la bendición de Dios todopoderoso,
Padre, Hijo ✠, y Espíritu Santo,
descienda sobre ustedes y permanezca para siempre.
R. Amén.

7. Ascensión del Señor

Que Dios todopoderoso,
cuyo Hijo ascendió hoy al cielo
y les abrió el camino para llegar a donde él está,
los colme de bendiciones.
R. Amén.

Que él les conceda
que así como Cristo resucitado
se manifestó visiblemente a sus discípulos,
así también se manifieste benigno con ustedes,
cuando vuelva para juzgar al mundo.
R. Amén.

Que Cristo, sentado a la derecha del Padre,
les conceda a ustedes por su fe en este misterio,
la alegría de sentir,
según su promesa,
que él permanece con ustedes hasta el fin del mundo.
R. Amén.

Y la bendición de Dios todopoderoso,
Padre, Hijo ✠, y Espíritu Santo,
descienda sobre ustedes y permanezca para siempre.
R. Amén.

8. Espíritu Santo

Que Dios, Padre de las luces,
que (en este día) iluminó la mente de los discípulos
con la luz del Espíritu Santo,
los alegre con su bendición
y los llene siempre con los dones de su Espíritu.
R. Amén.

Que el mismo fuego divino, que de manera admirable
descendió sobre los Apóstoles,
purifique sus corazones de todo pecado
y los ilumine con su claridad.
R. Amén.

Que el mismo Espíritu
que unió la diversidad de lenguas en una sola confesión de fe,
les conceda perseverar en esa misma fe
para que puedan pasar de la esperanza a la visión plena.
R. Amén.

Y la bendición de Dios todopoderoso,
Padre, Hijo ✠, y Espíritu Santo,
descienda sobre ustedes y permanezca para siempre.
R. Amén.

9. Tiempo Ordinario I

Que el Señor los bendiga y los guarde.
R. Amén.

Que haga resplandecer su rostro sobre ustedes
y les muestre su misericordia.
R. Amén.

Que vuelva su mirada hacia ustedes
y les conceda su paz.
R. Amén.

Y la bendición de Dios todopoderoso,
Padre, Hijo ✠, y Espíritu Santo,
descienda sobre ustedes y permanezca para siempre.
R. Amén.

10. Tiempo Ordinario II

(Flp 4, 7) **Que la paz de Dios,**
que sobrepasa todo anhelo y esfuerzo humano,
custodie su corazón y su inteligencia
en el amor y conocimiento de Dios
y de su Hijo Jesucristo, nuestro Señor.
R. Amén.

Y la bendición de Dios todopoderoso,
Padre, Hijo ✠, y Espíritu Santo,
descienda sobre ustedes y permanezca para siempre.
R. Amén.

11. Tiempo Ordinario III

Que Dios todopoderoso
los bendiga con su misericordia
y les conceda la sabiduría que salva.
R. Amén.

Que aumente siempre en ustedes la fe
y los haga perseverar en las buenas obras.
R. Amén.

Que enderece hacia sí los pasos de ustedes
y les muestre el camino del amor y de la paz.
R. Amén.

Y la bendición de Dios todopoderoso,
Padre, Hijo ✠, y Espíritu Santo,
descienda sobre ustedes y permanezca para siempre.
R. Amén.

12. Tiempo Ordinario IV

Que el Dios de todo consuelo
disponga los días de ustedes en su paz
y los llene de sus bendiciones.
R. Amén.

Que los libre siempre de toda perturbación
y afiance en su amor sus corazones.
R. Amén.

Que llenos de fe, de esperanza y de caridad,
pasen por la vida haciendo el bien
y puedan así alcanzar la felicidad eterna.
R. Amén.

Y la bendición de Dios todopoderoso,
Padre, Hijo ✠, y Espíritu Santo,
descienda sobre ustedes y permanezca para siempre.
R. Amén.

13. Tiempo Ordinario V

Que Dios todopoderoso
aleje siempre de ustedes toda adversidad
y les conceda la abundancia de sus bendiciones.
R. Amén.

Que los haga atentos y dóciles a su palabra
para que lleguen a poseer los goces eternos.
R. Amén.

Que comprendiendo lo que es bueno y recto,
avancen siempre por el camino de los mandamientos
y lleguen a ser coherederos de los santos.
R. Amén.

Y la bendición de Dios todopoderoso,
Padre, Hijo ✠, y Espíritu Santo,
descienda sobre ustedes y permanezca para siempre.
R. Amén.

14. Tiempo Ordinario VI

Que el Señor los bendiga
con todas las bendiciones del cielo
y los conserve siempre puros y santos a sus ojos.
R. Amén.

Que haga descender sobre ustedes con abundancia
las riquezas de su gloria.
R. Amén.

Que los instruya con la palabra de la verdad,
los oriente con el Evangelio de la salvación
y los haga crecer siempre en el amor fraterno.
R. Amén.

Y la bendición de Dios todopoderoso,
Padre, Hijo ✠, y Espíritu Santo,
descienda sobre ustedes y permanezca para siempre.
R. Amén.

II. En las celebraciones de los santos

15. Bienaventurada Virgen María

Que Dios, cuya providencia amorosa
quiso redimir benignamente al género humano
por medio de su Hijo santísimo nacido de la Virgen María,
los colme de sus bendiciones.
R. Amén.

Que experimenten siempre y en todo lugar
la protección de la Virgen María,
por quien merecieron ustedes recibir al autor de la vida.
R. Amén.

Que a todos ustedes, que se han reunido hoy aquí
para celebrar con devoción esta fiesta de María,
el Señor les conceda los goces espirituales
y los premios del cielo.
R. Amén.

Y la bendición de Dios todopoderoso,
Padre, Hijo ✠, y Espíritu Santo,
descienda sobre ustedes y permanezca para siempre.
R. Amén.

16. Santos Pedro y Pablo

Que los bendiga Dios todopoderoso,
quien por la firme confesión de san Pedro
los ha cimentado y consolidado en la fe de la Iglesia.
R. Amén.

Que Dios mismo, que los ha instruido
por la predicación infatigable de san Pablo,
les conceda, a ejemplo suyo, ganar hermanos para Cristo.
R. Amén.

Que san Pedro con sus llaves,
san Pablo con su palabra
y ambos con su intercesión,
los ayuden a llegar a aquella patria
que ellos conquistaron muriendo,
el uno en la cruz y el otro bajo la espada.
R. Amén.

Y la bendición de Dios todopoderoso,
Padre, Hijo ✠, y Espíritu Santo,
descienda sobre ustedes y permanezca para siempre.
R. Amén.

17. Apóstoles

Que Dios, que los ha edificado a ustedes
sobre el cimiento de los apóstoles,
por la intercesión gloriosa de san N. **y san** N. **(san** N.**),**
se digne bendecirlos.
R. Amén.

Que Dios les conceda ser testigos de la verdad ante el mundo,
el mismo que los enriqueció
con las palabras y ejemplos de sus apóstoles.
R. Amén.

Que puedan llegar a la patria eterna
por la intercesión de aquellos
cuya palabra los ha hecho mantenerse firmes en la fe.
R. Amén.

Y la bendición de Dios todopoderoso,
Padre, Hijo ✠, y Espíritu Santo,
descienda sobre ustedes y permanezca para siempre.
R. Amén.

18. Todos los Santos

Que Dios, gloria y felicidad de los santos,
cuya solemnidad les ha concedido celebrar hoy,
los bendiga con una bendición perpetua.
R. Amén.

Que por la intercesión de los santos
se vean libres de todos los males presentes
y, alentados por el ejemplo de su vida,
sean constantes en el servicio de Dios
y de sus hermanos.
R. Amén.

Que lleguen a poseer los gozos de la patria celestial
en unión de todos los santos,
entre los cuales la Iglesia se alegra
de ver a sus hijos en una paz sempiterna.
R. Amén.

Y la bendición de Dios todopoderoso,
Padre, Hijo ✠, y Espíritu Santo,
descienda sobre ustedes y permanezca para siempre.
R. Amén.

Y la bendición de Dios todopoderoso,
Padre, Hijo X, y Espíritu Santo,
descienda sobre ustedes y permanezca para siempre.
R. Amén.

III. Otras bendiciones

19. Dedicación de una iglesia

Que Dios, Señor del cielo y de la tierra,
que ha querido congregarlos hoy aquí
para la dedicación de esta iglesia
(**para celebrar el aniversario**
de la dedicación de esta iglesia),
los colme de sus bendiciones.
R. Amén.

Que el mismo Dios,
que quiso reunir en su Hijo Jesucristo,
a todos los hijos dispersos,
haga de ustedes templo suyo
y morada del Espíritu Santo.
R. Amén.

Que, purificados por su gracia,
puedan gozar de la presencia de Dios en ustedes
y lleguen a poseer, en compañía de todos los santos,
la herencia de la felicidad eterna.
R. Amén.

Y la bendición de Dios todopoderoso,
Padre, Hijo ✠, y Espíritu Santo,
descienda sobre ustedes y permanezca para siempre.
R. Amén.

20. Celebraciones por los difuntos

Que Dios, nuestro Padre,
que con amor inefable creó al hombre
y en la resurrección de Cristo
otorgó a los creyentes la esperanza de resucitar,
les conceda su bendición y su consuelo.
R. Amén.

Que a quienes vivimos todavía,
nos otorgue el perdón de nuestros pecados,
y a todos los difuntos les conceda
el lugar de la luz y de la paz.
R. Amén.

Y que a todos nos conceda
vivir eternamente felices con Cristo,
ya que creemos firmemente
que resucitó de entre los muertos.
R. Amén.

Y la bendición de Dios todopoderoso,
Padre, Hijo ✠, y Espíritu Santo,
descienda sobre ustedes y permanezca para siempre.
R. Amén.

ORACIONES SOBRE EL PUEBLO

Las siguientes oraciones pueden utilizarse, a juicio del sacerdote, al final de la celebración de la Misa, o de una celebración de la Palabra, o de la Liturgia de las Horas, o de los Sacramentos.

El diácono o, en su ausencia, el mismo sacerdote, invita a los fieles con estas o semejantes palabras: Inclinen la cabeza para recibir la bendición. Luego el sacerdote, extendidas las manos sobre el pueblo, recita la oración, a la que todos responden: Amén.

Después de la oración, el sacerdote siempre agrega: Y la bendición de Dios todopoderoso, Padre, Hijo ✠, y Espíritu Santo, descienda sobre ustedes y permanezca para siempre. R. Amén.

1. **Dios nuestro,**
muéstrate propicio con tu pueblo
y no prives de los consuelos temporales
a los que deben luchar
por alcanzar los bienes eternos.
Por Jesucristo, nuestro Señor.

2. **Dios nuestro,**
concede al pueblo cristiano
vivir la fe que profesa
y amar los misterios que celebra.
Por Jesucristo, nuestro Señor.

3. **Dios nuestro,**
que tu pueblo reciba el fruto
de tu santa bendición
para que pueda rechazar cuanto lo daña
y encontrar lo que desea.
Por Jesucristo, nuestro Señor.

4. **Dios y Padre nuestro,**
haz que tu pueblo
se convierta a ti de todo corazón,
pues si lo defiendes cuando peca,
con mayor razón lo proteges
cuando sinceramente se te entrega.
Por Jesucristo, nuestro Señor.

5. **Señor Dios,
ilumina a tu pueblo
para que, apegado siempre a tu voluntad,
pueda, en todo tiempo, practicar el bien.
Por Jesucristo, nuestro Señor.**

6. **Dios y Padre nuestro,
concede bondadoso a tus hijos
el perdón y la paz,
para que purificados de todos sus pecados,
te sirvan siempre con pureza de corazón.
Por Jesucristo, nuestro Señor.**

7. **Dios nuestro,
muéstrate propicio
con el pueblo que vive en tu obediencia;
hazlo crecer y ayúdalo a cumplir tus mandamientos.
Por Jesucristo, nuestro Señor.**

8. **Señor Dios,
mira con amor a tu pueblo
para que, libre de todo mal,
se entregue de corazón a tu servicio
y goce siempre de tu protección.
Por Jesucristo, nuestro Señor.**

9. **Señor Dios,
que tu pueblo
pueda alegrarse siempre de celebrar
el misterio de su redención
y experimentar continuamente sus frutos.
Por Jesucristo, nuestro Señor.**

10. **Dios y Padre nuestro,
rico en misericordia,
concede a tus hijos abundancia y seguridad,
para que, fortalecidos con tu bendición,
te den continuamente gracias
y alegres te glorifiquen sin cesar.
Por Jesucristo, nuestro Señor.**

11. **Dios y Padre nuestro,**
te pedimos que cuides a tu familia
con amor incesante,
para que, con tu protección,
se vea libre de todas las adversidades
y glorifique tu nombre
con sus buenas acciones.
Por Jesucristo, nuestro Señor.

12. **Dios y Padre nuestro,**
purifica a tus hijos
en el cuerpo y en el alma
para que, por inspiración tuya,
arrepentidos de sus pecados,
sepan evitar los placeres nocivos
y encuentren en ti su gozo y su consuelo.
Por Jesucristo, nuestro Señor.

13. **Dios nuestro,**
que tu santa bendición
disponga interiormente a tus fieles
con el alimento espiritual que les proporcionas,
para que realicen todas sus obras
fortalecidos por tu amor.
Por Jesucristo, nuestro Señor.

14. **Señor Dios,**
con el corazón deseoso de cumplir tu voluntad,
invocamos tu ayuda
y, ya que sin ti no podemos hacer lo que es justo,
concédenos, en tu gran misericordia,
que logremos llevar a cabo siempre lo que es recto
y podamos recibir de ti todo lo que sea para nuestro bien.
Por Jesucristo, nuestro Señor.

15. **Dios nuestro,**
socorre al pueblo fiel
que eleva a ti su voz suplicante,
y en tu bondad concede a la fragilidad humana
cuanto le conviene,
para que se entregue a ti con sincero corazón
y reciba con alegría la ayuda necesaria
para esta vida y la futura.
Por Jesucristo, nuestro Señor.

16. **Dios y Padre nuestro,**
mira propicio a tu familia
y, ya que te lo suplica,
concédele gozar siempre de tu misericordia,
puesto que sin ella no puede hacer algo digno de ti,
y con ella puede cumplir
perfectamente tus mandamientos.
Por Jesucristo, nuestro Señor.

17. **Señor Dios,**
da en abundancia a tus fieles la gracia celestial,
para que te alaben con los labios,
con el alma y también con la vida,
y ya que es un don tuyo todo lo que somos,
que sea también tuyo lo que vivamos.
Por Jesucristo, nuestro Señor.

18. **Dios nuestro,**
instruye a tu pueblo
con las enseñanzas celestiales
para que, evitando todo lo que es malo
y buscando con empeño lo que es bueno,
no te cause indignación
sino que obtenga continuamente tu misericordia.
Por Jesucristo, nuestro Señor.

19. **Dios y Padre nuestro,**
escucha a los que te suplican
y defiende bondadoso a los que ponen
su esperanza en tu misericordia,
para que tus fieles perseveren
en el camino de la santidad
y, consiguiendo lo necesario para su vida temporal,
lleguen a ser herederos para siempre de tu promesa.
Por Jesucristo, nuestro Señor.

20. **Dios nuestro,**
concede bondadoso tu gracia llena de amor
al pueblo que te lo suplica
y, puesto que tú mismo, habiéndolo creado,
quisiste redimirlo,
haz que alcance la salvación gracias a tus cuidados incesantes.
Por Jesucristo, nuestro Señor.

21. **Señor Dios,**
que tu pueblo fiel
progrese impulsado por tu misericordia
y, movido por un arrepentimiento saludable,
cumpla con alegría tus mandamientos
y pueda así alcanzar lo que le prometes.
Por Jesucristo, nuestro Señor.

22. **Dios nuestro,**
que la fragilidad del pueblo consagrado a ti
mueva tu piedad,
y que su perseverante súplica
obtenga tu misericordia
para que, lo que no puede alcanzar
por sus propios méritos,
lo alcance por la abundancia de tu generosidad.
Por Jesucristo, nuestro Señor.

23. **Dios y Padre nuestro,**
te pedimos que defiendas a tus hijos
con tu mano poderosa
y que, obedientes a tu voluntad paterna,
se vean protegidos continuamente por tu amor.
Por Jesucristo, nuestro Señor.

24. **Dios y Padre nuestro,**
atiende bondadoso las súplicas de tu familia
y otórgale el auxilio que humildemente te implora,
para que, fortalecida con la ayuda conveniente,
no deje de glorificar tu nombre.
Por Jesucristo, nuestro Señor.

25. **Dios y Padre nuestro,**
protege siempre a tu familia
y concédele bondadoso
la abundancia de tu misericordia,
para que siga creciendo
con tus enseñanzas y tus dones celestiales.
Por Jesucristo, nuestro Señor.

26. **Dios nuestro,**
que tu pueblo fiel se alegre
sostenido por tu mano protectora,
para que al progresar en su vida cristiana,
se alegre también con las gracias presentes
y las futuras.
Por Jesucristo, nuestro Señor.

Para las fiestas de los santos

27. **Dios nuestro,**
que el pueblo cristiano se regocije
con la glorificación de tus santos,
y pueda participar en la suerte
de aquellos a los que hoy celebra
y, así, gozar con todos ellos algún día
de tu eterna gloria en el cielo.
Por Jesucristo, nuestro Señor.

28. **Dios y Padre nuestro,**
convierte hacia ti
los corazones de tus hijos
y protege siempre con tu auxilio
a quienes concedes tan grandes intercesores.
Por Jesucristo, nuestro Señor.

MÚSICA PARA LAS PLEGARIAS EUCARÍSTICAS

PLEGARIA EUCARÍSTICA I
o CANON ROMANO

El sacerdote, con las manos extendidas, canta:

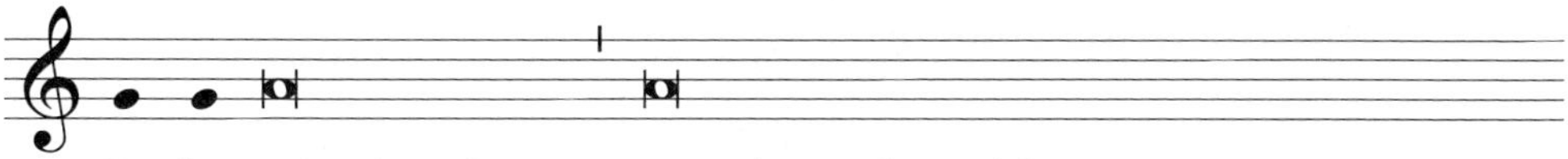

Pa-dre misericordioso, te pedimos humildemente, por Jesucristo, tu

Hijo, nuestro Se-ñor,

Junta las manos y traza el signo de la cruz sobre el pan y el cáliz conjuntamente, cantando:

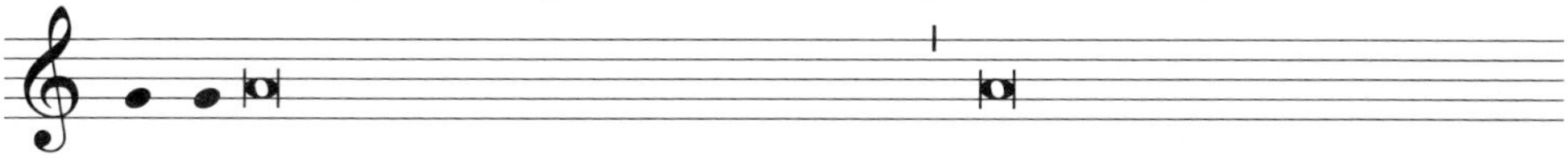

que a-ceptes y bendigas ✠ estos dones, este sacrificio santo y puro

Con las manos extendidas, prosigue:

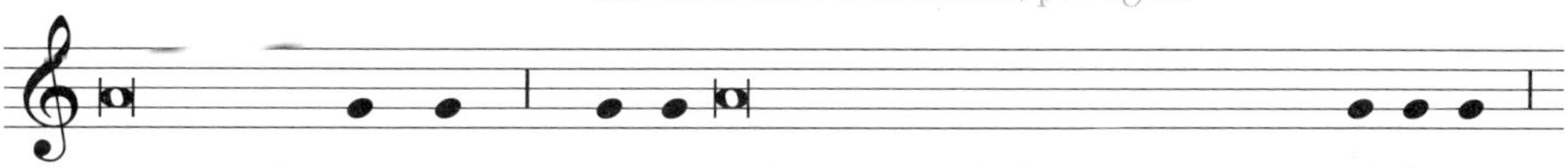

que te ofre-ce-mos, an-te todo, por tu Iglesia santa y ca-tó-li-ca,

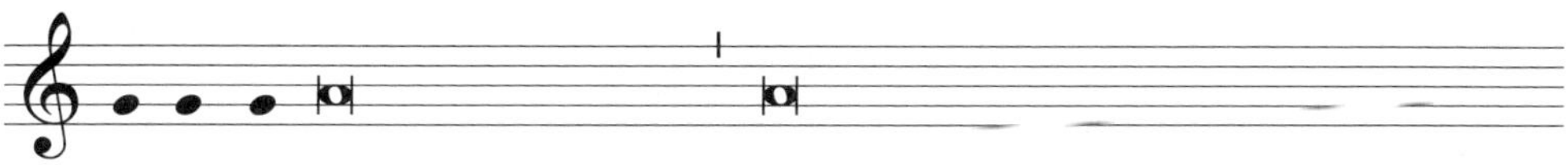

pa-ra que le concedas la paz, la protejas, la congregues en la unidad

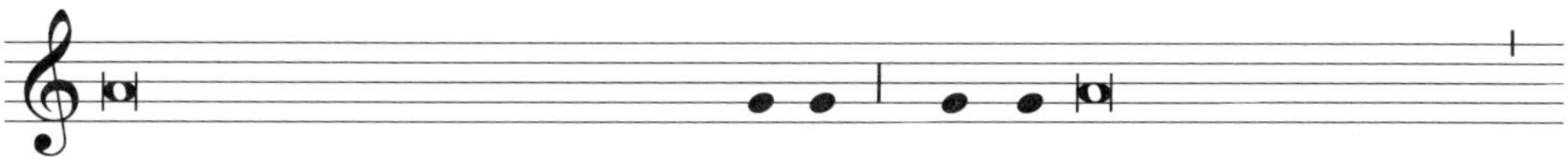

y la gobiernes en el mundo en-te-ro, con tu servidor el Papa N.,

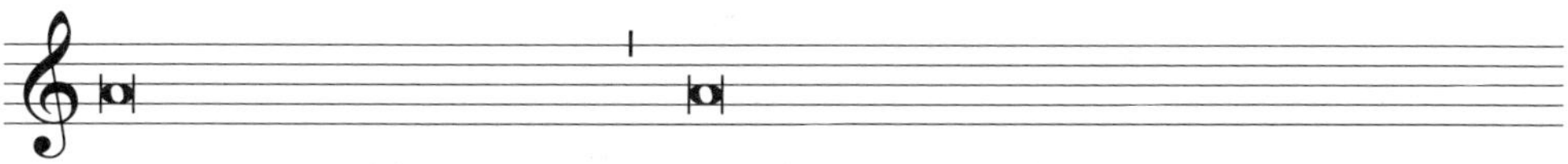

con nuestro Obispo N.,* y todos los demás Obispos que, fieles a la

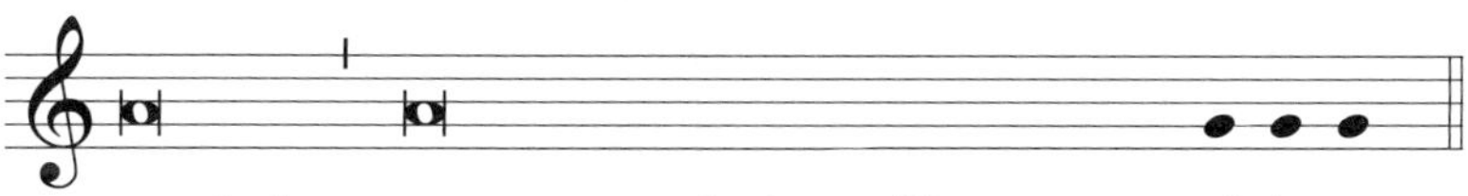

verdad, promueven la fe católica y apos-tó-li-ca.

*Aquí se puede hacer mención del Obispo coadjutor, o de los Obispos auxiliares, conforme a lo previsto por la *Instrucción General del Misal Romano*, n. 149

(Uno de los concelebrantes)

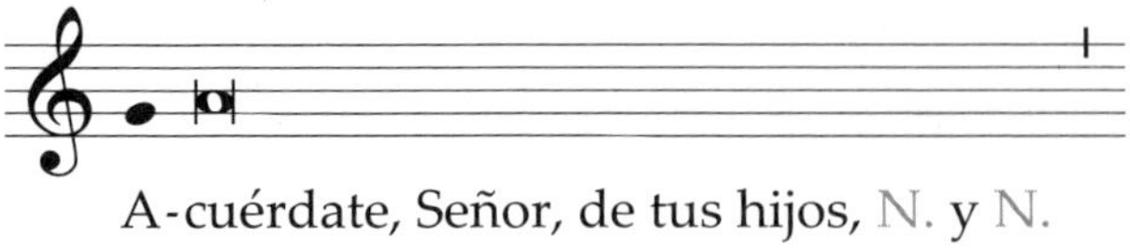

Junta las manos y ora unos momentos por quienes tiene intención de orar. Después, con las manos extendidas, prosigue:

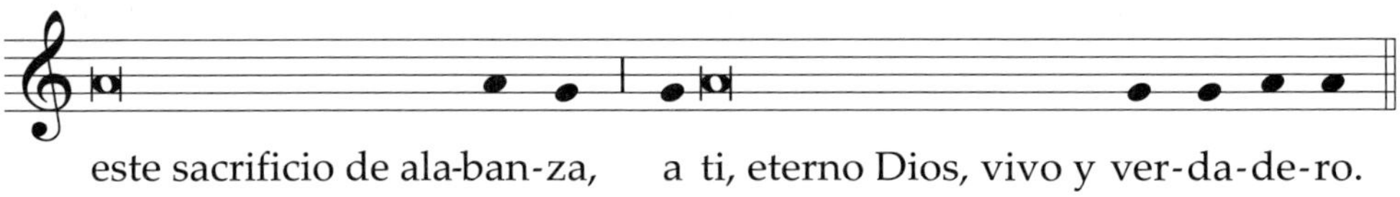

(Otro de los concelebrantes) (fórmulas propias, pp. 738–744)

Con las manos extendidas, el celebrante principal continúa (fórmulas propias, pp. 738–744):

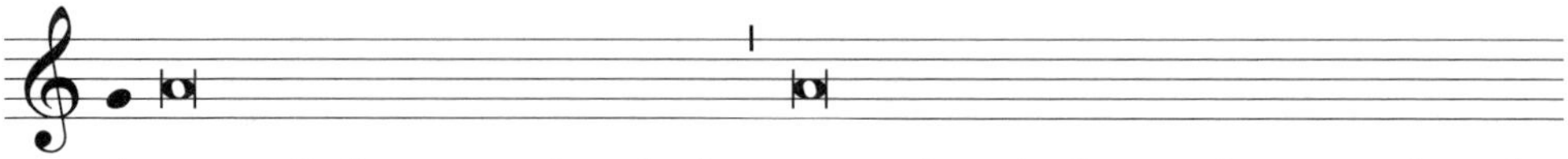

A-cepta, Señor, en tu bondad, esta ofrenda de tus siervos y de toda

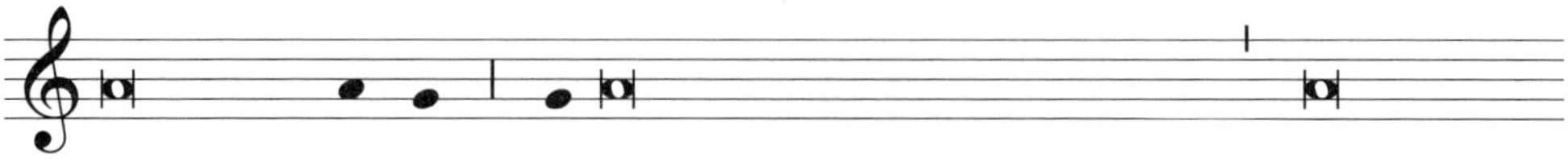

tu familia san-ta; or-dena en tu paz nuestros días, líbranos de

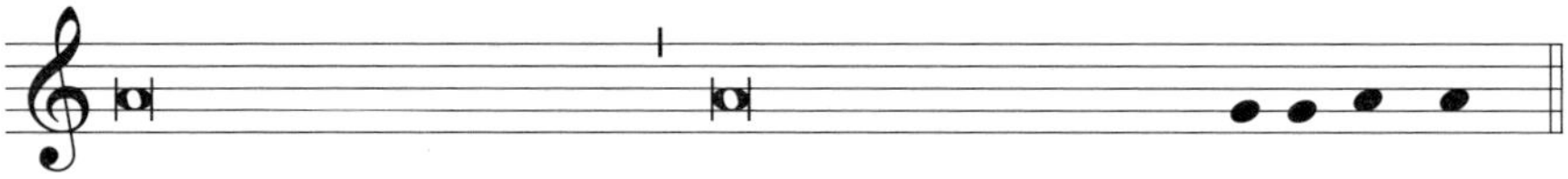

la condenación eterna y cuéntanos entre tus e-le-gi-dos.

Junta las manos.

(Por Cristo, nuestro Se-ñor. A-mén.)

Extendiendo las manos sobre las ofrendas, canta (junto con los concelebrantes):

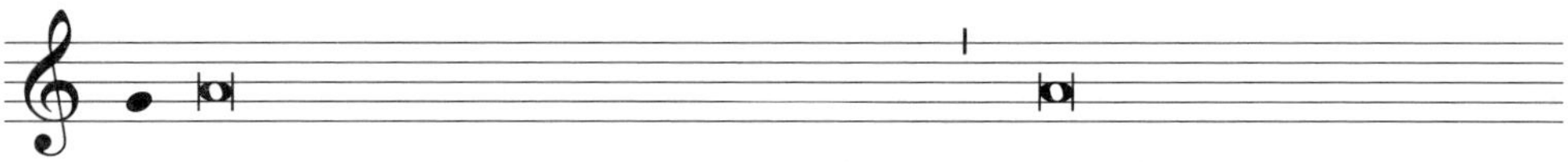

Ben-dice y santifica esta ofrenda, Padre, haciéndola perfecta,

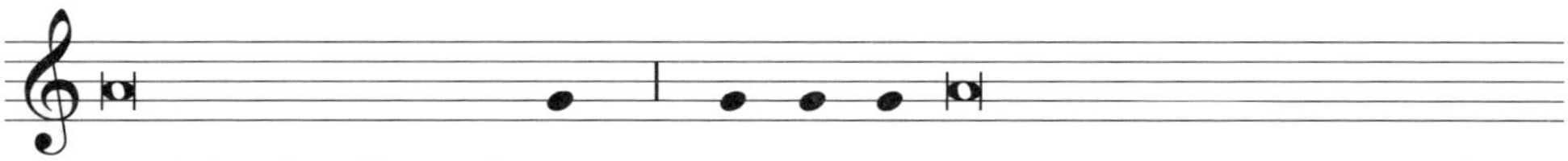

espiritual y digna de ti: que se con-vierta para nosotros en el

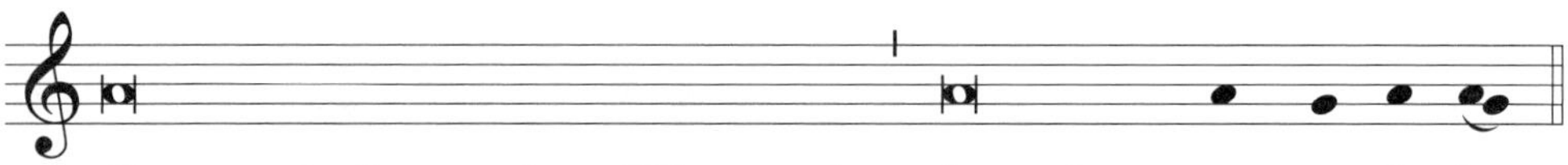

Cuerpo y la Sangre de tu Hijo amado, Jesucristo, nues-tro Se-ñor.

Junta las manos.

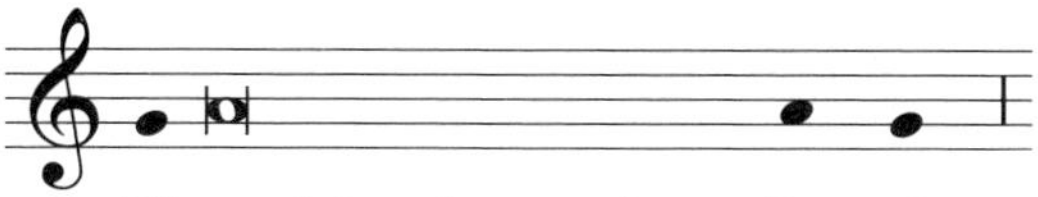

El cual, la víspera de su Pa-sión,

Toma el pan, y sosteniéndolo un poco elevado sobre el altar, prosigue:

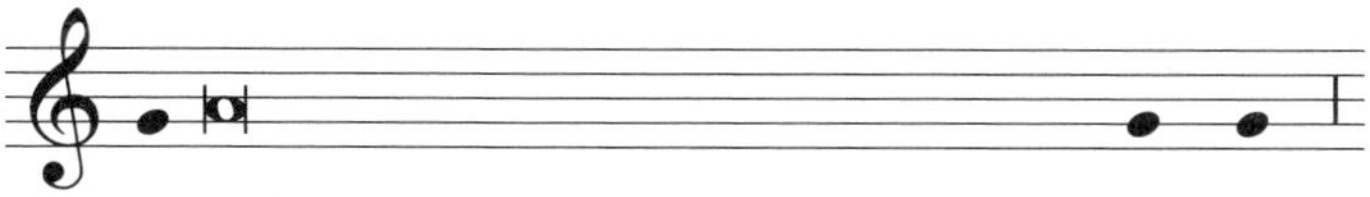

to-mó pan en sus santas y venerables ma-nos,

Eleva los ojos.

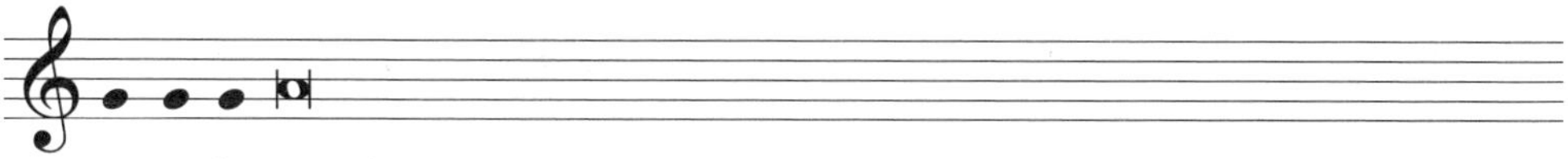

y, e-le-vando los ojos al cielo, hacia ti, Dios, Padre suyo todopode-

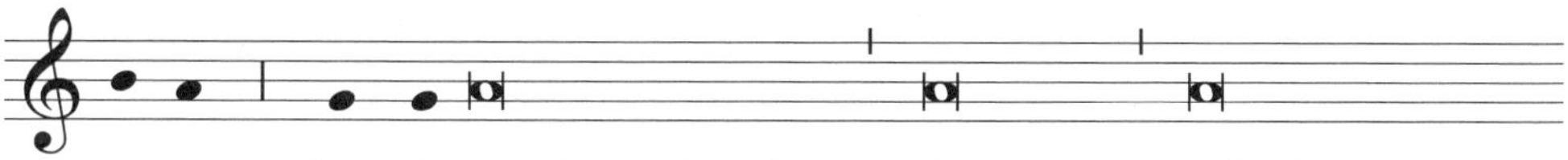

-ro-so, dan-do gracias te bendijo, lo partió, y lo dio a sus dis-

-cípulos, di-cien-do:

Se inclina un poco.

TO-MEN Y CO-MAN TO-DOS DE ÉL, PORQUE ESTO ES MI CUER-PO,

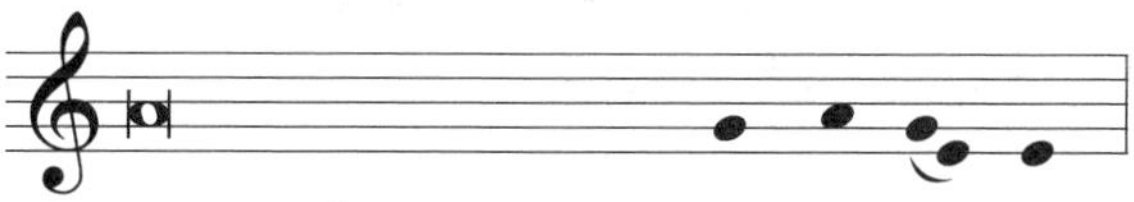

QUE SERÁ ENTREGADO POR US-TE-DES.

Muestra el pan consagrado al pueblo, lo deposita luego sobre la patena y lo adora haciendo genuflexión.

Después prosigue:

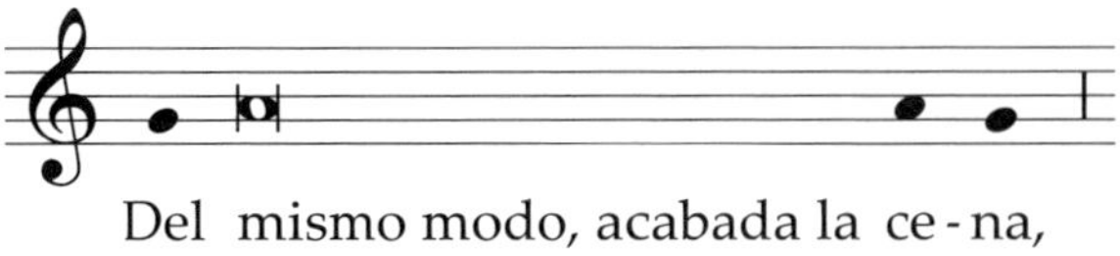

Toma el cáliz y, sosteniéndolo un poco elevado sobre el altar, prosigue:

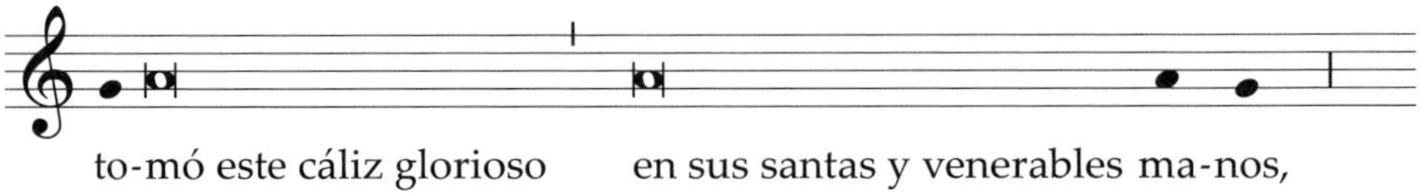

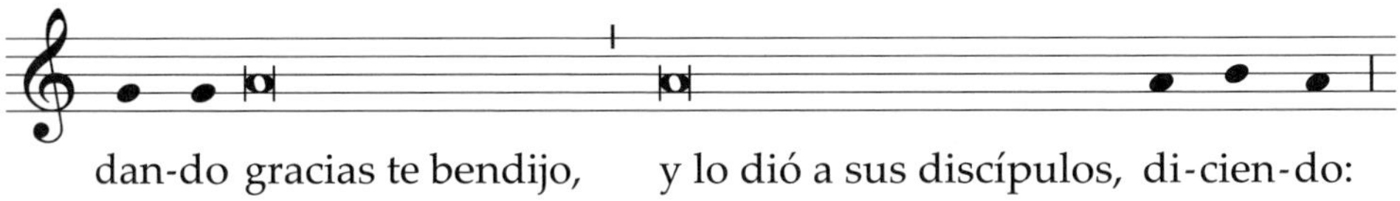

Se inclina un poco.

Muestra el cáliz al pueblo, lo deposita luego sobre el corporal y lo adora haciendo genuflexión.

Luego canta:

O bien:

Y el pueblo prosigue aclamando:

O bien:

Y el pueblo prosigue aclamando:

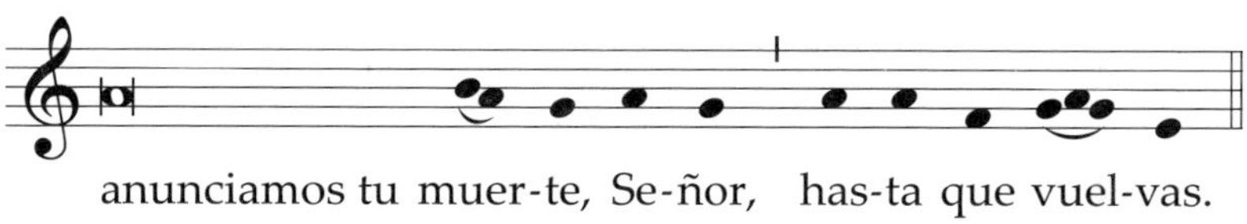

O bien:

És-te es el Misterio de la fe. Cris-to se‿en-tre-gó por no-so-tros.

Y el pueblo prosigue aclamando:

Sal-va-dor del mun-do, sál-va-nos, tú que nos has li-be-ra-do

por tu cruz y re-sur-rec-ción.

Después el sacerdote, con las manos extendidas, canta (junto con los concelebrantes):

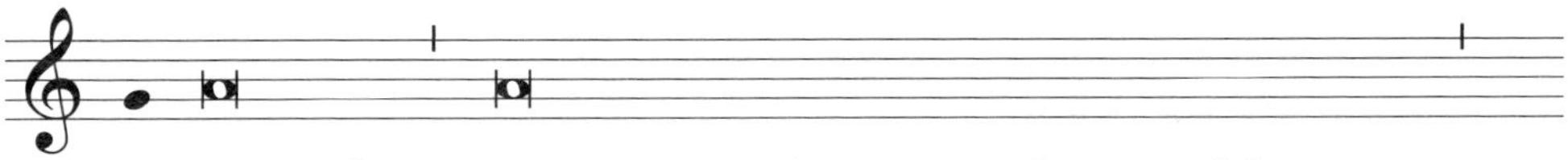

Por eso, Padre, nosotros, tus siervos, y todo tu pueblo santo,

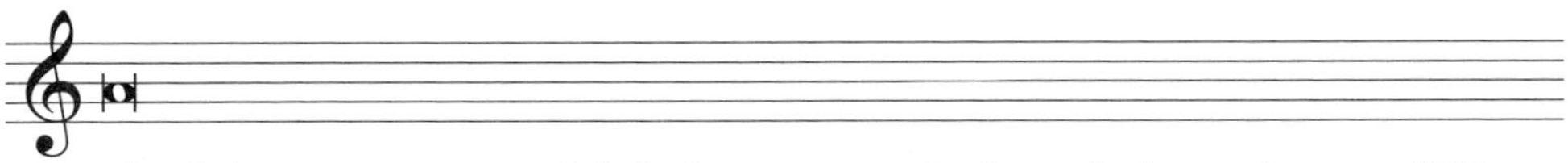

al celebrar este memorial de la muerte gloriosa de Jesucristo, tu Hijo,

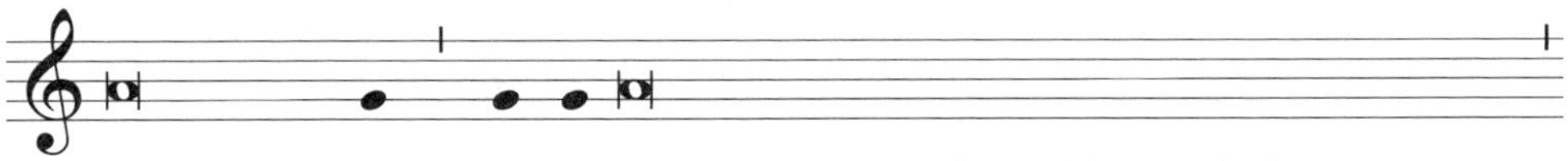

nuestro Se-ñor, de su santa resurrección del lugar de los muertos,

y de su admirable ascensión a los cie-los, te‿o-fre-cemos, Dios de

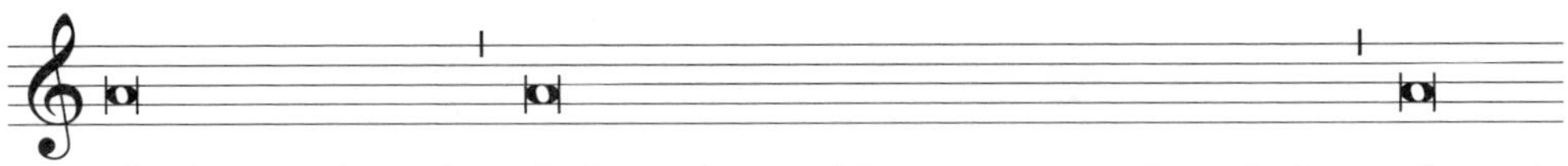

gloria y majestad, de los mismos bienes que nos has dado, el sacri-

- ficio puro, inmaculado y san-to: pan de vida eterna y cáliz de
eterna sal - va - ción.

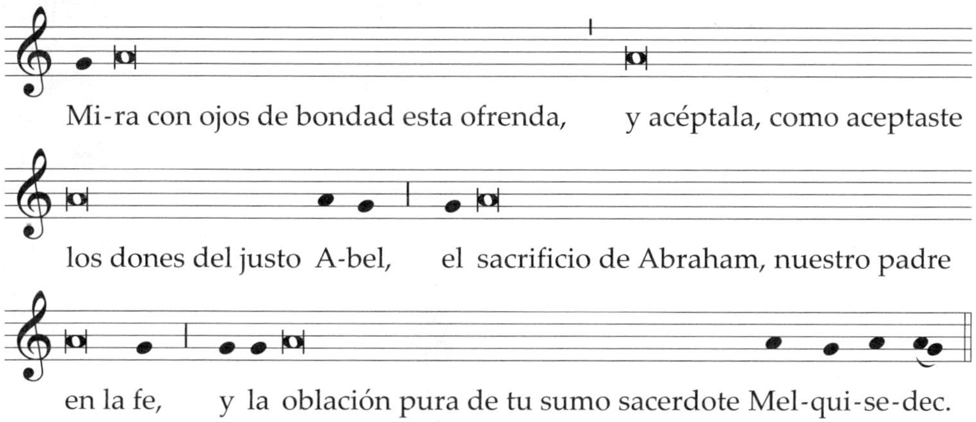
Mi-ra con ojos de bondad esta ofrenda, y acéptala, como aceptaste
los dones del justo A-bel, el sacrificio de Abraham, nuestro padre
en la fe, y la oblación pura de tu sumo sacerdote Mel-qui-se-dec.

Inclinado, con las manos juntas, prosigue:

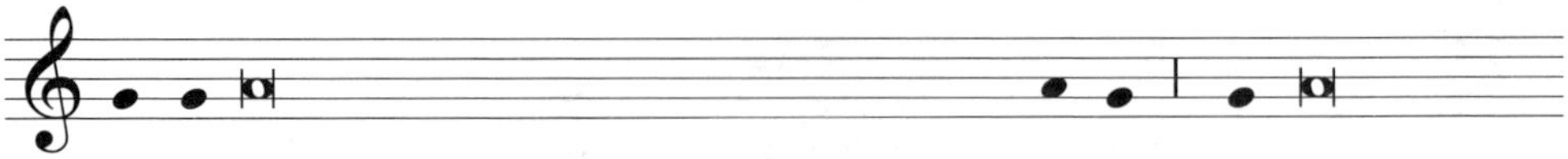

Te pe-dimos humildemente, Dios todopode-ro-so, que esta ofrenda

sea llevada a tu presencia, hasta el altar del cielo, por manos de tu

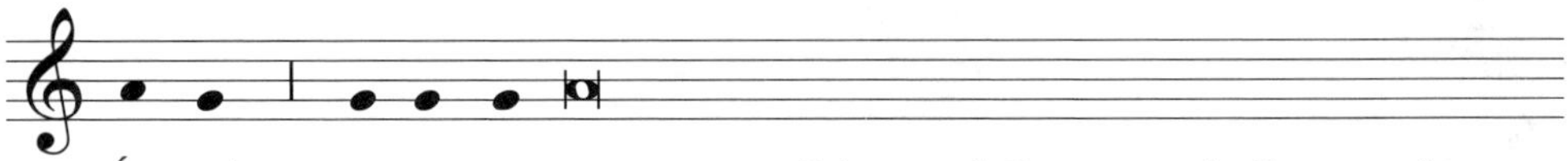

Án-gel, pa-ra que cuantos recibimos el Cuerpo y la Sangre de tu

Se endereza y se signa, cantando:

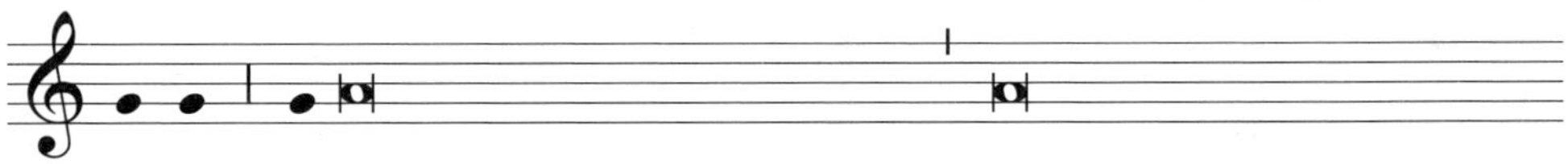

Hi-jo, al participar aquí de este altar, seamos colmados de gracia

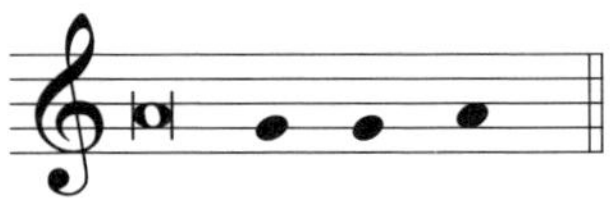

y ben-di-ción.

Junta las manos.

(Por Cristo, nuestro Se - ñor. A - mén.)

Con las manos extendidas, canta (uno de los concelebrantes):

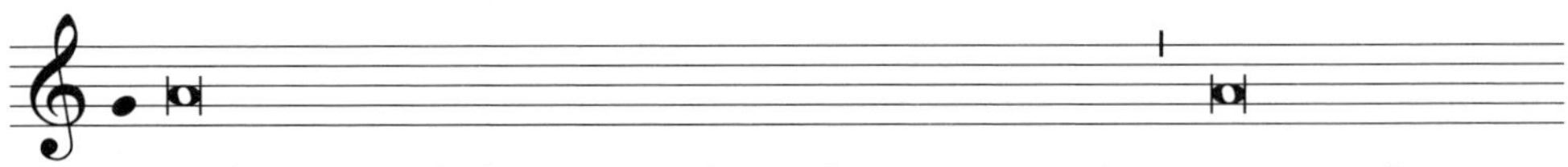

A-cuérdate también, Señor, de tus hijos [N. y N.], que nos han

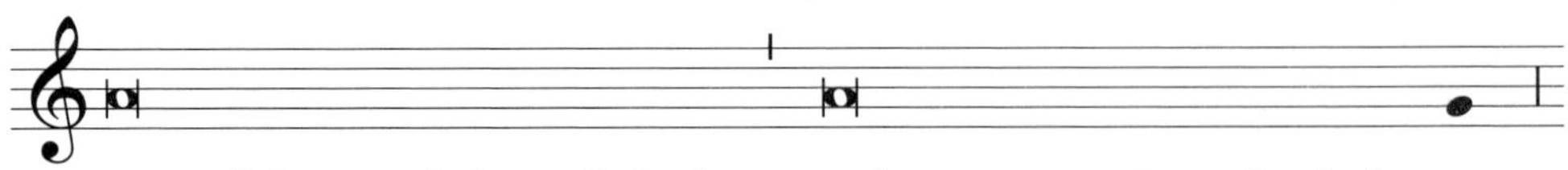

precedido con el signo de la fe y duermen ya el sueño de la paz.

Junta las manos y ora unos momentos por los difuntos por quienes tiene intención de orar. Después, con las manos extendidas, prosigue:

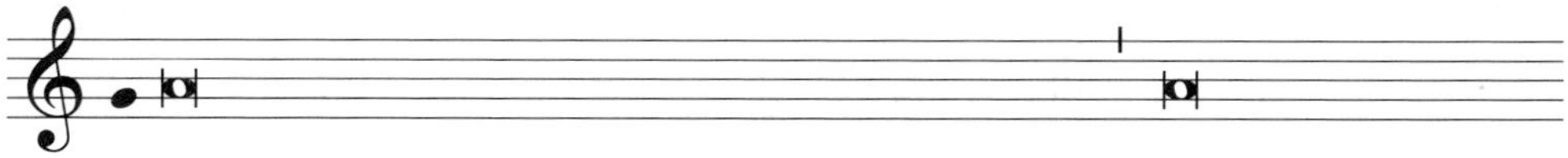

A ellos, Señor, y a cuantos descansan en Cristo, concédeles el lugar

Junta las manos.

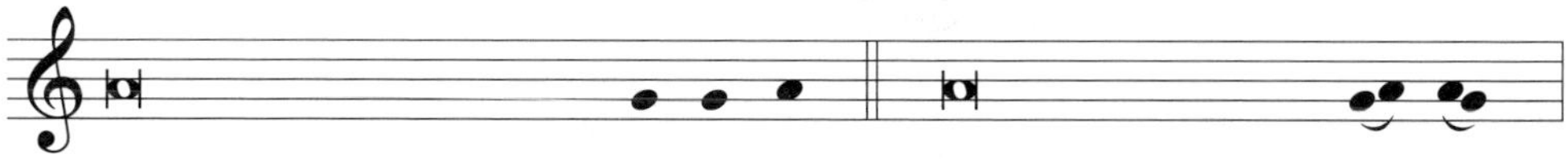

del consuelo, de la luz y de la paz. (Por Cristo, nuestro Se-ñor.

A-mén.)

(Otro de los concelebrantes)
Con la mano derecha,
se golpea el pecho, diciendo:

Con las manos extendidas, prosigue:

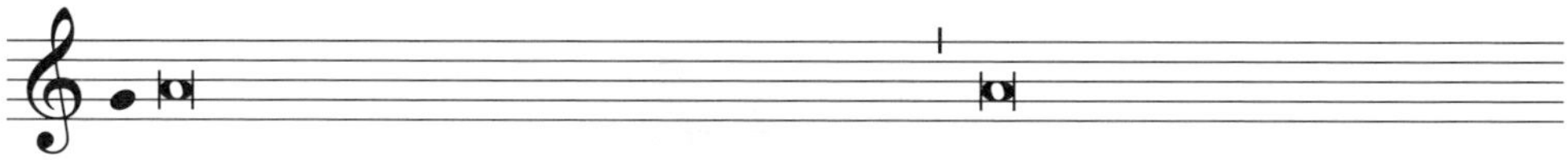

Y a nosotros, pecadores, siervos tuyos, que confiamos en tu infinita

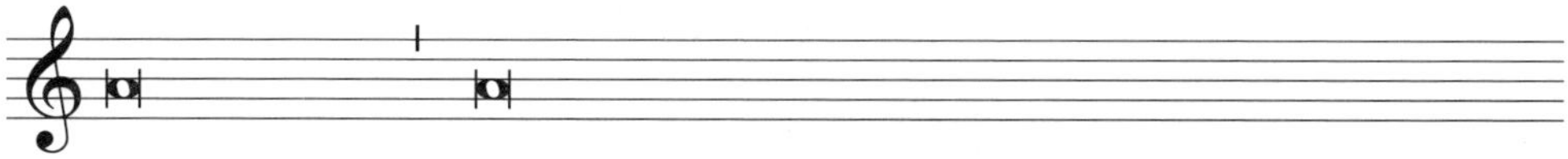

misericordia, admítenos en la asamblea de los santos apóstoles y

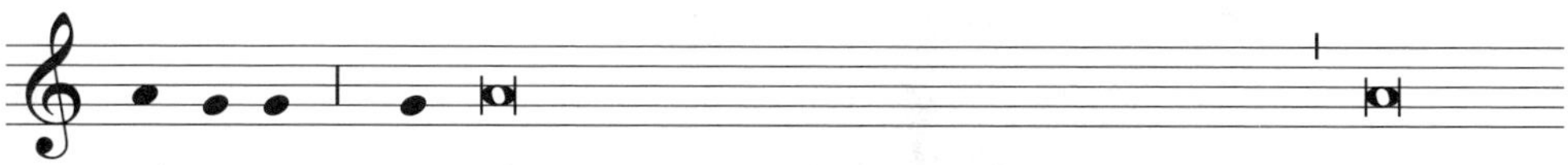

már-ti-res Juan el Bautista, Esteban, Matías, y Bernabé, (Ignacio,

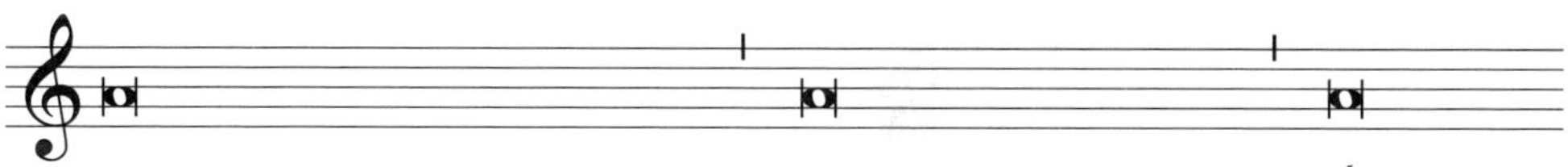

Alejandro, Marcelino y Pedro, Felicidad y Perpetua, Águeda,

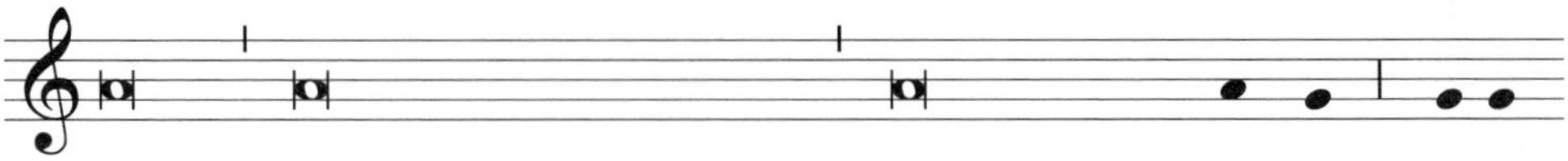

Lucía, Inés, Cecilia, Anastasia,) y de todos los san-tos; y a-

-céptanos en su compañía, no por nuestros méritos, sino conforme

a tu bon-dad.

Junta las manos.

Por Cristo, Se-ñor nues - tro.

Y el celebrante principal continúa:

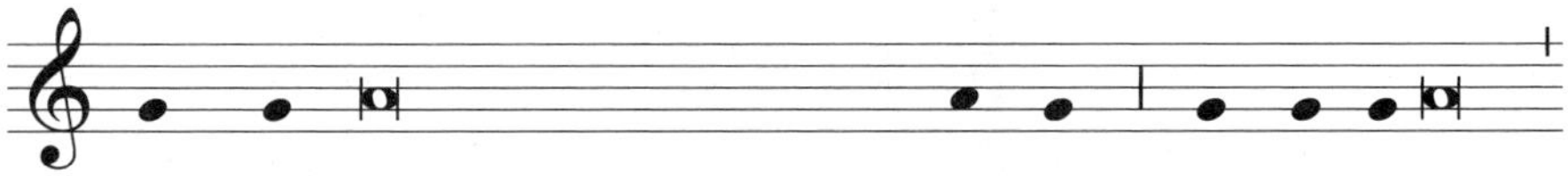

Por quien sigues creando todos los bie-nes, los san-ti-ficas,

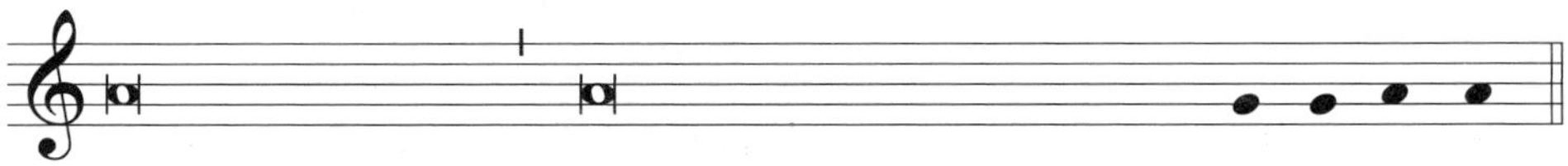

los llenas de vida, los bendices y los repartes en-tre no-so-tros.

Toma la patena con el pan consagrado y el cáliz, los eleva y canta (junto con los concelebrantes):

Después sigue el rito de la Comunión, p. 693.

REUNIDOS EN COMUNIÓN Y *HANC IGITUR* PROPIOS

En la Natividad del Señor y durante su Octava

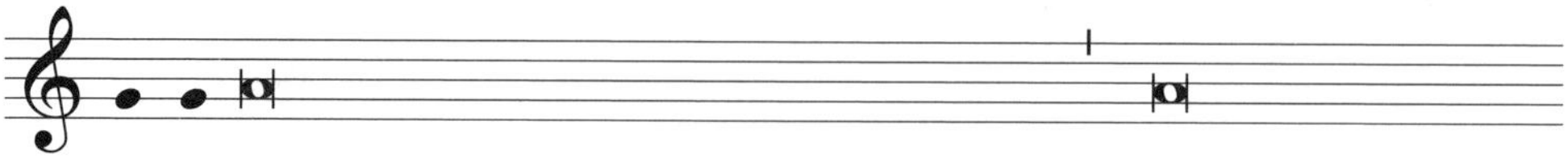

Re - u - nidos en comunión con toda la Iglesia, para celebrar

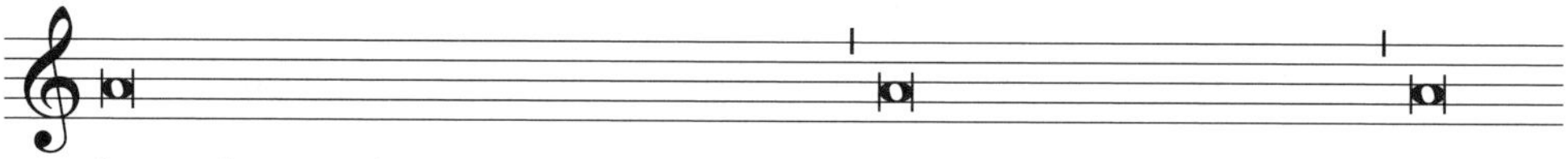

(la noche santísima) el día santísimo en que la Virgen María, conser-

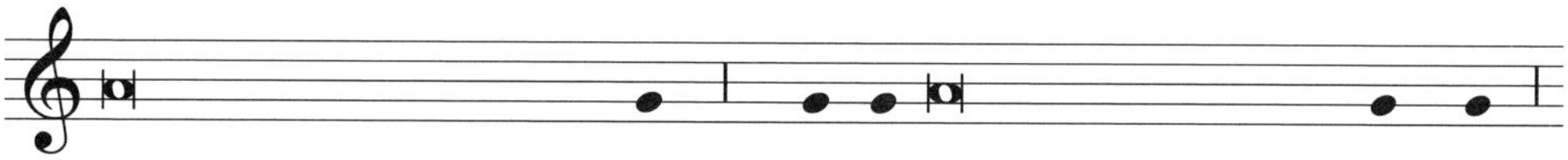

- vando intacta su virgini - dad, dio a luz al Salvador del mun - do,

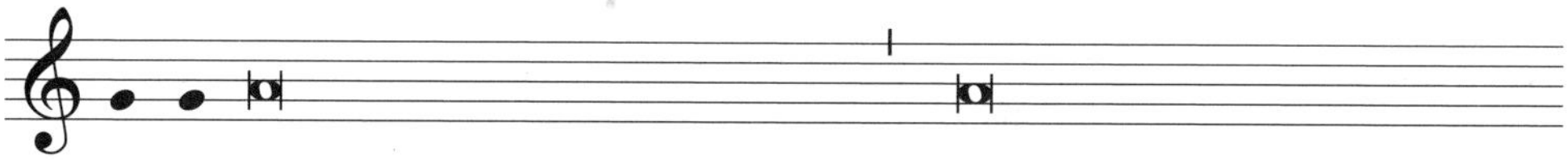

ve - ne - ramos la memoria, ante todo, de esta gloriosa siempre

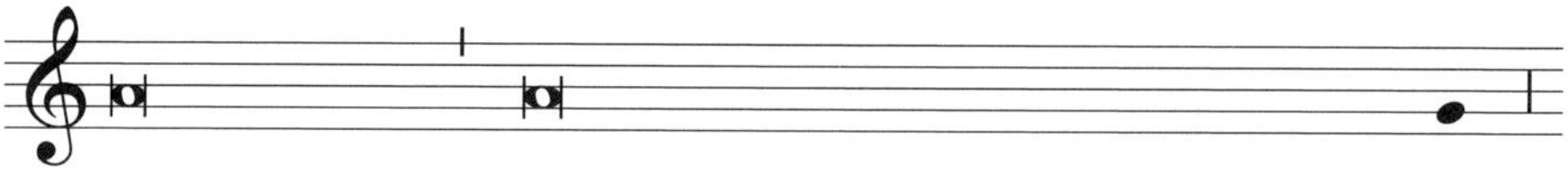

Virgen María, Madre de Jesucristo, nuestro Dios y Se - ñor; †

En la Epifanía del Señor

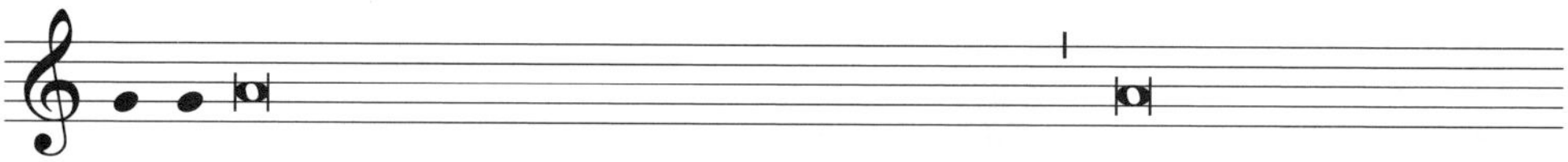

Re - u - nidos en comunión con toda la Iglesia, para celebrar el día

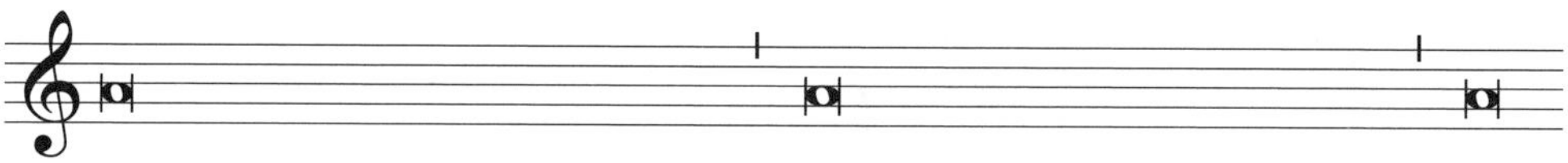

santísimo en que tu Hijo único, eterno como tú en la gloria, se

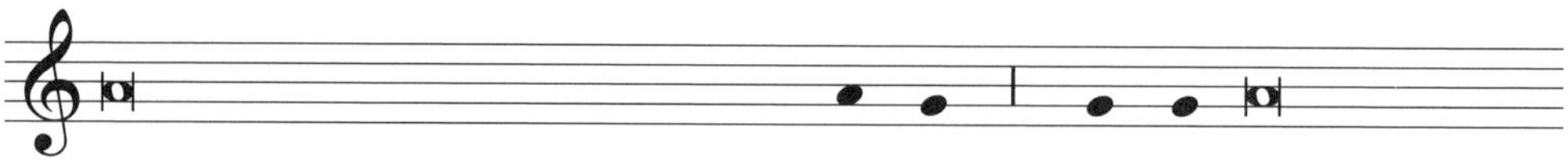

manifestó en la verdad de nuestra car - ne, he - cho hombre como

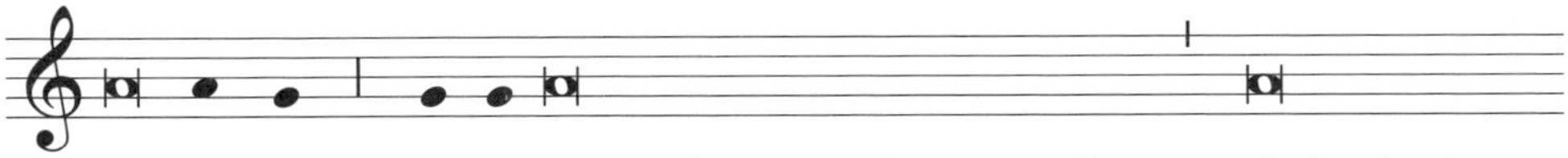

no-so-tros, ve-ne-ramos la memoria ante todo, de la gloriosa

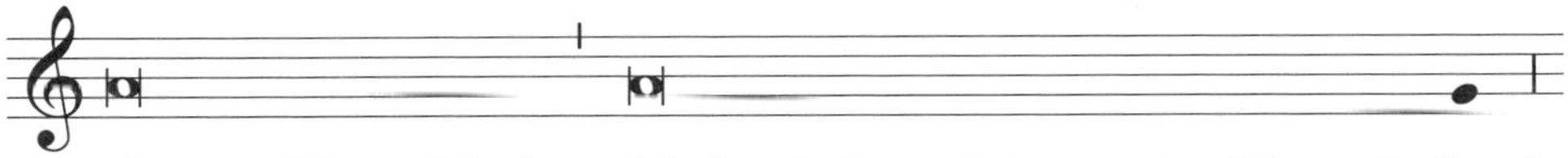

siempre Virgen María, Madre de Jesucristo, nuestro Dios y Se-ñor; †

Jueves Santo de la Cena del Señor

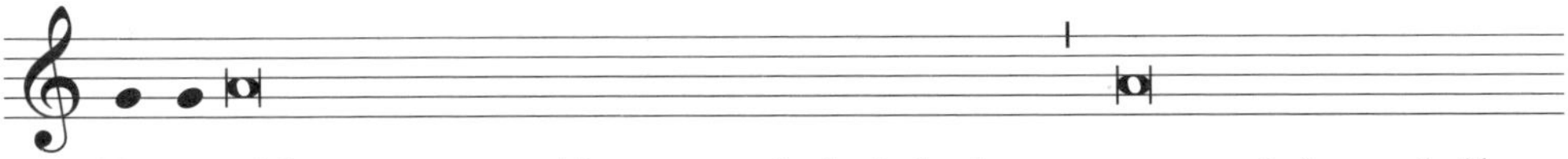

Re-u-nidos en comunión con toda la Iglesia, para celebrar el día

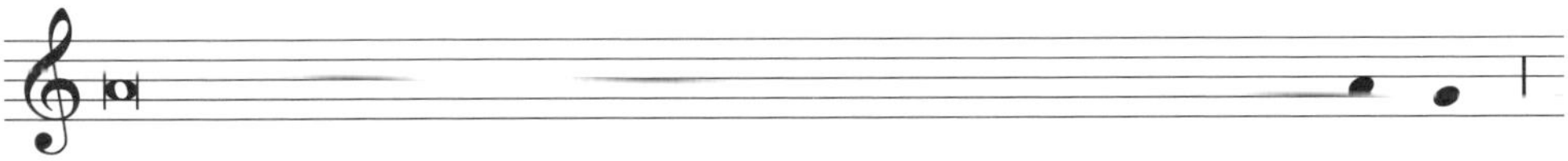

santo en que nuestro Señor Jesucristo fue entregado por no-so-tros,

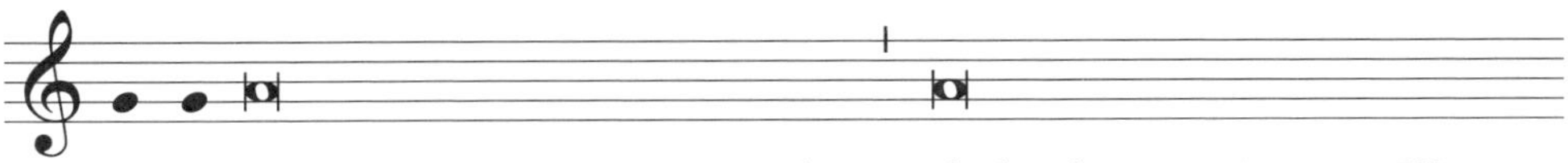

ve-ne-ramos la memoria, ante todo, de la gloriosa siempre Virgen

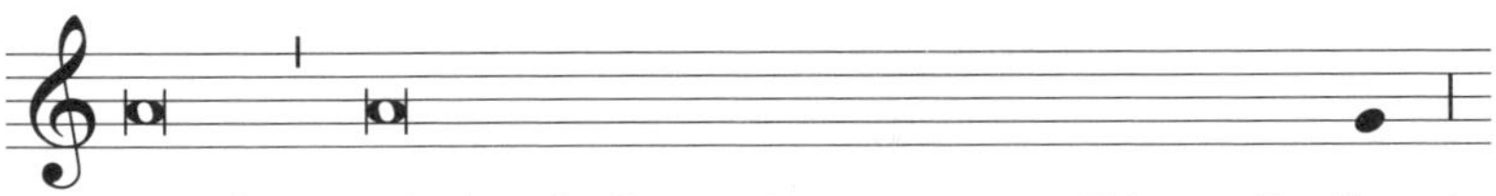

María, Madre de Jesucristo, nuestro Dios y Se-ñor; †

Con las manos extendidas, prosigue:

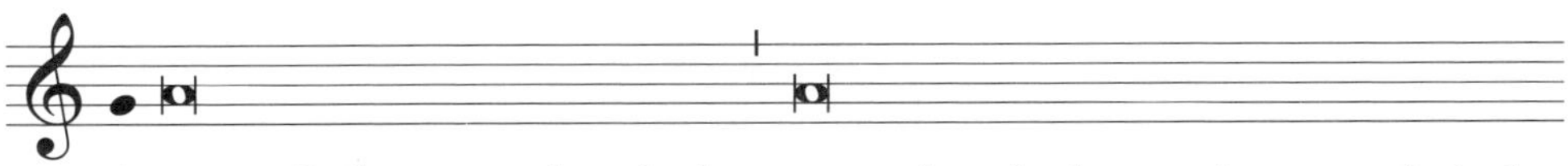

A-cepta, Señor, en tu bondad, esta ofrenda de tus siervos y de toda

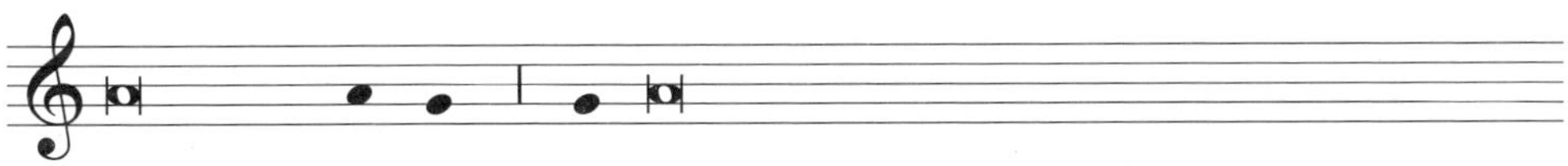

tu familia san-ta; que te presentamos en el día mismo en que

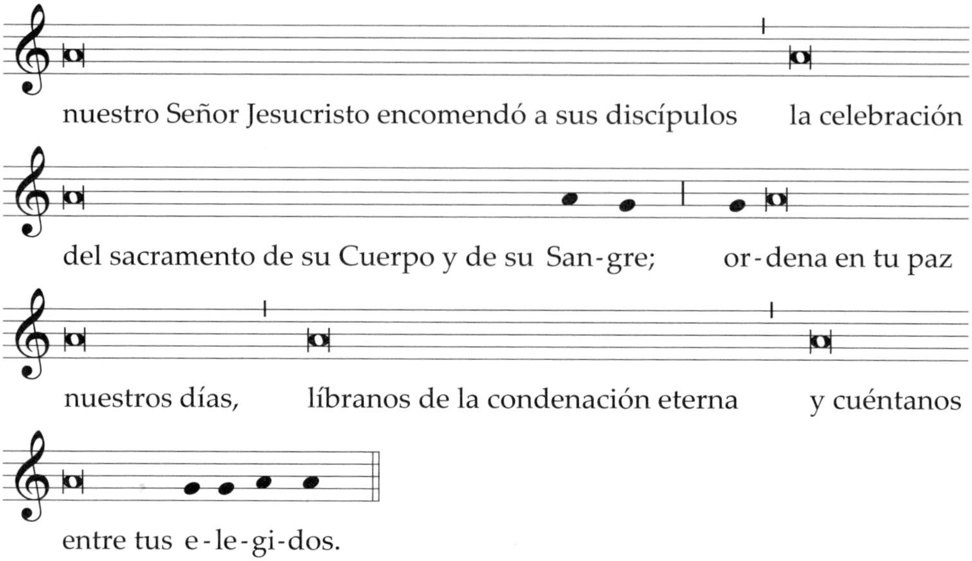

Junta las manos.

Extendiendo las manos sobre las ofrendas, canta (junto con los concelebrantes):

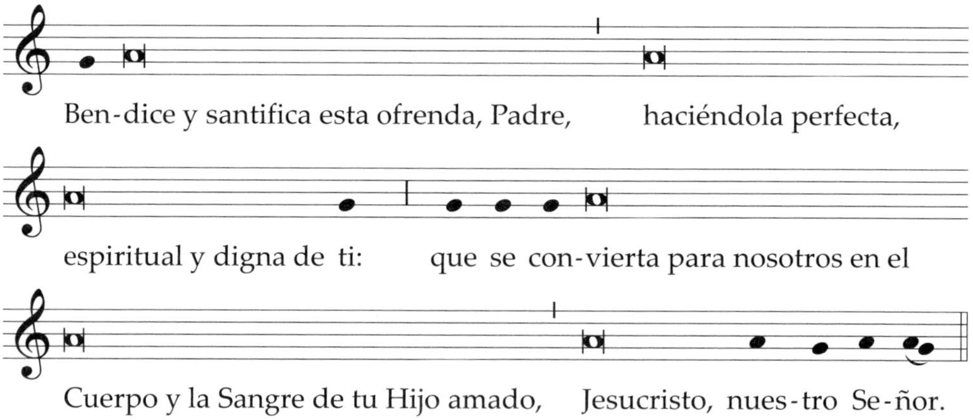

Junta las manos.

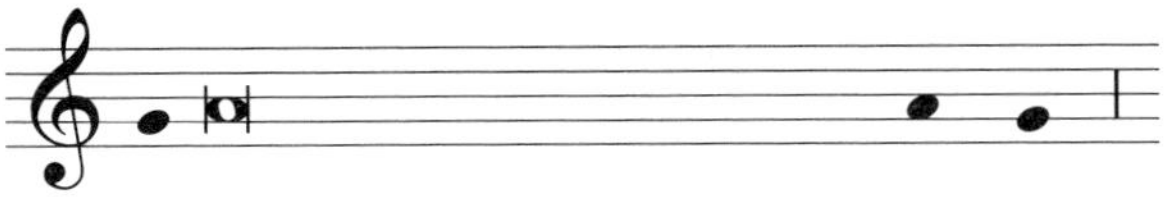

El cual, hoy, la víspera de su Pa-sión,

Toma el pan, y sosteniéndolo un poco elevado sobre el altar, prosigue:

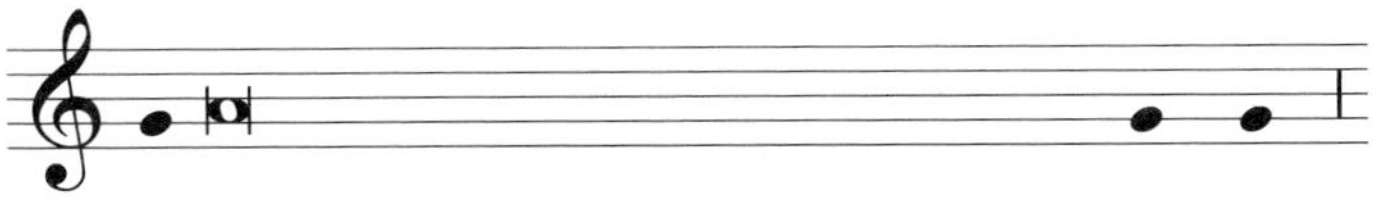

to-mó pan en sus santas y venerables ma-nos,

Eleva los ojos.

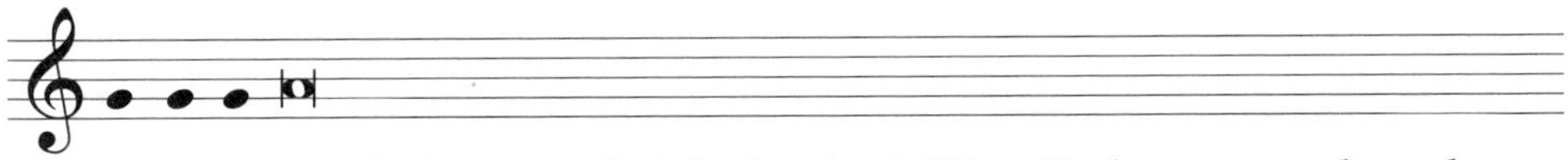

y, e le-vando los ojos al cielo, hacia ti, Dios, Padre suyo todopode -

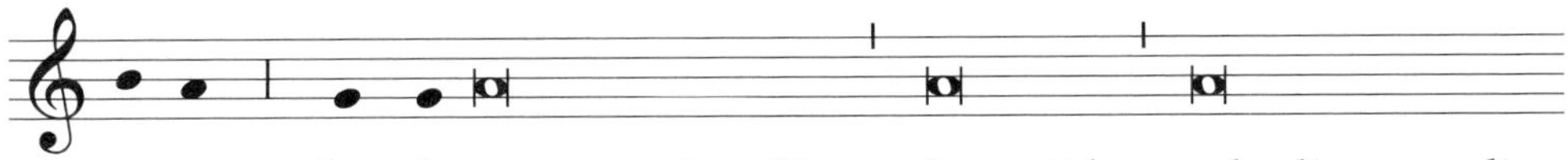

-ro-so, dan-do gracias te bendijo, lo partió, y lo dio a sus dis-

-cípulos, di-cien-do:

Se inclina un poco.

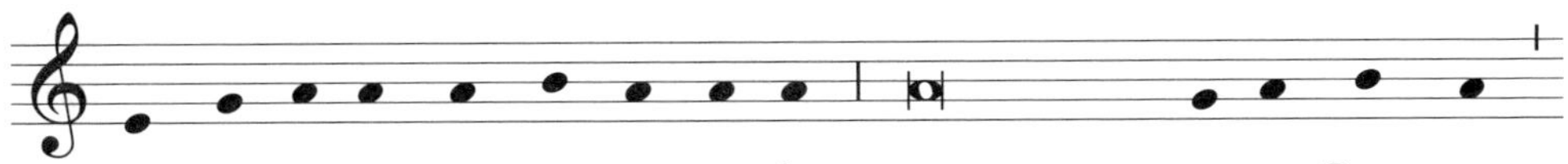

TO-MEN Y CO-MAN TO-DOS DE ÉL, PORQUE ESTO ES MI CUER-PO,

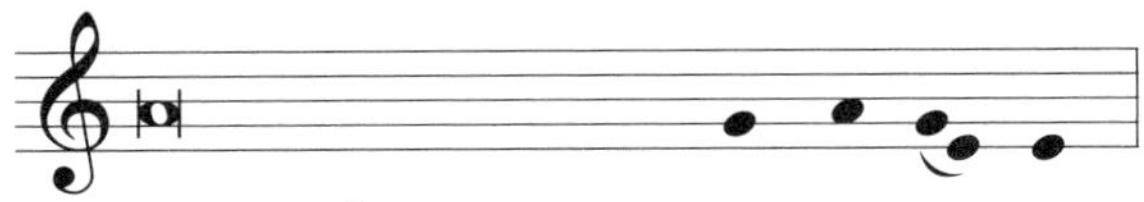

QUE SERÁ ENTREGADO POR US-TE-DES.

Muestra el pan consagrado al pueblo, lo deposita luego sobre la patena, y lo adora haciendo genuflexión.

De la Misa de la Vigilia Pascual hasta el Segundo Domingo de Pascua

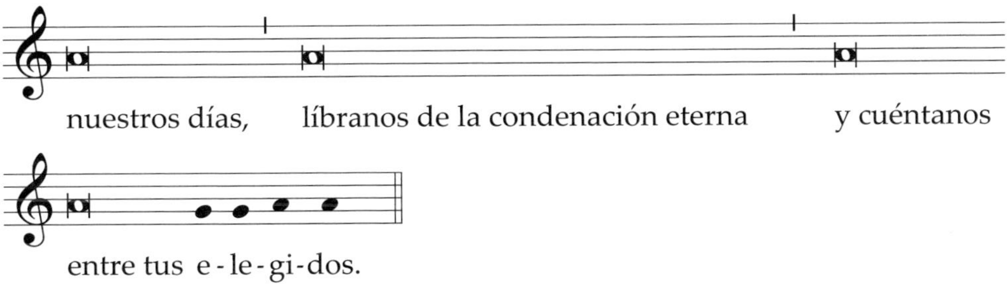

Junta las manos.

En la Ascensión del Señor

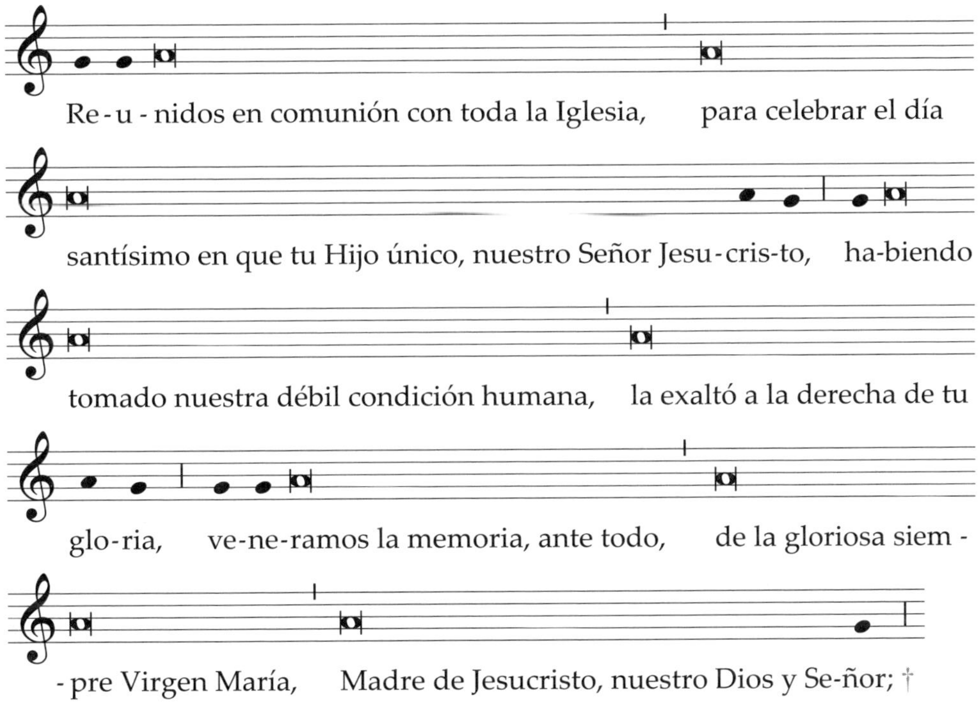

En el día de Pentecostés

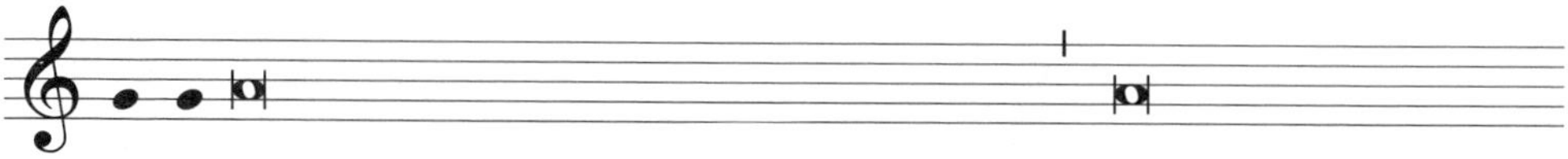

Re-u-nidos en comunión con toda la Iglesia, para celebrar el día

santísimo de Pentecostés, en que el Espíritu Santo se manifestó a los

apóstoles en lenguas de fue-go, ve-ne-ramos la memoria, ante todo,

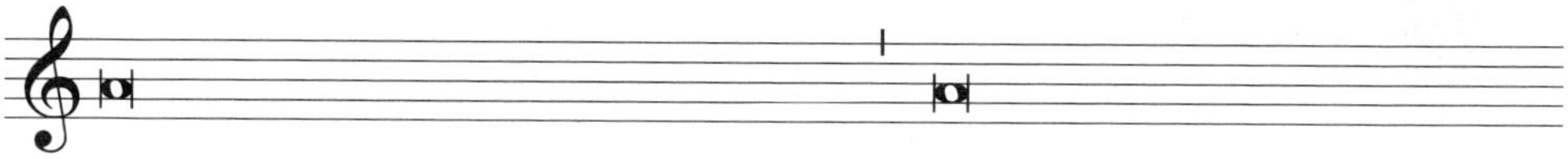

de la gloriosa siempre Virgen María, Madre de Jesucristo, nuestro

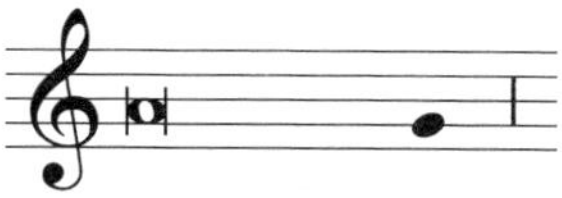

Dios y Se-ñor; †

PLEGARIA EUCARÍSTICA I

o CANON ROMANO

(Tono Solemne)

El sacerdote, con las manos extendidas, canta:

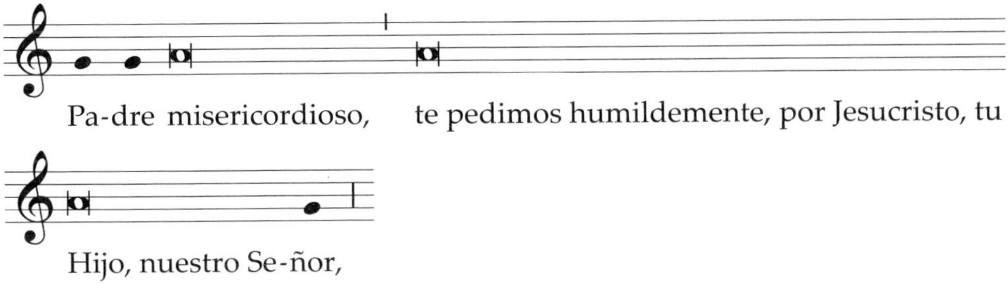

Junta las manos y traza el signo de la Cruz sobre el pan y el cáliz conjuntamente, cantando:

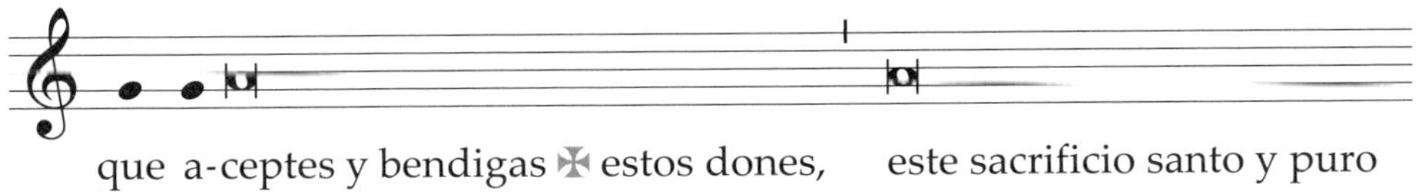

Con las manos extendidas, prosigue:

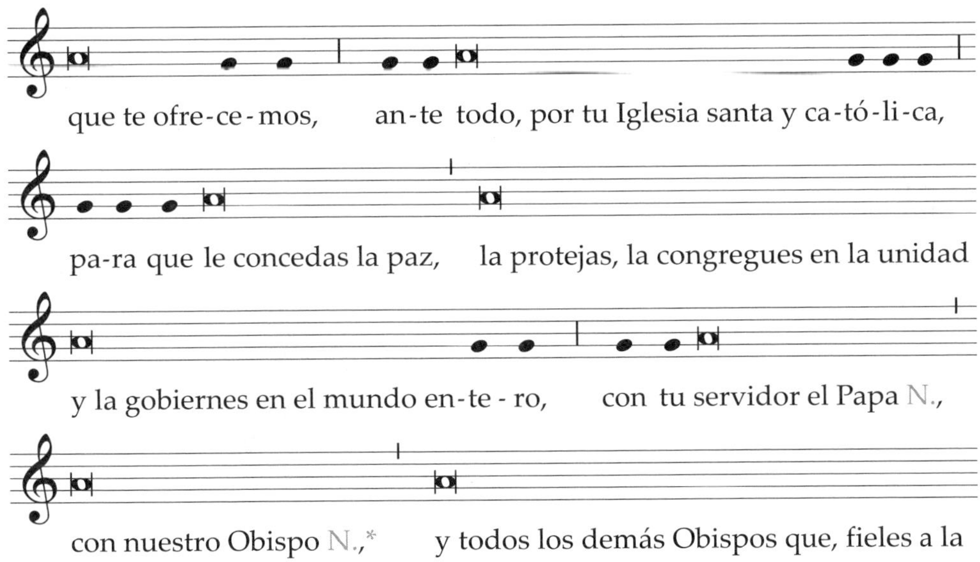

* Aquí se puede hacer mención del Obispo Coadjutor, o los Obispos Auxiliares, conforme a lo previsto por la *Instrucción General del Misal Romano*, n. 149.

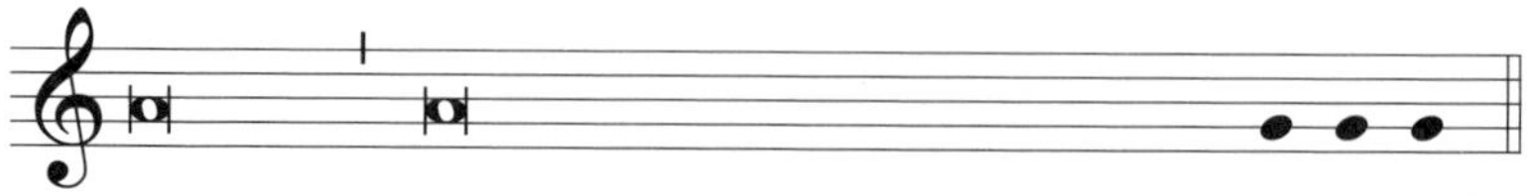

(Uno de los concelebrantes)

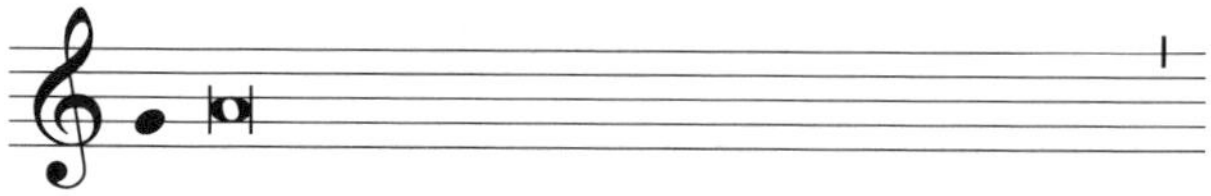

Junta las manos y ora unos momentos por quienes tiene intención de orar.
Después, con las manos extendidas, prosigue:

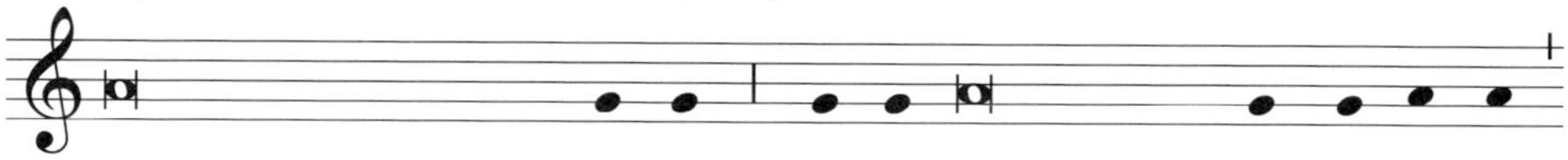

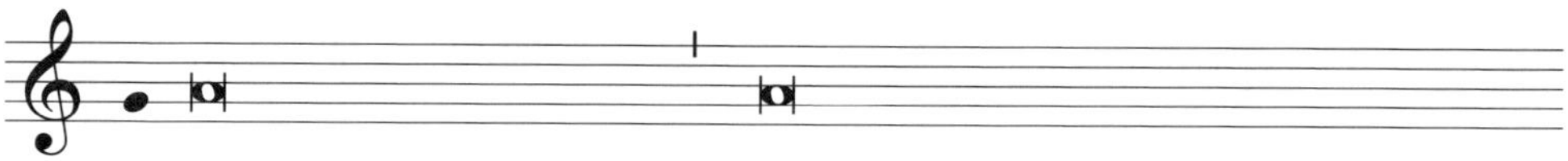

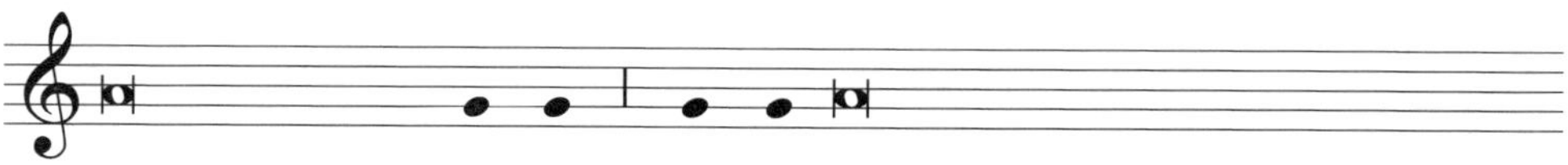

(Otro de los concelebrantes) (fórmulas propias, pp. 738–744)

Con las manos extendidas, el celebrante principal continúa (fórmulas propias, pp. 738–744):

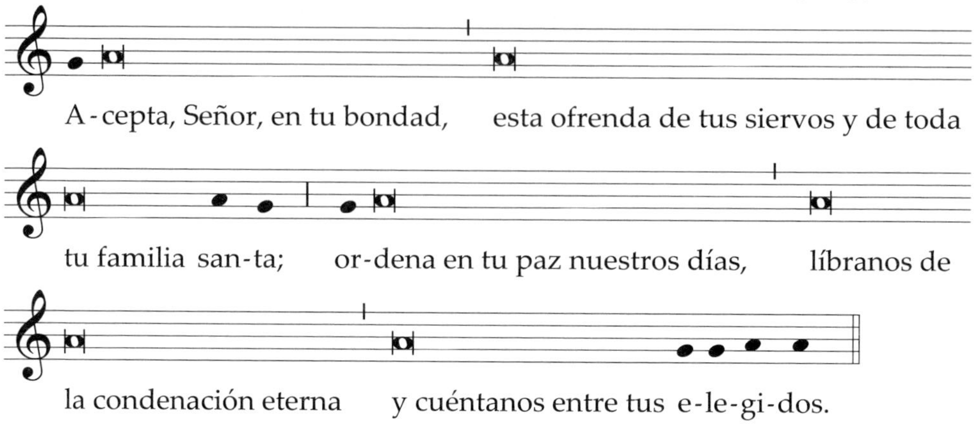

Junta las manos.

Extendiendo las manos sobre las ofrendas, canta (junto con los concelebrantes):

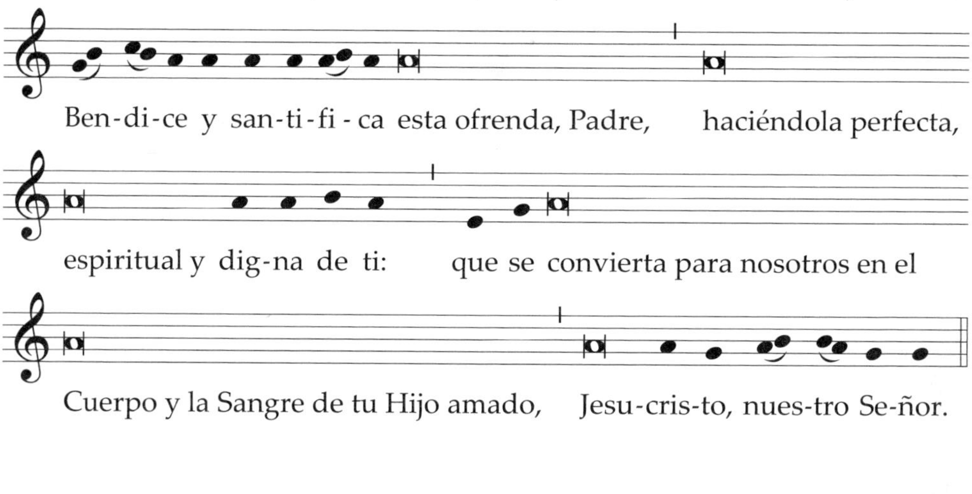

Junta las manos.

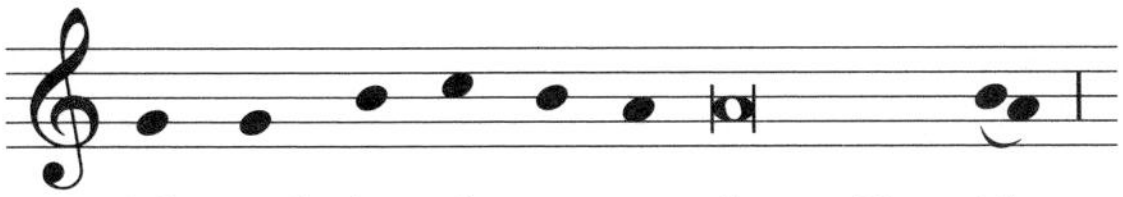

El cual, la vís-pe-ra de su Pa-sión,

Toma el pan, y sosteniéndolo un poco elevado sobre el altar, prosigue:

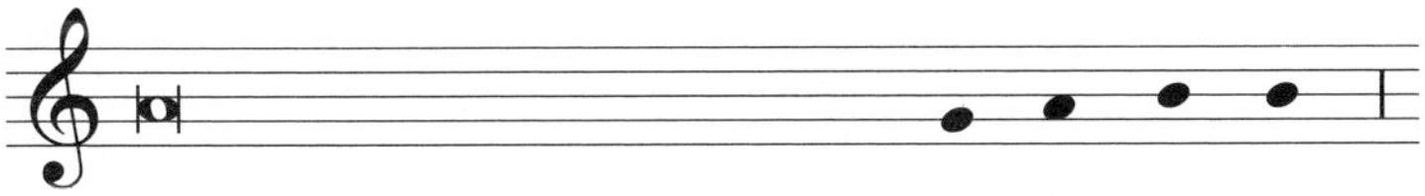

tomó pan en sus santas y vene-ra-bles ma-nos,

Eleva los ojos.

y, elevando los ojos al cie - lo, hacia ti, Dios, Padre suyo todo -

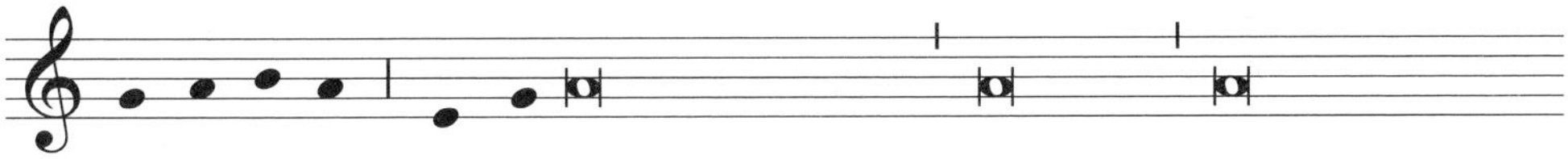

- po-de-ro-so, dan-do gracias te bendijo, lo partió, y lo dio a sus

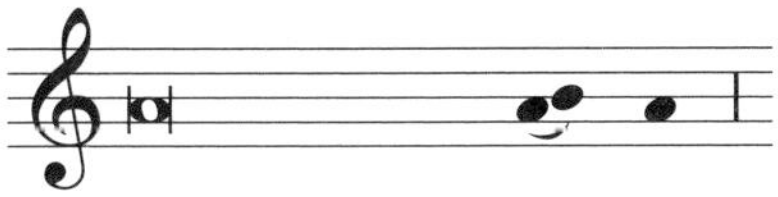

discípulos, di-cien-do:

Se inclina un poco.

TO-MEN Y CO-MAN TODOS DE ÉL, POR-QUE ESTO ES MI CUER-PO,

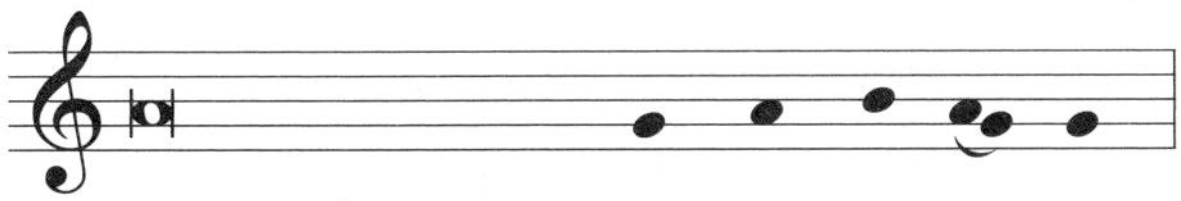

QUE SERÁ ENTREGA-DO POR US - TE - DES.

Muestra el pan consagrado al pueblo, lo deposita luego sobre la patena y lo adora haciendo genuflexión.

Después, prosigue:

Del mis-mo mo-do, acabada la ce-na,

Toma el cáliz y, sosteniéndolo un poco elevado sobre el altar, prosigue:

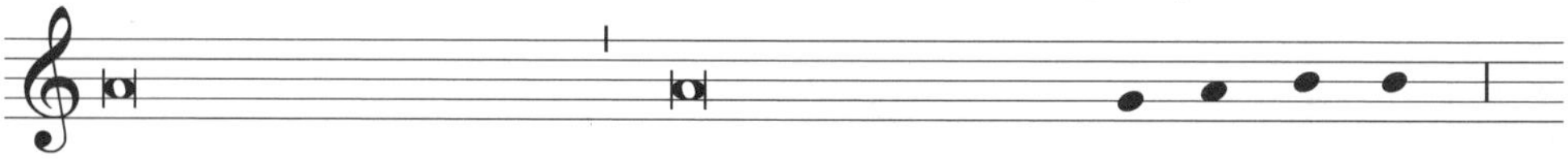

tomó este cáliz glorioso en sus santas y vene-ra-bles ma-nos,

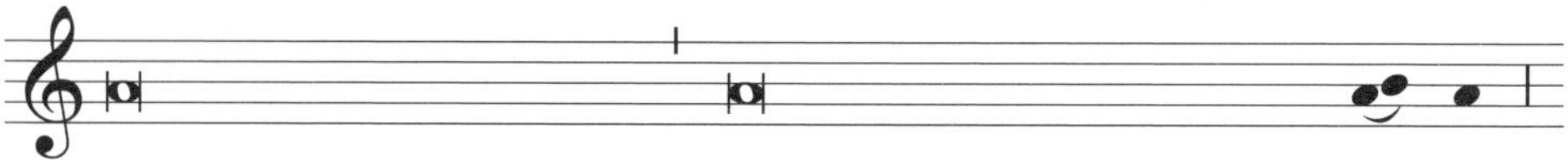

dando gracias te bendijo, y lo dió a sus discípulos, di-cien-do:

Se inclina un poco

TO-MEN Y BE-BAN TODOS DE ÉL, POR-QUE ÉSTE ES EL CÁLIZ DE MI

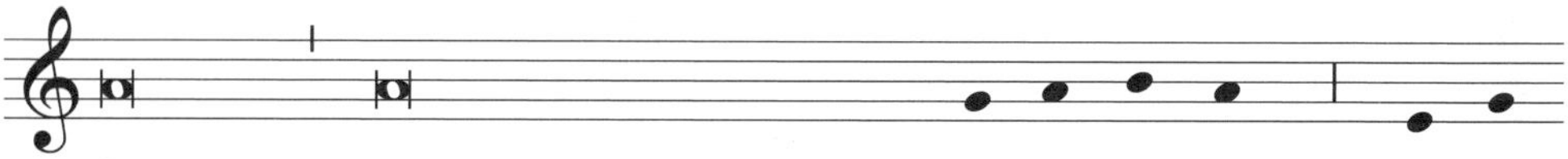

SANGRE, SANGRE DE LA ALIANZA NUE-VA Y E-TER-NA, QUE SE-

-RÁ DERRAMADA POR USTEDES Y POR MU-CHOS PARA EL PERDÓN DE LOS

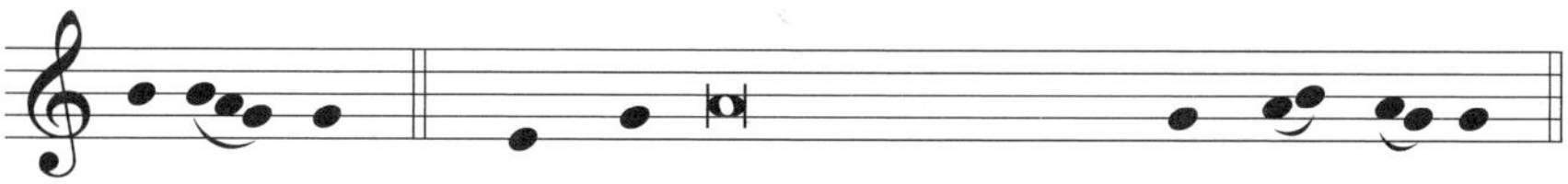

PE-CA-DOS. HA-GAN ESTO EN CONMEMO-RA-CIÓN MÍ-A.

Muestra el cáliz al pueblo, lo deposita luego sobre el corporal y lo adora haciendo genuflexión.

Luego canta:

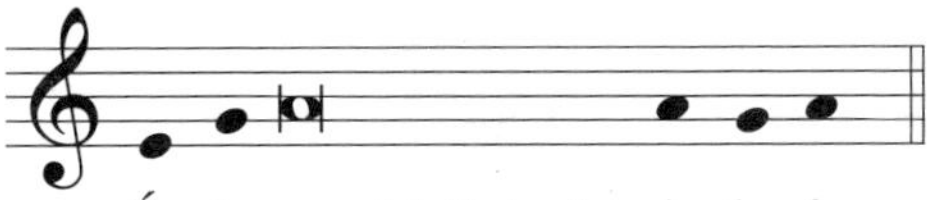

És-te es el Misterio de la fe.

O bien:

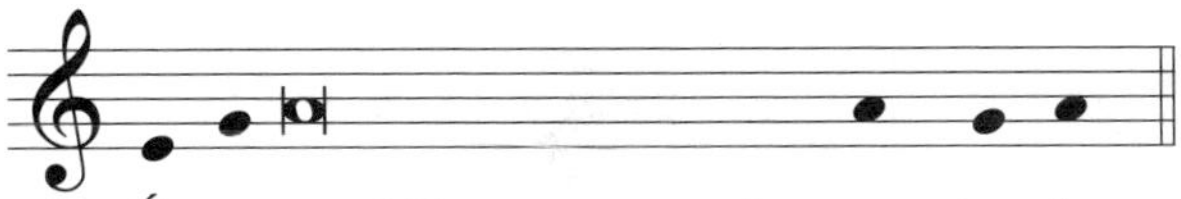

És-te es el Sacramento de nues-tra fe.

Y el pueblo prosigue aclamando:

A-nun-cia-mos tu muer-te, pro-cla-mamos tu re-sur-rec-ción.

¡Ven, Se-ñor Je-sus!

O bien:

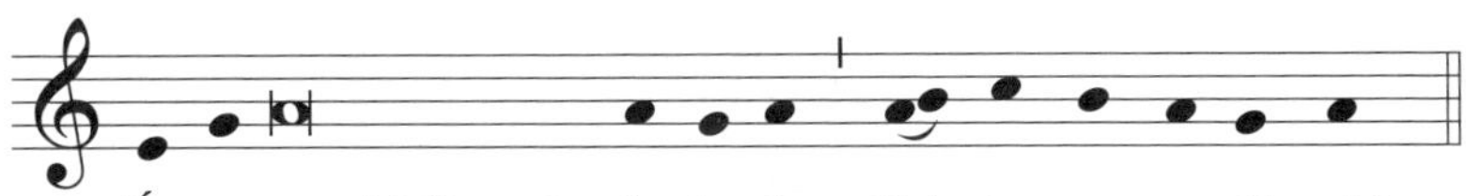

És-te es el Misterio de la fe. Cris-to nos re-di-mió.

Y el pueblo prosigue aclamando:

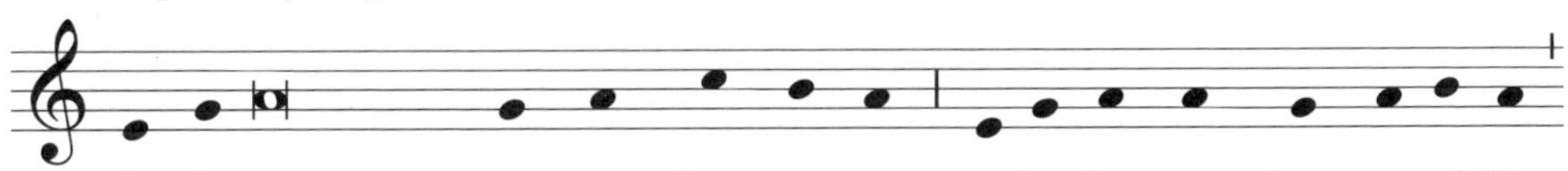

Ca-da vez que co-me-mos de es-te pan y be-be-mos de es-te cá-liz,

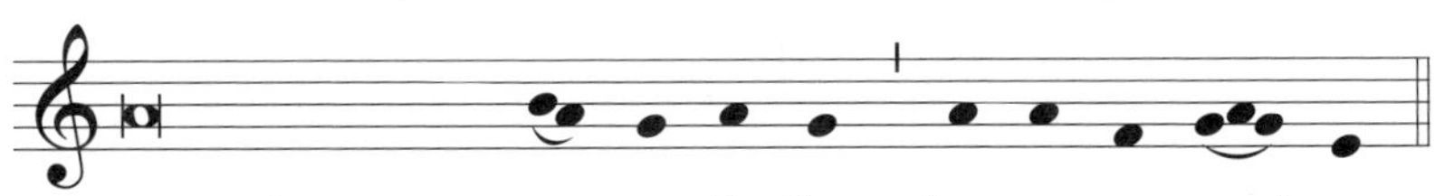

anunciamos tu muer-te, Se-ñor, has-ta que vuel-vas.

O bien:

És-te es el Misterio de la fe. Cris-to se‿en-tre-gó por no-so-tros.

Y el pueblo prosigue aclamando:

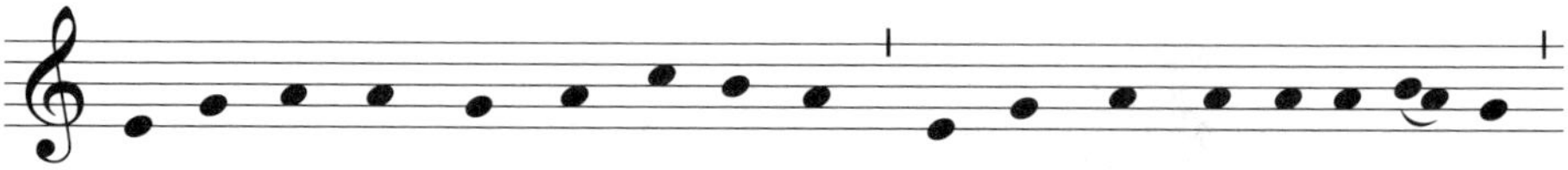

Sal-va-dor del mun-do, sál-va-nos, tú que nos has li-be-ra-do

por tu cruz y re-sur-rec-ción.

Después el sacerdote, con las manos extendidas, canta (junto con los concelebrantes):

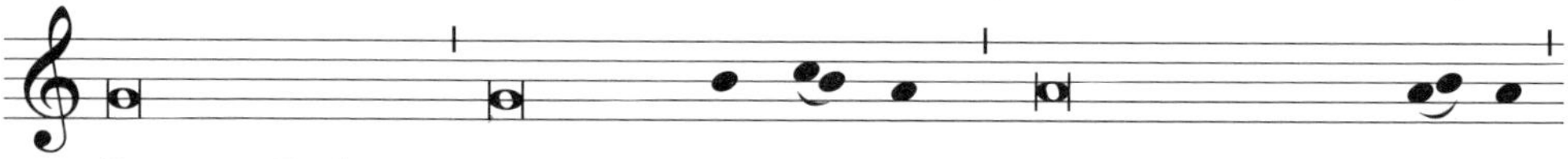

Por eso, Padre, nosotros, tus sier-vos, y todo tu pueblo san-to,

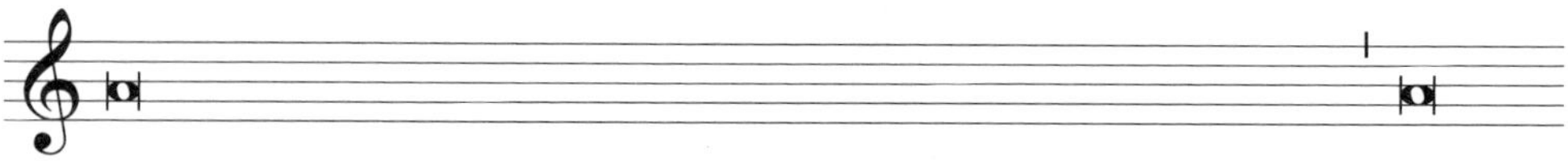

al celebrar este memorial de la muerte gloriosa de Jesucristo, tu Hijo,

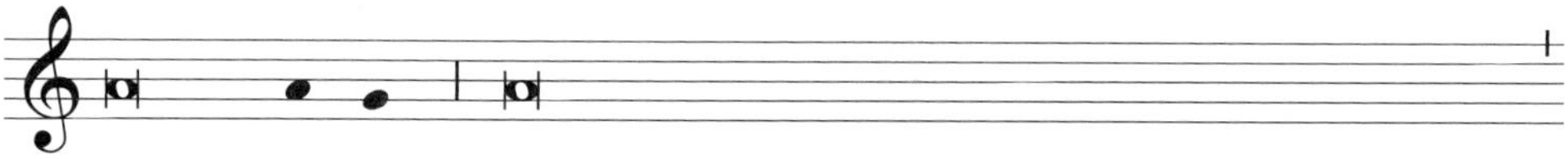

nuestro Se-ñor, de su santa resurrección del lugar de los muertos,

y de su admirable as-cen-sión a los cie-los, te‿o fre-cemos, Dios de

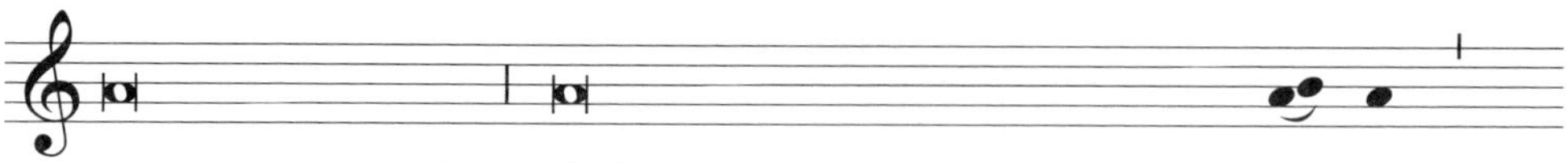

gloria y majestad, de los mismos bienes que nos has da-do,

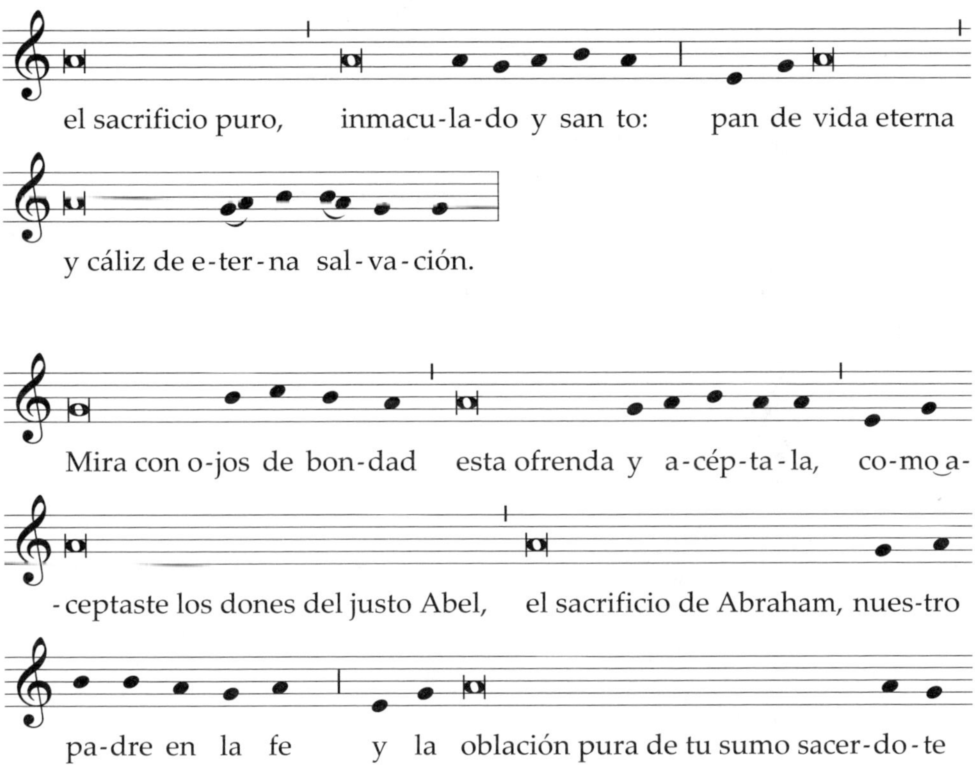

Inclinado, con las manos juntas, prosigue:

Se endereza y se signa, cantando:

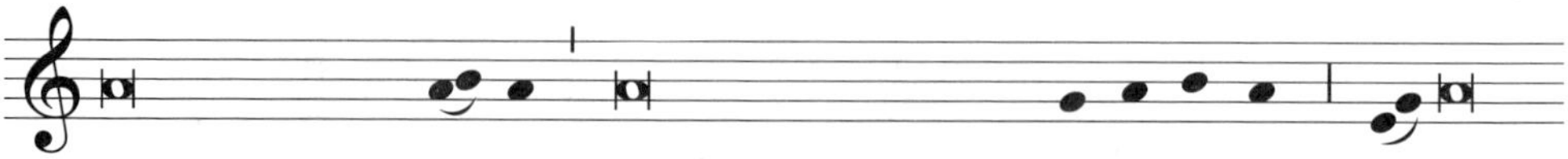

la Sangre de tu Hi-jo, al participar aquí de es-te al-tar, se-amos

colmados de gra-cia y ben-di-ción.

Junta las manos.

(Por Cristo, nuestro Se - ñor. A - mén.)

Con las manos extendidas, canta (uno de los concelebrantes):

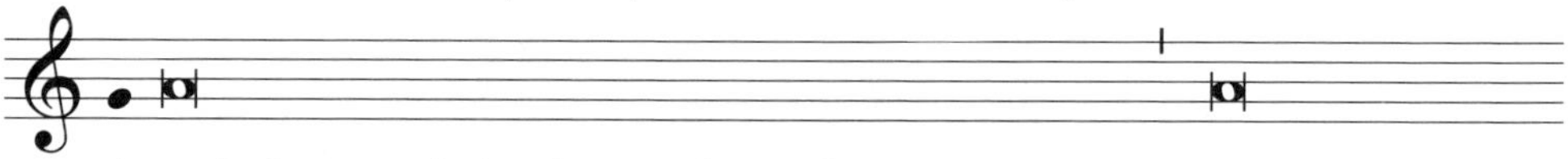

A-cuérdate también, Señor, de tus hijos N. y N., que nos han

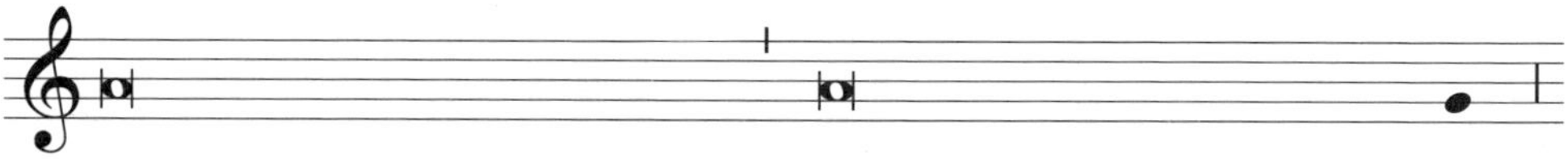

precedido con el signo de la fe y duermen ya el sueño de la paz.

Junta las manos y ora unos momentos por los difuntos por quienes tiene intención de orar. Después, con las manos extendidas, prosigue:

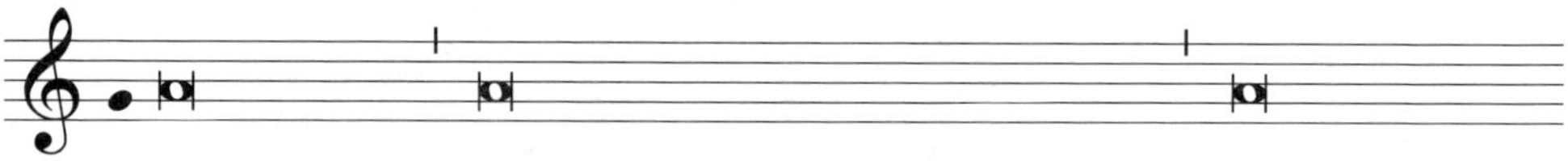

A ellos, Señor, y a cuantos descansan en Cristo, concédeles el

Junta las manos.

(Otro de los concelebrantes)
Con la mano derecha,
se golpea el pecho, diciendo:

Con las manos extendidas, prosigue:

Junta las manos.

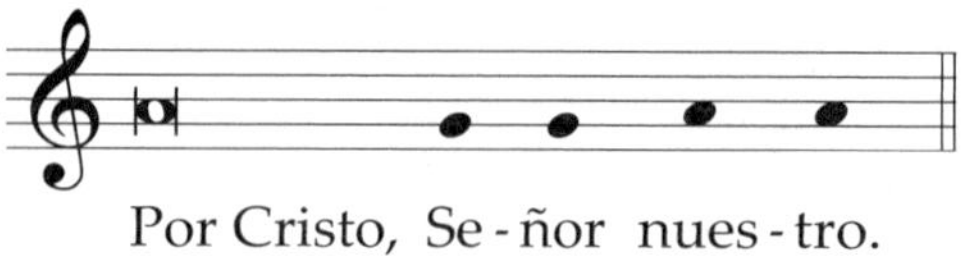

Y el celebrante principal continúa:

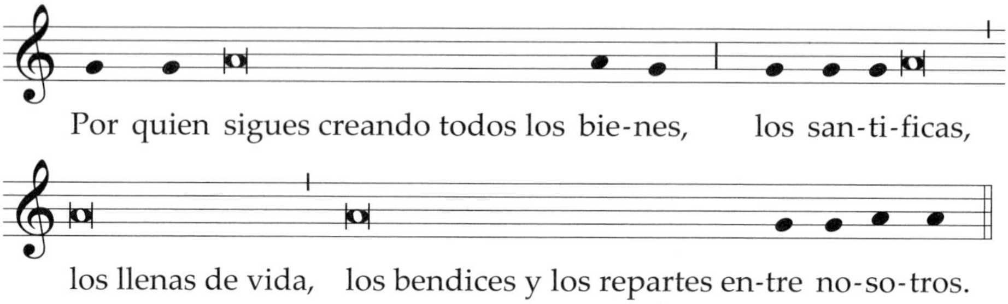

Toma la patena con el pan consagrado y el cáliz, los eleva y canta (junto con los concelebrantes):

Después sigue el rito de la Comunión, p. 693.

PLEGARIA EUCARÍSTICA II

Aunque esta Plegaria eucarística tiene un prefacio propio que forma parte de su misma estructura, puede usarse también con otros prefacios, especialmente con aquellos que presentan una breve síntesis del misterio de la salvación, por ejemplo, con los prefacios comunes.

Al final del Prefacio junta las manos y en unión con el pueblo, concluye el mismo prefacio, cantando con voz clara:

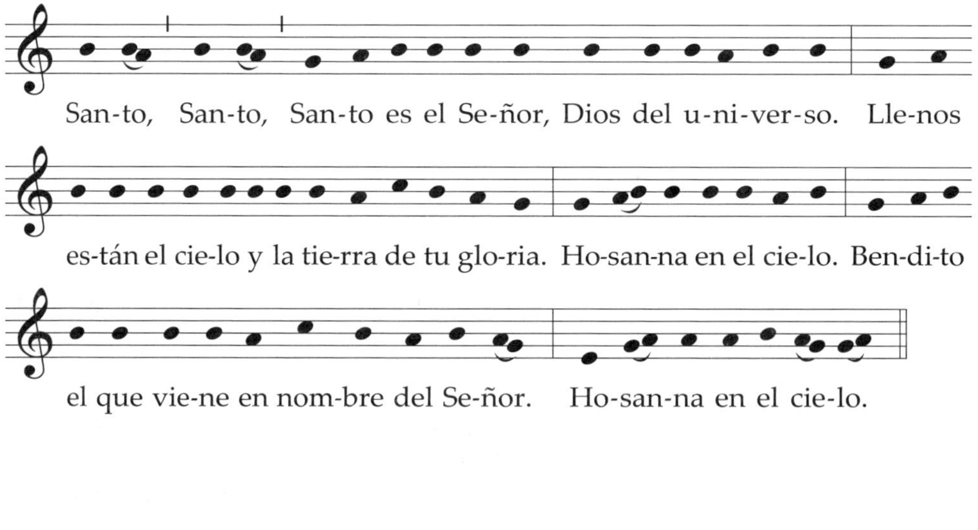

El celebrante principal, con las manos extendidas, canta:

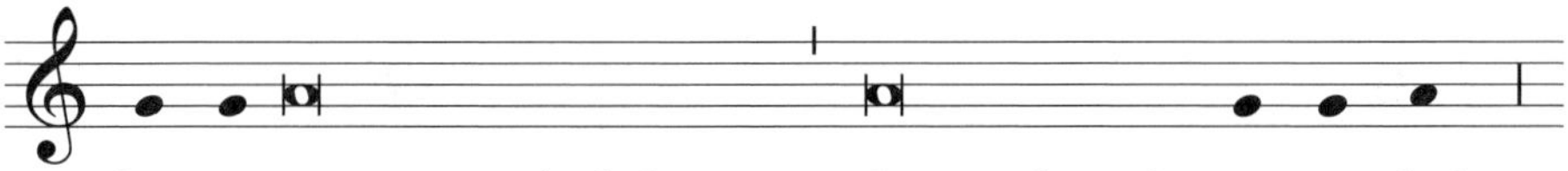

San-to eres en verdad, Señor, fuente de toda san - ti - dad;

Junta las manos y, manteniéndolas extendidas sobre las ofrendas, canta (junto con los concelebrantes):

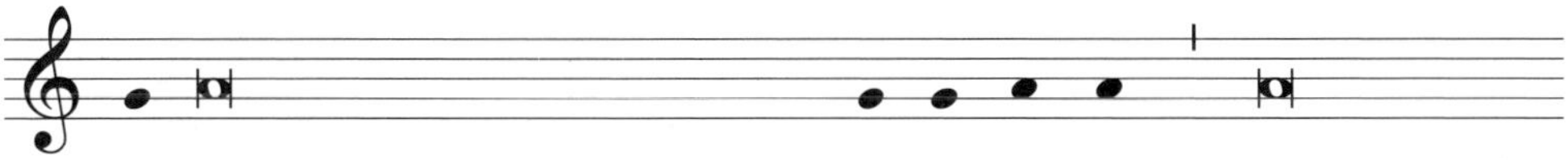

por eso te pedimos que santifiques es-tos do-nes con la efusión

de tu Es-pí - ri - tu,

Junta las manos y traza el signo de la cruz sobre el pan y el cáliz conjuntamente, cantando:

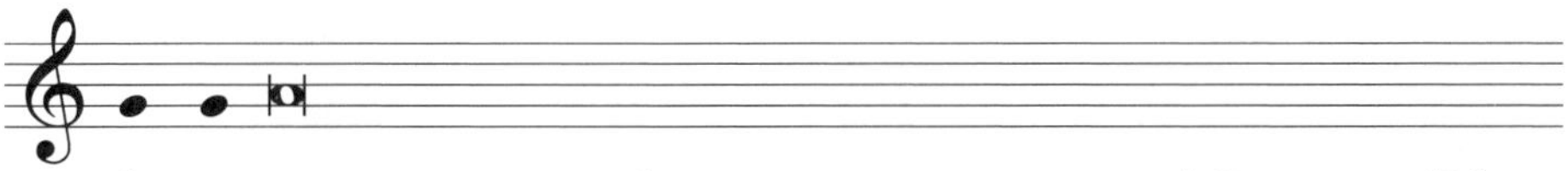

de ma-nera que se conviertan para nosotros en el Cuerpo y ✠ la

Sangre de Je - su-cris-to, nues-tro Se-ñor.

Junta las manos.

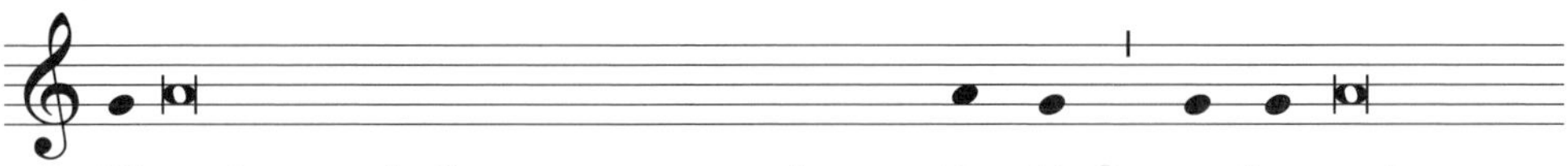

El cual, cuando iba a ser entregado a su Pa-sión, vo-lun-tariamente

acep - ta - da,

Toma el pan y, sosteniéndolo un poco elevado sobre el altar, prosigue:

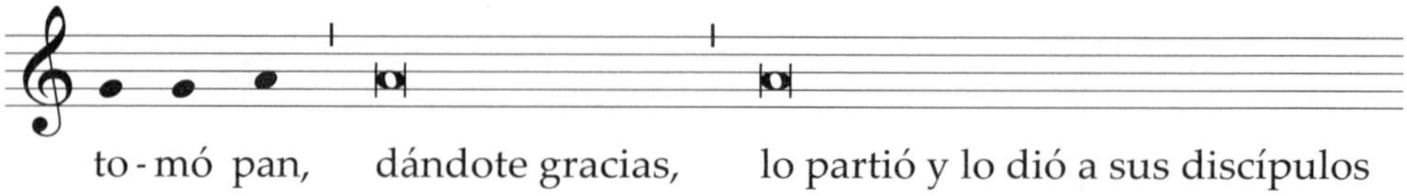

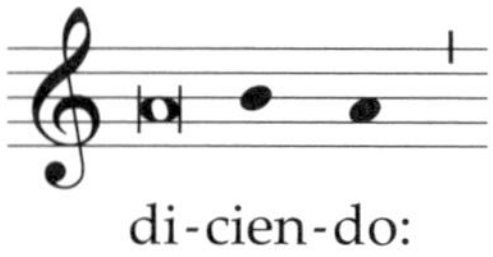

Se inclina un poco.

Muestra el pan consagrado al pueblo, lo deposita luego sobre la patena y lo adora haciendo genuflexión.

Después prosigue:

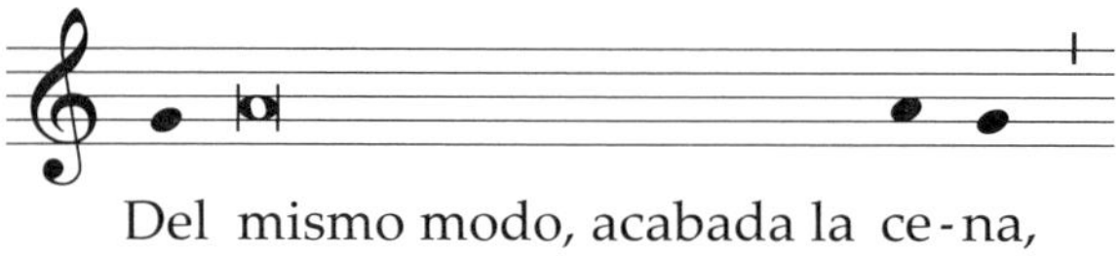

Toma el cáliz y, sosteniéndolo un poco elevado sobre el altar, prosigue:

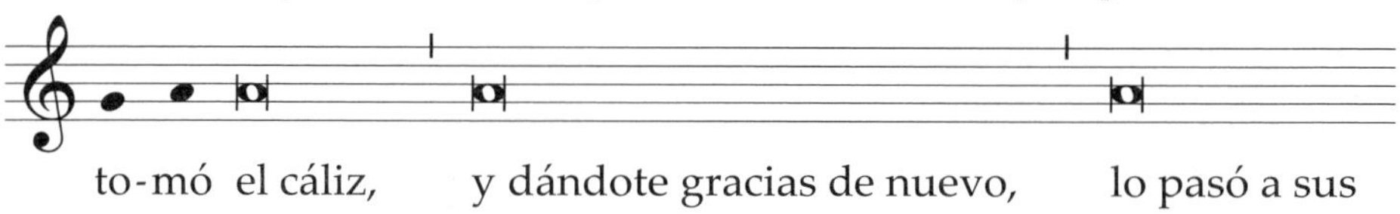

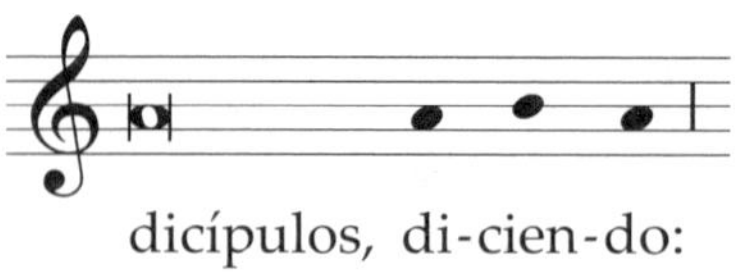

Se inclina un poco.

TO-MEN Y BE-BAN TO-DOS DE ÉL PORQUE ÉSTE ES EL CÁLIZ DE MI

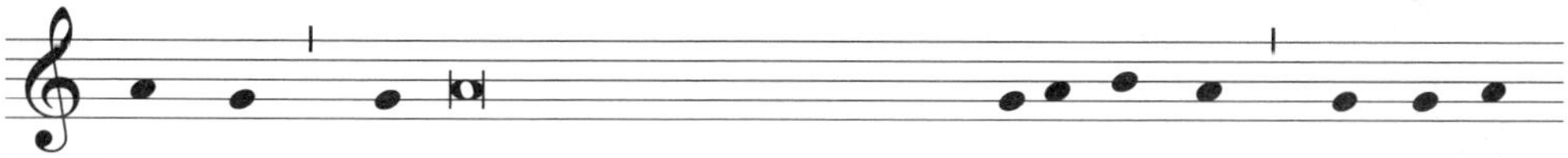

SAN-GRE. SAN-GRE DE LA ALIANZA NUEVA Y E-TER-NA, QUE SE-RÁ

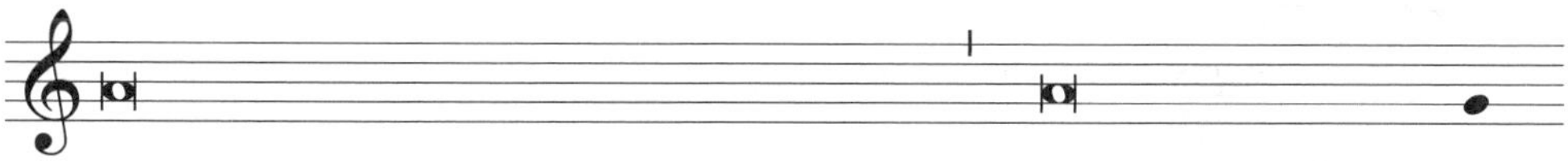

DERRAMADA POR USTEDES Y POR MUCHOS PARA EL PERDÓN DE LOS

PE-CA-DOS. HA-GAN ESTO EN CONMEMO-RA-CIÓN MÍ-A.

Muestra el cáliz al pueblo, lo deposita luego sobre el corporal y lo adora haciendo genuflexión.

Luego canta:

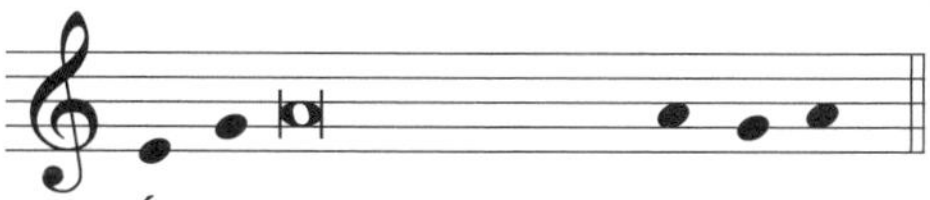

És-te es el Misterio de la fe.

O bien:

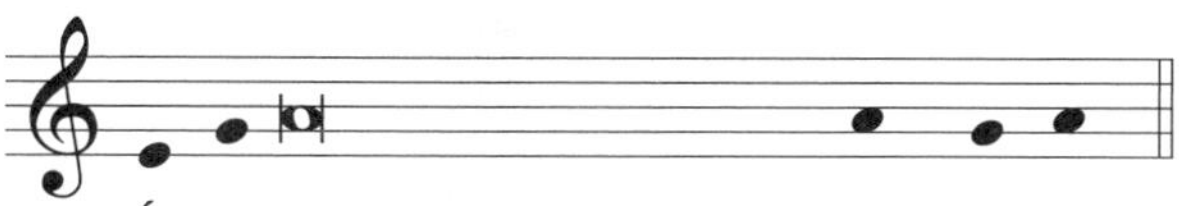

És-te es el Sacramento de nues-tra fe.

Y el pueblo prosigue aclamando:

A-nun-cia-mos tu muer-te, pro-cla-mamos tu re-sur-rec-ción.

¡Ven, Se-ñor Je-sus!

O bien:

És-te es el Misterio de la fe. Cris-to nos re-di-mió.

Y el pueblo prosigue aclamando:

Ca-da vez que co-me-mos de‿es-te pan y be-be-mos de‿es-te cá-liz,

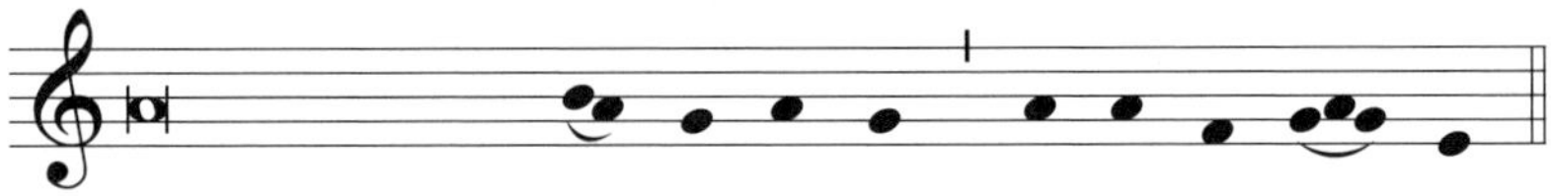

anunciamos tu muer-te, Se-ñor, has-ta que vuel-vas.

O bien:

És-te es el Misterio de la fe. Cris-to se‿en-tre-gó por no-so-tros.

Y el pueblo prosigue aclamando:

Sal-va-dor del mun-do, sál-va-nos, tú que nos has li-be-ra-do

por tu cruz y re-sur-rec-ción.

Después el sacerdote, con las manos extendidas, canta (junto con los concelebrantes):

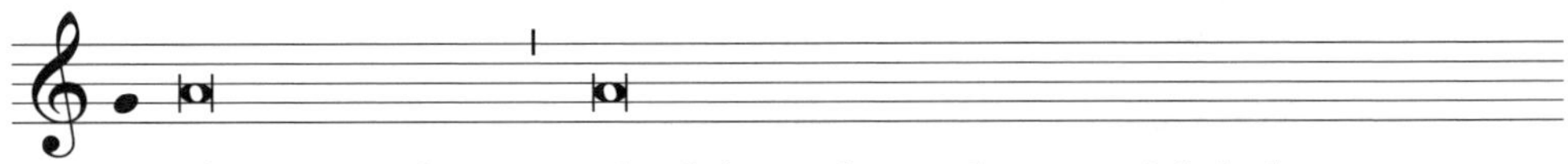

A - sí, pues, Padre, al celebrar ahora el memorial de la muerte y

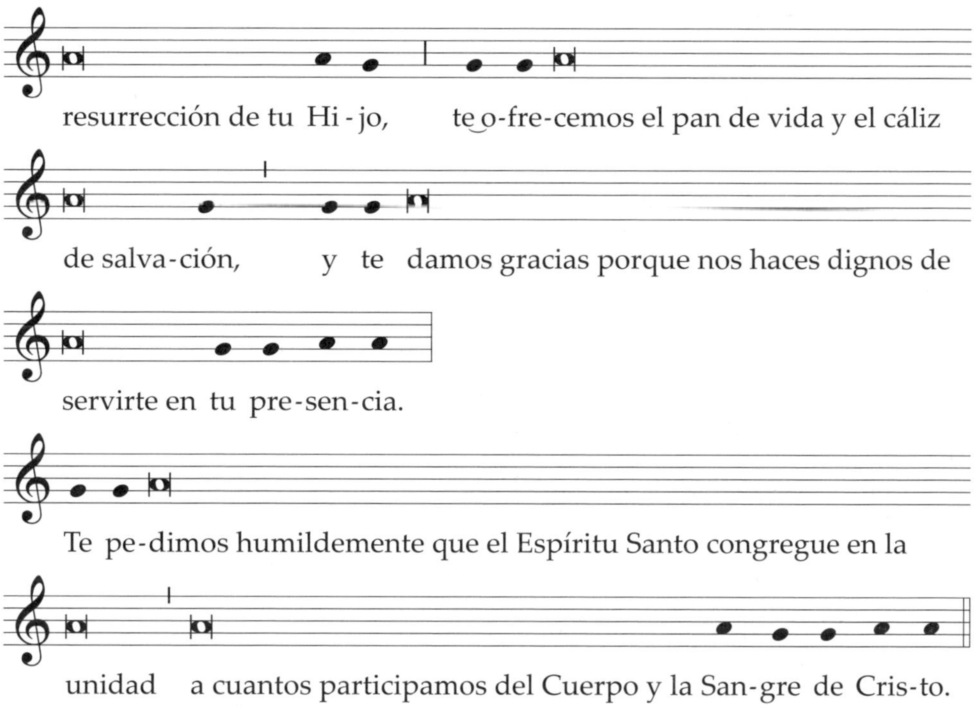

(Uno de los concelebrantes)

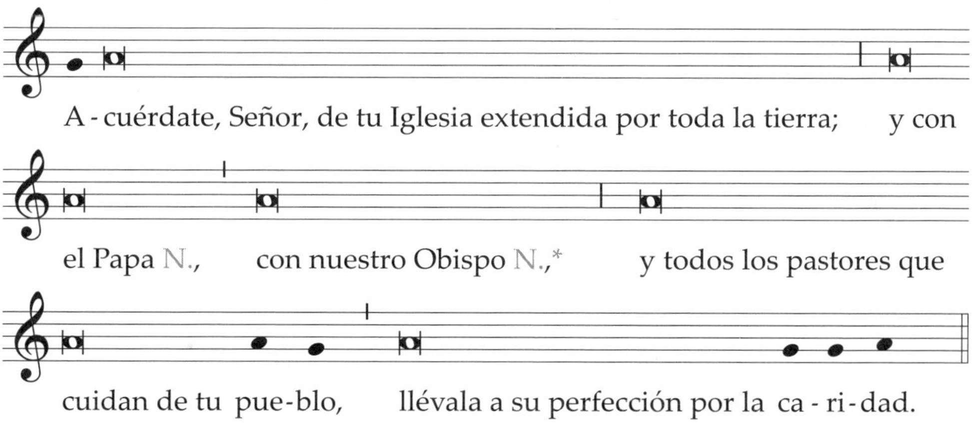

*Aquí se puede hacer mención del Obispo coadjutor, o de los Obispos auxiliares, conforme a lo previsto por la *Instrucción General del Misal Romano*, n. 149.

(Otro de los concelebrantes)

En las Misas por los difuntos se puede cantar el recordatorio (Recuerda a tu hijo (hija) N.) (p. 765), e, inmediatamente a continuación, la oración Ten misericordia de todos nosotros.

Junta las manos.

Toma la patena con el pan consagrado y el cáliz, los eleva y canta (junto con los concelebrantes):

Después sigue el rito de la Comunión, p. 693.

En las Misas por los difuntos, se puede cantar lo siguiente:

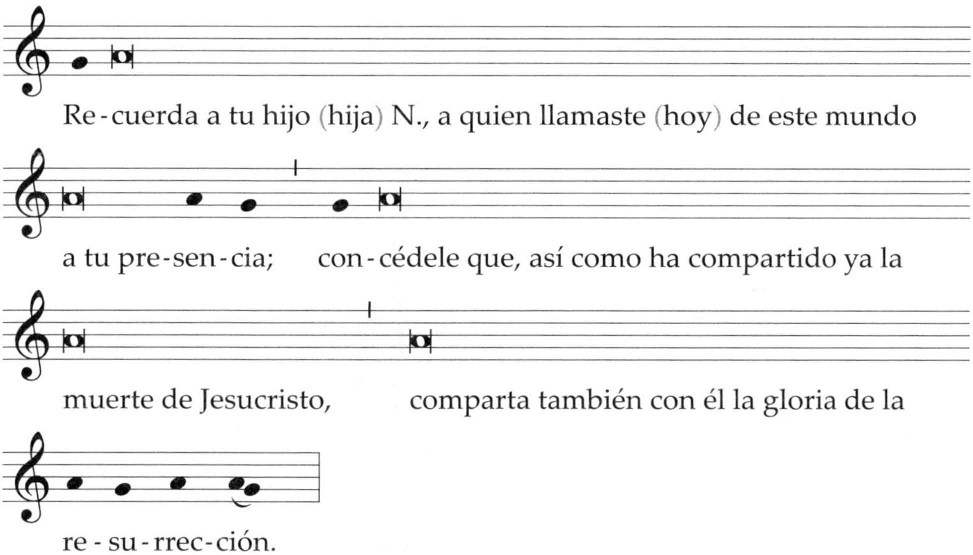

PLEGARIA EUCARÍSTICA III

El celebrante principal, con las manos extendidas, canta:

San-to eres en verdad, Padre, y con razón te alaban todas tus crea -

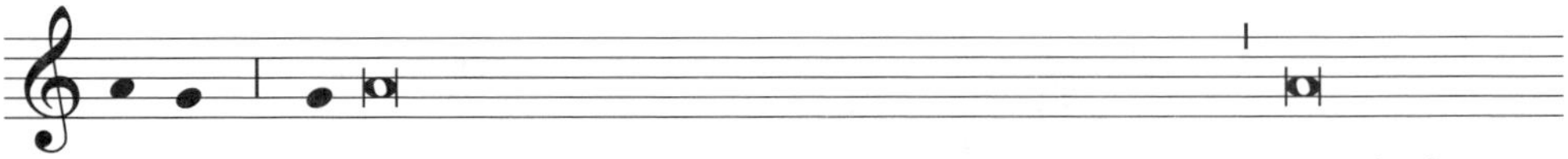

- tu-ras, ya que por Jesucristo, tu Hijo, Señor nuestro, con la fuerza

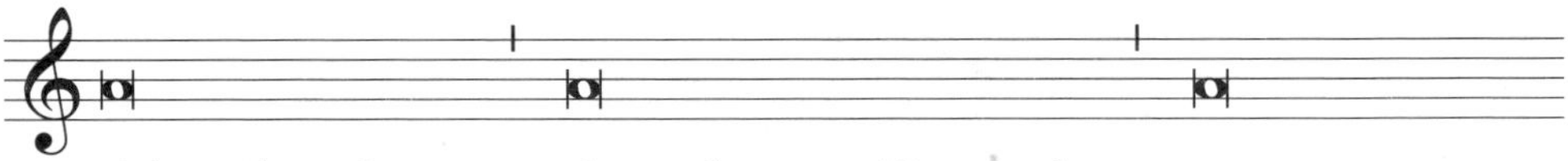

del Espíritu Santo, das vida y santificas todo, y congregas a tu

pueblo sin ce-sar, pa-ra que ofrezca en tu honor un sacrificio sin

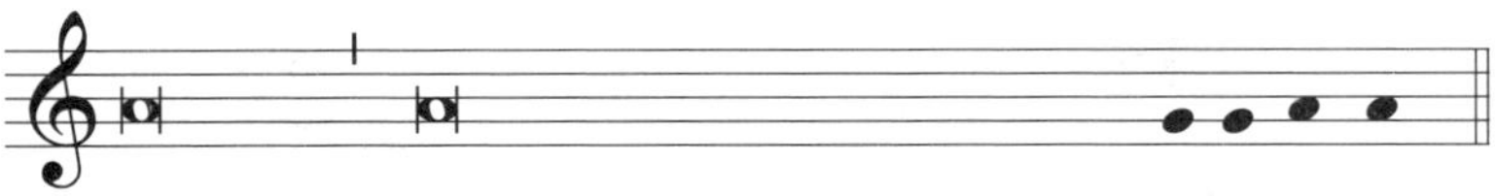

mancha desde donde sale el sol hasta el o-ca-so.

Junta las manos y, manteniéndolas extendidas sobre las ofrendas, canta (junto con los concelebrantes):

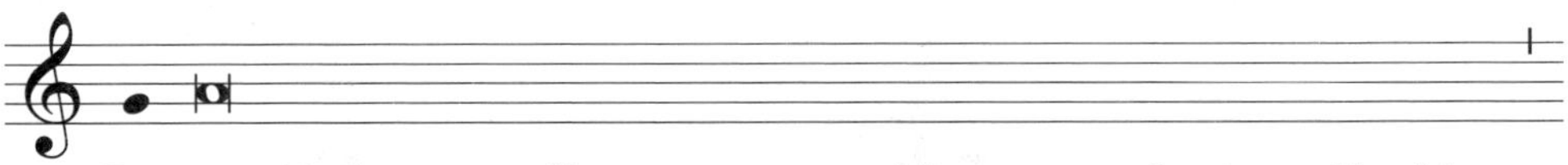

Por eso, Padre, te suplicamos que santifiques por el mismo Espíritu,

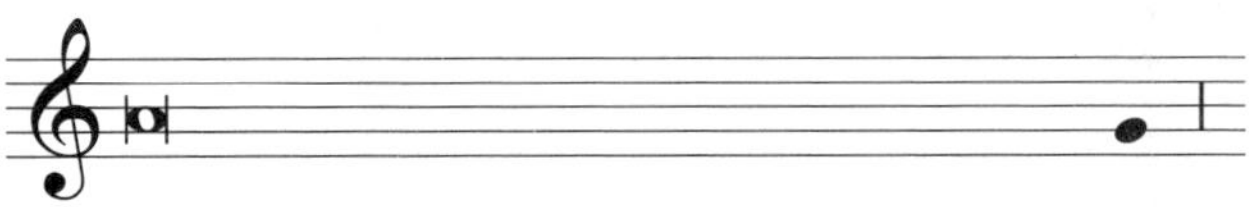

estos dones que hemos separado para ti,

Junta las manos y traza el signo de la cruz sobre el pan y el vino conjuntamente, cantando:

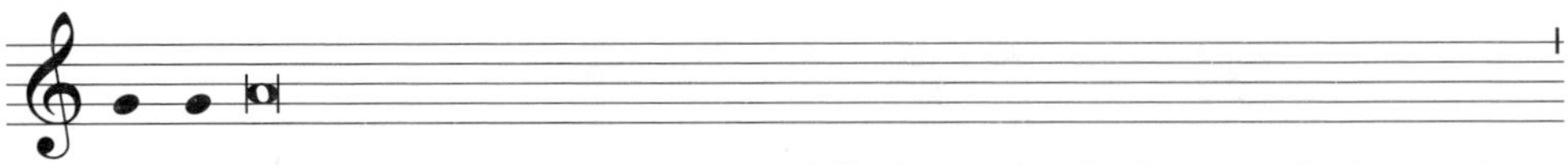

de ma-nera que se conviertan en el ✠ Cuerpo y la Sangre de Jesucristo,

Junta las manos.

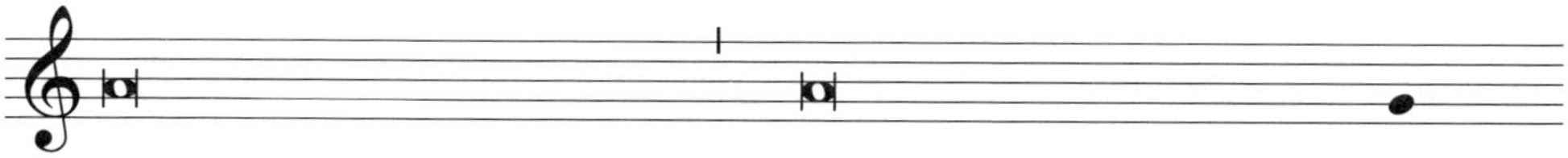

Hijo tuyo y Señor nuestro, que nos mandó celebrar es-tos

mis - te - rios.

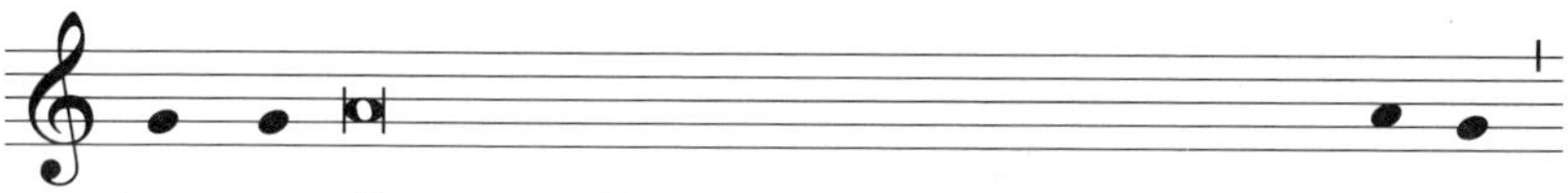

Por-que él mismo, la noche en que iba a ser entre-ga-do,

Toma el pan y, sosteniéndolo un poco elevado, prosigue:

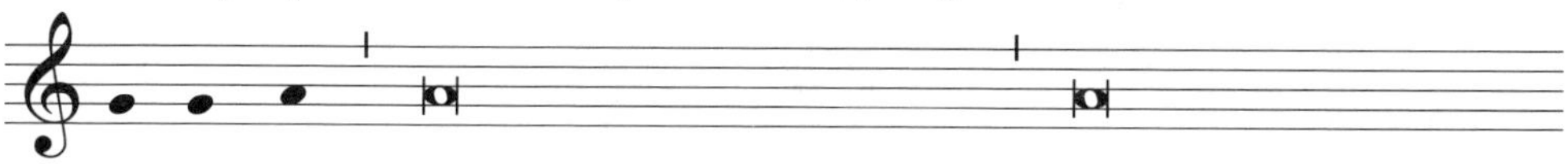

to-mó pan, y dando gracias te bendijo, lo partió y lo dió a sus

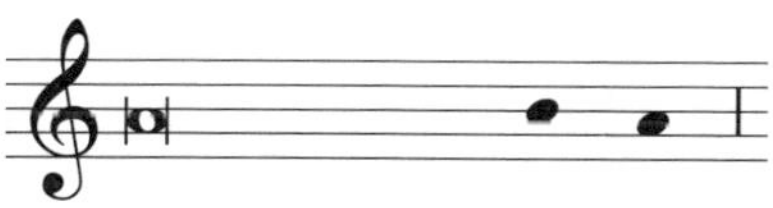

discípulos, di-cien-do:

Se inclina un poco.

TO-MEN Y CO-MAN TO-DOS DE ÉL PORQUE ESTO ES MI CUER-PO,

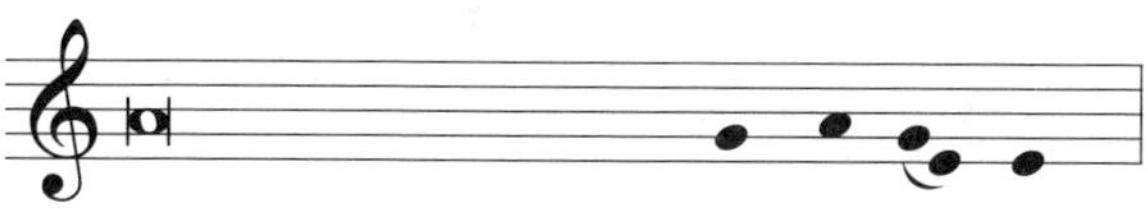

QUE SERÁ ENTREGADO POR US - TE - DES.

Muestra el pan consagrado al pueblo, lo deposita luego sobre la patena y lo adora haciendo genuflexión.

Después prosigue:

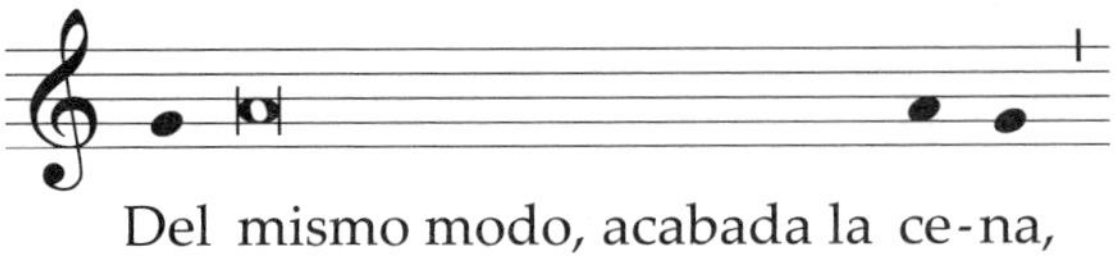

Toma el cáliz y, sosteniéndolo un poco elevado sobre el altar, prosigue:

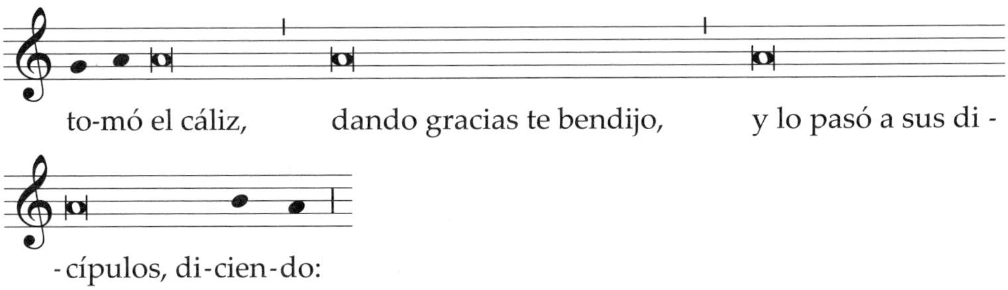

Se inclina un poco.

Muestra el cáliz al pueblo, lo deposita luego sobre el corporal y lo adora haciendo genuflexión.

Luego canta:

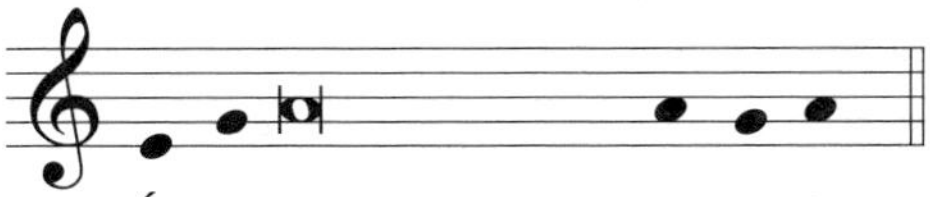

O bien:

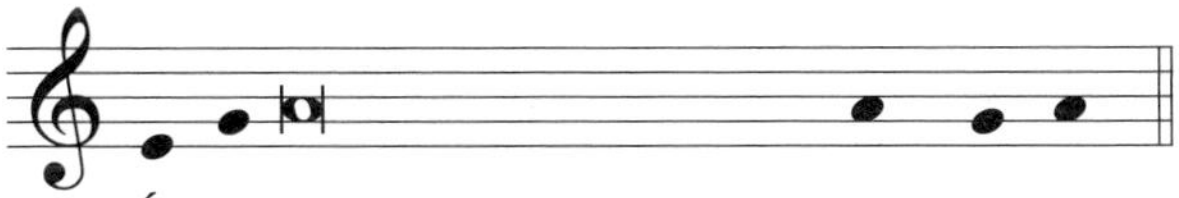

Y el pueblo prosigue aclamando:

O bien:

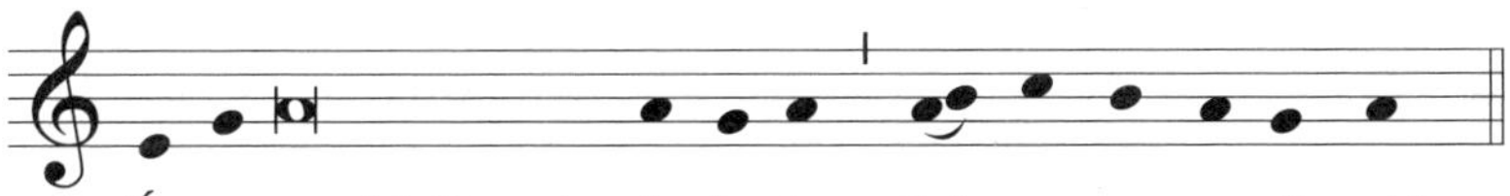

Y el pueblo prosigue aclamando:

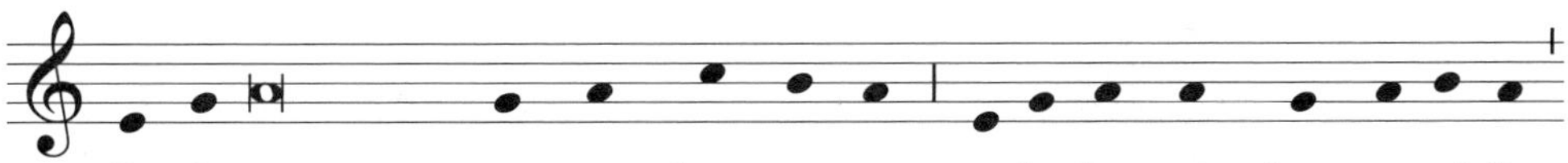

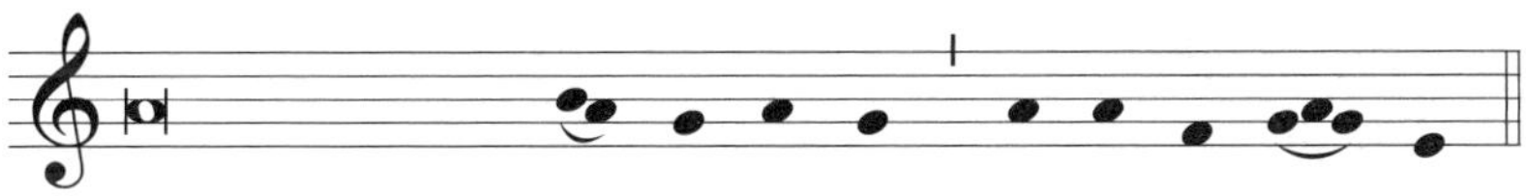

O bien:

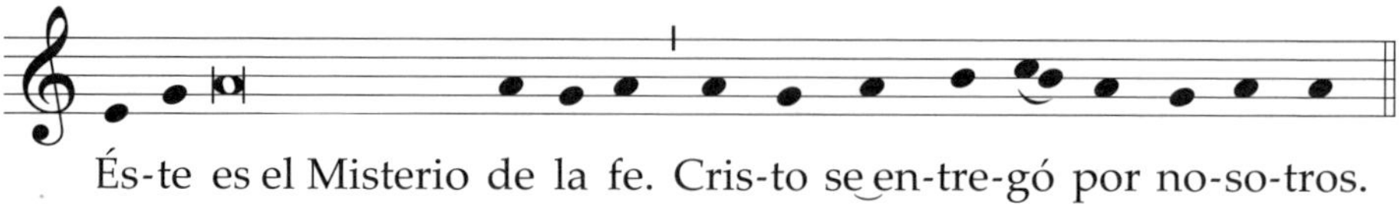

Y el pueblo prosigue aclamando:

Después el sacerdote, con las manos extendidas, canta (junto con los concelebrantes):

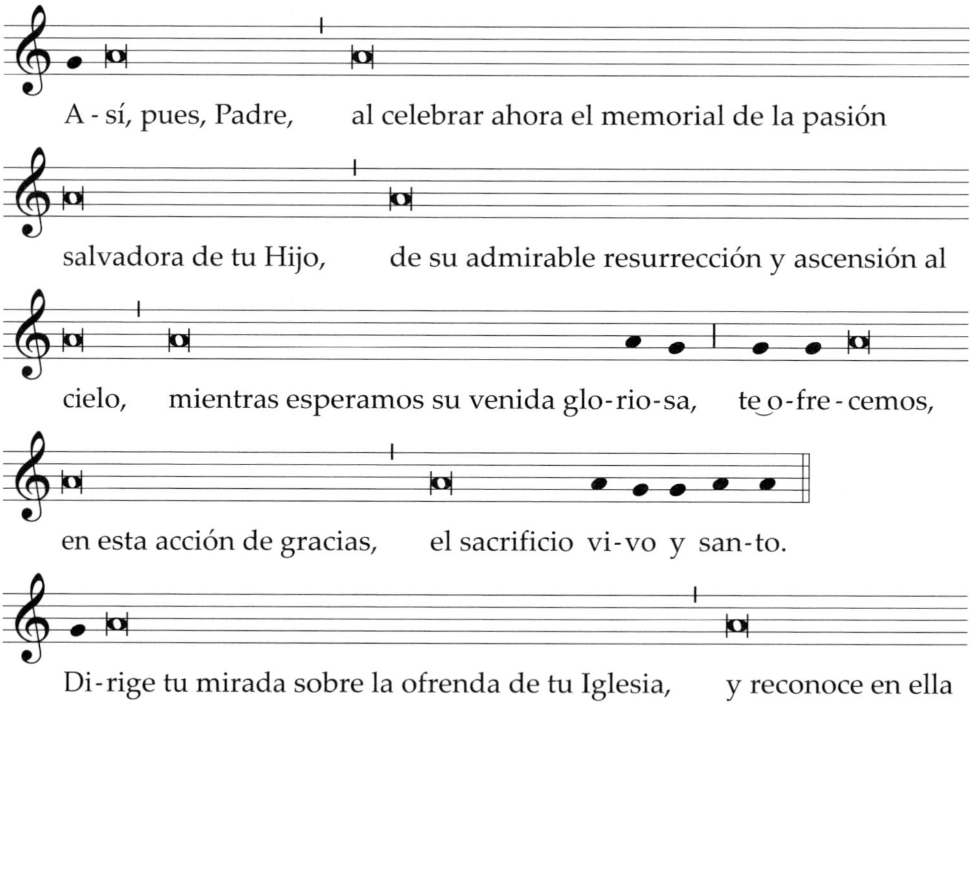

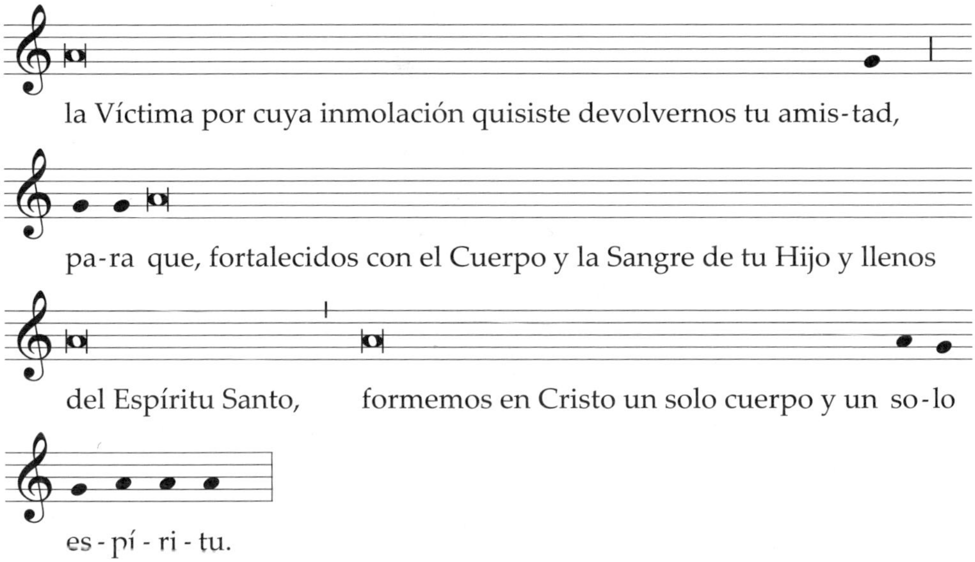

(Uno de los concelebrantes)

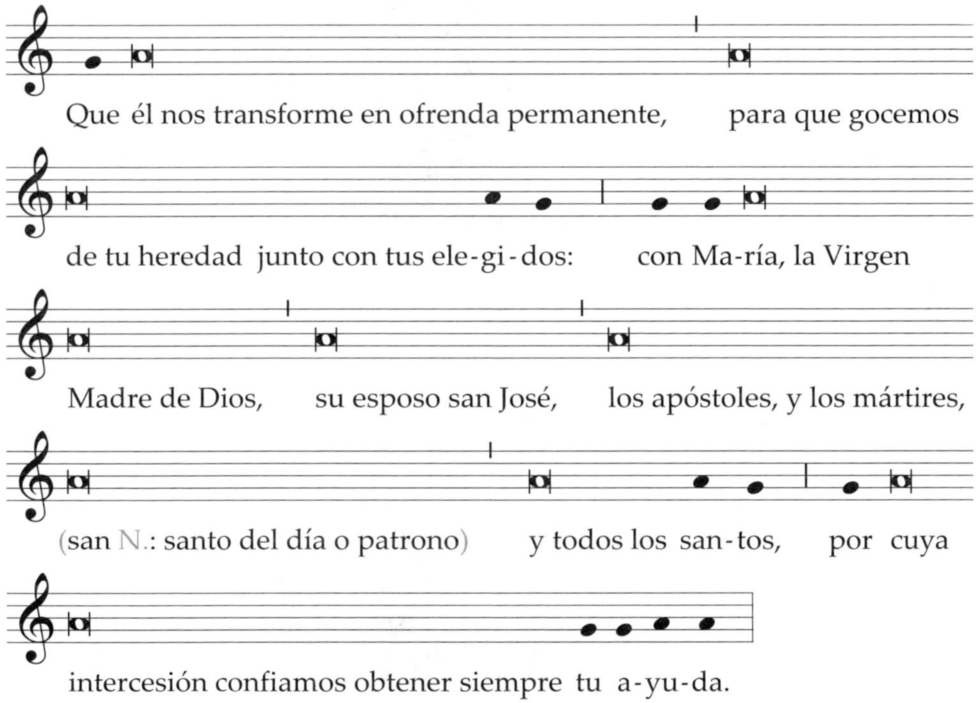

(Otro de los concelebrantes)

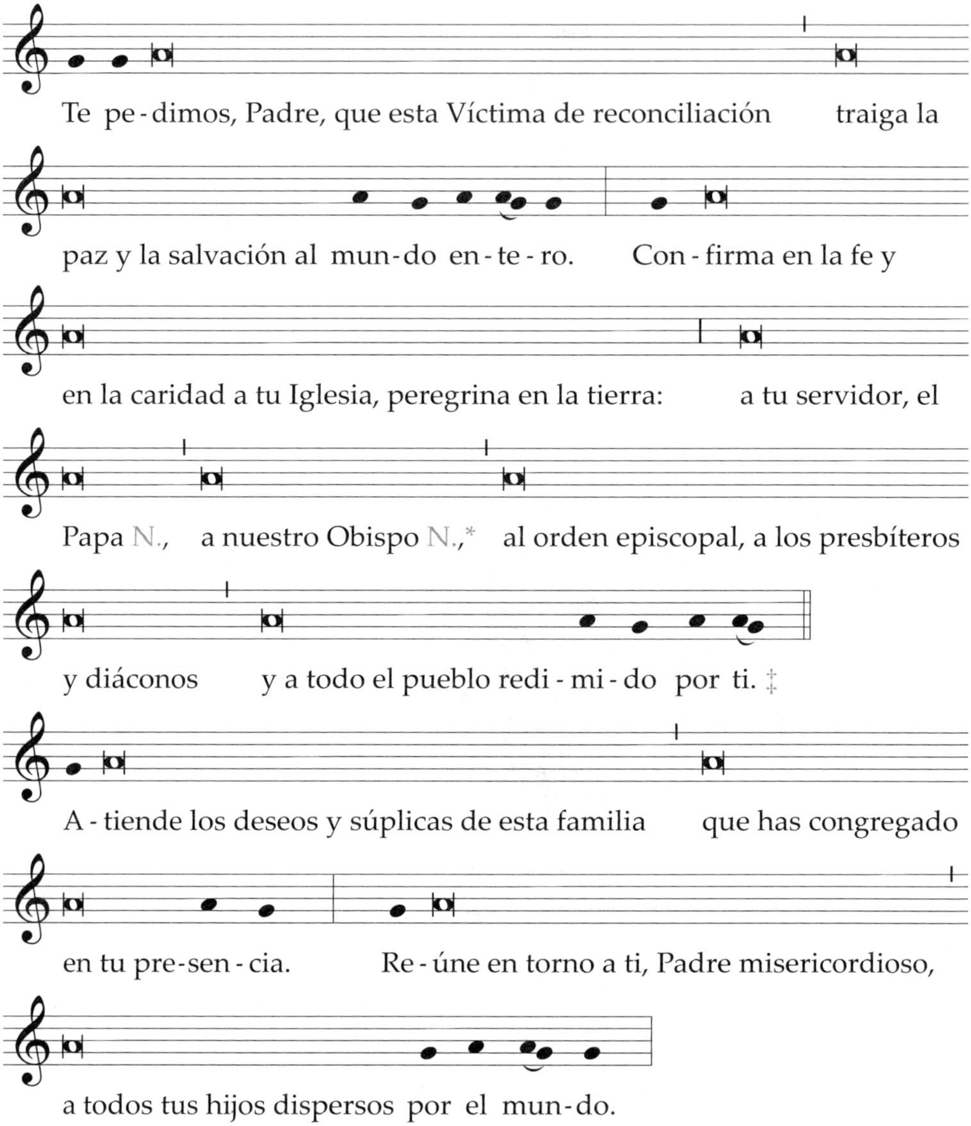

*Aquí se puede hacer mención del Obispo coadjutor, o de los Obispos auxiliares, conforme a lo previsto por la *Instrucción General del Misal Romano,* n. 149.

En las Misas por los difuntos, se canta la forma propia de recuerdo de los difuntos (Recuerda a tu hijo (hija) N.) (p. 774), e inmediatamente después sigue la doxología (Por Cristo . . .).

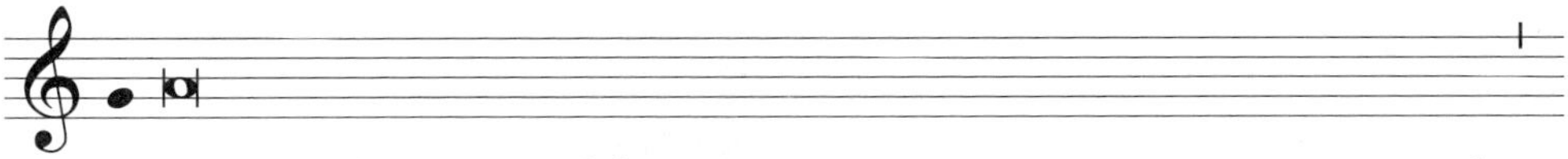

† A nuestros hermanos difuntos y a cuantos murieron en tu amistad

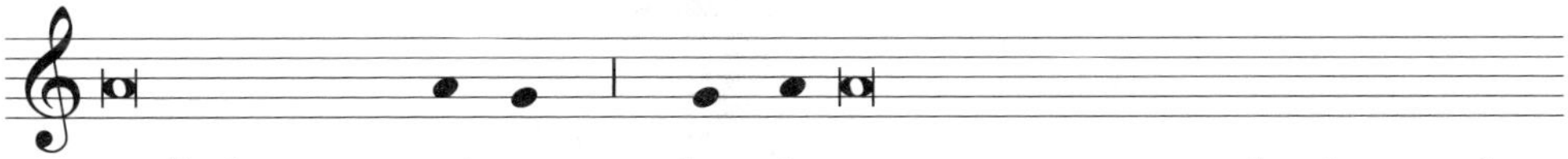

recíbelos en tu rei-no, don-de esperamos gozar todos juntos de

Junta las manos.

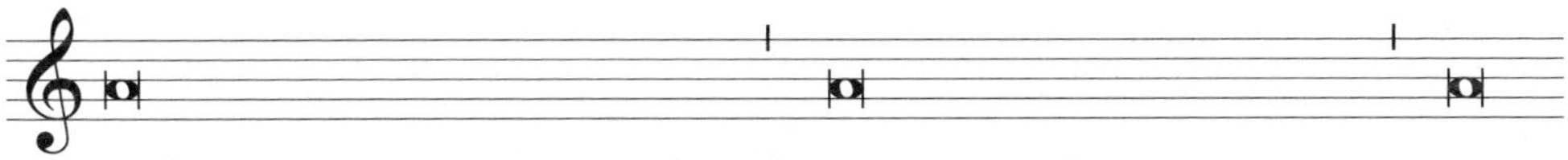

la plenitud eterna de tu gloria, por Cristo, Señor nuestro, por

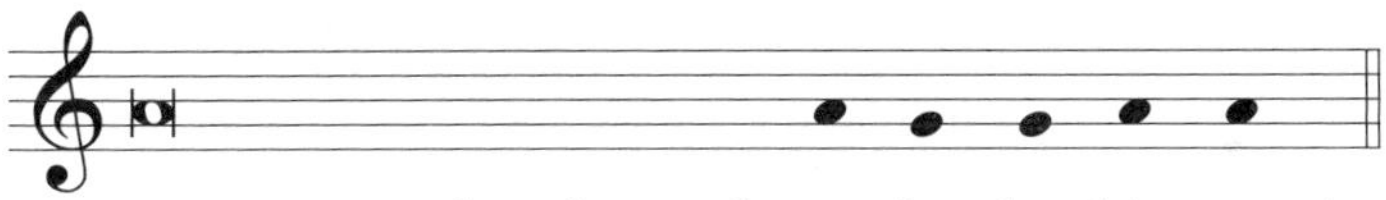

quien concedes al mundo to-dos los bie-nes. †

Toma la patena con el pan consagrado y el cáliz, los eleva y canta (junto con los concelebrantes):

Por Cristo, con él y en él, a ti, Dios Padre omnipotente, en la

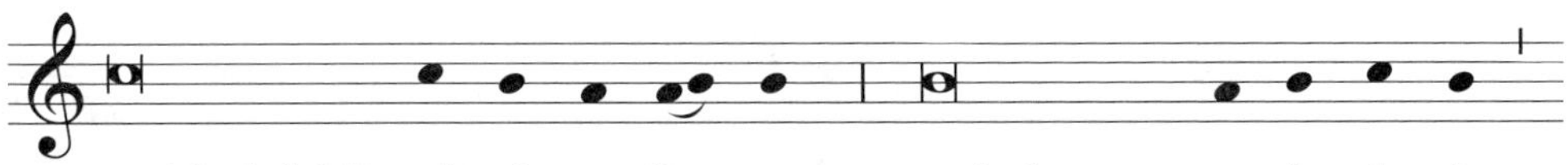

unidad del Es-pí-ri-tu San-to, todo honor y to-da glo-ria

por los si-glos de los si-glos. ℟. A-mén.

Después sigue el rito de Comunión, p. 693.

En las Misas por los difuntos se puede cantar lo siguiente:

eres, Dios nues-tro, se-remos para siempre semejantes a ti y canta-
Junta las manos.
-remos eternamente tus a - la-ban-zas. Por Cristo, Señor nuestro,
por quien concedes al mundo to-dos los bie-nes. †

PLEGARIA EUCARÍSTICA IV

No está permitido cambiar el prefacio de esta Plegaria eucarística, por razón de la estructura de la Plegaria, que presenta un sumario de la historia de la salvación.

℣. El Se-ñor es-té con us-te-des. ℟. Y con tu es-pí-ri-tu.

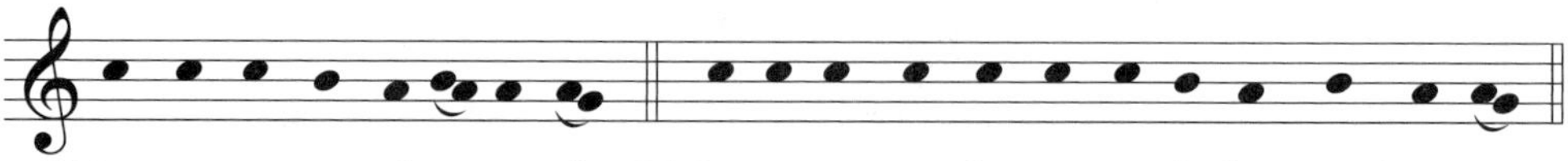

℣. Le-van-te-mos el co-ra-zón. ℟. Lo te-ne-mos le-van-ta-do ha-cia el Se-ñor.

℣. De-mos gra-cias al Se-ñor, nues-tro Dios. ℟. Es jus-to y ne-ce-sa-rio.

En ver-dad es justo dar-te gra-cias, y de-ber nuestro glorificarte,

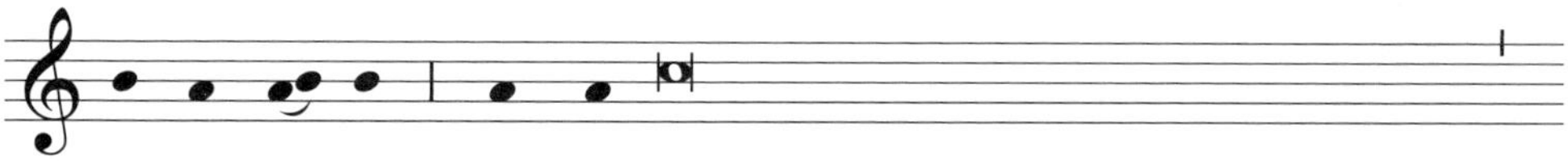

Pa-dre San-to, por-que tú eres el único Dios vivo y verdadero

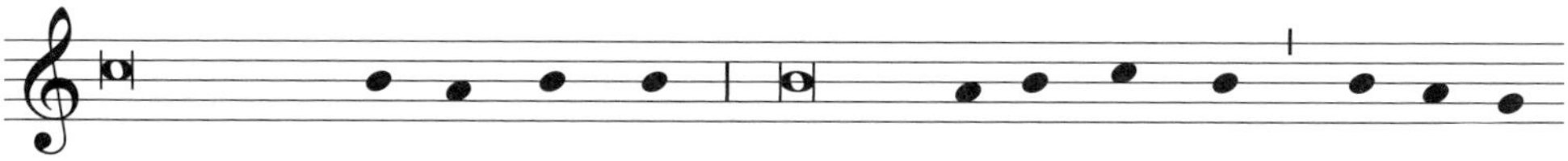

que existes des-de siem-pre y vives pa-ra siem-pre, luz so-bre

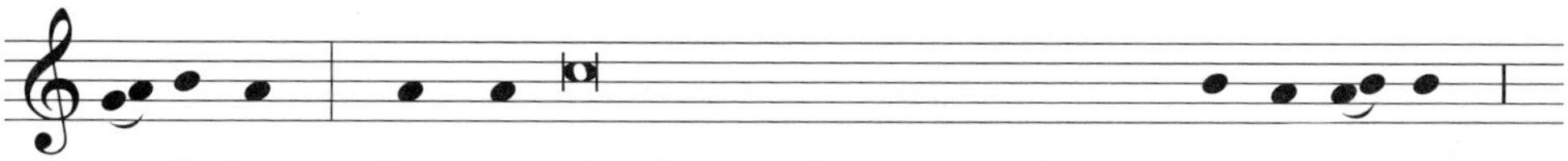

to-da luz. Por-que tú sólo eres bueno y la fuente de la vi-da,

hi-ciste todas las cosas para colmarlas de tus ben-di-cio-nes

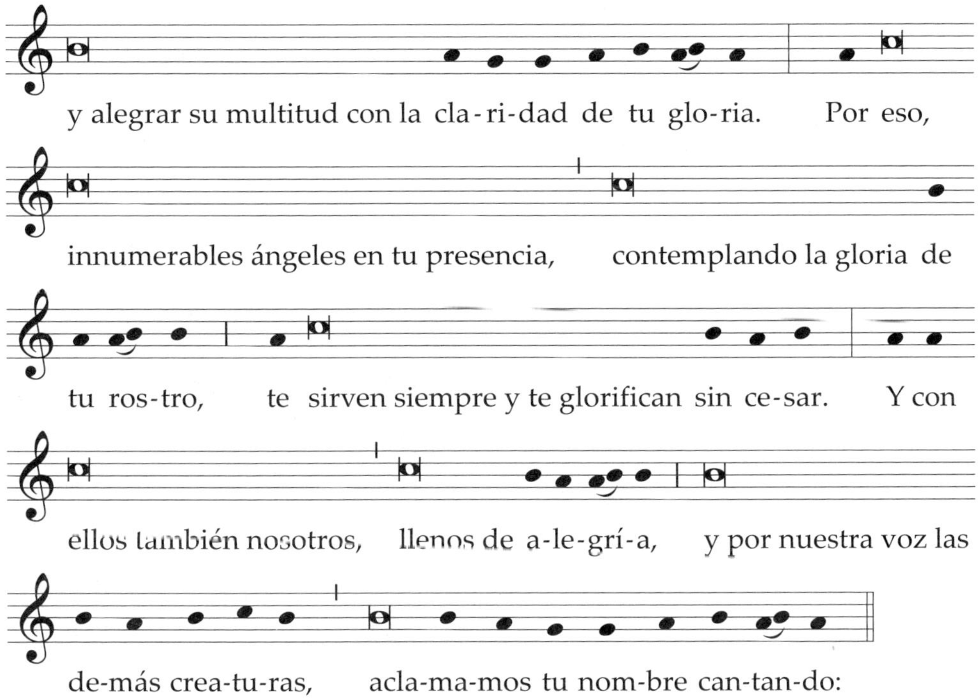

Junta las manos y, en unión con el pueblo, concluye el mismo prefacio, cantando:

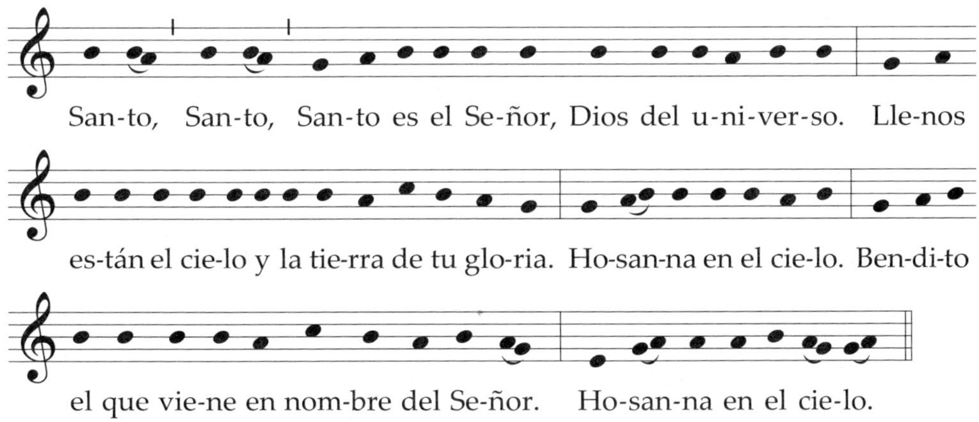

El celebrante principal, con las manos extendidas, canta:

al mundo, Padre santo, que al cumplirse la plenitud de los tiempos,
nos enviaste como salvador a tu único Hi-jo. El cual se en-car-nó
por obra del Espíritu Santo, nació de María, la Virgen, y así compar-
-tió en todo nuestra condición humana menos en el peca-do; a-nun-
-ció la salvación a los pobres, la liberación a los oprimidos, y a los
afligidos el con-sue-lo. Pa-ra cum-plir tus designios, él mismo
se entregó a la muer-te, y, resucitando, destruyó la muerte y nos
dió nue-va vi-da. Y por-que no vivamos ya para nosotros mismos,
sino para él, que por nosotros murió y resuci-tó, en-vió, Padre, al

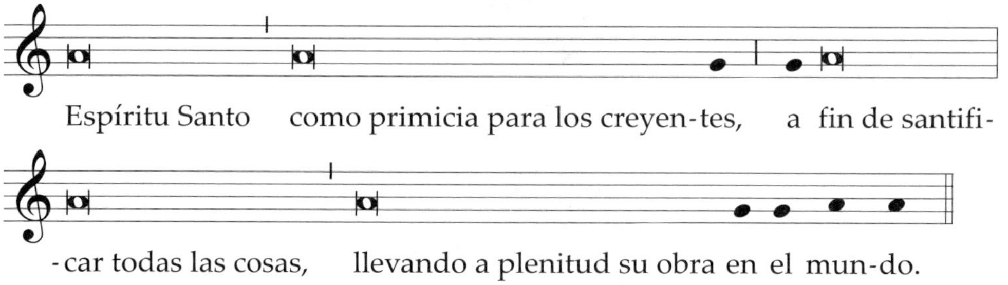

Junta las manos y, manteniéndolas extendidas sobre las ofrendas, canta (junto con los concelebrantes):

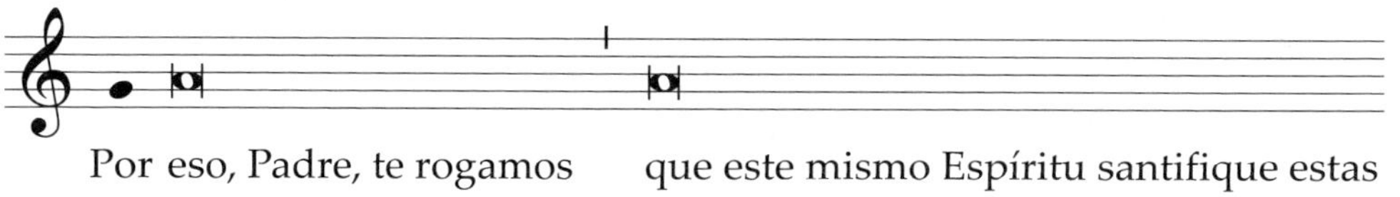

Junta las manos y traza el signo de la cruz sobre el pan y el cáliz conjuntamente, cantando:

Junta las manos.

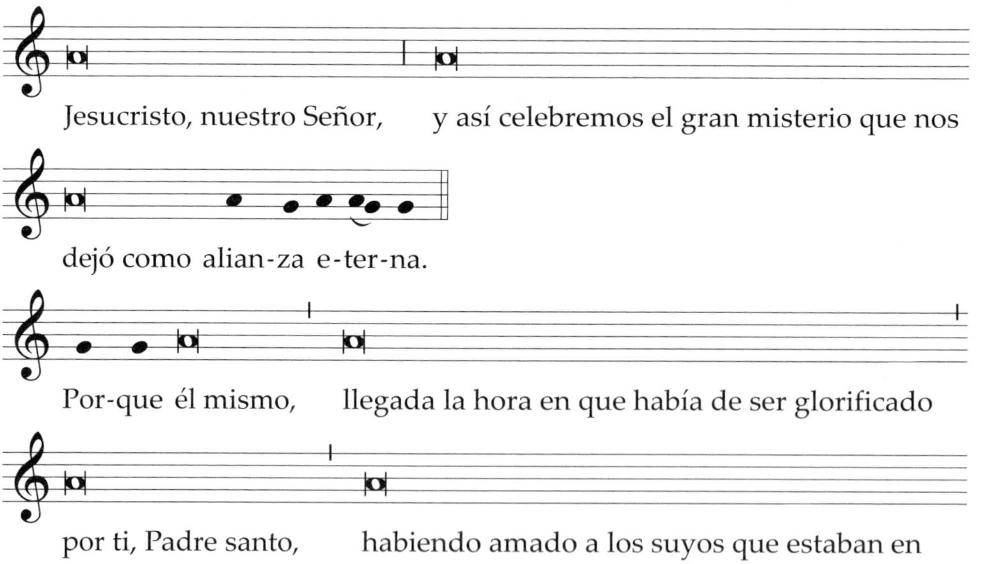

el mundo, los amó hasta el ex-tre-mo. Y, mientras cenaba con

sus discípulos,

Toma el pan y, sosteniéndolo un poco elevado sobre el altar, canta:

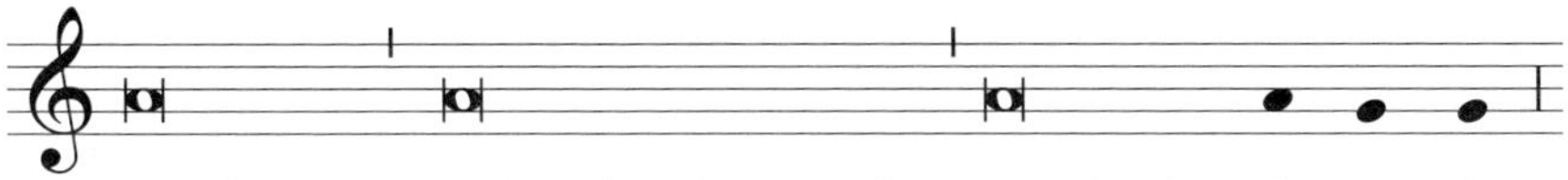

tomó pan, te bendijo, lo partió y se lo dio, di-cien-do:

Se inclina un poco

TO-MEN Y CO-MAN TO-DOS DE ÉL PORQUE ESTO ES MI CUER-PO,

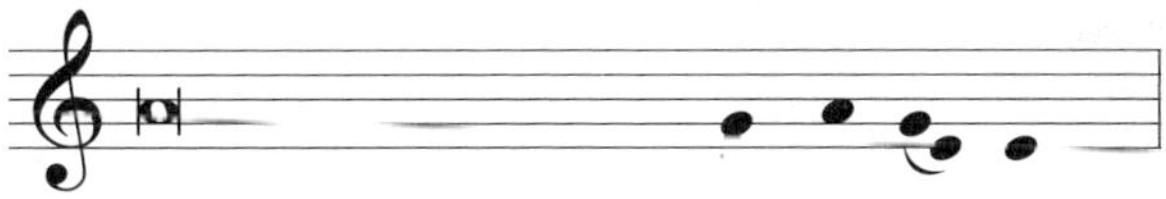

QUE SERÁ ENTREGADO POR US-TE-DES.

Muestra el pan consagrado al pueblo, lo deposita luego sobre la patena y lo adora haciendo genuflexión.

Después prosigue: Toma el cáliz y, sosteniéndolo un poco elevado sobre el altar, prosigue:

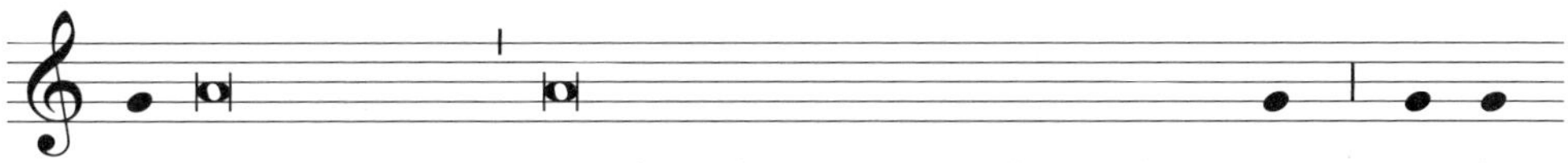

Del mismo modo, tomó el cáliz lleno del fruto de la vid, te dio

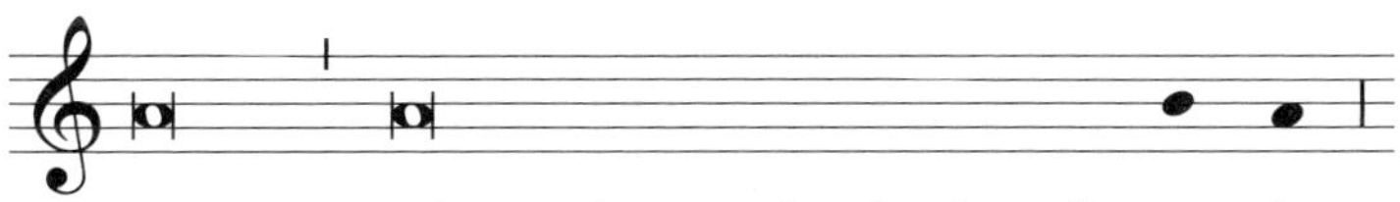

gracias y lo pasó a sus discípulos, di-cien-do:

Se inclina un poco.

Muestra el cáliz al pueblo, lo deposita luego sobre el corporal y lo adora haciendo genuflexión.

Luego canta:

O bien:

Y el pueblo prosigue aclamando:

A-nun-cia-mos tu muer-te, pro-cla-mamos tu re-sur-rec-ción.

¡Ven, Se-ñor Je-sus!

O bien:

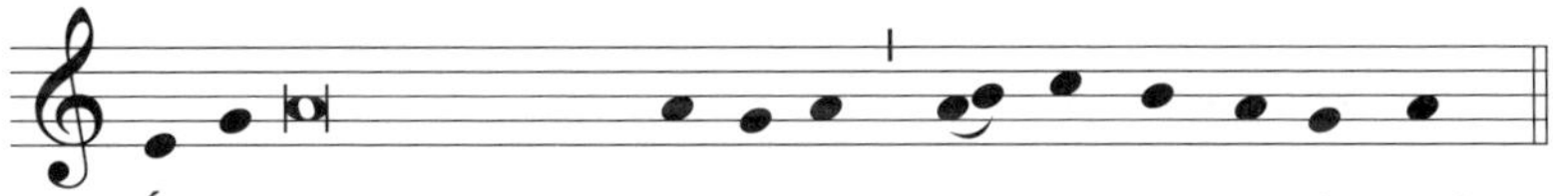

És-te es el Misterio de la fe. Cris-to nos re-di-mió.

Y el pueblo prosigue aclamando:

Ca-da vez que co-me-mos de‿es-te pan y be-be-mos de‿es-te cá-liz,

anunciamos tu muer-te, Se-ñor, has-ta que vuel-vas.

O bien:

És-te es el Misterio de la fe. Cris-to se‿en-tre-gó por no-so-tros.

Y el pueblo prosigue aclamando:

Después el sacerdote, con las manos extendidas, canta (junto con los concelebrantes):

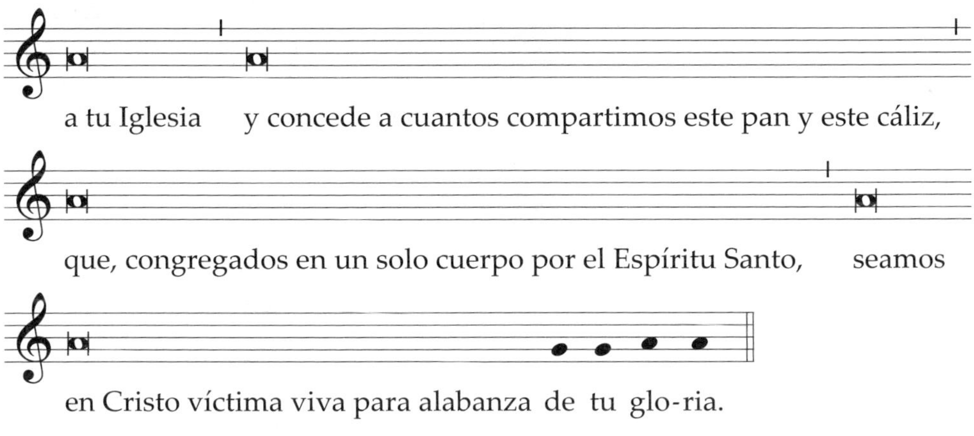

(Uno de los concelebrantes)

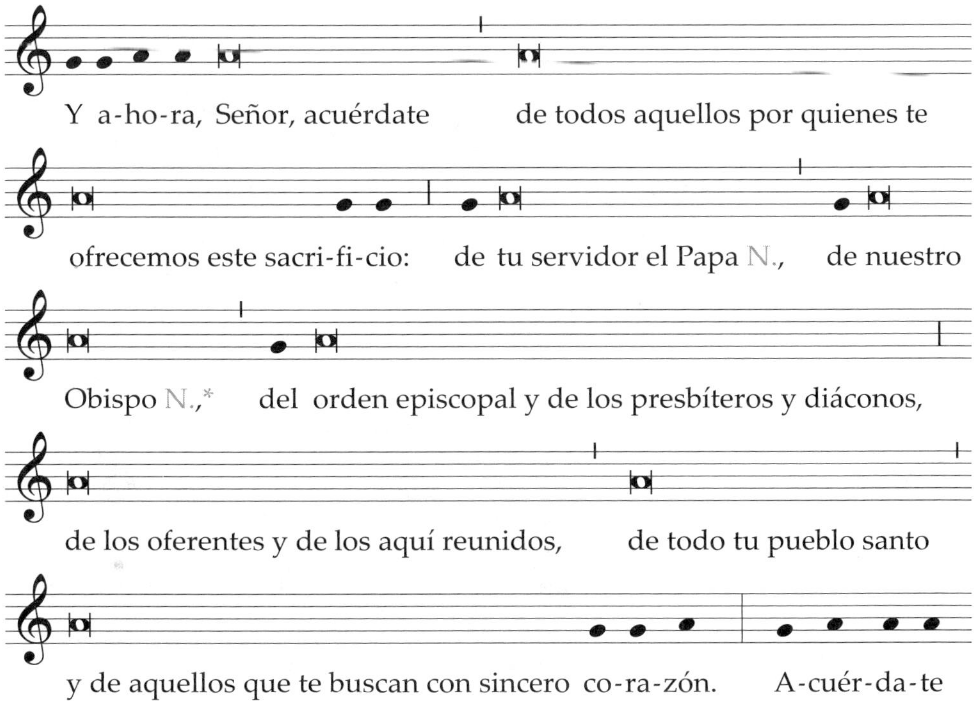

*Aquí se puede hacer mención del Obispo coadjutor, o de los Obispos auxiliares, conforme a lo previsto por la *Instrucción General del Misal Romano*, n. 149.

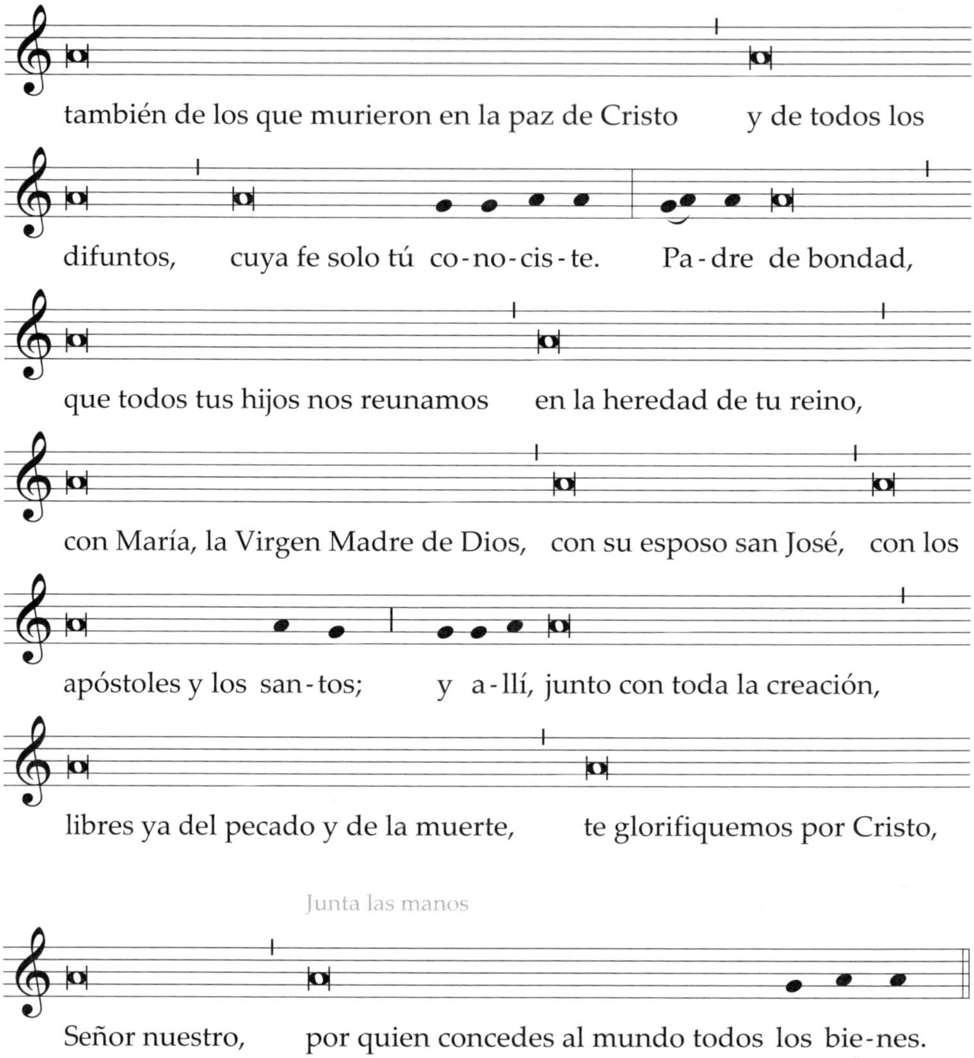
también de los que murieron en la paz de Cristo y de todos los
difuntos, cuya fe solo tú co-no-cis-te. Pa-dre de bondad,
que todos tus hijos nos reunamos en la heredad de tu reino,
con María, la Virgen Madre de Dios, con su esposo san José, con los
apóstoles y los san-tos; y a-llí, junto con toda la creación,
libres ya del pecado y de la muerte, te glorifiquemos por Cristo,
Junta las manos
Señor nuestro, por quien concedes al mundo todos los bie-nes.

Toma la patena con el pan consagrado y el cáliz, los eleva y canta (junto con los concelebrantes):

Después sigue el rito de Comunión, p. 693.

ORDINARIO DE LA MISA EN LA QUE PARTICIPA SOLAMENTE UN MINISTRO

RITOS INICIALES

1. El sacerdote se dirige al altar, con el ministro, hace con él una inclinación profunda, venera el altar con un beso y se dirige a la sede.

En seguida el ministro o el mismo sacerdote recita la antífona de entrada. Luego, el sacerdote y el ministro, de pie, se santiguan con la señal de la cruz. Entonces el sacerdote, dirigiéndose al ministro, dice:

En el nombre del Padre, y del Hijo,
y del Espíritu Santo.

El ministro responde:

Amén.

2. El sacerdote, vuelto hacia el ministro y con las manos extendidas, lo saluda, diciendo:

El Señor esté con ustedes.

El ministro responde:

Y con tu espíritu.

Se pueden usar otras fórmulas de saludo, que se encuentran en el Ordinario de la Misa, pp. 539–540.

3. A continuación el sacerdote y el ministro recitan la fórmula de la confesión general:

Yo confieso ante Dios todopoderoso
y ante ti, hermano,
que he pecado mucho
de pensamiento, palabra, obra y omisión.

Y, golpeándose el pecho, dicen:

Por mi culpa, por mi culpa, por mi gran culpa.

Luego prosiguen:

Por eso ruego a santa María, siempre Virgen,
a los ángeles, a los santos
y a ti, hermano,
que intercedan por mí ante Dios,
nuestro Señor.

Sigue la absolución del sacerdote:

Dios todopoderoso
tenga misericordia de nosotros,
perdone nuestros pecados
y nos lleve a la vida eterna.

El ministro responde:

Amén.

También pueden usarse las otras fórmulas del acto penitencial, que se encuentran en el Ordinario de la Misa, pp. 541–547.

4. Siguen las invocaciones Señor, ten piedad, que se van alternando entre el sacerdote y el ministro.

Sacerdote: **Señor, ten piedad.** Ministro: Señor, ten piedad.
Sacerdote: **Cristo, ten piedad.** Ministro: Cristo, ten piedad.
Sacerdote: **Señor, ten piedad.** Ministro: Señor, ten piedad.

O bien:

Sacerdote: **Kyrie, eleison** Ministro: Kyrie, eleison
Sacerdote: **Christe, eleison** Ministro: Christe, eleison
Sacerdote: **Kyrie, eleison** Ministro: Kyrie, eleison

5. A continuación, cuando está prescrito, ambos dicen el himno Gloria a Dios en el cielo.

6. Terminado el himno, el sacerdote, con las manos juntas, dice:

Oremos.

Y después de una breve pausa de silencio, extiende las manos y dice la oración colecta. Al terminar, el ministro aclama:

Amén.

LITURGIA DE LA PALABRA

7. Después, el ministro o el mismo sacerdote proclama la primera lectura, recita el salmo y, si la hay, proclama la segunda lectura y también el segundo canto.

8. Después, el sacerdote, profundamente inclinado, dice en secreto:

Purifica mi corazón y mis labios,
Dios todopoderoso,
para que pueda anunciar dignamente tu santo Evangelio.

9. Después, con la manos juntas, dice:

El Señor esté con ustedes.

El ministro responde:

Y con tu espíritu.

El sacerdote:

Del santo Evangelio según san N.

Y, mientras tanto, hace la señal de la cruz sobre el libro y sobre su frente, labios y pecho.

El ministro aclama:

Gloria a ti, Señor.

Luego el sacerdote proclama el Evangelio, y al terminar aclama:

Palabra del Señor.

El ministro responde:

Gloria a ti, Señor Jesús.

Después besa el libro, diciendo en secreto:

Las palabras del Evangelio borren nuestros pecados.

10. Cuando está prescrito, el sacerdote y el ministro dicen conjuntamente el Símbolo o Profesión de fe.

11. Después puede hacerse la oración universal u oración de los fieles, en la que el sacerdote hace la introducción y la conclusión y el ministro dice las intenciones.

LITURGIA DE LA EUCARISTÍA

12. El ministro coloca sobre el altar el corporal, el purificador y el cáliz, a no ser que hayan sido puestos al inicio de la Misa. El sacerdote se coloca al centro del altar.

13. Después el ministro lleva la patena con el pan, el sacerdote la toma y, teniéndola con ambas manos un poco elevada sobre el altar, dice:

Bendito seas, Señor, Dios del universo,
por este pan,
fruto de la tierra y del trabajo del hombre,
que recibimos de tu generosidad y ahora te presentamos;
él será para nosotros pan de vida.

Después, deja sobre el corporal la patena con el pan.

Al final, el ministro puede aclamar:

Bendito seas por siempre, Señor.

14. Después el sacerdote vierte vino y un poco de agua en el cáliz, diciendo en secreto:

Por el misterio de esta agua y este vino,
haz que compartamos la divinidad
de quien se ha dignado participar de nuestra humanidad.

15. Después, el sacerdote toma el cáliz y, teniéndolo con ambas manos un poco elevado sobre el altar, dice:

Bendito seas, Señor, Dios del universo,
por este vino,
fruto de la vid y del trabajo del hombre,
que recibimos de tu generosidad y ahora te presentamos;
él será para nosotros bebida de salvación.

Después deja sobre el corporal el cáliz.

Al final, el ministro puede aclamar:

Bendito seas por siempre, Señor.

16. Luego el sacerdote, inclinado profundamente, dice en secreto:

Acepta, Señor, nuestro corazón contrito
y nuestro espíritu humilde;
que éste sea hoy nuestro sacrificio
y que sea agradable en tu presencia,
Señor, Dios nuestro.

17. Luego, de pie a un lado del altar, se lava las manos, diciendo en secreto:

Lava del todo mi delito, Señor,
y limpia mi pecado.

18. De pie en el centro del altar, de cara al ministro, extendiendo y juntando las manos, dice:

Oren, hermanos,
para que este sacrificio, mío y de ustedes,
sea agradable a Dios, Padre todopoderoso.

El ministro responde:

El Señor reciba de tus manos este sacrificio,
para alabanza y gloria de su nombre,
para nuestro bien
y el de toda su santa Iglesia.

Luego el sacerdote, con las manos extendidas, dice la oración sobre las ofrendas; terminada ésta, el ministro aclama: Amén.

19. Entonces el sacerdote dice la Plegaria eucarística, según las normas que se indican para cada una, pp. 663–692 y pp. 801–848.

RITO DE LA COMUNIÓN

20. Después de la doxología al final de la Plegaria eucarística, y una vez depositados el cáliz y la patena sobre el altar, el sacerdote, con las manos juntas, dice:

Fieles a la recomendación del Salvador
y siguiendo su divina enseñanza,
nos atrevemos a decir:

Extiende las manos y, junto con el ministro, continúa:

Padre nuestro, que estás en el cielo,
santificado sea tu nombre;
venga a nosotros tu reino;
hágase tu voluntad en la tierra como en el cielo.
Danos hoy nuestro pan de cada día;
perdona nuestras ofensas,
como también nosotros perdonamos
a los que nos ofenden;
no nos dejes caer en la tentación,
y líbranos del mal.

21. Solo el sacerdote, con las manos extendidas, prosigue diciendo:

Líbranos de todos los males, Señor,
y concédenos la paz en nuestros días,
para que, ayudados por tu misericordia,
vivamos siempre libres de pecado
y protegidos de toda perturbación,
mientras esperamos la gloriosa venida
de nuestro Salvador Jesucristo.

Junta las manos.

El ministro concluye la oración, aclamando:

Tuyo es el reino,
tuyo el poder y la gloria, por siempre, Señor.

22. Después el sacerdote, con las manos extendidas, dice en voz alta:

Señor Jesucristo,
que dijiste a tus apóstoles:
"La paz les dejo, mi paz les doy",
no tengas en cuenta nuestros pecados,
sino la fe de tu Iglesia
y, conforme a tu palabra,
concédele la paz y la unidad.

Junta las manos.

Tú que vives y reinas
por los siglos de los siglos.

El ministro responde:

Amén.

23. El sacerdote, vuelto hacia el ministro, extendiendo y juntando las manos, añade:

La paz del Señor esté siempre con ustedes.

El ministro responde:

Y con tu espíritu.

El sacerdote, si se juzga oportuno, da la paz al ministro.

24. Después toma el pan consagrado, lo parte sobre la patena, mientras el ministro dice:

Cordero de Dios, que quitas el pecado del mundo,
ten piedad de nosotros.
Cordero de Dios, que quitas el pecado del mundo,
ten piedad de nosotros.
Cordero de Dios, que quitas el pecado del mundo,
danos la paz.

El sacerdote pone una partícula dentro del cáliz, diciendo en secreto:

**El Cuerpo y la Sangre de nuestro Señor Jesucristo,
unidos en este cáliz,
sean para nosotros
alimento de vida eterna.**

25. A continuación el sacerdote, con las manos juntas, dice en secreto:

**Señor Jesucristo, Hijo de Dios vivo,
que por voluntad del Padre,
cooperando el Espíritu Santo,
diste con tu muerte la vida al mundo,
líbrame, por la recepción de tu Cuerpo y de tu Sangre,
de todas mis culpas y de todo mal.
Concédeme cumplir siempre tus mandamientos
y jamás permitas que me separe de ti.**

O bien:

**Señor Jesucristo, la comunión de tu Cuerpo y de tu Sangre
no sea para mí un motivo de juicio y condenación,
sino que, por tu piedad,
me aproveche para defensa de alma y cuerpo
y como remedio saludable.**

26. El sacerdote hace genuflexión, toma el pan consagrado y, sosteniéndolo un poco elevado sobre la patena o sobre el cáliz, de cara al ministro, dice con voz clara:

Éste es el Cordero de Dios,
que quita el pecado del mundo.
Dichosos los invitados a la cena del Señor.

Y, juntamente con el ministro, añade una vez:

Señor, no soy digno
de que entres en mi casa,
pero una palabra tuya
bastará para sanarme.

Pero, si el ministro no va a comulgar, el sacerdote sostiene la hostia, mientras dice: Señor, no soy digno . . .

27. Y después el sacerdote dice en secreto:

El Cuerpo de Cristo me guarde para la vida eterna.

Y comulga reverentemente el Cuerpo de Cristo.

Después toma el cáliz y dice en secreto:

La Sangre de Cristo me guarde para la vida eterna.

Y bebe reverentemente la Sangre de Cristo.

28. Mientras tanto el ministro dice la antífona de la comunión.

29. Después toma la patena o la píxide y se acerca al ministro, si va a comulgar, le muestra el pan consagrado, sosteniéndolo un poco elevado, y le dice:

El Cuerpo de Cristo.

El ministro responde:

Amén.

Y comulga.

30. Después, el sacerdote purifica la patena sobre el cáliz y también el cáliz. El ministro lleva el cáliz, la patena, el corporal y el purificador a la credencia, o bien permanecen sobre el altar.

Mientras hace la purificación, el sacerdote dice en secreto:

Haz, Señor,
que recibamos con un corazón limpio
el alimento que acabamos de tomar,
y que el don que nos haces en esta vida
nos aproveche para la eterna.

31. Si se considera oportuno, se puede dejar un breve espacio de silencio sagrado.

32. Luego el sacerdote, con las manos juntas, dice:

Oremos.

Y después de un momento de silencio, si es que no se ha tenido antes, el sacerdote, con las manos extendidas, dice la oración después de la Comunión. El ministro, al terminar, aclama:

Amén.

RITO DE CONCLUSIÓN

33. Después el sacerdote, vuelto hacia el ministro, extendiendo las manos, dice:

El Señor esté con ustedes.

El ministro responde:

Y con tu espíritu.

El sacerdote bendice al ministro, diciendo:

La bendición de Dios todopoderoso,
Padre, Hijo ✠, y Espíritu Santo,
descienda sobre ustedes.

El ministro responde:

Amén.

34. Finalmente el sacerdote venera el altar con un beso y, hecha con el ministro una inclinación profunda, se retira.

APÉNDICE
AL ORDINARIO DE LA MISA

Modo de decir
la Plegaria eucarística "de la Reconciliación" I
cuando se usa en una concelebración

El prefacio, y desde **Santo eres en verdad** hasta **como tú mismo eres Santo**, lo dice sólo el celebrante principal, con las manos extendidas.

Desde **Te pedimos que mires** hasta **ser clavado en la cruz por nosotros**, lo pronuncian todos los concelebrantes, con las manos extendidas hacia las ofrendas.

Desde **Pero antes** hasta **en el que no haya ninguna división**, lo pronuncian todos los concelebrantes a una, de este modo:

a) **Pero antes**, con las manos juntas;
b) las palabras del Señor, con la mano derecha, si parece oportuno, extendida hacia el pan y el cáliz; y miran el pan consagrado y el cáliz cuando el celebrante principal lo muestra a los fieles, y luego se inclinan profundamente;
c) **Así, pues, al hacer el memorial** y **Mira bondadosamente**, con las manos extendidas.

La intercesión: **Guárdanos siempre en comunión**, conviene que se confíe a uno de los concelebrantes, que pronuncia él solo esta oración, con las manos extendidas.

Pueden cantarse, especialmente, las partes que siguen: **Pero antes**, **Mientras comía**, **Del mismo modo**, **Así, pues, al hacer el memorial**, **Mira bondadosamente** y la doxología final.

La doxología final de la Plegaria eucarística puede pronunciarla sólo el celebrante principal o él con los demás concelebrantes.

PLEGARIAS EUCARÍSTICAS "DE LA RECONCILIACIÓN"

Las Plegarias eucarísticas "de la Reconciliación" pueden usarse en las Misas en las que se presenta a los fieles, de un modo particular, el misterio de la reconciliación, por ejemplo en las Misas para fomentar la concordia, por la reconciliación, por la paz y la justicia, en tiempo de guerra o desorden, por el perdón de los pecados, para pedir la caridad, del misterio de la santa Cruz, de la santísima Eucaristía, de la preciosísima Sangre de nuestro Señor Jesucristo y en las Misas del Tiempo de Cuaresma. Aunque disponen de prefacio propio, sin embargo, pueden usarse también con otros prefacios que hagan referencia a la penitencia y a la conversión, como por ejemplo, con los prefacios de Cuaresma.

I

Santo, Santo, Santo . . .

Texto sin música:

1. V. **El Señor esté con ustedes.**
R. Y con tu espíritu.

V. **Levantemos el corazón.**
R. Lo tenemos levantado hacia el Señor.

V. **Demos gracias al Señor, nuestro Dios.**
R. Es justo y necesario.

**En verdad es justo y necesario
darte gracias siempre, Señor, Padre santo,
Dios todopoderoso y eterno:**

**Porque no dejas de alentarnos
a tener una vida más plena
y, como eres rico en misericordia,
ofreces siempre tu perdón
e invitas a los pecadores
a confiar sólo en tu indulgencia.**

**Nunca te has apartado de nosotros,
que muchas veces hemos quebrantado tu alianza,
y por Jesucristo tu Hijo, nuestro Redentor,
tan estrechamente te has unido a la familia humana,
con un nuevo vínculo de amor,
que ya nada lo podrá romper.**

**Y ahora, mientras le ofreces a tu pueblo
un tiempo de gracia y reconciliación,
alientas a esperar en Cristo Jesús
a quien se convierte a ti
y le concedes ponerse al servicio
de todos los hombres,
confiando más plenamente en el Espíritu Santo.**

**Por eso, llenos de admiración,
ensalzamos la fuerza de tu amor
y proclamando la alegría de nuestra salvación,
con todos los coros celestiales,
cantamos sin cesar el himno de tu gloria:**

Santo, Santo, Santo es el Señor, Dios del universo.
Llenos están el cielo y la tierra de tu gloria.
Hosanna en el cielo.
Bendito el que viene en nombre del Señor.
Hosanna en el cielo.

2. El sacerdote, con las manos extendidas, dice:

Celebrante solo

Santo eres en verdad, Señor,
que desde el principio del mundo
obras siempre para que el hombre sea santo,
como tú mismo eres Santo.

3. Junta las manos y, manteniéndolas extendidas sobre las ofrendas, dice:

Celebrante con concelebrantes

Te pedimos que mires los dones de tu pueblo,
y derrames sobre ellos la fuerza de tu Espíritu

Junta las manos y traza el signo de la cruz sobre el pan y el cáliz conjuntamente, diciendo:

para que se conviertan en el Cuerpo y ✠ la Sangre

Junta las manos.

de tu amado Hijo Jesucristo,
en quien nosotros también somos hijos tuyos.
Aunque en otro tiempo estábamos perdidos
y éramos incapaces de acercarnos a ti,
nos amaste hasta el extremo:
tu Hijo, que es el único Justo,
se entregó a sí mismo a la muerte,
aceptando ser clavado en la cruz por nosotros.

Pero antes de que sus brazos,
extendidos entre el cielo y la tierra,
trazasen el signo indeleble de tu alianza,
él mismo quiso celebrar la Pascua con sus discípulos.

4. En las fórmulas que siguen, las palabras del Señor deben pronunciarse claramente y con precisión, como lo requiere la naturaleza de las mismas palabras.

Mientras comía con ellos,

Toma el pan y, sosteniéndolo un poco elevado sobre el altar, prosigue:

tomó pan
y dando gracias te bendijo,
lo partió y se lo dio, diciendo:

Se inclina un poco.

TOMEN Y COMAN TODOS DE ÉL,
PORQUE ESTO ES MI CUERPO,
QUE SERÁ ENTREGADO POR USTEDES.

Muestra el pan consagrado al pueblo, lo deposita luego sobre la patena y lo adora haciendo genuflexión.

5. Después prosigue:

Del mismo modo, acabada la cena,
sabiendo que iba a reconciliar
todas las cosas en sí mismo,
por su sangre derramada en la cruz,

Toma el cáliz y, sosteniéndolo un poco elevado sobre el altar, prosigue:

tomó el cáliz, lleno del fruto de la vid,
y, dándote gracias de nuevo,
lo pasó a sus discípulos, diciendo:

Se inclina un poco.

TOMEN Y BEBAN TODOS DE ÉL,
PORQUE ÉSTE ES EL CÁLIZ DE MI SANGRE,
SANGRE DE LA ALIANZA NUEVA Y ETERNA,
QUE SERÁ DERRAMADA POR USTEDES Y POR MUCHOS
PARA EL PERDÓN DE LOS PECADOS.

HAGAN ESTO EN CONMEMORACIÓN MÍA.

Muestra el cáliz al pueblo, lo deposita luego sobre el corporal y lo adora haciendo genuflexión.

6. Luego dice una de las siguientes fórmulas:

I **Éste es el Misterio de la fe.** Celebrante solo

O bien:

Éste es el Sacramento de nuestra fe.

Y el pueblo prosigue, aclamando:
Anunciamos tu muerte,
proclamamos tu resurrección.
¡Ven, Señor Jesús!

II **Éste es el Misterio de la fe.** Celebrante solo
Cristo nos redimió.

Y el pueblo prosigue, aclamando:
Cada vez que comemos de este pan
y bebemos de este cáliz,
anunciamos tu muerte, Señor,
hasta que vuelvas.

III **Éste es el Misterio de la fe.** Celebrante solo
Cristo se entregó por nosotros.

Y el pueblo prosigue, aclamando:
Salvador del mundo, sálvanos,
tú que nos has liberado por tu cruz y resurrección.

7. Después el sacerdote, con las manos extendidas, dice:
Así, pues, al hacer el memorial de tu Hijo Jesucristo, Celebrante con concelebrantes
nuestra Pascua y nuestra paz verdadera,
celebramos su muerte y resurrección
de entre los muertos,
y, mientras esperamos su venida gloriosa,
te ofrecemos, Dios fiel y misericordioso,
la Víctima que reconcilia a los hombres contigo.

Mira bondadosamente, Padre misericordioso,
a quienes unes a ti por el sacrificio de tu Hijo,
y concédeles, por la fuerza del Espíritu Santo,
que, participando de un mismo pan y de un mismo cáliz,
formen en Cristo un solo cuerpo,
en el que no haya ninguna división.

**Guárdanos siempre
en comunión de fe y amor,
con nuestro Papa** N.**, y con nuestro Obispo** N.*

Celebrante o
un concelebrante

**Ayúdanos a esperar la venida de tu reino
hasta la hora en que nos presentemos a ti,
santos entre los santos del cielo,
con santa María, la Virgen Madre de Dios,
con los apóstoles y con todos los santos,
y con nuestros hermanos difuntos,
que confiamos humildemente a tu misericordia.**

**Entonces, liberados por fin de toda corrupción
y constituidos plenamente en nuevas creaturas,
te cantaremos gozosos la acción de gracias**

Junta las manos.

de tu Ungido, que vive eternamente.

8. Toma la patena con el pan consagrado y el cáliz, los eleva y dice:

**Por Cristo, con él y en él,
a ti, Dios Padre omnipotente,
en la unidad del Espíritu Santo,
todo honor y toda gloria
por los siglos de los siglos.**

Celebrante solo o
con concelebrantes

El pueblo aclama:

Amén.

Después sigue el rito de la Comunión, p. 693.

---

* El Obispo, cuando celebra en su diócesis, dice:

conmigo, indigno siervo tuyo,

Cuando celebra un Obispo que no es el Ordinario diocesano, dice:

con mi hermano N.**, Obispo de esta Iglesia,
conmigo, indigno siervo tuyo,**

Aquí se puede hacer mención del Obispo coadjutor o de los Obispos auxiliares, conforme a lo previsto por la IGMR, n. 149.

Modo de decir
la Plegaria eucarística "de la Reconciliación" II
cuando se usa en una concelebración

El prefacio, y desde **A ti, pues** hasta **entregaste a la muerte por nosotros**, lo dice sólo el celebrante principal, con las manos extendidas.

Desde **Y ahora, celebrando** hasta **celebrar estos misterios**, lo pronuncian todos los concelebrantes, con las manos extendidas hacia las ofrendas.

Desde **Porque él mismo, cuando**, hasta **de la reconciliación perfecta**, lo pronuncian todos los concelebrantes a una, de este modo:

a) **Porque él mismo, cuando**, con las manos juntas;
b) las palabras del Señor, con la mano derecha, si parece oportuno, extendida hacia el pan y el cáliz; y miran el pan consagrado y el cáliz cuando el celebrante principal lo muestra a los fieles, y luego se inclinan profundamente;
c) **Así pues, al celebrar el memorial**, con las manos extendidas.

Las intercesiones: **Que este Espíritu haga** y **Así como nos has congregado**, conviene que se confíen a uno y a otro de los concelebrantes, que pronuncia él solo esta oración, con las manos extendidas.

Pueden cantarse, especialmente, las partes que siguen: **Y ahora, celebrando**, **Porque él mismo, cuando iba a entregar**, **Del mismo modo**, **Así pues, al celebrar el memorial**, y la doxología final.

La doxología final de la Plegaria eucarística puede pronunciarla solo el celebrante principal o él con los demás concelebrantes.

PLEGARIA EUCARÍSTICA "DE LA RECONCILIACIÓN"

II

℣. El Se-ñor es-té con us-te-des. ℟. Y con tu‿es-pí-ri-tu.

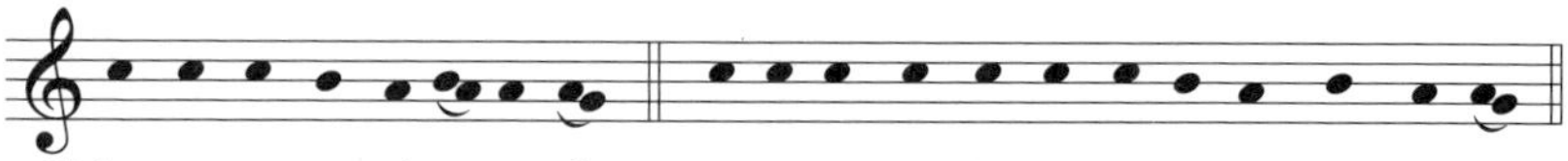

℣. Le-van-te-mos el co-ra-zón. ℟. Lo te-ne-mos le-van-ta-do ha-cia‿el Se-ñor.

℣. De-mos gra-cias al Se-ñor, nues-tro Dios. ℟. Es jus-to‿y ne-ce-sa-rio.

En ver-dad es justo y ne-ce-sa-rio dar-te gracias y alabarte, Dios,

Padre todo-po-de-ro-so, por todo lo que haces en es-te mun-do,

por Jesu-cris-to, Se-ñor nues-tro. Pues en una humanidad divi-

-dida por las enemistades y las dis-cor-dias, sa - bemos que tú di-

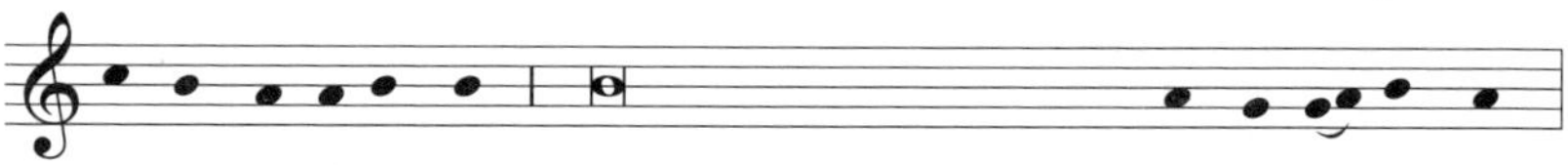

-ri-ges los á-ni-mos para que se dispongan a la re-con-ci-lia-ción.

Por tu Es-píritu mueves los corazones de los hom-bres para que

los enemigos vuelvan a la a-mis-tad, los adversarios se den la

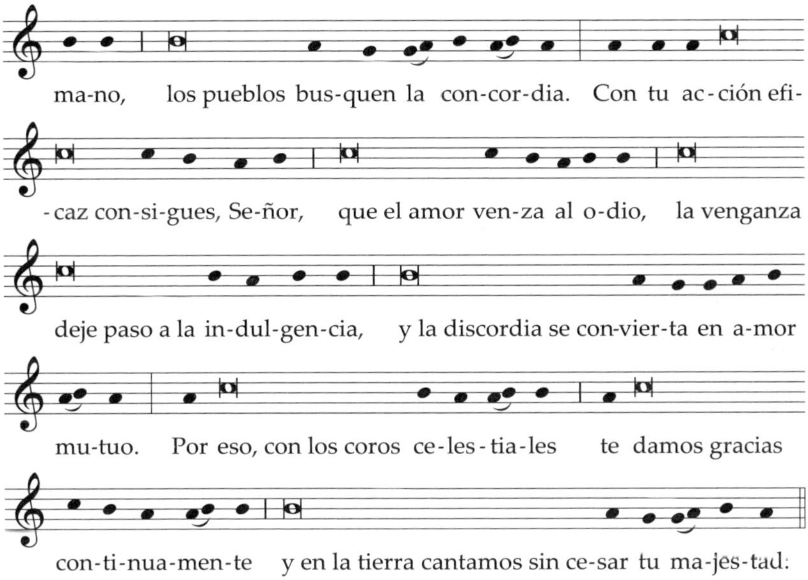

Santo, Santo, Santo . . .

Texto sin música:

1. V. **El Señor esté con ustedes.**
R. Y con tu espíritu.

V. **Levantemos el corazón.**
R. Lo tenemos levantado hacia el Señor.

V. **Demos gracias al Señor, nuestro Dios.**
R. Es justo y necesario.

**En verdad es justo y necesario
darte gracias y alabarte,
Dios, Padre todopoderoso,
por todo lo que haces en este mundo,
por Jesucristo, Señor nuestro.**

**Pues en una humanidad dividida
por las enemistades y las discordias,
sabemos que tú diriges los ánimos
para que se dispongan a la reconciliación.**

**Por tu Espíritu mueves los corazones de los hombres
para que los enemigos vuelvan a la amistad,
los adversarios se den la mano,
los pueblos busquen la concordia.**

**Con tu acción eficaz consigues, Señor,
que el amor venza al odio,
la venganza deje paso a la indulgencia,
y la discordia se convierta en amor mutuo.**

**Por eso, con los coros celestiales
te damos gracias continuamente
y en la tierra cantamos sin cesar tu majestad:**

**Santo, Santo, Santo es el Señor, Dios del universo.
Llenos están el cielo y la tierra de tu gloria.
Hosanna en el cielo.
Bendito el que viene en nombre del Señor.
Hosanna en el cielo.**

2. El sacerdote, con las manos extendidas, dice:

A ti, pues, Padre omnipotente, Celebrante solo
**te bendecimos por Jesucristo, tu Hijo,
que ha venido en tu nombre.
Él es la Palabra de salvación para los hombres,
la mano que tiendes a los pecadores,
el camino que nos conduce a tu paz.
Cuando nos habíamos apartado de ti
por nuestros pecados, Señor,
nos reconciliaste contigo,
para que, convertidos a ti,
nos amáramos unos a otros por tu Hijo,
a quien entregaste a la muerte por nosotros.**

3. Junta las manos y, manteniéndolas extendidas sobre las ofrendas, dice:

Celebrante con concelebrantes

Y ahora, celebrando la reconciliación
que Cristo nos trajo,
te suplicamos:
por la efusión de tu Espíritu santifica estos dones

Junta las manos y traza el signo de la cruz sobre el pan y el cáliz conjuntamente, diciendo:

para que se conviertan
en el Cuerpo y ✠ la Sangre de tu Hijo,
que nos mandó celebrar estos misterios.

Junta las manos.

4. En las fórmulas que siguen, las palabras del Señor deben pronunciarse claramente y con precisión, como lo requiere la naturaleza de las mismas palabras.

Porque él mismo,
cuando iba a entregar su vida
por nuestra liberación,
sentado a la mesa,

Toma el pan y, sosteniéndolo un poco elevado sobre el altar, prosigue:

tomó pan en sus manos,
y dando gracias te bendijo,
lo partió y se lo dio a sus discípulos, diciendo:

Se inclina un poco.

TOMEN Y COMAN TODOS DE ÉL,
PORQUE ESTO ES MI CUERPO,
QUE SERÁ ENTREGADO POR USTEDES.

Muestra el pan consagrado al pueblo, lo deposita luego sobre la patena y lo adora haciendo genuflexión.

5. Después prosigue:

Del mismo modo, aquella noche,

Toma el cáliz y, sosteniéndolo un poco elevado sobre el altar, prosigue:

tomó en sus manos el cáliz de la bendición,
y, proclamando tu misericordia,
se lo dio a sus discípulos, diciendo:

Se inclina un poco.

TOMEN Y BEBAN TODOS DE ÉL,
PORQUE ÉSTE ES EL CÁLIZ DE MI SANGRE,
SANGRE DE LA ALIANZA NUEVA Y ETERNA,
QUE SERÁ DERRAMADA POR USTEDES Y POR MUCHOS
PARA EL PERDÓN DE LOS PECADOS.

HAGAN ESTO EN CONMEMORACIÓN MÍA.

Muestra el cáliz al pueblo, lo deposita luego sobre el corporal y lo adora haciendo genuflexión.

6. Luego dice una de las siguientes fórmulas:

I **Éste es el Misterio de la fe.** Celebrante solo

O bien:

Éste es el Sacramento de nuestra fe.

Y el pueblo prosigue, aclamando:

Anunciamos tu muerte,
proclamamos tu resurrección.
¡Ven, Señor Jesús!

II **Éste es el Misterio de la fe.** Celebrante solo
Cristo nos redimió.

Y el pueblo prosigue, aclamando:

Cada vez que comemos de este pan
y bebemos de este cáliz,
anunciamos tu muerte, Señor,
hasta que vuelvas.

III **Éste es el Misterio de la fe.** Celebrante solo
Cristo se entregó por nosotros.

Y el pueblo prosigue, aclamando:

Salvador del mundo, sálvanos,
tú que nos has liberado por tu cruz y resurrección.

7. Después el sacerdote, con las manos extendidas, dice:

Celebrante con concelebrantes

**Así pues, al celebrar el memorial
de la muerte y resurrección de tu Hijo,
que nos dejó esta prenda de su amor,
te ofrecemos lo que tú nos entregaste,
el sacrificio de la reconciliación perfecta.**

**Te pedimos humildemente, Padre santo,
que nos aceptes también a nosotros,
juntamente con tu Hijo,
y en este banquete salvífico,
concédenos el mismo Espíritu,
que haga desaparecer toda enemistad entre nosotros.**

Que este Espíritu haga de tu Iglesia signo de unidad Celebrante o un concelebrante
e instrumento de tu paz entre los hombres
y nos guarde en comunión
con nuestro Papa N., **con nuestro Obispo** N.*,
con los demás Obispos
y con todo tu pueblo.

Así como nos has congregado ahora Celebrante o un concelebrante
en torno a la mesa de tu Hijo,
reúnenos con la gloriosa Virgen María, Madre de Dios,
con tus apóstoles y con todos los santos,
con nuestros hermanos,
y con los hombres de toda raza y lengua
que murieron en tu amistad,
en el banquete de la unidad eterna,
en los cielos y en la tierra nueva,
donde brilla la plenitud de tu paz,

Junta las manos.

en Jesucristo, Señor nuestro.

8. Toma la patena con el pan consagrado y el cáliz, los eleva y dice:

Por Cristo, con él y en él, Celebrante solo o con concelebrantes
a ti, Dios Padre omnipotente,
en la unidad del Espíritu Santo,
todo honor y toda gloria
por los siglos de los siglos.

El pueblo aclama:

Amén.

Después sigue el rito de la Comunión, p. 693.

* El Obispo, cuando celebra en su diócesis, dice:
conmigo, indigno siervo tuyo,

Cuando celebra un Obispo que no es el Ordinario diocesano, dice:
con mi hermano N., **Obispo de esta Iglesia,**
conmigo, indigno siervo tuyo,

Aquí se puede hacer mención del Obispo coadjutor o de los Obispos auxiliares, conforme a lo previsto por la IGMR, n. 149.

Modo de decir la Plegaria eucarística que puede usarse en las Misas para diversas circunstancias cuando se usa en una concelebración

El Prefacio, y desde **Santo eres en verdad** hasta **parte para nosotros el pan**, lo dice solo el celebrante principal, con las manos extendidas.

Desde **Por eso te rogamos** hasta **Jesucristo, nuestro Señor**, lo pronuncian todos los concelebrantes, con las manos extendidas hacia las ofrendas.

Desde **El cual, la víspera de su Pasión** hasta **cuyo Cuerpo y Sangre comulgamos**, lo pronuncian todos los concelebrantes a una, de este modo:

a) **El cual, la víspera de su Pasión**, con las manos juntas;
b) las palabras del Señor, con la mano derecha, si parece oportuno, extendida hacia el pan y el cáliz; y miran el pan consagrado y el cáliz cuando el celebrante principal lo muestra a los fieles, y luego se inclinan profundamente;
c) **Por eso, Padre santo** y **Mira con bondad**, con las manos extendidas.

Las intercesiones: **Renueva, Señor, a tu Iglesia** o **Fortalécenos en la unidad** o **Vivifícanos con tu Espíritu** o **Lleva a tu Iglesia, Señor** y **Acuérdate de nuestros hermanos**, conviene que se confíen a uno y a otro de los concelebrantes, que pronuncia él solo esta oración, con las manos extendidas.

Pueden cantarse, especialmente, las partes que siguen: **El cual, la víspera de su Pasión**, **Del mismo modo**, **Por eso, Padre santo**, **Mira con bondad** y la doxología final.

La doxología final de la Plegaria eucarística puede pronunciarla sólo el celebrante principal o él con los demás concelebrantes.

PLEGARIA EUCARÍSTICA QUE PUEDE USARSE EN LAS MISAS PARA DIVERSAS CIRCUNSTANCIAS

I

La Iglesia en camino hacia la unidad

1. La siguiente forma de esta Plegaria eucarística puede usarse convenientemente con los formularios de las Misas, por ejemplo, por la Iglesia, por el Papa, por el Obispo, para elegir a un Papa o a un Obispo, por el Concilio o Sínodo, por los sacerdotes, por el propio sacerdote, por los ministros de la Iglesia, en una reunión espiritual o pastoral.

℣. El Se-ñor es-té con us-te-des. ℟. Y con tu‿es-pí-ri-tu.

℣. Le-van-te-mos el co-ra-zón. ℟. Lo te-ne-mos le-van-ta-do ha-cia‿el Se-ñor.

℣. De-mos gra-cias al Se-ñor, nues-tro Dios. ℟. Es jus-to‿y ne-ce-sa-rio.

En ver-dad es justo y necesario dar-te gra-cias, y can-tarte un himno

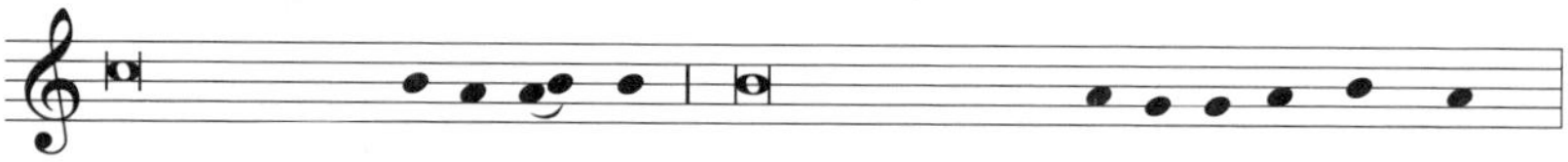

de gloria y de a-la-ban-za, Señor, Padre de in-fi-ni-ta bon-dad.

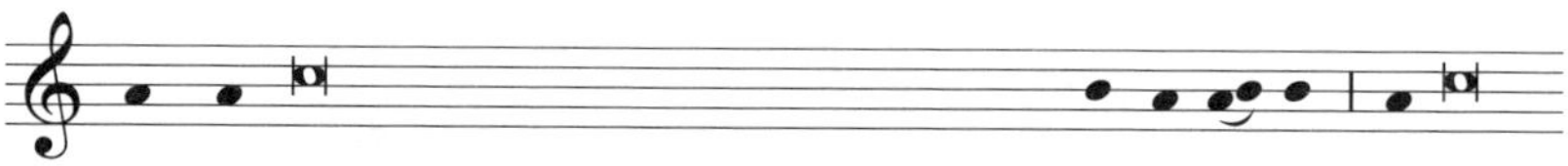

Por-que has reunido por medio del Evangelio de tu Hi-jo a hom-

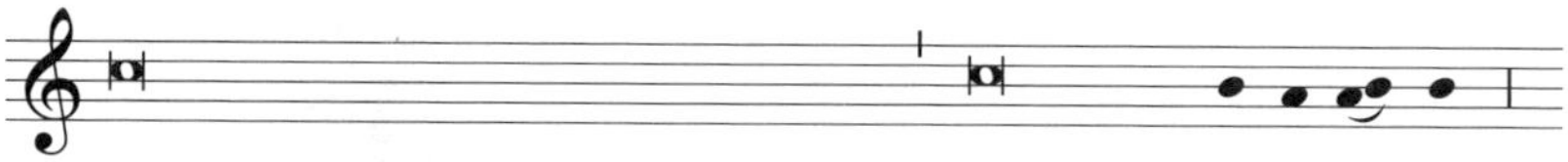

-bres de todo pueblo, lengua y nación, en una úni-ca I-gle-sia,

y por ella, vivificada por la fuerza de tu Es-pí-ri-tu, no dejas de

Santo, Santo, Santo . . .

Texto sin música:

V. **El Señor esté con ustedes.**
R. Y con tu espíritu.

V. **Levantemos el corazón.**
R. Lo tenemos levantado hacia el Señor.

V. **Demos gracias al Señor, nuestro Dios.**
R. Es justo y necesario.

**En verdad es justo y necesario darte gracias,
y cantarte un himno de gloria y de alabanza,
Señor, Padre de infinita bondad.**

**Porque has reunido por medio del Evangelio de tu Hijo
a hombres de todo pueblo, lengua y nación,
en una única Iglesia,
y por ella, vivificada por la fuerza de tu Espíritu,
no dejas de congregar a todos los hombres
en la unidad.**

**Ella manifiesta la alianza de tu amor,
ofrece incesantemente la gozosa esperanza del reino,
y resplandece como signo de tu fidelidad
que nos prometiste para siempre
en Jesucristo, Señor nuestro.**

**Y por eso, con todas las potestades del cielo
y con toda la Iglesia, te aclamamos en la tierra,
diciendo a una sola voz:**

**Santo, Santo, Santo es el Señor, Dios del universo.
Llenos están el cielo y la tierra de tu gloria.
Hosanna en el cielo.
Bendito el que viene en nombre del Señor.
Hosanna en el cielo.**

2. El sacerdote, con las manos extendidas, dice:

Celebrante solo

Santo eres en verdad y digno de gloria,
Dios que amas a los hombres,
que siempre estás con ellos en el camino de la vida.
Bendito es, en verdad, tu Hijo,
que está presente en medio de nosotros,
cuando somos congregados por su amor
y, como hizo en otro tiempo con sus discípulos,
nos explica las Escrituras
y parte para nosotros el pan.

3. Junta las manos y, manteniéndolas extendidas sobre las ofrendas, dice:

Celebrante con concelebrantes

Por eso te rogamos, Padre misericordioso,
que envíes tu Espíritu Santo
para que santifique estos dones de pan y vino,

Junta las manos y traza el signo de la cruz sobre el pan y el cáliz conjuntamente, diciendo:

de manera que se conviertan para nosotros
en el Cuerpo y ✠ la Sangre

Junta las manos.

de Jesucristo, nuestro Señor.

4. En las fórmulas que siguen, las palabras del Señor deben pronunciarse claramente y con precisión, como lo requiere la naturaleza de las mismas palabras.

El cual, la víspera de su Pasión,
en la noche de la Última Cena,

Toma el pan y, sosteniéndolo un poco elevado sobre el altar, prosigue:

tomó pan,
te bendijo, lo partió
y lo dio a sus discípulos, diciendo:

Se inclina un poco.

TOMEN Y COMAN TODOS DE ÉL,
PORQUE ESTO ES MI CUERPO,
QUE SERÁ ENTREGADO POR USTEDES.

Muestra el pan consagrado al pueblo, lo deposita luego sobre la patena y lo adora haciendo genuflexión.

5. Después prosigue:

Del mismo modo, acabada la cena,

Toma el cáliz y, sosteniéndolo un poco elevado sobre el altar, prosigue:

tomó el cáliz,
te dio gracias
y lo pasó a sus discípulos, diciendo:

Se inclina un poco.

TOMEN Y BEBAN TODOS DE ÉL,
PORQUE ÉSTE ES EL CÁLIZ DE MI SANGRE,
SANGRE DE LA ALIANZA NUEVA Y ETERNA,
QUE SERÁ DERRAMADA POR USTEDES Y POR MUCHOS
PARA EL PERDÓN DE LOS PECADOS.

HAGAN ESTO EN CONMEMORACIÓN MÍA.

Muestra el cáliz al pueblo, lo deposita luego sobre el corporal y lo adora haciendo genuflexión.

6. Luego dice una de las siguientes fórmulas:

I **Éste es el Misterio de la fe.** Celebrante solo

O bien:

Éste es el Sacramento de nuestra fe.

Y el pueblo prosigue, aclamando:

Anunciamos tu muerte,
proclamamos tu resurrección.
¡Ven, Señor Jesús!

II **Éste es el Misterio de la fe.** Celebrante solo
Cristo nos redimió.

Y el pueblo prosigue, aclamando:

Cada vez que comemos de este pan
y bebemos de este cáliz,
anunciamos tu muerte, Señor,
hasta que vuelvas.

III **Éste es el Misterio de la fe.** Celebrante solo
Cristo se entregó por nosotros.

Y el pueblo prosigue, aclamando:

Salvador del mundo, sálvanos,
tú que nos has liberado por tu cruz y resurrección.

7. Después el sacerdote, con las manos extendidas, dice:

Celebrante con concelebrantes

Por eso, Padre santo,
al celebrar el memorial de Cristo,
tu Hijo, nuestro Salvador,
al que condujiste por su Pasión y muerte en cruz
a la gloria de la resurrección,
y lo sentaste a tu derecha,
anunciamos la obra de tu amor,
hasta que él venga,
y te ofrecemos el pan de vida y el cáliz de bendición.

Mira con bondad la ofrenda de tu Iglesia,
en la que se hace presente el sacrificio pascual de Cristo,
que se nos ha confiado,
y concédenos, por la fuerza del Espíritu de tu amor,
ser contados ahora y por siempre
entre el número de los miembros de tu Hijo,
cuyo Cuerpo y Sangre comulgamos.

Celebrante o un concelebrante

Renueva, Señor, a tu Iglesia (**que está en** N.),
con la luz del Evangelio.
Consolida el vínculo de unidad
entre los fieles y los pastores de tu pueblo,
con nuestro Papa N., **nuestro Obispo** N.*,
y todo el orden episcopal,
para que tu pueblo brille,
en este mundo dividido por las discordias,
como signo profético de unidad y de paz.

---

* El Obispo, cuando celebra en su diócesis, dice:
conmigo, indigno siervo tuyo,

Cuando celebra un Obispo que no es el Ordinario diocesano, dice:
con mi hermano N., **Obispo de esta Iglesia,**
conmigo, indigno siervo tuyo,

Aquí se puede hacer mención del Obispo coadjutor o de los Obispos auxiliares, conforme a lo previsto por la IGMR, n. 149.

Acuérdate de nuestros hermanos (N. y N.), — Celebrante o un concelebrante
que se durmieron en la paz de Cristo,
y de todos los difuntos,
cuya fe sólo tú conociste:
admítelos a contemplar la luz de tu rostro
y dales la plenitud de la vida en la resurrección.

Y, terminada nuestra peregrinación por este mundo,
concédenos, también,
llegar a la morada eterna,
donde viviremos siempre contigo
y con santa María, la Virgen Madre de Dios,
con los apóstoles y los mártires,
(**con san** N.: santo del día o patrono),
y en comunión con todos los santos,
te alabaremos y te glorificaremos

Junta las manos.

por Jesucristo, Señor nuestro.

8. Toma la patena con el pan consagrado y el cáliz, los eleva y dice:

Por Cristo, con él y en él, — Celebrante solo o con concelebrantes
a ti, Dios Padre omnipotente,
en la unidad del Espíritu Santo,
todo honor y toda gloria
por los siglos de los siglos.

El pueblo aclama:

Amén.

Después sigue el rito de la Comunión, p. 693.

II

Dios guía a su Iglesia por el camino de salvación

1. La siguiente forma de esta Plegaria eucarística puede usarse convenientemente con los formularios de las Misas, por ejemplo, por la Iglesia, por las vocaciones a las sagradas Órdenes, por los laicos, por la familia, por los religiosos, por las vocaciones a la vida religiosa, para pedir caridad, por los familiares y amigos, para dar gracias a Dios.

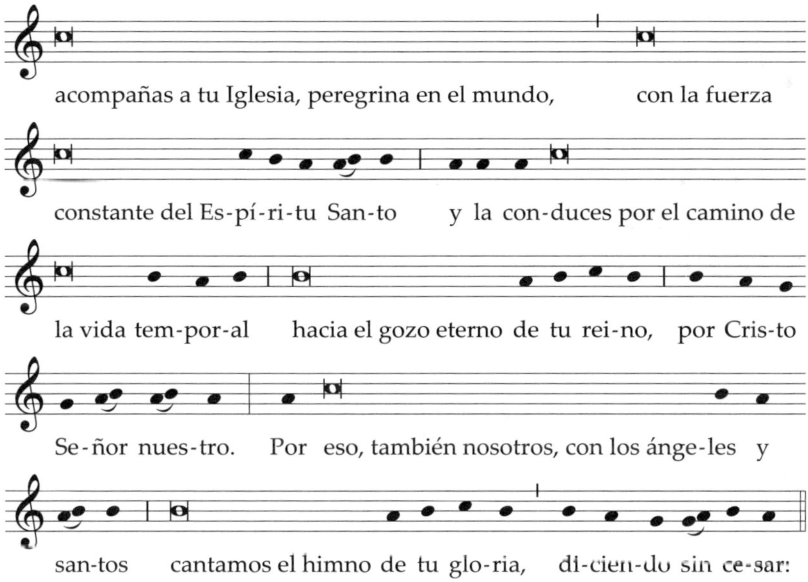

Santo, Santo, Santo . . .

Texto sin música:

V. **El Señor esté con ustedes.**
R. Y con tu espíritu.

V. **Levantemos el corazón.**
R. Lo tenemos levantado hacia el Señor.

V. **Demos gracias al Señor, nuestro Dios.**
R. Es justo y necesario.

En verdad es justo y necesario,
es nuestro deber y salvación
darte gracias siempre y en todo lugar,
Señor, Padre santo,
Creador del mundo y fuente de toda vida:

Porque no abandonas nunca la obra de tu sabiduría,
sino que obras con tu providencia
en medio de nosotros.
Guiaste a tu pueblo Israel por el desierto
con mano poderosa y brazo extendido;
ahora acompañas a tu Iglesia,
peregrina en el mundo,
con la fuerza constante del Espíritu Santo
y la conduces por el camino de la vida temporal
hacia el gozo eterno de tu reino,
por Cristo, Señor nuestro.

Por eso, también nosotros,
con los ángeles y los santos
cantamos el himno de tu gloria,
diciendo sin cesar:

Santo, Santo, Santo es el Señor, Dios del universo.
Llenos están el cielo y la tierra de tu gloria.
Hosanna en el cielo.
Bendito el que viene en nombre del Señor.
Hosanna en el cielo.

2. El sacerdote, con las manos extendidas, dice:

Celebrante solo

Santo eres en verdad y digno de gloria,
Dios que amas a los hombres,
que siempre estás con ellos en el camino de la vida.
Bendito es, en verdad, tu Hijo,
que está presente en medio de nosotros,
cuando somos congregados por su amor
y, como hizo en otro tiempo con sus discípulos,
nos explica las Escrituras
y parte para nosotros el pan.

3. Junta las manos y, manteniéndolas extendidas sobre las ofrendas, dice:

Celebrante con concelebrantes

Por eso te rogamos, Padre misericordioso,
que envíes tu Espíritu Santo
para que santifique estos dones de pan y vino,

Junta las manos y traza el signo de la cruz sobre el pan y el cáliz conjuntamente, diciendo:

de manera que se conviertan para nosotros
en el Cuerpo y ✠ la Sangre

Junta las manos.

de Jesucristo, nuestro Señor.

4. En las fórmulas que siguen, las palabras del Señor deben pronunciarse claramente y con precisión, como lo requiere la naturaleza de las mismas palabras.

El cual, la víspera de su Pasión,
en la noche de la Última Cena,

Toma el pan y, sosteniéndolo un poco elevado sobre el altar, prosigue:

tomó pan,
te bendijo, lo partió
y lo dio a sus discípulos, diciendo:

Se inclina un poco.

TOMEN Y COMAN TODOS DE ÉL,
PORQUE ESTO ES MI CUERPO,
QUE SERÁ ENTREGADO POR USTEDES.

Muestra el pan consagrado al pueblo, lo deposita luego sobre la patena y lo adora haciendo genuflexión.

5. Después prosigue:

Del mismo modo, acabada la cena,

Toma el cáliz, y sosteniéndolo un poco elevado sobre el altar, prosigue:

tomó el cáliz,
te dio gracias
y lo pasó a sus discípulos, diciendo:

Se inclina un poco.

TOMEN Y BEBAN TODOS DE ÉL,
PORQUE ÉSTE ES EL CÁLIZ DE MI SANGRE,
SANGRE DE LA ALIANZA NUEVA Y ETERNA,
QUE SERÁ DERRAMADA POR USTEDES Y POR MUCHOS
PARA EL PERDÓN DE LOS PECADOS.

HAGAN ESTO EN CONMEMORACIÓN MÍA.

Muestra el cáliz al pueblo, lo deposita luego sobre el corporal y lo adora haciendo genuflexión.

6. Luego dice una de las siguientes fórmulas:

I **Éste es el Misterio de la fe.** Celebrante solo

O bien:

Éste es el Sacramento de nuestra fe.

Y el pueblo prosigue, aclamando:

Anunciamos tu muerte,
proclamamos tu resurrección.
¡Ven, Señor Jesús!

II **Éste es el Misterio de la fe.** Celebrante solo
Cristo nos redimió.

Y el pueblo prosigue, aclamando:

Cada vez que comemos de este pan
y bebemos de este cáliz,
anunciamos tu muerte, Señor,
hasta que vuelvas.

III **Éste es el Misterio de la fe.** Celebrante solo
Cristo se entregó por nosotros.

Y el pueblo prosigue, aclamando:

Salvador del mundo, sálvanos,
tú que nos has liberado por tu cruz y resurrección.

7. Después el sacerdote, con las manos extendidas, dice:

Celebrante con concelebrantes

Por eso, Padre santo,
al celebrar el memorial de Cristo,
tu Hijo, nuestro Salvador,
al que condujiste por su Pasión y muerte en cruz
a la gloria de la resurrección,
y lo sentaste a tu derecha,
anunciamos la obra de tu amor,
hasta que él venga,
y te ofrecemos el pan de vida y el cáliz de bendición.

Mira con bondad la ofrenda de tu Iglesia,
en la que se hace presente el sacrificio pascual de Cristo,
que se nos ha confiado,
y concédenos, por la fuerza del Espíritu de tu amor,
ser contados ahora y por siempre
entre el número de los miembros de tu Hijo,
cuyo Cuerpo y Sangre comulgamos.

Celebrante o un concelebrante

Fortalécenos en la unidad, Señor,
a los que hemos sido invitados a tu mesa:
para que con nuestro Papa N.,
y nuestro Obispo N.*,
con todos los Obispos, presbíteros y diáconos,
y todo tu pueblo,
caminemos por tus sendas
en la fe y la esperanza,
y manifestemos al mundo
la alegría y la confianza.

* El Obispo, cuando celebra en su diócesis, dice:
conmigo, indigno siervo tuyo,

Cuando celebra un Obispo que no es el Ordinario diocesano, dice:
con mi hermano N.**, Obispo de esta Iglesia,**
conmigo, indigno siervo tuyo,

Aquí se puede hacer mención del Obispo coadjutor o de los Obispos auxiliares, conforme a lo previsto por la IGMR, n. 149.

Acuérdate de nuestros hermanos (N. y N.), Celebrante o un concelebrante
que se durmieron en la paz de Cristo,
y de todos los difuntos,
cuya fe sólo tú conociste:
admítelos a contemplar la luz de tu rostro
y dales la plenitud de la vida en la resurrección.

Y, terminada nuestra peregrinación por este mundo,
concédenos, también,
llegar a la morada eterna,
donde viviremos siempre contigo
y con santa María, la Virgen Madre de Dios,
con los apóstoles y los mártires,
(con san N.: santo del día o patrono),
y en comunión con todos los santos,
te alabaremos y te glorificaremos

Junta las manos.

por Jesucristo, Señor nuestro.

8. Toma la patena con el pan consagrado y el cáliz, los eleva y dice:

Por Cristo, con él y en él, Celebrante solo o con concelebrantes
a ti, Dios Padre omnipotente,
en la unidad del Espíritu Santo,
todo honor y toda gloria
por los siglos de los siglos.

El pueblo aclama:

Amén.

Después sigue el rito de la Comunión, p. 693.

III

Jesús, camino hacia el Padre

1. La siguiente forma de esta Plegaria eucarística puede usarse convenientemente con los formularios de las Misas, por ejemplo, por la evangelización de los pueblos, por los cristianos perseguidos, por la patria o por la ciudad, por los que gobiernan, por la reunión de los gobernantes, al comienzo del año civil, por el progreso de los pueblos.

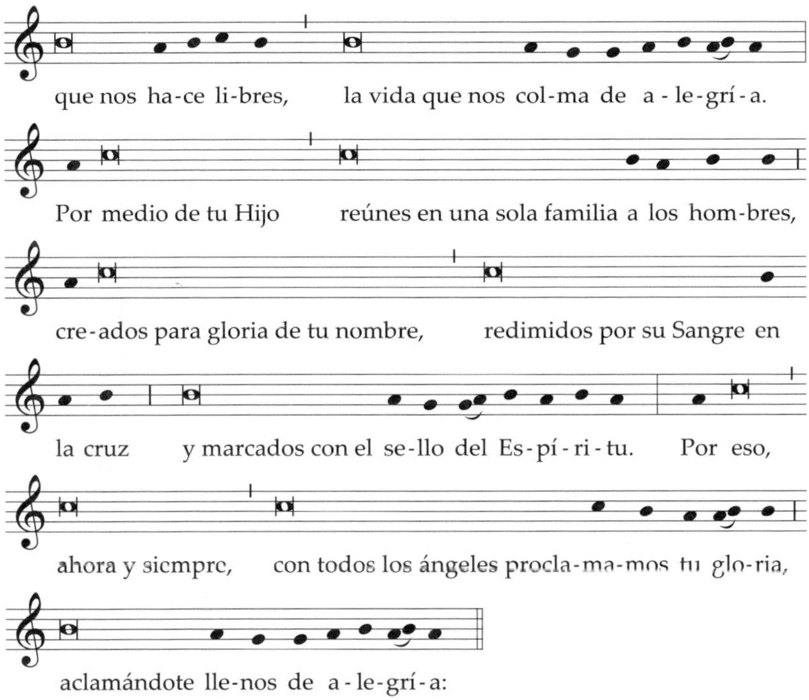

Santo, Santo, Santo . . .

Texto sin música:

V. **El Señor esté con ustedes.**
R. Y con tu espíritu.

V. **Levantemos el corazón.**
R. Lo tenemos levantado hacia el Señor.

V. **Demos gracias al Señor, nuestro Dios.**
R. Es justo y necesario.

**En verdad es justo y necesario,
es nuestro deber y salvación
darte gracias siempre y en todo lugar,
Padre santo, Señor del cielo y de la tierra,
por Cristo, Señor nuestro.**

**Porque creaste el mundo por medio de tu Palabra
y lo gobiernas todo con justicia.
Nos diste como mediador a tu Hijo, hecho carne,
que nos comunicó tus palabras
y nos llamó para que lo siguiéramos;
él es el camino que nos conduce a ti,
la verdad que nos hace libres,
la vida que nos colma de alegría.**

**Por medio de tu Hijo
reúnes en una sola familia a los hombres,
creados para gloria de tu nombre,
redimidos por su Sangre en la cruz
y marcados con el sello del Espíritu.**

**Por eso, ahora y siempre,
con todos los ángeles proclamamos tu gloria,
aclamándote llenos de alegría:**

**Santo, Santo, Santo es el Señor, Dios del universo.
Llenos están el cielo y la tierra de tu gloria.
Hosanna en el cielo.
Bendito el que viene en nombre del Señor.
Hosanna en el cielo.**

2. El sacerdote, con las manos extendidas, dice:

Celebrante solo

Santo eres en verdad y digno de gloria,
Dios que amas a los hombres,
que siempre estás con ellos en el camino de la vida.
Bendito es, en verdad, tu Hijo,
que está presente en medio de nosotros,
cuando somos congregados por su amor
y, como hizo en otro tiempo con sus discípulos,
nos explica las Escrituras
y parte para nosotros el pan.

3. Junta las manos y, manteniéndolas extendidas sobre las ofrendas, dice:

Celebrante con concelebrantes

Por eso te rogamos, Padre misericordioso,
que envíes tu Espíritu Santo
para que santifique estos dones de pan y vino,

Junta las manos y traza el signo de la cruz sobre el pan y el cáliz conjuntamente, diciendo:

de manera que se conviertan para nosotros
en el Cuerpo y ✠ la Sangre

Junta las manos.

de Jesucristo, nuestro Señor.

4. En las fórmulas que siguen, las palabras del Señor deben pronunciarse claramente y con precisión, como lo requiere la naturaleza de las mismas palabras.

El cual, la víspera de su Pasión,
en la noche de la Última Cena,

Toma el pan y, sosteniéndolo un poco elevado sobre el altar, prosigue:

tomó pan,
te bendijo, lo partió
y lo dio a sus discípulos, diciendo:

Se inclina un poco.

TOMEN Y COMAN TODOS DE ÉL,
PORQUE ESTO ES MI CUERPO,
QUE SERÁ ENTREGADO POR USTEDES.

Muestra el pan consagrado al pueblo, lo deposita luego sobre la patena y lo adora haciendo genuflexión.

5. Después prosigue:

Del mismo modo, acabada la cena,

Toma el cáliz, y sosteniéndolo un poco elevado sobre el altar, prosigue:

tomó el cáliz,
te dio gracias
y lo pasó a sus discípulos, diciendo:

Se inclina un poco.

TOMEN Y BEBAN TODOS DE ÉL,
PORQUE ÉSTE ES EL CÁLIZ DE MI SANGRE,
SANGRE DE LA ALIANZA NUEVA Y ETERNA,
QUE SERÁ DERRAMADA POR USTEDES Y POR MUCHOS
PARA EL PERDÓN DE LOS PECADOS.

HAGAN ESTO EN CONMEMORACIÓN MÍA.

Muestra el cáliz al pueblo, lo deposita luego sobre el corporal y lo adora haciendo genuflexión.

6. Luego dice una de las siguientes fórmulas:

I **Éste es el Misterio de la fe.** Celebrante solo

O bien:

Éste es el Sacramento de nuestra fe.

Y el pueblo prosigue, aclamando:

Anunciamos tu muerte,
proclamamos tu resurrección.
¡Ven, Señor Jesús!

II **Éste es el Misterio de la fe.** Celebrante solo
Cristo nos redimió.

Y el pueblo prosigue, aclamando:

Cada vez que comemos de este pan
y bebemos de este cáliz,
anunciamos tu muerte, Señor,
hasta que vuelvas.

III **Éste es el Misterio de la fe.** Celebrante solo
Cristo se entregó por nosotros.

Y el pueblo prosigue, aclamando:

Salvador del mundo, sálvanos,
tú que nos has liberado por tu cruz y resurrección.

7. Después el sacerdote, con las manos extendidas, dice:

Celebrante con concelebrantes

**Por eso, Padre santo,
al celebrar el memorial de Cristo,
tu Hijo, nuestro Salvador,
al que condujiste por su Pasión y muerte en cruz
a la gloria de la resurrección,
y lo sentaste a tu derecha,
anunciamos la obra de tu amor,
hasta que él venga,
y te ofrecemos el pan de vida y el cáliz de bendición.**

**Mira con bondad la ofrenda de tu Iglesia,
en la que se hace presente el sacrificio pascual de Cristo,
que se nos ha confiado,
y concédenos, por la fuerza del Espíritu de tu amor,
ser contados ahora y por siempre
entre el número de los miembros de tu Hijo,
cuyo Cuerpo y Sangre comulgamos.**

Celebrante o un concelebrante

**Vivifícanos con tu Espíritu, Padre omnipotente,
por la participación en estos misterios,
y haz que nos configuremos a imagen de tu Hijo;
consolídanos en el vínculo de la comunión
con nuestro Papa** N.**, y nuestro Obispo** N.*,
**con todos los Obispos, presbíteros y diáconos,
y todo tu pueblo.**

* El Obispo, cuando celebra en su diócesis, dice:
conmigo, indigno siervo tuyo,

Cuando celebra un Obispo que no es el Ordinario diocesano, dice:
con mi hermano N.**, Obispo de esta Iglesia,
conmigo, indigno siervo tuyo,**

Aquí se puede hacer mención del Obispo coadjutor o de los Obispos auxiliares, conforme a lo previsto por la IGMR, n. 149.

Haz que todos los fieles de la Iglesia
sepan discernir los signos de los tiempos
a la luz de la fe
y se consagren plenamente
al servicio del Evangelio.
Concédenos estar atentos
a las necesidades de todos los hombres,
para que participando en sus penas y angustias,
en sus alegrías y esperanzas,
les anunciemos fielmente el mensaje de la salvación,
y con ellos avancemos en el camino de tu reino.

Celebrante o un concelebrante

Acuérdate de nuestros hermanos (N. **y** N.)**,**
que se durmieron en la paz de Cristo,
y de todos los difuntos,
cuya fe sólo tú conociste:
admítelos a contemplar la luz de tu rostro
y dales la plenitud de la vida en la resurrección.

Y, terminada nuestra peregrinación por este mundo,
concédenos, también,
llegar a la morada eterna,
donde viviremos siempre contigo
y con santa María, la Virgen Madre de Dios,
con los apóstoles y los mártires,
(**con san** N.: santo del día o patrono)**,**
y en comunión con todos los santos,
te alabaremos y te glorificaremos

Junta las manos.

por Jesucristo, Señor nuestro.

8. Toma la patena con el pan consagrado y el cáliz, los eleva y dice:

Celebrante solo o con concelebrantes

Por Cristo, con él y en él,
a ti, Dios Padre omnipotente,
en la unidad del Espíritu Santo,
todo honor y toda gloria
por los siglos de los siglos.

El pueblo aclama:

Amén.

Después sigue el rito de la Comunión, p. 693.

IV

Jesús, que pasó haciendo el bien

1. La siguiente forma de esta Plegaria eucarística puede usarse convenientemente con los formularios de las Misas, por ejemplo, por los prófugos y exiliados, en tiempo de hambre o por los que padecen hambre, por los que nos afligen, por los cautivos, por los encarcelados, por los enfermos, por los moribundos, para pedir la gracia de una buena muerte, en cualquier necesidad.

Santo, Santo, Santo . . .

Texto sin música:

V. **El Señor esté con ustedes.**
R. Y con tu espíritu.

V. **Levantemos el corazón.**
R. Lo tenemos levantado hacia el Señor.

V. **Demos gracias al Señor, nuestro Dios.**
R. Es justo y necesario.

**En verdad es justo y necesario,
es nuestro deber y salvación
darte gracias siempre y en todo lugar,
Padre misericordioso y Dios fiel:**

**Porque nos diste como Señor y redentor nuestro
a tu Hijo Jesucristo.**

**Él siempre se mostró misericordioso
para con los pequeños y los pobres,
para con los enfermos y los pecadores,
y se hizo cercano
a los oprimidos y afligidos.**

**Él anunció al mundo, con palabras y obras,
que tú eres Padre
y que cuidas de todos tus hijos.**

**Por eso, con los ángeles y todos los santos,
te alabamos, te bendecimos,
y cantamos sin cesar
el himno de tu gloria:**

**Santo, Santo, Santo es el Señor, Dios del universo.
Llenos están el cielo y la tierra de tu gloria.
Hosanna en el cielo.
Bendito el que viene en nombre del Señor.
Hosanna en el cielo.**

2. El sacerdote, con las manos extendidas, dice:

Celebrante solo

**Santo eres en verdad y digno de gloria,
Dios que amas a los hombres,
que siempre estás con ellos en el camino de la vida.
Bendito es, en verdad, tu Hijo,
que está presente en medio de nosotros,
cuando somos congregados por su amor
y, como hizo en otro tiempo con sus discípulos,
nos explica las Escrituras
y parte para nosotros el pan.**

3. Junta las manos y, manteniéndolas extendidas sobre las ofrendas, dice:

Celebrante con concelebrantes

**Por eso te rogamos, Padre misericordioso,
que envíes tu Espíritu Santo
para que santifique estos dones de pan y vino,**

Junta las manos y traza el signo de la cruz sobre el pan y el cáliz conjuntamente, diciendo:

**de manera que se conviertan para nosotros
en el Cuerpo y ✠ la Sangre**

Junta las manos.

de Jesucristo, nuestro Señor.

4. En las fórmulas que siguen, las palabras del Señor deben pronunciarse claramente y con precisión, como lo requiere la naturaleza de las mismas palabras.

**El cual, la víspera de su Pasión,
en la noche de la Última Cena,**

Toma el pan y, sosteniéndolo un poco elevado sobre el altar, prosigue:

**tomó pan,
te bendijo, lo partió
y lo dio a sus discípulos, diciendo:**

Se inclina un poco.

**TOMEN Y COMAN TODOS DE ÉL,
PORQUE ESTO ES MI CUERPO,
QUE SERÁ ENTREGADO POR USTEDES.**

Muestra el pan consagrado al pueblo, lo deposita luego sobre la patena y lo adora haciendo genuflexión.

5. Después prosigue:

Del mismo modo, acabada la cena,

Toma el cáliz y, sosteniéndolo un poco elevado sobre el altar, prosigue:

tomó el cáliz,
te dio gracias
y lo pasó a sus discípulos, diciendo:

Se inclina un poco.

TOMEN Y BEBAN TODOS DE ÉL,
PORQUE ÉSTE ES EL CÁLIZ DE MI SANGRE,
SANGRE DE LA ALIANZA NUEVA Y ETERNA,
QUE SERÁ DERRAMADA POR USTEDES Y POR MUCHOS
PARA EL PERDÓN DE LOS PECADOS.

HAGAN ESTO EN CONMEMORACIÓN MÍA.

Muestra el cáliz al pueblo, lo deposita luego sobre el corporal y lo adora haciendo genuflexión.

6. Luego dice una de las siguientes fórmulas:

I **Éste es el Misterio de la fe.** Celebrante solo

O bien:

Éste es el Sacramento de nuestra fe.

Y el pueblo prosigue, aclamando:

Anunciamos tu muerte,
proclamamos tu resurrección.
¡Ven, Señor Jesús!

II **Éste es el Misterio de la fe.** Celebrante solo
Cristo nos redimió.

Y el pueblo prosigue, aclamando:

Cada vez que comemos de este pan
y bebemos de este cáliz,
anunciamos tu muerte, Señor,
hasta que vuelvas.

III **Éste es el Misterio de la fe.** Celebrante solo
Cristo se entregó por nosotros.

Y el pueblo prosigue, aclamando:

Salvador del mundo, sálvanos,
tú que nos has liberado por tu cruz y resurrección.

7. Después el sacerdote, con las manos extendidas, dice:

Celebrante con concelebrantes

Por eso, Padre santo,
al celebrar el memorial de Cristo,
tu Hijo, nuestro Salvador,
al que condujiste por su Pasión y muerte en cruz
a la gloria de la resurrección,
y lo sentaste a tu derecha,
anunciamos la obra de tu amor,
hasta que él venga,
y te ofrecemos el pan de vida y el cáliz de bendición.

Mira con bondad la ofrenda de tu Iglesia,
en la que se hace presente el sacrificio pascual de Cristo,
que se nos ha confiado,
y concédenos, por la fuerza del Espíritu de tu amor,
ser contados ahora y por siempre
entre el número de los miembros de tu Hijo,
cuyo Cuerpo y Sangre comulgamos.

Celebrante o un concelebrante

Lleva a tu Iglesia, Señor,
a la perfección en la fe y en la caridad,
con nuestro Papa N.**, y nuestro Obispo** N.*,
con todos los Obispos, presbíteros y diáconos,
y todo el pueblo redimido por ti.

Abre nuestros ojos
para que conozcamos
las necesidades de los hermanos;
inspíranos las palabras y las obras
para confortar a los que están cansados y agobiados;
haz que los sirvamos con sinceridad,
siguiendo el ejemplo y el mandato de Cristo.

---

* El Obispo, cuando celebra en su diócesis, dice:
conmigo, indigno siervo tuyo,
Cuando celebra un Obispo que no es el Ordinario diocesano, dice:
con mi hermano N.**, Obispo de esta Iglesia,**
conmigo, indigno siervo tuyo,
Aquí se puede hacer mención del Obispo coadjutor o de los Obispos auxiliares, conforme a lo previsto por la IGMR, n. 149.

Que tu Iglesia sea un vivo testimonio
de verdad y libertad,
de paz y justicia,
para que todos los hombres
se animen con una nueva esperanza.

Acuérdate de nuestros hermanos (N. y N.), — Celebrante o un concelebrante
que se durmieron en la paz de Cristo,
y de todos los difuntos,
cuya fe sólo tú conociste:
admítelos a contemplar la luz de tu rostro
y dales la plenitud de la vida en la resurrección.

Y, terminada nuestra peregrinación por este mundo,
concédenos, también,
llegar a la morada eterna,
donde viviremos siempre contigo
y con santa María, la Virgen Madre de Dios,
con los apóstoles y los mártires,
(**con san** N.: santo del día o patrono),
y en comunión con todos los santos,
te alabaremos y te glorificaremos

Junta las manos.

por Jesucristo, Señor nuestro.

8. Toma la patena con el pan consagrado y el cáliz, los eleva y dice:

Por Cristo, con él y en él, — Celebrante solo o con concelebrantes
a ti, Dios Padre omnipotente,
en la unidad del Espíritu Santo,
todo honor y toda gloria
por los siglos de los siglos.

El pueblo aclama:

Amén.

Después sigue el rito de la Comunión, p. 693.

PROPIO DE LOS SANTOS

1. El grado de la celebración, a saber: solemnidad, fiesta o memoria, va indicado cada día. Si no hay ninguna indicación, se trata de una memoria libre.

2. Para cada una de las solemnidades y fiestas el Misal proporciona íntegro el texto de la Misa propia, el cual debe utilizarse como está indicado.

3. En lo referente a las memorias, téngase en cuenta lo siguiente:

   a) Los textos propios, que se señalan para ciertos días, deben utilizarse siempre.
   b) Cuando el Misal remite a un Común determinado, elíjanse los textos más aptos, conforme a lo que se indica en las rúbricas que preceden a los Comunes. La página que se cita indica sólo el texto más adecuado.
   c) Cuando el Misal remite a varios Comunes, puede elegirse cualquiera de ellos, según la utilidad pastoral e incluso pueden intercambiarse los textos de varias Misas del mismo Común.

      Por ejemplo, si un santo es mártir y obispo, puede utilizarse o el Común de mártires o el Común de pastores (obispos).
   d) Además de los Comunes que destacan notas características de santidad (por ejemplo, las de los mártires, las vírgenes, los pastores, etc.), se pueden también emplear los Comunes de santos y santas que se refieren a la santidad en general. Por ejemplo, para una santa, virgen y mártir, además del Común de mártires o del Común de vírgenes, se pueden emplear también los textos del Común de santos y santas.
   e) Las oraciones sobre las ofrendas y después de la comunión, si no son propias, se toman o del Común o del tiempo litúrgico correspondiente.

4. Las Misas que se encuentran en el Propio de los santos pueden celebrarse también como votivas. No obstante, no se pueden utilizar como votivas las Misas de los misterios de la vida del Señor y de la Santísima Virgen María (cfr. *Institución general del Misal Romano*, n. 375), ni tampoco las de algunos santos que tienen Misa votiva propia. En el caso de emplear dichas Misas como votivas, en las oraciones se omiten las palabras que hagan alusión al natalicio, solemnidad o fiesta y se las sustituye con la palabra memoria o conmemoración.

ENERO

2 de enero
Santos Basilio Magno y Gregorio Nacianceno, obispos y doctores de la Iglesia
Memoria

Antífona de entrada — Cfr. Sir 44, 15. 14

Los pueblos proclamen la sabiduría de los santos,
y la Iglesia cante sus alabanzas;
sus nombres vivirán por los siglos de los siglos.

Oración colecta

Dios nuestro, que te dignaste instruir a tu Iglesia
con los ejemplos y enseñanzas
de los santos obispos Basilio Magno y Gregorio Nacianceno,
haz que aprendamos humildemente tu verdad
y por la caridad la pongamos en práctica.
Por nuestro Señor Jesucristo, tu Hijo,
que vive y reina contigo en la unidad del Espíritu Santo
y es Dios por los siglos de los siglos.

Oración sobre las ofrendas

Recibe, Señor, este sacrificio que, para tu gloria,
tu pueblo ofrece en honor de los santos Basilio y Gregorio,
y concédenos alcanzar la eterna salvación.
Por Jesucristo, nuestro Señor.

Antífona de la Comunión — Cfr. 1 Cor 1, 23-24

Nosotros predicamos a Cristo crucificado:
a Cristo, fuerza de Dios y sabiduría de Dios.

Oración después de la Comunión

Que esta mesa celestial, Dios todopoderoso,
robustezca y aumente el vigor espiritual
de todos los que celebramos la festividad
de los santos Basilio y Gregorio,
para que conservemos íntegro el don de la fe
y caminemos por el sendero de la salvación que tú nos señalaste.
Por Jesucristo, nuestro Señor.

3 de enero
Santísimo Nombre de Jesús

Antífona de entrada
Flp 2, 10-11

Que al nombre de Jesús toda rodilla se doble,
en el cielo, en la tierra, en los abismos,
y que toda lengua proclame
que Jesucristo es el Señor, para gloria de Dios Padre.

Oración colecta

**Señor Dios, que en la encarnación de tu Palabra
pusiste el cimiento de la salvación del género humano,
dale a tu pueblo la misericordia que te pide con insistencia,
para que todos sepan que no existe otro nombre
que deba ser invocado, sino el de tu Unigénito.
Él, que vive y reina contigo en la unidad del Espíritu Santo
y es Dios por los siglos de los siglos.**

Oración sobre las ofrendas

**Al presentarte estos dones que tu generosidad nos concede,
te rogamos, Señor, que, así como diste a Cristo,
obediente hasta la muerte,
el nombre por el que debemos salvarnos,
nos concedas también a nosotros que nos proteja su poder.
Por Jesucristo, nuestro Señor.**

Antífona de la Comunión
Sal 8, 2

¡Señor, Dios nuestro,
qué admirable es tu nombre en toda la tierra!

Oración después de la Comunión

**Señor, habiendo recibido en comunión la ofrenda
que presentamos a tu majestad para honrar el nombre de Cristo,
te rogamos que infundas abundantemente en nosotros tu gracia,
para que nos alegremos de que también nuestros nombres
estén escritos en el cielo.
Por Jesucristo, nuestro Señor.**

[En las diócesis de los Estados Unidos]

4 de enero
Santa Isabel Ana Seton, religiosa

Memoria

Antífona de entrada

Cfr. Prov 14, 1-2

Ésta es la mujer sabia, que edificó su casa,
y caminó en santo temor de Dios por el sendero recto.

O bien: Cfr. Sal 24 (23), 6

Éste es el grupo que busca al Señor,
que viene a tu presencia, Dios de Jacob.

Oración colecta

**Oh Dios, que coronaste con el don de la verdadera fe
a santa Isabel Ana Seton, quien ardientemente deseaba encontrarte,
concédenos por su intercesión y ejemplo
buscarte con caridad solícita
y encontrarte por medio de una fe sincera
en nuestro servicio diario.
Por nuestro Señor Jesucristo, tu Hijo,
que vive y reina contigo en la unidad del Espíritu Santo
y es Dios por los siglos de los siglos.**

Oración sobre las ofrendas

**Señor, mira con bondad los dones
que colocamos sobre tu altar
en la celebración de santa Isabel Ana Seton
y concédenos por virtud de este sacrificio
participar más íntimamente en el misterio de tu Hijo.
Él, que vive y reina por los siglos de los siglos.**

Antífona de la Comunión

Jn 6, 51

Yo soy el pan vivo que ha bajado del cielo, dice el Señor:
quien coma de este pan vivirá eternamente.
El pan que yo les daré, es mi carne para la vida del mundo.

Oración después de la Comunión

Señor, al participar del sacramento de nuestra salvación
y celebrando la memoria de santa Isabel Ana Seton,
te suplicamos que nos inflames
con un ardiente deseo de participar en la mesa celestial
y, por el poder de este sacramento,
consagremos fielmente a ti nuestra vida.
Por Jesucristo, nuestro Señor.

[En las diócesis de los Estados Unidos]

5 de enero

San Juan Nepomuceno Neumann, obispo

Memoria

Antífona de entrada

Sal 16 (15), 5-6

El Señor es el lote de mi heredad y mi copa,
mi suerte está en su mano:
me ha tocado un lote hermoso, me encanta mi heredad.

Oración colecta

Oh Dios, que llamaste al obispo san Juan Neumann
al servicio pastoral y a una caridad insigne
para guiar a tu pueblo,
concede por su intercesión que,
fortalecidos por el testimonio del amor fraterno
y fomentando la educación cristiana de la juventud,
aumentemos siempre la familia de tu Iglesia.
Por nuestro Señor Jesucristo, tu Hijo,
que vive y reina contigo en la unidad del Espíritu Santo
y es Dios por los siglos de los siglos.

Oración sobre las ofrendas

Padre misericordioso,
mira los dones que traemos a tu altar
y concede que podamos reflejar
la imagen de Cristo tu Hijo
como lo hizo san Juan Neumann
al imitar los santos misterios que celebraba.
Por Jesucristo, nuestro Señor.

Antífona de la Comunión
Mt 19, 29

Todo aquel que por mí haya dejado casa,
o hermanos o hermanas, o padre o madre, o esposa o hijos, o propiedades,
recibirá cien veces más y heredará la vida eterna.

Oración después de la Comunión

**Te rogamos Señor,
que, renovados por nuestra participación
en el memorial de la pasión y resurrección de tu Hijo,
a ejemplo de san Juan Neumann
experimentemos la fuerza de este sacramento
y permanezcamos en la Iglesia
con el vínculo de la unidad y la verdad.
Por Jesucristo, nuestro Señor.**

[En las diócesis de los Estados Unidos]

6 de enero

San Andrés Bessette, religioso

Del Común de santos y santas: para los religiosos, p. 1163.

Oración colecta

**Señor Dios nuestro, amigo de los humildes,
que suscitaste en tu siervo san Andrés Bessette
una gran devoción a san José
y un singular compromiso con los pobres y afligidos,
concédenos, por su intercesión,
seguir su ejemplo de caridad y oración
y así participar con él en el esplendor de tu gloria.
Por nuestro Señor Jesucristo, tu Hijo,
que vive y reina contigo en la unidad del Espíritu Santo
y es Dios por los siglos de los siglos.**

7 de enero

San Raimundo de Peñafort, presbítero

Del Común de pastores: para un pastor, p. 1134.

Oración colecta

**Señor Dios,
que hiciste insigne a san Raimundo de Peñafort, presbítero,
por su misericordia hacia los pecadores y prisioneros,
concédenos, por su intercesión,
que, libres de la esclavitud del pecado,
realicemos, con libertad de espíritu, lo que te agrada.
Por nuestro Señor Jesucristo, tu Hijo,
que vive y reina contigo en la unidad del Espíritu Santo
y es Dios por los siglos de los siglos.**

13 de enero

San Hilario, obispo y doctor de la Iglesia

Del Común de pastores: para un obispo, p. 1130, o del Común de doctores de la Iglesia, p. 1144.

Oración colecta

**Concédenos, Dios todopoderoso,
la gracia de comprender debidamente,
y proclamar con certeza,
la divinidad de tu Hijo,
que el obispo san Hilario constantemente defendió.
Por nuestro Señor Jesucristo, tu Hijo,
que vive y reina contigo en la unidad del Espíritu Santo
y es Dios por los siglos de los siglos.**

17 de enero

San Antonio, abad

Memoria

Antífona de entrada — Cfr. Sal 92 (91), 13-14

El justo florecerá como palmera,
y se multiplicará como cedro del Líbano,
plantado en la casa del Señor,
en los atrios de la casa de nuestro Dios.

Oración colecta

**Señor Dios, que otorgaste a san Antonio, abad,
el don de servirte en el desierto con una vida admirable,
concédenos, por su intercesión,
que, negándonos a nosotros mismos,
te amemos siempre sobre todas las cosas.
Por nuestro Señor Jesucristo, tu Hijo,
que vive y reina contigo en la unidad del Espíritu Santo
y es Dios por los siglos de los siglos.**

Oración sobre las ofrendas

**Acepta, Señor, las ofrendas de nuestro servicio,
que presentamos en tu altar
en la conmemoración de san Antonio,
y concédenos que, libres de las ataduras de este mundo,
seas tú nuestra única riqueza.
Por Jesucristo, nuestro Señor.**

Antífona de la Comunión — Cfr. Mt 19, 21

Si quieres ser perfecto,
ve y vende lo que tienes,
dales el dinero a los pobres,
y sígueme, dice el Señor.

Oración después de la Comunión

**Alimentados con el sacramento de la salvación,
concédenos, Dios nuestro,
que siempre superemos todas las insidias del enemigo,
tú que le concediste a san Antonio
lograr tan ilustres victorias contra el poder de las tinieblas.
Por Jesucristo, nuestro Señor.**

20 de enero

San Fabián, Papa y mártir

Del Común de mártires: para un mártir, p. 1115, o del Común de pastores: para un Papa, p. 1127.

Oración colecta

**Dios nuestro, gloria de tus sacerdotes,
concédenos que,
mediante la intercesión de tu mártir san Fabián,
nos esforcemos en compartir su misma fe
y en servirte dignamente.
Por nuestro Señor Jesucristo, tu Hijo,
que vive y reina contigo en la unidad del Espíritu Santo
y es Dios por los siglos de los siglos.**

San Sebastián, mártir

Del Común de mártires: para un mártir, p. 1115.

Oración colecta

**Concédenos, Señor, el espíritu de fortaleza,
para que, siguiendo el glorioso ejemplo del mártir san Sebastián,
aprendamos a obedecerte a ti antes que a los hombres.
Por nuestro Señor Jesucristo, tu Hijo,
que vive y reina contigo en la unidad del Espíritu Santo
y es Dios por los siglos de los siglos.**

21 de enero

Santa Inés, virgen y mártir

Memoria

Del Común de mártires: para una virgen mártir, p. 1124, o del Común de vírgenes: para una virgen, p. 1148.

Oración colecta

**Dios todopoderoso y eterno,
que escoges lo débil del mundo para confundir a los fuertes,
concede propicio, a quienes celebramos el martirio de santa Inés,
que imitemos su firmeza en la fe.
Por nuestro Señor Jesucristo, tu Hijo,
que vive y reina contigo en la unidad del Espíritu Santo
y es Dios por los siglos de los siglos.**

[En las diócesis de los Estados Unidos]

22 de enero*
(*23 de enero, cuando el 22 de enero cae en domingo)

Día de oración por la protección legal de la criatura en el vientre materno

De las Misas y oraciones por varias necesidades y para diversas circunstancias: Para dar gracias a Dios por el don de la vida humana (no. 48/1), con vestiduras blancas (p. 1374); o Por la paz y la justicia (no. 30), con vestiduras moradas (p. 1351).

[En las diócesis de los Estados Unidos]

23 de enero

San Vicente, diácono y mártir

Del Común de mártires: para un mártir, p. 1121.

Oración colecta

**Dios todopoderoso y eterno,
infunde bondadosamente tu Espíritu en nosotros,
para que nuestros corazones sean fortalecidos
por aquel amor invencible con el que tu santo mártir Vicente
venció todos los tormentos corporales.
Por nuestro Señor Jesucristo, tu Hijo,
que vive y reina contigo en la unidad del Espíritu Santo
y es Dios por los siglos de los siglos.**

[En las diócesis de los Estados Unidos]

Santa Mariana Cope, virgen

Del Común de vírgenes: para una virgen, p. 1148, o del Común de santos y santas: para los que hicieron obras de misericordia, p. 1166.

Oración colecta

**Oh Dios, que nos llamaste a servir a tu Hijo
en el más insignificante de nuestros hermanos,
concédenos, te rogamos,
que por el ejemplo y la intercesión de la santa Mariana Cope, virgen,
ardamos en amor a ti y a los que sufren.
Por nuestro Señor Jesucristo, tu Hijo,
que vive y reina contigo en la unidad del Espíritu Santo
y es Dios por los siglos de los siglos.**

24 de enero

San Francisco de Sales, obispo y doctor de la Iglesia

Memoria

Del Común de pastores: para un obispo, p. 1130, o del Común de doctores de la Iglesia, p. 1144.

Oración colecta

**Dios nuestro, que para la salvación de las almas
quisiste que el obispo san Francisco de Sales
se hiciera todo para todos,
concédenos que, a ejemplo suyo,
mostremos siempre la mansedumbre de tu amor
en el servicio a los hermanos.
Por nuestro Señor Jesucristo, tu Hijo,
que vive y reina contigo en la unidad del Espíritu Santo
y es Dios por los siglos de los siglos.**

Oración sobre las ofrendas

**Por esta ofrenda de salvación que te presentamos, Señor,
enciende nuestro corazón
con aquel divino fuego del Espíritu Santo
con el que de manera admirable inflamaste
el corazón lleno de mansedumbre de san Francisco.
Por Jesucristo, nuestro Señor.**

Oración después de la Comunión

**Concédenos, Dios todopoderoso,
que, por este sacramento que acabamos de recibir,
imitando en la tierra la caridad
y la mansedumbre de san Francisco,
consigamos también la gloria del cielo.
Por Jesucristo, nuestro Señor.**

25 de enero

CONVERSIÓN DE SAN PABLO, APÓSTOL

Fiesta

Antífona de entrada

Cfr. 2 Tim 1, 12; 4, 8

Yo sé bien en quién tengo puesta toda mi confianza
y estoy convencido de que él es poderoso;
el Señor, justo juez, me dará la recompensa el día de su venida.

Se dice Gloria.

Oración colecta

**Dios nuestro, que adoctrinaste al mundo entero
con la predicación del apóstol san Pablo,
concédenos que, caminando hacia ti
siguiendo el ejemplo de aquel cuya conversión hoy celebramos,
seamos testigos de tu verdad en el mundo.
Por nuestro Señor Jesucristo, tu Hijo,
que vive y reina contigo en la unidad del Espíritu Santo
y es Dios por los siglos de los siglos.**

Oración sobre las ofrendas

**Al celebrar estos divinos misterios,
te suplicamos, Señor,
que el Espíritu Santo derrame sobre nosotros
la luz de la fe que iluminó al apóstol san Pablo
para propagar tu gloria sin descanso.
Por Jesucristo, nuestro Señor.**

Prefacio I de los Apóstoles, p. 622.

Antífona de la Comunión

Cfr. Gál 2, 20

Vivo de la fe en el Hijo de Dios, que me amó
y se entregó a la muerte por mí.

Oración después de la Comunión

**Señor, Dios nuestro,
los sacramentos que hemos recibido
fortalezcan en nosotros el fuego de la caridad
que encendió con ímpetu al apóstol san Pablo,
para tomar sobre sí el cuidado de todas las Iglesias.
Por Jesucristo, nuestro Señor.**

Puede utilizarse la fórmula de bendición solemne, p. 714.

26 de enero

Santos Timoteo y Tito, obispos

Memoria

Antífona de entrada Sal 96 (95), 3-4

Anuncien la gloria del Señor entre las naciones
y sus maravillas a todos los pueblos;
porque el Señor es grande y muy digno de alabanza.

Oración colecta

**Señor Dios, que enriqueciste con virtudes apostólicas
a los santos Timoteo y Tito,
concédenos, por su intercesión,
que, viviendo justa y piadosamente en este mundo,
merezcamos llegar a la patria celestial.
Por nuestro Señor Jesucristo, tu Hijo,
que vive y reina contigo en la unidad del Espíritu Santo
y es Dios por los siglos de los siglos.**

Oración sobre las ofrendas

**Recibe, Señor, los dones de tu pueblo,
presentados en la festividad de tus santos Timoteo y Tito,
y concédenos que te agrademos siempre
con un corazón sincero.
Por Jesucristo, nuestro Señor.**

Antífona de la Comunión Mc 16, 15; Mt 28, 20

Vayan por todo el mundo y proclamen la Buena Nueva;
yo estaré con ustedes todos los días, dice el Señor.

Oración después de la Comunión

**Los sacramentos que recibimos, Señor Dios nuestro,
fortalezcan en nosotros la fe
que la predicación apostólica nos enseñó
y que los santos Timoteo y Tito conservaron con solicitud.
Por Jesucristo, nuestro Señor.**

27 de enero

Santa Ángela Merici, virgen

Del Común de vírgenes: para una virgen, p. 1148, o del Común de santos y santas: para los educadores, p. 1167.

Oración colecta

Te pedimos, Señor, que santa Ángela Merici, virgen,
no deje de encomendarnos a tu bondad,
para que, imitando el testimonio de su caridad y prudencia,
podamos conservar tus enseñanzas
y proclamarlas con nuestra vida.
Por nuestro Señor Jesucristo, tu Hijo,
que vive y reina contigo en la unidad del Espíritu Santo
y es Dios por los siglos de los siglos.

28 de enero

Santo Tomás de Aquino, presbítero y doctor de la Iglesia

Memoria

Del Común de doctores de la Iglesia, p. 1144, o del Común de pastores: para un pastor, p. 1134.

Oración colecta

Dios nuestro, que hiciste insigne a santo Tomás de Aquino
por el anhelo de santidad y la dedicación a las ciencias sagradas,
concédenos comprender sus enseñanzas
e imitar el ejemplo de su vida.
Por nuestro Señor Jesucristo, tu Hijo,
que vive y reina contigo en la unidad del Espíritu Santo
y es Dios por los siglos de los siglos.

31 de enero

San Juan Bosco, presbítero

Memoria

Del Común de pastores: para un pastor, p. 1134, o del Común de santos y santas: para los educadores, p. 1167.

Oración colecta

**Dios nuestro, que suscitaste a san Juan Bosco, presbítero,
como padre y maestro de la juventud,
concédenos que, inflamados por un amor semejante al suyo,
busquemos el bien de las almas y vivamos entregados a tu servicio.
Por nuestro Señor Jesucristo, tu Hijo,
que vive y reina contigo en la unidad del Espíritu Santo
y es Dios por los siglos de los siglos.**

FEBRERO

2 de febrero

PRESENTACIÓN DEL SEÑOR

Fiesta

Bendición de las velas y procesión

Primera forma: Procesión

1. A una hora conveniente, se reúnen los fieles en otra iglesia o en algún lugar adecuado, fuera de la iglesia a donde va a dirigirse la procesión. Los fieles sostienen en sus manos las velas apagadas.

2. El sacerdote, revestido con vestiduras litúrgicas de color blanco, como para la Misa, se acerca junto con los ministros al lugar donde el pueblo está congregado. En lugar de la casulla, puede usar la capa pluvial, que dejará una vez terminada la procesión.

3. Mientras se encienden las velas, se canta la siguiente antífona:

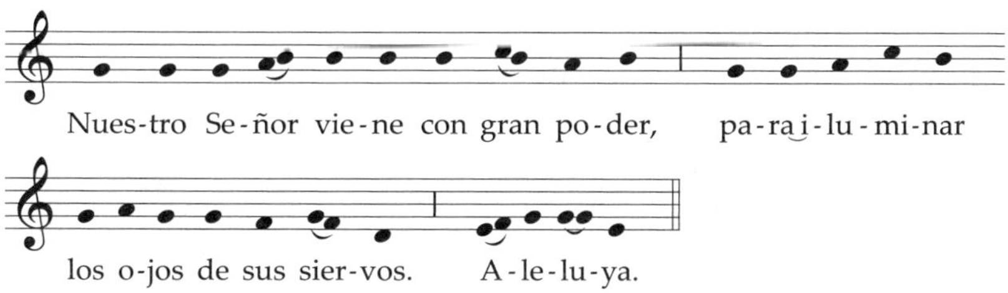

O bien

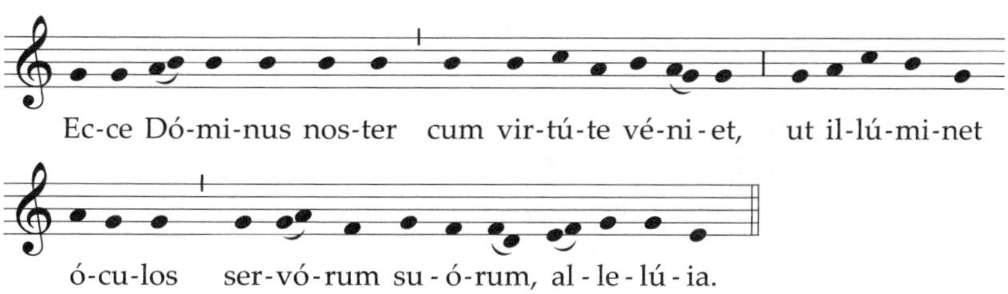

O bien otro canto apropiado.

4. El sacerdote, terminado el canto, dirigiéndose al pueblo, dice: En el nombre del Padre, y del Hijo, y del Espíritu Santo. Luego saluda al pueblo como de costumbre. Después dice una monición introductoria al rito, invitando a los fieles a participar en él activa y conscientemente, con estas palabras u otras semejantes:

Queridos hermanos: Hace cuarenta días,
celebramos con júbilo el nacimiento del Señor.

Hoy conmemoramos el día dichoso
en que Jesús fue presentado en el templo por María y José,
para cumplir públicamente con la ley de Moisés,
pero, en realidad,
para venir al encuentro de su pueblo que lo esperaba con fe.

Impulsados por el Espíritu Santo,
vinieron al templo aquellos dos santos ancianos, Simeón y Ana,
e iluminados por el mismo Espíritu, reconocieron al Señor
y lo anunciaron jubilosamente a todos.

Así también nosotros,
congregados en la unidad por el Espíritu Santo,
vayamos al encuentro de Cristo en la casa de Dios.

Lo encontraremos y reconoceremos en la fracción del pan,
mientras llega el día en que se manifieste glorioso.

5. Después de la monición, el sacerdote bendice las velas, diciendo, con las manos extendidas:

Oremos.

Dios nuestro, fuente y origen de toda luz,
que en este día manifestaste al justo Simeón
la Luz destinada a iluminar a todas las naciones,
te pedimos humildemente
que te dignes recibir como ofrenda
y santificar con tu bendición ✠ estas velas
que tu pueblo congregado va a llevar
para alabanza de tu nombre,
de manera que, siguiendo el camino de las virtudes,
pueda llegar a la luz inextinguible.
Por Jesucristo, nuestro Señor.
R. Amén.

O bien:

Oremos.

Dios nuestro, luz verdadera,
autor y dador de la luz eterna,
infunde en el corazón de tus fieles
la claridad perpetua de tu luz
para que todos los que, en tu santo templo,
son iluminados con el resplandor de estas luces,
puedan llegar felizmente a la luz de tu gloria.
Por Jesucristo, nuestro Señor.
R. Amén.

Y rocía las velas con agua bendita, sin decir nada, y pone incienso para la procesión.

6. El sacerdote recibe entonces del diácono u otro ministro la vela encendida destinada para él e inicia la procesión, mientras el diácono (o en su ausencia, el mismo sacerdote) dice:

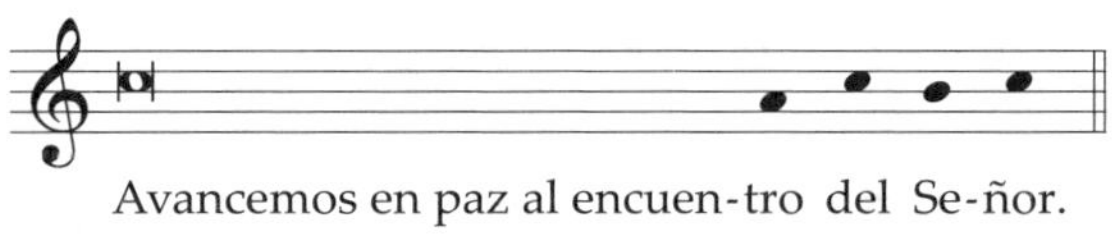

O bien:

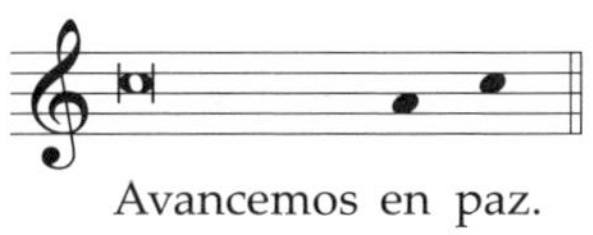

En ambos casos, todos responden:

7. Todos llevan sus velas encendidas. Durante la procesión se canta una de las antífonas siguientes: la antífona Cristo es la luz enviada, con el cántico de Simeón (Lc 2, 29-32), o la antífona Adorna tu alcoba, u otro canto apropiado:

I

Ant. Lk 2:29-32

O bien:

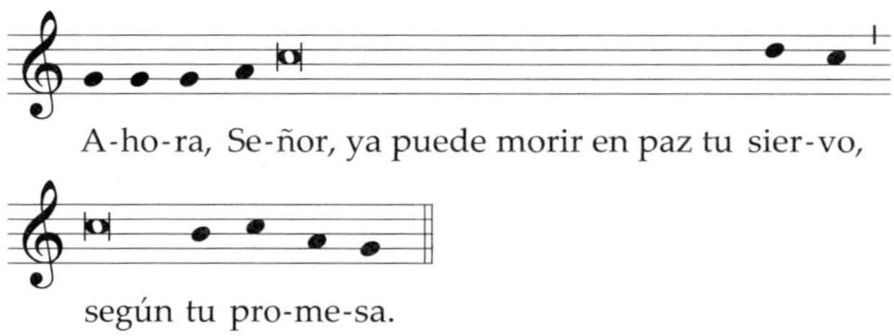

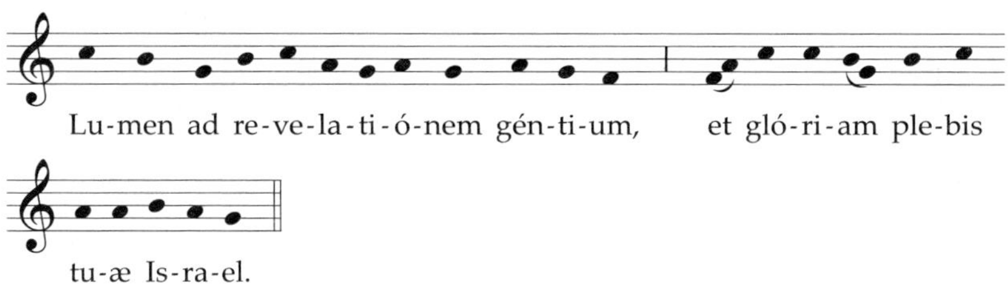

O bien:

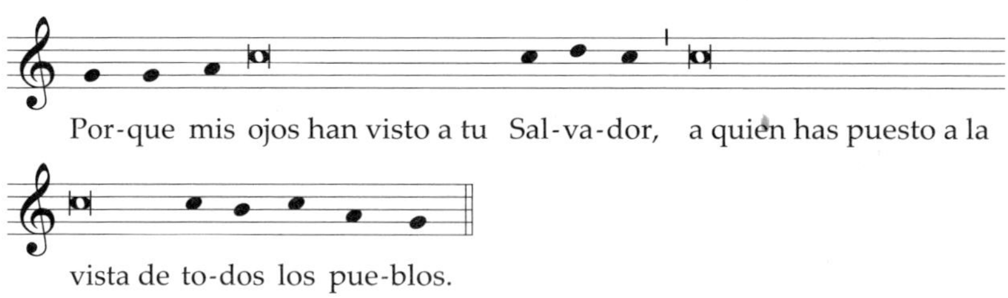

Texto sin música:

Ant. Cristo es la luz enviada para iluminar a las naciones
y para gloria de Israel.
V. Ahora, Señor, ya puede morir en paz tu siervo, según tu promesa.

Ant. Cristo es la luz enviada para iluminar a las naciones
y para gloria de Israel.
V. Porque mis ojos han visto a tu Salvador.

Ant. Cristo es la luz enviada para iluminar a las naciones
y para gloria de Israel.
V. Al Salvador, a quien has puesto a la vista de todos los pueblos.

Ant. Cristo es la luz enviada para iluminar a las naciones
y para gloria de Israel.

II

Ant. Adorna tu alcoba, Sión, y acoge a Cristo Rey;
recibe a María, la puerta del cielo;
ella lleva al Rey de la nueva luz gloriosa;
escucha, Virgen María, llévanos de la mano
hasta tu Hijo, luz de las naciones,
a quien recibió Simeón en sus brazos
y lo anunció a todos los pueblos:
es el Señor que da la vida y la muerte,
el Salvador del mundo.

8. Al entrar la procesión en la iglesia, se canta la antífona de entrada de la Misa. Al llegar el sacerdote al altar, hace la debida reverencia y, si se cree conveniente, lo inciensa. Luego se dirige a la sede, en donde se quita la capa pluvial, si la usó en la procesión, y se pone la casulla. Ahí mismo, después de que se ha cantado el himno del **Gloria** dice la oración colecta como de ordinario. Prosigue luego la Misa de la manera acostumbrada.

Segunda forma: Entrada solemne

9. En donde no puede hacerse la procesión, los fieles se reúnen en la iglesia, teniendo las velas en sus manos. El sacerdote, revestido con las vestiduras litúrgicas blancas para la Misa, va en compañía de los ministros y de una representación de los fieles a un sitio adecuado, ya sea ante la puerta de la iglesia o en el interior de la misma, en donde, por lo menos una gran parte de los fieles, puedan participar cómodamente en el rito.

10. Al llegar el sacerdote al sitio escogido para la bendición de la velas, se encienden éstas, y se canta la antífona **Nuestro Señor viene con gran poder** (n. 3) u otro canto apropiado.

11. Enseguida el sacerdote, después del saludo al pueblo y de la monición, bendice las velas, como se indica en los nn. 4-5; se efectúa luego la procesión al altar, con el canto (nn. 6-7). Para la Misa se observa lo indicado en el n. 8.

Misa

Antífona de entrada Cfr. Sal 48 (47), 10-11

Meditamos, Señor, los dones de tu amor,
en medio de tu templo.
Tu alabanza llega hasta los confines de la tierra
como tu fama.
Tu diestra está llena de justicia.

Se dice Gloria.

Oración colecta

**Dios todopoderoso y eterno,
suplicamos humildemente a tu majestad
que, así como en este día
fue presentado al templo tu Unigénito
en su realidad humana como la nuestra,
así nos concedas, con el espíritu purificado, ser presentados ante ti.
Por nuestro Señor Jesucristo, tu Hijo,
que vive y reina contigo en la unidad del Espíritu Santo
y es Dios por los siglos de los siglos.**

Cuando esta fiesta cae en domingo, se dice Credo.

Oración sobre las ofrendas

**Que te sea grata, Señor,
la ofrenda de tu Iglesia desbordante de alegría,
tú que quisiste que tu Unigénito
te fuera ofrecido, como Cordero inmaculado,
para la vida del mundo.
Él, que vive y reina por los siglos de los siglos.**

Prefacio: El misterio de la Presentación del Señor.

℣. El Se-ñor es-té con us-te-des. ℟. Y con tu es-pí-ri-tu.

℣. Le-van-te-mos el co-ra-zón. ℟. Lo te-ne-mos le-van-ta-do ha-cia el Se-ñor.

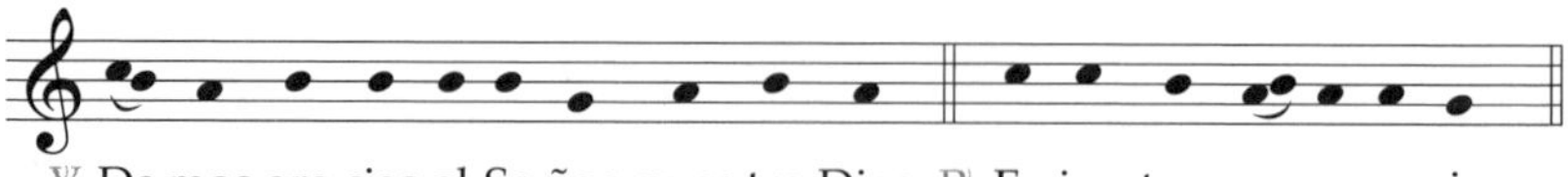

℣. De-mos gra-cias al Se-ñor, nues-tro Dios. ℟. Es jus-to y ne-ce-sa-rio.

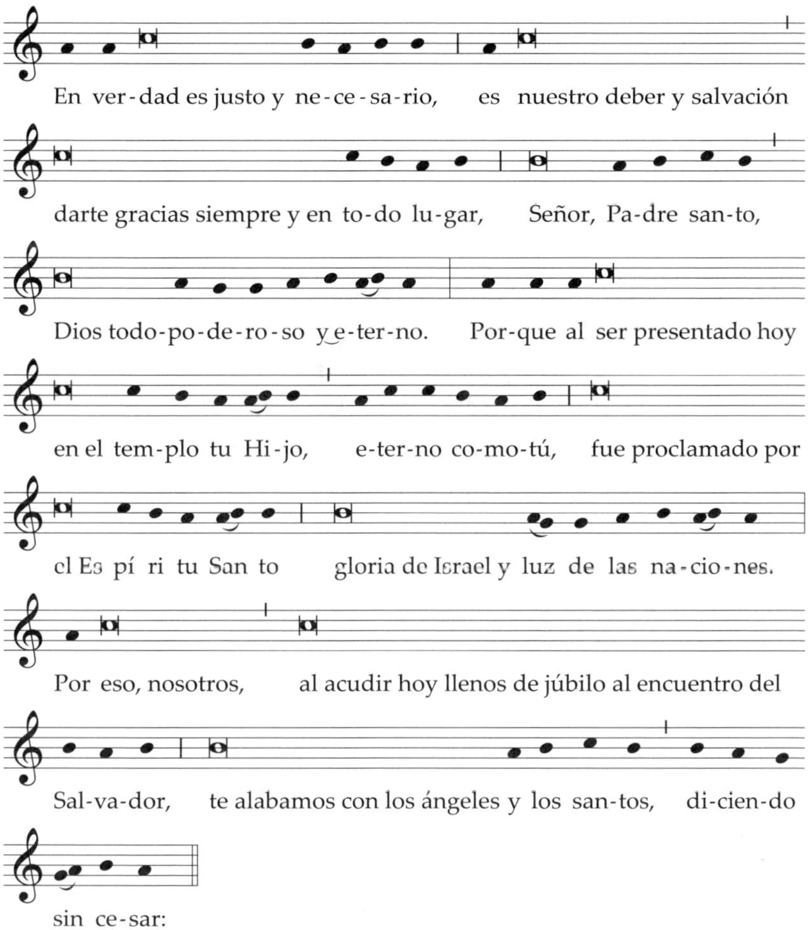

Santo, Santo, Santo . . .

Texto sin música:

V. **El Señor esté con ustedes.**
R. Y con tu espíritu.

V. **Levantemos el corazón.**
R. Lo tenemos levantado hacia el Señor.

V. **Demos gracias al Señor, nuestro Dios.**
R. Es justo y necesario.

**En verdad es justo y necesario,
es nuestro deber y salvación
darte gracias siempre y en todo lugar,
Señor, Padre santo, Dios todopoderoso y eterno.**

**Porque al ser presentado hoy en el templo tu Hijo, eterno como tú,
fue proclamado por el Espíritu Santo
gloria de Israel y luz de las naciones.**

**Por eso, nosotros, al acudir hoy llenos de júbilo
al encuentro del Salvador,
te alabamos con los ángeles y los santos,
diciendo sin cesar:**

Santo, Santo, Santo . . .

Antífona de la Comunión

Lc 2, 30-31

Mis ojos han visto a tu Salvador,
a quien has puesto ante la vista de todos los pueblos.

Oración después de la Comunión

**Señor, por este santo sacramento que acabamos de recibir,
lleva a su plenitud en nosotros la obra de tu gracia.
Tú que colmaste las esperanzas de Simeón,
que no vio la muerte sin antes merecer tener en sus brazos a Cristo,
así nosotros, al salir al encuentro del Señor,
merezcamos alcanzar la vida eterna.**

3 de febrero
San Blas, obispo y mártir

Del Común de mártires: para un mártir, p. 1115, o del Común de pastores: para un obispo, p. 1130.

Oración colecta

**Escucha, Señor, a tu pueblo que,
con la ayuda del mártir san Blas,
te suplica le concedas
gozar de paz en la vida presente,
y tu auxilio para alcanzar la vida eterna.
Por nuestro Señor Jesucristo, tu Hijo,
que vive y reina contigo en la unidad del Espíritu Santo
y es Dios por los siglos de los siglos.**

San Óscar, obispo

Del Común de pastores: para los misioneros, p. 1140, o para un obispo, p. 1130.

Oración colecta

**Dios nuestro, que enviaste a tu santo obispo Óscar
para evangelizar a numerosos pueblos,
concédenos, por su intercesión,
caminar siempre en la luz de tu verdad.
Por nuestro Señor Jesucristo, tu Hijo,
que vive y reina contigo en la unidad del Espíritu Santo
y es Dios por los siglos de los siglos.**

5 de febrero

Santa Águeda, virgen y mártir

Memoria

Del Común de mártires: para una virgen mártir, p. 1124, o del Común de vírgenes: para una virgen, p. 1148.

Oración colecta

Te rogamos, Señor, que la santa virgen y mártir Águeda
implore para nosotros tu misericordia,
ya que te fue siempre grata,
tanto por la fortaleza de su martirio,
como por el mérito de su virginidad.
Por nuestro Señor Jesucristo, tu Hijo,
que vive y reina contigo en la unidad del Espíritu Santo
y es Dios por los siglos de los siglos.

6 de febrero

Santos Pablo Miki y compañeros, mártires

Memoria

Del Común de mártires: para varios mártires, p. 1108.

Oración colecta

Dios nuestro, fortaleza de los santos,
que por medio de la cruz te dignaste llamar a la gloria
a los santos mártires Pablo Miki y compañeros,
concédenos, por su intercesión,
que mantengamos firmemente hasta la muerte
la fe que profesamos.
Por nuestro Señor Jesucristo, tu Hijo,
que vive y reina contigo en la unidad del Espíritu Santo
y es Dios por los siglos de los siglos.

8 de febrero
San Jerónimo Emiliani

Del Común de santos y santas: para los educadores, p. 1167.

Oración colecta

**Dios, Padre de toda misericordia,
que en tu providencia quisiste que san Jerónimo Emiliani
fuera protector y padre de los huérfanos,
concédenos, por su intercesión,
que conservemos con fidelidad el espíritu de adopción
por el cual nos llamamos y somos hijos tuyos.
Por nuestro Señor Jesucristo, tu Hijo,
que vive y reina contigo en la unidad del Espíritu Santo
y es Dios por los siglos de los siglos.**

Santa Josefina Bakhita, virgen

Del Común de vírgenes: para una virgen, p. 1148.

Oración colecta

**Dios nuestro, que hiciste pasar a santa Josefina Bakhita
de la esclavitud denigrante
a la dignidad de hija tuya y esposa de Cristo,
concédenos que, a ejemplo suyo,
sigamos al Señor Jesús crucificado con incesante amor
y perseveremos en la práctica de la caridad, llenos de misericordia.
Por nuestro Señor Jesucristo, tu Hijo,
que vive y reina contigo en la unidad del Espíritu Santo
y es Dios por los siglos de los siglos.**

10 de febrero

Santa Escolástica, virgen

Memoria

Del Común de vírgenes: para una virgen, p. 1148, o del Común de santos y santas: para una monja, p. 1162.

Oración colecta

Al celebrar a santa Escolástica, virgen,
te pedimos, Señor, que siguiendo su ejemplo
nos concedas amarte con un amor puro
y experimentar las delicias de tu amistad.
Por nuestro Señor Jesucristo, tu Hijo,
que vive y reina contigo en la unidad del Espíritu Santo
y es Dios por los siglos de los siglos.

11 de febrero

Bienaventurada Virgen María de Lourdes

Del Común de la Bienaventurada Virgen María, p. 1095.

Oración colecta

Concédenos, Dios misericordioso,
auxilio en nuestra fragilidad,
para que, quienes celebramos la conmemoración
de la inmaculada Madre de Dios,
con la ayuda de su intercesión
nos veamos libres de nuestras culpas.
Por nuestro Señor Jesucristo, tu Hijo,
que vive y reina contigo en la unidad del Espíritu Santo
y es Dios por los siglos de los siglos.

14 de febrero
Santos Cirilo, monje, y Metodio, obispo
Memoria

Antífona de entrada

Éstos son los hombres santos
que se hicieron amigos de Dios,
insignes predicadores del Evangelio.

Oración colecta

**Dios nuestro, que iluminaste a los pueblos eslavos
por medio de los santos hermanos Cirilo y Metodio,
concede que comprendamos de corazón
las palabras de tu doctrina
y que formemos un pueblo unido
en la fe verdadera y en su recta profesión.
Por nuestro Señor Jesucristo, tu Hijo,
que vive y reina contigo en la unidad del Espíritu Santo
y es Dios por los siglos de los siglos.**

Oración sobre las ofrendas

**Mira, Señor, los dones que presentamos a tu divina majestad
en la conmemoración de los santos Cirilo y Metodio,
y concede que se conviertan
en el signo de la humanidad nueva
reconciliada contigo en el amor.
Por Jesucristo, nuestro Señor.**

Antífona de la Comunión

Cfr. Mc 16, 20

Salieron los discípulos a predicar el Evangelio;
y el Señor actuaba con ellos y confirmaba la predicación
con los milagros que hacían.

Oración después de la Comunión

**Dios nuestro, Padre de todos los pueblos,
que nos haces partícipes de un mismo pan y un mismo Espíritu
y herederos del banquete eterno,
en esta fiesta de los santos Cirilo y Metodio
concédenos, benigno, que la muchedumbre de tus hijos,
perseverando en la misma fe,
edifique, unánime, el reino de justicia y de paz.
Por Jesucristo, nuestro Señor.**

17 de febrero

Los siete santos Fundadores de la Orden de los Siervos de la Bienaventurada Virgen María

Del Común de santos y santas: para los religiosos, p. 1163.

Oración colecta

Señor, infunde bondadoso en nosotros
el espíritu de piedad con el que estos santos fundadores
veneraron con tanto fervor a la Madre de Dios,
y condujeron a tu pueblo hacia ti.
Por nuestro Señor Jesucristo, tu Hijo,
que vive y reina contigo en la unidad del Espíritu Santo
y es Dios por los siglos de los siglos.

21 de febrero

San Pedro Damián, obispo y doctor de la Iglesia

Del Común de doctores de la Iglesia, p. 1144, o del Común de pastores: para un obispo, p. 1130.

Oración colecta

Concédenos, Dios todopoderoso,
seguir las enseñanzas y ejemplos del obispo san Pedro Damián,
para que, prefiriendo en todo a Cristo,
estemos siempre entregados al servicio de tu Iglesia,
y así lleguemos al gozo de la luz eterna.
Por nuestro Señor Jesucristo, tu Hijo,
que vive y reina contigo en la unidad del Espíritu Santo
y es Dios por los siglos de los siglos.

22 de febrero
CÁTEDRA DE SAN PEDRO, APÓSTOL
Fiesta

Antífona de entrada Lc 22, 32

Dijo el Señor a Simón Pedro:
Yo he rogado por ti para que tu fe no desfallezca
y tú, una vez convertido, confirma a tus hermanos.

Se dice Gloria.

Oración colecta

**Te rogamos, Dios todopoderoso, que no permitas
que seamos sacudidos por perturbación alguna,
ya que nos has edificado
sobre la roca de la confesión apostólica.
Por nuestro Señor Jesucristo, tu Hijo,
que vive y reina contigo en la unidad del Espíritu Santo
y es Dios por los siglos de los siglos.**

Oración sobre las ofrendas

**Acepta, Señor, con bondad
las oraciones y ofrendas de tu Iglesia,
para que alcance la vida eterna,
guiada por el apóstol Pedro,
cuyo magisterio la mantiene
en la integridad de la fe.
Por Jesucristo, nuestro Señor.**

Prefacio I de los Apóstoles, p. 622.

Antífona de la Comunión Cfr. Mt 16, 16. 18

Dijo Pedro a Jesús: Tú eres el Mesías,
el Hijo de Dios vivo.
Jesús le respondió: Tú eres Pedro,
y sobre esta piedra edificaré mi Iglesia.

Oración después de la Comunión

**Dios nuestro, que al celebrar la fiesta de san Pedro, apóstol,
nos alimentaste con la comunión
del Cuerpo y la Sangre de Cristo,
concédenos que este intercambio redentor
sea para nosotros sacramento de unidad y de paz.
Por Jesucristo, nuestro Señor.**

Puede utilizarse la fórmula de bendición solemne, p. 714.

23 de febrero

San Policarpo, obispo y mártir

Memoria

Del Común de mártires: para un mártir, p. 1115, o del Común de pastores: para un obispo, p. 1130.

Oración colecta

**Dios de todo lo creado,
que te dignaste agregar al número de los mártires
al obispo san Policarpo,
concédenos, por su intercesión,
que, tomando parte con él en el cáliz de Cristo,
resucitemos, por el Espíritu Santo, a la vida eterna.
Por nuestro Señor Jesucristo, tu Hijo,
que vive y reina contigo en la unidad del Espíritu Santo
y es Dios por los siglos de los siglos.**

MARZO

[En las diócesis de los Estados Unidos]

3 de marzo

Santa Catalina Drexel, virgen

Del Común de vírgenes: para una virgen, p. 1148

Oración colecta

**Dios de amor y bondad,
que llamaste a santa Catalina Drexel
a enseñar el mensaje del Evangelio
y llevar la vida eucarística
al pueblo indígena y afroamericano,
por su oración y ejemplo
impúlsanos a trabajar por la justicia
en favor de los pobres y oprimidos
y consérvanos unidos en el amor
dentro de la comunidad eucarística de tu Iglesia.
Por nuestro Señor Jesucristo, tu Hijo,
que vive y reina contigo en la unidad del Espíritu Santo
y es Dios por los siglos de los siglos.**

4 de marzo

San Casimiro

Del Común de santos y santas: para un santo, p. 1157.

Oración colecta

**Dios todopoderoso, a quien servir es reinar,
concédenos, por intercesión de san Casimiro,
que te sirvamos siempre en santidad y justicia.
Por nuestro Señor Jesucristo, tu Hijo,
que vive y reina contigo en la unidad del Espíritu Santo
y es Dios por los siglos de los siglos.**

7 de marzo

Santas Perpetua y Felicidad, mártires

Memoria

Antífona de entrada

Ahora gozan en el cielo las almas de los santos,
que siguieron en la tierra las huellas de Cristo;
y, porque lo amaron hasta derramar su sangre por él,
con Cristo se gozan eternamente.

Oración colecta

**Dios todopoderoso, que con la fuerza de tu amor
hiciste a las santas mártires Perpetua y Felicidad
intrépidas ante el perseguidor
e invencibles ante los tormentos de la muerte,
concédenos, por su intercesión,
crecer siempre en tu amor.
Por nuestro Señor Jesucristo, tu Hijo,
que vive y reina contigo en la unidad del Espíritu Santo
y es Dios por los siglos de los siglos.**

Oración sobre las ofrendas

**Te ofrecemos hoy gozosamente, Señor, este sacrificio,
por el cual, al tiempo que conmemoramos la victoria
de las santas mártires Perpetua y Felicidad,
además de proclamar tus maravillas,
nos alegramos de contar con su gloriosa intercesión.
Por Jesucristo, nuestro Señor.**

Antífona de la Comunión

2 Cor 4, 11

Nuestra vida es un continuo estar expuestos
a la muerte por causa de Jesús,
para que también la vida de Jesús
se manifieste en nuestra carne mortal.

Oración después de la Comunión

Habiendo participado de los gozos celestiales
al recibir este sacramento
en la conmemoración de las santas Perpetua y Felicidad,
te pedimos humildemente, Señor,
que experimentemos plenamente en nuestra vida
lo que por don tuyo hemos celebrado
con diligente actitud de servicio.
Por Jesucristo, nuestro Señor.

8 de marzo
San Juan de Dios, religioso

Del Común de santos y santas: para los religiosos, p. 1163, o para los que hicieron obras de misericordia, p. 1166.

Oración colecta

Dios nuestro,
que colmaste a san Juan de Dios del espíritu de misericordia,
concédenos que, practicando las obras de caridad,
merezcamos ser contados entre los elegidos en tu reino.
Por nuestro Señor Jesucristo, tu Hijo,
que vive y reina contigo en la unidad del Espíritu Santo
y es Dios por los siglos de los siglos.

9 de marzo
Santa Francisca Romana, religiosa

Del Común de santos y santas: para las santas mujeres, p. 1169, o para los religiosos, p. 1163.

Oración colecta

Dios nuestro, que nos diste en santa Francisca Romana
un singular modelo de vida matrimonial y monástica,
enséñanos a servirte con perseverancia,
para que podamos reconocerte y seguirte
en todas las circunstancias de la vida.
Por nuestro Señor Jesucristo, tu Hijo,
que vive y reina contigo en la unidad del Espíritu Santo
y es Dios por los siglos de los siglos.

17 de marzo
San Patricio, obispo

Del Común de pastores: para los misioneros, p. 1140, o para un obispo, p. 1130.

Oración colecta

**Dios nuestro, que enviaste al obispo san Patricio
para evangelizar a los pueblos de Irlanda,
por sus méritos e intercesión
concede, a quienes nos gloriamos del nombre cristiano,
anunciar siempre tus maravillas a los hombres.
Por nuestro Señor Jesucristo, tu Hijo,
que vive y reina contigo en la unidad del Espíritu Santo
y es Dios por los siglos de los siglos.**

18 de marzo
San Cirilo de Jerusalén, obispo y doctor de la Iglesia

Del Común de pastores: para un obispo, p. 1130, o del Común de doctores de la Iglesia, p. 1144.

Oración colecta

**Dios nuestro, que por medio del obispo san Cirilo de Jerusalén
condujiste admirablemente a tu Iglesia
a comprender con más profundidad los misterios de la salvación,
concédenos, por su intercesión, conocer de tal manera a tu Hijo,
que podamos participar abundantemente de su vida divina.
Él, que vive y reina contigo en la unidad del Espíritu Santo
y es Dios por los siglos de los siglos.**

19 de marzo

SAN JOSÉ, ESPOSO DE LA BIENAVENTURADA VIRGEN MARÍA

Solemnidad

Antífona de entrada

Cfr. Lc 12, 42

Éste es el siervo fiel y prudente,
a quien el Señor puso al frente de su familia.

Se dice Gloria.

Oración colecta

**Dios todopoderoso,
que quisiste poner bajo la protección de san José
el nacimiento y la infancia de nuestro Redentor,
concédele a tu Iglesia proseguir y llevar a término,
bajo su patrocinio, la obra de la redención humana.
Por nuestro Señor Jesucristo, tu Hijo,
que vive y reina contigo en la unidad del Espíritu Santo
y es Dios por los siglos de los siglos.**

Se dice Credo.

Oración sobre las ofrendas

**Te rogamos, Señor, que así como san José
sirvió con amorosa entrega a tu Unigénito,
nacido de la Virgen María,
así también nosotros, con un corazón limpio,
merezcamos servirte en tu altar.
Por Jesucristo, nuestro Señor.**

Prefacio: Misión de san José.

Santo, Santo, Santo . . .

Texto sin música:

V. **El Señor esté con ustedes.**
R. Y con tu espíritu.

V. **Levantemos el corazón.**
R. Lo tenemos levantado hacia el Señor.

V. **Demos gracias al Señor, nuestro Dios.**
R. Es justo y necesario.

En verdad es justo y necesario,
es nuestro deber y salvación
darte gracias siempre y en todo lugar,
Señor, Padre santo,
Dios todopoderoso y eterno.

Y alabar, bendecir y proclamar tu gloria
en la solemnidad de san José,
porque él es el hombre justo que diste por esposo
a la Virgen Madre de Dios,
el fiel y prudente servidor
a quien constituiste jefe de tu familia
para que, haciendo las veces de padre,
cuidara a tu Unigénito,
concebido por obra del Espíritu Santo,
Jesucristo, Señor nuestro.

Por él, los ángeles y los arcángeles,
y todos los coros celestiales,
celebran tu gloria, unidos en común alegría.
Permítenos asociarnos a sus voces
cantando humildemente tu alabanza:

Santo, Santo, Santo . . .

Antífona de la Comunión Mt 25, 21

Alégrate, siervo bueno y fiel.
Entra a compartir el gozo de tu Señor.

Oración después de la Comunión

Señor, protege siempre a esta familia tuya
que alimentada con el sacramento del altar,
se alegra hoy al celebrar la solemnidad de san José,
y conserva en ella los dones que con tanta bondad le concedes.
Por Jesucristo, nuestro Señor.

23 de marzo
Santo Toribio de Mogrovejo, obispo

Del Común de pastores: para un obispo, p. 1130.

Oración colecta

**Dios nuestro, que has hecho crecer a tu Iglesia
por los cuidados apostólicos y el celo por la verdad
del santo obispo Toribio de Mogrovejo,
concede también al pueblo a ti consagrado
crecer constantemente en la fe
y renovarse en la santidad.
Por nuestro Señor Jesucristo, tu Hijo,
que vive y reina contigo en la unidad del Espíritu Santo
y es Dios por los siglos de los siglos.**

NO TEMAS

25 de marzo
ANUNCIACIÓN DEL SEÑOR
Solemnidad

Cuando esta solemnidad cae dentro de la Semana Santa, se traslada al lunes después del domingo II de Pascua.

Antífona de entrada

Heb 10, 5. 7

Cristo dijo, al entrar en el mundo:
Aquí estoy, Dios mío; vengo para cumplir tu voluntad.

Se dice Gloria.

Oración colecta

Dios nuestro, que quisiste que tu Palabra
asumiera la realidad de nuestra carne
en el seno de la Virgen María,
concede, a quienes proclamamos a nuestro Redentor
como verdadero Dios y verdadero hombre,
que merezcamos participar de su naturaleza divina.
Por nuestro Señor Jesucristo, tu Hijo,
que vive y reina contigo en la unidad del Espíritu Santo
y es Dios por los siglos de los siglos.

Se dice Credo. A las palabras: Y por obra . . ., todos se arrodillan.

Oración sobre las ofrendas

Dios todopoderoso, dígnate aceptar
los dones de tu Iglesia,
que reconoce su origen
en la encarnación de tu Unigénito,
y concédele celebrar con gozo sus misterios
en esta solemnidad.
Por Jesucristo, nuestro Señor.

Prefacio: El misterio de la Encarnación.

℣. El Se-ñor es-té con us-te-des. ℟. Y con tu es-pí-ri-tu.

℣. Le-van-te-mos el co-ra-zón. ℟. Lo te-ne-mos le-van-ta-do ha-cia el Se-ñor.

℣. De-mos gra-cias al Se-ñor, nues-tro Dios. ℟. Es jus-to y ne-ce-sa-rio.

En ver-dad es justo y ne-ce-sa-rio, es nuestro deber y salvación

darte gracias siempre y en to-do lu-gar, Señor, Pa-dre san-to,

Dios todopoderoso y eterno, por Cris-to, Se-ñor nues-tro.

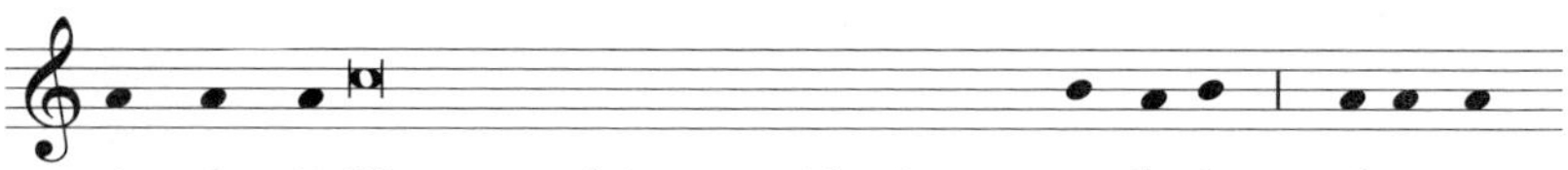

A quien la Virgen santísima acogió primero por la fe, al a-nun-

-ciarle el ángel que, por obra del Es-pí-ri-tu San-to, habría de

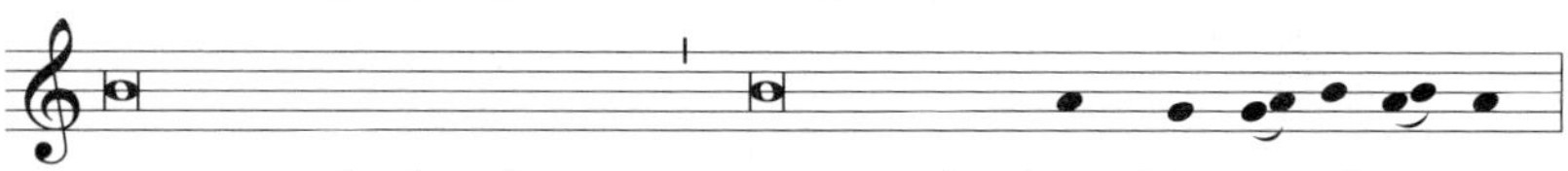

nacer entre los hombres para que los hom-bres se sal-va-ran.

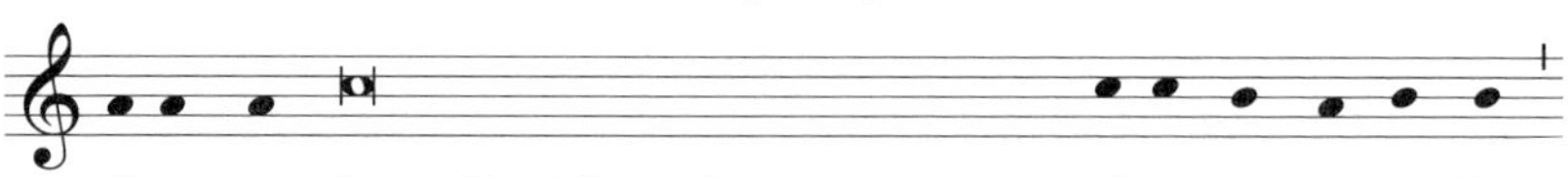

Y a quien luego llevó llena de amor en sus pu-rí-si-mas en-tra-ñas,

cumpliendo así la verdad de las promesas que hizo Dios a Is-ra-el

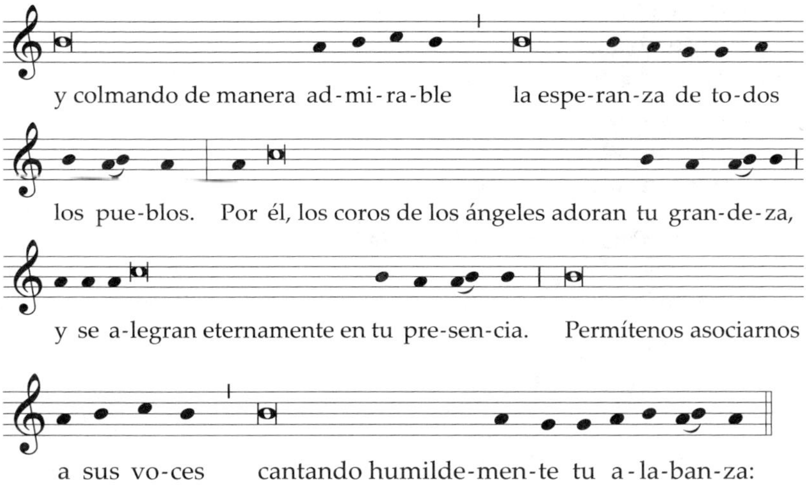

Santo, Santo, Santo . . .

Texto sin música:

V. **El Señor esté con ustedes.**
R. Y con tu espíritu.

V. **Levantemos el corazón.**
R. Lo tenemos levantado hacia el Señor.

V. **Demos gracias al Señor, nuestro Dios.**
R. Es justo y necesario.

**En verdad es justo y necesario,
es nuestro deber y salvación
darte gracias siempre y en todo lugar,
Señor, Padre santo,
Dios todopoderoso y eterno,
por Cristo, Señor nuestro.**

**A quien la Virgen santísima acogió primero por la fe,
al anunciarle el ángel que, por obra del Espíritu Santo,
habría de nacer entre los hombres para que los hombres se salvaran.**

**Y a quien luego llevó, llena de amor,
en sus purísimas entrañas,
cumpliendo así la verdad de las promesas que Dios hizo a Israel
y colmando de manera admirable
la esperanza de todos los pueblos.**

**Por él, los coros de los ángeles adoran tu grandeza
y se alegran eternamente en tu presencia.
Permítenos asociarnos a sus voces
cantando humildemente tu alabanza:**

Santo, Santo, Santo . . .

Antífona de la Comunión Is 7, 14

Miren: la Virgen concebirá y dará a luz un hijo,
a quien le pondrá el nombre de Emmanuel.

Oración después de la Comunión

**Señor, por esta comunión
fortalece en nosotros la verdadera fe,
para que, cuantos proclamamos que el Hijo de la Virgen María
es verdadero Dios y verdadero hombre,
lleguemos a la alegría eterna
por el poder salvador de su resurrección.
Por Jesucristo, nuestro Señor.**

ABRIL

2 de abril
San Francisco de Paula, ermitaño

Del Común de santos y santas: para los religiosos, p. 1163.

Oración colecta

Dios nuestro, tú que enalteces a los humildes,
y elevaste a san Francisco de Paula a la gloria de tus santos,
concédenos que, por sus méritos y ejemplo,
consigamos felizmente la recompensa prometida a los humildes.
Por nuestro Señor Jesucristo, tu Hijo,
que vive y reina contigo en la unidad del Espíritu Santo
y es Dios por los siglos de los siglos.

4 de abril
San Isidoro, obispo y doctor de la Iglesia

Del Común de pastores: para un obispo, p. 1130, o del Común de doctores de la Iglesia, p. 1144.

Oración colecta

Escucha, Señor, las súplicas que te dirigimos
al celebrar a san Isidoro de Sevilla,
y haz que tu Iglesia, iluminada por sus enseñanzas,
encuentre ayuda en su intercesión.
Por nuestro Señor Jesucristo, tu Hijo,
que vive y reina contigo en la unidad del Espíritu Santo
y es Dios por los siglos de los siglos.

5 de abril
San Vicente Ferrer, presbítero

Del Común de pastores: para los misioneros, p. 1140.

Oración colecta

Dios nuestro,
que elegiste a san Vicente Ferrer, presbítero,
como predicador infatigable del Evangelio,
concédenos ver, dichosos, reinar en el cielo
a quien él anunció en la tierra como juez que había de venir.
Por nuestro Señor Jesucristo, tu Hijo,
que vive y reina contigo en la unidad del Espíritu Santo
y es Dios por los siglos de los siglos.

7 de abril
San Juan Bautista de la Salle, presbítero
Memoria

Del Común de pastores: para un pastor, p. 1134, o del Común de santos y santas: para los educadores, p. 1167.

Oración colecta

Dios nuestro, que elegiste a san Juan Bautista de la Salle
para educar cristianamente a la juventud,
suscita en tu Iglesia maestros
que se consagren de todo corazón
a la formación humana y cristiana de los jóvenes.
Por nuestro Señor Jesucristo, tu Hijo,
que vive y reina contigo en la unidad del Espíritu Santo
y es Dios por los siglos de los siglos.

11 de abril
San Estanislao, obispo y mártir
Memoria

Del Común de mártires: para un mártir en Tiempo Pascual, p. 1121, o del Común de pastores: para un obispo, p. 1130.

Oración colecta

Dios nuestro, por defender tu honor
el santo obispo Estanislao
cayó bajo la espada de sus perseguidores;
concédenos que podamos permanecer como él
firmes en la fe hasta la muerte.
Por nuestro Señor Jesucristo, tu Hijo,
que vive y reina contigo en la unidad del Espíritu Santo
y es Dios por los siglos de los siglos.

13 de abril
San Martín I, Papa y mártir

Del Común de mártires: para un mártir en Tiempo Pascual, p. 1121, o del Común de pastores: para un Papa, p. 1127.

Oración colecta

Concédenos, Dios todopoderoso,
soportar con invencible constancia de espíritu
las adversidades del mundo,
tú que no permitiste que san Martín, Papa y mártir,
fuera atemorizado por las amenazas
ni doblegado por los tormentos.
Por nuestro Señor Jesucristo, tu Hijo,
que vive y reina contigo en la unidad del Espíritu Santo
y es Dios por los siglos de los siglos.

21 de abril

San Anselmo, obispo y doctor de la Iglesia

Del Común de pastores: para un obispo, p. 1130, o del Común de doctores de la Iglesia, p. 1144.

Oración colecta

**Dios nuestro, que concediste al obispo san Anselmo
investigar y enseñar los secretos de tu sabiduría,
ilumina nuestra inteligencia con la luz de la fe,
de manera que nuestro corazón
se deleite en lo que debemos creer.
Por nuestro Señor Jesucristo, tu Hijo,
que vive y reina contigo en la unidad del Espíritu Santo
y es Dios por los siglos de los siglos.**

23 de abril

San Jorge, mártir

Del Común de mártires: para un mártir en Tiempo Pascual, p. 1121.

Oración colecta

**Al proclamar con entusiasmo tu poder,
te suplicamos humildemente, Señor,
que, así como san Jorge imitó a tu Hijo en su pasión,
nos ayude generosamente en nuestra debilidad.
Por nuestro Señor Jesucristo, tu Hijo,
que vive y reina contigo en la unidad del Espíritu Santo
y es Dios por los siglos de los siglos.**

San Adalberto, obispo y mártir

Del Común de mártires: para un mártir en Tiempo Pascual, p. 1121, o del Común de pastores: para un obispo, p. 1130.

Oración colecta

**Dios nuestro, que coronaste con el martirio
al santo obispo Adalberto, inflamado en celo por las almas,
concédenos, por su intercesión,
que no falte a los pastores la obediencia de su grey
ni a las ovejas el cuidado de sus pastores.
Por nuestro Señor Jesucristo, tu Hijo,
que vive y reina contigo en la unidad del Espíritu Santo
y es Dios por los siglos de los siglos.**

24 de abril

San Fidel de Sigmaringa, presbítero y mártir

Del Común de mártires: para un mártir en Tiempo Pascual, p. 1121, o del Común de pastores: para un pastor, p. 1134.

Oración colecta

**Dios nuestro, que te dignaste coronar con la palma del martirio
a san Fidel de Sigmaringa,
inflamado en tu amor para propagar la fe,
concédenos, por su intercesión,
que, arraigados en la caridad y unidos a él,
merezcamos experimentar el poder de la resurrección de Cristo.
Él, que vive y reina contigo en la unidad del Espíritu Santo
y es Dios por los siglos de los siglos.**

25 de abril
SAN MARCOS, EVANGELISTA
Fiesta

Antífona de entrada Mc 16, 15

Vayan por todo el mundo,
y prediquen el Evangelio a toda creatura. Aleluya.

Se dice Gloria.

Oración colecta

**Dios nuestro, que enalteciste a tu evangelista san Marcos
con la gracia de la predicación evangélica,
concédenos aprovechar de tal manera sus enseñanzas,
que podamos seguir fielmente las huellas de Jesucristo.
Él, que vive y reina contigo en la unidad del Espíritu Santo
y es Dios por los siglos de los siglos.**

Oración sobre las ofrendas

**Al celebrar la glorificación de san Marcos,
te ofrecemos, Señor, este sacrificio de alabanza,
y te suplicamos humildemente
que la predicación evangélica
se mantenga siempre firme en tu Iglesia.
Por Jesucristo, nuestro Señor.**

Prefacio II de los Apóstoles, p. 624.

Antífona de la Comunión Mt 28, 20

Yo estaré con ustedes todos los días,
hasta el fin del mundo, dice el Señor. Aleluya.

Oración después de la Comunión

**Concédenos, Dios todopoderoso,
que los dones recibidos de tu santo altar nos santifiquen
y nos fortalezcan en la fe del Evangelio,
que san Marcos predicó.
Por Jesucristo, nuestro Señor.**

28 de abril

San Pedro Chanel, presbítero y mártir

Del Común de mártires: para un mártir en Tiempo Pascual, p. 1121, o del Común de pastores: para los misioneros, p. 1140.

Oración colecta

**Dios nuestro, que para crecimiento de tu Iglesia
coronaste a san Pedro Chanel con el martirio,
concédenos, en estos días de gozo pascual,
celebrar de tal modo los misterios de la muerte
y resurrección de Cristo,
que merezcamos ser testigos de la vida nueva.
Él, que vive y reina contigo en la unidad del Espíritu Santo
y es Dios por los siglos de los siglos.**

San Luis María Grignion de Montfort, presbítero

Del Común de pastores: para un pastor, p. 1134.

Oración colecta

**Dios nuestro, que quisiste dirigir los pasos
de san Luis María Grignion de Montfort, presbítero,
por el camino de la salvación y del amor a Cristo,
acompañado por la santísima Virgen,
concédenos que, siguiendo su ejemplo
y meditando los misterios de tu amor,
trabajemos incansablemente en la edificación de tu Iglesia.
Por nuestro Señor Jesucristo, tu Hijo,
que vive y reina contigo en la unidad del Espíritu Santo
y es Dios por los siglos de los siglos.**

O bien:

**Dios todopoderoso y eterno,
que hiciste a san Luis María Grignion de Montfort, presbítero,
testigo insigne y maestro de la plena consagración a Cristo, tu Hijo,
por manos de su Madre santísima,
concédenos que, siguiendo su mismo camino espiritual,
podamos extender sin cesar tu reino en el mundo.
Por nuestro Señor Jesucristo, tu Hijo,
que vive y reina contigo en la unidad del Espíritu Santo
y es Dios por los siglos de los siglos.**

29 de abril
Santa Catalina de Siena, virgen y doctora de la Iglesia
Memoria

Antífona de entrada

Esta virgen sabia y prudente
salió al encuentro de Cristo
con la lámpara encendida. Aleluya.

Oración colecta

**Dios nuestro, que hiciste arder en amor divino
a santa Catalina de Siena,
al contemplar la pasión de tu Hijo
y al servir a tu Iglesia,
concede, por su intercesión, que tu pueblo,
asociado al misterio de Cristo,
se alegre siempre en la manifestación de su gloria.
Él, que vive y reina contigo en la unidad del Espíritu Santo
y es Dios por los siglos de los siglos.**

Oración sobre las ofrendas

**Recibe, Señor, este sacrificio de salvación
que te ofrecemos en la conmemoración de santa Catalina,
para que, instruidos por sus enseñanzas,
podamos darte gracias con mayor fervor a ti,
único Dios verdadero.
Por Jesucristo, nuestro Señor.**

Antífona de la Comunión Cfr. 1 Jn 1, 7

Si caminamos en la luz, como Dios es luz,
estamos unidos unos con otros,
y la sangre de Jesucristo, su Hijo,
nos purifica de todo pecado. Aleluya.

Oración después de la Comunión

**Concede, Señor, la vida eterna
a quienes has alimentado en esta mesa celestial,
la cual sostuvo la vida temporal de santa Catalina.
Por Jesucristo, nuestro Señor.**

30 de abril
San Pío V, Papa

Del Común de pastores: para un Papa, p. 1127.

Oración colecta

Dios nuestro, que en tu providencia elegiste al Papa san Pío quinto
para defender en tu Iglesia la fe
y para darte culto más dignamente,
concédenos, por su intercesión,
que podamos participar en tus santos misterios
con una fe viva y una caridad operante.
Por nuestro Señor Jesucristo, tu Hijo,
que vive y reina contigo en la unidad del Espíritu Santo
y es Dios por los siglos de los siglos.

MAYO

1 de mayo
San José Obrero

Antífona de entrada Sal 128 (127), 1-2

Dichoso el que teme al Señor y sigue sus caminos:
comerá del fruto de su trabajo,
será dichoso, le irá bien. Aleluya.

Oración colecta

Dios nuestro, creador de todas las cosas,
que has establecido para el género humano
el precepto del trabajo,
concede, propicio, por el ejemplo y con la protección de san José,
que podamos cumplir con las tareas que nos asignas
y alcancemos la recompensa que nos prometes.
Por nuestro Señor Jesucristo, tu Hijo,
que vive y reina contigo en la unidad del Espíritu Santo
y es Dios por los siglos de los siglos.

Oración sobre las ofrendas

Dios nuestro, fuente de toda misericordia,
mira las ofrendas que te presentamos
en la conmemoración de san José,
y concédenos, propicio, que los dones ofrecidos
se conviertan en protección para los que te invocan.
Por Jesucristo, nuestro Señor.

Prefacio: Misión de san José.

℣. El Se-ñor es-té con us-te-des. ℟. Y con tu‿es-pí-ri-tu.

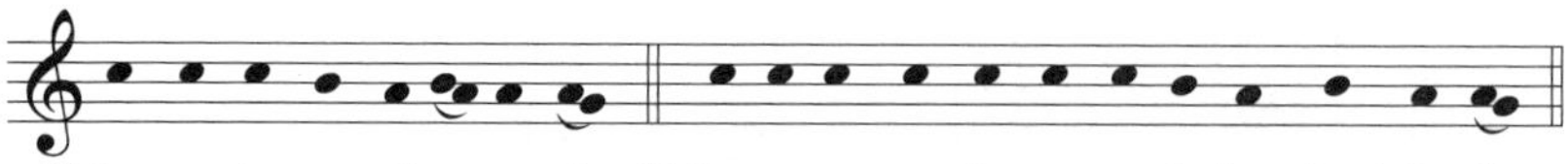

℣. Le-van-te-mos el co-ra-zón. ℟. Lo te-ne-mos le-van-ta-do ha-cia‿el Se-ñor.

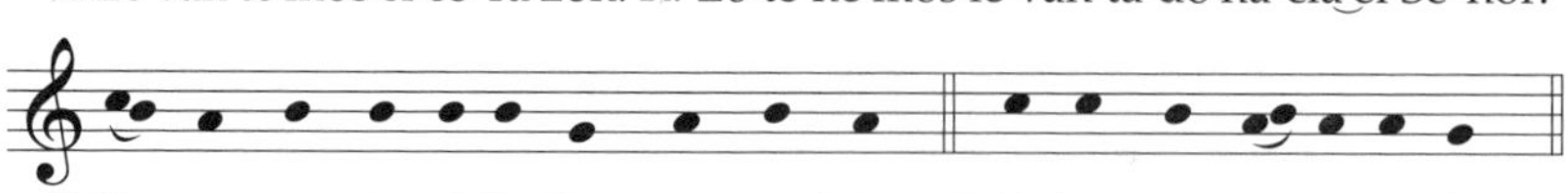

℣. De-mos gra-cias al Se-ñor, nues-tro Dios. ℟. Es jus-to‿y ne-ce-sa-rio.

Santo, Santo, Santo . . .

Texto sin música:

V. **El Señor esté con ustedes.**
R. Y con tu espíritu.

V. **Levantemos el corazón.**
R. Lo tenemos levantado hacia el Señor.

V. **Demos gracias al Señor, nuestro Dios.**
R. Es justo y necesario.

**En verdad es justo y necesario,
es nuestro deber y salvación
darte gracias siempre y en todo lugar,
Señor, Padre santo,
Dios todopoderoso y eterno.**

**Y alabar, bendecir y proclamar tu gloria
en la conmemoración de san José,
porque él es el hombre justo que diste por esposo
a la Virgen Madre de Dios,
el fiel y prudente servidor
a quien constituiste jefe de tu familia,
para que, haciendo las veces de padre,
cuidara a tu Unigénito,
concebido por obra del Espíritu Santo,
Jesucristo, Señor nuestro.**

**Por él, los ángeles y los arcángeles,
y todos los coros celestiales,
celebran tu gloria, unidos en común alegría.
Permítenos asociarnos a sus voces
cantando humildemente tu alabanza:**

Santo, Santo, Santo . . .

Antífona de la Comunión Cfr. Col 3, 17

Todo lo que digan y todo lo que hagan,
háganlo en el nombre del Señor Jesús,
dándole gracias a Dios Padre. Aleluya.

Oración después de la Comunión

**Alimentados, Señor, con el manjar celestial,
te suplicamos humildemente
que, a ejemplo de san José,
llevemos en nuestro corazón las pruebas de tu amor
y gocemos siempre del fruto de la paz eterna.
Por Jesucristo, nuestro Señor.**

2 de mayo
San Atanasio, obispo y doctor de la Iglesia
Memoria

Antífona de entrada
Cfr. Sir 15, 5

En medio de la Iglesia abrió su boca,
y el Señor lo llenó del espíritu de sabiduría e inteligencia,
y lo revistió de gloria. Aleluya.

Oración colecta

**Dios todopoderoso y eterno,
que suscitaste al obispo san Atanasio
como insigne defensor de la divinidad de tu Hijo,
concédenos bondadoso que,
alegres por su protección y por sus enseñanzas,
crezcamos continuamente en tu conocimiento y tu amor.
Por nuestro Señor Jesucristo, tu Hijo,
que vive y reina contigo en la unidad del Espíritu Santo
y es Dios por los siglos de los siglos.**

Oración sobre las ofrendas

**Mira, Señor, las ofrendas que te presentamos
en la conmemoración de san Atanasio,
y ya que profesamos su misma fe incontaminada,
haz que el testimonio que damos de tu verdad
nos sirva para la salvación.
Por Jesucristo, nuestro Señor.**

Antífona de la Comunión
1 Cor 3, 11

El único cimiento válido es Jesucristo
y nadie puede poner otro distinto. Aleluya.

Oración después de la Comunión

Dios todopoderoso,
a quienes confesamos firmemente,
junto con san Atanasio,
que tu Hijo es verdadero Dios,
concédenos que este sacramento
nos dé vida y nos proteja siempre.
Por Jesucristo, nuestro Señor.

3 de mayo

SANTOS FELIPE Y SANTIAGO, APÓSTOLES

Fiesta

Antífona de entrada

Éstos son los santos varones
que Dios eligió con amor verdadero
y les dio la gloria eterna. Aleluya.

Se dice Gloria.

Oración colecta

Dios nuestro, que cada año nos alegras
con la festividad de los santos apóstoles Felipe y Santiago,
concédenos, por su intercesión,
tener parte en la pasión y resurrección de tu Unigénito,
para que merezcamos llegar a contemplarte eternamente.
Por nuestro Señor Jesucristo, tu Hijo,
que vive y reina contigo en la unidad del Espíritu Santo
y es Dios por los siglos de los siglos.

Oración sobre las ofrendas

Acepta, Señor, los dones que te presentamos
en esta festividad de tus santos apóstoles Felipe y Santiago,
y concédenos vivir nuestra fe
con un corazón puro y sincero.
Por Jesucristo, nuestro Señor.

Prefacio I o II de los Apóstoles, pp. 622–625.

Antífona de la Comunión Cfr. Jn 14, 8-9

Señor, muéstranos al Padre y nos basta.
Felipe, el que me ha visto a mí, ha visto a mi Padre. Aleluya.

Oración después de la Comunión

Purifica, Señor, nuestros corazones
por este sacramento que acabamos de recibir,
para que, contemplándote en tu Hijo,
con los apóstoles Felipe y Santiago,
merezcamos alcanzar la vida eterna.
Por Jesucristo, nuestro Señor.

Puede utilizarse la fórmula de bendición solemne, p. 714.

[En las diócesis de los Estados Unidos]

10 de mayo

San Damián de Veuster, presbítero

Del Común de pastores: para los misioneros, p. 1140.

Oración colecta

Dios de misericordia, que en san Damián, presbítero,
nos has dado un extraordinario testimonio de caridad
con los más pobres y abandonados,
concédenos, por su intercesión, que también nosotros,
impulsados por el amor al Corazón de tu Hijo,
seamos servidores de los necesitados y marginados.
Él, que vive y reina contigo en la unidad del Espíritu Santo
y es Dios por los siglos de los siglos.

12 de mayo

Santos Nereo y Aquileo, mártires

Del Común de mártires: para varios mártires, p. 1108 (o bien, para varios mártires en Tiempo Pascual, p. 1118).

Oración colecta

Dios todopoderoso,
ya que hemos conocido la fortaleza
con la cual confesaron la fe los gloriosos mártires Nereo y Aquileo,
concédenos experimentar su piedad
al interceder por nosotros ante ti.
Por nuestro Señor Jesucristo, tu Hijo,
que vive y reina contigo en la unidad del Espíritu Santo
y es Dios por los siglos de los siglos.

San Pancracio, mártir

Del Común de mártires: para un mártir, p. 1115 (o bien, para un mártir en Tiempo Pascual, p. 1121).

Oración colecta

**Dios nuestro,
que tu Iglesia se alegre confiada
por la protección del mártir san Pancracio,
y que, por su gloriosa intercesión, se consagre a tu servicio
y esté a salvo de todo peligro.
Por nuestro Señor Jesucristo, tu Hijo,
que vive y reina contigo en la unidad del Espíritu Santo
y es Dios por los siglos de los siglos.**

13 de mayo

Bienaventurada Virgen María de Fátima

Del Común de la Bienaventurada Virgen María, p. 1095.

Oración colecta

**Dios y Padre nuestro,
que nos diste a la Madre de tu Hijo como Madre nuestra,
concédenos que, perseverando en la penitencia y en la oración
en favor de la salvación del mundo,
podamos promover cada vez con más eficacia
el reinado de Cristo, Hijo tuyo y Señor nuestro.
Él, que vive y reina contigo en la unidad del Espíritu Santo
y es Dios por los siglos de los siglos.**

14 de mayo
SAN MATÍAS, APÓSTOL
Fiesta

Antífona de entrada Jn 15, 16

No son ustedes los que me han elegido, dice el Señor;
soy yo quien los ha elegido y los ha destinado
para que vayan y den fruto y su fruto permanezca. (T.P. Aleluya.)

Se dice Gloria.

Oración colecta

**Dios nuestro, que asociaste a san Matías
al colegio de los Apóstoles,
concédenos, por su intercesión,
que, teniendo la dicha de ser amados por ti,
merezcamos ser contados entre tus elegidos.
Por nuestro Señor Jesucristo, tu Hijo,
que vive y reina contigo en la unidad del Espíritu Santo
y es Dios por los siglos de los siglos.**

Oración sobre las ofrendas

**Acepta, Señor, los dones
que tu Iglesia te presenta con devoción
en la festividad de san Matías,
y, por ellos, fortalécenos con el poder de tu gracia.
Por Jesucristo, nuestro Señor.**

Prefacio I o II de los Apóstoles, pp. 622–625.

Antífona de la Comunión Jn 15, 12

Éste es mi mandamiento:
que se amen los unos a los otros
como yo los he amado, dice el Señor. (T.P. Aleluya.)

Oración después de la Comunión

**Señor, tú que das con abundancia a tu familia
estos dones celestiales,
por la intercesión de san Matías
dígnate recibirnos en la claridad de tu luz,
para que tengamos parte con los santos.
Por Jesucristo, nuestro Señor.**

Puede utilizarse la fórmula de bendición solemne, p. 714.

[En las diócesis de los Estados Unidos]

15 de mayo

San Isidro Labrador

Del Común de santos y santas: para un santo, p. 1157.

Oración colecta

**Señor, Dios nuestro,
que en la humildad y sencillez de san Isidro Labrador
nos dejaste un ejemplo de vida oculta con Cristo en ti,
concédenos que el trabajo de cada día humanice nuestro mundo
y sea también una plegaria de alabanza a tu nombre.
Por nuestro Señor Jesucristo, tu Hijo,
que vive y reina contigo en la unidad del Espíritu Santo
y es Dios por los siglos de los siglos.**

18 de mayo

San Juan I, Papa y mártir

Del Común de mártires: para un mártir, p. 1115 (o bien, para un mártir en Tiempo Pascual, p. 1121), o del Común de pastores: para un Papa, p. 1127.

Oración colecta

**Dios nuestro, recompensa de las almas fieles,
que consagraste este día con el martirio del Papa san Juan primero,
escucha las plegarias de tu pueblo
y concede que, quienes veneramos sus méritos,
imitemos la constancia de su fe.
Por nuestro Señor Jesucristo, tu Hijo,
que vive y reina contigo en la unidad del Espíritu Santo
y es Dios por los siglos de los siglos.**

20 de mayo
San Bernardino de Siena, presbítero

Del Común de pastores: para los misioneros, p. 1140, o del Común de santos y santas: para los religiosos, p. 1163.

Oración colecta

**Dios nuestro,
tú que diste a san Bernardino de Siena, presbítero,
un extraordinario amor al santo nombre de Jesús,
concédenos también a nosotros,
por su intercesión y sus méritos,
vivir siempre inflamados por el espíritu de tu amor.
Por nuestro Señor Jesucristo, tu Hijo,
que vive y reina contigo en la unidad del Espíritu Santo
y es Dios por los siglos de los siglos.**

21 de mayo
Santos Cristóbal Magallanes, presbítero, y compañeros, mártires

Del Común de mártires: para varios mártires, p. 1108 (o bien, para varios mártires en Tiempo Pascual, p. 1118).

Oración colecta

**Dios todopoderoso y eterno,
que concediste a san Cristóbal Magallanes, presbítero,
y a sus compañeros,
que fueran fieles a Cristo Rey hasta el martirio,
concédenos, por su intercesión,
que, perseverando en la confesión de la fe verdadera,
podamos ser siempre fieles a los mandatos de tu amor.
Por nuestro Señor Jesucristo, tu Hijo,
que vive y reina contigo en la unidad del Espíritu Santo
y es Dios por los siglos de los siglos.**

22 de mayo

Santa Rita de Casia, religiosa

Del Común de santos y santas: para los religiosos, p. 1163.

Oración colecta

**Concédenos, Señor,
la fortaleza y sabiduría de la cruz
con las que te dignaste enriquecer a santa Rita de Casia,
para que, padeciendo con Cristo en la tribulación,
podamos participar más íntimamente en su misterio pascual.
Él, que vive y reina contigo en la unidad del Espíritu Santo
y es Dios por los siglos de los siglos.**

25 de mayo

San Beda el Venerable, presbítero y doctor de la Iglesia

Del Común de doctores de la Iglesia, p. 1144, o del Común de santos y santas: para un monje, p. 1161.

Oración colecta

**Dios nuestro, que iluminas a tu Iglesia
con la doctrina de san Beda el Venerable, presbítero,
concede, propicio, a tus fieles,
ser siempre iluminados por su sabiduría,
y ayudados por su intercesión.
Por nuestro Señor Jesucristo, tu Hijo,
que vive y reina contigo en la unidad del Espíritu Santo
y es Dios por los siglos de los siglos.**

San Gregorio VII, Papa

Del Común de pastores: para un Papa, p. 1127.

Oración colecta

Concede, Señor, a tu Iglesia
el espíritu de fortaleza y el celo por la justicia
con que hiciste brillar la vida del Papa san Gregorio séptimo,
para que, apartándose del mal,
practique cuanto es recto, con libertad y amor.
Por nuestro Señor Jesucristo, tu Hijo,
que vive y reina contigo en la unidad del Espíritu Santo
y es Dios por los siglos de los siglos.

Santa María Magdalena de Pazzi, virgen

Del Común de vírgenes: para una virgen, p. 1148, o del Común de santos y santas: para los religiosos, p. 1163.

Oración colecta

Dios nuestro, que amas la virginidad,
tú que adornaste a santa María Magdalena de Pazzi, virgen,
inflamada en tu amor, con celestiales dones,
concédenos imitar los ejemplos de pureza y caridad
de aquella a quien hoy veneramos.
Por nuestro Señor Jesucristo, tu Hijo,
que vive y reina contigo en la unidad del Espíritu Santo
y es Dios por los siglos de los siglos.

26 de mayo

San Felipe Neri, presbítero

Memoria

Antífona de entrada Rom 5, 5; cfr. 8, 11

El amor de Dios ha sido infundido en nuestros corazones
por el Espíritu Santo,
que habita en nosotros. (T.P. Aleluya.)

Oración colecta

**Dios nuestro,
que nunca dejas de glorificar la santidad
de aquellos siervos tuyos que te son fieles,
haz que el fuego del Espíritu Santo
nos encienda en aquel mismo ardor
que tan maravillosamente inflamó
el corazón de san Felipe Neri.
Por nuestro Señor Jesucristo, tu Hijo,
que vive y reina contigo en la unidad del Espíritu Santo
y es Dios por los siglos de los siglos.**

Oración sobre las ofrendas

**Al ofrecerte, Señor, este sacrificio de alabanza,
te rogamos que, a ejemplo de san Felipe,
nos mostremos siempre alegres y bien dispuestos,
para promover la gloria de tu nombre y el servicio del prójimo.
Por Jesucristo, nuestro Señor.**

Antífona de la Comunión Jn 15, 9

Así como el Padre me ha amado a mí,
así yo los he amado a ustedes, dice el Señor;
permanezcan, pues, en mi amor. (T.P. Aleluya.)

Oración después de la Comunión

**Saciados, Señor, por este manjar celestial,
te rogamos que, a imitación de san Felipe,
nos hagas anhelar siempre este mismo sustento
por el cual verdaderamente vivimos.
Por Jesucristo, nuestro Señor.**

27 de mayo
San Agustín de Canterbury, obispo

Del Común de pastores: para los misioneros, p. 1140, o para un obispo, p. 1130.

Oración colecta

Dios nuestro,
que por la predicación del obispo san Agustín de Canterbury,
llevaste la luz del Evangelio a los pueblos de Inglaterra,
haz que la semilla de sus trabajos apostólicos
continúe dando frutos en tu Iglesia.
Por nuestro Señor Jesucristo, tu Hijo,
que vive y reina contigo en la unidad del Espíritu Santo
y es Dios por los siglos de los siglos.

31 de mayo

VISITACIÓN DE LA BIENAVENTURADA VIRGEN MARÍA

Fiesta

Antífona de entrada
Cfr. Sal 66 (65), 16

Cuantos temen a Dios vengan y escuchen,
y les diré lo que ha hecho por mí. (T.P. Aleluya.)

Se dice Gloria.

Oración colecta

**Dios todopoderoso y eterno,
que inspiraste a la santísima Virgen María,
cuando llevaba ya en su seno a tu Hijo, el deseo de visitar a Isabel,
concédenos que, siguiendo las inspiraciones del Espíritu Santo,
podamos con María proclamar siempre tu grandeza.
Por nuestro Señor Jesucristo, tu Hijo,
que vive y reina contigo en la unidad del Espíritu Santo
y es Dios por los siglos de los siglos.**

Oración sobre las ofrendas

**Señor, recibe con agrado este sacrificio de salvación
que ofrecemos a tu majestad,
así como te fue grato
el gesto de amor de la santísima Madre de tu Unigénito.
Él, que vive y reina por los siglos de los siglos.**

Prefacio II de la Bienaventurada Virgen María, p. 620.

Antífona de la Comunión
Lc 1, 48-49

Desde ahora me llamarán dichosa todas las generaciones,
porque ha hecho en mí grandes cosas el que todo lo puede.
Santo es su nombre. (T.P. Aleluya.)

Oración después de la Comunión

**Dios nuestro, que la Iglesia proclame tu grandeza,
porque haces cosas grandes en tus fieles,
y así como Juan Bautista se alegró
al sentir la presencia oculta de tu Hijo,
haz que tu pueblo pueda reconocer siempre con alegría
en este sacramento al mismo Cristo viviente.
Él, que vive y reina por los siglos de los siglos.**

Puede utilizarse la fórmula de bendición solemne, p. 713.

Sábado siguiente al segundo domingo después de Pentecostés

Corazón Inmaculado de la Bienaventurada Virgen María

Memoria

Antífona de entrada

Sal 13 (12), 6

Mi corazón se alegra con tu salvación,
y cantaré al Señor por el bien que me ha hecho.

Oración colecta

Dios nuestro,
tú que has preparado en el corazón de la Virgen María,
una digna morada al Espíritu Santo,
haz que nosotros, por intercesión de la Virgen,
lleguemos a ser templos dignos de tu gloria.
Por nuestro Señor Jesucristo, tu Hijo,
que vive y reina contigo en la unidad del Espíritu Santo
y es Dios por los siglos de los siglos.

Oración sobre las ofrendas

Mira, Señor, las oraciones y las ofrendas
que tus fieles te presentan
al conmemorar a santa María, Madre de Dios;
haz que te sean agradables
y nos alcancen el auxilio de tu misericordia.
Por Jesucristo, nuestro Señor.

Prefacio I de la Bienaventurada Virgen María (conmemoración), p. 618, o II, p. 620.

Antífona de la Comunión

Lc 2, 19

María guardaba todas estas cosas
y las meditaba en su corazón.

Oración después de la Comunión

Ya que nos has concedido participar de la redención eterna,
te rogamos, Señor,
que, quienes celebramos la conmemoración de la Madre de tu Hijo,
no sólo nos gloriemos de la plenitud de tu gracia,
sino que experimentemos también
un continuo aumento de salvación.
Por Jesucristo, nuestro Señor.

JUNIO

1 de junio
San Justino, mártir
Memoria

Antífona de entrada — Cfr. Sal 119 (118), 85. 46

Los soberbios me tendieron trampas,
y no hicieron caso de tu ley.
Hablaré de tus preceptos ante los poderosos
y no me avergonzaré. (T.P. Aleluya.)

Oración colecta

**Dios nuestro, que por la locura de la cruz
enseñaste admirablemente al mártir san Justino
la incomparable sabiduría de Jesucristo,
concédenos, por su intercesión,
que, rechazando los engaños del error,
obtengamos la firmeza de la fe.
Por nuestro Señor Jesucristo, tu Hijo,
que vive y reina contigo en la unidad del Espíritu Santo
y es Dios por los siglos de los siglos.**

Oración sobre las ofrendas

**Concédenos, Señor,
celebrar dignamente estos misterios,
que san Justino con tan vigorosa fuerza defendió.
Por Jesucristo, nuestro Señor.**

Antífona de la Comunión — Cfr. 1 Cor 2, 2

Nunca me precié de otra cosa,
cuando estuve entre ustedes,
que de conocer a Jesucristo,
y a éste crucificado. (T.P. Aleluya.)

Oración después de la Comunión

**Fortalecidos, Señor, con el alimento celestial,
te suplicamos humildemente
que, siguiendo las enseñanzas de san Justino, mártir,
perseveremos siempre en acción de gracias
por los dones recibidos.
Por Jesucristo, nuestro Señor.**

2 de junio
Santos Marcelino y Pedro, mártires

Del Común de mártires: para varios mártires, p. 1108 (o bien, para varios mártires en Tiempo Pascual, p. 1118).

Oración colecta

**Dios nuestro, que nos asistes y proteges
por la gloriosa confesión de los santos mártires
Marcelino y Pedro,
concédenos que, siguiendo su ejemplo, progresemos
y experimentemos el apoyo de su intercesión.
Por nuestro Señor Jesucristo, tu Hijo,
que vive y reina contigo en la unidad del Espíritu Santo
y es Dios por los siglos de los siglos.**

3 de junio
Santos Carlos Lwanga y compañeros, mártires

Memoria

Antífona de entrada

Cfr. Sab 3, 6-7. 9

El Señor probó a sus elegidos como oro en el crisol
y los aceptó como un holocausto.
En el juicio de Dios serán premiados,
pues la gracia y la misericordia son para sus elegidos. (T.P. Aleluya.)

Oración colecta

**Dios nuestro, que hiciste que la sangre de los mártires
sea semilla de nuevos cristianos,
concédenos que el campo de tu Iglesia,
regado por la sangre de los santos Carlos Lwanga y compañeros,
produzca siempre abundante cosecha para ti.
Por nuestro Señor Jesucristo, tu Hijo,
que vive y reina contigo en la unidad del Espíritu Santo
y es Dios por los siglos de los siglos.**

Oración sobre las ofrendas

**Al presentarte, Señor, nuestras ofrendas,
te suplicamos humildemente
que, así como tus mártires
prefirieron morir antes que ofenderte,
nosotros vivamos consagrados a ti,
entregados a servirte en tu altar.
Por Jesucristo, nuestro Señor.**

Antífona de la Comunión — Sal 116 (115), 15

A los ojos del Señor es muy penoso que mueran sus amigos. (T.P. Aleluya.)

Oración después de la Comunión

**Habiendo recibido, Señor, el divino sacramento,
al conmemorar la victoria de tus santos mártires,
te suplicamos que,
lo que a ellos les permitió soportar los suplicios,
a nosotros nos obtenga, en medio de las adversidades,
constancia en la fe y en la caridad.
Por Jesucristo, nuestro Señor.**

5 de junio
San Bonifacio, obispo y mártir
Memoria

Del Común de mártires: para un mártir, p. 1115 (o bien, para un mártir en Tiempo Pascual, p. 1121), o del Común de pastores: para los misioneros, p. 1140.

Oración colecta

**Señor,
que tu santo mártir Bonifacio interceda por nosotros,
para que mantengamos firmemente
y proclamemos con nuestras obras
la fe que él enseñó con su palabra y selló con su sangre.
Por nuestro Señor Jesucristo, tu Hijo,
que vive y reina contigo en la unidad del Espíritu Santo
y es Dios por los siglos de los siglos.**

6 de junio
San Norberto, obispo

Del Común de pastores: para un obispo, p. 1130, o del Común de santos y santas: para los religiosos, p. 1163.

Oración colecta

Dios nuestro, que hiciste al obispo san Norberto
un admirable servidor de tu Iglesia
por su oración y celo pastoral,
concede que, por su intercesión,
el rebaño de los fieles halle siempre pastores según tu corazón
y alimento para la vida eterna.
Por nuestro Señor Jesucristo, tu Hijo,
que vive y reina contigo en la unidad del Espíritu Santo
y es Dios por los siglos de los siglos.

9 de junio
San Efrén, diácono y doctor de la Iglesia

Del Común de doctores de la Iglesia, p. 1144.

Oración colecta

Derrama benignamente, Señor,
en nuestros corazones el Espíritu Santo,
por cuya inspiración el diácono san Efrén
se llenaba de júbilo alabando tus misterios,
y sostenido con su fuerza te sirvió sólo a ti.
Por nuestro Señor Jesucristo, tu Hijo,
que vive y reina contigo en la unidad del Espíritu Santo
y es Dios por los siglos de los siglos.

11 de junio

San Bernabé, apóstol

Memoria

Antífona de entrada Cfr. Hech 11, 24

Dichoso san Bernabé,
digno de ser contado entre los Apóstoles,
pues era un hombre bueno,
lleno del Espíritu Santo y de fe. (T.P. Aleluya.)

Oración colecta

**Dios nuestro, que mandaste separar a san Bernabé,
hombre lleno de fe y de Espíritu Santo,
para la obra de conversión de los gentiles,
concede que el Evangelio de Cristo,
que predicó con tanto entusiasmo,
sea anunciado fielmente, de palabra y de obra.
Por nuestro Señor Jesucristo, tu Hijo,
que vive y reina contigo en la unidad del Espíritu Santo
y es Dios por los siglos de los siglos.**

Oración sobre las ofrendas

**Te rogamos, Señor, que santifiques con tu bendición
las ofrendas que te presentamos,
para que, al recibirlas de ti mismo,
nos inflamen en el fuego de tu amor,
por el que san Bernabé llevó a los gentiles
la luz del Evangelio.
Por Jesucristo, nuestro Señor.**

Prefacio I o II de los Apóstoles, pp. 622–625.

Antífona de la Comunión Cfr. Jn 15, 15

Ya no los llamaré siervos, dice el Señor,
porque el siervo no sabe lo que hace su amo.
A ustedes los he llamado amigos,
porque les he dado a conocer
todo lo que he oído a mi Padre. (T.P. Aleluya.)

Oración después de la Comunión

**Habiendo recibido, Señor, la prenda de la vida eterna,
te rogamos humildemente
que lo que hemos celebrado bajo los signos sacramentales
en memoria de san Bernabé, apóstol,
lo lleguemos a contemplar en plenitud.
Por Jesucristo, nuestro Señor.**

13 de junio
San Antonio de Padua, presbítero y doctor de la Iglesia
Memoria

Del Común de pastores: para un pastor, p. 1134, o del Común de doctores de la Iglesia, p. 909, o del Común de santos y santas: para los religiosos, p. 1163.

Oración colecta

**Dios todopoderoso y eterno,
que en san Antonio de Padua
diste a tu pueblo un predicador insigne
y un intercesor en sus necesidades,
concédenos que, con su ayuda
y siguiendo sus ejemplos de vida cristiana,
experimentemos tu auxilio en toda adversidad.
Por nuestro Señor Jesucristo, tu Hijo,
que vive y reina contigo en la unidad del Espíritu Santo
y es Dios por los siglos de los siglos.**

19 de junio
San Romualdo, abad

Del Común de santos y santas: para un abad, p. 1159.

Oración colecta

**Dios nuestro, que por medio de san Romualdo
renovaste en la Iglesia la vida eremítica,
concede que, negándonos a nosotros mismos
y siguiendo a Cristo,
merezcamos llegar felizmente al reino celestial.
Por nuestro Señor Jesucristo, tu Hijo,
que vive y reina contigo en la unidad del Espíritu Santo
y es Dios por los siglos de los siglos.**

21 de junio
San Luis Gonzaga, religioso
Memoria

Antífona de entrada Cfr. Sal 24 (23), 4. 3

Quien tiene manos inocentes y puro el corazón,
subirá al monte del Señor y permanecerá en su recinto sagrado.

Oración colecta

**Dios nuestro, autor de los dones celestiales,
que uniste en san Luis Gonzaga una admirable inocencia de vida
con la virtud de la penitencia,
concédenos, por sus méritos e intercesión,
que si no lo hemos seguido en la inocencia,
lo imitemos en la penitencia.
Por nuestro Señor Jesucristo, tu Hijo,
que vive y reina contigo en la unidad del Espíritu Santo
y es Dios por los siglos de los siglos.**

Oración sobre las ofrendas

**Concédenos, Señor, que a ejemplo de san Luis
participemos en esta Eucaristía
revestidos con traje nupcial,
a fin de que, por medio de este alimento,
nos llenes de las riquezas de tu gracia.
Por Jesucristo, nuestro Señor.**

Antífona de la Comunión Sal 78 (77), 24-25

Pan celeste les dio como alimento;
y todos comieron pan de los ángeles.

Oración después de la Comunión

**Señor, alimentados con el pan de los ángeles,
haz que te sirvamos con una vida limpia de pecado,
y que siguiendo el ejemplo de aquel a quien hoy celebramos,
podamos permanecer siempre en acción de gracias.
Por Jesucristo, nuestro Señor.**

22 de junio

San Paulino de Nola, obispo

Del Común de pastores: para un obispo, p. 1130.

Oración colecta

Dios nuestro, que quisiste que el obispo san Paulino de Nola
resplandeciera por su amor a la pobreza y el celo pastoral,
concédenos, propicio, que imitemos los ejemplos de caridad
de aquel cuyos méritos celebramos.
Por nuestro Señor Jesucristo, tu Hijo,
que vive y reina contigo en la unidad del Espíritu Santo
y es Dios por los siglos de los siglos.

Santos Juan Fisher, obispo, y Tomás Moro, mártires

Del Común de mártires: para varios mártires, p. 1108.

Oración colecta

Señor, tú que has querido que el martirio
sea el supremo testimonio de la fe,
concédenos, por la intercesión de tus santos
Juan Fisher y Tomás Moro,
confirmar con una vida santa
la fe que profesamos con los labios.
Por nuestro Señor Jesucristo, tu Hijo,
que vive y reina contigo en la unidad del Espíritu Santo
y es Dios por los siglos de los siglos.

24 de junio

NATIVIDAD DE SAN JUAN BAUTISTA

Solemnidad

Misa vespertina de la vigilia

Esta Misa se utiliza en la tarde del día 23 de junio, antes o después de las primeras vísperas de la solemnidad.

Antífona de entrada Lc 1, 15. 14

Será grande a los ojos del Señor,
y estará lleno del Espíritu Santo, ya desde el seno de su madre,
y muchos se alegrarán de su nacimiento.

Se dice Gloria.

Oración colecta

**Te rogamos, Dios todopoderoso,
que a tu familia santa le concedas avanzar segura
por el camino de la salvación
y que siguiendo las exhortaciones de san Juan, el Precursor,
llegue segura al encuentro de quien él mismo anunció,
Jesucristo, nuestro Señor.
Él, que vive y reina contigo en la unidad del Espíritu Santo
y es Dios por los siglos de los siglos.**

Se dice Credo.

Oración sobre las ofrendas

**Mira con bondad, Señor,
la ofrenda que tu pueblo te presenta
en la solemnidad de san Juan Bautista,
y concédenos hacer realidad,
mediante una vida entregada a tu servicio,
lo que en este misterio celebramos.
Por Jesucristo, nuestro Señor.**

Prefacio propio, como en la Misa del día, pp. 930–931.

Antífona de la Comunión Lc 1, 68

Bendito sea el Señor, Dios de Israel,
porque ha visitado y redimido a su pueblo.

Oración después de la Comunión

**Alimentados con el pan del cielo, Señor,
concédenos que nos acompañe
la poderosa intercesión de san Juan Bautista,
y, que el mismo que anunció al Cordero
que habría de borrar nuestros pecados,
ruegue a tu Hijo que nos acoja, complacido.
Él, que vive y reina por los siglos de los siglos.**

Misa del día

Antífona de entrada Jn 1, 6-7; Lc 1, 17

Vino un hombre enviado por Dios,
que se llamaba Juan.
Él vino para dar testimonio de la luz
y prepararle al Señor un pueblo dispuesto a recibirlo.

Se dice Gloria.

Oración colecta

**Dios nuestro,
que suscitaste a san Juan Bautista
para prepararle a Cristo, el Señor,
un pueblo dispuesto a recibirlo,
concede ahora a tu Iglesia el don de la alegría espiritual,
y guía a tus fieles por el camino de la salvación y de la paz.
Por nuestro Señor Jesucristo, tu Hijo,
que vive y reina contigo en la unidad del Espíritu Santo
y es Dios por los siglos de los siglos.**

Se dice Credo.

Oración sobre las ofrendas

**Presentamos, Señor, en tu altar estos dones,
al celebrar con el debido honor
el nacimiento de aquel
que no sólo anunció al Salvador que habría de venir,
sino que, además, lo mostró ya presente.
Él, que vive y reina por los siglos de los siglos.**

Prefacio: La misión del Precursor.

℣. El Se-ñor es-té con us-te-des. ℟. Y con tu‿es-pí-ri-tu.

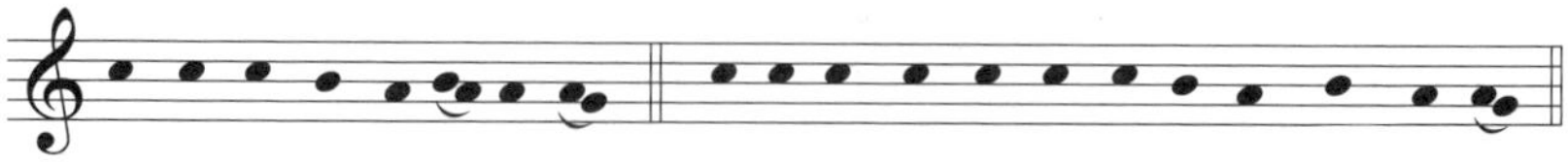

℣. Le-van-te-mos el co-ra-zón. ℟. Lo te-ne-mos le-van-ta-do ha-cia‿el Se-ñor.

℣. De-mos gra-cias al Se-ñor, nues-tro Dios. ℟. Es jus-to‿y ne-ce-sa-rio.

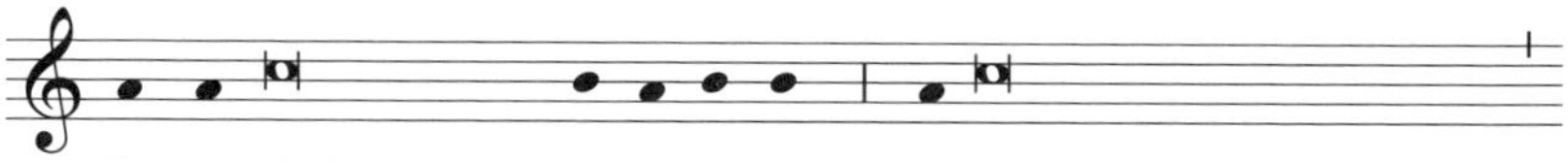

En ver-dad es justo y ne-ce-sa-rio, es nuestro deber y salvación

darte gracias siempre y en to-do lu-gar, Señor, Pa-dre san-to,

Dios todopoderoso y eterno, por Cris-to, Se-ñor nues-tro. Por-que

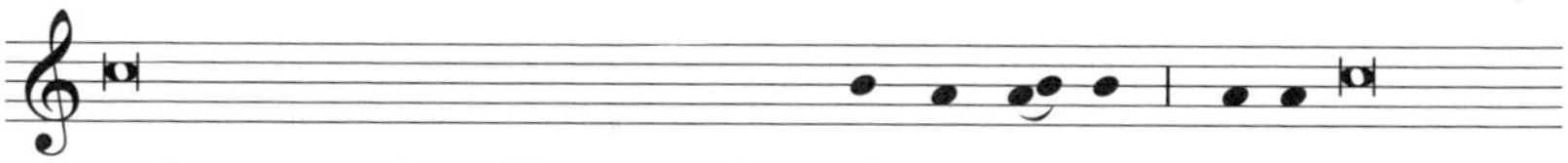

en la persona de su Precursor, Juan el Bau-tis-ta, a-la-bamos tu

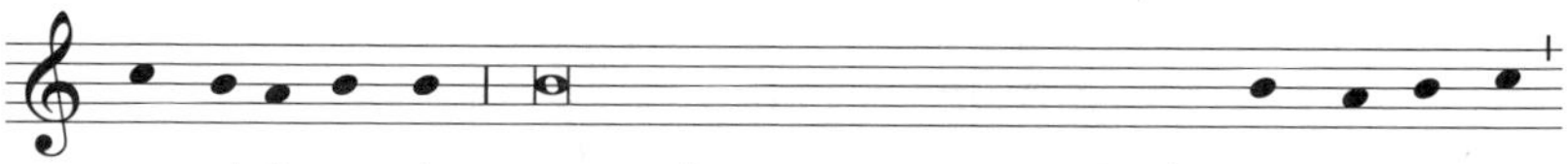

mag-ni-fi-cen-cia, ya que lo consagraste con el más gran-de ho-nor

entre todos los na-ci-dos de mu-jer. Al que fuera, en su nacimiento,

ocasión de gran jú-bi-lo, y aún antes de nacer saltara de gozo

ante la llegada de la salva-ción hu-ma-na le fue dado, sólo a él

Santo, Santo, Santo . . .

Texto sin música:

V. **El Señor esté con ustedes.**
R. Y con tu espíritu.

V. **Levantemos el corazón.**
R. Lo tenemos levantado hacia el Señor.

V. **Demos gracias al Señor, nuestro Dios.**
R. Es justo y necesario.

**En verdad es justo y necesario,
es nuestro deber y salvación
darte gracias siempre y en todo lugar,
Señor, Padre santo,
Dios todopoderoso y eterno,
por Cristo, Señor nuestro.**

**Porque en la persona de su Precursor, Juan el Bautista,
alabamos tu magnificencia,
ya que lo consagraste con el más grande honor
entre todos los nacidos de mujer.**

**Al que fuera, en su nacimiento, ocasión de gran júbilo,
y aun antes de nacer saltara de gozo
ante la llegada de la salvación humana,
le fue dado, sólo a él entre todos los profetas,
presentar al Cordero que quita el pecado del mundo.**

**Y en favor de quienes habrían de ser santificados,
lavó en agua viva al mismo autor del Bautismo,
y mereció ofrecerle el supremo testimonio de su sangre.**

**Por eso, unidos a los ángeles,
te alabamos continuamente en la tierra,
proclamando tu grandeza sin cesar:**

Santo, Santo, Santo . . .

Antífona de la Comunión

Cfr. Lc 1, 78

Por la entrañable misericordia de nuestro Dios,
nos ha visitado el sol que nace de lo alto.

Oración después de la Comunión

**Renovados por el banquete celestial del Cordero,
te rogamos, Señor, que tu Iglesia,
llena de alegría por el nacimiento de Juan el Bautista,
reconozca en aquel que Juan anunció que habría de venir,
al autor de la salvación.
Por Jesucristo, nuestro Señor.**

27 de junio
San Cirilo de Alejandría, obispo y doctor de la Iglesia

Del Común de pastores: para un obispo, p. 1130, o del Común de doctores de la Iglesia, p. 1144.

Oración colecta

**Dios nuestro, que hiciste del obispo san Cirilo de Alejandría
un invencible defensor de la maternidad divina
de la santísima Virgen María,
concede, a quienes la reconocemos como verdadera Madre de Dios,
ser salvados por la encarnación de Jesucristo, tu Hijo.
Él, que vive y reina contigo en la unidad del Espíritu Santo
y es Dios por los siglos de los siglos.**

28 de junio
San Ireneo, obispo y mártir
Memoria

Antífona de entrada
Mal 2, 6

En su boca había una enseñanza verdadera
y en sus labios no se halló maldad;
me fue enteramente fiel
y apartó a muchos del mal.

Oración colecta

**Dios nuestro, que concediste al obispo san Ireneo
consolidar felizmente la doctrina verdadera
y la paz en la Iglesia,
concédenos, por su intercesión,
que renovados en la fe y en la caridad,
nos esforcemos siempre en fomentar la unidad y la concordia.
Por nuestro Señor Jesucristo, tu Hijo,
que vive y reina contigo en la unidad del Espíritu Santo
y es Dios por los siglos de los siglos.**

Oración sobre las ofrendas

**Que te glorifique, Señor, el sacrificio que alegres te ofrecemos
en la festividad de san Ireneo,
y que nos obtenga amar la verdad,
para que conservemos íntegra la fe de la Iglesia
y afiancemos su unidad.
Por Jesucristo, nuestro Señor.**

Antífona de la Comunión

Jn 15, 4-5

Permanezcan en mí y yo en ustedes, dice el Señor;
el que permanece en mí y yo en él, da fruto abundante.

Oración después de la Comunión

**Por estos sagrados misterios,
te rogamos, Señor, que, en tu bondad,
nos hagas crecer en la fe
por la que gloriosamente murió san Ireneo,
y que esa misma fe nos justifique también a nosotros,
que con sinceridad la profesamos.
Por Jesucristo, nuestro Señor.**

29 de junio
SANTOS PEDRO Y PABLO, APÓSTOLES
Solemnidad

Misa vespertina de la vigilia

Esta Misa se utiliza en la tarde del día 28 de junio, antes o después de las primeras vísperas de la solemnidad.

Antífona de entrada

Pedro, el Apóstol, y Pablo, el maestro de las naciones,
nos han enseñado tu Evangelio, Señor.

Se dice Gloria.

Oración colecta

Concédenos, Señor Dios nuestro, que nos ayude
la intercesión de los santos apóstoles Pedro y Pablo,
por quienes diste a tu Iglesia
las primeras enseñanzas de la misión recibida de lo alto,
para que también por ellos nos des el auxilio de la salvación eterna.
Por nuestro Señor Jesucristo, tu Hijo,
que vive y reina contigo en la unidad del Espíritu Santo
y es Dios por los siglos de los siglos.

Se dice Credo.

Oración sobre las ofrendas

Señor, al celebrar con alegría la solemnidad
de tus santos apóstoles Pedro y Pablo,
traemos a tu altar nuestras ofrendas
y te suplicamos que la grandeza de tu misericordia
supla la extrema pobreza de nuestros méritos.
Por Jesucristo, nuestro Señor.

Prefacio propio, como en la Misa del día, pp. 940–941.

Antífona de la Comunión

Cfr. Jn 21, 15. 17

Simón, hijo de Juan, ¿me amas más que éstos?
Señor, tú lo sabes todo; tú sabes que te quiero.

Oración después de la Comunión

**Te rogamos, Señor,
que fortalezcas con estos celestiales sacramentos
a tus fieles, que has iluminado
con la enseñanza de los santos Apóstoles.
Por Jesucristo, nuestro Señor.**

Puede utilizarse la fórmula de bendición solemne, p. 713.

Misa del día

Antífona de entrada

Éstos son los que, viviendo en nuestra carne,
con su sangre fecundaron a la Iglesia,
bebieron del cáliz del Señor,
y fueron hechos amigos suyos.

Se dice Gloria.

Oración colecta

Dios nuestro,
tú que nos llenas de una venerable y santa alegría
en la solemnidad de tus santos apóstoles Pedro y Pablo,
concede a tu Iglesia
que se mantenga siempre fiel a todas las enseñanzas
de aquellos por quienes comenzó la propagación de la fe.
Por nuestro Señor Jesucristo, tu Hijo,
que vive y reina contigo en la unidad del Espíritu Santo
y es Dios por los siglos de los siglos.

Se dice Credo.

Oración sobre las ofrendas

Haz, Señor,
que la oración de tus santos Apóstoles
acompañe la ofrenda que te presentamos,
y nos permita celebrar con devoción
este santo sacrificio.
Por Jesucristo, nuestro Señor.

Prefacio: La doble misión de san Pedro y san Pablo en la Iglesia.

Santo, Santo, Santo . . .

Texto sin música:

V. **El Señor esté con ustedes.**
R. Y con tu espíritu.

V. **Levantemos el corazón.**
R. Lo tenemos levantado hacia el Señor.

V. **Demos gracias al Señor, nuestro Dios.**
R. Es justo y necesario.

**En verdad es justo y necesario,
es nuestro deber y salvación
darte gracias siempre y en todo lugar,
Señor, Padre santo,
Dios todopoderoso y eterno.**

**Porque en los apóstoles Pedro y Pablo
has querido darnos un motivo de alegría:
Pedro fue el primero en confesar la fe;
Pablo, el maestro que la anunció con claridad;
Pedro fundó la primitiva Iglesia con el resto de Israel;
Pablo la extendió entre los paganos llamados a la fe.**

**De esta forma, Señor, por caminos diversos,
congregaron a la única familia de Cristo;
y coronados por el martirio,
son igualmente venerados por tu pueblo.**

**Por eso, con todos los ángeles y santos,
te alabamos, proclamando sin cesar:**

Santo, Santo, Santo . . .

Antífona de la Comunión Cfr. Mt 16, 16. 18

Dijo Pedro a Jesús: Tú eres el Mesías,
el Hijo de Dios vivo.
Jesús le respondió: Tú eres Pedro,
y sobre esta piedra edificaré mi Iglesia.

Oración después de la Comunión

**Renovados por este sacramento, Señor,
concédenos vivir de tal manera en tu Iglesia
que, perseverando en la fracción del pan
y en la enseñanza de los Apóstoles,
tengamos un solo corazón y un mismo espíritu,
fortalecidos por tu amor.
Por Jesucristo, nuestro Señor.**

Puede utilizarse la fórmula de bendición solemne, p. 713.

Para la Misa votiva de san Pedro o de san Pablo, ver más adelante, p. 1148, o bien, p. 1149.

30 de junio
Primeros santos mártires de la Iglesia Romana

Del Común de mártires: para varios mártires, p. 1108.

Oración colecta

**Dios nuestro, que consagraste con la sangre de los mártires
los fecundos comienzos de la Iglesia de Roma,
concédenos que su valor en tan arduo combate nos fortalezca,
y su gloriosa victoria nos llene siempre de alegría.
Por nuestro Señor Jesucristo, tu Hijo,
que vive y reina contigo en la unidad del Espíritu Santo
y es Dios por los siglos de los siglos.**

JULIO

[En las diócesis de los Estados Unidos]

1 de julio
San Junípero Serra, presbítero

Del Común de pastores: para los misioneros, p. 1140.

Oración colecta

**Dios nuestro, por tu inefable misericordia,
has querido agregar a la Iglesia a muchos pueblos de América,
por medio de san Junípero Serra;
concédenos, por su intercesión,
que nuestros corazones estén unidos a ti en la caridad
de tal manera que podamos llevar ante los hombres,
siempre y en todas partes, la imagen de tu Unigénito,
nuestro Señor Jesucristo.
Él, que vive y reina contigo en la unidad del Espíritu Santo
y es Dios por los siglos de los siglos.**

3 de julio
SANTO TOMÁS, APÓSTOL

Fiesta

Antífona de entrada — Cfr. Sal 118 (117), 28. 21

Tú eres mi Dios, y yo confiaré en ti,
tú eres mi Dios, te alabaré y te daré gracias;
pondré en ti mi confianza, porque tú eres mi salvador.

Se dice Gloria.

Oración colecta

**Concédenos, Dios todopoderoso,
alegrarnos por la festividad del apóstol santo Tomás,
para que siempre nos ayude con su protección
y para que, creyendo, tengamos vida en el nombre de aquel
a quien él mismo reconoció como Señor, Jesucristo, tu Hijo.
Él, que vive y reina contigo en la unidad del Espíritu Santo
y es Dios por los siglos de los siglos.**

Oración sobre las ofrendas

**Al conmemorar la confesión de fe del apóstol santo Tomás,
te ofrecemos, Señor, este sacrificio de alabanza,
para darte así el culto que mereces,
y te pedimos humildemente que cuides en nosotros
los dones que de ti hemos recibido.
Por Jesucristo, nuestro Señor.**

Prefacio I o II de los Apóstoles, pp. 622–625.

Antífona de la Comunión

Cfr. Jn 20, 27

Acerca tu mano, toca los agujeros que dejaron los clavos
y no seas incrédulo, sino creyente.

Oración después de la Comunión

**Dios nuestro, en este sacramento hemos recibido verdaderamente
el Cuerpo de tu Unigénito;
concédenos que lo reconozcamos por la fe
como Dios y Señor nuestro,
y también lo confesemos con las obras y con la vida,
a ejemplo del apóstol Tomás.
Por Jesucristo, nuestro Señor.**

Puede utilizarse la fórmula de bendición solemne, p. 714.

[En las diócesis de los Estados Unidos]

4 de julio
Día de la Independencia de los Estados Unidos

Antífona de entrada Cfr. Sir 36, 18-19

Concede, Señor, la paz a quienes en ti esperan;
escucha las oraciones de tus hijos
y guíanos por el camino de la justicia.

Se dice Gloria.

Oración colecta

**Dios de justicia, Padre de la verdad,
que con sabiduría y bondad guías la creación
hacia su culminación en Cristo, tu Hijo,
ábrenos el corazón a la verdad de tu Evangelio
para que tu paz reine en nosotros
y tu justicia guíe nuestras vidas.
Por nuestro Señor Jesucristo, tu Hijo,
que vive y reina contigo en la unidad del Espíritu Santo
y es Dios por los siglos de los siglos.**

O bien:

**Padre de todas las naciones y de todos los tiempos,
recordando el día en que este país
tomó su lugar entre la familia de las naciones,
te damos gracias por los logros obtenidos
y pedimos tu ayuda para el trabajo que aún nos queda por hacer,
y así como nos llamaste de entre muchos pueblos a ser una nación,
concédenos, bajo tu providencia,
que este país comparta tus bendiciones
con todos los pueblos de la tierra.
Por nuestro Señor Jesucristo, tu Hijo,
que vive y reina contigo en la unidad del Espíritu Santo
y es Dios por los siglos de los siglos.**

Oración sobre las ofrendas

Señor Dios, acepta estos dones que traemos a tu altar
e, instruidos por la sabiduría del Evangelio,
condúcenos a la verdadera justicia y a una paz duradera.
Por Jesucristo, nuestro Señor.

O bien:

Dios, Padre nuestro,
que forjaste esta nación de pueblos venidos de muchas tierras,
concédenos que,
así como muchos granos de trigo forman un solo pan
y abundantes uvas una sola copa de vino,
podamos ser instrumentos de tu paz para todos.
Por Jesucristo, nuestro Señor.

Prefacio I: Día de la Independencia.

Santo, Santo, Santo . . .

Texto sin música:

V. **El Señor esté con ustedes.**
R. Y con tu espíritu.

V. **Levantemos el corazón.**
R. Lo tenemos levantado hacia el Señor.

V. **Demos gracias al Señor, nuestro Dios.**
R. Es justo y necesario.

**En verdad es justo y necesario,
es nuestro deber y salvación
darte gracias siempre y en todo lugar,
Señor, Padre santo,
Dios todopoderoso y eterno,
por Cristo, Señor nuestro.**

**Él proclamó un mensaje de paz
y nos enseñó a vivir como hermanos.
Su palabra guió la visión de los padres de esta nación
al formar una nación donde viviéramos unidos.
Este mensaje continúa como una tarea para hoy
y como una promesa para el mañana.**

**Por eso, llenos de alegría, unidos al coro de los ángeles,
cantamos sin cesar el himno de tu gloria:**

Santo, Santo, Santo . . .

O bien:

Prefacio II: Día de la Independencia.

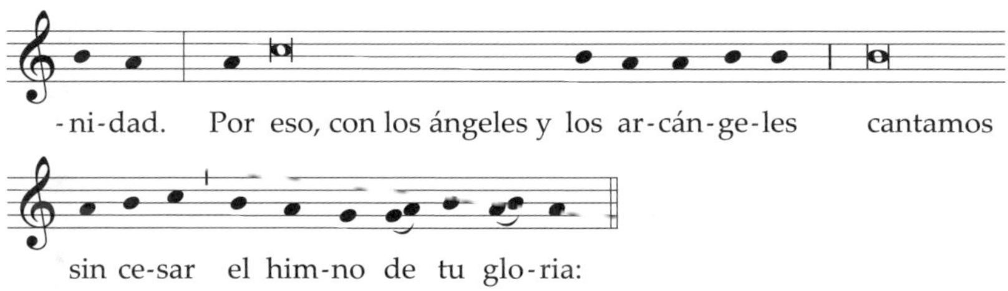

Santo, Santo, Santo . . .

Texto sin música:

V. **El Señor esté con ustedes.**
R. Y con tu espíritu.

V. **Levantemos el corazón.**
R. Lo tenemos levantado hacia el Señor.

V. **Demos gracias al Señor, nuestro Dios.**
R. Es justo y necesario.

En verdad es justo y necesario,
es nuestro deber y salvación
darte gracias siempre y en todo lugar,
Señor, Padre santo,
Dios todopoderoso y eterno,
por Cristo, Señor nuestro.

Te alabamos Dios de la creación y Padre de Jesucristo,
Salvador del mundo,
en cuya imagen anhelamos vivir.
Él amó a los hijos de los pueblos por donde caminó
y los enriqueció con su ejemplo de justicia y de verdad.
Con su vida, muerte y resurrección nos hace renacer en el Espíritu
y nos llena de amor por toda la humanidad.

Por eso, con los ángeles y los arcángeles
cantamos sin cesar el himno de tu gloria:

Santo, Santo, Santo . . .

Antífona de la Comunión

Cfr. Sal 36 (35), 10

En ti, Señor, está la fuente viva
y tu luz nos hace ver la luz.

Oración después de la Comunión

**Señor Dios, que en esta Eucaristía nos dejas vislumbrar
el gozo y la unidad de tu pueblo en el cielo,
fortalece nuestra unidad e intensifica nuestra alegría
para que todos los que creen en ti trabajen unidos
para construir la ciudad de la paz que no tiene fin.
Por Jesucristo, nuestro Señor.**

O bien:

**Padre celestial, que el amor compartido en esta Eucaristía
inunde con abundantes bendiciones toda la tierra,
y por tu gracia seamos una nación
que confíe en ti y busque hacer tu voluntad.
Por Jesucristo, nuestro Señor.**

Bendición solemne al final de la misa

**Dios Padre, que nos ha llamado a ser
una sola familia humana,
llene sus corazones con un profundo deseo
de paz y armonía.**
R. Amén.

**Dios Hijo, que vino a compartir nuestra vida
y hacernos hijos de un mismo Padre,
les conceda crecer en sabiduría y gracia
delante de Dios y de la familia humana.**
R. Amén.

**Y el Espíritu Santo, vínculo de amor
entre el Padre y el Hijo,
una en el amor a todos los aquí presentes
y que él sea la unión de amor entre ustedes,
nuestra nación, y todos los pueblos.**
R. Amén.

**Y la bendición de Dios todopoderoso,
Padre, Hijo ✠ y Espíritu Santo,
descienda sobre ustedes y permanezca para siempre.**
R. Amén.

5 de julio
San Antonio María Zacaría, presbítero

Del Común de pastores: para un pastor, p. 1134, o del Común de santos y santas: para los educadores, p. 1167, o para los religiosos, p. 1163.

Oración colecta

Concédenos, Señor,
crecer en el conocimiento admirable de Jesucristo,
según la enseñanza del apóstol Pablo,
que inspiró a san Antonio María Zacaría
para proclamar en tu Iglesia la palabra de salvación.
Por nuestro Señor Jesucristo, tu Hijo,
que vive y reina contigo en la unidad del Espíritu Santo
y es Dios por los siglos de los siglos.

[En las diócesis de los Estados Unidos]

Santa Isabel de Portugal

Del Común de santos y santas: para los que hicieron obras de misericordia, p. 1166.

Oración colecta

Dios nuestro, autor de la paz y amante de la caridad,
que otorgaste a santa Isabel de Portugal
la gracia admirable de reconciliar a los enemistados,
concédenos, por su intercesión, trabajar por la paz,
para que podamos ser llamados hijos de Dios.
Por nuestro Señor Jesucristo, tu Hijo,
que vive y reina contigo en la unidad del Espíritu Santo
y es Dios por los siglos de los siglos.

6 de julio
Santa María Goretti, virgen y mártir

Del Común de mártires: para una virgen mártir, p. 1124, o del Común de vírgenes: para una virgen, p. 1148.

Oración colecta

**Dios nuestro,
que eres la fuente de la inocencia y amas la castidad,
y has dado a tu sierva María Goretti
la gracia del martirio en plena adolescencia,
concédenos, por su intercesión,
que así como ella recibió la corona en el combate por su virginidad,
seamos constantes para cumplir tus mandamientos.
Por nuestro Señor Jesucristo, tu Hijo,
que vive y reina contigo en la unidad del Espíritu Santo
y es Dios por los siglos de los siglos.**

9 de julio
Santos Agustín Zhao Rong, presbítero, y compañeros, mártires

Del Común de mártires: para varios mártires, p. 1108.

Oración colecta

**Dios nuestro, que, por la confesión de fe
de los santos mártires Agustín Zhao Rong y compañeros,
con admirable providencia fortaleciste a tu Iglesia,
concede que tu pueblo, fiel a la misión a él encomendada,
goce de mayor libertad y dé testimonio de la verdad ante el mundo.
Por nuestro Señor Jesucristo, tu Hijo,
que vive y reina contigo en la unidad del Espíritu Santo
y es Dios por los siglos de los siglos.**

11 de julio
San Benito, abad
Memoria

Antífona de entrada

Hubo un varón de vida venerable,
Benito, por gracia y por nombre, "bendecido",
que renunció a su casa y a su herencia,
para solamente agradar a Dios,
llevando una vida santa.

Oración colecta

**Dios nuestro, que constituiste a san Benito, abad,
como ilustre maestro en la escuela del servicio divino,
concédenos que, sin anteponer nada a tu amor,
avancemos con un corazón generoso
en el camino de tus mandamientos.
Por nuestro Señor Jesucristo, tu Hijo,
que vive y reina contigo en la unidad del Espíritu Santo
y es Dios por los siglos de los siglos.**

Oración sobre las ofrendas

**Acepta, Señor, con bondad
los dones que te presentamos
en la celebración de san Benito, abad,
y haz que, a ejemplo suyo,
te busquemos únicamente a ti,
a fin de que podamos obtener en tu servicio
el don de la unidad y de la paz.
Por Jesucristo, nuestro Señor.**

Antífona de la Comunión Cfr. Lc 12, 42

Éste es el siervo fiel y prudente,
a quien el Señor puso al frente de su familia,
para darles a su tiempo la ración de trigo.

Oración después de la Comunión

**Al recibir la prenda de la vida eterna,
te suplicamos, Señor,
que, siguiendo las enseñanzas de san Benito,
nos dediquemos con fidelidad a tu servicio
y amemos con ferviente caridad a los hermanos.
Por Jesucristo, nuestro Señor.**

13 de julio

San Enrique

Del Común de santos y santas: para un santo, p. 1157.

Oración colecta

**Dios nuestro, que con la abundancia de tu gracia
ayudaste a san Enrique a pasar admirablemente
del cuidado del gobierno temporal
a las realidades del cielo,
concédenos, por su intercesión,
en medio de la inestabilidad de este mundo,
que avancemos hacia ti con un corazón puro.
Por nuestro Señor Jesucristo, tu Hijo,
que vive y reina contigo en la unidad del Espíritu Santo
y es Dios por los siglos de los siglos.**

[En las diócesis de los Estados Unidos]

14 de julio

Santa Kateri Tekakwitha, virgen

Memoria

Del Común de vírgenes: para una virgen, p. 1148.

Oración colecta

**Oh Dios, que quisiste que la santa Kateri Tekakwitha, virgen,
floreciera entre su pueblo indígena por su vida inocente,
concédenos por su intercesión
que los pueblos de todas las tribus, lenguas y naciones,
congregados en tu Iglesia,
te glorifiquen con un canto de alabanza.
Por nuestro Señor Jesucristo, tu Hijo,
que vive y reina contigo en la unidad del Espíritu Santo
y es Dios por los siglos de los siglos.**

15 de julio
San Buenaventura, obispo y doctor de la Iglesia
Memoria

Del Común de pastores: para un obispo, p. 1130, o del Común de doctores de la Iglesia, p. 1144.

Oración colecta

**Dios todopoderoso,
al celebrar la festividad del obispo san Buenaventura,
te pedimos que nos concedas aprovechar su admirable doctrina
e imitar siempre su ardiente caridad.
Por nuestro Señor Jesucristo, tu Hijo,
que vive y reina contigo en la unidad del Espíritu Santo
y es Dios por los siglos de los siglos.**

16 de julio
Bienaventurada Virgen María del Carmen

Del Común de la Bienaventurada Virgen María, p. 1095.

Oración colecta

**Concédenos, Señor, la poderosa intercesión
de la gloriosa Virgen María, nuestra Señora del Carmen,
para que, con la ayuda de su protección,
podamos llegar hasta el monte de la salvación, que es Cristo.
Él, que vive y reina contigo en la unidad del Espíritu Santo
y es Dios por los siglos de los siglos.**

[En las diócesis de los Estados Unidos]

18 de julio

San Camilo de Lelis, presbítero

Del Común de santos y santas: para los que hicieron obras de misericordia, p. 1166.

Oración colecta

**Dios nuestro,
que concediste al presbítero san Camilo de Lelis
la gracia de un amor especial por los enfermos,
infunde en nosotros, por su intercesión,
el espíritu de tu caridad,
para que, sirviéndote en nuestros hermanos,
podamos, en la hora de nuestra muerte,
presentarnos ante ti llenos de confianza.
Por nuestro Señor Jesucristo, tu Hijo,
que vive y reina contigo en la unidad del Espíritu Santo
y es Dios por los siglos de los siglos.**

20 de julio

San Apolinar, obispo y mártir

Del Común de mártires: para un mártir, p. 1115, o del Común de pastores: para un obispo, p. 1130.

Oración colecta

**Dirige a tus fieles, Señor, por el camino de la salvación eterna,
que el obispo san Apolinar mostró con sus enseñanzas y su martirio,
y haz que, por su intercesión,
de tal manera perseveremos en la observancia de tus mandamientos,
que merezcamos ser coronados con él en el cielo.
Por nuestro Señor Jesucristo, tu Hijo,
que vive y reina contigo en la unidad del Espíritu Santo
y es Dios por los siglos de los siglos.**

21 de julio
San Lorenzo de Brindis, presbítero y doctor de la Iglesia

Del Común de pastores: para un pastor, p. 1134, o del Común de doctores de la Iglesia, p. 1144, o del Común de santos y santas: para los religiosos, p. 1163.

Oración colecta

Dios nuestro, que para gloria de tu nombre
y salvación de las almas
diste a san Lorenzo de Brindis, presbítero,
un espíritu de consejo y fortaleza,
concédenos, en ese mismo espíritu,
conocer lo que debemos hacer
y, conociéndolo, llevarlo a cabo, por su intercesión.
Por nuestro Señor Jesucristo, tu Hijo,
que vive y reina contigo en la unidad del Espíritu Santo
y es Dios por los siglos de los siglos.

22 de julio
SANTA MARÍA MAGDALENA
Fiesta

Antífona de entrada
Jn 20, 17

Dijo Jesús a María Magdalena:
Ve a mis hermanos y diles:
Subo a mi Padre y su Padre,
a mi Dios y su Dios.

Se dice Gloria.

Oración colecta

Dios nuestro,
que quisiste que santa María Magdalena
fuera la primera en recibir de tu Unigénito
el encargo de anunciar el gozo pascual,
concédenos por su intercesión que, siguiendo su ejemplo,
anunciemos a Cristo resucitado
y merezcamos contemplarlo reinando en el cielo.
Él, que vive y reina contigo en la unidad del Espíritu Santo
y es Dios por los siglos de los siglos.

Oración sobre las ofrendas

**Acepta, Señor, los dones que te presentamos
en la conmemoración de santa María Magdalena,
con el mismo agrado con el que tu Unigénito
aceptó su homenaje de amor.
Él, que vive y reina por los siglos de los siglos.**

Prefacio: Apóstol de los apóstoles.

V. **El Señor esté con ustedes.**
R. Y con tu espíritu.

V. **Levantemos el corazón.**
R. Lo tenemos levantado hacia el Señor.

V. **Demos gracias al Señor, nuestro Dios.**
R. Es justo y necesario.

**En verdad es justo y necesario,
es nuestro deber y salvación,
aclamarte siempre,
Padre todopoderoso,
de quien la misericordia
no es menor que el poder,
por Cristo, Señor nuestro.**

**El cual, se apareció visiblemente en el huerto
a María Magdalena,
pues ella lo había amado en vida,
lo había visto morir en la cruz,
lo buscaba yacente en el sepulcro,
y fue la primera en adorarlo
resucitado de entre los muertos;
y él la honró entre los apóstoles
con el oficio del apostolado
para que la buena noticia de la vida nueva
llegase hasta los confines del mundo.**

**Por eso, Señor,
nosotros, llenos de alegría,
te aclamamos con los ángeles y con todos los santos, diciendo:**

Santo, Santo, Santo . . .

Antífona de la Comunión
2 Cor 5, 14. 15

El amor de Cristo nos apremia
a que no vivamos para nosotros mismos,
sino sólo para él, que por nosotros murió y resucitó.

Oración después de la Comunión

**Señor, que la santa recepción de tu sacramento
infunda en nosotros aquel amor perseverante
con el que santa María Magdalena
estuvo siempre unida a Cristo, su maestro.
Él, que vive y reina por los siglos de los siglos.**

23 de julio
Santa Brígida, religiosa

Del Común de santos y santas: para las santas mujeres, p. 1169, o para los religiosos, p. 1163.

Oración colecta

**Dios nuestro, que condujiste a santa Brígida
a través de los diversos caminos de la vida
y le enseñaste admirablemente la sabiduría de la cruz
por la contemplación de la pasión de tu Hijo,
concédenos que,
avanzando dignamente en el llamado que nos haces,
podamos buscarte en todas las cosas.
Por nuestro Señor Jesucristo, tu Hijo,
que vive y reina contigo en la unidad del Espíritu Santo
y es Dios por los siglos de los siglos.**

24 de julio
San Chárbel Makhlüf, presbítero

Del Común de pastores: para un pastor, p. 1134, o del Común de santos y santas: para un monje, p. 1161.

Oración colecta

**Dios nuestro, que llamaste al presbítero san Chárbel Makhlüf
al extraordinario combate espiritual del desierto,
y lo enriqueciste con una piedad admirable,
concédenos que,
transformados en imitadores de la pasión del Señor,
merezcamos ser partícipes de su reino.
Por nuestro Señor Jesucristo, tu Hijo,
que vive y reina contigo en la unidad del Espíritu Santo
y es Dios por los siglos de los siglos.**

25 de julio
SANTIAGO, APÓSTOL
Fiesta

Antífona de entrada
Cfr. Mt 4, 18. 21

Caminando Jesús por la ribera del mar de Galilea,
vio a Santiago y a su hermano Juan, hijos de Zebedeo,
que estaban remendando sus redes, y los llamó.

Se dice Gloria.

Oración colecta

**Dios todopoderoso y eterno,
que consagraste las primicias de la predicación apostólica
con la sangre del apóstol Santiago,
concede a tu Iglesia quedar fortalecida por su martirio
y amparada siempre con su protección.
Por nuestro Señor Jesucristo, tu Hijo,
que vive y reina contigo en la unidad del Espíritu Santo
y es Dios por los siglos de los siglos.**

Oración sobre las ofrendas

Purifícanos, Señor, con el bautismo salvador
de la pasión de tu Hijo,
para que, en la fiesta de Santiago,
el primer Apóstol que participó
en el cáliz redentor de Cristo,
podamos ofrecerte un sacrificio agradable a ti.
Por Jesucristo, nuestro Señor.

Prefacio I o II de los Apóstoles, pp. 622–625.

Antífona de la Comunión

Bebieron el cáliz del Señor
y llegaron a ser amigos de Dios.

Oración después de la Comunión

Por intercesión del apóstol Santiago,
en cuya festividad
hemos recibido con alegría tus santos sacramentos,
concédenos, Señor, tu protección y tu ayuda.
Por Jesucristo, nuestro Señor.

Puede utilizarse la fórmula de bendición solemne, p. 714.

26 de julio
Santos Joaquín y Ana, padres de la Bienaventurada Virgen María
Memoria

Antífona de entrada — Cfr. Sir 44, 1. 25

Alabemos a san Joaquín y a santa Ana,
porque en su descendencia
el Señor Dios ha bendecido a todos los pueblos.

Oración colecta

Señor, Dios de nuestros padres,
que concediste a los santos Joaquín y Ana la singular gracia
de que naciera de ellos la Madre de tu Hijo encarnado,
concédenos, por las súplicas de ambos,
que alcancemos la salvación prometida a tu pueblo.
Por nuestro Señor Jesucristo, tu Hijo,
que vive y reina contigo en la unidad del Espíritu Santo
y es Dios por los siglos de los siglos.

Oración sobre las ofrendas

Recibe, Señor, los dones que te presentamos
y concede que merezcamos participar de la misma bendición
que prometiste a Abraham y a su descendencia.
Por Jesucristo, nuestro Señor.

Antífona de la Comunión

Cfr. Sal 24 (23), 5

Obtendrán la bendición de Dios,
y Dios, su salvador, les hará justicia.

Oración después de la Comunión

Dios nuestro, que quisiste que tu Unigénito
naciera del linaje de los hombres,
para que los hombres, por un admirable misterio,
renacieran de ti,
te rogamos que, por tu bondad,
santifiques con el espíritu de adopción
a quienes alimentaste con el pan de los hijos.
Por Jesucristo, nuestro Señor.

29 de julio
Santa Marta
Memoria

Antífona de entrada

Cfr. Lc 10, 38

Cuando entró Jesús en un poblado,
una mujer, llamada Marta, lo recibió en su casa.

Oración colecta

Dios todopoderoso y eterno,
cuyo Hijo aceptó hospedarse en la casa de santa Marta,
concédenos, por su intercesión,
que sirviendo fielmente a Cristo en nuestros hermanos,
merezcamos ser recibidos por ti en la mansión del cielo.
Por nuestro Señor Jesucristo, tu Hijo,
que vive y reina contigo en la unidad del Espíritu Santo
y es Dios por los siglos de los siglos.

Oración sobre las ofrendas

Al proclamar, Señor, tu obra admirable en santa Marta,
suplicamos humildemente a tu majestad
que, así como te fue grato su amoroso obsequio,
así también te sea aceptable el desempeño de nuestro servicio.
Por Jesucristo, nuestro Señor.

Antífona de la Comunión

Jn 11, 27

Marta dijo a Jesús: Sí, Señor. Creo firmemente
que tú eres el Mesías, el Hijo de Dios,
el que tenía que venir al mundo.

Oración después de la Comunión

Señor, que la santa comunión
del Cuerpo y la Sangre de tu Unigénito
nos aleje de todas las cosas pasajeras,
para que, a ejemplo de santa Marta,
podamos crecer en la tierra en un auténtico amor a ti
y gozar en el cielo, contemplándote eternamente.
Por Jesucristo, nuestro Señor.

30 de julio

San Pedro Crisólogo, obispo y doctor de la Iglesia

Del Común de pastores: para un obispo, p. 1130, o del Común de doctores de la Iglesia, p. 1144.

Oración colecta

Dios nuestro, que hiciste del obispo san Pedro Crisólogo
un insigne predicador de tu Verbo encarnado,
concédenos, por su intercesión,
la gracia de meditar siempre en nuestros corazones
los misterios de tu salvación,
y manifestarlos fielmente en nuestras obras.
Por nuestro Señor Jesucristo, tu Hijo,
que vive y reina contigo en la unidad del Espíritu Santo
y es Dios por los siglos de los siglos.

31 de julio

San Ignacio de Loyola, presbítero

Memoria

Antífona de entrada Cfr. Flp 2, 10-11

Que al nombre de Jesús toda rodilla se doble,
en el cielo, en la tierra, en los abismos,
y que toda lengua proclame
que Jesucristo es el Señor, para gloria de Dios Padre.

Oración colecta

**Dios nuestro,
que suscitaste en tu Iglesia a san Ignacio de Loyola
para extender la mayor gloria de tu nombre,
concédenos que, luchando en la tierra,
con su auxilio y a imitación suya,
merezcamos ser coronados, con él, en el cielo.
Por nuestro Señor Jesucristo, tu Hijo,
que vive y reina contigo en la unidad del Espíritu Santo
y es Dios por los siglos de los siglos.**

Oración sobre las ofrendas

**Que te agraden, Señor Dios,
las ofrendas que te presentamos
en la celebración de san Ignacio,
y concede que estos santos misterios
en los que has puesto la fuente de toda santidad,
nos santifiquen en la verdad.
Por Jesucristo, nuestro Señor.**

Antífona de la Comunión Lc 12, 49

He venido a traer fuego a la tierra,
¡y cuánto desearía que ya estuviera ardiendo!, dice el Señor.

Oración después de la Comunión

**Señor, que este sacrificio de alabanza,
que te hemos ofrecido en acción de gracias
en la celebración de san Ignacio,
nos lleve a alabar perpetuamente tu gloria.
Por Jesucristo, nuestro Señor.**

AGOSTO

1 de agosto

San Alfonso María de Ligorio, obispo y doctor de la Iglesia

Memoria

Del Común de pastores: para un obispo, p. 1130, o del Común de doctores de la Iglesia, p. 1144.

Oración colecta

**Dios nuestro, que promueves siempre en tu Iglesia
nuevos ejemplos de santidad,
concédenos seguir de tal modo
las huellas del admirable celo por las almas
del obispo san Alfonso María de Ligorio,
que también nosotros alcancemos con él
la recompensa del cielo.
Por nuestro Señor Jesucristo, tu Hijo,
que vive y reina contigo en la unidad del Espíritu Santo
y es Dios por los siglos de los siglos.**

Oración sobre las ofrendas

**Inflama, Señor, bondadosamente nuestros corazones
con el fuego celestial del Espíritu,
tú que concediste a san Alfonso María celebrar estos misterios
y ofrecerse a sí mismo por medio de este santo sacrificio.
Por Jesucristo, nuestro Señor.**

Oración después de la Comunión

**Dios nuestro, que quisiste que san Alfonso María
fuera un fiel administrador y predicador de este gran misterio,
concede a tus fieles participar con frecuencia en él
y que, al recibirlo, te alaben sin cesar.
Por Jesucristo, nuestro Señor.**

2 de agosto

San Eusebio de Vercelli, obispo

Del Común de pastores: para un obispo, p. 1130.

Oración colecta

**Concédenos, Señor Dios,
que imitemos la constancia del obispo san Eusebio de Vercelli
en defender la divinidad de tu Hijo,
para que, manteniéndonos firmes en la fe que él enseñó,
merezcamos participar de la misma vida de tu Hijo.
Él, que vive y reina contigo en la unidad del Espíritu Santo
y es Dios por los siglos de los siglos.**

San Pedro Julián Eymard, presbítero

Del Común de santos y santas: para los religiosos, p. 1163, o del Común de pastores: para un pastor, p. 1134.

Oración colecta

**Dios nuestro, que concediste a san Pedro Julián Eymard
un maravilloso amor hacia los sagrados misterios
del Cuerpo y la Sangre de tu Hijo,
concédenos, propicio, que también nosotros
gustemos como él de la gracia de este divino sacramento.
Por nuestro Señor Jesucristo, tu Hijo,
que vive y reina contigo en la unidad del Espíritu Santo
y es Dios por los siglos de los siglos.**

4 de agosto
San Juan María Vianney, presbítero
Memoria

Del Común de pastores: para un pastor, p. 1134.

Oración colecta

Dios omnipotente y misericordioso,
que hiciste admirable a san Juan María Vianney, presbítero,
por su celo pastoral,
concédenos que, a ejemplo suyo y por su intercesión,
ganemos para Cristo, con la caridad, a los hermanos
y con ellos podamos alcanzar la gloria eterna.
Por nuestro Señor Jesucristo, tu Hijo,
que vive y reina contigo en la unidad del Espíritu Santo
y es Dios por los siglos de los siglos.

5 de agosto
Dedicación de la Basílica de Santa María la Mayor

Del Común de la Bienaventurada Virgen María, p. 1095.

Oración colecta

Perdona, Señor, los pecados de tus siervos;
y, a quienes no logramos agradarte con nuestros actos,
sálvanos por la intercesión de la Madre de tu Hijo.
Él, que vive y reina contigo en la unidad del Espíritu Santo
y es Dios por los siglos de los siglos.

ESCÚCHENLO

6 de agosto

TRANSFIGURACIÓN DEL SEÑOR

Fiesta

Antífona de entrada

Cfr. Mt 17, 5

Apareció el Espíritu Santo en una nube luminosa
y se oyó la voz del Padre celestial que decía:
Éste es mi Hijo muy amado,
en quien tengo puestas mis complacencias; escúchenlo.

Se dice Gloria.

Oración colecta

**Dios nuestro,
que en la Transfiguración gloriosa de tu Unigénito
fortaleciste nuestra fe con el testimonio de los profetas
y nos dejaste entrever la gloria que nos espera, como hijos tuyos,
concédenos escuchar siempre la voz de tu Hijo amado,
para llegar a ser coherederos de su gloria.
Él, que vive y reina contigo en la unidad del Espíritu Santo
y es Dios por los siglos de los siglos.**

Cuando esta fiesta cae en domingo, se dice Credo.

Oración sobre las ofrendas

**Santifica, Señor, las ofrendas que te presentamos
en la gloriosa Transfiguración de tu Unigénito,
y límpianos de las manchas del pecado
con el resplandor de su luz.
Por Jesucristo, nuestro Señor.**

Prefacio: El misterio de la Transfiguración.

Santo, Santo, Santo . . .

Texto sin música:

V. **El Señor esté con ustedes.**
R. Y con tu espíritu.

V. **Levantemos el corazón.**
R. Lo tenemos levantado hacia el Señor.

V. **Demos gracias al Señor, nuestro Dios.**
R. Es justo y necesario.

En verdad es justo y necesario,
es nuestro deber y salvación
darte gracias siempre y en todo lugar,
Señor, Padre santo, Dios todopoderoso y eterno,
por Cristo, Señor nuestro.

Porque él reveló su gloria ante los testigos que había elegido,
y revistió su cuerpo, semejante al de todos los hombres,
de un extraordinario esplendor,
para apartar del corazón de sus discípulos
el escándalo de la cruz,
y manifestar que se cumpliría
en la totalidad del cuerpo de la Iglesia
lo que brilló admirablemente
en él mismo, su cabeza.

Por eso, con todos los ángeles,
te alabamos por siempre en la tierra,
aclamándote sin cesar:

Santo, Santo, Santo . . .

Antífona de la Comunión

Cfr. 1 Jn 3, 2

Cuando se manifieste el Señor, seremos semejantes a él,
porque lo veremos tal cual es.

Oración después de la Comunión

**Te rogamos, Señor, que el alimento celestial que hemos recibido,
nos transforme a imagen de aquel cuyo esplendor
quisiste manifestar en su gloriosa Transfiguración.
Él, que vive y reina por los siglos de los siglos.**

7 de agosto

Santos Sixto II, Papa, y compañeros, mártires

Del Común de mártires: para varios mártires, p. 1108.

Oración colecta

**Te rogamos, Dios todopoderoso,
que, así como concediste a san Sixto y sus compañeros
dar su vida por tu palabra y por dar testimonio de Jesús,
así nos hagas, por obra del Espíritu Santo,
dóciles para creer y esforzados para confesar tu nombre.
Por nuestro Señor Jesucristo, tu Hijo,
que vive y reina contigo en la unidad del Espíritu Santo
y es Dios por los siglos de los siglos.**

San Cayetano, presbítero

Del Común de pastores: para un pastor, p. 1134, o del Común de santos y santas: para los religiosos, p. 1163.

Oración colecta

**Dios nuestro, que concediste a san Cayetano, presbítero,
imitar la forma apostólica de vivir,
concédenos, por su ejemplo e intercesión,
confiar siempre en ti
y buscar continuamente tu reino.
Por nuestro Señor Jesucristo, tu Hijo,
que vive y reina contigo en la unidad del Espíritu Santo
y es Dios por los siglos de los siglos.**

8 de agosto

Santo Domingo de Guzmán, presbítero

Memoria

Antífona de entrada Cfr. Sir 15, 5

En medio de la Iglesia abrió su boca,
y el Señor lo llenó del espíritu de sabiduría e inteligencia,
y lo revistió de gloria.

Oración colecta

**Ayuda, Señor, a tu Iglesia,
por los méritos y enseñanzas de santo Domingo de Guzmán,
y que interceda bondadosamente por nosotros
quien fue eximio predicador de tu verdad.
Por nuestro Señor Jesucristo, tu Hijo,
que vive y reina contigo en la unidad del Espíritu Santo
y es Dios por los siglos de los siglos.**

Oración sobre las ofrendas

**Atiende con bondad, Señor,
por intercesión de santo Domingo,
las súplicas que te dirigimos,
y por la poderosa eficacia de este sacrificio,
fortalece, con la protección de tu gracia,
a quienes defienden la fe.
Por Jesucristo, nuestro Señor.**

Antífona de la Comunión Cfr. Lc 12, 42

Éste es el siervo fiel y prudente,
a quien el Señor puso al frente de su familia,
para darles a su tiempo la ración de trigo.

Oración después de la Comunión

**Alimentados con manjares celestiales
en la conmemoración de santo Domingo,
te pedimos, Señor,
que tu Iglesia reciba con sincera devoción y afecto
la fuerza de este sacramento,
y experimente el provecho de la intercesión
de aquel que resplandeció por su predicación.
Por Jesucristo, nuestro Señor.**

9 de agosto
Santa Teresa Benedicta de la Cruz, virgen y mártir

Del Común de mártires: para una virgen mártir, p. 1124, o del Común de vírgenes: para una virgen, p. 1148.

Oración colecta

**Dios de nuestros padres,
que llevaste a la mártir santa Teresa Benedicta de la Cruz
al conocimiento de tu Hijo crucificado
y a imitarlo fielmente hasta la muerte,
concede, por su intercesión, que todos los hombres
reconozcan a Cristo como Salvador
y, por medio de él, lleguen a contemplarte eternamente.
Él, que vive y reina contigo en la unidad del Espíritu Santo
y es Dios por los siglos de los siglos.**

10 de agosto
SAN LORENZO, DIÁCONO Y MÁRTIR
Fiesta

Antífona de entrada

El diácono san Lorenzo se entregó totalmente
al servicio de la Iglesia: así mereció sufrir el martirio
y reina gloriosamente con Cristo.

Se dice Gloria.

Oración colecta

**Dios nuestro, por cuyo ardiente amor
resplandeció san Lorenzo en la fidelidad de tu servicio
y en la gloria del martirio,
haz que amemos lo que él amó
y pongamos por obra lo que él enseñó.
Por nuestro Señor Jesucristo, tu Hijo,
que vive y reina contigo en la unidad del Espíritu Santo
y es Dios por los siglos de los siglos.**

Oración sobre las ofrendas

Recibe benignamente, Señor, los dones
que con alegría te presentamos en la festividad de san Lorenzo,
y concede que nos sirvan de ayuda para nuestra salvación.
Por Jesucristo, nuestro Señor.

Prefacio I o II de los santos mártires, pp. 630–633.

Antífona de la Comunión Cfr. Jn 12, 26

El que quiera servirme, que me siga, dice el Señor,
y donde yo esté, ahí estará mi servidor.

Oración después de la Comunión

Alimentados por este don sagrado,
te suplicamos humildemente, Señor,
que lo que hemos celebrado en la festividad de san Lorenzo,
en cumplimiento fiel de nuestro servicio,
nos haga experimentar con abundancia tu salvación.
Por Jesucristo, nuestro Señor.

11 de agosto
Santa Clara, virgen
Memoria

Del Común de vírgenes: para una virgen, p. 1148, o del Común de santos y santas: para una monja, p. 1162.

Oración colecta

Dios nuestro, que misericordiosamente
condujiste a santa Clara al amor por la pobreza,
concédenos, por su intercesión,
que, siguiendo a Cristo en pobreza de espíritu,
merezcamos llegar a contemplarte en el reino celestial.
Por nuestro Señor Jesucristo, tu Hijo,
que vive y reina contigo en la unidad del Espíritu Santo
y es Dios por los siglos de los siglos.

12 de agosto
Santa Juana Francisca de Chantal, religiosa

Del Común de santos y santas: para los religiosos, p. 1163.

Oración colecta

**Dios nuestro,
que adornaste con excelsas virtudes
a santa Juana Francisca de Chantal
en los distintos estados de la vida,
concédenos, por su intercesión,
que, caminando fielmente
según nuestra propia vocación,
demos siempre testimonio de la luz.
Por nuestro Señor Jesucristo, tu Hijo,
que vive y reina contigo en la unidad del Espíritu Santo
y es Dios por los siglos de los siglos.**

13 de agosto
Santos Ponciano, Papa, e Hipólito, presbítero, mártires

Del Común de mártires: para varios mártires, p. 1108, o del Común de pastores: para varios pastores, p. 1133.

Oración colecta

**Señor, que la preciosa paciencia de los justos
nos aumente el anhelo de tu amor,
y cultive siempre en nuestros corazones
la fortaleza sagrada de la fe.
Por nuestro Señor Jesucristo, tu Hijo,
que vive y reina contigo en la unidad del Espíritu Santo
y es Dios por los siglos de los siglos.**

14 de agosto
San Maximiliano María Kolbe, presbítero y mártir
Memoria

Antífona de entrada Cfr. Mt 25, 34. 40

Vengan, benditos de mi Padre, dice el Señor.
Yo les aseguro que, cuanto hicieron
con el más insignificante de mis hermanos,
conmigo lo hicieron.

Oración colecta

Dios nuestro, que llenaste de celo por las almas
y de amor al prójimo
al presbítero y mártir san Maximiliano María Kolbe,
inflamado en amor a la Virgen Inmaculada,
concede, propicio, que, por su intercesión,
trabajando esforzadamente por tu gloria
al servicio de los hombres,
podamos asemejarnos a tu Hijo hasta la muerte.
Él, que vive y reina contigo en la unidad del Espíritu Santo
y es Dios por los siglos de los siglos.

Oración sobre las ofrendas

Te presentamos, Señor, nuestros dones,
pidiéndote humildemente
que, a ejemplo de san Maximiliano María,
aprendamos a ofrecerte nuestra vida.
Por Jesucristo, nuestro Señor.

Antífona de la Comunión Cfr. Jn 15, 13

Nadie tiene amor más grande a sus amigos
que el que da la vida por ellos, dice el Señor.

Oración después de la Comunión

Te pedimos, Señor,
que, alimentados con el Cuerpo y la Sangre de tu Hijo,
nos inflame aquel mismo fuego de caridad
que san Maximiliano María
recibió de este sagrado banquete.
Por Jesucristo, nuestro Señor.

15 de agosto

ASUNCIÓN DE LA BIENAVENTURADA VIRGEN MARÍA

Solemnidad

Misa vespertina de la vigilia

Esta Misa se utiliza en la tarde del día 14 de agosto, antes o después de las primeras vísperas de la solemnidad.

Antífona de entrada

De ti se han dicho maravillas, María,
que hoy has sido exaltada sobre los coros de los ángeles
y triunfas con Cristo para siempre.

Se dice Gloria.

Oración colecta

**Dios nuestro,
que al ver la humildad de la santísima Virgen María
le concediste la gracia de que tu Unigénito
naciera de ella según la carne,
y en este día la coronaste de gloria incomparable,
concede a quienes hemos sido salvados
gracias al misterio de tu redención,
que merezcamos, por sus ruegos, ser glorificados por ti.
Por nuestro Señor Jesucristo, tu Hijo,
que vive y reina contigo en la unidad del Espíritu Santo
y es Dios por los siglos de los siglos.**

Se dice Credo.

Oración sobre las ofrendas

Recibe, Señor, el sacrificio de reconciliación y alabanza
que celebramos en la Asunción de la santa Madre de Dios,
para que nos lleve a obtener el perdón
y nos haga permanecer en continua acción de gracias.
Por Jesucristo, nuestro Señor.

Prefacio propio, como en la Misa del día, pp. 984–985.

Antífona de la Comunión

Cfr. Lc 11, 27

Dichosa la Virgen María
porque llevó en su seno al Hijo del eterno Padre.

Oración después de la Comunión

Después de participar de la mesa celestial,
imploramos tu clemencia, Señor Dios nuestro,
para que quienes celebramos la Asunción de la Madre de Dios,
nos veamos libres de todos los males que nos amenazan.
Por Jesucristo, nuestro Señor.

Puede utilizarse la fórmula de bendición solemne, p. 713.

Misa del día

Antífona de entrada Cfr. Ap 12, 1

Una gran señal apareció en el cielo:
una mujer vestida de sol, con la luna bajo sus pies
y una corona de doce estrellas sobre su cabeza.

O bien:

Alegrémonos en el Señor y alabemos al Hijo de Dios,
junto con los ángeles, al celebrar hoy la Asunción al cielo
de nuestra Madre, la Virgen María.

Se dice Gloria.

Oración colecta

**Dios todopoderoso y eterno,
que elevaste a la gloria celestial en cuerpo y alma
a la inmaculada Virgen María, Madre de tu Hijo,
concédenos tender siempre hacia los bienes eternos,
para que merezcamos participar de su misma gloria.
Por nuestro Señor Jesucristo, tu Hijo,
que vive y reina contigo en la unidad del Espíritu Santo
y es Dios por los siglos de los siglos.**

Se dice Credo.

Oración sobre las ofrendas

**Suba hasta ti, Señor, nuestra ofrenda fervorosa
y, por intercesión de la santísima Virgen María, elevada al cielo,
haz que nuestros corazones tiendan hacia ti,
inflamados en el fuego de tu amor.
Por Jesucristo, nuestro Señor.**

Prefacio: La gloriosa Asunción de la Virgen.

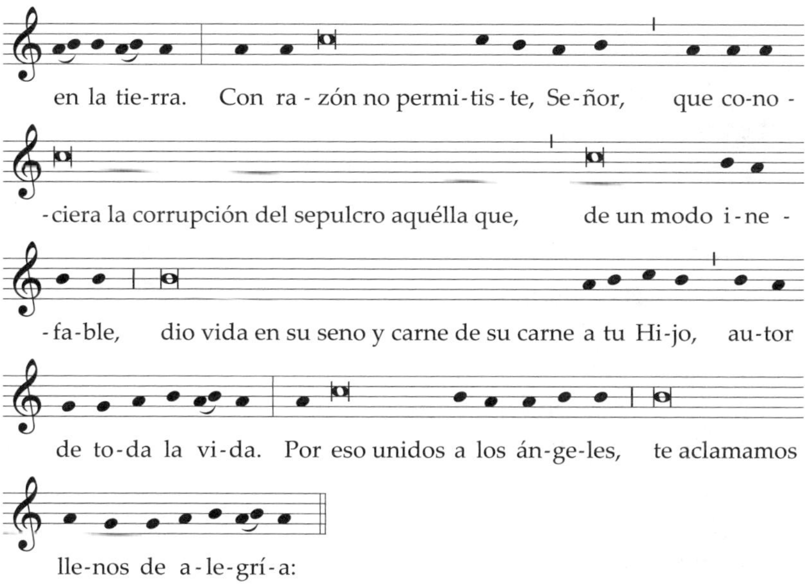

Santo, Santo, Santo . . .

Texto sin música:

V. **El Señor esté con ustedes.**
R. Y con tu espíritu.

V. **Levantemos el corazón.**
R. Lo tenemos levantado hacia el Señor.

V. **Demos gracias al Señor, nuestro Dios.**
R. Es justo y necesario.

**En verdad es justo y necesario,
es nuestro deber y salvación
darte gracias siempre y en todo lugar,
Señor, Padre santo, Dios todopoderoso y eterno,
por Cristo, Señor nuestro.**

**Porque hoy ha sido elevada al cielo
la Virgen Madre de Dios,
anticipo e imagen de la perfección que alcanzará tu Iglesia,
garantía de consuelo y esperanza para tu pueblo,
todavía peregrino en la tierra.**

**Con razón no permitiste, Señor,
que conociera la corrupción del sepulcro
aquella que, de un modo inefable,
dio vida en su seno y carne de su carne a tu Hijo,
autor de toda vida.**

**Por eso, unidos a los ángeles,
te aclamamos llenos de alegría:**

Santo, Santo, Santo . . .

Antífona de la Comunión

Lc 1, 48-49

Desde ahora me llamarán dichosa todas las generaciones,
porque ha hecho en mí grandes cosas el que todo lo puede.

Oración después de la Comunión

**Habiendo recibido el sacramento de la salvación,
te pedimos, Señor, nos concedas
que, por intercesión de santa María Virgen, elevada al cielo,
seamos llevados a la gloria de la resurrección.
Por Jesucristo, nuestro Señor.**

Puede utilizarse la fórmula de bendición solemne, p. 713.

16 de agosto
San Esteban de Hungría

Del Común de santos y santas: para un santo, p. 1157.

Oración colecta

**Dios todopoderoso,
que hiciste de san Esteban, rey de Hungría,
un propagador de tu Iglesia durante su reinado en la tierra,
concede a tu pueblo la gracia
de tenerlo como glorioso defensor en el cielo.
Por nuestro Señor Jesucristo, tu Hijo,
que vive y reina contigo en la unidad del Espíritu Santo
y es Dios por los siglos de los siglos.**

19 de agosto
San Juan Eudes, presbítero

Del Común de pastores: para un pastor, p. 1134, o del Común de santos y santas: para los religiosos, p. 1163.

Oración colecta

**Dios nuestro,
que admirablemente elegiste a san Juan Eudes, presbítero,
para que anunciara las insondables riquezas de Cristo,
concédenos, por sus enseñanzas y ejemplos,
crecer en tu conocimiento y vivir en fidelidad,
conforme a la luz del Evangelio.
Por nuestro Señor Jesucristo, tu Hijo,
que vive y reina contigo en la unidad del Espíritu Santo
y es Dios por los siglos de los siglos.**

20 de agosto

San Bernardo, abad y doctor de la Iglesia

Memoria

Antífona de entrada

El Señor colmó a san Bernardo con espíritu de inteligencia,
para que transmitiera al pueblo de Dios
las riquezas de la doctrina.

Oración colecta

**Dios nuestro, que encendiste al abad san Bernardo
con el celo por tu casa
e hiciste de él una lámpara que brillaba y ardía en tu Iglesia,
concédenos por su intercesión
que, animados por ese mismo espíritu,
caminemos siempre como hijos de la luz.
Por nuestro Señor Jesucristo, tu Hijo,
que vive y reina contigo en la unidad del Espíritu Santo
y es Dios por los siglos de los siglos.**

Oración sobre las ofrendas

**Te ofrecemos, Señor, este sacramento de unidad y de paz
al conmemorar a san Bernardo, abad,
que brilló por su palabra y sus obras,
y promovió con firmeza
la concordia y el orden de tu Iglesia.
Por Jesucristo, nuestro Señor.**

Antífona de la Comunión

Cfr. Jn 15, 9

Así como el Padre me ha amado a mí,
así yo los he amado a ustedes, dice el Señor;
permanezcan, pues, en mi amor.

Oración después de la Comunión

**Que esta comunión que hemos recibido, Señor,
en la celebración de san Bernardo,
produzca su fruto en nosotros, para que,
movidos por su ejemplo e instruidos por sus enseñanzas,
nos encienda en el amor de tu Verbo encarnado.
Él, que vive y reina por los siglos de los siglos.**

21 de agosto
San Pío X, Papa
Memoria

Del Común de pastores: para un Papa, p. 1127.

Oración colecta

**Dios nuestro, que, para defender la fe católica
e instaurar todas las cosas en Cristo,
colmaste al Papa san Pío décimo
de sabiduría celestial y fortaleza apostólica,
concede, benigno, que, siguiendo sus enseñanzas y ejemplos,
alcancemos la recompensa eterna.
Por nuestro Señor Jesucristo, tu Hijo,
que vive y reina contigo en la unidad del Espíritu Santo
y es Dios por los siglos de los siglos.**

Oración sobre las ofrendas

**Acepta, Señor, por tu bondad, los dones que te presentamos,
para que, dóciles a las enseñanzas de san Pío, Papa,
celebremos con dignidad estos santos misterios
y los recibamos con espíritu de fe.
Por Jesucristo, nuestro Señor.**

Oración después de la Comunión

**Al celebrar la memoria del Papa san Pío,
te rogamos, Señor Dios nuestro,
que, por la eficacia de este banquete celestial,
lleguemos a ser constantes en la fe
y vivamos concordes en tu amor.
Por Jesucristo, nuestro Señor.**

22 de agosto
Bienaventurada Virgen María Reina
Memoria

Antífona de entrada Cfr. Sal 45 (44), 10

De pie a tu derecha está la Reina,
vestida de oro y de brocados.

Oración colecta

**Dios nuestro, que constituiste Madre y Reina nuestra
a la Madre de tu Hijo,
concédenos en tu bondad que, apoyados en su intercesión,
alcancemos la gloria de tus hijos en el reino celestial.
Por nuestro Señor Jesucristo, tu Hijo,
que vive y reina contigo en la unidad del Espíritu Santo
y es Dios por los siglos de los siglos.**

Oración sobre las ofrendas

**Acepta, Señor, los dones que te presentamos
en la conmemoración de la santísima Virgen María,
y concédenos que nos socorra la bondad de tu Hijo Jesucristo,
que quiso ofrecerse a ti por nosotros en la cruz,
como víctima inmaculada.
Él, que vive y reina por los siglos de los siglos.**

Prefacio I de la Bienaventurada Virgen María (conmemoración), p. 618, o II, p. 620.

Antífona de la Comunión Cfr. Lc 1, 45

Dichosa tú, que has creído, porque se cumplirá
cuanto te fue anunciado de parte del Señor.

Oración después de la Comunión

**Después de recibir el sacramento celestial,
te suplicamos, Señor,
que, cuantos hemos celebrado con veneración
la memoria de la santísima Virgen María,
merezcamos participar en el banquete eterno.
Por Jesucristo, nuestro Señor.**

23 de agosto
Santa Rosa de Lima, virgen

Del Común de vírgenes: para una virgen, p. 1148.

Oración colecta

**Dios nuestro, que concediste a santa Rosa de Lima,
encendida en amor por ti, que dejara el mundo
y se dedicara únicamente a ti en la austeridad de la penitencia,
concédenos, por su intercesión,
que, siguiendo en la tierra el camino de la vida verdadera,
disfrutemos en el cielo de la plenitud de tu gozo.
Por nuestro Señor Jesucristo, tu Hijo,
que vive y reina contigo en la unidad del Espíritu Santo
y es Dios por los siglos de los siglos.**

24 de agosto
SAN BARTOLOMÉ, APÓSTOL
Fiesta

Antífona de entrada
Cfr. Sal 96 (95), 2. 3

Anuncien día tras día la salvación de Dios
y proclamen sus maravillas a todas las naciones.

Se dice Gloria.

Oración colecta

**Fortalece en nosotros, Señor, la fe
con que tu santo apóstol Bartolomé
se entregó con generosidad a tu Hijo,
y por su intercesión, haz que tu Iglesia
sea sacramento de salvación para todos los pueblos.
Por nuestro Señor Jesucristo, tu Hijo,
que vive y reina contigo en la unidad del Espíritu Santo
y es Dios por los siglos de los siglos.**

Oración sobre las ofrendas

**Señor, que el sacrificio de alabanza
que vamos a ofrecerte
en la fiesta del apóstol san Bartolomé,
nos obtenga, por su intercesión,
tu ayuda generosa.
Por Jesucristo, nuestro Señor.**

Prefacio I o II de los Apóstoles, pp. 622–625.

Antífona de la Comunión Cfr. Lc 22, 29-30

Yo les daré a ustedes el Reino
que mi Padre me tiene preparado,
y en él comerán y beberán a la mesa conmigo.

Oración después de la Comunión

**Al celebrar la fiesta del apóstol san Bartolomé,
hemos recibido la prenda de la salvación eterna
y te pedimos, Señor, que sea para nosotros auxilio
tanto en la vida presente como en la futura.
Por Jesucristo, nuestro Señor.**

Puede utilizarse la fórmula de bendición solemne, p. 714.

25 de agosto
San Luis, rey de Francia

Del Común de santos y santas: para un santo, p. 1157.

Oración colecta

**Dios nuestro, que hiciste pasar a san Luis, rey de Francia,
de los cuidados de un gobierno temporal
a la gloria del reino celestial,
concédenos, por su intercesión,
que, por el desempeño de nuestros deberes temporales,
busquemos tu reino eterno.
Por nuestro Señor Jesucristo, tu Hijo,
que vive y reina contigo en la unidad del Espíritu Santo
y es Dios por los siglos de los siglos.**

San José de Calasanz, presbítero

Del Común de santos y santas: para los educadores, p. 1167, o del Común de pastores: para un pastor, p. 1134.

Oración colecta

Dios nuestro, que adornaste de gran caridad y paciencia
al presbítero san José de Calasanz
para que entregara su vida a la educación de los niños
en la ciencia y en la virtud,
concédenos venerarlo como maestro de sabiduría
e imitarlo en el servicio de la verdad.
Por nuestro Señor Jesucristo, tu Hijo,
que vive y reina contigo en la unidad del Espíritu Santo
y es Dios por los siglos de los siglos.

27 de agosto

Santa Mónica

Memoria

Del Común de santos y santas: para las santas mujeres, p. 1169.

Oración colecta

Dios nuestro, consuelo de los afligidos,
que acogiste misericordiosamente
las piadosas lágrimas de santa Mónica
por la conversión de su hijo Agustín,
concédenos, por la intercesión de ambos,
arrepentirnos sinceramente de nuestros pecados
y alcanzar la gracia de tu perdón.
Por nuestro Señor Jesucristo, tu Hijo,
que vive y reina contigo en la unidad del Espíritu Santo
y es Dios por los siglos de los siglos.

28 de agosto
San Agustín, obispo y doctor de la Iglesia
Memoria

Antífona de entrada — Cfr. Sir 15, 5

En medio de la Iglesia abrió su boca,
y el Señor lo llenó del espíritu de sabiduría e inteligencia,
y lo revistió de gloria.

Oración colecta

**Renueva, Señor, en tu Iglesia
el espíritu que infundiste en el obispo san Agustín,
para que, llenos de ese mismo espíritu,
tengamos sed solamente de ti,
fuente de la verdadera sabiduría,
y te busquemos como autor del amor verdadero.
Por nuestro Señor Jesucristo, tu Hijo,
que vive y reina contigo en la unidad del Espíritu Santo
y es Dios por los siglos de los siglos.**

Oración sobre las ofrendas

**Señor, al celebrar el memorial de nuestra salvación,
imploramos humildemente tu clemencia,
a fin de que este sacramento de amor
sea para nosotros signo de unidad y vínculo de caridad.
Por Jesucristo, nuestro Señor.**

Antífona de la Comunión — Mt 23, 10. 8

Su Maestro es uno solo, Cristo, dice el Señor,
y todos ustedes son hermanos.

Oración después de la Comunión

**Que nuestra participación en la mesa de tu Hijo
nos santifique, Señor,
para que, como miembros de su Cuerpo,
nos transformemos en el mismo Cristo,
a quien hemos recibido.
Él, que vive y reina por los siglos de los siglos.**

29 de agosto

Martirio de san Juan Bautista

Memoria

Antífona de entrada Cfr. Sal 119 (118), 46-47

Sin temor alguno he expuesto tu ley ante los reyes
y he repetido tus preceptos porque en verdad los amo.

Oración colecta

**Dios nuestro, tú que quisiste que san Juan Bautista
fuera el Precursor del nacimiento y de la muerte de tu Hijo,
concédenos que, así como él dio la vida
como testigo de la verdad y la justicia,
también nosotros luchemos con valentía
en la afirmación de tu verdad.
Por nuestro Señor Jesucristo, tu Hijo,
que vive y reina contigo en la unidad del Espíritu Santo
y es Dios por los siglos de los siglos.**

Oración sobre las ofrendas

**Por estos dones que te presentamos,
concédenos, Señor,
seguir rectamente tus caminos,
como enseñó san Juan Bautista,
la voz que clama en el desierto,
y confirmó valerosamente derramando su sangre.
Por Jesucristo, nuestro Señor.**

Prefacio: La misión del Precursor.

V. **El Señor esté con ustedes.**
R. Y con tu espíritu.

V. **Levantemos el corazón.**
R. Lo tenemos levantado hacia el Señor.

V. **Demos gracias al Señor, nuestro Dios.**
R. Es justo y necesario.

**En verdad es justo y necesario,
es nuestro deber y salvación
darte gracias siempre y en todo lugar,
Señor, Padre santo,
Dios todopoderoso y eterno,
por Cristo, Señor nuestro.**

**Porque en la persona de su Precursor, Juan el Bautista,
alabamos tu magnificencia,
ya que lo consagraste con el más grande honor
entre todos los nacidos de mujer.**

**Al que fuera, en su nacimiento, ocasión de gran júbilo,
y aun antes de nacer saltara de gozo
ante la llegada de la salvación humana,
le fue dado, sólo a él entre todos los profetas,
presentar al Cordero que quita el pecado del mundo.**

**Y en favor de quienes habrían de ser santificados,
lavó en agua viva al mismo autor del Bautismo,
y mereció ofrecerle el supremo testimonio de su sangre.**

**Por eso, unidos a los ángeles,
te alabamos continuamente en la tierra,
proclamando tu grandeza sin cesar:**

Santo, Santo, Santo . . .

Texto con música en pp. 930–931.

Antífona de la Comunión

Cfr. Jn 3, 27. 30

Refiriéndose a Jesús, Juan Bautista decía a sus discípulos:
Es necesario que él crezca y que yo venga a menos.

Oración después de la Comunión

**Al celebrar el martirio de san Juan Bautista,
concédenos, Señor, venerar el misterio
de los sacramentos de salvación que hemos recibido
y alegrarnos por sus frutos.
Por Jesucristo, nuestro Señor.**

SEPTIEMBRE

3 de septiembre

San Gregorio Magno, Papa y doctor de la Iglesia

Memoria

Antífona de entrada

San Gregorio, elevado a la cátedra de Pedro,
siempre buscaba el rostro del Señor,
y permanecía en la contemplación de su amor.

Oración colecta

**Dios nuestro, que cuidas de tu pueblo con bondad
y lo gobiernas con amor,
por intercesión del Papa san Gregorio Magno
concede tu espíritu de sabiduría
a quienes has encomendado el gobierno de la Iglesia,
a fin de que el progreso de las ovejas en la santidad
sea el gozo eterno de sus pastores.
Por nuestro Señor Jesucristo, tu Hijo,
que vive y reina contigo en la unidad del Espíritu Santo
y es Dios por los siglos de los siglos.**

Oración sobre las ofrendas

**Concédenos, Señor,
que en la celebración de san Gregorio
nos aproveche esta ofrenda,
por cuya inmolación quisiste que se perdonen
los pecados del mundo entero.
Por Jesucristo, nuestro Señor.**

Antífona de la Comunión

Cfr. Lc 12, 42

Éste es el siervo fiel y prudente,
a quien el Señor puso al frente de su familia,
para darles a su tiempo la ración de trigo.

Oración después de la Comunión

**A quienes alimentas con Cristo, pan de vida,
instrúyenos, Señor, por Cristo, verdadero maestro,
para que, en la festividad de san Gregorio,
aprendamos tu verdad
y la llevemos a la práctica en la caridad.
Por Jesucristo, nuestro Señor.**

8 de septiembre

NATIVIDAD DE LA BIENAVENTURADA VIRGEN MARÍA

Fiesta

Antífona de entrada

Celebremos con júbilo el nacimiento
de la santísima Virgen María, de quien nació
el sol de justicia, Cristo, nuestro Señor.

Se dice Gloria.

Oración colecta

**Concede, Señor, a tus siervos el don de la gracia celestial,
para que, a cuantos hemos recibido las primicias de la salvación
por la maternidad de la Virgen María,
la fiesta de su nacimiento nos traiga un aumento de paz.
Por nuestro Señor Jesucristo, tu Hijo,
que vive y reina contigo en la unidad del Espíritu Santo
y es Dios por los siglos de los siglos.**

Oración sobre las ofrendas

**Que nos socorra, Señor, el inmenso amor de tu Unigénito,
para que, quien al nacer de la Virgen María
no menoscabó la integridad de la Madre, sino que la consagró,
nos libre de nuestras culpas
y haga acepta a ti nuestra oblación.
Por Jesucristo, nuestro Señor.**

O bien:

Al celebrar el nacimiento de la Virgen María,
te presentamos, Señor, nuestras ofrendas
y te pedimos humildemente que nos auxilie la bondad de tu Hijo,
que se dignó encarnarse en el seno de la Virgen.
Por Jesucristo, nuestro Señor.

Prefacio I de la Bienaventurada Virgen María (Natividad), p. 618, o II, p. 620.

Antífona de la Comunión

Is 7, 14; Mt 1, 21

La Virgen dará a luz un hijo,
que salvará al pueblo de sus pecados.

Oración después de la Comunión

Que se alegre, Señor, tu Iglesia,
alimentada con tus sagrados misterios
y se regocije por la natividad de la Virgen María,
esperanza y aurora de la salvación para el mundo entero.
Por Jesucristo, nuestro Señor.

Puede utilizarse la fórmula de bendición solemne, p. 713.

[En las diócesis de los Estados Unidos]

9 de septiembre

San Pedro Claver, presbítero

Memoria

Del Común de pastores: para un pastor, p. 1134, o del Común de santos y santas: para los que hicieron obras de misericordia, p. 1166.

Oración colecta

Dios nuestro,
que hiciste a san Pedro Claver esclavo de los esclavos
y lo fortaleciste con una admirable caridad
y paciencia para servirlos,
concédenos, por su intercesión,
que, buscando los intereses de Jesucristo,
amemos a nuestros prójimos con obras y de verdad.
Él, que vive y reina contigo en la unidad del Espíritu Santo
y es Dios por los siglos de los siglos.

12 de septiembre
Santísimo Nombre de María

Antífona de entrada Cfr. Jdt 13, 18-19

Virgen María, el Altísimo te ha bendecido
más que a todas las mujeres de la tierra;
porque de tal manera te ha glorificado
que la humanidad no cesa de alabarte.

Oración colecta

**Concede, Dios todopoderoso, que a todos los que celebramos
el glorioso nombre de la santísima Virgen María,
ella misma nos obtenga los dones de tu misericordia.
Por nuestro Señor Jesucristo, tu Hijo,
que vive y reina contigo en la unidad del Espíritu Santo
y es Dios por los siglos de los siglos.**

Oración sobre las ofrendas

**Te pedimos, Señor,
que la intercesión de la bienaventurada siempre Virgen María
haga dignas nuestras ofrendas,
y que, al venerar su santo nombre,
seamos agradables a ti.
Por Jesucristo, nuestro Señor.**

Antífona de la Comunión Cfr. Lc 1, 48

Me llamarán dichosa todas las generaciones,
porque Dios puso sus ojos en la humildad de su esclava.

Oración después de la Comunión

**Que por intercesión de María, la Madre de Dios,
obtengamos, Señor, la gracia de tu bendición,
para que, cuantos celebramos su venerable nombre,
recibamos su auxilio en todas las necesidades.
Por Jesucristo, nuestro Señor.**

13 de septiembre
San Juan Crisóstomo, obispo y doctor de la Iglesia
Memoria

Antífona de entrada
Cfr. Dn 12, 3

Los guías sabios brillarán como el esplendor del firmamento,
y los que enseñaron a muchos la justicia,
resplandecerán como estrellas por toda la eternidad.

Oración colecta

**Dios nuestro, fortaleza de los que en ti esperan,
que quisiste que el obispo san Juan Crisóstomo
brillara por su admirable elocuencia
y por su firmeza en las tribulaciones,
concédenos que, instruidos por sus enseñanzas,
nos fortalezca el ejemplo de su invencible paciencia.
Por nuestro Señor Jesucristo, tu Hijo,
que vive y reina contigo en la unidad del Espíritu Santo
y es Dios por los siglos de los siglos.**

Oración sobre las ofrendas

**Que te agrade, Dios nuestro, el sacrificio
que alegres te presentamos
en la conmemoración de san Juan Crisóstomo,
por cuyas enseñanzas te alabamos
y nos entregamos enteramente a ti.
Por Jesucristo, nuestro Señor.**

Antífona de la Comunión
Cfr. 1 Cor 1, 23-24

Nosotros predicamos a Cristo crucificado:
a Cristo, fuerza de Dios y sabiduría de Dios.

Oración después de la Comunión

**Concede, Dios misericordioso,
que el sacramento que recibimos
en la conmemoración de san Juan Crisóstomo,
nos haga crecer en tu amor
y nos haga fieles testigos de la verdad.
Por Jesucristo, nuestro Señor.**

14 de septiembre
EXALTACIÓN DE LA SANTA CRUZ
Fiesta

Antífona de entrada Cfr. Gál 6, 14

Que nuestro único orgullo
sea la Cruz de nuestro Señor Jesucristo,
porque en él tenemos la salvación,
la vida y la resurrección,
y por él hemos sido salvados y redimidos. Aleluya.

Se dice Gloria.

Oración colecta

Señor Dios, que quisiste que tu Unigénito
sufriera la cruz para salvar al género humano,
concédenos que, quienes conocimos su misterio en la tierra,
merezcamos alcanzar en el cielo el premio de su redención.
Por nuestro Señor Jesucristo, tu Hijo,
que vive y reina contigo en la unidad del Espíritu Santo
y es Dios por los siglos de los siglos.

Cuando esta festividad coincide con domingo, se dice Credo.

Oración sobre las ofrendas

Te rogamos, Señor, que este sacrificio,
que en el altar de la cruz borró el pecado del mundo entero,
nos purifique de todas nuestras ofensas.
Por Jesucristo, nuestro Señor.

Prefacio: La victoria de la Cruz gloriosa.

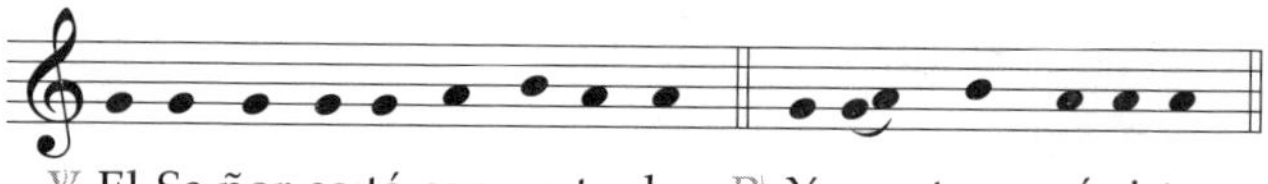

℣. El Se-ñor es-té con us-te-des. ℟. Y con tu es-pí-ri-tu.

℣. Le-van-te-mos el co-ra-zón. ℟. Lo te-ne-mos le-van-ta-do ha-cia el Se-ñor.

℣. De-mos gra-cias al Se-ñor, nues-tro Dios. ℟. Es jus-to y ne-ce-sa-rio.

Santo, Santo, Santo . . .

Texto sin música:

V. **El Señor esté con ustedes.**
R. Y con tu espíritu.

V. **Levantemos el corazón.**
R. Lo tenemos levantado hacia el Señor.

V. **Demos gracias al Señor, nuestro Dios.**
R. Es justo y necesario.

En verdad es justo y necesario,
es nuestro deber y salvación
darte gracias siempre y en todo lugar,
Señor, Padre santo,
Dios todopoderoso y eterno.

Porque has puesto la salvación del género humano
en el árbol de la Cruz,
para que, de donde tuvo origen la muerte,
de allí resurgiera la vida;
y el que en un árbol venció, fuera en un árbol vencido,
por Cristo, Señor nuestro.

Por él, celebran tu majestad los ángeles,
te adoran las dominaciones, se estremecen las potestades.
Te celebran, unidos en la alegría, los cielos,
las virtudes celestiales y los bienaventurados serafines.
Permítenos asociarnos a sus voces
cantando humildemente tu alabanza:

Santo, Santo, Santo . . .

Se puede decir también el prefacio I de la Pasión del Señor, p. 582.

Antífona de la Comunión

Jn 12, 32

Cuando yo sea levantado de la tierra,
atraeré a todos hacia mí, dice el Señor. Aleluya.

Oración después de la Comunión

Señor nuestro, Jesucristo,
fortalecidos con este alimento santo,
te pedimos que conduzcas a la gloria de tu resurrección
a quienes redimiste por el madero vivificante de la cruz.
Tú que vives y reinas por los siglos de los siglos.

15 de septiembre
Bienaventurada Virgen María de los Dolores
Memoria

Antífona de entrada
Cfr. Lc 2, 34-35

El anciano Simeón dijo a María:
Este niño ha sido puesto
para ruina y resurgimiento de muchos en Israel,
como signo que provocará contradicción;
y a ti, una espada te atravesará el alma.

Oración colecta

**Dios nuestro, que quisiste que junto a tu Hijo en la cruz
estuviera de pie su Madre, compartiendo su dolor,
concede a tu Iglesia que, asociada con ella a la pasión de Cristo,
merezca participar de su gloriosa resurrección.
Él, que vive y reina contigo en la unidad del Espíritu Santo
y es Dios por los siglos de los siglos.**

Oración sobre las ofrendas

**Recibe, Dios misericordioso, las súplicas y ofrendas
que te presentamos para alabanza de tu nombre,
al venerar a la santísima Virgen María,
a quien, bondadoso, nos entregaste como piadosísima Madre.
Por Jesucristo, nuestro Señor.**

Prefacio I de la Bienaventurada Virgen María (conmemoración), p. 618, o II, p. 620.

Antífona de la Comunión
Cfr. 1 Pe 4, 13

Alégrense de compartir ahora
los padecimientos de Cristo,
para que cuando se manifieste su gloria,
el júbilo de ustedes sea desbordante.

Oración después de la Comunión

**Alimentados con el sacramento de la redención eterna,
te pedimos, Señor, que, al conmemorar
el dolor de la santísima Virgen María,
completemos, a favor de la Iglesia,
lo que falta en nosotros a los padecimientos de Cristo.
Él, que vive y reina por los siglos de los siglos.**

16 de septiembre

Santos Cornelio, Papa, y Cipriano, obispo, mártires

Memoria

Del Común de mártires: para varios mártires, p. 1108, o del Común de pastores: para un obispo, p. 1130.

Oración colecta

Dios nuestro, que en los santos Cornelio y Cipriano
diste a tu pueblo pastores llenos de celo y mártires victoriosos,
concédenos, por su intercesión,
ser fortalecidos en la fe y la constancia
y trabajar esforzadamente por la unidad de la Iglesia.
Por nuestro Señor Jesucristo, tu Hijo,
que vive y reina contigo en la unidad del Espíritu Santo
y es Dios por los siglos de los siglos.

Oración sobre las ofrendas

Recibe, Señor, los dones de tu pueblo,
que te presentamos
al conmemorar el sacrificio de tus santos mártires;
y te pedimos que el misterio
que dio valor en la persecución a los santos Cornelio y Cipriano,
nos dé también a nosotros constancia en la adversidad.
Por Jesucristo, nuestro Señor.

Oración después de la Comunión

Por este sacramento que hemos recibido, te pedimos, Señor,
que, a ejemplo de los santos mártires Cornelio y Cipriano,
sostenidos con tu espíritu de fortaleza,
podamos dar testimonio de la verdad del Evangelio.
Por Jesucristo, nuestro Señor.

17 de septiembre
San Roberto Belarmino, obispo y doctor de la Iglesia

Del Común de pastores: para un obispo, p. 1130, o del Común de doctores de la Iglesia, p. 1144.

Oración colecta

Dios nuestro, que para defender la fe de tu Iglesia
colmaste a san Roberto Belarmino
de admirable sabiduría y fortaleza,
por su intercesión concede a tu pueblo
el gozo de profesar íntegramente esa misma fe.
Por nuestro Señor Jesucristo, tu Hijo,
que vive y reina contigo en la unidad del Espíritu Santo
y es Dios por los siglos de los siglos.

19 de septiembre
San Jenaro, obispo y mártir

Del Común de mártires: para un mártir, p. 1115, o del Común de pastores: para un obispo, p. 1130.

Oración colecta

Dios nuestro, que nos concedes venerar
la memoria del mártir san Jenaro,
concédenos gozar de su compañía
en la eterna bienaventuranza.
Por nuestro Señor Jesucristo, tu Hijo,
que vive y reina contigo en la unidad del Espíritu Santo
y es Dios por los siglos de los siglos.

20 de septiembre
Santos Andrés Kim Tae-gŏn, presbítero, Pablo Chŏng Ha-sang y compañeros, mártires

Memoria

Antífona de entrada

Los santos mártires derramaron su sangre
por Cristo en la tierra;
por eso han obtenido el premio eterno.

Oración colecta

**Dios nuestro,
que has querido multiplicar
el número de tus hijos de adopción en el mundo entero,
y has hecho de la sangre de los santos mártires
Andrés Kim Tae-gŏn y compañeros
semilla muy fecunda de vida cristiana,
concédenos la fuerza de su ayuda
y el estímulo de su ejemplo.
Por nuestro Señor Jesucristo, tu Hijo,
que vive y reina contigo en la unidad del Espíritu Santo
y es Dios por los siglos de los siglos.**

Oración sobre las ofrendas

**Mira benignamente, Dios todopoderoso,
las ofrendas de tu pueblo
y concédenos, por la intercesión de tus santos mártires,
llegar a ser un sacrificio agradable a ti,
para salvación del mundo entero.
Por Jesucristo, nuestro Señor.**

Antífona de la Comunión Mt 10, 32

A quien me reconozca delante de los hombres,
yo también lo reconoceré ante mi Padre,
que está en los cielos, dice el Señor.

Oración después de la Comunión

**Nutridos con el alimento de los fuertes,
en esta celebración de los santos mártires,
te pedimos humildemente, Señor,
que, unidos fielmente a Cristo,
trabajemos en la Iglesia para la salvación de todos.
Por Jesucristo, nuestro Señor.**

21 de septiembre
SAN MATEO, APÓSTOL Y EVANGELISTA
Fiesta

Antífona de entrada Cfr. Mt 28, 19-20

Vayan y enseñen a todas las naciones,
bautizándolas y enseñándoles a cumplir
todo cuanto yo les he mandado, dice el Señor.

Se dice Gloria.

Oración colecta

**Dios nuestro, que, con inefable misericordia,
te dignaste elegir a san Mateo
para convertirlo de publicano en Apóstol,
concédenos que, sostenidos por su ejemplo y su intercesión,
te sigamos fielmente y vivamos siempre unidos a ti.
Por nuestro Señor Jesucristo, tu Hijo,
que vive y reina contigo en la unidad del Espíritu Santo
y es Dios por los siglos de los siglos.**

Oración sobre las ofrendas

**Al venerar la memoria de san Mateo,
te presentamos, Señor, nuestras oraciones y ofrendas,
y te pedimos humildemente que mires con amor a tu Iglesia,
cuya fe alimentaste con la predicación de los Apóstoles.
Por Jesucristo, nuestro Señor.**

Prefacio I o II de los Apóstoles, pp. 622–625.

Antífona de la Comunión Cfr. Mt 9, 13

Yo no he venido a llamar a los justos,
sino a los pecadores, dice el Señor.

Oración después de la Comunión

**Hemos participado, Señor, de la alegría de la salvación
que experimentó san Mateo
al tener de invitado en su casa al mismo Salvador;
concédenos nutrirnos siempre
con el alimento de aquel
que no ha venido a llamar a los justos
sino a los pecadores.
Por Jesucristo, nuestro Señor.**

Puede utilizarse la fórmula de bendición solemne, p. 714.

23 de septiembre
San Pío de Pietrelcina, presbítero
Memoria

Del Común de pastores: para un pastor, p. 1134, o del Común de santos y santas: para los religiosos, p. 1163.

Oración colecta

**Dios todopoderoso y eterno,
que concediste a san Pío de Pietrelcina, presbítero,
la gracia singular de participar de la cruz de tu Hijo,
y renovaste, por su ministerio, las maravillas de tu misericordia,
concédenos, por su intercesión,
que, asociados siempre a los sufrimientos de Cristo,
lleguemos felizmente a la gloria de la resurrección.
Por nuestro Señor Jesucristo, tu Hijo,
que vive y reina contigo en la unidad del Espíritu Santo
y es Dios por los siglos de los siglos.**

26 de septiembre
Santos Cosme y Damián, mártires

Del Común de mártires: para varios mártires, p. 1108.

Oración colecta

**Proclamamos, Señor, tu grandeza
al celebrar la memoria de tus santos mártires Cosme y Damián,
porque a ellos les diste el premio de la gloria eterna
y a nosotros nos proteges con tu maravillosa providencia.
Por nuestro Señor Jesucristo, tu Hijo,
que vive y reina contigo en la unidad del Espíritu Santo
y es Dios por los siglos de los siglos.**

Oración sobre las ofrendas

**Al conmemorar la muerte dichosa de tus justos,
te ofrecemos, Señor, aquel mismo sacrificio
en el que tuvo su origen todo martirio.
Por Jesucristo, nuestro Señor.**

Oración después de la Comunión

**Conserva tus dones, Señor, en nosotros,
y haz que lo que de tu bondad recibimos
en la conmemoración
de los santos mártires Cosme y Damián,
sea para nosotros fuente de salvación y de paz.
Por Jesucristo, nuestro Señor.**

27 de septiembre

San Vicente de Paúl, presbítero

Memoria

Antífona de entrada

Cfr. Lc 4, 18

El Espíritu del Señor está sobre mí,
porque me ha ungido
para llevar a los pobres la buena nueva
y sanar a los de corazón contrito.

Oración colecta

**Dios nuestro, que, para el servicio de los pobres
y la formación de los sacerdotes,
colmaste de virtudes apostólicas a san Vicente de Paúl, presbítero,
concédenos que, animados por el mismo espíritu,
amemos lo que él amó, y pongamos por obra lo que enseñó.
Por nuestro Señor Jesucristo, tu Hijo,
que vive y reina contigo en la unidad del Espíritu Santo
y es Dios por los siglos de los siglos.**

Oración sobre las ofrendas

Dios nuestro, que diste a san Vicente
la gracia de realizar en su vida
lo que celebraba en estos santos misterios,
concédenos, por este sacrificio,
ser transformados en una ofrenda agradable a tus ojos.
Por Jesucristo, nuestro Señor.

Antífona de la Comunión

Sal 107 (106), 8-9

Demos gracias al Señor por su misericordia,
por las maravillas que hace en favor de su pueblo;
porque da de beber al que tiene sed
y les da de comer a los hambrientos.

Oración después de la Comunión

Renovados con este sacramento celestial,
te suplicamos humildemente, Señor,
que, para imitar a tu Hijo en su celo
por la evangelización de los pobres,
sigamos el ejemplo de san Vicente,
ayudados por su protección.
Por Jesucristo, nuestro Señor.

28 de septiembre
San Wenceslao, mártir

Del Común de mártires: para un mártir, p. 1115.

Oración colecta

**Dios nuestro, que enseñaste al mártir san Wenceslao
a anteponer al reino terrenal el reino de los cielos,
concédenos, por su intercesión,
que, negándonos a nosotros mismos,
nos unamos de todo corazón a ti.
Por nuestro Señor Jesucristo, tu Hijo,
que vive y reina contigo en la unidad del Espíritu Santo
y es Dios por los siglos de los siglos.**

Santos Lorenzo Ruiz y compañeros, mártires

Del Común de mártires: para varios mártires, p. 1108.

Oración colecta

**Te rogamos, Señor Dios, que nos concedas la constancia
de tus santos mártires Lorenzo Ruiz y compañeros
en el servicio a ti y al prójimo,
porque en tu reino son felices los que sufren persecución
por causa de la justicia.
Por nuestro Señor Jesucristo, tu Hijo,
que vive y reina contigo en la unidad del Espíritu Santo
y es Dios por los siglos de los siglos.**

29 de septiembre

SANTOS ARCÁNGELES MIGUEL, GABRIEL Y RAFAEL

Fiesta

Antífona de entrada Cfr. Sal 103 (102), 20

Bendigan al Señor todos sus ángeles,
poderosos ejecutores de sus órdenes,
prontos a obedecer su palabra.

Se dice Gloria.

Oración colecta

**Señor Dios, que con admirable armonía
distribuyes las funciones de los ángeles y de los hombres,
concede, benigno, que aquellos mismos que te asisten,
sirviéndote siempre en el cielo,
sean los que protejan nuestra vida en la tierra.
Por nuestro Señor Jesucristo, tu Hijo,
que vive y reina contigo en la unidad del Espíritu Santo
y es Dios por los siglos de los siglos.**

Oración sobre las ofrendas

**Te ofrecemos, Señor, este sacrificio de alabanza,
llevado ante tu soberana presencia
por ministerio de los ángeles,
y te pedimos humildemente que lo recibas complacido
y hagas que nos sirva para nuestra salvación.
Por Jesucristo, nuestro Señor.**

Prefacio: La gloria de Dios manifestada en los ángeles.

℣. El Se-ñor es-té con us-te-des. ℟. Y con tu‿es-pí-ri-tu.

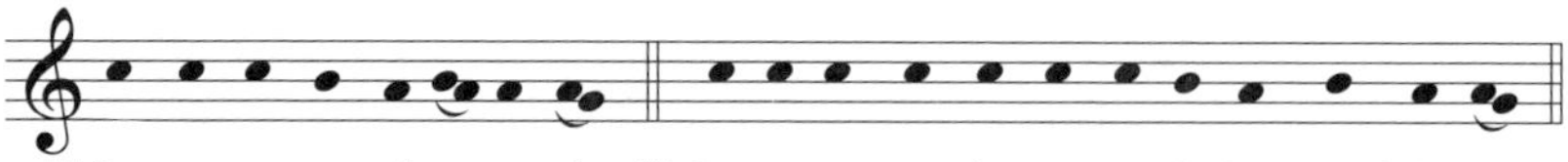

℣. Le-van-te-mos el co-ra-zón. ℟. Lo te-ne-mos le-van-ta-do ha-cia‿el Se-ñor.

℣. De-mos gra-cias al Se-ñor, nues-tro Dios. ℟. Es jus-to‿y ne-ce-sa-rio.

Santo, Santo, Santo . . .

Texto sin música:

V. **El Señor esté con ustedes.**
R. Y con tu espíritu.

V. **Levantemos el corazón.**
R. Lo tenemos levantado hacia el Señor.

V. **Demos gracias al Señor, nuestro Dios.**
R. Es justo y necesario.

**En verdad es justo y necesario,
es nuestro deber y salvación
darte gracias siempre y en todo lugar,
Señor, Padre santo,
Dios todopoderoso y eterno.**

**Y no cesar de alabarte,
celebrando a tus ángeles y arcángeles,
ya que el honor que les tributamos,
redunda en tu gloria
y proclama tu grandeza;
pues, si es digna de admiración
la creatura angélica,
lo es inmensamente más
aquel que la creó.
Por Cristo, Señor nuestro.**

**Por él, adoran tu majestad todos los ángeles,
y nosotros, a una con ellos,
te adoramos llenos de júbilo, diciendo:**

Santo, Santo, Santo . . .

Antífona de la Comunión

Sal 138 (137), 1

De todo corazón te doy gracias, Señor;
te cantaré delante de tus ángeles.

Oración después de la Comunión

**Que nos fortalezca, Señor, el pan celestial
con que nos has alimentado,
para que caminemos seguros
por la senda de la salvación
bajo la fiel custodia de los ángeles.
Por Jesucristo, nuestro Señor.**

30 de septiembre

San Jerónimo, presbítero y doctor de la Iglesia

Memoria

Antífona de entrada

Cfr. Sal 1, 2-3

Dichoso el hombre que medita
la ley del Señor, de día y de noche;
dará fruto a su tiempo.

Oración colecta

**Dios nuestro, que diste a san Jerónimo, presbítero,
un suave y vivo afecto por la Sagrada Escritura,
concede que tu pueblo
se alimente de tu palabra con mayor abundancia
y encuentre en ella la fuente de su vida.
Por nuestro Señor Jesucristo, tu Hijo,
que vive y reina contigo en la unidad del Espíritu Santo
y es Dios por los siglos de los siglos.**

Oración sobre las ofrendas

**Concédenos, Señor, que, meditando tu palabra,
a ejemplo de san Jerónimo,
te ofrezcamos con mayor fervor
el sacrificio de la salvación.
Por Jesucristo, nuestro Señor.**

Antífona de la Comunión

Cfr. Jer 15, 16

Siempre que oí tus palabras, Señor,
las acepté con gusto;
tus palabras eran mi gozo
y la alegría de mi corazón.

Oración después de la Comunión

**Señor, que los sagrados dones que acabamos de recibir
en la celebración gozosa de san Jerónimo,
inflamen los corazones de tus fieles,
para que, atentos a la enseñanza de la Sagrada Escritura,
conozcamos lo que debemos seguir
y, siguiéndolo, lleguemos a la vida eterna.
Por Jesucristo, nuestro Señor.**

OCTUBRE

1 de octubre
Santa Teresa del Niño Jesús, virgen y doctora de la Iglesia
Memoria

Antífona de entrada Cfr. Deut 32, 10-12

El Señor fijó su mirada en ella,
la instruyó y la cuidó como a la niña de sus ojos.
La condujo como el águila que despliega sus alas
para llevar a sus polluelos.
El Señor fue su único maestro.

Oración colecta

Dios nuestro, que has preparado tu Reino
para los humildes y pequeños,
concédenos la gracia de seguir confiadamente
el camino de santa Teresa del Niño Jesús,
para que, por su intercesión,
podamos contemplar tu gloria eterna.
Por nuestro Señor Jesucristo, tu Hijo,
que vive y reina contigo en la unidad del Espíritu Santo
y es Dios por los siglos de los siglos.

Oración sobre las ofrendas

Al proclamar, Señor, tu obra admirable en santa Teresa,
suplicamos humildemente a tu majestad
que, así como te agradaron sus méritos,
así también te sea aceptable el desempeño de nuestro servicio.
Por Jesucristo, nuestro Señor.

Antífona de la Comunión Mt 18, 3

Dice el Señor: Si no cambian
y no se hacen como los niños,
no entrarán en el Reino de los cielos.

Oración después de la Comunión

Que el sacramento que acabamos de recibir, Señor,
encienda en nosotros la fuerza de aquel amor
con el que santa Teresa se entregó a ti
e imploró tu misericordia para todos.
Por Jesucristo, nuestro Señor.

2 de octubre

Santos Ángeles Custodios

Memoria

Antífona de entrada Cfr. Dn 3, 58

Ángeles del Señor, bendigan al Señor;
alábenlo y glorifíquenlo eternamente.

Oración colecta

**Dios nuestro, que en tu admirable providencia
envías a tus santos ángeles para custodiarnos,
concédenos contar siempre con su protección
y gozar eternamente de su compañía.
Por nuestro Señor Jesucristo, tu Hijo,
que vive y reina contigo en la unidad del Espíritu Santo
y es Dios por los siglos de los siglos.**

Oración sobre las ofrendas

**Recibe, Señor, los dones que te presentamos
en honor de tus santos ángeles
y concede, benigno,
que, por su continua protección,
nos veamos libres de los peligros presentes
y lleguemos felizmente a la vida eterna.
Por Jesucristo, nuestro Señor.**

Prefacio: La gloria de Dios manifestada en los ángeles.

V. **El Señor esté con ustedes.**
R. Y con tu espíritu.

V. **Levantemos el corazón.**
R. Lo tenemos levantado hacia el Señor.

V. **Demos gracias al Señor, nuestro Dios.**
R. Es justo y necesario.

En verdad es justo y necesario,
es nuestro deber y salvación
darte gracias siempre y en todo lugar,
Señor, Padre santo,
Dios todopoderoso y eterno.

Y no cesar de alabarte,
celebrando a tus ángeles y arcángeles,
ya que el honor que les tributamos,
redunda en tu gloria
y proclama tu grandeza;
pues, si es digna de admiración
la creatura angélica,
lo es inmensamente más
aquel que la creó.
Por Cristo, Señor nuestro.

Por él, adoran tu majestad todos los ángeles,
y nosotros, a una con ellos,
te adoramos llenos de júbilo, diciendo:

Santo, Santo, Santo . . .

Texto con música, pp. 1014–1015.

Antífona de la Comunión

Cfr. Sal 138 (137), 1

Te cantaré, Señor,
delante de tus ángeles.

Oración después de la Comunión

A quienes te dignas alimentar para la vida eterna
con tan gran sacramento,
guíanos, Señor, por el camino de la salvación y la paz,
bajo la custodia de los ángeles.
Por Jesucristo, nuestro Señor.

4 de octubre

San Francisco de Asís

Memoria

Antífona de entrada

Francisco, el hombre de Dios,
dejó su casa, abandonó su herencia
y se hizo pobre y desvalido;
pero el Señor se hizo cargo de él.

Oración colecta

**Dios nuestro,
que otorgaste a san Francisco de Asís
la gracia de asemejarse a Cristo
por la humildad y la pobreza,
concédenos caminar tras sus huellas
para que podamos seguir a tu Hijo
y entregarnos a ti con alegre caridad.
Por nuestro Señor Jesucristo, tu Hijo,
que vive y reina contigo en la unidad del Espíritu Santo
y es Dios por los siglos de los siglos.**

Oración sobre las ofrendas

**Te rogamos, Señor, que, al presentarte nuestros dones,
nos preparemos dignamente a celebrar el misterio de la cruz
al que san Francisco tan ardientemente se unió.
Por Jesucristo, nuestro Señor.**

Antífona de la Comunión Mt 5, 3

Dichosos los pobres de espíritu,
porque de ellos es el Reino de los cielos.

Oración después de la Comunión

**Por estos santos sacramentos que hemos recibido,
concédenos, Señor, que, imitando la caridad
y el celo apostólico de san Francisco,
experimentemos la eficacia de tu amor
y procuremos sin descanso la salvación de todos.
Por Jesucristo, nuestro Señor.**

[En las diócesis de los Estados Unidos]

5 de octubre

Beato Francisco Javier Seelos, presbítero

Del Común de pastores: para los misioneros, p. 1140.

Oración colecta

Oh Dios, que para anunciar los misterios de la redención
y para socorro de los necesitados,
adornaste con eximia caridad al beato Francisco Javier Seelos, presbítero,
concédenos, por su intercesión,
que obremos diligentemente para tu gloria
y para la salvación de la humanidad.
Por nuestro Señor Jesucristo, tu Hijo,
que vive y reina contigo en la unidad del Espíritu Santo
y es Dios por los siglos de los siglos.

6 de octubre

San Bruno, presbítero

Del Común de santos y santas: para un monje, p. 1161, o del Común de pastores: para un pastor, p. 1134.

Oración colecta

Dios nuestro, que llamaste a san Bruno
a servirte en la soledad,
concédenos, por su intercesión,
en medio de la inestabilidad de este mundo,
hallar en ti nuestro descanso.
Por nuestro Señor Jesucristo, tu Hijo,
que vive y reina contigo en la unidad del Espíritu Santo
y es Dios por los siglos de los siglos.

[En las diócesis de los Estados Unidos]

Beata María Rosa Durocher, virgen

Del Común de vírgenes: para una virgen, p. 1148.

Oración colecta

Señor, que encendiste en el corazón de la beata María Rosa Durocher
la llama de una ardiente caridad
y un gran deseo de colaborar
como educadora en la misión de la Iglesia,
concédenos esta misma caridad
para que podamos responder a las necesidades del mundo de hoy
y conducir a nuestros hermanos y hermanas
al gozo de la vida eterna.
Por nuestro Señor Jesucristo, tu Hijo,
que vive y reina contigo en la unidad del Espíritu Santo
y es Dios por los siglos de los siglos.

7 de octubre

Bienaventurada Virgen María del Rosario

Memoria

Antífona de entrada

Cfr. Lc 1, 28. 42

Dios te salve, María, llena eres de gracia,
el Señor es contigo.
Bendita tú eres entre las mujeres
y bendito es el fruto de tu vientre.

Oración colecta

Te pedimos, Señor, que infundas tu gracia en nuestros corazones,
para que, habiendo conocido, por el anuncio del ángel,
la encarnación de tu Hijo,
lleguemos, por medio de su pasión y de su cruz,
y con la intercesión de la santísima Virgen María,
a la gloria de la resurrección.
Por nuestro Señor Jesucristo, tu Hijo,
que vive y reina contigo en la unidad del Espíritu Santo
y es Dios por los siglos de los siglos.

Oración sobre las ofrendas

Haz, Señor, que los dones que te presentamos
nos dispongan debidamente
y que recordemos de tal manera los misterios de tu Unigénito,
que nos hagamos dignos de sus promesas.
Él, que vive y reina por los siglos de los siglos.

Prefacio I de la Bienaventurada Virgen María (conmemoración), p. 618, o II, p. 620.

Antífona de la Comunión Lc 1, 31

El ángel Gabriel dijo a María:
Vas a concebir y dar a luz un hijo,
y le pondrás por nombre Jesús.

Oración después de la Comunión

Te rogamos, Señor Dios nuestro,
que, quienes en este sacramento
anunciamos la muerte y resurrección de tu Hijo,
asociados a su pasión,
merezcamos también gozar de su consuelo
y participar de su gloria.
Por Jesucristo, nuestro Señor.

9 de octubre

Santos Dionisio, obispo, y compañeros, mártires

Del Común de mártires: para varios mártires, p. 1108.

Oración colecta

Dios nuestro, que enviaste a san Dionisio y sus compañeros
a predicar tu gloria a las naciones
y los fortaleciste
con la virtud de la constancia en sus padecimientos,
concédenos, por su imitación,
no apegarnos a los bienes de este mundo
y no temer ninguna de sus adversidades.
Por nuestro Señor Jesucristo, tu Hijo,
que vive y reina contigo en la unidad del Espíritu Santo
y es Dios por los siglos de los siglos.

San Juan Leonardi, presbítero

Del Común de pastores: para los misioneros, p. 1140, o del Común de santos y santas: para los que hicieron obras de misericordia, p. 1166.

Oración colecta

Dios nuestro, dador de todo bien,
que, por medio de san Juan Leonardi, presbítero,
hiciste que fuera anunciado el Evangelio a las naciones,
concede, por su intercesión,
que siempre y en todas partes se extienda la fe verdadera.
Por nuestro Señor Jesucristo, tu Hijo,
que vive y reina contigo en la unidad del Espíritu Santo
y es Dios por los siglos de los siglos.

11 de octubre

San Juan XXIII, Papa

Del Común de pastores: para un Papa, p. 1127.

14 de octubre

San Calixto I, Papa y mártir

Del Común de mártires: para un mártir, p. 1115, o del Común de pastores: para un Papa, p. 1127.

Oración colecta

Señor Dios, que elegiste al Papa san Calixto
para el servicio de tu Iglesia
y para promover la piedad hacia los fieles difuntos,
te rogamos que nos fortalezca el testimonio de su fe,
para que, liberados de la servidumbre de la corrupción,
merezcamos conseguir la herencia incorruptible.
Por nuestro Señor Jesucristo, tu Hijo,
que vive y reina contigo en la unidad del Espíritu Santo
y es Dios por los siglos de los siglos.

15 de octubre

Santa Teresa de Jesús, virgen y doctora de la Iglesia

Memoria

Antífona de entrada

Cfr. Sal 42 (41), 2-3

Como la cierva busca el agua de las fuentes,
así, sedienta, mi alma te busca a ti, Dios mío.
Mi alma tiene sed del Dios vivo.

Oración colecta

**Dios nuestro,
que, por tu Espíritu Santo, elegiste a santa Teresa de Jesús
para que mostrara a la Iglesia
el camino de la perfección que se debe seguir,
concédenos alimentarnos siempre con su doctrina espiritual
y arder en el deseo de la verdadera santidad.
Por nuestro Señor Jesucristo, tu Hijo,
que vive y reina contigo en la unidad del Espíritu Santo
y es Dios por los siglos de los siglos.**

Oración sobre las ofrendas

**Acepta, Señor, con bondad
nuestras ofrendas,
tú que aceptaste con agrado
el homenaje lleno de fervor
que te ofreció santa Teresa.
Por Jesucristo, nuestro Señor.**

Antífona de la Comunión

Sal 89 (88), 2

Cantaré las misericordias del Señor eternamente,
y mi boca proclamará tu fidelidad
de generación en generación.

Oración después de la Comunión

**Señor Dios nuestro,
que has alimentado a tu familia con el pan del cielo,
concédele que, a ejemplo de santa Teresa,
pueda alegrarse, cantando eternamente tus misericordias.
Por Jesucristo, nuestro Señor.**

16 de octubre
Santa Eduviges, religiosa

Del Común de santos y santas: para los religiosos, p. 1163, o para las santas mujeres, p. 1169.

Oración colecta

**Concédenos, Dios todopoderoso,
que la venerable intercesión de santa Eduviges,
cuya admirable vida nos ofrece a todos
tan grande ejemplo de humildad,
nos obtenga la ayuda del cielo.
Por nuestro Señor Jesucristo, tu Hijo,
que vive y reina contigo en la unidad del Espíritu Santo
y es Dios por los siglos de los siglos.**

Santa Margarita María Alacoque, virgen

Del Común de vírgenes: para una virgen, p. 1148.

Oración colecta

**Te rogamos, Señor, que derrames sobre nosotros el espíritu
con que enriqueciste tan especialmente a santa Margarita María,
para que podamos conocer el amor de Cristo,
que supera toda ciencia,
y seamos colmados de la plenitud de tu gracia.
Por nuestro Señor Jesucristo, tu Hijo,
que vive y reina contigo en la unidad del Espíritu Santo
y es Dios por los siglos de los siglos.**

17 de octubre

San Ignacio de Antioquía, obispo y mártir

Memoria

Antífona de entrada

Cfr. Gál 2, 19-20

Estoy crucificado con Cristo;
vivo, pero ya no soy yo el que vive,
es Cristo quien vive en mí;
vivo en la fe que tengo en el Hijo de Dios,
que me amó y se entregó a sí mismo por mí.

Oración colecta

**Dios todopoderoso y eterno,
que embelleces el cuerpo sagrado de tu Iglesia
con el testimonio de los santos mártires,
concédenos que el glorioso martirio que hoy celebramos,
así como dio a san Ignacio de Antioquía eterno esplendor,
nos dé también a nosotros protección constante.
Por nuestro Señor Jesucristo, tu Hijo,
que vive y reina contigo en la unidad del Espíritu Santo
y es Dios por los siglos de los siglos.**

Oración sobre las ofrendas

**Acepta con agrado, Señor, la ofrenda de nuestro servicio,
tú que recibiste a san Ignacio, trigo de Cristo, como pan purificado
por los sufrimientos del martirio que padeció.
Por Jesucristo, nuestro Señor.**

Antífona de la Comunión

Soy trigo de Cristo,
seré triturado por los dientes de las fieras
y transfigurado así en pan inmaculado.

Oración después de la Comunión

**Que el pan celestial que hemos recibido
al conmemorar el martirio de san Ignacio,
nos dé, Señor, nuevas fuerzas
para que, con las palabras y las acciones,
nos manifestemos como verdaderos cristianos.
Por Jesucristo, nuestro Señor.**

18 de octubre

SAN LUCAS, EVANGELISTA

Fiesta

Antífona de entrada

Is 52, 7

Qué hermoso es ver correr sobre los montes
al mensajero que anuncia la paz,
al mensajero que trae la buena nueva,
que pregona la salvación.

Se dice Gloria.

Oración colecta

**Señor Dios, que elegiste a san Lucas
para que revelara, mediante su predicación y sus escritos,
el misterio de tu predilección por los pobres,
concede, a quienes ya nos gloriamos de llevar tu nombre,
tener siempre un solo corazón y una sola alma,
y que todos los pueblos lleguen a descubrir tu salvación.
Por nuestro Señor Jesucristo, tu Hijo,
que vive y reina contigo en la unidad del Espíritu Santo
y es Dios por los siglos de los siglos.**

Oración sobre las ofrendas

**Por estos dones del cielo, concédenos, Señor,
servirte con libertad de espíritu,
para que la ofrenda que te presentamos
en la festividad de san Lucas
nos sirva de remedio espiritual y nos alcance la gloria eterna.
Por Jesucristo, nuestro Señor.**

Prefacio II de los Apóstoles, p. 624.

Antífona de la Comunión

Cfr. Lc 10, 1. 9

El Señor envió a sus discípulos
a anunciar por todos los pueblos y lugares:
Ya está cerca de ustedes el Reino de Dios.

Oración después de la Comunión

**Concédenos, Dios todopoderoso,
que los dones recibidos de tu santo altar nos santifiquen
y nos fortalezcan en la fe del Evangelio,
que san Lucas predicó.
Por Jesucristo, nuestro Señor.**

[En las diócesis de los Estados Unidos]

19 de octubre

Santos Juan de Brébeuf e Isaac Jogues, presbíteros, y compañeros, mártires

Memoria

Del Común de mártires: para varios misioneros mártires, p. 1122.

Oración colecta

Dios nuestro, que quisiste manifestar
la esperanza dichosa del reino eterno
por la obra y el martirio de los santos Juan de Brébeuf,
Isaac Jogues y sus compañeros,
concede, bondadoso, que, por su intercesión,
la fe de los cristianos se fortalezca cada día más.
Por nuestro Señor Jesucristo, tu Hijo,
que vive y reina contigo en la unidad del Espíritu Santo
y es Dios por los siglos de los siglos.

[En las diócesis de los Estados Unidos]

20 de octubre

San Pablo de la Cruz, presbítero

Antífona de entrada

Cfr. 1 Cor 2, 2

Nunca me precié de otra cosa,
cuando estuve entre ustedes,
que de conocer a Jesucristo, y a éste crucificado.

Oración colecta

Que la intercesión de san Pablo de la Cruz, presbítero,
quien tuvo un amor excepcional por Cristo crucificado,
nos alcance, Señor, tu gracia,
para que, estimulados más vivamente por su ejemplo,
abracemos con fortaleza nuestra cruz.
Por nuestro Señor Jesucristo, tu Hijo,
que vive y reina contigo en la unidad del Espíritu Santo
y es Dios por los siglos de los siglos.

Oración sobre las ofrendas

**Mira, Dios todopoderoso,
las ofrendas que te presentamos
en la conmemoración de san Pablo,
y concédenos expresar en la vida
los misterios de la pasión del Señor,
que ahora celebramos.
Por Jesucristo, nuestro Señor.**

Antífona de la Comunión

Cfr. 1 Cor 1, 23-24

Nosotros predicamos a Cristo crucificado:
a Cristo, fuerza de Dios y sabiduría de Dios.

Oración después de la Comunión

**Señor Dios, que en san Pablo
manifestaste de modo admirable el misterio de la cruz,
concede, benigno, que, fortalecidos por este sacrificio,
permanezcamos fielmente adheridos a Cristo
y trabajemos en la Iglesia por la salvación de todos.
Por Jesucristo, nuestro Señor.**

22 de octubre
San Juan Pablo II, Papa

Del Común de pastores: para un Papa, p. 1127.

Oración colecta

**Dios nuestro, rico en misericordia,
que has querido que san Juan Pablo segundo, Papa,
guiara a toda tu Iglesia,
te pedimos que, instruidos por sus enseñanzas,
nos concedas abrir confiadamente nuestros corazones
a la gracia salvadora de Cristo, único redentor del hombre.
Él, que vive y reina contigo en la unidad del Espíritu Santo
y es Dios por los siglos de los siglos.**

23 de octubre
San Juan de Capistrano, presbítero

Del Común de pastores: para los misioneros, p. 1140, o del Común de santos y santas: para los religiosos, p. 1163.

Oración colecta

Dios nuestro, que elegiste a san Juan de Capistrano
para confortar a tu pueblo en las adversidades,
otórganos constantemente tu paternal protección
y conserva siempre a la Iglesia en tu paz.
Por nuestro Señor Jesucristo, tu Hijo,
que vive y reina contigo en la unidad del Espíritu Santo
y es Dios por los siglos de los siglos.

24 de octubre
San Antonio María Claret, obispo

Del Común de pastores: para los misioneros, p. 1140, o para un obispo, p. 1130.

Oración colecta

Dios nuestro,
que otorgaste a san Antonio María Claret, obispo,
la fuerza del amor y la paciencia para evangelizar a los pueblos,
concédenos, por su intercesión,
anteponer tus intereses a todo,
y esforzarnos por ganar a nuestros hermanos para Cristo.
Él, que vive y reina contigo en la unidad del Espíritu Santo
y es Dios por los siglos de los siglos.

28 de octubre
SANTOS SIMÓN Y JUDAS, APÓSTOLES
Fiesta

Antífona de entrada
Éstos son los santos varones
que Dios eligió con amor verdadero
y les dio la gloria eterna.

Se dice Gloria.

Oración colecta
**Dios nuestro, que, por medio de los santos Apóstoles,
nos concediste llegar al conocimiento de tu nombre,
concede, bondadoso, por intercesión de los santos Simón y Judas,
que tu Iglesia crezca continuamente
por el aumento de los pueblos que creen en ti.
Por nuestro Señor Jesucristo, tu Hijo,
que vive y reina contigo en la unidad del Espíritu Santo
y es Dios por los siglos de los siglos.**

Oración sobre las ofrendas
**Al venerar la eterna gloria
de los santos apóstoles Simón y Judas,
te rogamos, Señor, que recibas nuestras ofrendas
y nos dispongas a celebrar dignamente estos santos misterios.
Por Jesucristo, nuestro Señor.**

Prefacio I o II de los Apóstoles, pp. 622–625.

Antífona de la Comunión
Jn 14, 23

El que me ama cumplirá mi palabra
y mi Padre lo amará
y haremos en él nuestra morada,
dice el Señor.

Oración después de la Comunión
**Después de recibir estos sacramentos
e impulsados por el Espíritu Santo,
te suplicamos humildemente, Señor,
que el misterio que hemos celebrado
en el martirio de los santos apóstoles Simón y Judas,
nos haga perseverar siempre en tu amor.
Por Jesucristo, nuestro Señor.**

Puede utilizarse la fórmula de bendición solemne, p. 714.

ROMERO
JOSELITO

NOVIEMBRE

1 de noviembre
TODOS LOS SANTOS
Solemnidad

Antífona de entrada

Alegrémonos en el Señor
y alabemos al Hijo de Dios, junto con los ángeles,
al celebrar hoy esta solemnidad de Todos los Santos.

Se dice Gloria.

Oración colecta

**Dios todopoderoso y eterno, que nos concedes venerar
los méritos de todos tus santos en una sola fiesta,
te rogamos, por las súplicas de tan numerosos intercesores,
que en tu generosidad nos concedas
la deseada abundancia de tu gracia.
Por nuestro Señor Jesucristo, tu Hijo,
que vive y reina contigo en la unidad del Espíritu Santo
y es Dios por los siglos de los siglos.**

Se dice Credo.

Oración sobre las ofrendas

**Que te sean gratos, Señor, los dones
que ofrecemos en honor de todos los santos,
y concédenos experimentar la ayuda
para obtener nuestra salvación,
de aquellos que ya alcanzaron con certeza la felicidad eterna.
Por Jesucristo, nuestro Señor.**

Prefacio: La gloria de nuestra madre, la Jerusalén celeste.

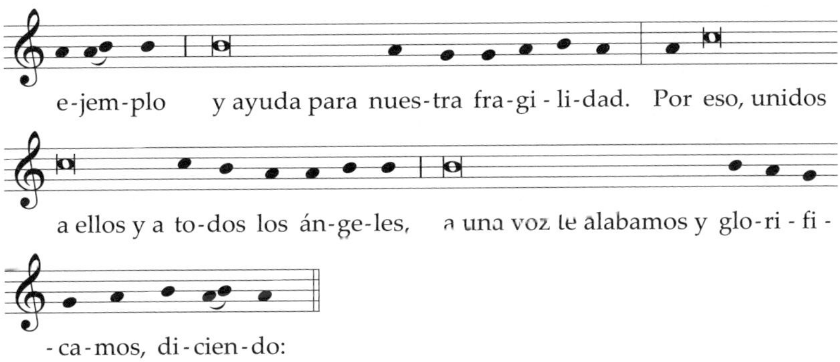

Santo, Santo, Santo . . .

Texto sin música:

V. **El Señor esté con ustedes.**
R. Y con tu espíritu.

V. **Levantemos el corazón.**
R. Lo tenemos levantado hacia el Señor.

V. **Demos gracias al Señor, nuestro Dios.**
R. Es justo y necesario.

En verdad es justo y necesario,
es nuestro deber y salvación
darte gracias siempre y en todo lugar,
Señor, Padre santo,
Dios todopoderoso y eterno.

Porque hoy nos concedes celebrar a tu familia,
que es nuestra madre, la Jerusalén del cielo,
en donde nuestros hermanos ya glorificados
te alaban eternamente.

Hacia ella, peregrinos, caminando por la fe,
nos apresuramos ardorosos,
regocijándonos por los más ilustres miembros de la Iglesia,
en cuya gloria nos das al mismo tiempo ejemplo
y ayuda para nuestra fragilidad.

Por eso, unidos a ellos y a todos los ángeles,
a una voz te alabamos y glorificamos, diciendo:

Santo, Santo, Santo . . .

Antífona de la Comunión

Mt 5, 8-10

Dichosos los limpios de corazón,
porque verán a Dios.
Dichosos los que trabajan por la paz,
porque se les llamará hijos de Dios.
Dichosos los perseguidos por causa de la justicia,
porque de ellos es el Reino de los cielos.

Oración después de la Comunión

Dios nuestro, a quien adoramos,
admirable y único Santo entre todos tus santos,
imploramos tu gracia
para que, al consumar nuestra santificación
en la plenitud de tu amor,
podamos pasar de esta mesa de la Iglesia peregrina,
al banquete de la patria celestial.
Por Jesucristo, nuestro Señor.

Puede utilizarse la fórmula de bendición solemne, p. 714.

Para la Misa votiva de Todos los Santos, cfr. más adelante, p. 1421.

2 de noviembre

CONMEMORACIÓN DE TODOS LOS FIELES DIFUNTOS

Cuando el día 2 de noviembre cae en domingo, se dice la Misa de la Conmemoración de todos los fieles difuntos. El sacerdote puede utilizar cualquiera de las Misas siguientes*.

1

Antífona de entrada

Cfr. 1 Tes 4, 14; 1 Cor 15, 22

Así como Jesús murió y resucitó,
de igual manera debemos creer que,
a los que mueren en Jesús, Dios los llevará con él.
Y así como en Adán todos mueren,
así en Cristo todos volverán a la vida.

* Este día cualquier sacerdote puede celebrar tres Misas, observando, sin embargo, lo mandado por Benedicto XV en la Constitución apostólica *Incruentum altaris sacrificium,* del día 10 de agosto de 1915: A.A.S. 7 (1915), pp. 401–404.

Oración colecta

Escucha, Señor, benignamente nuestras súplicas,
y concédenos que, al proclamar nuestra fe
en la resurrección de tu Hijo de entre los muertos,
se afiance también nuestra esperanza
en la resurrección de tus hijos difuntos.
Por nuestro Señor Jesucristo, tu Hijo,
que vive y reina contigo en la unidad del Espíritu Santo
y es Dios por los siglos de los siglos.

Oración sobre las ofrendas

Que te sean gratas, Señor, nuestras ofrendas,
para que tus fieles difuntos sean recibidos en la gloria con tu Hijo,
a quien nos unimos por este sacramento de su amor.
Él, que vive y reina por los siglos de los siglos.

Prefacio I-V de difuntos, pp. 650–659.

Antífona de la Comunión Jn 11, 25-26

Yo soy la resurrección y la vida, dice el Señor.
El que cree en mí, aunque haya muerto, vivirá;
y todo aquel que está vivo y cree en mí,
no morirá para siempre.

Oración después de la Comunión

Te rogamos, Señor, que tus fieles difuntos,
por quienes hemos celebrado este sacrificio pascual,
lleguen a la morada de la luz y de la paz.
Por Jesucristo, nuestro Señor.

Puede utilizarse la fórmula de bendición solemne, pp. 715–716.

2

Antífona de entrada Cfr. 4 Esd 2, 34-35

Dales, Señor, el descanso eterno
y brille para ellos la luz perpetua.

Oración colecta

**Señor Dios, gloria de los fieles y vida de los justos,
que nos has redimido por la muerte y resurrección de tu Hijo,
acoge con bondad a tus fieles difuntos,
que creyeron en el misterio de nuestra resurrección,
y concédeles alcanzar los gozos
de la eterna bienaventuranza.
Por nuestro Señor Jesucristo, tu Hijo,
que vive y reina contigo en la unidad del Espíritu Santo
y es Dios por los siglos de los siglos.**

Oración sobre las ofrendas

**Por este sacrificio, Dios todopoderoso y eterno,
te rogamos que laves de sus pecados en la Sangre de Cristo
a tus fieles difuntos,
para que, a los que purificaste en el agua del Bautismo,
no dejes de purificarlos con la misericordia de tu amor.
Por Jesucristo, nuestro Señor.**

Prefacio I–V de difuntos, pp. 650–659.

Antífona de la Comunión Cfr. 4 Esd 2, 35. 34

Brille, Señor, para nuestros hermanos difuntos la luz perpetua
y vivan para siempre en compañía de tus santos,
ya que eres misericordioso.

Oración después de la Comunión

**Habiendo recibido el sacramento de tu Unigénito,
que se inmoló por nosotros y resucitó glorioso,
te pedimos humildemente, Señor, por tus fieles difuntos,
para que, ya purificados por este sacrificio pascual,
alcancen la gloria de la futura resurrección.
Por Jesucristo, nuestro Señor.**

Puede utilizarse la fórmula de bendición solemne, pp. 715–716.

3

Antífona de entrada
Cfr. Rom 8, 11

El Padre, que resucitó a Jesús de entre los muertos,
también dará vida a nuestros cuerpos mortales,
por obra de su Espíritu, que habita en nosotros.

Oración colecta

**Dios nuestro, tú que quisiste que tu Hijo único
venciera la muerte y entrara victorioso en el cielo,
concede a tus fieles difuntos
que, venciendo también la muerte,
puedan contemplarte a ti, creador y redentor,
por toda la eternidad.
Por nuestro Señor Jesucristo, tu Hijo,
que vive y reina contigo en la unidad del Espíritu Santo
y es Dios por los siglos de los siglos.**

Oración sobre las ofrendas

**Recibe, Señor, con bondad la ofrenda que te presentamos
por todos tus siervos que descansan en Cristo,
para que, por este admirable sacrificio,
libres de los lazos de la muerte, alcancen la vida eterna.
Por Jesucristo, nuestro Señor.**

Prefacio I–V de difuntos, pp. 650–659.

Antífona de la Comunión
Cfr. Flp 3, 20-21

Esperamos como Salvador a nuestro Señor Jesucristo,
el cual transformará nuestro cuerpo frágil
en cuerpo glorioso como el suyo.

Oración después de la Comunión

**Habiendo recibido este santo sacrificio,
te pedimos, Señor,
que derrames con abundancia tu misericordia
sobre tus siervos difuntos,
y, a quienes diste la gracia del Bautismo,
concédeles la plenitud de los gozos eternos.
Por Jesucristo, nuestro Señor.**

Puede utilizarse la fórmula de bendición solemne, pp. 715–716.

3 de noviembre

San Martín de Porres, religioso

Del Común de santos y santas: para los religiosos, p. 1163.

Oración colecta

Dios nuestro,
que condujiste a san Martín de Porres a la gloria celestial
por el camino de la humildad,
concédenos imitar de tal modo sus admirables ejemplos,
que merezcamos ser glorificados con él en el cielo.
Por nuestro Señor Jesucristo, tu Hijo,
que vive y reina contigo en la unidad del Espíritu Santo
y es Dios por los siglos de los siglos.

4 de noviembre

San Carlos Borromeo, obispo

Memoria

Del Común de pastores: para un obispo, p. 1130.

Oración colecta

Conserva, Señor, en tu pueblo
el espíritu que infundiste en san Carlos Borromeo, obispo,
a fin de que tu Iglesia,
renovada sin cesar e identificándose cada vez más con tu Hijo,
pueda mostrar al mundo el verdadero rostro de Cristo.
Él, que vive y reina contigo en la unidad del Espíritu Santo
y es Dios por los siglos de los siglos.

Oración sobre las ofrendas

Mira con bondad, Señor, los dones
que presentamos sobre tu altar
en la conmemoración de san Carlos,
y así como quisiste que se distinguiera
por el celo en su oficio pastoral
y por los méritos de sus preclaras virtudes,
haz que nosotros, por la eficacia de este sacrificio,
abundemos en frutos de buenas obras.
Por Jesucristo, nuestro Señor.

Oración después de la Comunión

**Que el santo sacramento que recibimos, Señor,
nos comunique aquella fortaleza de espíritu
que hizo a san Carlos fiel en su ministerio
y fervoroso en la caridad.
Por Jesucristo, nuestro Señor.**

9 de noviembre

DEDICACIÓN DE LA BASÍLICA DE LETRÁN

Fiesta

Antífona de entrada — Cfr. Ap 21, 2

Vi que descendía del cielo, desde donde está Dios,
la ciudad santa, la nueva Jerusalén,
engalanada como una novia,
que va a desposarse con su prometido.

O bien: — Cfr. Ap 21, 3

Ésta es la morada de Dios con los hombres;
vivirá con ellos como su Dios,
y ellos serán su Pueblo.

Se dice Gloria.

Oración colecta

**Señor, tú que con piedras vivas y escogidas
preparas una morada eterna para tu divinidad,
derrama con abundancia sobre tu Iglesia
la gracia que le has otorgado,
para que tu pueblo fiel avance sin cesar
en la construcción de la Jerusalén celestial.
Por nuestro Señor Jesucristo, tu Hijo,
que vive y reina contigo en la unidad del Espíritu Santo
y es Dios por los siglos de los siglos.**

O bien:

Señor Dios, que te has dignado llamar esposa a tu Iglesia,
concede que el pueblo consagrado a tu nombre
te respete, te ame, te siga y, guiado por ti,
alcance el cielo que le tienes prometido.
Por nuestro Señor Jesucristo, tu Hijo,
que vive y reina contigo en la unidad del Espíritu Santo
y es Dios por los siglos de los siglos.

Cuando esta festividad coincide con domingo, se dice Credo.

Oración sobre las ofrendas

Recibe, Señor, los dones que te presentamos
y concédenos que podamos obtener en este lugar
el fruto de tus sacramentos
y el cumplimiento de nuestros deseos.
Por Jesucristo, nuestro Señor.

Prefacio: El misterio de la Iglesia, esposa de Cristo y templo del Espíritu Santo.

Santo, Santo, Santo . . .

Texto sin música:

V. **El Señor esté con ustedes.**
R. Y con tu espíritu.

V. **Levantemos el corazón.**
R. Lo tenemos levantado hacia el Señor.

V. **Demos gracias al Señor, nuestro Dios.**
R. Es justo y necesario.

**En verdad es justo y necesario,
es nuestro deber y salvación
darte gracias siempre y en todo lugar,
Señor, Padre santo, Dios todopoderoso y eterno.**

**Porque en toda casa consagrada a la oración
te has dignado quedarte con nosotros
para hacernos, tú mismo, templos del Espíritu Santo,
que brillen, sostenidos por tu gracia,
con el esplendor de una vida santa.**

**Y, porque con tu acción constante,
santificas a la Iglesia, esposa de Cristo,
simbolizada por estos edificios materiales,
a fin de que, llena de gozo por la multitud de sus hijos,
sea presentada a ti en la gloria del cielo.**

**Por eso, con todos los ángeles y los santos,
te alabamos, proclamando sin cesar:**

Santo, Santo, Santo . . .

Antífona de la Comunión

Cfr. 1 Pe 2, 5

Ustedes también son piedras vivas,
que van entrando en la edificación del templo espiritual,
para formar un sacerdocio santo.

Oración después de la Comunión

**Señor Dios, que has querido darnos en tu Iglesia
un signo visible de la Jerusalén del cielo,
concédenos que, mediante la participación en este sacramento,
nos transformes en templo de tu gracia
y nos concedas entrar en la morada de tu gloria.
Por Jesucristo, nuestro Señor.**

Puede utilizarse la fórmula de bendición solemne, p. 715.

10 de noviembre

San León Magno, Papa y doctor de la Iglesia

Memoria

Antífona de entrada

Cfr. Sir 45, 30

El Señor hizo con él una alianza de paz,
lo puso al frente de su pueblo
y lo constituyó sacerdote para siempre.

Oración colecta

**Dios nuestro, tú que nunca permites
que las puertas del infierno prevalezcan en contra de tu Iglesia,
cimentada sólidamente en la roca de los Apóstoles,
concédele, por intercesión del Papa san León Magno,
permanecer firme en la verdad y gozar de una paz estable.
Por nuestro Señor Jesucristo, tu Hijo,
que vive y reina contigo en la unidad del Espíritu Santo
y es Dios por los siglos de los siglos.**

Oración sobre las ofrendas

**Al presentarte, Señor, estas ofrendas
te pedimos que ilumines bondadoso a tu Iglesia,
para que tu rebaño se acreciente en todo el mundo
y sus pastores, guiados por ti, te agraden con sus obras.
Por Jesucristo, nuestro Señor.**

Antífona de la Comunión

Cfr. Mt 16, 16. 18

Dijo Pedro a Jesús: Tú eres el Mesías,
el Hijo de Dios vivo.
Jesús le respondió: Tú eres Pedro,
y sobre esta piedra edificaré mi Iglesia.

Oración después de la Comunión

**Te pedimos, Señor, que gobiernes con bondad a tu Iglesia,
alimentada con este santo sacramento,
para que, conducida por tu mano poderosa,
crezca en libertad
y persevere firme en la integridad de la fe.
Por Jesucristo, nuestro Señor.**

11 de noviembre

San Martín de Tours, obispo

Memoria

Antífona de entrada

Cfr. 1 Sam 2, 35

Me suscitaré un sacerdote fiel,
que obrará conforme a mi corazón,
dice el Señor.

Oración colecta

**Dios nuestro, que has sido glorificado
tanto por la vida como por la muerte
del obispo san Martín de Tours,
renueva en nuestros corazones las maravillas de tu gracia,
para que ni la vida ni la muerte puedan separarnos de tu amor.
Por nuestro Señor Jesucristo, tu Hijo,
que vive y reina contigo en la unidad del Espíritu Santo
y es Dios por los siglos de los siglos.**

Oración sobre las ofrendas

**Santifica, Señor Dios, estos dones,
que alegres te presentamos en honor de san Martín,
para que nuestra vida, en medio de las penas y alegrías,
por este santo sacrificio, esté siempre orientada hacia ti.
Por Jesucristo, nuestro Señor.**

Antífona de la Comunión

Cfr. Mt 25, 40

Yo les aseguro que cuando lo hicieron
con el más pequeño de mis hermanos,
conmigo lo hicieron, dice el Señor.

Oración después de la Comunión

**Alimentados con el sacramento de la unidad,
ayúdanos, Señor, a hacer siempre tu voluntad,
para que así como san Martín te obedeció de todo corazón,
también nosotros vivamos el gozo de ser verdaderamente tuyos.
Por Jesucristo, nuestro Señor.**

12 de noviembre
San Josafat, obispo y mártir
Memoria

Antífona de entrada

Los santos de Dios vivieron en el amor fraterno,
por el mandato del Señor y las leyes paternas,
porque solamente uno fue su espíritu y una su fe.

Oración colecta

**Aviva, Señor, en tu Iglesia, el Espíritu que colmó a san Josafat
y lo llevó a ofrecer su vida por las ovejas,
a fin de que, por su intercesión,
fortalecidos por el mismo Espíritu,
no temamos dar la vida por los hermanos.
Por nuestro Señor Jesucristo, tu Hijo,
que vive y reina contigo en la unidad del Espíritu Santo
y es Dios por los siglos de los siglos.**

Oración sobre las ofrendas

**Dios clementísimo, derrama tu bendición sobre estos dones
y afiánzanos en la fe que san Josafat atestiguó
con la efusión de su sangre.
Por Jesucristo, nuestro Señor.**

Antífona de la Comunión Cfr. Mt 10, 39

Quien pierda su vida por mí, dice el Señor,
la salvará para siempre.

Oración después de la Comunión

**Que la participación en esta mesa celestial,
nos conceda, Señor, el Espíritu de fortaleza y de paz,
para que, siguiendo el ejemplo de san Josafat,
ofrezcamos gustosamente nuestra vida
por el honor y la unidad de la Iglesia.
Por Jesucristo, nuestro Señor.**

[En las diócesis de los Estados Unidos]

13 de noviembre

Santa Francisca Javier Cabrini, virgen

Memoria

Del Común de vírgenes: para una virgen, p. 1148, o del Común de santos y santas: para los que hicieron obras de misericordia, p. 1166.

Oración colecta

Dios, Padre nuestro,
que para servir a los inmigrantes de América
llamaste de Italia a santa Francisca Javier Cabrini,
por su ejemplo haz crecer en nosotros
la preocupación por el extranjero, el enfermo y el necesitado,
y por su intercesión ayúdanos a ver a Cristo
en todos aquellos con quienes convivimos.
Por nuestro Señor Jesucristo, tu Hijo,
que vive y reina contigo en la unidad del Espíritu Santo
y es Dios por los siglos de los siglos.

15 de noviembre

San Alberto Magno, obispo y doctor de la Iglesia

Del Común de pastores: para un obispo, p. 1130, o del Común de doctores de la Iglesia, p. 1144.

Oración colecta

Dios nuestro, que hiciste grande al obispo san Alberto
para conciliar el saber humano con la verdad revelada,
concédenos seguir sus enseñanzas
para que, a través del progreso de las ciencias,
podamos profundizar en tu conocimiento y en tu amor.
Por nuestro Señor Jesucristo, tu Hijo,
que vive y reina contigo en la unidad del Espíritu Santo
y es Dios por los siglos de los siglos.

16 de noviembre
Santa Margarita de Escocia

Del Común de santos y santas: para los que hicieron obras de misericordia, p. 1166.

Oración colecta

Dios nuestro, que hiciste admirable a santa Margarita de Escocia
por su extraordinaria caridad hacia los pobres,
concédenos, por su intercesión y siguiendo su ejemplo,
que reflejemos entre los hombres la imagen de tu bondad.
Por nuestro Señor Jesucristo, tu Hijo,
que vive y reina contigo en la unidad del Espíritu Santo
y es Dios por los siglos de los siglos.

Santa Gertrudis, virgen

Del Común de vírgenes: para una virgen, p. 1148, o del Común de santos y santas: para una monja, p. 1162.

Oración colecta

Dios nuestro, que te preparaste una grata morada
en el corazón de santa Gertrudis, virgen,
por su intercesión ilumina las tinieblas de nuestro corazón,
para que podamos experimentar, con alegría,
tu presencia y tu acción en nosotros.
Por nuestro Señor Jesucristo, tu Hijo,
que vive y reina contigo en la unidad del Espíritu Santo
y es Dios por los siglos de los siglos.

17 de noviembre
Santa Isabel de Hungría, religiosa
Memoria

Del Común de santos y santas: para los que hicieron obras de misericordia, p. 1166.

Oración colecta

Dios nuestro, que concediste a santa Isabel de Hungría
el don de reconocer y honrar a Cristo en los pobres,
concédenos, por su intercesión,
servir con incansable caridad a los necesitados y afligidos.
Por nuestro Señor Jesucristo, tu Hijo,
que vive y reina contigo en la unidad del Espíritu Santo
y es Dios por los siglos de los siglos.

18 de noviembre

Dedicación de las Basílicas de San Pedro y San Pablo, apóstoles

Antífona de entrada

Cfr. Sal 45 (44), 17-18

Los constituiste príncipes sobre toda la tierra.
Ellos han hecho memorable tu nombre
por generaciones y generaciones;
por eso los pueblos te alabarán eternamente.

Oración colecta

**Defiende, Señor, a tu Iglesia
con la protección de los apóstoles Pedro y Pablo,
de quienes recibió el inicio del conocimiento divino,
y concédele crecer en tu gracia celestial
hasta el final de los tiempos.
Por nuestro Señor Jesucristo, tu Hijo,
que vive y reina contigo en la unidad del Espíritu Santo
y es Dios por los siglos de los siglos.**

Oración sobre las ofrendas

**Al presentarte, Señor, nuestras humildes ofrendas,
imploramos tu clemencia,
para que la verdad que nos fue transmitida
por el ministerio de los apóstoles Pedro y Pablo,
se conserve sin mancha en nuestros corazones.
Por Jesucristo, nuestro Señor.**

Prefacio I–II de los Apóstoles, pp. 622–625.

Antífona de la Comunión

Cfr. Jn 6, 68-69

Señor, tú tienes palabras de vida eterna;
y nosotros creemos y sabemos
que tú eres el Santo de Dios.

Oración después de la Comunión

**Te pedimos, Señor, que tu pueblo, alimentado con el pan celestial,
se alegre en la conmemoración de los apóstoles Pedro y Pablo,
a quienes encomendaste gobernar y proteger a tus fieles.
Por Jesucristo, nuestro Señor.**

[En las diócesis de los Estados Unidos]

Santa Rosa Filipina Duchesne, virgen

Del Común de vírgenes: para una virgen, p. 1148.

Oración colecta

Dios todopoderoso, que has colmado de caridad y ardor misionero
el corazón de santa Rosa Filipina Duchesne,
y le has concedido el deseo de darte a conocer a todos los pueblos,
concédenos seguir sus pasos,
y ser colmados de su mismo amor y celo
por extender tu Reino hasta los confines de la tierra.
Por nuestro Señor Jesucristo, tu Hijo,
que vive y reina contigo en la unidad del Espíritu Santo
y es Dios por los siglos de los siglos.

21 de noviembre

Presentación de la Bienaventurada Virgen María

Memoria

Del Común de la Bienaventurada Virgen, p. 1095.

Oración colecta

Al celebrar la gloriosa memoria
de la santísima Virgen María,
te pedimos, Señor, por su intercesión,
que también nosotros logremos recibir la plenitud de tu gracia.
Por nuestro Señor Jesucristo, tu Hijo,
que vive y reina contigo en la unidad del Espíritu Santo
y es Dios por los siglos de los siglos.

22 de noviembre
Santa Cecilia, virgen y mártir
Memoria

Del Común de mártires: para una virgen mártir, p. **1124**, o del Común de vírgenes: para una virgen, p. **1148**.

Oración colecta

Dios nuestro, que nos alegras cada año
con la celebración de santa Cecilia,
te suplicamos que,
lo que devotamente se nos ha transmitido sobre ella,
nos sirva de ejemplo para imitarla,
y proclamemos las maravillas de Cristo, tu Hijo,
reflejadas en la vida de tus santos.
Él, que vive y reina contigo en la unidad del Espíritu Santo
y es Dios por los siglos de los siglos.

23 de noviembre
San Clemente I, Papa y mártir

Del Común de mártires: para un mártir, p. **1115**, o del Común de pastores: para un Papa, p. **1127**.

Oración colecta

Dios todopoderoso y eterno,
que te muestras admirable en las virtudes de todos tus santos,
concédenos celebrar con alegría
la memoria de san Clemente primero,
sacerdote y mártir de tu Hijo,
que dio testimonio con su muerte
de los misterios que celebramos
y confirmó con el ejemplo lo que predicó con su palabra.
Por nuestro Señor Jesucristo, tu Hijo,
que vive y reina contigo en la unidad del Espíritu Santo
y es Dios por los siglos de los siglos.

San Columbano, abad

Del Común de pastores: para los misioneros, p. 1140, o del Común de santos y santas: para un abad, p. 1159.

Oración colecta

**Dios nuestro, que en la vida de san Columbano, abad,
uniste de un modo admirable la observancia monástica
y el empeño por predicar el Evangelio,
concédenos, por su intercesión y siguiendo su ejemplo,
buscarte sobre todas las cosas
y trabajar para que crezca tu pueblo creyente.
Por nuestro Señor Jesucristo, tu Hijo,
que vive y reina contigo en la unidad del Espíritu Santo
y es Dios por los siglos de los siglos.**

[En las diócesis de los Estados Unidos]

Beato Miguel Agustín Pro, presbítero y mártir

Del Común de mártires: para un mártir, p. 1115, o del Común de pastores: para un pastor, p. 1134.

Oración colecta

**Dios y Padre nuestro,
que concediste a tu siervo Miguel Agustín Pro,
en su vida y en su martirio,
buscar ardientemente tu mayor gloria
y la salvación de los hombres,
concédenos, a ejemplo suyo, servirte y glorificarte
cumpliendo nuestras obligaciones diarias con fidelidad y alegría,
y ayudando eficazmente a nuestros prójimos.
Por nuestro Señor Jesucristo, tu Hijo,
que vive y reina contigo en la unidad del Espíritu Santo
y es Dios por los siglos de los siglos.**

24 de noviembre

Santos Andrés Dũng-Lạc, presbítero, y compañeros, mártires

Memoria

Antífona de entrada Cfr. Gál 6, 14; cfr. 1 Cor 1, 18

Sólo nos gloriaremos en la cruz
de nuestro Señor Jesucristo.
El mensaje de la cruz es fuerza de Dios
para nosotros, que hemos sido salvados.

Oración colecta

**Dios nuestro, fuente y origen de toda paternidad,
que hiciste que los santos mártires Andrés Dũng-Lạc y compañeros
fueran fieles a la Cruz de tu Hijo hasta derramar su sangre,
concédenos, por su intercesión,
que, propagando tu amor entre los hermanos,
podamos llamarnos y ser en verdad hijos tuyos.
Por nuestro Señor Jesucristo, tu Hijo,
que vive y reina contigo en la unidad del Espíritu Santo
y es Dios por los siglos de los siglos.**

Oración sobre las ofrendas

**Recibe, Padre santo, los dones que te presentamos
al venerar la pasión de tus santos mártires,
y concédenos que,
en medio de las adversidades de esta vida,
permanezcamos siempre fieles a ti
y nos convirtamos en ofrenda agradable a tus ojos.
Por Jesucristo, nuestro Señor.**

Antífona de la Comunión Mt 5, 10

Dichosos los perseguidos
por causa de la justicia,
porque de ellos es el reino de los cielos.

Oración después de la Comunión

Alimentados con el mismo y único pan,
en la conmemoración de tus santos mártires,
te suplicamos, Señor, que permanezcamos unidos en tu amor
y alcancemos la recompensa eterna,
prometida a los que perseveran hasta el fin.
Por Jesucristo, nuestro Señor.

25 de noviembre
Santa Catalina de Alejandría, virgen y mártir

Del Común de mártires: para una virgen mártir, p. 1124, o del Común de vírgenes: para una virgen, p. 1148.

Oración colecta

Dios todopoderoso y eterno,
que diste a tu pueblo el testimonio
de santa Catalina de Alejandría, virgen y mártir victoriosa,
concédenos, por su intercesión,
que seamos fuertes y constantes en la fe
y trabajemos incansablemente por la unidad de la Iglesia.
Por nuestro Señor Jesucristo, tu Hijo,
que vive y reina contigo en la unidad del Espíritu Santo
y es Dios por los siglos de los siglos.

30 de noviembre
SAN ANDRÉS, APÓSTOL
Fiesta

Antífona de entrada
Cfr. Mt 4, 18-19

Por la ribera del mar de Galilea,
Jesús vio a dos hermanos, Pedro y Andrés, y los llamó:
Síganme y los haré pescadores de hombres.

Se dice Gloria.

Oración colecta

**Dios de gloria y majestad, tú que elegiste al Apóstol san Andrés
para que fuera predicador del Evangelio
y pastor de tu Iglesia,
haz que sea siempre ante ti nuestro poderoso intercesor.
Por nuestro Señor Jesucristo, tu Hijo,
que vive y reina contigo en la unidad del Espíritu Santo
y es Dios por los siglos de los siglos.**

Oración sobre las ofrendas

**Concédenos, Dios todopoderoso,
que te agraden estos dones que te presentamos
en la festividad de san Andrés,
y haz que sean para nosotros fuente de vida eterna.
Por Jesucristo, nuestro Señor.**

Prefacio I o II de los Apóstoles, pp. 622–625.

Antífona de la Comunión
Cfr. Jn 1, 41-42

Andrés dijo a su hermano Simón:
Hemos encontrado al Mesías,
que quiere decir "Ungido",
y lo llevó a donde estaba Jesús.

Oración después de la Comunión

**Que nos fortalezca, Señor, la comunión de tu sacramento,
para que, a ejemplo de san Andrés, apóstol,
compartiendo los sufrimientos de Cristo,
merezcamos vivir con él en la gloria.
Él, que vive y reina por los siglos de los siglos.**

Puede utilizarse la fórmula de bendición solemne, p. 714.

[En las diócesis de los Estados Unidos]

Cuarto jueves de noviembre
Día de Acción de Gracias

Antífona de entrada Ef 5, 19-20

Canten con todo el corazón las alabanzas al Señor.
Den continuamente gracias a Dios Padre por todas las cosas,
en nombre de nuestro Señor Jesucristo.

Oración colecta

**Dios todopoderoso,
cuyos dones de amor son incontables
y cuya bondad es infinita,
venimos ante ti, en este Día de Acción de Gracias,
para agradecer todas tus bondades
y pedir que dispongas nuestro corazón
para que sirvamos a nuestros semejantes;
haz que seamos capaces de compartir generosamente
los dones que de ti hemos recibido.
Por nuestro Señor Jesucristo, tu Hijo,
que vive y reina contigo en la unidad del Espíritu Santo
y es Dios por los siglos de los siglos.**

Oración sobre las ofrendas

**Dios, Padre nuestro,
de cuya mano hemos recibido abundantes dones
para que agradecidos compartamos tus bendiciones,
acepta estos dones de pan y vino
y haz que el sacrificio perfecto de Cristo
nos una a todos en la gran familia humana.
Por Jesucristo, nuestro Señor.**

Prefacio: Día de Acción de Gracias.

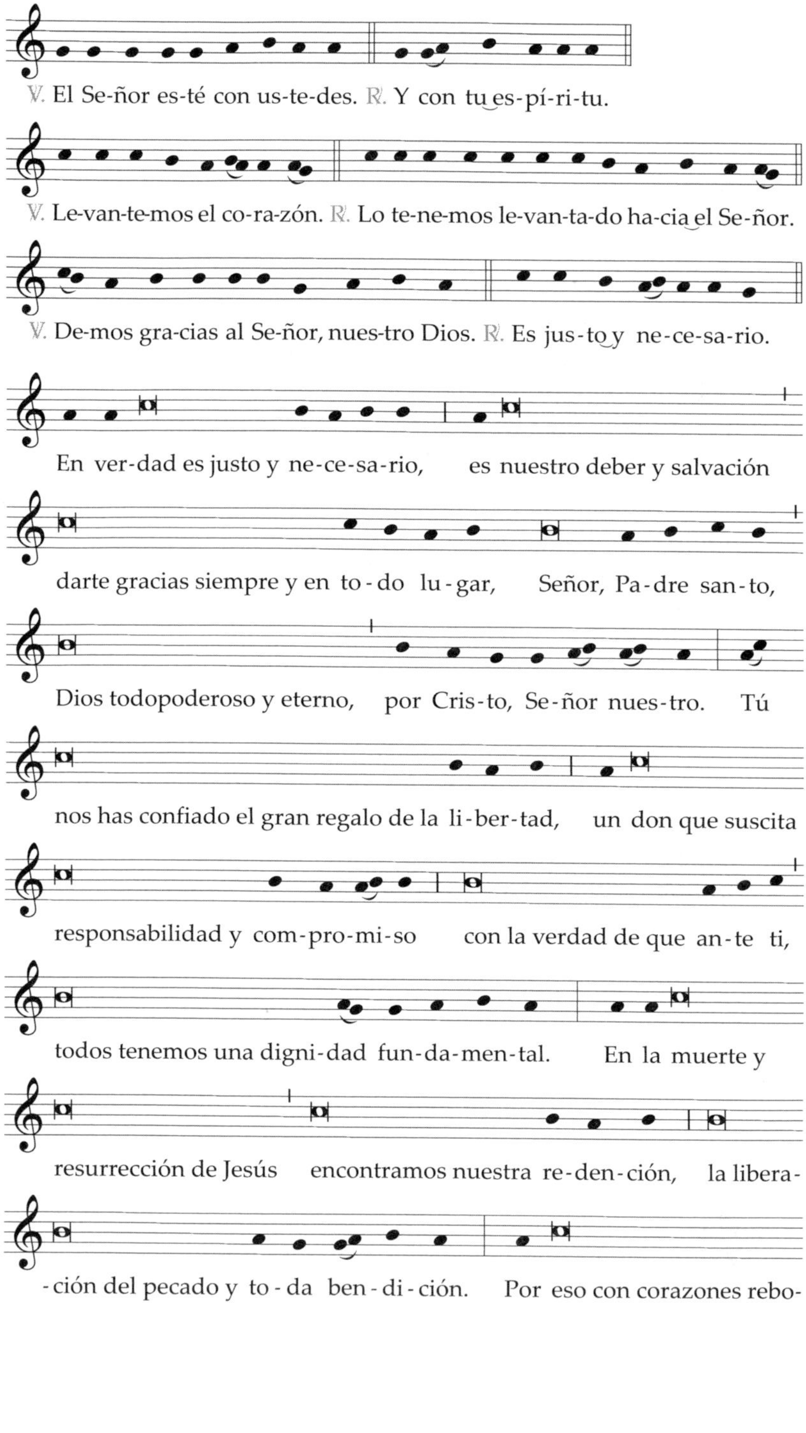

Santo, Santo, Santo . . .

Texto sin música:

V. **El Señor esté con ustedes.**
R. Y con tu espíritu.

V. **Levantemos el corazón.**
R. Lo tenemos levantado hacia el Señor.

V. **Demos gracias al Señor, nuestro Dios.**
R. Es justo y necesario.

En verdad es justo y necesario,
es nuestro deber y salvación
darte gracias siempre y en todo lugar,
Señor, Padre santo,
Dios todopoderoso y eterno,
por Cristo, Señor nuestro.

Tú nos has confiado el gran regalo de la libertad,
un don que suscita responsabilidad y compromiso
con la verdad de que ante ti,
todos tenemos una dignidad fundamental.
En la muerte y resurrección de Jesús
encontramos nuestra redención,
la liberación del pecado y toda bendición.

Por eso con corazones rebosantes de amor
nos unimos a los ángeles,
hoy y todos los días de nuestra vida,
para cantar tu gloria en un himno de alabanza sin cesar:

Santo, Santo, Santo . . .

Antífona de la Comunión

Cfr. Sal 138 (137), 1

Te damos gracias, Señor, de todo corazón,
porque escuchaste nuestros ruegos.

O bien:

Sal 116 (115), 12-13

¿Cómo le pagaré al Señor
todo el bien que me ha hecho?
Levantaré el cáliz de salvación
e invocaré el nombre del Señor.

Oración después de la Comunión

**Señor Dios, en esta celebración nos has mostrado
cuán profundo es tu amor hacia todos tus hijos;
te pedimos nos ayudes a extender ese amor a todo tu pueblo
para que sepamos compartir con todos
los bienes del tiempo y la eternidad.
Por Jesucristo, nuestro Señor.**

DICIEMBRE

3 de diciembre

San Francisco Javier, presbítero

Memoria

Antífona de entrada — Sal 18 (17), 50; 22 (21), 23

Te alabaré entre las naciones, Señor,
y anunciaré tu nombre a mis hermanos.

Oración colecta

**Dios nuestro, que por la predicación de san Francisco Javier
adquiriste para ti muchos pueblos,
concede que el corazón de tus fieles
arda con ese mismo celo por la fe,
para que así tu Iglesia santa
se alegre al ver crecer, en todas partes,
el número de tus hijos.
Por nuestro Señor Jesucristo, tu Hijo,
que vive y reina contigo en la unidad del Espíritu Santo
y es Dios por los siglos de los siglos.**

Oración sobre las ofrendas

**Recibe, Señor, los dones que te presentamos
en la conmemoración de san Francisco Javier,
y concédenos que, así como él partió hacia lejanas tierras
con el deseo de llevar la salvación a los hombres,
así también nosotros, dando eficazmente testimonio del Evangelio,
sintamos la urgencia de llegar a ti, en unión de todos los hermanos.
Por Jesucristo, nuestro Señor.**

Antífona de la Comunión — Mt 10, 27

Lo que les digo de noche,
repítanlo en pleno día, dice el Señor;
y lo que les digo al oído,
pregónenlo desde las azoteas.

Oración después de la Comunión

Que tus sacramentos, Dios nuestro, enciendan en nosotros
aquella misma ardiente caridad
que inflamó a san Francisco Javier
por la salvación de las almas,
para que, viviendo más dignamente nuestra vocación,
consigamos con él el premio prometido a los buenos servidores.
Por Jesucristo, nuestro Señor.

4 de diciembre
San Juan Damasceno, presbítero y doctor de la Iglesia

Del Común de pastores: para un pastor, p. 1134, o del Común de doctores de la Iglesia, p. 1144.

Oración colecta

Concédenos, Señor, que nos sirvan de ayuda
las oraciones del presbítero san Juan Damasceno,
para que la verdadera fe, que él enseñó de manera tan eminente,
sea siempre nuestra luz y nuestra fortaleza.
Por nuestro Señor Jesucristo, tu Hijo,
que vive y reina contigo en la unidad del Espíritu Santo
y es Dios por los siglos de los siglos.

6 de diciembre
San Nicolás, obispo

Del Común de pastores: para un obispo, p. 1130.

Oración colecta

Imploramos, Señor, tu misericordia
y te pedimos que, por la intercesión del obispo san Nicolás,
nos protejas de todo peligro
en el camino que nos conduce a la salvación.
Por nuestro Señor Jesucristo, tu Hijo,
que vive y reina contigo en la unidad del Espíritu Santo
y es Dios por los siglos de los siglos.

7 de diciembre

San Ambrosio, obispo y doctor de la Iglesia

Memoria

Antífona de entrada Cfr. Sir 15, 5

En medio de la Iglesia abrió su boca,
y el Señor lo llenó del espíritu de sabiduría e inteligencia,
y lo revistió de gloria.

Oración colecta

**Dios nuestro, tú que hiciste del obispo san Ambrosio
un insigne maestro de la fe católica
y un admirable ejemplo de fortaleza apostólica,
suscita en tu Iglesia pastores según tu corazón,
que la guíen con firmeza y sabiduría.
Por nuestro Señor Jesucristo, tu Hijo,
que vive y reina contigo en la unidad del Espíritu Santo
y es Dios por los siglos de los siglos.**

Oración sobre las ofrendas

**Al celebrar estos divinos misterios,
te suplicamos, Señor,
que el Espíritu Santo derrame sobre nosotros
la luz de la fe que iluminó a san Ambrosio
para propagar tu gloria sin descanso.
Por Jesucristo, nuestro Señor.**

Antífona de la Comunión Cfr. Sal 1, 2. 3

El que día y noche medita la ley del Señor,
al debido tiempo dará su fruto.

Oración después de la Comunión

**Fortalecidos por la eficacia de este sacramento,
te pedimos, Señor, aprovechar de tal manera
las enseñanzas de san Ambrosio,
que, avanzando con firmeza por tus sendas,
nos dispongamos a disfrutar la suavidad del banquete eterno.
Por Jesucristo, nuestro Señor.**

8 de diciembre

INMACULADA CONCEPCIÓN DE LA BIENAVENTURADA VIRGEN MARÍA

FIESTA PATRONAL DE LOS ESTADOS UNIDOS DE AMÉRICA

Solemnidad

Antífona de entrada

Is 61, 10

Me alegro en el Señor con toda el alma
y me lleno de júbilo en mi Dios,
porque me revistió con vestiduras de salvación
y me cubrió con un manto de justicia,
como la novia que se adorna con sus joyas.

Se dice Gloria.

Oración colecta

**Dios nuestro,
que por la Inmaculada Concepción de la Virgen María
preparaste una digna morada para tu Hijo
y, en previsión de la muerte redentora de Cristo,
la preservaste de toda mancha de pecado,
concédenos que, por su intercesión, nosotros también,
purificados de todas nuestras culpas, lleguemos hasta ti.
Por nuestro Señor Jesucristo, tu Hijo,
que vive y reina contigo en la unidad del Espíritu Santo
y es Dios por los siglos de los siglos.**

Se dice Credo.

Oración sobre las ofrendas

**Recibe favorablemente, Señor, la ofrenda que te presentamos
en la solemnidad de la Inmaculada Concepción
de la santísima Virgen María,
y concédenos que, así como profesamos que tu gracia
la preservó de toda mancha de pecado,
así también nosotros, por su intercesión,
quedemos libres de toda culpa.
Por Jesucristo, nuestro Señor.**

Prefacio: El misterio de María y la Iglesia.

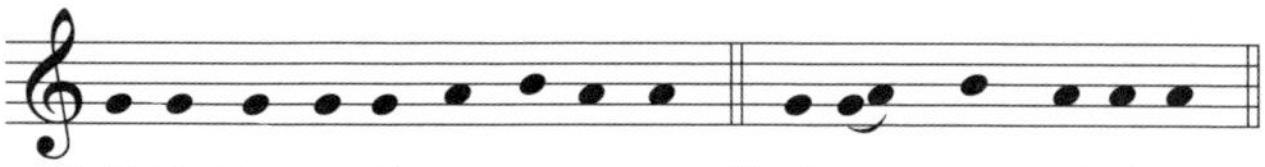

℣. El Se-ñor es-té con us-te-des. ℟. Y con tu‿es-pí-ri-tu.

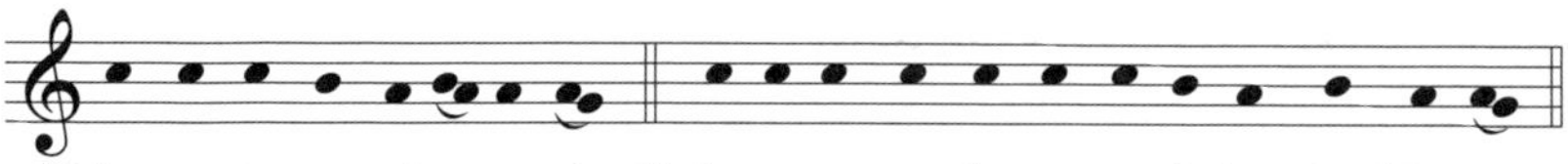

℣. Le-van-te-mos el co-ra-zón. ℟. Lo te-ne-mos le-van-ta-do ha-cia‿el Se-ñor.

℣. De-mos gra-cias al Se-ñor, nues-tro Dios. ℟. Es jus-to‿y ne-ce-sa-rio.

En ver-dad es justo y ne-ce-sa-rio, es nuestro deber y salvación

darte gracias siempre y en to-do lu-gar, Señor, Pa-dre san-to,

Dios todo-po-de-ro-so y‿e-ter-no. Por-que preservaste a la san-

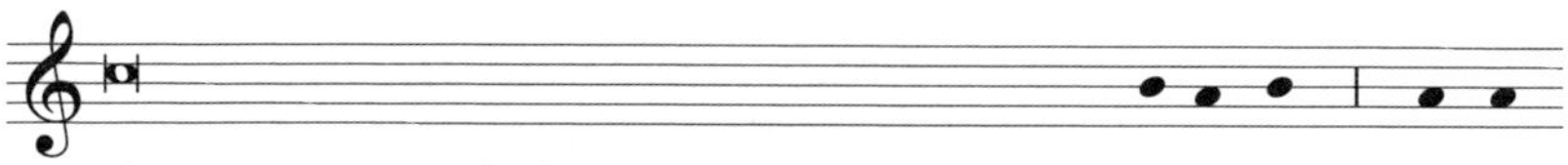

-tísima Virgen María de toda mancha de pecado o-ri-gi-nal, pa-ra

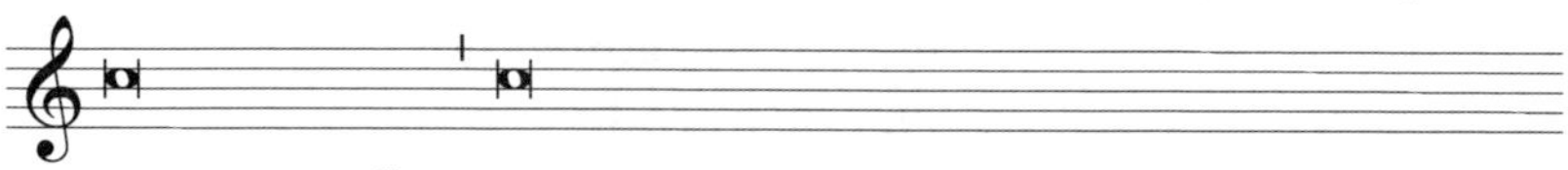

preparar en ella, enriquecida con la plenitud de tu gracia, una digna

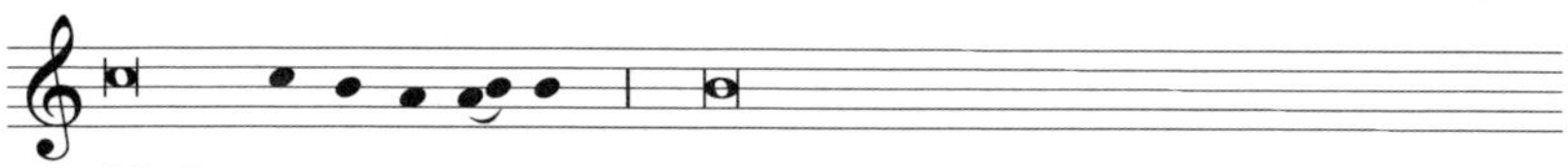

Madre pa-ra tu Hi-jo y significar el nacimiento de su Esposa,

la I-gle-sia, toda hermosa y sin man-cha ni‿a-rru-ga. Pues pu-

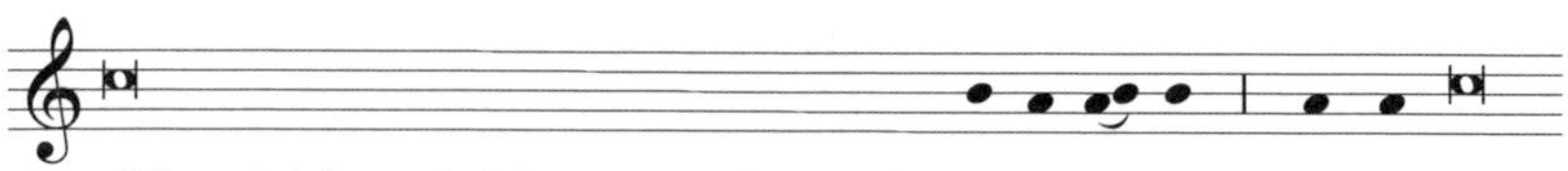

-rísima debía ser la Virgen que diera a luz a tu Hi-jo, el Cor-dero

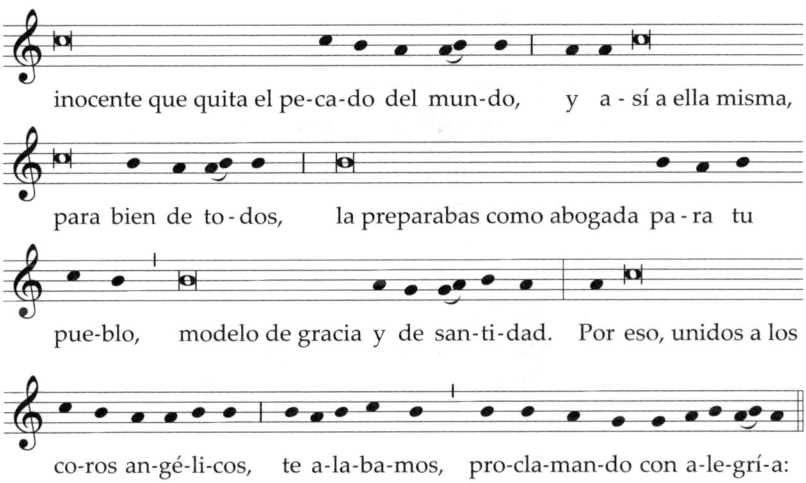

Santo, Santo, Santo . . .

Texto sin música:

V. **El Señor esté con ustedes.**
R. Y con tu espíritu.

V. **Levantemos el corazón.**
R. Lo tenemos levantado hacia el Señor.

V. **Demos gracias al Señor, nuestro Dios.**
R. Es justo y necesario.

En verdad es justo y necesario,
es nuestro deber y salvación
darte gracias siempre y en todo lugar,
Señor, Padre santo, Dios todopoderoso y eterno.

Porque preservaste a la santísima Virgen María
de toda mancha de pecado original,
para preparar en ella,
enriquecida con la plenitud de tu gracia,
una digna Madre para tu Hijo
y significar el nacimiento de su Esposa, la Iglesia,
toda hermosa y sin mancha ni arruga.

Pues purísima debía ser la Virgen
que diera a luz a tu Hijo, el Cordero inocente
que quita el pecado del mundo,
y así a ella misma, para bien de todos, la preparabas
como abogada para tu pueblo,
modelo de gracia y de santidad.

Por eso, unidos a los coros angélicos,
te alabamos, proclamando con alegría:

Santo, Santo, Santo . . .

Antífona de la Comunión

Grandes cosas se cuentan de ti, María,
porque de ti ha nacido el sol de justicia,
Cristo nuestro Dios.

Oración después de la Comunión

Que el sacramento que acabamos de recibir, Señor Dios nuestro,
repare en nosotros las consecuencias de aquella culpa
de la cual preservaste singularmente
a la Virgen María en su Inmaculada Concepción.
Por Jesucristo, nuestro Señor.

Puede utilizarse la fórmula de bendición solemne, p. 713.

9 de diciembre

San Juan Diego

Del Común de santos y santas: para un santo, p. 1157.

Oración colecta

**Dios nuestro, que, por medio del bienaventurado Juan Diego,
manifestaste a tu pueblo el amor de la santísima Virgen María,
concédenos, por su intercesión,
que, obedientes a las recomendaciones
de nuestra Madre de Guadalupe,
podamos cumplir siempre tu voluntad.
Por nuestro Señor Jesucristo, tu Hijo,
que vive y reina contigo en la unidad del Espíritu Santo
y es Dios por los siglos de los siglos.**

11 de diciembre

San Dámaso I, Papa

Del Común de pastores: para un Papa, p. 1127.

Oración colecta

**Concédenos, Señor,
celebrar siempre los méritos de tus mártires
a ejemplo del Papa san Dámaso,
que tanto los amó y veneró.
Por nuestro Señor Jesucristo, tu Hijo,
que vive y reina contigo en la unidad del Espíritu Santo
y es Dios por los siglos de los siglos.**

[En las diócesis de los Estados Unidos]

12 de diciembre

BIENAVENTURADA VIRGEN MARÍA DE GUADALUPE

Fiesta

Antífona de entrada — Cfr. Ap 12, 1

Una gran señal apareció en el cielo:
una mujer vestida de sol,
con la luna bajo sus pies
y una corona de doce estrellas sobre su cabeza.

Se dice Gloria.

Oración colecta

**Dios, Padre de misericordia,
que has puesto a este pueblo tuyo bajo la especial protección
de la siempre Virgen María de Guadalupe, Madre de tu Hijo,
concédenos, por su intercesión, profundizar en nuestra fe
y buscar el progreso de los pueblos
por caminos de justicia y de paz.
Por nuestro Señor Jesucristo, tu Hijo,
que vive y reina contigo en la unidad del Espíritu Santo
y es Dios por los siglos de los siglos.**

Oración sobre las ofrendas

**Acepta, Señor, los dones que te presentamos
en esta fiesta de nuestra Señora de Guadalupe,
y haz que este sacrificio
nos dé fuerza para cumplir tus mandamientos,
como verdaderos hijos de la Virgen María.
Por Jesucristo, nuestro Señor.**

Prefacio: La Virgen María, signo materno del amor de Dios.

V. **El Señor esté con ustedes.**
R. Y con tu espíritu.

V. **Levantemos el corazón.**
R. Lo tenemos levantado hacia el Señor.

V. **Demos gracias al Señor, nuestro Dios.**
R. Es justo y necesario.

**En verdad es justo y necesario,
es nuestro deber y salvación
darte gracias siempre y en todo lugar,
Señor, Padre santo, Dios todopoderoso y eterno,
por Cristo, Señor nuestro.**

**Porque en tu inmensa bondad
has querido que la Madre de tu Hijo,
bajo el título de Guadalupe,
fuera especial Madre nuestra, refugio y Señora,
presencia viva en la historia de este pueblo tuyo.**

**Ella, mensajera de tu bondad y signo materno de tu amor,
nos brindó compasión, auxilio y defensa,
y hoy nos invita a reconciliarnos contigo y entre nosotros,
y a proclamar el Evangelio de tu Hijo,
para hacer que florezcan en nuestras tierras
la fraternidad y la paz.**

**Por eso, con todos los ángeles y los santos,
te alabamos, proclamando sin cesar:**

Santo, Santo, Santo . . .

Antífona de la Comunión

Lc 1, 52

El Señor destronó a los potentados
y exaltó a los humildes.

O bien: Cfr. Sal 147 (146), 20

No ha hecho nada semejante con ningún otro pueblo;
a ninguno le ha manifestado tan claramente su amor.

Oración después de la Comunión

**Que el Cuerpo y la Sangre de tu Hijo,
que acabamos de recibir en este sacramento,
nos ayuden, Señor,
por intercesión de santa María de Guadalupe,
a reconocernos y amarnos todos
como verdaderos hermanos.
Por Jesucristo, nuestro Señor.**

13 de diciembre
Santa Lucía, virgen y mártir
Memoria

Del Común de mártires: para una virgen mártir, p. 1124, o del Común de vírgenes: para una virgen, p. 1148.

Oración colecta

**Te rogamos, Señor, que nos ayude la gloriosa intercesión
de santa Lucía, virgen y mártir,
para que, quienes celebramos su fiesta en la tierra,
podamos contemplar su gloria en el cielo.
Por nuestro Señor Jesucristo, tu Hijo,
que vive y reina contigo en la unidad del Espíritu Santo
y es Dios por los siglos de los siglos.**

14 de diciembre
San Juan de la Cruz, presbítero y doctor de la Iglesia
Memoria

Antífona de entrada — Gál 6, 14

No permita Dios que yo me gloríe en algo
que no sea la cruz de nuestro Señor Jesucristo,
por la cual el mundo está crucificado para mí
y yo para el mundo.

Oración colecta

**Dios nuestro, que hiciste de san Juan de la Cruz, presbítero,
un modelo perfecto de negación de sí mismo
y de amor a la cruz,
concédenos que, imitándolo siempre,
lleguemos a contemplar tu gloria en el cielo.
Por nuestro Señor Jesucristo, tu Hijo,
que vive y reina contigo en la unidad del Espíritu Santo
y es Dios por los siglos de los siglos.**

Oración sobre las ofrendas

**Mira, Dios todopoderoso,
las ofrendas que te presentamos
en la conmemoración de san Juan,
y concédenos expresar en la vida
los misterios de la pasión del Señor, que ahora celebramos.
Por Jesucristo, nuestro Señor.**

Antífona de la Comunión Cfr. Mt 16, 24

El que quiera venir conmigo,
que renuncie a sí mismo,
que tome su cruz y que me siga, dice el Señor.

Oración después de la Comunión

**Señor Dios, que en san Juan
manifestaste de modo admirable el misterio de la cruz,
concede, benigno, que, fortalecidos por este sacrificio,
permanezcamos fielmente adheridos a Cristo
y trabajemos en la Iglesia por la salvación de todos.
Por Jesucristo, nuestro Señor.**

21 de diciembre
San Pedro Canisio, presbítero y doctor de la Iglesia

Del Común de pastores: para un pastor, p. **1134**, o del Común de doctores de la Iglesia, p. **1144**.

Oración colecta

**Dios nuestro, que para defender la fe católica
colmaste de fortaleza y sabiduría a san Pedro Canisio, presbítero,
por su intercesión concede, a quienes buscan la verdad,
la alegría de encontrarte,
y a tu pueblo fiel la perseverancia en la confesión de tu nombre.
Por nuestro Señor Jesucristo, tu Hijo,
que vive y reina contigo en la unidad del Espíritu Santo
y es Dios por los siglos de los siglos.**

23 de diciembre
San Juan de Kety, presbítero

Del Común de pastores: para un pastor, p. 1134, o del Común de santos y santas: para los que hicieron obras de misericordia, p. 1166.

Oración colecta

**Concédenos, Dios todopoderoso,
que, a ejemplo de san Juan de Kety, presbítero,
progresemos en la sabiduría de los santos
y, siendo misericordiosos con todos,
alcancemos tu perdón.
Por nuestro Señor Jesucristo, tu Hijo,
que vive y reina contigo en la unidad del Espíritu Santo
y es Dios por los siglos de los siglos.**

26 de diciembre
SAN ESTEBAN, PROTOMÁRTIR
Fiesta

Antífona de entrada

Las puertas del cielo se abrieron para san Esteban,
el primero de los mártires,
y por esto ha recibido el premio de la gloria.

Se dice Gloria.

Oración colecta

**Concédenos, Señor, imitar lo que estamos celebrando,
para que aprendamos a amar aun a nuestros enemigos,
ya que estamos conmemorando el martirio de aquel
que supo orar por sus perseguidores.
Por nuestro Señor Jesucristo, tu Hijo,
que vive y reina contigo en la unidad del Espíritu Santo
y es Dios por los siglos de los siglos.**

Oración sobre las ofrendas

**Te rogamos, Señor, que te sean aceptables los dones
que te presentamos hoy con alegría
en la gloriosa conmemoración del mártir san Esteban.
Por Jesucristo, nuestro Señor.**

Prefacio I–III de Navidad, pp. 566–571.

Antífona de la Comunión
Hech 7, 59

Mientras lo apedreaban,
Esteban repetía esta oración:
Señor Jesús, recibe mi espíritu.

Oración después de la Comunión

**Te damos gracias, Señor,
por tu inmensa misericordia para con nosotros,
ya que nos ofreces la salvación con el nacimiento de tu Hijo,
y nos alegras con la celebración del mártir san Esteban.
Por Jesucristo, nuestro Señor.**

27 de diciembre
SAN JUAN, APÓSTOL Y EVANGELISTA
Fiesta

Antífona de entrada

Juan es aquel que durante la cena
reclinó su cabeza sobre el pecho del Señor.
Dichoso el Apóstol a quien le fueron revelados
los secretos celestiales,
y que difundió por todo el mundo
las palabras de vida.

O bien: Cfr. Sir 15, 5

En medio de la Iglesia abrió su boca,
y el Señor lo llenó del espíritu de sabiduría e inteligencia,
y lo revistió de gloria.

Se dice Gloria.

Oración colecta

**Dios nuestro, que por medio del apóstol san Juan
nos revelaste los misterios de tu Palabra hecha carne,
concédenos la gracia de comprender con claridad
lo que él nos enseñó tan admirablemente.
Por nuestro Señor Jesucristo, tu Hijo,
que vive y reina contigo en la unidad del Espíritu Santo
y es Dios por los siglos de los siglos.**

Oración sobre las ofrendas

**Santifica, Señor, los dones que te presentamos
y concédenos, por la participación en esta Eucaristía,
ahondar en los misterios de tu Palabra eterna,
que en la Última Cena revelaste al apóstol san Juan.
Por Jesucristo, nuestro Señor.**

Prefacio I–III de Navidad, pp. 566–571.

Antífona de la Comunión Jn 1, 14. 16

La Palabra se hizo hombre y habitó entre nosotros,
y de su plenitud hemos recibido todos gracia sobre gracia.

Oración después de la Comunión

Concédenos, Dios todopoderoso,
que, por esta Eucaristía que hemos celebrado,
la Palabra hecha carne, predicada por san Juan,
habite siempre en nosotros.
Por Jesucristo, nuestro Señor.

28 de diciembre

SANTOS INOCENTES, MÁRTIRES

Fiesta

Antífona de entrada

Los niños inocentes murieron por Cristo;
ahora siguen al Cordero sin mancha, cantando:
Gloria a ti, Señor.

Se dice Gloria.

Oración colecta

Dios nuestro, que concediste a los mártires Inocentes
proclamar en este día tu gloria, no de palabra, sino con su muerte,
ayúdanos a dar testimonio de nuestra fe,
no sólo con nuestros labios,
sino, también, con nuestra conducta diaria.
Por nuestro Señor Jesucristo, tu Hijo,
que vive y reina contigo en la unidad del Espíritu Santo
y es Dios por los siglos de los siglos.

Oración sobre las ofrendas

Recibe, Señor, la devota ofrenda de tus siervos,
y purifícalos con la celebración piadosa de tus misterios,
que también justifican a los que no te conocen.
Por Jesucristo, nuestro Señor.

Prefacio I-III de Navidad, pp. 566–571.

Antífona de la Comunión Cfr. Ap 14, 4

Ellos son los rescatados
como primicias de la humanidad para Dios y para el Cordero;
ellos son el cortejo del Cordero donde quiera que vaya.

Oración después de la Comunión

Concede, Señor, la abundancia de tu salvación
a los fieles que reciben tus sacramentos
en la festividad de los santos Inocentes,
quienes, por el nacimiento de tu Hijo,
fueron coronados con la gracia celestial,
aun antes de haberlo podido confesar con palabras.
Por Jesucristo, nuestro Señor.

29 de diciembre
Santo Tomás Becket, obispo y mártir

Del Común de mártires: para un mártir, p. 1115, o del Común de pastores: para un obispo, p. 1130.

Oración colecta

Dios nuestro, tú que concediste al mártir santo Tomás Becket
grandeza de alma para entregar su vida por la justicia,
concédenos, por su intercesión,
la gracia de renunciar a nuestra vida por Cristo en este mundo,
para poder encontrarla en el cielo.
Por nuestro Señor Jesucristo, tu Hijo,
que vive y reina contigo en la unidad del Espíritu Santo
y es Dios por los siglos de los siglos.

31 de diciembre
San Silvestre I, Papa

Del Común de pastores: para un Papa, p. 1127.

Oración colecta

Ayuda, Señor, a tu pueblo,
que confía en la intercesión del Papa san Silvestre,
para que la vida presente transcurra bajo tu guía,
y merezcamos alcanzar felizmente la eterna.
Por nuestro Señor Jesucristo, tu Hijo,
que vive y reina contigo en la unidad del Espíritu Santo
y es Dios por los siglos de los siglos.

MISAS COMUNES

1. Por comodidad, en cada uno de los Comunes se proponen varias Misas con todos sus elementos, a saber, antífonas y oraciones.

Si lo juzga oportuno, el sacerdote puede intercambiar las antífonas y las oraciones de un mismo Común, eligiendo de entre los textos los que le parezcan más apropiados, desde un punto de vista pastoral.

Más aún, en las Misas para celebrar la "memoria" de un santo, la oración sobre las ofrendas y la oración después de la comunión se pueden tomar también de las ferias del respectivo tiempo litúrgico, además de las propuestas en los respectivos Comunes.

2. En el Común de mártires y en el Común de santos y santas, todas las oraciones que se proponen para varones, se pueden emplear también para las mujeres, cambiando el género.

3. En cada uno de los Comunes, los textos que van en singular, pueden emplearse para varios, cambiando el número y, viceversa, los textos que van en plural se pueden emplear para una sola persona, cambiando también el número.

4. Las Misas que están señaladas para determinados tiempos o circunstancias, han de usarse sólo para estos tiempos y circunstancias.

COMÚN DE LA DEDICACIÓN DE UNA IGLESIA

Los formularios de las Misas "para la dedicación de una iglesia" y "para la dedicación de un altar" se encuentran entre las Misas rituales, pp. 1277–1289.

EN EL ANIVERSARIO DE LA DEDICACIÓN

I. En la iglesia cuya dedicación se celebra

Antífona de entrada Sal 68 (67), 36

¡Eres admirable, Señor, en tu santuario!
El Dios de Israel da fuerza y poder a su pueblo.
¡Bendito sea Dios! (T.P. Aleluya.)

Se dice Gloria.

Oración colecta

**Señor Dios, que año tras año nos haces revivir
el día de la dedicación de este santo templo,
escucha las súplicas de tu pueblo
y concédenos que en este lugar
se realice siempre para ti un culto sin mancha
y para nosotros, la plenitud de la redención.
Por nuestro Señor Jesucristo, tu Hijo,
que vive y reina contigo en la unidad del Espíritu Santo
y es Dios por los siglos de los siglos.**

Se dice Credo.

Oración sobre las ofrendas

**Señor, al conmemorar el día
en que te dignaste llenar tu casa de gloria y santidad
te pedimos que nos transformes
en ofrenda siempre agradable a ti.
Por Jesucristo, nuestro Señor.**

Prefacio: El misterio del templo de Dios, que es la Iglesia.

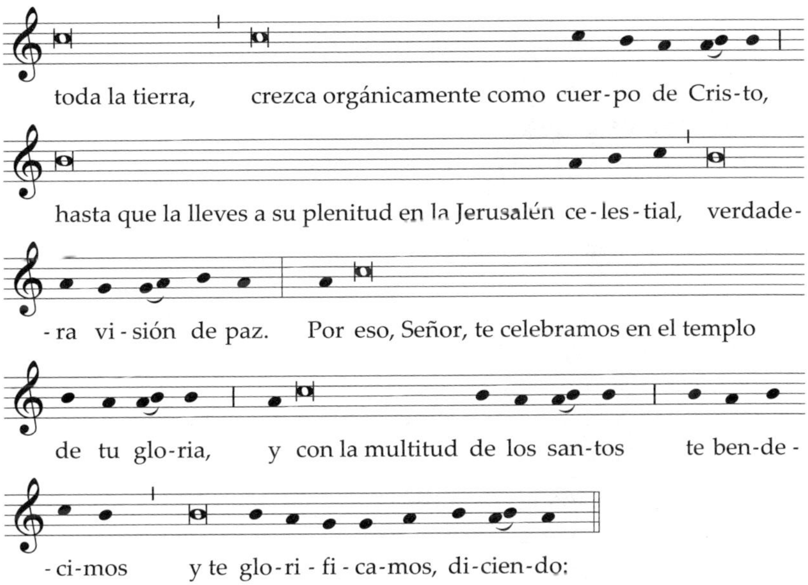

Santo, Santo, Santo . . .

Texto sin música:

V. **El Señor esté con ustedes.**
R. Y con tu espíritu.

V. **Levantemos el corazón.**
R. Lo tenemos levantado hacia el Señor.

V. **Demos gracias al Señor, nuestro Dios.**
R. Es justo y necesario.

**En verdad es justo y necesario,
es nuestro deber y salvación
darte gracias siempre y en todo lugar,
Señor, Padre santo, Dios todopoderoso y eterno,
por Cristo, Señor nuestro.**

**Porque en esta casa visible que nos has permitido edificar
y en la que no cesas de favorecer
a esta familia tuya que peregrina hacia ti,
simbolizas el misterio de tu comunión con nosotros
y admirablemente la realizas.**

**Aquí, en efecto, tú mismo te construyes ese templo
que somos nosotros
y así haces que la Iglesia, extendida por toda la tierra,
crezca orgánicamente como cuerpo de Cristo,
hasta que la lleves a su plenitud
en la Jerusalén celestial, verdadera visión de paz.**

**Por eso, Señor, te celebramos en el templo de tu gloria
y con la multitud de los santos
te bendecimos y te glorificamos, diciendo:**

Santo, Santo, Santo . . .

Antífona de la Comunión Cfr. 1 Cor 3, 16-17

Ustedes son templo de Dios
y el Espíritu de Dios habita en ustedes.
El templo de Dios es santo
y ustedes son ese templo. (T.P. Aleluya.)

Oración después de la Comunión

**Te pedimos, Señor, que tu pueblo santo
reciba gozoso los frutos de tu bendición,
y comprenda que las realidades materiales,
que celebramos en este día de fiesta,
se han de realizar espiritualmente en nosotros.
Por Jesucristo, nuestro Señor.**

Bendición al final de la misa

**Que Dios, Señor del cielo y de la tierra,
que ha querido congregarlos hoy
para conmemorar la dedicación de esta iglesia,
los colme de sus bendiciones.**
R. Amén.

**Que el mismo Dios,
que quiso reunir en su Hijo a todos los hijos dispersos,
les conceda convertirse en templo suyo
y morada del Espíritu Santo.**
R. Amén.

**Para que, purificados de todo pecado,
puedan tener a Dios habitando en ustedes
y poseer, en compañía de todos los santos,
la herencia de la felicidad eterna.**
R. Amén.

**Y la bendición de Dios todopoderoso,
Padre, Hijo ✠, y Espíritu Santo,
descienda sobre ustedes y permanezca para siempre.**
R. Amén.

II. Fuera de la iglesia dedicada

Antífona de entrada Cfr. Ap 21, 2

Vi que descendía del cielo, desde donde está Dios,
la ciudad santa, la nueva Jerusalén,
engalanada como una novia,
que va a desposarse con su prometido. (T.P. Aleluya.)

O bien: Cfr. Ap 21, 3

Ésta es la morada de Dios con los hombres;
vivirá con ellos como su Dios,
y ellos serán su Pueblo. (T.P. Aleluya.)

Se dice Gloria.

Oración colecta

**Señor, tú que, con piedras vivas y escogidas,
preparas una morada eterna para tu divinidad,
derrama con abundancia sobre tu Iglesia
la gracia que le has otorgado,
para que tu pueblo fiel avance sin cesar
en la construcción de la Jerusalén celestial.
Por nuestro Señor Jesucristo, tu Hijo,
que vive y reina contigo en la unidad del Espíritu Santo
y es Dios por los siglos de los siglos.**

O bien:

**Señor Dios, que te has dignado llamar esposa a tu Iglesia,
concede que el pueblo consagrado a tu nombre,
te respete, te ame, te siga y, guiado por ti,
alcance el cielo que le tienes prometido.
Por nuestro Señor Jesucristo, tu Hijo,
que vive y reina contigo en la unidad del Espíritu Santo
y es Dios por los siglos de los siglos.**

Oración sobre las ofrendas

Recibe, Señor, los dones que te presentamos
y concédenos que podamos obtener en este lugar
el fruto de tus sacramentos
y el cumplimiento de nuestros deseos.
Por Jesucristo, nuestro Señor.

Prefacio: El misterio de la Iglesia, esposa de Cristo y templo del Espíritu Santo.

V. **El Señor esté con ustedes.**
R. Y con tu espíritu.

V. **Levantemos el corazón.**
R. Lo tenemos levantado hacia el Señor.

V. **Demos gracias al Señor, nuestro Dios.**
R. Es justo y necesario.

En verdad es justo y necesario,
es nuestro deber y salvación
darte gracias siempre y en todo lugar,
Señor, Padre santo, Dios todopoderoso y eterno.

Porque en toda casa consagrada a la oración
te has dignado quedarte con nosotros
para hacernos, tú mismo, templos del Espíritu Santo,
que brillen, sostenidos por tu gracia,
con el esplendor de una vida santa.

Y, porque con tu acción constante,
santificas a la Iglesia, esposa de Cristo,
simbolizada por estos edificios materiales,
a fin de que, llena de gozo por la multitud de sus hijos,
sea presentada a ti en la gloria del cielo.

Por eso, con todos los ángeles y los santos,
te alabamos, proclamando sin cesar:

Santo, Santo, Santo . . .

Texto con música, p. 1044.

Antífona de la Comunión

Cfr. 1 Pe 2, 5

Ustedes también son piedras vivas,
que van entrando en la edificación del templo espiritual,
para formar un sacerdocio santo. (T.P. Aleluya.)

O bien:

Cfr. Mt 21, 13; Lc 11, 10

Mi casa es casa de oración, dice el Señor:
en ella quien pide, recibe; quien busca, encuentra,
y al que toca, se le abre. (T.P. Aleluya.)

Oración después de la Comunión

**Señor Dios, que has querido darnos en tu Iglesia
un signo visible de la Jerusalén del cielo,
concédenos que, mediante la participación en este sacramento,
nos transformes en templo de tu gracia
y nos concedas entrar en la morada de tu gloria.
Por Jesucristo, nuestro Señor.**

COMÚN DE LA BIENAVENTURADA VIRGEN MARÍA

Estas Misas pueden usarse también en la conmemoración de Santa María "en sábado" y en las Misas votivas de la Bienaventurada Virgen María. En todas las oraciones donde se encuentre la palabra "conmemoración", puede emplearse también, según sea oportuno, la palabra "memoria".

I. Tiempo Ordinario

Estos formularios pueden emplearse también, según las normas, en el Tiempo de Cuaresma, en aquellos lugares en los que hay una celebración de la Bienaventurada Virgen María inscrita debidamente en su calendario propio.

1

Antífona de entrada

Te aclamamos, santa Madre de Dios, porque has dado a luz al Rey,
que gobierna cielo y tierra por los siglos de los siglos.

Oración colecta

Señor Dios, concédenos a nosotros, tus siervos,
gozar siempre de completa salud de alma y cuerpo,
y, por la intercesión de la gloriosa siempre Virgen María,
líbranos de las tristezas de esta vida
y concédenos disfrutar de las alegrías eternas.
Por nuestro Señor Jesucristo, tu Hijo,
que vive y reina contigo en la unidad del Espíritu Santo
y es Dios por los siglos de los siglos.

Oración sobre las ofrendas

Recibe, Señor, las oraciones de tu pueblo,
junto con las ofrendas que te presentamos,
para que, por la intercesión de santa María, Madre de tu Hijo,
ningún buen propósito quede sin realizarse
y ninguna de nuestras súplicas quede sin respuesta.
Por Jesucristo, nuestro Señor.

O bien:

Que nos socorra, Señor, el inmenso amor de tu Unigénito,
para que, quien al nacer de la Virgen María
no menoscabó la integridad de la Madre, sino que la consagró,
nos libre de nuestras culpas
y haga acepta a ti nuestra oblación.
Por Jesucristo, nuestro Señor.

Prefacio I de la Bienaventurada Virgen María (en las Misas votivas: en la conmemoración), p. 618, o bien, II, p. 620.

Antífona de la Comunión

Cfr. Lc 11, 27

Dichoso el vientre de la Virgen María,
que llevó al Hijo del eterno Padre.

Oración después de la Comunión

Al recibir el sacramento celestial
en la conmemoración de la santísima Virgen María,
te pedimos, Padre misericordioso,
que, a imitación suya,
nos concedas ponernos dignamente al servicio
del misterio de nuestra redención.
Por Jesucristo, nuestro Señor.

2

Antífona de entrada

Dichosa tú, Virgen María,
que llevaste en tu seno al creador del universo;
diste a luz al que te creó, y permaneces Virgen para siempre.

Oración colecta

Concédenos, Dios misericordioso,
auxilio en nuestra fragilidad,
para que, quienes celebramos la conmemoración
de la santa Madre de Dios,
con la ayuda de su intercesión
nos veamos libres de nuestras culpas.
Por nuestro Señor Jesucristo, tu Hijo,
que vive y reina contigo en la unidad del Espíritu Santo
y es Dios por los siglos de los siglos.

Oración sobre las ofrendas

Al venerar la memoria de la Madre de tu Hijo,
te rogamos, Señor, que la ofrenda que te presentamos
nos transforme, por la abundancia de tu gracia,
en ofrenda permanente.
Por Jesucristo, nuestro Señor.

Prefacio I de la Bienaventurada Virgen María (en las Misas votivas: en la conmemoración), p. 618, o bien, II, p. 620.

Antífona de la Comunión
Lc 1, 49

Ha hecho en mí grandes cosas el que todo lo puede.
Santo es su nombre.

Oración después de la Comunión

Ya que nos has concedido participar
de la redención eterna,
te rogamos, Señor,
que, quienes celebramos la conmemoración
de la Madre de tu Hijo,
no sólo nos gloriemos de la plenitud de tu gracia,
sino que experimentemos también
un continuo aumento de salvación.
Por Jesucristo, nuestro Señor.

3

Antífona de entrada
Cfr. Jdt 13, 18-19

Bendita eres tú, Virgen María, por obra de Dios Altísimo,
sobre todas las mujeres de la tierra;
porque tu nombre ha sido engrandecido
para que la boca de los hombres no cese de alabarte.

Oración colecta

Al celebrar la gloriosa memoria
de la santísima Virgen María,
te pedimos, Señor, por su intercesión,
que también nosotros logremos recibir la plenitud de tu gracia.
Por nuestro Señor Jesucristo, tu Hijo,
que vive y reina contigo en la unidad del Espíritu Santo
y es Dios por los siglos de los siglos.

Oración sobre las ofrendas

**Te ofrecemos, Señor, este sacrificio de alabanza,
al conmemorar llenos de gozo a la Madre de tu Hijo;
y te pedimos que, por este santo intercambio,
se aumenten en nosotros los frutos de la redención eterna.
Por Jesucristo, nuestro Señor.**

Prefacio I de la Bienaventurada Virgen María (en las Misas votivas: en la conmemoración), p. 618, o bien, II, p. 620.

Antífona de la Comunión

Cfr. Lc 1, 48

Me llamarán dichosa todas las generaciones,
porque Dios puso sus ojos en la humildad de su esclava.

Oración después de la Comunión

**Alimentados por este celestial banquete,
te rogamos humildemente, Señor, que nos concedas
confesar de palabra y con las obras
a tu Hijo, nacido de la Virgen Madre.
Él, que vive y reina por los siglos de los siglos.**

4

Antífona de entrada

Cfr. Sal 45 (44), 13. 15. 16

Todos los nobles del pueblo buscan tu favor:
te llevan ante el Rey, con séquito de vírgenes,
te siguen tus compañeras en medio de alegría y cantos.

Oración colecta

**Perdona, Señor, los pecados de tus siervos;
y, a quienes no logramos agradarte con nuestros actos,
sálvanos por la intercesión
de la Madre de tu Hijo, nuestro Señor.
Él, que vive y reina contigo en la unidad del Espíritu Santo
y es Dios por los siglos de los siglos.**

Oración sobre las ofrendas

**Recibe, Señor, los dones que te ofrecemos;
y haz que nuestros corazones,
iluminados con la luz del Espíritu Santo,
siguiendo el ejemplo de la bienaventurada Virgen María,
puedan buscar y cumplir siempre tu voluntad.
Por Jesucristo, nuestro Señor.**

Prefacio I de la Bienaventurada Virgen María (en las Misas votivas: en la conmemoración), p. 618, o bien, II, p. 620.

Antífona de la Comunión

Alaben al Señor, Dios nuestro, porque en María, su sierva,
ha realizado su misericordia, prometida a la casa de Israel.

Oración después de la Comunión

**Habiendo recibido el sacramento de la salvación y de la fe,
te pedimos, Señor,
que, al conmemorar con devoción a la santísima Virgen María,
merezcamos participar con ella del amor divino.
Por Jesucristo, nuestro Señor.**

5

Antífona de entrada

Cfr. Lc 1, 28. 42

Dios te salve, María, llena eres de gracia,
el Señor es contigo.
Bendita tú eres entre las mujeres,
y bendito es el fruto de tu vientre.

Oración colecta

**Señor Dios, que elegiste como Madre del Salvador
a la santísima Virgen María,
singularmente bendita entre los pobres y los humildes,
concédenos que, siguiendo su ejemplo,
te rindamos el homenaje de una fe sincera
y pongamos en ti toda esperanza de salvación.
Por nuestro Señor Jesucristo, tu Hijo,
que vive y reina contigo en la unidad del Espíritu Santo
y es Dios por los siglos de los siglos.**

Oración sobre las ofrendas

Acoge, Señor, estas ofrendas
que manifiestan nuestro filial servicio,
para que, al celebrar la obra de la caridad inmensa de tu Hijo,
seamos confirmados en el amor a ti y al prójimo,
a ejemplo de la bienaventurada Virgen María.
Por Jesucristo, nuestro Señor.

Prefacio I de la Bienaventurada Virgen María (en las Misas votivas: en la conmemoración), p. 618, o bien, II, p. 620.

Antífona de la Comunión

Cfr. Sal 87 (86), 3; Lc 1, 49

De ti se dicen maravillas, Virgen María,
porque ha hecho en ti cosas grandes el que todo lo puede.

Oración después de la Comunión

Concede, Señor, a tu Iglesia
que, fortalecida por la gracia de este sacramento,
recorra con alegría los caminos del Evangelio,
hasta que alcance aquella dichosa visión de paz
de la que ya goza la Virgen María,
tu humilde esclava, eternamente gloriosa.
Por Jesucristo, nuestro Señor.

6

Antífona de entrada

Floreció la vara de Jesé:
la Virgen concibió al que es Dios y hombre;
Dios nos devolvió la paz,
reconciliando en sí lo más grande con lo pequeño.

Oración colecta

Te pedimos, Señor,
que nos asista la venerable intercesión
de santa María siempre Virgen,
y que, libres de todos los peligros,
nos haga gozar de tu paz.
Por nuestro Señor Jesucristo, tu Hijo,
que vive y reina contigo en la unidad del Espíritu Santo
y es Dios por los siglos de los siglos.

Oración sobre las ofrendas

**Te presentamos Señor,
estos dones de reconciliación y de alabanza,
y te pedimos humildemente
que, siguiendo el ejemplo de la Virgen María,
lleguemos a ser una ofrenda santa, agradable a ti.
Por Jesucristo, nuestro Señor.**

Prefacio I de la Bienaventurada Virgen María (en las Misas votivas: en la conmemoración), p. 618, o bien, II, p. 620.

Antífona de la Comunión Sal 45 (44), 3

En tus labios se derrama la gracia,
porque Dios te ha bendecido para siempre.

Oración después de la Comunión

**Alimentados con el celestial manjar, haz, Señor,
que te sirvamos con una vida intachable,
a ejemplo de la santísima Virgen María,
y que con ella podamos engrandecerte
con dignas alabanzas.
Por Jesucristo, nuestro Señor.**

7

Antífona de entrada Cfr. Lc 1, 47-48

Entonces dijo María:
mi espíritu se llena de júbilo en Dios, mi salvador,
porque puso sus ojos en la humildad de su esclava.

Oración colecta

**Señor Dios, que te dignaste elegir
el seno virginal de la santísima Virgen María
como morada en que habitara tu Palabra,
concédenos que, fortalecidos con su protección,
podamos tomar parte, llenos de gozo, en esta celebración.
Por nuestro Señor Jesucristo, tu Hijo,
que vive y reina contigo en la unidad del Espíritu Santo
y es Dios por los siglos de los siglos.**

Oración sobre las ofrendas

Que te sean aceptables, Señor, los dones que tu pueblo te ofrece
en la conmemoración de la santísima Virgen María,
quien por su virginidad fue grata a tus ojos
y por su humildad concibió a tu Hijo, Señor nuestro.
Él, que vive y reina por los siglos de los siglos.

Prefacio I de la Bienaventurada Virgen María (en las Misas votivas: en la conmemoración), p. 618, o bien, II, p. 620.

Antífona de la Comunión

Lc 2, 19

María guardaba todas estas cosas
y las meditaba en su corazón.

Oración después de la Comunión

Hechos partícipes del alimento espiritual,
te pedimos, Señor Dios nuestro,
que imitando asiduamente a la bienaventurada Virgen María,
nos encontremos siempre diligentes para el servicio de la Iglesia
y experimentemos el gozo de ser tus servidores.
Por Jesucristo, nuestro Señor.

8

Antífona de entrada

Dichosa eres tú, santísima Virgen María, y digna de toda alabanza,
porque de ti brotó el sol de justicia, Jesucristo, nuestro Señor,
por quien fuimos salvados y redimidos.

Oración colecta

Concédenos, Dios todopoderoso,
que tus fieles, que se alegran de estar bajo la protección
de la santísima Virgen María,
nos veamos libres, por su piadosa intercesión,
de todos los males aquí en la tierra
y merezcamos llegar a los gozos eternos en el cielo.
Por nuestro Señor Jesucristo, tu Hijo,
que vive y reina contigo en la unidad del Espíritu Santo
y es Dios por los siglos de los siglos.

Oración sobre las ofrendas

Mira, Señor, las oraciones y las ofrendas
que tus fieles te presentan
al conmemorar a santa María, Madre de Dios;
haz que te sean agradables
y nos alcancen el auxilio de tu misericordia.
Por Jesucristo, nuestro Señor.

Prefacio I de la Bienaventurada Virgen María (en las Misas votivas: en la conmemoración), p. 618, o bien, II, p. 620.

Antífona de la Comunión

Cfr. Lc 1, 48

El Señor puso sus ojos en la humildad de su esclava.
Desde ahora me llamarán dichosa todas las generaciones.

Oración después de la Comunión

Reanimados por el sacramento de salvación,
humildemente te pedimos, Señor,
que, quienes celebramos con veneración
la memoria de la santísima Virgen María, Madre de Dios,
merezcamos experimentar continuamente
el fruto de tu redención.
Por Jesucristo, nuestro Señor.

II. Tiempo de Adviento

Antífona de entrada

Cfr. Is 45, 8

Dejen, cielos, caer su rocío y que las nubes lluevan al justo;
que la tierra se abra y haga germinar al Salvador.

O bien:

Cfr. Lc 1, 30-32

Dijo el Ángel a María: has hallado gracia delante de Dios;
vas a concebir y a dar a luz un hijo,
y será llamado Hijo del Altísimo.

Oración colecta

Señor Dios nuestro,
que quisiste que tu Verbo se encarnara
en el seno de la Virgen María, según lo anunciado por el ángel;
escucha nuestras súplicas
y concede a quienes la proclamamos
como verdadera Madre de Dios,
la ayuda de su poderosa intercesión.
Por nuestro Señor Jesucristo, tu Hijo,
que vive y reina contigo en la unidad del Espíritu Santo
y es Dios por los siglos de los siglos.

O bien:

Señor Dios, que,
cumpliendo las promesas hechas a nuestros Padres,
elegiste a la santísima Virgen María
para ser la Madre del Salvador,
concédenos seguir los ejemplos
de aquella cuya humildad tanto te agradó
y cuya obediencia nos fue de tanto provecho.
Por nuestro Señor Jesucristo, tu Hijo,
que vive y reina contigo en la unidad del Espíritu Santo
y es Dios por los siglos de los siglos.

Oración sobre las ofrendas

Acepta, Señor, estos dones,
y por tu gracia conviértelos en sacramento de salvación,
en el cual, después de que cesaron los sacrificios
que en figura ofrecían en la Antigua Alianza nuestros Padres,
se ofrece ahora el verdadero Cordero,
nacido de manera inefable de la inmaculada Virgen María,
Jesucristo, tu Hijo.
Él, que vive y reina por los siglos de los siglos.

Prefacio I de la Bienaventurada Virgen María (en las Misas votivas: en la conmemoración), p. 618, o bien, II, p. 620. Se puede también decir el prefacio II de Adviento, p. 564.

Antífona de la Comunión Cfr. Is 7, 14

He aquí que la Virgen concebirá y dará a luz un hijo,
y le pondrán el nombre de Emmanuel.

Oración después de la Comunión

Señor, Dios nuestro, que el sacramento que hemos recibido
atraiga continuamente sobre nosotros tu misericordia,
para que seamos salvos,
en virtud de la Encarnación de tu Hijo,
todos los que celebramos con fe
el recuerdo de su santísima Madre.
Por Jesucristo, nuestro Señor.

III. Tiempo de Navidad

Antífona de entrada

María dio a luz al Rey eterno,
y con el gozo de ser madre, lleva el honor de la virginidad:
no se vio nada semejante antes de ella, ni se verá después.

O bien:

Virgen Madre de Dios, el que no cabe en todo el universo,
quiso encerrarse en tus entrañas, hecho hombre.

Oración colecta

**Señor Dios, que por la fecunda virginidad de María
diste al género humano el don de la salvación eterna,
concédenos sentir la intercesión de aquella
por quien recibimos al autor de la vida,
Jesucristo, tu Hijo, Señor nuestro.
Él, que vive y reina contigo en la unidad del Espíritu Santo
y es Dios por los siglos de los siglos.**

O bien:

**Señor Dios, que quisiste que tu Verbo,
engendrado desde toda la eternidad,
naciera del seno de la Virgen,
concédenos que, por intercesión de santa María,
el esplendor de su presencia ilumine nuestras tinieblas
y de su plenitud nos conceda alegría y paz.
Él, que vive y reina contigo en la unidad del Espíritu Santo
y es Dios por los siglos de los siglos.**

Oración sobre las ofrendas

**Al celebrar este tiempo dichoso,
que consagraste con el nacimiento de tu Unigénito
y el parto de la Virgen María,
te pedimos, Señor, que esta ofrenda nos santifique
y nos conceda renacer en Cristo.
Él, que vive y reina por los siglos de los siglos.**

Prefacio I de la Bienaventurada Virgen María (en las Misas votivas: en la conmemoración), p. 618, o bien, II, p. 620.

Antífona de la Comunión Cfr. Lc 11, 27

Dichoso el vientre de la Virgen María,
que llevó al Hijo del eterno Padre.

Oración después de la Comunión

**Alimentados con el Cuerpo y la Sangre de tu Hijo,
te pedimos, Señor, que este divino sacramento
que hemos recibido llenos de gozo
en esta conmemoración de la Virgen María,
nos haga partícipes de la divinidad de tu Hijo.
Él, que vive y reina por los siglos de los siglos.**

IV. Tiempo Pascual

Antífona de entrada Cfr. Sal 30 (29), 12

Cambiaste mi llanto en gozo, Señor,
y me vestiste de fiesta. Aleluya.

Oración colecta

**Dios nuestro, que con la resurrección de tu Hijo,
nuestro Señor Jesucristo, has llenado el mundo de alegría,
concédenos, por la intercesión de su Madre, la Virgen María,
obtener la felicidad de la vida eterna.
Por nuestro Señor Jesucristo, tu Hijo,
que vive y reina contigo en la unidad del Espíritu Santo
y es Dios por los siglos de los siglos.**

Oración sobre las ofrendas

**Recibe, Padre santo, la ofrenda de nuestra humildad
que, llenos de alegría, te presentamos
al celebrar la conmemoración de la santísima Virgen María
y concédenos que, asociados al sacrificio de Cristo,
recibamos el consuelo en la vida presente
y los gozos de la salvación eterna.
Él, que vive y reina por los siglos de los siglos.**

Prefacio I de la Bienaventurada Virgen María (en las Misas votivas: en la conmemoración), p. 618, o bien, II, p. 620.

Antífona de la Comunión

Alégrate, Virgen Madre,
porque Cristo ha resucitado del sepulcro. Aleluya.

Oración después de la Comunión

**Fortalecidos con los sacramentos pascuales, te rogamos, Señor,
que quienes celebramos la memoria de la Madre de tu Hijo,
manifestemos la vida de Jesús en nuestra carne mortal.
Por Jesucristo, nuestro Señor.**

En el Tiempo Pascual se puede utilizar también la Misa de la Bienaventurada Virgen María, Reina de los Apóstoles, pp. 1406–1407.

COMÚN DE MÁRTIRES

I. Fuera del Tiempo Pascual

A. Para varios mártires

1

Antífona de entrada

Ahora gozan en el cielo las almas de los santos,
que siguieron en la tierra las huellas de Cristo;
y, porque lo amaron hasta derramar su sangre por él,
con Cristo se gozan eternamente.

O bien:

Estos santos derramaron su sangre gloriosa por el Señor,
amaron a Cristo en su vida, lo imitaron en su muerte,
y por eso merecieron la corona del triunfo.

Oración colecta

**Concede, Señor,
que las súplicas que te dirigimos con gozo den fruto,
para que en la devota conmemoración anual
del día en que tus santos mártires N. y N.,
padecieron la muerte,
también imitemos la constancia de su fe.
Por nuestro Señor Jesucristo, tu Hijo,
que vive y reina contigo en la unidad del Espíritu Santo
y es Dios por los siglos de los siglos.**

Oración sobre las ofrendas

**Recibe, Padre santo, las ofrendas que te presentamos
en la conmemoración de estos santos mártires
y a nosotros tus siervos concédenos
permanecer siempre firmes en la confesión de tu nombre.
Por Jesucristo, nuestro Señor.**

Antífona de la Comunión
Lc 22, 28-30

Ustedes han perseverado conmigo
en mis pruebas, dice el Señor,
y yo les voy a dar el Reino,
para que en él coman y beban a mi mesa.

O bien:

La abundante recompensa de los santos
consiste en la presencia de Dios:
murieron por Cristo y viven para siempre.

Oración después de la Comunión

Señor Dios, que en tus santos mártires
manifestaste de modo admirable el misterio de la cruz,
concede, benigno, que, fortalecidos por este sacrificio,
permanezcamos fielmente adheridos a Cristo
y trabajemos en la Iglesia por la salvación de todos.
Por Jesucristo, nuestro Señor.

2

Antífona de entrada
Cfr. Sal 34 (33), 20-21

Aunque el justo sufra muchos males,
de todos lo libra el Señor.
Él cuida de todos sus huesos
y ni uno solo se quebrará.

O bien: Cfr. Ap 7, 14; Dn 3, 95

Éstos son los que han pasado por la gran persecución,
y han lavado su túnica con la sangre del Cordero.
Entregaron sus cuerpos a los suplicios por Dios
y obtuvieron una corona eterna.

Oración colecta

Dios todopoderoso y eterno,
que concediste a los santos N. y N. padecer por Cristo,
fortalece también nuestra fragilidad con tu ayuda,
para que, así como ellos no dudaron en morir por ti,
así nosotros podamos vivir firmes en la confesión de tu nombre.
Por nuestro Señor Jesucristo, tu Hijo,
que vive y reina contigo en la unidad del Espíritu Santo
y es Dios por los siglos de los siglos.

Oración sobre las ofrendas

**Que te sea grata, Señor, la ofrenda que te presentamos
en la celebración de este glorioso martirio
para que, además de purificarnos de nuestros pecados,
haga aceptables ante ti las oraciones de tus siervos.
Por Jesucristo, nuestro Señor.**

Antífona de la Comunión

Cfr. Jn 15, 13

Nadie tiene amor más grande a sus amigos
que el que da la vida por ellos, dice el Señor.

O bien: Cfr. Lc 12, 4

Yo les digo a ustedes, amigos míos:
No teman a aquellos que los matan.

Oración después de la Comunión

**Alimentados con el pan del cielo
y hechos un solo cuerpo en Cristo,
concédenos, Señor,
que nunca nos apartemos de su amor
y que, a ejemplo de los santos mártires N. y N.,
lo superemos todo con valentía por él, que tanto nos amó.
Él, que vive y reina por los siglos de los siglos.**

3

Antífona de entrada

Cfr. Sal 37 (36), 39

La salvación del justo es el Señor;
en la tribulación él es su amparo.

O bien: Cfr. Sab 3, 6-7. 9

El Señor probó a sus elegidos como oro en el crisol,
y los aceptó como un holocausto.
En el juicio de Dios serán premiados,
pues la gracia y la misericordia son para sus elegidos.

Oración colecta

**Que nos alegre, Señor, el triunfo fraterno de tus mártires;
que incremente la fortaleza de nuestra fe
y nos traiga consuelo su múltiple intercesión.
Por nuestro Señor Jesucristo, tu Hijo,
que vive y reina contigo en la unidad del Espíritu Santo
y es Dios por los siglos de los siglos.**

O bien:

**Que la oración de tus santos mártires N. y N.,
nos haga aceptos ante ti, Señor,
y nos afiance en la profesión de la verdad.
Por nuestro Señor Jesucristo, tu Hijo,
que vive y reina contigo en la unidad del Espíritu Santo
y es Dios por los siglos de los siglos.**

Oración sobre las ofrendas

**Recibe, Señor, los dones de tu pueblo,
que te presentamos
al conmemorar el sacrificio de tus santos mártires;
y te pedimos que el misterio
que dio valor en la persecución a los santos N. y N.,
nos dé también a nosotros constancia en la adversidad.
Por Jesucristo, nuestro Señor.**

Antífona de la Comunión

Cfr. Mc 8, 35

El que pierda su vida
por mí y por el Evangelio,
la salvará, dice el Señor.

O bien: Cfr. Sab 3, 4

Si han padecido tormentos delante de los hombres,
la esperanza de los elegidos es inquebrantable para siempre.

Oración después de la Comunión

**Conserva tus dones, Señor, en nosotros,
y haz que lo que de tu bondad recibimos
en la festividad
de los santos mártires N. y N.,
sea para nosotros fuente de salvación y de paz.
Por Jesucristo, nuestro Señor.**

4

Antífona de entrada Cfr. Sal 34 (33), 18

Los justos clamaron, y el Señor los escuchó,
y los libró de todos sus sufrimientos.

O bien:

Los santos de Dios vivieron en el amor fraterno,
por el mandato del Señor y las leyes paternas,
porque solamente uno fue su espíritu y una su fe.

Oración colecta

**Dios nuestro, que nos alegras cada año
con la festividad de tus santos mártires N. y N.,
concede a quienes celebramos su entrada en la gloria,
imitar su fortaleza en el sufrimiento.
Por nuestro Señor Jesucristo, tu Hijo,
que vive y reina contigo en la unidad del Espíritu Santo
y es Dios por los siglos de los siglos.**

O bien:

**Señor y Dios nuestro, que diste a tus santos N. y N.,
la gracia de llegar a la gloria del martirio,
concédenos, por su intercesión, el perdón de nuestros pecados
y vivir libres de toda adversidad.
Por nuestro Señor Jesucristo, tu Hijo,
que vive y reina contigo en la unidad del Espíritu Santo
y es Dios por los siglos de los siglos.**

Oración sobre las ofrendas

**Acepta, Señor, estas ofrendas que te presentamos
en la conmemoración de tus mártires N. y N.,
y te pedimos que, así como les diste la claridad de la santa fe,
del mismo modo nos concedas el perdón y la paz.
Por Jesucristo, nuestro Señor.**

Antífona de la Comunión 2 Cor 4, 11

Nuestra vida es un continuo estar expuestos a la muerte
por causa de Jesús,
para que también la vida de Jesús se manifieste
en nuestra carne mortal.

O bien: Mt 10, 28

No tengan miedo a los que matan el cuerpo,
pero no pueden matar el alma, dice el Señor.

Oración después de la Comunión

Por estos sacramentos celestiales,
concédenos, Señor, la abundancia de tu gracia,
para que, al celebrar a los santos mártires N. y N.,
aprendamos de la lucha en tan gran combate
a ser fuertes en la paciencia
y a alegrarnos con una santa victoria.
Por Jesucristo, nuestro Señor.

5

Antífona de entrada

Los santos mártires derramaron su sangre por Cristo en la tierra;
por eso han obtenido el premio eterno.

O bien: Cfr. Sab 3, 1-2. 3

Las almas de los justos están en las manos de Dios
y no los alcanzará ningún tormento.
Los insensatos pensaban que los justos habían muerto,
pero están en paz.

Oración colecta

Aumenta misericordiosamente en nosotros, Señor,
la fe que a tus santos mártires N. y N. los hizo gloriosos
porque la mantuvieron intacta hasta derramar por ella su sangre;
y concédenos que, profesándola sinceramente, nos justifique.
Por nuestro Señor Jesucristo, tu Hijo,
que vive y reina contigo en la unidad del Espíritu Santo
y es Dios por los siglos de los siglos.

Oración sobre las ofrendas

**Señor, mira con bondad este sacrificio,
y concédenos, a ejemplo de los santos N. y N.,
alcanzar los frutos de la pasión de tu Hijo,
que ahora celebramos sacramentalmente.
Por Jesucristo, nuestro Señor.**

O bien:

**Esta ofrenda, que te presentamos
al celebrar el triunfo de los santos N. y N.,
inflame, Señor, sin cesar nuestros corazones
en el fuego de tu amor
y nos disponga para alcanzar la recompensa
prometida a quienes perseveran.
Por Jesucristo, nuestro Señor.**

Antífona de la Comunión

Cfr. Rom 8, 38-39

Ni la muerte, ni la vida, ni creatura alguna,
podrá apartarnos del amor de Cristo.

O bien: Mt 10, 30. 31

Todos los cabellos de su cabeza están contados;
no tengan miedo, porque ustedes
valen mucho más que los pájaros del mundo.

Oración después de la Comunión

**Alimentados, Señor,
con el Cuerpo y la Sangre preciosos de tu Unigénito,
en la conmemoración de tus santos mártires N. y N.,
concédenos que, con amor constante,
permanezcamos en ti, vivamos de ti y hacia ti nos dirijamos.
Por Jesucristo, nuestro Señor.**

B. Para un mártir

1

Antífona de entrada

Este santo luchó hasta la muerte por la ley de Dios
y no se aterrorizó ante la amenaza de los impíos,
pues estaba afianzado sobre roca firme.

O bien: Cfr. Sab 10, 12

El Señor le concedió un duro combate, para que supiera vencer,
porque la sabiduría es más poderosa que todo.

Oración colecta

Dios omnipotente y misericordioso,
que hiciste a tu mártir san N. superar los tormentos que padeció,
concede a quienes celebramos el día de su triunfo,
que, con tu protección, nos mantengamos invencibles
ante las insidias del enemigo.
Por nuestro Señor Jesucristo, tu Hijo,
que vive y reina contigo en la unidad del Espíritu Santo
y es Dios por los siglos de los siglos.

Oración sobre las ofrendas

Santifica, Señor, con tu bendición, los dones que te presentamos,
para que, por tu gracia,
nos inflamen en aquel fuego de tu amor
con el que san N. venció en su cuerpo todos los tormentos.
Por Jesucristo, nuestro Señor.

O bien:

Que te sean aceptables, Señor, los dones que te presentamos
en la conmemoración de tu mártir san N.
y que agraden a tu majestad,
del mismo modo que fue preciosa ante ti
la efusión de su sangre.
Por Jesucristo, nuestro Señor.

Antífona de la Comunión

Cfr. Mt 16, 24

El que quiera venir conmigo,
que renuncie a sí mismo,
que tome su cruz y que me siga, dice el Señor.

O bien: Mt 10, 39

Quien pierda su vida por mí, dice el Señor,
la salvará para siempre.

Oración después de la Comunión

**Que el santo sacramento que recibimos, Señor,
nos comunique aquella fortaleza de espíritu
que hizo a tu mártir san N. fiel en tu servicio
y victorioso en su pasión.
Por Jesucristo, nuestro Señor.**

2

Antífona de entrada

Éste es un verdadero mártir,
ya que derramó su sangre por Cristo;
no temió las amenazas de quienes lo juzgaron
y mereció así el Reino de los cielos.

O bien: Cfr. Flp 3, 8. 10

Todo lo consideró basura, con tal de conocer a Cristo,
y conformarse a su muerte en comunión con su pasión.

Oración colecta

**Dios omnipotente y misericordioso,
que concediste a san N. luchar por la justicia hasta la muerte,
haz que, por su intercesión,
soportemos por tu amor todas las adversidades
y corramos esforzadamente hacia ti, pues sólo tú eres la vida.
Por nuestro Señor Jesucristo, tu Hijo,
que vive y reina contigo en la unidad del Espíritu Santo
y es Dios por los siglos de los siglos.**

Oración sobre las ofrendas

Dios clementísimo, derrama tu bendición sobre estos dones
y afiánzanos en la fe que san N. atestiguó
con la efusión de su sangre.
Por Jesucristo, nuestro Señor.

O bien:

Te presentamos, Señor, estas ofrendas
al conmemorar a tu santo mártir N.,
a quien ninguna tentación pudo separar
de la unidad del cuerpo de Cristo.
Él, que vive y reina por los siglos de los siglos.

Antífona de la Comunión

Cfr. Jn 15, 1. 5

Yo soy la vid verdadera y ustedes, los sarmientos, dice el Señor;
el que permanece en mí y yo en él, ése dará fruto abundante.

O bien: Jn 8, 12

El que me sigue no caminará en la oscuridad
y tendrá la luz de la vida, dice el Señor.

Oración después de la Comunión

Renovados por estos sagrados misterios, te rogamos, Señor,
que, imitando la admirable constancia de san N.,
merezcamos, por nuestra perseverancia,
conseguir el premio eterno.
Por Jesucristo, nuestro Señor.

II. Tiempo Pascual

A. Para varios mártires

1

Antífona de entrada Cfr. Mt 25, 34

Vengan, benditos de mi Padre, y tomen posesión del Reino,
preparado para ustedes desde la creación del mundo. Aleluya.

O bien: Cfr. Ap 7, 13-14

Estos que llevan la túnica blanca,
son los que han pasado por la gran tribulación,
y han lavado su túnica con la sangre del Cordero. Aleluya.

Oración colecta

**Te rogamos, Dios todopoderoso,
que, así como concediste a los santos mártires N. y N.
dar su vida por tu palabra y por dar testimonio de Jesús,
así nos hagas, por obra del Espíritu Santo,
dóciles para creer y esforzados para confesar tu nombre.
Por nuestro Señor Jesucristo, tu Hijo,
que vive y reina contigo en la unidad del Espíritu Santo
y es Dios por los siglos de los siglos.**

O bien:

**Señor Dios, por quien la fe alcanza constancia
y la debilidad fuerza,
concédenos, a ejemplo y por la oración de los mártires N. y N.,
participar en la muerte y resurrección de tu Unigénito,
para que, con ellos, consigamos el gozo perfecto en tu presencia.
Por nuestro Señor Jesucristo, tu Hijo,
que vive y reina contigo en la unidad del Espíritu Santo
y es Dios por los siglos de los siglos.**

Oración sobre las ofrendas

**Al conmemorar la muerte dichosa de tus justos,
te ofrecemos, Señor, aquel mismo sacrificio
en el que tuvo su origen todo martirio.
Por Jesucristo, nuestro Señor.**

Antífona de la Comunión

Cfr. Ap 2, 7

Al vencedor le daré a comer del árbol de la vida,
que está en el paraíso de Dios. Aleluya.

O bien: Cfr. Sal 33 (32), 1

Alégrense, justos, en el Señor,
que merece la alabanza de los buenos. Aleluya.

Oración después de la Comunión

**Al celebrar en este divino banquete
la celestial victoria de los santos mártires N. y N.,
te pedimos, Señor, que concedas la victoria
a quienes nos alimentamos con este pan de vida,
y que, ya vencedores, nos lleves a comer
del árbol de la vida en el paraíso.
Por Jesucristo, nuestro Señor.**

2

Antífona de entrada

Cfr. Ap 12, 11

Éstos son los santos
que triunfaron por la sangre del Cordero,
y su amor a la vida no les impidió aceptar la muerte,
por eso reinan con Cristo eternamente. Aleluya.

O bien: Cfr. Mt 25, 34

Alégrense, santos, en la presencia del Cordero;
el reino está preparado para ustedes
desde la creación del mundo. Aleluya.

Oración colecta

Te pedimos, Señor, que nos colme de alegría
la insigne festividad de tus santos mártires N. y N.,
a quienes, en una muerte de gloria,
les concediste derramar su sangre preciosa,
confesando con libertad y valentía
la pasión y la resurrección de tu Unigénito.
Él, que vive y reina contigo en la unidad del Espíritu Santo
y es Dios por los siglos de los siglos.

Oración sobre las ofrendas

Señor, dirige tu mirada con serena piedad
sobre los presentes dones,
de manera que los inunde la bendición del Espíritu Santo
y susciten en nuestros corazones aquel intenso amor
con el cual los santos mártires N. y N.
vencieron en su cuerpo todos los tormentos.
Por Jesucristo, nuestro Señor.

Antífona de la Comunión

Cfr. 2 Tim 2, 11-12

Si morimos con Cristo viviremos con él;
si con él perseveramos, con él también reinaremos. Aleluya.

O bien: Cfr. Mt 5, 12

Alégrense y salten de contento,
porque su premio será grande en el cielo. Aleluya.

Oración después de la Comunión

Fortalecidos con el alimento de este único pan,
te rogamos humildemente, Señor,
al conmemorar a los santos mártires N. y N.,
que nos afiances siempre en tu amor
y nos concedas llevar una vida nueva.
Por Jesucristo, nuestro Señor.

B. Para un mártir

Antífona de entrada Cfr. 4 Esd 2, 35

Una luz eterna, Señor, brillará para tus santos
y vivirán para siempre. Aleluya.

O bien:

Éste es el varón que no fue abandonado por Dios
en el día del combate;
recibirá su corona, porque cumplió fielmente
los mandatos del Señor. Aleluya.

Oración colecta

**Dios y Padre nuestro, que para gloria de tu Iglesia
te dignaste coronar con la victoria del martirio a san N.,
concede, bondadoso, que así como él imitó la pasión de tu Hijo,
así nosotros, siguiendo sus huellas,
merezcamos llegar a los gozos eternos.
Por nuestro Señor Jesucristo, tu Hijo,
que vive y reina contigo en la unidad del Espíritu Santo
y es Dios por los siglos de los siglos.**

Oración sobre las ofrendas

**Recibe, Señor, el sacrificio de reconciliación y alabanza
que ofrecemos a tu majestad
en la conmemoración del santo mártir N.,
para que nos lleve a obtener el perdón
y nos haga permanecer en continua acción de gracias.
Por Jesucristo, nuestro Señor.**

Antífona de la Comunión Jn 12, 24

Si el grano de trigo no cae en la tierra y muere, queda infecundo;
pero, si muere, da fruto abundante. Aleluya.

O bien: Sal 116 (115), 15

A los ojos del Señor es muy penoso
que mueran sus amigos. Aleluya.

Oración después de la Comunión

Al celebrar con alegría esta festividad
y habiendo recibido tus dones celestiales,
te pedimos, Señor, que concedas,
a quienes en este divino banquete
proclamamos la muerte de tu Hijo,
que podamos participar, con los santos mártires,
de su resurrección y de su gloria.
Por Jesucristo, nuestro Señor.

III. Para los misioneros mártires

A. Para varios misioneros mártires

Antífona de entrada Cfr. Gál 6, 14; 1 Cor 1, 18

Sólo nos gloriaremos en la cruz de nuestro Señor Jesucristo.
El mensaje de la cruz es fuerza de Dios para nosotros,
que hemos sido salvados. (T.P. Aleluya.)

Oración colecta

Suplicamos humildemente a tu majestad,
Dios omnipotente y misericordioso,
que aquellos pueblos, en cuyos corazones
infundiste el conocimiento de tu Unigénito
por la predicación de los santos mártires N. y N.,
también permanezcan, por su intercesión,
firmemente afianzados en la fe.
Por nuestro Señor Jesucristo, tu Hijo,
que vive y reina contigo en la unidad del Espíritu Santo
y es Dios por los siglos de los siglos.

Oración sobre las ofrendas

Al venerar la pasión de tus mártires N. y N.,
concédenos, Señor, por este sacrificio,
anunciar dignamente la muerte de tu Unigénito,
el cual no sólo ha animado con su palabra a los mártires,
sino que los ha fortalecido con su ejemplo.
Por Jesucristo, nuestro Señor.

Antífona de la Comunión Mt 5, 10

Dichosos los perseguidos
por causa de la justicia,
porque de ellos es el reino de los cielos. (T.P. Aleluya.)

O bien: Mt 10, 32

A quien me reconoce delante de los hombres,
yo también lo reconoceré ante mi Padre,
dice el Señor. (T.P. Aleluya.)

Oración después de la Comunión

**Alimentados, Señor, con el manjar celestial,
te suplicamos humildemente
que, a ejemplo de los santos N. y N.,
llevemos en nuestro corazón
las señales del amor y de los sufrimientos de tu Hijo
y gocemos siempre del fruto de la paz eterna.
Por Jesucristo, nuestro Señor.**

B. Para un misionero mártir

Antífona de entrada Cfr. Flp 2, 30

Este santo, por seguir a Cristo,
estuvo a las puertas de la muerte,
y entregó su vida en sacrificio. (T.P. Aleluya.)

Oración colecta

**Te pedimos, Dios todopoderoso,
que, con una generosa entrega,
imitemos la fe de san N., quien, por difundirla,
mereció la corona del martirio.
Por nuestro Señor Jesucristo, tu Hijo,
que vive y reina contigo en la unidad del Espíritu Santo
y es Dios por los siglos de los siglos.**

Oración sobre las ofrendas

**Al recordar el martirio de san N.,
traemos, Señor, a tu altar nuestros dones,
y te pedimos que quienes celebramos los misterios
de la pasión del Señor,
imitemos lo que realizamos.
Por Jesucristo, nuestro Señor.**

Antífona de la Comunión Mc 8, 35

El que pierda su vida por mí
y por el Evangelio, dice el Señor,
la salvará. (T.P. Aleluya.)

Oración después de la Comunión

**Ya que hemos celebrado el banquete celestial,
te pedimos, Señor, que el recuerdo del martirio de san N.
y nuestra oración fervorosa,
nos alienten a seguir el ejemplo generoso de su fe.
Por Jesucristo, nuestro Señor.**

IV. Para una virgen mártir

Antífona de entrada

Ya sigue al Cordero crucificado por nosotros,
la virgen llena de valor, ofrenda de pudor
y víctima de castidad. (T.P. Aleluya.)

O bien:

Dichosa aquella virgen que, negándose a sí misma
y tomando su cruz,
sigue al Señor, esposo de las vírgenes
y príncipe de los mártires. (T.P. Aleluya.)

Oración colecta

**Señor Dios, que nos alegras hoy
con la conmemoración anual de santa N.,
concédenos que nos ayuden los méritos de quien nos anima
con el ejemplo de su castidad y de su fortaleza.
Por nuestro Señor Jesucristo, tu Hijo,
que vive y reina contigo en la unidad del Espíritu Santo
y es Dios por los siglos de los siglos.**

Oración sobre las ofrendas

Te pedimos, Señor, que los dones que te presentamos
en la celebración de santa N.,
por tu gracia, te sean agradables,
así como te fue grato el combate de su martirio.
Por Jesucristo, nuestro Señor.

Antífona de la Comunión Ap 7, 17

El Cordero, que está en el trono,
los conducirá a las fuentes del agua de la vida. (T.P. Aleluya.)

Oración después de la Comunión

Señor Dios, que coronaste entre los santos a la bienaventurada N.
por la doble victoria de su virginidad y de su martirio,
concédenos, por la eficacia de este sacramento,
que, venciendo valerosamente todo mal,
consigamos la gloria del cielo.
Por Jesucristo, nuestro Señor.

V. Para una santa mujer mártir

Antífona de entrada

El reino de los cielos es para aquellas
que despreciaron la vida mundana,
y llegaron a los premios del reino
y lavaron sus túnicas en la sangre del Cordero. (T.P. Aleluya.)

Oración colecta

Señor Dios, por cuya gracia
la virtud se hace perfecta en la debilidad,
concede a todos los que conmemoramos la gloria de santa N.,
que, así como ella obtuvo de ti fortaleza para salir victoriosa,
de ti también nos obtenga siempre la gracia para vencer.
Por nuestro Señor Jesucristo, tu Hijo,
que vive y reina contigo en la unidad del Espíritu Santo
y es Dios por los siglos de los siglos.

Oración sobre las ofrendas

Te ofrecemos hoy gozosamente, Señor, este sacrificio,
por el cual, al tiempo que conmemoramos la victoria de santa N.,
además de proclamar tus maravillas,
nos alegramos de contar con su gloriosa intercesión.
Por Jesucristo, nuestro Señor.

Antífona de la Comunión

Ap 12, 11-12

Su amor a la vida no les impidió aceptar la muerte,
por eso alégrense los cielos
y todos los que en ellos habitan. (T.P. Aleluya.)

Oración después de la Comunión

Habiendo participado de los gozos celestiales
al recibir este sacramento
en la conmemoración de santa N.,
te pedimos humildemente, Señor,
que experimentemos plenamente en nuestra vida
lo que por don tuyo hemos celebrado
con diligente actitud de servicio.
Por Jesucristo, nuestro Señor.

COMÚN DE PASTORES

I. Para un Papa o para un obispo

1

Antífona de entrada

El Señor lo eligió sumo sacerdote, le abrió sus tesoros
y derramó sobre él toda clase de bendiciones. (T.P. Aleluya.)

O bien: Cfr. Sir 50, 1; 44, 16. 22

Éste es el sacerdote eterno que agradó a Dios en sus días:
y por eso el Señor le prometió engrandecerlo en medio de su pueblo
con un juramento solemne. (T.P. Aleluya.)

Oración colecta

Para un Papa:

Dios todopoderoso y eterno,
que quisiste que san N. presidiera a todo tu pueblo
y lo instruyera con su palabra y su ejemplo,
protege, por su intercesión, a los pastores de tu Iglesia
juntamente con el rebaño que tienen encomendado
y condúcelos por el camino de la eterna salvación.
Por nuestro Señor Jesucristo, tu Hijo,
que vive y reina contigo en la unidad del Espíritu Santo
y es Dios por los siglos de los siglos.

Para un obispo:

Señor Dios, que en tu providencia quisiste dar a tu Iglesia,
en san N., un modelo de buen pastor,
concédenos, por su intercesión,
habitar por años sin término en tus fértiles praderas.
Por nuestro Señor Jesucristo, tu Hijo,
que vive y reina contigo en la unidad del Espíritu Santo
y es Dios por los siglos de los siglos.

Oración sobre las ofrendas

**Recibe, Señor, este sacrificio que, para tu gloria,
tu pueblo ofrece en honor de san N.,
y concédenos alcanzar la eterna salvación.
Por Jesucristo, nuestro Señor.**

Antífona de la Comunión

Cfr. Jn 10, 11

El buen Pastor
da la vida por sus ovejas. (T.P. Aleluya.)

Oración después de la Comunión

**Señor, Dios nuestro,
los sacramentos que hemos recibido
fortalezcan en nosotros el fuego de la caridad
que encendió con ímpetu a san N.
y lo llevó a entregarse siempre por tu Iglesia.
Por Jesucristo, nuestro Señor.**

2

Antífona de entrada

Cfr. Sir 45, 30

El Señor hizo con él una alianza de paz,
lo puso al frente de su pueblo
y lo constituyó sacerdote para siempre. (T.P. Aleluya.)

Oración colecta

Para un Papa:

**Señor Dios, que hiciste brillar
con admirable resplandor de virtud y doctrina
a san N., a quien constituiste pastor de toda la Iglesia,
concede a quienes veneramos los méritos de tan gran pontífice,
que podamos resplandecer delante de los hombres
por nuestras buenas obras
y presentarnos ante ti inflamados por el amor.
Por nuestro Señor Jesucristo, tu Hijo,
que vive y reina contigo en la unidad del Espíritu Santo
y es Dios por los siglos de los siglos.**

O bien:

**Señor Dios, que constituiste a san N. como sucesor de Pedro
y le encomendaste el cuidado de toda la Iglesia,
protege siempre, por su intercesión, a tu grey amada,
para que, con fe íntegra y perfecta,
avance por la caridad hacia la patria.
Por nuestro Señor Jesucristo, tu Hijo,
que vive y reina contigo en la unidad del Espíritu Santo
y es Dios por los siglos de los siglos.**

Para un obispo:

**Concédenos, Dios todopoderoso,
venerar dignamente la memoria de san N., obispo;
y así como quisiste que, con su palabra y ejemplo,
hiciera tanto bien a quienes presidió,
que así también sintamos siempre ante ti
la ayuda de su intercesión.
Por nuestro Señor Jesucristo, tu Hijo,
que vive y reina contigo en la unidad del Espíritu Santo
y es Dios por los siglos de los siglos.**

Oración sobre las ofrendas

**Concédenos, Señor,
que en esta festividad de san N.
nos aproveche esta ofrenda,
por cuya inmolación quisiste que se perdonen
los pecados del mundo entero.
Por Jesucristo, nuestro Señor.**

Antífona de la Comunión

Cfr. Jn 21, 17

Señor, tú lo conoces todo;
tú sabes que te amo. (T.P. Aleluya.)

Oración después de la Comunión

**Señor Dios, que la eficacia de los dones recibidos,
en esta festividad de san N.,
produzca su efecto en nosotros,
para que nos sirvan de ayuda en nuestra vida mortal
y nos obtengan el gozo de la felicidad eterna.
Por Jesucristo, nuestro Señor.**

II. Para un obispo

1

Antífona de entrada Cfr. Ez 34, 11. 23-24

Buscaré a mis ovejas, dice el Señor,
y les daré un pastor que las apaciente,
y yo, el Señor, seré su Dios. (T.P. Aleluya.)

O bien: Cfr. Lc 12, 42

Éste es el siervo fiel y prudente,
a quien el Señor puso al frente de su familia,
para darles a su tiempo la ración de trigo. (T.P. Aleluya.)

Oración colecta

**Dios todopoderoso y eterno,
que quisiste que el obispo san N. presidiera a tu pueblo santo,
te rogamos que, por sus méritos e intercesión,
nos otorgues la gracia de tu misericordia.
Por nuestro Señor Jesucristo, tu Hijo,
que vive y reina contigo en la unidad del Espíritu Santo
y es Dios por los siglos de los siglos.**

O bien:

**Dios todopoderoso y eterno,
que le diste a tu santa Iglesia como obispo a san N.,
concede que aquello que enseñó,
inspirado por el espíritu divino,
se afiance siempre en nuestros corazones
y que tengamos como defensor ante tu misericordia
a quien, por don tuyo, escogimos como protector en la tierra.
Por nuestro Señor Jesucristo, tu Hijo,
que vive y reina contigo en la unidad del Espíritu Santo
y es Dios por los siglos de los siglos.**

Oración sobre las ofrendas

**Mira favorablemente, Señor,
las ofrendas que presentamos en tu altar
en esta festividad de san N.,
para que nos alcancen tu perdón
y den gloria a tu nombre.
Por Jesucristo, nuestro Señor.**

Antífona de la Comunión

Cfr. Jn 15, 16

No son ustedes los que me han elegido, dice el Señor,
soy yo quien los ha elegido y los ha destinado
para que vayan y den fruto
y su fruto permanezca. (T.P. Aleluya.)

O bien: Cfr. Lc 12, 36-37

Dichoso el siervo a quien, cuando regrese su señor
y toque la puerta, lo encuentre en vela. (T.P. Aleluya.)

Oración después de la Comunión

**Alimentados por estos sagrados misterios, Señor,
te suplicamos humildemente que, a ejemplo de san N.,
nos esforcemos en profesar lo que él creyó
y en poner en práctica lo que enseñó.
Por Jesucristo, nuestro Señor.**

2

Antífona de entrada

Cfr. 1 Sam 2, 35

Me suscitaré un sacerdote fiel,
que obrará conforme a mi corazón,
dice el Señor. (T.P. Aleluya.)

O bien: Cfr. Lc 12, 42

El siervo fiel y prudente fue constituido como padre de su familia,
para repartirles a su tiempo el alimento. (T.P. Aleluya.)

Oración colecta

**Señor Dios, que a san N., inflamado en el amor divino
e ilustre por la fe que vence al mundo,
lo agregaste de manera admirable a los santos pastores,
concédenos, por su intercesión,
que también nosotros, perseverando en la fe y en la caridad,
podamos tener parte en su gloria.
Por nuestro Señor Jesucristo, tu Hijo,
que vive y reina contigo en la unidad del Espíritu Santo
y es Dios por los siglos de los siglos.**

O bien:

**Señor Dios,
que te dignaste colmar de celestial doctrina a san N.,
concédenos, por su intercesión,
custodiar fielmente esa misma doctrina
y profesarla en nuestra vida.
Por nuestro Señor Jesucristo, tu Hijo,
que vive y reina contigo en la unidad del Espíritu Santo
y es Dios por los siglos de los siglos.**

Oración sobre las ofrendas

**Recibe, Señor, las ofrendas de tu pueblo,
que te presentamos en la festividad de san N.,
y concédenos, como esperamos,
obtener por ellas el auxilio de tu misericordia.
Por Jesucristo, nuestro Señor.**

Antífona de la Comunión Jn 10, 10

Yo he venido para que tengan vida
y la tengan en abundancia, dice el Señor. (T.P. Aleluya.)

O bien: Cfr. Mc 16, 17-18

Éstos son los milagros que acompañarán
a los que hayan creído, dice el Señor:
arrojarán demonios, impondrán las manos a los enfermos,
y éstos quedarán sanos. (T.P. Aleluya.)

Oración después de la Comunión

Señor Dios nuestro, alimentados
con el Cuerpo y la Sangre preciosos de tu Hijo,
te pedimos que cuanto hemos celebrado con fervor,
lo recibamos como prenda de segura redención.
Por Jesucristo, nuestro Señor.

III. Para los pastores

A. Para varios pastores

Antífona de entrada Jer 3, 15

Les daré pastores según mi corazón,
que los guíen con sabiduría y recta doctrina. (T.P. Aleluya.)

O bien: Cfr. Dn 3, 84. 87

Sacerdotes del Señor, bendigan al Señor;
santos y humildes de corazón, bendigan a Dios. (T.P. Aleluya.)

Oración colecta

Señor Dios, que, para apacentar a tu pueblo,
llenaste del espíritu de verdad y de amor
a los santos (obispos) N. y N.,
concédenos, a quienes celebramos su fiesta,
crecer en su imitación
y ser ayudados por su intercesión.
Por nuestro Señor Jesucristo, tu Hijo,
que vive y reina contigo en la unidad del Espíritu Santo
y es Dios por los siglos de los siglos.

Oración sobre las ofrendas

Al conmemorar a tus santos,
te ofrecemos, Señor, este sacrificio de alabanza,
por el cual confiamos vernos libres
de los males presentes y futuros.
Por Jesucristo, nuestro Señor.

Antífona de la Comunión
Mt 20, 28

El Hijo del hombre no ha venido a ser servido, sino a servir
y a dar su vida para redención de todos. (T.P. Aleluya.)

Oración después de la Comunión

**Habiendo recibido este sacramento celestial
al celebrar la memoria de tus santos N. y N.,
concédenos, Señor, que lo que celebramos en la vida temporal,
fructifique en el gozo de la vida eterna.
Por Jesucristo, nuestro Señor.**

B. Para un pastor

1

Antífona de entrada
Cfr. Sal 132 (131), 9

Que tus sacerdotes, Señor, se revistan de justicia,
y tus fieles se llenen de júbilo. (T.P. Aleluya.)

Oración colecta

**Te rogamos, Dios todopoderoso,
que, por la intercesión de san N. (obispo),
multipliques en nosotros tus dones
y dispongas también en paz nuestros días.
Por nuestro Señor Jesucristo, tu Hijo,
que vive y reina contigo en la unidad del Espíritu Santo
y es Dios por los siglos de los siglos.**

Oración sobre las ofrendas

**Contempla, Señor,
los dones que presentamos en tu altar
en la conmemoración de san N.,
y del mismo modo que,
por estos santos misterios, le diste a él la gloria,
concédenos también a nosotros tu perdón.
Por Jesucristo, nuestro Señor.**

Antífona de la Comunión
Cfr. Mt 24, 46-47

Dichoso el servidor a quien su amo, al volver,
lo encuentre cumpliendo con su deber;
yo les aseguro que le confiará todos sus bienes. (T.P. Aleluya.)

O bien: Cfr. Lc 12, 42

Éste es el siervo fiel y prudente,
a quien el Señor puso al frente de su familia,
para darle a su tiempo la ración de trigo. (T.P. Aleluya.)

Oración después de la Comunión

**Que esta mesa celestial, Dios todopoderoso,
robustezca y aumente el vigor espiritual
de todos los que celebramos la festividad de san N.,
para que conservemos íntegro el don de la fe
y caminemos por el sendero de la salvación que él nos señaló.
Por Jesucristo, nuestro Señor.**

2

Antífona de entrada
Cfr. Lc 4, 18

El Espíritu del Señor está sobre mí,
porque me ha ungido
para llevar a los pobres la buena nueva
y sanar a los de corazón contrito. (T.P. Aleluya.)

O bien: Cfr. Sir 45, 20

El Señor lo eligió para ser su sacerdote,
a fin de que le ofrezca un sacrificio de alabanza. (T.P. Aleluya.)

Oración colecta

**Señor Dios, luz de los fieles y pastor de las almas,
que estableciste a san N. (obispo) en la Iglesia,
para que apacentara a tus ovejas con la palabra
y las formara con el ejemplo,
concédenos, por su intercesión,
no sólo guardar la fe que enseñó con su palabra
sino también seguir el camino que mostró con su ejemplo.
Por nuestro Señor Jesucristo, tu Hijo,
que vive y reina contigo en la unidad del Espíritu Santo
y es Dios por los siglos de los siglos.**

Oración sobre las ofrendas

**Dios todopoderoso,
suplicamos humildemente a tu majestad
que así como los dones ofrecidos en honor de san N.
manifiestan la gloria del poder divino,
de la misma manera nos alcancen
el fruto de tu salvación.
Por Jesucristo, nuestro Señor.**

Antífona de la Comunión

Mt 28, 20

Yo estaré con ustedes todos los días
hasta el fin del mundo, dice el Señor. (T.P. Aleluya.)

Oración después de la Comunión

**Te rogamos, Señor, que los sacramentos recibidos
nos preparen para los gozos eternos,
que ya mereció san N. por administrarlos con fidelidad.
Por Jesucristo, nuestro Señor.**

O bien:

**Alimentados con santos manjares,
concédenos, Dios todopoderoso,
seguir constantes los ejemplos de san N.,
servirte con generosa entrega
y amar a todos con caridad infatigable.
Por Jesucristo, nuestro Señor.**

IV. Para los fundadores de las Iglesias

A. Para un fundador

Antífona de entrada Cfr. Is 59, 21; 56, 7

Que mis palabras que he puesto en tus labios,
dice el Señor, no se aparten de tu boca;
y yo aceptaré sobre mi altar tus sacrificios. (T.P. Aleluya.)

Oración colecta

**Dios omnipotente y misericordioso,
que te dignaste iluminar a nuestros padres
por la predicación de san N.,
concede que quienes nos gloriamos en el nombre de cristianos,
demostremos siempre con nuestras obras la fe que profesamos.
Por nuestro Señor Jesucristo, tu Hijo,
que vive y reina contigo en la unidad del Espíritu Santo
y es Dios por los siglos de los siglos.**

O bien:

**Mira, Señor, a tu familia,
a la que san N. (obispo) engendró con la palabra de la verdad
y alimentó con el sacramento de la vida,
para que, a quienes por tu gracia son fieles a su ministerio,
los haga, por su intercesión, fervorosos en la caridad.
Por nuestro Señor Jesucristo, tu Hijo,
que vive y reina contigo en la unidad del Espíritu Santo
y es Dios por los siglos de los siglos.**

Oración sobre las ofrendas

**Te rogamos, Dios todopoderoso,
que este sacrificio de tu pueblo,
ofrecido a ti en la conmemoración de san N.,
nos haga tomar parte en los dones celestiales.
Por Jesucristo, nuestro Señor.**

Antífona de la Comunión

Cfr. Mc 10, 45

El Hijo del hombre ha venido a dar su vida
por la redención de todos. (T.P. Aleluya.)

O bien:

1 Cor 3, 11

El único cimiento válido es Jesucristo
y nadie puede poner otro distinto. (T.P. Aleluya.)

Oración después de la Comunión

**Llenos de alegría al celebrar la fiesta de san N.,
hemos recibido, Señor, la prenda de la redención eterna;
haz que sea para nosotros auxilio,
tanto para la vida presente como para la futura.
Por Jesucristo, nuestro Señor.**

B. Para varios fundadores

Antífona de entrada

Éstos son los santos varones
que Dios eligió con amor verdadero
y les dio la gloria eterna,
pues la Iglesia resplandece por su doctrina. (T.P. Aleluya.)

Oración colecta

**Señor, mira bondadoso a tu Iglesia;
y ya que le concediste el comienzo de la fe
gracias al celo apostólico de los santos N. y N.,
concédele, por su intercesión,
el afecto incesante de la piedad cristiana.
Por nuestro Señor Jesucristo, tu Hijo,
que vive y reina contigo en la unidad del Espíritu Santo
y es Dios por los siglos de los siglos.**

O bien:

**Señor Dios, que por la predicación de los santos N. y N. (obispos),
llamaste a nuestros padres a la luz admirable del Evangelio,
haz que nosotros, por su intercesión, crezcamos en la gracia
y en el conocimiento de nuestro Señor Jesucristo, tu Hijo.
Él, que vive y reina contigo en la unidad del Espíritu Santo
y es Dios por los siglos de los siglos.**

Oración sobre las ofrendas

**Recibe, Señor, los dones de tu pueblo,
presentados en la festividad de tus santos N. y N.,
y concédenos que te agrademos siempre
con un corazón sincero.
Por Jesucristo, nuestro Señor.**

Antífona de la Comunión Cfr. Jn 15, 15

Ya no los llamaré siervos, dice el Señor,
porque el siervo no sabe lo que hace su amo.
A ustedes los he llamado amigos,
porque les he dado a conocer
todo lo que he oído a mi Padre. (T.P. Aleluya.)

O bien: Cfr. 1 Pe 2, 9

Ustedes son el pueblo adquirido por Dios
para proclamar el poder
de aquel que los llamó de las tinieblas
a su luz admirable. (T.P. Aleluya.)

Oración después de la Comunión

**Que nos llene de alegría, Señor,
la salvación recibida de tu altar,
al celebrar la festividad de los santos N. y N.,
en la que, animados por tus beneficios,
veneramos los gloriosos comienzos de nuestra fe
y te proclamamos admirable en tus santos.
Por Jesucristo, nuestro Señor.**

V. Para los misioneros

Para misioneros mártires, pp. 1122–1124.

1

Antífona de entrada

Éstos son los hombres santos
que se hicieron amigos de Dios,
insignes predicadores del Evangelio. (T.P. Aleluya.)

O bien: Sal 18 (17), 50; 22 (21), 23

Te alabaré entre las naciones, Señor,
y anunciaré tu nombre a mis hermanos. (T.P. Aleluya.)

Oración colecta

Señor Dios, que por medio de san N. (obispo)
concediste a los pueblos no creyentes
pasar de las tinieblas a la luz de la verdad,
concédenos, por su intercesión,
mantenernos en la firmeza de la fe
y perseverar, constantes,
en la esperanza del Evangelio que él predicó.
Por nuestro Señor Jesucristo, tu Hijo,
que vive y reina contigo en la unidad del Espíritu Santo
y es Dios por los siglos de los siglos.

O bien:

Dios todopoderoso y eterno,
que consagraste el gozo de este día
con la glorificación de san N.,
concede, bondadoso,
que nos esforcemos por guardar siempre aquella fe
que él proclamó con celo inagotable
y por manifestarla sin cesar con nuestras obras.
Por nuestro Señor Jesucristo, tu Hijo,
que vive y reina contigo en la unidad del Espíritu Santo
y es Dios por los siglos de los siglos.

Oración sobre las ofrendas

**Mira, Dios todopoderoso,
las ofrendas que presentamos en la festividad de san N.,
y concédenos expresar en la vida
los misterios de la pasión del Señor,
que ahora celebramos.
Por Jesucristo, nuestro Señor.**

Antífona de la Comunión Ez 34, 15

Yo mismo apacentaré a mis ovejas;
yo mismo las haré reposar, dice el Señor. (T.P. Aleluya.)

O bien: Mt 10, 27

Lo que les digo de noche,
repítanlo en pleno día, dice el Señor;
y lo que les digo al oído,
pregónenlo desde las azoteas. (T.P. Aleluya.)

Oración después de la Comunión

**Por la eficacia de este sacramento,
confirma, Señor, a tus siervos en la verdad de la fe,
por la que san N. nunca cesó de trabajar,
dedicándole toda su vida,
para que en todas partes la profesemos, de palabra y de obra.
Por Jesucristo, nuestro Señor.**

2

Antífona de entrada Cfr. Is 52, 7

Qué hermoso es ver correr sobre los montes
al mensajero que anuncia la paz,
al mensajero que trae la buena nueva,
que pregona la salvación. (T.P. Aleluya.)

Oración colecta

**Señor Dios, que hiciste crecer a tu Iglesia
con el celo por el culto divino
y con las actividades apostólicas de san N.,
concédele, por su intercesión,
que obtenga siempre nuevo aumento en su fe y santidad.
Por nuestro Señor Jesucristo, tu Hijo,
que vive y reina contigo en la unidad del Espíritu Santo
y es Dios por los siglos de los siglos.**

Oración sobre las ofrendas

Acoge benignamente, Señor, nuestras súplicas
y concédenos quedar libres de toda culpa,
para que, por la acción purificadora de tu gracia,
quedemos limpios por los mismos sacramentos que celebramos.
Por Jesucristo, nuestro Señor.

Antífona de la Comunión — Mc 16, 15; Mt 28, 20

Vayan por todo el mundo y proclamen la Buena Nueva;
yo estaré con ustedes todos los días, dice el Señor. (T.P. Aleluya.)

O bien: — Jn 15, 4-5

Permanezcan en mí, y yo en ustedes, dice el Señor;
el que permanece en mí y yo en él,
ése da fruto abundante. (T.P. Aleluya.)

Oración después de la Comunión

Los sacramentos que recibimos, Señor Dios nuestro,
fortalezcan en nosotros la fe
que la predicación apostólica nos enseñó
y que san N. conservó con solicitud.
Por Jesucristo, nuestro Señor.

3

Antífona de entrada — Sal 96 (95), 3-4

Anuncien la gloria del Señor entre las naciones
y sus maravillas a todos los pueblos;
porque el Señor es grande y muy digno de alabanza. (T.P. Aleluya.)

Oración colecta

Señor Dios, por cuya inefable misericordia
san N. evangelizó, anunciando las incalculables riquezas de Cristo,
concédenos, por su intercesión, crecer en tu conocimiento
y, fructificando en toda obra buena,
caminar fielmente en tu presencia,
conforme a la verdad del Evangelio.
Por nuestro Señor Jesucristo, tu Hijo,
que vive y reina contigo en la unidad del Espíritu Santo
y es Dios por los siglos de los siglos.

Oración sobre las ofrendas

Al conmemorar a san N., te rogamos, Señor,
que derrames desde el cielo tu bendición
sobre esta ofrenda que te presentamos,
a fin de que, al recibirla,
no sólo quedemos limpios de toda culpa
sino también seamos saciados con los manjares celestiales.
Por Jesucristo, nuestro Señor.

Antífona de la Comunión Cfr. Lc 10, 1. 9

El Señor envió a sus discípulos
a anunciar por todos los pueblos y lugares:
Ya está cerca de ustedes el Reino de Dios. (T.P. Aleluya.)

O bien: Cfr. Mt 13, 8. 23

La semilla que cayó en tierra buena
son aquellos que con un corazón bueno y sincero
dieron fruto a su tiempo. (T.P. Aleluya.)

Oración después de la Comunión

Que nos vivifiquen, Señor,
los dones sagrados que hemos recibido,
para que, quienes nos alegramos al conmemorar a san N.,
aprovechemos también su ejemplo de ardor apostólico.
Por Jesucristo, nuestro Señor.

COMÚN DE DOCTORES DE LA IGLESIA

1

Antífona de entrada Cfr. Sir 15, 5

En medio de la Iglesia abrió su boca,
y el Señor lo llenó del espíritu de sabiduría e inteligencia,
y lo revistió de gloria. (T.P. Aleluya.)

O bien: Sal 37 (36), 30-31

La boca del justo proclama la sabiduría,
y su lengua manifiesta lo que es verdadero.
Porque la ley de Dios está en su corazón. (T.P. Aleluya.)

Oración colecta

**Dios todopoderoso y eterno,
que le diste a tu Iglesia como doctor a san (santa) N. (obispo),
concede que aquello que enseñó,
inspirado por el espíritu divino,
se afiance siempre en nuestros corazones
y que tengamos como defensor ante tu misericordia
a quien, por don tuyo, escogimos como protector en la tierra.
Por nuestro Señor Jesucristo, tu Hijo,
que vive y reina contigo en la unidad del Espíritu Santo
y es Dios por los siglos de los siglos.**

Oración sobre las ofrendas

**Que te agrade, Dios nuestro, el sacrificio
que alegres te presentamos en la fiesta de san N.,
por cuyas enseñanzas te alabamos
y nos entregamos enteramente a ti.
Por Jesucristo, nuestro Señor.**

Antífona de la Comunión
Cfr. Lc 12, 42

Éste es el siervo fiel y prudente,
a quien el Señor puso al frente de su familia,
para darle a su tiempo la ración de trigo. (T.P. Aleluya.)

O bien:
Cfr. Sal 1, 2-3

El que día y noche medita la ley del Señor,
al debido tiempo dará su fruto. (T.P. Aleluya.)

Oración después de la Comunión

**A quienes alimentas con Cristo, pan de vida,
instrúyenos, Señor, por Cristo, verdadero maestro,
para que en la festividad de san N.,
aprendamos tu verdad
y la llevemos a la práctica en la caridad.
Por Jesucristo, nuestro Señor.**

2

Antífona de entrada
Cfr. Dn 12, 3

Los guías sabios brillarán como el esplendor del firmamento,
y los que enseñaron a muchos la justicia,
resplandecerán como estrellas por toda la eternidad. (T.P. Aleluya.)

O bien:
Cfr. Sir 44, 15. 14

Los pueblos proclamen la sabiduría de los santos,
la Iglesia cante sus alabanzas;
sus nombres vivirán por los siglos de los siglos. (T.P. Aleluya.)

Oración colecta

**Señor Dios,
que te dignaste colmar de celestial doctrina a san (santa) N.,
concédenos, por su intercesión,
custodiar fielmente esa misma doctrina
y profesarla en nuestra vida.
Por nuestro Señor Jesucristo, tu Hijo,
que vive y reina contigo en la unidad del Espíritu Santo
y es Dios por los siglos de los siglos.**

Oración sobre las ofrendas

Al celebrar estos divinos misterios,
te suplicamos, Señor,
que el Espíritu Santo derrame sobre nosotros
la luz de la fe que iluminó a san N.
para propagar tu gloria sin descanso.
Por Jesucristo, nuestro Señor.

Antífona de la Comunión — Cfr. 1 Cor 1, 23-24

Nosotros predicamos a Cristo crucificado:
a Cristo, fuerza de Dios y sabiduría de Dios. (T.P. Aleluya.)

Oración después de la Comunión

Fortalecidos, Señor, con el alimento celestial,
te suplicamos humildemente
que, siguiendo las enseñanzas de san (santa) N.,
perseveremos siempre en acción de gracias
por los dones recibidos.
Por Jesucristo, nuestro Señor.

COMÚN DE VÍRGENES

Para una virgen mártir, pp. 1124–1125.

I. Para varias vírgenes

Antífona de entrada Cfr. Sal 148 (147), 12-14

Que las vírgenes alaben el nombre del Señor,
porque sólo su nombre es excelso;
su gloria sobrepasa cielo y tierra. (T.P. Aleluya.)

O bien: Cfr. Sal 45 (44), 16

Las vírgenes son conducidas hasta el Rey
con alegría y regocijo;
son llevadas al templo del Rey y Señor. (T.P. Aleluya.)

Oración colecta

**Multiplica, Señor, sobre nosotros tu misericordia,
para que así como nos llenamos de piadosa alegría
en la festividad de las santas vírgenes N. y N.,
así también, por don tuyo,
podamos disfrutar de su eterna compañía.
Por nuestro Señor Jesucristo, tu Hijo,
que vive y reina contigo en la unidad del Espíritu Santo
y es Dios por los siglos de los siglos.**

Oración sobre las ofrendas

**Al proclamar, Señor, tu obra admirable
en la conmemoración de las santas vírgenes N. y N.,
te presentamos la ofrenda de estos dones,
y te pedimos nos concedas que, así como te agradaron sus méritos,
así también te sea aceptable el desempeño de nuestro servicio.
Por Jesucristo, nuestro Señor.**

Antífona de la Comunión Cfr. Mt 25, 10

El esposo llegó y las vírgenes que estaban listas
entraron con él al banquete de bodas. (T.P. Aleluya.)

O bien: Jn 14, 21. 23

El que me ama cumplirá mi palabra y mi Padre lo amará,
y haremos en él nuestra morada. (T.P. Aleluya.)

Oración después de la Comunión

**Te rogamos, Señor, que el sacramento recibido
en esta festividad de las santas vírgenes N. y N.,
nos estimule siempre y nos ilumine,
para esperar dignamente la venida de tu Hijo
y ser admitidos a sus bodas celestiales.
Por Jesucristo, nuestro Señor.**

II. Para una virgen

1

Antífona de entrada

Esta virgen sabia y prudente
salió al encuentro de Cristo
con la lámpara encendida. (T.P. Aleluya.)

O bien:

Qué hermosa eres, virgen de Cristo,
porque fuiste digna de recibir del Señor
la corona de la virginidad perpetua. (T.P. Aleluya.)

Oración colecta

**Escúchanos, Dios, salvador nuestro,
para que, como nos alegramos al conmemorar a santa N., virgen,
así también aprendamos de ella
a vivir piadosamente entregados a ti.
Por nuestro Señor Jesucristo, tu Hijo,
que vive y reina contigo en la unidad del Espíritu Santo
y es Dios por los siglos de los siglos.**

Oración sobre las ofrendas

**Al proclamar, Señor, tu obra admirable en la santa virgen N.,
suplicamos humildemente a tu majestad
que, así como te agradaron sus méritos,
así también te sea aceptable el desempeño de nuestro servicio.
Por Jesucristo, nuestro Señor.**

Antífona de la Comunión — Cfr. Mt 25, 6

Ya viene el esposo;
salgan al encuentro de Cristo, el Señor. (T.P. Aleluya.)

O bien: Cfr. Sal 27 (26), 4

Lo único que pido al Señor, lo único que busco,
es vivir en la casa del Señor
toda mi vida. (T.P. Aleluya.)

Oración después de la Comunión

**Alimentados por la participación de este divino don,
te rogamos, Señor Dios nuestro,
que, a ejemplo de santa N.
y llevando en nuestro cuerpo los padecimientos de Jesús,
nos esforcemos por adherirnos sólo a ti.
Por Jesucristo, nuestro Señor.**

2

Antífona de entrada

Alegrémonos y regocijémonos, porque el Señor del universo
ha colmado de su amor a esta virgen, santa y gloriosa. (T.P. Aleluya.)

O bien:

Ésta es la virgen sabia,
a quien el Señor encontró velando;
la que, al tomar su lámpara, llevó consigo aceite
y, cuando llegó el Señor,
entró con él a las bodas. (T.P. Aleluya.)

Oración colecta

**Señor Dios,
que colmaste de dones celestiales a santa N., virgen,
concédenos que,
imitando sus virtudes en la tierra,
disfrutemos, con ella, de los gozos eternos.
Por nuestro Señor Jesucristo, tu Hijo,
que vive y reina contigo en la unidad del Espíritu Santo
y es Dios por los siglos de los siglos.**

O bien, para una virgen fundadora:

Haz, Señor Dios nuestro,
que la santa virgen N., tu fiel esposa,
encienda en nuestros corazones la llama del amor divino,
de la misma manera que la infundió en otras vírgenes,
para perpetua gloria de tu Iglesia.
Por nuestro Señor Jesucristo, tu Hijo,
que vive y reina contigo en la unidad del Espíritu Santo
y es Dios por los siglos de los siglos.

Oración sobre las ofrendas

Te rogamos, Señor, que podamos alcanzar
el fruto de la ofrenda que te presentamos,
para que, a ejemplo de santa N.,
purificados de la antigua situación de pecado,
nos renueve la participación en la vida divina.
Por Jesucristo, nuestro Señor.

Antífona de la Comunión — Cfr. Mt 25, 4. 6

Las cinco vírgenes prudentes llevaron frascos de aceite
junto con sus lámparas.
A medianoche se oyó una voz:
Ya viene el esposo;
salgan al encuentro de Cristo, el Señor. (T.P. Aleluya.)

Oración después de la Comunión

Señor, que la santa comunión
del Cuerpo y la Sangre de tu Unigénito
nos aleje de todas las cosas pasajeras,
para que, a ejemplo de santa N.,
podamos crecer en la tierra en un auténtico amor a ti
y gozar en el cielo, contemplándote eternamente.
Por Jesucristo, nuestro Señor.

3

Antífona de entrada

Ven, esposa de Cristo, y recibe la corona
que el Señor te ha preparado para toda la eternidad. (T.P. Aleluya.)

O bien:

Despreció los reinos y todas las cosas mundanas
por amor de Jesucristo, nuestro Señor. (T.P. Aleluya.)

Oración colecta

**Señor Dios,
que aseguras que habitas en los corazones puros,
concédenos, por intercesión de santa N., virgen,
vivir, por tu gracia, de tal manera,
que seamos dignos de que habites en nosotros.
Por nuestro Señor Jesucristo, tu Hijo,
que vive y reina contigo en la unidad del Espíritu Santo
y es Dios por los siglos de los siglos.**

O bien:

**Escucha, Señor, nuestras súplicas,
para que, quienes conmemoramos con devoción
los méritos de la santa virgen N.,
merezcamos permanecer en tu amor
y crecer siempre en él hasta el fin.
Por nuestro Señor Jesucristo, tu Hijo,
que vive y reina contigo en la unidad del Espíritu Santo
y es Dios por los siglos de los siglos.**

Oración sobre las ofrendas

**Recibe, Señor, nuestra humilde ofrenda,
que te presentamos en la conmemoración de santa N., virgen,
y concédenos, por este sacrificio inmaculado,
arder siempre ante ti en santo y fervoroso amor.
Por Jesucristo, nuestro Señor.**

Antífona de la Comunión

Cfr. Lc 10, 42

La virgen prudente eligió la mejor parte,
y no le será quitada. (T.P. Aleluya.)

O bien: Mt 25, 6

A medianoche se oyó una voz:
Ya viene el esposo; salgan a su encuentro. (T.P. Aleluya.)

Oración después de la Comunión

**Alimentados con el pan del cielo,
suplicamos, Señor, humildemente a tu misericordia
que, quienes nos alegramos
por la conmemoración de santa N.,
obtengamos el perdón de los pecados, la salud para el cuerpo,
la gracia y la gloria eterna para nuestras almas.
Por Jesucristo, nuestro Señor.**

COMÚN DE SANTOS Y SANTAS

De las Misas que siguen, las que no tienen ningún título pueden utilizarse para cualquier clase de santos. Las que llevan algún título, utilícense para aquellos santos a quienes corresponda el título.

I. Para toda clase de santos

A. Para varios santos

1

Antífona de entrada Cfr. Sal 145 (144), 10-11

Que te alaben, Señor, todas tus obras
y que todos tus santos te bendigan.
Que proclamen la gloria de tu Reino
y den a conocer tus maravillas. (T.P. Aleluya.)

Oración colecta

Dios todopoderoso y eterno, que, por la glorificación de tus santos,
nos regalas una prueba más de tu amor,
concédenos benignamente
que su intercesión nos ayude ante ti
y su ejemplo nos impulse
a imitar fielmente a tu Unigénito,
nuestro Señor Jesucristo.
Él, que vive y reina contigo en la unidad del Espíritu Santo
y es Dios por los siglos de los siglos.

Oración sobre las ofrendas

Acepta, Señor, complacido nuestras súplicas,
y por intercesión de tus santos, protégenos,
para que podamos servirte dignamente en tu altar.
Por Jesucristo, nuestro Señor.

Antífona de la Comunión Cfr. Sal 68 (67), 4

Que los justos gocen y salten de alegría
ante el Señor, su Dios. (T.P. Aleluya.)

O bien: Lc 12, 37

Dichosos aquellos siervos a quienes su señor,
al llegar, encuentre en vela.
Yo les aseguro que se recogerá la túnica,
los hará sentar a la mesa
y él mismo les servirá. (T.P. Aleluya.)

Oración después de la Comunión

**Dios todopoderoso y eterno, Padre de todo consuelo y de la paz,
concede a esta familia tuya,
congregada en la festividad de tus santos para alabar tu nombre,
que, por la recepción del sacramento de tu Unigénito,
reciba la prenda de la redención eterna.
Por Jesucristo, nuestro Señor.**

2

Antífona de entrada

Cfr. Sal 64 (63), 11

El justo se alegrará en el Señor y encontrará refugio en él;
se felicitarán todos los rectos de corazón. (T.P. Aleluya.)

Oración colecta

**Señor Dios, que ves cómo desfallecemos por nuestra debilidad,
consolídanos misericordiosamente en tu amor
por medio del ejemplo de tus santos.
Por nuestro Señor Jesucristo, tu Hijo,
que vive y reina contigo en la unidad del Espíritu Santo
y es Dios por los siglos de los siglos.**

Oración sobre las ofrendas

**Te rogamos, Dios todopoderoso,
que nuestra humilde ofrenda te sea agradable,
para el honor de tus santos,
y a nosotros nos purifique,
tanto en el cuerpo como en el alma.
Por Jesucristo, nuestro Señor.**

Antífona de la Comunión Cfr. Jn 12, 26

El que quiera servirme, que me siga, dice el Señor,
y donde yo esté, ahí estará mi servidor. (T.P. Aleluya.)

Oración después de la Comunión

**Al conmemorar el aniversario de tus santos, te rogamos, Señor,
que, alimentados con el don de este sacramento,
gocemos eternamente de los mismos bienes
con los cuales, por tu gracia, somos ahora fortalecidos.
Por Jesucristo, nuestro Señor.**

3

Antífona de entrada Cfr. Sal 92 (91), 13-14

El justo florecerá como palmera,
y se multiplicará como cedro del Líbano,
plantado en la casa del Señor,
en los atrios de la casa de nuestro Dios. (T.P. Aleluya.)

Oración colecta

**Te pedimos, Señor, que la oración de los santos
obtenga para tus fieles el auxilio,
y, a quienes celebramos con fervor su fiesta,
concédenos participar de su eterna gloria.
Por nuestro Señor Jesucristo, tu Hijo,
que vive y reina contigo en la unidad del Espíritu Santo
y es Dios por los siglos de los siglos.**

Oración sobre las ofrendas

Concede, Señor,
a quienes ofrecemos este sacrificio en tu altar,
aquel gusto por la piedad que infundiste en tus santos,
para que participemos en los sagrados misterios
con alma pura y ferviente corazón
y podamos presentarte un sacrificio agradable a ti
y provechoso para nosotros.
Por Jesucristo, nuestro Señor.

Antífona de la Comunión Mt 11, 28

Vengan a mí, todos los que están fatigados y agobiados por la carga,
y yo les daré alivio, dice el Señor. (T.P. Aleluya.)

Oración después de la Comunión

La comunión de tus sacramentos
que hemos recibido, Señor, nos salve
y nos confirme en la luz de tu verdad.
Por Jesucristo, nuestro Señor.

4

Antífona de entrada Jer 17, 7-8

Bendito el hombre que confía en el Señor
y en él pone su esperanza;
será como un árbol plantado junto al agua,
que hunde en la corriente sus raíces;
cuando llegue el calor, no lo sentirá. (T.P. Aleluya.)

Oración colecta

Concédenos, Dios todopoderoso,
que el ejemplo de tus santos
nos estimule a llevar una vida más perfecta,
y así, quienes celebramos la memoria de los santos N. y N.,
sepamos imitar siempre sus acciones.
Por nuestro Señor Jesucristo, tu Hijo,
que vive y reina contigo en la unidad del Espíritu Santo
y es Dios por los siglos de los siglos.

Oración sobre las ofrendas

**Al ofrecer, Señor, nuestros dones en tu altar sagrado
en esta festividad de tus santos,
imploramos de tu clemencia
que a ti te procuren suma gloria
y a nosotros nos obtengan la abundancia de tu gracia.
Por Jesucristo, nuestro Señor.**

Antífona de la Comunión Jn 15, 9

Así como el Padre me ha amado a mí,
así yo los he amado a ustedes, dice el Señor;
permanezcan, pues, en mi amor. (T.P. Aleluya.)

Oración después de la Comunión

**Te rogamos, Señor Dios nuestro, que estos divinos misterios
de los que participamos en la conmemoración de tus santos,
produzcan en nosotros la salvación y la paz eterna.
Por Jesucristo, nuestro Señor.**

B. Para un santo

1

Antífona de entrada Cfr. Sal 21 (20), 2-3

De tu poder, Señor, se alegra el justo,
se alegra en el triunfo que le has dado.
Le otorgaste lo que él tanto anhelaba. (T.P. Aleluya.)

Oración colecta

**Señor Dios, que para facilitar el camino de la salvación,
atendiendo a nuestra debilidad,
nos dejaste en tus santos ejemplo y protección,
concede, benigno,
que quienes celebramos el aniversario de san N.,
movidos por su ejemplo, caminemos hacia ti.
Por nuestro Señor Jesucristo, tu Hijo,
que vive y reina contigo en la unidad del Espíritu Santo
y es Dios por los siglos de los siglos.**

Oración sobre las ofrendas

Por esta ofrenda que te presentamos, Señor,
en la conmemoración de san N.,
concede a tus fieles
los dones de la unidad y de la paz.
Por Jesucristo, nuestro Señor.

Antífona de la Comunión Cfr. Mt 16, 24

El que quiera venir conmigo,
que renuncie a sí mismo,
que tome su cruz y que me siga, dice el Señor. (T.P. Aleluya.)

O bien, para los santos que fueron gobernantes: Mt 6, 33

Busquen primero el Reino de Dios,
y todas las cosas se les darán por añadidura,
dice el Señor. (T.P. Aleluya.)

Oración después de la Comunión

Que los sacramentos recibidos, Señor,
en la conmemoración de san N.,
santifiquen nuestras mentes y nuestros corazones,
para que merezcamos participar
de la naturaleza divina.
Por Jesucristo, nuestro Señor.

2

Antífona de entrada Mal 2, 6

En su boca había una enseñanza verdadera
y la maldad no se hallaba en sus labios.
Caminaba conmigo en paz y rectitud
y apartaba a muchos del mal. (T.P. Aleluya.)

Oración colecta

Señor Dios, sólo tú eres santo y sin ti nadie es bueno,
te rogamos, por intercesión de san N.,
nos concedas vivir de tal manera,
que nunca nos veamos privados de tu gloria.
Por nuestro Señor Jesucristo, tu Hijo,
que vive y reina contigo en la unidad del Espíritu Santo
y es Dios por los siglos de los siglos.

Oración sobre las ofrendas

**Que esta ofrenda, Señor,
que presentamos a tu majestad en la festividad de san (santa) N.,
sea eficaz para nuestra salvación
y agradable a tu bondad.
Por Jesucristo, nuestro Señor.**

Antífona de la Comunión Mt 5, 8-9

Dichosos los limpios de corazón, porque verán a Dios.
Dichosos los que trabajan por la paz,
porque se les llamará hijos de Dios. (T.P. Aleluya.)

Oración después de la Comunión

**Alimentados por este don sagrado,
te suplicamos humildemente, Señor,
que lo que hemos celebrado en la festividad de san N.,
en cumplimiento fiel de nuestro servicio,
nos haga experimentar con abundancia tu salvación.
Por Jesucristo, nuestro Señor.**

II. Para los monjes y los religiosos

A. Para un abad

Antífona de entrada Cfr. Sal 92 (91), 13-14

El justo florecerá como palmera,
y se multiplicará como cedro del Líbano,
plantado en la casa del Señor,
en los atrios de la casa de nuestro Dios. (T.P. Aleluya.)

O bien: Sal 37 (36), 30-31

La boca del justo habla con sabiduría,
su lengua dice la verdad;
la ley de Dios está en su corazón. (T.P. Aleluya.)

Oración colecta

**Concédenos, Señor,
que, en medio de las vicisitudes de este mundo,
nos apeguemos de todo corazón a las realidades celestiales,
tú que, por medio de san N., abad,
nos diste grandes enseñanzas de perfección evangélica.
Por nuestro Señor Jesucristo, tu Hijo,
que vive y reina contigo en la unidad del Espíritu Santo
y es Dios por los siglos de los siglos.**

Oración sobre las ofrendas

**Al acercarnos a tu altar, Señor,
concédenos aquel gusto por la piedad
del que estuvo inflamado el abad san N.,
para que, limpios de corazón y fervorosos en la caridad,
podamos ofrecerte este sacrificio.
Por Jesucristo, nuestro Señor.**

Antífona de la Comunión Cfr. Lc 12, 42

Éste es el siervo fiel y prudente,
a quien el Señor puso al frente de su familia,
para darles a su tiempo la ración de trigo. (T.P. Aleluya.)

O bien: Mt 23, 11

Que el mayor de entre ustedes sea su servidor,
dice el Señor. (T.P. Aleluya.)

Oración después de la Comunión

**Por la fuerza de este sacramento que recibimos,
renueva, Señor, nuestros corazones,
para que, a ejemplo de san N., abad,
saboreando las cosas de arriba y no las de la tierra,
merezcamos estar en la gloria con Cristo.
Él, que vive y reina por los siglos de los siglos.**

B. Para un monje

Antífona de entrada

Donde los hermanos se reúnan para glorificar a Dios,
ahí el Señor dará su bendición. (T.P. Aleluya.)

O bien: Cfr. Sal 71 (70), 8. 23

Mi boca proclama tu alabanza con cantos
y mis labios se alegran mientras canto para ti. (T.P. Aleluya.)

Oración colecta

Señor Dios,
que en tu bondad llamaste a tu siervo san N. a seguir a Cristo,
concédenos, por su intercesión,
que, renunciando a nosotros mismos,
podamos seguirte de todo corazón.
Por nuestro Señor Jesucristo, tu Hijo,
que vive y reina contigo en la unidad del Espíritu Santo
y es Dios por los siglos de los siglos.

Oración sobre las ofrendas

Te pedimos, Señor, que recibas este sacrificio
que te ofrecemos por la salvación de tu pueblo,
por el cual podamos, con la intercesión de san N.,
no sólo apartarnos de las seducciones del pecado,
sino también formar parte de la asamblea
de los santos en el cielo.
Por Jesucristo, nuestro Señor.

Antífona de la Comunión

Cfr. Lc 8, 15

Los que acogen la Palabra de Dios
con un corazón bueno y bien dispuesto,
dan fruto por su constancia. (T.P. Aleluya.)

O bien: Cfr. Sal 84 (83), 5

Dichosos los que viven en tu casa, Señor;
te alabarán para siempre. (T.P. Aleluya.)

Oración después de la Comunión

**Concede, Señor Dios nuestro,
que, amparados bajo la protección de san N.,
por virtud de este sacramento, regalo de tu sabiduría,
vivamos con justa moderación.
Por Jesucristo, nuestro Señor.**

C. Para una monja

Antífona de entrada Cfr. Sal 52 (51), 10

Yo soy como un olivo cargado de fruto en la casa del Señor;
confío en el amor de Dios ahora y para siempre. (T.P. Aleluya.)

O bien:

He despreciado los reinos del mundo y los halagos de este tiempo,
por amor a mi Señor Jesucristo,
a quien he visto, a quien deseo,
en quien creo y a quien amo. (T.P. Aleluya.)

Oración colecta

**Señor Dios, que llamaste a tu sierva santa N.
a buscarte a ti sobre todas las cosas,
concédenos, por su ejemplo e intercesión,
que, sirviéndote con un corazón puro y humilde,
lleguemos a tu eterna gloria.
Por nuestro Señor Jesucristo, tu Hijo,
que vive y reina contigo en la unidad del Espíritu Santo
y es Dios por los siglos de los siglos.**

Oración sobre las ofrendas

**A ti, Señor,
que con el consuelo temporal
nos enseñas a no desesperar de las promesas eternas,
te presentamos las ofrendas de nuestra devoción,
para consagrártelas en la conmemoración de santa N.
Por Jesucristo, nuestro Señor.**

Antífona de la Comunión Sal 45 (44), 2

Me brota del corazón un poema bello,
recito mis versos al Rey. (T.P. Aleluya.)

O bien: Lc 10, 42

Una sola cosa es necesaria,
y ella escogió la mejor parte
que nadie le quitará. (T.P. Aleluya.)

Oración después de la Comunión

**Renovados, Señor, con este manantial de salvación,
te pedimos suplicantes
que, por la intercesión de santa N.,
uniéndonos cada día más a Cristo,
merezcamos tener parte en el reino de su gracia.
Él, que vive y reina por los siglos de los siglos.**

D. Para los religiosos

1

Antífona de entrada Cfr. Sal 16 (15), 5

El Señor es la parte de mi herencia y mi cáliz;
tú, Señor, me devuelves mi heredad. (T.P. Aleluya.)

O bien, para una religiosa: Cfr. Os 2, 21-22

El Señor se desposó con ella para siempre
en la fidelidad y en la misericordia. (T.P. Aleluya.)

Oración colecta

**Señor Dios, que concediste a san N.
la gracia de imitar a Cristo pobre y humilde,
concédenos, por su intercesión,
caminar con fidelidad, viviendo nuestra propia vocación,
para que logremos alcanzar la perfección
que nos has propuesto en tu Hijo.
Él, que vive y reina contigo en la unidad del Espíritu Santo
y es Dios por los siglos de los siglos.**

Oración sobre las ofrendas

Dios misericordioso,
que, despojando a san N. del hombre viejo,
te dignaste formar en él un hombre nuevo conforme a tu imagen,
concédenos, propicio, que nosotros, igualmente renovados,
te ofrezcamos este sacrificio de reconciliación, agradable a tus ojos.
Por Jesucristo, nuestro Señor.

Antífona de la Comunión

Cfr. Mt 19, 27-29

Yo les aseguro que ustedes que han dejado todo
para seguirme, recibirán cien veces más
y heredarán la vida eterna. (T.P. Aleluya.)

O bien, para una religiosa: Cfr. Lam 3, 24-25

El Señor es la parte que me ha tocado en herencia,
y buscarlo es mi mayor bien. (T.P. Aleluya.)

Oración después de la Comunión

Por la eficacia de este sacramento,
te rogamos, Señor, que, a ejemplo de san N.,
nos conduzcas siempre por el camino de tu amor,
y que la obra buena que empezaste en nosotros,
la perfecciones, hasta el día en que se manifieste Jesucristo.
Él, que vive y reina por los siglos de los siglos.

2

Antífona de entrada

Cfr. Sal 24 (23), 5-6

Éstos son los santos que han recibido la bendición del Señor,
y la gracia de Dios, su salvador;
ellos son los que buscan al Señor. (T.P. Aleluya.)

O bien: Cfr. Sal 105 (104), 3-4

Alégrese el corazón de los que buscan al Señor;
busquen al Señor y serán fortalecidos,
busquen siempre su rostro. (T.P. Aleluya.)

Oración colecta

Señor Dios, que llamaste a san N.
a buscar tu reino en este mundo
con la práctica de la caridad perfecta,
concede que, fortalecidos por su intercesión,
avancemos con ánimo alegre por el camino del amor.
Por nuestro Señor Jesucristo, tu Hijo,
que vive y reina contigo en la unidad del Espíritu Santo
y es Dios por los siglos de los siglos.

Oración sobre las ofrendas

Acepta, Señor, las ofrendas de nuestro servicio,
que presentamos en tu altar
en la conmemoración de san N.,
y concédenos que, libres de las ataduras de este mundo,
seas tú nuestra única riqueza.
Por Jesucristo, nuestro Señor.

Antífona de la Comunión

Sal 34 (33), 9

Hagan la prueba y verán qué bueno es el Señor;
dichoso el hombre que se refugia en él. (T.P. Aleluya.)

O bien: Mt 5, 3

Dichosos los pobres de espíritu,
porque de ellos es el Reino de los cielos. (T.P. Aleluya.)

Oración después de la Comunión

Te rogamos, Dios todopoderoso,
que fortalecidos con este sacramento,
aprendamos, a ejemplo de san N.,
a buscarte siempre sobre todas las cosas,
y demos, ante el mundo,
una imagen auténtica del hombre nuevo.
Por Jesucristo, nuestro Señor.

III. Para los que hicieron obras de misericordia

Antífona de entrada Cfr. Mt 25, 34. 36. 40

Vengan, benditos de mi Padre, dice el Señor,
porque estuve enfermo y me visitaron.
Yo les aseguro que cuanto hicieron
con el más insignificante de mis hermanos,
conmigo lo hicieron. (T.P. Aleluya.)

O bien: Sal 112 (111), 9

Al pobre da con abundancia,
obra siempre conforme a la justicia;
su frente se alzará llena de gloria. (T.P. Aleluya.)

Oración colecta

Señor Dios, que enseñaste a tu Iglesia
a observar todos tus celestiales mandamientos,
compendiados en el amor a ti y al prójimo,
concédenos que, practicando las obras de caridad,
a ejemplo de san N.,
merezcamos ser contados entre los bienaventurados de tu Reino.
Por nuestro Señor Jesucristo, tu Hijo,
que vive y reina contigo en la unidad del Espíritu Santo
y es Dios por los siglos de los siglos.

Oración sobre las ofrendas

Acoge, Señor, las ofrendas de tu pueblo,
para que, al celebrar la obra
de la caridad inmensa de tu Hijo,
seamos confirmados en el amor a ti y al prójimo,
a ejemplo de san N.
Por Jesucristo, nuestro Señor.

Antífona de la Comunión Cfr. Jn 15, 13

Nadie tiene un amor más grande,
que el que da la vida por sus amigos. (T.P. Aleluya.)

O bien: Cfr. Jn 13, 35

En esto reconocerán todos que ustedes son mis discípulos:
en que se aman los unos a los otros, dice el Señor. (T.P. Aleluya.)

Oración después de la Comunión

**Renovados por este santo sacramento,
concédenos, Señor, seguir los ejemplos de san N.,
que te honró con su incansable piedad
y con su inmensa caridad hizo tanto bien a tu pueblo.
Por Jesucristo, nuestro Señor.**

O bien:

**Alimentados con este sacramento de salvación,
suplicamos humildemente a tu bondad, Señor,
que, haciéndonos imitadores de la caridad de san N.,
participemos también de su gloria.
Por Jesucristo, nuestro Señor.**

IV. Para los educadores

Antífona de entrada Cfr. Mc 10, 14

Dejen que los niños se acerquen a mí, y no se lo impidan,
porque de ellos es el Reino de Dios, dice el Señor. (T.P. Aleluya.)

O bien: Cfr. Mt 5, 19

El que cumpla mis mandamientos y enseñe a cumplirlos,
será grande en el Reino de los cielos, dice el Señor. (T.P. Aleluya.)

Oración colecta

**Señor Dios, que suscitaste en tu Iglesia a san N.
para que mostrara a sus prójimos el camino de la salvación,
danos, a ejemplo suyo, seguir de tal modo a Cristo maestro,
que podamos llegar a ti juntamente con nuestros hermanos.
Por nuestro Señor Jesucristo, tu Hijo,
que vive y reina contigo en la unidad del Espíritu Santo
y es Dios por los siglos de los siglos.**

Oración sobre las ofrendas

**Que te sea aceptable, Señor,
la ofrenda de tu pueblo santo
en la conmemoración de san N.,
y concede que, por la participación en este sacramento,
demos pruebas de tu amor.
Por Jesucristo, nuestro Señor.**

Antífona de la Comunión Mt 18, 3

Dice el Señor: Si no cambian y se hacen como los niños,
no entrarán en el Reino de los cielos. (T.P. Aleluya.)

O bien: Jn 8, 12

El que me sigue no camina en la oscuridad,
y tendrá la luz de la vida, dice el Señor. (T.P. Aleluya.)

Oración después de la Comunión

**Que esta santa comunión, Dios todopoderoso,
nos fortalezca, para que, a ejemplo de san N.,
podamos manifestar,
tanto en nuestro corazón como con nuestras obras,
el amor fraterno y el esplendor de la verdad.
Por Jesucristo, nuestro Señor.**

V. Para las santas mujeres

Para una santa mujer mártir, pp. 1125–1126.

1

Antífona de entrada Cfr. Prov 31, 30. 28

La mujer que teme al Señor es digna de alabanzas.
Sus hijos la llenarán de bendiciones
y su marido, de elogios. (T.P. Aleluya.)

O bien: Cfr. Prov 31, 20. 27

Abrió su mano al desvalido, y sus palmas extendió al pobre,
y nunca comió su pan de balde. (T.P. Aleluya.)

Oración colecta

**Señor Dios, que nos llenas cada año de alegría
en la festividad de santa N.,
concede, a quienes celebramos su memoria,
que también sigamos el ejemplo de su vida virtuosa.
Por nuestro Señor Jesucristo, tu Hijo,
que vive y reina contigo en la unidad del Espíritu Santo
y es Dios por los siglos de los siglos.**

O bien, para varias:

**Concédenos, Dios todopoderoso,
que la venerable intercesión de las santas N. y N.,
cuya admirable vida nos ofrece a todos
tan provechosos ejemplos,
nos obtenga la ayuda del cielo.
Por nuestro Señor Jesucristo, tu Hijo,
que vive y reina contigo en la unidad del Espíritu Santo
y es Dios por los siglos de los siglos.**

Oración sobre las ofrendas

**Por las ofrendas que te presentamos, Señor,
en la conmemoración de santa N.,
te rogamos que nos concedas
el perdón de nuestros pecados y la salvación eterna.
Por Jesucristo, nuestro Señor.**

Antífona de la Comunión Cfr. Mt 13, 45-46

El Reino de los cielos se parece a un comerciante
que anda en busca de perlas finas,
que al encontrar una perla muy valiosa,
vende cuanto tiene y la compra. (T.P. Aleluya.)

Oración después de la Comunión

**Dios todopoderoso, que la celebración de este santo sacramento,
en la festividad de santa N.,
nos ilumine y nos inflame,
de modo que ardamos siempre en santos deseos
y abundemos en toda obra buena.
Por Jesucristo, nuestro Señor.**

2

Antífona de entrada Cfr. Prov 14, 1-2

Ésta es la mujer sabia, que edificó su casa,
y caminó en santo temor de Dios por el sendero recto. (T.P. Aleluya.)

Oración colecta

**Señor Dios, gloria de los humildes,
que quisiste que santa N. sobresaliera
por el esplendor de su caridad y su paciencia,
concédenos, por sus méritos e intercesión,
que, llevando cada día nuestra cruz,
podamos amarte siempre.
Por nuestro Señor Jesucristo, tu Hijo,
que vive y reina contigo en la unidad del Espíritu Santo
y es Dios por los siglos de los siglos.**

O bien:

Derrama, Señor, sobre nosotros
el espíritu de tu conocimiento y tu amor
con el que colmaste a tu sierva santa N.,
para que, imitándola con fidelidad,
te sirvamos con sincera obediencia
y te agrademos con nuestra fe y nuestras obras.
Por nuestro Señor Jesucristo, tu Hijo,
que vive y reina contigo en la unidad del Espíritu Santo
y es Dios por los siglos de los siglos.

Oración sobre las ofrendas

Mira las ofrendas de tu pueblo, Señor,
y concédenos que,
al ofrecerlas con fervor en honor de santa N.,
recibamos la ayuda necesaria para la salvación.
Por Jesucristo, nuestro Señor.

Antífona de la Comunión Mt 12, 50

Todo el que cumple la voluntad de mi Padre,
que está en los cielos, ése es mi hermano, mi hermana y mi madre,
dice el Señor. (T.P. Aleluya.)

Oración después de la Comunión

Dios nuestro, saciados con los dones
que acabamos de recibir en esta festividad de santa N.,
concédenos quedar purificados por su eficacia
y fortalecidos por su auxilio.
Por Jesucristo, nuestro Señor.

MISAS RITUALES

Las Misas rituales no pueden emplearse los domingos de Adviento, Cuaresma y Pascua, las solemnidades, los días dentro de la octava de Pascua, la Conmemoración de los fieles difuntos, el Miércoles de Ceniza y la Semana Santa. Para la celebración de estas Misas deben aplicarse las normas de los Rituales correspondientes.

I. PARA LOS SACRAMENTOS DE LA INICIACIÓN CRISTIANA

Los textos litúrgicos que se proponen para un varón pueden emplearse para una mujer, cambiando el género, y los textos propuestos en plural pueden emplearse para una persona, cambiando el número.

1. PARA LA ELECCIÓN O INSCRIPCIÓN DEL NOMBRE

El rito de la "elección" o "inscripción del nombre" de los catecúmenos, que serán admitidos a los sacramentos de la Iniciación Cristiana en la Vigilia Pascual, se celebra en la Misa del primer domingo de Cuaresma, pp. 212–215. Sin embargo, si por razones pastorales urgentes se celebra en otro domingo, puede emplearse la Misa que aquí sigue, con color morado, excepto los días indicados en los nn. 1-4 de la tabla de los días litúrgicos. También puede emplearse la Misa del viernes de la IV semana de Cuaresma, p. 259.

Antífona de entrada Cfr. Sal 105 (104), 3-4

Alégrese el corazón de los que buscan al Señor.
Piensen en el Señor y en su poder,
busquen siempre su presencia.

Oración colecta

**Señor Dios,
que, aunque siempre llevas a cabo la salvación de los hombres,
ahora, sin embargo, alegras a tu pueblo con una gracia mayor,
mira benignamente a tus elegidos,
para que el auxilio de tu bondadosa protección fortalezca,
tanto a los que han de bautizarse, como a los ya bautizados.
Por nuestro Señor Jesucristo, tu Hijo,
que vive y reina contigo en la unidad del Espíritu Santo
y es Dios por los siglos de los siglos.**

Oración sobre las ofrendas

**Dios todopoderoso y eterno,
que, por medio del sacramento del Bautismo,
al profesar tu nombre, nos renuevas para la vida eterna,
recibe los dones y anhelos de tu pueblo,
para que dispongas a favor de los que en ti esperan,
el cumplimiento de sus deseos y el perdón de sus pecados.
Por Jesucristo, nuestro Señor.**

Se dice el prefacio del tiempo litúrgico correspondiente.

Antífona de la Comunión Ef 1, 7

En Cristo y por su Sangre,
hemos obtenido la redención
y el perdón de nuestros pecados,
gracias al amor infinito del Padre.

Oración después de la Comunión

**Te rogamos, Señor, que nos purifique el sacramento recibido;
y concede a tus siervos quedar libres de toda culpa,
para que aquellos a quienes afligía el pecado en su conciencia
se sientan dichosos por la abundancia del celestial remedio.
Por Jesucristo, nuestro Señor.**

2. PARA LOS ESCRUTINIOS DEL CATECUMENADO

Estas Misas para los escrutinios de los catecúmenos que serán admitidos a los sacramentos de la Iniciación Cristiana en la Vigilia Pascual, se celebran los domingos III, IV y V de Cuaresma. Color litúrgico morado. Si por razones pastorales no se pueden hacer en estos domingos, elíjanse otros domingos o ferias más convenientes de Cuaresma, o en otros tiempos litúrgicos si el Bautismo no se va a celebrar en la Vigilia Pascual. Sin embargo, en la primera Misa de los escrutinios debe leerse siempre el Evangelio de la Samaritana; en la segunda, el del ciego de nacimiento; y en la tercera, el de Lázaro, tal como se propone en los domingos III, IV y V de Cuaresma para el ciclo A.

A

Para el primer escrutinio

Antífona de entrada Cfr. Ez 36, 23-26

Cuando manifieste en ustedes mi santidad,
los reuniré de todos los países;
los rociaré con agua pura,
y quedarán purificados de todas sus inmundicias
y les infundiré un espíritu nuevo, dice el Señor.

O bien: Cfr. Is 55, 1

Ustedes los que tienen sed, vengan por agua, dice el Señor;
y los que no tienen dinero, vengan y beban con alegría.

Oración colecta

Te rogamos, Señor, que concedas a estos elegidos nuestros
acercarse dignamente y bien instruidos a profesar tu alabanza,
para que sean transformados, para gloria tuya,
conforme a la dignidad primera,
que por el pecado original habían perdido.
Por nuestro Señor Jesucristo, tu Hijo,
que vive y reina contigo en la unidad del Espíritu Santo
y es Dios por los siglos de los siglos.

Oración sobre las ofrendas

**Dios nuestro, te pedimos que tu misericordia
prepare convenientemente a tus siervos
para recibir este sacramento
y que los impulse a una vida fervorosa.
Por Jesucristo, nuestro Señor.**

Se dice el prefacio del domingo III de Cuaresma, pp. 236–239.

Cuando se utiliza el Canon Romano, en el Acuérdate, Señor, de tus hijos se hace mención de los padrinos y se dice el Acepta, Señor, en tu bondad propio:

**Acuérdate, Señor,
de tus hijos** N. **y** N.

Se dicen los nombres de los padrinos y madrinas.

**que van a llevar a estos elegidos tuyos
a la fuente de la gracia bautismal,
y de todos los aquí reunidos,
cuya fe y entrega bien conoces;
por ellos y todos los suyos,
por el perdón de sus pecados
y la salvación que esperan,
te ofrecemos, y ellos mismos te ofrecen,
este sacrificio de alabanza,
a ti, eterno Dios, vivo y verdadero.**

Al concluir Reunidos en comunión el celebrante continúa con las manos extendidas:

**Acepta, Señor, en tu bondad,
esta ofrenda que te presentamos
por estos siervos y estas siervas tuyos,
a quienes te has dignado contar entre tus elegidos
y llamar a la vida eterna
y al don admirable de tu gracia.
(Por Cristo, nuestro Señor. Amén.)**

Cuando se utiliza la Plegaria eucarística II, después de las palabras . . . llévala a su perfección por la caridad, se añade:

Acuérdate también, Señor, de tus hijos N. **y** N.,
**que conducirán a estos elegidos
a la fuente de la regeneración.**

Cuando se utiliza la Plegaria eucarística III, después de las palabras . . . y a todo el pueblo redimido por ti, se añade:

Ayuda, Señor, con tu gracia
a tus hijos N. y N.
para que con su palabra y ejemplo
conduzcan a tus elegidos a la vida nueva
en Cristo, Señor nuestro.

Antífona de la Comunión

Cfr. Jn 4, 14

El agua que yo le daré, dice el Señor,
se convertirá dentro de él en manantial capaz de dar la vida eterna.

Oración después de la Comunión

Hazte presente, Señor, con los frutos de la redención
para que protejas a quienes vas a admitir
a los sacramentos
que dan la vida eterna,
a fin de que lleguen a ser dignos de recibirlos.
Por Jesucristo, nuestro Señor.

B

Para el segundo escrutinio

Antífona de entrada — Cfr. Sal 25 (24), 15-16

Mis ojos están fijos en el Señor;
él libra mis pies de la trampa de los cazadores.
Mírame, Dios mío, y ten piedad de mí,
que estoy solo y afligido.

Oración colecta

**Dios todopoderoso y eterno,
haz crecer en santa alegría a tu Iglesia,
para que, quienes por nacimiento son terrenales,
se conviertan en celestiales, al renacer por el Bautismo.
Por nuestro Señor Jesucristo, tu Hijo,
que vive y reina contigo en la unidad del Espíritu Santo
y es Dios por los siglos de los siglos.**

Oración sobre las ofrendas

**Te rogamos, Señor, que este sacrificio que, llenos de alegría,
vamos a ofrecerte,
aumente nuestra fe y sea para estos candidatos al Bautismo,
fuente de salvación eterna.
Por Jesucristo, nuestro Señor.**

Se dice el prefacio del domingo IV de Cuaresma, pp. 250–251.

Se hace mención de los padrinos en las Plegarias eucarísticas, como se dijo anteriormente, p. 1178, y si se utiliza el Canon Romano, se dice el Acepta, Señor, en tu bondad propio, como en el primer escrutinio, p. 1178.

Antífona de la Comunión — Cfr. Jn 9, 11. 38

El Señor me puso lodo sobre los ojos;
yo fui a lavarme. Ahora veo y creo en Dios.

Oración después de la Comunión

**Te pedimos, Señor, que sin cesar
acrecientes a esta familia tuya,
dirígela según tu voluntad,
guárdala siempre unida a ti
y gobiérnala con tu amor incesante,
para que alcance la salvación.
Por Jesucristo, nuestro Señor.**

C

Para el tercer escrutinio

Antífona de entrada Cfr. Sal 18 (17), 5-7

Gemidos de muerte me rodearon,
me envolvieron dolores infernales;
en mi angustia clamé al Señor,
y él escuchó mi voz desde su santuario.

Oración colecta

**Concede, Señor, a estos elegidos nuestros
que, instruidos ya en los misterios de la fe,
sean renovados por el agua bautismal
y puedan contarse entre los miembros de tu Iglesia.
Por nuestro Señor Jesucristo, tu Hijo,
que vive y reina contigo en la unidad del Espíritu Santo
y es Dios por los siglos de los siglos.**

Oración sobre las ofrendas

**Escúchanos, Dios todopoderoso, y concede que tus siervos,
que iniciaste en los fundamentos de la fe cristiana,
queden purificados, por efecto de este sacrificio.
Por Jesucristo, nuestro Señor.**

Se dice el prefacio del domingo V de Cuaresma, pp. 262–263.

Se hace mención de los padrinos en las Plegarias eucarísticas, como se dijo anteriormente, p. 1178, y si se utiliza el Canon Romano, se dice el Acepta, Señor, en tu bondad propio, como en el primer escrutinio, p. 1178.

Antífona de la Comunión Cfr. Jn 11, 26

Todo el que está vivo y cree en mí, dice el Señor,
no morirá para siempre.

Oración después de la Comunión

**Que tu pueblo, Señor, se mantenga unido
y, entregado a ti de todo corazón,
obtenga que, libre de toda adversidad,
pueda celebrar con alegría su salvación
y rogar con fervor por quienes
van a renacer en el Bautismo.
Por Jesucristo, nuestro Señor.**

3. PARA EL BAUTISMO

Según la costumbre, los sacramentos de la Iniciación Cristiana de adultos se confieren en la Vigilia de la noche pascual. Sin embargo, si por alguna necesidad pastoral se celebran fuera de esta solemnidad, los textos de esta Misa pueden utilizarse cuando se permiten las Misas rituales. Se emplea el color blanco o festivo.

También puede celebrarse esta Misa, si se cree oportuno, cuando se confiere el Bautismo de niños, con las mismas condiciones.

En esta Misa se dice Gloria, y se omiten el acto penitencial, el Señor, ten piedad y el Credo.

A

Antífona de entrada Cfr. Ef 4, 24

Revístanse del hombre nuevo, creado a imagen de Dios
en la justicia y en la santidad verdadera. (T.P. Aleluya.)

Oración colecta

**Dios nuestro,
que nos haces participar
del misterio de la muerte y resurrección de tu Hijo,
concédenos que, animados del espíritu de hijos adoptivos,
progresemos continuamente en esta vida nueva.
Por nuestro Señor Jesucristo, tu Hijo,
que vive y reina contigo en la unidad del Espíritu Santo
y es Dios por los siglos de los siglos.**

Oración sobre las ofrendas

**Te rogamos, Señor,
que recibas como ofrenda agradable,
junto con el sacrificio de tu Iglesia,
a estos hijos tuyos que,
hechos semejantes a Cristo por el Bautismo
(y llevados a la perfección
por la unción del Espíritu Santo
recibida en la Confirmación),
has agregado hoy a tu pueblo sacerdotal.
Por Jesucristo, nuestro Señor.**

En el Tiempo Pascual, puede utilizarse el prefacio II de Pascua, p. 588; en los otros tiempos, el prefacio I para los domingos del Tiempo Ordinario, p. 600.

Cuando se utiliza el Canon Romano, en el Acuérdate, Señor, de tus hijos se hace mención de los padrinos:

Acuérdate, Señor, de tus hijos N. y N.,

Se dicen los nombres de los padrinos y madrinas.

padrinos de tus elegidos,
que se han encargado de guiarlos al Bautismo,
y de todos los aquí reunidos, cuya fe y entrega bien conoces . . .

En las Plegarias eucarísticas se hace mención de los recién bautizados, según las fórmulas siguientes:

a) En la Plegaria eucarística I, se dice el Acepta, Señor, en tu bondad propio:

Acepta, Señor, en tu bondad,
esta ofrenda de tus siervos y de toda tu familia santa,
que hoy te ofrecemos especialmente por N. y N. (o bien: aquellos)
que has hecho renacer del agua y del Espíritu Santo,
perdonándoles todos sus pecados,
para incorporarlos a Cristo Jesús, Señor nuestro,
e inscribe sus nombres en el libro de la vida.

Junta las manos.

(Por Cristo, nuestro Señor. Amén.)

b) En las intercesiones de la Plegaria eucarística II, después de las palabras . . . llévala a su perfección por la caridad, se añade:

Acuérdate también de nuestros hermanos N. y N.
(de aquellos hermanos nuestros)
que hoy has hecho renacer del agua y del Espíritu Santo,
librándolos del pecado;
tú que los has incorporado, como miembros vivos,
al cuerpo de Cristo,
inscribe también sus nombres en el libro de la vida.

c) En las intercesiones de la Plegaria eucarística III, después de las palabras . . . y a todo el pueblo redimido por ti, se añade:

Ayuda a nuestros hermanos (N. y N.),
que hoy has hecho renacer del agua
y del Espíritu Santo
librándolos del pecado;
tú que los has incorporado,
como miembros vivos, al Cuerpo de Cristo,
inscribe también sus nombres en el libro de la vida.

d) En las intercesiones de la Plegaria eucarística IV, se hace mención de los recién bautizados según la fórmula siguiente:

Y ahora, Señor, acuérdate
de todos aquellos por quienes te ofrecemos
este sacrificio:
de tu servidor el Papa N.,
de nuestro Obispo N.,
del orden episcopal y de los presbíteros y diáconos,
de los oferentes y de los aquí reunidos,
de nuestros hermanos (N. y N.),
que hoy has hecho renacer
del agua y del Espíritu Santo,
de todo tu pueblo santo
y de aquellos que te buscan con sincero corazón.

Antífona de la Comunión

Cfr. 1 Jn 3, 1

Miren hasta qué punto nos ha amado el Padre,
que no sólo nos llamamos hijos de Dios,
sino que lo somos. (T.P. Aleluya.)

Oración después de la Comunión

Concédenos, Señor,
que alimentados con el sacramento del Cuerpo y la Sangre de tu Hijo,
y en comunión con el Espíritu Santo,
crezcamos de tal manera en el amor a nuestros hermanos
que, por la fuerza de esta caridad,
lleguemos a dar plenitud al cuerpo de Cristo.
Él, que vive y reina por los siglos de los siglos.

B

Antífona de entrada Tit 3, 5. 7

Dios nos salvó mediante el Bautismo que nos regenera
y nos renueva por la acción del Espíritu Santo;
así, justificados por su gracia,
nos convertiremos en herederos,
cuando se realice la esperanza
de la vida eterna. (T.P. Aleluya.)

Oración colecta

**Concédenos, Dios nuestro,
recibir con un corazón sencillo y dócil
la palabra de vida
con la que nos has regenerado como hijos tuyos,
para vivir de acuerdo con ella
y demostrar en obras nuestro amor a los demás.
Por nuestro Señor Jesucristo, tu Hijo,
que vive y reina contigo en la unidad del Espíritu Santo
y es Dios por los siglos de los siglos.**

Oración sobre las ofrendas

**A quienes te presentamos este pan y este vino, Señor,
permítenos participar de tu mesa,
de modo que, al celebrar con gozo el banquete celestial,
podamos contarnos entre tus santos y amigos.
Por Jesucristo, nuestro Señor.**

En el Tiempo Pascual, puede utilizarse el prefacio II de Pascua, p. 588; en los otros tiempos, el prefacio I para los domingos del Tiempo Ordinario, p. 600.

Las Plegarias eucarísticas I, II, III y IV tienen textos propios para las intercesiones por los recién bautizados, pp. 1183–1184.

Antífona de la Comunión Cfr. 1 Jn 3, 2

Hermanos, ya somos hijos de Dios,
pero aún no se ha manifestado cómo seremos al fin. (T.P. Aleluya.)

Oración después de la Comunión

**Por la fuerza de este sacramento,
concédenos, Señor, poder dar testimonio con nuestra vida
del misterio de la muerte y resurrección de tu Hijo,
que hemos anunciado con esta celebración.
Por Jesucristo, nuestro Señor.**

4. PARA LA CONFIRMACIÓN

Los textos de esta Misa se utilizan cuando se confiere la Confirmación, en los días que se permiten las Misas rituales. Se dice Gloria. El Credo se omite. Color litúrgico rojo, blanco o festivo.

A

Antífona de entrada Ez 36, 25-26

Esto dice el Señor:
Los rociaré a ustedes con agua pura;
les daré un corazón nuevo
y les infundiré un espíritu nuevo. (T.P. Aleluya.)

Oración colecta

**Te pedimos, Dios omnipotente y misericordioso,
que venga a nosotros el Espíritu Santo,
que se digne habitar en nuestros corazones
y nos perfeccione como templos de su gloria.
Por nuestro Señor Jesucristo, tu Hijo,
que vive y reina contigo en la unidad del Espíritu Santo
y es Dios por los siglos de los siglos.**

O bien:

**Cumple, Señor, tu promesa
y envíanos tu Espíritu Santo,
para que podamos dar testimonio
ante el mundo con nuestra vida,
del Evangelio de Jesucristo, Señor nuestro.
Él, que vive y reina contigo en la unidad del Espíritu Santo
y es Dios por los siglos de los siglos.**

Se pueden elegir otras oraciones, p. 1190.

Oración sobre las ofrendas

**Recibe, Señor, las oraciones y ofrendas de tus fieles,
y tú que has perfeccionado
en ellos la semejanza con tu Hijo,
haz que, por la participación
en el memorial de su sacrificio,
que nos mereció a tu Espíritu Santo,
puedan dar con su vida testimonio del Señor resucitado.
Él, que vive y reina por los siglos de los siglos.**

Puede utilizarse el prefacio I o II del Espíritu Santo, pp. 1394–1395 o 1396–1397.

Cuando se utiliza el Canon Romano se dice el Acepta, Señor, en tu bondad propio:

Acepta, Señor, en tu bondad,
esta ofrenda de tus siervos
y de toda tu familia santa,
que hoy te ofrecemos
especialmente por N. **y** N. (o bien: **aquellos**) **que,**
renacidos en el Bautismo,
han sido confirmados hoy por el don del Espíritu Santo;
recíbela en tu bondad y conserva en tus hijos
el don que les has dado.
(Por Cristo, nuestro Señor. Amén.)

Cuando se utiliza la Plegaria eucarística II, después de las palabras . . . llévala a su perfección por la caridad, se añade:

Acuérdate también de tus hijos (N. **y** N.) **que,**
regenerados en el Bautismo,
hoy has confirmado,
marcándolos con el sello del Espíritu Santo:
custodia en ellos el don de tu amor.

Cuando se utiliza la Plegaria eucarística III, después de las palabras . . . y a todo el pueblo redimido por ti, se añade:

Ayuda a tus hijos (N. **y** N.),
que hoy has confirmado,
marcándolos con el sello del Espíritu Santo;
custodia en ellos el don de tu amor.

Antífona de la Comunión

Cfr. Heb 6, 4

Alégrense en el Señor todos ustedes,
los que han sido iluminados,
los que han gustado del don celestial,
los que han sido partícipes del Espíritu Santo. (T.P. Aleluya.)

Oración después de la Comunión

Bendice, Señor, sin cesar a estos hijos tuyos,
que has consagrado con la unción del Espíritu Santo
y alimentado con el sacramento de tu Hijo,
para que superen todas las adversidades,
alegren a tu Iglesia con la santidad de su vida,
y con su trabajo y con su amor la extiendan por todo el mundo.
Por Jesucristo, nuestro Señor.

Bendición solemne al final de la misa

El obispo, con las manos extendidas sobre los recién confirmados, dice:

Que Dios Padre todopoderoso,
que los ha adoptado como hijos,
haciéndolos renacer del agua y del Espíritu Santo,
los bendiga y los haga siempre dignos de su amor paternal.
R. Amén.

Que el Unigénito de Dios,
que prometió a su Iglesia
la presencia continua del Espíritu de la verdad,
los bendiga y los confirme
en la confesión de la fe verdadera.
R. Amén.

Que el Espíritu Santo,
que encendió en el corazón de los discípulos
el fuego del amor,
los bendiga y,
congregándolos en la unidad,
los conduzca,
a través de las pruebas de la vida,
a los gozos del Reino eterno.
R. Amén.

Y bendice a todo el pueblo, añadiendo:

Y a todos ustedes, los aquí presentes,
los bendiga Dios todopoderoso,
Padre ✠, Hijo ✠, y Espíritu ✠ Santo.
R. Amén.

O bien:

Oración sobre el pueblo

El obispo, con las manos extendidas sobre los recién confirmados y el pueblo, dice:

Confirma, Señor,
lo que has realizado en nosotros
y conserva en el corazón de tus fieles
los dones del Espíritu Santo,
para que nunca se avergüencen
de dar testimonio de Jesucristo
y cumplan siempre con amor tu voluntad.
R. Amén.

Y la bendición de Dios todopoderoso,
Padre ✠, Hijo ✠, y Espíritu ✠ Santo,
descienda sobre ustedes y permanezca para siempre.
R. Amén.

B

Antífona de entrada

Cfr. Rom 5, 5; 8, 11

El amor de Dios
ha sido infundido en nuestros corazones
por medio del Espíritu Santo
que habita en nosotros. (T.P. Aleluya.)

Oración colecta

Envía, Señor, sobre nosotros a tu Santo Espíritu,
para que caminemos todos en la unidad de la fe
y, sostenidos por la fuerza de su amor,
podamos llegar a la madurez de la vida en Cristo.
Él, que vive y reina contigo en la unidad del Espíritu Santo
y es Dios por los siglos de los siglos.

Se pueden elegir otras oraciones, p. 1190.

Oración sobre las ofrendas

Acepta, Señor, en unión con el sacrificio de Cristo,
a estos hijos tuyos
que han sido marcados con el signo de la cruz
y con la unción del Espíritu Santo,
para que, ofreciéndose con Cristo,
reciban cada día con mayor abundancia
los dones de tu Espíritu.
Por Jesucristo, nuestro Señor.

Puede utilizarse el prefacio I o II del Espíritu Santo, pp. 1394–1395 o pp. 1396–1397.

Las Plegarias eucarísticas I, II y III tienen textos propios para las intercesiones por los confirmados, pp. 1183–1184.

Antífona de la Comunión

Cfr. Sal 34 (33), 6. 9

Acudan al Señor y quedarán tranquilos;
hagan la prueba y verán qué bueno es el Señor. (T.P. Aleluya.)

Oración después de la Comunión

Señor, a estos hijos tuyos recién confirmados,
a quienes has colmado con los dones de tu Espíritu
y alimentado con el Cuerpo y la Sangre de tu Hijo,
concédeles vivir en el amor la plenitud de tu ley,
para que manifiesten al mundo la libertad que les da ser hijos tuyos
y muestren, con la santidad de su vida,
el carisma profético de tu pueblo santo.
Por Jesucristo, nuestro Señor.

Bendición solemne u Oración sobre el pueblo, pp. 1188–1189.

C

Otras oraciones que oportunamente pueden emplearse

Oración colecta

Te pedimos, Señor,
que el Espíritu Santo, que procede de ti,
ilumine nuestras mentes y las guíe hacia la verdad plena,
como nos lo prometió tu Hijo Jesucristo.
Él, que vive y reina contigo en la unidad del Espíritu Santo
y es Dios por los siglos de los siglos.

Oración sobre las ofrendas

Recibe, Señor, la ofrenda de tu pueblo
y haz que tus hijos,
que acaban de recibir el don del Espíritu Santo,
sepan conservarlo fielmente
y lleguen a obtener los premios eternos.
Por Jesucristo, nuestro Señor.

Oración después de la Comunión

Padre santo,
infunde en nuestros corazones tu Espíritu de amor,
para que todos aquellos que hemos sido alimentados
con el Cuerpo de tu Hijo, podamos vivir como hermanos.
Por Jesucristo, nuestro Señor.

5. PARA LA PRIMERA COMUNIÓN

Antífona de entrada Mt 28, 20

Yo estaré con ustedes todos los días
hasta el fin del mundo, dice el Señor. (T.P. Aleluya.)

Oración colecta

Dios todopoderoso y eterno,
lleva a su plenitud en nosotros el sacramento pascual,
para que, a quienes te dignaste renovar por el santo Bautismo,
les hagas posible, con el auxilio de tu protección,
abundar en frutos buenos, y alcanzar los gozos de la vida eterna.
Por nuestro Señor Jesucristo, tu Hijo,
que vive y reina contigo en la unidad del Espíritu Santo
y es Dios por los siglos de los siglos.

Oración sobre las ofrendas

Concédenos, Dios misericordioso,
que nuestra ofrenda resulte aceptable ante ti
y que por ella quede abierta para nosotros
la fuente de toda bendición.
Por Jesucristo, nuestro Señor.

Las Plegarias eucarísticas I–IV tienen textos propios para las intercesiones por los que reciben la Primera Comunión, pp. 1572–1575.

Antífona de la Comunión Lc 24, 35

Los discípulos reconocieron al Señor Jesús
cuando partió el pan. (T.P. Aleluya.)

Oración después de la Comunión

Acompaña, Señor, con tu permanente auxilio,
a quienes renuevas con el don celestial,
y a quienes no dejas de proteger,
concédeles ser cada vez más dignos
de la eterna redención.
Por Jesucristo, nuestro Señor.

II. PARA LA UNCIÓN DE LOS ENFERMOS

Cuando se administra la Unción de los enfermos dentro de la Misa, los días en que se permiten las Misas rituales, se pueden utilizar los textos del formulario de la Misa por los enfermos, pp. 1367–1368. Color litúrgico blanco.

Los textos litúrgicos que se proponen para un varón pueden emplearse para una mujer, cambiando el género, y los textos propuestos en plural pueden emplearse para una persona, cambiando el número.

Se puede dar la bendición con alguna de las siguientes fórmulas:

Que Dios Padre te bendiga.
R. Amén.

Que Dios Hijo te cure.
R. Amén.

Que Dios Espíritu Santo te ilumine.
R. Amén.

Que te devuelva la salud del cuerpo
y te conceda la salvación del alma.
R. Amén.

Que llene de paz tu corazón y te conduzca a la vida eterna.
R. Amén.

Y a todos ustedes, los aquí presentes,
los bendiga Dios todopoderoso,
Padre, Hijo ✠, y Espíritu Santo.
R. Amén.

O bien:

Que nuestro Señor Jesucristo te acompañe y te defienda.
R. Amén.

Que te anteceda para guiarte y vaya detrás de ti para protegerte.
R. Amén.

Que ponga sus ojos sobre ti, te guarde y te bendiga.
R. Amén.

Y a todos ustedes, los aquí presentes,
los bendiga Dios todopoderoso,
Padre, Hijo ✠, y Espíritu Santo.
R. Amén.

III. PARA EL VIÁTICO

Los textos de esta Misa pueden utilizarse los días en que están permitidas las Misas rituales. Color litúrgico blanco.

Los textos litúrgicos que se proponen para un varón pueden emplearse para una mujer, cambiando el género, y los textos propuestos en singular pueden emplearse para varias personas, según las circunstancias.

Antífona de entrada

Cfr. Sal 81 (80), 17

Los alimentó con lo mejor de su trigo;
y los sació con miel silvestre. (T.P. Aleluya.)

O bien: Cfr. Is 53, 4

El Señor soportó nuestros sufrimientos,
y aguantó nuestros dolores. (T.P. Aleluya.)

Oración colecta

**Dios nuestro,
cuyo Hijo es para nosotros
el camino, la verdad y la vida,
mira con bondad a nuestro hermano** N.**,
que confía plenamente en tus promesas,
y haz que, fortalecido
con el Cuerpo y la Sangre de tu Hijo Jesucristo,
llegue en paz a tu Reino.
Él, que vive y reina contigo en la unidad del Espíritu Santo
y es Dios por los siglos de los siglos.**

Oración sobre las ofrendas

**Padre Santo,
que nuestro sacrificio renueve
el del Cordero pascual,
que con su pasión nos abrió las puertas del cielo,
e introduzca a nuestro hermano** N.
**en el gozo eterno.
Por Jesucristo, nuestro Señor.**

Antífona de la Comunión

Jn 6, 54

El que come mi carne y bebe mi sangre
tiene vida eterna, dice el Señor,
y yo lo resucitaré el último día. (T.P. Aleluya.)

O bien:

Col 1, 24

Completo en mi carne
lo que falta a la Pasión de Cristo,
por el bien de su cuerpo, que es la Iglesia. (T.P. Aleluya.)

Oración después de la Comunión

**Señor nuestro, salvación eterna de los que creen en ti,
concede a nuestro hermano** N.
**que, alimentado con el pan y el vino celestiales,
llegue con seguridad al Reino de la luz y de la vida.
Por Jesucristo, nuestro Señor.**

IV. PARA CONFERIR LAS SAGRADAS ÓRDENES

1. PARA LA ORDENACIÓN DEL OBISPO

Los textos de esta Misa ritual pueden utilizarse fuera de las solemnidades, los domingos de Adviento, Cuaresma y Pascua, los días dentro de la octava de Pascua y las fiestas de los Apóstoles. En tales ocasiones se dice la Misa del día. Color litúrgico blanco o festivo.

A

Para la Ordenación de un obispo

Antífona de entrada Cfr. Lc 4, 18

El Espíritu del Señor está sobre mí, porque me ha ungido
para llevar a los pobres la Buena Nueva,
para anunciar la liberación a los cautivos. (T.P. Aleluya.)

Se dice Gloria.

Oración colecta

**Dios nuestro,
que por pura generosidad de tu gracia,
quieres poner hoy al frente de tu Iglesia de N.
a tu siervo, el presbítero N.,
concédele ejercer dignamente el ministerio episcopal
y conducir con la palabra y el ejemplo,
guiado siempre por ti,
a la grey que le has confiado.
Por nuestro Señor Jesucristo, tu Hijo,
que vive y reina contigo en la unidad del Espíritu Santo
y es Dios por los siglos de los siglos.**

O bien, especialmente si se ordena a un obispo no residencial:

**Dios nuestro, tú que como Pastor eterno
conduces a tu grey con solicitud constante,
y quieres incorporar hoy al Colegio Episcopal
a tu siervo, el presbítero N.,
concédele, por la santidad de su vida,
ser auténtico testigo de Cristo en todas partes.
Él, que vive y reina contigo en la unidad del Espíritu Santo
y es Dios por los siglos de los siglos.**

Se dice Credo, si lo prescriben las rúbricas; se omite la oración universal.

Oración sobre las ofrendas

Si preside la liturgia eucarística el obispo recién ordenado, dice:

**Te ofrecemos, Señor,
este sacrificio de alabanza
para que aumentes en mí
el espíritu de servicio
y hagas que, lo que yo he recibido de ti
sin ningún mérito propio,
produzca siempre, con tu ayuda,
frutos abundantes.
Por Jesucristo, nuestro Señor.**

Si preside la liturgia eucarística el obispo ordenante principal, dice:

**Acepta, Señor, con agrado,
la ofrenda que te presentamos por tu Iglesia
y por tu siervo** N.**, obispo,
y ya que le has otorgado la plenitud del sacerdocio,
concédele la abundancia de las virtudes apostólicas,
para bien de tu grey.
Por Jesucristo, nuestro Señor.**

Puede decirse este prefacio:

Prefacio: El sacerdocio de Cristo y el ministerio de los sacerdotes.

V. **El Señor esté con ustedes.**
R. Y con tu espíritu.

V. **Levantemos el corazón.**
R. Lo tenemos levantado hacia el Señor.

V. **Demos gracias al Señor, nuestro Dios.**
R. Es justo y necesario.

**En verdad es justo y necesario,
es nuestro deber y salvación
darte gracias siempre y en todo lugar,
Señor, Padre santo,
Dios todopoderoso y eterno.**

**Ya que, por la unción del Espíritu Santo,
constituiste a tu Unigénito
Pontífice de la alianza nueva y eterna,
y, en tu designio salvífico, has querido
que su sacerdocio único se perpetuara en la Iglesia.**

**En efecto, Cristo no sólo confiere
la dignidad del sacerdocio real
a todo su pueblo santo,
sino que, con especial predilección,
elige a algunos de entre los hermanos,
y mediante la imposición de las manos,
los hace partícipes de su ministerio de salvación,
a fin de que renueven, en su nombre,
el sacrificio redentor,
preparen para tus hijos el banquete pascual,
fomenten la caridad en tu pueblo santo,
lo alimenten con la Palabra,
lo fortifiquen con los sacramentos,
y, consagrando su vida a ti
y a la salvación de sus hermanos,
se esfuercen por reproducir en sí mismos la imagen de Cristo
y te den un constante testimonio
de fidelidad y de amor.**

**Por eso, Señor, con todos los ángeles y los santos,
te alabamos, cantando llenos de alegría:**

Santo, Santo, Santo . . .

Texto con música, pp. 299–301.

En las Plegarias eucarísticas se hace mención del obispo recién ordenado, según las fórmulas siguientes:

a) En la Plegaria Eucarística I, el obispo recién ordenado dice el siguiente Acepta, Señor en tu bondad:

Acepta, Señor, en tu bondad,
esta ofrenda de tus siervos
y de toda tu familia santa;
te la ofrecemos también
por mí, indigno siervo tuyo,
a quien te has dignado llamar al Orden de los obispos;
conserva en mí tus dones,
para que, con tu ayuda,
dé frutos de santidad el ministerio que me has confiado.
(Por Cristo, nuestro Señor. Amén.)

Pero otro obispo dice:

Acepta, Señor, en tu bondad,
esta ofrenda de tus siervos
y de toda tu familia santa;
te la ofrecemos también por este siervo tuyo N.,
que te has dignado llamar al Orden de los obispos;
conserva en él tus dones,
para que, con tu ayuda,
dé frutos de santidad el ministerio que le has confiado.
(Por Cristo, nuestro Señor. Amén.)

b) En las intercesiones de la Plegaria eucarística II, después de las palabras: congregue en la unidad a cuantos participamos del Cuerpo y la Sangre de Cristo, el obispo recién ordenado dice:

Acuérdate, Señor,
de tu Iglesia extendida por toda la tierra;
y con el Papa N.,
(con nuestro hermano N.,)
conmigo, indigno siervo tuyo,
a quien has constituido hoy pastor de la Iglesia (de N.),
y con todos los pastores que cuidan de tu pueblo,
llévala a su perfección por la caridad.

Acuérdate también de nuestros hermanos . . .

Pero otro obispo dice:

Acuérdate, Señor,
de tu Iglesia extendida por toda la tierra;
y con el Papa N.,
con nuestro hermano N.,
(**y con tu siervo** N.,)
a quien has constituido hoy pastor de la Iglesia (**de** N.),
y con todos los pastores que cuidan de tu pueblo,
llévala a su perfección por la caridad.

Acuérdate también de nuestros hermanos . . .

c) En las intercesiones de la Plegaria eucarística III, después de las palabras: traiga la paz y la salvación al mundo entero, el obispo recién ordenado dice:

Confirma en la fe y en la caridad
a tu Iglesia, peregrina en la tierra:
a tu servidor, el Papa N.,
(**a nuestro hermano** N.,)
a mí, indigno siervo tuyo,
que ha sido ordenado hoy pastor de esta Iglesia (**de** N.),
al Orden episcopal, a los presbíteros y diáconos,
y a todo el pueblo redimido por ti.

Atiende los deseos y súplicas . . .

Pero otro obispo dice:

Confirma en la fe y en la caridad
a tu Iglesia, peregrina en la tierra:
a tu servidor, el Papa N.,
a nuestro hermano N.,
(**a tu siervo** N.,)
que ha sido ordenado hoy pastor de la Iglesia (**de** N.),
al Orden episcopal, a los presbíteros y diáconos,
y a todo el pueblo redimido por ti.

Atiende los deseos y súplicas . . .

d) En las intercesiones de la Plegaria eucarística IV, después de las palabras: para alabanza de tu gloria, el obispo recién ordenado dice:

Y ahora, Señor, acuérdate
de todos aquellos por quienes te ofrecemos este sacrificio:
de tu servidor, el Papa N.,
(de nuestro hermano N.,)
de mí, indigno siervo tuyo,
que te has dignado elegir hoy para el servicio de tu pueblo,
del Orden episcopal y de los presbíteros y diáconos;
acuérdate también
de los oferentes y de los aquí reunidos,
de todo tu pueblo santo
y de aquellos que te buscan con sincero corazón.

Acuérdate también de los que murieron . . .

Pero otro obispo dice:

Y ahora, Señor, acuérdate
de todos aquellos por quienes te ofrecemos este sacrificio:
de tu servidor, el Papa N.,
de nuestro hermano N.,
(de tu siervo N.,)
que te has dignado elegir hoy para el servicio de tu pueblo,
del Orden episcopal y de los presbíteros y diáconos;
acuérdate también
de los oferentes y de los aquí reunidos,
de todo tu pueblo santo
y de aquellos que te buscan con sincero corazón.

Acuérdate también de los que murieron . . .

Antífona de la Comunión Jn 17, 17-18

Padre santo, santifícalos en la verdad.
Así como tú me enviaste al mundo,
así los envío yo también al mundo, dice el Señor. (T.P. Aleluya).

Oración después de la Comunión

Si preside la liturgia eucarística el obispo recién ordenado, dice:

Te pedimos, Señor,
que la obra salvadora de tu misericordia
fructifique plenamente en nosotros,
y haz que, con la ayuda continua de tu gracia,
de tal manera tendamos a la perfección,
que podamos siempre agradarte en todo.
Por Jesucristo, nuestro Señor.

Si preside la liturgia eucarística el obispo ordenante principal, dice:

Multiplica, Señor, en tu siervo, el obispo N.,
los dones de tu gracia
que brotan de este sacrificio eucarístico,
para que cumpla santamente
su ministerio pastoral
y, por su fidelidad en tu servicio,
reciba de ti el premio eterno.
Por Jesucristo, nuestro Señor.

Bendición solemne al final de la misa

Si preside la liturgia eucarística el obispo recién ordenado, él mismo imparte esta bendición, con las manos extendidas sobre el pueblo:

Dios nuestro,
que con tu perdón renuevas a tu pueblo
y con tu amor lo gobiernas,
concede que el Espíritu de sabiduría abunde
en quienes han recibido la misión de gobernar tu Iglesia,
para que el bien de las ovejas
sirva de gozo eterno a los pastores.
R. Amén.

Tú que con tu poder
dispones el número de nuestros días
y el curso de los tiempos,
mira benévolo mi humilde servicio
y concede tu paz a nuestros días.
R. Amén.

Bendice el ministerio
que he recibido por tu gracia,
y pues me has elevado al Orden episcopal,
hazme grato a ti por mis buenas obras;
y que el corazón del pueblo y del obispo
tenga un mismo querer,
para que no falte al pastor la obediencia de su rebaño,
ni al rebaño el cuidado de su pastor.
R. Amén.

Y a todos ustedes, los aquí presentes,
los bendiga Dios todopoderoso,
Padre ✠, Hijo ✠, y Espíritu ✠ Santo.
R. Amén.

Pero si preside la liturgia eucarística el obispo ordenante principal, él mismo imparte esta bendición, con las manos extendidas sobre el obispo recién ordenado:

Que el Señor te bendiga y te guarde,
y, pues te hizo Pontífice de su pueblo,
te conceda felicidad en este mundo
y el gozo en el reino eterno.
R. Amén.

Que el Señor te conceda por muchos años
gobernar felizmente,
con su providencia y bajo tu cuidado,
al clero y al pueblo
que ha querido reunir en torno tuyo.
R. Amén.

Y que tu pueblo,
obedeciendo los preceptos divinos,
superando toda adversidad,
abundando en el bien obrar
y respetando fielmente tu ministerio,
goce de paz en este mundo
y merezca reunirse contigo
en la asamblea de los santos en el cielo.
R. Amén.

Y bendice a todo el pueblo, añadiendo:

Y a todos ustedes, los aquí presentes,
los bendiga Dios todopoderoso,
Padre ✠, Hijo ✠, y Espíritu ✠ Santo.
R. Amén.

B

Para la Ordenación de varios obispos

Antífona de entrada Cfr. Lc 4, 18

El Espíritu del Señor está sobre mí, porque me ha ungido
para llevar a los pobres la Buena Nueva,
para anunciar la liberación a los cautivos. (T.P. Aleluya.)

Se dice Gloria.

Oración colecta

Dios nuestro,
que por pura generosidad de tu gracia,
quieres elevar hoy al ministerio del sumo sacerdocio
a estos presbíteros, siervos tuyos,
concédeles ejercer dignamente el ministerio episcopal
y conducir con la palabra y el ejemplo, guiados siempre por ti,
a la grey que les has confiado.
Por nuestro Señor Jesucristo, tu Hijo,
que vive y reina contigo en la unidad del Espíritu Santo
y es Dios por los siglos de los siglos.

O bien, especialmente si se ordena a obispos no residenciales:

Dios nuestro, tú que como pastor eterno
conduces a tu grey con solicitud constante,
y quieres incorporar hoy al colegio episcopal
a estos siervos tuyos, presbíteros,
concédeles, por la santidad de su vida,
ser auténticos testigos de Cristo en todas partes.
Él, que vive y reina contigo en la unidad del Espíritu Santo
y es Dios por los siglos de los siglos.

Se dice Credo, si lo prescriben las rúbricas; se omite la oración universal.

Oración sobre las ofrendas

Si preside la liturgia eucarística uno de los obispos recién ordenados, dice:

**Te ofrecemos, Señor,
este sacrificio de alabanza
para que aumentes en nosotros el espíritu de servicio
y hagas que, lo que hemos recibido de ti
sin ningún mérito propio,
produzca siempre, con tu ayuda, frutos abundantes.
Por Jesucristo, nuestro Señor.**

Si preside la liturgia eucarística el obispo ordenante principal, dice:

**Acepta, Señor, con agrado,
la ofrenda que te presentamos por tu Iglesia
y por tus siervos recién ordenados obispos,
y ya que les has otorgado la plenitud del sacerdocio,
concédeles la abundancia de las virtudes apostólicas,
para bien de tu grey.
Por Jesucristo, nuestro Señor.**

Prefacio: El sacerdocio de Cristo y el ministerio de los sacerdotes, pp. 1196–1197.

En las Plegarias eucarísticas se hace mención de los obispos recién ordenados, según las fórmulas siguientes:

a) En la Plegaria Eucarística I, si preside uno de los obispos ordenados, dice el siguiente Acepta, Señor, en tu bondad propio:

**Acepta, Señor, en tu bondad,
esta ofrenda de tus siervos
y de toda tu familia santa;
te la ofrecemos también
por estos siervos tuyos N.N., y por mí, indigno siervo tuyo,
que te has dignado llamar al Orden de los obispos;
conserva en nosotros tus dones,
para que, con tu ayuda,
dé frutos de santidad el ministerio que nos has confiado.
(Por Cristo, nuestro Señor. Amén.)**

Pero otro obispo dice:

Acepta, Señor, en tu bondad,
esta ofrenda de tus siervos,
y de toda tu familia santa;
te la ofrecemos también por estos siervos tuyos N.N.,
que te has dignado llamar al Orden de los obispos;
conserva en ellos tus dones,
para que, con tu ayuda,
dé frutos de santidad el ministerio que les has confiado.
(**Por Cristo, nuestro Señor. Amén.**)

b) En las intercesiones de la Plegaria eucarística II, después de las palabras: congregue en la unidad a cuantos participamos del Cuerpo y la Sangre de Cristo, uno de los obispos ordenados dice:

Acuérdate, Señor,
de tu Iglesia extendida por toda la tierra;
y con el Papa N.,
(**con nuestro hermano** N., **obispo de esta Iglesia de** N.,)
y con nosotros, N.N., **indignos siervos tuyos,**
a quienes has constituido hoy pastores de la Iglesia,
y con todos los pastores que cuidan de tu pueblo,
llévala a su perfección por la caridad.

Acuérdate también de nuestros hermanos . . .

c) En las intercesiones de la Plegaria eucarística III, después de las palabras: traiga la paz y la salvación al mundo entero, uno de los obispos ordenados dice:

Confirma en la fe y en la caridad
a tu Iglesia, peregrina en la tierra:
a tu servidor, el Papa N.,
(**a nuestro hermano** N., **obispo de esta Iglesia de** N.,)
y a nosotros, N.N., **indignos siervos tuyos,**
que han sido ordenados hoy pastores de la Iglesia,
al Orden episcopal, a los presbíteros y diáconos,
y a todo el pueblo redimido por ti.

Atiende los deseos y súplicas . . .

d) En las intercesiones de la Plegaria eucarística IV, después de las palabras: para alabanza de tu gloria, uno de los obispos ordenados dice:

Y ahora, Señor, acuérdate
de todos aquellos
por quienes te ofrecemos este sacrificio:
de tu servidor, el Papa N.,
(**de nuestro hermano** N., **obispo de esta Iglesia de** N.,)
y de nosotros, N.N., **indignos siervos tuyos,**
que te has dignado elegirnos hoy
para el servicio de tu pueblo,
del Orden episcopal y de los presbíteros y diáconos;
acuérdate también
de los oferentes y de los aquí reunidos,
de todo tu pueblo santo
y de aquellos que te buscan con sincero corazón.

Acuérdate también de los que murieron . . .

Antífona de la Comunión

Jn 17, 17-18

Padre santo, santifícalos en la verdad.
Así como tú me enviaste al mundo,
así los envío yo también al mundo,
dice el Señor. (T.P. Aleluya.)

Oración después de la Comunión

Si preside la liturgia eucarística uno de los obispos recién ordenados, dice:

Te pedimos, Señor,
que la obra salvadora de tu misericordia
fructifique plenamente en nosotros,
y haz que, con la ayuda continua de tu gracia,
de tal manera tendamos a la perfección,
que podamos siempre agradarte en todo.
Por Jesucristo, nuestro Señor.

Si preside la liturgia eucarística el obispo ordenante principal, dice:

**Multiplica, Señor,
en estos siervos tuyos, obispos,
los dones de tu gracia
que brotan de este sacrificio eucarístico,
para que cumplan santamente
su ministerio pastoral
y, por su fidelidad en tu servicio,
reciban de ti el premio eterno.
Por Jesucristo, nuestro Señor.**

Bendición solemne al final de la misa

Si preside la liturgia eucarística uno de los obispos recién ordenados, él mismo imparte esta bendición, con las manos extendidas sobre el pueblo:

**Dios nuestro,
que con tu perdón renuevas a tu pueblo
y con tu amor lo gobiernas,
concede que el Espíritu de sabiduría abunde
en quienes han recibido la misión de gobernar tu Iglesia,
para que el bien de las ovejas
sirva de gozo eterno a los pastores.**
R. Amén.

**Tú que con tu poder
dispones el número de nuestros días
y el curso de los tiempos,
mira benévolo nuestro humilde servicio
y concede tu paz a nuestros días.**
R. Amén.

**Bendice el ministerio
que hemos recibido por tu gracia,
y pues nos has elevado al Orden episcopal,
haz que seamos gratos a ti por nuestras buenas obras;
y que el corazón del pueblo y del obispo
tengan un mismo querer,
para que no falte al pastor la obediencia de su rebaño,
ni al rebaño el cuidado de su pastor.**
R. Amén.

Y a todos ustedes, los aquí presentes,
los bendiga Dios todopoderoso,
Padre ✠, Hijo ✠, y Espíritu ✠ Santo.
R. Amén.

Pero si preside la liturgia eucarística el obispo ordenante principal, él mismo imparte esta bendición, con las manos extendidas sobre los obispos recién ordenados:

Que el Señor los bendiga y los guarde,
y pues los hizo Pontífices de su pueblo,
les conceda felicidad en este mundo
y el gozo en el reino eterno.
R. Amén.

Que el Señor les conceda por muchos años
gobernar felizmente,
con su providencia y bajo el cuidado de ustedes,
al clero y al pueblo
que ha querido reunir en torno de ustedes.
R. Amén.

Y que su pueblo,
obedeciendo los preceptos divinos,
superando toda adversidad,
abundando en el bien obrar
y respetando fielmente su ministerio,
goce de paz en este mundo
y merezca reunirse con ustedes
en la asamblea de los santos en el cielo.
R. Amén.

Y bendice a todo el pueblo, añadiendo:

Y a todos ustedes, los aquí presentes,
los bendiga Dios todopoderoso,
Padre ✠, Hijo ✠, y Espíritu ✠ Santo.
R. Amén.

2. PARA LA ORDENACIÓN DE PRESBÍTEROS

Los textos de esta Misa ritual pueden utilizarse fuera de las solemnidades, los domingos de Adviento, Cuaresma y Pascua, y de los días dentro de la octava de Pascua. En tales ocasiones se dice la Misa del día. Color litúrgico blanco o festivo.

A

Para la Ordenación de varios presbíteros

Antífona de entrada Jer 3, 15

Les daré pastores según mi corazón,
que los apacienten con sabiduría y prudencia. (T.P. Aleluya.)

Se dice Gloria.

Oración colecta

**Dios y Padre nuestro,
que para guiar y gobernar a tu pueblo
has querido servirte del ministerio de los sacerdotes,
concede a estos diáconos de tu Iglesia,
que has elegido hoy para el presbiterado,
perseverar al servicio de tu voluntad
para que, en su ministerio y en su vida,
busquen solamente tu gloria, unidos siempre a Cristo.
Él, que vive y reina contigo en la unidad del Espíritu Santo
y es Dios por los siglos de los siglos.**

Se dice Credo, si lo prescriben las rúbricas; se omite la oración universal.

Oración sobre las ofrendas

**Señor, tú que has querido que los sacerdotes
estén al servicio del altar y de tu pueblo,
concédeles, por la eficacia de este sacrificio,
que su ministerio te sea siempre grato
y dé frutos permanentes en tu Iglesia.
Por Jesucristo, nuestro Señor.**

Prefacio: El sacerdocio de Cristo y el ministerio de los sacerdotes.

V. **El Señor esté con ustedes.**
R. Y con tu espíritu.

V. **Levantemos el corazón.**
R. Lo tenemos levantado hacia el Señor.

V. **Demos gracias al Señor, nuestro Dios.**
R. Es justo y necesario.

En verdad es justo y necesario,
es nuestro deber y salvación
darte gracias siempre y en todo lugar,
Señor, Padre santo,
Dios todopoderoso y eterno.

Ya que, por la unción del Espíritu Santo,
constituiste a tu Unigénito
Pontífice de la alianza nueva y eterna,
y, en tu designio salvífico, has querido
que su sacerdocio único se perpetuara en la Iglesia.

En efecto, Cristo no sólo confiere
la dignidad del sacerdocio real
a todo su pueblo santo,
sino que, con especial predilección,
elige a algunos de entre los hermanos,
y mediante la imposición de las manos,
los hace partícipes de su ministerio de salvación,
a fin de que renueven, en su nombre,
el sacrificio redentor,
preparen para tus hijos el banquete pascual,
fomenten la caridad en tu pueblo santo,
lo alimenten con la Palabra,
lo fortifiquen con los sacramentos,
y, consagrando su vida a ti
y a la salvación de sus hermanos,
se esfuercen por reproducir en sí mismos la imagen de Cristo
y te den un constante testimonio
de fidelidad y de amor.

Por eso, Señor, con todos los ángeles y los santos,
te alabamos, cantando llenos de alegría:

Santo, Santo, Santo . . .

Texto con música, pp. 299–301.

En las Plegarias eucarísticas se hace mención de los presbíteros recién ordenados, según las fórmulas siguientes:

a) En la Plegaria eucarística I, se dice el Acepta, Señor, en tu bondad propio:

Acepta, Señor, en tu bondad,
esta ofrenda de tus siervos
y de toda tu familia santa;
te la ofrecemos también por tus hijos
que han sido llamados
al Orden de los presbíteros;
conserva en ellos tus dones
para que fructifique lo que han recibido de tu bondad.
(Por Cristo, nuestro Señor. Amén.)

b) En la Plegaria eucarística II, después de las palabras . . . a cuantos participamos del Cuerpo y la Sangre de Cristo, se dice:

Acuérdate, Señor, de tu Iglesia extendida por toda la tierra;
y con el Papa N.,
con nuestro obispo N.,
llévala a su perfección por la caridad.

Acuérdate también de estos hijos tuyos
que has constituido hoy presbíteros de la Iglesia,
y de todos los pastores que cuidan de tu pueblo.

Acuérdate también de nuestros hermanos . . .

c) En la Plegaria eucarística III, después de las palabras . . . traiga la paz y la salvación al mundo entero, se dice:

Confirma en la fe y en la caridad
a tu Iglesia, peregrina en la tierra:
a tu servidor, el Papa N.,
a nuestro obispo N.,
al Orden episcopal,
a estos hijos tuyos que han sido ordenados hoy
presbíteros de la Iglesia,
a los demás presbíteros, a los diáconos,
y a todo el pueblo redimido por ti.

Atiende los deseos y súplicas . . .

d) Si no se utiliza el prefacio propio, puede elegirse la Plegaria eucarística IV, en cuyas intercesiones, después de las palabras . . . para alabanza de tu gloria, se dice:

Y ahora, Señor, acuérdate
de todos aquellos
por quienes te ofrecemos este sacrificio:
de tu servidor, el Papa N.,
de nuestro obispo N.,
del Orden episcopal,
de estos hijos tuyos que te has dignado elegir hoy
para el ministerio presbiteral en favor de tu pueblo,
de los demás presbíteros y diáconos;
acuérdate también de los oferentes y de los aquí reunidos,
de todo tu pueblo santo
y de aquellos que te buscan con sincero corazón.

Acuérdate también de los que murieron . . .

Antífona de la Comunión

Mc 16, 15; Mt 28, 20

Vayan por todo el mundo
y prediquen el Evangelio;
yo estoy con ustedes todos los días,
dice el Señor. (T.P. Aleluya.)

Oración después de la Comunión

Que este sacrificio eucarístico
que te hemos ofrecido
y del cual hemos participado,
santifique, Señor,
a tus sacerdotes y a todos tus fieles,
para que, unidos a ti por un amor constante,
puedan servirte dignamente.
Por Jesucristo, nuestro Señor.

Bendición solemne al final de la misa

El obispo, con las manos extendidas sobre los presbíteros recién ordenados y el pueblo, dice:

Que Dios, que dirige y gobierna la Iglesia,
los proteja continuamente con su gracia
a fin de que cumplan fielmente el ministerio presbiteral.
R. Amén.

Que él los haga en el mundo servidores y testigos
de la verdad y del amor divino
y ministros fieles de la reconciliación.
℟. Amén.

Que los haga verdaderos pastores
que distribuyan a los fieles
la Palabra de la vida y el Pan vivo,
para que crezcan en la unidad del cuerpo de Cristo.
℟. Amén.

Y bendice a todo el pueblo, añadiendo:

Y a todos ustedes, los aquí presentes,
los bendiga Dios todopoderoso,
Padre ✠, Hijo ✠, y Espíritu ✠ Santo.
℟. Amén.

B

Para la Ordenación de un presbítero

Antífona de entrada Jer 3, 15

Les daré pastores según mi corazón,
que los apacienten con sabiduría y prudencia. (T.P. Aleluya.)

Se dice Gloria.

Oración colecta

Dios y Padre nuestro,
que para guiar y gobernar a tu pueblo
has querido servirte del ministerio de los sacerdotes,
concede a este diácono de tu Iglesia,
que has elegido hoy para el presbiterado,
perseverar al servicio de tu voluntad
para que, en su ministerio y en su vida,
busque solamente tu gloria, unido siempre a Cristo.
Él, que vive y reina contigo en la unidad del Espíritu Santo
y es Dios por los siglos de los siglos.

Se dice Credo, si lo prescriben las rúbricas; se omite la oración universal.

Oración sobre las ofrendas

**Señor, tú que has querido que los sacerdotes
estén al servicio del altar y de tu pueblo,
concédeles, por la eficacia de este sacrificio,
que su ministerio te sea siempre grato
y dé frutos permanentes en tu Iglesia.
Por Jesucristo, nuestro Señor.**

Prefacio: El sacerdocio de Cristo y el ministerio de los sacerdotes, p. 1210.

Texto con música, pp. 299–301.

En las Plegarias eucarísticas se hace mención del presbítero recién ordenado, según las fórmulas siguientes:

a) En la Plegaria eucarística I, se dice el Acepta, Señor, en tu bondad propio:

**Acepta, Señor, en tu bondad,
esta ofrenda de tus siervos
y de toda tu familia santa;
te la ofrecemos también por tu hijo
que ha sido llamado al Orden de los presbíteros;
conserva en él tus dones
para que fructifique lo que ha recibido de tu bondad.
(Por Cristo, nuestro Señor. Amén.)**

b) En la Plegaria eucarística II, después de las palabras . . . a cuantos participamos del Cuerpo y la Sangre de Cristo, se dice:

**Acuérdate, Señor, de tu Iglesia extendida
por toda la tierra;
y con el Papa N.,
con nuestro obispo N.,
llévala a su perfección por la caridad.**

**Acuérdate también de este hijo tuyo
que has constituido hoy presbítero de la Iglesia,
y de todos los pastores que cuidan de tu pueblo.**

Acuérdate también de nuestros hermanos . . .

c) En la Plegaria eucarística III, después de las palabras . . . traiga la paz y la salvación al mundo entero, se dice:

Confirma en la fe y en la caridad
a tu Iglesia, peregrina en la tierra:
a tu servidor, el Papa N.,
a nuestro obispo N.,
al Orden episcopal,
a este hijo tuyo que ha sido ordenado hoy
presbítero de la Iglesia,
a los demás presbíteros, a los diáconos,
y a todo el pueblo redimido por ti.

Atiende los deseos y súplicas . . .

d) Si no se utiliza el prefacio propio, puede elegirse la Plegaria eucarística IV, en cuyas intercesiones, después de las palabras . . . para alabanza de tu gloria, se dice:

Y ahora, Señor, acuérdate
de todos aquellos por quienes te ofrecemos
este sacrificio:
de tu servidor, el Papa N.,
de nuestro obispo N.,
del Orden episcopal,
de este hijo tuyo que te has dignado elegir hoy
para el ministerio presbiteral en favor de tu pueblo,
de los demás presbíteros y diáconos;
acuérdate también de los oferentes y de los aquí reunidos,
de todo tu pueblo santo
y de aquellos que te buscan con sincero corazón.

Acuérdate también de los que murieron . . .

Antífona de la Comunión

Mc 16, 15; Mt 28, 20

Vayan por todo el mundo
y prediquen el Evangelio;
yo estoy con ustedes todos los días,
dice el Señor. (T.P. Aleluya.)

Oración después de la Comunión

Que este sacrificio eucarístico
que te hemos ofrecido
y del cual hemos participado,
santifique, Señor,
a tus sacerdotes y a todos tus fieles,
para que, unidos a ti por un amor constante,
puedan servirte dignamente.
Por Jesucristo, nuestro Señor.

Bendición solemne al final de la misa

El obispo, con las manos extendidas sobre el presbítero recién ordenado y el pueblo, dice:

Que Dios, que dirige y gobierna la Iglesia,
te proteja continuamente con su gracia,
a fin de que cumplas fielmente el ministerio presbiteral.
R. Amén.

Que él te haga en el mundo servidor y testigo
de la verdad y del amor divino
y ministro fiel de la reconciliación.
R. Amén.

Que te haga verdadero pastor
que distribuya a los fieles
la Palabra de vida y el Pan vivo,
para que crezcan en la unidad del cuerpo de Cristo.
R. Amén.

Y bendice a todo el pueblo, añadiendo:

Y a todos ustedes, los aquí presentes,
los bendiga Dios todopoderoso,
Padre ✠, Hijo ✠, y Espíritu ✠ Santo.
R. Amén.

3. PARA LA ORDENACIÓN DE DIÁCONOS

Los textos de esta Misa ritual pueden utilizarse fuera de las solemnidades, los domingos de Adviento, Cuaresma y Pascua, y de los días dentro de la octava de Pascua. En tales ocasiones se dice la Misa del día. Color litúrgico blanco o festivo.

A

Para la Ordenación de varios diáconos

Antífona de entrada Jn 12, 26

El que quiera servirme, que me siga, dice el Señor,
para que donde yo esté, también esté mi servidor. (T.P. Aleluya.)

Se dice Gloria.

Oración colecta

**Dios nuestro,
que enseñaste a los ministros de tu Iglesia
a no buscar que alguien los sirva, sino a servir a todos,
concede a estos hijos tuyos,
que has elegido hoy para el ministerio del diaconado,
ser infatigables en el don de sí mismos,
constantes en la oración
y alegres y bondadosos en el ejercicio de su ministerio.
Por nuestro Señor Jesucristo, tu Hijo,
que vive y reina contigo en la unidad del Espíritu Santo
y es Dios por los siglos de los siglos.**

Se dice Credo, si lo prescriben las rúbricas; se omite la oración universal.

Oración sobre las ofrendas

**Padre santo,
ya que tu Hijo quiso lavar los pies de los discípulos
para darnos ejemplo,
recibe los dones que te presentamos,
y haz que, al ofrecernos a ti como oblación espiritual,
quedemos llenos de espíritu de humildad
y de celo en tu servicio.
Por Jesucristo, nuestro Señor.**

Prefacio: Cristo, fuente de todo ministerio en la Iglesia.

Santo, Santo, Santo . . .

Texto sin música:

V. **El Señor esté con ustedes.**
R. Y con tu espíritu.

V. **Levantemos el corazón.**
R. Lo tenemos levantado hacia el Señor.

V. **Demos gracias al Señor, nuestro Dios.**
R. Es justo y necesario.

**En verdad es justo y necesario,
es nuestro deber y salvación
darte gracias siempre y en todo lugar,
Señor, Padre santo,
Dios todopoderoso y eterno.**

**Ya que, por la unción del Espíritu Santo,
constituiste a tu Unigénito
Pontífice de la alianza nueva y eterna,
y, en tu designio salvífico,
has querido que haya en tu Iglesia
abundancia de ministerios.**

**En efecto, Cristo no sólo confiere
la dignidad del sacerdocio real
a todo su pueblo santo,
sino que, con especial predilección,
elige a algunos de entre los hermanos,
y mediante la imposición de las manos,
los hace partícipes de su ministerio de salvación,
a fin de que fomenten la caridad
en tu pueblo santo,
lo alimenten con la Palabra,
lo fortifiquen con los sacramentos
y, consagrando su vida a ti
y a la salvación de sus hermanos,
se esfuercen por reproducir en sí mismos
la imagen de Cristo
y te den un constante testimonio de fidelidad
y de amor.**

**Por eso, Señor, con todos los ángeles y santos,
te alabamos, cantando llenos de alegría:**

Santo, Santo, Santo . . .

En las Plegarias eucarísticas se hace mención de los diáconos recién ordenados, según las fórmulas siguientes:

a) En la Plegaria eucarística I, se dice el Acepta, Señor, en tu bondad propio:

Acepta, Señor, en tu bondad,
esta ofrenda de tus siervos
y de toda tu familia santa;
te la ofrecemos también por tus hijos
que han sido llamados
al Orden de los diáconos;
conserva en ellos tus dones
para que fructifique lo que han recibido de tu bondad.
(Por Cristo, nuestro Señor. Amén.)

b) En la Plegaria eucarística II, después de las palabras . . . a cuantos participamos del Cuerpo y la Sangre de Cristo, se dice:

Acuérdate, Señor,
de tu Iglesia extendida por toda la tierra;
y con el Papa N.,
con nuestro obispo N.,
llévala a su perfección por la caridad.

Acuérdate también de estos hijos tuyos
que has constituido hoy diáconos de la Iglesia,
y de todos los pastores que cuidan de tu pueblo.

Acuérdate también de nuestros hermanos . . .

c) En la Plegaria eucarística III, después de las palabras . . . traiga la paz y la salvación al mundo entero, se dice:

Confirma en la fe y en la caridad
a tu Iglesia, peregrina en la tierra:
a tu servidor, el Papa N.,
a nuestro obispo N.,
al Orden episcopal, a los presbíteros,
a estos hijos tuyos que han sido ordenados hoy
ministros de la Iglesia
y a los demás diáconos,
y a todo el pueblo redimido por ti.

Atiende los deseos y súplicas . . .

d) Si no se utiliza el prefacio propio, puede elegirse la Plegaria eucarística IV, en cuyas intercesiones, después de las palabras . . . para alabanza de tu gloria, se dice:

Y ahora, Señor, acuérdate
de todos aquellos por quienes te ofrecemos
este sacrificio:
de tu servidor, el Papa N.,
de nuestro obispo N.,
del Orden episcopal y de los presbíteros,
de estos hijos tuyos que te has dignado elegir hoy
para el ministerio diaconal en favor de tu pueblo,
y de los demás diáconos;
acuérdate también de los oferentes y de los aquí reunidos,
de todo tu pueblo santo
y de aquellos que te buscan con sincero corazón.

Acuérdate también de los que murieron . . .

Antífona de la Comunión Mt 20, 28

El Hijo del hombre no ha venido a ser servido,
sino a servir y a dar su vida
por la redención de todos. (T.P. Aleluya.)

Oración después de la Comunión

Concede, Señor, a tus hijos
alimentados con esta Eucaristía,
ser fieles ministros del Evangelio,
de los sacramentos y de la caridad,
para bien de tu pueblo y gloria de tu nombre.
Por Jesucristo, nuestro Señor.

Bendición solemne al final de la misa

El obispo, con las manos extendidas sobre los diáconos recién ordenados y el pueblo, dice:

Que Dios, que los ha llamado
al servicio de los hombres en su Iglesia,
les conceda un gran celo apostólico hacia todos,
especialmente hacia los pobres y afligidos.
R. Amén.

Que él, que les ha confiado
la misión de predicar el Evangelio
y de servir al altar y a los hombres,
los haga en el mundo
ardientes testigos suyos
y ministros de la caridad.
R. Amén.

Que él, que los hizo dispensadores
de sus sacramentos,
les conceda ser imitadores de su Hijo Jesucristo,
para ser en el mundo ministros de la unidad y de la paz.
R. Amén.

Y bendice a todo el pueblo, añadiendo:

Y a todos ustedes, los aquí presentes,
los bendiga Dios todopoderoso,
Padre ✠, Hijo ✠, y Espíritu ✠ Santo.
R. Amén.

B

Para la Ordenación de un diácono

Antífona de entrada Jn 12, 26

El que quiera servirme, que me siga, dice el Señor,
para que donde yo esté, también esté mi servidor. (T.P. Aleluya.)

Se dice Gloria.

Oración colecta

**Dios nuestro,
que enseñaste a los ministros de tu Iglesia
a no buscar que alguien los sirva, sino a servir a todos,
concede a este hijo tuyo
que has elegido hoy para el ministerio del diaconado
ser infatigable en el don de sí mismo,
constante en la oración,
y alegre y bondadoso en el ejercicio de su ministerio.
Por nuestro Señor Jesucristo, tu Hijo,
que vive y reina contigo en la unidad del Espíritu Santo
y es Dios por los siglos de los siglos.**

Se dice Credo, si lo prescriben las rúbricas; se omite la oración universal.

Oración sobre las ofrendas

**Padre santo,
ya que tu Hijo quiso lavar los pies de los discípulos
para darnos ejemplo,
recibe los dones que te presentamos,
y haz que, al ofrecernos a ti como oblación espiritual,
quedemos llenos de espíritu de humildad
y de celo en tu servicio.
Por Jesucristo, nuestro Señor.**

Prefacio: Cristo, fuente de todo ministerio en la Iglesia, pp. 1218–1219.

Texto sin música:

V. **El Señor esté con ustedes.**
R. Y con tu espíritu.

V. **Levantemos el corazón.**
R. Lo tenemos levantado hacia el Señor.

V. **Demos gracias al Señor, nuestro Dios.**
R. Es justo y necesario.

**En verdad es justo y necesario,
es nuestro deber y salvación
darte gracias siempre y en todo lugar,
Señor, Padre santo,
Dios todopoderoso y eterno.**

**Ya que, por la unción del Espíritu Santo,
constituiste a tu Unigénito
Pontífice de la alianza nueva y eterna,
y, en tu designio salvífico,
has querido que haya en tu Iglesia
abundancia de ministerios.**

**En efecto, Cristo no sólo confiere
la dignidad del sacerdocio real
a todo su pueblo santo,
sino que, con especial predilección,
elige a algunos de entre los hermanos,
y mediante la imposición de las manos,
los hace partícipes de su ministerio de salvación,
a fin de que fomenten la caridad
en tu pueblo santo,
lo alimenten con la Palabra,
lo fortifiquen con los sacramentos
y, consagrando su vida a ti
y a la salvación de sus hermanos,
se esfuercen por reproducir en sí mismos
la imagen de Cristo
y te den un constante testimonio de fidelidad
y de amor.**

**Por eso, Señor, con todos los ángeles y santos,
te alabamos, cantando llenos de alegría:**

Santo, Santo, Santo . . .

Texto con música, pp. 1218–1219.

En las Plegarias eucarísticas se hace mención del diácono recién ordenado, según las fórmulas siguientes:

a) En la Plegaria eucarística I, se dice el Acepta, Señor, en tu bondad propio:

Acepta, Señor, en tu bondad,
esta ofrenda de tus siervos
y de toda tu familia santa;
te la ofrecemos también por tu hijo
que ha sido llamado al Orden de los diáconos;
conserva en él tus dones
para que fructifique lo que ha recibido de tu bondad.
(Por Cristo, nuestro Señor. Amén.)

b) En la Plegaria eucarística II, después de las palabras . . . a cuantos participamos del Cuerpo y la Sangre de Cristo, se dice:

Acuérdate, Señor,
de tu Iglesia extendida por toda la tierra;
y con el Papa N.,
con nuestro obispo N.,
llévala a su perfección por la caridad.

Acuérdate también de este hijo tuyo
que has constituido hoy diácono de la Iglesia,
y de todos los pastores que cuidan de tu pueblo.
Acuérdate también de nuestros hermanos . . .

c) En la Plegaria eucarística III, después de las palabras . . . traiga la paz y la salvación al mundo entero, se dice:

Confirma en la fe y en la caridad
a tu Iglesia, peregrina en la tierra:
a tu servidor, el Papa N.,
a nuestro obispo N.,
al Orden episcopal, a los presbíteros,
a este hijo tuyo que ha sido ordenado hoy
ministro de la Iglesia
y a los demás diáconos,
y a todo el pueblo redimido por ti.

Atiende los deseos y súplicas . . .

d) Si no se utiliza el prefacio propio, puede elegirse la Plegaria eucarística IV, en cuyas intercesiones, después de las palabras . . . para alabanza de tu gloria, se dice:

Y ahora, Señor, acuérdate
de todos aquellos por quienes te ofrecemos
este sacrificio:
de tu servidor, el Papa N.,
de nuestro obispo N.,
del Orden episcopal y de los presbíteros,
de este hijo tuyo que te has dignado elegir hoy
para el ministerio diaconal en favor de tu pueblo,
y de los demás diáconos;
acuérdate también de los oferentes y de los aquí reunidos,
de todo tu pueblo santo
y de aquellos que te buscan con sincero corazón.

Acuérdate también de los que murieron . . .

Antífona de la Comunión

Mt 20, 28

El Hijo del hombre no ha venido a ser servido,
sino a servir y a dar su vida
por la redención de todos. (T.P. Aleluya.)

Oración después de la Comunión

**Concede, Señor, a tu hijo
alimentado con esta Eucaristía,
ser fiel ministro del Evangelio,
de los sacramentos y de la caridad,
para bien de tu pueblo y gloria de tu nombre.
Por Jesucristo, nuestro Señor.**

Bendición solemne al final de la misa

El obispo, con las manos extendidas sobre el diácono recién ordenado y el pueblo, dice:

Que Dios, que te ha llamado
al servicio de los hombres en su Iglesia,
te conceda un gran celo apostólico hacia todos,
especialmente hacia los pobres y afligidos.
R. Amén.

Que él, que te ha confiado
la misión de predicar el Evangelio
y de servir al altar y a los hombres,
te haga en el mundo
ardiente testigo suyo
y ministro de la caridad.
R. Amén.

Que él, que te hizo dispensador
de sus sacramentos,
te conceda ser imitador de su Hijo Jesucristo,
para ser en el mundo ministro de la unidad y de la paz.
R. Amén.

Y bendice a todo el pueblo, añadiendo:

Y a todos ustedes, los aquí presentes,
los bendiga Dios todopoderoso,
Padre ✠, Hijo ✠, y Espíritu ✠ Santo.
R. Amén.

4. PARA LA ORDENACIÓN CONJUNTA DE PRESBÍTEROS Y DIÁCONOS

En la Ordenación de diáconos y presbíteros en una misma acción litúrgica pueden utilizarse los textos de esta Misa ritual, fuera de las solemnidades, los domingos de Adviento, Cuaresma y Pascua, y de los días dentro de la octava de Pascua. En tales ocasiones se dice la Misa del día. Color litúrgico blanco o festivo.

Antífona de entrada

Jn 12, 26

El que quiera servirme, que me siga, dice el Señor,
para que donde yo esté, también esté mi servidor. (T.P. Aleluya.)

Se dice Gloria.

Oración colecta

**Dios y Padre nuestro,
tú que eres quien provee de pastores a tu pueblo,
derrama sobre tu Iglesia
el Espíritu de piedad y fortaleza,
que convierta a estos siervos tuyos
en dignos ministros de tu altar
y los haga testigos valientes y humildes de tu Evangelio.
Por nuestro Señor Jesucristo, tu Hijo,
que vive y reina contigo en la unidad del Espíritu Santo
y es Dios por los siglos de los siglos.**

Se dice Credo, si lo prescriben las rúbricas; se omite la oración universal.

Oración sobre las ofrendas

**Padre santo,
ya que tu Hijo quiso lavar los pies de los discípulos
para darnos ejemplo,
recibe los dones que te presentamos,
y haz que, al ofrecernos a ti como oblación espiritual,
quedemos llenos de espíritu de humildad
y de celo en tu servicio.
Por Jesucristo, nuestro Señor.**

Prefacio: Cristo, fuente de todo ministerio en la Iglesia, pp. 1218–1219.

En las Plegarias eucarísticas se hace mención de los Ordenados, según las fórmulas siguientes:

a) En la Plegaria eucarística I, se dice el Acepta, Señor, en tu bondad propio:

Acepta, Señor, en tu bondad,
esta ofrenda de tus siervos
y de toda tu familia santa;
te la ofrecemos también por tus hijos
que han sido llamados al Orden de los diáconos
y al Orden de los presbíteros;
conserva en ellos tus dones
para que fructifique lo que han recibido de tu bondad.
(Por Cristo, nuestro Señor. Amén.)

b) En la Plegaria eucarística II, después de las palabras . . . a cuantos participamos del Cuerpo y la Sangre de Cristo, se dice:

Acuérdate, Señor, de tu Iglesia extendida
por toda la tierra;
y con el Papa N.,
con nuestro obispo N.,
llévala a su perfección por la caridad.

Acuérdate también de estos hijos tuyos
que has constituido hoy diáconos o presbíteros de la Iglesia,
y de todos los pastores que cuidan de tu pueblo.
Acuérdate también de nuestros hermanos . . .

c) En la Plegaria eucarística III, después de las palabras . . . traiga la paz y la salvación al mundo entero, se dice:

Confirma en la fe y en la caridad
a tu Iglesia, peregrina en la tierra:
a tu servidor, el Papa N.,
a nuestro obispo N.,
al Orden episcopal,
a estos hijos tuyos que han sido ordenados hoy
diáconos o presbíteros de la Iglesia,
a los demás presbíteros y diáconos,
y a todo el pueblo redimido por ti.

Atiende los deseos y súplicas . . .

d) Si no se utiliza el prefacio propio, puede elegirse la Plegaria eucarística IV, en cuyas intercesiones, después de las palabras . . . para alabanza de tu gloria, se dice:

Y ahora, Señor, acuérdate
de todos aquellos
por quienes te ofrecemos este sacrificio:
de tu servidor, el Papa N.,
de nuestro obispo N.,
del Orden episcopal,
de estos hijos tuyos que te has dignado elegir hoy
para el ministerio diaconal o presbiteral
en favor de tu pueblo,
de los demás presbíteros y diáconos;
acuérdate también de los oferentes y de los aquí reunidos,
de todo tu pueblo santo
y de aquellos que te buscan con sincero corazón.

Acuérdate también de los que murieron . . .

Antífona de la Comunión Jn 17, 17-18

Padre santo, santifícalos en la verdad.
Así como tú me enviaste al mundo,
así los envío yo también al mundo,
dice el Señor. (T.P. Aleluya.)

Oración después de la Comunión

Concede, Señor, a tus hijos
alimentados con esta Eucaristía,
ser fieles ministros del Evangelio,
de los sacramentos y de la caridad,
para bien de tu pueblo y gloria de tu nombre.
Por Jesucristo, nuestro Señor.

Bendición solemne al final de la misa

El obispo, con las manos extendidas sobre los presbíteros y diáconos recién ordenados y sobre el pueblo, dice:

Que Dios, que dirige y gobierna la Iglesia,
los proteja continuamente con su gracia
a fin de que cumplan fielmente su ministerio.
R. Amén.

Que él, que ha confiado a los diáconos
la misión de predicar el Evangelio
y de servir al altar y a los hombres,
los haga a ustedes en el mundo
ardientes testigos suyos
y ministros de la caridad.
R. Amén.

Que a ustedes, presbíteros,
los haga verdaderos pastores
que distribuyan a los fieles
la Palabra de la vida y el Pan vivo,
para que crezcan en la unidad del cuerpo de Cristo.
R. Amén.

Y bendice a todo el pueblo, añadiendo:

Y a todos ustedes, los aquí presentes,
los bendiga Dios todopoderoso,
Padre ✠, Hijo ✠, y Espíritu ✠ Santo.
R. Amén.

V. PARA LA CELEBRACIÓN DEL MATRIMONIO

Cuando se celebra el Matrimonio dentro de la Misa, se dice esta Misa ritual. Color litúrgico blanco o festivo.

Si tiene lugar en alguno de los días reseñados en los números 1-4 de la tabla de los días litúrgicos (p. 115), se emplea la Misa del día, conservando en ella la Bendición nupcial y, si se cree conveniente, la fórmula propia de la bendición final.

En los domingos del Tiempo de Navidad y en los del Tiempo Ordinario, si la comunidad parroquial participa en la Misa, se usa la Misa del domingo.

Aunque por comodidad se proponen varios formularios íntegros de la Misa, pueden intercambiarse todos los textos, principalmente las oraciones y las bendiciones nupciales, según se juzgue oportuno.

A

Antífona de entrada

Cfr. Sal 20 (19), 3. 5

Que el Señor les envíe su ayuda desde el Santuario
y los proteja desde Sión.
Que les conceda los deseos de su corazón
y bendiga todos sus proyectos. (T.P. Aleluya.)

Se omite el acto penitencial. Se dice Gloria.

Oración colecta

**Escucha, Señor, nuestras súplicas
y protege bondadosamente
la institución del Matrimonio,
a la que tú le asignaste
la propagación del género humano,
para que, lo que tú has unido,
con tu ayuda se conserve.
Por nuestro Señor Jesucristo, tu Hijo,
que vive y reina contigo en la unidad del Espíritu Santo
y es Dios por los siglos de los siglos.**

O bien:

Dios nuestro, que al crear el género humano
quisiste establecer la unión entre el hombre y la mujer,
une en la fidelidad del amor a estos hijos tuyos N. **y** N.,
que van a contraer Matrimonio,
para que siempre den testimonio con su vida
del amor divino que hoy los trae a tu altar.
Por nuestro Señor Jesucristo, tu Hijo,
que vive y reina contigo en la unidad del Espíritu Santo
y es Dios por los siglos de los siglos.

Oración sobre las ofrendas

Recibe, Señor, el sacrificio
que te ofrecemos por esta unión sagrada;
y ya que eres el autor de ella,
sé también su protector y su guía.
Por Jesucristo, nuestro Señor.

Prefacio: La dignidad de la alianza nupcial.

℣. El Se-ñor es-té con us-te-des. ℟. Y con tu‿es-pí-ri-tu.

℣. Le-van-te-mos el co-ra-zón. ℟. Lo te-ne-mos le-van-ta-do ha-cia‿el Se-ñor.

℣. De-mos gra-cias al Se-ñor, nues-tro Dios. ℟. Es jus-to‿y ne-ce-sa-rio.

En ver-dad es justo y ne-ce-sa-rio, es nuestro deber y salvación

darte gracias siempre y en to-do lu-gar, Señor, Pa-dre san-to,

Dios todo-po-de-ro-so y‿e-ter-no. Que con el yugo suave del amor

y el vínculo indisoluble de la paz, hi-ciste más fuerte la alian-za

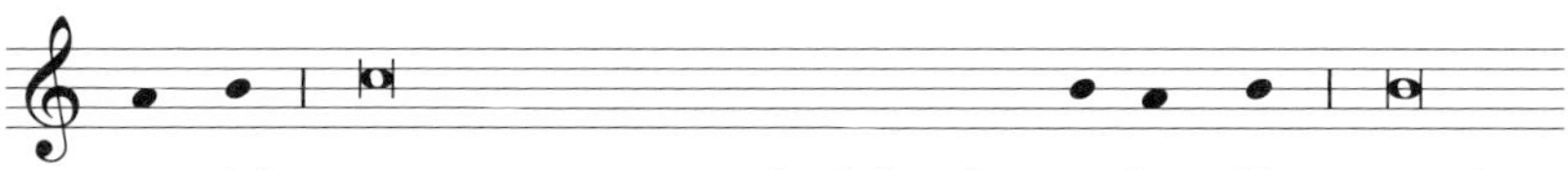

nup-cial, para que aumenten los hijos de tu a-dop-ción por la

honesta fecundidad de los ma-tri-mo-nios cris-tia-nos. Tu pro-vi-

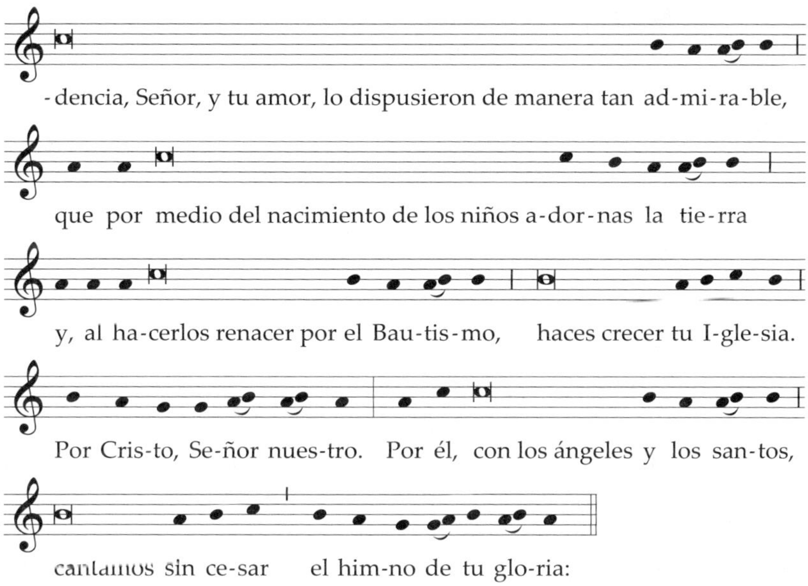

Santo, Santo, Santo . . .

Texto sin música:

V. **El Señor esté con ustedes.**
R. Y con tu espíritu.

V. **Levantemos el corazón.**
R. Lo tenemos levantado hacia el Señor.

V. **Demos gracias al Señor, nuestro Dios.**
R. Es justo y necesario.

En verdad es justo y necesario,
es nuestro deber y salvación
darte gracias siempre y en todo lugar,
Señor, Padre santo,
Dios todopoderoso y eterno.

Que con el yugo suave del amor
y el vínculo indisoluble de la paz,
hiciste más fuerte la alianza nupcial,
para que aumenten los hijos de tu adopción
por la honesta fecundidad
de los matrimonios cristianos.

Tu providencia, Señor, y tu amor,
lo dispusieron de manera tan admirable,
que por medio del nacimiento de los niños
adornas la tierra
y, al hacerlos renacer por el Bautismo,
haces crecer tu Iglesia.
Por Cristo, Señor nuestro.

Por él, con los ángeles y los santos,
cantamos sin cesar el himno de tu gloria:

Santo, Santo, Santo . . .

En las Plegarias eucarísticas se hace mención de los nuevos esposos, según las fórmulas siguientes:

a) En la Plegaria eucarística I, se dice el Acepta, Señor, en tu bondad propio, del que pueden omitirse las palabras entre paréntesis, si se juzga oportuno.

Acepta, Señor, en tu bondad
esta ofrenda de tus siervos,
de los nuevos esposos N. **y** N.
y de toda tu familia santa,
que hoy intercede por ellos;
y ya que les has concedido llegar
al día de los deposorios,
otórgales también
(**el gozo de una ansiada descendencia y de**)
una larga vida.

Junta las manos.

(**Por Cristo, nuestro Señor. Amén.**)

b) En la Plegaria eucarística II, después de las palabras . . . llévala a su perfección por la caridad, se añade:

Acuérdate de tus hijos N. y N.
que en Cristo hoy han fundado una nueva familia,
iglesia doméstica y sacramento de tu amor,
y concédeles que la gracia de este día
se prolongue a lo largo de toda su vida.

c) En la Plegaria eucarística III, después de las palabras . . . y a todo el pueblo redimido por ti, se añade:

Ayuda a tus hijos N. y N.,
que en Cristo hoy han fundado una nueva familia,
Iglesia doméstica y sacramento de tu amor,
y concédeles que la gracia de este día
se prolongue a lo largo de toda su vida.

Bendición nupcial

Dicho el Padrenuestro y omitido el Líbranos de todos los males, el sacerdote, de pie y vuelto hacia el esposo y la esposa, invoca sobre ellos la bendición de Dios, la cual nunca se omite.

En la fórmula de invitación, si uno de los esposos o ambos no comulgan, se omiten las palabras entre paréntesis. En el último párrafo de la oración, las palabras entre paréntesis pueden omitirse en aquellos casos en que las circunstancias parezcan aconsejarlo, por ejemplo, si los esposos son de edad avanzada.

Los esposos se acercan al altar o, si es oportuno, permanecen en su lugar, y se arrodillan.

El sacerdote, con las manos juntas, invita a los presentes a orar, diciendo:

Hermanos,
roguemos humildemente a Dios, nuestro Padre,
que derrame la gracia de su bendición
sobre estos hijos suyos (N. y N.)
que acaban de contraer Matrimonio en Cristo,
y a los que unió en santa alianza,
(por el sacramento del Cuerpo y de la Sangre de Cristo
que van a recibir,)
los haga perseverar en un mismo amor.

Y todos oran en silencio durante un breve espacio de tiempo.

Luego el sacerdote, con las manos extendidas sobre los esposos, continúa:

Dios nuestro, tú que con tu poder
lo hiciste todo de la nada
y, desde los principios de la creación,
modelaste al hombre y a la mujer
a tu imagen y semejanza,
y constituiste a cada uno como ayuda
y compañía inseparable del otro,
de modo que no fueran dos seres sino uno solo,
enseñándonos que nunca es lícito separar
lo que tú quisiste unir;

Dios nuestro, tú que con un designio maravilloso
consagraste la unión conyugal para prefigurar en ella
la unión de Cristo y de la Iglesia;

Dios nuestro, tú que has querido la unión
del hombre y la mujer y has bendecido esta comunidad,
establecida desde el principio,
con la única bendición que no fue abolida
ni por la pena del pecado original,
ni por el castigo del diluvio;
mira con bondad a estos hijos tuyos que,
unidos en Matrimonio,
quieren que tu bendición los acompañe:

Envía sobre ellos la gracia del Espíritu Santo
para que tu amor, derramado en sus corazones,
los haga permanecer fieles a su alianza conyugal.

Concede a tu hija N.
el don del amor y de la paz
y que siga siempre
el ejemplo de las santas mujeres,
cuya alabanza proclama la Escritura.

Que confíe en ella el corazón de su esposo
y que, reconociéndola éste como compañera
de igual dignidad y coheredera de la vida de la gracia,
la respete debidamente y la ame siempre con el amor
con que Cristo amó a su Iglesia.

Y ahora, Señor, te suplicamos
que estos hijos tuyos
permanezcan ligados a la fe y a tus mandamientos
y que, fieles a un solo amor,
sean ejemplares por la integridad de sus costumbres;
que, fortalecidos con el Evangelio,
sean testigos de Cristo delante de todos;
(sean fecundos en hijos, padres intachables,
vean ambos a los hijos de sus hijos)
y, transcurrida una ancianidad feliz,
alcancen la felicidad de los justos
en el Reino de los cielos.
Por Jesucristo, nuestro Señor.
R. Amén.

A continuación, omitiendo la oración Señor Jesucristo, se dice La paz del Señor esté siempre con ustedes. Entonces los esposos y todos intercambian un signo de paz y de caridad, conforme a las costumbres del lugar.

Antífona de la Comunión

Cfr. Ef 5, 25. 27

Cristo amó a la Iglesia y se entregó por ella,
para hacerla comparecer ante sí mismo
como esposa santa e inmaculada. (T.P. Aleluya.)

Oración después de la Comunión

Dios y Padre nuestro,
por medio de este sacrificio de salvación,
protege con tu providencia
a la nueva familia que has instituido
y unifica en un mismo corazón
a los que uniste en una santa alianza
(y has alimentado con un mismo pan y un mismo cáliz).
Por Jesucristo, nuestro Señor.

Bendición solemne al final de la misa

El sacerdote, con las manos extendidas sobre los esposos, dice:

**N. y N., que el eterno Padre los conserve unidos en el amor,
para que la paz de Cristo habite en ustedes
y permanezca en su hogar.**
R. Amén.

**Que tengan en los hijos una bendición,
en los amigos un consuelo
y en el trato con todos, una paz verdadera.**
R. Amén.

**Que sean testigos del amor de Dios en el mundo,
para que los pobres y afligidos,
habiendo encontrado en ustedes ayuda y consuelo,
los reciban con gratitud algún día
en la casa eterna del Padre.**
R. Amén.

Y bendice a todo el pueblo, añadiendo:

**Y a todos ustedes, los aquí presentes,
los bendiga Dios todopoderoso,
Padre, Hijo ✠, y Espíritu Santo.**
R. Amén.

B

Antífona de entrada Cfr. Sal 90 (89), 14. 17

Sácianos, Señor, de tu amor cada mañana
y así pasaremos alegres y cantando cada día.
Brille sobre nosotros la bondad del Señor
y haga prósperas la obras de nuestras manos. (T.P. Aleluya.)

Se omite el acto penitencial. Se dice Gloria.

Oración colecta

**Escucha, Señor, nuestras súplicas
y derrama tu gracia sobre estos hijos tuyos (N. y N.),
que hoy se unen ante tu altar,
para que se mantengan firmes
en el amor que se profesan.
Por nuestro Señor Jesucristo, tu Hijo,
que vive y reina contigo en la unidad del Espíritu Santo
y es Dios por los siglos de los siglos.**

O bien:

**Señor, tú que con un designio maravilloso
consagraste la unión conyugal para prefigurar en ella
la unión de Cristo con su Iglesia,
concede a estos hijos tuyos
que realicen en su vida de esposos
este designio que conocen por la fe.
Por nuestro Señor Jesucristo, tu Hijo,
que vive y reina contigo en la unidad del Espíritu Santo
y es Dios por los siglos de los siglos.**

Oración sobre las ofrendas

**Recibe en tu bondad, Señor,
los dones que te presentamos con alegría,
y protege con tu amor paterno
a quienes uniste con el sacramento del Matrimonio.
Por Jesucristo, nuestro Señor.**

Prefacio: El gran misterio del Matrimonio.

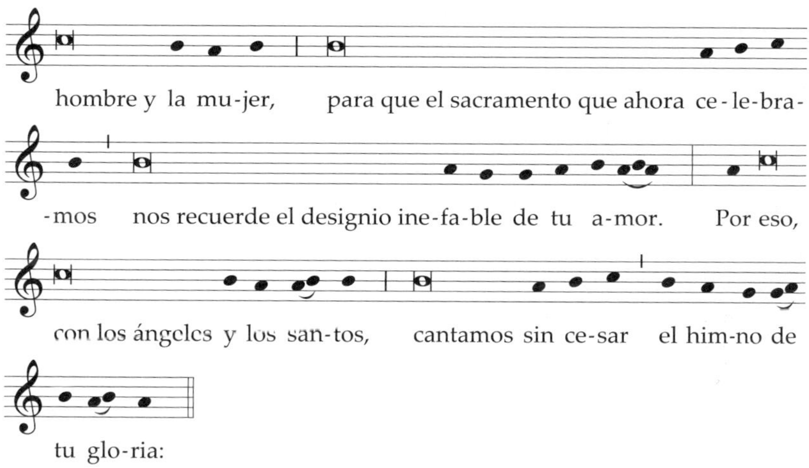

Santo, Santo, Santo . . .

Texto sin música:

V. **El Señor esté con ustedes.**
R. Y con tu espíritu.

V. **Levantemos el corazón.**
R. Lo tenemos levantado hacia el Señor.

V. **Demos gracias al Señor, nuestro Dios.**
R. Es justo y necesario.

En verdad es justo y necesario,
es nuestro deber y salvación
darte gracias siempre y en todo lugar,
Señor, Padre santo,
Dios todopoderoso y eterno.

Porque estableciste con tu pueblo una nueva alianza,
para hacer partícipes en Cristo
de la naturaleza divina
y coherederos de su gloria,
a los que redimiste
por el misterio de su muerte y resurrección.

Y quisiste darnos a entender esta gracia de tu liberalidad
en la unión del hombre y la mujer,
para que el sacramento que ahora celebramos
nos recuerde el designio inefable de tu amor.

Por eso, con los ángeles y los santos,
cantamos sin cesar el himno de tu gloria:

Santo, Santo, Santo . . .

Las Plegarias eucarísticas tienen textos propios para las intercesiones por los nuevos esposos, pp. 1238–1239.

Bendición nupcial

Dicho el Padrenuestro y omitido el Líbranos de todos los males, el sacerdote, de pie y vuelto hacia el esposo y la esposa, invoca sobre ellos la bendición de Dios, la cual nunca se omite.

En la fórmula de invitación, si uno de los esposos o ambos no comulgan, se omiten las palabras entre paréntesis. En el último párrafo de la oración, las palabras entre paréntesis pueden omitirse en aquellos casos en que las circunstancias parezcan aconsejarlo, por ejemplo, si los esposos son de edad avanzada.

Los esposos se acercan al altar o, si es oportuno, permanecen en su lugar, y se arrodillan.

El sacerdote, con las manos juntas, invita a los presentes a orar, diciendo:

Pidamos a Dios que estos esposos
que han venido al altar
para unirse en Matrimonio,
(por la participación del Cuerpo y la Sangre de Cristo)
vivan siempre unidos por el amor.

Y todos oran en silencio durante un breve espacio de tiempo.

Luego el sacerdote, con las manos extendidas sobre los esposos, continúa:

**Padre santo,
que hiciste a los hombres a imagen tuya
y los creaste varón y mujer para que,
unidos en la carne y en el espíritu,
fueran colaboradores de tu creación;**

**Señor, tú que para revelarnos el designio de tu amor,
quisiste dejarnos en el amor de los esposos
un bosquejo de la alianza que hiciste con tu pueblo,
a fin de que, completado con el sacramento,
en la unión conyugal de tus fieles
quedara patente el misterio nupcial
de Cristo y de la Iglesia:**

Extiende sobre estos hijos tuyos N. **y** N.
**tu mano amorosa
e infunde en sus corazones
la fuerza del Espíritu Santo.**

**Concédeles, Señor,
que en la comunidad sacramental que hoy inician,
se comuniquen los dones de tu amor y,
siendo el uno para el otro signo de tu presencia,
sean un solo corazón y un solo espíritu.**

**Concédeles también que sepan conservar
y proteger su nuevo hogar**
(**y formen a sus hijos según el Evangelio,
para que, así, puedan éstos algún día
incorporarse para siempre a tu familia celestial**).

Colma de bendiciones a tu hija N.,
**para que pueda cumplir sus deberes
de esposa** (**y madre**).
**Dé calor a su hogar con un amor puro
y con su afabilidad lo adorne.**

Bendice también a tu hijo N.,
**para que cumpla dignamente su misión
de esposo fiel** (**y de padre providente**).

Concede, Padre santo,
a estos hijos tuyos
que han unido sus vidas ante ti
(**y quieren ahora, por primera vez como esposos,**
acercarse a tu mesa,)
participar algún día alegremente,
del banquete celestial.
Por Jesucristo, nuestro Señor.
R. Amén.

A continuación, omitiendo la oración Señor Jesucristo, se dice La paz del Señor esté siempre con ustedes. Entonces los esposos y todos intercambian un signo de paz y de caridad, conforme a las costumbres del lugar.

Antífona de la Comunión

Jn 13, 34

Les doy un mandato nuevo:
que se amen los unos a los otros
como yo los he amado, dice el Señor. (T.P. Aleluya.)

Oración después de la Comunión

Tú que nos has permitido
participar de tu mesa,
concede, Señor, a N. y N.,
que acaban de unir sus vidas
por el sacramento del Matrimonio,
permanecer siempre fieles a ti
y dar testimonio de tu amor ante los hombres.
Por Jesucristo, nuestro Señor.

Bendición solemne al final de la misa

El sacerdote, con las manos extendidas sobre los esposos, dice:

N. y N., que Dios todopoderoso
les conceda participar de su alegría
y los bendiga en sus hijos.
R. Amén.

Que el Unigénito de Dios esté junto a ustedes
en sus penas y en sus alegrías.
R. Amén.

Que el Espíritu Santo de Dios
habite en ustedes y los llene de su amor.
R. Amén.

Y bendice a todo el pueblo, añadiendo:

Y a todos ustedes, los aquí presentes,
los bendiga Dios todopoderoso,
Padre, Hijo ✠, y Espíritu Santo.
R. Amén.

C

Antífona de entrada Cfr. Sal 145 (144), 2. 9

Día tras día te bendeciré, Señor,
y alabaré tu nombre por siempre y para siempre,
pues eres bueno con todos
y tu amor se extiende a todas tus creaturas. (T.P. Aleluya.)

Se omite el acto penitencial. Se dice Gloria.

Oración colecta

Concede, Dios todopoderoso,
a estos hijos tuyos que hoy van a unirse
por el sacramento del Matrimonio,
crecer siempre en la fe que profesan
y enriquecer con sus hijos
la familia fiel de tu Iglesia.
Por nuestro Señor Jesucristo, tu Hijo,
que vive y reina contigo en la unidad del Espíritu Santo
y es Dios por los siglos de los siglos.

O bien:

Dios y Padre nuestro,
que desde el principio del mundo
has bendecido la procreación del género humano,
escucha nuestras súplicas
y derrama la abundancia de tu bendición
sobre estos hijos tuyos (N. y N.)
para que en su vida matrimonial
se identifiquen en el amor,
tiendan al mismo fin
y se ayuden mutuamente a crecer en santidad.
Por nuestro Señor Jesucristo, tu Hijo,
que vive y reina contigo en la unidad del Espíritu Santo
y es Dios por los siglos de los siglos.

Oración sobre las ofrendas

Escucha, Señor, nuestras súplicas
y recibe con agrado
estas ofrendas que te presentamos
por estos hijos tuyos, unidos en santo Matrimonio,
para que la celebración de estos misterios
los confirme en su amor y en el tuyo.
Por Jesucristo, nuestro Señor.

Prefacio: El Matrimonio, signo del amor divino.

Santo, Santo, Santo . . .

Texto sin música:

V. **El Señor esté con ustedes.**
R. Y con tu espíritu.

V. **Levantemos el corazón.**
R. Lo tenemos levantado hacia el Señor.

V. **Demos gracias al Señor, nuestro Dios.**
R. Es justo y necesario.

En verdad es justo y necesario,
es nuestro deber y salvación
darte gracias siempre y en todo lugar,
Señor, Padre santo,
Dios todopoderoso y eterno.

Porque dignificaste tanto al ser humano,
creado por bondad tuya,
que en la unión del hombre y la mujer
has dejado la imagen verdadera de tu amor.

Y al que por amor creaste,
no cesas de llamarlo a la vida del amor,
a fin de hacerlo partícipe de la eternidad del tuyo.

Así, el misterio del santo Matrimonio,
al mismo tiempo que significa tu amor divino,
consagra el amor humano,
por Cristo, Señor nuestro.

Por él, con los ángeles y los santos,
cantamos sin cesar el himno de tu gloria:

Santo, Santo, Santo . . .

Las Plegarias eucarísticas tienen textos propios para las intercesiones por los nuevos esposos, pp. 1238–1239.

Bendición nupcial

Dicho el Padrenuestro y omitido el Líbranos de todos los males, el sacerdote, de pie y vuelto hacia el esposo y la esposa, invoca sobre ellos la bendición de Dios, la cual nunca se omite.

En la fórmula de invitación, si uno de los esposos o ambos no comulgan, se omiten las palabras entre paréntesis. En el último párrafo de la oración, las palabras entre paréntesis pueden omitirse en aquellos casos en que las circunstancias parezcan aconsejarlo, por ejemplo, si los esposos son de edad avanzada.

Los esposos se acercan al altar o, si es oportuno, permanecen en su lugar, y se arrodillan.

El sacerdote, con las manos juntas, invita a los presentes a orar, diciendo:

Hermanos, pidámosle a Dios
que bendiga y proteja a estos esposos
a quienes ha enriquecido
con el sacramento del Matrimonio.

Y todos oran en silencio durante un breve espacio de tiempo.

Luego el sacerdote, con las manos extendidas sobre los esposos, continúa:

Padre santo, autor de todo el universo,
que creaste a tu imagen al hombre y a la mujer
y colmaste de bendición su unión conyugal;
te pedimos por estos hijos tuyos
que hoy se unen
por el sacramento del Matrimonio.

Que descienda, Señor, sobre esta esposa N.
y el compañero de su vida N.,
la abundancia de tu bendición,
y que la fuerza de tu Espíritu Santo
inflame sus corazones
(**para que al gozo de su vida matrimonial**
añadan el encanto de los hijos)
y enriquezcan (**con ellos**) **a tu Iglesia.**

Que te alaben, Señor, en sus alegrías;
que te busquen en sus tristezas;
que en sus trabajos
encuentren el gozo de tu ayuda
y, en la necesidad,
sientan cercano tu consuelo;
que te invoquen en las reuniones sagradas;
que den testimonio de ti entre los hombres
y, después de una ancianidad feliz,
lleguen al Reino de los cielos,
acompañados de quienes
hoy comparten su alegría.
Por Jesucristo, nuestro Señor.
R. Amén.

A continuación, omitiendo la oración Señor Jesucristo, se dice La paz del Señor esté siempre con ustedes. Entonces los esposos y todos intercambian un signo de paz y de caridad, conforme a las costumbres del lugar.

Antífona de la Comunión Sal 34 (33), 2. 9

Bendeciré al Señor a todas horas,
no cesará mi boca de alabarlo.
Haz la prueba y verás qué bueno es el Señor.
Dichoso el hombre que se refugia en él. (T.P. Aleluya.)

Oración después de la Comunión

**Concédenos, Dios todopoderoso,
que la gracia del sacramento del Matrimonio
actúe de día en día en la vida de estos esposos,
y que la Eucaristía que hemos ofrecido y recibido,
nos haga vivir a todos como hermanos.
Por Jesucristo, nuestro Señor.**

Bendición solemne al final de la misa

El sacerdote, con las manos extendidas sobre los esposos, dice:

N. **y** N.**, que nuestro Señor Jesucristo,
que quiso estar presente en las bodas de Caná,
los bendiga a ustedes,
a sus familiares y amigos.**
R. Amén.

**Que nuestro Señor Jesucristo,
que amó a su Iglesia
hasta el extremo de morir por ella,
les infunda constantemente su amor.**
R. Amén.

**Que nuestro Señor Jesucristo
les conceda superar las dificultades de esta vida,
con el gozo de saber ciertamente
que algún día resucitarán con él.**
R. Amén.

Y bendice a todo el pueblo, añadiendo:

**Y a todos ustedes, los aquí presentes,
los bendiga Dios todopoderoso,
Padre, Hijo ✠, y Espíritu Santo.**
R. Amén.

Las Misas para la celebración de aniversario de Matrimonio, se encuentran entre las Misas por varias necesidades, pp. 1315–1317.

VI. PARA LA BENDICIÓN DE UN ABAD O DE UNA ABADESA

Los textos de esta Misa pueden utilizarse en los días en que se permiten las Misas rituales. Color litúrgico blanco o festivo.

1

Para la Bendición de un abad

Antífona de entrada Cfr. Jn 15, 16

No son ustedes los que me han elegido, dice el Señor;
soy yo quien los ha elegido para que vayan y den fruto
y su fruto permanezca. (T.P. Aleluya.)

O bien: Cfr. Col 3, 14-15

Sobre todas las virtudes pongan la caridad,
que es el vínculo de perfecta unión;
y que en sus corazones reine la paz de Cristo. (T.P. Aleluya.)

Se dice Gloria.

Oración colecta

Concede, Señor, a tu siervo N.,
a quien elegiste como abad de esta comunidad de N.,
saber encauzar, con su ejemplo y sus enseñanzas,
las voluntades de sus hermanos,
para que actúen en todo con rectitud;
y que así, lleno de gozo, obtenga de ti, piadosísimo Pastor,
junto con ellos, la gracia de la eterna recompensa.
Por nuestro Señor Jesucristo, tu Hijo,
que vive y reina contigo en la unidad del Espíritu Santo
y es Dios por los siglos de los siglos.

Se dice Credo, si lo prescriben las rúbricas; se omite la oración universal.

Oración sobre las ofrendas

Recibe, Señor, los dones de tus siervos
y concédeles que, ofreciéndose ellos mismos
como oblación espiritual,
sean siempre colmados de verdadera humildad,
de obediencia y de paz.
Por Jesucristo, nuestro Señor.

Puede decirse el prefacio de la vida religiosa, pp. 1268–1269.

En las Plegarias eucarísticas, se hace mención del abad recién bendecido, según las fórmulas siguientes:

a) En la Plegaria eucarística I, se dice el Acepta, Señor, en tu bondad propio:

**Acepta, Señor, en tu bondad,
esta ofrenda de tus siervos y de toda tu familia santa,
que te ofrecemos también por tu siervo N.,
a quien te dignaste elegir como guía de esta comunidad;
te pedimos, Señor, que lo aceptes complacido
y conserves benignamente en él tus dones
para que el don recibido de tu gracia,
reconforte el corazón de sus hermanos.
(Por Cristo, nuestro Señor. Amén.)**

b) En la Plegaria eucarística II, después de las palabras . . . a cuantos participamos del Cuerpo y la Sangre de Cristo, se dice:

**Acuérdate, Señor, de tu Iglesia
extendida por toda la tierra,
y con el Papa N.,
con nuestro obispo N.
y todos los pastores que cuidan de tu pueblo,
llévala a su perfección por la caridad.**

**Acuérdate también de este siervo tuyo,
a quien hoy constituiste como abad de esta comunidad.
Acuérdate también de nuestros hermanos . . .**

c) En la Plegaria eucarística III, después de las palabras . . . traiga la paz y la salvación al mundo entero, se dice:

**Confirma en la fe y la caridad
a tu Iglesia, peregrina en la tierra:
a tu servidor el Papa N.,
a nuestro obispo N.,
al orden episcopal,
a este siervo tuyo N.,
que hoy fue elegido abad de esta comunidad,
a los presbíteros y diáconos,
y a todo el pueblo redimido por ti.**

Atiende los deseos y súplicas . . .

d) Si no se utiliza el prefacio propio, puede elegirse la Plegaria eucarística IV, en cuyas intercesiones, después de las palabras . . . para alabanza de tu gloria, se dice:

Y ahora, Señor, acuérdate de todos aquellos
por quienes te ofrecemos este sacrificio:
de tu servidor el Papa N.,
de nuestro obispo N.,
del orden episcopal
y de este siervo tuyo N.,
que hoy te has dignado elegir para el servicio de esta comunidad,
así como también de los presbíteros y diáconos;
acuérdate también de los oferentes y de los aquí reunidos,
de todo tu pueblo santo
y de aquellos que te buscan con sincero corazón.

Acuérdate también de los que murieron . . .

Antífona de la Comunión

Mt 20, 28

El Hijo del hombre no ha venido a ser servido, sino a servir
y a dar la vida para redención de todos. (T.P. Aleluya.)

O bien:

Donde hay amor verdadero, ahí está Dios.
El amor de Cristo ha hecho de nosotros una sola familia. (T.P. Aleluya.)

Oración después de la Comunión

Mira, Señor, con bondad, a esta familia tuya
y haz que, quienes hemos celebrado
el misterio de nuestra fe,
corramos sin descanso por la senda del Evangelio,
glorificándote en todas nuestras acciones.
Por Jesucristo, nuestro Señor.

Bendición solemne al final de la misa

El Prelado, con las manos extendidas sobre el abad recién bendecido, dice:

Que Dios, de quien toma nombre toda paternidad,
te conceda ser fortalecido por la virtud en el hombre interior
según las riquezas de su gloria.
R. Amén.

Que te conceda recorrer el camino de sus mandatos,
junto con tus hermanos,
con corazón generoso, en el gozo de Cristo.
R. Amén.

Que esta familia monástica,
congregada en el nombre del Señor,
alcance, por la gracia divina, bajo tu guía,
la vida eterna.
R. Amén.

Y el Prelado bendice a todo el pueblo, añadiendo:

Y a todos ustedes, los aquí presentes,
los bendiga Dios todopoderoso,
Padre ✠, Hijo ✠, y Espíritu ✠ Santo.
R. Amén.

Pero si el abad preside la liturgia eucarística, puede bendecir con el rito de bendición pontifical, o puede decir la fórmula siguiente, con las manos extendidas sobre la asamblea:

Que Dios Padre misericordioso los guarde
en buena disposición de ánimo;
y así como quiso designarme abad para ustedes,
así nos haga a todos partícipes de la felicidad eterna.
R. Amén.

Que el Señor Jesucristo
les conceda recorrer el camino de sus mandatos
con generoso corazón y en fraterna alegría.
R. Amén.

Que el Espíritu Santo nos conceda a todos
cumplir unánimes las obras de piedad y de convivencia,
para que, imitando a nuestros padres,
permanezcamos concordes en espíritu.
R. Amén.

Y el abad bendice a todo el pueblo, añadiendo:

Y a todos ustedes, los aquí presentes,
los bendiga Dios todopoderoso,
Padre ✠, Hijo ✠, y Espíritu ✠ Santo.
R. Amén.

2

Para la Bendición de una abadesa

Antífona de entrada

Cfr. Jn 15, 16

No son ustedes los que me han elegido, dice el Señor;
soy yo quien los ha elegido para que vayan y den fruto
y su fruto permanezca. (T.P. Aleluya.)

O bien:

Cfr. Col 3, 14-15

Sobre todas las virtudes, pongan la caridad,
que es el vínculo de perfecta unión;
y que en sus corazones reine la paz de Cristo. (T.P. Aleluya.)

Se dice Gloria.

Oración colecta

Concede, Señor, a tu sierva N.,
a quien elegiste como abadesa de esta comunidad de N.,
saber encauzar, con su ejemplo y sus enseñanzas,
las voluntades de sus hermanas,
para que actúen en todo con rectitud;
y que así, llena de gozo, obtenga de ti, piadosísimo Pastor,
junto con ellas, la gracia de la eterna recompensa.
Por nuestro Señor Jesucristo, tu Hijo,
que vive y reina contigo en la unidad del Espíritu Santo
y es Dios por los siglos de los siglos.

Se dice Credo, si lo prescriben las rúbricas; se omite la oración universal.

Oración sobre las ofrendas

Recibe, Señor, los dones de tus siervos
y concédeles que, ofreciéndose ellos mismos
como oblación espiritual,
sean siempre colmados de verdadera humildad,
de obediencia y de paz.
Por Jesucristo, nuestro Señor.

Se puede decir el prefacio de la vida religiosa, pp. 1268–1269.

En las Plegarias eucarísticas, se hace mención de la abadesa recién bendecida, según las fórmulas siguientes:

a) En la Plegaria eucarística I, se dice el Acepta, Señor, en tu bondad propio:

Acepta, Señor, en tu bondad,
esta ofrenda de tus siervos y de toda tu familia santa,
que también te ofrecemos por tu sierva N.,
a quien te dignaste elegir como guía de esta comunidad;
te pedimos, Señor, que la aceptes complacido
y conserves benignamente en ella tus dones
para que el don recibido de tu gracia,
reconforte el corazón de sus hermanas.
(Por Cristo, nuestro Señor. Amén.)

b) En la Plegaria eucarística II, después de las palabras . . . a cuantos participamos del Cuerpo y la Sangre de Cristo, se añade:

Acuérdate, Señor, de tu Iglesia
extendida por toda la tierra,
y con el Papa N.,
con nuestro obispo N.
y todos los pastores que cuidan de tu pueblo,
llévala a su perfección por la caridad.

Acuérdate también de esta sierva tuya,
a quien hoy constituiste como abadesa de esta comunidad.

Acuérdate también de nuestros hermanos . . .

c) En la Plegaria eucarística III, después de las palabras . . . y a todo el pueblo redimido por ti, se añade:

Fortalece también, Señor, para el servicio de sus hermanas,
a esta sierva tuya
que hoy fue elegida abadesa de esta comunidad.

Atiende los deseos y súplicas . . .

d) Si no se utiliza el prefacio propio, puede elegirse la Plegaria eucarística IV, en cuyas intercesiones, después de las palabras . . . de los presbíteros y diáconos, se dice:

y de esta sierva tuya N.,
que te dignaste hoy elegir para el servicio de esta comunidad.
Acuérdate también de los oferentes y de los aquí reunidos,
de todo tu pueblo santo
y de aquellos que te buscan con sincero corazón.

Acuérdate también de los que murieron . . .

Antífona de la Comunión Mt 20, 28

El Hijo del hombre no ha venido a ser servido, sino a servir
y a dar la vida para redención de todos. (T.P. Aleluya.)

O bien:

Donde hay amor verdadero, ahí está Dios.
El amor de Cristo ha hecho de nosotros una sola familia. (T.P. Aleluya.)

Oración después de la Comunión

Mira, Señor, con bondad, a esta familia tuya
y haz que quienes hemos celebrado
el misterio de nuestra fe,
corramos sin descanso por la senda del Evangelio,
glorificándote en todas nuestras acciones.
Por Jesucristo, nuestro Señor.

Bendición solemne al final de la misa

El Prelado, con las manos extendidas sobre la abadesa recién bendecida, dice:

Que Dios, que ha reunido a estas hijas suyas
en el amor de Cristo para bien de la Iglesia,
te conceda espíritu de piedad
para que guíes a esta familia a ti confiada
en la búsqueda de la perfección.
R. Amén.

Que te conceda recorrer el camino de sus mandatos,
junto con tus hermanas,
con corazón generoso, en el gozo de Cristo.
R. Amén.

Que esta familia monástica,
congregada en el nombre del Señor,
alcance, por la gracia divina, bajo tu guía,
la vida eterna.
R. Amén.

Y bendice a todo el pueblo, añadiendo:

Y a todos ustedes, los aquí presentes,
los bendiga Dios todopoderoso,
Padre ✠, Hijo ✠, y Espíritu ✠ Santo.
R. Amén.

VII. PARA LA CONSAGRACIÓN DE VÍRGENES

Los textos de esta Misa pueden utilizarse en los días en que se permiten las Misas rituales. Color litúrgico, blanco o festivo.

Los oraciones deberán adaptarse, usando el singular, si se trata de la consagración de una virgen solamente.

Antífona de entrada

Cfr. Sal 105 (104), 4-5

Busquen al Señor y encontrarán su ayuda;
busquen continuamente su rostro.
Recuerden las maravillas que ha hecho. (T.P. Aleluya.)

Se dice Gloria.

Oración colecta

**Dios y Padre nuestro,
que has inspirado a estas hijas tuyas
el deseo de guardar la santa virginidad,
dígnate llevar a término tu obra en ellas,
y para que su ofrenda sea perfecta,
concédeles permanecer fieles hasta el fin.
Por nuestro Señor Jesucristo, tu Hijo,
que vive y reina contigo en la unidad del Espíritu Santo
y es Dios por los siglos de los siglos.**

Se dice Credo, si lo prescriben las rúbricas; se omite la oración universal.

Oración sobre las ofrendas

**Dios y Padre nuestro,
por el sacrificio que vamos a ofrecerte,
concede a estas hijas tuyas
perseverar en su santo propósito,
para que al venir Cristo, tu Hijo,
en la majestad de su gloria,
encuentren abiertas las puertas del cielo
y entren gozosas al Reino eterno.
Por Jesucristo, nuestro Señor.**

Se puede decir el prefacio de la vida religiosa, pp. 1268–1269.

En las Plegarias eucarísticas, se hace mención de las vírgenes consagradas con los siguientes formularios:

a) Cuando se utiliza el Canon romano, se dice Acepta, Señor, en tu bondad propio:

Acepta, Señor, en tu bondad y santifica
esta ofrenda de tus siervos y de estas hijas tuyas N. y N.,
la cual te ofrecemos en el día de su consagración;
concédeles a ellas,
que hoy, movidas por tu gracia,
se han unido más estrechamente a tu Hijo,
salir a su encuentro llenas de alegría,
cuando venga, al fin de los tiempos, revestido de gloria.
(Por Cristo, nuestro Señor. Amén.)

b) En las intercesiones de la Plegaria eucarística II, después de las palabras . . . llévala a su perfección por la caridad, se añade:

Acuérdate también, Señor,
de estas hermanas nuestras
que hoy consagraste con la unción del Espíritu Santo,
para que, conservando encendida
la lámpara de la caridad y de la fe,
te sirvan constantemente a ti y a tu pueblo,
aguardando anhelantes
la llegada de su Esposo Jesucristo.

c) En las intercesiones de la Plegaria eucarística III, después de las palabras . . . y a todo el pueblo redimido por ti, se añade:

Confirma también en su santo propósito
a estas hijas tuyas que, por medio de su generosa entrega,
desean ardientemente seguir a Cristo
dando testimonio de vida evangélica y de caridad fraterna.

d) Si no se utiliza el prefacio propio, puede elegirse la Plegaria eucarística IV, en cuyas intercesiones, después de las palabras . . . de los presbíteros y diáconos, se dice:

y de estas hermanas nuestras,
a quienes hoy, para siempre,
has consagrado a la alabanza divina
y al servicio de la humanidad,
de los oferentes y de los aquí reunidos . . .

Antífona de la Comunión

Sal 42 (41), 2

Como la cierva busca el agua de los ríos,
así, sedienta, mi alma te busca a ti, Dios mío. (T.P. Aleluya.)

Oración después de la Comunión

Dios y Padre nuestro,
que nos has concedido participar con abundancia
de tus santos dones,
escucha nuestra plegaria
y concede que la vida consagrada
de estas hijas tuyas N. **y** N.**,**
sea de provecho para toda la familia humana
y contribuya constantemente
a la edificación de tu Iglesia.
Por Jesucristo, nuestro Señor.

Bendición solemne al final de la misa

El obispo, con las manos extendidas sobre las vírgenes recién consagradas a Dios, dice:

El Padre celestial,
que infundió en sus corazones
el propósito de permanecer vírgenes,
les conceda la gracia de perseverar hasta el fin.
R. Amén.

El Señor Jesús,
que une consigo en alianza nupcial
los corazones de las vírgenes,
fecunde sus pensamientos
con la divina semilla de su palabra.
R. Amén.

El Espíritu Santo,
que cubrió con su sombra a la Virgen María
y hoy ha ungido sus corazones,
las inflame con el deseo ardiente
de servir a Dios y a la Iglesia.
R. Amén.

Y bendice a todo el pueblo, añadiendo:

Y a todos ustedes, los aquí presentes,
los bendiga Dios todopoderoso,
Padre ✠, Hijo ✠, y Espíritu ✠ Santo.
R. Amén.

O bien:

**Que Dios, inspirador y autor de todo santo propósito,
las proteja siempre con su gracia,
para que cumplan con espíritu fiel
los deberes de su vocación.**
R. Amén.

**Que él las haga partícipes del amor divino
y signo y testimonio de dicho amor delante de todos.**
R. Amén.

**Que, por su bondad, haga eternos en el cielo
los lazos con que las unió a Cristo en la tierra.**
R. Amén.

Y bendice a todo el pueblo, añadiendo:

**Y a todos ustedes, los aquí presentes,
los bendiga Dios todopoderoso,
Padre ✠, Hijo ✠, y Espíritu ✠ Santo.**
R. Amén.

VIII. PARA LA PROFESIÓN RELIGIOSA

Los textos de las Misas para la primera profesión, la profesión perpetua y la renovación de votos, pueden emplearse en los días en que se permiten las Misas rituales. Color litúrgico blanco o festivo.

Los textos litúrgicos que se proponen para un varón, pueden emplearse para una mujer, cambiando el género, y los textos propuestos en plural, pueden emplearse para una persona, cambiando el número.

1. PARA LA PRIMERA PROFESIÓN RELIGIOSA

Antífona de entrada

Cfr. Sal 40 (39), 8-9

Aquí estoy, Señor, para hacer tu voluntad.
Ése es mi deseo: tener tu ley en mi corazón. (T.P. Aleluya.)

Se dice Gloria.

Oración colecta

**Concede, Señor, a estos hermanos nuestros,
a quienes inspiraste el propósito
de seguir más de cerca a Cristo,
llegar felizmente al término del camino que hoy inician,
para que merezcan ofrecerte el don perfecto de su entrega.
Por nuestro Señor Jesucristo, tu Hijo,
que vive y reina contigo en la unidad del Espíritu Santo
y es Dios por los siglos de los siglos.**

Oración sobre las ofrendas

**Recibe, Señor,
las ofrendas y súplicas que te presentamos
al celebrar el inicio de la profesión religiosa,
y haz que las primicias de estos siervos tuyos,
con la ayuda de tu gracia,
se conviertan en frutos abundantes.
Por Jesucristo, nuestro Señor.**

Prefacio propio, p. 1268.

Antífona de la Comunión

Mc 3, 35

El que cumple la voluntad de Dios,
ése es mi hermano, mi hermana y mi madre,
dice el Señor. (T.P. Aleluya.)

Oración después de la Comunión

**Que nos llene de alegría, Señor, el sacramento recibido
y concede que, por su eficacia,
estos siervos tuyos cumplan fielmente
los deberes de la vida religiosa que hoy inician
y te sirvan siempre con libertad de corazón.
Por Jesucristo, nuestro Señor.**

2. PARA LA PROFESIÓN PERPETUA

A

Antífona de entrada Cfr. Sal 122 (121), 1-2

¡Qué alegría cuando me dijeron:
vamos a la casa del Señor!
Ya están pisando nuestros pies
tus umbrales, Jerusalén. (T.P. Aleluya.)

Se dice Gloria.

Oración colecta

**Señor Dios, que en estos siervos tuyos
hiciste florecer con tal fuerza la gracia del Bautismo,
que se decidieran a seguir más de cerca las huellas de tu Hijo,
concédeles que,
tendiendo constantemente a la perfección evangélica,
aumenten la santidad de la Iglesia
y fortalezcan su eficacia apostólica.
Por nuestro Señor Jesucristo, tu Hijo,
que vive y reina contigo en la unidad del Espíritu Santo
y es Dios por los siglos de los siglos.**

Se dice Credo, si lo prescriben las rúbricas; se omite la oración universal.

Oración sobre las ofrendas

**Acoge benigno, Señor,
los dones y los deseos de tus siervos
y confirma con tu amor
a quienes profesan los consejos evangélicos.
Por Jesucristo, nuestro Señor.**

Prefacio: Significado de la vida consagrada a Dios.

Santo, Santo, Santo . . .

Texto sin música:

V. **El Señor esté con ustedes.**
R. Y con tu espíritu.

V. **Levantemos el corazón.**
R. Lo tenemos levantado hacia el Señor.

V. **Demos gracias al Señor, nuestro Dios.**
R. Es justo y necesario.

En verdad es justo y necesario,
es nuestro deber y salvación
darte gracias siempre y en todo lugar,
Señor, Padre santo,
Dios todopoderoso y eterno,
por Cristo, Señor nuestro.

El cual brotó como una flor sin mancha
del seno de la Virgen,
proclamó dichosos a los limpios de corazón
y nos mostró con su vida la grandeza de la castidad.

Eligió siempre hacer lo que te agrada
y, haciéndose obediente por nosotros hasta la muerte,
quiso ofrecerse a ti
como una víctima enteramente agradable.

Y prometió que encontrarían un tesoro en el cielo
quienes, dejándolo todo por tu amor en este mundo,
se dedicaran con celo a tu servicio.

Por eso, con los ángeles y los santos
te cantamos un himno de alabanza, diciendo sin cesar:

Santo, Santo, Santo . . .

En las Plegarias eucarísticas se hace mención de los profesos o profesas, según las fórmulas siguientes:

Para varones

a) En la Plegaria eucarística I, se dice el Acepta, Señor, en tu bondad propio:

Acepta, Señor, en tu bondad,
esta ofrenda de tus siervos y de estos hijos tuyos,
que te ofrecemos en el día de su profesión perpetua,
y concede a quienes ahora
has permitido consagrarte su vida,
ser admitidos al gozo de la Pascua eterna
el día del advenimiento glorioso de tu Hijo.
(Por Cristo, nuestro Señor. Amén.)

b) En las intercesiones de la Plegaria eucarística II, después de las palabras . . . llévala a su perfección por la caridad, se añade:

Acuérdate también, Señor, de estos hermanos
que hoy se han consagrado a tu servicio perpetuo,
y concédeles elevar siempre a ti su mente y su corazón
y dar gloria a tu nombre.

Acuérdate también de nuestros hermanos . . .

c) En las intercesiones de la Plegaria eucarística III, después de las palabras . . . y a todo el pueblo redimido por ti, se añade:

Dígnate también confirmar en su santo propósito
a estos siervos tuyos que hoy se han unido a ti para siempre
con los sagrados vínculos de los votos religiosos,
y haz que manifiesten en tu Iglesia
la vida nueva y eterna, adquirida por la redención de Cristo.

Atiende los deseos y súplicas de esta familia . . .

d) Si no se utiliza el prefacio propio, puede elegirse la Plegaria eucarística IV, en cuyas intercesiones, después de las palabras . . . de los presbíteros y diáconos, puede añadirse:

y de estos hermanos,
que hoy se consagran más estrechamente a ti
por la profesión religiosa,
de los oferentes y de los aquí reunidos . . .

Para mujeres

a) En la Plegaria eucarística I, se dice el Acepta, Señor, en tu bondad propio:

Acepta, Señor, en tu bondad,
esta ofrenda de tus siervos y de estas hijas tuyas,
que te ofrecemos en el día de su profesión perpetua;
concédeles a ellas, que hoy se han unido
más estrechamente a tu Hijo por inspiración tuya,
salir jubilosamente a su encuentro,
cuando venga, al fin de los tiempos,
revestido de gloria.
(Por Cristo, nuestro Señor. Amén.)

b) En las intercesiones de la Plegaria eucarística II, después de las palabras . . . llévala a su perfección por la caridad, se añade:

Acuérdate también de estas hermanas,
que han dejado todo por ti
para encontrarte en todas las cosas,
y concédeles que, olvidándose de sí mismas,
estén atentas a las necesidades de los demás.

Acuérdate también de nuestros hermanos . . .

c) En las intercesiones de la Plegaria eucarística III, después de las palabras . . . y a todo el pueblo redimido por ti, se añade:

Dígnate también fortalecer en su santo propósito
a estas siervas tuyas, que, fervorosamente,
se esfuerzan por seguir a Cristo,
dando testimonio de vida evangélica y de amor fraterno.

Atiende los deseos y súplicas de esta familia . . .

d) Si no se utiliza el prefacio propio, puede elegirse la Plegaria eucarística IV, en cuyas intercesiones, después de las palabras . . . de los presbíteros y diáconos, puede añadirse:

y de estas hermanas que hoy se consagran a ti para siempre
por medio de la profesión religiosa,
de los oferentes y de los aquí reunidos . . .

Antífona de la Comunión

Gál 2, 19-20

Estoy crucificado con Cristo.
Vivo, pero ya no soy yo el que vive,
es Cristo quien vive en mí. (T.P. Aleluya.)

Oración después de la Comunión

Ya que hemos recibido con veneración estos divinos misterios,
te suplicamos, Señor,
que a estos siervos tuyos,
que se han unido a ti con un vínculo sagrado,
los inflames con el fuego del Espíritu Santo
y los asocies a tu Hijo para siempre.
Él, que vive y reina por los siglos de los siglos.

Bendición solemne al final de la misa

El sacerdote, con las manos extendidas sobre los nuevos profesos, dice:

Que Dios, inspirador de todo santo propósito,
aliente sus resoluciones y fortalezca sus corazones
para que cumplan con fidelidad constante lo que han prometido.
R. Amén.

Que él les conceda recorrer, gozosos en Cristo,
el camino estrecho que han elegido,
compartiendo alegremente las molestias de los hermanos.
R. Amén.

Que el amor de Dios haga de ustedes
una verdadera familia, reunida en el nombre del Señor,
que reproduzca la imagen del amor de Cristo.
R. Amén.

Y bendice a todo el pueblo, añadiendo:

Y a todos ustedes, los aquí presentes,
los bendiga Dios todopoderoso,
Padre, Hijo ✠, y Espíritu Santo.
R. Amén.

B

Antífona de entrada

Cfr. Sal 66 (65), 13-14

Entraré en tu casa con holocaustos,
te cumpliré mis votos,
que pronunciaron mis labios. (T.P. Aleluya.)

Se dice Gloria.

Oración colecta

Señor, Padre santo, confirma, bondadoso,
el propósito de tus siervos N. **y** N.
y haz que la gracia del Bautismo,
que quieren fortalecer con un nuevo vínculo,
alcance en ellos su plena eficacia
de modo que los lleve a rendirte el culto
que es debido a tu majestad
y a extender con fervor apostólico el reinado de Cristo.
Él, que vive y reina contigo en la unidad del Espíritu Santo
y es Dios por los siglos de los siglos.

Se dice Credo, si lo prescriben las rúbricas; se omite la oración universal.

Oración sobre las ofrendas

Recibe, Señor, las ofrendas de tus siervos
y conviértelas en sacramento de redención;
llena asimismo de los dones del Espíritu Santo
a quienes, por paternal designio,
quisiste llamar a imitar más de cerca a tu Hijo.
Él, que vive y reina por los siglos de los siglos.

Prefacio e intercesiones propias, pp. 1268–1272.

Antífona de la Comunión

Sal 34 (33), 9

Haz la prueba y verás
qué bueno es el Señor.
Dichoso el que se refugia en él. (T.P. Aleluya.)

Oración después de la Comunión

**Que nos llenen de alegría, Señor,
la recepción de este divino sacramento
y la solemnidad de esta profesión perpetua;
y concédenos propicio que, en el corazón de tus hijos,
esta doble gracia los impulse con vehemente caridad
al servicio de la Iglesia y de los hombres.
Por Jesucristo, nuestro Señor.**

Bendición solemne al final de la misa

El sacerdote, con las manos extendidas sobre los nuevos profesos, dice:

**Dios, que inspira y realiza los santos propósitos,
los proteja constantemente con su gracia,
para que cumplan con fidelidad
los deberes de su vocación.**
R. Amén.

**Que él los haga partícipes de la caridad divina,
y signo y testimonio de ella en medio del pueblo.**
R. Amén.

**Y que él, en el cielo, perpetúe benigno los vínculos
con los que Cristo los unió consigo mismo en la tierra.**
R. Amén.

Y bendice a todo el pueblo, añadiendo:

**Y a todos ustedes, los aquí presentes,
los bendiga Dios todopoderoso,
Padre, Hijo ✠, y Espíritu Santo.**
R. Amén.

Las Misas de los aniversarios de profesión religiosa se encuentran entre las Misas por varias necesidades, p. 1320.

3. PARA LA RENOVACIÓN DE LOS VOTOS

Las antífonas de entrada y de la comunión se toman, de acuerdo con la ocasión, de alguna de las Misas precedentes, pp. 1266–1274.

Oración colecta

Señor Dios, que todo lo dispones y gobiernas a los hombres,
dirige tu mirada a estos hijos tuyos
que quieren renovar su oblación,
y concédeles unirse día a día más estrechamente
al misterio de la Iglesia
y dedicarse más intensamente al bien de la familia humana.
Por nuestro Señor Jesucristo, tu Hijo,
que vive y reina contigo en la unidad del Espíritu Santo
y es Dios por los siglos de los siglos.

Oración sobre las ofrendas

Mira con bondad, Señor, los dones de tu pueblo,
a los que se une la renovación
de los votos de pobreza, castidad y obediencia
de estos hermanos nuestros;
transforma los dones temporales
en sacramento de vida eterna,
y graba en nuestros corazones la imagen de tu Hijo.
Él, que vive y reina por los siglos de los siglos.

Prefacio propio, p. 1268.

Oración después de la Comunión

Habiendo recibido, Señor, el sacramento celestial,
te suplicamos que estos siervos tuyos,
que, confiando sólo en la gracia de lo alto,
han renovado hoy sus esforzados compromisos religiosos,
queden fortalecidos con el poder de Cristo
y protegidos con el auxilio que da el Espíritu Santo.
Por Jesucristo, nuestro Señor.

IX. PARA LA INSTITUCIÓN DE LECTORES Y ACÓLITOS

Si los ritos de institución se celebran dentro de la Misa, se puede emplear la Misa por los ministros de la Iglesia, p. **1311**. Color litúrgico blanco o festivo.

Si se celebran en los días que están en los números **1-9** de la tabla de los días litúrgicos, se dice la Misa del día.

X. PARA LA DEDICACIÓN DE UNA IGLESIA Y DE UN ALTAR

1. PARA LA DEDICACIÓN DE UNA IGLESIA

Cuando se dedica una iglesia, siempre se emplea la Misa ritual propia, con color blanco o festivo. Pero la dedicación de la iglesia no puede celebrarse en el Triduo pascual, en la Navidad, en la Epifanía, en la Ascensión, en el domingo de Pentecostés, en el Miércoles de Ceniza, en la Semana Santa, ni en la Conmemoración de todos los fieles difuntos.

Antífona de entrada Cfr. Sal 68 (67), 6. 7. 36

Dios está en su santo templo.
Él nos hace habitar juntos en su casa.
Él es la fuerza y el poder de su pueblo. (T.P. Aleluya.)

O bien, con el salmo 121: Cfr. Sal 122 (121), 1

Iremos llenos de júbilo a la casa del Señor. (T.P. Aleluya.)

Se dice Gloria.

Oración colecta

**Dios todopoderoso y eterno,
derrama tu gracia sobre este lugar
y favorece con el don de tu ayuda a cuantos te invocan,
para que, en este sitio,
el poder de tu palabra y de tus sacramentos
fortalezca el corazón de todos tus hijos.
Por nuestro Señor Jesucristo, tu Hijo,
que vive y reina contigo en la unidad del Espíritu Santo
y es Dios por los siglos de los siglos.**

Se dice Credo; se omite la oración universal.

Oración sobre las ofrendas

**Que te sean gratos, Señor,
los dones de tu Iglesia gozosa,
para que tu pueblo, reunido en esta casa santa,
obtenga, por estos misterios, la salvación eterna.
Por Jesucristo, nuestro Señor.**

Se dice la Plegaria eucarística I o III con este prefacio, propio del rito de la dedicación de una iglesia:

Prefacio: El misterio del templo de Dios.

℣. El Se-ñor es-té con us-te-des. ℟. Y con tu‿es-pí-ri-tu.

℣. Le-van-te-mos el co-ra-zón. ℟. Lo te-ne-mos le-van-ta-do ha-cia‿el Se-ñor.

℣. De-mos gra-cias al Se-ñor, nues-tro Dios. ℟. Es jus-to‿y ne-ce-sa-rio.

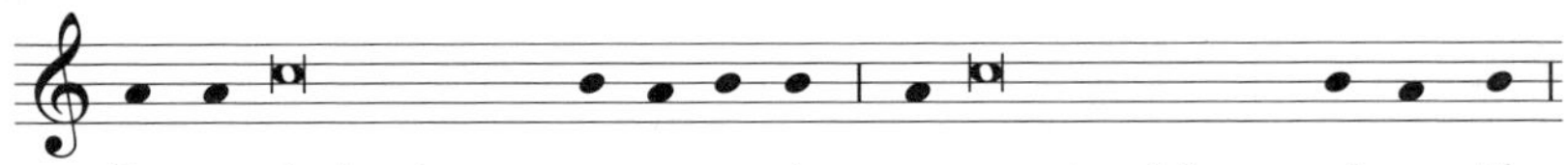

En ver-dad es justo‿y ne-ce-sa-rio, es nuestro deber y sal-va-ción

darte gra-cias siem-pre y‿en to-do lu-gar, Pa-dre san-to. Tú has

hecho del universo un templo de tu glo-ria, para que tu nombre sea

glorificado en to-das par-tes; pe-ro, a-de-más, no desapruebas que

te sean dedicados, lugares a-pro-pia-dos para celebrar los di-

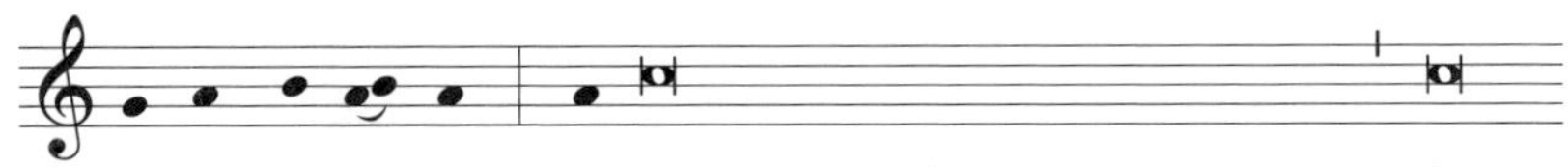

-vi-nos mis-te-rios. Por esta razón dedicamos a tu majestad, llenos

de júbilo, esta casa de o-ra-ción, edificada por el tra-ba-jo

hu-ma-no. A-quí se prefigura el misterio del verda-de-ro tem-plo

Santo, Santo, Santo . . .

Texto sin música:

V. **El Señor esté con ustedes.**
R. Y con tu espíritu.

V. **Levantemos el corazón.**
R. Lo tenemos levantado hacia el Señor.

V. **Demos gracias al Señor, nuestro Dios.**
R. Es justo y necesario.

**En verdad es justo y necesario,
es nuestro deber y salvación
darte gracias siempre y en todo lugar,
Padre santo.**

**Tú has hecho del universo un templo de tu gloria,
para que tu nombre sea glorificado en todas partes;
pero, además, no desapruebas que te sean dedicados
lugares apropiados para celebrar los divinos misterios.**

**Por esta razón dedicamos a tu majestad, llenos de júbilo,
esta casa de oración,
edificada por el trabajo humano.**

**Aquí se prefigura el misterio del verdadero Templo
y se anuncia la imagen de la Jerusalén celestial.**

**Porque del Cuerpo de tu Hijo,
nacido de la Virgen fecunda,
tú hiciste un templo consagrado a ti,
donde habitara la plenitud de la divinidad.**

**Y además fundaste a la Iglesia santa como ciudad,
construida sobre el cimiento de los Apóstoles,
cuya suprema piedra angular es el mismo Jesucristo;
la cual ha de edificarse con piedras escogidas,
vivificadas por el Espíritu Santo,
y unidas por la caridad,
donde serás por siempre todo para todos,
y donde ha de brillar permanentemente la luz de Cristo.**

**Por él, Señor, junto con todos los ángeles y los santos,
te alabamos llenos de alegría, diciendo:**

Santo, Santo, Santo . . .

Cuando ya se tengan habitualmente celebraciones litúrgicas en la iglesia, se dice la Plegaria eucarística I o III, con este prefacio:

Prefacio: Del misterio del templo de Dios, que es la Iglesia.

V. **El Señor esté con ustedes.**
R. Y con tu espíritu.

V. **Levantemos el corazón.**
R. Lo tenemos levantado hacia el Señor.

V. **Demos gracias al Señor, nuestro Dios.**
R. Es justo y necesario.

En verdad es justo y necesario,
es nuestro deber y salvación
darte gracias siempre y en todo lugar,
Señor, Padre santo,
Dios todopoderoso y eterno,
por Cristo, Señor nuestro.

Porque en esta casa visible, que nos has permitido edificar
y en la que no cesas de favorecer
a esta familia tuya que peregrina hacia ti,
simbolizas el misterio de tu comunión con nosotros
y admirablemente lo realizas.

Aquí, en efecto, tú mismo
te construyes ese templo que somos nosotros
y haces que la Iglesia, extendida por toda la tierra,
crezca orgánicamente como cuerpo de Cristo,
hasta que la lleves a su plenitud
en la Jerusalén celestial, verdadera visión de paz.

Por eso, Señor, con la multitud de los santos,
te celebramos en el templo de tu gloria,
te bendecimos y te glorificamos, diciendo:

Santo, Santo, Santo . . .

Texto con música, pp. 1088–1089.

En las Plegarias eucarísticas, la dedicación de una iglesia se menciona conforme a las fórmulas siguientes:

a) En la Plegaria eucarística I, se dice el Acepta, Señor, en tu bondad propio:

Acepta, Señor, en tu bondad,
esta ofrenda de tus siervos
y de toda tu familia santa
que, con su esfuerzo y trabajo,
han colaborado a construir esta iglesia
dedicada a ti (en honor de san N.).
(Por Cristo, nuestro Señor. Amén.)

b) En las intercesiones de la Plegaria eucarística III, después de las palabras . . . y a todo el pueblo redimido por ti, se dice:

Atiende los deseos y súplicas de esta familia,
que te dedica esta iglesia;
concédele que sea casa de salvación
y santuario de los sacramentos celestiales
en donde resuene el Evangelio de la paz
y se celebren los santos misterios,
a fin de que tus fieles,
iluminados con la palabra de la vida y con tu gracia,
peregrinen de tal modo por la ciudad terrena,
que merezcan llegar a la Jerusalén celestial,
en la que tú, Padre misericordioso,
reúnes en torno a ti a todos tus hijos,
dispersos por el mundo.
A nuestros hermanos difuntos . . .

Antífona de la Comunión
Cfr. Mt 21, 13; Lc 11, 10

Mi casa es casa de oración, dice el Señor;
y en ella todo el que pide, recibe; y todo el que busca, encuentra;
y a todo aquel que llama, se le abrirá. (T.P. Aleluya.)

O bien: Cfr. Sal 128 (127), 3

Que los hijos de la Iglesia crezcan como olivos jóvenes
en torno a la mesa del Señor. (T.P. Aleluya.)

Oración después de la Comunión

**Por estos santos misterios que hemos recibido,
aumenta, Señor, en nosotros el conocimiento de tu verdad,
para que te adoremos siempre en el templo santo de tu gloria
y gocemos de tu presencia con todos los santos.
Por Jesucristo, nuestro Señor.**

Bendición solemne al final de la misa

El obispo, con las manos extendidas sobre el pueblo, dice:

Que Dios, Señor del cielo y de la tierra,
que los ha reunido hoy
para la dedicación de esta iglesia,
los haga abundar en toda bendición del cielo.
R. Amén.

Que él mismo,
que quiso congregar, en su Hijo, a todos los hijos dispersos,
les conceda hacerse templo suyo y morada del Espíritu Santo.
R. Amén.

Y que, así, purificados por su gracia,
puedan tener a Dios habitando en ustedes
y llegar a poseer, en compañía de todos los santos,
la herencia de la felicidad eterna.
R. Amén.

Y la bendición de Dios todopoderoso,
Padre ✠, Hijo ✠, y Espíritu ✠ Santo,
descienda sobre ustedes y permanezca para siempre.
R. Amén.

Los textos para las Misas en el aniversario de la dedicación se encuentran en el Común, pp. 1087–1094.

2. PARA LA DEDICACIÓN DE UN ALTAR

Cuando se dedica un altar, habitualmente se emplean los textos para la Misa ritual propia, con color blanco o festivo. Pero la dedicación del altar no puede realizarse en el Triduo pascual, en el Miércoles de Ceniza, en las ferias de la Semana Santa, ni en la Conmemoración de todos los fieles difuntos. En la Navidad, en Epifanía, en la Ascensión, en el domingo de Pentecostés, en los domingos de Adviento, Cuaresma y Pascua, se emplea la Misa del día, excepto las oraciones sobre las ofrendas y el prefacio, que se toman de esta Misa ritual porque están íntimamente relacionados con el rito de la dedicación.

Antífona de entrada

Sal 84 (83), 10-11

Dios, protector nuestro,
mira el rostro de tu ungido.
Un solo día en tu casa es más valioso,
que mil días en cualquier otra parte. (T.P. Aleluya.)

O bien:

Sal 43 (42), 4

Me acercaré al altar de Dios,
al Dios que es la alegría de mi juventud. (T.P. Aleluya.)

Se dice Gloria.

Oración colecta

**Dios nuestro, que quisiste atraer todas las cosas
hacia tu Hijo, glorificado en el ara de la cruz,
derrama la gracia celestial sobre tu Iglesia,
que hoy te dedica este altar,
en el que vas a alimentar con solicitud a tus fieles,
congregados en la unidad,
y los irás formando día tras día,
mediante la efusión del Espíritu Santo,
como pueblo consagrado a ti.
Por nuestro Señor Jesucristo, tu Hijo,
que vive y reina contigo en la unidad del Espíritu Santo
y es Dios por los siglos de los siglos.**

Se dice Credo; se omite la oración universal.

Oración sobre las ofrendas

**Te rogamos, Señor Dios nuestro,
que descienda tu Espíritu Santo sobre este altar,
a fin de que santifique los dones de tu pueblo,
y purifique benignamente
el corazón de quienes van a recibirlos.
Por Jesucristo, nuestro Señor.**

Se dice la Plegaria eucarística I o III, con el siguiente prefacio, propio del rito de la dedicación de un altar:

Prefacio: El altar es Cristo.

Santo, Santo, Santo . . .

Texto sin música:

V. **El Señor esté con ustedes.**
R. Y con tu espíritu.

V. **Levantemos el corazón.**
R. Lo tenemos levantado hacia el Señor.

V. **Demos gracias al Señor, nuestro Dios.**
R. Es justo y necesario.

**En verdad es justo y necesario,
es nuestro deber y salvación
darte gracias siempre y en todo lugar,
Señor, Padre santo,
Dios todopoderoso y eterno,
por Cristo, Señor nuestro.**

**Quien, como verdadero sacerdote y verdadera víctima,
nos mandó celebrar continuamente el memorial
del sacrificio que te ofreció él mismo en el altar de la cruz.**

**Por esto, tu pueblo ha construido este altar
que a ti, Señor, te dedicamos, llenos de júbilo.**

**Éste es, en verdad, el lugar excelso
donde sin cesar se ofrece sacramentalmente
el sacrificio de Cristo,
se te rinde perfecta alabanza
y se realiza nuestra redención.**

**Aquí se prepara la mesa del Señor
alrededor de la cual, tus hijos,
alimentados con el Cuerpo de Cristo,
se congregan en la Iglesia una y santa.**

**Aquí es donde tus fieles beben de tu Espíritu
de las fuentes que manan de Cristo, la roca espiritual,
por quien también ellos
se convierten en víctima santa y en altar viviente.**

**Por eso, con todos los ángeles y los santos,
cantamos sin cesar el himno de tu gloria:**

Santo, Santo, Santo . . .

Antífona de la Comunión
Cfr. Sal 84 (83), 4-5

El gorrión ha encontrado una casa,
y la golondrina un nido donde poner sus polluelos:
junto a tus altares, Señor de los ejércitos, Rey mío y Dios mío.
Dichosos los que viven en tu casa
y pueden alabarte siempre. (T.P. Aleluya.)

O bien: Cfr. Sal 128 (127), 3

Que los hijos de la Iglesia crezcan como olivos jóvenes
en torno a la mesa del Señor. (T.P. Aleluya.)

Oración después de la Comunión

**Concédenos, Señor, reunirnos siempre en torno a tus altares
donde se celebra sacramentalmente el sacrificio de tu Hijo,
a fin de que, unidos por la fe y el amor,
al alimentarnos de Cristo,
seamos transformados en él.
Que vive y reina por los siglos de los siglos.**

Bendición solemne al final de la misa

El obispo, con las manos extendidas sobre el pueblo, dice:

**Que Dios, que los ha enriquecido con el sacerdocio real,
les conceda que,
cumpliendo santamente sus deberes,
puedan participar dignamente en el sacrificio de Cristo.**
R. Amén.

**Que él, que los congrega en torno a una sola mesa
y los alimenta con un solo pan,
les conceda tener un solo corazón y una sola alma.**
R. Amén.

**Para que, con el ejemplo de su amor fraterno,
atraigan hacia Cristo
a aquellos a quienes ustedes les anuncien el Evangelio.**
R. Amén.

**Y la bendición de Dios todopoderoso,
Padre ✠, Hijo ✠, y Espíritu ✠ Santo,
descienda sobre ustedes y permanezca para siempre.**
R. Amén.

MISAS Y ORACIONES POR VARIAS NECESIDADES Y PARA DIVERSAS CIRCUNSTANCIAS

1. En esta sección del Misal se han reunido las Misas y oraciones que pueden usarse en ocasiones y circunstancias diversas y por varias necesidades.

Los formularios que se encuentran en las dos primeras partes, pueden utilizarse, tanto en las Misas que se celebran con la participación del pueblo, como en las que se celebran sin él. En cambio, los que se encuentran en la tercera parte, habrá que utilizarlos ordinariamente en las Misas que se celebren sin la participación del pueblo, a no ser que un motivo pastoral lo aconseje de otro modo.

2. Cuando se presenta una necesidad muy grave, estos formularios pueden decirse, con el mandato o el permiso del Ordinario del lugar, todos los días, excepto en las solemnidades, los domingos de Adviento, Cuaresma y Pascua, la octava de Pascua, la Conmemoración de todos los fieles difuntos, el Miércoles de Ceniza y la Semana Santa.

En cambio, cuando hay una verdadera necesidad o utilidad pastoral, pueden decirse estas Misas, con la participación del pueblo, a juicio del rector de la iglesia o del mismo celebrante, aun en las memorias obligatorias o en las ferias de Adviento hasta el 16 de diciembre, en las ferias de Navidad a partir del 2 de enero y las del Tiempo Pascual después de la octava de Pascua.

En Tiempo Pascual se añade o dice Aleluya en las antífonas de entrada y comunión, a no ser que las circunstancias lo desaconsejen.

3. Con tal de que se observe lo indicado en el n. 1, el sacerdote puede utilizar siempre, en las Misas feriales del Tiempo Ordinario, todas las oraciones que aquí se proponen o sólo la colecta.

4. En cuanto a la Plegaria eucarística que puede emplearse con los formularios de las Misas por varias necesidades, véase el Apéndice al Ordinario de la Misa, pp. 799–848.

5. Los textos litúrgicos de algunas Misas, que se proponen para un varón, pueden emplearse para una mujer, cambiando el género; y los textos que van en singular, pueden emplearse en plural.

6. El color litúrgico para estas Misas será el propio del día o del tiempo; o si la Misa tiene carácter penitencial, será el morado, por ejemplo, las de los números 31, 33, 38 (cfr. *Institución general*, n. 347).

I. POR LA SANTA IGLESIA

1. POR LA IGLESIA UNIVERSAL

A

Antífona de entrada — Cfr. Ef 1, 9-10

Dios nos ha dado a conocer el misterio de su voluntad:
hacer que todas las cosas, las del cielo y las de la tierra,
tuvieran a Cristo por cabeza.

Oración colecta

**Señor Dios, que en tu admirable providencia
dispusiste que el Reino de Cristo se extendiera por todo el mundo
y que todos los hombres fueran hechos partícipes
de la redención salvadora,
concédele a tu Iglesia ser sacramento universal de salvación,
y que a todos los hombres les sea anunciado tu Hijo
como el Salvador de los pueblos
y la esperanza de las naciones.
Él, que vive y reina contigo en la unidad del Espíritu Santo
y es Dios por los siglos de los siglos.**

Oración sobre las ofrendas

**Dios misericordioso,
mira las ofrendas de este pueblo a ti consagrado
y concede, por la eficacia de este sacramento,
que la multitud de los que creen en ti
sea siempre estirpe elegida, sacerdocio real,
nación consagrada y pueblo de tu propiedad.
Por Jesucristo, nuestro Señor.**

Prefacio VIII para los domingos del Tiempo Ordinario, p. 614.

Antífona de la Comunión — Cfr. Ap 22, 17. 20

El Espíritu y la Esposa dicen: Ven.
Amén. Ven, Señor Jesús.

Oración después de la Comunión

Dios nuestro, que sin cesar alimentas y fortaleces
a tu Iglesia con tus sacramentos,
concede a quienes nos hemos alimentado en esta mesa celestial,
que, viviendo el mandato de tu amor,
seamos fermento de vida e instrumento de salvación,
en medio de la comunidad humana.
Por Jesucristo, nuestro Señor.

B

Antífona de entrada Ap 7, 9

Vi una muchedumbre tan grande, que nadie podía contarla,
de todas las naciones y razas, de todos los pueblos y lenguas.

Oración colecta

Señor, Dios nuestro, que en la alianza instituida por Cristo,
de entre todas las naciones continúas formándote un pueblo
que tu Espíritu Santo congrega en la unidad,
haz que tu Iglesia, fiel a la misión que le confiaste,
camine siempre con la familia humana,
para que sea fermento y alma de la sociedad,
de tal modo que sea renovada en Cristo
y transformada en familia tuya.
Él, que vive y reina contigo en la unidad del Espíritu Santo
y es Dios por los siglos de los siglos.

Oración sobre las ofrendas

Señor, acepta benigno los dones que te presentamos
y concede a tu Iglesia,
nacida del costado de Cristo dormido en la cruz,
que, por la participación en este sagrado misterio,
obtenga constantemente la santidad de vida
que la haga más digna de responder a su autor,
nuestro Señor Jesucristo.
Él, que vive y reina por los siglos de los siglos.

Prefacio VIII para los domingos del Tiempo Ordinario, p. 614.

Antífona de la Comunión

Jn 19, 34

Uno de los soldados le traspasó el costado con una lanza
e inmediatamente salió sangre y agua.

O bien: Ap 7, 12

La alabanza, la gloria, la sabiduría,
la acción de gracias,
el honor, el poder y la fuerza
se le deben para siempre a nuestro Dios. Amén.

Oración después de la Comunión

**Alimentados con el sacramento de tu Hijo,
te pedimos, Señor, que hagas fecunda la actividad de tu Iglesia,
por la cual revelas continuamente a los pobres
la plenitud del misterio de salvación,
ya que tú los has llamado a formar la parte predilecta de tu Reino.
Por Jesucristo, nuestro Señor.**

C

Antífona de entrada

Mt 18, 20

Donde dos o tres se reúnen en mi nombre,
ahí estoy yo en medio de ellos, dice el Señor.

O bien: Rom 12, 5

Todos nosotros, aun siendo muchos,
formamos un solo cuerpo unidos a Cristo,
y todos y cada uno somos miembros los unos de los otros.

Oración colecta

**Te pedimos, Dios todopoderoso,
que tu Iglesia sea siempre un pueblo santo
reunido en la unidad del Padre y del Hijo y del Espíritu Santo,
para que manifieste
el misterio de tu santidad y de tu unidad al mundo
y lo lleve a la perfección de tu amor.
Por nuestro Señor Jesucristo, tu Hijo,
que vive y reina contigo en la unidad del Espíritu Santo
y es Dios por los siglos de los siglos.**

Oración sobre las ofrendas

Señor Dios,
al celebrar el memorial del inmenso amor de tu Hijo,
te suplicamos que el fruto de su acción salvadora
contribuya, por el ministerio de tu Iglesia,
a la salvación del mundo entero.
Por Jesucristo, nuestro Señor.

Prefacio de la unidad de los cristianos, p. 1328.

Antífona de la Comunión Cfr. 1 Cor 10, 17

El pan es uno, y aunque somos muchos, formamos un solo cuerpo,
porque participamos de un mismo pan y de un mismo cáliz.

Oración después de la Comunión

Dios nuestro, que por este admirable sacramento
fortaleces y consuelas a la Iglesia,
concede a tu pueblo unirse más a Cristo,
para que, a través de las tareas temporales,
vaya construyendo, en libertad, tu Reino eterno.
Por Jesucristo, nuestro Señor.

D

Antífona de entrada Cfr. Jn 17, 20-21

Padre, te pido por los que van a creer en mí,
para que todos sean uno en nosotros
y el mundo crea que tú me has enviado.

Oración colecta

Dios todopoderoso y eterno,
que en Cristo revelaste tu gloria a todas las naciones,
protege la obra de tu misericordia,
para que tu santa Iglesia, extendida por toda la tierra,
persevere con fe firme en la confesión de tu nombre.
Por nuestro Señor Jesucristo, tu Hijo,
que vive y reina contigo en la unidad del Espíritu Santo
y es Dios por los siglos de los siglos.

Oración sobre las ofrendas

Señor Dios, que santificas continuamente a tu Iglesia
con el mismo sacrificio por el que la purificaste,
concédele que, unida a Cristo, su Cabeza,
se ofrezca a ti juntamente con él
y cumpla siempre tu voluntad.
Por Jesucristo, nuestro Señor.

Prefacio VIII para los domingos del Tiempo Ordinario, p. 614.

Antífona de la Comunión Jn 15, 5

El que permanece en mí y yo en él,
ése da fruto abundante,
porque sin mí nada pueden hacer, dice el Señor.

Oración después de la Comunión

Te pedimos, Señor, que gobiernes con bondad a tu Iglesia,
alimentada con este santo sacramento,
para que, conducida por tu mano poderosa,
crezca en libertad
y persevere firme en la integridad de la fe.
Por Jesucristo, nuestro Señor.

E

Por la Iglesia particular

Antífona de entrada Cfr. Ap 1, 5-6

Jesucristo nos amó
y nos purificó de nuestros pecados con su sangre,
y ha hecho de nosotros un reino de sacerdotes para su Dios y Padre:
A él la gloria y el poder por los siglos de los siglos. Amén.

Oración colecta

**Señor Dios, que en cada iglesia que peregrina por el mundo
manifiestas a la Iglesia una, santa, católica y apostólica,
concede, benigno, a esta grey tuya
de tal modo estar unida a su pastor,
congregada en el Espíritu Santo
por medio del Evangelio y la Eucaristía,
que pueda representar dignamente
la universalidad de tu pueblo
y sea así signo e instrumento
de la presencia de Cristo en el mundo.
Él, que vive y reina contigo en la unidad del Espíritu Santo
y es Dios por los siglos de los siglos.**

Oración sobre las ofrendas

**Al celebrar el memorial de la inmensa caridad de tu Hijo,
te rogamos, Señor,
que el fruto de su obra salvadora,
por el ministerio de tu Iglesia,
sirva para la salvación del mundo entero.
Por Jesucristo, nuestro Señor.**

Prefacio VIII para los domingos del Tiempo Ordinario, p. 614.

Antífona de la Comunión — Ap 3, 20

Mira que estoy aquí, tocando a la puerta;
si alguno escucha mi voz y me abre,
entraré en su casa y cenaremos juntos.

Oración después de la Comunión

**Que en esta Iglesia tuya, Señor,
florezca y perdure hasta el fin la integridad de la fe,
la santidad de vida, el amor fraterno y la piedad sincera;
y, ya que la alimentas con tu Palabra
y con el Cuerpo de tu Hijo,
no ceses de conducirla bajo tu protección.
Por Jesucristo, nuestro Señor.**

2. POR EL PAPA

Especialmente en el aniversario de su elección

Esta Misa se dice en el aniversario de la elección de Papa, donde se hagan especiales celebraciones, siempre que no coincida con un domingo de Adviento, de Cuaresma y de Pascua; o con alguna solemnidad, con el Miércoles de Ceniza o con la Semana Santa. Color litúrgico blanco.

Antífona de entrada Mt 16, 18-19

Tú eres Pedro y sobre esta piedra
edificaré mi Iglesia.
Los poderes del infierno no prevalecerán sobre ella.
Yo te daré las llaves del Reino de los cielos.

Oración colecta

Señor Dios, que por designio de tu providencia
quisiste edificar a tu Iglesia
sobre la roca de Pedro, y lo pusiste al frente de los demás apóstoles,
mira con bondad a nuestro Papa N.
y, ya que lo has constituido sucesor de Pedro,
concédele que sea para tu pueblo
principio y fundamento visible
de la unidad de la fe y de la comunión.
Por nuestro Señor Jesucristo, tu Hijo,
que vive y reina contigo en la unidad del Espíritu Santo
y es Dios por los siglos de los siglos.

O bien:

Señor Dios, pastor y guía de todos los fieles,
mira con bondad a tu siervo N.,
que quisiste que presidiera a la Iglesia como su pastor,
y concédele que, con su palabra y ejemplo,
sirva a aquellos a quienes preside,
para que, junto con el rebaño a él confiado,
llegue a la vida eterna.
Por nuestro Señor Jesucristo, tu Hijo,
que vive y reina contigo en la unidad del Espíritu Santo
y es Dios por los siglos de los siglos.

O bien:

Dios nuestro, que, a fin de suceder al apóstol Pedro,
elegiste a tu siervo N.
para que fuera el pastor de todo tu rebaño,
mira con bondad al pueblo que te suplica,
para que, quien hace las veces de Cristo en la tierra,
confirme en la fe a sus hermanos;
y haz que toda la Iglesia viva en comunión con él,
por el vínculo de la unidad, del amor y de la paz,
a fin de que todos encuentren en ti, Pastor de las almas,
la verdad y la vida eterna.
Por nuestro Señor Jesucristo, tu Hijo,
que vive y reina contigo en la unidad del Espíritu Santo
y es Dios por los siglos de los siglos.

Oración sobre las ofrendas

Acepta, Señor, las ofrendas que te presentamos;
y dirige con tu continua protección a la santa Iglesia
en unión con nuestro Papa N.**,**
a quien constituiste su pastor.
Por Jesucristo, nuestro Señor.

Antífona de la Comunión Jn 21, 15. 17

Simón, hijo de Juan, ¿me amas más que éstos?
Señor, tú lo sabes todo; tú bien sabes que te quiero.

Oración después de la Comunión

Al participar de este banquete celestial,
te suplicamos, Señor, que por la eficacia de este sacramento
confirmes a tu Iglesia en la unidad y en la caridad,
y que a tu siervo el Papa N.**,**
a quien diste el encargo de pastorearla,
lo salves y protejas, junto con el rebaño a él confiado.
Por Jesucristo, nuestro Señor.

3. POR EL OBISPO

Especialmente en el aniversario de su ordenación

Esta Misa se dice en el aniversario de la ordenación del obispo, donde se hagan especiales celebraciones, siempre que no coincida con un domingo de Adviento, de Cuaresma y de Pascua; o con alguna solemnidad, con el Miércoles de Ceniza o con la Semana Santa. Color litúrgico blanco.

Antífona de entrada Cfr. Ez 34, 11. 23. 24

Iré a buscar a mis ovejas, dice el Señor,
y suscitaré un pastor que las apaciente;
yo, el Señor, seré su Dios.

Oración colecta

Señor Dios, pastor eterno de los fieles,
que gobiernas a tu Iglesia con generosa providencia
y la diriges con amor,
concede a tu siervo N., a quien pusiste al frente de tu pueblo,
que presida, en nombre de Cristo, al rebaño del que es pastor,
y que sea fiel maestro de la verdad,
sacerdote digno de la sagrada liturgia
y guía seguro de tu pueblo santo.
Por nuestro Señor Jesucristo, tu Hijo,
que vive y reina contigo en la unidad del Espíritu Santo
y es Dios por los siglos de los siglos.

O bien:

Señor Dios, pastor y guía de todos los fieles,
mira, propicio, a tu siervo N.,
que quisiste que presidiera a la Iglesia de N. como su pastor,
y concédele que, con su palabra y ejemplo,
sirva a aquellos a quienes preside,
para que, junto con el rebaño a él confiado, llegue a la vida eterna.
Por nuestro Señor Jesucristo, tu Hijo,
que vive y reina contigo en la unidad del Espíritu Santo
y es Dios por los siglos de los siglos.

O bien:

Concede, Señor, a tu siervo N.,
a quien pusiste al frente de tu grey
para que la apacentara como sucesor de los Apóstoles,
tu espíritu de consejo y de fortaleza,
de ciencia y de piedad,
para que gobierne con fidelidad al pueblo que le confiaste
y edifique en el mundo a la Iglesia como sacramento.
Por nuestro Señor Jesucristo, tu Hijo,
que vive y reina contigo en la unidad del Espíritu Santo
y es Dios por los siglos de los siglos.

Oración sobre las ofrendas

Acepta, Señor, con agrado,
la ofrenda que te presentamos por tu siervo N.,
y ya que le has otorgado la plenitud del sacerdocio,
concédele la abundancia de las virtudes apostólicas,
para bien de tu grey.
Por Jesucristo, nuestro Señor.

Antífona de la Comunión Mt 20, 28

El Hijo del hombre no ha venido a ser servido, sino a servir
y a dar la vida por la redención de todos.

Oración después de la Comunión

Por la eficacia de este sacramento, multiplica, Señor, en tu siervo,
nuestro obispo N., los dones de tu gracia,
para que no sólo cumpla santamente su ministerio pastoral,
sino también, por su fidelidad en tu servicio,
consiga el premio eterno.
Por Jesucristo, nuestro Señor.

4. PARA LA ELECCIÓN DEL PAPA O DEL OBISPO

Antífona de entrada 1 Sam 2, 35

Haré surgir para mí un sacerdote fiel,
que haga mi voluntad y cumpla mis deseos.
Le daré una casa permanente
y vivirá delante de mí todos los días.

Oración colecta

**Señor Dios, que, como pastor eterno,
guías con protección constante a tu rebaño;
concede a tu Iglesia, por tu inmensa bondad,
aquel pastor que te agrade por la santidad de su vida
y nos favorezca por su vigilante celo pastoral.
Por nuestro Señor Jesucristo, tu Hijo,
que vive y reina contigo en la unidad del Espíritu Santo
y es Dios por los siglos de los siglos.**

Oración sobre las ofrendas

**Que nos favorezca, Señor, la abundancia de tu piedad,
para que, por estas ofrendas
que humildemente te presentamos,
podamos alegrarnos de que presida tu santa Iglesia
un pastor que sea de tu divino agrado.
Por Jesucristo, nuestro Señor.**

Antífona de la Comunión Jn 15, 16

Soy yo quien los ha elegido y los ha destinado
para que vayan y den fruto
y su fruto permanezca, dice el Señor.

Oración después de la Comunión

**Alimentados con el sacramento tan saludable
del Cuerpo y la Sangre de tu Unigénito,
danos, Señor, como efecto de tu gracia admirable,
un pastor que no sólo instruya en la virtud a tu pueblo,
sino también ilumine los corazones de tus fieles
con la verdad del Evangelio.
Por Jesucristo, nuestro Señor.**

5. POR EL CONCILIO O POR EL SÍNODO

Antífona de entrada Col 3, 14-15

Y sobre todas estas virtudes, tengan amor,
que es el vínculo de la perfecta unión,
y que reine en sus corazones la paz de Cristo.

Oración colecta

**A ti, Señor, que guías y proteges a tu Iglesia,
te rogamos que infundas en tus siervos
el espíritu de sabiduría, de verdad y de paz,
para que con todo el corazón conozcan lo que te agrada
y, habiéndolo conocido, con todas sus fuerzas lo practiquen.
Por nuestro Señor Jesucristo, tu Hijo,
que vive y reina contigo en la unidad del Espíritu Santo
y es Dios por los siglos de los siglos.**

O bien:

**Dios nuestro, que gobiernas a tu pueblo
con la suavidad y la fuerza de tu amor,
concede el don de la sabiduría
a quienes has constituido como guías en tu Iglesia,
para que ella crezca en el conocimiento de la verdad
y en santidad de vida.
Por nuestro Señor Jesucristo, tu Hijo,
que vive y reina contigo en la unidad del Espíritu Santo
y es Dios por los siglos de los siglos.**

Oración sobre las ofrendas

**Dios misericordioso, mira los dones que te presentan tus hijos
y concédeles la gracia de tu luz,
para que comprendan lo que es recto a tus ojos
y lo pongan en práctica con fidelidad.
Por Jesucristo, nuestro Señor.**

Prefacio II del Espíritu Santo, p. 1396.

Antífona de la Comunión

Donde hay caridad y amor, ahí está Dios.
El amor de Cristo nos congrega en la unidad.

Oración después de la Comunión

**Dios misericordioso,
por estos sacramentos recibidos,
confirma a tu hijos en la verdad
y ayúdalos a buscar la gloria de tu nombre.
Por Jesucristo, nuestro Señor.**

6. POR LOS SACERDOTES

Antífona de entrada Cfr. Lc 4, 18

El Espíritu del Señor está sobre mí, porque me ha ungido
para llevar a los pobres la buena nueva,
para sanar a los contritos de corazón
y perdonar a los que se arrepienten.

Oración colecta

**Señor Dios, que constituiste a tu Hijo único Sumo y Eterno Sacerdote,
concede que, aquellos a quienes él eligió
como ministros y dispensadores de tus sacramentos,
sean hallados fieles en el cumplimiento del ministerio recibido.
Por nuestro Señor Jesucristo, tu Hijo,
que vive y reina contigo en la unidad del Espíritu Santo
y es Dios por los siglos de los siglos.**

O bien:

**Señor y Dios nuestro, que para gobernar a tu pueblo
te sirves del ministerio de los sacerdotes,
concédeles perseverar en el cumplimiento de tu voluntad,
para que, en su ministerio y en su vida,
puedan buscar siempre tu gloria en Cristo.
Él, que vive y reina contigo en la unidad del Espíritu Santo
y es Dios por los siglos de los siglos.**

Oración sobre las ofrendas

**Señor Dios, que has querido que los sacerdotes
estén al servicio de tu santo altar y de tu pueblo,
concédeles, por la fuerza de este sacrificio,
que su ministerio te sea siempre grato
y dé frutos permanentes en tu Iglesia.
Por Jesucristo, nuestro Señor.**

Antífona de la Comunión

Jn 17, 17-18

Padre santo, santifícalos en la verdad.
Tu palabra es la verdad.
Así como tú me enviaste al mundo,
así los envío yo también al mundo, dice el Señor.

Oración después de la Comunión

**Que este santo sacrificio que te hemos ofrecido
y del cual hemos participado, vivifique, Señor,
a tus sacerdotes y a todos tus fieles,
para que, unidos a ti con caridad constante,
merezcan servirte dignamente.
Por Jesucristo, nuestro Señor.**

7. POR EL SACERDOTE CELEBRANTE

A

Especialmente por un sacerdote que tiene fieles encomendados

Antífona de entrada — Cfr. Col 1, 25. 28

He sido constituido ministro de la Iglesia, por disposición de Dios.
Predico a Cristo a fin de que todos lleguen
a ser perfectos en Cristo Jesús.

Oración colecta

**Señor Dios, que no por mis méritos
sino por la generosidad de tu gracia,
quisiste ponerme al frente de esta familia tuya,
concédeme desempeñar un ministerio sacerdotal digno de ti
y guiar, con tu auxilio, a la comunidad que me has confiado.
Por nuestro Señor Jesucristo, tu Hijo,
que vive y reina contigo en la unidad del Espíritu Santo
y es Dios por los siglos de los siglos.**

Oración sobre las ofrendas

**Dios nuestro, que dispones con fuerza y suavidad
el destino de los hombres,
acepta los dones que tu bondad ha puesto en mis manos
y, por el poder de este sacrificio,
únenos, al pueblo y a su sacerdote, en un solo corazón,
para que no le falte al pastor la docilidad de los fieles,
ni a los fieles la solicitud del pastor.
Por Jesucristo, nuestro Señor.**

Antífona de la Comunión — Jn 15, 9

Como el Padre me ama, así los amo yo a ustedes.
Permanezcan en mi amor, dice el Señor.

Oración después de la Comunión

**Dios todopoderoso y eterno,
origen y plenitud de todas las virtudes,
concédeme, por la participación en este sacramento,
llevar a cabo lo que es recto y predicar la verdad,
para que, con la palabra y el ejemplo,
lleve a los fieles al conocimiento de tu gracia.
Por Jesucristo, nuestro Señor.**

B

Antífona de entrada
Sal 16 (15), 2. 5

Yo le digo a Dios:
Tú eres mi Señor, fuera de ti no hay ningún bien.
El Señor es la parte que me ha tocado en herencia;
mi vida está en sus manos.

Oración colecta

**Dios clementísimo, inclina tu oído a mis plegarias
e ilumina mi corazón con la gracia del Espíritu Santo,
para que celebre dignamente tus misterios,
sirva con fidelidad a tu Iglesia
y merezca amarte con caridad eterna.
Por nuestro Señor Jesucristo, tu Hijo,
que vive y reina contigo en la unidad del Espíritu Santo
y es Dios por los siglos de los siglos.**

Oración sobre las ofrendas

**Recibe, Dios todopoderoso, estos dones,
que respetuosamente te ofrecemos;
y, al mirar a tu Cristo, sacerdote y víctima,
concédeme a mí, que participo de su sacerdocio,
ofrecerme siempre en oblación espiritual agradable a tus ojos.
Por Jesucristo, nuestro Señor.**

Antífona de la Comunión
Cfr. Lc 22, 28-30

Dijo Jesús a aquellos que perseveraron con él en sus pruebas:
Les voy a dar el Reino,
para que coman y beban en mi mesa.

Oración después de la Comunión

**Padre santo, que me has fortalecido con el pan del cielo
y me has dado a gustar el cáliz de la nueva alianza,
concédeme servirte con fidelidad
y gastar mi vida en la salvación de mis hermanos.
Por Jesucristo, nuestro Señor.**

C

En el aniversario de la propia ordenación

Antífona de entrada Cfr. Jn 15, 16

No son ustedes los que me han elegido, dice el Señor,
soy yo quien los ha elegido y los ha destinado
para que vayan y den fruto y su fruto permanezca.

Oración colecta

**Padre santo, tú que me has elegido, no por méritos míos,
a participar del eterno sacerdocio de Cristo
en el servicio de tu Iglesia,
concédeme anunciar tu Evangelio con humildad y valentía
y administrar con fidelidad tus sacramentos.
Por nuestro Señor Jesucristo, tu Hijo,
que vive y reina contigo en la unidad del Espíritu Santo
y es Dios por los siglos de los siglos.**

Oración sobre las ofrendas

**Te ofrecemos, Señor, este sacrificio de alabanza
para que aumentes en nosotros el espíritu de servicio
y lleves a su plenitud lo que sin méritos propios nos confiaste.
Por Jesucristo, nuestro Señor.**

Antífona de la Comunión Cfr. 1 Cor 10, 16

El cáliz de bendición con el que damos gracias,
es comunión con la sangre de Cristo;
y el pan que partimos,
es participación con el cuerpo de Cristo.

Oración después de la Comunión

**Por la gloria de tu nombre, Señor,
he celebrado con gozo el misterio de la fe
en el aniversario de mi ordenación sacerdotal;
haz que manifieste con mi vida al Cristo que ofrecí
y recibí en este sacrificio.
Él, que vive y reina por los siglos de los siglos.**

8. POR LOS MINISTROS DE LA IGLESIA

Antífona de entrada Cfr. 1 Cor 12, 4-6

Hay diferentes dones, pero el Espíritu es el mismo;
hay diferentes servicios, pero el Señor es el mismo;
hay diferentes actividades, pero Dios,
que hace todo en todos, es el mismo.

Oración colecta

**Dios nuestro, que enseñaste a los ministros de tu Iglesia
a no buscar ser servidos, sino a servir a sus hermanos,
concédeles disponibilidad en la entrega,
mansedumbre en el servicio
y perseverancia en la oración.
Por nuestro Señor Jesucristo, tu Hijo,
que vive y reina contigo en la unidad del Espíritu Santo
y es Dios por los siglos de los siglos.**

Oración sobre las ofrendas

**Padre santo,
cuyo Hijo quiso lavar los pies de los discípulos
para darnos ejemplo,
recibe los dones que te presentamos
y haz que, al ofrecernos como oblación espiritual,
podamos crecer en el espíritu de humildad y entrega.
Por Jesucristo, nuestro Señor.**

Antífona de la Comunión Lc 12, 37

Dichosos aquellos a quienes su señor,
al llegar, encuentre en vela.
Yo les aseguro que se recogerá la túnica,
los hará sentar a su mesa y él mismo les servirá.

Oración después de la Comunión

**Concede, Señor, a tus siervos,
fortalecidos por el alimento y la bebida celestiales,
procurar tu gloria y la salvación de los creyentes,
siendo siempre fieles ministros del Evangelio,
de los sacramentos y de la caridad.
Por Jesucristo, nuestro Señor.**

9. POR LAS VOCACIONES A LAS ÓRDENES SAGRADAS

Antífona de entrada Mt 9, 38

Rueguen al Señor de la mies
que envíe trabajadores a sus campos,
dice Jesús a sus discípulos.

Oración colecta

**Señor Dios, que quisiste proveer de pastores a tu pueblo,
infunde en tu Iglesia tal espíritu de piedad y fortaleza,
que suscite ministros dignos de tu altar
y los haga ser valientes y humildes promotores del Evangelio.
Por nuestro Señor Jesucristo, tu Hijo,
que vive y reina contigo en la unidad del Espíritu Santo
y es Dios por los siglos de los siglos.**

Oración sobre las ofrendas

**Mira, Señor, con bondad
las oraciones y ofrendas de tu pueblo,
para que se multipliquen los dispensadores de tus misterios
y perseveren sin cesar en tu amor.
Por Jesucristo, nuestro Señor.**

Antífona de la Comunión 1 Jn 3, 16

Conocemos lo que es el amor, en que Cristo dio su vida por nosotros.
Así también debemos nosotros dar la vida por nuestros hermanos.

Oración después de la Comunión

**Alimentados con el pan de esta mesa celestial,
te suplicamos, Señor,
que, por este sacramento de caridad,
maduren las vocaciones que a manos llenas siembras
en el campo de la Iglesia, de tal modo,
que sean muchos los que elijan el camino
de servirte en sus hermanos.
Por Jesucristo, nuestro Señor.**

10. POR LOS LAICOS

Antífona de entrada Mt 13, 33

El Reino de los cielos se parece a un poco de levadura
que tomó una mujer y la mezcló con tres medidas de harina,
y toda la masa acabó por fermentar.

Oración colecta

**Señor Dios, que enviaste al mundo a manera de levadura
la fuerza del Evangelio,
concede a tus fieles, que llamaste a vivir en el mundo
en medio de las ocupaciones seculares,
que, fervorosos en su espíritu cristiano,
por medio de las tareas terrenales que desempeñan,
instauren sin cesar tu Reino.
Por nuestro Señor Jesucristo, tu Hijo,
que vive y reina contigo en la unidad del Espíritu Santo
y es Dios por los siglos de los siglos.**

Oración sobre las ofrendas

**Dios nuestro, que quisiste salvar a todo el mundo
por el sacrificio de tu Hijo,
y llamas también a los laicos al trabajo apostólico,
concédeles, por la fuerza de esta ofrenda,
impregnar el mundo con el espíritu cristiano
y ser fermento de santificación.
Por Jesucristo, nuestro Señor.**

Antífona de la Comunión

Sal 100 (99), 2

Alabemos a Dios todos los hombres, sirvamos al Señor con alegría;
con júbilo entremos en su templo, aleluya.

O bien: Jn 15, 8

La gloria de mi Padre consiste
en que den mucho fruto
y se manifiesten así como discípulos míos, dice el Señor.

Oración después de la Comunión

**Habiendo participado de la abundancia de tu gracia,
te rogamos, Señor, que, fortalecidos por el poder vivificante
del convite eucarístico,
tus fieles, que quisiste dedicados a las tareas temporales,
sean valientes testigos de la verdad evangélica
y, en los ambientes en que trabajan,
hagan siempre presente y activa a tu Iglesia.
Por Jesucristo, nuestro Señor.**

11. EN LOS ANIVERSARIOS DEL MATRIMONIO

En los aniversarios del Matrimonio, sobre todo en los aniversarios XXV, L y LX, se puede decir, cuando se permiten las Misas por diversas necesidades, la Misa para dar gracias a Dios, pp. 1374–1377, con las oraciones que vienen a continuación.

Estas mismas oraciones pueden utilizarse, si se juzga oportuno, en la celebración de las Misas de feria del Tiempo Ordinario. En estas celebraciones hágase oportuna conmemoración del sacramento, con las formas que se indican en el Ritual del Matrimonio, nn. 237–251.

A

En el aniversario

Oración colecta

Dios todopoderoso, creador del universo,
que quisiste que el hombre y la mujer
se complementaran en la unión conyugal,
bendice a estos hijos tuyos N. **y** N.
y confírmalos en su amor,
para que su matrimonio sea una imagen
cada vez más auténtica
de la unión de Cristo con su Iglesia.
Por nuestro Señor Jesucristo, tu Hijo,
que vive y reina contigo en la unidad del Espíritu Santo
y es Dios por los siglos de los siglos.

Oración sobre las ofrendas

Señor y Dios nuestro,
que hiciste brotar sangre y agua
del costado de Cristo
para significar el misterio de nuestra redención,
recibe estas ofrendas que te presentamos
en acción de gracias por tus hijos N. **y** N.
y colma su hogar con la abundancia de tus dones.
Por Jesucristo, nuestro Señor.

Oración después de la Comunión

Llena, Señor, de amor y de alegría
los corazones de estos hijos tuyos,
a quienes has alimentado con este sacramento,
para que en su hogar reinen siempre la virtud y la paz
y en él encuentren todos comprensión amorosa.
Por Jesucristo, nuestro Señor.

B

En el XXV aniversario

Oración colecta

Dios todopoderoso y eterno,
que hace veinticinco años
uniste con el vínculo indisoluble del Matrimonio
a tus hijos N. **y** N.
y los has conservado unidos por el amor
en sus penas y alegrías,
aumenta y purifica ese amor para que,
amándose más cada día,
se santifiquen mutuamente (**junto con sus hijos**)**.**
Por nuestro Señor Jesucristo, tu Hijo,
que vive y reina contigo en la unidad del Espíritu Santo
y es Dios por los siglos de los siglos.

Oración sobre las ofrendas

Señor, que el sacrificio
que vamos a ofrecerte para darte gracias
por los dones recibidos por N. **y** N.**,**
durante los veinticinco años de su Matrimonio,
te agrade a ti y sea para ellos
fuente inagotable de alegría y de paz.
Por Jesucristo, nuestro Señor.

Oración después de la Comunión

Dios nuestro,
tú que has invitado a tu mesa
a estos esposos N. **y** N.
(**en compañía de sus hijos y amigos**)**,**
concédeles comprenderse mejor
y amarse más cada día,
de modo que puedan participar
también juntos del banquete eterno.
Por Jesucristo, nuestro Señor.

C

En el L aniversario

Oración colecta

**Dios Padre todopoderoso,
mira con bondad a estos esposos** N. **y** N.
que (**rodeados de los hijos
que engendraron para la vida y la fe**)
**recuerdan con gratitud
el día que bendijiste las primicias de su amor,
y concédeles, por las buenas obras
de su larga vida en común,
vivir llenos de tu amor y de tu paz
el resto de sus días.
Por nuestro Señor Jesucristo, tu Hijo,
que vive y reina contigo en la unidad del Espíritu Santo
y es Dios por los siglos de los siglos.**

Oración sobre las ofrendas

**Acepta, Señor,
el sacrificio que vamos a ofrecerte
para darte gracias por estos cincuenta años
de mutua fidelidad conyugal de** N. **y** N.,
**y pedirte que les concedas
vivir cada vez más unidos
y gozar de tu paz.
Por Jesucristo, nuestro Señor.**

Oración después de la Comunión

**Tú, que nos has permitido participar
del Cuerpo y la Sangre de tu Hijo,
guarda, Señor, a estos esposos** N. **y** N.
**en tu santa amistad
a fin de que, llenos de días y de buenas obras,
sean admitidos por ti al banquete del cielo.
Por Jesucristo, nuestro Señor.**

12. POR LA FAMILIA

Antífona de entrada Ef 6, 2-3

Honrarás a tu padre y a tu madre
es un mandamiento muy importante, que lleva consigo esta promesa:
Te irá bien y vivirás largo tiempo en la tierra.

Oración colecta

**Señor Dios, ya que en tu designio
tiene su sólido fundamento la familia,
atiende misericordiosamente las súplicas de tus siervos
y concédenos que, siguiendo el ejemplo
de la Sagrada Familia de tu Hijo Unigénito
en el don de su amor y en sus virtudes domésticas,
disfrutemos de la eterna recompensa, en la alegría de tu casa.
Por nuestro Señor Jesucristo, tu Hijo,
que vive y reina contigo en la unidad del Espíritu Santo
y es Dios por los siglos de los siglos.**

Oración sobre las ofrendas

**Al ofrecerte, Señor, este sacrificio de reconciliación,
te suplicamos humildemente
que conserves a nuestras familias en tu gracia y en tu paz.
Por Jesucristo, nuestro Señor.**

Antífona de la Comunión Is 49, 15

¿Puede acaso una madre olvidarse de su criatura?
Aunque hubiera una que se olvidara,
yo nunca me olvidaré de ti, dice el Señor.

Oración después de la Comunión

**Padre clementísimo,
haz que aquellos que alimentaste con el sacramento celestial,
imiten sin cesar los ejemplos
de la Sagrada Familia de tu Unigénito
para que, después de las pruebas de esta vida,
logren estar en su compañía por toda la eternidad.
Por Jesucristo, nuestro Señor.**

13. POR LOS RELIGIOSOS

A

Antífona de entrada Sal 37 (36), 3-4

Pon tu esperanza en Dios, practica el bien
y vivirás tranquilo en esta tierra.
Busca en él tu alegría y te dará el Señor cuanto deseas.

Oración colecta

**Señor Dios, que inspiras y llevas a término todo buen propósito,
conduce a tus hijos por el camino de la salvación eterna
y haz que quienes, dejándolo todo, se consagraron totalmente a ti
siguiendo a Cristo y renunciando a lo mundano,
en espíritu de pobreza y humildad de corazón,
te sirvan fielmente a ti y a sus hermanos.
Por nuestro Señor Jesucristo, tu Hijo,
que vive y reina contigo en la unidad del Espíritu Santo
y es Dios por los siglos de los siglos.**

Oración sobre las ofrendas

**Por estos santos dones que te presentamos,
santifica, Señor, a tus siervos
que has congregado en tu nombre,
a fin de que, cumpliendo con fidelidad sus votos,
te sirvan con un corazón sincero.
Por Jesucristo, nuestro Señor.**

Antífona de la Comunión 1 Re 19, 7

El ángel del Señor dijo a Elías:
Levántate y come, porque aún te queda un largo camino.

O bien: Ap 22, 17. 20

El Espíritu y la esposa dicen:
Ven. Amén. Ven, Señor Jesús.

Oración después de la Comunión

**A quienes tu amor ha congregado
y hecho partícipes de un mismo pan,
concédeles, Señor, ayudarse y animarse mutuamente
en la práctica de la caridad y de las buenas obras,
para que, con una vida santa,
den en todas partes testimonio eficaz de Jesucristo.
Él, que vive y reina por los siglos de los siglos.**

B

En el XXV y L aniversario de la profesión religiosa

Antífona de entrada Cfr. Sal 40 (39), 8-9

Aquí estoy, Señor, para hacer tu voluntad.
Llevo tu ley en mi corazón.

Oración colecta

Señor, Dios fiel, concédenos
expresarte nuestra acción de gracias por las bondades
que has tenido con nuestro hermano (nuestra hermana) N.,
quien desea renovar hoy el don que recibió de ti;
fortifica en él (ella) el espíritu de la perfecta caridad
para que día tras día pueda dedicarse con más entrega
al servicio de tu gloria y a la obra de la salvación.
Por nuestro Señor Jesucristo, tu Hijo,
que vive y reina contigo en la unidad del Espíritu Santo
y es Dios por los siglos de los siglos.

Oración sobre las ofrendas

Acepta, Señor, junto con estos dones,
la ofrenda de sí mismo(a) que hoy desea confirmar
nuestro hermano (nuestra hermana) N.,
y, por el poder del Espíritu Santo,
dígnate configurarlo(la) más plenamente
con la imagen de tu Hijo amado.
Él, que vive y reina por los siglos de los siglos.

Antífona de la Comunión Sal 42 (41), 2

Como el venado busca el agua de los ríos, así mi alma te busca a ti, Dios mío.

Oración después de la Comunión

Señor, en la gozosa celebración de este aniversario,
hemos recibido el Cuerpo y la Sangre de tu Hijo;
te pedimos que concedas a nuestro hermano (nuestra hermana) N.,
que alimentado (alimentada) con el pan y la bebida celestiales,
avance felizmente por el camino iniciado que conduce a ti.
Por Jesucristo, nuestro Señor.

14. POR LAS VOCACIONES A LA VIDA RELIGIOSA

Antífona de entrada Cfr. Mt 19, 21

Si quieres ser perfecto,
ve a vender todo lo que tienes, dale el dinero a los pobres;
luego ven y sígueme, dice el Señor.

Oración colecta

**Padre santo, que aunque llamas a todos tus hijos
a la perfección de la caridad,
invitas a algunos a seguir más de cerca las huellas de tu Hijo,
concede a quienes has elegido para esta vocación especial
vivir de tal manera,
que sean, para la Iglesia y para el mundo,
un signo elocuente de tu Reino.
Por nuestro Señor Jesucristo, tu Hijo,
que vive y reina contigo en la unidad del Espíritu Santo
y es Dios por los siglos de los siglos.**

O bien, si es un sacerdote religioso el que celebra:

**Señor, mira con bondad a nuestra familia
y bendícela con nuevas vocaciones,
para que pueda alcanzar la perfección de la caridad
y trabajar eficazmente por la salvación de los hombres.
Por nuestro Señor Jesucristo, tu Hijo,
que vive y reina contigo en la unidad del Espíritu Santo
y es Dios por los siglos de los siglos.**

Oración sobre las ofrendas

**Acepta, Padre santo, los dones que te presentamos
y concede a cuantos se han propuesto
seguir con entusiasmo a tu Hijo,
por el camino estrecho de la perfección evangélica,
la libertad de espíritu y la verdadera fraternidad.
Por Jesucristo, nuestro Señor.**

Antífona de la Comunión Cfr. Mt 19, 27-29

En verdad les digo que ustedes,
los que han dejado todo para seguirme,
recibirán cien veces más y obtendrán la vida eterna, dice el Señor.

Oración después de la Comunión

**Fortalece, Señor, a tus siervos,
con el alimento y la bebida espirituales, para que,
siempre fieles al llamado evangélico,
muestren en todas partes una viva imagen de tu Hijo.
Él, que vive y reina por los siglos de los siglos.**

O bien, si es un sacerdote religioso el que celebra:

**Por la eficacia de este sacramento,
concédenos, Señor, vivir siempre conforme a tu voluntad,
para que podamos dar testimonio de tu amor ante el mundo
y buscar decididamente los únicos bienes que no se acaban.
Por Jesucristo, nuestro Señor.**

15. PARA FOMENTAR LA CONCORDIA

Antífona de entrada
Hech 4, 32-33

La multitud de los que habían creído
tenía un solo corazón y una sola alma.
Con grandes muestras de poder,
los Apóstoles daban testimonio de la resurrección del Señor Jesús
y todos gozaban de gran estimación entre el pueblo, aleluya.

Oración colecta

Señor Dios, suprema unidad y caridad verdadera,
da a tus fieles un solo corazón y una sola alma,
para que el cuerpo de tu Iglesia se mantenga en concordia
y, ya que se apoya en la profesión de la verdad,
esté afianzado en una sólida unidad.
Por nuestro Señor Jesucristo, tu Hijo,
que vive y reina contigo en la unidad del Espíritu Santo
y es Dios por los siglos de los siglos.

O bien:

Señor Dios, que enseñaste a tu Iglesia a cumplir
todos tus celestiales mandamientos,
en señal de amor a ti mismo y al prójimo,
danos un espíritu de paz y de benevolencia,
para que tu familia entera se consagre a ti de todo corazón
y alcance la concordia por la pureza de intención.
Por nuestro Señor Jesucristo, tu Hijo,
que vive y reina contigo en la unidad del Espíritu Santo
y es Dios por los siglos de los siglos.

Oración sobre las ofrendas

Señor Dios,
que por medio de tus sacramentos y tus mandamientos
nos renuevas conforme a tu imagen,
dirige, compasivo, nuestros pasos por tus sendas,
para que, en virtud de este sacrificio que te ofrecemos,
nos concedas el don de la caridad
que esperamos recibir de ti.
Por Jesucristo, nuestro Señor.

Prefacio de la unidad de los cristianos, p. 1328.

Antífona de la Comunión

Jn 17, 20-21

Padre, te pido por los que van a creer en mí,
para que todos sean uno en nosotros
y el mundo crea que tú me has enviado, dice el Señor.

Oración después de la Comunión

**Habiendo recibido el sacramento de la unidad,
concede, Señor, a quienes hemos convivido hoy en tu casa
en santa concordia,
que poseamos aquella paz que hemos dado
y conservemos la que hemos recibido.
Por Jesucristo, nuestro Señor.**

16. POR LA RECONCILIACIÓN

Lo que en esta Misa va entre paréntesis, se dice con ocasión de algún tiempo especial dedicado a la penitencia.

Antífona de entrada

Yo soy la salvación de mi pueblo, dice el Señor.
Los escucharé en cualquier tribulación en que me llamen
y seré siempre su Dios.

Oración colecta

**Dios de clemencia y reconciliación,
que concedes a los hombres días especiales de gracia,
para que te reconozcan como Creador y Padre de todos,
ayúdanos, propicio (con motivo de este tiempo favorable),
para que, recibiendo con agrado de ti esta palabra de paz,
nos dediquemos a tu designio de restaurar todo en Cristo.
Él, que vive y reina contigo en la unidad del Espíritu Santo
y es Dios por los siglos de los siglos.**

O bien, en el Tiempo Pascual:

**Señor Dios, autor de la verdadera libertad,
que quieres que todos
formen un solo pueblo, libre de toda esclavitud
(y nos concedes para ello
este tiempo especial de gracia y bendición),
concede a tu Iglesia que, al ver acrecentada su libertad,
pueda con mayor fuerza manifestarse ante el mundo
como sacramento universal de salvación
y mostrar y hacer realidad entre los pueblos el misterio de tu amor.
Por nuestro Señor Jesucristo, tu Hijo,
que vive y reina contigo en la unidad del Espíritu Santo
y es Dios por los siglos de los siglos.**

Oración sobre las ofrendas

Acuérdate, Señor, que tu Hijo,
que es nuestra paz y nuestra reconciliación,
borró con su sangre el pecado del mundo;
concédenos, al mirar con benevolencia los dones de tu Iglesia,
que (al celebrar con alegría este tiempo de gracia,)
podamos difundir entre todos la libertad recibida de Cristo.
Él, que vive y reina por los siglos de los siglos.

Puede utilizarse cualquiera de las Plegarias eucarísticas de la reconciliación, p. 802 y p. 810.

Antífona de la Comunión Mt 11, 28

Vengan a mí, todos los que están fatigados y agobiados por la carga,
y yo les daré alivio, dice el Señor.

O bien: Jn 16, 24

Pidan y recibirán,
para que su alegría sea completa,
dice el Señor.

Oración después de la Comunión

El sacramento de tu Hijo, que hemos recibido,
aumente, Señor, nuestras fuerzas,
para que este misterio de unidad
nos sacie del amor más grande
y nos haga, en todas partes, instrumentos de tu paz.
Por Jesucristo, nuestro Señor.

17. POR LA UNIDAD DE LOS CRISTIANOS

Esta Misa puede emplearse cuando se efectúen celebraciones especiales por la unidad de los cristianos, siempre que no coincidan con los domingos de Adviento, Cuaresma o Pascua, o cualquier solemnidad.

A

Antífona de entrada Jn 10, 14-15

Yo soy el buen pastor, porque conozco a mis ovejas
y ellas me conocen a mí, dice el Señor.
Así como el Padre me conoce a mí, yo conozco al Padre.
Yo doy la vida por mis ovejas.

Oración colecta

**Dios todopoderoso y eterno,
que reúnes a los que están dispersos y los mantienes en la unidad,
mira benignamente la grey de tu Hijo, para que,
a cuantos están consagrados por el único Bautismo,
los una la integridad de la fe y los asocie el vínculo de la caridad.
Por nuestro Señor Jesucristo, tu Hijo,
que vive y reina contigo en la unidad del Espíritu Santo
y es Dios por los siglos de los siglos.**

O bien:

**Señor, que tanto amas a los hombres,
te pedimos que infundas, benigno, sobre nosotros
una más abundante gracia de tu Espíritu
y concédenos que, caminando dignamente
en la vocación a que nos llamaste,
mostremos a los hombres el testimonio de la verdad
y busquemos confiadamente la unidad de todos los creyentes
en el vínculo de la paz.
Por nuestro Señor Jesucristo, tu Hijo,
que vive y reina contigo en la unidad del Espíritu Santo
y es Dios por los siglos de los siglos.**

Oración sobre las ofrendas

**Señor, que con un mismo y único sacrificio
adquiriste para ti un pueblo de adopción,
concede propicio a tu Iglesia
los dones de la unidad y de la paz.
Por Jesucristo, nuestro Señor.**

Prefacio: La unidad de la Iglesia, cuerpo de Cristo.

Santo, Santo, Santo . . .

Texto sin música:

V. **El Señor esté con ustedes.**
R. Y con tu espíritu.

V. **Levantemos el corazón.**
R. Lo tenemos levantado hacia el Señor.

V. **Demos gracias al Señor, nuestro Dios.**
R. Es justo y necesario.

**En verdad es justo y necesario,
es nuestro deber y salvación
darte gracias siempre y en todo lugar,
Señor, Padre santo,
Dios todopoderoso y eterno,
por Cristo, Señor nuestro.**

**Por él nos has conducido al conocimiento de tu verdad,
para que fuéramos hechos miembros de su cuerpo
mediante el vínculo de una misma fe y un mismo Bautismo;
por él has enviado sobre todos los pueblos a tu Espíritu Santo,
quien, en la diversidad de sus dones,
es admirable constructor de la Iglesia y autor de la unidad,
habita en tus hijos de adopción
y colma y gobierna a toda la Iglesia.**

**Por eso, unidos al coro de los ángeles,
te alabamos con alegría, diciendo:**

Santo, Santo, Santo . . .

Antífona de la Comunión Cfr. 1 Cor 10, 17

Todos los que participamos de un mismo pan y de un mismo cáliz,
somos un solo cuerpo como uno solo es el pan.

Oración después de la Comunión

**Señor, que esta santa comunión, que acabamos de recibir,
así como significa la unión de los fieles en ti,
así también lleve a efecto la unidad en tu Iglesia.
Por Jesucristo, nuestro Señor.**

B

Antífona de entrada

Sal 106 (105), 47

Sálvanos, Señor, Dios nuestro,
y reúnenos de entre las naciones,
para que podamos celebrar tu santo nombre
y cantar tu alabanza.

Oración colecta

**Dios nuestro, que uniste a pueblos diversos
en la confesión de tu nombre,
concédenos querer y poder practicar cuanto nos mandas,
para que, el pueblo llamado a poseer tu Reino,
tenga una misma fe en sus pensamientos
y un mismo amor en sus obras.
Por nuestro Señor Jesucristo, tu Hijo,
que vive y reina contigo en la unidad del Espíritu Santo
y es Dios por los siglos de los siglos.**

O bien:

**Atiende complacido, Señor,
las plegarias de tu pueblo
y concede que los corazones de los fieles
se unan en tu alabanza y en común arrepentimiento,
hasta que, superada toda división entre los cristianos,
en perfecta comunión con la Iglesia
avancemos gozosos hacia tu reino eterno.
Por nuestro Señor Jesucristo, tu Hijo,
que vive y reina contigo en la unidad del Espíritu Santo
y es Dios por los siglos de los siglos.**

Oración sobre las ofrendas

**Señor, al celebrar el memorial de nuestra salvación,
imploramos humildemente tu clemencia,
a fin de que este sacramento de amor
sea para nosotros signo de unidad y vínculo de caridad.
Por Jesucristo, nuestro Señor.**

Prefacio propio, p. 1328.

Antífona de la Comunión

Col 3, 14-15

Sobre todas estas virtudes, tengan amor,
que es el vínculo de la perfecta unión.
Que en sus corazones reine la paz de Cristo,
esa paz a la que han sido llamados,
como miembros de un solo cuerpo.

Oración después de la Comunión

**Infúndenos, Señor, tu espíritu de caridad,
para que, por la eficacia de este sacrificio,
hagas que cuantos creen en ti
vivan concordes en un mismo amor.
Por Jesucristo, nuestro Señor.**

C

Antífona de entrada

Ef 4, 4-6

Un solo cuerpo y un solo Espíritu,
como es también sólo una la esperanza
del llamamiento que ustedes han recibido.
Un solo Señor, una sola fe, un solo bautismo,
un solo Dios y Padre de todos, que reina sobre todos,
actúa a través de todos y vive en todos.

Oración colecta

**Mira, Señor, con bondad a tu pueblo
y derrama sobre él los dones de tu Espíritu,
para que crezca siempre en él el amor a la verdad
y busque, con firme propósito y con obras,
la perfecta unidad de los cristianos.
Por nuestro Señor Jesucristo, tu Hijo,
que vive y reina contigo en la unidad del Espíritu Santo
y es Dios por los siglos de los siglos.**

O bien:

Muéstranos, Señor, la abundancia de tu misericordia
y, por el poder de tu Espíritu,
aparta toda división entre los cristianos,
para que tu Iglesia se manifieste con mayor claridad
como signo de salvación levantado en medio de las naciones;
y el mundo, iluminado por tu Espíritu,
crea en Cristo a quien enviaste.
Él, que vive y reina contigo en la unidad del Espíritu Santo
y es Dios por los siglos de los siglos.

Oración sobre las ofrendas

Que el sacrificio que te ofrecemos, Señor, nos purifique
y también haga partícipes,
de los mismos sacramentos
a todos a quienes nos une un mismo Bautismo.
Por Jesucristo, nuestro Señor.

Prefacio propio, p. 1328.

Antífona de la Comunión Jn 17, 21. 23

Que todos sean uno,
como tú, Padre, en mí y yo en ti, somos uno,
a fin de que sean uno en nosotros:
yo en ellos y tú en mí, para que su unidad sea perfecta.

Oración después de la Comunión

Alimentados con el sacramento de tu Hijo,
te pedimos, Señor, que renueves en tu Iglesia
la gracia de santificar que le has concedido,
y que todos los que se glorían del nombre cristiano,
merezcan servirte en la unidad de la fe.
Por Jesucristo, nuestro Señor.

18. POR LA EVANGELIZACIÓN DE LOS PUEBLOS

Esta Misa puede emplearse cuando se efectúen celebraciones dedicadas a las obras misionales, siempre que no coincidan con algún domingo de Adviento, de Cuaresma o de Pascua, o cualquier solemnidad.

A

Antífona de entrada Cfr. Sal 67 (66), 2-3

Que Dios tenga piedad de nosotros y nos bendiga,
vuelva sus ojos a nosotros,
para que conozca la tierra tus caminos y los pueblos conozcan tu obra salvadora.

Oración colecta

**Dios nuestro, que quieres que todos los hombres se salven
y lleguen al conocimiento de la verdad,
mira la abundancia de tu mies
y dígnate enviarle trabajadores,
para que tu Evangelio sea anunciado a toda creatura
y tu pueblo, congregado por la palabra de vida
y sostenido con la fuerza de los sacramentos,
avance por el camino de la salvación y de la caridad.
Por nuestro Señor Jesucristo, tu Hijo,
que vive y reina contigo en la unidad del Espíritu Santo
y es Dios por los siglos de los siglos.**

O bien:

**Dios nuestro, que enviaste a tu Hijo al mundo como luz verdadera,
derrama el Espíritu prometido por ti,
que siembre sin cesar la semilla de la verdad
en los corazones de los hombres
y suscite en ellos la obediencia a la fe,
para que todos los renacidos a una vida nueva por el Bautismo,
merezcan entrar a formar parte de tu único pueblo.
Por nuestro Señor Jesucristo, tu Hijo,
que vive y reina contigo en la unidad del Espíritu Santo
y es Dios por los siglos de los siglos.**

Oración sobre las ofrendas

Mira, Señor, el rostro de tu Ungido,
que se entregó a sí mismo en redención de todos,
para que por él tu nombre sea glorificado en todas las naciones
y en todo lugar se ofrezca un único sacrificio a tu majestad,
desde donde sale el sol hasta el ocaso.
Por Jesucristo, nuestro Señor.

Antífona de la Comunión Cfr. Mt 28, 20

Enseñen a todos los pueblos
a cumplir lo que les he mandado, dice el Señor.
Yo estaré con ustedes todos los días,
hasta el fin del mundo.

Oración después de la Comunión

Te rogamos, Señor,
que, alimentados con el don de nuestra redención,
este auxilio de salvación eterna
afiance siempre nuestra fe en la verdad.
Por Jesucristo, nuestro Señor.

B

Antífona de entrada Sal 96 (95), 3-4

Anuncien a todos los pueblos la gloria del Señor;
sus maravillas a todas las naciones,
porque grande es el Señor y muy digno de alabanza.

Oración colecta

Dios nuestro, que has querido que tu Iglesia sea
sacramento de salvación para todos los pueblos,
de manera que así perdure la obra redentora de Cristo
hasta el fin de los tiempos.
Despierta los corazones de tus fieles
y haz que se sientan llamados a trabajar con tanta mayor urgencia,
por la salvación de todos,
pues es necesario que de todas las naciones
surja y crezca para ti una sola familia y un solo pueblo.
Por nuestro Señor Jesucristo, tu Hijo,
que vive y reina contigo en la unidad del Espíritu Santo
y es Dios por los siglos de los siglos.

Oración sobre las ofrendas

Señor, que lleguen a tu presencia soberana
los dones de tu Iglesia suplicante,
del mismo modo que fue tan grata a tus ojos
la gloriosa pasión de tu Hijo
para la salvación del mundo.
Él, que vive y reina por los siglos de los siglos.

Antífona de la Comunión

Sal 117 (116), 1-2

Que alaben al Señor todas las naciones,
que lo aclamen todos los pueblos.
Porque grande es su amor hacia nosotros
y su fidelidad dura por siempre.

O bien: Mc 16, 15

Vayan por todo el mundo
y prediquen el Evangelio a toda creatura,
dice el Señor.

Oración después de la Comunión

Señor, que la participación en tu mesa nos santifique,
y concede que todos los pueblos reciban con gratitud,
por medio del sacramento de tu Iglesia,
la salvación que tu Unigénito consumó en la cruz.
Él, que vive y reina por los siglos de los siglos.

19. POR LOS CRISTIANOS PERSEGUIDOS

Antífona de entrada

Cfr. Sal 74 (73), 20. 19. 22. 23

Acuérdate, Señor, de tu alianza
y no abandones sin remedio la vida de tus pobres.
Levántate, Señor, defiende tu causa
y no olvides los ruegos de aquellos que te imploran.

O bien: Hech 12, 5

Mientras Pedro estaba en la cárcel,
la comunidad no cesaba de orar a Dios por él.

Oración colecta

**Señor Dios, que en tu inescrutable providencia
quieres asociar a tu Iglesia a la pasión de tu Hijo,
concede a tus fieles, que son perseguidos a causa de tu nombre,
el espíritu de paciencia y caridad,
para que sean hallados testigos fieles y veraces de tus promesas.
Por nuestro Señor Jesucristo, tu Hijo,
que vive y reina contigo en la unidad del Espíritu Santo
y es Dios por los siglos de los siglos.**

Oración sobre las ofrendas

**Recibe, Señor, nuestras humildes oraciones y ofrendas,
y concede a cuantos padecen persecución
por servirte fielmente,
que se alegren de estar asociados al sacrificio de tu Hijo Jesucristo
y sepan que sus nombres están escritos en el cielo,
entre aquellos que están elegidos.
Por Jesucristo, nuestro Señor.**

Antífona de la Comunión

Mt 5, 11-12

Dichosos serán ustedes cuando los injurien, los persigan
y digan cosas falsas de ustedes por causa mía, dice el Señor.
Alégrense y salten de contento,
porque su premio será grande en los cielos.

O bien: Mt 10, 32

A quien me reconozca delante de los hombres,
yo también lo reconoceré ante mi Padre,
que está en los cielos, dice el Señor.

Oración después de la Comunión

Por la fuerza de este sacramento, Señor,
fortalece en la verdad a tus siervos
y concede a aquellos fieles que se hallan en la tribulación
que, cargando su cruz detrás de tu Hijo
puedan, en medio de las adversidades,
gloriarse sin cesar del nombre de cristianos.
Por Jesucristo, nuestro Señor.

20. EN UNA REUNIÓN ESPIRITUAL O PASTORAL

Antífona de entrada Cfr. Mt 18, 19. 20

Donde dos o tres se reúnen en mi nombre,
ahí estoy yo en medio de ellos, dice el Señor.

O bien: Col 3, 14-15

Y por encima de todo, tengan amor,
que es el vínculo de la perfecta unión.
Y que la paz de Cristo reine en sus corazones,
esa paz a la que han sido llamados,
como miembros de un solo cuerpo.

Oración colecta

**Infunde en nosotros, Señor,
un espíritu de inteligencia, de verdad y de paz,
para que de todo corazón podamos conocer
lo que es de tu agrado y,
estando todos de común acuerdo, lo pongamos en práctica.
Por nuestro Señor Jesucristo, tu Hijo,
que vive y reina contigo en la unidad del Espíritu Santo
y es Dios por los siglos de los siglos.**

O bien:

**Señor Dios, cuyo Hijo prometió
a todos los que se hallaran reunidos en su nombre
que él mismo estaría en medio de ellos,
concédenos sentirlo presente entre nosotros
y experimentar, en la verdad y la caridad,
que en nuestros corazones abundan
la gracia, la misericordia y la paz.
Por nuestro Señor Jesucristo, tu Hijo,
que vive y reina contigo en la unidad del Espíritu Santo
y es Dios por los siglos de los siglos.**

Oración sobre las ofrendas

Mira, Señor, con bondad
las ofrendas que tus hijos te presentan,
para que les concedas entender con verdad,
y proclamar con fidelidad,
lo que a tus ojos es recto y provechoso.
Por Jesucristo, nuestro Señor.

Prefacio II del Espíritu Santo, p. 1396.

Antífona de la Comunión

Donde hay caridad y amor, ahí está Dios;
y el amor de Cristo es el que nos ha congregado aquí.

Oración después de la Comunión

Concédenos, Dios misericordioso,
que este santo alimento que hemos recibido
nos afiance en tu voluntad,
y nos haga ser testigos fieles de la verdad en todas partes.
Por Jesucristo, nuestro Señor.

II. POR CIRCUNSTANCIAS PÚBLICAS

21. POR LA PATRIA O LA CIUDAD

Oración colecta

Señor Dios, que ordenas todas las cosas
conforme a tu admirable designio,
recibe con bondad las oraciones que te dirigimos
por nuestra patria (ciudad),
a fin de que, por la sabiduría de sus gobernantes
y la honestidad de los ciudadanos,
se consoliden la concordia y la justicia
y así sea posible construir con paz un progreso perdurable.
Por nuestro Señor Jesucristo, tu Hijo,
que vive y reina contigo en la unidad del Espíritu Santo
y es Dios por los siglos de los siglos.

22. POR LOS GOBERNANTES DE LAS NACIONES

Oración colecta

Dios todopoderoso y eterno,
en cuyas manos están los corazones de los hombres
y los derechos de las naciones,
mira con bondad a nuestros gobernantes,
para que con tu ayuda se afiance en toda la tierra
un auténtico progreso social, una paz duradera
y una verdadera libertad religiosa.
Por nuestro Señor Jesucristo, tu Hijo,
que vive y reina contigo en la unidad del Espíritu Santo
y es Dios por los siglos de los siglos.

23. POR LAS REUNIONES DE LOS GOBERNANTES DE LAS NACIONES

Oración colecta

Señor y Dios nuestro, que de manera tan admirable
todo lo ordenas e inefablemente lo diriges,
mira con bondad a los gobernantes
de las naciones reunidos en asamblea,
y bondadosamente infunde en ellos tu espíritu de sabiduría,
a fin de que todo lo decidan para el bienestar común y la paz,
sin nunca apartarse de tu voluntad.
Por nuestro Señor Jesucristo, tu Hijo,
que vive y reina contigo en la unidad del Espíritu Santo
y es Dios por los siglos de los siglos.

24. POR EL PRESIDENTE

Oración colecta

Dios nuestro, a quien está sometido todo poder humano,
concede a nuestro presidente N.
un próspero ejercicio de su mandato,
de modo que, en el respeto de tu ley
y en el empeño de actuar conforme a tu agrado,
mantenga y procure siempre un orden tranquilo y libre,
en favor del pueblo que tiene encomendado.
Por nuestro Señor Jesucristo, tu Hijo,
que vive y reina contigo en la unidad del Espíritu Santo
y es Dios por los siglos de los siglos.

25. AL COMIENZO DEL AÑO CIVIL

Esta Misa puede emplearse en los primeros días del año, con excepción del 1 de enero, solemnidad de Santa María, Madre de Dios.

Antífona de entrada

Cfr. Sal 65 (64), 12

Con tu bondad, Señor, bendices este año
y tus campos se llenarán de frutos.

O bien: Mt 28, 20

Sepan que yo estoy con ustedes todos los días,
hasta el fin del mundo, dice el Señor.

Oración colecta

**Dios eterno, principio de todo lo creado,
concédenos durante este año, que desde hoy te dedicamos,
no carecer de lo necesario para la vida
y dar testimonio de ti con nuestras buenas obras.
Por nuestro Señor Jesucristo, tu Hijo,
que vive y reina contigo en la unidad del Espíritu Santo
y es Dios por los siglos de los siglos.**

Oración sobre las ofrendas

**Que te sean gratas, Señor, las ofrendas que te presentamos,
para que todos los que celebramos con alegría
el comienzo de este año,
merezcamos que transcurra íntegro en tu amor.
Por Jesucristo, nuestro Señor.**

Antífona de la Comunión

Heb 13, 8

Jesucristo es el mismo ayer, hoy y siempre.

Oración después de la Comunión

**Acompaña, Señor,
al pueblo que participó en este santo sacramento,
para que durante todo este año ningún peligro lo aflija,
ya que siempre está confiando en tu protección.
Por Jesucristo, nuestro Señor.**

26. POR LA SANTIFICACIÓN DEL TRABAJO HUMANO

A

Antífona de entrada Gén 1, 1. 27. 31

En el principio creó Dios el cielo y la tierra.
Y creó Dios al hombre a su imagen.
Vio Dios todo lo que había hecho y lo encontró muy bueno.

O bien: Cfr. Sal 90 (89), 17

Que tu bondad, Señor, se derrame sobre nosotros,
y guía las obras de nuestras manos.

Oración colecta

**Señor Dios, creador de todas las cosas,
que ordenaste al ser humano cumplir con los deberes del trabajo,
concédenos que las labores que ahora iniciamos
contribuyan al mejoramiento de esta vida
y sirvan, por tu bondad,
a la extensión del Reino de Cristo.
Él, que vive y reina contigo en la unidad del Espíritu Santo
y es Dios por los siglos de los siglos.**

O bien:

**Señor Dios, que por el trabajo humano
perfeccionas y diriges constantemente
la inmensa obra de la creación,
oye las plegarias que te dirige tu pueblo suplicante
y concede que todos los hombres gocen de un trabajo digno
en el que, honrando su propia condición humana,
puedan más estrechamente unidos, servir a sus hermanos.
Por nuestro Señor Jesucristo, tu Hijo,
que vive y reina contigo en la unidad del Espíritu Santo
y es Dios por los siglos de los siglos.**

Otras oraciones, p. 1345.

Oración sobre las ofrendas

**Tú, que con este pan y este vino que te presentamos
das al género humano el alimento que lo sostiene
y el sacramento que lo renueva, concédenos, Señor,
que nunca nos falte esta ayuda para el cuerpo y el alma.
Por Jesucristo, nuestro Señor.**

Prefacio V para los domingos del Tiempo Ordinario, p. 608.

Antífona de la Comunión

Col 3, 17

Todo lo que digan y todo lo que hagan,
háganlo en el nombre del Señor Jesús,
dándole gracias a Dios Padre, por medio de Cristo.

Oración después de la Comunión

**Habiendo participado de esta mesa de unidad y caridad,
imploramos, Señor, de tu clemencia,
que, cumpliendo las labores que nos tienes encomendadas,
hallemos sustento para nuestra vida terrena
y edifiquemos confiadamente tu Reino.
Por Jesucristo, nuestro Señor.**

B

Otras oraciones

Oración colecta

**Señor Dios, que por medio del trabajo humano
quisiste someter las fuerzas de la naturaleza,
concede benigno
que, dedicados con espíritu cristiano a nuestras labores,
cultivemos una caridad fraterna eficaz,
y merezcamos colaborar al perfeccionamiento de la creación.
Por nuestro Señor Jesucristo, tu Hijo,
que vive y reina contigo en la unidad del Espíritu Santo
y es Dios por los siglos de los siglos.**

Oración sobre las ofrendas

**Recibe, Señor, los dones de tu Iglesia suplicante
y concede que, por medio del trabajo humano
que ahora te ofrecemos,
merezcamos quedar asociados a la obra redentora de Cristo.
Él, que vive y reina por los siglos de los siglos.**

Oración después de la Comunión

**Tú que nos has alimentado con el pan eterno,
concédenos también, Señor,
lo necesario para la vida temporal.
Por Jesucristo, nuestro Señor.**

27. EN EL TIEMPO DE LA SIEMBRA

A

Antífona de entrada Cfr. Sal 90 (89), 17

Que tu bondad, Señor, se derrame sobre nosotros,
y guía las obras de nuestras manos.

Oración colecta

**Señor Dios, con tu ayuda depositamos en la tierra
las semillas que tu poder hará crecer;
concédenos que lo que sabemos que falta a nuestros trabajos,
sea suplido abundantemente por ti,
que eres el único que das el crecimiento.
Por nuestro Señor Jesucristo, tu Hijo,
que vive y reina contigo en la unidad del Espíritu Santo
y es Dios por los siglos de los siglos.**

Otras oraciones, p. 1347.

Oración sobre las ofrendas

**Señor Dios, que eres el verdadero autor de los frutos terrenales
y el supremo labrador de los frutos espirituales,
te pedimos que des prosperidad a nuestros trabajos,
para que recojamos en abundancia los frutos de la tierra;
haz que coopere siempre para tu gloria
lo que sólo a tu providencia debe su comienzo.
Por Jesucristo, nuestro Señor.**

Prefacio V para los domingos del Tiempo Ordinario, p. 608.

Antífona de la Comunión Sal 85 (84), 13

El Señor dará la lluvia.
Cuando el Señor nos muestre su bondad,
nuestra tierra dará fruto.

Oración después de la Comunión

**Señor, tú que nos alimentas con tus sacramentos,
asístenos en el trabajo de nuestras manos,
para que, quienes en ti vivimos, nos movemos y existimos,
por la bendición concedida a las semillas de la tierra,
obtengamos nuestro sustento de una cosecha abundante.
Por Jesucristo, nuestro Señor.**

B

Otras oraciones

Oración colecta

Señor Dios, derrama propicio
tu bendición sobre tu pueblo,
a fin de que, gracias a tu benevolencia,
nuestra tierra produzca sus frutos
de los que podamos gozar con ánimo agradecido
para honor de tu santo nombre.
Por nuestro Señor Jesucristo, tu Hijo,
que vive y reina contigo en la unidad del Espíritu Santo
y es Dios por los siglos de los siglos.

Oración sobre las ofrendas

Mira propicio, Señor, nuestros dones,
para que quienes te traemos el pan de trigo
que ha de convertirse en el Cuerpo de tu Hijo,
podamos alegrarnos al saber que concedes tu bendición
a la semilla que vamos a depositar en la tierra.
Por Jesucristo, nuestro Señor.

Oración después de la Comunión

Concede a tus fieles, Dios todopoderoso,
suficiente abundancia de frutos de la tierra,
con los que, recibido el sustento temporal,
consigan también un crecimiento espiritual,
a fin de que alcancen aquellos bienes eternos
de los que recibieron una prenda en este sacramento.
Por Jesucristo, nuestro Señor.

28. PARA DESPUÉS DE LA COSECHA

Antífona de entrada Sal 67 (66), 7

La tierra ha producido ya sus frutos:
que nos bendiga el Señor, nuestro Dios.

Oración colecta

**Señor, Padre bueno, que en tu providencia,
le entregaste al hombre la tierra,
concédenos que, de los frutos de ella recogidos,
podamos obtener sustento para nuestra vida;
y que los aprovechemos siempre de tal manera,
que redunden, por tu bondad,
en alabanza tuya y utilidad de todos.
Por nuestro Señor Jesucristo, tu Hijo,
que vive y reina contigo en la unidad del Espíritu Santo
y es Dios por los siglos de los siglos.**

O bien:

**Te damos gracias, Señor, por los frutos
que la tierra ha producido para provecho de los hombres,
a fin de que, así como tu admirable providencia
dispuso un buen clima para su crecimiento,
de la misma manera hagas que broten en nuestros corazones
el germen de la justicia y el fruto de la caridad.
Por nuestro Señor Jesucristo, tu Hijo,
que vive y reina contigo en la unidad del Espíritu Santo
y es Dios por los siglos de los siglos.**

Oración sobre las ofrendas

**Santifica, Señor, los dones que del fruto de la tierra
te presentamos con acción de gracias;
y tú, que eres quien nos da la abundancia de los frutos terrenales,
haz que nuestras almas puedan producir frutos para el cielo.
Por Jesucristo, nuestro Señor.**

Prefacio V para los domingos del Tiempo Ordinario, p. 608.

Antífona de la Comunión

Cfr. Sal 104 (103), 13-15

Con los frutos de tus obras, Señor, llenas la tierra,
para que obtengamos de ella el pan y el vino
que alegra nuestro corazón.

Oración después de la Comunión

Concédenos, Señor, que al darte gracias
mediante este sacramento de salvación,
por los frutos de la tierra que hemos cosechado,
merezcamos conseguir, por efecto de ese mismo sacramento,
bienes más excelentes.
Por Jesucristo, nuestro Señor.

29. POR EL PROGRESO DE LOS PUEBLOS

Antífona de entrada
1 Jn 3, 17

Si alguno, teniendo con qué vivir,
ve a su hermano pasar necesidad, y sin embargo, no lo ayuda,
¿cómo habitará el amor de Dios en él?

Oración colecta

**Señor Dios, que diste un origen idéntico a todos los pueblos
y de ellos quisiste congregar una sola familia para ti,
llena los corazones de todos con el fuego de tu amor
y enciende en ellos el deseo de un justo progreso de sus hermanos,
para que, por medio de los bienes
que en abundancia das para todos,
se realice cada uno como persona humana
y, suprimida toda división,
se afiancen en el mundo la igualdad y la justicia.
Por nuestro Señor Jesucristo, tu Hijo,
que vive y reina contigo en la unidad del Espíritu Santo
y es Dios por los siglos de los siglos.**

Oración sobre las ofrendas

**Escucha complacido, Señor,
las oraciones de los que te suplican
y, al recibir la oblación de tu Iglesia,
concédenos que todos los hombres
sean colmados del espíritu de hijos de Dios,
de manera que, superada toda injusticia por la caridad,
los pueblos lleguen a ser una sola familia en tu paz.
Por Jesucristo, nuestro Señor.**

Antífona de la Comunión
Cfr. Sal 104 (103), 13-15

Con los frutos de tus obras, Señor, llenas la tierra,
para que obtengamos de ella el pan de la tierra
y el vino que alegra el corazón del hombre.

O bien: Lc 11, 9

Pidan y se les dará, busquen y encontrarán,
toquen y se les abrirá, dice el Señor.

Oración después de la Comunión

Alimentados con un mismo pan,
mediante el cual renuevas sin cesar a la familia humana,
te rogamos, Señor,
que de la participación del sacramento de unidad
obtengamos un amor genuino y puro
para ayudar al progreso de los pueblos
y cumplir, movidos por la caridad, las exigencias de la justicia.
Por Jesucristo, nuestro Señor.

30. POR LA PAZ Y LA JUSTICIA

Esta Misa no puede emplearse el día 1 de enero, solemnidad de Santa María, Madre de Dios.

A

Antífona de entrada — Cfr. Sir 36, 18-19

Concede, Señor, la paz a quienes en ti esperan;
escucha las oraciones de tus hijos
y guíanos por el camino de la justicia.

Oración colecta

Señor Dios, que revelaste que han de ser llamados hijos tuyos
quienes promueven la paz,
concédenos trabajar incansablemente por establecer la justicia,
que es la única que garantiza una paz firme y verdadera.
Por nuestro Señor Jesucristo, tu Hijo,
que vive y reina contigo en la unidad del Espíritu Santo
y es Dios por los siglos de los siglos.

O bien:

Señor Dios, que cuidas de todos con amor paterno,
concede benigno que los hombres,
a quienes diste un mismo origen,
no sólo formen en la paz una sola familia,
sino también vivan siempre unidos con espíritu fraterno.
Por nuestro Señor Jesucristo, tu Hijo,
que vive y reina contigo en la unidad del Espíritu Santo
y es Dios por los siglos de los siglos.

Otras oraciones, pp. 1352–1353.

Oración sobre las ofrendas

**Te rogamos, Señor,
que el sacrificio de salvación de tu Hijo, Rey de la paz,
ofrecido bajo estos signos sacramentales
con los que se simbolizan la paz y la unidad,
sirva para estrechar la concordia entre todos tus hijos.
Por Jesucristo, nuestro Señor.**

Antífona de la Comunión Mt 5, 9

Dichosos los que trabajan por la paz,
porque se les llamará hijos de Dios.

O bien: Jn 14, 27

La paz les dejo, mi paz les doy, dice el Señor.

Oración después de la Comunión

**Concédenos, Señor, en abundancia, el espíritu de caridad, para que,
alimentados con el Cuerpo y la Sangre de tu Unigénito,
fomentemos con eficacia entre todos
la paz que él mismo nos dejó.
Él, que vive y reina por los siglos de los siglos.**

B

Otras oraciones por la paz

Oración colecta

**Señor Dios, creador del universo,
bajo cuya providencia se desarrolla el curso de la historia,
muéstrate propicio a nuestras súplicas
y concede a nuestro tiempo la tranquilidad de la paz,
para que estemos siempre llenos de gozo,
alabando tu misericordia.
Por nuestro Señor Jesucristo, tu Hijo,
que vive y reina contigo en la unidad del Espíritu Santo
y es Dios por los siglos de los siglos.**

O bien:

Dios no sólo de la paz, sino la paz misma,
a quien los sembradores de la discordia no pueden comprender,
ni aceptar quien ama la violencia,
concede a los que trabajan por la paz
perseverar en su propósito de hacer el bien,
y a los que la obstaculizan
olvidarse del odio para que su corazón sane.
Por nuestro Señor Jesucristo, tu Hijo,
que vive y reina contigo en la unidad del Espíritu Santo
y es Dios por los siglos de los siglos.

Puede emplearse la Misa para fomentar la concordia, pp. 1323–1324.

31. EN TIEMPO DE GUERRA O DE DESORDEN

Antífona de entrada — Jer 29, 11. 12. 14

Dice el Señor:
Mis pensamientos son de paz y no de aflicción;
ustedes me invocarán y yo los escucharé,
y los haré regresar desde donde se encuentren cautivos.

O bien: — Cfr. Sal 18 (17), 5-7

Me rodeaban gemidos de muerte,
los dolores del infierno me envolvían;
pero en mi tribulación invoqué al Señor
y escuchó mi voz desde su templo santo.

Oración colecta

Dios fuerte y misericordioso,
que quebrantas las guerras y humillas a los soberbios,
dígnate apartar pronto de nosotros
las crueldades y los sufrimientos,
para que todos merezcamos ser llamados en verdad hijos tuyos.
Por nuestro Señor Jesucristo, tu Hijo,
que vive y reina contigo en la unidad del Espíritu Santo
y es Dios por los siglos de los siglos.

O bien:

**Señor Dios, autor y amante de la paz,
ya que conocerte es vivir y servirte es reinar,
protege de toda hostilidad a quienes te lo suplican,
para que, confiando en tu protección,
no temamos las armas de ningún enemigo.
Por nuestro Señor Jesucristo, tu Hijo,
que vive y reina contigo en la unidad del Espíritu Santo
y es Dios por los siglos de los siglos.**

Oración sobre las ofrendas

**Acuérdate, Señor, que tu Hijo, que es él mismo la paz,
destruyó con su sangre nuestros odios,
para que, mirando compasivo los males que padecemos,
nos concedas que este sacrificio
restituya la paz y la tranquilidad
a los hijos que tanto amas.
Por Jesucristo, nuestro Señor.**

Antífona de la Comunión Jn 14, 27

La paz les dejo, mi paz les doy, dice el Señor;
no se la doy como la da el mundo.
No pierdan la paz ni se acobarden.

Oración después de la Comunión

**Alimentados dulcemente con un mismo pan,
que conforta el corazón del hombre,
concédenos, Señor, superar felizmente
los horrores de la guerra
y guardar firmemente tus mandatos de amor y de justicia.
Por Jesucristo, nuestro Señor.**

32. POR LOS PRÓFUGOS Y EXILIADOS

Antífona de entrada Cfr. Sal 91 (90), 11

El Señor ha dado a sus ángeles la orden de protegerte
a donde quiera que vayas.

O bien: Jer 29, 11. 12. 14

Dice el Señor:
Mis pensamientos son de paz y no de aflicción;
ustedes me invocarán y yo los escucharé,
y los haré regresar desde donde se encuentren cautivos.

Oración colecta

**Señor, para quien nadie es extranjero
y nadie lejano para recibir ayuda,
mira benignamente a los prófugos y exiliados,
a los hombres y a los niños segregados,
para que a ellos les concedas el regreso a la patria
y a nosotros nos des caridad efectiva
para con los necesitados y forasteros.
Por nuestro Señor Jesucristo, tu Hijo,
que vive y reina contigo en la unidad del Espíritu Santo
y es Dios por los siglos de los siglos.**

Oración sobre las ofrendas

**Señor, que quisiste que tu Hijo entregara su vida
para congregar en la unidad a tus hijos dispersos,
concédenos que esta ofrenda pacífica
obtenga la comunión de voluntades
y aumente la caridad fraterna.
Por Jesucristo, nuestro Señor.**

Antífona de la Comunión

Cfr. Sal 91 (90), 2

Tú eres mi refugio y fortaleza;
tú eres mi Dios y en ti confío.

Oración después de la Comunión

**Señor, que nos has alimentado
con un mismo pan y un mismo cáliz,
concédenos amar con un corazón sincero
a los inmigrantes y abandonados,
para que todos merezcamos estar
finalmente reunidos en la patria celestial.
Por Jesucristo, nuestro Señor.**

33. EN EL TIEMPO DE HAMBRE O POR LOS QUE PADECEN HAMBRE

A

Antífona de entrada Sal 74 (73), 20. 19

Acuérdate, Señor, de tu alianza
y no olvides para siempre la vida de tus pobres.

Oración colecta

**Señor Dios, que, en tu bondad y omnipotencia,
cuidas de tus creaturas,
concédenos un amor eficaz hacia los hermanos
que carecen de alimentos,
para que, desterrada el hambre,
puedan servirte con un corazón libre y tranquilo.
Por nuestro Señor Jesucristo, tu Hijo,
que vive y reina contigo en la unidad del Espíritu Santo
y es Dios por los siglos de los siglos.**

Otras oraciones que se pueden decir por quienes padecen hambre, p. 1357.

Oración sobre las ofrendas

**Mira, Señor, la ofrenda
que de tus mismos excelentes dones te presentamos,
para que la abundancia de vida divina
y la unidad en el amor, que ella significa,
nos impulse a compartir equitativamente lo nuestro
y a cumplir con el deber de la mutua fraternidad.
Por Jesucristo, nuestro Señor.**

Antífona de la Comunión Mt 11, 28

Vengan a mí, todos los que están fatigados y agobiados por la carga,
y yo les daré alivio, dice el Señor.

Oración después de la Comunión

**Dios, Padre todopoderoso, te suplicamos
que el pan vivo, bajado del cielo, nos fortalezca
para que ayudemos a nuestros hermanos
que padecen hambre y necesidad.
Por Jesucristo, nuestro Señor.**

B

Otras oraciones para ser dichas
por los mismos que padecen hambre

Oración colecta

**Señor Dios, que no hiciste la muerte
y proporcionas el alimento a toda creatura,
aparta compasivo de tus siervos el hambre,
para que nuestros corazones puedan
servirte con alegría y prontitud.
Por nuestro Señor Jesucristo, tu Hijo,
que vive y reina contigo en la unidad del Espíritu Santo
y es Dios por los siglos de los siglos.**

Oración sobre las ofrendas

**Te ofrecemos gustosamente,
desde nuestra pobreza, Señor, estos dones,
y te pedimos humildemente que, por tu bondad,
se conviertan para nosotros en las primicias de tu salvación.
Por Jesucristo, nuestro Señor.**

Oración después de la Comunión

**Te suplicamos, Señor,
que quienes recibimos de tu generosidad el alimento celestial,
alcancemos tanta fuerza y esperanza para el trabajo,
que podamos remediar eficazmente nuestras necesidades
y las de nuestros hermanos.
Por Jesucristo, nuestro Señor.**

34. EN CASO DE TERREMOTO

Oración colecta

**Señor Dios, que afianzaste la tierra sobre sus cimientos,
apiádate de cuantos estamos atemorizados
y escucha nuestras súplicas,
para que, alejados completamente los peligros del terremoto,
experimentemos sin cesar tu misericordia
y, seguros con tu protección, te sirvamos agradecidos.
Por nuestro Señor Jesucristo, tu Hijo,
que vive y reina contigo en la unidad del Espíritu Santo
y es Dios por los siglos de los siglos.**

35. PARA PEDIR LA LLUVIA

Oración colecta

**Señor Dios, en quien vivimos, nos movemos y existimos,
concédenos la lluvia oportuna,
a fin de que, ayudados convenientemente con los bienes de la tierra,
anhelemos con más confianza los bienes eternos.
Por nuestro Señor Jesucristo, tu Hijo,
que vive y reina contigo en la unidad del Espíritu Santo
y es Dios por los siglos de los siglos.**

36. PARA PEDIR BUEN TIEMPO

Oración colecta

**Dios todopoderoso y eterno,
que nos sanas corrigiéndonos y nos animas perdonándonos,
concédenos poder alegrarnos por el anhelado buen tiempo,
y hacer siempre uso de los dones de tu bondad
para gloria de tu nombre y salvación nuestra.
Por nuestro Señor Jesucristo, tu Hijo,
que vive y reina contigo en la unidad del Espíritu Santo
y es Dios por los siglos de los siglos.**

37. PARA ALEJAR LAS TEMPESTADES

Oración colecta

**Señor Dios, a cuyo mandato obedecen todos los elementos,
te rogamos humildemente
que, aplacadas las temibles tempestades,
tu poderosa intervención se convierta
en motivo de nuestra alabanza.
Por nuestro Señor Jesucristo, tu Hijo,
que vive y reina contigo en la unidad del Espíritu Santo
y es Dios por los siglos de los siglos.**

III. EN DIVERSAS CIRCUNSTANCIAS

38. POR LA REMISIÓN DE LOS PECADOS

A

Antífona de entrada — Cfr. Sab 11, 23. 24. 26

Señor, tú tienes misericordia de todos
y nunca odias a tus creaturas;
borras los pecados de los hombres que se arrepienten,
y los perdonas, porque tú, Señor, eres nuestro Dios.

Oración colecta

**Señor, escucha bondadoso nuestros ruegos
y perdona nuestros pecados,
para que nos concedas juntamente tu perdón y tu paz.
Por nuestro Señor Jesucristo, tu Hijo,
que vive y reina contigo en la unidad del Espíritu Santo
y es Dios por los siglos de los siglos.**

O bien:

**Apiádate, Señor, de tu pueblo
y perdónale todos sus pecados,
para que tu indulgencia aleje de nosotros
lo que hemos merecido por nuestras ofensas.
Por nuestro Señor Jesucristo, tu Hijo,
que vive y reina contigo en la unidad del Espíritu Santo
y es Dios por los siglos de los siglos.**

Otras oraciones, pp. 1360–1361.

Oración sobre las ofrendas

**Te ofrecemos, Señor,
este sacrificio de reconciliación y de alabanza,
para que, compadecido, perdones nuestros pecados
y dirijas tú mismo nuestro vacilante corazón.
Por Jesucristo, nuestro Señor.**

Prefacio IV para los domingos del Tiempo Ordinario, p. 606.

Antífona de la Comunión Lc 15, 10

Habrá gran alegría entre los ángeles del cielo,
por un solo pecador que se convierta.

Oración después de la Comunión

**Concédenos, Dios misericordioso,
a quienes, por este sacrificio,
hemos recibido el perdón de nuestros pecados,
que con tu gracia podamos evitarlos de ahora en adelante
y servirte con sincero corazón.
Por Jesucristo, nuestro Señor.**

B

Otras oraciones

Oración colecta

**Dios todopoderoso y lleno de ternura,
que hiciste brotar de la roca una fuente de agua viva
para tu pueblo sediento,
arranca de la dureza de nuestro corazón
lágrimas de arrepentimiento,
para que podamos llorar nuestros pecados
y merezcamos, por tu misericordia, alcanzar su perdón.
Por nuestro Señor Jesucristo, tu Hijo,
que vive y reina contigo en la unidad del Espíritu Santo
y es Dios por los siglos de los siglos.**

Oración sobre las ofrendas

**Recibe complacido, Señor, esta oblación
que ofrecemos a tu majestad por nuestros pecados,
y concédenos que el sacrificio del que brotó para los hombres
la fuente del perdón de tu Espíritu Santo,
nos alcance la gracia de derramar muchas lágrimas
por nuestras ofensas.
Por Jesucristo, nuestro Señor.**

Oración después de la Comunión

**Señor, que la digna recepción de tu sacramento
haga que limpiemos con gemidos las huellas
de las manchas de nuestros pecados
y nos alcance, por don tuyo, el anhelado efecto del perdón.
Por Jesucristo, nuestro Señor.**

39. PARA PEDIR CASTIDAD

Oración colecta

**Inflama benigno, Señor, nuestros corazones
con el fuego celestial del Espíritu Santo,
para que con un cuerpo casto te sirvamos
y con un corazón limpio te agrademos.
Por nuestro Señor Jesucristo, tu Hijo,
que vive y reina contigo en la unidad del Espíritu Santo
y es Dios por los siglos de los siglos.**

Oración sobre las ofrendas

**Que te sean agradables, Señor, nuestros dones
para que aquellos que te dignaste salvar por tu gracia,
ayudados por tu indulgencia,
podamos, con plena libertad y alma pura,
ofrecer en tu honor la ofrenda de alabanza.
Por Jesucristo, nuestro Señor.**

Oración después de la Comunión

**Señor, que el sacramento que acabamos de recibir
renueve nuestro corazón y nuestro cuerpo
con el vigor de la pureza y la frescura de la castidad,
para que podamos recibir en un alma pura
lo que hemos tomado con nuestra boca.
Por Jesucristo, nuestro Señor.**

40. PARA PEDIR CARIDAD

Antífona de entrada
Ez 36, 26-28

Dice el Señor:
Arrancaré de ustedes el corazón de piedra
y les daré un corazón de carne,
les infundiré mi espíritu.
Ustedes serán mi pueblo y yo seré su Dios.

Oración colecta

**Inflama, Señor, nuestros corazones
con el Espíritu de tu amor,
para que podamos pensar siempre
lo que es digno y agradable a tus ojos
y amarte sinceramente en los hermanos.
Por nuestro Señor Jesucristo, tu Hijo,
que vive y reina contigo en la unidad del Espíritu Santo
y es Dios por los siglos de los siglos.**

Oración sobre las ofrendas

**Santifica, Señor, por tu piedad, estos dones,
y al recibir en oblación este sacrificio espiritual,
concédenos que podamos extender a todos tu amor.
Por Jesucristo, nuestro Señor.**

Antífona de la Comunión
1 Cor 13, 13

Ahora tenemos estas tres virtudes: la fe, la esperanza y el amor;
pero el amor es la mayor de las tres.

Oración después de la Comunión

**Te rogamos, Señor, que infundas la gracia del Espíritu Santo
en quienes has saciado con el mismo pan del cielo;
y que nos reanimes abundantemente
con la dulzura de la caridad perfecta.
Por Jesucristo, nuestro Señor.**

41. POR LOS FAMILIARES Y AMIGOS

Antífona de entrada Cfr. Sal 122 (121), 6. 8

Digan de todo corazón:
Jerusalén, que haya paz entre aquellos que te aman.
Por mis hermanos y compañeros voy a decir: la paz contigo.

Oración colecta

**Señor Dios, que, por gracia del Espíritu Santo,
infundiste en los corazones de tus fieles los dones de tu amor,
concede a tus siervos, por quienes imploramos tu clemencia,
la salud de cuerpo y alma,
para que te amen con todas sus fuerzas
y cumplan con amor lo que es de tu agrado.
Por nuestro Señor Jesucristo, tu Hijo,
que vive y reina contigo en la unidad del Espíritu Santo
y es Dios por los siglos de los siglos.**

Oración sobre las ofrendas

**Apiádate, Señor, de tus siervos,
por quienes ofrecemos este sacrificio de alabanza a tu majestad,
para que, por efecto de estos santos misterios,
obtengan la gracia de tu bendición celestial
y alcancen la gloria de la felicidad eterna.
Por Jesucristo, nuestro Señor.**

Antífona de la Comunión Mt 12, 50

Todo el que cumple la voluntad de mi Padre,
que está en los cielos,
ése es mi hermano, mi hermana y mi madre.

Oración después de la Comunión

**Al recibir este divino sacramento te rogamos, Señor,
que a tus siervos, a quienes les concediste que nos amen,
les des el perdón de sus pecados,
tu consuelo en la vida y tu constante protección,
para que, sirviéndote todos con un mismo corazón,
podamos gozar juntos de la visión de tu rostro.
Por Jesucristo, nuestro Señor.**

42. POR LOS QUE NOS AFLIGEN

Antífona de entrada Lc 6, 27-28

Amen a sus enemigos, dice el Señor,
hagan el bien a los que los aborrecen;
bendigan a quienes los maldicen
y oren por quienes los difaman.

Oración colecta

**Señor Dios, que, en virtud del mandamiento de tu amor,
quieres que ofrezcamos amor sincero a cuantos nos afligen,
concédenos cumplir los mandatos de la nueva ley de tal modo,
que nos esforcemos en devolver bien por mal
y en sobrellevarnos mutuamente.
Por nuestro Señor Jesucristo, tu Hijo,
que vive y reina contigo en la unidad del Espíritu Santo
y es Dios por los siglos de los siglos.**

Oración sobre las ofrendas

**Anhelando estar en paz con todos, te ofrecemos, Señor,
este sacrificio por nuestros adversarios,
y conmemoramos la muerte de tu Hijo,
por la cual, habiendo nosotros perdido tu amistad,
fuimos reconciliados contigo.
Por Jesucristo, nuestro Señor.**

Antífona de la Comunión Mt 5, 9-10

Dichosos los que trabajan por la paz,
porque se les llamará hijos de Dios.
Dichosos los perseguidos por causa de la justicia,
porque de ellos es el Reino de los cielos.

Oración después de la Comunión

**Por estos sacramentos de nuestra reconciliación contigo,
concédenos, Señor Dios, convivir en paz con todos
y convertir a nuestros enemigos en amigos tuyos,
y que se reconcilien con nosotros.
Por Jesucristo, nuestro Señor.**

43. POR LOS CAUTIVOS

Antífona de entrada Sal 88 (87), 2-3

Señor, Dios mío, de día te pido auxilio,
de noche grito en tu presencia.
Que llegue hasta ti mi súplica, presta oído a mi clamor.

Oración colecta

Señor Dios, cuyo Hijo se dignó tomar la condición de siervo
para redimir al género humano de la esclavitud del pecado,
concede a tus siervos, que se hallan en cautividad,
obtener aquella libertad
con la que quisiste que todos los hombres
se beneficien por ser hijos tuyos.
Por nuestro Señor Jesucristo, tu Hijo,
que vive y reina contigo en la unidad del Espíritu Santo
y es Dios por los siglos de los siglos.

Oración sobre las ofrendas

Por el sacramento salvífico de la redención humana
que te ofrecemos,
concede, Señor, que tus siervos sean liberados de su cautiverio
y disfruten de perpetua libertad de espíritu.
Por Jesucristo, nuestro Señor.

Antífona de la Comunión Sal 69 (68), 31. 34

En mi cantar exaltaré tu nombre,
proclamaré tu gloria, agradecido.
Porque el Señor jamás desoye al pobre,
ni olvida al que se encuentra encadenado.

Oración después de la Comunión

Recordando el precio de nuestra libertad,
imploramos, Señor, tu clemencia por nuestros hermanos,
para que sean liberados de sus cadenas
y los conviertas en servidores de tu justicia.
Por Jesucristo, nuestro Señor.

44. POR LOS ENCARCELADOS

Oración colecta

**Dios omnipotente y misericordioso,
el único que ve los secretos de los corazones,
que reconoces al justo y puedes justificar al culpable,
escucha nuestros ruegos por tus siervos encarcelados
y concede que, por su paciencia y esperanza,
hallen alivio en su aflicción y, sin ningún obstáculo,
puedan volver pronto a su vida cotidiana.
Por nuestro Señor Jesucristo, tu Hijo,
que vive y reina contigo en la unidad del Espíritu Santo
y es Dios por los siglos de los siglos.**

En el caso de los encarcelados por causa del Evangelio, se pueden usar las oraciones por los cristianos perseguidos, pp. 1337–1338.

45. POR LOS ENFERMOS

Antífona de entrada Sal 6, 3-4

Ten piedad de mí, Señor, porque desfallezco;
sáname, Señor, porque mis huesos se quiebran
y la enfermedad me aflige.

O bien: Cfr. Is 53, 4

El Señor ha cargado nuestros sufrimientos,
ha soportado nuestros dolores.

Oración colecta

Señor Dios, que quisiste que tu Unigénito
cargara con nuestros sufrimientos
para mostrarnos el valor de la enfermedad y la paciencia humana,
escucha benignamente nuestras súplicas
por los hermanos que se hallan enfermos
y concede que los que están afligidos por el dolor,
las penas y la enfermedad,
no sólo se sientan elegidos entre aquellos proclamados dichosos,
sino también sepan que están unidos a Cristo en su pasión,
para salvación del mundo.
Por nuestro Señor Jesucristo, tu Hijo,
que vive y reina contigo en la unidad del Espíritu Santo
y es Dios por los siglos de los siglos.

O bien:

Dios todopoderoso y eterno,
salvación perpetua de los que creen en ti,
escucha nuestra oración por tus siervos enfermos,
para quienes imploramos el auxilio de tu misericordia,
a fin de que, recuperada la salud,
puedan ofrecerte su acción de gracias en tu Iglesia.
Por nuestro Señor Jesucristo, tu Hijo,
que vive y reina contigo en la unidad del Espíritu Santo
y es Dios por los siglos de los siglos.

Oración sobre las ofrendas

Dios nuestro, cuya providencia
dirige cada momento de nuestra vida,
recibe las súplicas y las ofrendas
con que imploramos tu misericordia
en favor de nuestros hermanos enfermos,
para que la preocupación de ahora por su enfermedad,
se nos convierta pronto en gozo por su salud.
Por Jesucristo, nuestro Señor.

Antífona de la Comunión Col 1, 24

Completo en mi carne lo que falta a la pasión de Cristo,
por el bien de su cuerpo, que es la Iglesia.

Oración después de la Comunión

**Dios nuestro, auxilio inefable en la enfermedad,
ayuda con tu poder a estos hijos tuyos enfermos,
para que, aliviados por tu misericordia,
vuelvan a ocupar su lugar en la asamblea de tus fieles.
Por Jesucristo, nuestro Señor.**

46. POR LOS MORIBUNDOS

Antífona de entrada Rom 14, 7-8

Ninguno de nosotros vive para sí mismo,
ni muere para sí mismo.
Si vivimos, para el Señor vivimos;
y si morimos, para el Señor morimos.
Por lo tanto, ya sea que estemos vivos
o que hayamos muerto, somos del Señor.

O bien: Cfr. Is 53, 4

El Señor ha cargado nuestros sufrimientos,
ha soportado nuestros dolores.

Oración colecta

**Dios omnipotente y misericordioso,
que al decretar la muerte para el género humano,
en tu misericordia abriste las puertas de la vida eterna,
mira con piedad a tu hijo que lucha en la agonía,
para que, asociado a la pasión de Cristo
y sellado con su sangre,
pueda llegar a tu presencia limpio de toda culpa.
Por nuestro Señor Jesucristo, tu Hijo,
que vive y reina contigo en la unidad del Espíritu Santo
y es Dios por los siglos de los siglos.**

O bien, por los que han de morir en este día:

Dios omnipotente y misericordioso,
que en toda circunstancia muestras tu amor a todas tus creaturas,
escucha benigno las súplicas que elevamos
por los que hoy van a morir,
para que, redimidos por la preciosa Sangre de tu Hijo,
puedan salir de este mundo sin mancha de pecado
y descansar perpetuamente en el seno de tu misericordia.
Por nuestro Señor Jesucristo, tu Hijo,
que vive y reina contigo en la unidad del Espíritu Santo
y es Dios por los siglos de los siglos.

Oración sobre las ofrendas

Recibe, Señor Dios, el sacrificio
que, confiados, te ofrecemos por tu siervo
que se halla al final de la vida;
y por la eficacia de este sacramento,
concédele quedar purificado de todas sus culpas,
para que, habiendo soportado en esta vida
el sufrimiento que en tu providencia dispusiste,
alcance en la vida futura el descanso eterno.
Por Jesucristo, nuestro Señor.

Antífona de la Comunión Col 1, 24

Completo en mi carne lo que falta a la pasión de Cristo,
por el bien de su cuerpo, que es la Iglesia.

O bien: Jn 6, 54

El que come mi carne y bebe mi Sangre,
tiene vida eterna, dice el Señor,
y yo lo resucitaré el último día.

Oración después de la Comunión

Por la eficacia de este sacramento,
dígnate, Señor, confortar piadosamente, con tu gracia, a tu siervo,
para que en la hora de la muerte pueda vencer al enemigo
y merezca pasar con tus ángeles a la vida eterna.
Por Jesucristo, nuestro Señor.

47. PARA PEDIR LA GRACIA DE UNA BUENA MUERTE

Antífona de entrada Sal 23 (22), 4

Aunque camine por cañadas oscuras, nada temo,
porque tú estás conmigo, Señor y Dios mío,
tu vara y tu cayado me dan seguridad.

Oración colecta

**Señor Dios, que nos creaste a tu imagen
y quisiste que tu Hijo padeciera la muerte por nosotros,
concédenos permanecer siempre vigilantes en la oración,
para que merezcamos salir de este mundo sin mancha de pecado
y descansar llenos de gozo en el seno de tu misericordia.
Por nuestro Señor Jesucristo, tu Hijo,
que vive y reina contigo en la unidad del Espíritu Santo
y es Dios por los siglos de los siglos.**

Oración sobre las ofrendas

**Así como venciste nuestra muerte, Señor,
con la muerte de tu Unigénito,
así también concédenos, por la eficacia de este sacramento,
que, obedeciendo a tu voluntad hasta la muerte,
salgamos de este mundo llenos de paz y de confianza,
hechos partícipes de su gloriosa resurrección.
Por Jesucristo, nuestro Señor.**

Prefacio común V, p. 646, o VI, p. 648.

Antífona de la Comunión Rom 14, 7-8

Ninguno de nosotros vive para sí mismo,
ni muere para sí mismo.
Si vivimos, para el Señor vivimos;
y si morimos, para el Señor morimos.
Por lo tanto, ya sea que estemos vivos
o que hayamos muerto, somos del Señor.

O bien: Lc 21, 36

Velen, pues, y hagan oración continuamente,
para que puedan comparecer seguros ante el Hijo del hombre.

Oración después de la Comunión

Habiendo recibido por estos misterios
la prenda de la inmortalidad,
te pedimos, Señor, que el auxilio de tu amor
nos ayude en el momento de nuestra muerte,
y que, venciendo las tentaciones del enemigo,
seamos acogidos en el seno de tu eterna gloria.
Por Jesucristo, nuestro Señor.

48. EN CUALQUIER NECESIDAD

A

Antífona de entrada

Yo soy la salvación de mi pueblo, dice el Señor:
en cualquier tribulación en que me invoquen,
los escucharé y siempre seré su Dios.

Oración colecta

Señor Dios, refugio nuestro en las dificultades,
fuerza en las debilidades y consuelo en el llanto,
ten compasión de tu pueblo
para que, corregido con las penas merecidas,
halle finalmente el alivio en tu misericordia.
Por nuestro Señor Jesucristo, tu Hijo,
que vive y reina contigo en la unidad del Espíritu Santo
y es Dios por los siglos de los siglos.

Oración sobre las ofrendas

Recibe, Señor, con bondad
estas ofrendas de tu familia santa,
para que, con la ayuda de tu protección,
conserve los dones recibidos
y llegue a poseer los eternos.
Por Jesucristo, nuestro Señor.

Antífona de la Comunión

Mt 11, 28

Vengan a mí, todos los que están fatigados y agobiados por la carga,
y yo les daré alivio, dice el Señor.

Oración después de la Comunión

**Te rogamos, Señor, que al recibir tu sacramento,
experimentemos tu auxilio para el alma y el cuerpo,
y así, restaurado todo nuestro ser,
alcancemos la plenitud de la salvación.
Por Jesucristo, nuestro Señor.**

B

Antífona de entrada

Cfr. Sal 44 (43), 26

Ven, Señor, en nuestra ayuda
y redímenos por tu misericordia.

Oración colecta

**Dios omnipotente y misericordioso,
mira con piedad nuestra aflicción,
alivia las cargas de tus hijos
y confirma su fe de tal manera,
que confiemos siempre sin vacilación
en tu providencia paternal.
Por nuestro Señor Jesucristo, tu Hijo,
que vive y reina contigo en la unidad del Espíritu Santo
y es Dios por los siglos de los siglos.**

Oración sobre las ofrendas

**Recibe, Señor, los dones que te ofrecemos confiadamente
y haz que la amargura de la tristeza que sufrimos,
se convierta en sacrificio de suave fragancia.
Por Jesucristo, nuestro Señor.**

Antífona de la Comunión

Jn 16, 23-24

Cuanto pidan al Padre en mi nombre, se lo concederá.
Pidan y recibirán, para que su alegría sea completa,
dice el Señor.

Oración después de la Comunión

Te suplicamos, Señor,
que, confortados y fortalecidos por el divino manjar,
podamos sobrellevar con valentía
las futuras dificultades,
y ayudar generosamente
a los hermanos que se hallan afligidos.
Por Jesucristo, nuestro Señor.

C

Otras oraciones

Oración colecta

Señor Dios, que sabes que por nuestra humana fragilidad
no podemos subsistir ante tantos peligros,
danos salud de alma y cuerpo,
para que, con tu ayuda, logremos superar
lo que padecemos por causa de nuestros pecados.
Por nuestro Señor Jesucristo, tu Hijo,
que vive y reina contigo en la unidad del Espíritu Santo
y es Dios por los siglos de los siglos.

O bien:

Te pedimos, Señor,
que tu pueblo pueda rechazar las tentaciones del demonio
y unirse a ti, único Dios, con un corazón limpio.
Por nuestro Señor Jesucristo, tu Hijo,
que vive y reina contigo en la unidad del Espíritu Santo
y es Dios por los siglos de los siglos.

Oración sobre las ofrendas

Recibe, Señor, nuestras oraciones y ofrendas,
para que, a quienes sufrimos el castigo de nuestros pecados,
nos libere la gracia de tu misericordia.
Por Jesucristo, nuestro Señor.

Oración después de la Comunión

Míranos, Señor, con bondad en nuestra tribulación,
y por la pasión de tu Hijo, aparta tu indignación
que tan justamente merecemos por nuestros pecados.
Por Jesucristo, nuestro Señor.

[En las diócesis de los Estados Unidos]

48/1. PARA DAR GRACIAS A DIOS POR EL DON DE LA VIDA HUMANA

A

Antífona de entrada Cf. Sal 143 (142), 11

Por tu nombre, Señor, consérvame vivo.

Oración colecta

Oh Dios, Creador nuestro, te damos gracias a ti,
pues sólo tú, con poder, concedes el don de la vida
y nos formas en el seno de nuestras madres;
te pedimos que nos concedas,
como administradores de la creación,
perseverar con fidelidad en esta sagrada tarea
y proteger siempre la dignidad de toda vida humana.
Por nuestro Señor Jesucristo, tu Hijo,
que vive y reina contigo en la unidad del Espíritu Santo
y es Dios por los siglos de los siglos.

Oración sobre las ofrendas

Acepta nuestras humildes ofrendas,
Señor de todo lo que vive,
y únenos al perfecto sacrificio de tu Hijo,
por quien has hecho nueva toda la creación.
El, que vive y reina por los siglos de los siglos.

Antífona de la Comunión Cf. Sal 36 (35), 10

En ti, Señor, está la fuente viva, y tu luz nos hace ver la luz.

Oración después de la Comunión

**Aumenta tu amor en nosotros, Señor Dios,
por el misterio salvífico que hemos celebrado,
y haz que todos los pueblos
respeten tu don de la vida humana.
Por Jesucristo, nuestro Señor.**

B

Antífona de entrada Cf. Sal 31 (30), 15-16

Yo confío en ti, Señor, te digo "Tú eres mi Dios".
En tu mano está mi vida.

Oración colecta

**Oh Dios, que adornas la creación con esplendor y belleza,
y haces la vida humana a tu imagen y semejanza,
despierta en todo corazón el respeto a la obra de tus manos,
y renueva entre tu pueblo
el deseo de nutrir y sostener el precioso don de la vida humana.
Por nuestro Señor Jesucristo, tu Hijo,
que vive y reina contigo en la unidad del Espíritu Santo
y es Dios por los siglos de los siglos.**

Oración sobre las ofrendas

**Oh Dios, que nos das
pan de la tierra para sostener la vida
y vino para alegrar el corazón,
dígnate aceptar estos dones
y convertirlos en sacramento de nuestra salvación.
Por Jesucristo, nuestro Señor.**

Antífona de la Comunión Cfr. Sal 36 (35), 10

En ti, Señor, está la fuente viva, y tu luz nos hace ver la luz.

Oración después de la Comunión

**Oh Dios, que nos vivificas con el Cuerpo y la Sangre de tu Hijo,
reafirma en nosotros el propósito de vivir siempre para los demás
y de respetar tu don sagrado de la vida humana.
Por Jesucristo, nuestro Señor.**

49. PARA DAR GRACIAS A DIOS

A

Antífona de entrada Ef 5, 19-20

Canten con todo el corazón las alabanzas al Señor.
Den continuamente gracias a Dios Padre por todas las cosas,
en nombre de nuestro Señor Jesucristo.

Oración colecta

**Dios nuestro, que siempre nos escuchas en nuestra aflicción,
te damos gracias por tu bondad
y te pedimos que, liberados de todos los males,
podamos servirte siempre con alegría.
Por nuestro Señor Jesucristo, tu Hijo,
que vive y reina contigo en la unidad del Espíritu Santo
y es Dios por los siglos de los siglos.**

Otras oraciones, p. 1377.

Oración sobre las ofrendas

**Señor, tú que nos diste a tu Hijo
para que nos librara de la muerte y de todo mal,
acepta este sacrificio que te ofrecemos en acción de gracias
por habernos librado de nuestras tribulaciones.
Por Jesucristo, nuestro Señor.**

Prefacio común IV, p. 644.

Antífona de la Comunión Sal 138 (137), 1

Te damos gracias, Señor, de todo corazón,
porque escuchaste nuestros ruegos.

O bien: Sal 116 (115), 12-13

¿Cómo le pagaré al Señor
todo el bien que me ha hecho?
Levantaré el cáliz de salvación
e invocaré el nombre del Señor.

Oración después de la Comunión

Dios todopoderoso, que, mediante este pan de vida,
te dignas librar a tus siervos de las ataduras del pecado
y restaurar piadosamente sus fuerzas,
concédenos crecer sin cesar en la esperanza de la gloria.
Por Jesucristo, nuestro Señor.

B

Otras oraciones

Oración colecta

Dios, Padre de todos los dones,
de quien procede cuanto somos y tenemos,
enséñanos a reconocer los beneficios de tu inmensa generosidad,
y a amarte con sincero corazón y con todas nuestras fuerzas.
Por nuestro Señor Jesucristo, tu Hijo,
que vive y reina contigo en la unidad del Espíritu Santo
y es Dios por los siglos de los siglos.

Oración sobre las ofrendas

Te ofrecemos, Señor, este sacrificio de alabanza
por los dones recibidos,
y te suplicamos que nos concedas
que lo que nos has dado sin méritos nuestros,
lo dediquemos a la gloria de tu nombre.
Por Jesucristo, nuestro Señor.

Oración después de la Comunión

Señor Dios, que nos has entregado como alimento espiritual
el sacramento salvífico de tu Hijo,
que te ofrecimos en acción de gracias,
concédenos estar de tal manera
sostenidos con los dones de fortaleza y alegría,
que podamos servirte con más entrega
y merezcamos así alcanzar nuevos beneficios tuyos.
Por Jesucristo, nuestro Señor.

MISAS VOTIVAS

En caso de que haya alguna conveniencia pastoral que lo amerite, se puede usar la Misa votiva correspondiente a esa conveniencia, con el mandato o el permiso del Ordinario del lugar, excepto en las solemnidades, los domingos de Adviento, Cuaresma y Pascua, la octava de Pascua, la Conmemoración de todos los fieles difuntos, el Miércoles de Ceniza y la Semana Santa.

Las Misas votivas, de por sí, se prohíben en aquellos días en los que hay una memoria obligatoria, o en las ferias de Adviento hasta el 16 de diciembre, en las ferias de Navidad a partir del 2 de enero y las del Tiempo Pascual después de la octava de Pascua. Sin embargo, cuando hay una conveniencia pastoral, en la celebración con el pueblo puede usarse una Misa votiva que responda a dicha conveniencia, a juicio del rector de la iglesia o del mismo sacerdote celebrante.

En las ferias del Tiempo Ordinario, incluso cuando haya alguna memoria libre, el sacerdote celebrante puede elegir una Misa votiva en beneficio de la piedad de los fieles.

1. DE LA SANTÍSIMA TRINIDAD

Color litúrgico blanco.

Antífona de entrada

Bendito sea Dios,
Padre, Hijo y Espíritu Santo,
porque ha tenido misericordia
con nosotros.

Oración colecta

**Dios Padre, que al enviar al mundo
la Palabra de verdad y el Espíritu santificador,
revelaste a todos los hombres tu misterio admirable,
concédenos que, profesando la fe verdadera,
reconozcamos la gloria de la eterna Trinidad
y adoremos la Unidad de su majestad omnipotente.
Por nuestro Señor Jesucristo, tu Hijo,
que vive y reina contigo en la unidad del Espíritu Santo
y es Dios por los siglos de los siglos.**

Oración sobre las ofrendas

**Por la invocación de tu nombre,
santifica, Señor, estos dones que te presentamos
y transfórmanos por ellos en una continua oblación a ti.
Por Jesucristo, nuestro Señor.**

Prefacio: El misterio de la Santísima Trinidad.

V. **El Señor esté con ustedes.**
R. Y con tu espíritu.

V. **Levantemos el corazón.**
R. Lo tenemos levantado hacia el Señor.

V. **Demos gracias al Señor, nuestro Dios.**
R. Es justo y necesario.

**En verdad es justo y necesario,
es nuestro deber y salvación
darte gracias siempre y en todo lugar,
Señor, Padre santo, Dios todopoderoso y eterno.**

**Que con tu Hijo único y el Espíritu Santo,
eres un solo Dios, un solo Señor,
no en la singularidad de una sola persona,
sino en la trinidad de una sola sustancia.**

**Y lo que creemos de tu gloria, porque tú lo revelaste,
eso mismo lo afirmamos de tu Hijo
y también del Espíritu Santo,
sin diferencia ni distinción.**

**De modo que al proclamar nuestra fe
en la verdadera y eterna divinidad,
adoramos a tres personas distintas,
en la unidad de un solo ser
e iguales en su majestad.**

**A quien alaban los ángeles y los arcángeles,
y todos los coros celestiales,
que no cesan de aclamarte con una sola voz:**

Santo, Santo, Santo . . .

Texto con música, pp. 518–519.

Antífona de la Comunión Gál 4, 6

Porque ustedes son hijos de Dios,
Dios infundió en sus corazones
el Espíritu de su Hijo,
que clama: Abbá, Padre.

Oración después de la Comunión

**Que la recepción de este sacramento
y nuestra profesión de fe
en la Trinidad santa y eterna,
y en su Unidad indivisible,
nos aprovechen, Señor, Dios nuestro,
para la salvación de cuerpo y alma.
Por Jesucristo, nuestro Señor.**

2. DE LA DIVINA MISERICORDIA

Esta Misa no se puede decir el domingo II de Pascua.

Color litúrgico blanco.

Antífona de entrada Cfr. Jer 31, 3; 1 Jn 2, 2

Con amor eterno nos amó Dios.
Envió a su Hijo único como víctima de propiciación
por nuestros pecados,
y no sólo por los nuestros, sino también por los del mundo entero.

O bien: Sal 89 (88), 2

Proclamaré sin cesar la misericordia del Señor
y daré a conocer que su fidelidad es eterna.

Oración colecta

**Señor Dios, cuya misericordia es incalculable
e infinito el tesoro de su bondad,
aumenta, benigno, la fe del pueblo a ti consagrado,
para que todos comprendan con verdadera claridad
con cuánto amor fueron creados,
con qué sangre redimidos
y con qué Espíritu reengendrados.
Por nuestro Señor Jesucristo, tu Hijo,
que vive y reina contigo en la unidad del Espíritu Santo
y es Dios por los siglos de los siglos.**

Oración sobre las ofrendas

**Recibe benignamente, Señor, nuestras ofrendas
y conviértelas en el sacramento de la redención,
memorial de la muerte y resurrección de tu Hijo,
para que, por la eficacia de este sacrificio,
poniendo siempre nuestra confianza en Cristo,
lleguemos a la vida eterna.
Él, que vive y reina por los siglos de los siglos.**

Antífona de la Comunión Sal 103 (102), 17

El amor del Señor es eterno
entre aquellos que guardan su alianza.

O bien: Jn 19, 34

Uno de los soldados
le traspasó el costado con una lanza
e inmediatamente salió sangre y agua.

Oración después de la Comunión

**Concédenos, Dios misericordioso,
que, alimentados con el Cuerpo y la Sangre de tu Hijo,
bebamos confiadamente en la fuente de la misericordia
y nos mostremos más y más
misericordiosos con nuestros hermanos.
Por Jesucristo, nuestro Señor.**

3. DE NUESTRO SEÑOR JESUCRISTO, SUMO Y ETERNO SACERDOTE

Color litúrgico blanco.

Antífona de entrada Sal 110 (109), 4

Juró el Señor y no ha de retractarse:
"Tú eres sacerdote para siempre, como Melquisedec".

Oración colecta

**Dios y Padre nuestro,
que para gloria tuya y salvación del género humano
constituiste a Cristo sumo y eterno sacerdote,
concede al pueblo redimido con su Sangre,
por la participación en este memorial,
experimentar el poder de la cruz y la resurrección de tu Hijo.
Él, que vive y reina contigo en la unidad del Espíritu Santo
y es Dios por los siglos de los siglos.**

Oración sobre las ofrendas

**Concédenos, Señor,
participar dignamente en estos misterios,
porque cada vez que se celebra el memorial de este sacrificio,
se realiza la obra de nuestra redención.
Por Jesucristo, nuestro Señor.**

Prefacio I o II de la Eucaristía, pp. 616–617.

Antífona de la Comunión 1 Cor 11, 24-25

Éste es mi Cuerpo que se entrega por ustedes.
Este cáliz es la nueva alianza
que se sella con mi Sangre, dice el Señor.
Hagan esto en memoria mía siempre que beban de él.

Oración después de la Comunión

**Por la participación de este sacrificio
que tu Hijo nos mandó ofrecer en conmemoración suya,
te rogamos, Señor, que unidos a él
seamos una oblación perenne.
Él, que vive y reina por los siglos de los siglos.**

4. DEL MISTERIO DE LA SANTA CRUZ

Color litúrgico rojo.

Antífona de entrada Cfr. Gál 6, 14

Que nuestro único orgullo
sea la Cruz de nuestro Señor Jesucristo,
porque en él tenemos la salvación,
la vida y la resurrección,
y por él hemos sido salvados y redimidos.

Oración colecta

**Señor Dios, que quisiste que tu Unigénito
sufriera la cruz para salvar al género humano,
concédenos que quienes conocimos su misterio en la tierra,
merezcamos alcanzar en el cielo el premio de su redención.
Por nuestro Señor Jesucristo, tu Hijo,
que vive y reina contigo en la unidad del Espíritu Santo
y es Dios por los siglos de los siglos.**

Oración sobre las ofrendas

**Te rogamos, Señor, que este sacrificio,
que en el altar de la cruz borró el pecado del mundo entero,
nos purifique de todas nuestras ofensas.
Por Jesucristo, nuestro Señor.**

Prefacio: La victoria de la Cruz gloriosa.

V. **El Señor esté con ustedes.**
R. Y con tu espíritu.

V. **Levantemos el corazón.**
R. Lo tenemos levantado hacia el Señor.

V. **Demos gracias al Señor, nuestro Dios.**
R. Es justo y necesario.

**En verdad es justo y necesario,
es nuestro deber y salvación
darte gracias siempre y en todo lugar,
Señor, Padre santo,
Dios todopoderoso y eterno.**

**Porque has puesto la salvación del género humano
en el árbol de la Cruz,
para que, de donde tuvo origen la muerte,
de allí resurgiera la vida;
y el que en un árbol venció, fuera en un árbol vencido,
por Cristo, Señor nuestro.**

**Por él, celebran tu majestad los ángeles,
te adoran las dominaciones, se estremecen las potestades.
Te celebran, unidos en la alegría, los cielos,
las virtudes celestiales y los bienaventurados serafines.
Permítenos asociarnos a sus voces
cantando humildemente tu alabanza:**

Santo, Santo, Santo . . .

Texto con música, pp. 1002–1003.

Puede también decirse el prefacio I de la Pasión del Señor, p. 582.

Antífona de la Comunión Jn 12, 32

Cuando yo sea levantado de la tierra,
atraeré a todos hacia mí, dice el Señor.

Oración después de la Comunión

**Señor nuestro, Jesucristo,
fortalecidos con este alimento santo,
te pedimos que conduzcas a la gloria de tu resurrección
a quienes redimiste por el madero vivificante de la Cruz.
Tú que vives y reinas por los siglos de los siglos.**

5. DE LA SANTÍSIMA EUCARISTÍA

Puede usarse también como votiva de la santísima Eucaristía la Misa de la solemnidad del Cuerpo y la Sangre de Cristo, p. 523, y la votiva de Nuestro Señor Jesucristo, Sumo y Eterno Santísimo Sacerdote, p. 1384.

Color litúrgico blanco.

Antífona de entrada

Cfr. Sal 78 (77), 23-25

Abrió Dios las compuertas del cielo
e hizo llover sobre ellos el maná para que lo comieran;
les dio un trigo celeste, y el hombre comió pan de ángeles.

Oración colecta

**Señor Dios,
que llevaste a cabo la obra de la redención humana
por el misterio pascual de tu Unigénito,
concede benigno que, quienes anunciamos llenos de fe
por medio de los signos sacramentales
su muerte y resurrección,
experimentemos un continuo aumento de tu salvación.
Por nuestro Señor Jesucristo, tu Hijo,
que vive y reina contigo en la unidad del Espíritu Santo
y es Dios por los siglos de los siglos.**

Oración sobre las ofrendas

**Señor, al celebrar el memorial de nuestra salvación,
imploramos humildemente tu clemencia,
a fin de que este sacramento de amor
sea para nosotros signo de unidad y vínculo de caridad.
Por Jesucristo, nuestro Señor.**

Prefacio I o II de la Eucaristía, pp. 616–617.

Antífona de la Comunión

Jn 6, 51-52

Yo soy el pan vivo que ha bajado del cielo, dice el Señor.
El que coma de este pan vivirá eternamente.
Y el pan que yo les voy a dar es mi carne,
para que el mundo tenga vida.

Oración después de la Comunión

**Dios nuestro, que la participación en este banquete celestial
nos santifique, de modo que,
por la recepción del Cuerpo y la Sangre de Cristo,
se estreche entre nosotros la unión fraterna.
Él, que vive y reina por los siglos de los siglos.**

6. DEL SANTÍSIMO NOMBRE DE JESÚS

Color litúrgico blanco.

Antífona de entrada Flp 2, 10-11

Que al nombre de Jesús, todos doblen la rodilla
en el cielo, en la tierra y en los abismos,
y todos reconozcan públicamente
que Jesucristo es el Señor, para gloria de Dios Padre.

Oración colecta

**A quienes veneramos el santísimo nombre de Jesús,
concede, Señor, en tu bondad,
que, disfrutando en esta vida de su dulzura,
nos llenemos del gozo eterno en la patria.
Por nuestro Señor Jesucristo, tu Hijo,
que vive y reina contigo en la unidad del Espíritu Santo
y es Dios por los siglos de los siglos.**

Oración sobre las ofrendas

**Dígnate, Padre todopoderoso,
aceptar nuestros dones en el nombre de Jesús,
en el cual confiamos firmemente
que obtendremos cuanto pidamos,
conforme a la promesa bondadosa
hecha por tu mismo Hijo.
Él, que vive y reina por los siglos de los siglos.**

Antífona de la Comunión Hech 4, 12

No hay otro nombre bajo el cielo
que pueda salvarnos.

Oración después de la Comunión

Concédenos, Señor, por tu misericordia,
que en estos sagrados misterios
honremos con digno homenaje al Señor Jesús,
ante cuyo nombre quisiste que toda rodilla se doble
y por el que todos los hombres encuentren la salvación.
Por Jesucristo, nuestro Señor.

7. DE LA PRECIOSÍSIMA SANGRE DE NUESTRO SEÑOR JESUCRISTO

Color litúrgico rojo.

Antífona de entrada Cfr. Ap 5, 9-10

Con tu sangre compraste para Dios
hombres de todas las razas y lenguas,
de todos los pueblos y naciones,
para constituir un reino para Dios.

Oración colecta

Señor Dios, que redimiste a todos los hombres
con la preciosa Sangre de tu Unigénito,
conserva en nosotros la obra de tu misericordia,
para que, celebrando sin cesar el misterio de nuestra salvación,
merezcamos alcanzar sus frutos.
Por nuestro Señor Jesucristo, tu Hijo,
que vive y reina contigo en la unidad del Espíritu Santo
y es Dios por los siglos de los siglos.

Oración sobre las ofrendas

Al traer ante tu soberana presencia, Señor,
nuestros dones,
haz que por medio de estos misterios
nos acerquemos a Jesús,
el mediador de la nueva Alianza,
y nos renovemos por la aspersión salvadora de su Sangre.
Él, que vive y reina por los siglos de los siglos.

Prefacio I de la Pasión del Señor, p. 582.

Antífona de la Comunión

Cfr. 1 Cor 10, 16

El cáliz de nuestra acción de gracias,
nos une en la Sangre de Cristo;
y el pan que partimos, nos une en el Cuerpo del Señor.

Oración después de la Comunión

**Habiendo sido reconfortados
con el alimento y la bebida de salvación,
te pedimos, Señor, que seamos bañados siempre
con la Sangre de nuestro Salvador,
y que ésta se convierta para nosotros
en fuente de agua que brote hasta la vida eterna.
Por Jesucristo, nuestro Señor.**

O bien:

**Habiendo sido reconfortados
con el alimento y la bebida celestiales,
te pedimos, Dios todopoderoso,
que defiendas del temor del enemigo
a quienes has redimido con la preciosa Sangre de tu Hijo.
Él, que vive y reina por los siglos de los siglos.**

8. DEL SAGRADO CORAZÓN DE JESÚS

Se puede usar también como votiva la Misa de la solemnidad del Sagrado Corazón de Jesús, p. 527.

Color litúrgico blanco.

Antífona de entrada

Sal 33 (32), 11.19

Los proyectos de su corazón subsisten de generación en generación,
para librar de la muerte a sus fieles
y reanimarlos en tiempo de hambre.

Oración colecta

**Señor Dios, haz que nos revistamos
con las virtudes del corazón de tu Hijo
y nos encendamos con el amor que lo inflama,
para que, configurados a imagen suya,
merezcamos ser partícipes de la redención eterna.
Por nuestro Señor Jesucristo, tu Hijo,
que vive y reina contigo en la unidad del Espíritu Santo
y es Dios por los siglos de los siglos.**

Oración sobre las ofrendas

**Dios nuestro, Padre de misericordia,
que por el inmenso amor con que nos has amado,
nos diste con inefable bondad a tu Unigénito,
concédenos que, unidos íntimamente a él,
te ofrezcamos una digna oblación.
Por Jesucristo, nuestro Señor.**

Prefacio: El inmenso amor de Cristo.

V. **El Señor esté con ustedes.**
R. Y con tu espíritu.

V. **Levantemos el corazón.**
R. Lo tenemos levantado hacia el Señor.

V. **Demos gracias al Señor, nuestro Dios.**
R. Es justo y necesario.

En verdad es justo y necesario,
es nuestro deber y salvación
darte gracias siempre y en todo lugar,
Señor, Padre santo,
Dios todopoderoso y eterno,
por Cristo, Señor nuestro.

El cual, con inmenso amor,
se entregó por nosotros en la cruz
e hizo salir sangre y agua de su costado herido,
de donde habrían de brotar los sacramentos de la Iglesia,
para que todos los hombres,
atraídos hacia el corazón abierto del Salvador,
pudieran beber siempre con gozo
de la fuente de la salvación.

Por eso, con todos los ángeles
y los santos te alabamos,
diciendo sin cesar:

Santo, Santo, Santo . . .

Texto con música, pp. 528–529.

Antífona de la Comunión — Cfr. Jn 7, 37-38

Dice el Señor: Si alguno tiene sed,
que venga a mí y beba, aquel que cree en mí.
Como dice la Escritura: De sus entrañas
brotarán ríos de agua viva.

O bien: — Jn 19, 34

Uno de los soldados le traspasó el costado con su lanza,
e inmediatamente salió sangre y agua.

Oración después de la Comunión

Habiendo participado de tu sacramento de amor,
imploramos, Señor, tu clemencia,
para que configurados con Cristo en la tierra
merezcamos compartir su gloria en el cielo.
Él, que vive y reina por los siglos de los siglos.

9. DEL ESPÍRITU SANTO

Color litúrgico rojo.

A

Antífona de entrada Rom 5, 5; cfr. 8, 11

El amor de Dios
ha sido derramado en nuestros corazones
por el Espíritu Santo, que habita en nosotros.

Oración colecta

Señor Dios, que has ilustrado los corazones de tus fieles
con la luz del Espíritu Santo,
concédenos que, bajo su inspiración,
sepamos discernir lo que es recto
y experimentemos siempre el gozo de su consuelo.
Por nuestro Señor Jesucristo, tu Hijo,
que vive y reina contigo en la unidad del Espíritu Santo
y es Dios por los siglos de los siglos.

Oración sobre las ofrendas

Santifica, Señor, los dones que te ofrecemos
y purifica nuestros corazones
con la luz del Espíritu Santo.
Por Jesucristo, nuestro Señor.

Prefacio I del Espíritu Santo: El Señor envía el Espíritu a la Iglesia.

Santo, Santo, Santo . . .

Texto sin música:

V. **El Señor esté con ustedes.**
R. Y con tu espíritu.

V. **Levantemos el corazón.**
R. Lo tenemos levantado hacia el Señor.

V. **Demos gracias al Señor, nuestro Dios.**
R. Es justo y necesario.

**En verdad es justo y necesario,
es nuestro deber y salvación
darte gracias siempre y en todo lugar,
Señor, Padre santo,
Dios todopoderoso y eterno,
por Cristo, Señor nuestro.**

**Porque él, después de subir al cielo
donde está sentado a tu derecha,
derramó sobre tus hijos de adopción
el Espíritu Santo que había prometido.**

**Por eso, Señor, con todos los ángeles,
te aclamamos ahora y siempre,
diciendo:**

Santo, Santo, Santo . . .

Antífona de la Comunión — Cfr. Sal 69 (68), 29-30

Confirma, Señor, las obras que realizaste por nosotros,
desde tu templo santo de Jerusalén.

Oración después de la Comunión

**Que la efusión de tu Espíritu Santo, Señor,
purifique nuestros corazones
y los fecunde con la aspersión íntima de su divino rocío.
Por Jesucristo, nuestro Señor.**

B

Antífona de entrada — Cfr. Jn 14, 26; 15, 26

Cuando venga el Espíritu de verdad,
él los guiará hasta la verdad plena, dice el Señor.

Oración colecta

**Te rogamos, Señor,
que el Espíritu Santo, que procede de ti,
ilumine nuestras mentes
y las conduzca hasta la verdad plena
como lo prometió tu Hijo.
Él, que vive y reina contigo en la unidad del Espíritu Santo
y es Dios por los siglos de los siglos**

O bien:

**Señor Dios, ante quien todo corazón está abierto
y todo propósito se descubre,
a quien ningún secreto se oculta,
purifica, por la efusión del Espíritu Santo,
los proyectos de nuestro corazón,
para que merezcamos amarte con toda perfección
y alabarte dignamente.
Por nuestro Señor Jesucristo, tu Hijo,
que vive y reina contigo en la unidad del Espíritu Santo
y es Dios por los siglos de los siglos.**

Oración sobre las ofrendas

**Mira, Señor, con agrado la ofrenda espiritual
que traemos a tu altar
con todo el anhelo de nuestra devoción,
y concede a tus siervos un espíritu recto,
para que su fe te haga aceptables estos dones
y su humildad los recomiende ante ti.
Por Jesucristo, nuestro Señor.**

Prefacio II del Espíritu Santo: La acción del Espíritu en la Iglesia.

℣. El Se-ñor es-té con us-te-des. ℟. Y con tu es-pí-ri-tu.

℣. Le-van-te-mos el co-ra-zón. ℟. Lo te-ne-mos le-van-ta-do ha-cia el Se-ñor.

℣. De-mos gra-cias al Se-ñor, nues-tro Dios. ℟. Es jus-to y ne-ce-sa-rio.

Santo, Santo, Santo . . .

Texto sin música:

V. **El Señor esté con ustedes.**
R. Y con tu espíritu.

V. **Levantemos el corazón.**
R. Lo tenemos levantado hacia el Señor.

V. **Demos gracias al Señor, nuestro Dios.**
R. Es justo y necesario.

**En verdad es justo y necesario,
es nuestro deber y salvación
darte gracias siempre y en todo lugar,
Señor, Padre santo,
Dios todopoderoso y eterno.**

**Porque de tal manera gobiernas a tu Iglesia,
que en todo lugar y en cada momento,
le proporcionas lo que más conviene.**

**No cesas, en efecto, de asistirla
con la fuerza del Espíritu Santo,
para que confiada siempre a ti en el amor,
ni abandone la plegaria en la tribulación,
ni deje de darte gracias en el gozo,
por Cristo, Señor nuestro.**

**Por eso, unidos a los coros angélicos,
te aclamamos, llenos de alegría, diciendo:**

Santo, Santo, Santo . . .

Antífona de la Comunión Jn 15, 26; 16, 14

El Espíritu que procede del Padre,
me glorificará, dice el Señor.

C

Antífona de entrada

Cfr. Lc 4, 18

El Espíritu del Señor está sobre mí;
él me ha enviado a anunciar
la Buena Nueva a los pobres, dice el Señor.

Oración colecta

**Señor Dios, que santificas a tu Iglesia universal
en todo pueblo y nación,
derrama los dones de tu Espíritu por toda la extensión de la tierra,
para que aquello que obró tu favor
en los comienzos mismos de la predicación evangélica,
ahora también lo difunda
por medio de los corazones de los creyentes.
Por nuestro Señor Jesucristo, tu Hijo,
que vive y reina contigo en la unidad del Espíritu Santo
y es Dios por los siglos de los siglos.**

O bien:

**Señor Dios, cuyo Espíritu nos guía
y cuya providencia nos protege,
derrama sobre nosotros tu misericordia
y muéstrate propicio a nuestras súplicas,
para que la fe de los que creemos en ti
halle siempre ayuda en tus beneficios.
Por nuestro Señor Jesucristo, tu Hijo,
que vive y reina contigo en la unidad del Espíritu Santo
y es Dios por los siglos de los siglos.**

Oración sobre las ofrendas

Que el mismo fuego del Espíritu Santo
que encendió los corazones de los discípulos de tu Hijo,
santifique, Señor, este sacrificio que vamos a ofrecerte.
Por Jesucristo, nuestro Señor.

Prefacio I, p. 1394, o II, p. 1396, del Espíritu Santo.

Antífona de la Comunión

Cfr. Sal 104 (103), 30

Envía, Señor, tu Espíritu y todo será creado
y se renovará la faz de la tierra.

Oración después de la Comunión

Que nos aprovechen, Señor, los dones que hemos recibido,
para que estemos siempre llenos del fervor del Espíritu Santo
que derramaste de manera tan inefable en tus Apóstoles.
Por Jesucristo, nuestro Señor.

10. DE LA BIENAVENTURADA VIRGEN MARÍA

Color litúrgico blanco.

A

Se puede tomar cualquier Misa del Común de la Bienaventurada Virgen María, p. 1095, según los diversos tiempos del año litúrgico.

B

De la Bienaventurada Virgen María, Madre de la Iglesia

Antífona de entrada Cfr. Hech 1, 14

Los discípulos perseveraban unánimes en la oración
junto con María, la Madre de Jesús.

Oración colecta

**Dios, Padre de misericordia,
cuyo Unigénito, clavado en la cruz,
proclamó como Madre nuestra
a su propia Madre, María santísima,
concédenos, por su cooperación amorosa,
que tu Iglesia, siendo cada día más fecunda,
se alegre por la santidad de sus hijos
y atraiga a su seno a todas las familias de los pueblos.
Por nuestro Señor Jesucristo, tu Hijo,
que vive y reina contigo en la unidad del Espíritu Santo
y es Dios por los siglos de los siglos.**

Oración sobre las ofrendas

**Recibe, Señor, nuestras ofrendas
y conviértelas en sacramento de salvación, por cuya eficacia
y por la intervención amorosa
de la santísima Virgen María, Madre de la Iglesia,
nos llenemos de santo fervor
y merezcamos quedar más íntimamente asociados,
con ella, a la obra de la redención.
Por Jesucristo, nuestro Señor.**

Prefacio: María, modelo y Madre de la Iglesia.

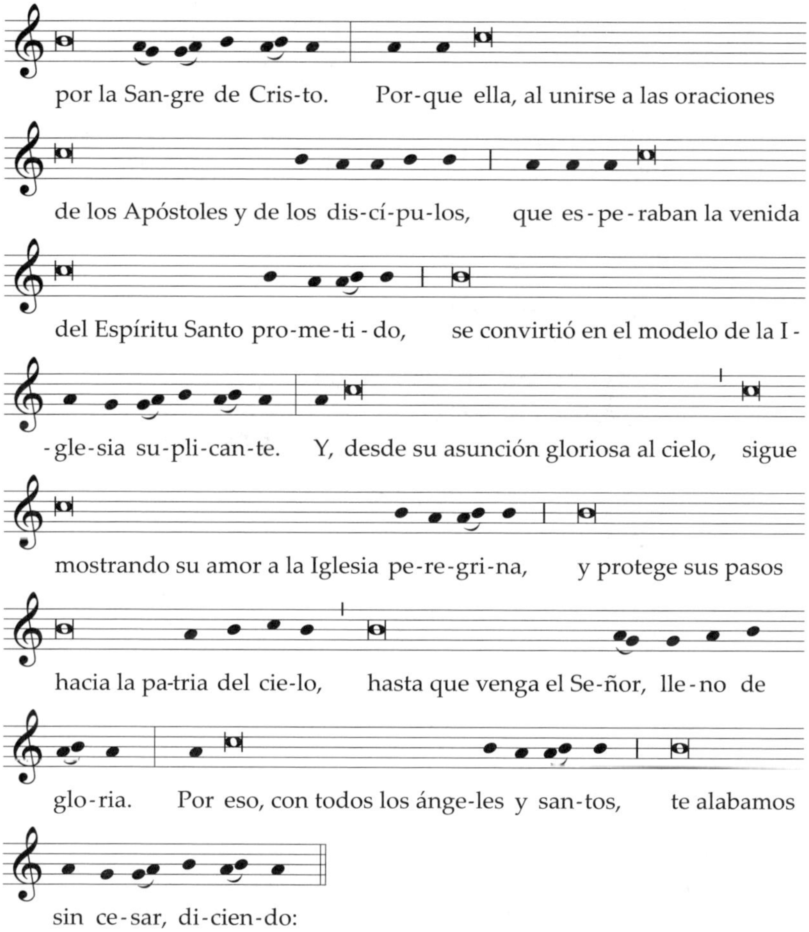

Santo, Santo, Santo . . .

Texto sin música:

V. **El Señor esté con ustedes.**
R. Y con tu espíritu.

V. **Levantemos el corazón.**
R. Lo tenemos levantado hacia el Señor.

V. **Demos gracias al Señor, nuestro Dios.**
R. Es justo y necesario.

**En verdad es justo y necesario,
es nuestro deber y salvación
darte gracias siempre y en todo lugar,
Señor, Padre santo, Dios todopoderoso y eterno,
y alabarte en esta conmemoración de la Virgen María.**

**Porque ella, al aceptar tu Palabra
en su corazón inmaculado,
mereció concebirla en su seno virginal
y, al dar a luz a su Creador,
preparó el nacimiento de la Iglesia.**

**Porque ella, al aceptar junto a la cruz
el encargo de tu amor,
recibió como hijos a todos los hombres,
redimidos por la Sangre de Cristo.**

**Porque ella, al unirse a las oraciones
de los Apóstoles y de los discípulos,
que esperaban la venida del Espíritu Santo prometido,
se convirtió en el modelo de la Iglesia suplicante.**

**Y, desde su asunción gloriosa al cielo,
sigue mostrando su amor a la Iglesia peregrina,
y protege sus pasos hacia la patria del cielo,
hasta que venga el Señor, lleno de gloria.**

**Por eso, con todos los ángeles y santos,
te alabamos sin cesar, diciendo:**

Santo, Santo, Santo . . .

Antífona de la Comunión

Cfr. Jn 2, 1. 11

Hubo unas bodas en Caná de Galilea
a las que asistió María, la Madre de Jesús.
En esa ocasión,
Jesús dio principio a sus milagros,
manifestó su poder
y sus discípulos creyeron en él.

O bien: Cfr. Jn 19, 26-27

Desde la cruz,
Cristo dijo al discípulo amado: He ahí a tu Madre.

Oración después de la Comunión

**Habiendo recibido esta prenda de redención y vida,
te suplicamos, Señor, que tu Iglesia,
por la ayuda maternal de la santísima Virgen,
instruya a todas las naciones anunciándoles el Evangelio
y llene al mundo entero con la efusión de tu Espíritu.
Por Jesucristo, nuestro Señor.**

C

Del santísimo nombre de María

Antífona de entrada

Cfr. Jdt 13, 18-19

María, el Altísimo te ha bendecido
más que a todas las mujeres de la tierra,
y ha glorificado tu nombre de tal modo,
que tu alabanza siempre está en labios de todos.

Oración colecta

**Señor Dios, que elegiste entre todas las mujeres
a santa María Virgen, llena de tu gracia,
para que fuera la Madre de tu Hijo, nuestro Redentor,
concede a quienes veneramos su santo nombre,
que evitemos los peligros del tiempo presente
y consigamos con ella la vida eterna.
Por nuestro Señor Jesucristo, tu Hijo,
que vive y reina contigo en la unidad del Espíritu Santo
y es Dios por los siglos de los siglos.**

O bien:

Señor Dios, cuyo Hijo, estando para morir en la cruz,
quiso que la santísima Virgen María,
a quien había escogido como Madre suya, fuera nuestra Madre,
concede propicio
a quienes nos acogemos, seguros, bajo su amparo,
que seamos confortados al invocar su nombre maternal.
Por nuestro Señor Jesucristo, tu Hijo,
que vive y reina contigo en la unidad del Espíritu Santo
y es Dios por los siglos de los siglos.

Oración sobre las ofrendas

Mira, Señor, los dones que te ofrecemos,
para que nuestros corazones,
inundados con la claridad del Espíritu Santo,
por la intercesión de la siempre Virgen santa María,
se empeñen sin cesar en mantenerse unidos a Cristo, tu Hijo.
Él, que vive y reina por los siglos de los siglos.

Prefacio I-II de la Bienaventurada Virgen María, pp. 618–621.

Antífona de la Comunión
Cfr. Lc 1, 26-27

El ángel Gabriel fue enviado por Dios a una virgen,
y el nombre de la virgen era María.

Oración después de la Comunión

Dios nuestro, concede a quienes has alimentado
en la mesa de la Palabra y de la Eucaristía,
rechazar, bajo la guía y protección de la santísima Virgen,
lo que es indigno del nombre cristiano
y hacer siempre lo que ese nombre significa.
Por Jesucristo, nuestro Señor.

D

De la Bienaventurada Virgen María, Reina de los Apóstoles

Antífona de entrada
Cfr. Hech 1, 14

Los discípulos perseveraban unánimes en la oración,
junto con María, la Madre de Jesús.

Oración colecta

Dios y Padre nuestro,
que diste el Espíritu Santo a tus Apóstoles,
que oraban junto con María, la Madre de Jesús,
concédenos, por intercesión de la Virgen,
que te sirvamos con fidelidad
y trabajemos eficazmente,
con nuestra palabra y ejemplo,
en la difusión de tu gloria.
Por nuestro Señor Jesucristo, tu Hijo,
que vive y reina contigo en la unidad del Espíritu Santo
y es Dios por los siglos de los siglos.

Oración sobre las ofrendas

Dios nuestro, que estas ofrendas alcancen,
por tu benevolencia y por la intercesión
de la siempre Virgen María,
que tu Iglesia crezca por el número de fieles
y resplandezca siempre
por la abundancia de las virtudes.
Por Jesucristo, nuestro Señor.

Prefacio I-II de la Bienaventurada Virgen María, pp. 618–621.

Antífona de la Comunión

Cfr. Lc 11, 27-28

Dichosa la Virgen María,
que llevó en sus entrañas al Hijo del eterno Padre.

Oración después de la Comunión

Dios nuestro,
después de recibir
en esta conmemoración de la Virgen María,
Reina de los Apóstoles,
el alimento que nos da vida,
te pedimos que nos concedas perseverar
en el cumplimiento de tu voluntad,
sirviendo siempre a los demás,
para que tu pueblo avance
en el camino de la salvación.
Por Jesucristo, nuestro Señor.

11. DE LOS SANTOS ÁNGELES

Además de esta Misa puede utilizarse la Misa de los ángeles custodios, como el día 2 de octubre, p. 1019.

Color litúrgico blanco.

Antífona de entrada — Cfr. Sal 103 (102), 20

Bendigan al Señor todos sus ángeles,
poderosos ejecutores de sus órdenes,
prontos a obedecer su palabra.

Oración colecta

**Señor Dios, que con admirable armonía
distribuyes las funciones de los ángeles y de los hombres,
concede benigno que aquellos mismos que te asisten,
sirviéndote siempre en el cielo,
sean los que protejan nuestra vida en la tierra.
Por nuestro Señor Jesucristo, tu Hijo,
que vive y reina contigo en la unidad del Espíritu Santo
y es Dios por los siglos de los siglos.**

Oración sobre las ofrendas

**Te ofrecemos, Señor, este sacrificio de alabanza,
llevado ante tu soberana presencia
por ministerio de los ángeles
y te pedimos humildemente que lo recibas complacido,
y hagas que nos sirva para nuestra salvación.
Por Jesucristo, nuestro Señor.**

Prefacio: La gloria de Dios manifestada en los ángeles.

V. **El Señor esté con ustedes.**
R. Y con tu espíritu.

V. **Levantemos el corazón.**
R. Lo tenemos levantado hacia el Señor.

V. **Demos gracias al Señor, nuestro Dios.**
R. Es justo y necesario.

En verdad es justo y necesario,
es nuestro deber y salvación
darte gracias siempre y en todo lugar,
Señor, Padre santo,
Dios todopoderoso y eterno.

Y no cesar de alabarte,
celebrando a tus ángeles y arcángeles,
ya que el honor que les tributamos,
redunda en tu gloria
y proclama tu grandeza;
pues, si es digna de admiración
la creatura angélica,
lo es inmensamente más
aquel que la creó.
Por Cristo, Señor nuestro.

Por él, adoran tu majestad todos los ángeles,
y nosotros, a una con ellos,
te adoramos llenos de júbilo, diciendo:

Santo, Santo, Santo . . .

Texto con música, pp. 1014–1015.

Antífona de la Comunión Sal 138 (137), 1

Te cantaré, Señor, delante de tus ángeles.

Oración después de la Comunión

Que nos fortalezca, Señor, el pan celestial
con que nos has alimentado,
para que caminemos seguros por la senda de la salvación
bajo la fiel custodia de los ángeles.
Por Jesucristo, nuestro Señor.

12. DE SAN JUAN BAUTISTA

Color litúrgico blanco.

Antífona de entrada Lc 1, 15. 14

Será grande a los ojos del Señor
y estará lleno del Espíritu Santo ya desde el seno de su madre,
y muchos se alegrarán de su nacimiento.

Oración colecta

**Te rogamos, Dios todopoderoso,
que a tu familia santa le concedas avanzar segura
por el camino de la salvación
y que siguiendo las exhortaciones de san Juan, el Precursor,
llegue segura al encuentro de quien él mismo anunció,
Jesucristo, Señor nuestro.
Él, que vive y reina contigo en la unidad del Espíritu Santo
y es Dios por los siglos de los siglos.**

Oración sobre las ofrendas

**Mira con bondad, Señor,
la ofrenda que tu pueblo te presenta
en la conmemoración de san Juan Bautista
y concédenos hacer realidad,
mediante una vida entregada a tu servicio,
lo que en este misterio celebramos.
Por Jesucristo, nuestro Señor.**

Prefacio: La misión del Precursor.

V. **El Señor esté con ustedes.**
R. Y con tu espíritu.

V. **Levantemos el corazón.**
R. Lo tenemos levantado hacia el Señor.

V. **Demos gracias al Señor, nuestro Dios.**
R. Es justo y necesario.

**En verdad es justo y necesario,
es nuestro deber y salvación
darte gracias siempre y en todo lugar,
Señor, Padre santo,
Dios todopoderoso y eterno,
por Cristo, Señor nuestro.**

**Porque en la persona de su Precursor, Juan el Bautista,
alabamos tu magnificencia,
ya que lo consagraste con el más grande honor
entre todos los nacidos de mujer.**

**Al que fuera, en su nacimiento, ocasión de gran júbilo,
y aun antes de nacer saltara de gozo
ante la llegada de la salvación humana,
le fue dado, sólo a él entre todos los profetas,
presentar al Cordero que quita el pecado del mundo.**

**Y en favor de quienes habrían de ser santificados,
lavó en agua viva al mismo autor del Bautismo,
y mereció ofrecerle el supremo testimonio de su sangre.**

**Por eso, unidos a los ángeles,
te alabamos continuamente en la tierra,
proclamando tu grandeza sin cesar:**

Santo, Santo, Santo . . .

Texto con música, pp. 930–931.

Antífona de la Comunión — Lc 1, 68

Bendito sea el Señor, Dios de Israel,
porque ha visitado y redimido a su pueblo.

Oración después de la Comunión

**Alimentados con el pan del cielo, Señor,
concédenos que nos acompañe
la poderosa intercesión de san Juan Bautista
y que el mismo que anunció al Cordero
que habría de borrar nuestros pecados,
ruegue a tu Hijo que nos acoja complacido.
Él, que vive y reina por los siglos de los siglos.**

13. DE SAN JOSÉ

Se puede decir también la Misa de la solemnidad (19 de marzo, p. 885), o la de san José obrero (1 de mayo, p. 904).

Color litúrgico blanco.

Antífona de entrada Cfr. Lc 12, 42

Éste es el siervo fiel y prudente
a quien el Señor puso al frente de su familia.

Oración colecta

Señor Dios, que en tu inefable providencia
te dignaste elegir a san José como esposo
de la santísima Madre de tu Hijo,
concédenos que merezcamos tener como intercesor en el cielo
a quien veneramos como protector en la tierra.
Por nuestro Señor Jesucristo, tu Hijo,
que vive y reina contigo en la unidad del Espíritu Santo
y es Dios por los siglos de los siglos.

Oración sobre las ofrendas

Al prepararnos a ofrecerte, Padre santo,
este sacrificio de alabanza,
te suplicamos que para cumplir la misión que nos has confiado
nos ayude la intercesión de san José,
a quien concediste cuidar en la tierra,
haciendo las veces de padre, a tu Unigénito.
Él, que vive y reina por los siglos de los siglos.

Prefacio: Misión de san José.

℣. El Se-ñor es-té con us-te-des. ℟. Y con tu‿es-pí-ri-tu.

℣. Le-van-te-mos el co-ra-zón. ℟. Lo te-ne-mos le-van-ta-do ha-cia‿el Se-ñor.

℣. De-mos gra-cias al Se-ñor, nues-tro Dios. ℟. Es jus-to‿y ne-ce-sa-rio.

Santo, Santo, Santo . . .

Texto sin música:

V. **El Señor esté con ustedes.**
R. Y con tu espíritu.

V. **Levantemos el corazón.**
R. Lo tenemos levantado hacia el Señor.

V. **Demos gracias al Señor, nuestro Dios.**
R. Es justo y necesario.

**En verdad es justo y necesario,
es nuestro deber y salvación
darte gracias siempre y en todo lugar,
Señor, Padre santo,
Dios todopoderoso y eterno.**

**Y alabar, bendecir y proclamar tu gloria
en la conmemoración de san José,
porque él es el hombre justo que diste por esposo
a la Virgen Madre de Dios,
el fiel y prudente servidor
a quien constituiste jefe de tu familia
para que, haciendo las veces de padre,
cuidara a tu Unigénito,
concebido por obra del Espíritu Santo,
Jesucristo, Señor nuestro.**

**Por él, los ángeles y los arcángeles,
y todos los coros celestiales,
celebran tu gloria, unidos en común alegría.
Permítenos asociarnos a sus voces
cantando humildemente tu alabanza:**

Santo, Santo, Santo . . .

Antífona de la Comunión

Mt 25, 21

Alégrate, siervo bueno y fiel.
Entra a compartir el gozo de tu Señor.

Oración después de la Comunión

**Renovados con este sacramento que da vida,
te rogamos, Señor, que nos concedas
vivir para ti en justicia y santidad,
a ejemplo y por intercesión de san José,
el varón justo y obediente que contribuyó con sus servicios
a la realización de tus grandes misterios.
Por Jesucristo, nuestro Señor.**

14. DE TODOS LOS SANTOS APÓSTOLES

Color litúrgico rojo.

Antífona de entrada Jn 15, 16

No son ustedes los que me han elegido,
soy yo quien los ha elegido y los ha destinado
para que vayan y den fruto y su fruto permanezca,
dice el Señor.

Oración colecta

**Que tu Iglesia, Señor, se alegre siempre
al honrar a los santos Apóstoles,
para que ellos mismos la gobiernen,
ya que siempre goza de sus enseñanzas y sus méritos.
Por nuestro Señor Jesucristo, tu Hijo,
que vive y reina contigo en la unidad del Espíritu Santo
y es Dios por los siglos de los siglos.**

Oración sobre las ofrendas

**Infúndenos, Señor, tu Espíritu Santo,
que tan abundantemente derramaste sobre tus Apóstoles,
para que conozcamos lo que por ellos nos entregaste
y ofrezcamos dignamente a tu gloria este sacrificio de alabanza.
Por Jesucristo, nuestro Señor.**

Prefacio I o II de los Apóstoles, pp. 622–625.

Antífona de la Comunión Mt 19, 28

Ustedes, los que me han seguido,
se sentarán en doce tronos,
para juzgar a las doce tribus de Israel,
dice el Señor.

Oración después de la Comunión

**Señor Dios, haz que perseveremos
en la enseñanza de los Apóstoles
con alegría y sencillez de corazón,
participando en la fracción del pan y en la oración.
Por Jesucristo, nuestro Señor.**

15. DE LOS SANTOS PEDRO Y PABLO, APÓSTOLES

Color litúrgico rojo.

Antífona de entrada

Pedro, el Apóstol, y Pablo, el maestro de las naciones,
nos han enseñado tu Evangelio, Señor.

Oración colecta

**Concédenos, Señor Dios nuestro, que nos ayude
la intercesión de los santos apóstoles Pedro y Pablo,
por quienes diste a tu Iglesia
las primeras enseñanzas de la misión recibida de lo alto,
para que también por ellos
nos des el auxilio de la salvación eterna.
Por nuestro Señor Jesucristo, tu Hijo,
que vive y reina contigo en la unidad del Espíritu Santo
y es Dios por los siglos de los siglos.**

Oración sobre las ofrendas

**Señor, al celebrar con alegría la conmemoración
de tus santos apóstoles Pedro y Pablo,
traemos a tu altar nuestras ofrendas
y te suplicamos que la grandeza de tu misericordia
supla la extrema pobreza de nuestros méritos.
Por Jesucristo, nuestro Señor.**

Prefacio: La doble misión de san Pedro y san Pablo en la Iglesia.

V. **El Señor esté con ustedes.**
R. Y con tu espíritu.

V. **Levantemos el corazón.**
R. Lo tenemos levantado hacia el Señor.

V. **Demos gracias al Señor, nuestro Dios.**
R. Es justo y necesario.

**En verdad es justo y necesario,
es nuestro deber y salvación
darte gracias siempre y en todo lugar,
Señor, Padre santo,
Dios todopoderoso y eterno.**

**Porque en los apóstoles Pedro y Pablo
has querido darnos un motivo de alegría:
Pedro fue el primero en confesar la fe;
Pablo, el maestro que la anunció con claridad;
Pedro consolidó la primitiva Iglesia con el resto de Israel;
Pablo, maestro y doctor,
la extendió entre los paganos llamados a la fe.**

**De esta forma, Señor, por caminos diversos,
congregaron a la única familia de Cristo;
y coronados por el martirio,
son igualmente venerados por tu pueblo.**

**Por eso, con todos los ángeles y santos,
te alabamos, proclamando sin cesar:**

Santo, Santo, Santo . . .

Texto con música, pp. 940–941.

Antífona de la Comunión Cfr. Jn 21, 15. 17

Simón, hijo de Juan, ¿me amas más que éstos?
Señor, tú lo sabes todo; tú sabes que te quiero.

Oración después de la Comunión

**Te rogamos, Señor,
que fortalezcas con estos celestiales sacramentos
a tus fieles, que has iluminado
con la enseñanza de los santos Apóstoles.
Por Jesucristo, nuestro Señor.**

16. DE SAN PEDRO, APÓSTOL

Color litúrgico rojo.

Antífona de entrada Lc 22, 32

Dijo el Señor a Simón Pedro:
Yo he rogado por ti para que tu fe no desfallezca
y tú, una vez convertido, confirma a tus hermanos.

Oración colecta

**Dios nuestro, que al entregar a tu apóstol san Pedro
las llaves del Reino de los cielos,
le diste el sagrado poder de atar y desatar,
concédenos que, con la ayuda de su intercesión,
quedemos libres de las ataduras de nuestros pecados.
Por nuestro Señor Jesucristo, tu Hijo,
que vive y reina contigo en la unidad del Espíritu Santo
y es Dios por los siglos de los siglos.**

Oración sobre las ofrendas

**Recibe benignamente, Señor,
la oblación de tu pueblo
en la conmemoración del apóstol san Pedro,
a quien revelaste en particular tus misterios,
para que te confesara a ti, Dios vivo y a tu Hijo,
e hiciste que con su glorioso martirio
diera testimonio de su Maestro.
Él, que vive y reina por los siglos de los siglos.**

Prefacio I de los Apóstoles, p. 622.

Antífona de la Comunión Cfr. Mt 16, 16. 18

Dijo Pedro a Jesús: Tú eres el Mesías, el Hijo de Dios vivo.
Jesús le respondió: Tú eres Pedro,
y sobre esta piedra edificaré mi Iglesia.

Oración después de la Comunión

**Tú que nos has admitido al banquete de la salvación
en esta conmemoración del apóstol san Pedro,
concédenos, Señor, unirnos íntimamente a tu Hijo,
el único que tiene palabras de vida eterna,
de manera que, como fieles ovejas de tu rebaño,
seamos llevados a los pastos de la eterna felicidad.
Por Jesucristo, nuestro Señor.**

17. DE SAN PABLO, APÓSTOL

Color litúrgico rojo.

Antífona de entrada
2 Tim 1, 12; 4, 8

Yo sé bien en quién tengo puesta mi confianza
y estoy seguro de que el Señor, justo juez,
con su poder cuidará, hasta el último día,
lo que me ha encomendado.

Oración colecta

**Señor Dios, que tan admirablemente elegiste al apóstol san Pablo
para que predicara el Evangelio,
concede que en todo el mundo penetre la fe
que él mismo llevó ante reyes y naciones,
para que tu Iglesia se extienda sin cesar.
Por nuestro Señor Jesucristo, tu Hijo,
que vive y reina contigo en la unidad del Espíritu Santo
y es Dios por los siglos de los siglos.**

Oración sobre las ofrendas

**Al celebrar estos divinos misterios,
te suplicamos, Señor,
que el Espíritu Santo derrame sobre nosotros
la luz de la fe que iluminó al apóstol san Pablo
para propagar tu gloria sin descanso.
Por Jesucristo, nuestro Señor.**

Prefacio I de los Apóstoles, p. 622.

Antífona de la Comunión
Gál 2, 20

Vivo de la fe del Hijo de Dios,
que me amó y se entregó a la muerte por mí.

Oración después de la Comunión

**Alimentados con la comunión del Cuerpo y la Sangre de tu Hijo,
te pedimos, Señor, que el mismo Cristo sea nuestra vida,
que nada sea capaz de separarnos de su amor
y que, fieles a la enseñanza de san Pablo,
vivamos siempre en caridad con los hermanos.
Por Jesucristo, nuestro Señor.**

18. DE CUALQUIERA DE LOS SANTOS APÓSTOLES

Se dice la Misa de su propia festividad; pero si en ésta se celebra también a otro Apóstol y los textos de la misma no se adaptan para el Apóstol que se desea conmemorar por separado, se puede decir la siguiente Misa.

Color litúrgico rojo.

Antífona de entrada
Sal 96 (95), 2-3

Anuncien, día tras día, la salvación que viene de Dios,
anuncien su gloria entre las naciones.

Oración colecta

**Fortalece en nosotros, Señor, la fe
con que tu santo apóstol N. se entregó con generosidad a tu Hijo,
y por su intercesión, haz que tu Iglesia
sea sacramento de salvación para todos los pueblos.
Por nuestro Señor Jesucristo, tu Hijo,
que vive y reina contigo en la unidad del Espíritu Santo
y es Dios por los siglos de los siglos.**

Oración sobre las ofrendas

**Al presentarte nuestra ofrenda
en esta conmemoración del apóstol san N.,
te rogamos, Señor, que nos concedas seguir su ejemplo,
para llevar una vida digna del Evangelio de Cristo,
y colaborar en la difusión de la Buena Nueva.
Por Jesucristo, nuestro Señor.**

Prefacio II de los Apóstoles, p. 624.

Antífona de la Comunión
Lc 22, 29-30

Yo les daré a ustedes el Reino
que mi Padre me tiene preparado,
y en él comerán y beberán a la mesa conmigo.

Oración después de la Comunión

**Al celebrar la memoria del apóstol san N.,
hemos recibido la prenda de la salvación eterna
y te pedimos, Señor, que sea para nosotros auxilio
tanto en la vida presente como en la futura.
Por Jesucristo, nuestro Señor.**

19. DE TODOS LOS SANTOS

Color litúrgico blanco.

Antífona de entrada

Se alegran en el cielo las almas de los santos,
que siguieron las huellas de Cristo,
y por eso se gozan con él eternamente.

Oración colecta

**Señor Dios, fuente de toda santidad,
concédenos caminar de manera digna,
cada uno conforme a nuestra propia vocación,
acompañados por la intercesión de tus santos,
a quienes diste diversos dones en la tierra
y una misma gloriosa recompensa en el cielo.
Por nuestro Señor Jesucristo, tu Hijo,
que vive y reina contigo en la unidad del Espíritu Santo
y es Dios por los siglos de los siglos.**

Oración sobre las ofrendas

**Que te sean gratos, Señor, los dones
que ofrecemos en honor de todos los santos,
y concédenos experimentar la ayuda
para obtener nuestra salvación,
de aquellos que ya alcanzaron con certeza la felicidad eterna.
Por Jesucristo, nuestro Señor.**

Prefacio I o II de los santos, pp. 622–625.

Antífona de la Comunión

Mt 5, 8-10

Dichosos los limpios de corazón, porque verán a Dios.
Dichosos los que trabajan por la paz,
porque se les llamará hijos de Dios.
Dichosos los perseguidos por causa de la justicia,
porque de ellos es el Reino de los cielos.

Oración después de la Comunión

**Señor Dios, que nos alimentas con un mismo pan
y nos sostienes con una misma esperanza,
fortalécenos igualmente con tu gracia,
para que todos, junto con tus santos,
formemos en Cristo un solo cuerpo y un solo espíritu,
y resucitemos con él a la gloria.
Él, que vive y reina por los siglos de los siglos.**

MISAS DE DIFUNTOS

1. Aunque se presentan formularios completos de Misa, con sus antífonas y oraciones, para facilitar su uso, todos los textos pueden intercambiarse entre sí, sobre todo las oraciones, variando, de acuerdo a las circunstancias en que se empleen, el género (masculino o femenino) y el número (singular o plural).

   De la misma manera, cuando las oraciones que se proponen para las exequias o el aniversario se usen en otras celebraciones afines, deben omitirse las palabras que no resulten apropiadas.

2. En el Tiempo Pascual, si se considera oportuno, puede omitirse el **Aleluya** de las antífonas.

I. EN LAS EXEQUIAS

La Misa exequial puede celebrarse todos los días, excepto en las solemnidades de precepto, el Jueves Santo, el Triduo Pascual, y los domingos de Adviento, Cuaresma y Pascua.

A. Fuera del Tiempo Pascual

Antífona de entrada Cfr. 4 Esd 2, 34-35

Dales, Señor, el descanso eterno
y brille para ellos la luz perpetua.

O bien:

Dale, Señor, el descanso eterno
y brille para él (ella) la luz perpetua.

Oración colecta

**Dios, Padre todopoderoso,
apoyados en nuestra fe,
que proclama que tu Hijo murió y resucitó,
te pedimos que bondadosamente concedas
a tu siervo (tu sierva) N.,
que así como se ha dormido en Cristo,
también por él resucite lleno de alegría.
Él, que vive y reina contigo en la unidad del Espíritu Santo
y es Dios por los siglos de los siglos.**

O bien:

**Dios nuestro,
que eres misericordioso y perdonas siempre,
te pedimos por tu hijo (tu hija) N.,
a quien (hoy) mandaste ir hacia ti,
y ya que creyó y esperó en ti,
concédele llegar a la verdadera patria
y gozar allí de las alegrías eternas.
Por nuestro Señor Jesucristo, tu Hijo,
que vive y reina contigo en la unidad del Espíritu Santo
y es Dios por los siglos de los siglos.**

Oración sobre las ofrendas

Te ofrecemos, Señor, este sacrificio
por la salvación de nuestro hermano (nuestra hermana) N.,
y confiados en tu clemencia
te pedimos que quien reconoció a tu Hijo como su Salvador,
lo encuentre ahora como juez misericordioso.
Él, que vive y reina por los siglos de los siglos.

Prefacio de difuntos, pp. 650–659.

Antífona de la Comunión Cfr. 4 Esd 2, 34-35

Brille, Señor, para ellos la luz perpetua
y vivan siempre en compañía de tus santos,
ya que eres misericordioso.
Dales, Señor, el descanso eterno,
brille para ellos la luz perpetua
y vivan siempre en compañía de tus santos,
ya que eres misericordioso.

Oración después de la Comunión

Señor, Dios nuestro,
ya que tu Hijo nos dejó el sacramento de su cuerpo
como alimento para el camino,
concédenos que nuestro hermano (nuestra hermana) N.
sea conducido al banquete eterno del reino de Cristo.
Él, que vive y reina por los siglos de los siglos.

B. Fuera del Tiempo Pascual

Antífona de entrada

Que el Señor le abra las puertas del paraíso,
para que llegue a la patria
donde ya no hay muerte, ni luto, ni llanto,
sino paz y eterno gozo.

Oración colecta

**Señor, Dios nuestro,
tú que eres perdón de los pecadores
y felicidad de tus santos,
concede a tu siervo (tu sierva) N.,
a quien vamos a dar (hoy) piadosa sepultura,
formar parte del número de tus elegidos,
para que, libre ya de los lazos de la muerte,
el día de la resurrección pueda contemplar tu rostro.
Por nuestro Señor Jesucristo, tu Hijo,
que vive y reina contigo en la unidad del Espíritu Santo
y es Dios por los siglos de los siglos.**

O bien:

**Dios nuestro, que pusiste un término a la vida presente
para abrirnos las puertas de la eternidad,
te suplicamos humildemente
que el nombre de tu siervo (tu sierva) N.
se halle inscrito en el libro de la vida
por la gracia de tu misericordia.
Por nuestro Señor Jesucristo, tu Hijo,
que vive y reina contigo en la unidad del Espíritu Santo
y es Dios por los siglos de los siglos.**

Oración sobre las ofrendas

**Acude, Señor, en ayuda de tu hijo (tu hija) N.,
por quien te ofrecemos este sacrificio de reconciliación
en el día de su sepultura;
para que, si queda en él alguna mancha de pecado,
o alguna imperfección de la debilidad humana,
por el don de tu misericordia lo perdones y lo purifiques.
Por Jesucristo, nuestro Señor.**

Prefacio de difuntos, pp. 650–659.

Antífona de la Comunión

Cfr. Flp 3, 20-21

Esperamos al Salvador,
nuestro Señor Jesucristo.
Él transformará nuestro cuerpo frágil
en un cuerpo glorioso, semejante al suyo.

Oración después de la Comunión

Señor Dios todopoderoso,
concede que tu hijo (tu hija) N.,
a quien llamaste (hoy) de este mundo,
sea purificado de sus pecados por este sacrificio
y reciba el gozo eterno de la resurrección.
Por Jesucristo, nuestro Señor.

C. En el Tiempo Pascual

Antífona de entrada 1 Tes 4, 14; 1 Cor 15, 22

Así como Jesús murió y resucitó,
de la misma manera a los que duermen en Jesús,
Dios los llevará con él.
Así como en Adán todos mueren,
así también en Cristo todos volverán a la vida. Aleluya.

Oración colecta

Escucha, Señor, benignamente nuestras súplicas,
y concédenos que al proclamar nuestra fe
en la resurrección de tu Hijo de entre los muertos,
se afiance también nuestra esperanza
en la resurrección de tu hijo (tu hija) N.
Por nuestro Señor Jesucristo, tu Hijo,
que vive y reina contigo en la unidad del Espíritu Santo
y es Dios por los siglos de los siglos.

O bien:

Señor Dios nuestro, que al terminar la vida presente
nos muestras el principio de la vida eterna,
te pedimos por el alma de tu siervo (tu sierva) N.,
para que, conducida por ti
llegue a participar para siempre del fruto de la redención.
Por nuestro Señor Jesucristo, tu Hijo,
que vive y reina contigo en la unidad del Espíritu Santo
y es Dios por los siglos de los siglos.

Oración sobre las ofrendas

Que te sean gratas, Señor, nuestras ofrendas,
para que tu siervo (tu sierva) N.
sea recibido(a) en la gloria con tu Hijo,
a quien nos unimos por este sacramento de su amor.
Él, que vive y reina por los siglos de los siglos.

Prefacio de difuntos, pp. 650–659.

Antífona de la Comunión Jn 11, 25-26

Yo soy la resurrección y la vida, dice el Señor.
El que cree en mí, aunque haya muerto, vivirá;
y todo aquel que está vivo y cree en mí,
no morirá para siempre. Aleluya.

Oración después de la Comunión

Te rogamos, Señor, que tu siervo (tu sierva) N.,
por quien hemos celebrado este sacrificio pascual,
llegue a la morada de la luz y de la paz.
Por Jesucristo, nuestro Señor.

D. Otras oraciones para la Misa exequial

Oración colecta

Dios nuestro, ya que sólo tú
puedes dar la vida después de la muerte,
purifica a nuestro hermano (nuestra hermana) N.
de todos sus pecados
y por su fe en la resurrección de Cristo,
concédele, el día de la resurrección,
participar contigo de la gloria eterna.
Por nuestro Señor Jesucristo, tu Hijo,
que vive y reina contigo en la unidad del Espíritu Santo
y es Dios por los siglos de los siglos.

Oración sobre las ofrendas

Por este sacrificio, Dios todopoderoso y eterno,
te rogamos que laves de sus pecados en la Sangre de Cristo
a nuestro hermano (nuestra hermana) N.,
para que a quien purificaste en el agua del Bautismo
no dejes de purificarlo con la misericordia de tu amor.
Por Jesucristo, nuestro Señor.

Oración después de la Comunión

Habiendo recibido el sacramento de tu Unigénito,
que se inmoló por nosotros y resucitó glorioso,
te pedimos humildemente, Señor, por tu siervo (**tu sierva**) N.,
para que, ya purificado por este sacrificio pascual,
alcance la gloria de la futura resurrección.
Por Jesucristo, nuestro Señor.

E. En las exequias de un niño bautizado

1

Antífona de entrada Mt 25, 34

Vengan, benditos de mi Padre, dice el Señor,
tomen posesión del Reino
preparado para ustedes desde la creación del mundo. (T.P. Aleluya.)

Oración colecta

Dios clementísimo, que, en los designios de tu sabiduría,
llamaste junto a ti a este niño (**esta niña**)
al comienzo mismo de su vida,
escucha benigno nuestras plegarias
para que, así como creemos que ya vive en tu casa,
puesto que lo hiciste hijo (**la hiciste hija adoptiva**) **adoptivo tuyo**
por la gracia del Bautismo,
nos concedas también a nosotros
participar con él un día de la vida eterna.
Por nuestro Señor Jesucristo, tu Hijo,
que vive y reina contigo en la unidad del Espíritu Santo
y es Dios por los siglos de los siglos.

Oración sobre las ofrendas

Santifica, Señor, los dones que te ofrecemos,
para que los papás de este niño (**esta niña**) **que tú les habías dado,**
y ahora te devuelven,
merezcan abrazarlo(**la**)**, llenos de alegría, en tu reino.**
Por Jesucristo, nuestro Señor.

Prefacio de difuntos, pp. 650–659.

Antífona de la Comunión Cfr. Rom 6, 4. 8

Sepultados juntamente con Cristo, por el Bautismo, en su muerte,
creemos que también viviremos con él. (T.P. Aleluya.)

Oración después de la Comunión

Dios nuestro, habiendo recibido
la comunión del Cuerpo y la Sangre de tu Hijo,
te rogamos confiadamente
que, a quienes te dignaste alimentar con tus sagrados misterios
en la esperanza de la vida eterna,
les concedas hallar consuelo
en medio de las aflicciones de esta vida.
Por Jesucristo, nuestro Señor.

2

Otras oraciones

Oración colecta

Señor Dios, tú sabes cuánto oprime nuestro corazón
la tristeza por la muerte de este niño (esta niña);
concede a los que lloramos a quien
en tu providencia murió para esta vida,
tener la certeza de que ya consiguió
una mansión eterna en el cielo.
Por nuestro Señor Jesucristo, tu Hijo,
que vive y reina contigo en la unidad del Espíritu Santo
y es Dios por los siglos de los siglos.

Oración sobre las ofrendas

Dígnate, Señor Dios, recibir esta ofrenda
como signo de nuestra devoción,
para que, quienes confiadamente aceptamos
los designios de tu providencia,
recibamos también el dulce consuelo de tu piedad.
Por Jesucristo, nuestro Señor.

Oración después de la Comunión

Alimentados por estos dones divinos,
te rogamos, Señor,
nos concedas participar un día de la mesa de tu Reino,
a la cual ya has admitido a este niño (esta niña).
Por Jesucristo, nuestro Señor.

F. En las exequias de un niño no bautizado

Si algún niño, a quien sus padres deseaban bautizar, muere antes de recibir el sacramento, el obispo diocesano, teniendo en cuenta las circunstancias pastorales, puede permitir que sus exequias se celebren en la misma casa del difunto, o también conforme al modo como en esa región se celebran habitualmente las exequias.

En cualquier forma de exequias se tenga siempre la Liturgia de la Palabra, como aparece en el Ritual Romano; pero, si por alguna razón se cree conveniente celebrar la Misa, se utilizarán los textos que se presentan a continuación.

Al hacer la catequesis téngase mucho cuidado de que en la mente de los fieles no se oscurezca la doctrina acerca de la necesidad del Bautismo.

Antífona de entrada Ap 21, 4

Dios enjugará todas sus lágrimas
y ya no habrá muerte ni duelo,
ni penas, ni llantos,
porque ya todo lo antiguo terminó.

Oración colecta

**Recibe, Señor, las súplicas de tus fieles,
y ya que sufren por la pérdida
que tú permitiste, de este niño (esta niña),
les concedas mantener confiadamente
la esperanza en tu misericordia.
Por nuestro Señor Jesucristo, tu Hijo,
que vive y reina contigo en la unidad del Espíritu Santo
y es Dios por los siglos de los siglos.**

O bien:

**Señor Dios, que penetras los corazones
y consuelas piadosamente a los que sufren,
tú que conoces la fe de estos papás,
concédeles experimentar que el hijo (la hija), cuya muerte lloran,
ha sido confiado (confiada) a tu divina piedad.
Por nuestro Señor Jesucristo, tu Hijo,
que vive y reina contigo en la unidad del Espíritu Santo
y es Dios por los siglos de los siglos.**

Oración sobre las ofrendas

**Dígnate, Señor Dios, recibir esta ofrenda
como signo de nuestra devoción,
para que, quienes confiadamente aceptamos
los designios de tu providencia,
recibamos también el dulce consuelo de tu piedad.
Por Jesucristo, nuestro Señor.**

Prefacio de difuntos, pp. 650–659.

Antífona de la Comunión Is 25, 8

El Señor destruirá la muerte para siempre
y enjugará las lágrimas de todos los rostros.

Oración después de la Comunión

**Dios nuestro, habiendo recibido
la comunión del Cuerpo y la Sangre de tu Hijo,
te rogamos confiadamente
que a quienes te dignaste alimentar con tus sagrados misterios,
puesta su esperanza en la vida eterna,
les concedas hallar consuelo
en medio de las aflicciones de esta vida.
Por Jesucristo, nuestro Señor.**

II. EN EL ANIVERSARIO

Esta Misa puede celebrarse el día del primer aniversario, incluso los días de la octava de Navidad o aquellos que coinciden con una memoria obligatoria, o una feria, excepto el Miércoles de Ceniza y la Semana Santa.

En otros aniversarios, puede usarse en las ferias del Tiempo Ordinario e incluso en las memorias libres.

A. Fuera del Tiempo Pascual

Antífona de entrada Ap 21, 4

Dios enjugará todas sus lágrimas
y ya no habrá muerte ni duelo,
ni penas, ni llantos,
porque ya todo lo antiguo terminó.

Oración colecta

**Señor Dios, gloria de los fieles y vida de los justos,
que nos has redimido por la muerte y resurrección de tu Hijo,
acoge con bondad a tu siervo (tu sierva) N.,
que creyó en el misterio de nuestra resurrección,
y concédele alcanzar los gozos
de la eterna bienaventuranza.
Por nuestro Señor Jesucristo, tu Hijo,
que vive y reina contigo en la unidad del Espíritu Santo
y es Dios por los siglos de los siglos.**

Oración sobre las ofrendas

**Mira con bondad, Señor, las ofrendas
que te presentamos por tu siervo (tu sierva) N.,
para que, purificado por los auxilios celestiales,
viva para siempre feliz en tu gloria.
Por Jesucristo, nuestro Señor.**

Prefacio de difuntos, pp. 650–659.

Antífona de la Comunión Jn 11, 25; 3, 36; 5, 24

Yo soy la resurrección y la vida, dice el Señor.
El que cree en mí tiene vida eterna
y no será condenado en el juicio,
sino que pasará de la muerte a la vida.

Oración después de la Comunión

Renovados por estos santos misterios,
te rogamos humildemente, Señor,
que tu siervo (tu sierva) N., purificado de todos sus pecados,
merezca quedar enriquecido con el don eterno de la resurrección.
Por Jesucristo, nuestro Señor.

B. Fuera del Tiempo Pascual

Antífona de entrada

Señor Jesús, concede el descanso eterno
a aquellos por quienes derramaste tu Sangre preciosa.

Oración colecta

Al conmemorar el aniversario
de la muerte de tu siervo (sierva) N.,
te pedimos, Señor, que derrames sobre él (ella)
el rocío perenne de tu misericordia
y te dignes concederle la compañía de tus santos.
Por nuestro Señor Jesucristo, tu Hijo,
que vive y reina contigo en la unidad del Espíritu Santo
y es Dios por los siglos de los siglos.

Oración sobre las ofrendas

Atiende, Señor, nuestras súplicas por tu siervo (tu sierva) N.,
cuyo aniversario de muerte conmemoramos hoy
para que, mediante este sacrificio de reconciliación y alabanza,
te dignes asociarlo a la compañía de tus santos.
Por Jesucristo, nuestro Señor.

Prefacio de difuntos, pp. 650–659.

Antífona de la Comunión

Tú que eres el descanso después del trabajo
y eres la vida después de la muerte,
tú, Señor, dales el descanso eterno.

Oración después de la Comunión

Te hemos ofrecido, Señor, este sacrificio
y nuestras oraciones por tu siervo (tu sierva) N.;
si aún permanece en él alguna mancha de pecado,
te pedimos que sea purificado por tu misericordia.
Por Jesucristo, nuestro Señor.

C. En el Tiempo Pascual

Antífona de entrada
Cfr. Rom 8, 11

Dios, que resucitó a Cristo Jesús de entre los muertos,
dará también la vida a nuestros cuerpos mortales,
por medio de su Espíritu que habita en nosotros. Aleluya.

Oración colecta

**Dios omnipotente y misericordioso,
cuyo Hijo sufrió voluntariamente
por nosotros la muerte corporal,
concede benigno a tu siervo (sierva) N.,
que también tenga parte con él
en el triunfo admirable de su resurrección.
Él, que vive y reina contigo en la unidad del Espíritu Santo
y es Dios por los siglos de los siglos.**

Oración sobre las ofrendas

**Por este sacrificio, Dios todopoderoso y eterno,
te rogamos que laves de sus pecados en la Sangre de Cristo
a tu siervo (sierva) N.,
para que, al que (a la que) purificaste en el agua del Bautismo,
no dejes de purificarlo(a) con la misericordia de tu amor.
Por Jesucristo, nuestro Señor.**

Prefacio de difuntos, pp. 650–659.

Antífona de la Comunión
Jn 6, 51-52

Yo soy el pan vivo que ha bajado del cielo, dice el Señor.
El que coma de este pan vivirá eternamente.
Y el pan que yo les voy a dar es mi carne,
para que el mundo tenga vida. Aleluya.

Oración después de la Comunión

**Habiendo recibido el sacramento de tu Unigénito,
que se inmoló por nosotros y resucitó glorioso,
te pedimos humildemente, Señor, por tu siervo (sierva) N.,
para que, purificado (purificada) por este sacrificio pascual,
alcance la gloria de la futura resurrección.
Por Jesucristo, nuestro Señor.**

D. Otras oraciones en el aniversario

Oración colecta

Te pedimos, Señor, que concedas a tu siervo (sierva) N., por la gloriosa pasión de tu Hijo, el deseado perdón de sus pecados, para que, al conocerte en verdad, merezca gozar incesantemente de la visión de tu rostro. Por nuestro Señor Jesucristo, tu Hijo, que vive y reina contigo en la unidad del Espíritu Santo y es Dios por los siglos de los siglos.

Oración sobre las ofrendas

Te ofrecemos humildemente, Señor, este sacrificio por tu siervo (sierva) N., a quien le concediste conocerte por la luz de la fe, para que se alegre de estar eternamente contigo en el cielo. Por Jesucristo, nuestro Señor.

Oración después de la Comunión

Saciados con este alimento de perdón y de vida, te rogamos, Señor, que, en virtud de este sacramento, nuestro hermano (nuestra hermana) N., purificado ya de todos sus pecados, pueda pasar a la comunidad de tus santos en el cielo. Por Jesucristo, nuestro Señor.

E. Otras oraciones en el aniversario

Oración colecta

Dios del perdón, concede al alma de tu siervo (sierva) N., cuyo aniversario de fallecimiento conmemoramos hoy el lugar del consuelo, la dicha del eterno descanso y la claridad de tu luz.
Por nuestro Señor Jesucristo, tu Hijo, que vive y reina contigo en la unidad del Espíritu Santo y es Dios por los siglos de los siglos.

Oración sobre las ofrendas

Que te sean gratas, Señor, las oraciones y ofrendas que te presentamos por la salvación de nuestro hermano (nuestra hermana) N., a fin de que pueda alcanzar la plenitud de tu redención.
Por Jesucristo, nuestro Señor.

Oración después de la Comunión

Concédenos, Dios todopoderoso, que el alma de tu siervo (sierva) N., por la cual ofrecimos este sacrificio a tu majestad, purificada de todos sus pecados en virtud de este sacramento, reciba, por tu misericordia, la dicha de la luz eterna.
Por Jesucristo, nuestro Señor.

III. DIVERSAS CONMEMORACIONES

Estas Misas pueden celebrarse al recibir la noticia de la muerte, o en la sepultura definitiva del difunto, incluso los días de la octava de Navidad, los días en que se propone una memoria obligatoria, o las ferias, excepto el Miércoles de Ceniza y la Semana Santa.

Las Misas "cotidianas" de difuntos pueden celebrarse en las ferias del Tiempo Ordinario, aunque coincida con una memoria libre, con tal que se aplique realmente por los difuntos.

A. Por un difunto

1

Antífona de entrada

Que el Señor le abra las puertas del paraíso,
para que llegue a aquella patria
donde ya no hay muerte, sino una alegría sin fin.

Oración colecta

**Dios Padre todopoderoso,
que nos has fortalecido con el misterio de la cruz
y nos has sellado con el sacramento de la resurrección de tu Hijo,
concede a nuestro hermano (nuestra hermana) N.
que pueda gozar de la compañía de tus elegidos.
Por nuestro Señor Jesucristo, tu Hijo,
que vive y reina contigo en la unidad del Espíritu Santo
y es Dios por los siglos de los siglos.**

O bien:

**Atiende, Señor, nuestras oraciones,
con las que imploramos humildemente tu misericordia,
para que a tu siervo (sierva) N., a quien en la tierra
agregaste misericordiosamente a tu pueblo,
lo (la) lleves a la patria de la luz y de la paz
y le concedas vivir en compañía de tus santos.
Por nuestro Señor Jesucristo, tu Hijo,
que vive y reina contigo en la unidad del Espíritu Santo
y es Dios por los siglos de los siglos.**

Oración sobre las ofrendas

**Muéstrate benigno, Señor, con tu siervo (sierva) N.,
por quien te ofrecemos este sacrificio de alabanza,
y te pedimos que, en virtud de estos misterios de reconciliación,
merezca resucitar a la vida eterna.
Por Jesucristo, nuestro Señor.**

Prefacio de difuntos, pp. 650–659.

Antífona de la Comunión

Cfn. Jn 6, 37

Todo aquel que me da el Padre viene a mí, dice el Señor;
y al que viene a mí yo no lo echaré fuera.

Oración después de la Comunión

**Alimentados, Señor, con este sacramento que da la vida,
te rogamos que nuestro hermano (nuestra hermana) N.,
a quien hiciste partícipe de tu Nueva Alianza,
purificado (purificada) en virtud de este sacramento,
goce sin fin de la paz de Cristo.
Él, que vive y reina por los siglos de los siglos.**

2

Antífona de entrada

Cfr. Job 19, 25. 26

Bien sé yo que mi Redentor está vivo
y que el último día me levantaré de la tierra,
y que en mi propia carne veré a mi Dios.

Oración colecta

**Libera, Señor, a tu siervo (sierva) N.
de toda atadura de pecado,
y ya que lo (la) hiciste en la tierra imagen de Cristo,
concédele gozar de la gloria de la resurrección
en compañía de tus santos en el cielo.
Por nuestro Señor Jesucristo, tu Hijo,
que vive y reina contigo en la unidad del Espíritu Santo
y es Dios por los siglos de los siglos.**

Oración sobre las ofrendas

Concédenos, Señor,
que sea provechoso para tu siervo (sierva) N. este sacrificio,
por el cual quisiste que fueran perdonados
los pecados del mundo entero.
Por Jesucristo, nuestro Señor.

Prefacio de difuntos, pp. 650–659.

Antífona de la Comunión

Cfr. Jn 6, 50

Éste es el pan que ha bajado del cielo, dice el Señor;
quien lo coma, no morirá eternamente.

Oración después de la Comunión

Te pedimos, Señor, que el sacrificio de tu Iglesia
aproveche a tu siervo (sierva) N.,
para que goce con tus santos
de la compañía de Cristo en el cielo,
ya que en esta vida recibió
el sacramento de la misericordia.
Por Jesucristo, nuestro Señor.

3

Otras oraciones

Oración colecta

Señor Dios, en cuya presencia los fieles difuntos están vivos,
y en quien tus santos gozan de plena felicidad,
concédenos que tu siervo (sierva) N.,
que está privado(a) ahora de la luz temporal de este mundo,
goce del consuelo de tu luz eterna.
Por nuestro Señor Jesucristo, tu Hijo,
que vive y reina contigo en la unidad del Espíritu Santo
y es Dios por los siglos de los siglos.

Oración sobre las ofrendas

**Que te sea agradable, Señor,
la oblación del presente sacrificio,
para que tu siervo (sierva) N. obtenga de tu misericordia
el anhelado perdón de sus pecados,
se regocije siempre con tus santos
y alabe eternamente con ellos tu gloria.
Por Jesucristo, nuestro Señor.**

Oración después de la Comunión

**Al recibir estos dones celestiales,
te damos gracias, Señor,
y te rogamos humildemente que el alma de tu siervo (sierva) N.,
libre ya de las ataduras del pecado por la pasión de tu Hijo,
pueda felizmente llegar a tu presencia.
Por Jesucristo, nuestro Señor.**

4

Otras oraciones

Oración colecta

**Que nuestras oraciones, Señor, asciendan hasta ti,
para que recibas en el gozo eterno
a nuestro hermano (nuestra hermana) N.,
a quien creaste a tu imagen y lo adoptaste como hijo (hija),
y así pueda participar para siempre
en la herencia de tu Reino.
Por nuestro Señor Jesucristo, tu Hijo,
que vive y reina contigo en la unidad del Espíritu Santo
y es Dios por los siglos de los siglos.**

Oración sobre las ofrendas

**Recibe, Señor, con agrado,
estos dones que llenos de fe te presentamos
por nuestro hermano (nuestra hermana) N.,
para que por medio de este sacrificio,
que dispusiste fuera para todos un remedio eficaz,
le concedas la salvación eterna.
Por Jesucristo, nuestro Señor.**

Oración después de la Comunión

**Renovados con este alimento santo,
te rogamos, Señor, que nuestro hermano (nuestra hermana) N.,
libre de los lazos de la muerte,
pueda participar con alegría de la resurrección de tu Hijo.
Él, que vive y reina por los siglos de los siglos.**

5

Otras oraciones

Oración colecta

**Escucha, Señor, con bondad nuestras súplicas
y concede a tu hijo (hija) N. el perdón de sus pecados,
para que tenga vida en el día de la resurrección
y goce de la luz que no tiene fin.
Por nuestro Señor Jesucristo, tu Hijo,
que vive y reina contigo en la unidad del Espíritu Santo
y es Dios por los siglos de los siglos.**

Oración sobre las ofrendas

**Dios todopoderoso y eterno,
cuyo Hijo se entregó a nosotros como pan de vida
y derramó su Sangre como bebida de salvación,
ten misericordia de nuestro hermano (nuestra hermana) N.,
y haz que este sacrificio sea para él (ella) fuente de salvación.
Por Jesucristo, nuestro Señor.**

Oración después de la Comunión

**Señor, al recibir esta prenda de la vida eterna,
te rogamos humildemente por tu siervo (sierva) N.,
para que, libre de los lazos de la muerte,
pueda formar parte de la asamblea de los redimidos.
Por Jesucristo, nuestro Señor.**

B. Por varios difuntos o por todos los difuntos

1

Antífona de entrada

Dales, Señor, el descanso eterno
y hazlos partícipes de tu gloria.

Oración colecta

**Dios nuestro, tú que quisiste que tu Hijo único
venciera la muerte y entrara victorioso en el cielo,
concede a tus hijos** (N. **y** N.)
**que, venciendo también la muerte,
puedan contemplarte a ti, creador y redentor,
por toda la eternidad.
Por nuestro Señor Jesucristo, tu Hijo,
que vive y reina contigo en la unidad del Espíritu Santo
y es Dios por los siglos de los siglos.**

Oración sobre las ofrendas

**Mira, Señor, con bondad
las ofrendas que te presentamos
por tus fieles difuntos,
que recibieron el don de la fe cristiana
y concédeles la recompensa eterna.
Por Jesucristo, nuestro Señor.**

Prefacio de difuntos, pp. 650–659.

Antífona de la Comunión 1 Jn 4, 9

Dios envió al mundo a su Hijo unigénito,
para que vivamos por él.

Oración después de la Comunión

**Habiendo recibido los dones de este santo sacrificio,
te pedimos, Señor,
que derrames con abundancia tu misericordia
sobre tus siervos difuntos,
y a quienes diste la gracia del Bautismo,
concédeles la plenitud de los gozos eternos.
Por Jesucristo, nuestro Señor.**

2

Antífona de entrada Jn 3, 16

Tanto amó Dios al mundo,
que le entregó a su Hijo único,
para que todo el que crea en él no perezca,
sino que tenga la vida eterna.

Oración colecta

Dios todopoderoso y eterno,
vida de los mortales y felicidad de los santos,
te pedimos humildemente por tus siervos (N. **y** N.)
para que, liberados de los lazos de su condición mortal,
participen de la gloria eterna en tu reino.
Por nuestro Señor Jesucristo, tu Hijo,
que vive y reina contigo en la unidad del Espíritu Santo
y es Dios por los siglos de los siglos.

Oración sobre las ofrendas

Recibe por tu bondad, Señor,
las ofrendas que te presentamos por tus siervos (N. **y** N.)
y por todos los que descansan en Cristo,
para que, por medio de la eficacia de este sacrificio,
despojados de los lazos de la muerte,
merezcan alcanzar la vida eterna.
Por Jesucristo, nuestro Señor.

Prefacio de difuntos, pp. 650–659.

Antífona de la Comunión Flp 3, 20-21

Esperamos al Salvador,
nuestro Señor Jesucristo.
Él transformará nuestro cuerpo frágil
en un cuerpo glorioso, semejante al suyo.

Oración después de la Comunión

Dios todopoderoso,
te pedimos que la participación
en estos sagrados misterios
nos aproveche para nuestra salvación,
y a los fieles difuntos,
para quienes imploramos tu clemencia,
les obtenga el perdón.
Por Jesucristo, nuestro Señor.

3

Antífona de entrada

Cfr. Ap 14, 13

Dichosos los que mueren en el Señor;
que descansen ya de sus fatigas,
pues sus obras los acompañan.

Oración colecta

Señor Dios,
por cuya misericordia descansan las almas de los fieles,
concede benigno, el perdón de sus pecados a tus siervos (N. **y** N.)
y a todos los que descansan en Cristo,
para que, libres de toda culpa,
tengan parte en la resurrección de tu Hijo Jesucristo.
Él, que vive y reina contigo en la unidad del Espíritu Santo
y es Dios por los siglos de los siglos.

Oración sobre las ofrendas

Acoge con bondad, Señor, los dones que presentamos
por el eterno descanso de tus siervos difuntos,
a fin de que, por este sacramento de salvación,
puedan ser contados para siempre
en el número de tus redimidos.
Por Jesucristo, nuestro Señor.

Prefacio de difuntos, pp. 650–659.

Antífona de la Comunión

Concede, Señor, el descanso eterno a tus hijos difuntos,
en cuya memoria recibimos el Cuerpo y la Sangre de Cristo.

Oración después de la Comunión

Habiendo recibido los sacramentos de la redención,
imploramos, Señor, tu clemencia,
para que tu misericordia proteja a quienes aún vivimos
y conceda a nuestros difuntos el perdón eterno.
Por Jesucristo, nuestro Señor.

4

Antífona de entrada

Cfr. Sal 31 (30), 2

En ti, Señor, confié, no quede eternamente defraudado;
líbrame por tu justicia.

Oración colecta

**Señor Dios, creador y redentor de todos los fieles,
concede a tus siervos difuntos el perdón de todos sus pecados,
para que, mediante nuestras súplicas fervorosas,
alcancen la misericordia que siempre anhelaron.
Por nuestro Señor Jesucristo, tu Hijo,
que vive y reina contigo en la unidad del Espíritu Santo
y es Dios por los siglos de los siglos.**

Oración sobre las ofrendas

**Muéstrate propicio, Señor, con tus siervos (N. y N.),
por quienes te ofrecemos este sacrificio de reconciliación;
y ya que en los días de esta vida
se mantuvieron fieles a la fe católica,
otórgales su recompensa en la vida futura.
Por Jesucristo, nuestro Señor.**

Prefacio de difuntos, pp. 650–659.

Antífona de la Comunión

Jn 8, 12

Yo soy la luz del mundo, dice el Señor;
el que me sigue no caminará en la oscuridad
y tendrá la luz de la vida.

Oración después de la Comunión

**Te rogamos, Señor, que la oración de quienes te suplican
aproveche a las almas de tus siervos,
para que, por este sacrificio,
los libres de todos sus pecados
y los hagas partícipes de la salvación eterna.
Por Jesucristo, nuestro Señor.**

5

Antífona de entrada
Cfr. Sal 105 (104), 3-4

Alégrese el corazón de los que buscan al Señor;
busquen al Señor y serán fortalecidos,
busquen su rostro para siempre.

Oración colecta

**Dios todopoderoso y eterno,
que reinas simultáneamente sobre vivos y muertos
y de todos te compadeces,
te suplicamos que, por tu piadosa misericordia,
aquellos por quienes oramos
consigan el perdón de sus pecados,
se regocijen felices contigo y te alaben eternamente.
Por nuestro Señor Jesucristo, tu Hijo,
que vive y reina contigo en la unidad del Espíritu Santo
y es Dios por los siglos de los siglos.**

Oración sobre las ofrendas

**Al recibir, Señor Dios, la oblación de este sacrificio,
concede a tus siervos (N. y N.)
tener parte en la abundancia de las riquezas de Cristo,
para que puedan ser resucitados con tu Hijo
y colocados a su derecha.
Él, que vive y reina por los siglos de los siglos.**

Prefacio de difuntos, pp. 650–659.

Antífona de la Comunión
Cfr. Sal 31 (30), 17-18

Haz brillar, Señor, tu rostro sobre tu siervo,
y sálvame por tu misericordia.
Señor, no quede yo defraudado por haberte invocado.

Oración después de la Comunión

**Escucha, Señor Dios, a tus hijos,
alimentados con este sacramento de salvación;
y tú, que, por tu Santo Espíritu,
resucitaste de entre los muertos a Cristo, tu Unigénito,
concede a tus fieles (N. y N.) la alegría de la vida inmortal.
Por Jesucristo, nuestro Señor.**

6

Antífona de entrada
Sal 84 (83), 10-11

Mira, Señor, el rostro de tu Ungido,
pues un solo día en tus atrios vale más que mil fuera de ellos.

Oración colecta

**Te rogamos, Señor,
que concedas a tus siervos difuntos
tu infinita misericordia,
para que la fe y la esperanza que en ti depositaron,
les aproveche para la eternidad.
Por nuestro Señor Jesucristo, tu Hijo,
que vive y reina contigo en la unidad del Espíritu Santo
y es Dios por los siglos de los siglos.**

Oración sobre las ofrendas

**Señor, que este sacrificio, con el cual
tu Hijo inocente, inmolado por nosotros,
borró todos los pecados del mundo,
purifique a tus siervos (N. y N.)
de todas las faltas cometidas por la condición humana.
Por Jesucristo, nuestro Señor.**

Prefacio de difuntos, pp. 650–659.

Antífona de la Comunión
Cfr. Sal 42 (41), 2-3

Como el venado busca las fuentes de agua,
así mi alma te busca a ti, Dios mío;
mi alma tiene sed de Dios, la fuente de agua viva.

Oración después de la Comunión

**Te rogamos, Señor, que nosotros tus siervos
y todos los que descansan en Cristo,
podamos participar de la luz eterna,
ya que, guiados por esta luz,
nos acercamos a recibir este sacramento.
Por Jesucristo, nuestro Señor.**

7

Otras oraciones

Oración colecta

**Señor, ten misericordia de tus hijos (N. y N.),
a quienes hiciste renacer a la vida de la gracia
por medio del agua bautismal
y concédeles llegar a la felicidad de la vida eterna.
Por nuestro Señor Jesucristo, tu Hijo,
que vive y reina contigo en la unidad del Espíritu Santo
y es Dios por los siglos de los siglos.**

Oración sobre las ofrendas

**Al ofrecerte, Señor, este sacrificio
en sufragio de tus siervos (N. y N.),
te pedimos humildemente
que atiendas nuestras súplicas
y derrames sobre ellos tu eterna misericordia.
Por Jesucristo, nuestro Señor.**

Oración después de la Comunión

**Alimentados, Señor, con el sacramento celestial,
imploramos humildemente tu misericordia,
para que tus siervos difuntos,
perdonados sus pecados por este sacrificio,
merezcan entrar en tu reino y alabarte eternamente.
Por Jesucristo, nuestro Señor.**

8

Otras oraciones

Oración colecta

Te encomendamos, Señor, a tus siervos (N. y N.),
para que, muertos a este mundo, vivan para ti
y que los pecados que, por la fragilidad humana,
cometieron en su vida terrenal,
tú se los perdones por tu infinita misericordia.
Por nuestro Señor Jesucristo, tu Hijo,
que vive y reina contigo en la unidad del Espíritu Santo
y es Dios por los siglos de los siglos.

Oración sobre las ofrendas

Muéstrate propicio, Señor, con tus fieles (N. y N.),
por quienes te ofrecemos este sacrificio de reconciliación,
y ya que se mantuvieron fieles a ti en esta vida,
junto a ti reciban la justa recompensa.
Por Jesucristo, nuestro Señor.

Oración después de la Comunión

Te pedimos, Dios todopoderoso,
que por la eficacia de este sacramento,
concedas a tus siervos difuntos
participar de la felicidad eterna
en la asamblea de los justos.
Por Jesucristo, nuestro Señor.

9

Otras oraciones

Oración colecta

Dios todopoderoso y eterno,
a quien siempre suplicamos
con la esperanza de alcanzar misericordia,
muéstrate compasivo con tus siervos (N. y N.),
que dejaron este mundo confesando tu nombre,
y admítelos en la asamblea de tus santos.
Por nuestro Señor Jesucristo, tu Hijo,
que vive y reina contigo en la unidad del Espíritu Santo
y es Dios por los siglos de los siglos.

Oración sobre las ofrendas

Señor Dios, cuyo Hijo se ofreció a ti como víctima viva,
recibe el sacrificio de tu Iglesia,
para que tus siervos (N. y N.), **absueltos de todos sus pecados,**
merezcan alcanzar el premio de la inmortalidad.
Por Jesucristo, nuestro Señor.

Oración después de la Comunión

Te pedimos, Dios omnipotente y misericordioso,
que el sacramento recibido nos purifique,
y haz que este sacrificio sea para nosotros fuente de perdón,
fortaleza para los débiles, auxilio en los peligros,
perdón de todos los pecados para vivos y difuntos
y prenda de eterna redención.
Por Jesucristo, nuestro Señor.

IV. DIVERSAS ORACIONES POR LOS DIFUNTOS

1. POR EL PAPA

A

Oración colecta

Dios nuestro,
que recompensas con justicia a todos los hombres,
concede que tu siervo, el Papa N.,
a quien constituiste sucesor de Pedro y
pastor de toda la Iglesia,
pueda gozar eternamente en el cielo
de los misterios de la gracia y del perdón,
que él administró fielmente en la tierra.
Por nuestro Señor Jesucristo, tu Hijo,
que vive y reina contigo en la unidad del Espíritu Santo
y es Dios por los siglos de los siglos.

Oración sobre las ofrendas

Señor, por este sacrificio de reconciliación,
te pedimos que tu siervo, el Papa N.,
reciba de tu bondad el premio eterno
y nosotros alcancemos de tu misericordia
los dones de tu gracia.
Por Jesucristo, nuestro Señor.

Oración después de la Comunión

Alimentados con este sacramento
que realiza nuestra comunión contigo,
te pedimos, Señor, que el Papa N.,
a quien quisiste hacer fundamento visible
de la unidad de la Iglesia en la tierra,
se una felizmente a la comunidad
de los santos en el cielo.
Por Jesucristo, nuestro Señor.

B

Oración colecta

**Señor Dios, que en tu providencia inefable
quisiste que tu siervo, el Papa** N.,
**fuera pastor supremo de tu Iglesia,
te rogamos que, quien fue Vicario de tu Hijo en la tierra,
sea por él mismo recibido en la gloria eterna.
Por nuestro Señor Jesucristo, tu Hijo,
que vive y reina contigo en la unidad del Espíritu Santo
y es Dios por los siglos de los siglos.**

Oración sobre las ofrendas

**Mira, Señor, con bondad los dones de tu Iglesia suplicante,
y por la eficacia de este sacrificio,
concede que tu siervo, el Papa** N.,
**a quien pusiste al frente de tu rebaño como sumo sacerdote,
quede agregado al número de tus sacerdotes elegidos.
Por Jesucristo, nuestro Señor.**

Oración después de la Comunión

**Señor, al recibir el sagrado auxilio de tu amor,
te rogamos que tu siervo, el Papa** N.,
**que fue fiel dispensador de tus misterios en la tierra,
alabe eternamente tu misericordia en la gloria de los santos.
Por Jesucristo, nuestro Señor.**

C

Oración colecta

**Señor Dios, pastor inmortal de las almas,
mira a tu pueblo suplicante
y concede que tu siervo, el Papa N.,
que presidió en la caridad a tu Iglesia,
obtenga misericordiosamente, junto con el rebaño a él confiado,
la recompensa del administrador fiel.
Por nuestro Señor Jesucristo, tu Hijo,
que vive y reina contigo en la unidad del Espíritu Santo
y es Dios por los siglos de los siglos.**

Oración sobre las ofrendas

**Mira, Señor, con bondad
la ofrenda de reconciliación de tu pueblo,
con la cual encomendamos confiadamente a tu misericordia
el alma de tu siervo, el Papa N.,
y concede a quien hiciste instrumento
de tu caridad y de tu paz en la familia humana,
que merezca gozar eternamente con tus santos en el cielo.
Por Jesucristo, nuestro Señor.**

Oración después de la Comunión

**Después de participar en el banquete celestial,
te pedimos, Señor, que tengas misericordia
de tu siervo, el Papa N.,
para que entre a disfrutar
de la plena posesión de la verdad
en la cual confirmó con solicitud a tu pueblo.
Por Jesucristo, nuestro Señor.**

2. POR EL OBISPO

A. Por el obispo diocesano

Oración colecta

**Concede, Dios todopoderoso,
que tu siervo, el obispo** N.,
**a quien encomendaste el cuidado de tu familia,
entre, con el fruto abundante de su trabajo,
al gozo eterno de su Señor.
Él, que vive y reina contigo en la unidad del Espíritu Santo
y es Dios por los siglos de los siglos.**

Oración sobre las ofrendas

**Imploramos, Señor, tu inmensa compasión,
para que este sacrificio, que tu siervo, el obispo** N.,
**ofreció a tu divinidad en su vida mortal
por la salvación de los fieles,
le aproveche a él mismo ahora para obtener el perdón.
Por Jesucristo, nuestro Señor.**

Oración después de la Comunión

**Te pedimos, Señor,
que aproveche al alma de tu siervo, el obispo** N.,
**la implorada bondad de tu misericordia,
para que, por este sacramento,
obtenga vivir eternamente con Cristo,
cuya palabra predicó y en quien puso toda su confianza.
Él, que vive y reina por los siglos de los siglos.**

B. Por otro obispo

Oración colecta

Señor Dios, que concediste a tu siervo, el obispo (cardenal) N., desempeñar el ministerio episcopal y ser sucesor de los Apóstoles, te pedimos que también participe de su eterna compañía. Por nuestro Señor Jesucristo, tu Hijo, que vive y reina contigo en la unidad del Espíritu Santo y es Dios por los siglos de los siglos.

Oración sobre las ofrendas

Recibe, Señor, las ofrendas que te presentamos por el alma de tu siervo, el obispo (cardenal) N., y concede a quien en la tierra encomendaste el ministerio episcopal, gozar de la compañía de tus santos en el reino del cielo. Por Jesucristo, nuestro Señor.

Oración después de la Comunión

Te pedimos, Dios omnipotente y misericordioso, que a tu siervo, el obispo (cardenal) N., a quien en la tierra concediste ser representante de Cristo, purificado por este sacrificio, lo hagas sentar en el cielo con tu Hijo. Él, que vive y reina por los siglos de los siglos.

3. POR UN PRESBÍTERO

A

Oración colecta

**Concédenos, Señor,
que tu siervo N., presbítero,
a quien, mientras vivía en este mundo,
encomendaste el ministerio sagrado,
goce siempre de felicidad en la gloria del cielo.
Por nuestro Señor Jesucristo, tu Hijo,
que vive y reina contigo en la unidad del Espíritu Santo
y es Dios por los siglos de los siglos.**

Oración sobre las ofrendas

**Te rogamos, Dios todopoderoso,
que por este santo sacrificio
concedas a tu siervo N., presbítero,
que contemple siempre en luminosa visión
lo que él celebró con fidelidad.
Por Jesucristo, nuestro Señor.**

Oración después de la Comunión

**Después de recibir el sacramento de la salvación,
imploramos, Señor, tu piedad,
para que tu siervo N., presbítero,
a quien constituiste dispensador de tus misterios en la tierra,
pueda gozar en el cielo de la plenitud de su verdad.
Por Jesucristo, nuestro Señor.**

B

Oración colecta

Te rogamos, Señor, que escuches compasivo
las súplicas que te presentamos
por la salvación del alma de tu siervo N.**, presbítero,**
que en tu nombre desempeñó con fidelidad el ministerio,
para que pueda alegrarse eternamente
en la compañía de tus santos.
Por nuestro Señor Jesucristo, tu Hijo,
que vive y reina contigo en la unidad del Espíritu Santo
y es Dios por los siglos de los siglos.

Oración sobre las ofrendas

Imploramos, Señor, tu misericordia
para que este sacrificio que
por nuestro ministerio te ofrecemos
por el alma de tu siervo N.**, presbítero,**
le aproveche ahora para obtener el perdón de sus pecados,
ya que él mismo te lo ofrecía en la Iglesia con fervor.
Por Jesucristo, nuestro Señor.

Oración después de la Comunión

Reanimados con el alimento de tu mesa celestial,
te suplicamos humildemente, Señor,
que por la eficacia de este sacrificio
se regocije siempre en tu presencia
el alma de tu siervo N.**, presbítero,**
quien se dedicó fielmente al servicio de tu Iglesia.
Por Jesucristo, nuestro Señor.

4. POR UN DIÁCONO

Oración colecta

Te rogamos, Dios misericordioso,
que concedas a tu siervo N., diácono,
a quien le concediste ejercer el ministerio en tu Iglesia,
tener parte contigo en la eterna felicidad del cielo.
Por nuestro Señor Jesucristo, tu Hijo,
que vive y reina contigo en la unidad del Espíritu Santo
y es Dios por los siglos de los siglos.

Oración sobre las ofrendas

Muéstrate propicio, Señor, con tu siervo N., diácono,
por cuya salvación te ofrecemos este sacrificio,
para que, así como en su vida mortal sirvió a Cristo, tu Hijo,
así, en unión con los siervos que te fueron fieles,
resucite a la gloria eterna.
Por Jesucristo, nuestro Señor.

Oración después de la Comunión

Alimentados con tus dones sagrados,
te rogamos humildemente, Señor,
que por la eficacia de este sacrificio
concedas benignamente a tu siervo N., diácono,
a quien llamaste en tu Iglesia a formar parte de sus servidores,
que, libre ya de los lazos de la muerte,
tenga parte con quienes desempeñaron bien el ministerio
y entre a gozar de tu presencia.
Por Jesucristo, nuestro Señor.

5. POR UN RELIGIOSO

Oración colecta

**Te rogamos, Dios todopoderoso,
que el alma de tu siervo N., que por amor a Cristo
recorrió la senda de la perfecta caridad,
se alegre por la llegada a tu gloria
y goce, en unión de sus hermanos,
de la bienaventuranza eterna de tu Reino.
Por nuestro Señor Jesucristo, tu Hijo,
que vive y reina contigo en la unidad del Espíritu Santo
y es Dios por los siglos de los siglos.**

6. POR UN DIFUNTO QUE HA TRABAJADO AL SERVICIO DEL EVANGELIO

Oración colecta

**Ten misericordia, Señor, de tu siervo (sierva) N.,
quien durante su vida trabajó diligentemente
en la difusión del Evangelio,
y concédele llegar seguro(a) a tu Reino prometido.
Por nuestro Señor Jesucristo, tu Hijo,
que vive y reina contigo en la unidad del Espíritu Santo
y es Dios por los siglos de los siglos.**

7. POR UN JOVEN DIFUNTO

Oración colecta

**Señor Dios, que diriges los acontecimientos
y la duración de la vida de todos los hombres,
te encomendamos humildemente a tu siervo (tu sierva) N.,
cuya temprana muerte nos aflige,
para que le concedas una permanente juventud
en la felicidad de tu casa en el cielo.
Por nuestro Señor Jesucristo, tu Hijo,
que vive y reina contigo en la unidad del Espíritu Santo
y es Dios por los siglos de los siglos.**

8. POR UN DIFUNTO QUE FALLECIÓ DESPUÉS DE UNA LARGA ENFERMEDAD

Oración colecta

Señor Dios, que le diste a tu siervo (tu sierva) N.
la gracia de servirte en medio del dolor y la enfermedad,
concédele que,
habiendo seguido el ejemplo de paciencia de tu Hijo,
consiga también la recompensa de su gloria.
Él, que vive y reina contigo en la unidad del Espíritu Santo
y es Dios por los siglos de los siglos.

9. POR QUIEN MURIÓ REPENTINAMENTE

Oración colecta

Muéstranos, Señor, el poder inmenso de tu bondad,
para que, quienes lloramos la muerte repentina
de nuestro hermano (nuestra hermana) N.,
tengamos la plena confianza de que ha pasado a vivir contigo.
Por nuestro Señor Jesucristo, tu Hijo,
que vive y reina contigo en la unidad del Espíritu Santo
y es Dios por los siglos de los siglos.

10. POR LOS ESPOSOS DIFUNTOS

Oración colecta

Cuando los dos han muerto:

Te rogamos, Señor, que perdones bondadosamente
a tus siervos N. y N.,
y, a quienes el amor conyugal unió fielmente en esta vida,
concédeles que los una en la eternidad la plenitud de tu amor.
Por nuestro Señor Jesucristo, tu Hijo,
que vive y reina contigo en la unidad del Espíritu Santo
y es Dios por los siglos de los siglos.

Cuando sólo uno de los esposos ha muerto:

**Te rogamos, Señor, que perdones bondadosamente
a tu siervo (sierva) N.,
y confortes solícito a tu sierva (siervo) N.,
y, a quienes el amor conyugal unió fielmente en esta vida,
concédeles que los una en la eternidad la plenitud de tu amor.
Por nuestro Señor Jesucristo, tu Hijo,
que vive y reina contigo en la unidad del Espíritu Santo
y es Dios por los siglos de los siglos.**

11. POR LOS PROPIOS PADRES

Oración colecta

**Señor Dios, que nos mandaste honrar a nuestros padres,
ten misericordia de mi padre y de mi madre
(de nuestros padres) y perdona sus pecados,
y haz que vuelva (volvamos) a verlos
en el gozo de la eterna claridad.
Por nuestro Señor Jesucristo, tu Hijo,
que vive y reina contigo en la unidad del Espíritu Santo
y es Dios por los siglos de los siglos.**

Oración sobre las ofrendas

**Acepta, Señor, el sacrificio que te ofrecemos
por mi padre y mi madre (nuestros padres);
concédeles la felicidad eterna en el Reino de la vida
y haz que un día pueda reunirme (podamos reunirnos)
con ellos en la gloria de los santos.
Por Jesucristo, nuestro Señor.**

Oración después de la Comunión

**Te rogamos, Señor, que la participación en este sacramento
obtenga para mi padre y mi madre (para nuestros padres)
el descanso y la luz eterna, y que con ellos un día
me vea (nos veamos) colmado (colmados) de tu eterna gloria.
Por Jesucristo, nuestro Señor.**

12. POR LOS HERMANOS, PARIENTES Y BIENHECHORES

Oración colecta

**Dios nuestro, generoso para perdonar,
y que deseas la salvación de todos los hombres,
imploramos tu misericordia para que, por intercesión
de la santísima Virgen María y de todos tus santos,
concedas a nuestros hermanos, parientes
y bienhechores que ya dejaron este mundo,
alcanzar la eterna bienaventuranza.
Por nuestro Señor Jesucristo, tu Hijo,
que vive y reina contigo en la unidad del Espíritu Santo
y es Dios por los siglos de los siglos.**

Oración sobre las ofrendas

**Dios nuestro, cuya misericordia es infinita,
recibe con bondad nuestras humildes plegarias
y, por este sacramento de nuestra salvación,
otorga el perdón de todos sus pecados
a nuestros hermanos, parientes y bienhechores difuntos.
Por Jesucristo, nuestro Señor.**

Oración después de la Comunión

**Dios omnipotente y misericordioso,
concede a nuestros hermanos, parientes y bienhechores difuntos,
por quienes hemos ofrecido a tu majestad
este sacrificio de alabanza,
que purificados de todos sus pecados
por la eficacia de este sacramento,
reciban, de tu misericordia, la felicidad de la luz eterna.
Por Jesucristo, nuestro Señor.**

APÉNDICES

APÉNDICE I

FIESTAS PATRONALES

Este suplemento litúrgico pone en un mismo sitio los textos propios para los días festivos del santo patrón o patrón nacional de los diferentes países que usan el español como lengua litúrgica. Un patrón ha sido denominado para cada país. Debido a que los Estados Unidos tienen grupos de inmigrantes de cada país del mundo hispanohablante, se provee este apéndice para que estos grupos celebren la fiesta de su patria en su nuevo país. Las normas litúrgicas deben ser observadas como siempre, aunque se pueden hacer adaptaciones culturales en cada grupo particular donde sea propio o posible.

ARGENTINA

BIENAVENTURADA VIRGEN MARÍA DE LUJÁN
8 de mayo

En 1630 en el Cono sur, un devoto portugués que residía en la ciudad de Córdoba de Tucumán, en Argentina, levantó una capillita a la Inmaculada Virgen y pidió a un amigo suyo que residía en Brasil que le enviara una imagen. El buen amigo le envió dos, cada una en su propia caja de madera. Las llevaban en una carreta de Buenos Aires a Santiago del Estero, y al llegar al río Luján, cerca de la casa de Don Rosendo Oramas, se detuvieron los bueyes y no pudieron avanzar ni con la ayuda de otras yuntas. Bajaron una de las dos cajas que contenía las imágenes, pero los bueyes no se movieron de su sitio. Subieron la caja y bajaron la otra que contenía la imagen y continuaron los bueyes sin dificultad. Entendieron ellos que la Virgen quería que su imagen quedara allí. Y allí le construyeron el santuario, terminado en 1687. La imagen fue coronada canónicamente en 1887 y su santuario recibió de Pío XI el título de Basílica en el año 1930.

Antífona de entrada — Cfr. Prov 14, 1-2

Alegrémonos todos en el Señor,
al celebrar esta fiesta en honor de la Santísima Virgen María.
Los ángeles se regocijan por esta solemnidad y alaban al Hijo de Dios.

Oración colecta

**Señor y Dios nuestro,
mira a tu pueblo que peregrina en Argentina,
y por la intercesión de la Santísima Virgen María,
en su advocación de Nuestra Señora de Luján,
concédele tu ayuda en la vida presente
y la salvación eterna en el cielo.
Por nuestro Señor Jesucristo, tu Hijo,
que vive y reina contigo en la unidad del Espíritu Santo
y es Dios por los siglos de los siglos.**

Oración sobre las ofrendas

Concédenos bondadosamente, Señor,
por la intercesión de la Santísima Virgen María,
que este sacrificio nos dé la prosperidad y la paz
en esta vida y en la eterna.
Por Jesucristo, nuestro Señor.

Prefacio: Santa María de Luján, Madre del pueblo argentino.

V. **El Señor esté con ustedes.**
R. Y con tu espíritu.

V. **Levantemos el corazón.**
R. Lo tenemos levantado hacia el Señor.

V. **Demos gracias al Señor, nuestro Dios.**
R. Es justo y necesario.

En verdad es justo y necesario,
Dios todopoderoso y eterno,
cantar siempre en tu honor himnos de alabanza
por el amor sin límites
que nos manifiestas en María, Virgen y Madre.

Una humilde imagen de su limpia y pura Concepción
se quedó milagrosamente junto al río Luján,
como signo de maternal protección
sobre tu pueblo que peregrina en Argentina,
para que, llevados de su mano,
podamos encontrarnos junto al Cordero inocente
que quita el pecado del mundo,
Jesucristo, tu Hijo, nuestro único Salvador.

A él lo alaban el cielo y la tierra,
los ángeles y los santos, diciendo sin cesar:

Santo, Santo, Santo . . .

Antífona de la Comunión Sal 148 (147), 20

A ningún otro pueblo trató así el Señor,
ni le dio a conocer sus mandamientos. (T.P. Aleluya).

Oración después de la Comunión

Alimentados, Padre,
con este sacramento de nuestra salvación,
te pedimos que experimentemos siempre
la protección de la Santísima Virgen María,
en cuyo honor te hemos ofrecido este sacrificio.
Por Jesucristo, nuestro Señor.

BOLIVIA

BIENAVENTURADA VIRGEN MARÍA DE COPACABANA

5 de agosto

En Bolivia en 1588, en una aldea en las riberas del lago Titicaca, en la población de Copacabana, un descendiente del Inca Huayna Capac, Francisco Tito Yupanqui, tuvo la idea de esculpir una estatua de María. La imagen, coronada en 1925 durante el pontificado de Pío XI, descansa en un santuario dedicado como Basílica en 1949. Su fiesta, celebrada con tal advocación, suscita peregrinaciones y grandes fiestas entre el pueblo boliviano.

Del Común de la Bienaventurada Virgen María, p. 1095.

CHILE

BIENAVENTURADA VIRGEN MARÍA DEL CARMEN

16 de julio

Desde 1785, cuando Don Martín de Lecuna encarga a un escultor de Quito una imagen de esta advocación, el culto y la devoción a Nuestra Señora del Carmen, dados a conocer en la Iglesia por los Cruzados a su regreso de Tierra Santa y asociado al escapulario de la Virgen que recibiera san Simón Stock en 1251 en Inglaterra estuvieron relacionados a las luchas independentistas de la patria chilena. Dos son las imágenes del Carmen que los chilenos veneran con especial cariño: la del santuario de Maipú, la tallada en Quito, y la de la Basílica del Salvador en Santiago de Chile, de factura francesa del siglo XIX, coronada solemnemente en 1926. En 1923 la Santa Sede nombró a la Virgen del Carmen como Patrona Principal de todo el pueblo de Chile, ya que antes lo era sólo del ejército y la armada chilena.

Antífona de entrada

Con gran alegría en el Señor, celebremos todos la solemnidad
de nuestra Señora del Carmen, Madre y Reina de Chile,
en la que se alegran también los ángeles, alabando al Hijo de Dios.

Oración colecta

Dios omnipotente,
estos hijos tuyos nos alegramos
de tener como Protectora a la Santísima Virgen del Carmen,
Madre y Reina del pueblo chileno;
concédenos, por su materna intercesión,
la concordia y la justicia,
y sus frutos de verdadera paz y prosperidad.
Por nuestro Señor Jesucristo tu Hijo,
que vive y reina contigo en la unidad del Espíritu Santo
y es Dios por los siglos de los siglos.

Oración sobre las ofrendas

Recibe, Señor, los frutos de nuestra tierra
y del trabajo de este pueblo
que se acoge a la protección de la Madre de tu Hijo,
la Virgen del Carmen;
haz que la ofrenda de estos dones,
por la intercesión de nuestra Protectora,
nos una más y más en el misterio de Cristo,
tu Hijo y nuestro Redentor.
Él, que vive y reina contigo por los siglos de los siglos.

Prefacio II de la Bienaventurada Virgen María, p. 620.

Antífona de la Comunión

Santísima Virgen María, Reina del mundo,
tú que diste a luz a Cristo, Señor y Salvador de todos,
intercede por nuestra paz y nuestra salvación.

Oración después de la Comunión

Hemos recibido, Señor,
en esta celebración de la Virgen del Carmen,
la Palabra y el Cuerpo de tu Hijo;
concédenos, con estos auxilios y con la protección de María,
alcanzar en la gloria de tu Reino la alegría de la perfecta unidad.
Por Jesucristo, nuestro Señor.

COLOMBIA

BIENAVENTURADA VIRGEN MARÍA DEL ROSARIO DE CHIQUINQUIRÁ

9 de julio

En 1565 Antonio de Santana en Chiquinquirá hizo construir una pequeña capilla pidiendo al pintor Alonso de Narváez que le copiase en mayor tamaño la imagen de una deteriorada estampa que tenía consigo. En una rústica manta tejida por los indios con colorantes naturales, hizo una hermosa pintura de la Virgen del Rosario que fue colocada en una capilla. Más tarde, por abandono del lugar, se deterioró el cuadro de la Virgen. El pueblo cuenta el prodigio de que un 26 de diciembre de 1586 la pintura fue reparada milagrosamente. Pío VIII la declaró patrona de Colombia en 1829, fue coronada públicamente en 1919 y su santuario declarado Basílica en 1927.

Antífona de entrada

Alegrémonos en el Señor, al celebrar esta fiesta
en honor de la Santísima Virgen María:
los ángeles se llenan de gozo y alaban al Hijo de Dios
en esta festividad de Nuestra Señora del Rosario de Chiquinquirá.

Oración colecta

**Padre nuestro, que en tu solicitud amorosa
has querido favorecer al pueblo colombiano
dándonos en Chiquinquirá un signo de tu presencia;
por la intercesión poderosa de la Santísima Virgen María,
cuyo patrocinio hoy celebramos,
concédenos crecer en la fe y lograr nuestro progreso
por caminos de justicia y de paz.
Por nuestro Señor Jesucristo, tu Hijo,
que vive y reina contigo en la unidad del Espíritu Santo
y es Dios por los siglos de los siglos.**

Oración sobre las ofrendas

**Concédenos, Señor,
que el mismo Espíritu Santo
que fecundó a María, la Virgen Madre,
santifique estos dones que hemos colocado sobre tu altar.
Por Jesucristo, nuestro Señor.**

Prefacio I de la Bienaventurada Virgen María (festividad), p. 618.

Antífona de la Comunión

Is 7, 14

La Virgen ha concebido y dará a luz un Hijo
y le pondrá por nombre Dios-con-nosotros.

Oración después de la Comunión

Señor, Dios nuestro, te pedimos
que habiendo proclamado en este admirable sacramento
la muerte y resurrección de tu Hijo,
asociados a los dolores de su pasión,
podamos también participar en la gloria de su triunfo.
Por Jesucristo, nuestro Señor.

COSTA RICA
BIENAVENTURADA VIRGEN MARÍA DE LOS ÁNGELES
2 de agosto

Alrededor de 1635, en la sección llamada "Puebla de los Pardos", en la ciudad de Cartago, Juana Pereira, una india anciana, salió de su pobre choza para recoger leña seca en el monte vecino, según era costumbre. Aquel día la anciana encontró sobre una roca una hermosa imagen de la Virgen con el Niño en brazos. Gratamente sorprendida por el hallazgo, se olvidó de la leña y, envolviendo la imagen en su chal, regresó de prisa a su choza para guardarla. Al día siguiente, al ir en busca de leña, encontró otra vez la imagen sobre la misma piedra y la llevó de nuevo. Llena de temor, la llevó al cura párroco, pero la imagen desapareció también de la casa cural, apareciendo sobre la roca. Esta imagen de la Virgen, coronada el 25 de abril de 1926, es venerada en el Santuario de la Reina de los Ángeles, que en 1935 su Santidad Pío XI elevara a la dignidad de Basílica menor.

Del Común de la Bienaventurada Virgen María, p. 1095.

Oración colecta

Omnipotente y misericordioso Dios,
que quisiste que la imagen de la Madre de tu Hijo,
bajo el glorioso título de nuestra Señora de los Ángeles,
venerable por los signos admirables,
sea saludada por nosotros: concede, te lo pedimos,
que por su patrocinio seamos siempre libres
de todas las adversidades y consigamos los goces eternos.
Por nuestro Señor Jesucristo, tu Hijo,
que vive y reina contigo en la unidad del Espíritu Santo
y es Dios por los siglos de los siglos.

CUBA

BIENAVENTURADA VIRGEN MARÍA DE LA CARIDAD DEL COBRE

8 de septiembre

A comienzos de 1610 dos indios y un niño negro esclavo, que habían ido a la bahía de Nipe, al nordeste de Cuba, en busca de sal para la conservación de la carne de res, sufrieron una tormenta en el mar y se encomendaron a la Virgen. Al terminar la tormenta, hallaron sobre el mar una imagen de la Virgen, que flotaba sobre una tablita que decía: "Yo soy la Virgen de la Caridad". La recogieron del agua y advirtieron que, a pesar de la tormenta, sus vestiduras estaban secas. La imagen fue colocada en una pequeña ermita, de donde desaparecía y volvía a aparecer, hasta que unas luces señalaron el alto de un cerro en "Santiago del Prado", hoy llamado "El Cobre", donde se le construyó la primera ermita. Este hallazgo prodigioso fue confirmado en el año de 1687 por el último testigo presencial, el Capitán Juan Moreno. A petición de los veteranos de la guerra de independencia fue declarada Patrona de Cuba por Benedicto XV en 1916 y coronada solemnemente en el Congreso Eucarístico de Santiago de Cuba en 1936 en tiempos de Pío XI. Pablo VI elevó su santuario a la categoría de Basílica menor en 1977. Su Santidad Juan Pablo II la coronaría de nuevo en su visita a la Isla el 24 de enero de 1998, dándole el título de Madre y Reina de Cuba, y Benedicto XVI, que fue a su santuario como peregrino, le otorgó la Rosa de Oro en el año 2012.

Antífona de entrada — Ap 12,1

Apareció una figura portentosa en el cielo:
una mujer vestida de sol, la luna por pedestal,
coronada con doce estrellas.

Oración colecta

**Oh Dios, que nos concedes
el gozo de venerar a la Virgen María de la Caridad
como Madre y Patrona nuestra,
danos un corazón limpio y dócil,
para que siempre fieles a tus mandatos,
te amemos sobre todas las cosas
y ayudemos a los hermanos necesitados
con permanente espíritu de caridad.
Por nuestro Señor Jesucristo, tu Hijo,
que vive y reina contigo en la unidad del Espíritu Santo
y es Dios por los siglos de los siglos.**

Lecturas

Primera Lectura: Jdt 15, 8-10; 16, 13-14 (o bien el Leccionario, Común de santa María Virgen)

Salmo Responsorial: Sal 102, 1-2. 3-4. 8-9. 13-14. 17-18a (Leccionario, n. 739-6)

Segunda Lectura: Gál 4, 4-7 (Leccionario, n. 710-3)

Aclamación antes del Evangelio: Cfr. Lc 1, 45 (Leccionario, n. 711-2)

Evangelio: Lc 1, 39-55 (Leccionario, n. 947-4)

Oración sobre las ofrendas

Jubilosos de poder celebrar
la solemnidad de la Virgen de la Caridad,
te ofrecemos, Señor, este sacrificio de alabanza,
y te suplicamos nos concedas el permanecer
firmes en la fe y generosos en el amor.
Por Jesucristo, nuestro Señor.

Prefacio: La Virgen de la Caridad presenta en sus manos a Jesús y la Cruz, forma suprema de amor a los hombres.

V. **El Señor esté con ustedes.**
R. Y con tu espíritu.

V. **Levantemos el corazón.**
R. Lo tenemos levantado hacia el Señor.

V. **Demos gracias al Señor, nuestro Dios.**
R. Es justo y necesario.

En verdad es justo y necesario,
es nuestro deber y salvación,
darte gracias siempre y en todo lugar,
Señor, Padre Santo, Dios todopoderoso y eterno,
y alabarte debidamente,
en esta solemnidad en honor
de la Santísima Virgen María de la Caridad.

Porque en tu providencia amorosa,
asociaste a María a la pasión de tu Hijo
y recibió junto a la cruz,
con amor materno a los hombres,
que el pecado había dispersado.

Ella, elevada al cielo y venerada en la tierra,
es nuestra abogada que intercede por nosotros,
y acompaña, como Madre solícita,
nuestros pasos hacia la patria celeste.

Por eso, unidos a los ángeles y santos,
te alabamos llenos de alegría,
proclamando sin cesar:

Santo, Santo, Santo . . .

Antífona de la Comunión Lc 1,45

Dichosa tú, que has creído, porque lo que te ha dicho el Señor se cumplirá.

Oración después de la Comunión

Oh Dios, al darte gracias
por este sacramento con que nos has alimentado,
concédenos, por intercesión
de la Virgen María de la Caridad,
Madre y Patrona nuestra,
dar testimonio del Evangelio en este mundo,
y contemplarla en el cielo
en compañía de todos los ángeles y santos.
Por Jesucristo, nuestro Señor.

ECUADOR

BIENAVENTURADA VIRGEN MARÍA DE LA PRESENTACIÓN DEL QUINCHE

21 de noviembre

La imagen de Nuestra Señora de la Presentación del Quinche fue tallada en el siglo XVI por Don Diego de Robles. La historia nos dice que los que habían encargado la confección de la imagen, no pudieron pagar por ella al escultor, quien la entregó a los indios oyacachis a cambio de unos tablones de fino cedro. Los caciques quedaron admirados cuando vieron llegar a Diego Robles con la imagen de la Virgen, al reconocer en ella los rasgos de la Señora que se les había aparecido y les había hablado en la cueva, prometiendo librarlos de los peligrosos osos que devoraban a los niños, si le construían una capilla. Quince años permaneció la imagen al cuidado de los indios hasta que en 1604, el obispo del lugar ordenó su traslado al poblado del Quinche, un pintoresco pueblecito al noroeste de la ciudad de Quito, de donde finalmente tomó su nombre.

Misa de la Presentación de la Bienaventurada Virgen María, 21 de noviembre, p. 1053.

EL SALVADOR

EL SALVADOR DEL MUNDO

6 de agosto

Esta fiesta de la Transfiguración del Señor es también conocida como la del Divino Salvador del Mundo. Se venía celebrando desde muy antiguo en diferentes lugares de Oriente y Occidente. El Papa Calixto III en el siglo XV la extendió a toda la Iglesia para conmemorar la victoria, en Europa, sobre el Islam. En la República de El Salvador, Centro América, forma parte de la conciencia religiosa de sus habitantes, particularmente los residentes de la capital, San Salvador.

Misa de la Transfiguración del Señor, 6 de agosto, p. 971.

ESPAÑA
BIENAVENTURADA VIRGEN MARÍA DEL PILAR
12 de octubre

Según una venerada tradición, la Virgen se manifestó en Zaragoza, España, sobre una columna o pilar, signo visible de su presencia. Esta tradición encontró su expresión cultual en la misa y el oficio que, para toda España, decretó Clemente XII. Pío VII elevó la categoría litúrgica de la celebración. Pío XII otorgó a todas las naciones sudamericanas la posibilidad de celebrar la misma misa que se celebraba en España.

Antífona de entrada
Cfr. Sab 18, 3; Ex 13, 21-22

Les diste una columna de fuego, como guía para un viaje desconocido,
para que pudieran caminar día y noche por el desierto

Oración colecta

Dios todopoderoso y eterno,
que en la gloriosa Madre de tu Hijo
has concedido un amparo celestial
a cuantos la invocan con la secular advocación del Pilar,
concédenos, por su intercesión, fortaleza en la fe,
seguridad en la esperanza y constancia en el amor.
Por nuestro Señor Jesucristo, tu Hijo,
que vive y reina contigo en la unidad del Espíritu Santo
y es Dios por los siglos de los siglos.

Lecturas

Primera Lectura: 1 Cro 15, 3-4. 15-16; 16, 1-2 (Leccionario, n. 707-4) o bien: Hech 1, 12-14 (Leccionario, n. 708-1)

Salmo Responsorial: Salmo 27 (26) (Leccionario, n. 762-1)

Aclamación antes del Evangelio: Afianzó mis pies sobre roca, me puso en la boca un cántico nuevo.

Evangelio: Lc 11, 27-28 (Leccionario, n. 712-10)

Oración sobre las ofrendas

Dios todopoderoso y eterno,
que hiciste brillar sobre nosotros la luz de la fe,
haz que los dones que ahora te presentamos
y las súplicas que te dirigimos
nos consigan, por intercesión de santa María del Pilar,
permanecer firmes en la fe y generosos en el amor.
Por Jesucristo, nuestro Señor.

Prefacio: La gloria de la Virgen.

V. **El Señor esté con ustedes.**
R. Y con tu espíritu.

V. **Levantemos el corazón.**
R. Lo tenemos levantado hacia el Señor.

V. **Demos gracias al Señor, nuestro Dios.**
R. Es justo y necesario.

**En verdad es justo y necesario,
es nuestro deber y salvación
darte gracias
siempre y en todo lugar,
Señor, Padre santo,
Dios todopoderoso y eterno,
por todas las grandes maravillas
que has realizado en la Virgen, Madre de tu Hijo.**

**Ella, concebida sin pecado,
no fue contaminada por la corrupción del sepulcro;
pues, siendo intacta en su virginidad,
gloriosa en su descendencia
y triunfante en su asunción,
fue madre de Cristo, esposo de la Iglesia,
luz de las gentes,
esperanza de los fieles
y gozo de todo nuestro pueblo.**

**Por eso,
al celebrar ahora la solemnidad del Pilar,
te alabamos con los ángeles y arcángeles,
y con todos los coros celestiales,
cantando sin cesar el himno de tu gloria:**

Santo, Santo, Santo . . .

Antífona de la Comunión Lc 1, 48

Me felicitarán todas las generaciones,
porque el Poderoso ha hecho obras grandes por mí.

Oración después de la Comunión

Oh Dios, que de modo maravilloso
multiplicas tu presencia en medio de nosotros,
al darte gracias por este sacramento
con que nos has alimentado,
te rogamos nos concedas,
por intercesión de santa María del Pilar,
llegar a contemplarte eternamente en el cielo.
Por Jesucristo, nuestro Señor.

GUATEMALA

SANTO CRISTO DE ESQUIPULAS

15 de enero

El Señor de Esquipulas es una imagen de tez oscura del Señor Crucificado, muy venerada en Guatemala, Centroamérica y México. La imagen fue esculpida en el año 1594 por el español Kirio Katano. Según la tradición de la imagen, su poder milagroso se hizo palpable cuando Fray Obispo Pardo fue curado de una terrible enfermedad y ordenó edificar su templo en 1558 en un lugar llamado Esquipulas que quiere decir Paraje de las Flores. Situado al nordeste de Guatemala, el templo al Señor de Esquipulas, ya Basílica desde 1961, es centro de grandes peregrinaciones.

Misa de la Exaltación de la Santa Cruz, 14 de septiembre, p. 1002.

HONDURAS

BIENAVENTURADA VIRGEN MARÍA DE SUYAPA

3 de febrero

Anochecía un sábado de febrero de 1747. Un humilde labrador por nombre Alejandro Colindres regresaba de sus labores hacia su casa en la aldea de Suyapa; le acompañaba un niño de ocho años llamado Jorge Martínez. Al llegar la noche Colindres quiso pernoctar en la quebrada del Piligüín, pero un objeto no le dejaba dormir. Lo recogió y lo guardó en su mochila. Al llegar a su casa abrió la mochila y descubrió que el objeto era una pequeña escultura en madera de cedro de seis centímetros y medio de la Madre de Dios. Allí comenzó esta devoción a Nuestra Señora de Suyapa que, en 1925, Pío XI declaró Patrona de la República de Honduras.

Antífona de entrada Ap 12, 1

Una gran señal apareció en el cielo, una mujer vestida de sol,
con la luna bajo sus pies y una corona de doce estrellas sobre su cabeza.

Oración colecta

Oh Dios que te has dignado darnos
como Madre y Reina del pueblo hondureño,
a la Madre de tu amado Hijo,
concédenos propicio que
gocemos de su feliz compañía en el cielo,
los que en la tierra somos defendidos por su patrocinio.
Por nuestro Señor Jesucristo, tu Hijo,
que vive y reina contigo en la unidad del Espíritu Santo
y es Dios por los siglos de los siglos.

Lecturas

Primera Lectura: Hech 1, 12-14 (Leccionario, n. 708-1)

Segunda Lectura: Gál 4, 4-7 (Leccionario, n. 710-3)

Aclamación antes del Evangelio: Cfr. Lc 1, 45 (Leccionario, n. 711-2)

Evangelio: Jn 19, 25-27 (Leccionario, n. 712-12)

Oración sobre las ofrendas

Acepta, Señor, los dones que te presentamos en esta fiesta
de Nuestra Señora de Suyapa,
y haz que este sacrificio
nos dé fuerzas para cumplir tus mandatos
como verdaderos hijos de la virgen María.
Por Jesucristo, nuestro Señor.

Prefacio: María, modelo y Madre de la Iglesia, p. 1402.

Antífona de la Comunión

Lc 1, 48

Me felicitarán todas las generaciones,
porque Dios ha mirado la humillación de su esclava.

Oración después de la Comunión

Después de celebrar la Eucaristía,
te rogamos, Señor, que nos ayudes,
por intercesión de Nuestra Señora de Suyapa,
a reconocernos y a mirarnos como verdaderos hermanos.
Por Jesucristo, nuestro Señor.

MÉXICO

BIENAVENTURADA VIRGEN MARÍA DE GUADALUPE

12 de diciembre

Era el mes de diciembre de 1531, diez años solamente después de conquistada Tenochtitlan por los españoles, cuando la Santísima Virgen se apareció al indígena Juan Diego en el cerro del Tepeyac. Lo nombró su embajador ante el obispo, fray Juan de Zumárraga, para que le construyeran un templo. La prueba de que las palabras de Juan Diego eran ciertas fueron las rosas que llevó en su tilma y la preciosa imagen que apareció dibujada en ella. La Santísima Virgen es nuestra Madre. Toda la historia de Juan Diego y de las apariciones de la Virgen está fundada en una constante y sólida tradición.

Misa de Nuestra Señora de Guadalupe, 12 de diciembre, p. 1075.

NICARAGUA

PURÍSIMA CONCEPCIÓN DE MARÍA

8 de diciembre

Santa Teresa de Jesús obsequió a uno de sus parientes una hermosa imagen de la Virgen Inmaculada para que la llevara consigo a América y fuera su protectora en los comienzos de la evangelización. Alonso de Cepeda la llevó siempre por tierra y por mar. Establecido en Chinandega, Nicaragua, Alonso de Cepeda ayudó con la imagen a despertar en los indios la devoción a la Madre del Señor. Después de varios años fue promovido a Perú y quiso llevar la imagen consigo, pero los habitantes del Viejo se opusieron. Salió una, dos y tres veces, pero las tempestades no le dejaron continuar el viaje y tuvo que regresar, hasta que decidió dejar la imagen para poder partir. El Santuario de Nuestra Señora de la Inmaculada Concepción de El Viejo es de gran celebridad en la América Central. El 13 de mayo de 2001 la Conferencia Episcopal de Nicaragua declaró oficialmente esta imagen como la representación de la Inmaculada para el pueblo nicaragüense.

Misa de la Inmaculada Concepción de la Bienaventurada Virgen María, 8 de diciembre, p. 1067.

PANAMÁ

SANTA MARÍA LA ANTIGUA

9 de septiembre

La primera advocación conocida de la Virgen bajo el nombre de Santa María la Antigua proviene de la provincia de León, España, aproximadamente hacia el año 1012. Una imagen de esta advocación permanece hoy en día en la Catedral de Sevilla. La primera diócesis creada en el territorio continental de América fue la Diócesis de Santa María de la Antigua (Panamá) en 1513. El Papa Leon X creó esta diócesis elevando su Capilla al rango de Catedral y asignándole perpetuamente como titular a la Santísima Madre de Dios bajo esta misma advocación. Santa María la Antigua fue proclamada patrona de la República de Panamá el 9 de septiembre del año jubilar 2000.

Antífona de entrada

Cf. Jdt 13, 23. 25

María, el Altísimo te ha bendecido
más que a todas las mujeres de la tierra,
y de tal manera te ha glorificado,
que los hombres no cesan de alabarte.

Oración colecta

Padre Santo,
que desde los albores de la primera evangelización
nos has confiado a la protección maternal
de Santa María la Antigua,
te pedimos por su intercesión,
que bendigas el caminar de la nación panameña,
para que podamos construir
el reino del amor, de la justicia y de la paz
que tu Hijo inauguró con su primera venida.
Él, que vive y reina contigo en la unidad del Espíritu Santo
y es Dios por los siglos de los siglos.

Lecturas

Primera Lectura: Gén 3, 9-15. 20 (Leccionario, n. 707-1)

Salmo Responsorial: Lc 1, 46-55 (Leccionario, n. 709-5)

Segunda Lectura: Gál 4, 4-7 (Leccionario, n. 710-3)

Aclamación antes del Evangelio: Dichosa tú, santísima Virgen María, y digna de toda alabanza, porque de ti nació el sol de justicia, Jesucristo, nuestro Dios. (Leccionario, n. 711-5)

Evangelio: Lc 1, 39-55 (Leccionario, n. 947-4)

Oración sobre las ofrendas

Al celebrar jubilosos
la festividad de Santa María la Antigua,
te ofrecemos, Señor,
el sacrificio de alabanza,
y te suplicamos, que por este sagrado intercambio,
acrecientes en nosotros
los frutos de la redención eterna.
Por Jesucristo, nuestro Señor.

Prefacio I de la Bienaventurada Virgen María (festividad), p. 618.

Antífona de la Comunión

Cf. Lc 1, 48

Me llamarán bienaventurada todas las generaciones,
porque ha puesto Dios sus ojos
en la humildad de su esclava.

Oración después de la Comunión

Después de haber recibido a Jesucristo, verdadero Pan de Vida,
te rogamos, Señor,
que cuantos nos gozamos
con la festividad de Santa María la Antigua,
participemos con ella del banquete de tu reino.
Por Jesucristo, nuestro Señor.

PARAGUAY

ASUNCIÓN DE LA BIENAVENTURADA VIRGEN MARÍA

15 de agosto

El 13 de julio de 1951, el Papa Pío XII declara a la "Beatísima Virgen María de la Asunción al Cielo, principal patrona celestial ante Dios, de toda la República del Paraguay y de las Fuerzas Armadas de la Nación". Esta declaración es la coronación de una antiquísima tradición, que se remonta incluso a tiempos de la conquista, ya que es sabido que el 15 de agosto de 1537 Juan de Salazar y Espinoza funda un fuerte con el nombre de "Nuestra Señora de la Asunción" y en dicho fortín fue entronizada "La Conquistadora", bajo la advocación de Nuestra Señora de la Asunción. En 1541 Domingo Martínez de Irala declaró el fuerte "Ciudad de Asunción y Capital de la Provincia del Río de la Plata", dándosele al mismo tiempo el nombre de "Madre de Ciudades" por haberse convertido en centro de conquistas. La Virgen de los Milagros de Caacupé es la advocación más popular, aunque no es la Patrona oficial. Su liturgia es la de la Inmaculada Concepción de María. Su santuario es meta de peregrinación durante todo el año.

Misa de la Asunción de la Bienaventurada Virgen María, 15 de agosto, p. 981.

PERÚ

EL SEÑOR DE LOS MILAGROS

28 de octubre

El año 1670, al pasar junto a una acequia y basural, Antonio de León vio la pintura de un Jesús crucificado sobre un muro de adobes, que era el único que había quedado en pie de una antigua defensa militar. La construcción de 1624 la había ocupado como local una Cofradía de negros, que pintó la imagen en 1650-1654. Cuando las paredes se derrumbaron por el terremoto de 1655 la Cofradía abandonó el lugar que se convirtió en muladar. Antonio de León admiró el hecho de que el muro y la pintura se conservaran tan bien después de diez años a la intemperie y le construyó un cobertizo de madera de mangle y un altar. Curado poco después de un tumor, inició reuniones nocturnas los viernes para honrar al Señor con arpa, cajón y músicos. La devoción creció y hacia 1681 se obtuvo del rey los fondos necesarios para edificar una capilla; en estos años se añadieron las figuras de la Virgen y San Juan y las figuras superiores del Padre eterno y el Espíritu Santo. El terremoto del 28 de octubre de 1746 dio ocasión a la segunda procesión, que recorre Lima.

Antífona de entrada Cf. Gál 6, 14

Nosotros hemos de gloriarnos en la cruz de nuestro Señor Jesucristo:
en él está nuestra salvación, vida y resurrección; él nos ha salvado y libertado.

Oración colecta

**Oh Dios y Padre nuestro,
en tu Hijo Unigénito,
que es para nosotros el Señor de los Milagros,
nos ofreces una ayuda y protección singular;
perdona y acoge a tus hijos suplicantes,
para que quienes nos sentimos agobiados por los sufrimientos
experimentemos constantemente tu clemencia
y la paz de tu perdón.
Por nuestro Señor Jesucristo, tu Hijo,
que vive y reina contigo en la unidad del Espíritu Santo
y es Dios por los siglos de los siglos.**

Oración sobre las ofrendas

**Oh Dios, recibe las oblaciones de tu pueblo,
para que, alejando de nosotros todo peligro,
podamos ofrecerte este sacrificio de expiación y alabanza.
Por Jesucristo, nuestro Señor.**

Prefacio de la Exaltación de la Santa Cruz, 14 de septiembre, pp. 1002–1003.

Antífona de la Comunión Lc 1, 50

La misericordia del Señor llega a sus fieles de generación en generación.

Oración después de la Comunión

Te rogamos, Señor, que mires con piedad
a los que hemos recibido esta eucaristía:
ayúdanos con tu gracia,
para que experimentemos siempre la misericordia,
que brotó de la cruz redentora.
Por Jesucristo, nuestro Señor.

PUERTO RICO

SANTA MARÍA, MADRE DE LA DIVINA PROVIDENCIA

19 de noviembre

El 2 de enero de 1853 se estableció el culto a la Virgen de la Providencia en Puerto Rico por el Obispo Estévez y Tomás. En 1892 la Deputación Provincial designó el 2 de enero como día de fiesta religiosa del pueblo puertorriqueño. El Papa Pablo VI declaró a Nuestra Señora Madre de la Divina Providencia, como Patrona Principal de la Isla de Puerto Rico mediante un decreto firmado el 19 de noviembre de 1969.

Antífona de entrada

Sedulio

¡Salve, Madre santa!, Virgen, Madre del Rey
que gobierna cielo y tierra por los siglos de los siglos.

O bien: Cf. Jdt 13,23. 25

El Señor Dios te ha bendecido, Virgen María,
más que a todas las mujeres de la tierra:
ha glorificado tu nombre de tal modo,
que tu alabanza está siempre en la boca de todos.

Oración colecta

Atiende propicio, Señor,
a tu pueblo que con júbilo festivo
celebra la festividad de la Virgen María,
Madre de la Divina Providencia,
y concédele que,
bajo el glorioso patrocinio de tan excelsa Madre,
con su caridad fraterna
promueva una sociedad más humana
y a la vez sea edificador y testigo de su verdad.
Por nuestro Señor Jesucristo, tu Hijo,
que vive y reina contigo en la unidad del Espíritu Santo
y es Dios por los siglos de los siglos.

Oración sobre las ofrendas

**Acepta benigno, Señor,
al pueblo que se acerca con confianza
a tu santo altar,
en la celebración de Santa María, la Virgen,
Madre de la Divina Providencia,
para que se alegre de haber
alcanzado tu misericordia,
y encuentre siempre tu favor
que lo auxilie oportunamente.
Por Jesucristo, nuestro Señor.**

Prefacio: María, esperanza del pueblo.

V. **El Señor esté con ustedes.**
R. Y con tu espíritu.

V. **Levantemos el corazón.**
R. Lo tenemos levantado hacia el Señor.

V. **Demos gracias al Señor, nuestro Dios.**
R. Es justo y necesario.

**Realmente es justo y necesario,
es nuestro deber y salvación,
darte gracias siempre y en todo lugar,
Señor, Padre Santo,
Dios todopoderoso y eterno.**

**Tú, que has realizado grandes maravillas
en la Virgen, Madre de tu Hijo,
y por su intercesión no dejas de obrar
en nosotros tu salvación.**

**Ella, pues, concebida sin pecado,
siendo intacta en su virginidad,
es Madre del Salvador,
es fortaleza y esperanza de los fieles,
es constante dispensadora de tu gracia
y gozo eterno de tu pueblo.**

**Por eso nosotros te damos gracias,
y con los coros celestiales
proclamamos tus grandezas, diciendo:**

Santo, Santo, Santo . . .

Antífona de la Comunión
Lc 1, 49-50

El Poderoso ha hecho obras por mí:
su nombre es santo.
Y su misericordia llega a sus fieles de
generación en generación.

Oración después de la Comunión

**Dios misericordioso,
haz que persevere en tus hijos
la fuerza de la Eucaristía, para que,
bajo la protección de la Madre
de la Divina Providencia,
busquen ante todo tu reino y tu justicia,
y que no les falten los auxilios de tu gracia.
Por Jesucristo, nuestro Señor.**

REPÚBLICA DOMINICANA

BIENAVENTURADA VIRGEN MARÍA DE ALTAGRACIA

21 de enero

En 1514 comienza en la villa de Higüey la devoción a María bajo el título de Altagracia, hoy Patrona de la República Dominicana. Esta devoción comenzó con el venerado cuadro que trajeron de la Península Ibérica los hermanos Alonso y Antonio Trejo. Así surge el primer foco de culto Mariano en América. "El templo de Nuestra Señora de Higüey en esta Isla, es el primer Santuario que hicieron los católicos en ella . . . viene a ser el primer Santuario de las Indias", afirma el Arzobispo Cueva y Maldonado en 1644.

Antífona de entrada
Ap 12, 1

Apareció en el cielo una magnífica señal:
una mujer envuelta en el sol y con la luna bajo sus pies
y en su cabeza una corona de doce estrellas.

Oración colecta

**Señor, Dios nuestro,
que nos diste como Madre a la Bienaventurada María,
Madre de tu hijo,
concede que nos afiancemos en tu amor
ya que gozamos de la protección de la Virgen
bajo el título de la Altagracia,
y haz que avancemos en la nueva vida.
Por nuestro Señor Jesucristo, tu Hijo,
que vive y reina contigo en la unidad del Espíritu Santo
y es Dios por los siglos de los siglos.**

Lecturas

Primera Lectura: Is 7, 10-14 (Leccionario, n. 707-7)

Salmo Responsorial: Lc 1, 46-55 (Leccionario, n. 709-5)

Segunda Lectura: Gál 4, 4-7 (Leccionario, n. 710-3)

Aclamación antes del Evangelio: Cfr. Lc 1, 28 (Leccionario, n. 711-1)

Evangelio: Lc 1, 26-38 (Leccionario, n. 712-4)

Oración sobre las ofrendas

**Derrama, Señor, sobre estas ofrendas,
que hemos colocado sobre tu altar,
aquella fuerza del Espíritu Santo
que fecundó a la Bienaventurada Virgen María,
para que, fortalecidos con los dones de este mismo Espíritu,
nos unamos fielmente a Cristo
y trabajemos en la Iglesia por la salvación universal.
Por Jesucristo, nuestro Señor.**

Prefacio: La gloria de la Virgen.

V. **El Señor esté con ustedes.**
R. Y con tu espíritu.

V. **Levantemos el corazón.**
R. Lo tenemos levantado hacia el Señor.

V. **Demos gracias al Señor, nuestro Dios.**
R. Es justo y necesario.

En verdad es justo y necesario,
es nuestro deber y salvación,
darte gracias siempre y en todo lugar,
Señor, Padre Santo, Dios todopoderoso y eterno
por todas las grandes maravillas
que has realizado en la Virgen, Madre de tu hijo.

Ella, concebida sin mancha,
no fué contaminada por la corrupción del sepulcro.
Intacta en su virginidad, gloriosa en su descendencia,
triunfante en su asunción, Madre de Cristo, esposo de la Iglesia,
es proclamada siempre y en todas partes,
medianera de todas las gracias y modelo de santidad.

Por eso, al celebrar ahora su solemnidad,
devotamente te cantamos,
clamando y diciendo con todos los coros de los Ángeles:

Santo, Santo, Santo . . .

Antífona de la Comunión Lc 1, 49

El Todopoderoso ha hecho en mí grandes cosas. Su nombre es santo.

Oración después de la Comunión

Habiendo recibido con alegría, Señor,
en la festividad de hoy tu sacramento,
te suplicamos que los que en este divino banquete
proclamamos la muerte de tu Hijo,
nos hagamos dignos de participar de su Reino y gloria
a una con la Bienaventurada Virgen María, llena de gracia.
Por Jesucristo, nuestro Señor.

URUGUAY

BIENAVENTURADA VIRGEN MARÍA DE LOS TREINTA Y TRES ORIENTALES

8 de noviembre

El 19 de abril de 1825 desembarcaron –procedentes de Buenos Aires– en la playa uruguaya de la Agraciada, treinta y tres patriotas con el propósito de libertar a su tierra. Se dirigieron a Florida e imploraron la gracia de la libertad delante de la imagen de María Santísima. Al conseguir la tan deseada liberación, le ofrecieron la patria naciente. El pueblo llamó a esta imagen la Virgen de los Treinta y Tres Orientales.

Antífona de entrada

Sal 132 (131), 14-15

Éste es mi pueblo para siempre, en él viviré porque lo quiero.
Bendeciré sus campos y sus frutos y saciaré de pan a sus pobres.

Oración colecta

**Padre de amor y justicia,
que en los comienzos de nuestra historia,
quisiste que los Treinta y Tres Orientales
invocaran la intercesión de María para liberar al pueblo uruguayo;
concédenos, por Ella,
alcanzar la plena libertad de los hijos de Dios.
Por nuestro Señor Jesucristo, tu Hijo,
que contigo vive y reina, en la unidad del Espíritu Santo,
y es Dios por los siglos de los siglos.**

Lecturas

Primera Lectura: Jdt 15, 8-10 (o bien del Leccionario, Común de santa María Virgen)

Salmo Responsorial: Jdt 13, 18abcd. 19 (Leccionario, n. 709-2)

Segunda Lectura: 1 Tm 2, 1-8 (Leccionario, n. 873-6)

Aclamación antes del Evangelio: Cfr. Lc 1, 45 (Leccionario, n. 711-2)

Evangelio: Lc 1, 39-47 (Leccionario, n. 712-5)

Oración sobre las ofrendas

**Recibe, Padre, estas ofrendas que te presentamos
junto con las alegrías y tristezas
de todos los uruguayos,
en la fiesta de María, Virgen de los Treinta y Tres;
conviértelas, para nosotros,
en sacramentos de vida, de amor y de unidad.
Por Jesucristo, nuestro Señor.**

Prefacio: María, Capitana y Guía.

V. **El Señor esté con ustedes.**
R. Y con tu espíritu.

V. **Levantemos el corazón.**
R. Lo tenemos levantado hacia el Señor.

V. **Demos gracias al Señor, nuestro Dios.**
R. Es justo y necesario.

**En verdad es justo y necesario,
es nuestro deber y salvación
darte gracias, siempre y en todo lugar,
Señor, Padre santo,
Dios todopoderoso y eterno,
por todas las grandes maravillas de amor y de gracia
que has realizado misericordiosamente
en la Virgen, Madre de tu Hijo.**

**Ella, concebida sin pecado,
no fue contaminada por la corrupción del sepulcro;
pues, siendo intacta en su virginidad,
fue constituida tálamo precioso
del cual salió Cristo,
luz de las naciones y esposo de la Iglesia:
a Ella los fieles la ensalzan
como Estrella del alba,
y la proclaman Capitana y Guía
por las sendas de la paz y del amor.**

**Por eso,
como los ángeles te cantan en el cielo,
así nosotros en la tierra te aclamamos,
diciendo sin cesar:**

Santo, Santo, Santo . . .

Antífona de la Comunión Lc 1, 48

Me felicitarán todas las generaciones,
porque el Poderoso ha hecho obras grandes por mí.

Oración después de la Comunión

**Oh Dios, al darte gracias por este sacramento
con que nos has alimentado,
te rogamos nos concedas,
que Santa María, la Virgen de los Treinta y Tres,
sea para nosotros Capitana, para vencer en el combate de la fe,
y Guía de nuestros pensamientos, palabras y obras.
Por Jesucristo, nuestro Señor.**

VENEZUELA

BIENAVENTURADA VIRGEN MARÍA DE COROMOTO

11 de septiembre

A mediados del siglo XVII, cuando los franciscanos hacían su labor evangelizadora en la región de Guanare, un cacique de los indios Coromoto no sólo rehuía el convertirse sino que instaba a sus súbditos a apartarse de la fe. Según cuenta la tradición, la Virgen se le apareció al cacique y a su esposa en la quebrada del río Tucupido y le pidió que aceptara la evangelización y recibiera el Bautismo, pero él no aceptó. El 8 de septiembre de 1652 se apareció la Virgen en la modesta choza del indígena y éste extendió furioso su mano para atraparla, pero sólo le arrancó un pedacito del manto donde quedó estampada la imagen de la Virgen. Hoy se venera esta reliquia de la imagen estampada en el pequeño pedacito del manto en su Santuario Nacional de Guanare, declarado Basílica por Su Santidad el Papa Pío XII el 24 de mayo de 1949. Fue declarada "Patrona de la República de Venezuela" por Su Santidad el 7 de octubre de 1944, y coronada el 11 de septiembre de 1952.

Antífona de entrada

Celebremos con alegría la festividad de María Virgen, Madre y Patrona nuestra:
de ella nació Cristo, nuestro Dios y Salvador.

Oración colecta

**Padre de misericordia,
que desde el comienzo de nuestra historia
nos has puesto bajo la maternal protección
de la siempre Virgen María, Madre de tu Hijo,
a la cual veneramos bajo la advocación de Coromoto:
concédenos por su intercesión vivir nuestro Bautismo
y hallar el progreso de nuestra patria por caminos
de justicia y de paz.
Por nuestro Señor Jesucristo, tu Hijo,
que contigo vive y reina, en la unidad del Espíritu Santo,
y es Dios por los siglos de los siglos.**

Lecturas

Primera Lectura: Si 24, 1-2. 5-7. 12-16. 26-30 (Leccionario, n. 707-6)

Salmo Responsorial: Cf. Jdt 13 (Leccionario, n. 709-2)

Segunda Lectura: Gál 4, 4-7 (Leccionario, n. 710-3)

Aclamación antes del Evangelio: Lc 11, 28 (Leccionario, n. 711-4)

Evangelio: Lc 2, 15-19 (Leccionario, n. 712-7)

Oración sobre las ofrendas

**Señor, escucha las plegarias y recibe las ofrendas
que te presentan los fieles en honor de María siempre Virgen;
que sean agradables a tus ojos
y atraigan sobre el pueblo tu protección y tu auxilio.
Por Jesucristo, nuestro Señor.**

Antífona de la Comunión Lc 1, 49

El poderoso ha hecho obras grandes por mí: su nombre es santo.

Oración después de la Comunión

**Que el Cuerpo y la Sangre de tu Hijo,
que hemos recibido en este Sacramento,
celebrando la memoria de María siempre Virgen,
nos ayuden a reconocernos y amarnos
todos como verdaderos hermanos.
Por Jesucristo, nuestro Señor.**

APÉNDICE II

DIVERSOS TEXTOS MUSICALIZADOS PARA EL ORDINARIO DE LA MISA

Al escoger el tono simple o solemne (en su lugar en el Ordinario de la Misa) es deseable que se use el mismo tono para todas las partes del Ordinario, a fin de mantener la unidad del género musical.

Ritos Iniciales

Saludo

℣. En el nombre del Padre, y del Hi-jo, y del Espíritu San-to.

℟. A-mén.

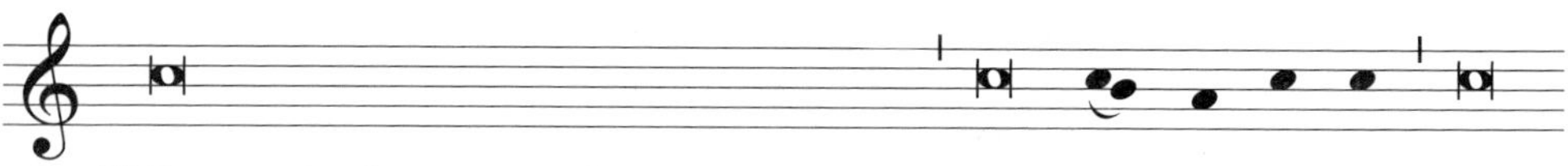

℣. La gracia de nuestro Señor Jesucristo, el a-mor del Pa-dre y la

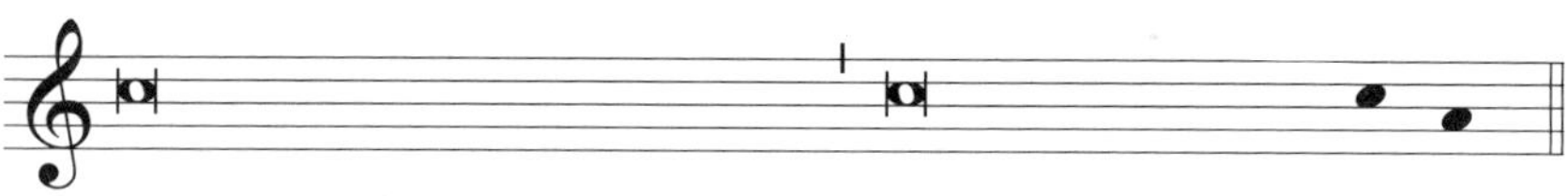

comunión del Espíritu Santo estén con todos us-te-des.

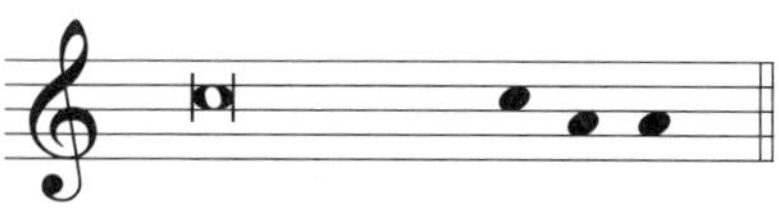

℟. Y con tu es-pí-ri-tu.

O bien:

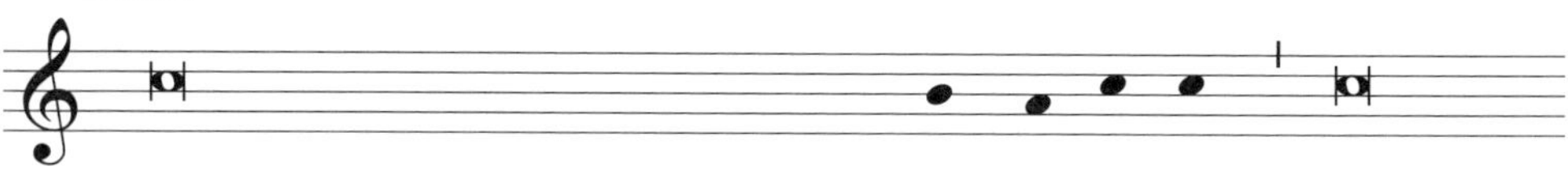

℣. La gracia y la paz de parte de Dios, nues-tro Pa-dre, y de Jesu-

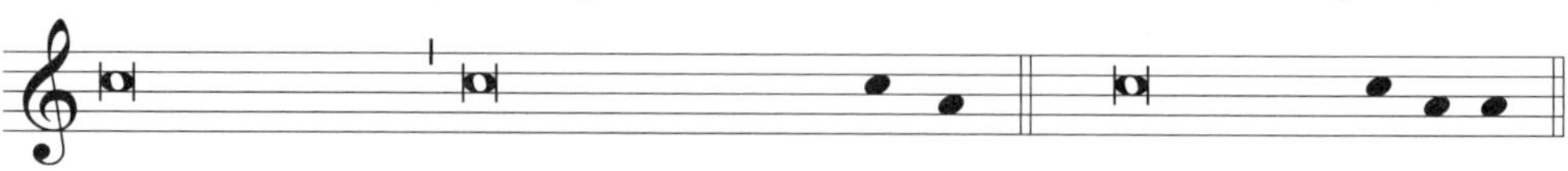

-cristo, el Señor, estén con todos us-te-des. ℟. Y con tu es-pí-ri-tu.

O bien:

℣. El Señor esté con us-te-des. ℟. Y con tu es-pí-ri-tu.

Saludo en la Misa Pontifical:

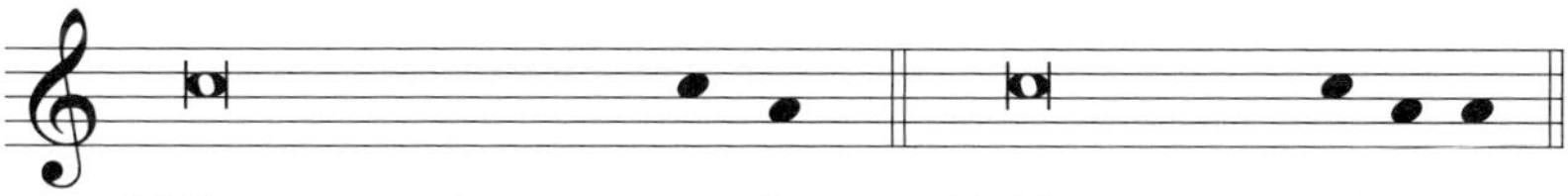

℣. La paz esté con us-te-des. ℟. Y con tu es-pí-ri-tu.

Acto Penitencial

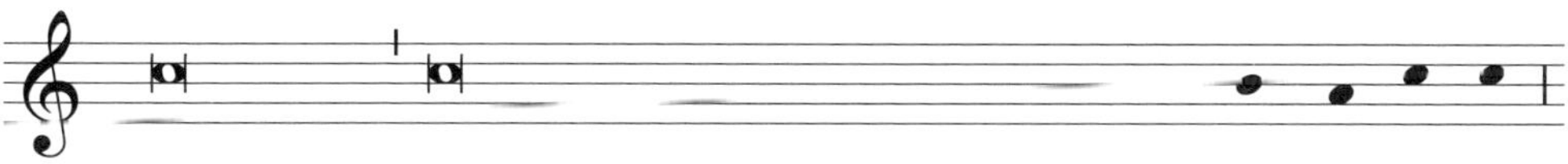

℣. Hermanos, para celebrar dignamente estos sagra-dos mis-te-rios,

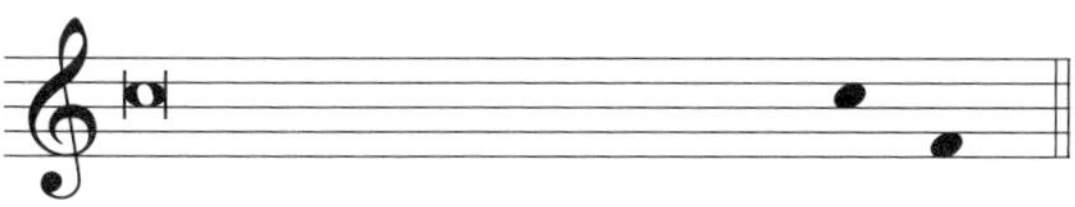

reconozcamos nuestros pe-ca-dos.

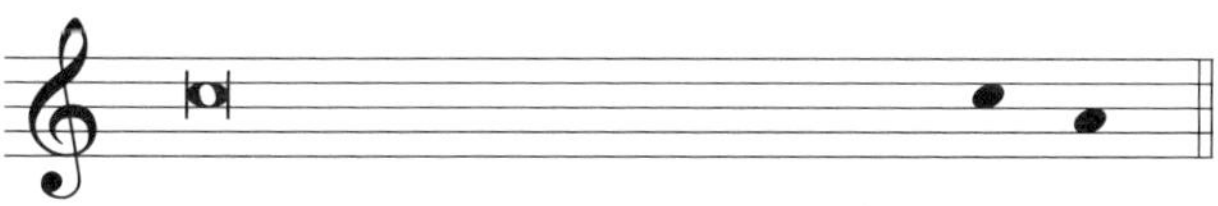

℣. Señor, ten misericordia de no-so-tros.

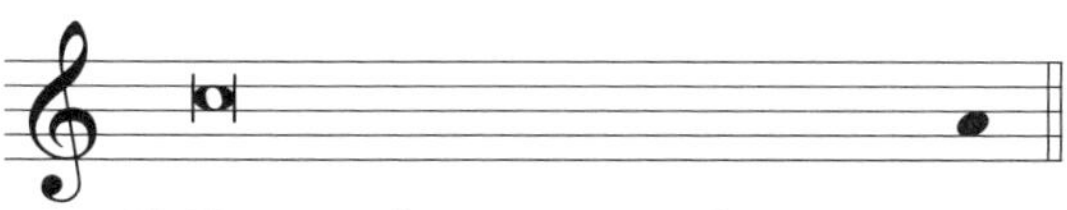

℟. Porque hemos pecado contra ti.

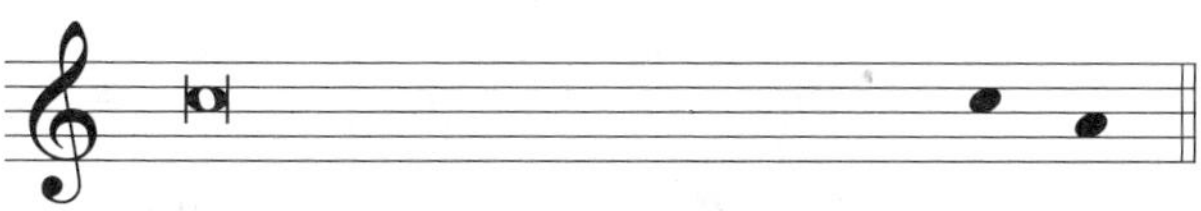

℣. Muéstranos, Señor, tu miseri-cor-dia.

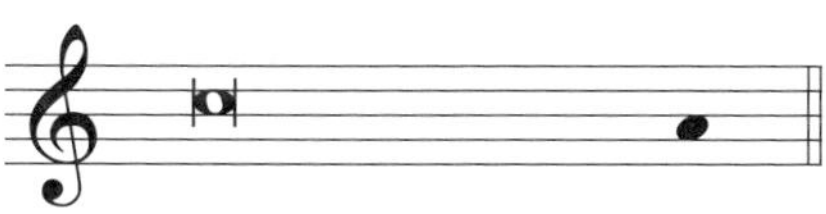

℟. Y danos tu salva-ción.

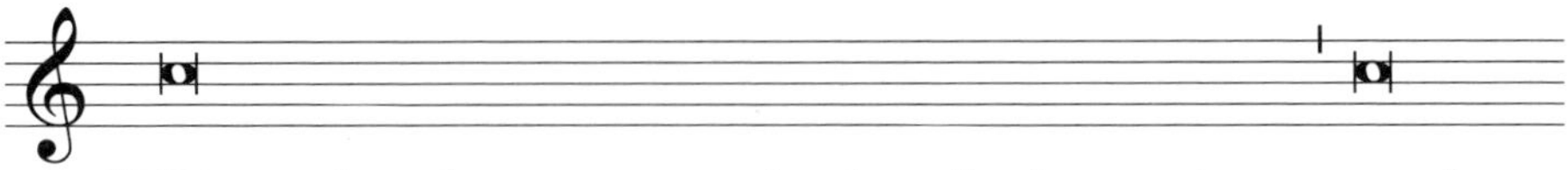

℣. Dios todopoderoso tenga misericordia de nosotros, perdone

nues-tros pe-ca-dos y nos lleve a la vida e-ter-na.

℟. A-mén.

O bien:

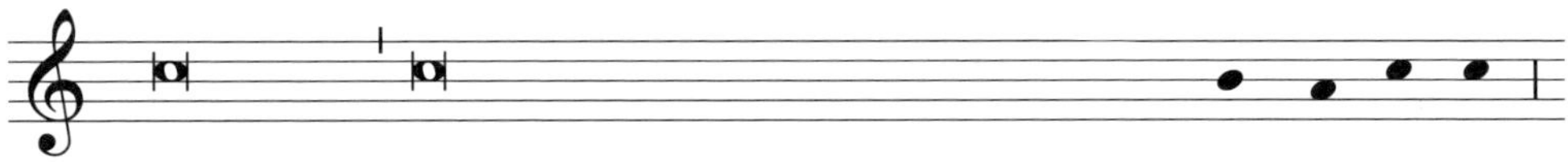

℣. Hermanos, para celebrar dignamente estos sagra-dos mis-te-rios,

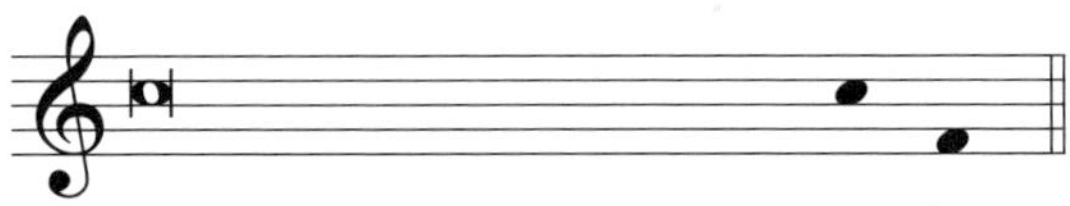

reconozcamos nuestros pe-ca-dos.

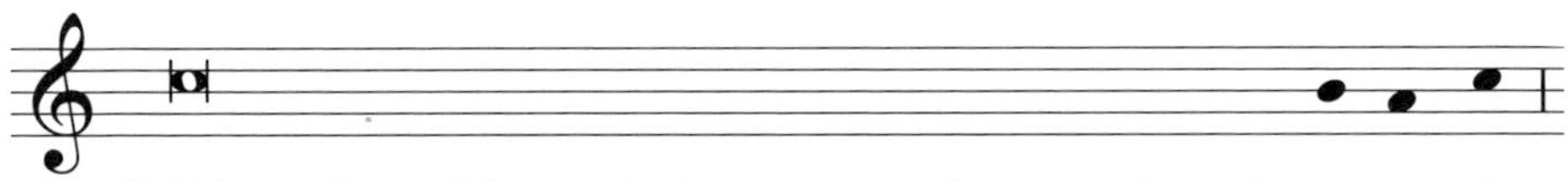

℣. Tú que has sido enviado a sanar a los contritos de co-ra-zón:

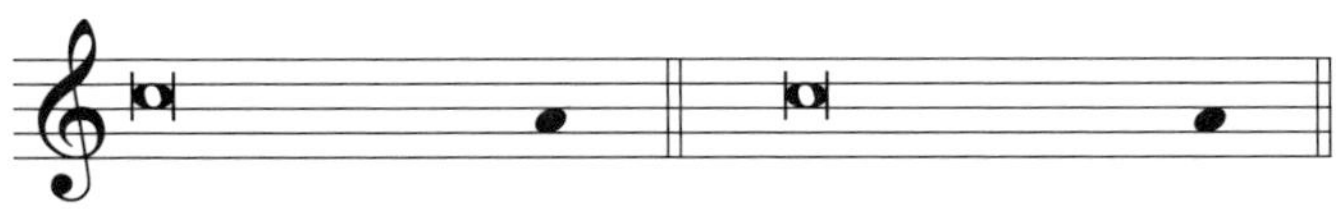

Señor, ten pie-dad. ℟. Señor, ten pie-dad.

℣. Tú que has venido a llamar a los pe-ca-do-res: Cristo, ten pie-dad.

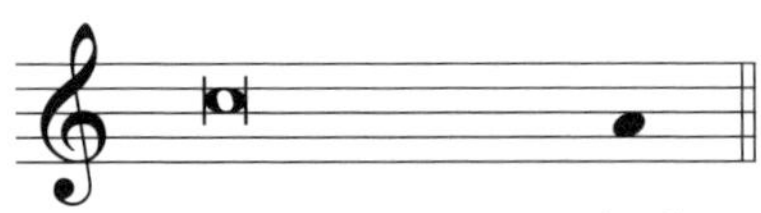

℟. Cristo, ten pie-dad.

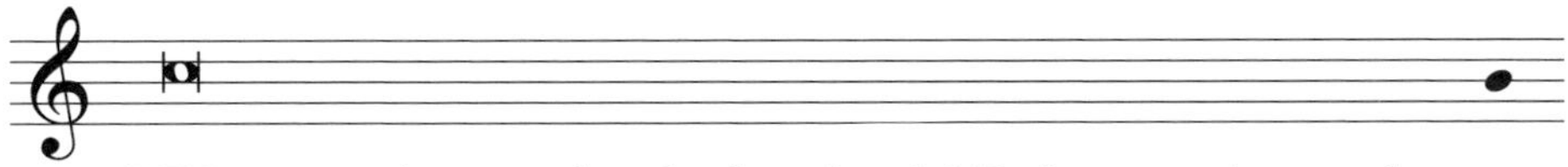

℣. Tú que estás sentado a la derecha del Padre para interceder por

no-so-tros: Señor, ten pie-dad. ℟. Señor, ten pie-dad.

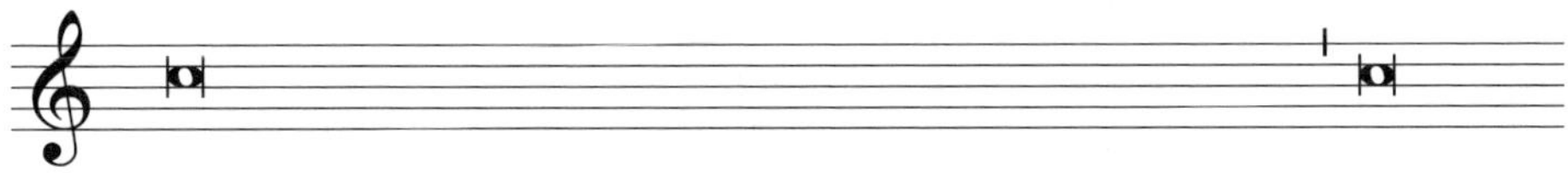

℣. Dios todopoderoso tenga misericordia de nosotros, perdone

nues-tros pe-ca-dos y nos lleve a la vida e-ter-na.

℟. A-mén.

Rito de conclusión

Bendición

℣. El Señor esté con us-te-des. ℟. Y con tu es-pí-ri-tu.

℣. La bendición de Dios todo-po-de-ro-so, Pa-dre, Hi-jo, ✠

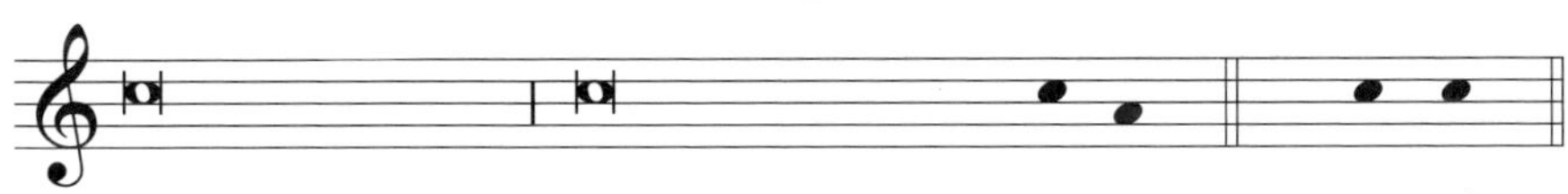

y Espíritu Santo, descienda sobre us-te-des. ℟. A-mén.

Bendición episcopal

℣. El Señor esté con us-te-des. ℟. Y con tu es-pí-ri-tu.

℣. Bendito sea el nombre del Se-ñor. ℟. Ahora y por siem-pre.

℣. Nuestro auxilio es el nombre del Se-ñor. ℟. Que hizo el cielo y la

tie-rra.

℣. La bendición de Dios todo-po-de-ro-so, Pa-dre, ✠ Hi-jo, ✠

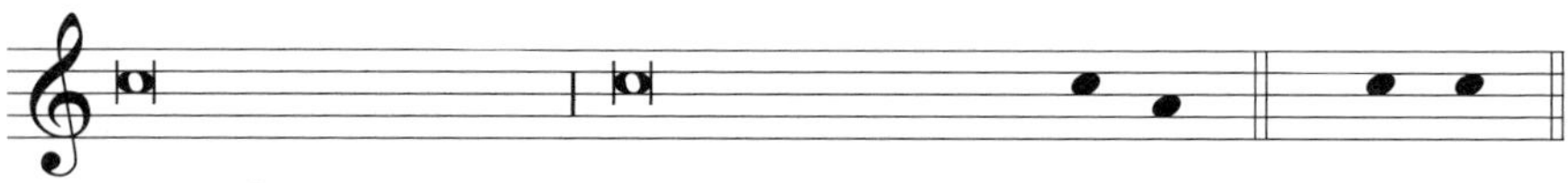

y Espíritu ✠ Santo, descienda sobre us-te-des. ℟. A-mén.

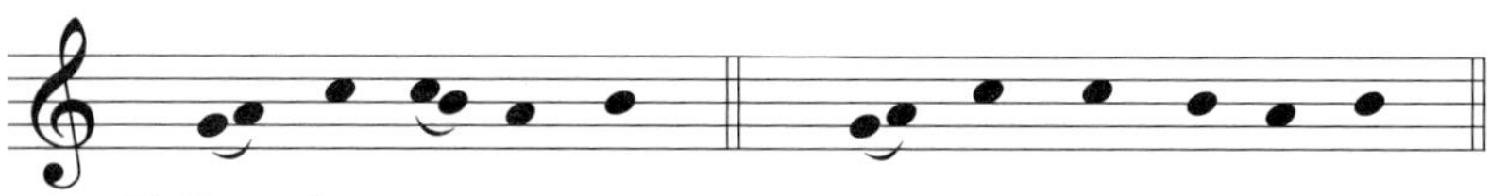

℣. Pue-den ir en paz. ℟. De-mos gra-cias a Dios.

O bien:

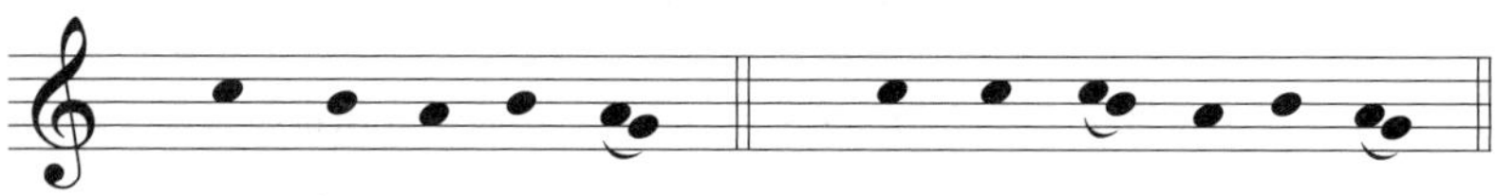

℣. Pue-den ir en paz. ℟. De-mos gra-cias a Dios.

O bien:

Despedida

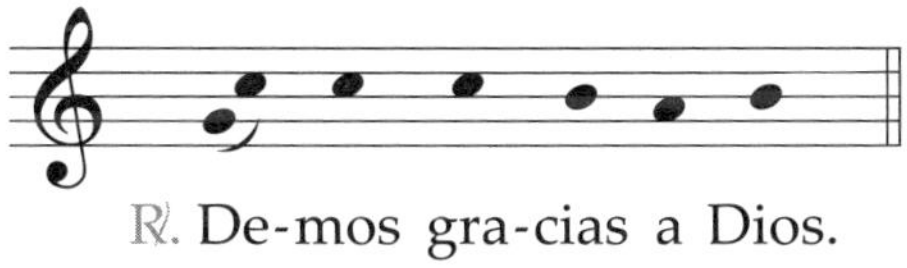

O bien:

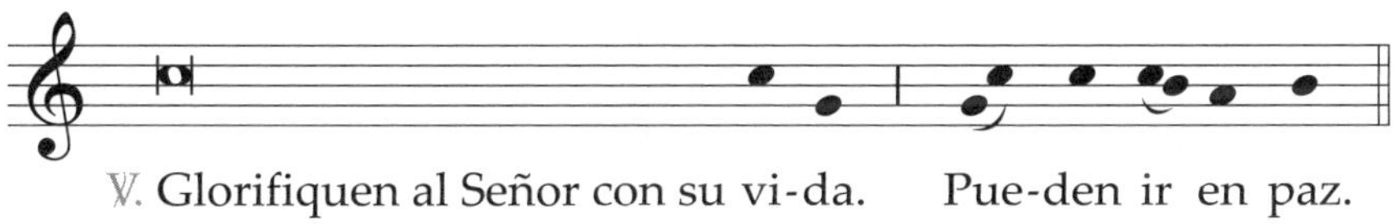

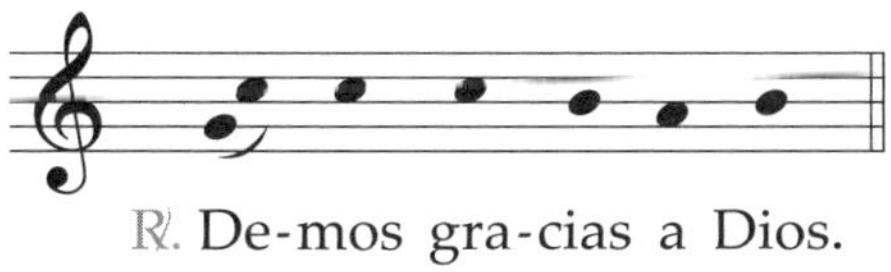

O bien:

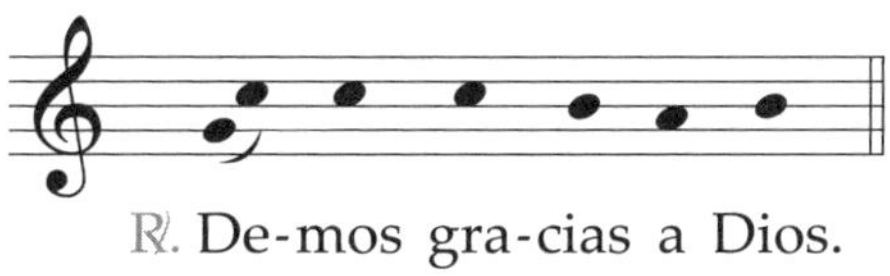

O bien:

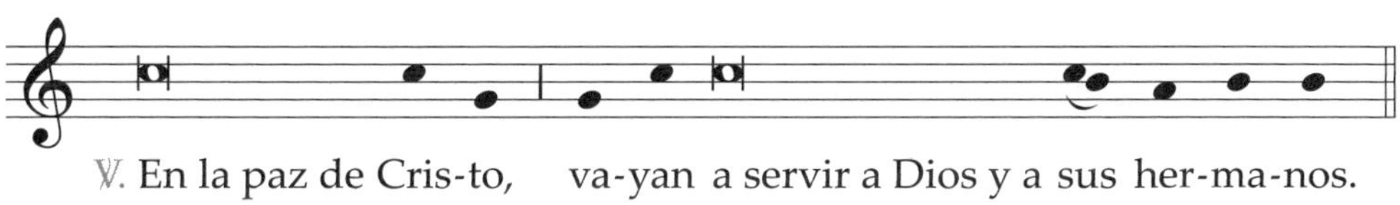

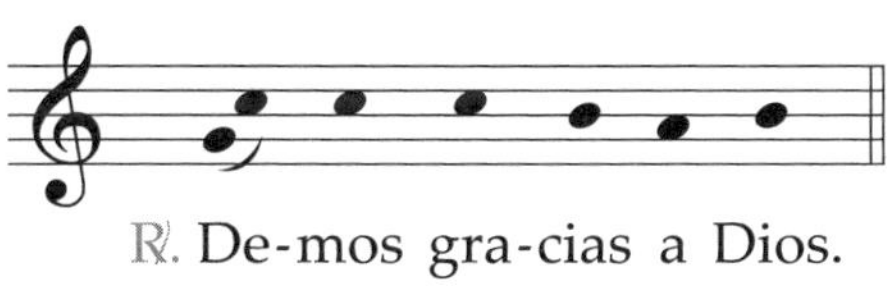

O bien, especialmente en los domingos de Pascua:

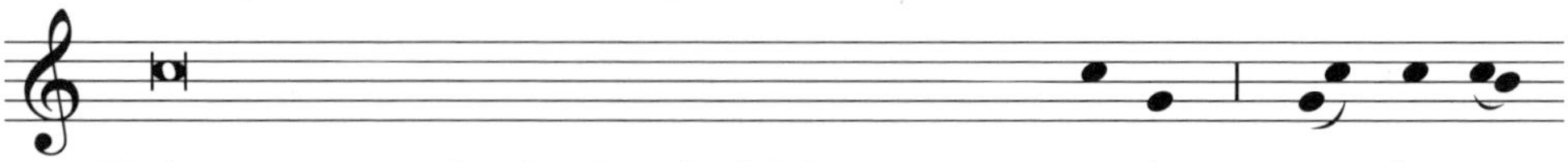

℣. Anuncien a todos la alegría del Señor resuci-ta-do. Pue-den ir

en paz. ℟. De-mos gra-cias a Dios.

Tonos para las Oraciones Presidenciales

Tono Solemne

Todas las oraciones presidenciales del Misal (las oraciones Colectas, las oraciones sobre las Ofrendas y las oraciones después de la Comunión) pueden ser anotadas para el uso con el tono solemne según la siguiente fórmula. Al tono recitativo lo precede el "Sol" (antes de ascender al "La"), incluso hasta después del Flexi. Después de cada cadencia, o bien sea un Flexi o una barra mayor, el signo grave (◟) indica dónde se desciende al "Sol" y el agudo (◜) dónde se asciende al "La". El grave del Flexi quizás no recaiga sobre el acento del texto, ya que esto depende del ritmo que conlleva el acento textual. El grave de la barra mayor se le aplica siempre a la penúltima sílaba antes del acento, sin que se considere el acento de dicha sílaba. Cuando se canta la Plegaria Eucarística según el tono del Misal, la Oración sobre las ofrendas se debe cantar con el tono solemne.

INVITACIÓN

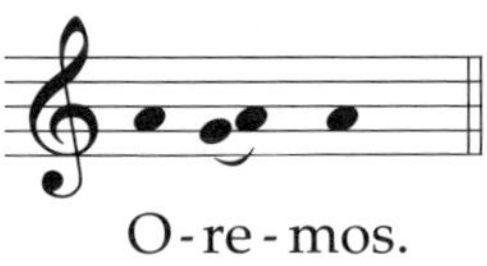

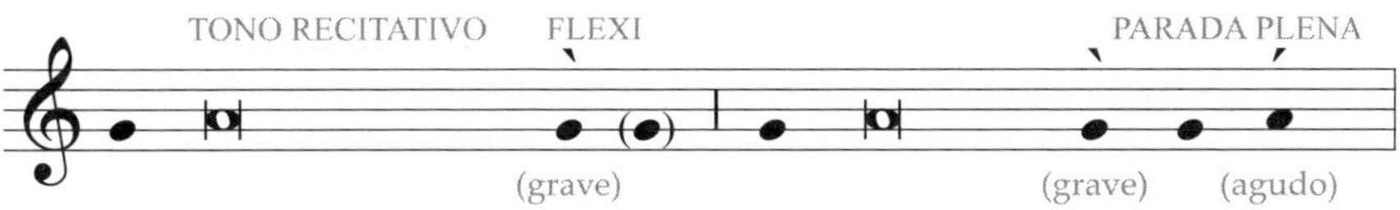

Si se dirige al Padre:

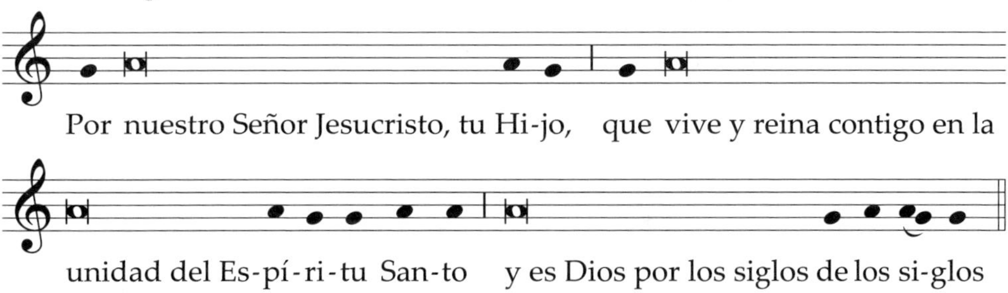

Pero si se dirige al Padre, y al final se menciona al Hijo:

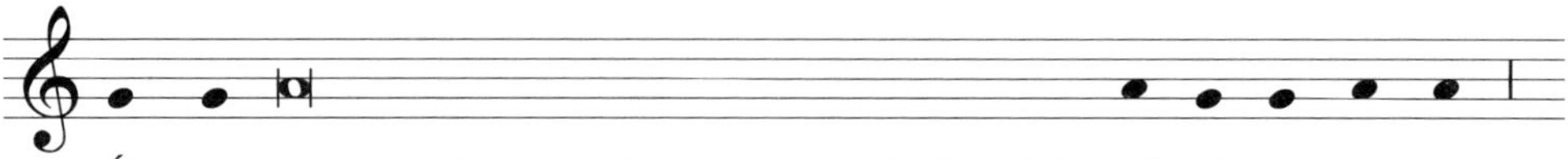

Él, que vive y reina contigo en la unidad del Es-pí - ri - tu San-to

y es Dios por los siglos de los si-glos. ℟. A-mén.

Si se dirige al Hijo:

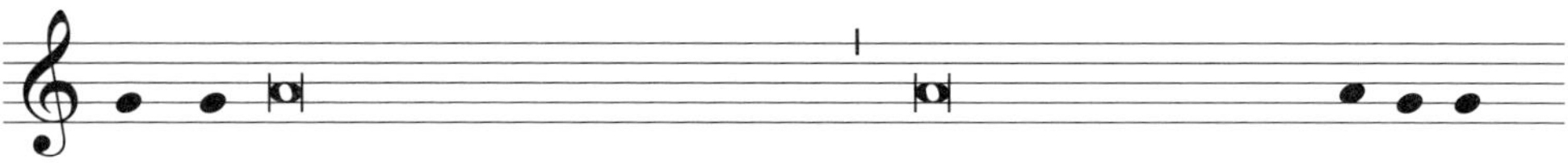

Tú que vives y reinas con el Padre en la unidad del Es-pí-ri-tu

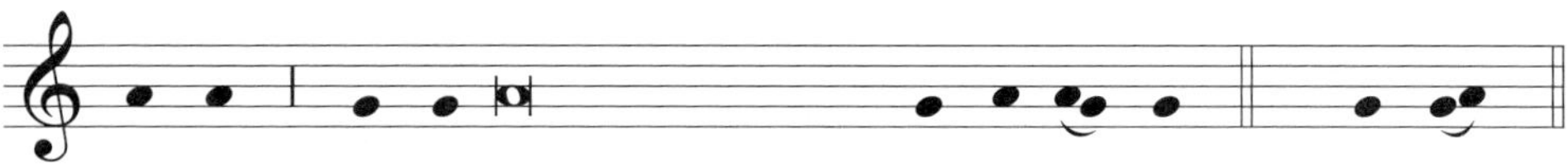

San-to y‿e-res Dios por los siglos de los si - glos. ℟. A-mén.

Después de otras oraciones, si se dirige al Padre:

Por Je-su-cris-to, nues-tro Se-ñor. ℟. A - mén.

Si se dirige al Padre, con la mención final del Hijo:

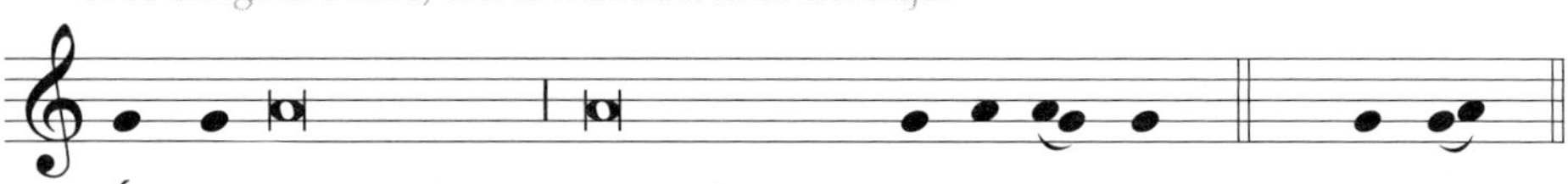

Él, que vive y reina por los siglos de los si - glos. ℟. A-mén.

Si se dirige al Hijo:

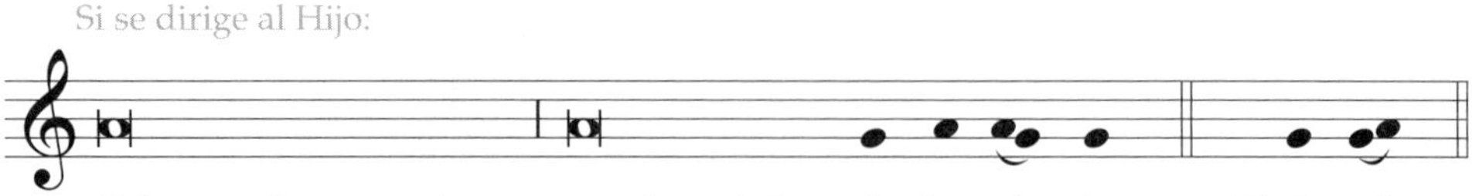

Tú que vives y reinas por los siglos de los si - glos. ℟. A-mén.

Colecta (Primer domingo de Adviento)

Oración sobre las ofrendas (Epifanía del Señor, Misa durante el día)

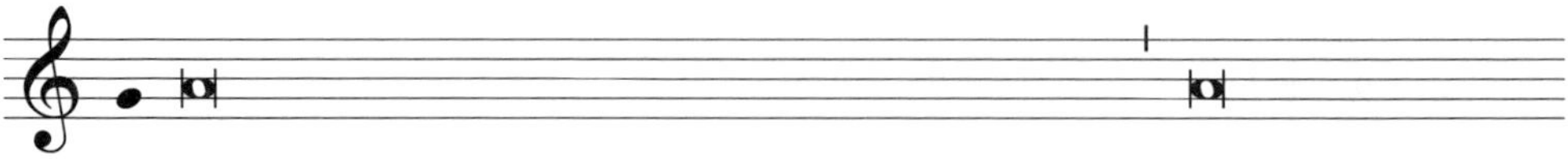

Mi-ra con bondad, Señor, los dones de tu Iglesia, que no consisten

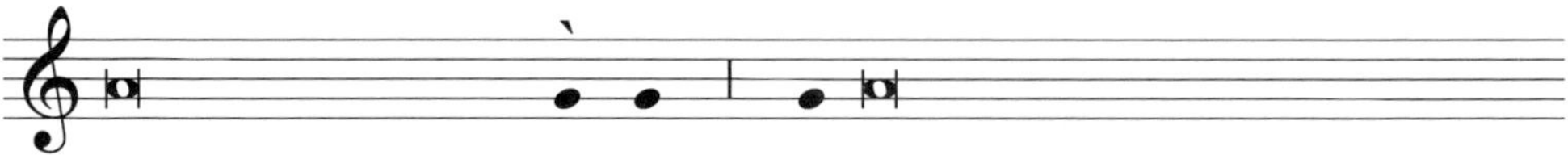

ya en oro, incienso y mi-rra, si-no en lo que por esos dones se

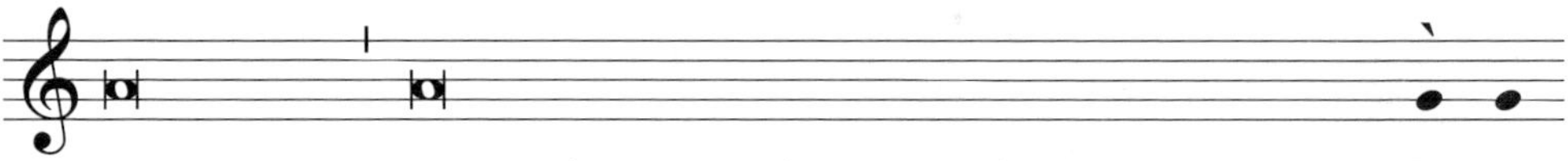

representa, se inmola y se recibe como alimento, Jesucristo, Se-ñor

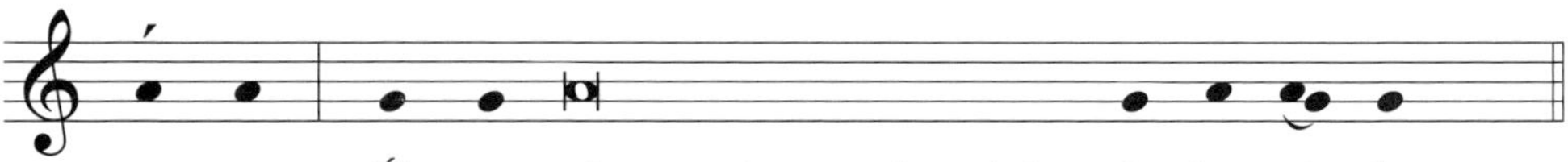

nues-tro. Él, que vive y reina por los siglos de los si-glos.

℟. A-mén.

Tono simple

Las oraciones presidenciales (las oraciones Colectas, las oraciones sobre las Ofrendas y las oraciones después de la Comunión) pueden ser cantadas de acuerdo con el tono simple siguiente:

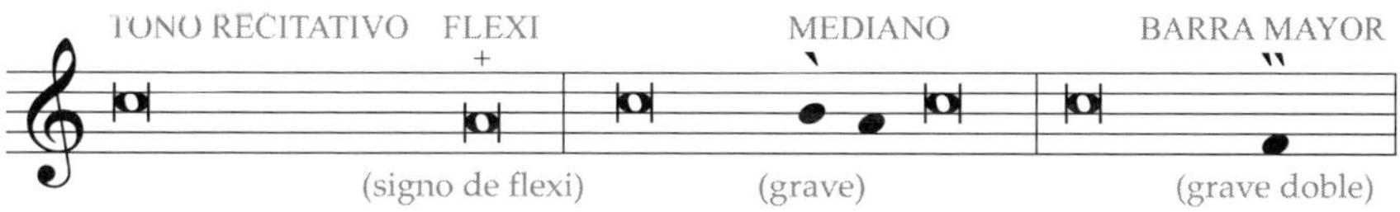

En cuanto al Flexi y la Barra mayor, la notación depende de dónde cae el acento. Cuando se acentúa la última sílaba, se debe utilizar el Flexi (+) o el grave doble (❛❛). Cuando no se acentúa la útima sílaba, se canta dicha sílaba con el Tono Recitativo y se coloca el Flexi o el grave doble para indicar dónde descender para la sílaba que no está acentuada.

Para la cadencia mediana, la grave (❛) se coloca dos sílabas antes del acento final, sin importar la acentuación de estas dos sílabas.

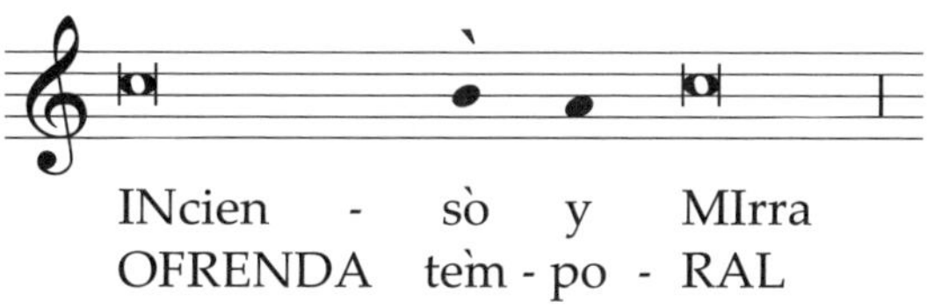

Si se dirige al Padre:

Por nuestro Señor Jesucristo, tu Hi - jo, que vive y reina contigo en

la unidad del Es - pí - ri - tu San - to y es Dios por los siglos de los

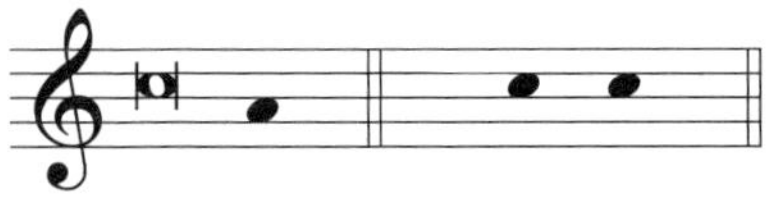

sig - los. ℟. A - mén.

Pero si se dirige al Padre, y al final se menciona al Hijo:

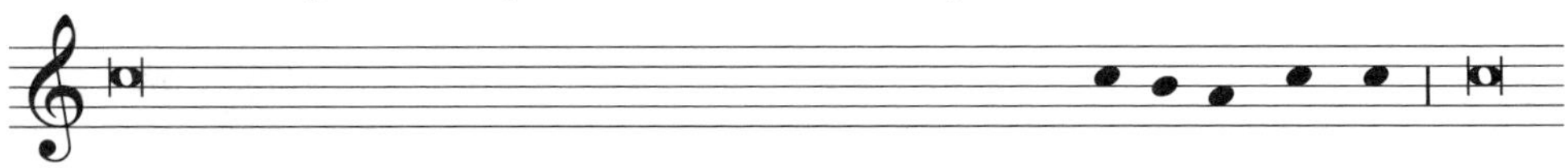

Él, que vive y reina contigo en la unidad del Es - pí - ri - tu San - to y es

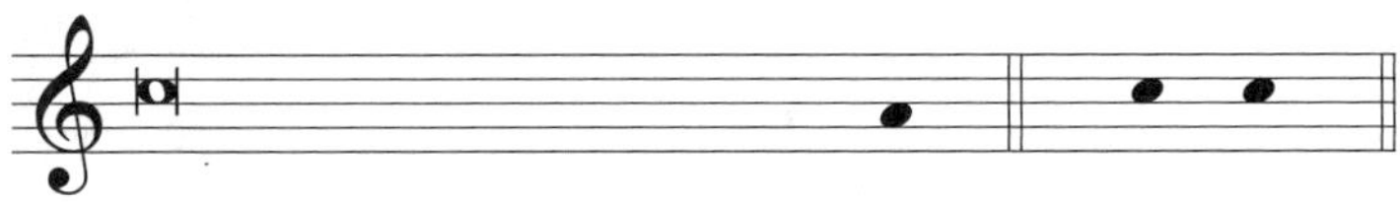

Dios por los siglos de los sig - los. ℟. A - mén.

Si se dirige al Hijo:

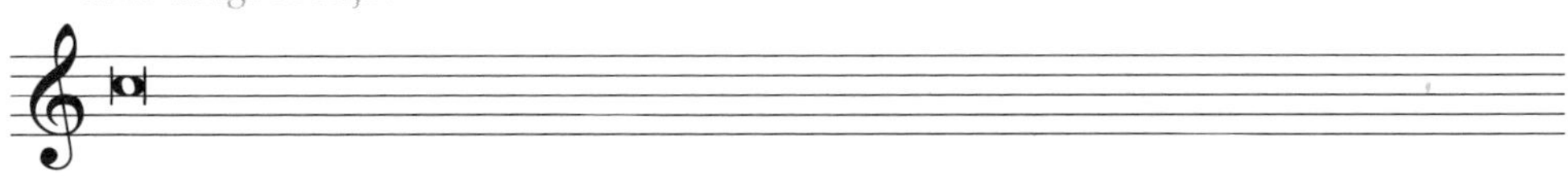

Tú que vives y reinas con el Padre en la unidad del Espíritu Santo y

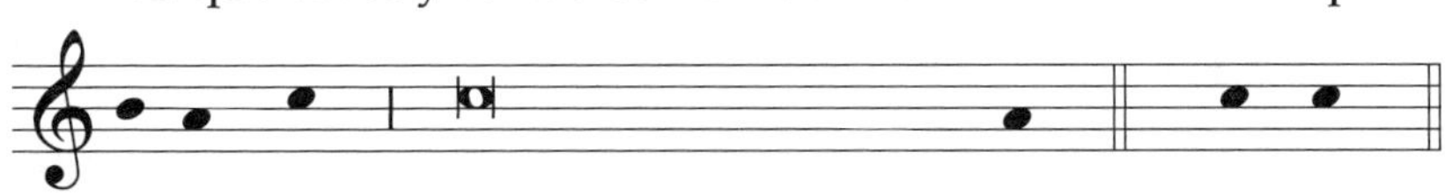

e - res Dios por los siglos de los si - glos. ℟. A - mén.

Después de otras oraciones, si se dirige al Padre:

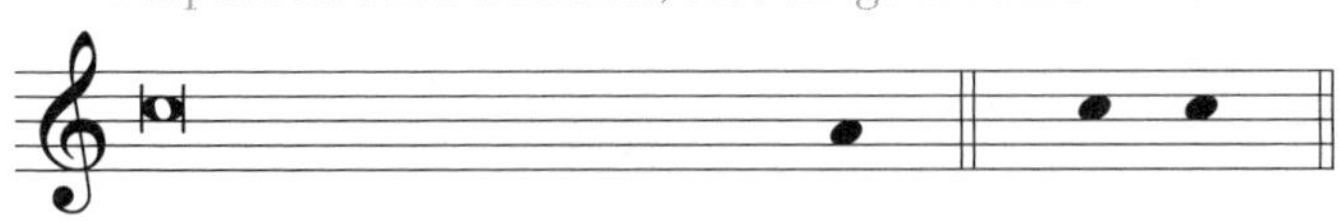

Por Jesucristo, nuestro Se - ñor. ℟. A - mén.

Si se dirige al Padre, con la mención final del Hijo:

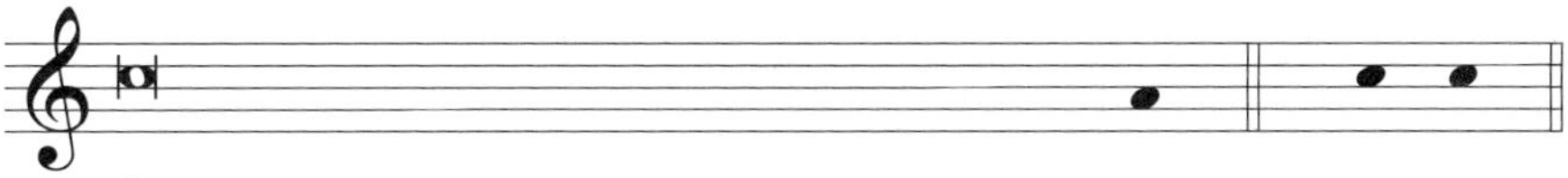

Él, que vive y reina por los siglos de los si-glos. ℟. A-mén.

Si se dirige al Hijo:

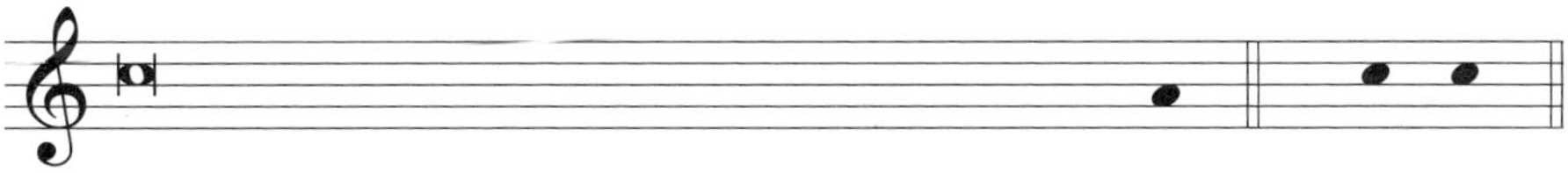

Tú que vives y reinas por los siglos de los si-glos. ℟. A-mén.

Colecta (Primer domingo de Adviento)

O-re-mos.

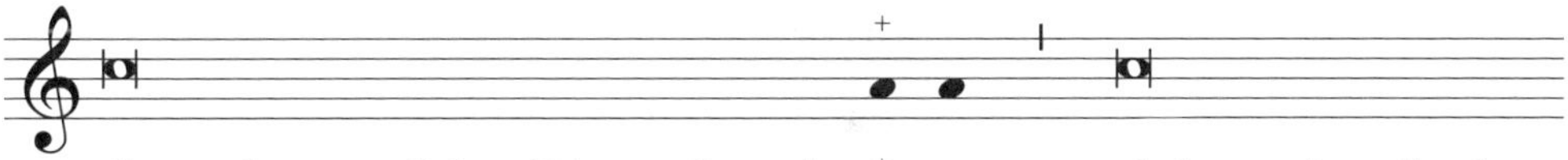

Concede a tus fieles, Dios todopode-ro-so, el deseo de salir al

encuentro de Cristo, que viene à no-so-tros, para que, mediante

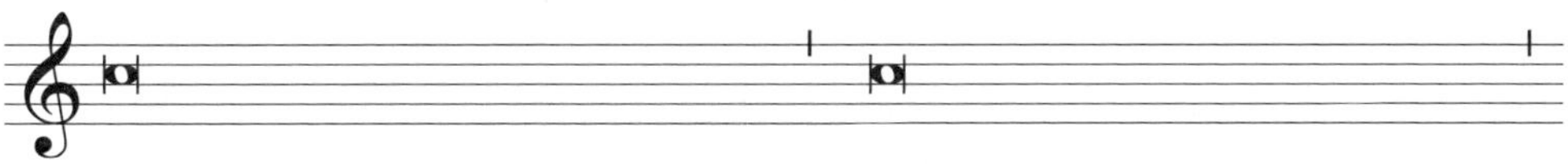

la práctica de las buenas obras, colocados un día a su derecha,

merezcamos poseer el reino celes-tial. Por nuestro Señor Jesucristo,

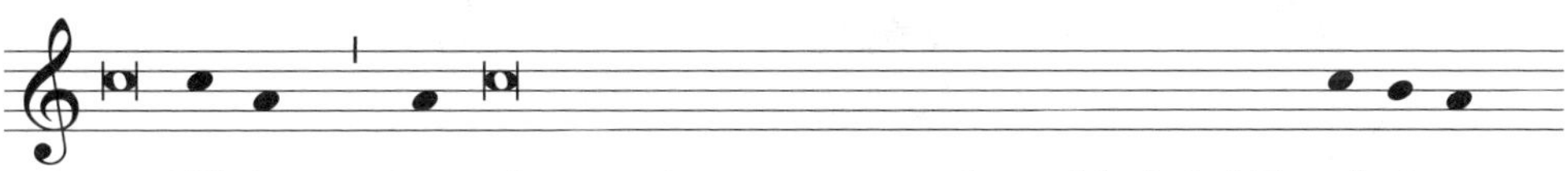

tu Hi-jo, que vive y reina contigo en la unidad del Es-pí-ri-tu

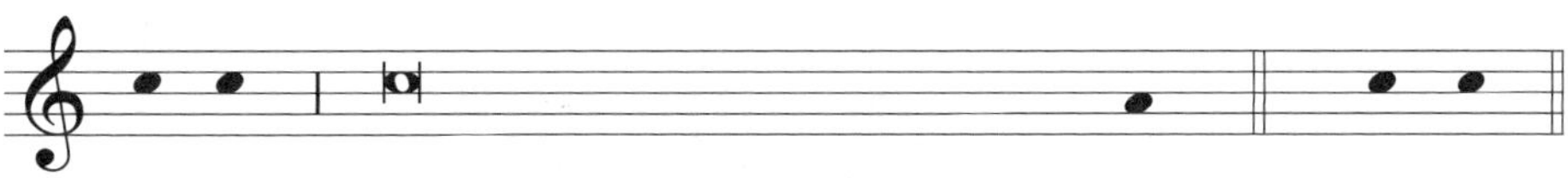

San-to y es Dios por los siglos de los si-glos. ℟. A-mén.

Oración sobre las ofrendas (Primer domingo de Adviento)

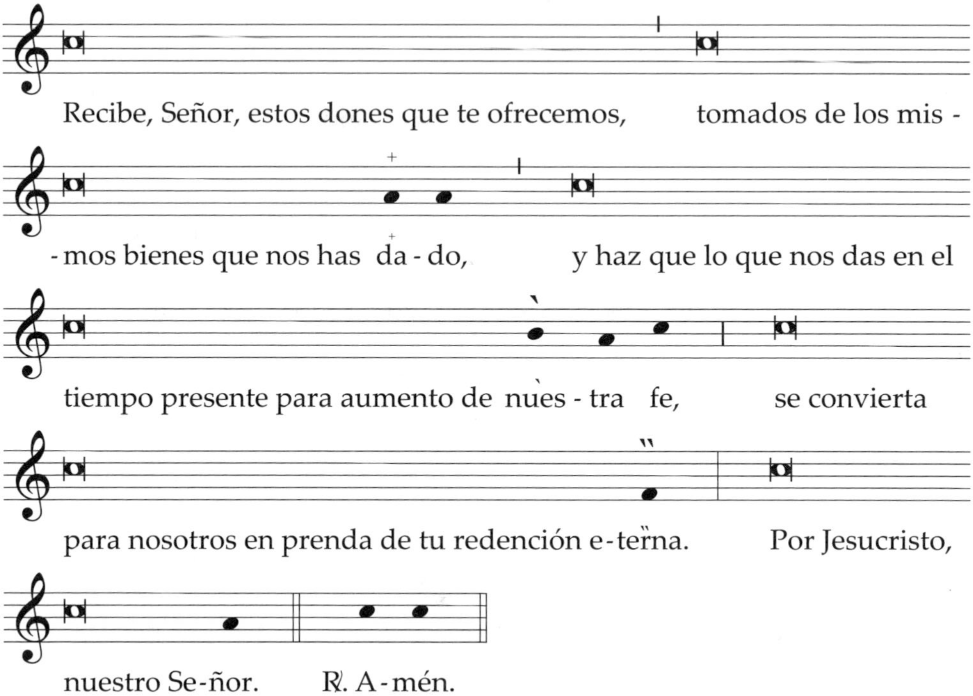

Tonos para las Lecturas
I. Antiguo Testamento y Hechos de los Apóstoles

INTRODUCCIÓN

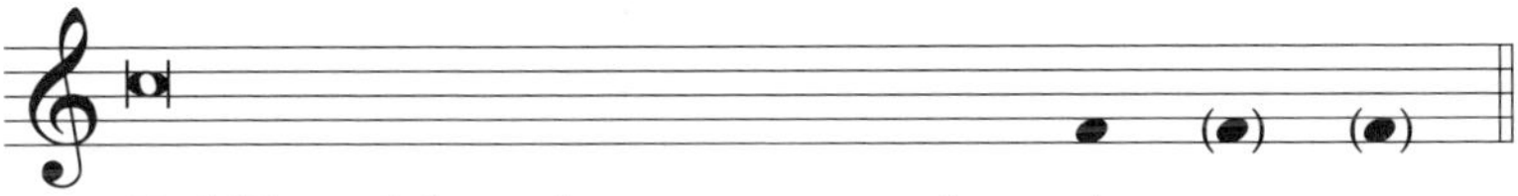

Del libro del profeta Isa - í - as.
Del libro del profeta Eze - quiel.
Del primer / segundo libro de los Rey - es.
Del libro de los Pro - ver - bios.
Del libro del Éx - o - do.
Del libro de la Sabidu - rí - a.
Del libro de los Hechos de los A - pós - to - les.

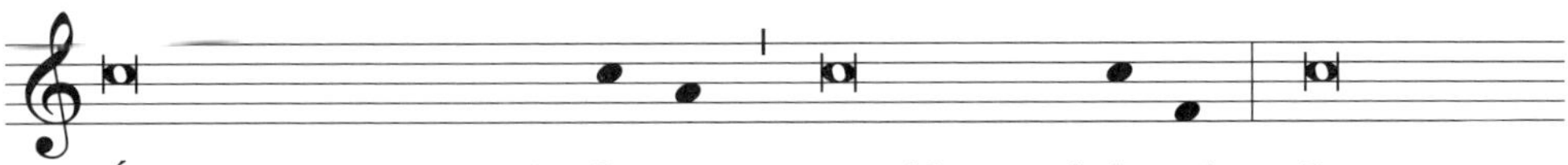

Éste es el tono hasta la fle - xa, y así hasta el fi - nal. Los textos

interrogativos ¿siempre ter-mi-nan a - sí? Los textos finales de

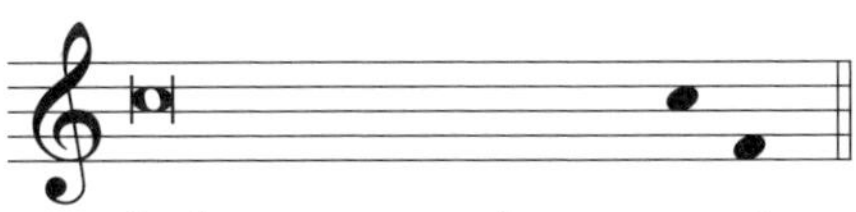

la lectura concluyen a - sí.

ACLAMACIÓN

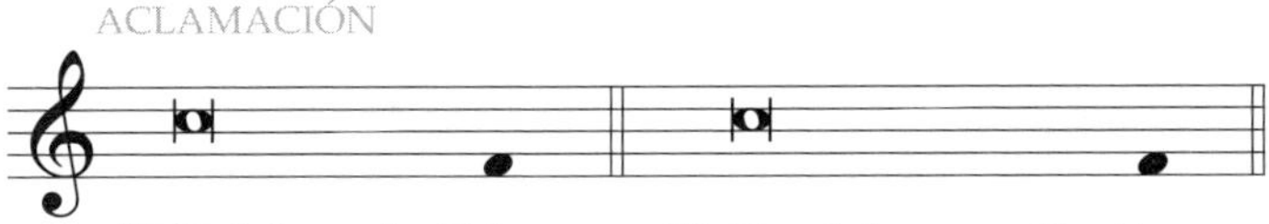

℣. Palabra de Dios. ℟. Te alabamos Se-ñor.

El flexi se usa al final de cláusulas principales dentro de una oración. En oraciones breves, podría omitirse y en las oraciones largas se puede usar incluso más de una vez. Para el flexi, se termina el tono recitativo en la última sílaba o en una sílaba anterior, según lo exija la acentuación. El flexi no se debe usar para iniciar una pregunta. Se usa el punto al final de cada oración. La fórmula de pregunta se usa para todas las preguntas, excepto cuando la pregunta tiene lugar al final de una lectura. En la fórmula de pregunta, se termina el tono recitativo dos sílabas antes del acento final. En preguntas largas, el final se utiliza únicamente para la última cláusula de la pregunta, con el tono recitativo en la primera cláusula.

Tonos para las Lecturas
II. Epístola y Apocalipsis

INTRODUCCIÓN

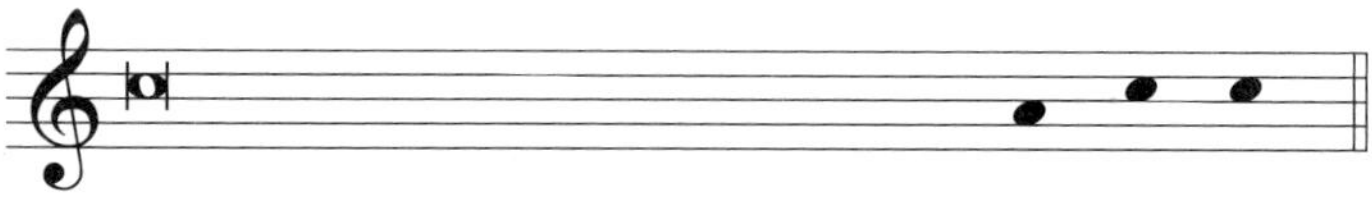

De la primera carta del apóstol san Pa-blo
segunda

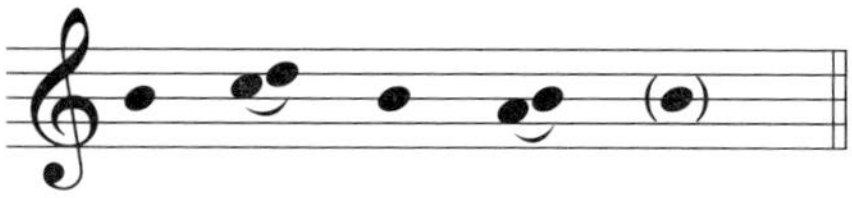

a los co - rin - tios.
a los ro - ma - nos.
a los e - fe - sios.
a Ti - mo - te - o.
a Fi - le - món.

a los gá - la - tas.
a Ti - to.

a los fi - li - pen - ses.
a los co - lo - sen - ses.
a los te - sa - lo - ni - cen - ses.

De la car - ta a los he - bre - os.

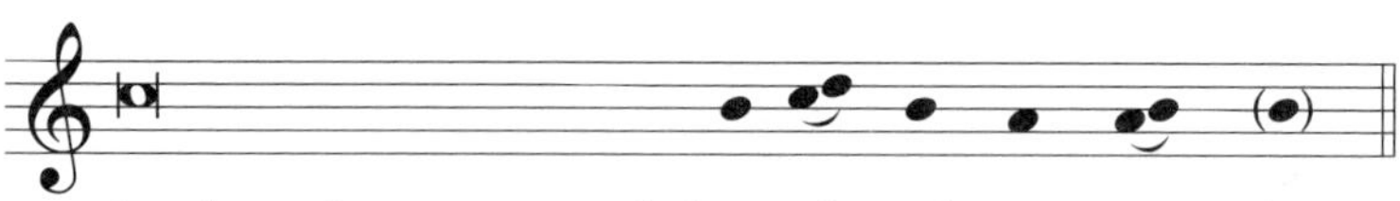

De la primera carta del a - pós - tol san Pe - dro.
segunda San - tia - go.
san Juan.

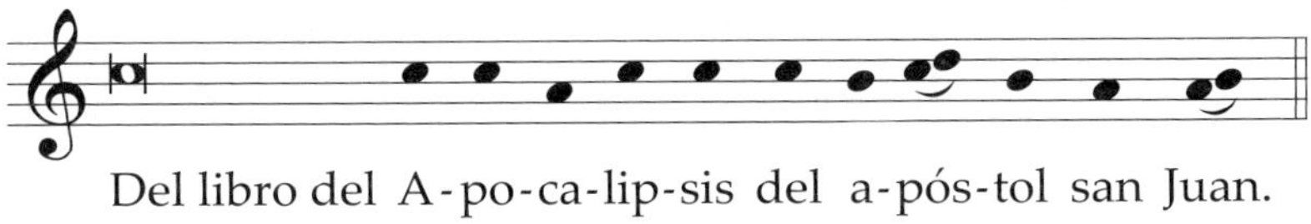

Cada oración (o grupo de frases) en el cuerpo de la lectura tiene los tres elementos, el tono recitativo, la mediante, y la parada completa:

La mediante se utiliza al final de las cláusulas importantes dentro de una oración. En las oraciones breves se puede omitir, y en las oraciones largas se podría utilizar más de una vez. Para la mediante, siempre se acaba el tono recitativo tres sílabas antes del último acento, y luego se completa la línea indicada para el último acento en la última sílaba o en el último acento que no sea la última sílaba. La mediante no se debe utilizar para introducir una pregunta. El punto final se utiliza al final de cada oración, aplicando la fórmula como se indica para las diversas combinaciones, excepto cuando la pregunta tiene lugar al final de una lectura. En la fórmula de pregunta, se acaba el tono recitativo dos sílabas antes del último acento. En las preguntas largas, el final se utiliza únicamente para la última cláusula de la pregunta, usando el tono recitativo para la primera cláusula. La conclusión con los dos elementos se usa para las dos últimas líneas de la lectura. Para estos dos elementos, se acaba el tono recitativo una sílaba antes del último acento, y luego en el último acento.

PREGUNTAS

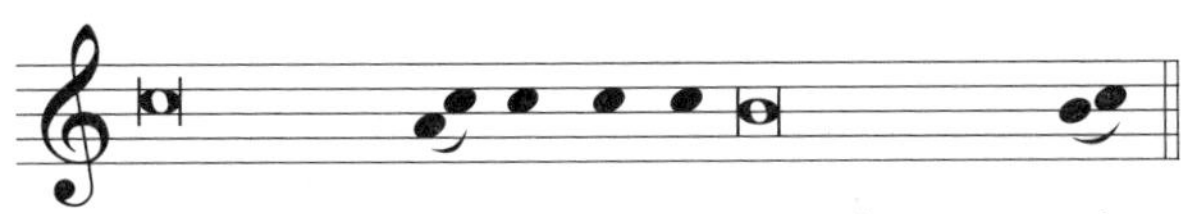

ACLAMACIÓN

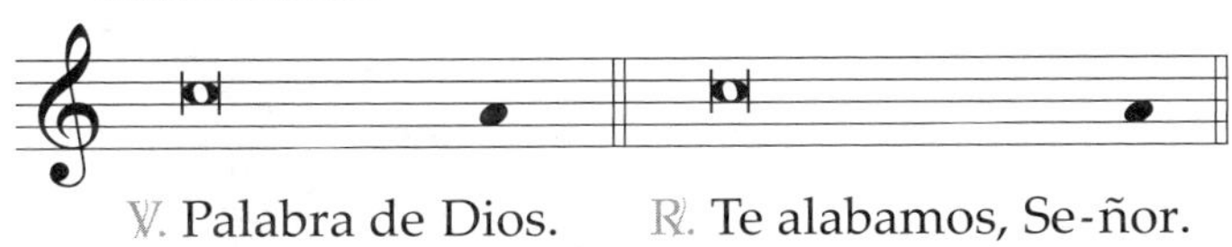

Tonos para las Lecturas
III. Evangelio

Antes del Evangelio

℣. El Señor esté con us-te-des. ℟. Y con tu‿es-pí-ri-tu.

℣. Del santo Evangelio según san [Ma-te - o. / Mar-cos. / Lu - cas. / Juan.] ℟. Gloria a ti, Se-ñor.

Cada oración (o grupo de frases) en el cuerpo de la lectura tiene los tres elementos, el tono recitativo, la mediante, y la parada completa:

Éste es el to-no has-ta la me-dian-te y así hasta el fi-nal.

PREGUNTAS

Los textos interrogativos ¿siempre ter-mi-nan a - sí? Los textos

finales de la lec-tu-ra concluyen a-sí.

ACLAMACIÓN

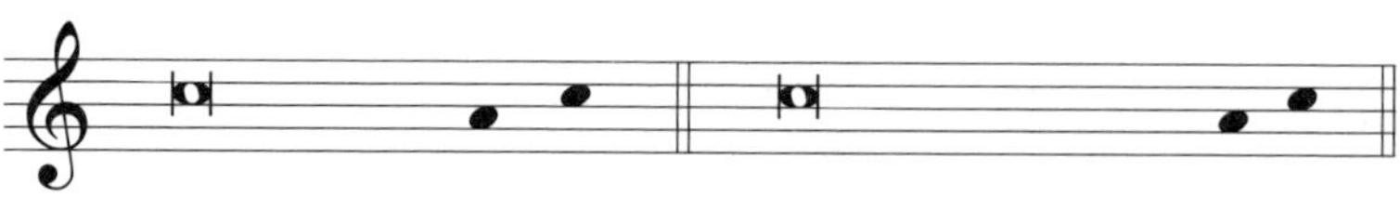

℣. Palabra del Se-ñor. ℟. Gloria a ti, Señor Je-sús.

La mediante se utiliza al final de cláusulas principales dentro de una oración. En las oraciones breves, se puede omitir, y en las oraciones largas se puede usar más de una vez. No se debería utilizar para introducir una pregunta. El punto se utiliza al final de todas las oraciones. La fórmula de pregunta se utiliza para todas las preguntas, excepto cuando la pregunta tiene lugar al final de la lectura del Evangelio. En la fórmula de pregunta, se acaba el tono recitativo dos sílabas antes del último acento. En las preguntas largas, el final se usa solamente para la última cláusula de la pregunta, con el tono recitativo para la primera cláusula. La conclusión con sus dos elementos se utiliza para las dos últimas líneas de la lectura. Para cada uno de esos dos elementos, se acaba el tono recitativo en el último acento.

Tonos para las Lecturas
III. Evangelio
(Tono solemne)

Antes del Evangelio

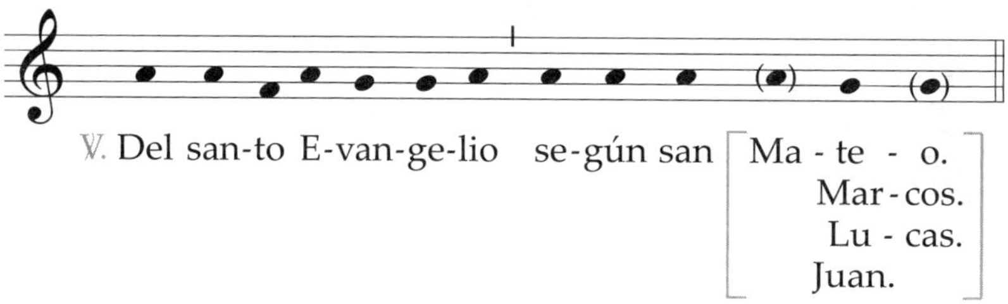

Cada oración (o grupo de frases) en el cuerpo de la lectura tiene los tres elementos, el tono recitativo, la mediante, y la parada completa:

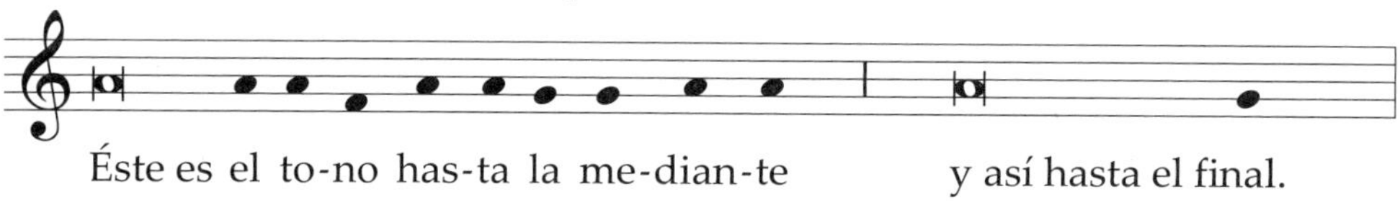

PREGUNTAS

ACLAMACIÓN

La mediante se utiliza al final de cláusulas principales dentro de una oración. En las oraciones breves, se puede omitir, y en las oraciones largas se puede usar más de una vez. No se debería utilizar para introducir una pregunta. El punto se utiliza al final de todas las oraciones. La fórmula de pregunta se utiliza para todas las preguntas, excepto cuando la pregunta tiene lugar al final de la lectura del Evangelio. En la fórmula de pregunta, se acaba el tono recitativo dos sílabas antes del último acento. En las preguntas largas, el final se usa solamente para la última cláusula de la pregunta, con el tono recitativo para la primera cláusula. La conclusión con sus dos elementos se utiliza para las dos últimas líneas de la lectura. Para cada uno de esos dos elementos, se acaba el tono recitativo en el último acento.

CREDO

Credo III

En las palabras que siguen, hasta **se hizo hombre**, todos se inclinan.

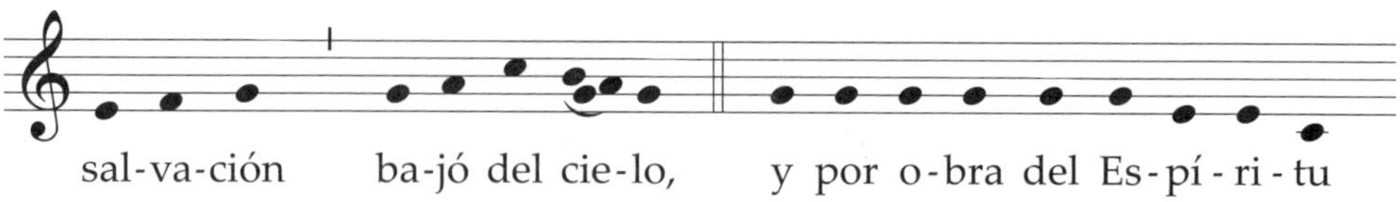

San-to se en-car-nó de Ma-rí-a, la Vir-gen, y se hi-zo hom-bre;
y por nues-tra cau-sa fue cru-ci-fi-ca-do en tiem-pos de Pon-cio
Pi-la-to; pa-de-ció y fue se-pul-ta-do, y re-su-ci-tó al ter-cer
dí-a, se-gún las Es-cri-tu-ras, y su-bió al cie-lo, y es-tá
sen-ta-do a la de-re-cha del Pa-dre; y de nue-vo ven-drá con
glo-ria pa-ra juz-gar a vi-vos y muer-tos, y su rei-no no ten-drá fin.
Cre-o en el Es-pí-ri-tu San-to, Se-ñor y da-dor de vi-da, que
pro-ce-de del Pa-dre y del Hi-jo, que con el Pa-dre y el Hi-jo
re-ci-be u-na mis-ma a-do-ra-ción y glo-ria, y que ha-bló por los

pro-fe-tas. Cre-o en la I-gle-sia, que es u-na, san-ta, ca-tó-li-ca
y a-pos-tó-li-ca. Con-fie-so que hay un so-lo Bau-tis-mo pa-ra el
per-dón de los pe-ca-dos. Es-pe-ro la re-su-rrec-ción de los muer-tos
y la vi-da del mun-do fu-tu-ro. A - - - mén.

ORACIONES DE LOS FIELES

El texto que sigue al símbolo (†) en las invocaciones que se dan a continuación se puede usar también como conclusión de intenciones que no son cantadas; las palabras finales de las intenciones individuales pueden tomar su lugar.

A

B

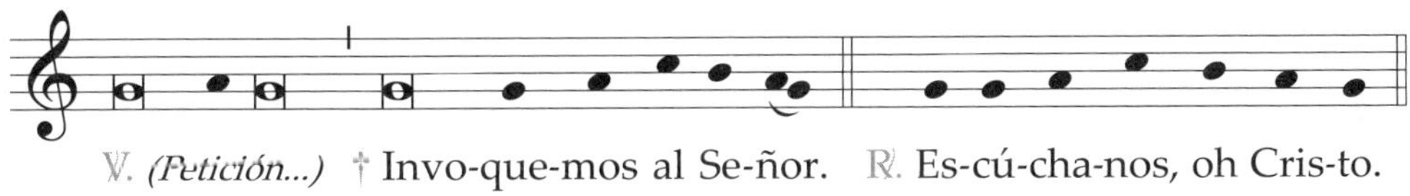

C

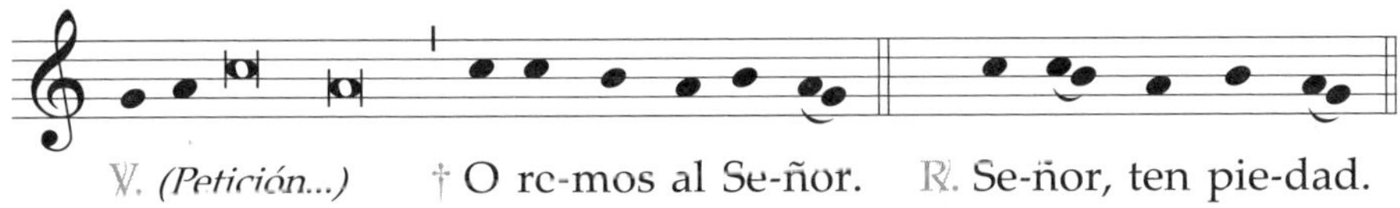

D

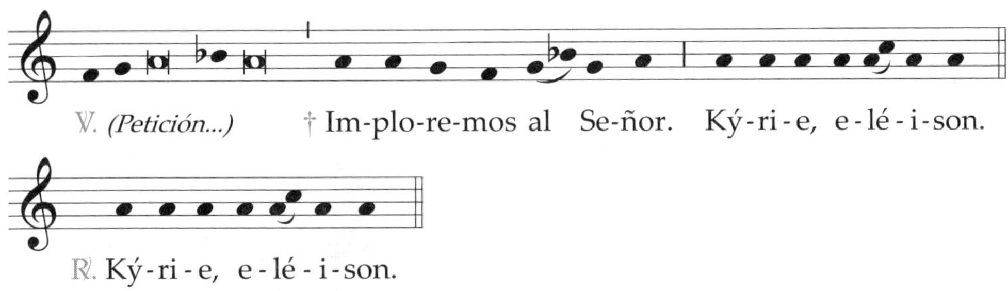

Padre nuestro
Tono B (Mozárabe)

Después de que el cáliz y la patena se han depositado en el altar, el sacerdote junta las manos y canta:

℣. Fieles a la recomendación del Sal-va-dor y si-guiendo su divina

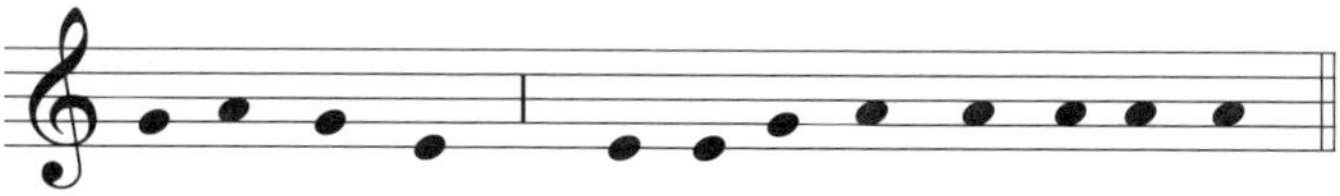

en-se-ñan-za nos a-tre-ve-mos a de-cir:

Extiende las manos y, junto con el pueblo, continúa:

Pa-dre nues-tro, que‿es-tás en el cie-lo, santificado se-a tu

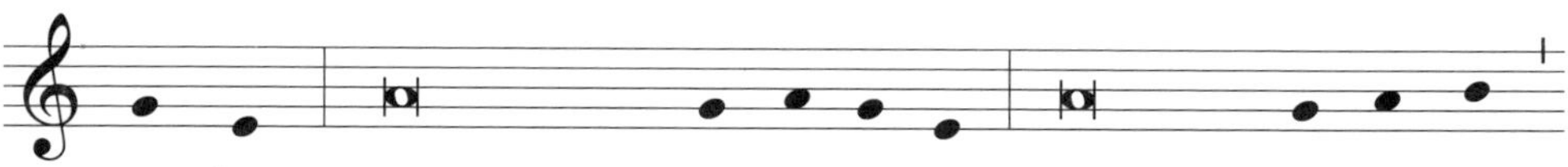

nom-bre; venga a noso-tros tu rei-no; hágase tu vo-lun-tad

en la tierra co-mo‿en el cie-lo. Danos hoy nuestro pan de ca-da

dí-a; perdona nues-tras o-fen-sas, como también nosotros

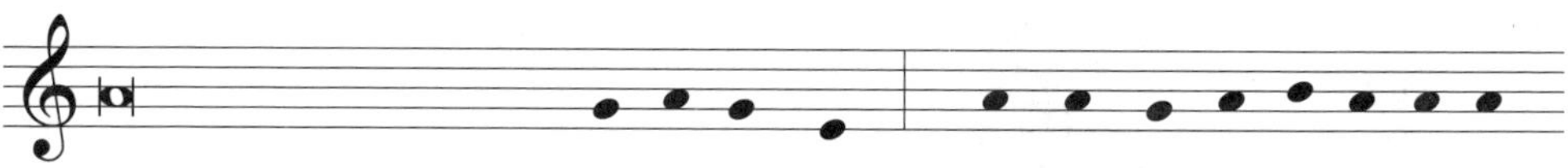

perdonamos a los que nos o-fen-den; no nos de-jes ca-er en la

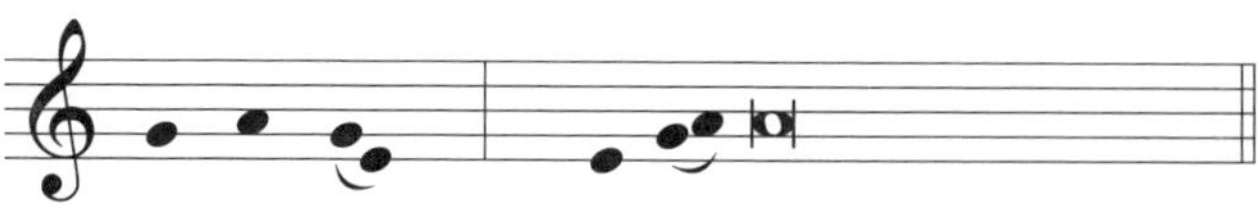

ten-ta-ción, y lí - branos del mal.

Padre nuestro
Tono C (Tono de anáfora)

Después de que el cáliz y la patena se han depositado en el altar, el sacerdote junta las manos y canta:

℣. Fie-les a la recomendación del Sal-va-dor y si-guiendo su

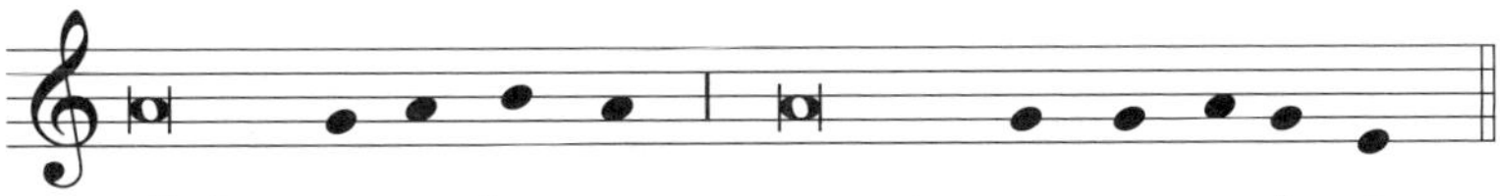

divina en-se-ñan-za nos atre-ve-mos a de-cir:

Extiende las manos y, junto con el pueblo, continúa:

Pa-dre nues-tro, que‿es-tás en el cie-lo, santificado se-a tu

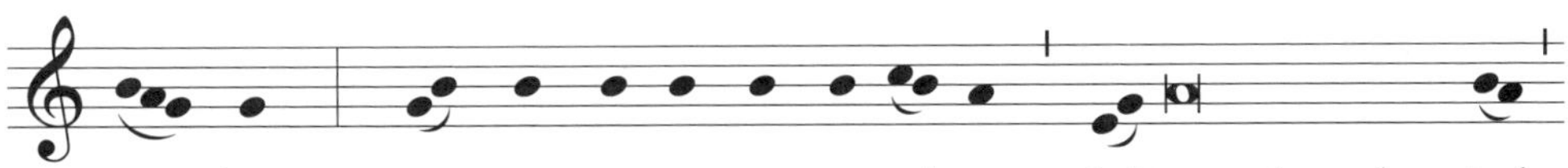

nom-bre; ven-ga‿a no-so-tros tu rei-no; há-gase tu volun-tad

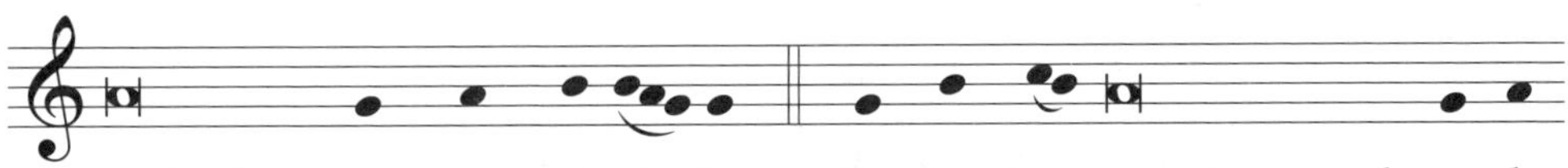

en la tierra co-mo‿en el cie-lo. Da-nos hoy nuestro pan de ca-da

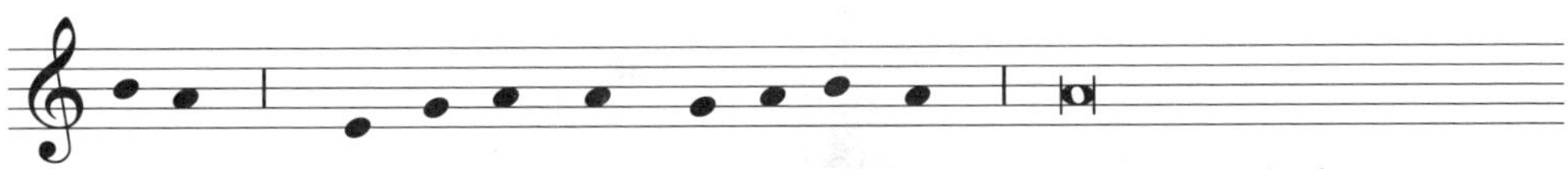

dí-a; per-do-na nues-tras o-fen-sas, como también nosotros

perdonamos a los que nos o-fen-den; no nos de-jes ca-er

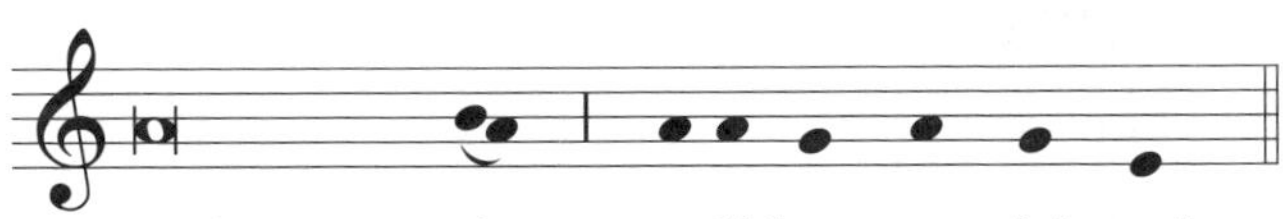

en la tenta-ción, y lí-bra-nos del mal.

Bendición Solemne

Tono solemne

El diácono o, en su ausencia, el propio sacerdote, canta la invitación

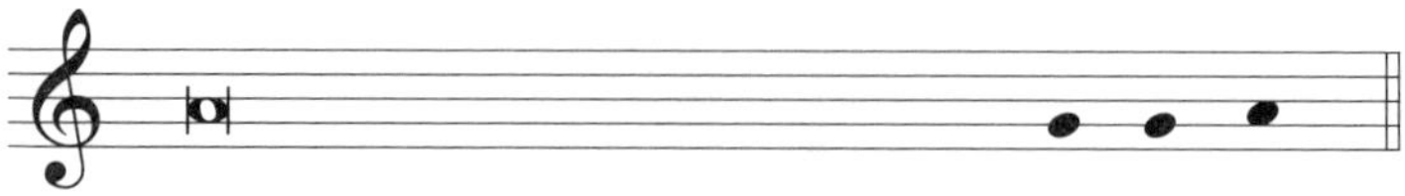

℣. Inclinen la cabeza para recibir la ben-di-ción.

Luego el sacerdote, con las manos extendidas sobre el pueblo, canta la bendición:

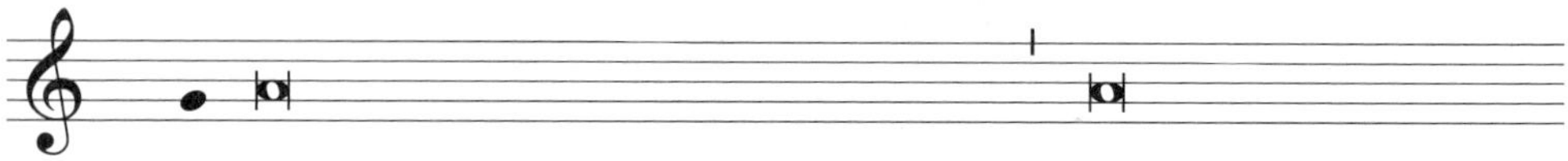

℣. Que Dios omnipotente y misericordioso los santifique con la

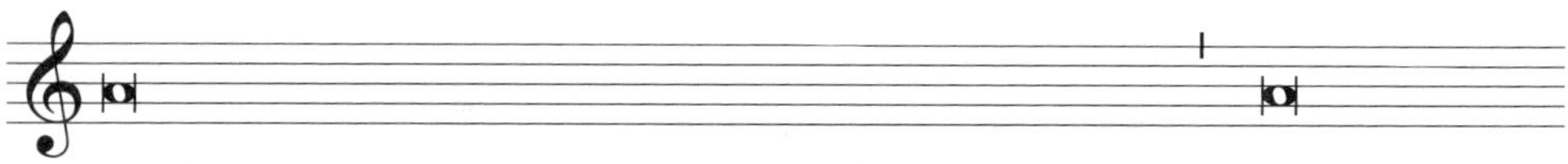

celebración del advenimiento de su Hijo Unigénito y los llene de

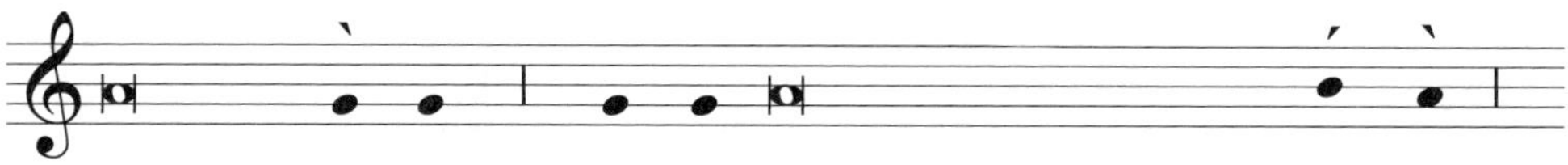

sus bendi-cio-nes, ya que creen que Cristo vino al mun-do

y esperan su re-tor-no glo-rio-so. ℟. A-mén.

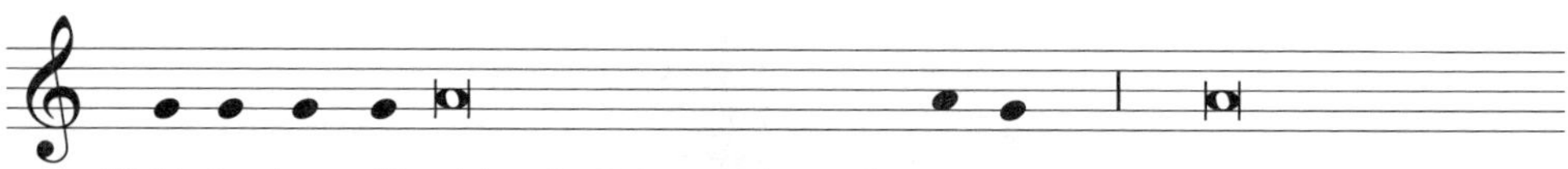

℣. Y la ben-di-ción de Dios todopode-ro-so, Padre, Hijo, ✠

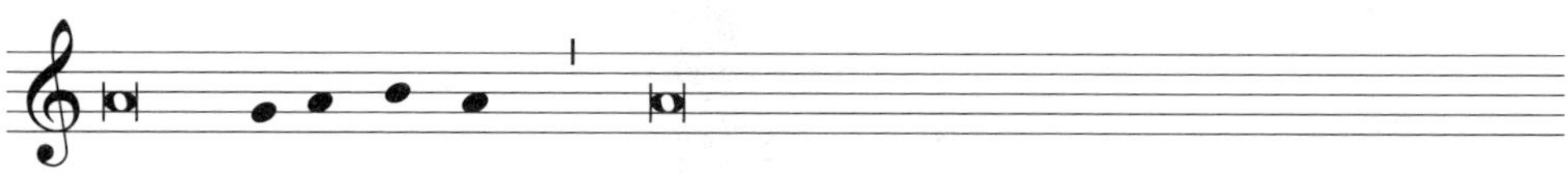

y Espí-ri-tu San-to, descienda sobre ustedes y permanezca

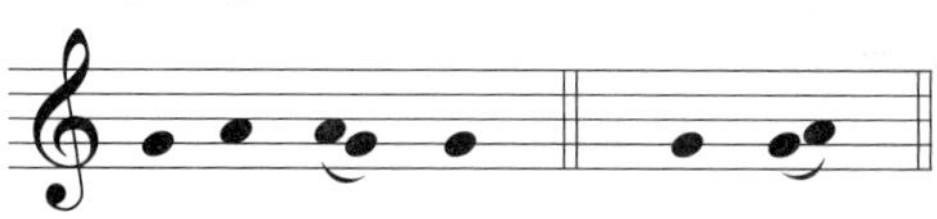

pa-ra siem-pre. ℟. A-mén.

O, en algunas misas rituales:

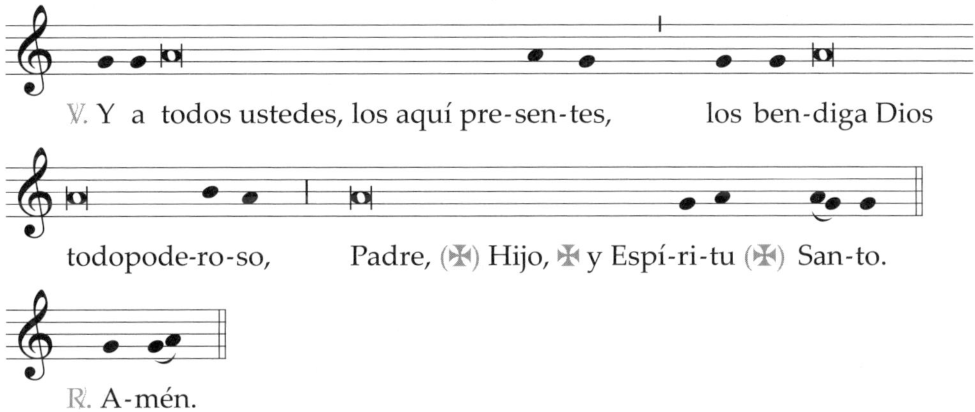

Tono simple

El diácono o, en su ausencia, el propio sacerdote, canta la invitación:

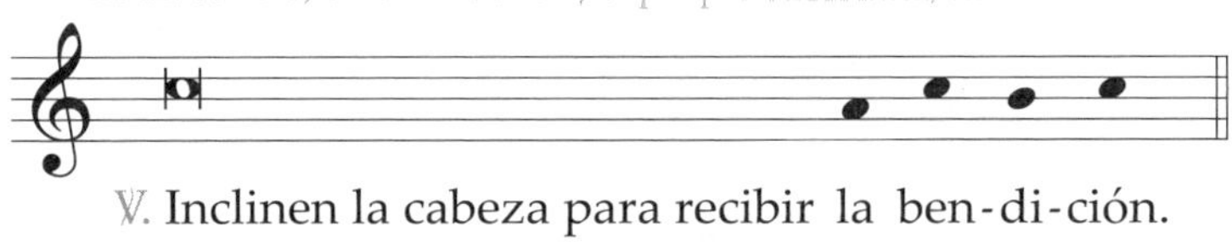

Luego el sacerdote, con las manos extendidas sobre el pueblo, canta la bendición:

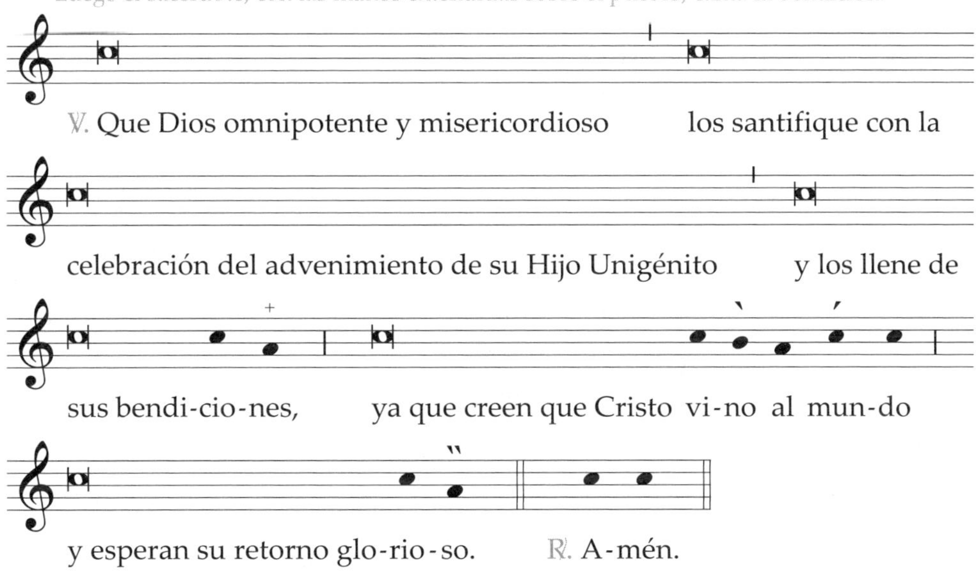

℣. Y la bendición de Dios todo-po-de-ro-so, Padre, Hijo, ✠

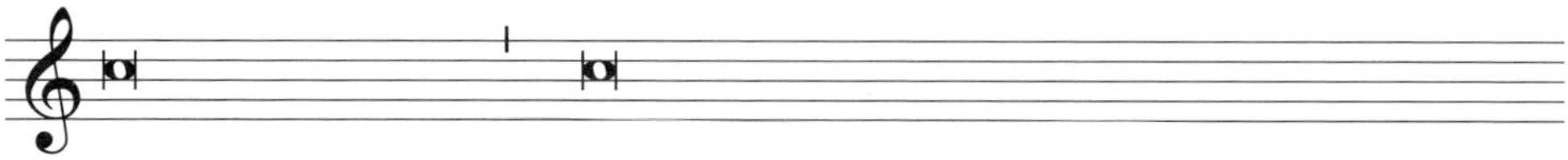

y Espíritu Santo, descienda sobre ustedes y permanezca para

siem-pre. ℟. A-mén.

O, en algunas misas rituales:

℣. Y a todos ustedes, los aquí pre-sen-tes, los bendiga Dios

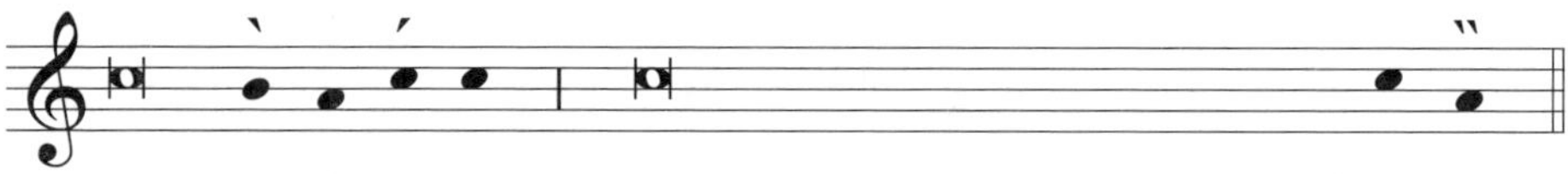

todo-po-de-ro-so, Padre, (✠) Hijo, ✠ y Espíritu (✠) San-to.

℟. A-mén.

Anuncio de la Pascua y Fiestas Movibles

Según la antigua tradición de la Iglesia, en el día de la Epifanía del Señor, después del canto del Evangelio, el diácono o cantor anuncia desde el ambo las fiestas movibles del año en curso, usando la siguiente fórmula:

Pas-cua se-ma-nal, la santa Iglesia hará presente este mismo acon-
-te-ci-mien-to, en el cual Cris-to ha vencido el pecado y la muer-te.
De la Pascua fluyen, como su manantial, todos los demás dí-as
san-tos: El Miér-coles de Ceniza comienzo de la Cua-res-ma,
que celebraremos el día .... de fe-bre-ro. La As-censión
de mar-zo.
del Señor, que este año será celebrada el día .... de a-bril.
de ma-yo.
El do-mingo de Pentecostés, que este año celebraremos el ....
de ma-yo. El primer domingo de Adviento, que celebraremos el día
de ju-nio.
.... de no-viem-bre. Tam-bién en las fiestas de la santísima
de di-ciem-bre.

Virgen María, Ma-dre de Dios, de los apóstoles, de los santos
y en la conmemoración de todos los fie-les di-fun-tos, la Iglesia,
peregrina en la tie-rra, proclama la Pas-cua de su Se-ñor.
A Él, el Cristo glorioso, el que era, el que es y el que ven-drá,
al que es Señor del tiempo y de la his-to-ria, todo honor y toda
glo-ria por los siglos de los si-glos. ℟. A-mén.

LA NATIVIDAD DE NUESTRO SEÑOR JESUCRISTO

del *Martirologio Romano*

El anuncio de la Solemnidad de la Natividad del Señor del Martirologio Romano se toma de la Sagrada Escritura para declarar de manera solemne el nacimiento de Cristo. Comienza con la creación y relaciona el nacimiento del Señor con los acontecimientos y personajes importantes de la historia sagrada y secular. Los acontecimientos concretos que se contienen en el anuncio, ayudan a situar pastoralmente el nacimiento de Jesús en el contexto de la historia de la salvación.

Este texto, *La Natividad de nuestro Señor Jesucristo*, puede ser cantado o recitado, muy apropiadamente, el 24 de diciembre, durante la celebración de la Liturgia de las Horas. También se puede recitar o cantar antes del inicio de la Misa de Navidad durante la Noche. No puede reemplazar ninguna parte de la Misa.

Israel de Egipto bajo la guía de Moi-sés; cerca de mil años después
de que David fuera ungido co-mo rey; en la semana sesenta y cinco
según la profecía de Da-niel; en la Olimpiada ciento noventa y
cua-tro, el año setecientos cincuenta y dos de la fundación de la
Ur-be, el año cuarenta y dos del imperio de César Octavio Au-
-gus-to; estando todo el or-be en paz, JESUCRISTO, Dios eterno
e Hijo del eterno Padre, queriendo consagrar el mundo con su
piadosísima venida, concebido del Espíritu Santo, nueve meses
después de su concepción, nace en Belén de Judea, hecho hombre,

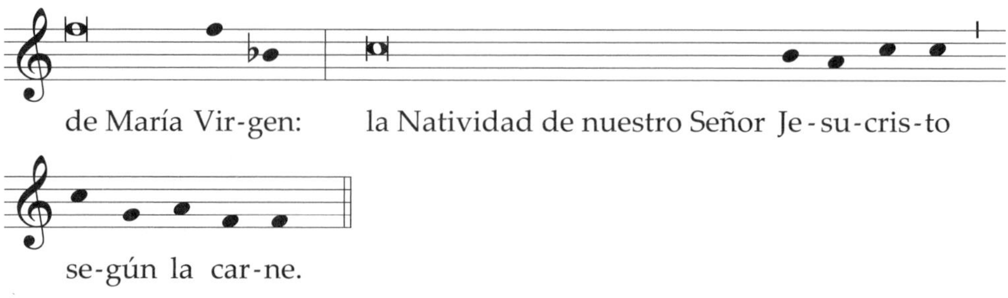

Texto sin música:

El día veinticinco de diciembre,
pasados innumerables siglos desde la creación del mundo,
cuando en el principio Dios creó el cielo y la tierra
y formó al hombre a su imagen;
después también de muchos siglos,
desde que el Altísimo pusiera su arco en las nubes tras el diluvio
como signo de alianza y de paz;
veintiún siglos después de la emigración de Abrahán, nuestro padre en la fe,
de Ur de Caldea;
trece siglos después de la salida del pueblo de Israel de Egipto bajo la guía de Moisés;
cerca de mil años después de que David fuera ungido como rey;
en la semana sesenta y cinco según la profecía de Daniel;
en la Olimpiada ciento noventa y cuatro,
el año setecientos cincuenta y dos
de la fundación de la Urbe,
el año cuarenta y dos del imperio de César Octavio Augusto;
estando todo el orbe en paz,
JESUCRISTO, Dios eterno e Hijo del eterno Padre,
queriendo consagrar el mundo con su piadosísima venida,
concebido del Espíritu Santo,
nueve meses después de su concepción,
nace en Belén de Judea,
hecho hombre, de María Virgen:
la Natividad de nuestro Señor Jesucristo según la carne.

APÉNDICE III

RITO PARA LA BENDICIÓN Y ASPERSIÓN DEL AGUA EN LOS DOMINGOS

1. En el Día del Señor, principalmente en el Tiempo Pascual, puede emplearse algunas veces el rito de la bendición y aspersión del agua en memoria del Bautismo, en todas las Misas, incluso en las Misas celebradas en las horas vespertinas del sábado en todas las iglesias y oratorios.

Si el rito se realiza dentro de la Misa, ocupa el lugar del acto penitencial acostumbrado, al inicio de la Misa.

2. Después del saludo, el sacerdote, de pie junto a la sede, vuelto hacia el pueblo, teniendo frente a sí el recipiente con el agua que se bendecirá, invita al pueblo a orar con éstas o semejantes palabras:

Queridos hermanos: Invoquemos a Dios Padre todopoderoso, para que bendiga esta agua que va a ser derramada sobre nosotros en memoria de nuestro Bautismo y pidámosle que nos renueve interiormente, para que permanezcamos fieles al Espíritu que hemos recibido.

Después de un breve momento de oración en silencio, prosigue, con las manos juntas, diciendo:

Dios todopoderoso y eterno,
que por medio del agua,
fuente de vida y medio de purificación,
quisiste limpiarnos del pecado
y darnos el don de la vida eterna,
dígnate bendecir ✠ esta agua,
para que sea signo de tu protección
en este día consagrado a ti, Señor.

Por medio de esta agua
renueva también en nosotros la fuente viva de tu gracia,
y líbranos de todo mal de alma y cuerpo,
para que nos acerquemos a ti
con el corazón limpio
y recibamos dignamente tu salvación.
Por Jesucristo, nuestro Señor.
R. Amén.

O bien:

Dios todopoderoso,
fuente y origen de la vida del alma y del cuerpo,
bendice ✠ esta agua,
que vamos a usar con fe
para implorar el perdón de nuestros pecados
y alcanzar la ayuda de tu gracia
contra toda enfermedad y asechanza del enemigo.

Concédenos, Señor, por tu misericordia,
que las aguas vivas siempre broten salvadoras,
para que podamos acercarnos a ti
con el corazón limpio
y evitemos todo peligro de alma y cuerpo.
Por Jesucristo, nuestro Señor.
R. Amén.

O bien, en el Tiempo Pascual:

Señor, Dios todopoderoso,
escucha las oraciones de tu pueblo,
ahora que recordamos
la acción maravillosa de nuestra creación
y la maravilla, aún más grande, de nuestra redención;
dígnate bendecir ✠ esta agua.

La creaste para hacer fecunda la tierra
y para favorecer nuestros cuerpos
con el frescor y la limpieza.

La hiciste también instrumento de misericordia
al librar a tu pueblo de la esclavitud
y al apagar con ella su sed en el desierto;
por los profetas la revelaste
como signo de la nueva alianza
que quisiste sellar con los hombres.

**Y, cuando Cristo descendió a ella en el Jordán,
renovaste nuestra naturaleza pecadora.
Que esta agua, Señor,
avive en nosotros
el recuerdo de nuestro Bautismo
y nos haga participar
en el gozo de nuestros hermanos
bautizados en la Pascua.
Por Jesucristo, nuestro Señor.**
R. Amén.

3. Cuando las circunstancias locales o la costumbre popular aconsejen conservar el rito de mezclar sal en el agua bendita, el sacerdote bendice la sal, diciendo:

**Te pedimos humildemente,
Dios todopoderoso,
que te dignes bendecir ✠ esta sal,
del mismo modo que mandaste al profeta Eliseo
que la arrojase al agua
para remediar su esterilidad.**

**Concédenos, Señor,
que allí donde se derrame
esta mezcla de sal y agua,
sea ahuyentado el poder del enemigo
y nos proteja siempre
la presencia del Espíritu Santo.
Por Jesucristo, nuestro Señor.**
R. Amén.

Enseguida pone la sal en el agua sin decir nada.

4. Terminada la bendición, el sacerdote toma el hisopo, se rocía a sí mismo y, luego, rocía a los ministros, al clero y a los fieles. Si le parece conveniente, puede recorrer la iglesia para la aspersión de los fieles.

Mientras tanto, se canta un canto apropiado distinto del Señor, ten piedad. Por ejemplo:

Fuera del Tiempo Pascual

Antífona 1 Sal 51 (50), 9

Rocíame, Señor, con el hisopo
y quedaré limpio;
lávame y quedaré más blanco que la nieve.

Antífona 2 Ez 36, 25-26

Los rociaré con agua pura
y quedarán purificados;
los purificaré de todas sus inmundicias e idolatrías,
y les daré un corazón nuevo, dice el Señor.

Himno Cfr. 1 Pe 1, 3-5

Bendito sea Dios,
Padre de nuestro Señor Jesucristo,
por su gran misericordia,
porque al resucitar a Jesucristo de entre los muertos,
nos concedió renacer
a la esperanza de una vida nueva
que no puede corromperse ni mancharse
y que él nos tiene reservada como herencia en el cielo.

En el Tiempo Pascual

Antífona 1 Cfr. Ez 47, 1-2. 9

Vi brotar agua del lado derecho del templo, aleluya.
Vi que en todos aquellos que recibían el agua,
surgía una vida nueva y cantaban con gozo: Aleluya, aleluya.

Antífona 2 Cfr. Sof 3, 8; Ez 36, 25

En el día de mi Resurrección, dice el Señor, aleluya,
congregaré a los pueblos y reuniré a las naciones,
y derramaré sobre ustedes un agua pura. Aleluya.

Antífona 3 Cfr. Dn 3, 77. 79

Manantiales y todo lo que vive en las aguas,
canten himnos al Señor. Aleluya.

Antífona 4 Cfr. 1 Pe 2, 9

Ustedes son estirpe elegida,
sacerdocio real, nación consagrada a Dios,
para que proclamen las obras maravillosas
de aquel que los llamó de las tinieblas
a su luz admirable. Aleluya.

Antífona 5

Señor Jesús, de tu costado abierto
brota una fuente de agua
que purifica al mundo de sus pecados
y renueva la vida. Aleluya.

5. Una vez acabado el canto, el sacerdote vuelve a la sede, de pie y vuelto hacia el pueblo, con las manos juntas, dice:

Que Dios todopoderoso nos purifique del pecado
y, por la celebración de esta Eucaristía,
nos haga dignos de participar
del banquete de su Reino.
Por los siglos de los siglos.
R. Amén.

6. A continuación, cuando lo prescriben las rúbricas, se dice o se canta el himno Gloria a Dios.

APÉNDICE IV

RITO PARA DESIGNAR UN MINISTRO OCASIONAL PARA DISTRIBUIR LA SAGRADA COMUNIÓN

1. El Obispo diocesano tiene la facultad de permitir a cada uno de los sacerdotes que ejercen los sagrados ministerios designar a un fiel idóneo que, en casos de verdadera necesidad y sólo para esa ocasión, distribuya la sagrada Comunión junto con ellos.

2. El fiel designado en estos casos para distribuir ocasionalmente la sagrada Comunión debe recibir el mandato según el rito que sigue.

3. Después de que el sacerdote celebrante, según el modo habitual, ha comulgado el Sacramento, el ministro extraordinario se acerca al altar y se sitúa delante del celebrante, quien lo bendice con las siguientes palabras:

El Señor te bendiga ✠
para distribuir ahora a tus hermanos
el Cuerpo de Cristo.

Y el ministro extraordinario responde:

Amén.

4. Si el mismo ministro extraordinario va a recibir la sagrada Eucaristía, el sacerdote le da la Comunión, y enseguida le entrega la píxide o el copón con las hostias o el cáliz, y junto con él se acerca a distribuir la Comunión a los fieles.

APÉNDICE V

RITO DE LA BENDICIÓN DEL CÁLIZ Y LA PATENA DENTRO DE LA MISA

1. El cáliz y la patena, en los cuales se ofrecen, se consagran y se reciben el vino y el pan, por estar destinados de manera exclusiva y estable a la celebración de la Eucaristía, llegan a ser "vasos sagrados".

2. El propósito de reservar estos vasos únicamente para la Eucaristía se manifiesta ante la comunidad de los fieles mediante una bendición especial que es aconsejable hacer dentro de la Misa.

3. Cualquier sacerdote puede bendecir el cáliz y la patena con tal de que estén fabricados según las normas indicadas en los números 327-332 de la *Institución general del Misal Romano*.

4. Si sólo se bendice el cáliz o sólo la patena, se adaptarán los textos.

5. Después de la lectura de la Palabra de Dios, el sacerdote hace la homilía, en la cual explica las lecturas bíblicas y el sentido de la bendición del cáliz y de la patena que se usan en la celebración de la Cena del Señor.

6. Terminada la oración universal, los ministros o los delegados de la comunidad que ofrecen el cáliz y la patena, los colocan sobre el altar. Luego el sacerdote se dirige al altar. Mientras tanto se canta la antífona siguiente:

Alzaré el cáliz de la salvación
invocando el nombre del Señor.

U otro canto adecuado.

7. Terminado el canto, el sacerdote dice:

Oremos.

Y todos oran durante un breve momento de silencio. Después el sacerdote prosigue:

Sobre tu altar, Señor Dios,
colocamos alegres este cáliz y esta patena
para celebrar el Sacrificio de la Nueva Alianza:
que el Cuerpo y la Sangre de tu Hijo,
que en ellos se ofrecen y se reciben,
santifiquen estos vasos.

Concédenos, Señor, Dios nuestro,
que al celebrar el santo sacrificio,
nos alimentemos aquí en la tierra con tus sacramentos
y seamos llenos de tu Espíritu,
hasta que podamos gozar con tus santos
del banquete del reino celestial.
A ti la gloria y el honor, para siempre.

Todos responden:

Bendito seas por siempre, Señor.

8. Luego, los ministros extienden el corporal sobre el altar. Algunos fieles traen el pan, el vino y el agua para celebrar el sacrificio del Señor. El sacerdote coloca los dones sobre la patena y el cáliz recién bendecidos, y los presenta como de costumbre. Mientras tanto se canta con el salmo 116 la siguiente antífona:

Levantaré el cáliz de la salvación
y ofreceré sacrificios de alabanza. (T.P. Aleluya.)

Salmo 116 (115)

No dejé de confiar, aunque exclamaba: "¡Qué grande es mi desdicha!"
Y en mi aflicción pensaba:
"Los hombres son un saco de mentiras". R.

¿Cómo pagaré al Señor por todos sus favores?
El cáliz alzaré de salvación invocando su nombre. R.

Cumpliré mis promesas al Señor
ante todos los hombres.
Penoso es a los ojos del Señor
que sus amigos mueran. R.

Porque soy siervo tuyo,
tu servidor e hijo de tu sierva,
por eso tú, Señor, rompiste mis cadenas:
voy a hacer sacrificios de alabanza,
invocando tu nombre. R.

Cumpliré mis promesas al Señor
ante todos los hombres,
en medio de su templo santo,
que está en Jerusalén. R.

U otro canto adecuado.

9. Después de la oración Acepta, Señor, nuestro corazón contrito, conviene que el sacerdote inciense los dones y el altar.

10. Conviene también que los fieles reciban la Sangre de Cristo del cáliz recién bendecido, si las circunstancias lo permiten.

APÉNDICE VI

FORMULARIOS PARA LA ORACIÓN UNIVERSAL

1. FORMULARIO GENERAL, I

Monición del sacerdote

Hermanos,
oremos fervientemente a Dios, Padre todopoderoso,
que quiere que todos los hombres
se salven y lleguen al conocimiento de la verdad.

Digámosle todos con fervor: Te rogamos, Señor.
R. Te rogamos, Señor.

Intenciones

1. **Por la santa Iglesia de Dios,**
para que la conserve y proteja con su amor,
roguemos al Señor. R.

2. **Por los pueblos de toda la tierra,**
para que conserve en ellos la paz,
roguemos al Señor. R.

3. **Por todos los que están angustiados por diferentes necesidades,**
para que les dé ayuda y remedio,
roguemos al Señor. R.

4. **Por nosotros mismos y nuestra comunidad,**
para que se digne aceptarnos como una ofrenda agradable,
roguemos al Señor. R.

Oración del sacerdote

Señor, refugio y fortaleza nuestra,
escucha benignamente las oraciones de tu Iglesia
y concédenos con abundancia lo que te hemos pedido con fe.
Por Jesucristo, nuestro Señor.
R. Amén.

2. FORMULARIO GENERAL, II

Monición del sacerdote

Hermanos y hermanas,
elevemos con fervor nuestras súplicas
a Dios Padre misericordioso.

Digámosle todos con gran confianza: Te rogamos, Señor.
R. Te rogamos, Señor.

Intenciones

1. **Por el Papa, los obispos y los sacerdotes,**
para que ejerzan fielmente su ministerio,
roguemos al Señor. R.

2. **Por toda la familia humana,**
para que goce abundantemente de su divina bondad,
roguemos al Señor. R.

3. **Por todos nuestros gobernantes,**
para que sean siempre asistidos por la sabiduría y fortaleza divinas,
roguemos al Señor. R.

4. **Por todos los que estamos reunidos en la fe y en la caridad,**
para que demos con nuestra vida un firme testimonio de adhesión a Cristo,
roguemos al Señor. R.

Oración del sacerdote

Escucha, Señor,
benignamente nuestras súplicas y concédenos lo que te pedimos con humildad.
Por Jesucristo, nuestro Señor.
R. Amén.

3. FORMULARIO GENERAL, III

Monición del sacerdote

Hermanos,
oremos a Dios nuestro Padre,
en cuyas manos están los destinos del universo
y digámosle todos con gran confianza:
Te rogamos, Señor.
R. Te rogamos, Señor.

Intenciones

1. **Por la santa Iglesia de Dios,**
para que sea fiel a la voluntad de Cristo
y se purifique continuamente de sus faltas y debilidades,
roguemos al Señor. R.

2. **Por los que gobiernan las naciones,**
para que trabajen por la paz del mundo,
a fin de que todos los pueblos puedan vivir en justicia y libertad,
roguemos al Señor. R.

3. **Por los pobres y afligidos,**
por los enfermos y los moribundos y por todos los que sufren,
para que encuentren el consuelo y la salud,
roguemos al Señor. R.

4. **Por todos los que estamos aquí reunidos y cuantos forman nuestra comunidad,**
para que Dios nos conceda la paz del corazón,
el perdón de los pecados y la firme voluntad de obedecer siempre sus mandamientos,
roguemos al Señor. R.

Oración del sacerdote

Escucha, Señor,
benignamente nuestras súplicas y concédenos lo que te pedimos confiados en tu bondad.
Por Jesucristo, nuestro Señor.
R. Amén.

4. FORMULARIO GENERAL, IV

Monición del sacerdote

Hermanos,
en esta oración pública y comunitaria oremos a Cristo, nuestro Señor,
pero no cada quien por sí mismo ni sólo por sus propias necesidades,
sino por las de todo el pueblo.

Digámosle con fe: Cristo, óyenos.
R. Cristo, óyenos.

Intenciones

1. **Por todo el pueblo cristiano,**
para que obtenga la abundancia de la divina bondad, oremos. R.

2. **Por los gobernantes de las naciones,**
para que sean dignos instrumentos de Dios
en el ejercicio del poder, oremos. R.

3. **Por todos los que no tienen la luz de la fe,**
para que reciban la abundancia
de los dones espirituales, oremos. R.

4. **Por nosotros que anhelamos la bondad del Señor,**
para que experimentemos su misericordia
en nuestras necesidades, oremos. R.

Oración del sacerdote

Señor Jesucristo,
escucha benignamente nuestras súplicas
y concédenos lo que te pedimos,
confiados en tu poder.
Tú que vives y reinas por los siglos de los siglos.
R. Amén.

5. TIEMPO DE ADVIENTO, I

Monición del sacerdote

**Alegres por el anuncio de la venida del Señor,
oremos hermanos, a Dios, nuestro Padre,
en la esperanza de nuestra total liberación y digámosle:
Te rogamos, Señor.**
R. Te rogamos, Señor.

Intenciones

1. **Para que el Señor visite a su Iglesia,
le conceda la unidad y la libertad y la gobierne con su asistencia,
roguemos al Señor.** R.

2. **Para que bajo la protección divina trabajemos
para que nuestros tiempos sean tranquilos y nuestra vida feliz,
roguemos al Señor.** R.

3. **Para que con su venida,
el Señor cure los dolores de los enfermos
dé paz y alegría a cuantos carecen de ellas
y libre al mundo de todos los males,
roguemos al Señor.** R.

4. **Para que cuantos recordamos con piedad su primera venida,
podamos alegrarnos de su glorioso advenimiento
al final de los tiempos,
roguemos al Señor.** R.

Oración del sacerdote

**Te pedimos,
Dios todopoderoso y eterno,
que escuches nuestras oraciones y derrames sobre nosotros
los dones de tu piedad;
para que cuantos confían en la venida de tu Hijo,
se vean libres de todo mal.
Por Jesucristo, nuestro Señor.**
R. Amén.

6. TIEMPO DE ADVIENTO, II

Monición del sacerdote

Oremos, hermanos,
a Dios Padre todopoderoso,
que tanto amó al mundo que le dio a su Hijo único,
y digámosle con fe:
Te rogamos, Señor.
R. Te rogamos, Señor.

Intenciones

1. **Para que prepare el corazón de los fieles**
a recibir con gozo la venida de su Hijo,
roguemos al Señor. R.

2. **Para que dirija los pensamientos**
y las acciones de nuestros gobernantes hacia la justicia,
la libertad y el bien de todos,
principalmente de los más débiles,
roguemos al Señor. R.

3. **Para que la venida de Cristo**
nos libre de la esclavitud de nuestros pecados,
roguemos al Señor. R.

4. **Para que en el seno de la comunidad humana seamos levadura**
y testimonio de aquella alegría que nace de la certeza
de que el Señor está cerca,
roguemos al Señor. R.

Oración del sacerdote

Dios todopoderoso y eterno,
que nos mandas preparar el camino a Cristo, el Señor,
escucha nuestra oración y concédenos misericordiosamente
que los que esperamos la venida de tu Hijo,
no sucumbamos a ninguna debilidad.
Por Jesucristo, nuestro Señor.
R. Amén.

7. TIEMPO DE ADVIENTO, III

Monición del sacerdote

**Queridos hermanos,
deseando ardientemente la venida de nuestro Señor Jesucristo,
supliquemos más intensamente su misericordia,
ya que vino al mundo a evangelizar a los pobres
y sanar a los enfermos y afligidos,
para que en nuestro tiempo otorgue
la salvación a todos los necesitados.**

Después de cada petición diremos: Te rogamos, Señor.
R. Te rogamos, Señor.

Intenciones

1. **Para que visite a su Iglesia
y la proteja siempre, oremos.** R.

2. **Para que dirija, según su voluntad,
las mentes de los que nos gobiernan,
y así promuevan toda clase de bienes, oremos.** R.

3. **Para que todos los que sufren persecución
sean misericordiosamente liberados, oremos.** R.

4. **Para que nos encuentre vigilantes anhelando
su retorno glorioso, oremos.** R.

Oración del sacerdote

**Te pedimos,
Dios todopoderoso y eterno,
que escuches nuestras oraciones
y derrames sobre nosotros los dones de tu amor,
para que cuantos confían en la venida de tu Hijo,
se vean libres de todo mal.
Por Jesucristo, nuestro Señor.**
R. Amén.

8. TIEMPO DE NAVIDAD, I

Monición del sacerdote

Celebrando el glorioso nacimiento de Cristo el Señor,
oremos, hermanos, al Padre celestial,
que lo ha enviado para nuestra salvación y digámosle:
Te rogamos, Señor.
R. Te rogamos, Señor.

Intenciones

1. **Por la santa Iglesia de Dios,**
para que todos sus fieles conserven y profundicen su fe en Cristo,
Dios como el Padre y hombre como nosotros,
roguemos al Señor. R.

2. **Por todos los hombres,**
para que lleguen al conocimiento de Cristo
y encuentren en él luz para su vida
y descanso para su espíritu, roguemos al Señor. R.

3. **Por los que en estos días de Navidad**
sufren a causa de la soledad,
de la pobreza y del desamparo,
roguemos al Señor. R.

4. **Por todos nosotros,**
para que quienes nos alegramos con el nacimiento de Cristo
sintamos la urgencia de anunciar su Evangelio
a todos los hombres,
roguemos al Señor. R.

Oración del sacerdote

Escucha, Padre del cielo,
la oración de tu Iglesia,
que, llena de confianza por el nacimiento de tu Hijo,
te suplica por todos los hombres.
Por Jesucristo, nuestro Señor.
R. Amén.

9. TIEMPO DE NAVIDAD, II

Monición del sacerdote

Queridos hermanos,
en este día (en esta noche, en este tiempo)
en que se manifestó la bondad de Dios
en la humildad de nuestra carne,
elevemos nuestras súplicas a nuestro Salvador,
confiando en su misericordia
más que en nuestras buenas obras.

Digámosle llenos de confianza: Señor, ten piedad.
R. Señor, ten piedad.

Intenciones

1. **Por la Iglesia de Dios,**
para que se adhiera con fe firme y reciba
con alegría a quien la Virgen inmaculada
concibió por el anuncio del ángel
y engendró de modo inefable, oremos. R.

2. **Por el progreso de los pueblos**
y la paz del mundo,
para que el bienestar temporal
no los distraiga de los bienes eternos, oremos. R.

3. **Por los que padecen hambre,**
sufren alguna enfermedad o los aflige la soledad,
para que por el misterio del Nacimiento (de la manifestación) de Cristo,
encuentren ayuda espiritual y corporal, oremos. R.

4. **Por las familias de nuestra comunidad,**
para que acogiendo con verdad a Cristo,
aprendan a encontrarlo también en los pobres, oremos. R.

Oración del sacerdote

Dios y Padre nuestro,
escucha las súplicas de tu pueblo por la intercesión de aquella
que tuvo el privilegio de ser la Madre Virgen del Dios hecho hombre.
Por Jesucristo, nuestro Señor.
R. Amén.

10. TIEMPO DE CUARESMA, I

Monición del sacerdote

En este tiempo de conversión, oremos, hermanos,
a Dios nuestro Padre por todos los hombres
y digámosle confiadamente:
Te rogamos, Señor.
R. Te rogamos, Señor.

Intenciones

1. **Para que el Señor,**
que consagró con su ayuno los días de la santa Cuaresma,
bendiga la penitencia de su Iglesia
y la proteja de los ataques del enemigo,
roguemos al Señor. R.

2. **Para que se apiade de todos los hombres**
y les conceda el arrepentimiento a cuantos
viven apartados del bien,
roguemos al Señor. R.

3. **Para que socorra a cuantos padecen hambre,**
inspire sentimientos de caridad a los que tienen riquezas
y multiplique los frutos de la tierra,
roguemos al Señor. R.

4. **Para que cuantos en este tiempo de Cuaresma**
buscamos sinceramente a Dios,
recibamos la plenitud de su perdón,
roguemos al Señor. R.

Oración del sacerdote

Dios todopoderoso y eterno,
escucha las oraciones de tu pueblo,
perdona sus pecados y purifica su espíritu
para que cuantos con amor observamos las penitencias cuaresmales,
obtengamos la paz y la misericordia.
Por Jesucristo, nuestro Señor.
R. Amén.

11. TIEMPO DE CUARESMA, II

Monición del sacerdote

**Oremos, hermanos,
a Dios nuestro Padre todopoderoso,
e imploremos su misericordia porque
él no desea la muerte del pecador,
sino que se convierta y viva.**

Digámosle con fe: Te rogamos, Señor.
R. Te rogamos, Señor.

Intenciones

1. **Por la santa Iglesia de Dios,
para que, perseverando en su esfuerzo cuaresmal,
reciba consuelo en la resurrección de Cristo
y encuentre en ella la prenda de su gloria futura,
roguemos al Señor.** R.

2. **Por cuantos tienen autoridad en nuestra patria y en todo el mundo,
para que bajo su gobierno,
vivamos en paz y concordia,
glorificando a Cristo, nuestra esperanza,
roguemos al Señor.** R.

3. **Por los enfermos y por los que sufren,
por los que están lejos de su hogar
y por los que no tienen trabajo,
para que hallen en nuestra caridad ayuda y consuelo,
roguemos al Señor.** R.

4. **Por todos nosotros,
para que nos arrepintamos sinceramente de nuestros pecados
y participemos con Cristo en la renovación pascual,
roguemos al Señor.** R.

Oración del sacerdote

**Al prepararnos a la celebración de la Pascua,
te suplicamos, Dios de bondad,
que escuches nuestras oraciones,
para que gocemos siempre de la plenitud de la redención.
Por Jesucristo, nuestro Señor.**
R. Amén.

12. TIEMPO DE CUARESMA, III

Monición del sacerdote

**Queridos hermanos,
siempre debemos elevar nuestras súplicas a Dios, nuestro Padre,
pero en estos días de Cuaresma
es necesario dirigirle a él nuestras oraciones con más insistencia,
unidos más conscientemente a su Hijo, Jesucristo.**

Digámosle: Señor, ten piedad. (O bien: **Kýrie, eléison.**)
R. Señor, ten piedad. (O bien: Kýrie, eléison.)

Intenciones

1. **Por todo el pueblo cristiano,
para que en este santo tiempo de Cuaresma se alimente, con mayor abundancia,
de toda palabra que procede de la boca de Dios, oremos.** R.

2. **Por la tranquilidad y la paz en todo el mundo,
para que nuestros días transcurran llenos
de gracia y salvación, oremos.** R.

3. **Por los pecadores y los alejados de Dios,
para que en este tiempo de reconciliación
y de perdón vuelvan sinceramente al Señor, oremos.** R.

4. **Por todos nosotros,
para que la gracia de Dios suscite en nuestros corazones
un verdadero arrepentimiento de nuestros pecados, oremos.** R.

Oración del sacerdote

**Concede, Padre de bondad,
que tu pueblo se convierta a ti de todo corazón,
para que reciba de tu misericordia
lo que te pide confiadamente.
Por Jesucristo, nuestro Señor.**
R. Amén.

13. TIEMPO DE CUARESMA, IV

Monición del sacerdote

Queridos hermanos,
al acercarse la solemnidad de la Pascua,
supliquemos más intensamente a Dios, nuestro Padre,
para que la multitud de los bautizados y el mundo entero,
participemos con mayor abundancia de los frutos
de este sagrado misterio.

Digámosle confiadamente: Señor, ten piedad. (O bien: **Kýrie, eléison.**)
R. Señor, ten piedad. (O bien: Kýrie, eléison.)

Intenciones

1. **Por los** (**nuestros**) **catecúmenos**
que recibirán los sacramentos de la Iniciación Cristiana
en la solemnidad de la Pascua,
para que crezcan en el conocimiento de la fe, oremos. R.

2. **Por los pueblos más pobres,**
para que reciban apoyo de los que más tienen,
puedan alcanzar la paz y la seguridad en el mundo entero,
oremos. R.

3. **Por todos los que padecen necesidad y sufren tentación,**
para que sean fortalecidos con la gracia del Señor, oremos. R.

4. **Por todos nosotros,**
para que aprendamos a compartir con los pobres el fruto
de nuestras privaciones voluntarias, oremos. R.

Oración del sacerdote

Apiádate, Dios y Padre nuestro,
de tu Iglesia suplicante,
y atiende propicio a quienes se humillan de corazón ante ti,
para que nunca les falte tu ayuda a los que participan
en estos divinos misterios.
Por Jesucristo, nuestro Señor.
R. Amén.

14. EN LAS FERIAS DE SEMANA SANTA

Monición del sacerdote

**En este tiempo de la sagrada pasión,
en que Cristo presentó al Padre súplicas
y oraciones con ardientes lágrimas, roguemos, hermanos,
a Dios que por amor a su Hijo
se digne también escuchar benignamente nuestras plegarias.**

Digámosle todos con gran confianza: Te rogamos, Señor.
R. Te rogamos, Señor.

Intenciones

1. **Por la santa Iglesia,
para que la purifique plenamente con la Sangre de Cristo,
roguemos al Señor.** R.

2. **Por todos los pueblos del mundo,
para que, por medio de la redención de Cristo,
venga a ellos la paz y la salvación,
roguemos al Señor.** R.

3. **Por todos los que participan de la pasión de Cristo
mediante la enfermedad y la tribulación,
para que Dios les dé fortaleza y valor,
roguemos al Señor.** R.

4. **Por todos nosotros,
para que, por medio de la pasión y muerte de Jesucristo,
lleguemos a la gloria de la resurrección,
roguemos al Señor.** R.

Oración del sacerdote

**Atiende, Señor,
a las súplicas de tu pueblo,
para que, lo que no se atreve a esperar por sus propios méritos,
lo alcance por la pasión de tu Hijo,
que contigo vive y reina por los siglos de los siglos.**
R. Amén.

15. TIEMPO PASCUAL, I

Monición del sacerdote

**Partícipes de la inmensa misericordia de Dios,
que nos ha renovado con la resurrección de su Hijo,
pidamos, hermanos, para que todos los hombres gocen
de los bienes del mundo nuevo inaugurado en la Pascua del Señor.**

Digámosle confiadamente: Te rogamos, Señor.
R. Te rogamos, Señor.

Intenciones

1. **Por la santa Iglesia de Dios,
para que con gozo y firmeza dé testimonio perseverante
de la resurrección de Cristo,
roguemos al Señor.** R.

2. **Por todos los hombres,
para que lleguen a gozar
de la paz que Cristo trajo a los apóstoles,
roguemos al Señor.** R.

3. **Por todos los que sufren,
para que su tristeza se vea un día transformada
en una alegría que nadie les podrá arrebatar nunca,
roguemos al Señor.** R.

4. **Por todos nosotros,
para que sepamos descubrir y profundizar
cada día más plenamente el significado de nuestro Bautismo
y de nuestra pertenencia a la Iglesia,
roguemos al Señor.** R.

Oración del sacerdote

**Padre celestial,
que por la muerte de tu Hijo en la cruz restauraste
la antigua dignidad del hombre,
concédenos los bienes que te pedimos para que,
así, los que hemos renacido por el agua y el Espíritu Santo,
conservemos siempre la alegría pascual.
Por Jesucristo, nuestro Señor.**
R. Amén.

16. TIEMPO PASCUAL, II

Monición del sacerdote

**Hermanos,
pidamos juntos al Señor en estos días alegres de la Pascua,
la renovación espiritual de los creyentes
y la fe en Cristo resucitado para todos
los que aún no lo conocen.**

Digámosle con fe: Te rogamos, Señor.
R. Te rogamos, Señor.

Intenciones

1. **Por la santa Iglesia de Dios,
para que, al contemplar asiduamente a su Señor
que reina en los cielos,
no se deje cautivar por los bienes de la tierra,
roguemos al Señor.** R.

2. **Por todos los pueblos de la tierra,
para que lleguen a conocer a Jesucristo como
salvador de todos los hombres,
roguemos al Señor.** R.

3. **Por todos los que estamos aquí reunidos,
para que el triunfo de Jesucristo sobre la muerte,
nos haga esperar la venida definitiva de su reino,
roguemos al Señor.** R.

4. **Por nosotros,
para que en medio del mundo,
demos testimonio con nuestra vida,
de que el destino del hombre no está en este mundo,
roguemos al Señor.** R.

Oración del sacerdote

**Señor Dios,
que libraste de la muerte a tu Hijo, nuestro Señor Jesucristo,
escucha con amor las oraciones de la Iglesia
y líbrala de todos los males.
Por Jesucristo, nuestro Señor.**
R. Amén.

17. TIEMPO PASCUAL, III

Monición del sacerdote

**Queridos hermanos,
en la alegría de esta Pascua,
oremos insistentemente a Dios, nuestro Padre,
que se digne atender nuestras humildes oraciones,
como escuchó las súplicas de su amado Hijo.**

**Digámosle llenos de confianza:
Por la victoria de tu Hijo, sálvanos, Señor.**
R. Por la victoria de tu Hijo, sálvanos, Señor.

Intenciones

1. **Por los pastores de nuestras comunidades,
para que puedan guiar con sabiduría el rebaño
que el Buen Pastor les ha confiado, oremos.** R.

2. **Por el mundo entero,
para que pueda gozar de la verdadera paz de Cristo, oremos.** R.

3. **Por nuestros hermanos que sufren,
para que su tristeza se transforme
en aquella alegría que nadie podrá quitarles, oremos.** R.

4. **Por nuestra comunidad,
para que con gran confianza dé testimonio
de la Resurrección de Cristo, oremos.** R.

Oración del sacerdote

**Dios y Padre nuestro,
que conoces la vida de los hombres de nuestro tiempo,
sometidos a tantas dificultades y peligros,
escucha los deseos y súplicas de tus hijos
que confían plenamente en tu amor paterno.
Por Jesucristo, tu Hijo,
que vive y reina inmortal y glorioso,
por los siglos de los siglos.**
R. Amén.

18. TIEMPO ORDINARIO, I

Monición del sacerdote

**Suba nuestra oración a Dios, Padre todopoderoso,
que quiere iluminar y salvar a todos los hombres.**

Digámosle con fe: Te rogamos, Señor.
R. Te rogamos, Señor.

Intenciones

1. **Por el Santo Padre, el Papa** N.**,
y por todos los obispos,
para que guíen fielmente al pueblo de Dios,
roguemos al Señor.** R.

2. **Por los que rigen los destinos de los pueblos,
para que protejan la libertad de los ciudadanos
y gobiernen con rectitud y justicia,
roguemos al Señor.** R.

3. **Por todos los que sufren opresión e injusticia,
por los enfermos y afligidos,
para que la gracia de Dios nos mueva a remediar esos males,
roguemos al Señor.** R.

4. **Por los que estamos aquí reunidos,
para que vivamos en amor fraterno
y formemos una comunidad verdadera en el seno de la Iglesia,
roguemos al Señor.** R.

Oración del sacerdote

**Escucha, Dios todopoderoso,
las súplicas de tu pueblo y concédenos lo que te pedimos,
confiados en tu bondad.
Por Jesucristo, nuestro Señor.**
R. Amén.

19. TIEMPO ORDINARIO, II

Monición del sacerdote

**Elevemos, hermanos,
nuestras súplicas a Dios Padre de misericordia,
y oremos por todos los hombres.**

Digámosle confiadamente: Te rogamos, Señor.
R. Te rogamos, Señor.

Intenciones

1. **Por la santa Iglesia de Dios,
para que la unidad, la caridad mutua
y el fervor reinen entre nosotros,
roguemos al Señor.** R.

2. **Por todas las naciones,
para que puedan servir mejor a Dios en la paz,
en la justicia y en el bienestar,
roguemos al Señor.** R.

3. **Por los que padecen necesidad en su cuerpo
o están turbados en el espíritu,
para que el Señor les alivie sus dolores
y les conceda la paz y la esperanza del cielo,
roguemos al Señor.** R.

4. **Por nuestros difuntos,
para que el Señor les dé el descanso eterno,
los reciba en su reino y los corone de gloria,
roguemos al Señor.** R.

Oración del sacerdote

**Te pedimos, Padre de misericordia,
que ilumines benignamente a tu familia,
para que, adhiriéndose a cuanto te agrada,
obtenga de ti toda clase de bienes.
Por Jesucristo, nuestro Señor.**
R. Amén.

20. TIEMPO ORDINARIO, III

Monición del sacerdote

**Queridos hermanos,
reunidos en un solo cuerpo,
proclamemos los beneficios de nuestro Dios,
y roguémosle que atienda nuestras oraciones,
incluso las que no sabemos expresar.**

Digámosle con fe: Te rogamos, óyenos. (O bien: **Acuérdate, Señor, de tu pueblo.**)
R. Te rogamos, óyenos. (O bien: Acuérdate, Señor, de tu pueblo.)

Intenciones

1. **Por el Papa** N.**,
por nuestro obispo** N.**,
por todos los presbíteros y diáconos,
y por todo el pueblo confiado a su servicio pastoral, oremos.** R.
2. **Por las autoridades civiles y sus colaboradores,
para que promuevan el bien común, oremos.** R.
3. **Por los que se encuentran lejos de sus hogares,
los que viajan, los migrantes y los prisioneros, oremos.** R.
4. **Por cuantos nos hemos reunido en esta santa asamblea,
para que crezcamos en la fe, la devoción, la caridad
con el prójimo y el amor a Dios, oremos.** R.

Oración del sacerdote

**Padre santo,
que sean gratos a tus ojos los deseos de tu Iglesia suplicante,
y que tu misericordia nos conceda aquello que no podemos
esperar por nuestros méritos.
Por Jesucristo, nuestro Señor.**
R. Amén.

21. TIEMPO ORDINARIO, IV

Monición del sacerdote

Queridos hermanos,
reunidos en esta santa asamblea para celebrar
los misterios de nuestra redención,
supliquemos a Dios omnipotente que el mundo entero se beneficie
de las bendiciones que manan de la fuente de la vida.

Digámosle llenos de confianza: Dios omnipotente, ayúdanos.
R. Dios omnipotente, ayúdanos.

Intenciones

1. **Por todos nuestros hermanos**
que se han consagrado a Dios,
para que, con su ayuda,
se mantengan fieles a sus propósitos, oremos. R.

2. **Por la paz de las naciones,**
para que, libres de toda perturbación,
puedan servirte con responsabilidad, oremos. R.

3. **Por los ancianos y por todos los que sufren**
a causa de la enfermedad y de la soledad,
para que encuentren apoyo en nuestra caridad fraterna,
oremos. R.

4. **Por nosotros que estamos aquí reunidos,**
para que sepamos usar los bienes temporales
que Dios ha dispuesto para nuestro provecho,
de tal manera que nuestro corazón esté anclado
en los bienes eternos, oremos. R.

Oración del sacerdote

Dios y Padre nuestro,
ayuda a tu pueblo,
para que pueda obtener de tu generosidad lo que tú mismo le inspiras
que te pida con fe. Por Jesucristo, nuestro Señor.
R. Amén.

En el Tiempo Ordinario se pueden usar también los formularios generales que aparecen en los números **1-4**.

22. EN LAS MISAS DE DIFUNTOS, I

Monición del sacerdote

Dirijamos nuestra oración a Dios, Padre todopoderoso, que resucitó de entre los muertos a Cristo, su Hijo, y pidámosle por la salvación de vivos y difuntos.

Digámosle con fe: Escúchanos, Padre.
R. Escúchanos, Padre.

Intenciones

1. **Para que confirme al pueblo cristiano en la fe y lo consolide en la unidad, oremos.** R.

2. **Para que libere al mundo de los horrores de las guerras, oremos.** R.

3. **Para que se muestre como Padre providente con nuestros hermanos que no tienen casa, trabajo o lo necesario para vivir, oremos.** R.

4a. **Para que nuestro(a) hermano(a) difunto(a)** N.**, que en el Bautismo recibió el germen de la vida eterna, participe en la comunión de los santos, oremos.** R.

4b. **Para que nuestro(a) hermano(a) difunto(a)** N.**, que en esta vida se alimentó con el Cuerpo de Cristo, Pan de vida eterna, resucite gloriosamente en el último día, oremos.** R.

(O bien, por un presbítero): **Para que nuestro hermano** N.**, que ejerció en la Iglesia el ministerio sacerdotal, entre a participar de la liturgia del cielo, oremos.** R.

4c. **Para que las almas de nuestros parientes y de todos los que nos han hecho el bien, alcancen el premio de sus trabajos, oremos.** R.

4d. **Para que todos los fieles que se durmieron en la esperanza de la resurrección, contemplen la luz de tu rostro, oremos.** R.

5. **Para que consuele y ayude a nuestros hermanos que sufren la muerte de un ser querido, oremos.** R.

6. **Para que todos nosotros,
que nos hemos reunido aquí llenos de fe en Cristo,
seamos también congregados por él en su Reino glorioso,
oremos.** R.

Oración del sacerdote

**Dios y Padre nuestro,
que nuestra oración ayude a las almas de los fieles difuntos,
para que tu misericordia les conceda
el perdón de su pecados y los haga partícipes de tu redención.
Por Jesucristo, nuestro Señor.**
R. Amén.

23. EN LAS MISAS DE DIFUNTOS, II

Monición del sacerdote

**Oremos, hermanos,
a nuestro Padre celestial,
que nos consuela en todas nuestras penas,
y pidámosle que conceda la vida eterna a los que nos dejaron
y se durmieron en el Señor.**

Digámosle llenos de confianza: Te rogamos, Señor.
R. Te rogamos, Señor.

Intenciones

1. **Por la santa Iglesia de Dios,
para que anuncie sin cansarse el alegre mensaje de la esperanza futura
a todos los pueblos de la tierra,
roguemos al Señor.** R.

2. **Por todos los hombres que,
sin el consuelo de la fe,
lloran ante la muerte,
para que Dios les revele la gloria de la inmortalidad futura,
roguemos al Señor.** R.

3. Por nuestro(a) hermano(a) N.,
para que pueda presentarse perdonado ante el trono de Dios,
y resucite lleno de vida y de gloria al fin de los tiempos,
roguemos al Señor. R.

4. Por nosotros,
los que aún permanecemos en este mundo,
para que sepamos consolarnos mutuamente
con palabras de fe y de esperanza,
hasta que salgamos al encuentro de Cristo
y nos reunamos con nuestro(a) hermano(a) en el cielo,
roguemos al Señor. R.

Oración del sacerdote

Dios todopoderoso y eterno,
Padre lleno de bondad,
recibe las súplicas que te dirigimos en favor de tus fieles difuntos,
líbranos de nuestras culpas
y concédenos la gracia de la resurrección.
Por Jesucristo, nuestro Señor.
R. Amén.

APÉNDICE VII

TEXTOS ALTERNATIVOS

Otras fórmulas de saludo:

**El Señor, que dirige nuestros corazones
para que amemos a Dios,
esté con todos ustedes.**

O bien:

**La paz, la caridad y la fe,
de parte de Dios Padre,
y de Jesucristo, el Señor,
estén con todos ustedes.**

O bien:

**El Dios de la esperanza,
que por la acción del Espíritu Santo
nos colma con su alegría y con su paz,
esté siempre con todos ustedes.**

Propias para los diversos tiempos litúrgicos:

Tiempo de Adviento:

**El Señor Jesús, que viene a salvarnos,
esté con todos ustedes.**

Tiempo de Navidad:

**La paz y el amor de Dios, nuestro Padre,
que se han manifestado en Cristo,
nacido para nuestra salvación,
estén con todos ustedes.**

Tiempo de Cuaresma:

**La gracia y el amor de Jesucristo,
que nos llama a la conversión,
estén con todos ustedes.**

Cincuentena pascual:

**El Dios de la vida,
que ha resucitado a Jesucristo,
rompiendo las ataduras de la muerte,
esté con todos ustedes.**

Otras invitaciones del celebrante, antes del acto penitencial:

El Señor Jesús,
que nos invita a la mesa de la Palabra y de la Eucaristía,
nos llama ahora a la conversión.
Reconozcamos, pues, que somos pecadores
e invoquemos con esperanza la misericordia de Dios.

O bien, pero sólo en los domingos, y durante la octava de Pascua:

En el día en que celebramos la victoria de Cristo
sobre el pecado y sobre la muerte,
reconozcamos que estamos necesitados
de la misericordia del Padre
para morir al pecado
y resucitar a la vida nueva.

Antes de la segunda forma del acto penitencial:

Al comenzar esta celebración eucarística,
pidamos a Dios que nos conceda
la conversión de nuestros corazones;
así obtendremos la reconciliación
y se acrecentará nuestra comunión
con Dios y con nuestros hermanos.

O bien:

Humildes y penitentes, como el publicano en el templo,
acerquémonos al Dios justo,
y pidámosle que tenga piedad de nosotros,
ya que también nosotros reconocemos
que somos pecadores.

Antes de la tercera forma del acto penitencial:

Jesucristo, el justo, intercede por nosotros
y nos reconcilia con el Padre.
Abramos, pues, nuestro espíritu al arrepentimiento,
para acercarnos a la mesa del Señor.

O bien:

El Señor ha dicho:
"El que esté sin pecado, que tire la primera piedra."
Reconozcámonos, pues, pecadores
y perdonémonos los unos a los otros,
desde lo más íntimo de nuestro corazón.

Otras invocaciones para la tercera fórmula del acto penitencial:

Tiempo Ordinario:

I

Tú que eres el camino que conduce al Padre: Señor, ten piedad.
R. Señor, ten piedad.

Tú que eres la verdad que ilumina los pueblos: Cristo, ten piedad.
R. Cristo, ten piedad.

Tú que eres la vida que renueva el mundo: Señor, ten piedad.
R. Señor, ten piedad.

II

Tú que eres la plenitud de la verdad y de la gracia: Señor, ten piedad.
R. Señor, ten piedad.

Tú que te has hecho pobre para enriquecernos: Cristo, ten piedad.
R. Cristo, ten piedad.

Tú que has venido para hacer de nosotros tu pueblo santo: Señor, ten piedad.
R. Señor, ten piedad.

III

Tú que no has venido a condenar sino a perdonar: Señor, ten piedad.
R. Señor, ten piedad.

Tú que has dicho que hay gran fiesta en el cielo por un pecador que se arrepiente: Cristo, ten piedad.
R. Cristo, ten piedad.

Tú que perdonas mucho a quien mucho ama: Señor, ten piedad.
R. Señor, ten piedad.

IV

Tú que has venido a buscar al que estaba perdido: Señor, ten piedad.
R. Señor, ten piedad.

Tú que has querido dar la vida en rescate por todos: Cristo, ten piedad.
R. Cristo, ten piedad.

Tú que reúnes a tus hijos dispersos: Señor, ten piedad.
R. Señor, ten piedad.

V

Tú que ofreciste el perdón a Pedro arrepentido: Señor, ten piedad.
R. Señor, ten piedad.

Tú que prometiste el paraíso al buen ladrón: Cristo, ten piedad.
R. Cristo, ten piedad.

Tú que perdonas a todo hombre que confía en tu misericordia: Señor, ten piedad.
R. Señor, ten piedad.

VI

Defensor de los pobres: Señor, ten piedad.
R. Señor, ten piedad.

Refugio de los débiles: Cristo, ten piedad.
R. Cristo, ten piedad.

Esperanza de los pecadores: Señor, ten piedad.
R. Señor, ten piedad.

VII

Señor Jesús, tú que viniste a congregar a las naciones en la paz del Reino de Dios: Señor, ten piedad.
R. Señor, ten piedad.

Señor Jesús, tú que vienes en Palabra y Sacramento para fortalecernos en la santidad: Cristo, ten piedad.
R. Cristo, ten piedad.

Señor Jesús, tú que vendrás con gloria para la salvación de tu pueblo: Señor, ten piedad.
R. Señor, ten piedad.

VIII

Señor Jesús, tú que eres Dios todopoderoso y Príncipe de la paz: Señor, ten piedad.
R. Señor, ten piedad.

Señor Jesús, tú que eres el Hijo de Dios e Hijo de María: Cristo, ten piedad.
R. Cristo, ten piedad.

Señor Jesús, tú que eres la Palabra hecha carne y el esplendor del Padre: Señor, ten piedad.
R. Señor, ten piedad.

IX

Señor Jesús, tú que viniste a reconciliarnos con el prójimo y con el Padre: Señor, ten piedad.
R. Señor, ten piedad.

Señor Jesús, tú que sanaste las heridas del pecado y de la división: Cristo, ten piedad.
R. Cristo, ten piedad.

Señor Jesús, tú que intercedes con tu Padre por nosotros: Señor, ten piedad.
R. Señor, ten piedad.

X

Señor Jesús, tú que resucitas los muertos a la vida en el Espíritu: Señor, ten piedad.
R. Señor, ten piedad.

Señor Jesús, tú que otorgas el perdón y la paz al pecador: Cristo, ten piedad.
R. Cristo, ten piedad.

Señor Jesús, tú que otorgas la luz a quienes están en tinieblas: Señor, ten piedad.
R. Señor, ten piedad.

XI

Señor Jesús, tú que nos resucitas a una nueva vida: Señor, ten piedad.
R. Señor, ten piedad.

Señor Jesús, tú que perdonas nuestros pecados: Cristo, ten piedad.
R. Cristo, ten piedad.

Señor Jesús, tú que nos alimentas con tu Cuerpo y con tu Sangre: Señor, ten piedad.
R. Señor, ten piedad.

XII

Señor Jesús, tú que nos has mostrado el camino hacia el Padre: Señor, ten piedad.
R. Señor, ten piedad.

Señor Jesús, tú que nos has dado el consuelo de la Verdad: Cristo, ten piedad.
R. Cristo, ten piedad.

Señor Jesús, tú que eres el Buen Pastor, que nos guías a la vida eterna: Señor, ten piedad.
R. Señor, ten piedad.

XIII

Señor Jesús, tú que sanaste a los enfermos: Señor, ten piedad.
R. Señor, ten piedad.

Señor Jesús, tú que perdonaste a los pecadores: Cristo, ten piedad.
R. Cristo, ten piedad.

Señor Jesús, tú que te entregaste para sanarnos y fortalecernos: Señor, ten piedad.
R. Señor, ten piedad.

Tiempo de Adviento:

I

Tú que viniste al mundo para salvarnos: Señor, ten piedad.
R. Señor, ten piedad.

Tú que nos visitas continuamente con la gracia de tu Espíritu: Cristo, ten piedad.
R. Cristo, ten piedad.

Tú que vendrás un día a juzgar nuestras obras: Señor, ten piedad.
R. Señor, ten piedad.

II

Tú que vienes a visitar a tu pueblo con la paz: Señor, ten piedad.
R. Señor, ten piedad.

Tú que vienes a salvar lo que estaba perdido: Cristo, ten piedad.
R. Cristo, ten piedad.

Tú que vienes a crear un mundo nuevo: Señor, ten piedad.
R. Señor, ten piedad.

III

Luz del mundo, que vienes a iluminar a los que viven en las tinieblas del pecado: Señor, ten piedad.
R. Señor, ten piedad.

Buen Pastor, que vienes a guiar a tu rebaño por las sendas de la verdad y de la justicia: Cristo, ten piedad.
R. Cristo, ten piedad.

Hijo de Dios, que volverás un día para dar cumplimiento a las promesas del Padre: Señor, ten piedad.
R. Señor, ten piedad.

Tiempo de Navidad:

I

Hijo de Dios, que, nacido de María, te hiciste nuestro hermano: Señor, ten piedad.
R. Señor, ten piedad.

Hijo del hombre, que conoces y comprendes nuestra debilidad: Cristo, ten piedad.
R. Cristo, ten piedad.

Hijo primogénito del Padre, que haces de nosotros una sola familia: Señor, ten piedad.
R. Señor, ten piedad.

II

Palabra eterna del Padre, por la que todo ha venido a la existencia: Señor, ten piedad.
R. Señor, ten piedad.

Luz verdadera, que has venido al mundo y a quien el mundo no recibió: Cristo, ten piedad.
R. Cristo, ten piedad.

Hijo de Dios, que, hecho carne, has acampado entre nosotros: Señor, ten piedad.
R. Señor, ten piedad.

III

Rey de la paz y Santo de Dios: Señor, ten piedad.
R. Señor, ten piedad.

Luz que brillas en las tinieblas: Cristo, ten piedad.
R. Cristo, ten piedad.

Imagen del hombre nuevo: Señor, ten piedad.
R. Señor, ten piedad.

Tiempo de Cuaresma:

I

Tú que nos has hecho renacer por el agua y el Espíritu: Señor, ten piedad.
R. Señor, ten piedad.

Tú que enviaste al Espíritu Santo para crear en nosotros un corazón nuevo: Cristo, ten piedad.
R. Cristo, ten piedad.

Tú que eres el autor de la salvación eterna: Señor, ten piedad.
R. Señor, ten piedad.

II

Tú que borras nuestras culpas: Señor, ten piedad.
R. Señor, ten piedad.

Tú que creas en nosotros un corazón puro: Cristo, ten piedad.
R. Cristo, ten piedad.

Tú que nos devuelves la alegría de la salvación: Señor, ten piedad.
R. Señor, ten piedad.

III

Tú que has puesto la salvación del género humano en el árbol de la cruz: Señor, ten piedad.
R. Señor, ten piedad.

Tú que padeciste por nosotros para que sigamos tus huellas: Cristo, ten piedad.
R. Cristo, ten piedad.

Tú que, cargado con nuestros pecados, subiste al madero de la cruz para que nosotros, muertos al pecado, vivamos en la justicia: Señor, ten piedad.
R. Señor, ten piedad.

Cincuentena pascual:

I

Tú que has destruido el pecado y la muerte con tu resurrección: Señor, ten piedad.
R. Señor, ten piedad.

Tú que has renovado la creación entera con tu resurrección: Cristo, ten piedad.
R. Cristo, ten piedad.

Tú que das la alegría a los vivos y la vida a los muertos con tu resurrección: Señor, ten piedad.
R. Señor, ten piedad.

II

Tú, el Primogénito de entre los muertos: Señor, ten piedad.
R. Señor, ten piedad.

Tú, el vencedor del pecado y de la muerte: Cristo, ten piedad.
R. Cristo, ten piedad.

Tú, la resurrección y la vida: Señor, ten piedad.
R. Señor, ten piedad.

III

Tú que eres el sumo sacerdote de la nueva Alianza: Señor, ten piedad.
R. Señor, ten piedad.

Tú que nos edificas como piedras vivas en el templo santo de Dios: Cristo, ten piedad.
R. Cristo, ten piedad.

Tú que has ascendido a la derecha del Padre para enviarnos el don del Espíritu: Señor, ten piedad.
R. Señor, ten piedad.

Aclamaciones después del Evangelio:

Si la aclamación es cantada, pueden usarse otras respuestas de alabanza a Jesucristo, por ejemplo:

**Tu palabra, Señor, es la verdad,
y tu ley nuestra libertad.**

O bien:

**Tu palabra, Señor,
es lámpara que alumbra nuestros pasos.**

O bien:

**Tu palabra, Señor,
permanece por los siglos.**

Otras invitaciones antes de la Oración sobre las ofrendas:

**En el momento de ofrecer
el sacrificio de toda la Iglesia,
oremos a Dios, Padre todopoderoso.**

O bien:

**Oren, hermanos,
para que, llevando al altar
los gozos y las fatigas de cada día,
nos dispongamos a ofrecer el sacrificio
agradable a Dios, Padre todopoderoso.**

En la Plegaria eucarística I o Canon Romano:

Otro "Reunidos en comunión" propio:

En los domingos, cuando no hay otro Reunidos en comunión propio, puede añadirse:

**Reunidos en comunión con toda la Iglesia,
para celebrar el domingo,
día en que Cristo ha vencido a la muerte
y nos ha hecho partícipes de su vida inmortal,
veneramos la memoria, ante todo,
de la gloriosa siempre Virgen María,
Madre de Jesucristo, nuestro Dios y Señor;** †

"Acepta, Señor" propios:

En la Misa de Primera Comunión:

Acepta, Señor, en tu bondad, esta ofrenda de tus siervos
y de toda tu familia santa,
que hoy te ofrecemos especialmente por N. **y** N. (o bien: **aquellos**)
que por vez primera invitas en este día
a participar del pan de vida y del cáliz de salvación, en la mesa de tu familia;
concédeles crecer siempre en tu amistad
y en la comunión con tu Iglesia.

Junta las manos.

(**Por Cristo, nuestro Señor. Amén.**)

En la Misa Exequial:

Acepta, Señor, en tu bondad, esta ofrenda de tus siervos,
que hoy te ofrecemos especialmente por el descanso eterno de nuestro hermano N.**,**
pidiéndote que le concedas que,
libre ya de las ataduras de la carne,
tenga su parte entre tus santos.

Junta las manos.

(**Por Cristo, nuestro Señor. Amén.**)

En Plegaria eucarística II:

n. 102. En la Misa vespertina del Jueves santo:

El cual, en esta misma noche,
cuando iba a ser entregado a su Pasión,
voluntariamente aceptada,

"Acuérdate, Señor" propios:

En los domingos, cuando no hay otro Acuérdate, Señor propio, puede decirse:

Acuérdate, Señor, de tu Iglesia extendida por toda la tierra
y reunida aquí en el domingo,
día en que Cristo ha vencido a la muerte
y nos ha hecho partícipes de su vida inmortal;

En la Natividad del Señor y durante su octava:

Acuérdate, Señor, de tu Iglesia extendida por toda la tierra
y reunida aquí (**en la noche santa**) **en el día santo**
en que la Virgen María dio a luz al Salvador del mundo;

En la Epifanía del Señor:

Acuérdate, Señor, de tu Iglesia extendida por toda la tierra
y reunida aquí en el día santo en que tu único Hijo,
eterno como tú en la gloria,
se manifestó en la realidad de nuestra propia carne;

Desde la Misa de Vigilia pascual hasta el segundo domingo de Pascua:

Acuérdate, Señor, de tu Iglesia extendida por toda la tierra
y reunida aquí (en la noche santísima) en el día santísimo
de la resurrección de nuestro Señor Jesucristo;

En la Ascensión del Señor:

Acuérdate, Señor, de tu Iglesia extendida por toda la tierra
y reunida aquí en el día glorioso
en que Cristo ha sido constituido Señor del cielo y de la tierra;

En el domingo de Pentecostés:

Acuérdate, Señor, de tu Iglesia extendida por toda la tierra
y reunida aquí en el día santísimo en que la efusión de tu Espíritu
ha hecho de ella sacramento de unidad para todos los pueblos;

Intercesiones Particulares:

En las Misas del día de Pascua, de su octava y en la del Bautismo de adultos:

Acuérdate también de nuestros hermanos (N. y N.)
que hoy, por medio del Bautismo (y de la Confirmación),
han entrado a formar parte de tu familia;
ayúdalos a seguir a Cristo, tu Hijo,
con ánimo generoso y ferviente.

En la Misa de Primera Comunión:

Acuérdate de tus hijos (N. y N.)
que por vez primera invitas en este día
a participar del pan de vida y del cáliz de salvación,
en la mesa de tu familia;
concédeles crecer siempre en tu amistad
y en la comunión con tu Iglesia.

En Plegaria eucarística III:

n. 110. En la Misa vespertina del Jueves santo:

Porque él mismo,
la noche en que iba a ser entregado,
habiendo amado a los suyos que estaban en el mundo,
los amó hasta el extremo
y, mientras cenaba con sus discípulos,

Intercesiones Particulares:

En las Misas de Pascua, de su octava y en la del Bautismo de adultos:

* **Confirma en la fidelidad cristiana a tus hijos (N. y N.),**
que hoy, por medio del Bautismo (y del don del Espíritu)
has llamado a formar parte de tu pueblo
y concédeles andar siempre en vida nueva.

En la Misa de Primera Comunión:

* **Ayuda a tus hijos (N. y N.), que por vez primera invitas en este día**
a participar del pan de vida y del cáliz de salvación,
en la mesa de tu familia;
concédeles crecer siempre en tu amistad
y en la comunión con tu Iglesia.

Recuerdos propios:

En los domingos, cuando no hay otro Atiende propio, puede decirse:

Atiende los deseos y súplicas de esta familia
que has congregado en tu presencia
en el domingo, día en que Cristo ha vencido a la muerte
y nos ha hecho partícipes de su vida inmortal.

En la Natividad del Señor y durante su octava:

Atiende los deseos y súplicas de esta familia
que has congregado en tu presencia
(en la noche santa) en el día santo
en que la Virgen María dio a luz al Salvador del mundo.

En la Epifanía del Señor:

**Atiende los deseos y súplicas de esta familia
que has congregado en tu presencia
en el día santo en el que tu único Hijo,
eterno como tú en la gloria,
se manifestó en la verdad de nuestra carne hecho hombre.**

Desde la Misa de la Vigilia Pascual hasta el segundo domingo de Pascua:

**Atiende los deseos y súplicas de esta familia
que has congregado en tu presencia
(en la noche gloriosa) en el día glorioso
de la resurrección de nuestro Señor Jesucristo según la carne.**

En la Ascensión del Señor:

**Atiende los deseos y súplicas de esta familia
que has congregado en tu presencia
en el día glorioso de la Ascensión,
en el que Cristo ha sido constituido Señor del cielo y de la tierra.**

En el domingo de Pentecostés:

**Atiende los deseos y súplicas de esta familia
que has congregado en tu presencia
en el día en que la efusión de tu Espíritu
ha hecho de ella sacramento de unidad para todos los pueblos.**

En Plegaria eucarística IV:

Intercesiones Particulares:

En las Misas de Pascua, de su octava y en la del Bautismo:

* **de nuestros hermanos** (N. y N.),
que hoy has hecho renacer del agua y del Espíritu Santo,

En la Misa de la Primera Comunión:

* **de tus hijos** (N. y N.), **que por vez primera invitas en este día
a participar del pan de vida y del cáliz de salvación,
en la mesa de tu familia,**

Otras invitaciones del celebrante, antes del Padre nuestro:

Llenos de alegría por ser hijos de Dios,
digamos confiadamente
la oración que Cristo nos enseñó:

O bien:

El amor de Dios ha sido derramado
en nuestros corazones
con el Espíritu Santo que se nos ha dado;
digamos con fe y esperanza:

O bien:

Antes de participar en el banquete de la Eucaristía,
signo de reconciliación
y vínculo de unión fraterna,
oremos juntos como el Señor nos ha enseñado:

Otras invitaciones del celebrante, antes del signo de paz:

Como hijos de Dios, intercambien ahora
un signo de comunión fraterna.

O bien:

En Cristo, que nos ha hecho hermanos con su cruz,
dense la paz como signo de reconciliación.

O bien:

En el Espíritu de Cristo resucitado,
dense fraternalmente la paz.

APÉNDICE VIII

RITO PARA LA BENDICIÓN DE LOS ÓLEOS Y LA CONSAGRACIÓN DEL CRISMA

INTRODUCCIÓN

1. El obispo ha de ser tenido como el gran sacerdote de su grey, del cual se deriva y depende, en cierto modo, la vida de sus fieles en Cristo.

La Misa Crismal, que concelebra con los presbíteros provenientes de las distintas regiones de la diócesis y en la que consagra el santo Crisma y bendice los demás óleos, debe tenerse como una de las principales manifestaciones de la plenitud sacerdotal del obispo y como un signo de la unión de los presbíteros con él. Con el Crisma consagrado por el obispo son ungidos los nuevos bautizados y son signados los que reciben la Confirmación. Con el óleo de los catecúmenos, ellos se preparan y disponen para el Bautismo. Con el óleo de los enfermos, éstos son aliviados en sus enfermedades.

2. La liturgia cristiana aceptó el uso del Antiguo Testamento, en el que eran ungidos con el óleo de la consagración los reyes, los sacerdotes y los profetas, ya que ellos prefiguraban a Cristo, cuyo nombre significa "el Ungido del Señor".

Del mismo modo, se significa con el santo Crisma que los cristianos, injertados por el Bautismo en el Misterio Pascual de Cristo, han muerto, han sido sepultados y resucitados con él, participando de su sacerdocio real y profético, y recibiendo por la Confirmación la unción del Espíritu Santo que se les da.

Con el óleo de los catecúmenos se extiende el efecto de los exorcismos, pues los bautizados reciben la fuerza para que puedan renunciar al demonio y al pecado, antes de que se acerquen y renazcan de la fuente de la vida.

El óleo de los enfermos, cuyo uso atestigua Santiago, remedia las dolencias de alma y cuerpo de los enfermos, para que puedan soportar y vencer con fortaleza el mal y conseguir el perdón de los pecados.

I. LOS ÓLEOS

3. La materia apta del sacramento es el óleo de las olivas o, eventualmente, otro aceite vegetal.

4. El Crisma se hace con óleo y aromas o esencias aromáticas.

5. El obispo puede preparar el Crisma privadamente antes de su consagración o bien dentro de la misma acción litúrgica.

II. EL MINISTRO

6. La consagración del Crisma es competencia exclusiva del obispo.

7. El óleo de los catecúmenos es bendecido por el obispo, juntamente con los otros óleos en la Misa Crismal.

Sin embargo, la facultad de bendecir el óleo de los catecúmenos se concede a los sacerdotes, cuando en el bautizo de adultos deben hacer la unción en la correspondiente etapa del catecumenado.

8. El óleo para la Unción de los enfermos debe estar bendecido por el obispo o por un sacerdote que por derecho propio o por peculiar concesión de la Santa Sede goce de esta facultad.

Por derecho propio pueden bendecir el óleo de los enfermos:

a) Quienes en el derecho, se equiparan al obispo diocesano.

b) Cualquier sacerdote, en caso de verdadera necesidad.

III. TIEMPO DE LA BENDICIÓN

9. La bendición del óleo de los enfermos y del óleo de los catecúmenos, y la consagración del Crisma, corresponden al obispo, según aparece en el Ordo del Pontifical Romano, habitualmente el Jueves Santo, en una Misa propia que se celebra en las horas de la mañana.

10. Si en este día es muy difícil que el clero y el pueblo se puedan congregar con el obispo, la Misa Crismal se puede anticipar a otro día, que, de todas maneras, debe ser cercano a la Pascua y utilizando siempre la Misa propia.

IV. LUGAR DE LA BENDICIÓN DENTRO DE LA MISA

11. Conforme a la Tradición Romana, la bendición del óleo de los enfermos se hace antes de terminar la Plegaria eucarística, mientras que la bendición del óleo de los catecúmenos y la consagración del Crisma se hacen después de la Comunión.

12. Sin embargo, por razones pastorales, se permite realizar todo el rito de la bendición después de la liturgia de la Palabra, observando el ritual que se describe más adelante.

RITO DE BENDICIÓN DE ÓLEOS Y CONSAGRACIÓN DEL CRISMA

Elementos que hay que preparar

13. Para la bendición de los óleos, además de lo necesario para la Misa, debe prepararse:

En la sacristía o en otro lugar apropiado:

- Las ánforas de los óleos.
- Aromas para hacer el Crisma cuando el obispo desea hacer la mezcla dentro de la acción litúrgica.
- Pan, vino y agua para la Misa, que son llevados juntamente con los óleos antes de la preparación de los dones, cuando la bendición de los óleos se hace siguiendo la Tradición Romana.

En el presbiterio:

- Una mesa para colocar las ánforas de los óleos, dispuesta de tal manera que el pueblo pueda ver y participar bien en toda la acción litúrgica.
- La sede para el obispo, si la bendición se hace delante del altar.

Rito de Bendición

14. La Misa Crismal ha de ser siempre concelebrada. Conviene, pues, que entre los presbíteros que concelebran la Misa con el obispo y son testigos suyos y colaboradores en el ministerio del santo Crisma, se encuentren sacerdotes de las diferentes regiones de la diócesis.

15. La preparación del obispo, de los concelebrantes y de los otros ministros, su entrada en la iglesia y todo lo que hacen desde el comienzo de la Misa hasta el final de la liturgia de la Palabra, se realiza como en las Misas concelebradas. Los diáconos que toman parte en la bendición de los óleos, se dirigen al altar delante de los presbíteros concelebrantes.

16. Después de la renovación de las promesas sacerdotales, los diáconos y los ministros designados para llevar los óleos o, faltando éstos, algunos presbíteros y ministros (junto con los fieles que llevan el pan, el vino y el agua, si es que la bendición de los óleos se hace siguiendo la Tradición Romana), se acercan ordenadamente a la sacristía, o al lugar donde están preparados los óleos y las ofrendas. En la procesión que se hace de ese lugar al altar, irán en este orden: precede el ministro que lleva el vaso con aromas (si el obispo mismo quiere preparar el Crisma); sigue otro ministro con el recipiente del óleo de los catecúmenos; luego va otro con el recipiente del óleo de los enfermos; después de éstos, un diácono o presbítero, que lleva el óleo para el Crisma. (A éstos siguen quienes llevan el pan, el vino y el agua para la celebración de la Eucaristía, si es que la bendición de los óleos se hace siguiendo la Tradición Romana).

17. Durante esta procesión por la iglesia, el coro canta el himno O Redémptor u otro canto apropiado al cual todos responden. Este canto reemplaza el de la procesión de ofrendas.

O REDÉMPTOR

Ant. **O Redémptor, sume carmen**
Temet concinéntium.

Arbor foeta alma luce
Hoc sacrándum prótulit,
Fert hoc prona præsens turba
Salvatóri sæculi.

Consecráre tu dignáre,
Rex perénnis pátriæ,
Hoc olívum, signum vivum,
Iura contra dæmonum.

Ut novétur sexus omnis
Unctióne Chrísmatis:
Ut sanétur sauciáta
Dignitátis glória.

Lota mente sacro fonte
Aufugántur crímina,
Uncta frónte sacrosáncta
Influunt charísmata.

Corde natus ex Paréntis,
Alvum implens Vírginis,
Præsta lucem, claude mortem
Chrísmatis consórtibus.

Sit hæc dies festa nobis
Sæculórum sæculis,
Sit sacráta digna laude
Nec senéscat témpore.

18. Cuando la procesión llega al altar o a la sede, el obispo recibe los dones. El diácono que lleva el recipiente para el sagrado Crisma lo presenta al obispo y dice en voz alta: Óleo para el santo Crisma. El obispo lo recibe y lo entrega a uno de los diáconos que lo ayudan, quien lo lleva a la mesa preparada para este efecto. De la misma manera proceden quienes llevan las ánforas con el óleo para los enfermos y con el óleo para los catecúmenos. El primero dice: Óleo de los enfermos y el segundo dice: Óleo de los catecúmenos. El obispo los recibe y luego los entrega a los ministros para que los coloquen en la mesa ya preparada.

19. La Misa sigue normalmente tal como se describe en el rito de la concelebración hasta finales de la Plegaria eucarística, a no ser que todo el rito de bendición tenga lugar inmediatamente. En ese caso, todo se realiza como está indicado más adelante (n. 26).

Bendición del Óleo de los enfermos

20. Tiene lugar, en el Canon Romano, antes de "Por Cristo, Señor nuestro, por quien sigues creando todos los bienes . . ."; y en las otras tres Plegarias antes de la doxología: "Por Cristo, con él y en él . . .". El diácono encargado lleva el ánfora que contiene el óleo de los enfermos cerca del altar y la sostiene delante del obispo, mientras éste dice la oración de bendición.

Dios nuestro, Padre de todo consuelo,
que, por medio de tu Hijo
quisiste curar las dolencias de los enfermos,
atiende benignamente la oración que brota de nuestra fe
y envía desde el cielo tu Santo Espíritu Consolador
sobre este aceite fecundo,
que quisiste que un árbol vigoroso ofreciera
para alivio de nuestro cuerpo;
de manera que, por tu santa ✠ bendición,
se convierta, para todo el que sea ungido con él,
en protección del cuerpo, del alma y del espíritu,
para quitar todo dolor, toda debilidad
y toda enfermedad.
Que sea para nosotros óleo santo,
bendecido por ti, Padre,
en el nombre de Jesucristo, Señor nuestro.
Él, que vive y reina por los siglos de los siglos.
R. Amén.

La conclusión que vive y reina se dice solamente cuando la bendición se hace fuera de la Plegaria eucarística.

Terminada la bendición, el ánfora con el óleo de los enfermos se lleva de nuevo a su lugar, y la Misa prosigue como de costumbre hasta después de la oración poscomunión.

Bendición del Óleo de los catecúmenos

21. Terminada la oración después de la Comunión, los ministros colocan los óleos que se van a bendecir en una mesa colocada apropiadamente en el centro del santuario. El obispo, teniendo a ambos lados suyos a los presbíteros concelebrantes, que forman un semicírculo, y a los otros ministros detrás de él, procede a la bendición del óleo de los catecúmenos y a la consagración del Crisma.

22. Estando todo dispuesto, el obispo, de pie, sin mitra, y de cara al pueblo, con las manos extendidas, dice la siguiente oración:

Dios nuestro, fuerza y protección de tu pueblo,
que hiciste del aceite un signo de fortaleza,
dígnate bendecir ✠ este óleo,
y fortalece a los catecúmenos que con él serán ungidos,
para que, al recibir la fuerza y la sabiduría de Dios,
comprendan más profundamente el Evangelio de Cristo,
afronten animosamente las exigencias de la vida cristiana
y, hechos dignos de la adopción filial,
sientan la alegría de renacer y vivir en tu Iglesia.
Por Jesucristo, nuestro Señor.
R. Amén.

Consagración del Crisma

23. Enseguida el obispo, en silencio, derrama el perfume en el óleo y elabora el Crisma, a no ser que haya sido preparado antes.

24. Terminado esto, el obispo exhorta al pueblo a orar, diciendo:

Hermanos muy queridos:
pidamos a Dios Padre todopoderoso,
que bendiga y santifique este Crisma
para que cuantos sean ungidos externamente con él,
también reciban esta unción interiormente
y los haga dignos de la divina redención.

25. Entonces el obispo, si lo considera conveniente, sopla sobre el ánfora del Crisma y, con las manos extendidas, pronuncia una de las dos oraciones consecratorias.

I

Dios nuestro,
autor de todo crecimiento y progreso espiritual,
acepta complacido el homenaje de acción de gracias
que, por nuestra voz, te presenta, gozosa, la Iglesia.

Pues, al principio del mundo, tú hiciste brotar de la tierra
árboles que dieran fruto
y que, de entre ellos, surgiera el olivo,
cuyo suavísimo aceite habría de servir para el santo Crisma.

Ya David, presintiendo con espíritu profético
los sacramentos de tu gracia,
anunció que nuestros rostros habrían de quedar ungidos
con aceite en señal de alegría;
y cuando, en tiempos pasados,
fueron purificados los pecados del mundo por el diluvio,
con una rama de olivo, signo de la gracia futura,
la paloma mostró que había vuelto la paz a la tierra.

Lo cual está significado en el tiempo presente
cuando, ya borradas las culpas de todos los delitos
por las aguas bautismales,
la unción con este aceite
llena nuestros rostros de alegría y de paz.

También mandaste a Moisés, tu servidor,
que a su hermano Aarón, una vez purificado con agua,
lo consagrara sacerdote, ungiéndolo con este aceite.
A todo lo cual se le añadió un honor más alto
cuando tu Hijo, Jesucristo, Señor nuestro,
le exigió a Juan que lo bautizara
en las aguas del Jordán.
Porque entonces, al enviar sobre él
el Espíritu Santo en forma de paloma,
y con el testimonio de tu voz,
declaraste tener, en tu Unigénito, toda tu complacencia.
Y así pusiste de manifiesto que en él se cumplía
lo que David había profetizado
al cantar en el salmo que tu Hijo sería ungido
con el óleo de la alegría, entre todos sus compañeros.

Todos los concelebrantes, en silencio, extienden la mano derecha hacia el Crisma, y la mantienen así hasta el final de la oración.

Te suplicamos, Señor,
que santifiques con tu bendición ✠ este óleo fecundo
y que infundas en él la fuerza de tu Espíritu Santo,
junto con el poder de Cristo,
de quien el santo Crisma toma su nombre
y con el cual ungiste a tus sacerdotes y reyes,
a tus profetas y mártires.

Haz que este Crisma
sea sacramento de vida y perfecta salvación
en favor de quienes nacerán espiritualmente
del agua bautismal,
a fin de que santificados por esta unción,
y borrada la mancha original,
se hagan templo de tu gloria
y exhalen la fragancia de una vida agradable a ti,
para que así,
conforme a la eficacia de tu sacramento,
habiéndoles concedido la dignidad real, sacerdotal y profética,
sean revestidos con el don incorruptible.

Que de esta manera sea Crisma de salvación
para aquellos que hayan renacido
del agua y del Espíritu Santo,
y los haga partícipes de la vida eterna
y herederos de la gloria celestial.
Por Jesucristo, nuestro Señor.
R. Amén.

O bien esta oración:

II

Dios nuestro,
autor de los sacramentos y dador espléndido de la vida,
te damos gracias por tu inefable bondad
al haber prefigurado en la Antigua Alianza
el misterio del aceite que santifica,
y haberlo hecho patente de modo especial
en tu Hijo amado
cuando llegó la plenitud de los tiempos.

En efecto, cuando tu Hijo, nuestro Señor,
redimió al género humano
por el misterio de la Pascua,
llenó a tu Iglesia en plenitud con el Espíritu Santo
y la dotó admirablemente de dones celestiales
para que, por su medio,
se llevara a cabo plenamente en el mundo
la obra de la salvación.

Desde entonces, mediante este santo misterio del Crisma,
de tal forma repartes a los hombres las riquezas de tu gracia,
que así tus hijos, renacidos en el baño bautismal,
quedan fortalecidos por la unción del Espíritu Santo
y, configurados a tu Ungido,
participan de su dignidad de profeta, de sacerdote y de rey.

Todos los concelebrantes, en silencio, extienden la mano derecha hacia el Crisma y la mantienen así hasta el final de la oración.

Por eso, Señor, te rogamos
que, por el poder de tu gracia,
esta mezcla de aceite y de perfume
se convierta para nosotros en sacramento de tu bendición ✠;
derrama generosamente los dones del Espíritu Santo
sobre nuestros hermanos ungidos con este Crisma.

Adorna con el esplendor de la santidad los lugares y objetos
marcados con este óleo santo.
Pero sobre todo, por el misterio de este Crisma,
haz crecer a tu Iglesia
hasta alcanzar aquella medida de plenitud
en la que tú, Resplandor de luz eterna,
serás todo en todos,
con Cristo, en el Espíritu Santo,
por los siglos de los siglos.
R. Amén.

26. Si la bendición se hace íntegramente al finalizar la liturgia de la Palabra, al final de la renovación de las promesas sacerdotales, el obispo, acompañado por los concelebrantes, se acerca a la mesa colocada en medio del presbiterio, donde ha de efectuarse la bendición del óleo de los enfermos, del óleo de los catecúmenos y la consagración del Crisma, como se describe más arriba. (nn. 20-25).

27. Impartida la bendición con la que se concluye la Misa, el obispo pone incienso en el turiferario del modo acostumbrado, y se organiza la procesión a la sacristía.

Los santos óleos son llevados por los ministros correspondientes inmediatamente después de la cruz alta. El coro y el pueblo cantan algunas estrofas del himno O Redémptor, u otro canto apropiado.

28. En la sacristía, el obispo dirige oportunamente la palabra a los presbíteros para recordarles la manera como se debe tratar con honor a los santos óleos y el modo como se deben conservar cuidadosamente.

PREPARACIÓN PARA LA MISA

Oración de san Ambrosio

**Amable Señor Jesucristo, yo que soy pecador,
sin presumir nada por mis propios méritos,
pero lleno de confianza en tu misericordia y tu bondad,
me acerco con temor y temblor a la mesa de tu convite.
Puesto que tengo el corazón y el cuerpo
manchados por innumerables crímenes
y mi inteligencia y mi boca mal vigiladas,
por eso, pobre pecador, oprimido por la angustia,
acudo a ti, oh Divinidad santísima,
oh tremenda majestad, fuente de misericordia,
y me apresuro a buscar la salud de mi alma
bajo tu protección;
y ya que no puedo mirarte como Juez,
suspiro por tenerte como Salvador.
Te presento, Señor, mis llagas
y te descubro mi vergüenza.
Pues sé que mis pecados son grandes y muchos,
por eso temo y, sin embargo, espero en tu misericordia,
que es infinita.
Mírame con ojos de misericordia,
Señor Jesucristo, Rey eterno,
Dios y hombre, crucificado por el hombre.
Escúchame, ya que espero en ti;
ten compasión de mí,
que estoy lleno de miserias y pecados,
tú, fuente de misericordia, que manas sin cesar.
Salve, víctima de salvación,
ofrecida en la Cruz por mí y por todos los hombres.
Salve, Sangre noble y preciosa,
que brotando de las llagas
de mi Señor Jesucristo crucificado,
lavas los pecados del mundo.
Recuerda, Señor, a tu creatura redimida con tu Sangre.
Me arrepiento de haber pecado
y deseo enmendar mi vida.
Borra, Padre clementísimo,**

todas mis iniquidades y pecados,
para que, purificado en la mente y en el cuerpo,
merezca dignamente celebrar este santo Sacramento.
Y concédeme que la comunión del Cuerpo y de la Sangre
de tu Hijo, que indignamente me atrevo a recibir,
sea remisión de mis pecados,
purificación perfecta de mis delitos,
destierro de mis malos pensamientos
y regeneración de mis sentidos,
eficacia saludable de obras que te agraden
y defensa firmísima contra las asechanzas
de los enemigos de mi alma y de mi cuerpo.
Amén.

Oración de santo Tomás de Aquino

Dios todopoderoso y eterno,
he aquí que llego al Sacramento de tu Unigénito Hijo,
nuestro Señor Jesucristo,
como enfermo al médico de la vida,
como manchado a la fuente de la misericordia,
como ciego a la luz de la eterna claridad,
como pobre y necesitado al Señor de cielo y tierra,
como desvalido al Rey de la gloria.
Ruego, Padre, a tu infinita bondad y misericordia,
que tengas a bien sanar mi enfermedad,
limpiar mis manchas, alumbrar mi ceguera,
enriquecer mi pobreza, vestir mi desnudez,
para que así pueda yo recibir el Pan de los Ángeles,
Rey de los Reyes y Señor de los que dominan,
con tanta reverencia y humildad,
con tanta contrición y ternura,
con tanta pureza y fe, con tal propósito e intención,
como conviene para la salud de mi alma.
Padre bueno, concédeme recibir no sólo el Sacramento
del Cuerpo y de la Sangre de tu Hijo,
sino también la gracia y la virtud del Sacramento.
Dios benignísimo, permíteme de tal manera
recibir el Cuerpo de tu Hijo unigénito,
nuestro Señor Jesucristo,
tomado de la Virgen María,
que merezca ser incorporado a su Cuerpo Místico
y contado entre sus miembros.
Padre amantísimo,
concédeme que logre contemplar cara a cara,
por toda la eternidad, a tu amadísimo Hijo,
a quien ahora en mi vida mortal me propongo recibir
oculto bajo el velo del Sacramento
y que contigo vive y reina por los siglos de los siglos.
Amén.

Oración a la Bienaventurada Virgen María

**Madre de piedad y de misericordia,
Santísima Virgen María,
yo, pecador indigno y miserable,
me acojo a ti con todo el afecto de mi corazón,
e imploro de tu piedad que a mí,
y a todos los sacerdotes que en este lugar,
y en toda la santa Iglesia,
van a ofrecer el Santo Sacrificio,
te dignes asistirnos con bondad,
como acompañaste a tu Hijo dulcísimo en la Cruz,
para que ayudados con tu favor, podamos ofrecer,
en presencia de la Indivisa y Santa Trinidad,
esta Hostia digna y aceptable. Amén.**

Fórmula de la intención

**Yo hago intención de celebrar esta Misa
y de consagrar el Cuerpo y la Sangre de nuestro Señor Jesucristo,
según el rito de la santa Iglesia Romana,
para alabanza de Dios omnipotente
y de toda la Iglesia triunfante,
para mi bien
y el de toda la Iglesia peregrina en la tierra,
por todos aquellos que se han encomendado a mis oraciones,
ya sea en general o en particular,
por la paz y la tranquilidad de la santa Iglesia Romana.
Amén.**

**El Señor omnipotente y misericordioso
nos conceda alegría y paz,
conversión y tiempo
de verdadera penitencia,
la gracia y el consuelo del Espíritu Santo
y la perseverancia en el bien obrar.
Amén.**

ACCIÓN DE GRACIAS DESPUÉS DE LA MISA

Oración de santo Tomás de Aquino

**Gracias te doy, Señor Dios, Padre todopoderoso,
porque, a pesar de mi indignidad
y sólo por tu misericordia,
has querido admitirme a la participación
del sacratísimo Cuerpo de tu Hijo unigénito,
nuestro Señor Jesucristo.
Te suplico, Padre clementísimo,
que esta Sagrada Comunión
no sea para mi alma ocasión de castigo,
sino intercesión saludable para el perdón;
que sea armadura para mi fe,
escudo para mi buena voluntad,
muerte de todos mi vicios,
exterminio de todos mis carnales apetitos
y aumento de caridad, paciencia, verdadera humildad
y de todas las virtudes;
sea perfecto sosiego de mi cuerpo y de mi espíritu,
firme defensa contra todos los enemigos visibles e invisibles,
serenidad en las tentaciones,
perpetua unión contigo solo, mi verdadero Dios y Señor,
y sello feliz de mi dichosa muerte.
Y te ruego tengas por bien llevarme a mí, pecador,
a aquel convite inefable donde tú,
con tu Hijo y el Espíritu Santo,
eres para tus santos luz verdadera,
santificación cumplida y gozo perdurable,
dicha completa y felicidad perfecta.
Por Jesucristo, nuestro Señor.
Amén.**

Invocaciones a nuestro Santísimo Redentor

**Alma de Cristo, santifícame.
Cuerpo de Cristo, sálvame.
Sangre de Cristo, embriágame.
Agua del costado de Cristo, lávame.
Pasión de Cristo, confórtame.
¡Oh buen Jesús!, óyeme.
Dentro de tus llagas, escóndeme.
No permitas que me aparte de ti.
Del enemigo malo, defiéndeme.
A la hora de mi muerte, llámame.
Y mándame ir a ti,
para que con tus santos te alabe,
por los siglos de los siglos.
Amén.**

Oblación de sí mismo de san Ignacio de Loyola

**Toma, Señor,
y recibe toda mi libertad,
mi memoria, mi entendimiento y toda mi voluntad,
todo lo que tengo y poseo.
Tú me lo diste;
a ti, Señor, lo torno;
todo es tuyo,
dispón de ello según tu voluntad.
Dame tu amor y gracia,
que esto me basta.**

Oración a Jesucristo crucificado

**Mírame, oh mi amado y buen Jesús,
postrado ante tu santísima presencia.
Te ruego con el mayor fervor
que imprimas en mi corazón vivos sentimientos de fe,
esperanza y caridad, verdadero dolor de mis pecados
y propósito firmísimo de enmendarme.
Mientras que yo,
con todo el amor y compasión de mi alma,
voy considerando tus cinco llagas,**

**teniendo presente aquello que dijo de ti, oh buen Jesús,
el santo profeta David:
Han taladrado mis manos y mis pies,
y se pueden contar todos mis huesos** (Sal 21, 17-18).

Oración para pedir a Dios todas las gracias,
atribuida al Papa Clemente XI

Creo, Señor, fortalece mi fe; espero, Señor, asegura mi esperanza; te amo, Señor, inflama mi amor; yo me arrepiento, Señor, aumenta mi arrepentimiento.

Te adoro como el primer principio, te deseo como último fin, te alabo como bienhechor perpetuo, te invoco como defensor propicio.

Que tu sabiduría me dirija; que tu justicia me refrene; que tu clemencia me consuele, y que tu poder me proteja.

Te ofrezco, Dios mío: mis pensamientos para pensar en ti, mis palabras para hablar de ti, mis obras para obrar según tu voluntad, mis trabajos para padecerlos por ti.

Quiero lo que tú quieres, lo quiero porque lo quieres, lo quiero como lo quieres, lo quiero mientras lo quieras.

Te ruego, Señor, que alumbres mi entendimiento, abrases mi voluntad, purifiques mi cuerpo y santifiques mi alma.

Llore las iniquidades pasadas, rechace las tentaciones futuras, corrija las inclinaciones viciosas, cultive las virtudes que me son necesarias.

Concédeme, Dios mío, amor a ti, no buscarme a mí, celo del prójimo, desprecio del mundo.

Hazme obedecer a los superiores, atender a los inferiores, ayudar a los amigos, perdonar a los enemigos.

Venza el deleite con la mortificación, la avaricia con la largueza, la ira con la mansedumbre, la tibieza con el fervor.

Hazme prudente en los consejos, constante en los peligros, paciente en las adversidades, humilde en las prosperidades.

Haz, Señor, que sea en la oración fervoroso, en la comida sobrio, en el cumplimiento de mis deberes diligente, en los propósitos constante.

Concédeme que trabaje para alcanzar la santidad interior, modestia exterior, conducta edificante, proceder correcto.

Que me aplique con diligencia a domar la naturaleza, a corresponder a la gracia, a guardar tu ley y merecer mi salvación.

Dame a conocer, Dios mío, cuán frágil es lo terreno, cuán grande lo celestial y divino, cuán breve lo temporal, cuán duradero lo eterno.

Concédeme que me prepare para la muerte, que tema el juicio, que evite el infierno y que obtenga la gloria del paraíso.
Por Jesucristo, nuestro Señor. Amén.

Oración a la Santísima Virgen María

María, Virgen y Madre Santísima,
acabo de recibir a tu Hijo, Jesucristo,
a quien en tu seno inmaculado engendraste,
alimentaste y a quien arrullaste en tus brazos maternales.
Vengo a ti, con humildad y amor,
a pedirte que me enseñes a amarlo
con un corazón como el tuyo
y a ofrecerlo a la Trinidad Santísima
en culto supremo de latría,
para tu honor y gloria
y por todas mis necesidades y las del mundo entero.
Te ruego, Madre piadosísima,
que me obtengas el perdón de todos mis pecados,
la gracia abundante para servir,
de ahora en adelante, con mayor fidelidad a Cristo,
y el don de la perseverancia final,
para que pueda alabarlo contigo,
por los siglos de los siglos.
Amén.

Dios te salve, María, llena eres de gracia, el Señor es contigo,
bendita eres entre todas las mujeres
y bendito es el fruto de tu vientre, Jesús.
Santa María, Madre de Dios,
ruega por nosotros, pecadores,
ahora y en la hora de nuestra muerte.
Amén.

ÍNDICES

ÍNDICE ALFABÉTICO DE CELEBRACIONES

ÍNDICE DE PREFACIOS

A. Para el Propio del Tiempo

ÍNDICE GENERAL

PROPIO DEL TIEMPO

ORDINARIO DE LA MISA

PROPIO DE LOS SANTOS

MISAS COMUNES

MISAS RITUALES

MISAS Y ORACIONES POR VARIAS NECESIDADES Y PARA DIVERSAS CIRCUNSTANCIAS

I. Por la santa Iglesia

MISAS VOTIVAS

MISAS DE DIFUNTOS

APÉNDICES

ÍNDICES